沖縄文教部／琉球政府文教局　発行

復刻版

文教時報

第4巻

第18号～第26号

（1955年10月～1956年9月）

編・解説者　藤澤健一・近藤健一郎

不二出版

『文教時報』第4巻（第18号～第26号）復刻にあたって

一、本復刻版では琉球政府文教局によって一九五二年六月三〇日に創刊され一九七二年四月二〇日刊行の一二七号まで継続的に刊行された『文教時報』を「通常版」として仮に総称します。復刻版各巻、および別冊収載の総目次などでは、「通常版」の表記を省略しています。

一、第4巻の復刻にあたっては左記の各機関および個人に原本提供のご協力をいただきました。記して感謝申し上げます。

　沖縄県高等学校障害児学校教職員組合教育資料センター、国立教育政策研究所教育図書館、藤澤健一氏

一、原本サイズは、第18号から第26号までB5判です。第20号・第22号の大判折込は原本サイズを適宜縮小して収録した版面があります。なお、表紙の一部をカラー口絵として巻頭に収録しました。

一、復刻版本文には、表紙類を含めてすべて墨一色刷り・本文共紙で掲載し、各号に号数インデックスを付しました。また、白頁は適宜割愛しました。

一、史料の中に、人権の視点からみて、不適切な語句、表現、論、あるいは現在からみて明らかな学問上の誤りがある場合でも、歴史的史料の復刻という性質上そのままとしました。

（不二出版）

◎全巻収録内容

復刻版巻数	原本号数	原本発行年月日
第1巻	通牒版1～8	1946年2月～1950年2月
第2巻	1～9	1952年6月～1954年6月
第3巻	10～17	1954年9月～1955年9月
第4巻	18～26	1955年10月～1956年9月
第5巻	27～35	1956年12月～1957年10月
第6巻	36～42	1957年11月～1958年6月
第7巻	43～51	1958年7月～1959年2月
第8巻	52～55	1959年3月～1959年6月
第9巻	56～65	1959年6月～1960年3月
第10巻	66～73／号外2	1960年4月～1961年2月
第11巻	74～79／号外4	1961年3月～1962年6月
第12巻	80～87／号外5～8	1962年9月～1964年6月
第13巻	88～95／号外10	1964年6月～1965年6月
第14巻	96～101／号外11	1965年9月～1966年7月
第15巻	102～107／号外12、13	1966年8月～1967年9月
第16巻	108～115／号外14～16	1967年10月～1969年3月
第17巻	116～120／号外17、18	1969年10月～1970年11月
第18巻	121～127／号外19	1971年2月～1972年4月
付録	『琉球の教育』1957(推定)、1959／別冊＝『沖縄教育の概観』1～8	1957年（推定）～1972年
別冊	解説・総目次・索引	

〈第4巻収録内容〉

『文教時報』琉球政府文教局 発行

号数	表紙記載誌名（奥付誌名）	発行年月日
第18号	琉球文教時報（文教時報）	一九五五年一〇月三一日
第19号	琉球文教時報（文教時報）	一九五五年一二月一〇日
第20号	琉球文教時報（文教時報）	一九五六年 一 月一四日
第21号	琉球文教時報（文教時報）	一九五六年 二 月一三日
第22号	琉球文教時報（文教時報）	一九五六年 三 月一五日
第23号	琉球文教時報（文教時報）	一九五六年 四 月二三日
第24号	琉球文教時報（文教時報）	一九五六年 五 月三一日
第25号	琉球文教時報（文教時報）	一九五六年 六 月三〇日
第26号	琉球文教時報（文教時報）	一九五六年 九 月二八日

（注）一、第20号50頁の次の大判折込の原本版面縮小率は次のとおりである。

折込1・2面＝81％縮小

折込3・5・8面＝95％縮小

一、第22号10頁の次の大判折込の原本版面縮小率は次のとおりである。

折込1・2面＝70％縮小

折込3・4面＝81％縮小

また、折込1・2面は原本ではそれぞれ片面刷りであったが、両面刷りで収録した。

（不二出版）

『文教時報』復刻刊行の辞

わたしたちは、沖縄現代史のあゆみをどこまで知っているだろうか。この問いを掲げつつ、第二次大戦後、米軍によって占領されていた時期（一九四五―一九七二年）、沖縄・宮古・八重山（一時期、奄美をふくむ）において、文教担当部局が刊行した『文教時報』を復刻する。

同誌は沖縄文教部、つづいて琉球政府文教局が刊行した。前者では示達事項を中心とした指導書であり、後者では教育行政にかかわる情報、教育についての調査・統計、教室での実践記録や公民館を中心とした社会教育関連記事など、盛り込まれた内容は幅広い。総じて教育広報誌といえる同誌は、発行期間の長さと継続性から、沖縄現代史を分析するうえで、もっとも基礎的な史料のひとつと目される。しかし、これまで同誌は全体像についての理解を欠いたまま、断片的に活用されるにとどまってきた。

その背景にはなにがあるのか。まず、発行が群島ごとに分割統治されていた時期から琉球政府期にいたるまで四半世紀におよび、雑誌としての性格が変容していることがある。くわえて多くの機関に分蔵されるとともに、附録類、号外や別冊など書誌的な体系が複雑に入り組みつかみにくい。このために本格的な調査が進まなかった。今回、わたしたちは所蔵関係にかかわる基礎調査をふまえ、添付書類までもふくめた全体像の把握に体系的に取り組んだ。その成果をこうして全一八巻、付録1に集約して復刻刊行する。解説のほか、総目次や執筆者索引などから構成される別冊をあわせて刊行する。今回の復刻により、教育行政側からみた沖縄現代史について、それを総覧できる史料的な環境がようやく整備されることになる。

統治者として君臨した、米国側との関係、また、沖縄教職員会をはじめとした教員団体との関係、さらに「復帰」に向けた日本政府や文部省との関係、さらに離島や村落の教育環境など、同誌は変動する沖縄現代史のダイナミズムを体現するかのような史料群となっている。沖縄の「復帰」からすでに四五年にいたるいま、沖縄研究者はもとより、教育史、占領史、政治史、行政史など複数の領域において、本復刻の成果が活用され、沖縄現代史にかかわる確かな理解が深まることを念じている。物事を判断するためには、うわついた言説に依るのではなく事実経過が知られなければならない。あらためて問いたい。沖縄現代史のあゆみはたしてどこまで知られているか。

（編集委員代表　藤澤健一）

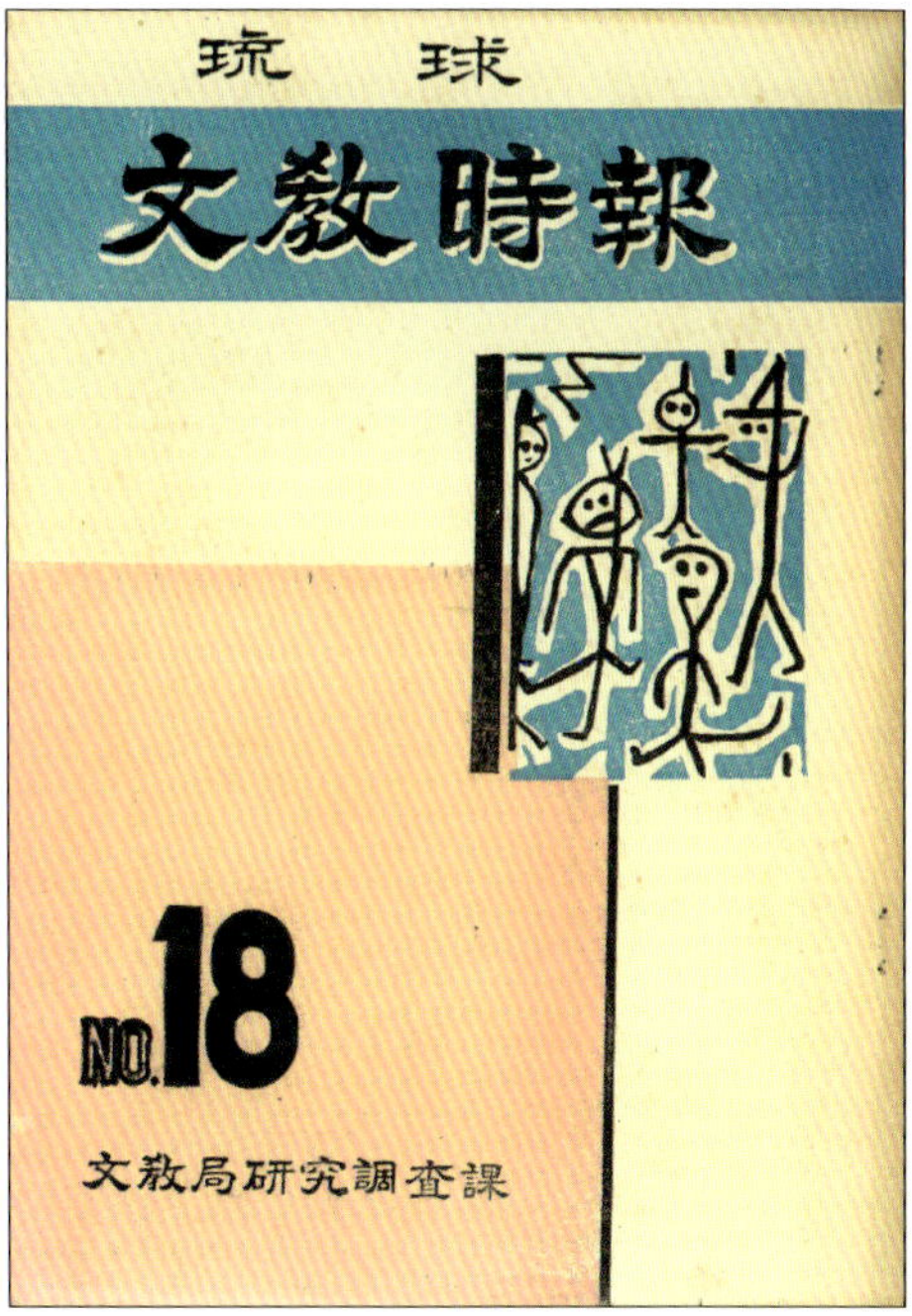

18号

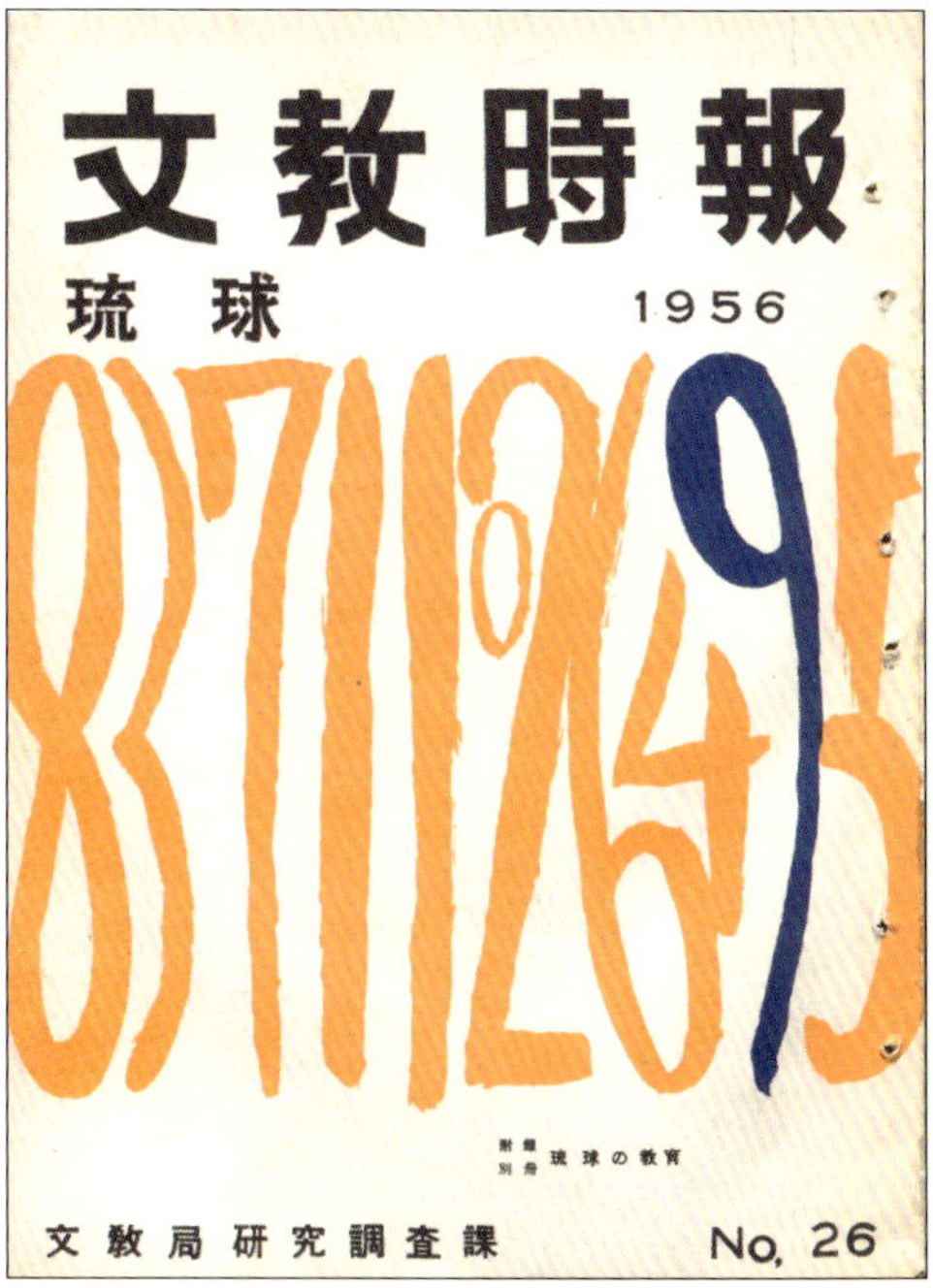

26号

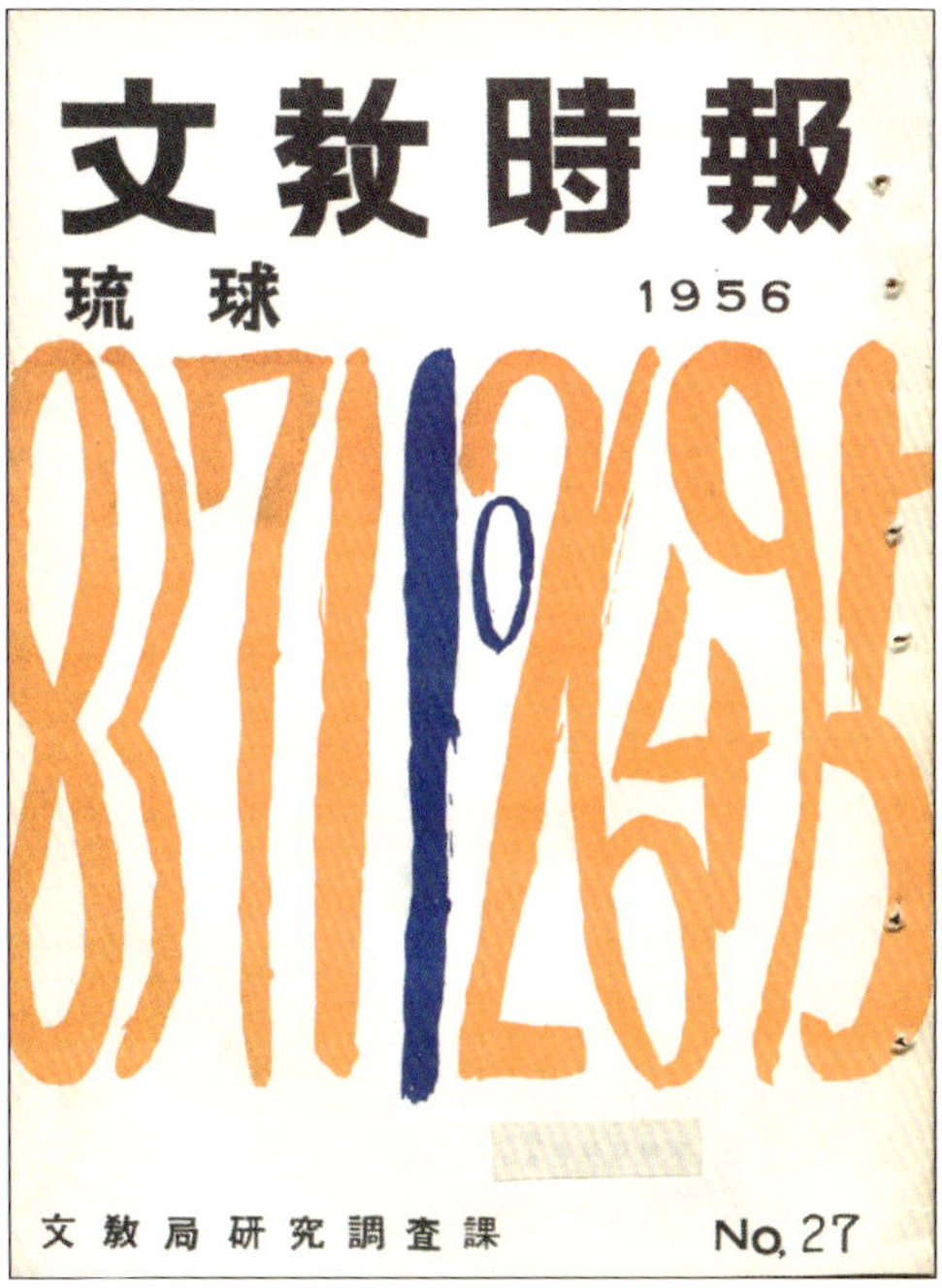

27号

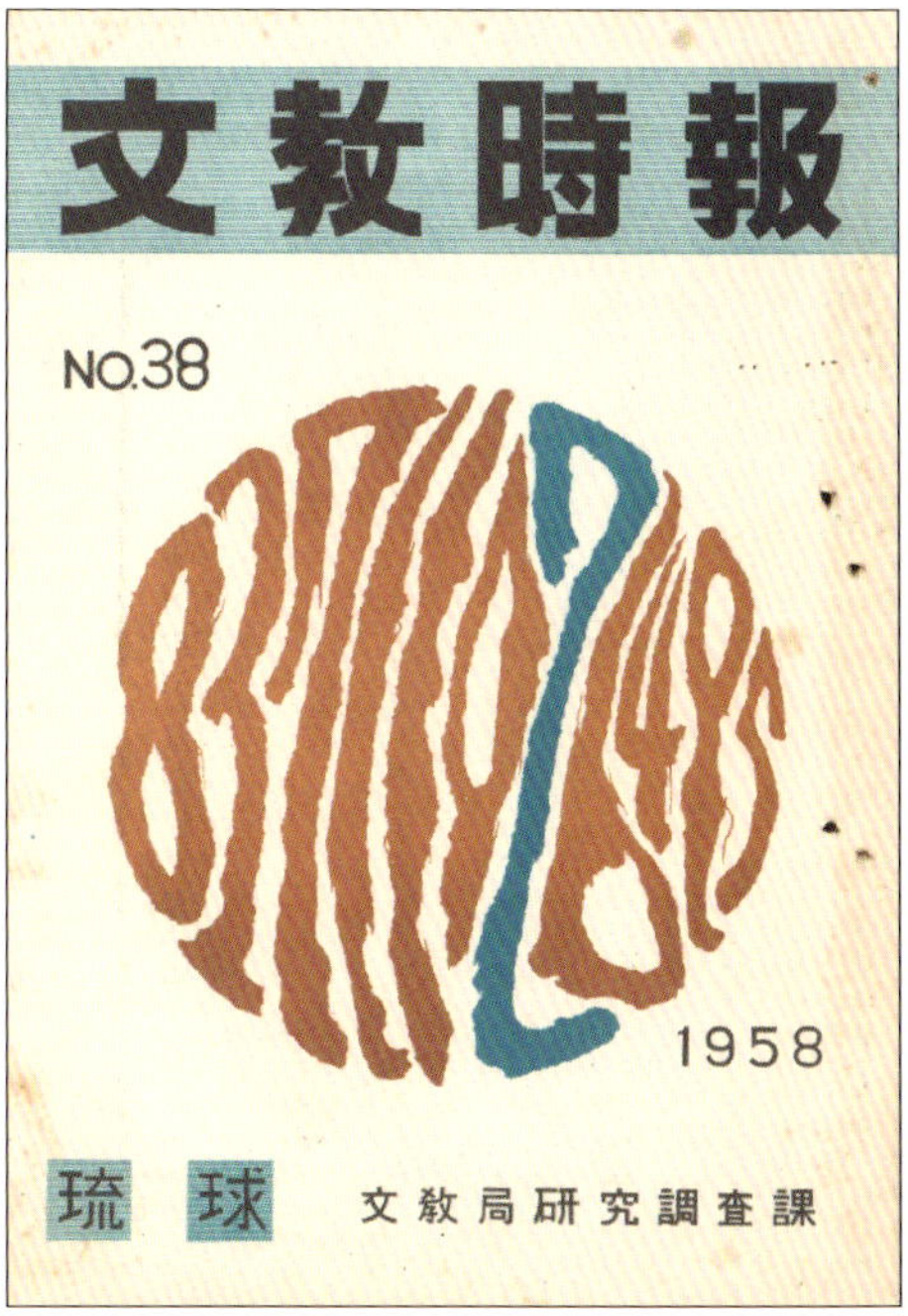

38号

琉球

文教時報

18

NO.18

文教局研究調査課

古染付鹿繪皿（古陶器）

中ジル殿内（久米島）に傳世された古染付の皿
古染付というのは支那の明時代の染付で殆んど三、四百年前の焼物である。

文　化　財（その六）

目　　次

健康とスポーツの秋!!

楽しい運動会風景!

（開南小学校）

開南幼稚園（とうちやん、かあちやんと演ずる園児たちのユーギ）

親子そろつて玉入れ競争

↑
タンブリング

← （金武中学校）

（壺屋小学校）

もほう体操→

秋の陽光を背一ぱいにうけて！
伸び〳〵として元気そうな
からだ！
顔！
ほゝえみ！

↑

ビルマのつじ馬車

↑神代このかた
さかゆる国技
イザャ
鍛えん
……
……
エンヤラサーノ
ドツコイショ

手拍子をそろえて楽しく演ずる一年生

▼

一九五六学年度
高等学校入学者選抜法改善の趣旨

研究調査課長　比嘉信光

一、教育制度より見た選抜の意義

六、三、三、四の教育制度即ち小学校、中学校、高等学校、大学においては学校の教育的性格から、それぞれ独立の学校として、独自固有の教育目標をもつのであるが、また一方では、相互に他との関連において、より大なる教育目標の達成に協力するものであるから選抜法が中学校の教育目標をゆがめてはならない。

選抜は旧制の高等学校では選ばれた少数の者のための教育機関という性格をもっており、その立場に立つてよい生徒を選抜するという意義をもつていたが、新制高等学校は、義務制ではないが、国民全体の教育機関として、中学校の教育課程を修了した生徒又は修了見込の生徒から志願者は、すべて入学させる建前になつているので教育財政の許す限りにおいて志願者の多くを入学させるべく努力しなければならない。

以上の立場から選抜は中学校の教師が高等学校の教育目的を研究し、これを生徒の能力や適性や家庭的経済的事情を勘案して、生徒の進学指導（広義の職業指導）と解し、

1　中学校教育の正常な発展を阻害しないようにする、

2　新制高等学校の教育課程に堪えうる者を選ぶようにする、――

の基本的態度に立つて選抜法の合理性を考えていつた。

二、選抜改善の方針

従来の選抜法を大別すると二つに別けることが出来る。選抜の主体を高等学校側に置くか、中学校側に置くか、である。

今回の選抜法は前述の選抜の基本的態度の(1)(2)を生かす意味で、選抜の主体を中学校側に置いて、中学校側より客観的資料を高等学校長に送つて、それでもつて、入学者を決定してもらう方法をとつた。

別記選抜要項の方針の

(1)　高等学校においては、選抜を目的とする学力検査、身体検査及び面接を行わず、出身中学校長から提出された報告書に基づいて厳正公平な選抜を行う。

(2)　中央教育委員会が中学校第三学年全員及び高等学校入学希望の過年度卒業者に対して全琉一齊に施行する義務教育学力測定及び標準検査の結果を総合判定の参考資料とする。

――である。

三、選抜法改善の趣旨

(1)　中学校教育の正常化を図る、

一九五五年三月の調査では

中学校卒業者　一八、一一五人

進学希望者　一一、三三八人　中学校卒業者に対する六二、五八%

進学人員　七、〇一三人〈志願者に対する六一、八%　中学校卒業者に対する三八、七一%

右によつてわかるように、中学校卒業者の中で進学希望者は、六二、五%であり、その進学率は三八、七一%であり、残りの六一、二九%は非進学者で、彼等はそのまゝ実社会に出て行く者である。

進学者、非進学者の別なく、中学校教育の目的に副つた教育が正しく均等に行われるべきである。

(2)　中学校の報告書を尊重する。

高等学校入学選抜は、小学校、中学校と次第に、身体的、情緒的、知的に、個人的、社会的、公民として育られた生徒の中で高等学校へ進む者を選ぶ方法であ

り、進学指導であり、広義の職業指導であると考えるならば、当然中学校教育の目標に照らして望ましい成長発達を遂げた生徒について、総合的に判定すべきである。

この総合判定はどのような評価と資料で、如何なる方法で合否を決定するかが、選抜法の重要課題である。

限られた時間内における入学試験は、種々の欠陥と、それに伴う準備的教育は、中学校教育の正常化を阻害する。

現在の段階として中学校において三ケ年も指導され丹念に検討して記録された真実ありのまゝの生徒指導要録（「学習成績の発達記録」「個人的社会的、公民的発達記録」「職業的発達記録」「困難及び其の適応についての記録」「標準検査の記録」「身体発達の要約」「出欠席の記録」「家庭環境の記録」）の正しい記録を選抜の主体資料として進学希望者について総合判定するのが妥当であり、又中学校教育の正常化の方面からも望ましいと信ずる。

(3) 総合制定の合理性を図る。

中学校長より提出する内申としての指導要録は最も重要な資料であるが、指導要録の評価が学級内の相対評価である以上、個人差がはっきりつかめないので中学校で義務教育学力測定を実施して、その資料を提出することにした。

知能テストは指導要録に当然記入されなければならないものであるが、今まで記入されていないので、実施することとした。

学級一覧表は生徒個人の成績が学級の全生徒との相対的関係や入学志願者全員との相対的関係がわかるので、総合判定の時には必要であるので提出するようにした。

判定資料は従来よりも多く、客観性があるので、より適切な判定が可能である。

総合判定の基準については、各高等学校の教育目標や地域的特殊性によって、異なるので、高等学校と研究会を持ち、中学校側の要望を参考にして、この選抜法の趣旨に即して、中学教育の正常化をおしすゝめるような基準を決定して、委員会に報告をするようにしたい。

選抜要項決定までには、文教審議会、中央教育委員会を初め、諸先生方の並々ならぬ御指導と御協力を戴いた事を心から感謝致します。

この新しい選抜法を手ぬかりなく実施し、初期の目的を達成すると共に、今後も研究を続けてよりよい方法にしていきたいと念じています。そのためには、現場諸先生方並に生徒父兄の御理解と御協力を御願い致します。

文教審議会答申第五号

高等学校入学選抜方法の改善について次のとおり答申する

一九五五年九月三十日

文教審議会

高等学校入学選抜方法の改善について

一、文教審議会は高等学校入学選抜方法に関する文教局案について慎重審議を重ねた結果、全面的に適切な方法であり、その適用はむしろ早きを望むことを全会一致で決定した。

二、意　見

(イ) 高等学校入学選抜方法に関する当局の研究普及についての行政的措置は遅きに失した。

(ロ) 現場教育者の新教育観のずれ（この問題を通して）は遺憾に思う。

三、要望事項

(イ) 高等学校入学選抜方法の改善について、高等学校区連合委員会、区教育委員会、並びに中央教育委員会及び教育長をまじえた高等学校入学選抜審議会を開催して当局案の実施について検討し、高等学校区連合委員会並びに区教育委員会の支持を得るよう行政的措置を講ずること。

(ロ) 高等学校の入学難を緩和するため、定時制高等学校の増設及び都市地区特に那覇地区に高等学校を増設すること。

(ハ) 次年度以降の高等学校入学選抜に備えて、高等学校入学選抜審議会を政府に常設し、有識者、専門家及び教員を委員として継続的に研究審議すること。

一九五五年十月十七日

一九五六学年度高等学校入学者選抜要項

中央教育委員会

一 方針

高等学校および中学校教育の正常な発展を期するために高等学校第一学年入学者の選抜を左の方針に基いて行う。

1、高等学校においては、選抜を目的とする学力検査、身体検査及び面接を行わず、出身中学校長から提出された報告書に基いて厳正公平な選抜を行う。

2、中央教育委員会が中学校第三学年全員及び高等学校入学希望の過年度卒業者に対して全琉一齊に施行する義務教育学力測定及び標準検査の結果を総合判定の参考資料とする。

二 出願資格

1、中学校卒業者及び一九五六年三月中学校卒業見込の者。

2、琉球教育法、施行規則第六七条、又は第七二条に該当する者。

三 出願手続

1、高等学校に進学を希望する者は、入学志願書を出身中学校長に提出する。

2、出身中学校長は、入学志願者の入学志願書及び報告書を希望する高等学校長に提出する。

3、一九五五年三月以前に中学校を卒業した者は、出身中学校長が、中学校卒業者以外の高等学校進学希望は居住地の中学校長が、代つて手続きをとるものとする。

四 出願期日

入学志願書受付は

二月十一日から二月二十日までの一〇日間とする。

受付時間は、日曜日を除いて毎日午前九時から午後五時まで、但し、土曜、および締切日は正午までとする。

五 選抜の方法

1、高等学校は、学校長を委員長とする選抜委員会を組織して、選抜を適正ならしめるものとする。

2、高等学校においては、選抜を目的とする学力検査、身体検査及び面接は行わない。但し学校の特殊性に応じて学校長が必要と認める事項については、身体検査を行うことができる。

3、高等学校長は、出身学校長からの報告書によつて厳正公平な選抜を行う。

4、報告書は次のとおりである。

(イ) 生徒指導要録

(ロ) 身体検査証明書

(ハ) 学級一覧表

5、中央教育委員会が中学校第三学年全員及び高等学校入学希望の過年度卒業者に対して、全琉一齊に施行する義務教育学力測定及び標準検査の結果は総合判定の参考資料とする。

6、右の総合判定の方法はこの選抜法の方針に則つて、それぞれの高等学校において決定する。

六 報告書

1、報告書を正確厳正に作成するために各中学校は報告書作成委員会を組織してこれに当ること。

2、中学校長の提出する報告書は、生徒指導要録、身体検査証明書、学級一覧表である。

3、卒業見込みの者についての指導要録の記入は、最近までの成績を総合して最終学年の成績とする。

4、指導要録中の学習成績の発達記録及び個人的、社会的、公民的発達記録は五段階評価によること。但し特別の理由で右の段階評価により得ない場合はその理由と配分の率を附記すること。

5、出席状況の記録については、卒業見込みの者は一月末現在の集計によること。

6、身体検査は、中学校において、一九五六年一月一日以降、学校身体検査規則に準じて、医師又は保健所長によつてなされた身体検査の証明書による。その際特に胸部疾患及び傳染性疾患については詳細に記入し、肢体不自由者についても備考欄にその運動機能の状態などを正確精密に記入する。

7、学級一覧表は次の通り作成する。

(イ) 指導要録中の学習成績の発達記録を五段階によつて、評価した学級全員について作成し、一通を高等学校へ提出する。

(ロ) テスト総合一覧表

中央教育委員会が中学校三年生全員及び高等学校入学希望の過年度卒業者に対して全琉一齊に施行する標準検査（知能検査）及び義務教育学力測定の成績を、テスト毎に記入した総合一覧表を一通作成して高等学校に提出する。

(ハ) 学級一覧表は総て学級単位として、所属学年の学級全員について作成する。但し過年度卒業者で、学級一覧表作成の困難な者については、その事由を附記して個人成績表を提出する。

(ニ) 学級一覧表は所定の様式により、謄写印刷又は複写紙により作成する。

8、外地よりの引揚や、その他やむを得ない事情で所定の報告書を、作成することのできない者については、その事由を記し、本人の成績を証明するに足る参考資料を提出する。

9、高等学校長は出身中学校長からの報告書に疑義又は、その他必要があれば、資料の提出を要求することができる。

10、報告書の作成にあたつては、厳正を期さなければならない。虚偽の報告によつて入学を許可された者については、入学を取り消すものとする。

七 合格者発表

三月五日までに各高等学校において行うと共に、志願者の出身中学校長へ通知する。

テスト実施要項

一 実施するテストの種類

1、知能テスト

2、義務教育学力測定

二　対象

1、中学校第三学年全員
2、高等学校第一学年入学希望の過年度卒業者

三　実施の目的

1、中学校生徒の知能及び学力の実態を把握し、両者の相関を調査して中学教育の改善及び学習指導の基礎的資料を得る。
2、五六学年度高等学校入学者選抜の参考資料とする。

四　テスト管理委員会の組織

1、各地区毎にテスト管理委員会（以下管理委員会という）を置く。
2、管理委員会は、地区教育長を長とし、教育長事務所職員及び高等学校、中学校、小学校の職員をもつて構成する。
3、管理委員会は、次の任務を行う。
　イ、管理事務
　ロ、採点事務
　ハ、検査実施及び監督
4、委員の数は、検査場及び受検者数に応じて委員長が定める。

五　管理委員会の行う事務

1、検査会場の指定
2、受検人員の報告（検査会場別）（文教局へ）
3、問題の受領及び保管
4、検査場の整備
5、検査実施及び監督
6、採点及び採点原簿の作成、送付
7、学級成績一覧表の作成、送付
8、答案の保管
9、委員長は委員名簿を作成し、　月　日までに文教局に報告する。
（会場名、監督者、採点者、事務係等）

六　検査実施の方法

1、検査会場は、各中学校とする。
2、検査監督者は、自校職員は原則としてこれに当らない。併置校は自校とみなす。但し、地理的条件によつて、交換不可能な学校にあつては、校長の責任の下に小学校又は他の学年担任と交換して厳正に実施する。
3、過年度卒業者は、出身中学校で、出身学校で受検困難な者は、居住地の中学校で受検するものとする。その場合受検希望者は　月　日までに受検場の中学校長に申出て受検票を受領しておく。

七　テスト実施期日

1、知能テスト　十一月中旬
2、義務教育学力測定　二月上旬

八　テストの問題作成

1、標準検査の知能テストは既に標準化されたもののうち、相当年令及び学年に適するものを使用する。
2、義務教育学力測定は、中学校の全教科、国語、社会、数学、理科、音楽、図画工作、体育、職家、英語の九教科について行う。
3、義務教育学力測定の問題は、問題作成委員会において作成する。
4、右の測定の問題は、次の要領に基いて作成する。
(イ)　中学校教育課程において習得されている基礎的な学力を評価することを

主眼とする。

(ロ) 出題に際しては解答が偶然性に支配されたり単なる記憶の検査に偏しないようにし、思考過程や推理判断の働きや、技能、態度等をも検査しうるように努め、中学校教育の正常な発達を阻害せず、且つ準備教育の弊を誘致しないように留意する。

(ハ) 出題の形式は略式客観テストを主体とするも論文形式をも加味する。

九 問題作成委員会

1、文教局に問題作成委員会（以下委員会という）を置く。

2、委員会は文教局長を長とし、文教局職員及び高等学校職員をもつて構成する。

3、委員の数は、三〇名程度とする。

4、委員会は次の任務を行う。

(イ) 義務教育最終学年における学力測定の問題を作成する。

(ロ) 学力測定の実施法について指導する。

(ハ) 測定の結果について集計及び解釈をなす。

一〇 検査終了後の処理

1、採点は、予め委員長より指示された採点場毎に行う。

2、採点は、採点基準表の示すところによつて行う。

3、採点については、公平厳正を期し、同一答案を少くとも三回実施者を異にして点検せしめるものとする。特に集計には慎重にこれを行う。

4、実施者交換が不可能で自校で実施した学校の答案は校長立合で厳封の上、管理委員会（教育長事務所）に送付する。管理委員会は右の要領によつてこれが採点を行う。

5、管理委員会は、受検成績の学級一覧表を三通作成して、一通は出身学校（又は居住地の学校）ごとに一括して検査終了後何日までに送付し、一通は文教局に送付し他の一通は管理委員会に保管する。この一覧表は、所定の様式によつて作成し、採点者、点検者、委員長の氏名捺印をなす。

6、成績一覧表の記入は慎重を期し、検査成績は教育的に取扱い、且つ、秘密保持に留意すること。

7、採点済みの答案は、検査会場毎にまとめて教育長事務所に保管するものとする。

一一 中学校長の行う事務

1、中学校長は予め受検人員及び受検教室の数を管理委員長に報告する。

2、受検は当該学級毎に行うものとする。

3、中学校長は、職員をして、受検場の整備をなさしめ、受検管理の責任に当る。

4、管理委員会から成績一覧表の送付を受けたならばテスト総合一覧表に転記して進学希望の生徒については、その志願先高等学校に入学願書と共に送付する。

5、自校で実施した学校の進学希望者について、テスト総合一覧表の中で記入が願書受付けに間に合わない学校は、責任者が管理委員会に出頭して、直接総合一覧表を作成するものとする。

6、過年度卒業者の受検成績一覧表及びテスト総合一覧表は、その生徒の卒業年度の所属学年毎に作成するものとする。

一二 テスト実施上の留意事項

1、検査場の整備について

① 机、腰掛等の配置は不正行為を防止するよう十分研究工夫すること。

（出来るだけ一人用机を使用し、机間を広くすること）

② 一検査場の人員は五〇名程度が望ましい。

③ 受検生徒の席がすぐわかるように教室や机に番号をつけること。

④ 受検生徒は、出席簿の順序に番号を確実にし、どのテストにも同一番号を用うること。

⑤ 監督者は、検査開始前に正確に合せた時計を所持すること。

⑥ 検査場の一切の掲示物は取り除くこと。

2、検査実施監督について

① 検査監督者は、テスト実施三〇分前に問題用紙を受取り、受検人員の数と照合し、用紙の欠頁、不鮮明等を点検する。

② 受検生を集合させ点呼をなし、受検上の注意をなす。

③ 各検査五分前には受検生を指定の席に着席させ、自分の番号を確認させる。

④ 検査場には筆記用具の外携行させない。

⑤ 各検査の指示説明はそれぞれの手引によつてなす。

⑥ 不正行為を発見したときは、その者を退室せしめ、その受検科目は無効とする。

⑦ 受検中の離席は原則としてみとめない。但し用便その他やむを得ないときは適当な処置をとる。

⑧ 問題の内容にわたる質問は許さない。

⑨ 万止むを得ず遅刻した者は別室で受検させてもよい。

教育測定調査委員会規程

第一条　琉球教育法（一九五二年、布令第六六号）第四章第一条に規定する学校における教育の測定調査を行い教育の向上をはかる基礎資料を得るために、文教局に教育測定調査委員会を設置する。

第二条　教育測定調査委員会（以下「委員会」という）は左の事務を所掌する。

一、学力向上に関する調査研究

二、教育測定評価に関する調査研究

三、教育指導及び管理のための調査研究

四、その他教育測定調査に関し必要なる事項

第三条　委員は幼稚園、小学校、中学校、高等学校及び文教局の職員並びに学識経験者のうちから文教局長がこれを任命又は委嘱する。

第四条　委員会の委員数は六十名以内とし、必要に応じ臨時委員を学校種別に被調査学年の学級数以内においておくことができる。

第五条　委員はすべて非常勤とし、当該調査事項の完結とともに委員を解任されるものとする。

委員及び臨時委員はその職務を行うために要する費用の弁償を受けることができる。

第六条　委員長は文教局長とし、委員会が会務を総理する。

副委員長は委員の互選によるものとし委員長を補佐し委員長に事故があるときはその職務を代理する。

第七条　委員会は委員長の定めるところにより連合教育地区に地区委員会をおくことができる。

地区委員会の委員長は当該地区教育長とし、地区委員会の会務を掌理する。

第八条　委員会の事務は文教局において処理する。

第九条　委員会の経費は文教局予算にこれを計上ずる。

第十条　この規程に定めるもののほか委員会の議事その他の運営に関し必要な事項は委員会が定める。

小学校社会科に於ける
―地理的指導について―

西平秀毅

一、社会科に於ける地理的指導はなぜ重要か

社会科は「児童に社会生活を正しく理解させ、同時に社会の進展に貢献する態度や能力を身につけさせる」ことによつて民主的社会人を育成する上に重大な役割をもつ教科である。

児童たちが、問題解決を通して社会生活に対する理解を深め広めて行くとき、ぜひ必要と考えられる基本的な諸能力の中、地理的にものごとを見たり、考えたりする能力が重要な地位を占めている。この度の文部省の社会科改訂方策の中にも、その指導計画について小学校の社会科では地理、歴史その他の面の基礎的知識の習得などから改善すべき点があると指摘して、暗に世論にある地理、歴史の知識内容の欠除に対する答を行つている。しかしその内容を具体的に中学校の地理的学習の基礎とか、年代史学習の前段階として日本の各時代のようすの理解といつたことが挙げられている。この点から考察しても、従来の社会科指導の盲点が地理歴史的内容の欠除と指導の貧困さにあつたような感がする。

それは、今更いうまでもないことであるが、社会生活、人間生活は、具体的には或る特定の地域において展開されているものであつて、多少の程度の差はあるにしても、人間生活は直接間接に地理的環境の規定を受けて展開されているからである。いゝかえれば、社会生活は何等かの形で地理的条件（自然的立地条件）の規定を受けて成立しているからである。

故に社会生活を規定し、或は、そこに影響を与えている種々の地理的条件を考察し、正しくとらえるという事がなくては、社会生活を正しく理解することも、地域社会なり、環境なりの問題の焦点の把握も、さらにその具体的な解決の方法も十分達成することが出来なくなる。そこに社会科指導における地理的要素の重要性があると思う。社会科学習において、児童たちが取組む問題として予想されるものを挙げて見ると、左のようなものが考えられる。

1 家庭生活―学校生活―近所の生活―郷土の生活―国家生活―国際生活
2 各種の施設の保護、利用
3 財産、資源の保護、利用
4 生活に必要な物資の生産、流通、運輸
5 交通、通信、文化の交流及び発達
6 保険、衛生、厚生、災害防止の諸活動
7 教育、交際等の諸活動
8 政治ならびに種々の制度、慣習、文化遺産

これらの問題は、それぞれ多かれ少かれ、地理的考察を必要とする幾多の諸活動を含んでいることは今更いうまでもないところであろう。このような社会科学習における問題解決の一支点としての地理的考察は、一方児童たちの社会生活を見る視野をつぎのような諸点において拡げる。

1 人々の生活とその土地の地理的条件―例えば、位置、広さ、人口及密度、気候、地勢、資源、産業、交通、集落等とがどのような関係があるか。
2 人々の生活は、その土地の自然的条件（地理的条件）の相違によつて、どのようにちがうか。―地域差によつて人々の生活はどのようにちがうか。
3 人々はその土地の自然環境あるいは地理的条件をどのようにうまく利用して生活しているか。また、その土地の人々は、自然環境に対して、どのような問題をもち、どのように解決しようとしているか。
4 生産、消費、交通、通信、生命財産の保全、厚生慰安教育文化、政治等の根本的な社会機能がどのように地理的条件の規定をうけ、相互にどのような関連をもつて営まれているか。
5 社会的な制度、施設、慣習、その他種々の文化遺産は、その土地の地理的条件の規定をどのように受けて発達してきたか。
6 地域を異にする人々は、かれらの共通の人間的要求を満たすためにどのように相互に依存し合

つているか。

等と、ともに、風俗習慣や人情、さらには人種を異にする人々に対しても暖い人間としての共通感を抱かせるようになり、社会科のねらう望ましい社会観や人間観の基礎を豊かに培うようになるであろう。

問題解決に必要な地理的考察力を伸ばすということは、その活動と表裏の関係において、児童たちに以上述べたような地理的理解力を…社会科の目的達成に重要な位置を占める …培うということをも意味している。これは、問題解決の一支点としてだけに地理的指導の重要性を位置づけるより、そのこと自体のもつ内容的意味の重要性—社会科における—にも考えを及ぼし、この形式と内容の二つの面から、社会科における地理的指導の計画を具体的に立てるようにした方が、実際的であると考えられるのである。

しかしながら、これまで社会科における地理的指導の重要性を力説したのであるが、これは既成の地理学的な体系的知識を与えることの重要さを意図しているものではない。学習活動の結果として、知識は類別され、体系化され、さらに記憶されてはいくであろうけれども、はじめから、そのような地理の知識の系統を一方にたてて、児童の問題解決学習の外に一本流していくということを企図しているものではない。

児童たちが具体的な問題に即した、社会生活と、その土地の自然環境との結びつきをどう見るか、また、その土地の位置的条件、気候的条件、資源的条件等々の基本的な他理的条件をどのようにとらえ、問題解決にどう役立てるか—といつた見方、考え方をのばすことに主眼をおき、その点から、指導計画をたてていくことが必要である。

このように、社会科における地理的指導の位置づけを、人間生活と自然環境との結びつきを考察する能力をのばすという点においてくると、できるだけ、問題の存する自然環境を観察し、そこに働いている地理的条件と、具体的に展開されている人間の生活とを相関的にとらえて研究するということが重要になつてくる。このような研究を重視し、その学習を能率的に進めようとするときは、どうしても児童に正しく、しかも効果的に読図能力をつけるようにしなければならない。

小学校の社会科の地理的指導の重要ないくつかの面の中で、とくに基礎的な能力に直接つながるものとして、「読図指導」があるが、従来の社会科指導では、とかくその総合的な活動面にのみ注意が払われ、基礎的学力についての分析が不十分であり、またその指導の体系的な研究もあまり進んでいなかつたように思われる。次に参考のため、読図指導の目標を明かにして読図指導の学年系統の試案を掲げることにする。

二、読図指導の目標は何か

前述したように、読図力をのばすということは、児童たちの当面する問題解決に際して地理的な考察力や処理能力を高めるということに直接結びついている。これで読図指導の目標は、直接には、児童の発達段階に即し、児童たちの取組む問題に応じて

1 地図を作つたり、読んだりして問題解決に当ろうとする態度や能力を育成する（立体地図、平面地図）

2 種々の地図的表現の観察や作製に慣れ、一般的な地理的表現を次第に理解させる。

3 地図記号や地図表現を理解するとともに、読図によつて、

▲人々の生活は、その土地の自然環境（地理的条件）とは、どのような関連があるか。

▲人々の生活は地域によつてどのようにちがうか。

▲地域によつて地理的条件はどのようにちがうか。（自然環境は、地域によつてどのようにちがうか。）

▲人々は自然環境（地理的条件）にどのように適応して生活しているか（自然的地理的条件をどのように利用し、また克服しているか。）

▲その土地の地理的条件から発生する問題は何であるか。それを克服するには、どうすればよいか。

▲人々は、他の地域の人々と、どのように依存し合つて生活しているか。

等の地理的考察力や問題解決の能力をたかめるにあると思う。次に読図指導の学年系統の（試案）を示すことにしよう。

三、改訂社会科に於ける読図指導の系統試案

この試案は、文部省の社会科改善方策並びに社会科改訂第五次中間発表案（最終案）の中に示されている指導計画、指導上の留意点、各学年指導目標（基本的目標具体的目標）、内容、学習領域等に基いて考究して、この程度のものであろうという主観的なものであるから、現場教師によつて修正され、具体化されることを望んでいる。

第一学年

一、作図

1 粘土、草、木の枝、積木その他の玩具等を利用して箱庭を作つて遊ぶ。

2 積木や玩具を机や床に並べて町や村を作つて遊ぶ。

3 画用紙や厚紙で簡単な家や橋の模型を作りそれを机や床に並べて町や村を作る。(先づ道路をかきその両側に右のものを並べる)

4 画用紙に家、橋、山、川、森などをかいてそれを切抜いて立体的に取り付けて町や村を作る。

5 家の近所や学校のまわりの絵をかく。

6 教師や父母に家の近所や学校のまわりの主な道路を描いてもらつて、それに自分の家や近くの目ぼしい建物を描いたり、それらの切抜の絵をはつたりする。(山や川、海)など比較的に関係のはつきりした事物も入れる。

7 簡単な家の間取図を描いてその使用状況を示す絵を入れる。

二、読図

1 箱庭、模型を見て事物の名称を正しくする。(山、川、海、池、湖、林、道、橋、停留所、トンネル、港、町、村等)

2 家の近所や学校のまわりの地図模型や絵地図を見て▲自分の家の位置▲学校の位置▲目ぼしい建物や施設▲〇〇川▲〇〇山等の地物等を見つけそれぞれの関係位置を読取り、簡単に話せるようになる。

3 地図模型、絵地図、さらには高台、丘、屋上から附近の様子を見て、▲遠い近い▲上下▲大きい小さい▲多い少い▲頂、ふもと、とうげ▲広いせまい▲浜辺(いそ)、沖、島、岬▲高い低い▲東西南北等のことばの意味を正しくとらえさせる。

第二学年

一、作図

1 粘土、紙粘土、玩具、切抜絵等を利用して地図模型を作る。

2 もぞう紙に、家や橋、川、山などの切抜絵や折紙等を並べて近所や学校のまわりを表現する。

(自然物、諸施設、道路、建物等)、学校、郵便局、神社、寺院、川等は記号で表現する。

3 家から学校までの道順を絵地図に描く。▲河川、橋、トンネル、主要道路、停留所、信号、▲交通施設や地物をくわしく入れる。

4 家のまわり、学校の近所を道路を中心として図式化する(2、と同じものを)

5 通学路の附近にある役所、公えん、神社、寺院、教会、市場、病院、警察署、交番、消防署、火の見やぐら、郵便局、新聞社、工場、牧場、商店、街、山、森林、原野、田畑等を記入する。

6 単純な集落では(部落の程度)村の絵地図を描く(道路中心に)▲集落の疎密の程度、主な公共施設、田畑、山野、河川、海、湖沼等を表す。

二、読図

1 近所の立体地図(簡単な地図模型、絵地図)を展望により実際と比較しながら読む。

2 郷土の単純な航空写真(ふかん図)を読む。

3 近所や学校のまわりの絵地図から、作図(2)(5)の項目を読取り、そこへの道順を知る。

4 郷土の絵地図から、作図(2)(5)の分布状況を読取る。

5 近所の絵地図から、▲にぎやかな所、▲危険な所▲景色のよい所を読取る。

6 郷土の絵地図の上で、できれば単純で目だつた地理的条件を読取る。(なぜか?なぜそうなつたか?)

7 友だちの絵図(近所の)と自分のものを比べて共通の地物、施設などを読取る。又その差異を読む。

第三学年

一、作図

1 粘土、砂、紙粘土等を材料にして、郷土の単純な地図模型を作る。(地形を主として)▲道路集落の分布▲主な公共施設の記号を入れる。▲記号を入れる前に一応紙を切抜いてはつたり、彩色したり、模型や玩具をおいたりする。

2 簡単な郷土の地図(平面)を描く(主要道路中心に)

3 土地の高低(山、平野)、河川、海、湖、沼等を彩色によつて表現する。

4 簡単な分布図を絵地図風に描く(産物を主に)

5 方位、距離、広さ、大小を正確に描くようにする。

二、読　図

1 郷土の分布図を読む

▲自分の町や村の地図で隣接町村との境界線や各部落の境界線を読む。

2 郷土の地図で「どこに何があるか。」また地形、地物の名称を凡そ読む。

3 集落、山、川、平野、海、湾、湖沼、島、橋等の記号の表現方法を知る。

4 地図の上での方位（東、西、南、北）を知る。

5 郷土を含む県、郡の地図で自分の町、村の位置や隣接の主な町、村の位置を読み取る。

▲主要都市や隣りの町、村へどのように行くか、地図の上で知る。

6 郷土の主な産業で地理的条件の単純ではつきりしているものについては、その設置の理由や発達の原因を考察する。

7 できれば、集落の分布や発達について、地理的条件を考える。また郷土の交通の分布や、その発達についてもその条件を考察する。

第四学年

一、作　図

1 展望したり、踏査したりして、郷土及び隣接の町、村を含む範囲の作図をする。

▲市販のもの、又は上級生の作つたものを参考にする。▲おおまかな地形、主要道路、集落の分布を主として。

2 市販の郷土の郡、県の地図を参考にして絵地図、地図模型、地図の模写等が正確になる。

3 市販の地図から、学習に必要とするもの（例えば、地形、区画、交通、集落の分布等を選んで模写する。）

4 単純な拡大図を描く。

5 郷土の白地図に、郷土の区分（部落）をほぼ記入する。

6 郷土の区分だけを記入した白地図に、主な山川、河、海湾、湖、沼、池、公園、集落、広い範囲にわたつてある施設（例、水源地、ダム、大工場等）などの位置を記入する。

7 郷土の白地図に、主要道路交通分布図を描く。

二、読　図

1 郷土の地勢図、交通図、産業分布図を読み、問題解決に直接に役立てる。

2 温泉、鉱山、油田、港、燈台などの記号を知る。

3 郷土の地勢、気候、交通、産業、集落、の分布等の相互関係を読図によつて考察する。郷土の産業、交通、集落の発達の地理的条件を考察する。

4 郷土の生活と他地域との相互依存の関係を読図によつて考察する。（▲生産物資の流通を中心に）

5 郷土と他の地域とを地図の上で比較し、目立つた類似点、相違点を読みとる。

6 日本地図の上で自分の知りたい土地をさがす。

7 日本の地勢図、交通図、産業分布図等を学習に利用する。

8 郷土の地図を見て、郷土社会の問題を見つけたり、（例、植林、治水、港、道路、開墾、用水、観光等）の種々の問題解決の資料として、地図を利用する。

9 遠足、旅行、見学等のとき地図を利用する（作図したり読図したり）

第五学年

一、読　図

1 日本地図（段彩式）によつて、日本の地形、地勢の大要を知る。

2 等高線の意味を知り（理解）、地勢をわかりやすく表現する。

3 各種の分布図の意味を理解する（日本のもの）

▲地勢図、産業図、交通図、人口図、気温図、雨量図、動植物分布図、都市分布図等々。

4 分布状況（産業）等を位置、地勢、気候、交通資源等と結びつけて考察する。

5 各都、道、府、県庁所在地や主要都市の位置を知る。

6 海流、航路、空路等の記号を知る。

7 半島、岬、海峡、水道（海の）、地狭、山脈、火山、火山脈等の地形を知る。

8 縮尺を利用して地図を読む。経度、緯度の意味を知る。世界地図を利用する。

9 地球儀を利用して海洋、大陸の分布を読む。

二、作　図

1 日本の分布図がほぼ描ける。

2 日本の地勢図、気候図、産業図、交通図、雨量図、人口図、を描く。（模写）

3 統計をもとにして、人口、産業等の簡単な分布図を工夫して描く。（絵統計分布図も）

4 段彩式平面図を描く。

5 等高線をもとにして、厚紙を切抜き、それを積重ねて比較的正確な地図模型を作る。
6 日本の白地図に主要鉄道幹線を描く。
7 日本の白地図に主要都市の位置を記入する。
8 日本の白地図に 四大工業地帯 などを 記入する。
9 縮小、拡大の描図ができるようになる。

第六学年

一、読図

1 二万五千分の一、五万分の一、の地図で地勢集落の分布、交通状況を正確に読取り、遠足旅行に地図を利用する。
2 各種の地図を学習の必要に応じて選択して利用する。
3 地図を利用して、地理的条件を考察することが進む。
4 等温線、経度、緯度の意味を理解し、使用する。
5 世界の地勢図、交通図、産業分布図、区分図（国）、人口分布図、人種分布図、気候図、雨量図、動植物分布図等を読む。
6 地理的条件によって、人口、都市、集落、産業、交通、気候の状況を理解するようになる。
7 地球儀と各種の平面地図との関係を知る。

二、作図

1 世界の主要国別図、主要都市の分布図、地勢図、気候図、雨量図、産業分布図、交通分布図、人口分布図等を描く（模写）
2 白紙に日本の地形、地勢の大略を描く。
3 日本の白地図に主要都市、都、道、府、県、区分図を描く。
4 世界の白地図に主要都市 海岸、主なる河川山脈、湖沼を描く。
5 簡単な地球儀を作る。
6 六年終了までに地図帳の凡例に出ている読図記号を理解し、学習の必要に応じて自由に使用するようになる。

四、読図力を伸すための一般的要領

一、児童、生徒の発達段階に適応すること。
二、事象（例、山、川、平野、気象等）を実際に展望観察して、作図又は読図をなし地理的条件を考察する。
三、事象を関係的に考察する。
四、作図（描図）、読図は関連させて指導する。（作図することによって読図力をのばし、読図することによって作図技能をのばす）
五、比較観察を重視する。
六、他教科との関係に注意して指導する。
例、▲国語＝近所の生活、郷土の公共施設、旅行文、紀行文
▲算数＝方位、測量、縮尺、拡大図、縮小図、距り、日時、統計
▲理科＝山、川、平野、海、湖沼の成因、変化、気温、雨量、風向、気象
▲図工科＝作図（描図）と関係が深い。
七、各種の地図模型、地図、地球儀の利用に親しませ、なれさせる。
八、常掲又は常置の地図、模型を数多く利用する。
九、市販の地図の学習の仕方を単元の学習と関係させて指導する。
十、地図記号について、社会科地図帳の凡例の諸記号、方位、縮尺、地図の表現様式、等高式図、段彩式図鳥かん図、投影法等を充分に指導する。（時間を特設して指導するもよい）
十一、低学年（四年まで）では作図に重点をおいて、読図を指導し、学年の進むにつれて読図を主として作図を指導する。
十二、読図、作図の資料（内容）には
「自然的環境として、」1空間的領域（ひろがり）2地形、3気象、気候、4資源等を図上に表現させ、

「社会的環境としては、」1住居（集落状況）2生産交通、3慣習、制度、4交易、5観光資源等を図示し、読図によって、問題（●なぜそうなっているか？●どうしなければならないか？●どうしたらよいか？）を発見させてその解決を学習するように指導する。
十三、作図、読図の指導にあっては常に学習する単元の目標（何を学ぶか）を子供に充分知らしめて学習作業をさせる。
（指導主事）

沖縄水産高校における漁撈航海科のカリキュラムについて

西島本信昇

目次

緒言

社会の進歩を促す諸要素にはいろいろあろうが、特に産業経済の充実発展が根幹をなすものであることは、今更異論はないと思う。従つて生産性と技術及び勤労の普遍的高度化の裏付がないとすれば、社会的発達は停滞せざるを得ない。

「衣食足りて礼節を知る。」とは古くから示された箴言なのである。

而して、産業発展の為に、ひいては社会進歩の為に産業教育（中学校及び普通高校における職業教育を含めて）の重要性が強調されなければならないことも喋々するまでもないことである。

しかるに実際はどうであろうか。なるほど、産業振興五ケ年計画とともに産業教育の重要性が痛感せられて来ている。しかしながら、直接的には実験実習設備や施設に多大の費用が必要であるという困難もあつて実に情ない状態にあるといわねばならない。果して問題はそれだけだろうか。

教育の目的は相互に尊敬しあう、高い人格を養うとともに社会人としての経済的自律活動力をもつ人の育成もまた同等に要請されなければならない。封建社会ならいざ知らず、近代化しつつある社会にあつて、他人の経済力に依存し、あるいは他人の経済を搾取することによつて、自ら高しとすることは許されないからである。民主々義実現のために、教育が人格的教養を高めるということを重視するの余り、観念教育に偏することがあるならば、霞を食つて生きるという仙人の社会を構成することになるであろう。

一体全琉球における、中学及び公立高校の卒業の何パーセントが進学し、そして就職して社会に出なければならない生徒がどれ位いるであろうか。

われわれは経済生活上の余裕がなければ、社会道義の維持すら困難なことであるという、われわれ自身のつぶさな体験を想い起すとともに反省してみる必要はないだろうか。

さて沖縄産業の一環としての水産業を考えてみるに、郷土の地理的、自然的条件からしても、水産業に一大重点を置かなければならないであろうことは、決して私の我田引水的な考え方ではあるまい。

ところが水産業に対しても、水産教育に対しても十分な関心と処置がとられているかというと、実際は期待通りではない。そこには幾多の欠陥と問題を指摘することによつて、異論を掲げることが出来るであろう。だからと言つて水産業と水産教育を等閑にする理由があるとは思えない。

筆者はこゝに、教育関係者は勿論、全琉球の人々に水産教育への理解と協力をお願いすると同時にわれわれ当事者の努力を誓うことを前置きとして、漁撈航海科のカリキウラムについて、その計画の一端を発表させていただき大方の御批判を仰ぎたいと思う次第である。

I 漁撈航海課程について

科学の発達に伴い、産業の分野も多方面に分化し、同時に職業の分化も著しく、従つて職業教育もいくつかの専門コースに分けて教育することが考えられて来た。この傾向は今後とも益々深まることであろう。

水産業は水産生物を採捕し、之を直ちに利用し、又加工して食用等にし、あるいは水産物を育て、利用するといつた具合に、広い分野の多種多様の技術を必要とする。この中で特に水産の特異性をもつた技術について専攻出来るよう、産業教育としての立場から専門課程をいくつに分けたがいゝかという問題は、水産業の発達状態、その長所短所及び将来への計画といつたことに基づく社会的要望、あるいは生徒の個人的要求などに即応して論議せらるゝべきである。本課程は水産動植物を採捕することを目的とする漁業に必要な知識、技能を習得させるためのものである。漁業は水産業の中枢をなすものであるから、本課程はまた水産教育においても最も重視せられなければならないものである。

しかしながら殆んどの産業教育の場合がそうである様に、水産教育課程を明確に分割することが出来るものではない。従つて本課程を重点的に専攻し、他の部門は出来る範囲の概略を習得させるようにしている。

II 目標設定及カリキユラム編成上の問題点

産業教育は産業社会の要望に応じて、目標が設定され、更に教育的方法が展開されるべきであるからには、どうしても琉球の漁業の状況を検討し、その社会的背景を吟味することがなされなければならないであろう。幸にして、本校は本年度、研究校に指定され、各種の実態調査が行われているがその結果が纒め上げられれば、この課程についても更に吟味し、改正されて行くであろう。

筆者は日頃から考え、あるいは考察して得た結果を次に示し、更には業界及び社会の人々の声を取り上げることによつて、一先ず本課程の目標設定及びカリキユラム編成上の問題点としたい。

(1) 琉球の漁業

多数の島嶼からなる琉球の自然的、地理的条件からして、他産業には、ある限界があると考えられるが、海洋を控えて動物蛋白食糧の供給には水産生物に依存しなければならない点、漁業が優位に立つものであることは誰しもが認めるところであろう。海洋資源を対象とする漁業には進出あるいは開拓する余地が十分残されているという点に我々には大いに期待したいのである。

琉球近海には棲息する漁種は多いが数量が少ないということは確かに否めない。ところが一方優秀な漁場であるにもかゝわらず、日本の漁船の跳梁にまかしているものもある。即ち、カツオ、カジキ、マグロ、フカ、タイ類がそれであろう。又調査資料もなく開発されずに居る資源も決して少なくないと思う。例えば昨年来有望視されつつあるサバがその例である。エビ類、イカ、タコ類や底棲魚類の中には利用されずに死滅して行く資源量は案外に多いかもしれない。従つて、底曳網によるエビ資源の開発も決して夢ではないかもしれない。更にまた漁場を拡大して行くことによつ、、支那海、印度洋、東印度諸島の大陸棚へ進出して、トロールあるいは底曳網漁業の開拓、遠洋マグロ漁業の育成等によつて国際的に貢献するところも少なくないであろう。資源は枯渇してもいけないし、死蔵されてもいけないのである。こういつた水産業の将来性に対する期待と計画はカリキユラムの編成に強く打ち出されなければならないであろう。

しかしながらこういつた有望性をもつにもかかわらず、なお不振な状況にあつて、その現況を検討してみると次の様な点が指摘される。

(A) 漁獲高は琉球内における需要を満すには遙かに遠く、年々の輸入高は極めて多い。従つて、生産を高めることによつて、魚価を低くし、市場を拡張することが可能である。これは漁獲物の鮮度保持及び加工の問題と合わせ考えられなければならない。

(B) 資源的に見ても、漁業技術の科学化によつて、十分生産を上げることが可能である。要請さるべき科学化の問題としては、漁具、漁法、漁船及び科学的資源調査の問題が考えられ、その中で、漁船の機械化の点においては魚群探知機及無線機の装備が叫ばれているが、その為に本課程でも通信技術者養成の問題をどう取扱うかが懸案となつている。

(C) 企業の規模から見ると、零細な兼業が多く、漁業経営の採算という点から考慮すると、大資本化の傾向と、小資本による合理化の傾向が強くなりつゝあり、中間的経営が困難になりつつある。従つて、遠洋資源の開発及びあるいは沿岸資源の調査が強く推進されなければならない。

(D) 水産資源に対する知識と保護及び増殖の精神に欠けている為、資源の荒廃を漁業者自身で招いている。漁業違反件数の多いのはこのことを物語るものといえよう。

(E) 漁船の安全運行の態度と技術が不完全なため、自らの損害を多くしている。

(F) 漁業を援けるべき、貯蔵、加工、漁港及び造船施設が不完全なため、折角の漁獲物の価値を減少させたり、経費増大の因を作り、経営が極めて困難な状態にある。

(G) 魚族に対する科学的調査資料は全く不完備で、なおその上に資料を大切にする態度が欠けている為、漁業計画の樹立が不可能な状態にあり、常に投機的域を脱することなく、それが近代的産業として取残されて行く一因をなしている。

(2) 漁業の特異性

漁業は海洋に棲息する水産生物を対象とするものであるからその特異性は水産生物の特異性と海洋の特異性から来るものであつて、漁業課程の実践に当つてはこの二つの特異性を認識して、それに対して、如何なる態度で向わなければならないかを考えなければならない。

（A） 生物はそれ自身常に変化があつて、発生、生長、死滅するものなのであるが、その変化は、環境の諸要素の影響を受けている。陸上の生物に較べて、水産生物はその環境として海洋の影響が大きく又海洋自身がまた気象其の他の影響で変幻極りないものである。かようにして、水産生物はその数量を確かめ、予知することも、その動向を具に観察することも出来ない。その結果漁業は投機性が強く、洋上労働にも危険がともなうから、進取の気象に富んだ強靱な心身の持主でなければ到底なし得ない業なのである。

（B） 海洋は広く地球をめぐつていて、公海の原則の上から漁業は単に地域的に制限されることなく、常に国際的色彩を帯びているものである。更に漁業はその原始的性質からして、決して科学の進歩によつて生じた産業ではなく漁業に関する学問及び技術は体験の累積によつて、築き上げたものであるから、体験によつて体得するのでなければならないし、漁業技術の向上を図る為には、他地域における状態を学ぶことによつて、創意工夫の一助とする必要があり、この点でも地域社会についてのみの教育に偏することが避けられなければならない。

(3) 社会的背景

（A） わが民族の中には、物質軽視の観念や職業蔑視の思想が深く根を張つている様に思われる。東洋的精神主義観に基づくものであろうが、この思想は勤労を重んずる人間の育成を目指す産業教育に大きな欠陥をもたらすと同時に産業の発展ひいては社会進歩の一大障害をなしている。

また一方青少年の特質として、現実から飛躍した理想を追求するあせりが見られるということも、産業教育にとつてマイナス点となつていることも見逃せない。近代社会にあつては、こういつた思想は最早改革されなければならないし、この思想と妥協して産業教育が行われてはならないのである。

以上の二点は危険と板子一枚相接していて原始的性格をもつ漁業労働に対して極度の偏見をもたしめる結果となり、漁業に従事したがらない風潮を作り上げてしまつている。この風潮に対抗し、乗り切つて漁業者として働く為には水産業の重要性を十分認識し、熱意と堅い意志をもたなければならない。強く世人に訴えたい所以である。

（B） 洋上で活躍する産業には漁業の外に海運業があるが、琉球では先ず第一に重視しなければならない産業である。しかるに諸般の事情からその要求に応じて設けられた教育機関がなく、また今の所その必要もなかろうと考えられ、従つて海運の為に船舶を運行させる技術者の養成は本校においてなされなければならない。しかるに漁業と運輸はその目的において本質的な差がありたゞ船に乗組んで安全に航行させるという点で一致するだけである。この社会的要望は大きく必要欠くべからざるものであつて如何にして二者の要求に応じるカリキュラムを作るかは本課程の最大の問題点となる。本課程を漁撈航海科の名称にしてあるのもこの為である。

III 本課程の目標

社会の要望に即応して教育するということは、先ず社会の要求が何であるかを正しく把握しなければならないし、又正しくて、より効果的な教育の方法がとられなければならないであろう。その為に教師は常に調査、検討の方法、並びに自分の教育の方法を反省しなければならない筈である。その意味で、特に産業教育に携わる教師は産業社会に対して常に先見の明を持ち得る有能者でなければならぬと痛感させられ、全く怖くなるばかりである。

ところで目標設定、カリキュラムの構成、単元の選び方並びにその展開の方法に至る一連の問題は、あくまで学問、技術の体系とか学問技術の動向と言つたものに基盤をおき、更には、思想、文化といつた社会生活の根底に立つものでなければならない筈であるから、一般的に広い社会に共通した要求によつてあるいは産業教育に共通な考え方によつて一般目標を設定することが出来ると思う。

一般目標

「実社会の要望に応じた技術、知識を身につけ、社会に出て直ちに実務にたずさわり、やがては業界の中堅となつて、水産業を向上発展させて行く原動力となる人材を育成する。」というのが水産教育の目標であつて、水産生物の採捕する漁業の分野の技術、知識を修得してその目標に向つて努力するのが本課程のねらいである。ところが、原動力となる為には、どうしても断固とした強い態度を常にもたなければならないが、本当に実践力を発揮するには正しい技能を習得しておかなければならないし、そうする為には豊かなしかも正しい知識が役立つてくれるということになる。この三点ががつちりと組合つた人間が最も望ましいことになる。そういうことから理解、技能、態度の三面から各学年の目標を次の様に掲げる。

第一学年

A　理解の目標

(1) 水産業とはどのようなものであるかを理解する
(2) 水産資源が人類にどの様に役立つているかを理解する
(3) 水産資源の特質について理解する
(4) 水産業の発達、分布、種類の大要を理解する
(5) 水産増殖、水産製造貯藏、などの分野についても、およそひととおりの技術を理解する
(6) 一般生物分類の大要とあわせて、水産生物の分類の位置を理解する
(7) 一般生物と比較して、水産生物の特徴、生活環境を理解する
(8) 水産生物の社会的、経済的意義を理解する
(9) 水産生物の発生、生理、生態、形態の大要を漁業技術と関連して理解する
(10) プランクトンの分類性状および水産上における役割を理解する

B　技　能

(1) 水産生物の採集、観察、検鏡、解剖、記載および標本作成の技能を養う

C　態　度

(1) 水産資源を愛護し、水産業にまじめに従事する態度を養う。
(2) 水産生物の知識およびその取扱い技術を水産上に応用する態度を養う

第二学年

A　理　解

(1) 琉球及び世界で行われている各種漁業の大要を理解する
(2) 漁場と漁期の条件および性質を理解する
(3) 漁具の材料、構造、操作を理解する
(4) 水産業の科学的運営に重要な海洋と気象の関連について理解する
(5) 漁業の完全な運営、漁船の安全な運行のために必要な気象の諸性質を理解する
(6) 船舶の安全な運航に必要な理論及び知識を理解する
(7) 各種船舶の船体、推進機構、漁撈機械の大要を理解する
(8) 各種漁船に必要な船舶の各々の特性を理解する
(9) 水産経営の条件となる自然的、経済的および社会的事情を理解する
(10) 水産経営に必要な統計を理解する
(11) 水産経営の規模、能率及び企業形態を理解する

B　技　能

(1) 漁具の製作、修理、保存の技能を養う
(2) 船上の作業になれ、且つ漁具、漁法の操作、運用の技能を養う
(3) 水族を有効に漁獲し、その完全な処理、保蔵の技能を養う
(4) 海洋気象の観測の技能を養う
(5) 漁船に安全な運航に必要な技能
(6) 簡単な水産経営の計画と管理の能力

C　態　度

(1) 果敢に海上に進出し、且つ工夫改良する態度を養う
(2) 水産資源量を考察し、適正に漁業を行う態度
(3) 自然現象を科学的に観察する態度
(4) 海洋気象の知識および技能を漁業技術に応用する態度
(5) 船内職務を責任をもつて実行し、且つ乗組員と協同する態度
(6) 船を常に大切に管理する態度
(7) 水産経営を良心的に科学的に行う態度

第三学年

A　理　解

(1) 琉球に必要な主なる漁業について理解する
(2) 船舶の安全の運航に必要な理論及び知識を理解する
(3) 法とはどんなものか理解する
(4) 水産法規にはどの様なものがあるか理解する

(5) 水産行政に関する法規の内容を理解する
(6) 水産協同組合及び漁業権に関する法規の内容を理解する

B 技　能

(1) 漁具の製作、修理、保存の技能
(2) 船上の作業になれ且つ漁具、漁法の操作、運用の技能
(3) 水族を有効に漁獲し、その完全な処理、保蔵の技能
(4) 海洋気象の観測の技能
(5) 漁船に完全な運航に必要な技能
(6) 漁船の機械、器具類を取扱う技能
(7) 船の管理および簡単な手入れ、修理の技能

C 態　度

(1) 果敢に海上に進出し、且つ工夫改良する態度
(2) 海洋気象の知識および技術を漁業技術に応用する態度
(3) 規律を重んじ船内職務を責任を以て遂行する
(4) 協同精神にてっし、乗組員に協力する
(5) 法規に親しみ、法に従う態度

Ⅳ カリキュラム編成上の留意点

目標を達成するに如何なる方法によるべきであるかは教育の技術の問題である。極めて能率的で効果的な教育を行うには教師自身の能力、生徒の要求及び発達の程度から学校の施設、設備の状況を考慮して、可能な範囲内で出来るだけ立派な環境を、生徒と教師の協力で作り上げなければならない。

その為にはどういう単元を選ぶべきか、どれだけの内容が、必要であるか、そしてそれをどう配列しどう展開して行くかが問題となるであろう。従ってどういう態度で、どの様な基準、原則で問題に臨むかがはっきりする必要がある。次に示す諸点は本課程の構成、展開の為に留意した点である。

(1) 琉球における漁業の性格を検討し、欠点を補い長所を伸ばす様にする。
(2) 琉球の社会的要求に即応するものでなければいけないが漁業の国際性からして、単に地域社会にとらわれることなく国際性を十分発揮する。
(3) 職場が実際必要とする頻度を考え、卒業後実際の職業について、早期に必要とするであろう、可能性を十分考慮して単元を選定する。
(4) 水産学は体験の累積の結果出来た学問であり、技術も又しかりである。その為学問的体系が明確でない。教科は教育目標達成の為、教育内容を学問、技術の体系等から便宜上分けたものであるから、水産の教科は他の教科と密接な連関があるばかりでなく、内容の重複するものが多い。従って生徒の発達程度興味の中心および必要を考え、軽易なものから順次高度な内容を盛り、単元を構成する様にする。
(5) 技術は体験をくり返すことによって得られるものであるから実験実習を重視し学習は実習と関連して取扱うよう注意する。
(6) 実習はある時期に一定期間を決めて綜合的に行う方が望ましいと思われるが、基礎実習は定時に学習に並行して行う様にする。
(7) 漁業技術も高度化して来たため、更に分野を細分化して、技術の教育もまた専門化することが望まれているが、職業選択を容易ならしめる意味で早く専門化するには難点がある。
(8) 学校の設備施設の状況を考えなければいけないが、常に設備の向上を図る必要がある。

Ⅴ 学年計畫及学習進度計画（別表）

この計画をするに当って、最も困難を感じたのは単元の設定ということである。漁業の分野は多方面にわたっていて、しかも体系が十分でないという欠陥もあって、今後もっともっと検討しなおさなければならない。学問、技術が未分化であるために分野が不明瞭な點、原始産業部門の教育は教科の関連を密接にする意味から教育の方法の特殊的行き方も真剣に考えなおさなければならない問題ではなかろうか。

教科運営面で先ず「水産一般」は是非とも必要なものであるがどう取扱うかは難しい問題である。本課程の場合は漁業の立場から漁業関係で後学年で取扱うものが多いから単に心構えを作る程度に軽くすますことにした。

普通学科との関連をも示すべきであったろうがここでは省略し個人差に応じて専門化すべきであるかどうかの問題も重大なことであり、どう編成するかは今後の研究にまかすことにして省いてあるので御了承願いたい。

Ⅵ 本科の努力点

目標達成の為、学校内外でも努力すべき点が余りに多過ぎるのが沖縄の現状であろう。本校においてもなすべきことが余りにも多く、教育の効果の面は思わしくないのを申訳ないと思う。漁撈航海科では次の點に重点を置いて、なるべく少しでも教育効果が上ること

を期待している。

1 教育環境の整備

(1) 実験実習を重視することによつて漁業技術の習得ははじめて可能となる。その為に必要な設備はなるべく職業現場と同じ様にするため、完備を目指して努力する。

(2) 漁業経営の実践を図るため水産組合の計画を促進し自発的活動と創意工夫の精神を涵養するようにして行きたい。

2 実力の養成

(1) 実践技術の向上錬磨を図るため学習課程外の特別活動による実習を促進する。

(2) 仕事票等の活用によつて実習体験の豊富化を図る。

3 補導の確立

(1) 漁業の国際性に鑑み準標語及び躾の普及徹底を図る。

カッター漕技訓練

学年の計画　　　　　　　　　　　　　　　　水産高校　漁撈航海科

学年	単元 学年毎の割当	時数	%	必修科目及び指導内容 水産一般	時数	水産生物	時数	漁業	時数	海洋気象	時数	航海	時数	運用	時数	海事法規	時数	水産法規	時数	水産経営	時数	水産資源	時数	実習	時数	選択科目及び指導内容
第一学年（八単位）	水産業のあらまし	72	20%	漁業のあらまし	62																			水産施設の見学	10	
	水産生物の種類	135	38%			水産動物 魚類 水産植物 プランクトン	85																	採集並びに標本の作製 プランクトン採集	50	
	水産生物の生態	20	6%			海況と魚の生態	20																			
	水産物の貯蔵加工	28	8%	水産物の利用の意義 水産物の貯蔵加工	28																					
	水産生物の増殖	6	2	水産生物の増殖	6																					
	水産業に対するまじめな態度	80	23%																					カツター 手旗 水泳	80	
	水産業の経営	9	3	水産業の経営	9																					
	8単位	350	100	3単位	105	3単位	105																	2単位	140	

学　年　の　計　畫　　　　水産高校　漁撈航海科

学年	單元 学年毎の割当	時数	%	必修科目及び指導内容 水産一般	時数	水産生物	時数	漁業	時数	海洋気象	時数	航海	時数	運用	時数	海事法規	時数	水産法規	時数	水産経営	時数	水産資源	時数	実習	時数	選択科目及び指導内容
第二学年（二〇単位）	漁業の発達現況	10	1%					漁業と漁撈 漁業の分類 漁業の態勢	10																	
	海洋	56	7%							海洋の状態 海流 潮汐，潮流 海洋と漁業	36													観測の基礎実習	20	
	気象	89	11%							気温，気圧 風雲 低気圧 高気圧 予報	69													観測実習	20	
	漁法	35	5%																					社船実習	35	
	漁具	155	19%					漁具の分類及其材料 漁具の設計 漁具の操作	110															結索編網 網の修理 釣具の作製 網具模型	45	
	漁場と漁期	90	11%					漁場漁期の移動のとらえ方	55															社船実習	35	
	漁船	255	32%									地文航法	140	船舶の名称及装備 船内実務	70									船体模型 社船実習	45	
	水産経営	115	14%																	漁業労働 企業形態 経営の組織 水産金融 市場	105			社船実習	10	
	20単位	805	100					5単位	175	3単位	105	4単位	140	2単位	70					3単位	105			3単位	210	

学年	單元			必修科目及び指導内容																						選択科目及び指導内容					
	学年毎の割当	時数	%	水産一般	時数	水産生物	時数	漁業	時数	海洋気象	時数	航海	時数	運用	時数	海事法規	時数	水産法規	時数	水産経営	時数	水産資源	時数	実習	時数						
第三学年	漁業の発達	40	3 %					かつお漁業 まぐろ〃 さば〃 たい〃 トロール 追込〃	10															漁業調査	30						
	漁業の現況	110	7 %					かつお漁業 まぐろ〃 さば〃 ……　……	10															施設見学 漁業調査	100						
	水産生物の種類	40	3 %					有用魚類 かつお まぐろ ……	10															漁業調査	30						
	水産生物の生態	91	6 %					かつお まぐろ さば ……	20													魚群としての 生態	31	漁業調査	40						
	漁法	170	12%					かつお まぐろ …… について	20															かつお まぐろ 漁法 漁業調査	150						
	漁具	170	12%					かつお漁業 まぐろ〃 ……	20															鰹，鮪漁具 作成 漁業調査	150						
	漁場 漁期	180	13%					かつお漁業 まぐろ〃 ……	20													環境と 魚群の 移動	10	かつお まぐろ の漁場と 漁期 漁業調査	150						
	漁船	438	30%					かつお漁業 まぐろ〃 ……	20			天文航法 電波航法	112	安全な 操船	56									天測の 基礎実習 索具 乗船実習 漁業調査	250						
	水産資源の増殖	65	4 %																			適正漁獲 人工ふ化	15	漁業調査	50						
	水産と法律	152	10%					かつお漁業 まぐろ〃 さば〃 と 法律	10							衝突予防法 港則法 船員法 船舶法 海難審判 漁船の運用 と	56	漁業団体 についての 法律 漁業権 国際漁業 条約	56					乗船実習 社船実習 漁期調査	30						
	27 単位	1456	100%					5 単位	140			4 単位	112	2 単位	56	2 単位	56	2 単位	56			2 単位	56	10単位	980						

学習進度計画　第一学年

科目	単位	週 / 単元										1年間の時数
		週：1 2 3 4 5 6 7 8 9 10 11 12 13 14 15 16 17 18 19 20 21 22 23 24 25 26 27 28 29 30 31 32 33 34 35										
		水産業とは	水産業の発達	沖縄水産業の現況	世界の水産業	海洋の性質及び状態	水産生物の種類と生態	漁場と漁期	水産生物の捕獲法	水産生物の増殖法	水産物の利用の意義及び貯蔵加工法	水産業の経営	
水産一般	三単位	1．水産業の意義 2．水産業の構成 3．水産業の役割 4．水産業の地位	1．漁業の発達 2．製造業の発達 3．増殖技術の進歩	1．漁業の特長 2．生産と資源 3．製造業の現状 4．増殖の現状	1．世界の漁獲高 2．世界漁場 3．世界漁業の種類	1．海域の分類 2．海底の状態 3．海洋の性質 4．波浪と潮汐 5．海流	1．水産生物の種類 2．水産生物の生態 3．繁殖と成長の関係 4．資源の意義	1．魚の洄游 2．魚群の形 3．漁場 4．漁期 5．漁業と気象との関係	1．漁場の探査 2，集魚法 3，漁具の種類と用法 4．漁業の分類 5．沖縄の重要漁業 6．漁船	1．増殖の分類 2．繁殖保護法 3．水産養殖 4．養殖の種類	1．貯蔵加工の重要性 2．死後変化と取扱い 3．鮮度判定 4．貯蔵原理 5．冷蔵 6．罐詰，ビン詰 7．乾製品 8．塩蔵品 9．燻製品 10．調味加工品 11．非食用品 12．農用品 13．工用品	1．漁業の経営 2．水産業協同組合 3．製造業の経営 4．増殖業の経営	1.0 5

科目	単位	週 / 単元							1年間の時数
		週：1 2 3 4 5 6 7 8 9 10 11 12 13 14 15 16 17 18 19 20 21 22 23 24 25 26 27 28 29 30 31 32 33 34 35							
		水産生物の意義	水　産　動　物　に　つ　い　て					プランクトンについて	
水産生物	三単位	水産生物の概念並にこれを学ぶ意義	1．哺乳類 2．鳥類 3．爬虫類 4．両棲類	1．魚類概説 2．魚類の分類	1．漁況と海況その他の要因との関係 2．魚類の生態	1．有用淡かん水魚類 a）かつお，まぐろ，かじき，さめ，さわら，さば，あじ，とびうお，だつ，ぐるくん，たい類，その他かん水魚 b）こい，その他の淡水魚	1．甲かく及び軟体類 2．軟体動物，刺皮，腔腸，海綿動物 3．水産植物 a．意義 b．分布 c．分類 d．有用水産植物	1．意義 2．分類 3．浮游生物外囲条件 4．分布 5．浮游生物と水産 6．採集並に飼育法	105

科目	単位	週 / 単元						1年間の時数
		週：4 5 6 7 8 9 10 11 12 1 2 3 1						
		水産業のあらまし	海洋訓練		水産生物の観察及び採集	海洋訓練	採集及び観察	
実習	二単位	水産施設見学	手旗信号 カツター訓練 操櫓訓練	水泳及び カツター訓練 （校外宿泊実習）	採集並に標本作製	手旗信号 カツター訓練 操櫓訓練	プランクトン採集 顕微鏡による観察	140

学年	單元			必修科目及び指導内容																						選択科目及び指導内容
	学年毎の割当	時数	%	水産一般	時数	水産生物	時数	漁業	時数	海洋気象	時数	航海	時数	運用	時数	海事法規	時数	水産法規	時数	水産経営	時数	水産資源	時数	実習	時数	
第三学年	漁業の発達	40	3 %					かつお漁業 まぐろ〃 さば〃 たい〃 トロール 追込〃	10															漁業調査	30	
	漁業の現況	110	7 %					かつお漁業 まぐろ〃 さば〃 ……	10															施設見学 漁業調査	100	
	水産生物の種類	40	3 %					有用魚類 かつお まぐろ……	10															漁業調査	30	
	水産生物の生態	91	6 %					かつお まぐろ さば……	20													魚群としての生態	31	漁業調査	40	
	漁法	170	12%					かつお まぐろ……}について	20															かつお まぐろ 漁法 漁業調査	150	
	漁具	170	12%					かつお漁業 まぐろ〃 ……	20															鰹，鮪漁具 作成 漁業調査	150	
	漁場 漁期	180	13%					かつお漁業 まぐろ〃 ……	20													環境と魚群の移動	10	かつお まぐろ の漁場と 漁期 漁業調査	150	
	漁船	438	30%					かつお漁業 まぐろ〃 ……	20			天文航法 電波航法	112	安全な操船	56									天測の基礎実習 索具 乗船実習 漁業調査	250	
	水産資源の増殖	65	4 %																			適正漁獲 人工ふ化	15	漁業調査	50	
	水産と法律	152	10%					かつお漁業 まぐろ〃 さば〃 と 法律	10							衝突予防法 港則法 船員法 船舶法 海難審判 漁船の運用}と	56	漁業団体についての法律 漁業権 国際漁業条約	56					乗船実習 社船実習 漁期調査	30	
	27 単位	1456	100%					5 単位	140			4 単位	112	2 単位	56	2 単位	56	2 単位	56			2 単位	56	10単位	980	

学習進度計画　第一学年

週　1　2　3　4　5　6　7　8　9　10　11　12　13　14　15　16　17　18　19　20　21　22　23　24　25　26　27　28　29　30　31　32　33　34　35

科目	単位	水産業とは	水産業の発達	沖縄水産業の現況	世界の水産業	海洋の性質及び状態	水産生物の種類と生態	漁場と漁期	水産生物の捕獲法	水産生物の増殖法	水産物の利用の意義及び貯蔵加工法	水産業の経営	1年間の時数
水産一般	三単位	1. 水産業の意義 2. 水産業の構成 3. 水産業の役割 4. 水産業の地位	1. 漁業の発達 2. 製造業の発達 3. 増殖技術の進歩	1. 漁業の特長 2. 生産と資源 3. 製造業の現状 4. 増殖の現状	1. 世界の漁獲高 2. 世界漁場 3. 世界漁業の種類	1. 海域の分類 2. 海底の状態 3. 海洋の性質 4. 波浪と潮汐 5. 海流	1. 水産生物の種類 2. 水産生物の生態 3. 繁殖と成長の関係 4. 資源の意義	1. 魚の洄游 2. 魚群の形 3. 漁場 4. 漁期 5. 漁業と気象との関係	1. 漁場の探査 2, 集魚法 3, 漁具の種類と用法 4. 漁業の分類 5. 沖縄の重要漁業 6. 漁船	1. 増殖の分類 2. 繁殖保護法 3. 水産養殖 4. 養殖の種類	1. 貯蔵加工の重要性 2. 死後変化と取扱い 3. 鮮度判定 4. 貯蔵原理 5. 冷蔵 6. 罐詰，ビン詰 7. 乾製品 8. 塩蔵品 9. 燻製品 10. 調味加工品 11. 非食用品 12. 農用品 13. 工用品	1. 漁業の経営 2. 水産業協同組合 3. 製造業の経営 4. 増殖業の経営	105

週　1　2　3　4　5　6　7　8　9　10　11　12　13　14　15　16　17　18　19　20　21　22　23　24　25　26　27　28　29　30　31　32　33　34　35

科目	単位	水産生物の意義	水産動物について					プランクトンについて	1年間の時数
水産生物	三単位	水産生物の概念並にこれを学ぶ意義	1. 哺乳類 2. 鳥類 3. 爬虫類 4. 両棲類	1. 魚類概説 2. 魚類の分類	1. 漁況と海況その他の要因との関係 2. 魚類の生態	1. 有用淡かん水魚類 a) かつお，まぐろ，かじき，さめ，さわら，さば，あじ，とびうお，だつ，ぐるくん，たい類，その他かん水魚 b) こい，その他の淡水魚	1. 甲かく及び軟体類 2. 軟体動物，刺皮，腔腸，海綿動物 3. 水産植物 a．意義 b．分布 c．分類 d．有用水産植物	1. 意義 2. 分類 3. 浮游生物外囲条件 4. 分布 5. 浮游生物と水産 6. 採集並に飼育法	105

週　4　5　6　7　8　9　10　11　12　1　2　3　1

科目	単位	水産業のあらまし	海洋訓練		水産生物の観察及び採集	海洋訓練	採集及び観察	1年間の時数
実習	二単位	水産施設見学	手旗信号 カツター訓練 操櫓訓練	水泳及び カツター訓練 (校外宿泊実習)	採集並に標本作製	手旗信号 カツター訓練 操櫓訓練	プランクトン採集 顕微鏡による観察	140

第二学年

週: 1 2 3 4 5 6 7 8 9 10 11 12 13 14 15 16 17 18 19 20 21 22 23 24 25 26 27 28 29 30 31 32 33 34 35

科目	単位	漁業とは	漁具とは	漁具の設計	漁具の操作，保存	資源について	漁場	1年間における授業時数
漁業	五単位	1，漁業と漁撈 2，漁業の分類 3，漁業の態勢	1，網漁具の構成材料 2．網漁具の分類 3．釣漁具の構成材料 4．釣漁具に用いられる餌料 5．釣漁具の分類 6．雑漁具	1，釣漁具を作るに必要な事項 2，網漁具を作るに必要な事項	1，網糸の腐蝕 2，漁具の取扱い方 3，漁具の格納法 4，破網の修理法	1，水産資源学の必要性 2，資源の調査法 3，資源量の推定	1．生物的変動要因 2．人為的 〃 〃 3．環境要因 4．相関的漁況漁法 5．分析的漁況漁法	175

週: 1 2 3 4 5 6 7 8 9 10 11 12 13 14 15 16 17 18 19 20 21 22 23 24 25 26 27 28 29 30 31 32 33 34 35

科目	単位	気象						海洋				1年間の時数
海洋気象	三単位	1．大気 2．気温	1．気圧 2．風 a 風の成因 b 風の観測 c 大気の環流 d 季節風 e 海陸風	大気中の水蒸気 a 温度 b 雲 c 霧雨	気団 不連続線	1．低気圧 a パイスバロットの法則 b 可航半円危険半円 c 台風の予知 2．高気圧	1．天気予報 a 天気図 2．気象信号	海流の状態	海流 a 黒潮 b 親潮 c 太平洋の海流	潮汐及び潮流	漁業と海洋気象との関係 a 航海との関係 b 漁業との関係	105

週: 1 2 3 4 5 6 7 8 9 10 11 12 13 14 15 16 17 18 19 20 21 22 23 24 25 26 27 28 29 30 31 32 33 34 35

科目	単位	地文航法					1年間の時数
航海	四単位	1．用語解説 2．諸元算法	1．航用測器 a 測程器 b 測深器 c 羅針儀 d 方位鏡	1，進路と方位の改正 a 羅針儀磁差の測定法	1．航法 a 平面航法 b 距等圏航法 c 中分圏度航法 d 連針路航法 e 漸長緯度航法 f 流潮航法 g 日誌算法 h 大圏航法	1．航路標識 2．水路図示 3．沿岸航法	140

週: 1 2 3 4 5 6 7 8 9 10 11 12 13 14 15 16 17 18 19 20 21 22 23 24 25 26 27 28 29 30 31 32 33 34 35

科目	単位	船舶	船体及び装備					船体の保存整備	海運実務	1年間の時数
運用	二単位	1．概説 2．船舶の分類 3．船舶の測度	1．各部名称 2．設備名称 3，雑用具名称	1．*Rope* 2，*Block* 3．*Jackle*	1．錨及錨鎖 2．錨作業	操舵装置	1．船体構造及び装置 2．塗料及び塗装	船体の保存	1．船内事務 2．士官要務	70

週: 1 2 3 4 5 6 7 8 9 10 11 12 13 14 15 16 17 18 19 20 21 22 23 24 25 26 27 28 29 30 31 32 33 34 35

科目	単位	水産業の現状	水産経営とその条件	生産手段とは	漁業労働	水産企業の形態	漁業経営の組織	水産金融機関	水産物市場の経営	水産経営の関係法規	1年間の時数
水産経営	三単位	1．戦前の水産業 2．戦後の水産業	1．水産物生産と水産経営 2．水産経営の条件	1．生産資本 2．漁業における生産手段	1．漁業労働の特殊性と種類 2．漁業労働制度 3．漁業における雇傭形態 4．漁業における賃金形態 5．労働運動と社会保障制度	1．企業の意義 2．企業形態	1．漁業経営の意義と特質 2．漁業経営の形態とその内容 3．漁家経済の仕組みと実態 4．漁業経営の種類 5．漁業経営の費用	1．資金の調達 2．水産金融の特殊性 3．水産金融機関及び制度 4．水産金融と担保	1．水産物の流通 2．流通組織及び市場機構 3．魚市場及び共同販売制度 4．輸送，貯蔵及び保管 5．水産物の輸出貿易	1．水産行政 2．水産業に関する諸法規	105

週: 4 5 6 7 8 9 10 11 12 1 2 3

科目	単位	漁業実技		乗船実習	観測	漁業実技	漁業実技	時数
実習	三単位	1．結索 2．編網 } 基礎実習	編網 漁網の修理作業	社船実習	海洋及び気象の観測の基礎実習	釣具の作製	網漁具模型作成 船体 〃	210

第　三　學　年

週：1 2 3 4 5 6 7 8 9 10 11 12 13 14 15 16 17 18 19 20 21 22 23 24 25 26 27 28 29 30 31 32 33 34 35

科目	単位	単元	内容	1年間の授業時数
漁業	五単位	琉球における必要な漁業について	かつお漁業	140
			まぐろ漁業	
			さば漁業	
			たい漁業	
			実　習	
			いか漁業	
			トロール漁業	
			機船底曳網漁業	
			捕鯨漁業	
			追込網漁業	
			その他の漁業	
			実　習	

週：1 2 3 4 5 6 7 8 9 10 11 12 13 14 15 16 17 18 19 20 21 22 23 24 25 26 27 28 29 80 31 32 33 34 35

科目	単位	単元	内容	1年間の時数
航海	四単位	天文航法	用語解説 天体及び索星 六分儀 時辰儀	112
			天体諸元の求め方 a 天体諸元 b 時角計算 c 正中時 d 測高度改正 e 時間算法	
			実　習 （9月乗船実習）	
			天体による船位決定法 a 子午線緯度法 b 北極星 〃 c 船位決定法	
			天測計算表による船位決定法 太陽面同高度法日出没時算法	
			1. 月出没時算法 2. 天体による磁石測定法 3. 航用測器	
		電波航法	電波航法のあらまし	
			実　習	

週：1 2 3 4 5 6 7 8 9 10 11 12 13 14 15 16 17 18 19 20 21 22 23 24 25 26 27 28 29 30 31 32 33 34 35

科目	単位	単元	内容	1年間の時数
運用	二単位	船舶運動力	推進器 Speed 惰力	56
		操船	操船一般 出入港準備 船舶入渠検査，建造	
			実　習	
		操船	特殊操船 a 空船 b 曳航 c 狹水域 d 珊瑚礁	
			荒天運用法 a 低気圧 b 荒天碇舶 c 荒天航行	
			海難の処置 a 海難 b 火災 c 浸水 d 人命救助 e 擱坐	
			実　習	

週：1 2 3 4 5 6 7 8 9 10 11 12 13 14 15 16 17 18 19 20 21 22 23 24 25 16 27 28 29 30 31 32 33 34 35

科目	単位	単元	内容	1年間の時数
海事法規	二単位	海上衝突予防法	1. 予防法規則の沿革 2. 総則 3. 灯火及び形象物 4. 霧中信号霧中速力 5, 船舶の航法 6. 航路信号実習 7. 解怠の責 8. 港河川、潮沼等における特例	56
			実　習	
			9. 遭難信号	
		港則法	1. 港則法 2. 港則法施行規則	
		船員法及び船舶職員法	1. 船員法の総則 2. 船員の職務及権限 3. 規律 4. 雇入雇止契約 5. 海技免状の種類 6. 海技免状の受与 7. 船舶職員不適者 8. 登録変更及申請交付 9. 登録の抹消 10. 罰則	
		船舶法及び船舶安全法	1. 船舶国籍証書 2. 船鑑札 3. 登録変更及び抹消 4. 船舶の標示 5. 船舶の検査、設備及び航行	
		海難審判法	1. 目的 2. 原因の探究 3. 懲戒法の種類 4. 審判所の管轄及び組織 5. 第二審の請求 6. 裁決の訴え	
			実　習	

週：1 2 3 4 5 6 7 8 9 10 11 12 13 14 15 16 17 18 19 20 21 22 23 24 25 26 27 28 29 30 31 32 33 34 35

科目	単位	単元	内容	1年間の時数
水産法規	二単位	漁業団体が法的にどのように認められているか	1. 漁業者団体の時代的変化 2. 公共性を有する漁業と団体 3. 漁業協同組合法設定の理由その内容	56
		漁民と組合	1. 水産業協同組合の種類と性格 a 漁業協同組合の組織及びその業務管理 b 漁業生産組合 c 漁業協同組合連合会 d 内水面漁業組合とその事業 e 水産加工業協同組合及び同連合会	
			実　習	
		漁業の発達と漁業制度	1. 漁業制度の変遷 2. 漁業調整に関する制度 3. 漁業調整要員会とその技能 4. 漁業調整上必要な措置	
		漁業と漁業法の関係	1. 法文中の用語解説 2. 適用を受ける水面	
		漁業権の内容	1. 漁業権の種類 2. 漁業権の内容 3. 入漁権	
		漁業の制限及び禁止	1. 漁業取締規則 2. 漁業調整規則 3. 漁業の許可	
		国際漁業条約	1. 琉米漁業条約 2. 国際捕鯨取締条約 3. 指定遠洋漁業取締規則 4. 母船式漁業取締規則	
			実　習	

週：1 2 3 4 5 6 7 8 9 10 11 12 13 14 15 16 17 18 19 20 21 22 23 24 25 26 27 28 29 30 31 32 33 34 35

科目	単位	単元	内容	1年間の時数
水産資源	二単位	資源調査	1. 海況及び漁況調査法	56
			2. 種族査定法	
			3. 年令査定法	
			4. 資源量及びその分布範囲調査法	
		資源の変動法則	1. 資源の増加法則 2. ロヂスティック型増加法則	
			実　習	
			1. 産卵量 2. 稚魚減損と添加量	
			1. 個体の増重法則 2, 成長の制約要因	
			1. 資源の増重率 2. 資源の成長型	
			1. 自然死亡率 2. 逸散率	
		資源体量に及ぼす人為的効果	1. 適正漁獲量 2. 濫獲の徴候	
			1. 人工ふ化放流と稚仔移殖 2. 漁獲制限	
			1. 漁況予報	
			実　習	

月：4 5 6 7 8 9 10 11 12 1 2 3

科目	単位	単元	内容	1年間の時数
実習	一〇単位	航海実習	天測 基礎実習	980
		漁業実技	鮪延縄及び鰹釣具作成、結索	
		乗船実習	1. 鰹、鮪漁業実習 2. 航海運用実習 3. 日本遠航	
		漁業実技	漁業調査	
		乗船実習	社船実習	

(2) 漁業現場との連繋を密にし規律及び実践的態度の認識を深める。

4 健康教育の強化

(1) スポーツ特に海上スポーツを奨励して心身の鍛錬を図ると共に、海上における安全教育を施す

5 産業社会への進出

漁業現場への自発的進出を図り、自から漁業調査を行い、体験すると同時に、斯界先達との連絡を緊密にし職業選択について自主性をもたせる

むすび

本科のカリキユラムの実践については海洋を教育の現場とする特殊性から多大の困難があり、設備の不十分も手傳つてややもすると教室にとぢこもつて、実践力のないよせ集めの知識を持つた人間を社会に送り出す結果にあつたがその原因の最大はカリキユラムに実習がもられてないということに起因している。このことは産業教育に対する関心の薄さを物語るものと云えよう

緒言でも述べた通り、本当の意味の職業技術者の養成は急務である。私達は設備の不十分さにもめげず最善の努力を盡さねばならないことを自覚しているつもりでいるが、大方の御鞭達をお願いする次第である。(水産高校教諭)

プランクトンの採集

顯微鏡によるプランクトン觀察

(単位 ポンド)　(第1表)　種類別漁獲高　(1954年現在)　政府統計

調査年月	総漁獲高	魚類											
		総数	かつお	かじき	まぐろ	ふか	ひめだい(マチ)	その他のたい	とびうお	たかさご(グルクン)	だつ	あじ	その他
1954年	27,639,652	23,979,239	1,337,962	941,240	1,032,607	804,085	1,385,507	1,003,665	929,021	1,376,622	725,117	408,497	4,024,374
人口一人に対する供給高	35.16	30.51	786,000の総人口 一人に対し 魚類が30.51lbs（=1384g=3660匁）										

第1表のつづき

貝類	その他の水産動物				藻類		
	総数	いか	たこ	その他	総数	海人草	その他
1,918,290	1,284,794	499,167	317,121	468,506	457,327	131,521	325,808

公立高校並びに中学校の進学及び要就職者調

高等学校

性別	卒業生数	進学者	就職すべき者
男	1621 名	482 名	1139 名
女	1481 〃	258 〃	1223 〃
計	3102 〃	740 〃	2362 〃
		23.9 %	76.1 %

中学校

性別	卒生数	進学者数	就職すべき者
男	6493	3250	3243
女	6142	2419	3723
計	12635	5669	6966
備考 1954年6月 文教局調		44.8 %	55.2 %

全琉海上遭難船舶（行方不明死亡者）統計表

一九五四年

月別＼区分	遭難船 機帆船	遭難船 刳舟	行方不明又は死亡者	損害額	損害隻数
一月	四	九	四	一二四、五〇〇円	四
二月	九	三	四	一、五三二、九〇〇	九
三月	二			九四七、〇〇〇	二
四月		一			
五月	一	一		四〇〇、〇〇〇	二
六月	三	一		六八、三八七	三
七月	四			六九、五〇〇	三
八月	一一	四	四	九六、五五〇	一
九月	一二	九	五	二四七、六〇〇	七
一〇月	一	三	一		二
一一月	三			三三八、三〇〇	三
一二月	二	二	一		
計	五二	三三	一九	三、八二四、七三七	三六

体育科教育の課題

與那原小学校　大城道吉

民主政治は、教育機能を民主教育においている。その教育は、個人を尊重する根本理念に基づいて行われ民主社会に適応する生活主体の育成を期して行われているとも言えよう。その生活主体なるものは、生活方法と、基本たる生命が維持存続されていくことを、教育に求めている。体育科教育が身体活動やこれに関係する色々の経験を通してなされる教育であると云うならば後者の要求に寄与することが大なることに重大さがあり、その責任も又、極めて大きいと言はねばならぬ。併し重大さの余り、体育設計を遠きものにしたり、実態調査に雑多に時間を空費して、根強さを絶ち、或いは、たとえ、設計立案されたとしても、その技術と活用方法に力なく折れていったり、強度な肉体運動を要求されるがために気力を失い芸術教育なるが為のあまい考えに重大な体育教育をにごしている。そこで何をどの程度、どういうふうに体育軌道を敷いて行くか、その目あてをどこに持ち何を盛つていくかと一時間の体育学習の持ち方について研究して来たが、それは、教育の百年体系の一瞬にしかすぎず、体育学習の全体計画を試みようとした訳である。そこで実態に立脚しない教育は、無実であり、労多く実のりのない、そぞろ歩きであることを感知し、基礎調査に立つ体育学習の改善を試みた。事実、理解なくして、体育教育は危険どころか存在の位置さえないであろう。個々の子供の背後にある諸条件の基礎的調査を必要によつて、必要な方法で調べてみたまでである。

1主題　基礎調査をもとにした体育科学習指導の改善

2主題設定の理由

(イ)　客観的立場から

体育科教育はその領域としての

1身体的発達の課程　2民主的性格の育成　3余暇の善用　4安全　5健康に対する知的理解

の五つの課程が有機的に相関連しながら一定軌道に乗つて運営されなければならないと思う。勿論これは自己でなく子供を対照として継続的にしかも計画的に営まれる営みであればこそ、その行程の反省と改善はまだ当然の義務といえるだろう。しからばその改善を発見するための評価の焦点は

1教師の指導とその効果について　2児童の学習とその成果について　3教材、教具の活用整備について　4教育計画、学校環境等の施設について

行われるのがごく自然だと思う。

(ロ)　具体的立場から

A　学習領域の問題については文部省の学習指導要領や文教局試案の基準教育課程その他日本の各都道府県教委の体育指導計画等たくさんあるが、それらは、或る一定基準の試案であつて個々の地域の現状と子供の実態からは受入れられないものを多分に持つている。故にそれらを改善し修正し我が校固有の体育計画を設計したい（目標そのものは一点であり指導の行程は適宜だからである。）

B　体育教育の重点的な目標は個々の体力の向上をはかり、社会構成のよき一員を育成することであつて、その体力向上を期しての学習指導ということに重きをおいていると思う。

C　毎学年度に施行されている身体検査、体力テストはほとんど冷眼視されている。体格は人間生活を規定する活動の原動力の測定基準ならば身体検査を以て体育計画の資料とし、否体育学習はこれから出発しなければならないと思う。

D　本地区は体格標準が全琉で最劣を示している。本校の児童はその標準からどの位置にあるか、又不振な点があればどこにその原因があるかを究明し今後の体育計画において、それに即した対策を講じ、指導をしていくのが、本来の生命尊重の教育倫理にふさわしい姿だと思つたからである。

3本研究は可能であるか

(イ)　教師の立場から

小学校では各々学級担任であるため累加的にしか

も個々の児童について細かく社会的面、身体的面の実態を容易に観察することができ、その結果を分業的に処理し、討議をして改善点を発見する便がある。

(ロ) 父兄とその背景としての立場から

本校の社会的背景は、半都市的傾向にあるので、より広範囲にその父兄の調査を行うことができる。又より多角形的職業分布を示しているのでサンプルのとり方としてもうまくいくものである。

(ハ) 児童の立場から

児童の発達は多少の差こそあれ客観的立場から容易にその段階が認められる。（児童の発達の原則から）

(ニ) 参考資料の立場から

文部省統計の体格基準、体育指導要領の基準、あるいは日本の商、工、農の各地域による種々の統計、更に具体的には文教局の学校衛生の統計調査等の客観的な資料によつて容易に本校の特性を把握することができる。

(ホ) その他の立場から

本町には歯科医もあればその他種々な専門医もいるし、学校体育の研究機関としての地区体育同好会も組織されているので、それらの共同研究によつて問題の解決もできるし、本研究も解決される可能性を多分に持つている。

4 本校児童の体格の実態とその考察

校内研究会あるいは校外研究会等でよく口ぐせのように「うちの学校では全体的にからだが大きい」とか「小さいとか「対校競技にいつも勝つ」とか「負ける」とかいろいろ抽象的な結論を出しているようであるが数量的に具体的な結論がないところではもつと適切で効果的な指導が施せないと思う。又学徒身体検査（文教局）の結果からみても本地区と宮古地区が胸囲の外すべてが最劣の体位を示しているので、本校の体育指導改善のために本校児童の体位の

1 表　　本校児童身長平均と全琉児童身長平均

性別 / 年令 / 地域	男						女					
	6	7	8	9	10	11	6	7	8	9	10	11
全琉平均	106.8	111.1	116.1	120.3	124.3	128.6	106.1	110.3	115.3	119.8	124.1	129.6
本校平均	106.8	110.0	114.1	118.0	124.6	129,	105.6	108.0	112.7	114.3	124.7	128.0
本地区平均	106.2	110.8	115.0	119.4	123.2	127.7	105.3	110.0	114.5	119.4	123.3	128.5

1 表

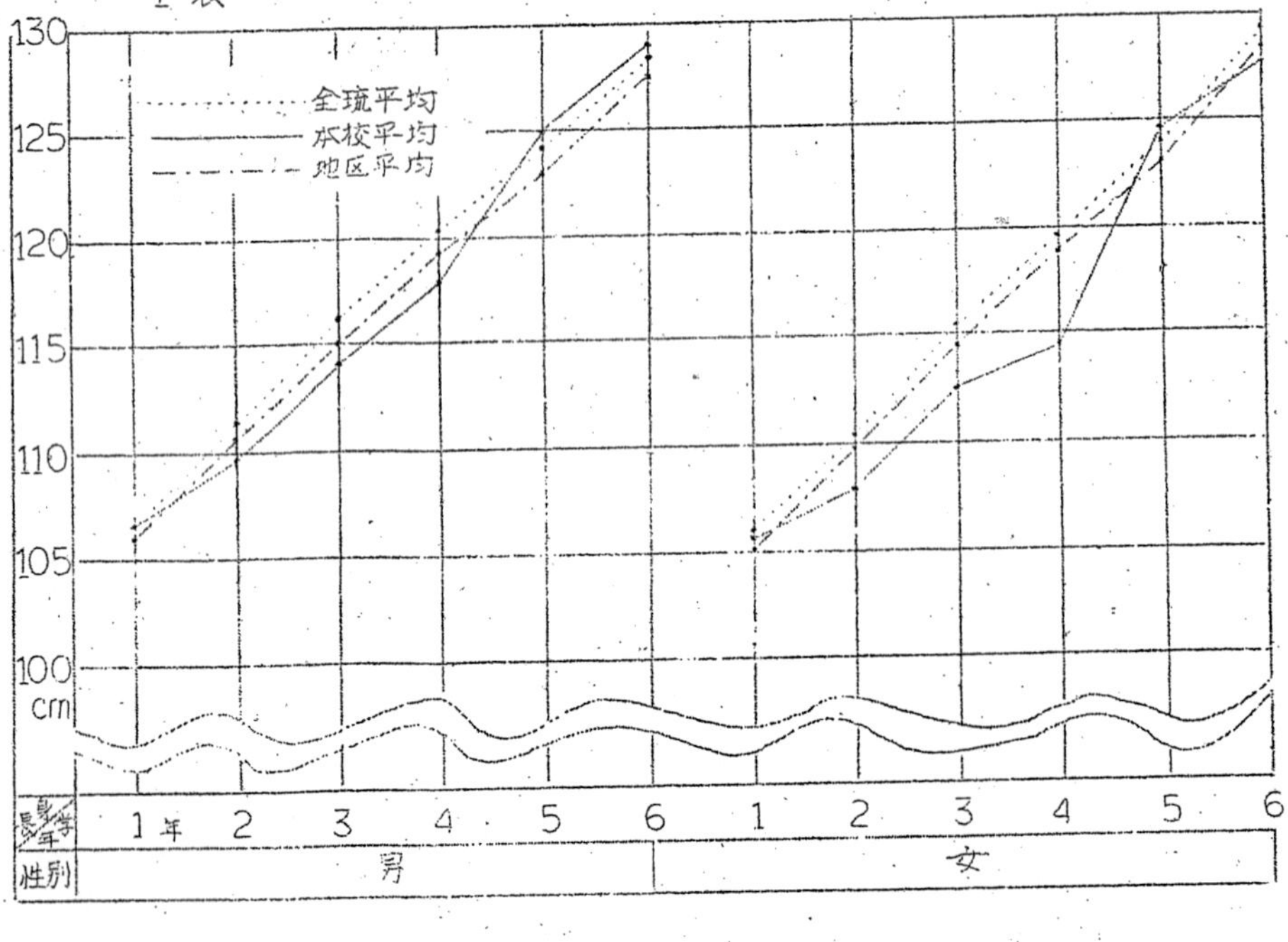

位置について身体、体力検査の結果から地区、・琉球、全国、農村、都市、住宅地等の平均と比較検討することにした。

A 本校児童の身長の位置

(1) 全国平均はそれ相当の差があつて確定しているので記述しなかつた。

(2) 五、六年では本校児の方が全琉以上を示している。

(3) 二、三、四では遙かに地区よりも下位にあり。

(4) 特に男女共に四年児は極端に下まわり、男児では全琉平均よりも半年令以上も下位にある。

(5) 五年児は男女共に急速な進歩を示している。

(二年令の発達度をなしている)

注1 四年児は戦火に追われながら生まれた乳幼児であつて必要時に必要な栄養の欠乏によるものと思われる。以後三ケ年間もかかつて正常に帰つている、それは本町が農漁村よりも経済的に復興が遅かつたことを物語つてはないだろうか。

注2 五年児が発育度二年令も占めているのは、別に不思議はなく四年児が余りにも発育不振であつたからである。

◎仮説の想定

一年六年児は同環境に発育しているし、五年児でも決して正常以上ではない。それで与那原町の形態からは半都市的傾きに見えるけれども本校児のそれは決して都市的発育をしていない。都市的身長の発育度は全琉平均よりも半年令は全学年が上位でなければならないと思う。故に学習形態は農漁村の指導系統を採択しても都市的なカリキュラムは不適であるということになる。

⊙今後の指導力点

① 姿勢を正しくさせ、身長の発育を促す。

△学習時、作業時、体育時における姿勢についての徹底的に行う。

△体育時に背筋、腹筋の発達充実をはかる。

△家庭での栄養、休養、睡眠について父兄の協力を求める。

△教室の机、腰掛を身長に適応させ、グループ学育における姿勢に気を配る。

△児童の姿勢について常時注意して矯正していく。

△体育時は勿論適正な机、腰掛購入の予算化を計る。

△家庭でも適正な机、腰掛を要求する。

△いつも正しい環境を作ること。

△通風、換気、寒暑の適度、衣服の適合、採光照明の考慮。

△心身の過労を避け、学習時に休息の適度をはかる。

② 矯正体操と水泳を主眼点とする

△柔軟性のある体操

△海辺に恵まれているので児童自らによる校内水泳大会を多く持つ。

③ 陸上運動を中心とする。

B、本校児童の体重の位置

身長と共に体重は又その人の健康のバロメーターというべきで、本校児の体重平均の結果は次の通りである。

2表　　体重比較表

性別 / 地域 \ 年令	男						女					
	6	7	8	9	10	11	6	7	8	9	10	11
全琉平均	18.0	19.4	21.4	23.2	25.2	27.3	17.4	18.8	20.0	22.7	24.8	27.6
本校平均	18.9	20.0	21.4	22.4	25.9	28.1	18.3	19.5	21.6	22.9	25.6	27.2
地区平均	17.5	18.9	21.0	22.9	24.8	26.8	17.1	18.5	20.2	22.3	24.1	26.6

2 表

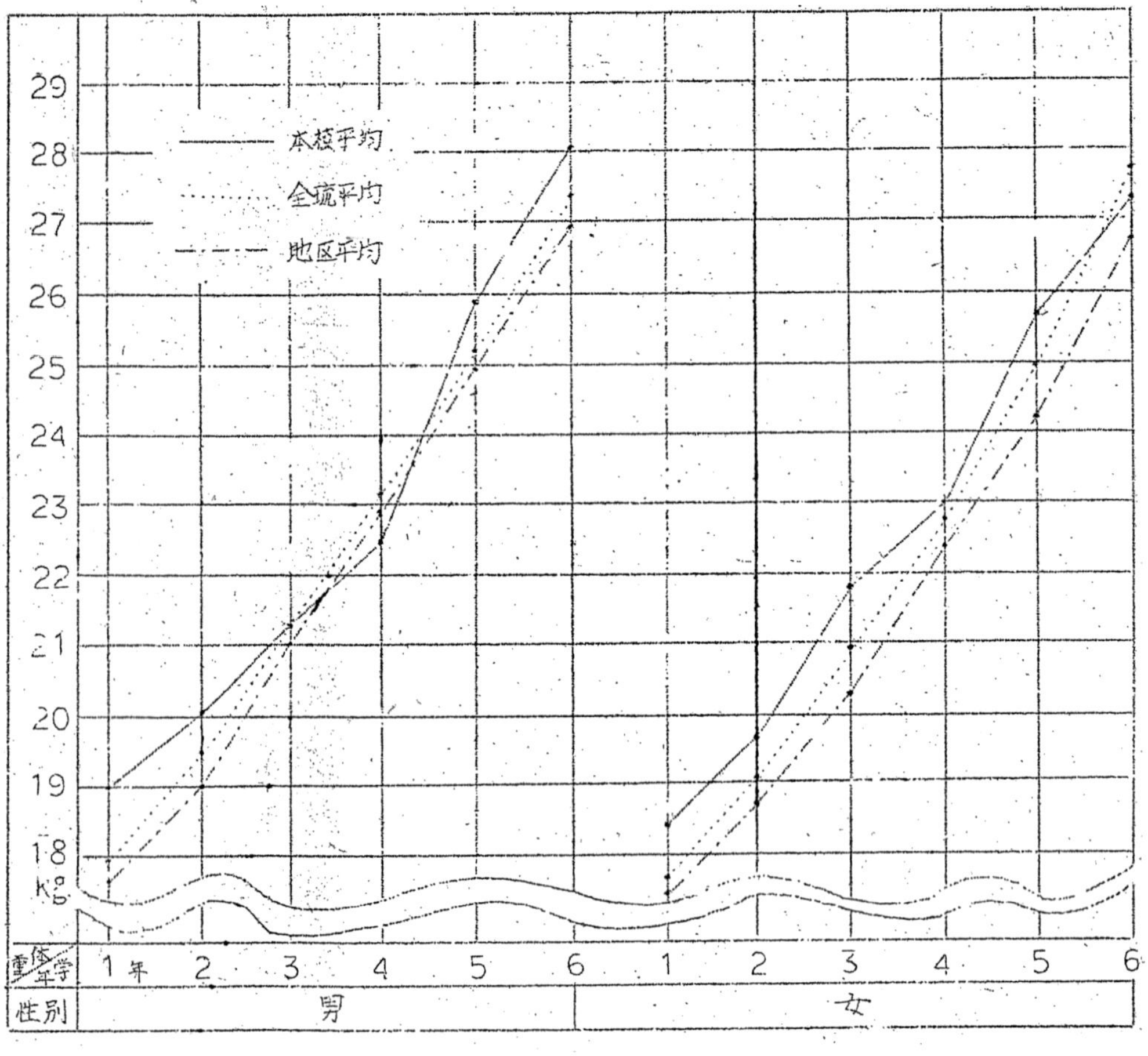

① 本地区体重平均は全琉平均に劣る。女子の場合はより劣る。

② 本校児童は四年男、六年女以外全琉平均以上である。

③ 四年児は男女共に発達におくれる。

④ 特に一年児は全琉、地区共に一年令の発達度は上位になつている。その他は半年令上位である。

注1、四年児発育遅滞は身長と同じように終戦直前の栄養欠乏から来たと思われる。

注2、五年児の急速進歩は身長注2に同じ。

注3、けん垂力において男、特に女共に平均に劣つているということは農村型の逆である。

◎仮説の想定

本校児の体重が身長とは逆に上位を示していることは、魚類と、蛋白質たる肉類の攝取に恵まれていることと教材採択の偏向から生じたものと思われる。

参考文献によると此の様な型は農村的な型である。

◎今後の指導力点

① 昭和26年度文部省調査に依る学徒身体検査の結果「体重は主として栄養に関係する所が大である。」と結論づけている。

② 故に身長に平行した体重の調和的発達を力点とする。

③ 活動取材の偏向を教材のねらいとそのねらる部分の頻度とを考慮することによつて是正していく。

④ 四年児は家庭の協力を求める。

⑤ 四年児の学校給食の実現に努力する。

C、本校児の胸囲の位置

健康度の最大の現われとしての胸囲は後天的な結果によつて決定されてくる。従つてわれらの学習指導の批判の尺度となり、体育の全体計画の手術口にもなろうと思われる。

① 本校児の胸囲は半都市的傾向を示している。

3表　胸囲比較表

地域＼年令・性別	男 6	男 7	男 8	男 9	男 10	男 11	女 6	女 7	女 8	女 9	女 10	女 11
全琉平均	56.3	57.7	59.7	61.4	62.9	64.6	54.8	56.1	58.0	59.5	61.1	63.3
本校平均	56.2	57.8	61.6	60.5	62.4	66·0	54.5	54.9	56.9	58.3	61.1	64.7
地区平均	56.0	57.4	59.1	61.0	62.6	64.5	54.7	55.7	57.5	59.1	60.8	62.6

② 男三年児は、四年児よりもその平均は上位で五年児の半年令位にある

③ 女子の胸囲が準都市の体位にある

④ 概して標準下位にある。

⑤ 四年児は身長、体重、胸囲とも発育不振

注1　三年児男が四年児男の平均の上位にあるのは決して偶然ではないと思う。

注2　六年児の急速度の発育は青年前期の発育型のあらわれである。

注3　その他の発育不振は指導改善の焦点となろう。

3表

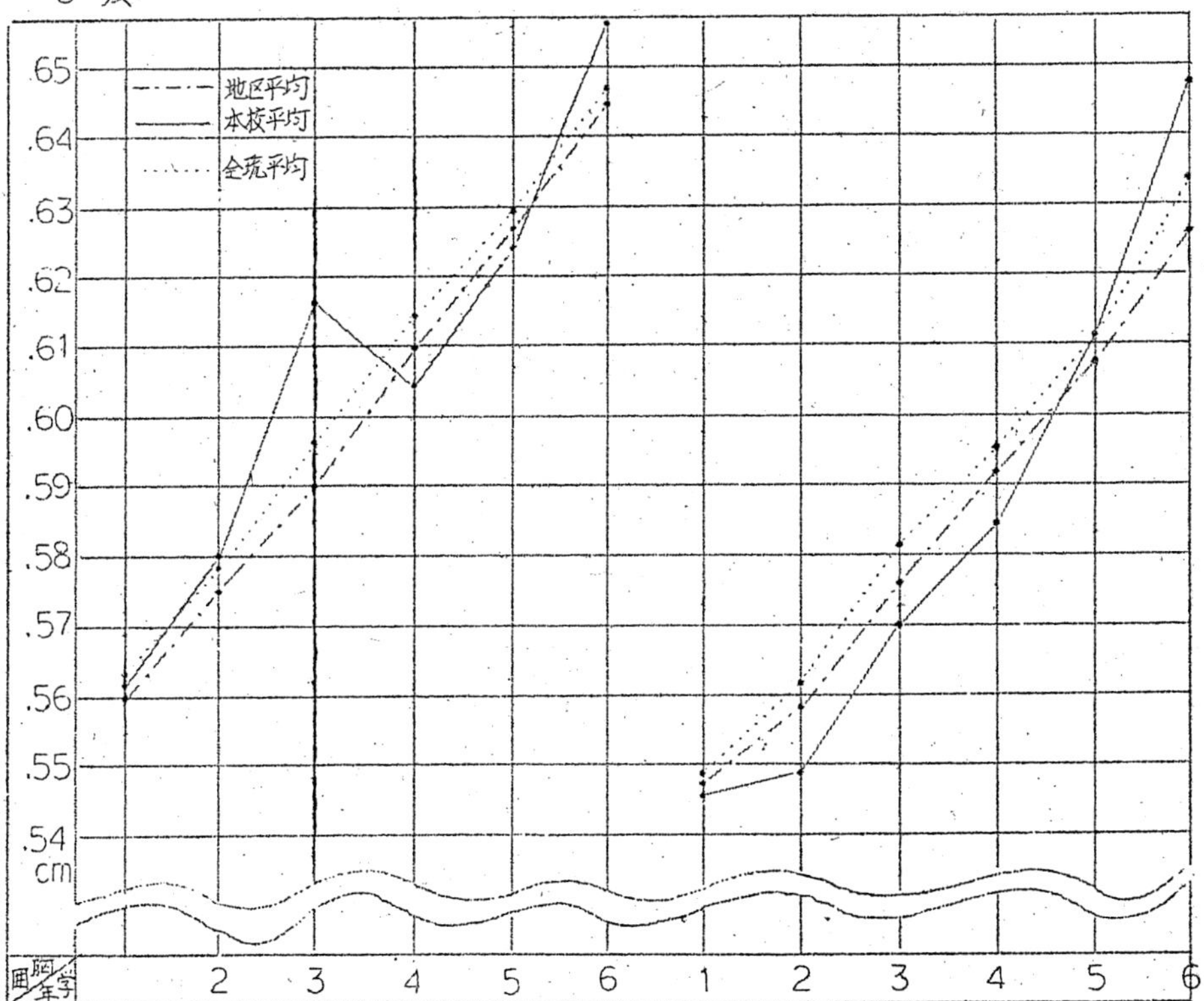

◎仮説の想定

環境に平素胸廓の発達を促す運動が少いことがいえるが胸廓部内臓の発達が身体活動の中心となり原動力となるために文部省の調査結論を引いて仮説とする。即ち身長体重は主として栄養に関係することが大きいが胸囲のみは運動に影響される部面が大きいことである。

又クラブの興味調査等から又放課後のあそび、それから大人の社会でも与那原の特性ともいうべき野球狂で、よく余暇を利用して盛にやられているが、それにも拘らず胸囲の正常発達をしていないことから、実りのないゆがんだ野球のあり方であり、一考を要する問題である。

◎今後の指導

△胸廓の発育のために上肢を使う。胸廓を拡張し呼吸力を増すためである。

△競走、けん垂、水泳、球技を多く取材する。

△局案のカリキュラムに改善を加えていく。

△局案の教材群比重を低学年では器械遊び、ボール運動、中学年では鬼あそび、リレー、器械運動、高学年では陸上運動、器械体操、徒手体操の比重を増加修正していく。

△バスケットボール型、バレーボール型、ベースボール型、サッカー型等を組織だつて指導する

△けん垂運動用具を増設し、休み時間、放課後のけん垂運動を奨励し能力カードを作製したい。

△児童会を通じて適正な指導と余暇の善用として放課後を正しく活用し校内競技会を一種目に年三回行いたい。

以上は本校児童の今あるべき自然の姿であり、それに対する体育教育の批判と改善について考えたが、こんどは家庭として子供の健康にどのような影響を与えているかを考えて見たい。

5 健康について親はどの程度の関心を持ち児童自身はどの程度自覚しているか

この調査はサンプリングによつて二、四、六学年を対照とし、男女の数のバランス、理解度、経済力の比重を考慮において施行されたものである。

方法は父兄の質問テスト法を採択し、食、睡眠、排泄、休息、衣、住居を内容とした。

A 食

重点的に特に浮び上つた傾向としては児童自体として偏食するものが六〇%を示して居り、勿論それは経済的に又配膳計画は問題外としてであり、偏食をする子を持つ親も同じく六〇%を答えている。子供の偏食に対し、子供自体にまかせていて何ら訓戒をなさぬ家庭が二三%で第二位を占めている点は注目に値するものがある。栄養については子を持つ親として当然の理解を持ち、日々の献立に高度の関心を払つているのが八六%を占めているのはよい。食前の衛生については手を必ず洗わせ、習慣づけられた子が五三%で洗う時もあると答えたのが四一%を示しており、ここでは親の無関心に問題の焦点があろう。

B 睡眠

睡眠では特に親の関心度八四%を示しており、電燈の光度に一番気をつかう家庭が六九%となつている。

C 排泄

これは健康度の測定として最も大切で又注意しなければならない問題で一日一回通便が過半数の五二%を示めており、行く時もあり行かない時もあると答えているものも又半数に近い四二%である

D 休息

これは確かに外見、或は表面に表われる問題であるためか信用度が大きく六五%を示している。なかには手傳いや仕事などの疲労回復前にあそびを行わせる親も二二%の第二位を占めているが残念である。

E 衣服

いつも所持品や着物について一日一回は必ず気を配つてみている親たちが七四%を占めているが、なかには寝具の日光消毒をしないものが一〇%もある。又自由放任も一八%をあらわしている。

F 住居

衛生上の問題を特に取上げて批判してみると樹木が少ないのになやみをもつたものが二九%、ついで交通頻繁な道路に近く、はげしいごみ立ちに閉口して、どうにかならぬかと考えているのが二二%を示している。

G その他

子供の健康を阻害するものは何かとの親への質問に対し第一位は歯がよわくて困つているのが二九%、第二位に寄生虫が九%、第三位に目が悪いこと、走力のないこと六%を示している。

6 生理的立場から健康をどう阻害しているか

体力向上に最も必要な栄養吸収に関係深い歯の健康

度についてしらべてみたい。子供の溺愛からしばしば起りうる歯の不衛生は折角の健全食でも不消化に終り体力向上に障碍を来たしていると思う。

口腕状況（6学年147名の調査）

永久歯罹患歯数	283本	不良
罹患者数	104名	〃
不正咬合	16名	〃
歯齦炎有者	39名	〃

注1　歯科医比嘉良有氏より口腔清掃状況不良と判定さる。

注2　一〇四名の児童は二八三本の患歯を持つている。

注3　罹患者数は全体の七〇%に当る。

◎仮説の想定

歯が弱いということは勿論先天的に左右されるというのが今日の有力な説で、それによれば、戦前の順調な母胎に、しかも海産物に恵まれた漁港をひかえた本町の子供は健全な歯を持つていなければならないはずである。ところが反対現象を来たしたのは、商業地域として糖分食が多く、それによつて歯をおかされるのが多いのと親の放任から来た歯をみがかない悪習慣とによるものと結論づけられる。

1クラスに歯をみがいている数	平均16名
時々のものとみがかないものの数	平均34名

上の表は全校生徒の調査において一クラス平均五〇人としてあらわした数である。

7 本校疾病の状況

以上のほかに本校児には健康を害する地域的疾病のどんなものを持つているか。

疾病異常者の百分比

種別／地域	近視	トラホーム	中耳炎	皮ふ症	う歯未処置	要養護
全琉男	3.65%	12.13	0.60	1.03	56.33	3.04
本校男	3.27	13.88	1.45	1.44	89.04	4.77
全琉女	4.54	10.90	0.26	0.79	57.34	2.37
本校女	3.27	9.31	0.41	0.82	82.40	2.00

注1　歯の病気は全琉平均でも多いが特に本校では注目に値する。

注2　親も関心を持つているがそれでも二九%にすぎず適切な指導が要求されている。

注3　トラホームと眼病には職員は臨海地域の潮の害と交通路の雑多と植樹がないということに配慮していたが案外である。

8 本校児童の運動能力と発達の実態

能力は或ることを知りそれを使つて物事を処理する力である。その力は体力を増進していくものである。発育はやゝ先天的な意味を含んでおり、身体測定によつて現わすことができるし、発達は体力測定によつて後天的にいくら進歩したかについて知ることができるもので学習指導はその実態に即してなされるものであると思う。

六年児は本校体育指導の蓄積によつて仕上げられたもので実験台にのせて今までの学習指導の反省と改善点を発見する資料に附したい。

出来得れば、全琉の平均に基礎をおきたいが、それがないので全国平均（二四年度）を基礎においた。二四年度といえば戦後経済力が回復しつゝあつた時である事を含んでおきたい。特に検査項中

○バーピーテストは敏捷性とか大筋協応力といわれ非常に密接に運動の学習能力に関係するものである。

○サージェント、ジャンプは動力のテストで、力の要素からできていて四呼称の二呼称は筋肉の反応スピードの働きを示し、後者は身体を上に押上げる力を示す。故にスピードや力を含む競技や他の運動を行う際の基本的な要因となるものである。

運動能力全国平均（24年度）と本校のそれとの比較

種別			50m	立巾跳	ボール投	懸垂	サージャントジャンプ	バーピーテスト
男	全国	5年	9.6秒	154.5m	29.4m	3.6回	25.6cm	5.5回
	全国	6年	9.3	162.2	33.7	3.8	28.1	5.6
	本校	6年	9.5	172.0	28.25	3.0	26.6	5.2
女	全国	5年	9.9	144.2	14.72	14.5	23.4	5.3
	全国	6年	9.7	151.8	17.06	15.31	25.53	5.4
	本校	6年	10.01	152.4	14.48	8.07	23.43	5.6

①　凡ての陸上運動能

力を基底している本校児の走力が全国平均の五年児とやや同能力に止つている
② 長さに跳ぶ下肢の強さは五、六年児（全国の）を遥かにしのいでいる
③ 特に筋肉の強靱性に欠けている
④ 敏捷性に欠けている
⑤ 女子が敏捷性に富んでいる

注1　跳力に比して走力が不振である。
注2　胸囲が小さいためか筋力に欠け投に劣る。
注3　特に女児のけん垂持続力は劣等である。
注4　球技に興味を持ち放任でも自ら進んで行うとするが指導の欠陥から予想外に投力がおちる。

以上が体力の発達上に浮んだ自然の状態であるが、まだ多角的な資料から客観性の大きい尺度によつて示した方がよいので焦点をしぼつてみた。
全国の同一環境を持つ児童の運動能力と本校児のそれとを比較してみると

全国運動能力と本校児童

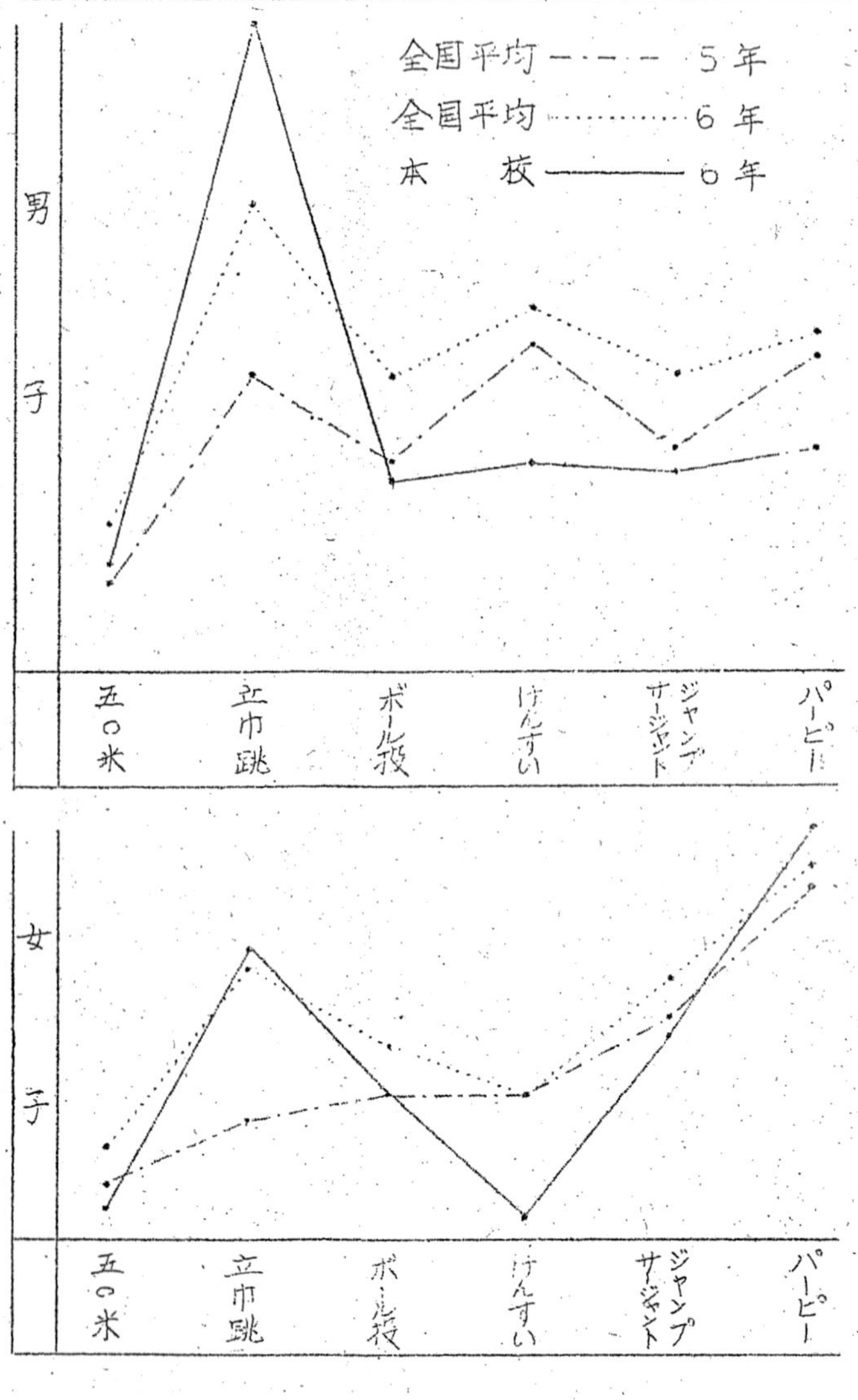

商工業、農業、住宅種別平均能力と本校児の運動能力（6）

性	地域＼種別	50 m 走	立 巾 跳	ボール投	けん　垂
男	商　工	9.3 秒	163cm	35.2m	4.3 回
	農　業	9.1	170	33.8	3.0
	住　宅	8.9	171	35.6	4.3
	本　校	9.5	172	28.2	3.0
女	商　工	9.9	153	19.2	15.0秒
	農　業	10.5	169	17.6	18.6
	住　宅	9.5	144	16.8	19.1
	本　校	10.01	152	14.5	8.1

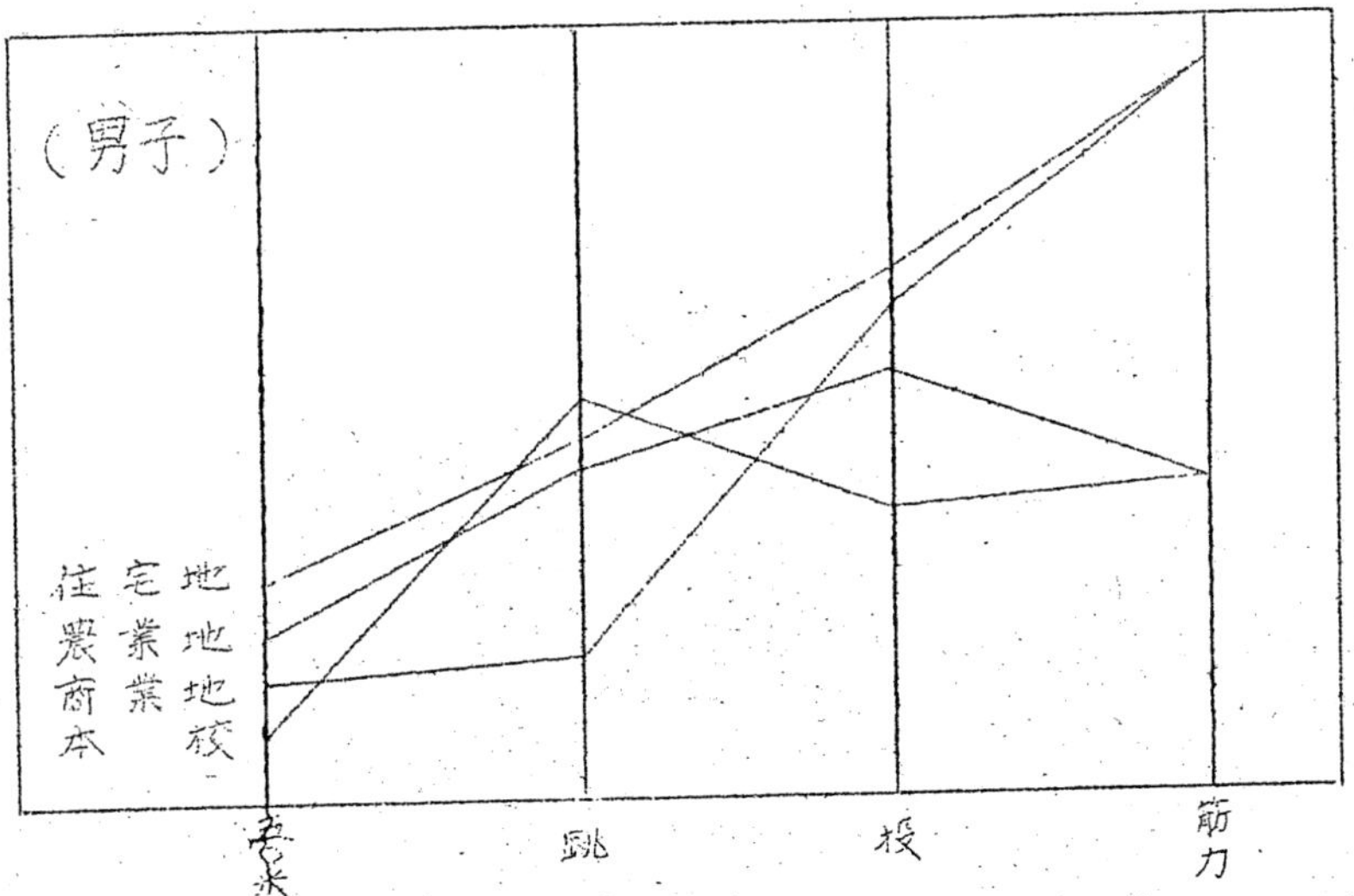

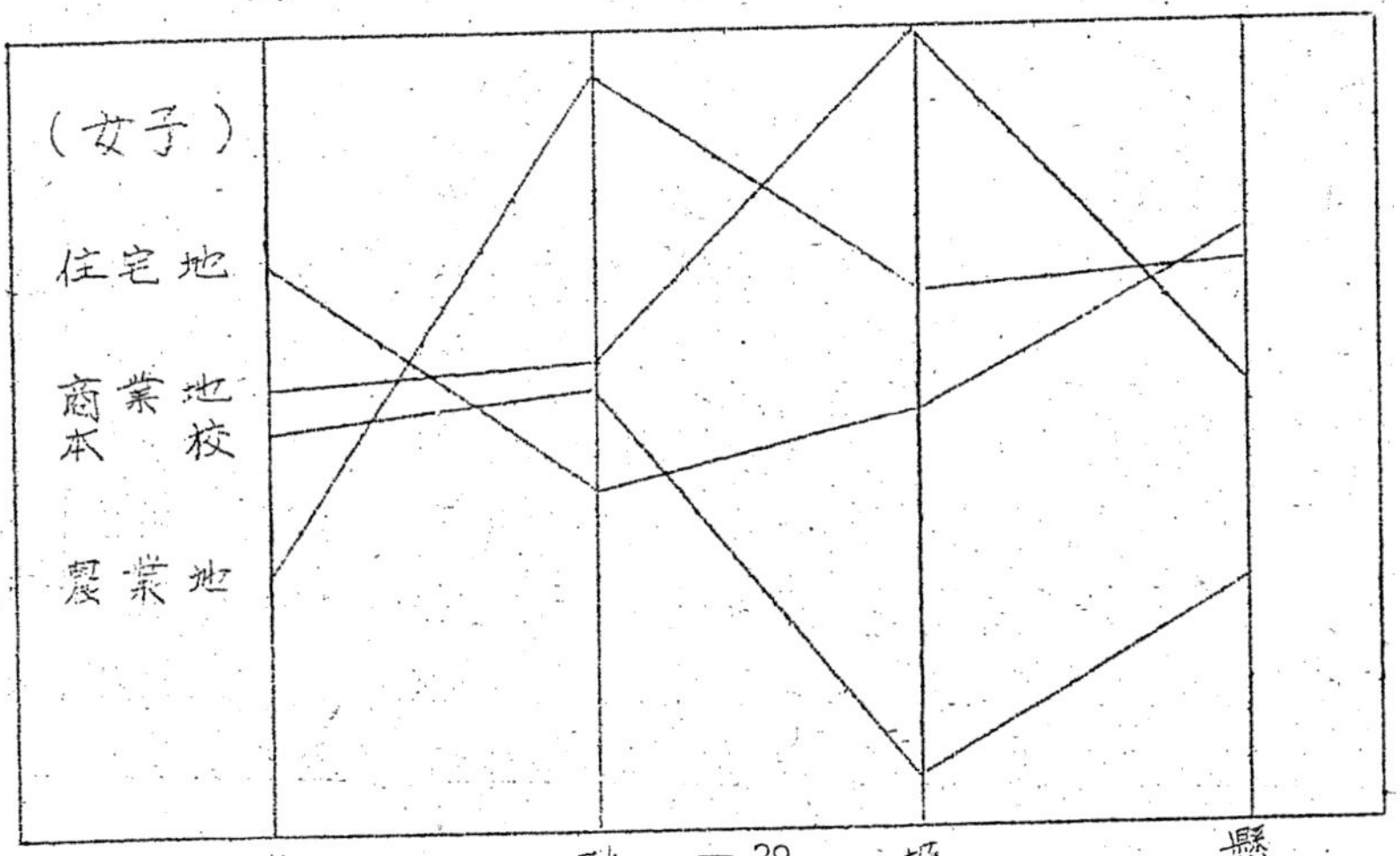

① 男児の運動能力は、農業地の形態になる

② 女児では走跳において商業地的であり投、筋力が非常に劣る

③ 筋力を増大せしむべく、球技と水泳運動のウエイトを考えるべきである。

全体体力の目標をどこにおくべきか、全国平均能力から本校児の実態を知り段階的にどう体力増進をはかつたらよいか。

⊙本校児の体格像

本校児の発育と発達がどうありどのように進んでいるか、又今後の道をどう決定していくかを知る方法の一つとして体力バランスによる方法がある。これによつて全体的に調和して指導がなされ調和よく発達しつゝあるかどうかがわかり指導計画の資料となろう。（体力バランス基準次頁）

○効　果

体格としての身長、体重、胸囲と運動能力としての走力、跳力、投力等を互に反対の三角形になるように組合せ六区分し換算基準に照らして能力段階を決定した中間部の線の間を標準として此の線の間に入れゝばよいとし、それより中心部に近い方は努力を要し、外部に向う程上位にあるということができる。又本校児童の体力の実態は望ましければよいとし、若しそうでなければ家庭によるのであるか学校側によるのであるかの大体の判断がつけられると思う。表で上半円は発育

基礎指導に必要な運動能力尺度

（全国昭和25年7月）

段階	性別	男					女				
	種目	50m	立巾跳	ボール投	垂直跳	敏捷跳	50m	立巾跳	ボール投	垂直跳	敏捷跳
		秒	cm	m	cm	回	秒	cm	m		回
+2	最上	7.2	208	49.9	41.5	8 1/4	7.5	197	29.2	39.0	7 3/4
		7.4	204	48.7	40.5	8	7.7	194	28.3	38.0	7 3/4
+1	上	7.5	201	47.5	39.5	8	7.8	190	27.4	37.0	7 1/2
		7.8	196	45,7	38.0	7 3/4	8.0	185	26.0	35.5	7 1/4
		8.0	191	43.9	36.5	7 1/2	8.3	180	24.7	34.0	7
		8.1	187	42.7	35.5	7 1/4	8.5	177	23.8	33.0	6 3/4
0	中の上	8.3	184	41.5	34.5	7	8.6	173	22.9	32.0	6 3/4
		8.5	179	39.7	33.0	6 3/4	8.8	168	21.5	30.5	6 1/2
		8.7	174	37.9	31.5	6 1/2	9.1	163	20.2	29.0	6 1/4
		8.9	170	36.7	30.5	6 1/4	9.3	160	19.3	28.0	6
	中	9.0	169	35.5	29.5	6	9.4	156	18.5	27.0	5 3/4
		9.3	162	33.7	28.0	5 3/4	9.6	151	17.0	25.5	5 1/2
		9.5	157	31.9	26.5	5 1/2	9.9	146	15.7	24.0	5 1/4
		9.6	153	30.7	25.5	5 1/2	10.1	143	14.8	23.0	5
−1	中の下	9.8	150	29.5	24.5	5	10.2	139	13.9	22.0	5
		10.0	145	27.7	23.0	4 3/4	10.4	134	12.5	20.5	4 1/2
		10.2	140	25.9	21.5	4 1/4	10.7	129	11.2	19.0	4 1/4
		10.4	136	24.7	20.5	4 1/4	10.9	126	10.3	18.0	4 1/4
−2	下	10.5	133	23.5	19.5	4	11.0	122	9.4	17.0	4
		10.8	128	21.7	18.0	3 3/4	11.2	117	8.0	15.5	3 3/4

を示し、下半円は発達を現わしている。

○結　果

① 全体にまるみをおびていないので調和のとれない、がつちりしない体格である。

② 発育部分がやゝよいのに対して、発達の部分が非常に貧弱である、学校側の指導に手おちがあると思われる。

③ 胸囲に対する筋力の比重がないことにはおどろく、強壮性の指導に欠けている。

④ 身長に対する基本的な走力のアンバランス

⑤ 敏捷度の面に欠けている点から運動神経や巧緻性に欠けている。

⑥ 素質はあつても概してその能力が後天的に伸ばされていない。

⑦ けん垂力、投力を伸ばすことに先決の問題がある。

⑧ 発達の部面の調和をはかり、円みを持たせるように学習指導の比重を考えねばならない。

9 体格基礎調査に立つた全体的な改善点

○運動場を整備していく。延四台のグレンダーが工交局の無料奉仕で地均しを終えたので今後はその立体的活用法を考えたい。

○そのために固定設備を増設して臨機応変

体力バランス（体力判定）基準
上半円―― 発育状況
下半円--- 発達状況

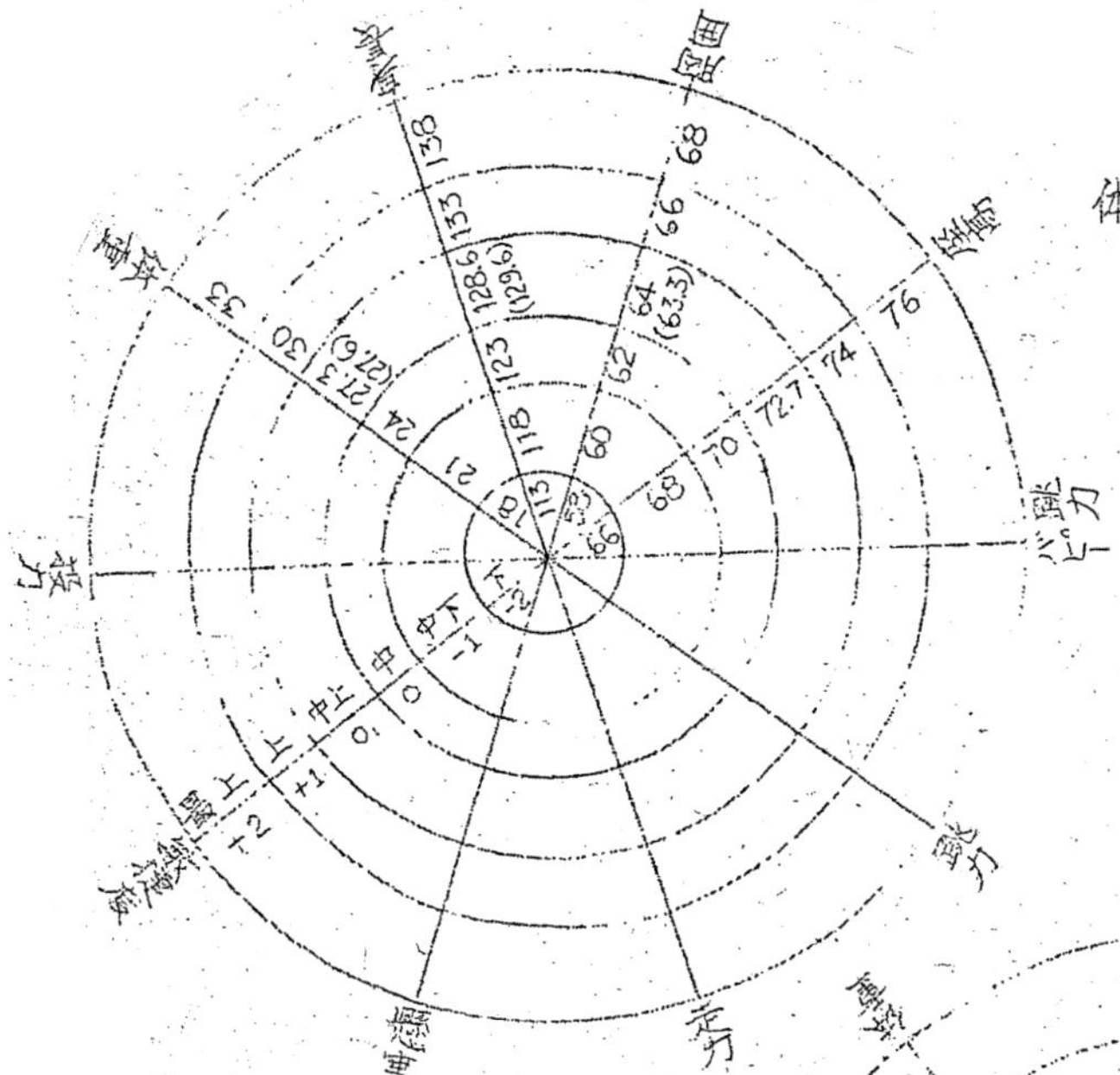

体力バランス表
――――男児
------女児

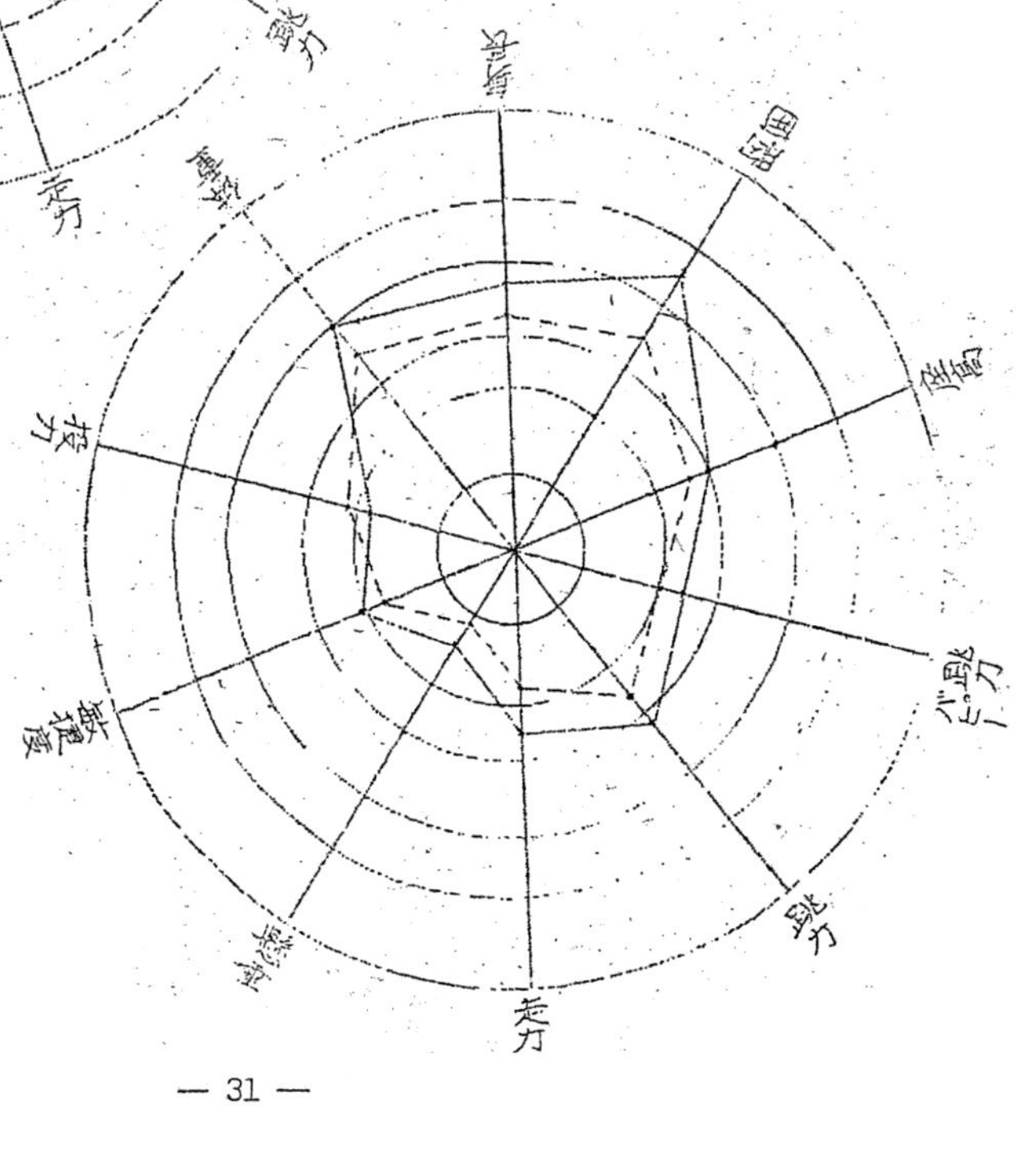

自ら意図する学習が行われるようにする。

○戦後の社会経済の貧困から体力がまだ回復されていない、又は児童の背景に体育的施設環境がないため、いろいろな健全体力をはばむものがあるので父兄の啓発が急務である。

○寄生虫の駆除に協力を求める。調査人員三一五〇人に対して排虫四四九四で一人当り一、四四の寄生虫を持つている実例があるので、P・T・Aの承認を得たので近く実施したい（トラホームの対策と共に）

○罹患者数（むし歯）が多いので口腔衛生を考慮していく。

○し勢を正しくさせ、身長の伸長をはかる

学習や作業時は勿論特に体育時の背筋、腹筋の発達充実をはかり、家庭での栄養、休養、睡眠について父兄に機会あるごとに協力を求める。

○柔軟性と強壮性を養うために矯正体操と水泳、走の運動を指導していく。単なる準備運動としてでなく徒手、矯正体操本来の意味に重点をおき腕及び胸部の運動、姿勢の矯正、身体の柔軟性を養う運動を徹底的に指導するようにする。

○個々の欠陥を自ら知ると共に父兄へも知らしめて能率的に、自主的に学習を行わせる。

○胸囲の発育のために上肢を使い、胸廓を拡張し、呼吸力を増進するために競走、けん垂、水えい、球技を多くとり入れる。

○教材比重を低学年では器械あそび、ボール運動、中学年では鬼あそび、リレー、器械運動、高学年では陸上運動、器械体操、徒手体操に重きをおく。

○体格カードを作り進んで進歩するようにし、円滑な調和のとれた体格をつくるようにする。

○能力別指導を行う、特に運動能力の発達状況からして高学年からは性的美異が大きくなるから能率を上げる点から

○体育クラブ活動と密接な関連を持たす。

運動をしたい意欲にかられて集つた子供が同じ趣味と問題を持つているので計画を立て指導をしていくと成果は大きい。

○児童会活動との連携を保つていく。

児童の一日における体育活動の要求は五時間であ

種目	野球	紅白球入れ	ソフトボール	バレーボール	器械運動	水えい大会	走跳投	ドツジボール	ボールバスケット	なわとび	マラソン
学年／月	5・6	1・2	5・6	5・6	3以上	5・6	3以上	3以上	5・6	3以上	
4	×	×	×								
5	○	○	×	×	×						
6			○	×	○						
7				○		×					
8						× ○	×				
9							×				
10							×	×			×
11							○	×			×
12								○			×
1									×	×	○
2									○	×	
3										○	

×印練習期間　○印実習期間

るとすれば一週に三五時間要求している事になる。併し体育正課時数は週三ー四時間しか当てられていない。故に児童を通じて組織だつた計画的運営によつて正しい指導による体力増進を計画した。

○群馬県とその他の資料から次の計画を設定した。

○常に指導法の適正を計り、指導目標にかなつた学習活動が展開したか、児童も十分活動したかどうかについて注意を払い、指導法の改善につとめる。

10 第二次計画は何を試みるか

児童が正しく進歩発達しているか否かの定め方は人によつていろいろ違うが、知的な収得量又は、何をどの位知つているかを評定したり、又教育の適否の判断等いろいろであるが、いずれにしても私たちは強く批判してとりかゝるべきである。今日、ただ知識や技能を高めるのみにとどまり、根本的な民主的な生活のあり方を例外視するような事ではあやまりも甚だしい。この民主的な社会人の養成にその体育の本当のねらいとしなければならない。即ち児童の人格の発達をひろく考察して身体の面、社会性の両面をその可能性の最大限にまで発達させていくことが体育指導の最大のねらいだと思う。故に今までの身体的面の反省と研究をほぼ此の辺でとどめ、次の研究計画は社会的面の実態を知り、その問題を発見していきたい。研究区分をわかりやすく図示すると下図の通りである。

以上、体育学習に実態と目標を把握し、体育計画を作るための資料の考え方の一方法にすぎず、一度記憶したものは忘却するので記録したのみである。又本校では、此の如くであるからかくの如く進むべきであると言う主張であつて、客観性の欠くものである。故に多くの批判をあおぎ、今まで以上の主事の方々の御鞭撻と指導を願えれば望外の幸だと思つている。

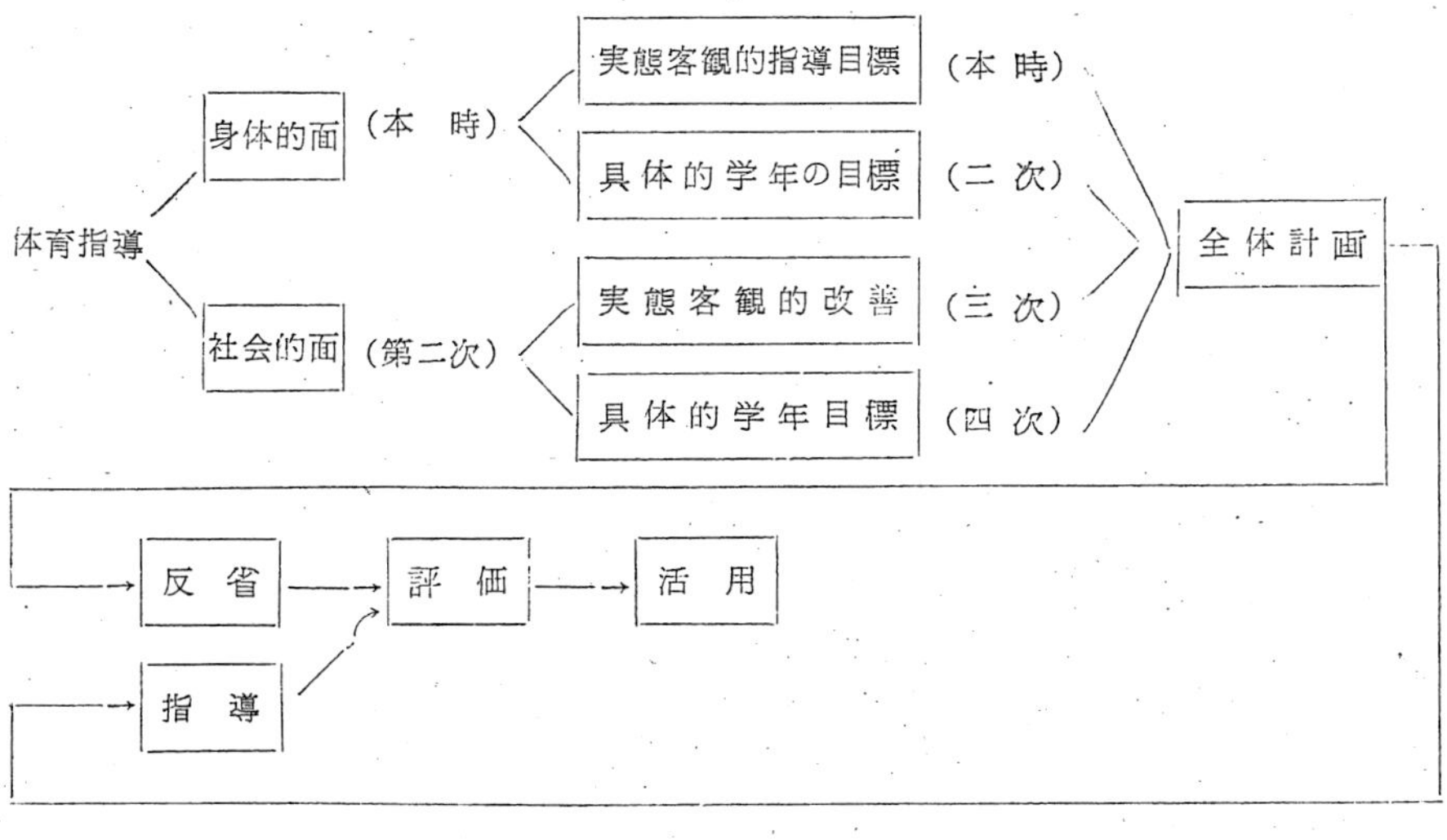

運動会の反省

新　里　清

第二学期の学校生活の中で、生徒児童にとつて一番楽しい日は運動会だと思います。特に私の部落のような農村における運動会の楽しさは決して子供だけでなく、両親も又村民もひとしく待ち焦がれる楽しい一日であります。

運動会は学校教育の立場から、最も重要な行事の一つですが、その為に数週間前から大事な授業をさいて準備練習を行うことは、特に反省を要する問題だと思います。運動会は学校体育の一環であり、正課の体育の時間で学習し、経験したものを総合的に発表されるべきものであつて、明確な目標がなければならないと存じます。特に学力の低下が叫ばれている今日、体育の指導者は体育行事によつて、大事な課業がさかれ、又其の為に学力の低下を云々される事が無いように、綿密周到な計畫のもとに行事が進められる様努力しなければならないと思います。

私の学校では運動会は毎年十月初旬に行われ、今年も去る十月二日（日曜日）に行われました。体育担当者として、私の体験から反省記録を述べて、御批判と御指導を仰ぎたいと存じます。

一、目　標

運動会は単なる遊びではなく、学校体育の一環として行われるからには明確な目標を立てなければならない。
第一に　運動会を通じて保健体育の効果をあげることであり、更に運動会後も体育を愛好し、体育生活を通して一層の効果をあげることである。
第二に　生徒の自主的、自発的活動を促進することである。新しい教育では生徒の自主性、自発性が重視されていることは申し上げるまでもないが、生徒会活動や、ホームルーム活動での経験が総合的に発揮される機会としての運動会である以上、運動会の主体は生徒でなければならないと思います。したがつて先生方は、あくまでも補導の立場であり、生徒の自主的、自発的活動を促進するように努めることが大事ではないかと存じます。先生方が計画を立て、生徒は唯それに従つていくような運動会であつたら、少しも教育的価値はないと思います。運動会は全校的活動であり、団体的な活動であるから、体育主任の一人舞台であつたり、或は一部の生徒の活動であつては良くないのではないか。
第三に　運動会は生徒、職員、父兄の楽しいレクリエーションとして行うようにし、更に此の機会に、体育に対する正しい認識を父兄に与え、生徒の健康生活についての理解と協力を得るようにする。運動会において自分の子供と、他の子供との体格の比較や、体力を比較し、その赤裸々な子供達の姿を見ることによつて、自分の子供の発育や健康状態に深い関心を持たれると思います。
以上三点を運動会の目標として進めた。

二、運動会準備に授業をさかずにする為に

此の問題については学校により、その方法はいくらでも考えられると思いますが、私は、教師自身が自己の計画に従つて、正課の体育学習の時間を欠かさずに進めていくことが大事だと思います。やゝもすると体育の教科は軽く取扱われ、体育の時間を他の教科の学習にまわしたり、作業にまわしたりすることは全々無いとはいわれない。その様な事が無いように何れも平行して進めねばならない大事な教科だと考えます。正課の学習時間を欠かさずに進めて行くなら運動会の練習は特別に授業を割かずに済むのではないかと考えます。

私の学校では時間割表の下方に大きく備考欄を設けてありますが、出張、その他の都合によつて、止むなく授業が出来ない時には、その備考欄に教科名と時数を書き入れて置きます。時間割係によつて他の教科と、とり変えて授業を進めるのです。時間割の変更をするのですから、生徒にも連絡をする必要がありますので、遅くとも前日の午前中に備考欄に記入せねばならないわけです。此の様に続けて居りますので、出張しても学習の時間は割かれずに済むわけです。又、学校の日程表に朝の放送時間が三十分組まれて居り、その内十五分はラジオ体操の時間になつて年中続けて居ります。毎日ラジオ体操だけでは生徒は喜ばない。そこで、既習教材のリズム運動をしたり、正常歩練習、或はかけ足練習をレコードにのせて行つたりしますが、十五分の時間を毎日此のように利用していると、それがそのまゝ運動会の種目として考えられ、又運動会の準備ともなり、運動会の前でも特別に時間をかけての練習を必要としないようになりました。

三、計画はすべて生徒の手によつて

生徒会は五つのクラブ構成組織になつており、各々のクラブに就いての説明を略しますが、運動会は保健体育クラブの計画によつて行われ、四月に年間計画が立てられます。更に二学期になつて運動会実施に就いての具体案が作成され、それを生徒会で討議されます。その運動会に関する打合せの状況をのべたいと思います。

（以下生徒の記録から記す）

九月十三日（火曜日）午後四時開会

議　題

一、良い運動会を行う為に心掛けねばならない点。
昨年の運動会から反省して考えられないだろうか
○昨年の運動会の時に決められた場所から離れて買い食いしている生徒が居つたから注意をしなければならない。（三年男女の意見）
○それはお金を持つて来るから悪い事をするのだから、当日必要のないものは持つて来ないようにしたらよい。登校する時から軽装して来るようにしよう（三女）
○買食をするのも悪いが運動場でお菓子を売る人が多いから場内ではお菓子を売らないように注意したらどうか（三男）
○生徒会の名で店屋に連絡をしておく必要はないか。（連絡をすることにする）（三女）
○当日は校門にもはり紙をしておこう（二女）
◎服装について話し合う必要がないか（二年男生徒から）

○去年は三年生の中には鉢巻をしないのが居りましたからそんなことがないように三年生の役員で注意して下さい（二年男）

○鉢巻の色も男子と女子と分けてもらつたらどうか。男子は赤、女子は白にした方がよいと思います（一女）

○服装は学校で決める方がよい

男子は半ズボン　女子はショトパンツ

全員ズックをはくようにする

九月十六日（金曜日）午後四時開会

議　題

一　運動会にはどんな役員が必要か

○入場をする時に、何時も整列が遅いが早く出来るようにする為にその係を置いたら良いと思います（一年男）

○一人は指揮台で合図をする人も必要だと思います（三年生より）

（指揮係はどんな事をすべきかを補導してやる

○とび箱を使う時や全校遊戯の時に指揮台がなければならないと思いますが、それを準備したり片附ける係も必要ではないか。

（準備係について、此の時に説明をして聞かす）

○万一、怪我をした時にはどうするか、その係を置く必要はないだろうか。

（衛生係について説明してやる）

○プログラムに順じて演技を順調に進める為にその係を置いたらどうか

（呼出係、進行係について説明をする）以下略

此のようにいろ〱と生徒の意見から各係と仕事の範囲、その人員について順々に決められて行きます。前もつて先生が必要な係を示して生徒を唯それに割当てることは簡単で時間も要しないと考えられますが、生徒が、それぞれ自己の体験から発見的に役員が決められていく様な方法がよいのではなかろうか。

役員の選出には慎重を期して行われ、特に日ごろ学習を好まない問題の生徒達も役員として推され、その為に役員としての誇りと責任を感じてよく活動を致します。この様な機会を通して問題児を善導することも一つの方法だと思います。

四、運動会予行演習後の反省

予行演習の以前に本会議で各役員が選出され、役員は自己の任務について熟知して居ります、予行演習からその役員によつて進められるのですが、その実際的な体験から人数の過不足や、自己の仕事の範囲等について、悩みと疑問を持ちます。ここで反省会が是非必要になりますが、悩みと疑問を持つている為に活発な意見が述べられます。以下生徒の記録簿からその大要を記します。

九月三十日　午後四時開会

予行演習の反省会

一　予行演習を行つて役員として困つた事はなかつたでしようか。

○三年生の中に一年生の役員の言うことは聞かない生徒が居るから、三年生の役員で注意をして下さい。今日注意をしたら殴られた。

（一年生の役員からの意見）

○決勝係が少いので、小学校の一、二年のかけつこの時など整列をさせるのに苦労しました。又出発係はもう少し出発を遅くして下さい。決勝係はあと四名は必要だと思います。

（決勝係からの意見）

○準備係をもつと人数をふやしてもらいたい。今度からは各係にプログラムも配るようにしたら次々種目も解るから準備もよく出来ると思います。（準備係）

○アナウンサーは呼出を兼ねさせるようにしてほしい。大きな声で呼出しても響かないのでマイクを通して呼出した方がよい（呼出係）

○予行演習でも水（飲料水）を準備する必要がある。今日水飲みに行つて演技が始まつても来ない生徒がありました。（以下略す）

以上記録簿から抜き出しましたが、子供達は自己の責任を果す為に活発に意見を述べ、その悩みを解決しようと努力致します。予行演習の反省会は勿論必要だと思いますが運動会終了後の反省会も又是非必要だと思います。生徒一人一人が一日の自己の行動を反省する、これこそ明日への発展に処す心構えだと思います。

五、運動会は生活指導の場でなければならない

特に新教育が生徒の自主性を尊重するの余り、教えしつけの面がゆるがせにされている憾を持ちます。

今年の夏の体育講習においても、此の問題についていろいろ討議されたのですが、問題は教師にあり、教師がその場その場において徹底した生活指導がなされる様にすることが大事だと話し合つた。

学校が有為な社会人育成の場であり、秩序ある社会生活の場所であると考える時、体育運動はその実践を通して社会的性格の育成をするのであるから運動会を通じての生活指導は徹底を期す様にしなければならないと考えます。勿論軍国主義的訓練であつてはならないと思います。

運動会を行うことによつて、これが教育全般に、大いにプラスし、年毎に向上して行く様に一層の努力と研究をしなければならない事を強く感じて居ります。以上私の反省をのべて御指導を仰ぎたいと存じます。（金武中学校教諭）

高等学校社会科の改訂について

昭和三十年九月十三日
教材等調査研究会
高等学校社会科小委員会中間発表

教材等調査研究会高等学校社会科小委員会は、高等学校教育課程の改訂に伴う社会科の改訂について、本年三月以来審議を重ねてきたが、このたび一応の成案をえたので、中間発表を行います。委員会は引きつづき各方面の意見を参考として、この案をさらに検討し、早急に結論をえる予定であります。

目次

I　高等学校社会科の目標

中学校の社会科では、科目に分化していないが社会生活に関する地理的、歴史的、政治、経済、社会的諸現象について、かなり系統立てて理解させるとともに、現代社会においてどのような問題があるかについて目を開き、また社会生活上の諸問題に対して、どのような態度をとるべきかについての理解や能力を得させようとしている。

高等学校の社会科では、中学校におけるこれらの学習成果を基礎として、人間関係や人間と自然との関係における現代社会の諸問題について、「社会」・「日本史」・「世界史」・「人文地理」の諸科目に分化して、社会関係諸科学の成果を生かしながら学習を進める。これらの諸科目の学習を通じて、科学的な知識と批判的な思考力を養い、さらに人間生活の根本的なありかたについて、反省と自覚を高め、これによつて自分や現代社会に関する諸課題に対処し、よりよい民主的な国家や社会の建設に努めようとする態度とそれに必要な能力を養うことを目標とする。

II　高等学校社会科各科目の目標と内容

社　会

I　目　標

中学校社会科の政治・経済・社会的内容を主とするものの学習では、歴史的背景や世界的視野の裏づけのもとに、現代日本における政治・経済・社会・国際関係などにおいて、どのような問題があるかについて目を開かせ、また個人の価値や人生の諸問題については、身近な生活上の問題を通して考えさせるようにしているが、専門的知識や現実の諸問題についてはあまり程度の高いものに深入りしないようにしている。

しかし高等学校社会科社会は、現実社会諸問題を主として政治的・経済的・社会的および倫理的な観点からとらえ、それをそれぞれの分野における諸科学の成果に基き、さらに世界的視野に立つて分析し究明することによつて、当面する課題を正しく批判し、科学的、合理的に解決していく態度や能力を身につけ、有能な社会人としての資質を育成しようとするものである。以上の趣旨を達成するためには、次の諸事項について留意する必要がある。

一、われわれの政治的、経済的、社会的生活は、民主々義の発展に伴つて向上してきたが、その理念に照してみた場合、今日なお多くの問題が残されている。したがつて、われわれの幸福な生活を確保するためには、社会人としての各人の自覚と協力とによつて、民主々義の諸原則をさらに生活の各分野に生かすことが必要であることを理解させ、その実現のために努力しようとする態度とそれに必要な能力を養う。

二、われわれの社会生活は、政治のあり方によつて大きく左右されるという認識のもとに、民主政治の意義をつかませ、またそれがどのような歴史的事情と思想的背景において形成されてきたかを理解させる。そして日本の政治の事情を検討することによつて、その民主化の障害となつている問題点を究明し、これを正しく批判し解決していく態度と能力を養う。また国際政治の現実から、その問題点と課題を考えさせるとゝもに、日本の政治を広く国際的視野において考察する態度と習慣を養い、あわせて平和の確立に寄与しようとする熱意を養う。

三、経済生活における具体的諸事象を通して、国民経済を総括的に理解させるとゝもに、日本経済の特質と問題点を、主として経済の民主化と自立の観点から究明して、日本経済の進展のために貢献しようとする態度と技能を養う。また国際経済を展望して、それにつながる日本経済の地位を理解させ、経済生活を通して国際協力に寄与しようとする心構えを養う。

四、わが国の近代化が、どのような条件のもとに行われ、またこの近代化に伴つて、社会組織や社会生活にどのような影響がもたらされたかを理解させる。特に農村生活や労働関係についての諸問題がわが国の近代化と社会生活の向上をはかる上に、きわめて重要な意義をもつことを認識させ、その解決のためにどのような方策がとられているか、またとられるべきであるかを理解させ、幸福で平和な社会生活を実現しようとする態度と技能を養う。

五、青年期の心理や特質に応じて、人間生活の意義を深く考えさせ、同時に社会生活を営む個人の望ましいあり方を理解させる。そして、日本社会の特色とそれに関連する日本人の考え方を反省して、各人が現実に家庭、学校、地域社会、職場などにおいて、どのような問題に当面しているか、それを解決するにはどのような態度をとるべきかについて考えさせる。さらに、人間と平和の問題を思想的に深めることによつて、民主的社会の理念をつかませ、それに基いて積極的に平和を促進し、文化を創造して、民主的社会の発展をはかろうとする態度とそれに必要な能力を養う。

六、現実の生活に対して常に関心をもちその諸問題を互に協力して科学的、合理的に研究し、調査するとゝもに、専門書、研究報告、各種の白書、年鑑、新聞などの資料、統計を検討し、整理し、それらの問題を解決するための手がかりとして有効に利用できるような技能を養う。

II　内　容

一　民主的政治

政治と国民生活

政治と社会（国家）政治と経済、法と政治、法と道徳などの諸問題を通して、政治と国民生活との関連を明らかにし、政治の意義と本質を理解させる。

民主的政治

近代政治において、民主的政治の基本的な原則がどのように実現されてきたかまた今日、どのような組織のもとにそれが運営されているかを、できるだけ、おもな国々について、その歴史的、社会的条件や、思想的背景を明らかにすることによつて理解させ、民主的政治の意義とその特質を会得させる。

二　日本の政治

日本国憲法の意義

帝国憲法の制定とその運営の過程を通して、日本政治の近代化の性格とその諸条件を考えさせる。またそれから日本国憲法制定の意義をつかませ、憲法の内容について理解させる。その際、憲法の問題点については、日本国憲法の精神に基いて考えさせる。

日本国政治の諸問題

政党政治、選挙制度、行政機構（公務員制度を含む）地方自治、三権分立、世論と宣傳などに関する諸問題を通して、日本の政治の現状とその問題点を明らかにし、これを民主的政治の確立という観点から考えさせる。

三　国際政治

国際社会と国家

近代国際社会の成立過程を明らかにすることによって、国際社会における国家の意義を理解させる。その際、国際法の要点についても簡単にふれる。

国際政治の動向

国際連盟の成立と崩壊、国際連合の成立とそのはたらき、国連による以外の国際協力の動きなどの問題を通して、第一次世界大戦から今日に至るまでの国際政治の動向を理解させる。

今日の国際政治の課題

先進国と後進国についての関係を、特にアジアの民族独立に重点をおいて取扱い、また、平和的共存や原子力問題などについて考えさせる。

国際社会と日本

世界、特にアジアと日本の関係を明らかにし、世界文化の向上と世界平和への寄与について考えさせる。

四　経済生活

経済生活の発達

近代産業と資本主義経済の発達ならびにその特色とその思想的背景を明らかにすることに重点をおいて、経済生活の発達を理解させる。その際、資本主義経済と社会主義経済の問題についてもふれる。

国民経済の循環と発展

経済のしくみとはたらきを一つ一つ理解させるのではなく、これを国民経済として総括的に理解させる。（生産、流通、企業、金融、消費、貿易のつながり、また、国民所得と生活水準ならびに財政との関連についても取り扱う。）

五　日本経済の諸問題

日本資本主義経済の成立とその歩み

日本の資本主義経済の成立とその発達の過程ならびにその特質を明らかにし、また近代産業の発達もこれにからませて取り扱う。

今日の日本経済の問題点

戦後の日本経済の推移を明らかにし、農業、中小企業、金融、資本蓄積、企業合理化、貿易振興、総合開発などの諸問題を通して、日本経済の民主化と自立の問題点について考えさせる。また財政と国民経済の関連について、その問題点を理解させる。

（国の財政、地方の財政）

六　国際経済の諸問題

国際経済

国際経済のしくみやはたらきについて理解させる。

第二次世界大戦後の国際経済の推移と問題点

世界のおもな国々を中心とする戦後の国際経済の動向を概観して、その問題点をつかませる。

国際経済につながる日本経済

国際経済との関係を明らかにして、日本経済の自立の道につき考えさせる。

七　農村の生活

生産と経営

農村の生産と経営について、その特色を明らかにし、その実態と問題点を理解させ、その対策について考えさせる。

農村における人間関係

農村における人間関係や傳統的慣習などについて考えさせる。

農村生活の改善

農地改革の意義と限界を明らかにし、農村生活の改善のために、農業協同組合、青年団、農民組合などの果す役割について考えさせる。

八　労働関係の諸問題

資本主義社会と労働問題

資本主義社会の成立と、それに伴う労働問題の発生の要点を明らかにする。

労働運動の歴史

諸外国ならびに国際的な労働運動を展望し、さらに日本の労働運動について、その発展の過程を明らかにする。その際その背景をなす社会思想にもふれる。

今日の労働関係

今日の労働関係について、その現状と問題点を理解させ、労働組合のはたらきやその役割を考察させる。また労働法規についても理解させる。

九　社会生活の向上

生活不安の原因

生活不安の原因となるものについて、政治、経済などとの関連のもとに考えさせる。

社会保障

諸外国および日本について、社会保障の歴史と現状の概要を理解させ、社会保障制度を確立するための条件を考えさせる。

一〇　個人と社会

青年の問題

各人がもつさまざまな問題を通して、青年期の特質と意義および個人の価値を自覚させる。

（この場合、自我と他我、自己愛と利他心、自我主義、性格分析、独立と反抗、社会の発見、価値の発見などの問題が取り上げられるであろう。）

個人と社会のつながり

各人のもつ問題が、社会と密接なつながりのあることを理解させ、個人の成長と社会の発展とをもたらすためには、個人としていかにあるべきかを考えさせる。その場合に、その背景として、さまざまな倫理的思想を理解させる。

（この場合、人格と幸福、意志と行動、理想と現実、合理と非合理、および懐疑などの問題を取り上げ、これらを倫理的思想の類型として、あるいは倫理的思想の歴史を通して理解させることなどが考えられる）。

一一　日本の社会

日本の社会の特色

日本の社会構造の特色を、いろいろな要素に基いて総合的に理解させ、それに関連して日本人のものゝ考え方とその問題点を考えさせる。

身近な社会生活とそのあり方

家庭、学校、地域社会、職場などの身近な社会生活の意義とそこにおける問題点、および各人のあり方を考えさせる。

（この場合、それぞれの社会生活について、制度や、意義にふれながら、家庭生活では、親と子、兄弟、家庭内の問題など、学校生活では、友情、先輩、後輩、教師と生徒の関係、規律と自治など、地域社会では、風俗、習慣など、職場では就職、職業と趣味などの問題が取り上げられるであろう。）

一二　民主的社会

民主的社会の理念

基本的人権について、その重要性や内容を明らかにし、人権思想の歴史を通して、人権尊重を思想として確立させる。また平和についても、その思想の歴史を通して深く理解させ、それを実現するための諸条件を考えさせ、人間尊重の精神をつかませる。

（この場合、人権や平和の思想を通して幸福追求の権利や自由と平等の問題などを扱い、また民主的社会の荷ない手としての個人の権利と責任について自覚させ、更に民主的社会の荷ない手としての集団（民族、国など）および人類の立場についても考えさせることが必要であろう。）

社会と文化

文化の創造が社会の発展のために必要なことを明らかにし、生活における学問、芸術、宗教、思想などの意義を考えさせ、また民主的社会と文化について、特に現代日本の文化の諸問題を、民主的社会建設の立場から考えさせる。

III　指導上の留意事項

一、上の指導内容は単元展開の順序を示すものではなく、また、それぞれが、そのまゝまとまつた単元を構成することを前提としているものでもない。これらの内容を含むいろいろな指導計画が授業時数（単位数）、実施学年、学習環境、その他の条件などに応じて立案されることが望ましい。

二、一般に単位時数の多少によつて特定の項目を省略したり、つけ加えたりする扱い方は適当ではない。単位時数の少い場合はより重点的に内容の配列をくふうしたり、あるいは、学習活動の方法に配慮を加えるようにすることがたいせつである。単位時数の多いときは、学習活動を深めるように扱うべきである。

三　低学年に履習させる場合と高学年に履習させる場合とでは他の科目との連絡をじゆうぶん考えて、社会科として一貫した指導計画をもち、そのねらいがよく達成されるようにすることが必要である。

四、学習環境の特色は、指導計画の中にできるだけ反映されなければならない。しかし、これをあまり形式的に考えて、都市向きのもの、農村向きのものなどと類別してしまうことは適当ではない。どのような問題にしても、それがそれぞれの学習環境といかに関連しているかを考えて学習効果を高めることができるような計画をたてることが必要である。

五、社会科社会の学習は、単なる専門的知識の講義だけに終つたり、特定の領域の学習だけにかたよつてはいけない。さまざまな基本的問題の学習を通して、社会科学習の目標がよく達成されるようにすることがたいせつである。また中学校社会科との関連を考慮して、学習が行われるようにすることも必要である。

日本史

I　目標

中学校社会科の歴史的内容を主とするものの学習では、日本史の発展過程を主体とし、それと関連づけながら、世界史の流れのだいたいをも把握させようとしている。

高等学校の日本史においては、一般に学習内容は中学校と重複することが多くても、一応日本史を世界史ときりはなして、中学校よりも程度の高い歴史的知識を与え日本史をより体系的に、より学問的に深めて取扱おうとする、たとえば政治上の事がらについては、その事実のそこにある社会構造の様相を明らかにし、より広い視野のうちに、その歴史的意義を追求させ、各時代の文化についても中学生に理解させることがむつかしい思想や学問や宗教などについて、時代と社会との関連において深い考察をさせることができよう。また、諸外国の歴史との単なるつながりを説くだけでなく、世界史の動きの中に、日本の置かれていた位置を考えていく態度を養わなければならない。さらに歴史上重要な資料にもふれさせることによつて、歴史的事実を生き生きとした形で具体的に理解できるよう、適切な学習活動が行われることが望ましい。

このような学習活動を通じ、歴史が人間の力によつて進歩発展するものであることを認識し、日本の社会と文化の発展に対する自覚と責任とを養うことは、日本史学習の究極の目標である。それを達成するように、特に高等学校においては、次の諸点について考慮することがたいせつである。

一、常に具体的な史実を重んじ、実証的客観的に基いて、日本史の発展を科学的に理解しようとする能力と態度とを養う。

二、具体的な史実の分析を通じて、歴史を動かす諸条件を的確に把握し、歴史における発展の概念を、明らかにして、各時代のもつ歴史的意義を理解させる。

三、現代社会の諸問題をその歴史的背景の理解に基いて、発展的、総合的に考察する態度と能力を養う。

四、日本の文化を、それが創造された時代との関連において理解させ、現代文化の歴史的由来を明らかにし、さらに新しい文化をつくろうとする態度を養う。

五、日本民族の発展のあとを、科学的に理解させることによつて、日本人としての自覚と、偏狭におちいらない豊かな民族的愛情とを育てる。

六、日本歴史の発展を常に世界的な視野に立つて理解し、現代日本のおかれている世界史的地位を把握して、世界平和の確立に進んで協力し、民主々義の実現と人類の幸福に寄与しようとする意欲と態度とを養う。

七、調査、見学、研究などの学習活動を通じて、資料を歴史的に理解する能力を育て、また、発表や討議に必要な技能と態度とを養う。

Ⅱ 内容

一、原始社会の生活

採集経済の社会と文化

農業の始まりと社会の変化

日本の原始社会を世界における原始文化を背景として理解させることをねらいとする。特に、採集経済の社会のきわめてゆるやかな進歩から、新しく農業が始まることによつて、原始社会がどのように変化していつたかに重点をおくべきである。また、考古学的資料そのものの学習よりも、それによつて当時の人々の生活や原始信仰などについて考えさせることが必要である。

二、大和国家の成立

国家の形式

古墳文化、ならびに大陸文化の攝取

聖徳太子と飛鳥文化

小国分立から統一国家の出現にいたる歴史的過程を政治・経済的諸関係に基いてほり下げるとともに、広くアジア大陸の情勢と関連づけて理解させ、魏志倭人傳などの史料を通じて日本の国情を生き生きと把握させることが望ましい。古墳文化や、大陸文化の攝取についても、ここでふれるべきであろう。聖徳太子の政治については、大陸の事情とともに、それを必要とした国内情勢を考えることが必要である。

三、律令国家の展開

大化の改新

奈良時代の社会と文化

平和初期の政治と文化

大化の改新から律令の制定に至る中央集権国家の成立については、それを促した内外の情勢を考えて理解させ、律令国家の農民支配のしくみがどのような過程を経て崩壊したかを把握させることをねらいとする。奈良・平安の初期の文化の性格については、その時の社会の動きに対応させて理解させる。

四、平安貴族の政治と武士の発生

荘園の発達と武士の発生

攝関政治と貴族の生活

国風文化の成熟

院政と平氏の政権

藤原氏が政権を独占して、攝関政治を展開し、やがてそれが院政に推移する過程や、貴族の生活については一応の理解がなされているのであろうから、むしろここでは律令国家の中からこのような政治形態の生れてきた歴史的意義とそれをささえた経済的基盤である荘園の発達を武士の発生および成長に結びつけて理解させるべきである。

国風文化については、大陸文化からの隔絶と貴族の特殊な生活環境から生れたものであることを理解させる。

五　鎌倉政権の成立

鎌倉幕府の成立と執権政治
鎌倉時代の社会と経済
鎌倉時代の文化

ここでは武家政治成立の過程とその機構および公武の二重政権と武家勢力の成長過程を、単に公武の上層部における政治的対立にとらわれることなく、社会機構や、土地支配形態の変化に重点をおいて封建的諸関係がどのように成長してきたかを理解させなければならない。

元冦については、世界史的な視野からその経過を明らかにするとともに、鎌倉武士団の成長を歴史的に考えさせるべきであろう。

文化に関しても、鎌倉文化が、公武の二重政治を反映して、公家文化と武家文化とのからみ合いの上に成立していることに注意させるべきである。鎌倉時代の新仏教の展開にしても、それがどのような時代の欲求に基いて生れ、どんな社会層に広がっていたか考えさせ、あわせて旧仏教との性質の差異を明らかにすることが必要である。

六　荘園の崩壊と大名領国制の成立

南北朝の争乱と村の形成
室町幕府の政治と外交
経済の発達と庶民の台頭
室町時代の文化
大名領国制の形成

南北朝の争乱の結果、荘園がしだいに崩壊し、守護大名の基盤の上に室町幕府が成立する有様を、鎌倉幕府との違いを明らかにさせながら理解させる。さらに戦国大名とその領国制が形成されていく過程を、農民が村を形成し、一揆を起すような動きとの関連において理解させる

室町時代の文化が単に社会の上層部の文化にとどまらず、経済の発達に伴って庶民的なものが成長し、それが地域的にも広がったことを学習させるとともに能狂言、茶道、花道のように現代にのこるこの時代の文化の性格を深く考えさせることが必要であろう。

七　封建制度の完成と鎖国

ヨーロッパ人の来航
織豊政権と桃山文化
幕藩体制
町人の台頭と元禄文化

幕藩体制の厳重な農民支配や身分制度、儒教その他の思想統制および鎖国政策などを通じて、封建社会の構造について理解させる。この中で、町人や農民がいかに生活を向上させ、また国内市場を拡大して、商品経済を発展させていったかを考えさせる。元禄文化はそのような町人台頭の事情とからませて理解させるべきであろう。

八　江戸幕府の衰亡

封建社会の動揺
化政文化
産業・思想・学問における近代へのほう芽
幕府の衰退と開国

経済の行きづまり、社会機構の動揺、産業・思想・学問などの分野における近代へのほう芽、百姓一揆や打ちこわしに見られる民衆の動きなどを、幕藩体制の建直しをはかろうとする幕府や諸藩の努力との関連において、理解させる。これに基いて、明治維新への動きが国内にも成熟していたことを理解させるとともに日本の開国を世界情勢の動きの中に位置づけて考えさせなければならない。

化政文化については、封建社会の行きづまりを反映している面と、それが明治以降の日本文化に及ぼした影響についてもふれるべきであろう。

九　明治維新と憲法の制定

明治維新
富国強兵と文明開化
自由民権運動
憲法の制定と初期の議会
教育と文化

明治新政府のとった富国強兵策、殖産興業政策のもつ意義を明らかにし、文明開化の風潮および自由民権運動の展開とその中断などについて、帝国憲法制定の経過とからませて理解させ、いわゆる明治国家の特質を明らかにすることが必要である。

一〇　近代国家への成長

資本主義の発達
条約改正
日清戦争、日露戦争
社会主義運動の発生
近代文化の展開

日本の資本主義の特質と急速な産業革命の進行について考えさせ、明治後期の日本の社会の動きと国際問題を相互に関連づけて理解させることが狙いで

ある。また、日本の大陸進出が東アジアをめぐる複雑な国権主義的思想の高揚の中でどのようになされたかを世界史的な視野から考えさせるべきである。近代文化については、西洋文化のいちじるしい影響に着目させ、この時代の社会や経済との関連においてその特質をつかませることが必要である。

一一　二つの大戦と日本

第一次世界大戦と日本
大戦後の社会と文化
政黨政治の展開
軍部の台頭と太平洋戦争

二つの世界大戦の中で日本の果した役割を理解させることがねらいとなるが、第一次世界大戦においては、対華二十一ヶ条要求、シベリアなどの事件や、資本主義の飛躍的発展などを通じて日本のおかれた位置を、第二次世界大戦では全体主義国家と結びついていった過程を、国際関係と国内事情との両面から理解させる必要がある。

さらに労働者や農民の運動が順調に生長しなかつたことや政党政治が軍部の台頭の前に屈伏し、民主主義の発達が未熟であつたことも、太平洋戦争との関係においてふれるべきであろう。大正時代の文化については第一次世界大戦後の経済の発達や民主主義的風潮を反映していたことに注意すべきである。

一二　現代の世界と日本

連合国の対日占領政策
戦後の民主化の諸問題
戦後の民主生活と文化
サンフランシスコ条約と日米関係
世界平和と日本

戦後の改革の歴史的意義を明らかにし占領政策の推移について考えさせる。世界の動きについては、二つの世界の対立と平和への努力、特にアジア諸民族の動きと現代日本のおかれている地位を明らかにする。これらの学習にあたつては、客観的態度を堅持するとともに、日本の発展と世界平和に対してわれわれの果すべき役割について考えさせなければならない。

III　指導上の留意事項

一、この指導内容の各項は、単元名を示したものではない。その項目の配列は一つの例であつて、他にもいろいろ考えられるであろう。各項の説明では、中学校社会科の歴史的内容を主とするものとの違いを例示することに留意した。

二、単位時数の多少によつて、取扱方はいろいろ考えられるであろうが時数が多いからといつて、いたずらに内容を広げたり、あるいは時数が少いために、教師の講義だけで学習を展開したりすることは、いずれも妥当ではない。三単位、四単位、五単位、それぞれの場合によりここに示したような指導内容を、適切な学習活動によつて取り扱う方法をくふうすべきである。

三、日本史を原始、古代、封建、近代、現代という時代区分法によつて分けることは、いろいろ論議もあることなので、この指導内容では、それを用いることを避けておいた。しかし、目標にも示したとおり、日本社会の発展をいくつかの時代に区分して、その特質や推移を理解させ、時代の概念を明らかにすることが、高等学校日本史の学習においては、特に重要であることはいうまでもない。この指導内容において、奈良時代とか平安初期とかいう称呼を用いたところがあるがこれは指導内容を示すために便宜上用いたものであつて、このような時代区分が適切であるという意味ではない。

世界史

I　目標

中学校社会科の歴史的内容を主とするものの学習は、日本の歴史に関するものを主に取り扱つているが、これとの関連と比較において、世界史に関する内容を取り入れ、結果として、世界史の流れのあらましをつかむことを目標としている。

高等学校の世界史は、中学校におけるこれらの学習の成果をじゆうぶん生かしながら、世界史をより深く、科学的、系統的に理解させ、また世界の歴史が各民族、各国家の相互の関連において発展してきたことを認識させる。これらの理解や認識を通し、世界史の発展において、日本の占めてきた地位を明らかにするとともに、民主主義の実現および世界平和に対する日本民族の責任を自覚させることが、高等学校における世界史教育の究極の目標である。

この目標を達成するためには、次の諸点について考慮することがたいせつである。

一、世界史の発展を科学的、系統的に理解することによつて、歴史的思考力を育て、現代社会の諸問題を、世界史的立場から、客観的に批判する能力と態度を養う。

二、世界史の発展における普遍性と同時に、各民族、各国家がそれぞれ特殊性をもつて発展してきたことを理解させる。

三、世界史における各時代を総合的、発展的に考察することによつて、現代社会特に現代アジアの歴史的地位を明らかにする。

四、歴史が人間の努力の集積によつて進歩してきたことを理解し、歴史の発展における人々の努力の価値を認識させる。

五、世界の文化を、それが生れた社会の事情と関連させながら理解し、文学・美術・音楽などのすぐれた作品に親しむ態度を養う。

六、現代日本の世界史的地位を理解することによつて、日本民族の果すべき役割を自覚させる。

七、国際協力を正しくおし進める精神を養うとともに、世界平和を確立し、人類の幸福を増進しようとする意欲と態度を養う。

八、調査・見学・研究などの学習活動を通じて、資料を歴史的に理解し、整理する能力を育て、また討論や発表に必要な技能と態度を身につけさせる。

Ⅱ 内容

一 文明の成立と古代国家

原始社会の発展
文明の成立
ギリシャの民主政治と文化
ローマ帝国の成立とキリスト教
インド古代文化の発展
中国古典文化の成立

以上の内容を取り扱うにあたつては、政治的変遷、民族、王朝の興亡は、できるだけ簡略にし、文化の発展に重点を置くべきであろう。ここにいう中国の古典文化とは、漢までの文化をさしている。

二 アジア諸民族の活動と西欧封建社会

アジア諸民族の活動
中国の貴族的文化の発展
ビザンチン文化
イスラム世界の発展
西欧封建社会の成立
カトリック教会の発展と中世文化
十字軍とヨーロッパ中世都市
西欧における国民国家の成立

アジア諸民族の活動では、唐の文化に重点を置くべきであろう。ここにいうアジア諸民族とは、三国から唐にいたる中国の諸民族を中心としている。西欧の封建社会は、制度・経済・文化等に重点を置き、政治の推移、戦争の経過等についてはその意義をきわめる程度にすべきである。

三、東亜の交渉

中国の西域経営
南西の文化交流
中国文化の傳ぱ
サラセン文化の成立とヨーロッパ文化との交渉

東西の文化交流では、海陸両路による東西の文化交流はもちろん、西アジアの文化をも扱う。

四、アジアにおける専制国家の変せん

中国社会の推移と文化の発展
蒙古帝国の成立と東西の交渉
中国における専制国家の発展
ムガール帝国の盛衰

中国の専制国家の特色および社会の変ぼうに重点を置くべきであろう。

五 欧米における民主主義の発展と近代文化

ルネサンス
ヨーロッパ人の海外進出
宗教改革
ヨーロッパの絶対主義国家
市民革命の発展
産業革命とその影響
自由主義の展開
西洋近代文化の発展

現在の民主政治と密接なつながりをもつていることに留意し、特に十八世紀末以後は詳細に扱うべきである。

六、欧米列強の世界進出とアジア諸国

アジアの植民地化
帝国主義の成立
日清戦争・日露戦争
中国社会の動揺と辛亥革命

欧米列強の世界進出の理由を明らかにし、アジアの植民地化とアジアの近代化への動きを重点的に取り扱うべきであろう。

七、二つの世界大戦

第一次世界大戦
ロシア革命とアジアの民族運動
ヴェルサイユ体制
世界恐慌と全体主義の台頭
第二次世界大戦

民主主義・国際協力・世界平和に関する内容に重点をおいて取り扱うべきである。

八、第二次大戦後の世界

国際安全保障体制

大戦後の欧米諸国
アジア・アフリカ諸民族の解放運動
冷たい戦争と平和的共存への努力
現代の文化

現代の歴史的地位を明確にするとともに、現代世界の諸問題を世界史的立場から、客観的に批判する能力と態度を養う

III　指導上留意事項

一、世界史の時代区分については、いろいろ考えられるので、この指導内容においては、固定的な区分法はさけることにした。しかし、各時代の発展やその推移については、特に留意して指導することが望ましい。

二、この指導内容の各項目の配列や、東洋・西洋の組合せについては、他にもいろいろ考えられるであろう。

三、この指導内容の各項は単元名を示したものではなく、また取扱上同じ比率であることを意味するものでもない。

四、東洋関係と欧米関係とでは取扱上多少の相違はあるが、概して十八世紀以後の内容をくわしく扱い、それ以前に時間をかけすぎることのないよう留意すべきである。

五、一般に単位時数の多少によつて特定扱項目を省略したり、つけ加えたりする扱い方は適当ではない。単位時数の少い場合は、より重点的に内容の配列をくふうしたり、あるいは学習活動の方法に配慮を加えるようにすることがたいせつである。単位時数の多いときは、学習活動を深めるように扱うべきである。

六、低学年に履習させる場合と高学年に履習させる場合とでは、他の科目との連絡をじゆうぶん考えて、社会科として一貫した指導計画をもち、そのねらいがよく達成されるようにすることが必要である。

人文地理

I　目標

中学校社会科の地理的内容を主とするものの学習では、日本や世界の各地域の生活の特色について、他地域との比較、関連や人間と自然との関係という点から理解するとともに人々の生活は地域によつて特色があるが、その底には共通した人間性が流れていることに気づきはじめている。またわが国が当面している諸問題を地理的に考察していこうとする態度や能力においても、ある程度の基礎が養われてきている。

高等学校の「人文地理」は、中学校におけるこのような学習成果の上に、日本および世界が当面している諸問題に学習領域の重点をおいて、中学校のときよりもさらに複雑な政治・経済・文化、ならびに国際関係に関する諸事象について人文地理学を主とする関係諸科学の業績を背景として、より深く、系統立てて、科学的な立場から理解させる。さらに、これによつて得た知識と技能を、現実の社会の諸問題を処理したり、自己の生活に活用していこうとする態度を養うことを目標とする。

以上の趣旨を達成するためには、次の諸事項について留意することがたいせつである。

一、人間生活と自然環境との関係を科学的に研究し、自然環境のもつ意義は、これに対処する人間社会の生活様式、社会機構、発展段階などによつて、時間的にも空間的にも、その意義が変えられていくことを理解させる。

二、現代社会では、世界の各地域の生活が互に深いつながりをもつて営まれていることを理解させ、世界の各地域はそれぞれ大きな機構の中で、おのおのの地域の特性に応じて、その機能を果していることを考察させる。

三、他地域や他国の人々に対して、深く生活の実態にふれた理解と愛情をもつとともに、生活の底に流れている共通した人間性や地域的特殊事情を意識させ、それぞれの地域に関連した複雑な諸問題を解決していくために、進んで他地域や他国の人々と協力していく態度と習慣を養う。

四、人類や国民の幸福のために、科学的な立場と国家的立場から資源の正しい愛護、保全、利用について考察させ、自然環境を有効に利用しようとする態度を養う。

五、現実の社会に生起する諸問題を正しく判断するために必要な地理的知識を獲得し、これらの諸問題を科学的、合理的に考察し、解決していこうとする積極的な態度と能力とを養う。

六、野外調査や旅行・見学などによつて具体的に諸事象にふれ、その中から進んで現代社会の諸問題を発見し、これを地理的に探究していこうとする観察力・判断力・思考力を養う。

七、種々の地図の特色を理解し、用途に応じて有効にこれを活用しうる能力と習慣を養う。

八、統計・グラフ・写真・旅行記・探検記など、

（抜　萃　欄）

正確な資料を有効、適切に利用するとともに、みずからもこれを作り得る能力を養う。

II　内　容

次の各項目は、必ずしもそれぞれ独立して取り扱うべきものではなく、各項目を対等に取り扱ってはならないことはいうまでもない。また、単元展開の順序を示すものでもない。各事項について、それぞれの観点や取扱方を示してある。これらの角度づけに応じて、適切な指導計画を立案することが望ましい。

一、人間と環境

人文地理の学習では、どの項目を扱う場合でも環境との関連という立場から考察させることが必要である。このほか地域や景観などという考え方から指導していくこともたいせつであるが、少くとも環境との関連という立場を重んじて扱わなければならない。

人間生活における環境の意義

自然的環境と社会的環境

二、気候・土壌・植生

地表の自然環境が、人間にとってどんな生活の舞台を形成しているかについて基本的に理解させることがたいせつである。自然環境の内容を、気候・土壌・植生・地形・海洋の三つに分けたが、これらを通して留意すべきことは、これらの自然環境をあくまで「生活の舞台として」「人間の生活環境として」取り扱うことである。

世界の気候区

気候的制約の克服と気候順化

世界の植物帯と土壌帯

土壌の保護

三、地　形

人間生活との関係を考察するのに必要な、大規模な地形の理解に重点をおく。各地域の人間生活に関係の深い小規模な地形については、土地利用や集落立地などと関係させて、農牧業や集落の項で取り扱うのが適当である。

各大陸および日本の地形

地形への適応およびその障害の克服

海洋

四、海洋はただ海の資源の利用開発という立場ばかりでなく、経済的・政治的・社会的にこれと関連した問題が多い。四面海に囲まれ、海に依存することの多いわが国として、特に海洋を重視し、広く海洋空間という角度から取り扱う。

世界のおもな海域とその性状

日本の周囲の海域の特色

海域の利用

五、農　牧　業

気候・土壌・地形など、自然環境の影響と住民の文化程度や生活様式などによる影響とによつて、世界の農牧地域の類型が生れる。これらのそれぞれが世界経済という有機的構造の一部を構成しているという観点から、各地域の性格を明らかにする。

農牧生産様式の発達と類型

世界のおもな農牧地域と農畜産物の需給

日本の農牧地域の特色

世界および日本の食糧問題

六、林　　業

森林分布と林産物の利用のしかた、林業成立の意義などに重点をおく。さらに林産資源の枯渇・保全などについてもふれる。

世界および日本の林産資源の分布と開発

林産資源の保全

七、水　産　業

水産様式の発達について理解させるとともに、漁撈ばかりでなく、養殖・加工についても留意する。また、特にわが国が水産業に依存することが大きい点について考察させる。

世界の水産資源の分布と開発

日本の水産業と漁場に関する諸問題

水産資源の保護

八、鉱　工　業

動力資源や鉱産資源のもつ意義、分布と開発、工業地域の成立、展開などを明らかにするだけでなく、他の諸産業との関連において、鉱工業の占める地位を究明させ、人口、集落、交通などとの密接な関係についてもふれる。なお、それらがわが国経済の自立や、国際経済において占める意義についても考察させる。

世界および日本の動力資源と鉱産資源の分布と開発

主要工業の立地条件

世界および日本の工業地域

世界および日本の動力問題

おもな鉱産物と工業製品の需給

九、総合開発

総合開発は、各種生産部門と一体的に考察させることがたいせつである。またこれが国家による開発政策として進められている点に留意する。

世界のおもな国々の総合開発計画とその展開
日本の総合開発計画の実情とその特殊性

一〇、人　口

人口現象の地域的差異と、その要因について理解される。

この場合それぞれの生産様式や社会構造とも関連させて取り扱う。人口現象は人文地理に関するあらゆる諸問題を理解する手がかりとしても、また、それらの問題が総合され、要約されたものとしても扱いうる点にも留意する。

居住地域の拡大とその限界
世界の人口密度の地域的相違と人口支持力
おもな国々の人口構成
人口増加と人口移動
日本の人口問題

一一、集　落

集落の形態的分類はつとめて簡略にし生活の場としての集落機能や、集落相互の結合関係に重点をおく。

集落の成立と発達
都市と村落の機能
世界的大都市の性格

一二、交　通

交通（通信を含む）機関の近代化による時間的距離の克服が、現代の政治的、経済的機構の発達と文化交流に強く関連していることを理解させ、各種の機能をもつ交通機関の地域的活動についてふれる。

交通機関の発達と交通、通信網
交通機関とその地域的活動

一三、貿　易

世界貿易を通して各国の相互依存と競合の状況を理解させ、国際政治と密接に関連する経済関係を考察させるとともに特に日本貿易の現状の将来について考えさせる。

貿易と世界の政治、経済との関係
世界のおもな国々の貿易の特色
日本の貿易の特色と課題

一四、国家と国際関係

国家や民族などに関しては、あくまでも地域を基盤として、科学的、合理的に国際社会の構造を理解させ、各国相互の関係やおもな国々の立場を考察させる。

国家と国土
国境と国境問題
国家と民族、民族問題
世界の文化圏
世界の国家集団と国際連合
世界の動向と日本の立場

一五、地　図

地図に関する理解は、人文地理の学習に欠くことのできないものである。しかしこれに関する単元を独立して設ける必要はなく、各内容に関連させて取り扱わなければならない。特に地形、集落、交通などの内容と関連させて理解を深めることがたいせつである。なお簡単に地図の発達についてふれることが望ましい。

地図の種類と利用
読図と作図

一六、野外調査

常に地域社会の問題に関心をもたせ、実地に地理的諸現象を観察し、正確な資料を収集して、これを科学的に整理する能力を養うことがたいせつである。この場合形式的な取扱に流れたり、また過大な計画におちいったりすることのないようにじゅうぶん留意すべきである。

Ⅲ　指導上の留意事項

一、一般に単位時数の多少によって、特定の項目をはぶいたり、つけ加えたりする扱い方は適当ではない。単位時数の少いときには、より重点的に内容の配列をくふうし、要約的な扱いをすることがたいせつである。一例として、人間の居住生産地域、世界の結合の三つの単元に要約し、人間の居住に関連して、気候、地形、海洋のほか、人口、集落に関した内容を取り扱い、生産地域で、農牧業、鉱工業、林業、水産業に関する諸問題にふれ、世界の結合について交通、貿易、国家と国際関係の内容にわたる問題を含めることも一つの方法であろう。また、四単元にする場合、人間の居住という単元のかわりに、自然環境と居住に関する二つの単元を選ぶこともできる。

二、履習学年により他の科目との連絡を緊密に考え、社会科の中で一貫した指導計画をたてることが必要である。高学年において、すでに社会や日本史、世界史を履習し終った生徒を対象とする場合は現代の政治、経済機構、人類文化の発展と自然環境などについて、かなり理解が進んでいるから、これらを活用するといっそう有効な指導計画がたてられるはずである。この場合、必ずしも自然環境に関する単元を最初に導入することが、常に適切であるとはかぎらない。国家や世界の結合に関する問題を初めに取り上げることもあつてよい。

三、学習環境の特色は、指導計画の中に、かなり反映されなければならない。ただし、これらをあまり形式的に考えすぎて都市向きのもの、農村向きのものなどとおおざつぱな類別をすることは適当でない。どのような問題についても、それがそれぞれの学習環境といかに関連しているかを考慮して、学習効果を高めていく計画をたてることがたいせつである。比較的、地域社会に多く関係した問題に長く時間をかけることは適切であるが、どのような問題を、いつどのような方法で取り上げるかについては、前もつてじゆうぶん検討して指導案に織り込まれなければならない。

四、野外調査については、遠足や修学旅行などの機会を利用するばかりでなく、人文地理学の年間学習計画の一部としてこのための時間を設けることが望ましい

五、人文地理の学習は、単なる通論や概説めいたものだけにかたよつてはならない。また一部の地域の地誌のみを特に詳しく引例的に扱うことだけで終つてもならない。それぞれの問題については、中学校社会科の地理的内容を主とするものの学習における特色を生かし、各問題別の系統的学習を進めることによつて、地誌的理解も当然深められるように留意することがたいせつである。

〃純潔教育について〃

山元芙美子

◎純潔教育とは何か

男女間の道徳低下、青少年の不良化、特飲街の売春行為等重大な社会問題であり更に性犯罪の増加は民族的な問題となりつゝあるが、この傾向は深く人間性に影響し個人の心理と肉体と生活に根ざすばかりでなく、家庭や社会全体に浸透するものであり、将来の健全にして高い文化社会を建設するためには、純潔教育の正しい理解と徹底的な普及が必要である。

純潔教育とは何か、ということについてはその道の権威者たちの異つた考え方があり、完全な定義は難しいと言われているが、然し通常は性の問題に関する教育という考え方が多く、純潔教育という言葉と性教育という言葉が同じ意味のように受け取られがちである。

文部省純潔教育委員会で作成した「純潔教育基本要項」（昭和二十四年）では純潔教育の目標を

(1) 社会の純化をはかり、男女間の道徳を確立すること。

(2) 正しい性科学知識を普及し、性道徳の高揚をはかること。

(3) レクリエーションを奨励し、健全な心身の発達と明朗な環境をつくることに努めること。

(4) 宗教、芸術その他の文化を通じ情操の陶冶趣味の洗錬をはかること。

の四つにおき、これの推進にあたつては単にいわゆる性教育の部面にとどまることなく、同時に一般道徳教育、公民館教育、科学教育、芸能文化教育との連関において総合的に進めなければならぬといつている。

これによつてみれば純潔教育とは、男女間の道徳、性の道徳を確立し、高揚することを目ざして性教育よりも広い範囲で行われるものと解される。

要するに純潔教育とは「正しい男女関係をきずきあげるために、性についての正しい知識を与え、正しい態度を指導する」ものと考えてよいだろう。

◎純潔教育はなぜ必要か

最近純潔教育の必要性が取上げられるようになつた。なぜこのようにこれが問題になつたかと言えば、戦後社会の性道徳がみだれ、性的衝動を刺戟する様な性典映画、西部劇映画、或いは不良読物等からくる青少年への悪影響、更に戦後社会の特殊事情による性犯罪の発生が多くなり頽廃的風潮がかもし出され

このような状態は道義高揚の必要性を感ぜしめると同時に、性についてのあり方を匡す純潔教育の必要性を叫ばしめるに至つたものであろう。

その根拠の主なるものを挙げると

(1) 性欲は食欲とならぶ人間の本能であり、その発現を回避することは出来ない、しかもこの性欲は無軌道に満足させることは許されず、それを敢えてするときは人間の健全な社会生活を破壊し、又自己の人間性をも破滅させる。従つてこの性欲の正しい扱い方について教育指導がなされなければならない。

(2) 性についてはいろんな刺戟や誘惑などがあり、性衝動を刺戟することが多い。従つて迷う危険が多いから正しい教育を行つて、はつきりした知識と態度を持たせておくことが必要である。

(3) 一部には性問題は殊更に教育指導する必要はない。自然に生活の中から修得するし、このような教育を行うことは却つて早熟ならしめ、逆効果を招くという反対論、性の秘密主義的考え方があるが、之にしても全然この教育が不要だとは言えないし、このように知らず識らずのうちに覚え知つて来る性についての知識や態度には間違つたものや、偏見や好ましくないものが多い。だからやはり正しいことを教育指導する必要がある。

(4) 青春期に入ると性的な興味や関心が高まり好奇心も強くなつてくるが、このとき正しい性についての知識が与えられていればその好奇心を異常化し変態化することが避けられると思う。

(5) 性的に何か問題をおこしたり、過失におちいるものなどは調べてみると性的に無知である場合が多い。

◎純潔教育基本的要点

純潔教育を行つていくうえに次のような基本的な要点が考えられる。

(1) 純潔教育は理論や知識の面から積極的に教え知らせると同時に間接的積極的に、いゝ男女間のあり方を経験させ、身につけさせるという理論と実践の両面から進めなければならない。

(2) 純潔教育は、おむつの当て方から始まるといわれているが、更に生れる前からやらなければならないと説く人もある。

(3) 年令を追つて段階的にそれぞれの時期に応じて必要な程度、理解する程度において進めて行くこと。

(4) 真実を卒直に、冷静に、興味本位でなく特別扱いせず、淡々と必要な程度で行う。

(5) こどもと親、生徒と教師との間に信愛と敬愛の気持、いたわり合う、協力の精神に充ちた環境が存在すること。

(6) 家庭教育、社会教育、学校教育の三面から相協力して相互に密接な連繫を保つこと。

(7) 一般道徳教育、芸能文化、レクリエーション、宗教教育等との関係等を考えて行かねばならない。

③ 立派な社会人にするということが、純潔教育の目標であることを忘れないこと。

(9) 生活環境に適応するよう、更にこの環境を自分達の手でより理想に近いものに進めて行き得る人間をつくるところまで行かねばならない。

◎純潔教育を行う場所

(1) 家庭における教育については、まず、家庭の生活を正しくし、家庭内の空気を純潔教育にふさわしいものとすること。

(2) 家庭及び社会両面の教育担当者である両親及び一般成人のための啓蒙は、公民館、PTA、各種講座等の社会教育施設を中心とし、婦人団体、青年団体等の積極的な協力を要望して純潔教育の普及実践についての企画をなすこと。

(3) 学校においては、この問題に関する教師の認識を高めると共に、教育方法としては特に純潔教育のみを取上げることなく時宜にふれ、或いは一般教科内容を通じて直接この教育を浸透させるように留意し、絶えず家庭教育社会教育と協力する。

なおホームルームを利用して教師と生徒の理解を高め、自然に導いて行くようにする。

◎純潔教育の方法

(1) 乳幼児期

(イ) 男女間の関係というものはどのようにあるのが正しいのか、ということを両親家族の生活の中におのずと見聞させ体験させていく、両親が互いに愛しあい尊敬と協力の気持で温かい安定した家庭生活をきずいていくことは乳幼児に対する最も大切な純潔教育である。

(ロ) 生理的習慣のしつけ、身体を清潔に保つしつけをする。

(ハ) 質問の時期を迎えた子供に対する適切な答え、小さい子供はよく性的事項の質問を親にしかける。どのように答えてやるかは、この時期の純潔教育を成功させる上にも極めて大切であり、率直に子供の要求度に応じて答えなければならない。

(ニ) 子どもを我まゝ者にしないようなしつけ、家族の者がそれぞれみな大切な仕事と責任を持つているものだということを悟らせる。

(ホ) 自主性、社交性、社会性が涵養されるようにつとめること。

(2) 小学校期

(イ) 性に関する無邪気な好奇心のあらわれに対する適切な指導

(ロ) 性に関する生物学的啓蒙をしなければならぬ必要にせまられることがある。(動物の生殖など)

(ハ) 植物や動物の種族維持のいとなみについて正しい知識を簡単に与えねばならぬ。

(ニ) 社会人としてのいゝしつけ。

(3) 中学校期

(イ) 思春期前期にあらやれる性的変化について予め理解とそれに対する知識態度の指導をする。女性では特に初潮、その他の身体的変化、男性では男女の反撥感情、夢精、自慰その他声変り等。

(ロ) 生物の生殖について十分科学的な知識を与える。植物動物更には人間についても、

(ハ) 性の衛生的な知識もこの段階になれば簡単に教えてもよいと思う。

(ニ) 両親や他人に対する(特に異性)態度、気持の変化についての指導。

(ホ) 男女間の正しいあり方を理解させること。特に男女の平等、相互の敬愛と協力の態度をはつきり身につけさせる。

(ヘ) 正しい男らしさ、女らしさを実行に移させるようにしつける。

(ト) 情操教育、レクリエーション、体育活動などの奨励と正しい読書指導。

(4) 青　年　期

(イ) 身体の発達にともなつてあらわれてくる肉体的諸変化、特に性的変化について正しい理解を持たせ、それに対する正しい態度処置等について教え指導しなければならない。

(ロ) 大人への背伸びの心理やそれに伴つてあらわれるいろいろの行動についても、その心理の自然なものであることを理解させ、異常に強い性的好奇心を起させないようにするためにも正しい性知識を教えなければならない。親への反抗の気持、年上の異性に惹かれる気持等、この時期の性的心理についても適時適切に指導しなければならない。

(ハ) 人間関係にからまるいろいろな問題について処世のあり方、恋愛とか男女交際の問題について真面目に考える態度を指導し、人間としての正しい生き方、人世観、恋愛観等について指導する。

(ニ) 性欲性衝動についてその意義、性質、社会生活との関係、その抑制と解放の可否の結果について指導すると同時に、異常性愛についての理解、未青年の飲酒喫煙の及ぼす害などについて正しい知識と態度を指導する必要がある。

(ホ) 生殖現象、遺傳や優生に関する啓蒙、性病についての理解、産児制限に関する考え方や知識等を科学的、社会的見地から正しく指導する必要がある。(社会教育主事)

新教育と教育新語

仲　間　智　秀

教育の為に刊行される図書程多種多様で質と量の多いものはない。それは、

△教育程、より新しい知識と技術の要る職務はないからでもあるが

△教育者程良心的な職務人はなく、良心的であればある程新しい知識や技術、教育動向等の理解修得に切なるものがある証左でもある。

△而し又教育者程、知つてさえおれば我がもの、我が技術になつたかの如き錯覚を起し易い者は無いと学者や著者からねらわれている為だとも考えられる

△専門家の専門的部面から発表する論説にちやほやされたり、恐怖を感じたり、我が意を得たりと自己欺瞞に陥つたり、更に専門的一角から投げる一方的批判に満悦したり、動揺させられたり、自己をあつさり捨てたりする弱味をもつているのも教育者である

教育者の此の種の特徴はやがて不消化のまゝに教育新語を好んで使い、新語さえ数多く使えば新教育の教育者でもあるような感覚も見える。

新語がどれ程教育の現場に有効であるか或は教育の障害になつているか一、二反省して見よう。P、T、A、カリキユラム、ガイダンス、ホームルーム等々の新語

がどれ程新教育を地域社会や、父母に理解させ、教育効果を大ならしめているか?。

舶来文化を珍重がり、重宝尊大視することは日本人的欠陥でもあり、島国的卑屈感情でもあるが、この教育新語が地域社会と学校間の溝になり、教師と父母間の邪魔ものになつていることを考えて見る必要がある。

△P・T・Aは「親と教師の会」ではいけないでしようか。PとTとAを説明する時間には親と教師の会といつてしまうはずであり、親もなじみ易い名称である。

P・T・A、P・T・A、といつている間は真実の親師共同責任感と親師の親密感は少く、新教育になつたので元の保護者会や後援会が改名した位のまゝでP・T・A、が終始してしまうおそれがある。

△カリキユラムを教育課程、教科課程と呼んでは新教育らしくないのでしようか。

カリキユラム、カリキユラムと対保護者の会合等で連発されては、父母はいよいよ新教育は父母がよりつけない彼岸にあるもののように感じられます。

△ガイダンスを生徒指導又は生徒補導といえば父母にもぴつたりする。

新教育は教えることだけでなく常に教師が生徒の相談相手になり、その内悶も解き、その思想や行動の善導もされるということが理解もされ、カウンセラー等という語もいらなくなる。

△ホームルームも何か適切な、父母にも親しめる日本語がないでしようか。

不用意に教師が父母の前でホームルームやその他教育新語を連発するとホームルームも父母と遠く離れた冷いものなる。

父母も参加しての月毎の学級合同誕生会等も、それがP・T・Aやホームルームから生れた新教育の実態であり、特別教育活動であると説明しかけると、そのとたんに変な雰囲気になつてしまう。

新しい教育用語の為に学校や教育が不知不識の内にいよいよ象牙の塔式にならぬよう、心すべきだと思つた父母にぴつたりし、父母から親しみ易い学校になることも新教育の要諦の一つである。

私の学校ではP・T・Aを「親と教師の会」と呼び、ホームルームを「学習家族室」「学習家族の担任」と呼んで見ようかとも思つている。いゝでしようか?。

一面から考えると、P・T・Aやホームルームで実感が来るように使いなれた」という考え方もあるにはあるが……(久米島具志川中学校長)

あとがき

※色づき初めた田の面は、稔りの秋の訪れである。学校では秋の陽ざしを全身にうけて、楽しい運動会で大賑わい。

のび／＼とした身体!

幸福そうな微笑み!

満足げな顔、顔!

走る、跳ぶ、投げる、リズムに乗せて演ずる一つ一つに児等の成長発展がみられて、頼母しい限りである

※新教育のねらいとする自発学習、経験、観察学習、討議、問題解決学習が高校入学選抜のため、試験対策として、一時的な詰込み主義、暗記主義、断片的知識の切り売りの弊害を誘発したことは、いなめない事実であつた。

今度の高校入学選抜法の改訂に伴ない、一時の受験勉強という観念から、日々の真剣な学習が自己形成にプラスすることに、個々の児童生徒が徹したとき、その自覚に立つ学習効果はめき／＼として向上するものと考えられる。そこに又選抜の意義もあると思うのである。

※灯火親しむの候、児童生徒のよりよき、成長と発展を祈りつゝ十八号をお送りする。

「健児も賢児も教えの親から」……がつちりスクラム組んで頑張り度いものです。

※寄稿を謝し、御協力を願います。

一九五五年十月十八日 印刷
一九五五年十月三十一日 発行

文教時報(第十八號)
(非売品)

発行所 琉球政府文教局研究調査課
印刷所 ひかり印刷所
那覇市三区十二組
(電話一五七番)

琉　球

文教時報

19

NO.19

文教局研究調査課

崇元寺門前の下馬碑

※但官員人等至此下馬　（表）
※あんじもけすも、くまをて　うまからをれるべし　（裏）
（嘉靖六年丁亥七月廿五日）

（特別重要文化財）

仮名文字は琉球語で、「按司も下司も此所で、馬から下りるべし」との意味である。嘉靖六年は尚清王即位の年で今より四百二十八年前である、尚清が父王尚真のために建立したと思われる。
戦前国宝に指定される所であつたがそのまゝになり戦災を免がれて一基残つているのを一九五五年一月七日琉球文化財保護委員会で特別重要文化財として指定した。

文教時報　19號

＝目　　次＝

本土における改訂教育課程の解説

一、高等學校教育課程の改善

杉江　清

（「文部時報」昭和三〇年三月号から転載）

はしがき

現行の高等学校教育課程は、生徒の個性を尊重し、将来の進路に応ずる教育をほどこすという観点から、大幅な科目選択制を採用した。またこれにともない、社会・数学・理科等の教科にふくまれる各科目は、いずれも五単位を一年間で完結させるという、いわゆる大単位制を採用した。これらは現行教育課程の特色でそれとして大きな意義があるが、学習指導上や学校運営上から、いろいろな困難な点があつたので、改訂の要求がおこつてきた。そこで文部省としては、現行制度の問題点について研究を進め、その改善をはかることとなり、教育課程審議会に対して諮問を発した。それは昭和二七年十二月十九日のことで、諮問事項は「教育課程の改善、特に高等学校の教育課程について」である。

その後二ヵ年余りをへた今日、幾多の曲折をへて、ようやく改訂案もまとまり　昭和三十一年度第一学年から、学年進行をもつて実施するという決定をみるに至つた。この間の経過については、本誌にもしばしば報告したところであるが（本誌第九一九号、二十九年三月十二ページ以下参照）ここにまとめて大体の経過をふりかえつてみることとする。

一、昭和二七―二八年度における教育課程審議会の研究

教育課程審議会は、初等・中等・通信教育の三分科会に分れている。高等学校の教育課程の審議を担当したのは、中等分科会（正しくは中等教育課程分科審議会）である。この分科会は、昭和二十七年十二月以来、ほとんど毎週のように会議を開き、さらに小委員会を構成し、前後合計三十五回にわたる審議の結果、約一年後の昭和二十八年十一月十一日付で、いわゆる第二次中間報告を発表した。この審議会が、正式の答申を行うにいたらず、任期満了をひかえて、中間報告を行うに止つたことは、いかに問題が複雑であり、考え方や諸種の要求に、調和困難な問題が多かつたかということを物語るといえよう。この一年間密議における審議会長野村武衛氏、中等分科会長石三次郎氏をはじめ、委員諸氏の努力は、なみなみならぬものがあつた。この点深い敬意をはらうものである。

この審議会においては、基本的態度として昭和二十八年四月九日までに、九項目にわたつて意見の一致をみた。（これが第一次中間報告にあたる。）その主な点をあげると、

一　高等学校教育は、大学進学の準備教育ではなく、人間形成の完成教育であることを確認する。

二　高等学校の普通課程と職業課程における共通必修の教科の種類および内容は、できるだけそろえる。

三　男生徒と女生徒による必修教科の区別は、原則として考えない。

四　科目選択制の精神のよい点は今後もできるだけ生かす。

五　社会・数学・理科の必修の内容を再検討して、これらの知的教養が偏しすぎないようにする。

六　（前略）「各科目五単位、一年で完結」の現行方針も必ずしも固守しない。しかし毎週わずかな

時間に分割することは望ましくない。

七　卒業に必要な合計単位数は、現行どおり最低八十五単位を目標とする。

このような基本的態度に従つて、その後の研究によつて仮決定をみた事項が、第二次中間報告に示されたのであるが、それはまず第一に、共通必修の科とその単位数がある。すなわち、

国語九、社会十、数学六、理科七、保健体育九、芸能二計四十三単位

これは現行の共通必修三十八単位に比べると、五単位の増であり、教科としては新たに芸能が必修に加わることになる。高等学校の普通課程と職業課程との関係を、前掲二および五の線でまとめていくことは非常に困難であつた。普通課程の側には、必修単位を今よりもずつと多くしたいという声が強く、またそれが可能なのであるが、職業課程では、共通必修のほかに、職業に関する科目三十単位以上を履修するというワクがあるので、自由選択の余地が少なくなるからである。普通・職業ともに、不満ながら、ようやく妥協が成立したのが四十三単位という線であつた。

さらにこの中間報告では、

「高等学校の教育が知的な教養に偏しないように、具体的な仕事（実習）を主体として、勤労を重んじ、生活を科学的に処理していく能力を養うための新教科（家庭科の内容を含む）を必修として課する必要を認める。」

という仮決定を行つた。これは、「生活技術科」とよぶべきだという意見もあつたものであつて、特に普通課程において四単位程度を必修にしたいということになつた。職業課程においては、このような要求は職業の専門科目を履修することによつて満たされているという意味と、これだけの単位数を生み出す余裕がないことからして、普通課程必修とされたのである。

二、教材等調査研究会の研究

審議会が中間報告において示した線は、共通必修の教とその単位数という大体のワクだけであり、各教科の科目の名称や組織、その単位数等については、それぞれの教科の専門家の研究にまつべきであり、その研究に基いて審議会が全体のまとめを行おうということになつた。そこで、教材等調査研究会の各教科別小委員会が、審議会の中間報告の仮決定に基いて、教科ごとに科目組織や単位配当を研究することとなつたのである。

教材等の各教科別小委員会は、教育課程審議会と並行して、各教科の組織・内容の研究にあたつていたのであるが、審議会の中間報告が出された後は、中間報告の線で教科・科目の組織ができるかどうかの研究に集中した。そして約半年の後に、それぞれの教科ごとに一応の結論を出した。（中等教育資料第三巻第四号参照）

各教科では、その教科にどのような科目を設け、それぞれにどれだけの単位数を配当するか、そしてどこまでを共通必修部分とするかが研究された。そして各科それぞれいくつかの案を用意し、各案の長所短所を比較できるようにした。この作業の結果を見わたしたところ、多くの教科が、中間報告で与えられた必修教科の単位数に不満であり、そのワクをはみ出した案が相ついであらわれ。たま、たとえば社会科のように、必修十単位というワクを忠実に守ろうとしたところでは、幅広い教養を得させようとすると、各科目の単位数を細分しなければならず、一科目を深くじゆうぶんに学習させることができなくなるという矛盾に苦しんだ。そこで、五単位の科目二つを選択必修にする案や、三―四単位の科目三つを選択必修させる案なども出た。理科のごときは、七単位の共通必修のワクで二科目を履修させようとしたため、一科目三・五単位とする案さえあらわれた。

このように、各教科ごとに、共通必修にあてる科目のきめ方や、その単位配当に異なる考え方が起り、全教科とも同一方針をとることができなくなつた。つまり各教科の要求をくみとつて全教科・科目の表をつくろうとしても、首尾一貫し、ものとならず、また各教科の満足する単位数を与えたら、共通必修の合計単位数はぼう大なものになることが明らかとなつた。そこで、これまでの審議会の考え方を考えなおしてみることになつた。

今まで職業課程・普通課程の間の共通必修をまず決定し、それをもとにして教育課程の全体に考えを及ぼそうとしてきたのであるが、このやり方と別の角度から作業を進めたらどうかということになつた。選択科目をふくめた教育課程全体の構造（教科・科目の種類や単位配当等）を考え、その後において共通必修の教科目や単位を位置づけるべきではないかと考えられるに至つた。そして、共通必修というのは、現行の教育課程のように、教科目・単位数および内容を同一なものにしなければならないものであろうか、また高校教育で要求する一般教養の共通性とは、このように共通必修の教科目や単位数を同一にしなければ充足しえないものであろうか、ということが改めて考えなおさ

れることとなつた。そうして、各教科別の教材等調査研究会の結論の中には、教科目の単位数に幅をもたせる案（一科目三ないし五単位、あるいは三または五単位というような）があらわれているが、この点はじゆうぶん考慮に価するものではなかろうか、ということになつた。さらに、このような考え方の根本に、高等学校の一本化という新教育の方針の意味は、そもそもどのように解すべきであろうかということも問題となつた。

以上は、中間報告をうけて、各教科ごとの専門別研究を総合しようとした際にあらわれてきた問題点である。文部省としては、このような問題点の所在を明らかにして、新たに委員を委嘱した昭和二十九年度の教育課程審議会にのぞむこととなつた。

三、昭和二九年度教育課程審議会の研究

新年度第一回の教育課程審議会は、昭和二十九年八月二十三日に第一回の会合を開き、会長兼中等分科会長として木下一雄氏を選挙し、同じ諮問事項を継続審議することとなつた。

今年度の審議会では、前年度審議会で研究した成果はじゆうぶんに尊重するが、その方針をつらぬくことには、いくたの問題点もあるので、それらを合理的に処理していくためには、必ずしも前の中間報告の線にこだわることなく審議を進めることになつた。そこでまず、これまでに起つてきた問題点に対する態度を決定していつた。その基本的事項としては、次のようなものがあつた

一　高等學校の普通課程と職業課程とにおける教育課程編成上の共通性と獨自性とについて

これまで、高等学校一本化の原則がとなえられ、共通性が強調されてきた。そして高等学校のすべての課程がひとつの法規によつて規定され、教育目標も同一であり、また大学入学資格の上でも同一のとりあつかいをうけている。教育課程の上でも、共通必修は同一である。しかし普通課程と職業課程には、それぞれ独自性がある。すなわち一は普通教育を主とし、他は専門教育を主とする。そのため職業課程には、職業に関する教科目三十単位以上履修というワクがある。これまでは一本化の原則を強調するあまり、このような独自性に基くそれぞれの教育課程のあり方を考えようとしなかつたきらいがある。そこで形式的な一本化にとらわれず、各課程の特色を生かした教育課程を編成することに主眼をおくべきであろうという事になつた。

二　高等學校における一般教養と共通必修の制度との関係について

高等学校が制度や目的の上で一本であるということと、共通必修ということとは、必ずしも同一ではないのではないかということから進んで、高等学校における一般教養の意義が反省されていつた。一般教養は、共通必修とされた普通教科の学習のみで得られるものとはいえず、選択科目によつても、また職業に関する専門科目によつても獲得されるものである。この意味で、考えていくと、共通必修たる普通教科がまず学習され、一般的人間というものができた後で、選択科目に進むという考えを固執しなくともよいのではないか。むしろ個人の生徒が選んだ科目の履修を通じて、また課程ごとに設けられた教科目の履修を通じて、特性に応じ、個性をのばしていく間に、共通の教養がもたれるのであろうということになつた。

そこで、普通課程でも、職業課程の農工商等それぞれの課程でも、それぞれの立場から高等学校の段階としての人間完成を考え、各課程の特色を生かして適切な教育課程の案をつくつてみようということになつた。各課程ごとに教育課程を考えていけば、その間に自ずと共通に履修される科目やその単位数がでてくるであろう。それを共通必修と呼ぶならば呼んでもよい。したがつて、現行のように共通必修という固定的観念にはとらわれないで行こうということになつた。

三　教科・科目の内容および單位數の弾力性について

共通必修をこれまでのようにこだわらないとすれば、各教科・科目の内容や単位数には、各課程ごとの要求から、それぞれ適当と思われるものがきめられてくるはずである。従来のように、国語甲は三カ年通じて九単位、数学の解析一は五単位というように、内容も単位数も一〇類のみに固定しなくても、その間に、ある程度の弾力性あるいは幅をもたせてもよいではなかろうか。たとえば職業課程の工業コースで、物理を五単位要求する反面、普通課程の一部の生徒にとつては、物理を三単位で適当な内容で履修するだけでじゆうぶんだという場合もあるのではないか。このように、課程ごとに、また生徒の個性や進路の希望等によつても、一科目に対する内容や単位数に対する要求は

ちがいがある。しかもすでに、教材等調査研究会の研究結果の中に、一科目の単位数を二〇類以上設けた、弾力性ある案が示されているのである。そこで、各教科・科目の単位数は、今後必ずしも一種類のみとせず、必要に応じて弾力性をもたせて考えていくことになつた。

四　科目選択制の改善について

科目選択制は、個性の伸張をはかつて人間形成を目ざすという目的のものであるが、共通必修以外の教科目や単位は全く生徒の自由選択にまつという現在の制度は、運営面からも、また生徒の教養のかたより等からしても、困難や不都合な点があるので、生徒の個性や進路に応ずる選択指導を合理化しなければならないという声が強い。そこで、個人個人の選択のし方をいくつかの類型にまとめてグルーピングし、そのコースを学校が設け、生徒にはそのどれかを選択させるように考えていくのがよいのではないかということになつた。大幅な科目選択制をたてまえとする現行制度のもとにおいて、各学校の実情をみると、全く生徒が自由に選択できるような教育課程を編成しているような学校は少なく、いわゆるコース制を採用している学校が全国で約五割に達している実情である。しかも現実に存在するコースは、大学準備コース・就職コース等という、差別感を与えるような場合も少なくない。生徒が自由選択の結果、功利的な考えや安易につこうとする意図からかたよつた選択を行いやすいという欠点を是正し、しかも現実の好ましからざるコース設定を規制し、学校にとつても、生徒にとつても、計画的・系統的な学習の効果をあげさせるために、教育課程の望ましい類型を必要なかぎり考えてみようということになつた。

このような基本論に発して、審議はしだいに具体化していき、各教科・科目の組織の面にはいつていつたが、その間に前審議会の中間報告の仮決定事項とちがう方向もあらわれてきた。それは芸能（芸術）と、実習的な新教科（生活技術科的なもの）とについてである。

芸術は、現行教育課程で自由選択であるのを、中間報告では、すべての課程の共通必修（二単位）にとりあげることにしていた。しかしこれは、実施上の問題を考えると、教員が一般的に不足しており、職業課程や山間の定時制高校などに、すべて芸術の教員を配置することは、実際上不可能に近い。また職業課程においては、情操教育の必要は認めるが、職業専門科目になるべく時間をとりたいという要求があり、必修が困難視される。これらの点について、白熱的議論がくりかえされ、委員全体が芸術教育の必要性は認めながらも、現実の制約からして、すべての課程に必修とするという線をくずし、「履修させることが望ましい」ということになつた。

さらに生活技術的新教科については、前の中間報告があつて以来、文部省内において、その教科としての目標・内容の構想について研究を重ねてきたのであるが、女子向きの家庭科的内容はだいたい考えられても、男子向きの内容は確定した方向がうち出せず、編成上困難が認められた。このような不確定な教科の実施を急ぐと、かつての旧制中学校時代における作業科の失敗をくりかえすおそれがあるということになつた。そこで、この結論を正直に審議会に報告し、別な方向から、普通課程における職業的、実践的教育の充実策を考えていくことになつたのである。

審議会の進行について、さらに詳細な経過をのべるには、紙面の余裕がないので割愛するが、八回にわたる審議の結果、基本的事項に関する結論が出たので、昭和二十九年十月十四日、審議会長から文部大臣あてに、第一回の答申を行つたのである。

四、審議会の答申と改訂教育課程実施方針の決定

審議会の第一回答申（本誌第九二八号二十九年十二月号五十三ページ以下参照）に示された改訂の方針は、次のとおりである。

一　高等学校の教育は、この段階における完成教育であるという立場を基本とすること。

二　高等学校の教育課程は、各課程の特色を生かした教育を実現することを眼目として編成すること。

三　教育にいつそうの計画性をもたせるため、特に普通課程の学校では、次の方針により、その教育課程を編成すること。

(1)　第一学年において生徒が履修する科目およびその単位数は、これをできるだけ共通にすること。

(2)　上学年に進むにつれて生徒の進路・特性に応じて分化した学習を行いうるようにすること。

(3)　生徒が自由に科目を選択するたてまえを改め、学校が定めるコースのいずれかを生徒が選択履修することをたてまえとすること。

四　各教科・科目の単位数は、各課程・各コースの

必要に応じうるよう、これを一種のみとせず、これに幅をもたせること。

五　社会科・理科・数学科についての知教養のたよりを少なくするため、それぞれの履修範囲を広くすること。

六　全日制普通課程における芸術・家庭および職業に関する教育を充実すること。

七　全日制高等学校においては、教科の時数は毎週三十二単位時間、特別教育活動は毎週二単位時間を標準とすること。

この改訂の方針の次に、教科と単位数を示している。ここで現行のものと大きく変つた点は、各教科・科目の単位数に幅をもたせたことと、教科科目組織が変つたことである。社会科の「一般社会」と「時事問題」にかわつて「新科目」（仮称）がつくられ、数学では、「解析Ⅰ」・「〃Ⅱ」・「幾何」・「一般数学」にかわつて、科目数は同じ四つながら、「数学Ⅰ」・「〃Ⅱ」・「〃Ⅲ」および「応用数学」が設けられた。「芸能科」は「芸術科」に、その中の科目では、「図画」が「美術」、「工作」が「工芸」と改称された。さらに外国語では、「第一外国語」のほかに「第二外国語」が科目として加えられた。

これにつづいて、教育課程編成の一般方針の部分に、現行の共通必修にかわるべき規定が示されている。すなわち、「次の科目は、各課程のすべての生徒にこれを履修させる」として、

（イ）国語甲、数学一および保健体育。

（ロ）社会については三科目、理科については二科目。

（ハ）全日制の普通課程においては、（イ）（ロ）のほかに、芸術、家庭および職業に関する教科のうちから六単位。

（ニ）職業課程（全日制および定時制を含む。）においては、（イ）・（ロ）のほかに職業に関する教科について三〇単位以上。

の四項をあげている。

現行教育課程とくらべると、（イ）、（ロ）について、単位数を示さない点が特色であるが、これは幅をもつて示されたそれぞれの単位数のうち、学校の設定と生徒の選択とにより、どの単位数となるかは一定しないからである。（ロ）においては「方針」五にいつているように、現行の共通必修よりもそれぞれ一科目ずつふやして、知的教養のかたよりをふせごうとした。さらに（ハ）は、いずれも必修としたい要求のあつた三教科について、実施上の可能性を考えて、それぞれ単独に必修を規定するのでなく、三教科中からいずれか一つまたは二つ、あるいは全部を履修させることとし、その組合せは学校の実情にまかせ、弾力性をもたせようとしたものである。

この答申が発表されると、大新聞はいつせいに論評を加え、教職員組合・教育学会その他の各種団体からも、批判・要望・賛成等、いろいろな角度のものがあらわれた。これらのうちには、誤解に基くと思われる批判や反対もあると思うが、ここにはふれる余裕がない。中等教育資料第四巻第二号を御一読いただければ、不審の一端は解消していただけるものと思う。

さて、この答申にいたるまでには、文部省は審議会の事務当局として、協力して研究を重ねてきたのであるが、答申をうけて、改訂教育課程の実施方策をたてるにあたつては、さらに慎重な態度を要求されるのである。そこでこれが実施の全国的可能性や、改訂の趣旨がわい曲されることなくして実施されるように等の点を考慮した結果、結論を得て、昭和二十九年十二月二十七日付文初中第六五三号で都道府県教育委員会等にあて決定線を通達した。それには、答申の大部分をそのまま実施するが、二点については、答申の線を修正して実施することとしたのである。

（本誌九三〇号二月号二十八ページ参照）

まず第一点は、社会科目（仮称）は、答申では、すべての生徒に履修させるとは決定せず、「いずれの課程の生徒にも、これを履修させることが望しい」となつていた。これを文部省としては、社会科の四科目中新科目をふくめて三科目を、すべての生徒に履修させることにしたのである。この決定は、世論としての要望を重んじたものであるとともに、また高等学校における生徒の大学受験の利害関係からこの科目が重要であるにもかかわらず履修者が少なくなることを恐れたからである。

修正の第二点としては、答申の「各課程のすべての生徒に履修させる」もののうち、（ハ）についてである。全日制普通課程では、芸術・家庭および職業に関する教科のうちから六単位を履修させることになつていたのを、「教員や施設・設備の関係で、即時実施の困難な学校もあろう」ことを考慮し、「その場合は、さしあたり単位数を減ずるなど実情に即する取扱いをすることができる」こととした。これも全く、現在の各学校の事情からして、やむをえざる緩和である。この方面の教育の充実は、教員・施設・設備の充実とともに、今後の課せられたる問題である。

五、今後の問題

教育課程審議会は、第一次答申にひきつづき、教育課程編成上の具体例を示して、各学校が改訂の趣旨にそう運営が行いやすいようにしようとして、昭和三〇年二月一日、「普通課程における教育課程編成の具体例」について答申を行つた。（第二次答申）さらに今後ひきつづき、職業課程における教育課程編成の具体例や、現在までに名称のきまらない科目（たとえば社会科の新科目等）や、職業に関する教科・科目およびその単位数などについて審議し、結論を得たときに答申を行うことになつている。

さらに一般の関心が高いのは社会科の新科目をはじめ、新たに編成しなおされる各教科・科目の内容の構成である。これらについては、教材等調査研究会の各教科別小委員会が専門的研究を行い、それに基いてはつきりさせていくことになつている。これらの結果は、「学習指導要領」の改訂版という形をとつて公式に示されるわけであるが、その大綱が決定した部分については、そのつど発表してゆき、昭和三十一年度第一学年からの改訂教育課程の実施にそごを来たさないようにしていくつもりである。

（筆者は文部省中等教育課長）

二、高等學校教育課程の改善について

＝いわゆるコース制の採用について＝

杉江　清

（「中等教育資料」昭和三十年二月号から転載）

はしがき

昨年十月十四日、高等学校教育課程の改善について、教育課程審議会から文部大臣あて答申が行われた。この問題が教育課程審議会に始めて諮問されたのは、昭和二十七年の十二月であるから、約二年の年月を経てようやく結論を得たわけである。文部省としてはこの答申を受けてから、その実施について慎重に考慮した結果、次の点について修正を加えたほか、全面的に答申を採用して、昭和三十一年度第一学年から実施することを決定して、去る十二月二十七日全国都道府県教育委員会および知事あてに通達を出した。

修正点の第一は　社会科の中の倫理、政治、経済、社会を内容とする新科目について、答申においては、すべての課程のすべての生徒に履修させるのが望ましいとなつていたのであるが、単に「望ましい」というのみでは、大学入学試験の関係から、望ましい形が必ずしも実現されないことを憂え、各方面の要望に答えて、すべての生徒に必ず履修させることにした。

第二は　答申では、全日制普通課程において芸術、家庭および職業に関する教育を充実するため、この三つの教科のうちから必ず六単位履修させることになつているが、教員や施設設備の関係からすぐには実施困難な場合が考えられるので、そのような場合には六単位以下にして実施するなど、実情に即した取扱をすることができることとした。

ことここに至るまでのいきさつを回想してまことに感慨深いものがある。しかし新しい教育課程を実施するまでには、まだ多くの仕事が残されている。科目の名称の決定しないものも残されているし大部分の教科・科目の具体的な目標および内容もまだ明らかにされてはいない。これらは高等学校学習指導要領の一般編、各科編の編集を通じて、今後しだいに具体化されることになつている。学習指導要領の骨子は三月までに発表できるようにしたいと考えている。

一　改訂に対する反響

教育課程審議会の答申が発表されてから、これに対する支持ないし反対の多くの見解が表明されている。教育委員会、学校側からは基本的には賛成であるとの意見の多いことをうれしく思うとともに、新聞論調や一部の教育学者の方々からの批判に消極的見解の多いことを残念に思つている。これらの批判の中には、今後の実施にあたつてじゅうぶん注意しなければならない点を指摘していただいた点も多く、それらについてわれわれは感謝しているのであるが、一方今回の答申の趣旨をよく理解されないままに一方的にこうときめつけて、それはいけないとされる批判も多いように思う。

批判は多面にわたつている。しかし批判の中心は社会科の改訂といわれるコース制の採用である。

社会科の改訂に関しては、文部省の最終決定において問題の新科目（一般社会、時事問題に代つて、倫理、政治、経済、社会を内容とするもの）を必修としたことによつて、社会科教育全国協議会その他の要望にそつたことになる。

「一般社会」と「時事問題」をやめて、新科目を設け、ここに倫理を含めることについては、昭和二十八年八月、教育課程審議会から提出された「社会科の改善に関する答申」をそのまま採用されたのである。

この答申においては、「現行の「一般社会」および「時事問題」の適当な内容を統合し、さらに必要な内容を加えて、倫理・政治・経済・社会などを主とする科目を新たに確立することが望ましい。そしてこの学習の一部として、人生権や社会行為の基準となる道徳や思想について深く考える機会をもつことが必要である。しかし単なる知識としての倫理学概論や哲学概論となることを避け、高等学校生徒が自分自身の問題として学習するような内容を精選することが望ましい」といつているが、この趣旨によつて新科目の内容を組織することとして、これを必修としたのである。この点に関し誤つた報道その他をもとにしていろいろ心配されている向きもあるが、前記の点が了解されれば、その心配も少くなるであろう。

この内容は今後社会科の教材等調査研究会においてじゆうぶん審議していただくことになつているが、各方面からも具体的な内容編成の案を提示していただければ幸である。

いわゆるコース制の採用については特に批判が多いので以下やや立入つてこの点を説明したい。

いわゆるコース制に対する批判のうち最も充実しており、最も理論的なものは高等学校教育課程研究協議会の批判である。ここでは各方面からの批判が集大成されているように思う。そこで今次の改訂の趣旨を明かにしながら、主としてこの批判にお答えすることによつて、他の批判にもお答えしたい。

二　コース制の意味

今次の改訂の要点を一言にしていうならば、高等学校教育にいつそうの計画性をもたせ、生徒の進路特性に応じて、必要な教養を系統的に学習できるようにすることにあると思う。

この趣旨から最も問題になるのは普通課程の教育課程である。そこで特に普通課程の教育にいつそうの計画性をもたせるため、第一学年においては、すべての生徒にできるだけ共通な学習をさせ、上学年に進むにつれて、生徒の進路特性に応じて分化した学習を行いうるようにすることを基本方針とし、その具体的な方法として、上学年に生徒の進路特性に応じたいくつかのコースを設け、そのいずれかを生徒に選択履修させることにしたのである。しかもこの上学年のコースとして考えたものにおいても、すべての科目を固定するようには考えていないのである。答申にもあるように、「個々の（コース別の）教育課程において、履修すべき教科・科目は、その大部分を学校が決めることになるが、個々の生徒の特性や希望に応ずるために、生徒の科目選択の余地をおくようにする。」と規定して、科目選択制のよさをも残そうとしている。

このことは今後発表される予定の各コースの教育課程編成の具体例においても十単位程度の選択の余地を残すことが望ましいことが示されるはずである。

以上がいわゆるコース制の採用といわれることの実態であるが、これらのことはまだ一般によく理解されていない。今次の改訂に対する消極的批判の多くは、もつと固定的画一的なコース制を想定しておられるように思う。答申においてはコース制を採用するとはいつてないのであつて、コース制という言葉にとらわれて、第一学年からすぐにコースを設け、コース別にすべての教科目を固定するものだと考えたり、またはコースの種類やコース別の教育課程を国で定め、それを一律に実施させるように考えることは正しくない

三　科目選択制への反省

このような改訂方針がとられるに至つた理由をよく理解していただくため、現行教育課程の問題点はどこにあるか、ことに科目選択制は実際にどのように運営され、どのような欠陥を現しているかについてその要点を資料に即して説明しよう。

現行の高等学校教育課程においては、生徒の個性を尊重し、それに応じた教育が受けられるように、卒業に必要な八十五単位以上の学習のうち三十八単位については、課程別、男女の別を問わず、全国の高等学校生徒が共通に必ず履修しなければならない教科・科目とその単位数を国で定めている（これをかりに国家必修という。）が、それ以外は生徒が自由に科目を選択して履修するたてまえになつている。これがいわゆる

科目選択制である。

科目選択制においては、学校は国が示している（学習指導要領において）教科・科目の授業を用意しなければならないが、三十八単位以外は生徒の自由選択に委せられるのであつて、学校が三十八単位以外において、これは必ず履修せよということ（これを学校必修という）は純粋な科目選択制のたてまえからはいえないのである。それで生徒ひとりによつて履修する教科・科目の種類や順序が違いうるのであるから、科目ごとに受講する生徒の構成が異り、従つて学年もまた一定しない。このような科目選択制は高等学校教育全体の原則とされたのであるが、職業課程では共通必修三十八単位の外職業に関する教科三〇単位以上履修しなければならないことになつており、その内容も学校必修のかたちで固定される場合が多く、普通課程とくらべれば、はるかに狭い範囲においてしか科目選択制が行われていない。

そこで普通課程において科目選択制がどのように行われ、どのような問題をもつているかをみよう。文部省においては、高等学校教育課程の改善について教育課程審議会に諮問する前に、これに資料を提供する目的で、普通課程における教育課程実施状況を調査した。全国の公立高等学校の二割を任意抽出によつて選んで行われた。これによれば現行の教育課程は、生徒の教養と指導の面からみて、次のような欠点のあることが強く指摘されている。%はその欠点のあることを認めた学校数の全調査校に対する割合を示す。

(1) 生徒の選択がかなり功利的なものや、友人関係によつて支配される場合がある。　八〇%

(2) 生徒が不得意な教科をさけ安易につき易い。　七十九%

(3) 科目間の学習の順序が一定しないで、例えば同じ物理を指導するにしても、生徒の数学の学習経験がまちまちであるから関連する事項のすべてを皆に学習経験がないものとしてやつて行くという無駄をしなければならない。　七十五%

(4) 生徒は入学当初から科目選択の能力のあることが前提となつているが、多くの生徒にはその能力も不定であり選択の必要性も感じない。　六十九%

(5) 訓育と生活指導の面が行いにくい。ホームルームだけでは指導が不十分である。　六十三%

(6) 同一科目でも、低学年で履修するのと高学年で履修するのとでは理解の幅、記憶作用に大きな差があるので困る。　五十九%

(7) 選択制によつて学級グループの構成員が常に変動することと、教室を移動することとで生徒が安定感をもたない。　五十六%

(8) 高等学校全学年を通じての系統的指導計画がたてにくい。　五十三%

(9) 知的教養の偏るおそれがある。　五十三%

次に管理運営の立場から次のような難点が指摘されている。

(1) 時間の繰り替に不便で、欠勤の場合補欠授業がやりにくい。　九十二%

(2) 教員数教室数などの関係から選択制を満足に実施することが困難である。　七十三%

(3) 学校により学年別配置科目が異るので転校生に不便を感ずる。　七十一%

(4) 年によつて科目毎の選択生徒数が変化するので教員組織の編成が安定せず、編成困難である。　六十七%

以上あげられた現行教育課程の欠点はすべて科目選択制の欠点であるといつてよい。

知的教養が偏ることについては、高等学校側よりもむしろ大学側および一般世人から強く指摘されていたが、前の調査によれば、その実態は次のようになつている。最も問題になつている社会科と理科についてみよう。%は二十七年度の三年生で卒業までにその科目をとつた生徒およびとる予定の生徒数の全生徒に対する比率を示す。

教科	科目	履修率
社会科	時事問題	22%
	人文地理	53%
	世界史	71%
	日本史	65%
理科	物理	47%
	化学	72%
	生物	89%
	地学	19%

これによれば全日制普通課程においてさえ、三ヵ年間に世界史を履修しない者が三割、物理を履修しない者が半数以上を占めている。このような状況であるから従来の大学入学試験方法によれば、大学の文科系統の学部に入学する者が世界史や日本史を履修してなかつたり、理科系統の学部に入学する者が物理や化学を履修してなかつたりすることがじゅうぶんありうるのである。

なお現行教育課程改善に関する意見調査の結果は、必修を増加せよという意見と五単位科目を二年間に分割せよという意見が圧倒的に多く、各科目の単位数に幅をもたせよという意見も有力であった。

四　選択制運営の実情

次に科目選択制は事実どの程度に行われ、生徒の個性を尊重して「適性、応能」の教育を行う根本の趣旨がどの程度生かされているかをみよう。結論をいえば、現に全日制普通課程の約半数は今回の改訂に示された程度のコース制を実施しており、コース制を実施していない学校においても学校必修を相当数設け、純粋の科目選択制はほとんど行われていない。

具体的な事例によって説明しよう。文部省調査局が昨年十二月に出した「大学と高等学校との関連」の中に、国立教育研究所が昭和二十八年度に行った高等学校教育に関する調査に基いて、高等学校の教育課程の実態と問題点を分析した資料がある。ここでは国立教育研究所の調査資料のうちから七都府県の高等学校教育課程について分析集計されているが、その中でも代表的事例として兵庫県の公立高等学校のうち五十二校の全日制普通課程の教育課程について特に深く研究されている。兵庫県におけるコース制の実施状況は次表のとおりである。

全日制普通課程 52校	
進学コース	36
就職コース	34
家庭コース	9
コース制を実施していない学校	10

ここではコース制を実施していない学校は一〇校で二〇%にも及ばない状況である。ところで特に問題としたいのはコース制を実施していない一〇校が大幅な科目選択制を実施して適性・応能の教育を行っているかという点である。一〇校のうちのA高等学校においては進学する者と就職する者との比は二対八となっているのにかかわらず、その教育課程においては、芸術、職業、家庭を除く普通科目について六十三単位を学年別に科目および単位数を指定して、学校必修として課している。これに絶対必修の三十三単位を加えると八十六単位が固定されている。これは明らかに進学コースの実態をもっている。なお進学する者と就職する者との比が三対七であるB高等学校においても、芸術・職業・家庭を除く普通科目について学校必修として四十六単位これに絶対必修二十三単位を加えて六十九単位が固定されている。

これらは明らかに進学しない生徒にまで進学コースを履修させておることになるのであって決して「適性・応能」の教育は行われていない。全国的に見てもコース制を実施していない学校の教育課程は進学コース化しているということができる。

なお進学する生徒に対する教育も、受験準備教育ではなく、あくまでも人間形成の立場から望ましい教育が、行われるのでなければならない。しかし科目選択制のもとでは遺憾ながら、入試に都合のよい科目を履修し、他をうとんずる傾向があり、これを教師の指導によって是正することは困難な実情にある。

以上のような科目選択制の欠点が反省されて、これを改善するため上学年に生徒の進路・特性に応じたいくつかのコースを設けることをたてまえとして、必修の幅を大きくすることによって高等学校教育に一層の計画性をもたせるようにしたのである。

科目選択を全然やめたのではなく、別のかたちにおいて生かしたのである。三十八単位以上は全く生徒の自由選択に委すというのは実情にも合わないし、的にも弱いと思う。一般に国の範囲であらゆる生徒の進路・特性の変化を考えるならば共通に履修される部分は少なくなることは当然であるが、生徒の範囲をある地域なり学校なりに限定すれば範囲が狭くなるのに応じて、生徒の進路・特性に変化は少なくなると考えられる。従って生徒が共通に学習する必要のある部分は大きくなるはずである。それを国家必修以外を自由選択として、学校必修を原則として認めないのは、余りにも画一的な制度であるといえよう。

五　改訂の趣旨

さて、これに対しては、次のような批判が行われている。

第一に　コース制をとれば、けつきよく全普通科目必修制となることは明らかである。

第二に　答申は一年生だけはどのコースも教科目と単位数をそろえるといっているが、コース制をとる以上そのようなことは不合理である。第一学年の初めからコース別にちがったカリキュラムを課するほかはない。こうなれば、志願者は文科・理科のコースに集中し、成績の悪い者が職業科にまわされ、けつきよくは入学競争と準備教育を激化する。と。

この第一、第二の点は、コース制の意味に答申の趣旨とは、ちがったもっと固定的な意味に解しての批判であるといえよう。

第一にいわれている全普通科目というのが、文字どおり普通科目のすべてを意味するならば、それを必修にすることは一度も考えられたこともないし、またそのようなことをすればコースの別を設けて重点的に学習を行わせることの意味がなくなつてしまう。社会科と理科に範囲を限定しても、それらの科目をすべて必修にするということは、教育課程審議会においても、文部省においても期待していない。これらのことはまもなく発表されることになつている普通課程における教育課程編成の具体例によつて了解していただけるものと思う。

教育課程審議会や文部省において、そう考えなくとも、事実はそのようになるという意味であるとしても、そのような推測は当らないであろう。なぜならば教員の関係（最もよい例は地学の教員の不足である。）や入学試験準備への配慮から、事実できないし、また学校も生徒もそれを望まないであろう。

また、たとえば同じ文科のコースをとる生徒を考えても、その中には、なお進路・特性の変化があるから、前記のように、高学年では、いくつかの選択科目をおいてその変化に応ずる必要があるのである。

第二の点についていえば、これは、文科コース、理科コース、職業コースなどで、必要な教員定数がかなり異なること、各コースを希望する生徒数が年によつてかなりな変動（教員定数の変更を必要とする程度の）があることを前提としての議論であろう。ところで一つの学校についてみれば、生徒の進路・特性の分化が少くなり共通に履修させてよい科目や単位数がふえることは前に述べたとおりである。

従つて年々教員組織を変更しなければならないほどの変化は起きないであろう。それゆえ、この点から第一学年の初めからコース制にならざるをえないとするのは必ずしも当を得ない。

また、第一学年をそろえるということが、コース制の趣旨から不合理であるといわれるのはコース制ということばの問題で、答申の趣旨は違つた立場のコース制についてのことであるというべきであろう。

普通課程に志願する者の多くが、志願するときすでにその進路特性が明確であるならば、第一学年からコースを分けたほうがすつきりはする。しかしこれは期待するほうが無理である。

またたとえ志願のときすでに生徒の進路・特性が明らかであるとしても普通課程の教育としていずれのコースを選ぶにしても、共通の学習をさせてよい内容がある。それを一年に集中して学習させることは無理ではない。

まして日本の現状において第一学年からコースを分けた場合には、指摘されるとおり、職業または家庭の学習に重点をおくコースは劣等視され、コース間の対立を激化する弊害がじゆうぶん予想される。だから高等学校教育にいつそうの計画性をもたせるため、コース制の趣旨を取り入れるが、しかし第一学年においてはコースの別を設けないことにしたのであつて、ここに今回の改訂の苦心があるのである。

しかしたとえば理科のように教科目が並列され、いずれが一般的であり、いずれが基本的であるか明らかでなく、しかもその単位数に大小二種あるような場合において、第一学年においてどの科目を何単位共通に履修させるかということは確かに困難な問題である。今後じゆうぶん研究して最も合理的な方法が示されなければならない。この点については文部省に設けられている理科の教材等調査研究会において研究していただくことになつている。

単位数についていえば、将来理科方面に進むことのはつきりしている生徒に一年で五単位を履修させることには問題はないが、その他の方面に進むことがはつきりしている生徒も理科的教養を身につけるため一年においてはやはり五単位を履修させることは不合理ではない。むしろ望ましいともいえよう。

第三には　コース制は、生徒が自己の個性と志望に応じて、適当な教科目を選択履修するという現行制度の長所を完全に没却することになるという批判がある。

これも答申で述べている意味でコース制に対する批判ではないと思う。

第四には　学級数の多い学校においては、文理系統のコースをも男女別にするであろうと予想され、ここから男女共学をくずし、女子の大学入試に非常なハンデイキャップを与えることになろうといわれる。これも思い過ごしであると思う。

今回の改訂で教育課程審議会および文部省において最も苦心したのは、男女共学の長所を生かし、女子も男子と同様に進学しうるようにしながら、しかも女子に必要な家庭に関する学習をできるだけ行いやすい形にするのにはどうしたらよいかということであつた。二年間の審議の大半がここに費されてきたといつても過言でない。

その結果女子に家庭科を必修にせよという強い要求を退けるとともに、芸術、家庭、職業の三つの教科から六単位を履修させることにしたのである。こうすれば女子は家庭科を履修しながら、入学試験関係科目については男子となんら変りなく学習できるのである。この制度がある以上、進学しようとする生徒にまで男女別の取扱をする必要はどこにもない。

また、**第五には**　コース制をとれば学年制となつて上級生と下級生とがいつしよに学習し討議する機会をなくし、上級生が下級生を威圧し制裁するという封建的遺習を復活させるであろう。という批判がある

また**第六には**　一つの学校に文科コース、理科コース、職業コースなどが併置される場合、わが国の現状では職業科コースは成績下位の者のはきだめコース化し、学校はこのコースをやつかい物視し、生徒の間に不平と反目が生じ、かつての一種二種のてつをふむことになるという批判がある。

第5の点は、教育課程の問題というよりも、社会全体の風潮の問題であり、このような風習が起らないようにすることは、生徒指導の重要なテーマでなくてはならない。

第6の点も同じような面をもつた問題である。現在職業科家庭科を履修することにひけ目を感じ、そのためこれを選択する必要をもちながら、選択しないでいる生徒が少なくないとともに学校もこれらの教育に力を入れない傾向のあることはいなめないところであろう。このような状況をそのままにしておいてはよいとはいえない。それは生徒にとつて不幸なばかりでなく、職業を卑しむ社会の病弊をいよいよ助長する結果ともなる。

昭和二七年度の高等学校卒業者について見れば普通課程から大学に進む者は 27.3% であり、進学希望者を見ても 40% を越えない。少なくとも進学を希望しない者には普通課程においても、就職したり、家事に従事したりするに必要な知識・技能の学習ができるようになつていなければならないだろう。これらの学習に重点をおけば当然そこに進学希望とは異つた教育課程が必要となつてくる。この場合職業や家庭に関する科目以外の普通科目まで必らず教室を別にしてやらなければならないことはない。なるべく共通に学習させることが望ましい。しかしたとえば英語を進学者は5単位を履修するが、進学しない者は3単位を履修することにする場合もあろう。このような場合には、やはり教室は別になる。

今回の改訂において考えている職業コース、家庭コース（このような名称は使わないようにするはずであるが、ここでは便宜これを用いる）は、かような意味と内容とをもつたものである。このようなコースを学校がもつことをたてまえとすることは「適性、応能」の教育を行うために必要であり、普通課程が受験コース化している現状においては、特に強調されなければならないと思う。

第七には　答申ではコースの種類とその教育課程は学校が定めるというたてまえをとつているため、転校する生徒は非常な不便を受けるであろう。また一校内でも志望の変化により他のコースに転ずることが困難である、という批判がある。

確かに純粋な科目選択制では、そのような不便は「原則上」存在しない。しかしここでも原則よりも実態が問題であると思う。前にあげた通り昭和 27 年の文部省調査によれば、調査校の71%が、転校生に不便であることを、現行制度の難点としてあげている。今回の改訂においては、コースの種類とその教育課程は学校が定めるというたてまえはとるが、学校が定める際の参考資料として、国においても、通常の場合における望ましいコースの種類およびその教育課程を示し、教育委員会の指導も期待される。だから運営のよろしきを得ることによつて転校の困難を緩和することができると考えている。

なお今回の改訂によれば、第二学年以降におけるコースの変更は困難になる。しかしそれぞれのコースにおいては、ある程度の志望変更に応ずるようなゆとりを持たせることをたてまえとし、そのように指導されるはずである。

第八は　今回の改訂によつて単位制の妙味が失われるという批判がある。

確かに科目選択制のもとでは、落第は原則としてあることになる。しかしそれほど窮屈なコース制を考えているわけではないし、また特別指導の余地もあるのであるから、一、二科目の不合格によつて、すぐに全部をやり直すことにはならない。

第九は　今回の改訂によつて教科科目の単位数に幅ができたが、大学においては大きい単位によつて試験問題を出すであろうから、職業高校や小規模の学校の生徒ははなはだしく不利になるという点である。

これに対していいたいことは、まず第一に高等学校の教育課程は高等学校教育の性格および目標から考えられるべきものであつて、大学入試に便利であるとか不便であるとかということで決められないということである。

この原則を承認した上で、さて実際問題をどう処理

するかということが取り上げられなければならない。そこで最も問題となるのは職業課程である。共通必修の範囲内で試験問題が出されればよいのであるが、それには大学側が承知しない。このような現状においては、共通必修のほかに、三〇単位以上の専門科目を履修しなければならない職業課程はどうしても不利になる。この不利を避けようとして、普通課程においても可能でありまた望ましい学習の量と質を引き下げようとする要求は妥当でない。

ところで今回の改訂によつて職業課程が現状よりもはなはだしく不利になるかというに必ずしもそうはならないと思う。またそうならないように大学入学試験方法の適正化に努力する以外に道はないと思う。

今回の改訂においては、科目の単位数に幅をもたせることになつたが、社会科・理科外国語科においてはその上限は従来どおりである。職業課程においても、たとえば工業課程や農業課程において理科の科目の一部を大きい単位数で、商業課程においては社会科の一部の科目や外国語科を大きい単位数で履修することはできるのであるから、少なくとも同系統の大学に進む場合には特に不利になるということはない。

国語科、数学科については共通必修科目の単位数が現行のものよりわずかながらふえている。しかしこれらの科目については従来とも試験問題は共通必修の範囲内にはとどまりえなかつたのであるから、これによつて著しく不利になるということも考えられない。

ただ大学側が今回の改訂を機会に、入試科目の範囲を広げて、しかも受験者が科目を選択する余地を少なくする要求を持ち出すおそれはある。これに対しては、入試方法によつて高等学校教育を乱すことのないよう大学に了解してもらう努力をするとともに、代表科目の設置等によつて著しく不利にならないようにしなければならないと思う。

六　共通必修の新な意味

次に、今次の改訂は高等学校の複線型にするものだという批判があるので、普通課程と職業課程との関係ならびにこれに関連しての共通必修の意義を明らかにして、そのしからざるゆえんを説明したい。今次の改訂において基本の方針とした点の一つは、各課程の特色を生かした教育課程が作れるようにするということである。しかしながら、このことは、学制の上で、現行の単線型の学制を変更しようとするものではない。いつたい単線型、複線型ということばもコース制ということばと同じように、場合によつていろいろな意味に用いられている。この点をまず明らかにしよう。

まず、現行の高等学校制度は単線型であるといわれているが、それはいかなる意味においてであろうか。

昭和十七年までは、わが国の中等教育は、中学校、高等女学校、実業学校、青年学校の四種に大別され、根拠法令も異なり、教育目標および教育内容にも共通性が少なかつた。また卒業資格も違つていたし、教員資格や大学入学資格その他いろいろな点において差別的な取扱を受けていた。昭和十八年の中等学校令によつて、中学校、高等女学校、実業学校は中等学校として一本に規定され、同じ教育目的をもつものとされた。しかし大衆学校としての青年学校は依然として別種の学校であつたし、中学校、高等女学校、実業学校もその実態は依然として異質のものであり、その取扱もいろいろの点において異つていた。新学制においては四種の学校を一本のものとして、その教育目標、修業年限、入学資格などについては、学校教育法によつてまつたく同様のものとなつた。その結果卒業資格、大学入学資格または教員の資格や待遇なども同様に取り扱われることになつた。教育内容については三十八単位を普通課程、職業課程を通じて共通に学習するたてまえがとられた。

単線型とか、一本化とかいうのは、以上の意味においてである。しかし現行においても普通課程と職業課程の間には重大な相違のあることは見のがされてはならない。すなわち普通課程は普通教育を主とする課程であり、職業課程は専門教育を主とする課程であつて、（高等学校設置基準第五条）一般教養として共通に学習される三十八単位のほか、専門の教科三〇単位以上履修しなければならないことになつておる。なお職業課程は農業、工業、商業、水産、家庭等の課程に分れ、さらに農業、工業、水産の課程はそれぞれ多くの小課程に分れている。これらの課程はいずれも第一学年から教育課程を異にし、異なつた専門の教育を行つている。だから教育課程の面から見るならば、わが国の高等学校はすでに複線型になつているともいえる。教育課程の上で単線型の実を求めるならば、三十八単位の普通科目を共通に履修することにあるであろう。

今回の改訂は教育課程以外における単線型の実をなんら変更するものでないし、教育課程についてもすべての課程のすべての生徒が共通に履修する部分は三十九単位になつておるのであるから単線型の実はむしろふえたのであつて、減つてはいない。したがつて現在の高等学校制度を単線型であるとして、普通課程にコースを設ける（それも第二学年以降において）ことが、ただちに高等学校を複線型化し、新学制の精神を放棄するものであると考えることは当らない。

なお、「今回の改訂においては共通必修の単位数はふえている。しかし従来のものは、共通必修の科目の内容および単位数はまったく同一であったが、こんどは科目の単位数に幅ができたので各課程コースで履修される共通必修の内容も異なることになることになる。これは高等学校を複線型化するものである。」という意見もある。

これは審議会においても問題になったし、われわれの研究過程においても重要な問題であった。

この点については、まず共通必修の意義が明らかにされなくてはならない。

共通必修の制度が設けられた趣旨は、通常次のように理解されている。生徒の進路・特性がいかなるものであろうとも、社会人として、日本人として共通に必要な一般教養を身につけさせなければならない。従来実業学校においては専門の知識・技術の習得に片寄り、一般教養が軽んぜられる傾向があった。普通課程においても生徒の進路・特性に応じて自由に科目を選択履修することにすることが望ましいが、一般教養として必要なものは、必ず履修させるようにしなければならない。かような意味において一般教養を尊重し、これを確保するためにあらゆる課程を通ずる一般教養の最低限度を定める必要がある。この趣旨から設けられたのが共通必修の制度である。と。

審議会においても当初共通必修をこの意味に考え、これを重要視し、その内容を各課程を通じて同一のものとし、教育課程全体を問題とする前に、この部分を確定し、控除しようとする傾向が強かった。そして何もかもここに盛りこもうとしたため共通必修部分が拡大し、普通課程と職業課程の利害が相反してなかなかまとまらなかった。そこで反省されたのが次のような点である。

(1) 一般教養は共通必修の科目の学習だけで得られるものでも、また普通科目の学習だけから得られるものでもない。ある科目が一般教養に役だつ程度は、教材の種類によるよりも、それをどのように編成し、どのように教えるかによるといってよかろう。

(2) したがって職業課程、普通課程を問わず一般教養を尊重し、確保するということは、職業に関する教科目の学習をも含めた全学年の教育課程を通じて考慮さるべきことである。

(3) 職業に関する教科目の相違にもかかわらず、それと関係なく、普通科目について、内容と単位数とを定め、これをもって一般教養の尊重、確保と考えるのは形式的にすぎるとともにそれ以外の科目における一般教養的な価値をなおざりにする逆効果のおそれがある。

(4) 一般教養を尊重することをたてまえとして、各課程において生徒の進路特性に応じた望ましい教育を考えれば、そこに当然かなりの共通部分がでてくる。共通必修の内容は本来このような意味をもつものであろう。そう考えれば、この内容が課程によって多少異るところがあってもそれはむしろ当然である。

このような考えがとられるようになったのである。しかしながら、共通必修を示すことが無意味なものとなるのではない。すなわちあらゆる課程あらゆるコースの教育課程を国の基準として示すことは不可能でもあり、また望ましいことでもない。その反対に教科目の内容と単位数を示すだけで、具体的な教育課程の編成についてなんらの規制をも設けないときには、学校の単なる便宜や入学試験準備教育等のため、自由の濫用が行われる危険がある。そこで多くの課程の教育課程を実際に作ってみて、その上でいずれの課程の教育課程にもこれだけは最低要件として共通に履修させてよいと思われるものをあげたのである。だから今回の改訂における共通必修の意味はこの点でこれまでのものと違っている。すなわちこれまでの共通必修の必修は選択に対するものであったが、こんどはそうではなくすべての課程の学校が教育課程を編成するとき、これだけは必ず履修させるようにしなければならないという意味における必修である。

また「普通課程の内部をコース制化することは、普通課程を文科コース、理科コース中心の学校化し、職業課程との格差をいよいよはなはだしくする」との批判に対しては、格差を何によって量るかが問題である。普通科目ないし受験科目学習の量からいえば、確かにこのような傾向の生ずるおそれはある。しかし普通課程全体が受験コース化し、または学校の単なるつごうによる教育課程が編成される傾向の強いときに普通課程においても職業や家庭の学習に重点をおいたコースを編成することをむしろたてまえとすることは、両者の格差をいよいよはなはだしくすることにはならない。

七　結び

以上わたくしは、世上多く行われている消極的批判の大部分にわたって見解を述べ、その多くが今回の改訂に対する批判としては当らないことを述べた。今回の改訂にはふじゆうぶん、不徹底なところも多いであろう。また運用を誤れば指摘されるような弊害の起りうる危険はあると思う。いろいろな批判がそのような危険をいち早く指摘され、今後の戒めとされる趣旨であるとすれば、われわれにとつてのみならず、広く日本の教育のためありがたいことである。

反対の立場からの批判においては、今回の改訂特にいわゆるコース制についてこれを非とし、あらゆる角度からその難点をあげておられるが現在の教育課程をどう改善するかについての積極的見解はなんら表明されておらない。もし現行のままでよいとされるならば、それはわれわれと見解を異にするのみならず、おそらく高等学校教育関係者の大多数の要望に反することになろう。もし今回の改訂の多くは妥当であるがいわゆるコース制の採用が「有害無益」であるとされるのであるとしても、それでは高等学校の教育課程の改善をそもそも取り上げるに至つた眼目が科目の選択制の改善にあつたのにもかかわらず、それになんら答えない結果となる。

また今回の改訂からいわゆるコース制をはずしたのでは、各科目の単位数に幅をもたせた結果、科目選択制の運用はいよいよ複雑困難になることを考えていただきたいのである。各科目の単位数に幅をもたせることは、今回の改訂要点である「高等学校教育にいつそうの計画性をもたせ、生徒の進路特性に応じて必要な教養を系統的に学習できるようにすること」という考え方（ここからコースの考え方が出てくる）のうちにおいて妥当性をもつのである。いわば各科目の単位数に巾をもたせることと、いわゆるコース制とは表裏をなす考えであつて、両者は切り離せない関係にある。

今回の改訂において、コース制の考えが取り入れられた趣旨を要約すれば、次のようになると思う。

共通必修三十八単位以上を完全に生徒の自由選択に任せることは、実際上不可能であるのみならず、このように大幅な選択の自由を認めることは、多くの生徒の進路・特性に応じた望ましい学習を、結果において、かえつて阻害している。科目選択制の根本の趣旨である進路・特性に応じた望ましい学習ができるようにするためには生徒の進路・特性が具体化する時期において、それぞれ異なる進路・特性の類型を求め、その類型に応ずる教育課程を組んで、そのいずれかを生徒に選択履修させることが最もよい。この類型は多くとることが望ましいが、学校運営の立場からおのずから制限されるであろう。類型を少なくとればとるほど、それぞれの教育課程の中で、自由選択の余地を多くすることが望ましい。

このような趣旨であるから、今回の改訂は科目選択制の精神を生かし、かつコース制のよさを取り入れたものということができる。このような中間は技術的にありえないとの意見もあるが、技術的に可能であることはすでに述べたとおりである。具体的には教育課程審議会の今後の審議を通じさらに学習指導要領の作成を通じて明らかにされるはずである。

なおこの考えは木に竹をついだように唐突に生じたものではない。二年間の教育課程審議会の審議を通じ、また文部省における研究経過において一つの必然性をもつていたといえる。ただ教育課程審議会の第二次中間報告までは、最初の問題であつた科目選択制をどうするかの問題から、共通必修の範囲を確定することに論点が集中されたまでであつて、その結果は再び科目選択制をどうするかの問題に立ち帰らざるをえないものを含んでいたということができるとわたくしは考えている。この間の事情を教育課程審議会の審議記録と文部省内部における研究の経過に即して説明したいと思つたが、紙数の関係で省略する。

最後に付言したいのは、コース制は一般に悪いということはできないが、わが国の置かれている特殊の条件のもとにおいては有害無益であるという批判についてである。特殊の条件が、わが国のように民主主義の根が浅く、また経済の不安定、たえざる失業の危機などのために学校教育を偏重し、入学競争のはげしい国情を指すものとすれば、この事情がかえつて科目選択制を受験コース一本の教育課程に追いこみ、選択制のよさを現れなくしている原因ともなつていると見ることが出来る。

ところで特殊の条件を次のように理解する立場もある。日本の現状においては、特に教育においては、自由のふんい気を高めることが、結果のいかんを問わず、何よりも大切なことである。これに反する措置は教育が現状になつている最も重要な使命にもとるからとるべきでない、と。結果のいかんを問わずというような実現はなくともその論旨をつきつめていうと、そういうことになる。このような立場に対しては、わたくしは、かような形式的自由主義をもつてしては日本の現状は乗り切れないと信じておることを付言しておきたい。

（筆者は文部省中等教育課長）

三、高等学校の改訂教育課程実施上の問題点

中　等　教　育　課

（「中等教育資料」昭和三〇年五月号から転載）

　昭和三十一年度第一学年から実施することになつた高等学校の改訂教育課程については、昭和二十九年十二月二十七日付、文初中第六五三号（本誌Ⅲ－一一およびⅣ－二参照）の通達でその基本線が示され、昭和三〇年二月一日付、教育課程審議会の第二次答申（本誌Ⅳ－四参照）で普通課程における教育課程編成の具体例ができあがつた。職業課程における残された問題についても、教育課程審議会において研究中であり、近く第三次答申がなされるはずである。

　これについて、指導主事連絡協議会のうちに特に高等学校の教育課程部会を設け、去る二月二十一－二十二日、東京都立新宿高校において、全国の関係指導主事が中心となつて協議を行つた。改訂教育課程を実施する上には、運営上種々の問題点があるので、活発な討議が行われたが、それらの中には教育委員会や学校が、新年度の実施計画をたてる上に参考となるものが多いと考えられるので、協議会で問題に上つた質疑応答のおもなものを整理して掲載することとした。

一　教科・科目および単位数について

1　第一表に、数学、理科等は単位数が六、九あるいは三、五と示されているのに、国語乙などは二～六、社会科は三～五と示れている。それぞれどんな意味をもつか。

答　六、九というような表現は、六単位または九単位ということで、中間の単位数を認めない意味である。二～六というような表現では、中間の三、四、五という単位数をも認める。ただし芸術科は例外で、これは二単位ずつにくぎる。

　このように単位数の幅のつけ方が異なつたのは、各教科の特性に基くものである。

二　教科目の學年配當について

1　第一表に、「学年別の例」の欄があり、国語甲は一年で三または四単位と示されているが、これは単なる例示であるか。一年三、二年三、三年四と単位を配当してはいけないか。

答　「学年別の例」という用語は正確を欠くから、学習指導要領を編集する場合には再考する。定時制の場合も、四学年にわたる単位配当を示したい。

　国語甲を一〇単位で課する場合は、一年に四単位を配当することを原則とする意味である。

2　各教科・科目の内容が今後きまつたとき、学年別に履修する科目を指定するか。（特に社会科と理科の場合）

答　指定はしない。

　しかし各教科ごとに、どのような順序で各科目を履修したらよいかについて、望ましい形を研究し、参考として示したいと考えている。その場合ひとつの形だけでなく、二、三の形を示すことになろう。社会科、理科についても、各科目を学年に固定する考えはもつていない。履修の順序は、各学校が実情に即した取扱をすることが望ましいが、その参考資料となる例を示したいと考えている。

三、課程の別と教育内容の別

1　課程ごとに科目の指導内容を変えて示すか。

　たとえば、いくつもの課程を併置する場合、美術課程の国語甲と、普通課程の国語甲とでは、内容が変るはずであるが。

答　原則としては、科目の内容を課程ごとに区別して詳しく示すことはできない。学習指導要領にはひとつのものを示す。ただし課程ごとに取扱がある程度変るのは当然であるが、これは各学校の指導計画において考慮すべきことである。しかし各科目の目標は基本的には同一である。

四、共通必修について

1　共通必修ということばは、こんどは用いないことになつたと聞いたが、用いてはいけないのか。

答　現行の教育課程における共通必修とは意味がちがう。（中等教育資料Ⅳ－二参照）

　この意味が変つていることを了解した上でこのことばを使うなら使つてもよい。

五、卒業認定について

1　生徒が共通必修を含んで八十五単位を履修したら、学校で定める単位数より少ない単位数でも卒業させるのか。

答　卒業させられない。卒業に必要な単位数八十五以

上というのは、学校が教育課程を定めるときの条件である。生徒にとつては、これは卒業のための必要条件ではあるが、十分条件ではない。（第一次答申、教育課程編成上の注意事項(8)参照）

2　定時制の生徒でも、三ヵ年で卒業できないか。

答　働きながら学ぶ以上、時間的制約が大きく、三ヵ年で卒業に必要な単位数を履修することは困難である。年限短縮は考えていない。

　定時制教育とへき地教育とが混同されて、定時制の年限短縮論が起つているのではないか。

3　「卒業に必要な単位数は八十五単位以上とする」とは、それ以上学校でいくらに決めてもよいか。週三十八時間三年間やれば一一四単位与えられるが、これだけを卒業認定のための単位とすることも許されるか。

答　教育上の必要がある場合には、そうすることも不可能ではない。ただし生徒の負担過重にならないように考慮する必要があり、その点の指導は教育委員会の判断にまつ。

4　卒業に必要な単位数は九十六単位を標準として示してあるが、これより下げてはいけないのか。

答　全日制では毎学年週三十二単位を標準として示したが、標準であるから、上下に幅がある。教育委員会は、事情に即して指導されたい。

5　自分の県では、特別教育活動を卒業認定の条件とし、これを満足にやらないと卒業させないと申し合わせているが、それでよいか。

答　学校が八十五単位以上の単位数のほかに、特活を卒業の条件とすることは当然である。特活をも考慮に入れて、全体として判定することが、「全課程を修了したと認める」ことである。

6　転校生の卒業認定にあたり、単位数のくいちがいがあるのはどうするか。

答　校長の裁量による。

7　転校生がその学校で定めた課程を履修して卒業することの困難さをきりぬける便法として、通信教育を採用して補充させることはどうか。

答　今後考えるべき問題であると思う。

　ただし転校の際の困難さは、将来軽減できるように思う。すなわち、改訂教育課程では、同じコースであればだいたい各学校の教科目配当や単位数が似たものとなると予想されるので、その点でつながりがよくなると思う。

六、単位認定について

1　数学Ｉを九単位で履修したとき、一年の六単位はよかつたが、二年の三単位に失敗したとき、一年の六単位は認めるのか。

　また理科を五単位で学習し、それに失敗した者に三単位を認定してよいか。

答　認めるということばには二つの意味があるように思う。その一つは、卒業に必要な条件として数学について六単位を計算に入れるという意味である。これは、その学校の教育計画いかんにかかつている。あるコースの教育課程が数Ｉを九単位と定めているときは、一年で学習した分の六単位に成功しただけでは卒業資格は認められないであろう。

　第二の意味は、既得権としての意味で、一年で成功した六単位については、やりなおす必要はなく、二年のときの三単位だけをやりなおせばよい。

　一般的にいえば、単位数が二種類ある科目では、大きい単位の計画と小さい単位の計画とは、基本的に組織がちがい、5＝3＋2というようには分けられず、はじめから学習のしかたにちがいがある。大きい単位の履修に失敗したからといつて小さい単位を認定するということは、たてまえとしてできない。

2　一単位というのは、年間合計三十五単位時間の学習の意味か。年間三十五週、毎週一単位時間の学習の意味か。

答　定時制などの運営を考えて、年間合計三十五単位時間の意味としている。

七、単位分割について

1　第一次答申Ⅲの(4)四「できるだけまとまつた経験を与えるように――」とあるは、二個学年にわたつて一科目を分割履修することを禁じたものか。

答　五単位の科目を二個学年にわたり三単位と二単位に分割するようなことは、事情によつて許されてよい。

　なるべくまとまつた経験を得させる意味からして三単位の科目を二と一とに分けるようなやり方は、学習能率上からみてよろしくない。

2　定時制では、五単位の科目を二個学年に分割して表に示しているが、全日制でそうしてもよいのか。

答　定時制の場合、やむをえないものとして、分割した場合は連続する二個学年で完結させるようにした。

　全日制でも事情によつては許されるが、なるべく単位を細分化しないようにされたい。

3　たとえば社会科の一科目を五単位とした場合、三と二と二個学年に分割してよいか。またその場合、指導要録において、履修の記録はどう扱うか。

答　望ましいとはいえないが、否定はしない。ことに移行期においては、教師間の負担均衡を図る上からは、やむをえない場合も考えられる。

ただし分割する場合も、連続する二個学年で完結すること。また一年では科目、単位数をそろえるというたてまえをくずすようなことのないようになどの注意が必要である。

なお、現行制度では、分割履修はたてまえとして認めていないが、もし分割した場合、履修の認定は所定の単位数を済ませた年においてまとめて認定すべきである。

八、各教科について

一　国語(甲)について、学年の進級という点では単位認定をどのように考えているか。

答　各学年に配当した単位数について、学年ごとに認定を行う。

二　社会科について、「新科目」は全員の必修となつたが、どの学年において履修させることとするか。

答　文部省としては、一般原則に従い、履修させる学年は指定しない。しかし、どのような順序で各科目を履修したらよいかという形を研究して、参考のために示したいと考えている。

三　社会科の指導計画は、学習指導要領には四単位程度の内容を標準として示したいとのことであるが、一年の計画例に五単位を配当した理由は何か。

答　社会科の指導計画は学習指導要領ではどの科目も三～五単位の幅をもつた指導ができるように示したい。この際標準をどのように考えるかについては、今後の研究によつて明らかにしたい。一年の指導計画で五単位の参考例を示したのは、社会科の学習単位の最大を示したものである。第二次答申の「第一学年の計画」の(2)の(イ)、(ロ)、(ハ)、(ニ)においては、五単位とする場合と四単位とする場合の二つの例を示してある。

四　数学について、数Ⅰを九単位の計画で履修するとき、二年の前半で数Ⅰの残り三単位分を集中して済ませ、後半で数Ⅱをやるのか。あるいは二年で数Ⅰの残り三単位分と数Ⅱとを並行して学習させるのか。

答　数Ⅱをやる場合は、学年の初めから数Ⅰと並行して学習させることをたてまえとしている。

五　外国語について、中学校で英語を履修してこなかつた生徒のために、初歩課程 Beginner's courseをつくつてやるというが、これは高等学校の教育水準を保つということと矛盾しないか。

答　矛盾しない。中学校においても外国語は選択教科となつており、全員が履修すべきものとしていない。したがつて高等学校の外国語の基礎的水準なるものは設定しがたい。目下、中学校で英語を履修しないで高校に入学した者のための初歩課程を立案中である。

六　中学校で英語を履修しなかつた者が高校で初歩課程を修めたとしても、それは高校の段階としての単位を与えることはできないのではないか。

答　高校の段階としての英語の到達目標なるものは、一律には決められない。中学校の選択制の上にたつ以上、そのような客観的基準はない。

七　第二表には第一学年に第一外国語をすべて組み入れてあるが、これは共通必修であると理解してもよろしいか。

答　共通必修の意味ではない。普通課程の生徒で外国語を履修しない者であつてよい。また学校により、第一外国語を課さないコースが設けられてよい。この具体例(第二表)は、多くの学校が通常の場合はだいたい履修させるであろうというところを予想して作つたもので、これ以外は許さないというものではない。

ただ、第一学年の学習をなるべくそろえるたてまえから、普通課程では、なるべくすべての生徒に五単位の学習がなされることは適当であろうと思う。

八　職業に関する教科目について、「全日制の普通課程において芸術、家庭および職業に関する教科のうちから六単位を履修すること」となつているが、この職業の科目は、どのようなものが適当であるか。

答　全日制普通課程に適当な科目については、なんらかの形で示したいと考えている。「職業に関する教科」としたのは、職業に関する教科や科目はさまざまなものがあり、その中から普通課程でやりやすい、また望ましいものが選びうると考えたからである。その際、科目の内容については、弾力性のある指導がなさるべきである。普通課程における。職業の学習は、単なる職業教育であるよりも、一般教養としての意味をもつものであり、この面からの研究を行つている。

九　この科目を、普通課程ではどんな教師が担当するのか。しろうとでも受け持つことができるとなれば、戦前の作業科の失敗をくり返すおそれがある。また受験準備に流用されるおそれもある。

答　普通課程に職業に関する科目を課するねらいは、単に仕事をさせ、汗を流させればよいという考え方ではない。具体的な仕事を通じ、科学的技術的に物事を処理する能力を養うものである。この必要から設けられたもので、起りうる弊害を避け、ねらいを正しく育てようとする方向に努力していただきたい。

この科目担当の教師は、普通教科担当の教師でもよい。その意味で幅広く職業に関する教科のうちから課するようにしたのである。担当教師免許状については教育職員免許法付則第2号が適用される。

十　職業に関する教科を普通課程に課しても、二単位や四単位程度では、職業的教育のためには中途はんぱではないか。

答　狭義の職業教育ではないので、少ない単位数でも効果はあげられると考えている。

十一　家庭科は現在七単位か十四単位をとっているのに、それが四単位となると、かえつて家庭科不振興になるのではないか。

答　家庭科四単位という趣旨は、これだけやればよいというのでなく、今まで全然とらなかつた生徒にも、これだけはとらせたいという意味をはつきりさせたのである。これだけでよいとは考えなくてよい。家庭科を多くとる必要のある生徒には、多くとれるような教育課程を組むべきである。

十二　進学を希望する女子が、四単位以上の家庭科をとりたい場合、コースを変えなくてもよいか。

答　「個人差に応じて履修する教科目」の科目、単位のとり方で、もつとたくさんの単位をとりうるようにしてやつておけばよい。たとえばCコースを選んだ生徒でも、「個人差」の単位を家庭科に全面的にふり向けるとすれば、十単位以上とれるわけであつて、他のコースに移る必要はないであろう。

十三　「芸術、家庭および職業に関する教科のうち六単位を履修させること」について、これを「さしあたり単位数を減ずるなど実情に即する取扱をする」とは、どのようなことを意味するか。やれないときは他の科目をやつてよいか。

答　真にやむをえない場合は減じてもよいという意味である。ただし真にやむをえない事情がどの程度あるかというと、そう多くはないであろう。学校によつては四単位程度まで下げることはやむをえないという事情があるかもしれない。しかしこの面の教育が必要であり、強化すべきであるというねらいで決められたことであるから、そのねらいを達するよう努力していただきたい。真にやむをえない事情があるかどうかの判定は、最終的には教育委員会が行うものである。

六単位を行うことができない場合は、他の科目で補つてよい。ただし他の科目をやりたいために、この三教科を課さないということになつてはいけない

十四　場合によつては、芸術をやめて職業のみ六単位やらせてもよいか。

答　望ましいとはいえないが、事情によつてはそれも許される。

十五　芸術は今まで六単位とらせていたのに、こんど芸術二単位として満足されるか。

答　芸術、家庭、職業の三教科六単位としばつたほかに芸術を選ぶ余地があり、芸術は各科目とも六単位ずつやれる。今までより減ることはないはずである

十六　芸術、職業、家庭三教科を六単位というようにいつしよにくくつた理由は何か。共通性がないではないか。

答　いずれも現状より強化する必要が感ぜられていたものであり、また大学受験準備教育のために圧迫を受けていたものであるという事情が共通している。しかしこのそれぞれの必修として単位数を与えることは、生徒の進路・特性に応じた教育を受けさせるというたてまえからして、どうかと思われるし、さらに芸術、職業などは、教員の充足という面で全面必修が困難である。これらを考慮して、三教科をくくつて単位数を与え、その中で学校や生徒の事情によつて各種の組合せが行えるようにし、弾力性のある運営を行わせようとしたのである。

十七　三教科六単位の実施に猶予または緩和の措置をとつたのは、ねらいを有名無実に終らしめるおそれはないか。

答　教育的に見れば、六単位をくくつて運営に弾力性をもたせた上に、さらにこれの実施を緩和したことは、望ましいことではない。しかし現実の教員や施設等の条件が伴わないため、真にやむをえないものとして認めたのである。条件が整わないときに強行実施すれば、予期の成果とは反対に、マイナスの結果が現れる事を恐れたからである。有名無実にならないように、教育委員会の特別な指導を希望する

九、特別教育活動について

一　特別教育活動は現行の標準は週三時間であるの

を、二時間を標準とした理由は何か。特活衰微の傾向を助長することにはならないか。

答　実施に無理のない時数を考え、二時間を標準とすれば、充実してやっていけるのではなかろうかというのでこうした。二時間はぜひやらせたい。

　特活の教育的意義を高く評価する点においては今回も変りないのであつて、三時間やつて効果をあげているところでは、それでやつていただきたい。

二　特活の標準二時間とは、かなり強い意味をもつて示したものか。

答　通達のうち「教育課程編成の一般方針」と「教育課程編成上の注意事項」は、強い意味をもつ。

三　特活に単位を与えないのはなぜか。進学準備教育に圧迫されて低調になつている現況からすると、単位を与えたほうが振興のためによくはないか。

答　単位を与えるためには評価が必要であるが、特活は、活動類型や内容がいろいろであり、各科目のように目標や内容を具体的に定めたり、それに照して評価するという観点が一定せず、一般的基準がたてにくい。また評定のための技術的な困難もある。このために単位は与えないこととしたのである。

四　ショートタイムの特活(ホーム・ルーム等)は標準二時間の中に加算するか。

答　実質的に意義のあるものであれば、加算してよい

五　具体例の第二、第三表に特活を入れてないのはなぜか。

答　単位を与えないからである。

六　特活の生徒会、ホーム・ルーム、クラブ活動等を、いかなる形で教育課程の中に組み入れていくのが望ましいと考えるか。

答　これについてはじゆうぶんな研究の結果が出ていないので、今後研究を進めていきたい。

十、第一學年の計画について

一　「第一学年においてはなるべく共通に学習し」とあるうちの「なるべく」とは、どのような意味か。たとえば英語を中学校でやつてこなかつた生徒に対して、一年で英語を課さないことがあつてもよいか。

答　個々の学校の特殊事情により、やむをえず共通にできない場合もあることを考慮して「なるべく」とした。そのほうが生徒にとつてプラスである場合には、そろえないこともあつてよかろう。

しかし中学で英語を全然やつてこなかつた生徒に対して、それだけの理由で英語をやらせないことにするのはよくない。そのような生徒は別にクラスを編成して教育することが望ましい。

二　普通課程の一年で、たとえば理科について、あるコースには物理を、あるコースには生物をやらせることはよいか。

答　一年にはコースをおくことは考えていないし、一年の科目と単位数をそろえるというたてまえからすると、同じ課程でそのような措置をすることは望ましくない。しかし二年以後の進路やコースの変更等に支障がなく、効果的な運営が行われる場合があれば全面的に否定はしない。

十一　「個人差に應じて履修する教科目」(第二、第三表)について

一　個人差に応じて履修する教科目は、どのように教育課程に組み入れたらよいか。

答　上段の計までのところをコースの必修とし「個人差」の欄は生徒の選択に任せることが基本的な考え方である。

　ただし「個人差」の単位（各コースとも十単位前後）を、そのまま生徒の自由選択に任せる余ゆうのない学校もあろう。その場合は、運営上この中のいくつかの科目と単位を、コースの必修としてもよい。

二　たとえばDコースでは、社会科四科目十七単位をやらせ、その上「個人差」の部分で単位数を三単位まで増すことができるようになつているが、この場合、どんな名称、どんな内容のものをやつたらよいのか。たとえば「日本経済史」というようなものをやらせてもよいのか。

答　「日本経済史」などという別な科目のようなものを設けることは全然考えていない。科目と単位数は、第一表に示した科目と単位数以外は認めないのである。

　Dコースの「個人差」の欄にある社会科の単位数の扱いは、上段で社会科各科目がそれぞれ五、四、四、四という単位で履修される計画となつているのを、五、五、五、五というように増して履修させることもできるという意味である。

十二、コース制について

一　現在コース制を採用している学校はかなり見られる。それは生徒の進路特性に基くというよりも進学、非進学の区別に基いてコースが設けられているように思うが、この点はどんな考慮をはらつたか。

答　コース制は、現実に追随するのではない。現実のコースは、改訂の方針にマッチしない安易なものが多いので、それを反省し、規制していきたい。

二　学区制をなくして、学校に特色をもたせるのがよくはないか。

答　学区制廃止の考えはもつていない。一年の履修科目をそろえるのはその趣旨である。コース制すなわち学校の別であると考えることは適当でなく、弊害が考えられる。学区制を維持して、生徒の進路、特性に応ずるようにするのがコース制の精神である。

三　Bコースのように、女子が家庭科をとろうとすれば二十単位以上はとれる。これが産振法の対象にならないのは不合理ではないか。

答　産振法では、当初は普通課程における職業教科にも適用したいと考えたが、予算上の制約から、重点的に対象をしぼつたのである。ただし家庭課程という合いの子のような課程を認め、これは補助の対象となつている。

四　一学年一学級のみというような小規模学校では、いくつもコースを作らなくてもよいのか。

答　作らなくてもよい。二つ以上のコースを設ける余裕のないときは、AコースあるいはCコースのようなものとなるであろう。しかしその中で選択によつて志望や特性を生かすような履修のしかたを考慮してやることがたいせつである。

五　五つのコースを示したのは、全国のいろいろな場合を考えたのか。一校にこの五つをおくのがよいと考えたか。

答　全国的に考えたものである。

一校にこの五つのコースを全部おく必要はない。またこの例を学校は修正して実施してもよい。

六　商業課程などでも、こんどはこのようなコースが考えられるのか。

答　考えられることになる。

七　そうなると、総合高校では運営が非常に複雑になつて困りはしないか。総合高校をなくすることになりはしないか。

答　総合高校において、どうような教科目でも自由に選択させるというようなやり方には疑問がある。そこまで認める必要もないのではないか。むしろ商業課程であろうと、他の課程であろうと、今後もつと組織的計画的に学習させ、課程の特色を生かし、今までの放任主義の欠陥をなくそうという意図に出たものである。このことによつて総合高校の運営が複雑化するおそれはない。またこの改訂によつて総合高校を解体することにならない。

総合高校で、現在の運営がうまくいつているところは、大きな変更はないであろう。

八　コースに生徒の希望によるか、教師が中心となつて分けるか。

答　生徒の希望を尊重し、これに教師のガイダンスを加え、両方面からして選ばせるのが理想である。

主体はあくまで生徒である。生徒が科目を自由に選択する幅はせばめられたが、そのかわりコースを選ばせることになつたからである。

九　男女共学制とコース制との関係はどうか。

男女別学級ごとにコースとすることはよいか。

答　男女共学を変更しようとする意図はもつていない。こんどの改訂でも、男女共学の線を維持するために苦心した（たとえば家庭科の扱い等）。

コースを男女別に作ることは予想していない。それを行うことは普通の場合よくないと考える。ただし家庭科の単位を多くとるコースなどは現在もあり、その程度は認められよう。しかしたとえばCコースなどを男女別に編成する等のことはよろしくない。

一〇　コースを作ると、それがしだいに固定学級化し、旧制中学校の一種、二種の区別のようになつてくるのではないか。

答　かつての一種、二種とは、そのたてまえや教育課程編成の方法が異なるので、同日には論ぜられない。進学する生徒と進学しない生徒とがあるということで起るいろいろな問題は、あくまでガイダンスの問題として対策をたてるべきものである。教育課程としては、それぞれの生徒の進路・特性を生かす教育を考えるべきであろう。（中等教育Ｉ資料一二参照）

十一　定時制のコース設定の方針は。

答　定時制高校では、授業時間数の制約から、いくつものコースは実際上作れない。小規模な学校では、ことにコースを分けにくい。これらのことを前提としてコース例を設定した。

十二　夜間の高校、A、B、Cのコースを作つたとき、生徒を把握する人数の限度はどのくらいがよいか。コースが多くなつて人員が細分されると、生徒の把握が困難になりはしないか。

答　必ずしも一校に三コースおけという意味ではない

小さな学校ではCコースだけおいて、その中で細分化できるような弾力性をもたせておけば よい。この点では現行の教育課程とあまりちがわない。ただ生徒の科目履修に計画性をもたせたところに意味がある。

三、學習指導要領について

一　学習指導要領の基準性と、現行のものに「試案」という字を付していることについての見解は。

答　学習指導要領は、学校教育法施行規則第二十五条によつて、法的に基準の意味をもつており単なる参考ではない。

　基準とは、労働基準法のような最低基準の意味ではなく、教育的な基準は、それを中心として、上下にふれがある。ことに教育内容に関する基準については、当然ふれがある。抽象的にいえば、教育的基準は、通常の場合これによるべきものであつて、特別な必要のある場合には、その事情を考慮することができる。どういう場合が特別な必要のある場合であるかは、個々の具体的なケースについて判断されるべきである。

　教育的基準は、このように本来ふれのあるものであるが、ゆえなくしてそれに従わないことは許されない。教育目標に照し、教育効果を考えた上で弾力性のある取扱いをすべきものである。

　現行の学習指導要領は、「試案」と銘うつているが、これは今後必要に応じて改めていくという Tentative plan の意味であるが、やはり教育課程の基準となるべきものを含んでいる。しかしそれには、基準性の強いものと弱いものとが渾在して、その限界が不明確である。

　今後の改訂においては、基準性の強いものを学習指導要領に収める方針である。

十四、教科書について

一　昭和三十一年度第一学年用の教科書はどうなるか。

答　数学Ⅰの九単位用の教科書と、理科各科目の五単位用の教科書だけは、三十一年度に間にあう。

　数学Ⅰを六単位で、理科各科目を3単位で履修させる場合は、三十一年度の第一学年にかぎり、この教科書を用い、学校で学習指導要領を参照して適宜内容を取捨して取り扱つていただくつもりである。

　他の教科目については、三十一年度だけはとりあえず現行教科書を使用する。

二　将来は各教科目とも、単位数に応じた教科書が作られるか。

答　数学、理科のように、科目の単位数が二種類あるものは、学習指導要領にそれぞれの単位数に応じた指導内容を示す。したがつてこれによつて、教科書もそれぞれの単位数に応ずるものができることになろう。

　社会科は、どの科目も単位数が三ないし五であるが、教科書は各科目とも二種類作らず、一種類のみとなる。その場合は学習指導要領において、単位数に応じてこれを適当に取り扱う注意が示されることになろう。

十五、全日制と定時制との関係について

一　全日制では教科の単位数の標準を九十六とし、定時制では九〇とした理由は。

答　できるだけ同じ教育をやりたいのであるが、定時制では四ヵ年で卒業させるためには、どうしても九十六単位はむりである。そこで現実的な九〇単位というところに標準をもつてきた。この程度の差はやむをえないものと考える。

二　改訂教育課程の完成年度は、全日制は昭和三十三年度、定時制は三十四年度となるが、この間のずれはどのように調整するか。大学入試方法に大きく関係するが、定時制を不利にすることのないようにされたい。

答　完成年度をそろえる目的で、定時制のみは三〇年度から改訂教育課程によつて一歩先に出発したいという意見もあるが、各種の準備が整つていないから、そうすることはよろしくない。

　大学入試については、旧教育課程で卒業した人も定時制卒業者も同じ条件となるから少くとも一、二年間は旧制の科目による受験ができるように研究し定時制卒業者が特不利にならないように努力したい。

十六、週當り時数の標準と教員定數の関係について

一　改訂教育課程では、中規模の学校では職員数が現状と変らず、大規模学校では職員があまるといわれている。しかし実際にはいずれも現在よりも多い職員数を必要とする。自由選択を除外しても職員数が不足するように思う。

　高等学校設置基準の乙号基準を改める意志はないか。

答　定員切り下げの意図をもつた改訂であるという批判は曲解である。もし職員に余裕ができるなら、科目の選択範囲を広げて生徒の要求を満たしてやるべきである。実際問題として、定員のわくを広げることは困難である。現在の定員内で、できるかぎりのことをやつていただきたい。

二　現在多くの学校は週当り三十時間を教科にあてているが、これを三十二時間にした理由は何か。

答　三十二時間としたのは、全国的に見て、この程度で実施している学校がかなり多いこと、またこの程度が各教科からしても望ましいとされたこと等による。そこで各学校はこの線にまで努力してもらいたいという意味で示した。

　生徒の自由選択による少人数クラスの発生あるいは年による科目クラスの増減などは、今次の改訂によつてかなりむだが省け、学校全体としての教育計画が整い、能率的な運営が行われるはずであるからこの程度に標準時数を高めることが可能であると考えたのである。

十七、教委と學校との関係について

一　課程の設置は教育委員会が、類型(コース)の設定は学校が、というように権限関係ははつきりするか。

答　いずれも、最終的決定権は、設置者たる教育委員会にある。

二　学校がコース(類型)を作る場合、教育委員会は単なる指導助言を行うだけか。許可制はとりえないか。コースを設けるについては、経費を伴うので、教育委員会に権限がなければ困る。

答　コースは、入学した生徒の個性や必要の類型に応じて決められるものであり、単なる便宜的な考えから、生徒の必要を無視して決めることのないようにしなければならない。したがつて、生徒の事情に詳しい学校の立場が尊重されるのが当然であり、教育委員会は、教育課程の本質以外の要因によつて、便宜的な画一化を各学校に対して強制することはよろしくない。この意味から、学校がコースを立案し、教育委員会の指導と承認をうけて決めることも適当であろう。

十八、改訂教育課程への移行措置について

一　移行期における教員の負担量の不均衡をなくすため(特に社会科の一般社会担当教師の場合など)、三十年度から移行措置をとつてよいか。

なお移行期において現行制度の単位分割履修をさせてよいか。

答　必要に応じ、三十年度から移行計画をたてて措置してよい。ただしその場合、現行教育課程の本質的な部分を破壊しないこと、すなわち、単位数違反や規定外の科目をおくことや生徒の学習効果がそこなわれないことや生徒の負担過重にならないことなどをじゆうぶん考慮して措置されたい。

　現行制度のもとで単位分割をしたり、二科目を並習させるなどのことも、やむをえない場合は行つてよいが、単位認定は規定単位数を修了した学年の終りにおいて行うこと、規定単位数以外の単位数や規定以外の科目の認定をしないようにしてもらいたい。

二　社会科の新科目を上級生で教えることにすると、現在の一般社会担当教師は、一～二年のあきができることになる。これはどのように移行措置を講じたらよいか。

答　新科目の履修学年は指定しておらず、どの学年におくかは、学校が研究すべきであるが文部省でも学年配当の例は研究して参考に示したい。

　原則的には、教員免許状は社会であり、一般社会あるいは新科目の教師というものはない。しかし授業を受ける生徒を犠牲にしないで学習効果をあげさせるには、各教師に専門の分野を教えさせるほうがよいので、必要のある場合は新・旧両課程の科目の単位分割をし教師の負担を幾分かでも平均するように措置するのがよいであろう。

十九、大學入試との関係について

一　大学入試科目が、全部大きい単位の内容から出題されるようになると困る。改訂教育課程実施後の大学入試方法に見通しをつけてあるか。

答　教育課程審議会では、改訂教育課程の趣旨を正しく育てるために、改訂後の大学入試方法のあり方について研究要望することにしている。大学入試については、文部省に専門の委員会が設けられているので、これと連絡をとつて善処したい。

四、都道府縣指導部課長会議における協議事項

一　第一次答申に基く昭和二十九年十二月二十七日付文初中第六五三号通達「高等學校の教育課程の改訂について」

一　説明事項

◎社会科について

(1) 社会科の新科目については、一般社会のように履修学年を指定することはしない。ただ、かつて高学年でやることが望ましいという意見が多かつたが、今のところまだ何学年で履修させることが望ましいかについての結論はだしていない。学校の実状に即し、適当な学年で行うようにされたい。特に移行期においては、教員の配置等からも無理のないように実施されたい。

(2) 単位分割（正確には単位時間の学年分割）については、一般に同一学年でまとまつた経験を与えることが望ましいが、単位数の大きい科目では応じて分割実施してもよい。社会科についてもこの点同様である。ただし、連続した学年でやることとし、一年で三単位、三年で残りの二単位をやることはいけない。

なお、移行期においては、分割履修を特に考えていく必要もあろう。

◎前日制の普通課程において芸術・家庭及び職業に関する教科のうちから六單位を履修させることについて

(1) 全日制の普通課程における芸術、家庭および職業に関する教科について履修させる単位数は、原則として六単位である。ただしがきは、真にやむをえない場合の措置であつて。大部分の学校は、六単位を課することができると考えている。

(2) やむを得ず単位数を減じて四とした場合でも、学校の条件をできるだけ早く整えて、六単位を履修させるようにすべきである。三教科を含めて二単位しか履修させられない場合は、殆んど考えられない。

(3) 単位数を減ずるという意味は、答申の第一表に示された教科・科目の単位数の最低限をわつて実施してよいという意ではない。履修科目数を減らす意である。ここで特に注意されたいことは、第一表に示された単位数の上限及び下限をやぶり、また三単位または五単位と示されている科目を四単位で実施してはならないことである。

(4) 全日制の普通程課において六単位（芸術家庭および職業のうちから履修させる単位数）の中に職業に関する科目は特定の職業準備教育ではなく、就職、進学のいかんを問わず、一般教養として課するのであるから、この趣旨を考えて、農・工・商・水産等の教科の科目の中から、それにふさわしいものを選んで履修させるのである。何を選ぶかは施設設備、教員、生徒の状況等からみて、学校が最も適当と判断するものを選べばよい。

これを指導する教師は、農・工・商・水産等の教科の免許状を有することが望ましいが、必ずしもこれにこだわる必要はなく、教育職員免許法附則第二項により、その学校の他教科の教師がこれを指導してもさしつかえない。

二　高等學校の教育課程について

◎第一表の教科、科目および單位数について

表中「学年別の例」の欄は、全日制課程についてのみ示しており、またこのままでは誤解を生ずるおそれもあるので、第一表からこの欄を削除して、学習指導要領の一般編では表の備考又は注で明記するようにする。

◎其の他特に必要な教科について

その来特に必要な教科は、宗教、音楽、美術、電波、商船、盲・ろう等の学校において、その学校の特殊な性格上特に必要な教科をいう。通常の学校で新しい科目(たとえば哲学概論など)を別に設けることは許されない。

◎卒業の資格認定について

編成の一般方針(四)の八五単位以上は、教育課程編成の上で八五単位をわつてはならないことを示すと同時に、校長が編成上の注意事項(八)の卒業認定を行う際の形式的欠格条件である。また八五単位をとれば生徒に卒業資格取得の請求権が生ずるというような意味のものではなく、八五単位を欠いた場合には、校長はいかなる場合においても卒業認定はできない意であつて、校長の裁量権を制限しているものである。

卒業証書は、校長が高等学校の全課程を修了したと認めた者に授与される。この場合、全課程とは、原則として学校で定めた教育課程を履修し、必要な単位数はこれを修得することがたてまえである。しかし、たとえば学校が教育課程を九六単位と定めた場合、それを少しでも欠いてはならないという意味ではなく、実際の運営にあたつては、多少の弾力性があつてもよいと考える。すなわち、生徒の学習効果が、総体としてその課程の目標を到達したかどうかを校長の判定によつてきめるものである。この弾力性の幅は校長がきめるわけであるが、学校で定めた教育課程を一〇〇単位と定めたとき、八五単位まで単位を大幅に下げて卒業認定をすることは実際にあり得ないことであつて、常識的には数単位ということになるであろう。

◎教育課程編成上の注意事項について

授業は、第一表に示す単位数に相当する時間数をそのまま行わなければならない。従来、特に英語、数学等の授業時間数を増加して履修させることが少なくなかつた。限られた学校の授業時間数内において、このようなことを行うことは、教育全体を乱すものであるから、新しい教育課程の実施にあたつては、この点とくに注意されたい。逆に時間数を減じて行うこともさけなければならない。

◎教育課程編成の要領について

——類型(コース)の意味について——

今回の改訂にあたり、普通課程において生徒が自由に科目を選択履修する幅をせばめて、第二学年以降において学校が教育課程の類型を定め、それによつて生徒に選択履修させることにしたのは、三八単位以上は生徒に自由に科目を選択履修させる現行制度が生徒の選択能力の不足や教員、施設設備等の関係から、かえつて安易につかうとする弊が見られ、また教養のかたよりを生じているからである。真に生徒の進路・特性に応じて充実した教育が計画的かつ能率的に行われるためには、生徒の進路・特性をは握できる上学年において、生徒の進路・特性に応じて学校がいくつかの教育課程の類型（これが一般にコースといわれている。）を定め、それを生徒に選ばせることによつて、計画的能率的に教育できることにした方がよいとなつたのである。

教育課程の類型は、もともと生徒の進路特性の相似た性質に応じて編成されるものであるから、地域の事情や生徒の進路特性に応じて学校が定め、またそれぞれの類型のなかにおいても個人差に応じて履修する部分を相当残しておくたてまえになつている。通達では、教育課程編成例として五つの類型を示している。しかし、これは参考例であつて、これを窮屈に考える必要は少しもない。各学校は五つの類型をすべて設けなければならないということではもちろんなく、またこのうちのいくつかを大体そのまま採用しなければならないということではない。規模の小さい学校では、ここに示されているよりももつと弾力性のある教育課程、すなわち共通履修部分を少くし、個人差に応じて履修する部分を多くする必要もある。

コースという言葉は、これまでいろいろな意味につかわれ明確でないばかりでなく、窮屈な概念に固定される懸念もあるので、第二次答申からは、コースという言葉を用いることをさけ、類型としたわけである。要は、発表された教科・科目とその単位数の範囲で、生徒の進路・特性にもつとも適した教育を全学年の間に計画的に能率的に行うにはどうしたらよいかの配慮のもとに教育課程を組うことがもつともたいせつである。

つぎに第一学年においてはなるべく共通に学習し、学年が進むにつれて分化した学習ができるように編成するたてまえである。普通課程においては、生徒の進路特性を一年からはつきりさせることは一般に無理であり、また生徒の進路特性にかかわらず共通に履修させ得る部分があるので、第一学年においては共通に学習させることが一般に可能である。第一学年からわけては絶対にいけないというわけではないが、第一学年からわけるとコース制の弊害が生ずるので、一般には望ましくない。このように第一学年を共通にすることは、教育的には望ましいことであり、また今回の改訂の重要点であるから、実施にあたり困難な点も起ろうが、この趣旨がじゆうぶん実施するよう研究努力されたい。

なお、この類型(コース)に関して誤解されている点もあるので、その大きな点について若干説明したい。

① 固定クラスの意味ではない。多くの類型を設けることができない場合は、個人の志望に応ずる選択を設けなければならない。個人差に応ずる教育をたてまえとするから当然である。このことは、五〇人程度の同一の学級で同一の学習を全学年を通じて学習させることではなく、個人差に応じて、同一学級中でも適当なグループをつくり、そ

れぞれに応じた教科科目を履修させるべきである。

② 通達の第二表（全日制普通課程における教育課程の例）についての説明中「その場合、生徒の傾向や学校の規模等の関係から、ここにあるすべての類型を設ける必要はないし、またこれに修正をほどこしたり、さらにこれ以外の組合せを作ることも可能である。」は、類型の弾力性をのべているが、そのうち「可能である」の表現が強くとられているなら、この表現は適当ではない。「必要とする場合もある。」の意と考えられたい。

③ 家庭科の教師が一般に定員減となるといわれている。芸術・家庭を充実させる方針であるのに、そのようなことがいわれるのは、クラスを五〇人として固定し、同一授業をうけるものと考え、その五〇人を個人差に応じて分割して授業することを考えていないからと思う。五〇人のうち二〇人が特に家庭を志望する場合は、それができるように考慮すべきである。その場合、例示の五類型のうちのどのコースに当るかは、進学の者が多い場合は、Cコースとなるであろうが、このコースでは家庭をフルにとれば十四単位までは余地がある。家庭を十四までフルにとることは困難である場合は、第二表の上欄の部分を修正すればよい。たとえば、三年で外国語五または数学三をやらせることなく、この時間を家庭または職業の時間にまわしてもよい。

④ 学校で多くの類型を設けられない場合は、修正して進路特性に応ずるやり方を考えるべきである。類型を少なくするほど個人差に応じて履修させる科目を多くすべきである。このように努力すれば、家庭の時間が減少する等のことは起らないはずである。その結果今とあまり変らないものができるかも知れぬがそれでよい。

三　一般的問題について

◎今回の改正は、戦前の複線型にするのではないか。

複線型とは何か。これについての了解はいろいろ異っている。かつての中等教育では、青年学校、実業学校、中学校、高等女学校等があり、それぞれ、根拠法令、教育目標、教員資格、入学・卒業の資格等がちがつておつたが、戦後の高等学校は、それらを同一としている。高等学校の一本化あるいは単線化というのは、基本的にはこれらの諸点が最も重要である。目標が同一であるから、内容もしたがつて共通性をもつ。しかし、実際には、普通課程と職業課程では内容を異にする面もあり、バラエティがある。

今回の改訂では、共通の部分は最低で一単位ふえている。普通課程、職業課程の関係は従来どおりであり、ただ、普通課程においてできるだけ計画的組織的にすることとした。入学した生徒の進路特性の把握できる第二学年において類型をつくることとした。職業の小課程とは明らかに異り、基本線は従来どおりであつて、これを複線型というのは当を得ていないと思う。

◎類型をつくることは学区制をみたさないか。

学区制をみだす考えはない。類型は第一学年から設けるのではなく、上学年において生徒の進路特性に応じて設けるのである。あらかじめ類型を固定し、それに応じた者のみを入学させるのではなく、また理科高校、文科高校というように学校自体を分化させる考えはない。学区制にはいろいろ問題もあるが、学区制をくずさなければならないとは考えていない。

◎男女共学がくずれないか。

この改訂で最も苦心したのは、共学をくずさずに女子の家庭科教育を充実するにはどうするかの問題であつた。そこで、芸術、職業と組み合わせて六単位とした。このことから、男女共学をくずさなければならぬ理由はでてこないのであつて、くずさないようじゆうぶん注意されたい

◎転学が困難にならないか。

転学は、現行と比べてとりたてて難しくなるとは考えられない。単位が違つて履修されている場合の転学をどうするか。この場合でも、学校教育法施行規則で履修した単位に応じて許可することは、個々の科目の履修単位が厳密に照応しなければならないという意味ではなく、履修した総単位数の相互比較によつて考慮されるべきである。

◎大学入試との関係はどうか。

これについては、大学入学試験研究協議会で審議することになつている。教育課程審議会では、改訂教育課程の円滑な実施を図るため、望ましいと考えられる事項をあげ、協議会における有力な資料として

提出している。見通しとしては、入試方法が従来とがらりと変り、たとえば、理科系学部への進学には理科の各科目とも最高単位で履修しなければならぬようなことにはならないと思う。

二　質疑事項

① 今回の改訂の法的性格は何か。

答　学校教育法第四十三条の規定により、教科に関する事項は監督庁が定めることとなつており、この場合の監督庁は、同法附則第一〇六条により、当分の間、文部大臣となつている。そこで、同法施行規則第二十五条およびその準用規定は、教育課程は学習指導要領の基準によると規定している。この場合の学習指導要領とは、教育委員会法第四十九条第三号により、教育委員会が作成するものか、あるいは、文部省設置法附則第六項により、当分の間文部省が作成する学習指導要領をさすか必ずしも明らかではないが、学校教育法附則第一〇六条との関係からみて、文部省作成の指導要領をさすものである。これに基いて、改訂を進めてきたのであつて、今まで出された通達の内容は、それぞれ指導要領一般編および各科編の骨子となるものである。したがつて、その基準としての効力については、形式的には、正式な指導要領が出されてからであるが、通達は指導要領の骨子となることを文部省の責任において言明しているのであるから、この意味で実質的な効力をもつものであり、委員会にあつては、この通達に基き来年度より実施の準備を遺憾なくされたい。

② 学校教育法施行規則第二十五条の基準による拘束性はどうか。

答　学習指導要領は、形式的には法令そのものではないが、法律で委任された省令に基き作成されたものであるから、基準としての法的拘束力を有し、それは、直接教育委員会に、また間接的に学校に及ぶ。ここにいう基準は、労働基準法に定める最低基準のように最低これによらなければならないとするものではなく、これを中心としてある程度の幅が認められるものである。したがつて、その拘束力は弾力性をもつているわけである。このことは、通常の場合には、指導要領に定めるところによるべきであるが、地域または学校の特殊事情によつては、指導要領に定めるところにそのままよらず、認められる幅の範囲内で改めることができる意である。この認められるふれの程度は、一概に規定しえぬものであつて、個々の事例に即して教育委員会で制定されたい。ただ、大阪府における朝鮮人学校の教育課程の違法性に関する判例に見るように、この幅をこえて指導要領に定められた中心概念を無視した教育課程を編成することは違法である。この幅の広さ、拘束力の強弱は、すべてが同一ではなく、書かれている事項によつて異なつてくる。たとえば、第一表、一般方針等は強い拘束力をもつものである。これらの点については、今後改訂指導要領の作成にあたり、その記載のしかたに注意して、できるかぎり明らかにする考えである。

③ 教育課程編成にあたり、教育委員会と校長との権限関係はどうか。

答　教育委員会は、教育委員会法により、学校の管理権を有し、かつ教科内容およびその取扱にする事務を処理する権限をもつている。一方校長は、学校教育法および同法施行規則等の法令により付与された権限及び管理機関より委任され、または命令された職務権限を有するが、教育課程の編成については法令上明文の規定がなく、もちろんこの具体的事項について校長の専属権を認めていない。ここで、教育課程の編成は、同法第二十八条第三項に一般的権限して規定された校務に含まれるかどうかについて議論の生ずるところであるが、委員会法第四十九条第三号の規定からして、教育課程編成の形式上の権限は教育委員会にあると解する。したがつて、教育委員会は、教育課程編成についての最終的決定権をもち、また編成の具体的命令を出すこともできるわけである。しかしながら、教育の実施は学校において行われるものであるから、教育課程の編成にあたつては、校長および教師の立場がじゆうぶん尊重されなければならぬ。したがつて、学校の意見を無視して一方的に教育委員会が定め、これを学校におしつけることはよくない。通常の場合は、教育委員会は一般的な管理権限の行使にとどめ、文部省の作成した指導要領に基き、基本的事項につき、地域の特殊事情を勘案した基準を定め、これにより学校が適正な教育課程を編成するよう指導および指示し、具体的編成は校長に委任すべきである。なお、この場合においても、認可あるいは届出等の方法により、その監督権を留保して、適正な教育課程が編成されたかどうか最終的に判定することは望ましい。

④ 三十一年度実施を教育委員会の権限によつて延期できるか。

答　教育委員会は、文部大臣が決定した実施期日を全面的に延期する権限を有するものでないと考える。

⑤ 一・二年はなるべく共通にして、三年になつて生徒の進路・特性に応じて分化するように編成してよいか。

答 三年になつて分化してもよいと考える。

⑥ 一年で共通にさせるのは教科か科目か。

答 科目である。ただ、この場合単位分割が全然できないことはない。その学校によつては、科目を共通にし、単位分割履修させてもよい。特殊な場合、たとえば家庭課程を設けたいがおけないため、普通課程の中で実質的に家庭課程的に履修させる場合などは、一年の科目の若干を別にすることも考えられる。

⑦ 一年で共通にやる場合の類型の例で理科、社会科を五単位組んでいるが、特定の科目を履修させることを考えているか。

答 特定の科目は考えていない。ただ、社会については、四単位とする場合もあると注意している。

⑧ 一年において男女共通科目を学ぶために女子の家庭科を二年からやることはどうか。家庭一般は一年から必ずやらねばならぬか。

答 家庭一般は六単位のわくの中で一年からやることが適当である。二年からやるのは望ましくない。

⑨ 定時制で国語甲を三年までに終つてよいか。

答 全学年を通じてやることが望ましい。

⑩ 単位数には相当する時間の最底はおさえ得るが、単位数に相当する時間を上まわつて授業をすることをおさえるのは難かしい。特に英語、数学は中学の力が劣つているから、目標達成ができないときは時間数を多くしてよいか。

答 上まわることをさけなければ全体がみだれる。全国的におさえてほしい。英語については。中学校でやつてこなかつた者のためのビィギナーズコースを考えている。

⑪ 普通課程の職業は、どんな科目をとつたらよいか。

答 さきに説明したとおり、職業科目の中から適当なものを学校が選べばよい。「〇〇一般」と名のつく科目に普課課程で一般教養として履修するのに適当な内容をもるように考えているから、多くの場合この科目をとることとなろう。たとえば、科目は「農業一般」をとり、内容は学校の施設設備や職員組織を考えて実施可能なものを選び、その学校にふさわしい教育計画をたて、生物の教師が担当することもでるようにする。

⑫ ホーム・プロジェクトは、全体ではどのくらいの単位数か。

答 「家庭」と「農業」について、現在やつているものを逆算して二割以内とした。これなら現行と大差ない。どういう科目がよいかは一概に決められないので、「教育効果のある科目について」と抽象的に示した。一単位にみたない場合にも、教育的に必要であればやりうる。

⑬ 一単位とは、週一時間、三十五週のことか。三十五週行なえない実情にあるから、規定としては、三十五時間やれば一単位とした方がよいと考えるがどうか。

答 厳密にいえば、おさえるのは年間三十五時間である。学年前期で三十五時間やつてしまい、単位数の水増しというような弊害をさけるように指導し、年間三十五時間を下らないように努力されたい。

⑭ 農業課程における「特別実習」は科目か。

答 「特別実習」はいわゆる「科目」ではないが、教育上必要な場合に、あらかじめ教育計画をたて、単位を与えることができるようにしたいのである。実際には、一学年間二単位程度であろうと考えている。

⑮ 職業課程において「一般には実習に類する科目を特別に設けなかつた」理由は。

答 「科目」は本来教育内容の大きなまとまりに名づけたものであり、実習・実験・演習・講議などとともに、教育方法である。したがつて、教育内容をさらに方法で分類することは適当でないので、特別に設けなかつたのである。工業科と水産科にあるのは、総合的・経営的実習のため、特に設けたのである。これは決して実習を軽視するものではなく、むしろ尊重しているくらいである。

⑯ 今までに作成した実施案を変更する必要が生じているが、この場合採択した教科書の変更を認めるか。

答 実施要領に示したとおり、採択変更は学校の統廃合以外は認めない。しかし、教育課程の改訂に伴い特別措置を必要とする高等学校の社会科目および家庭科については、報告を九月末日まで延期してよい

⑰ 新科目は、一般社会、時事問題の教科書を使つてもよいとなつているが、使わないこともできるのかまた家庭一般は何を使うか。

答 新科目については三十一年度の第一学年に使わなくてもよい。家庭一般についても、第一学年に該当する教科書はない。したがつて、昭和三十一年度第一学年の「家庭一般」は、教科書はない。したがつて、昭和三十一年の「家庭一般」は、教科書を使用

しないで指導することになるが、必要な資料は昭和三十一年度に間に合うように発表する予定である。

(18) 外国語は、中学でやつてこないものには中学一年用を、一年間やつてきたものには中学二年用を使つてもよいか。

答 大部分の者がそうであるかによつてきまつてくる。大部分が一年修了程度であれば二年用を使つてもよい。

(19) 代用教科書が新科目に出ているが使つてよいか。

答 参考書として使うならよい。

本土派遣教員報告記

小学校における作文指導の計画について

金武小学校 池原 弘

はじめに

戦前戦後を通じて沖縄の教育界で問題にされてきたのは、「ことば」の問題であつた。歴史的に、地理的に、いろいろ条件にしばられ、沖縄程この問題で困難な道を歩んできたところは他にない様な気がする。方言、共通語、そして戦後は英語と言語の二重苦三重苦にたえなければならないのであるが、日本語という一つの環境の中にありながら、歴史的、地理的な諸々の条件等から特殊な発達経路をたどつてきた「島のことば」の中に生きていかなければならない。沖縄の人々には、言語の問題は他の府県におけるより深刻であり重大なものとして考えられてきた。

この様に考えられてきた方言の問題は学力低下という戦後の問題ともからんで今日でも常に私達の行手に横たわつているのである。そこで私は「作文指導」に着眼し、この指導を通して子供たちの言語能力を伸ばしたいと念ずるものです。

一、気がるな作文指導をするため

作文指導の重要さは多くの人々が口にする所であるが、現状は案外それほど指導されてないのではないか(一般的に)、そういつた所から作文の時間を特設しなければ実際指導は困難であるとして無理にかゝせられる子供たちから歓迎されない作文の時間の特設説がでてくるのではないだろうか。作文指導の困難さは、評価や処理の面、いろいろの難点があるからでもあろうが、現場においてあまりかゝさなくなる主な原因の一つは、個々の教師の作文指導の計画「かくことの指導計画」ともいうべきものをもたないためだと思う。そのため作文指導が、つきあたりばつたりな気やすめなものになつてしまうのではないか。他の学習指導の場合でも同様であるが、特に作文指導の場合は指導の目やすや計画がなければ全く教師や子供達にとつて手におえないものになつてしまうものである。

二、作文指導の計画について

○各学年における指導目標をはつきりつかんでおきたい。取材・構想・叙述について

○各学年における通信、記録報告、通達、創作の指導における領域をはつきりつかむ。(以上第一表)

○次に第一表を基にして年間の月別計画表をももつておきたかつた。(第二表)

A、指導目標について

(イ)取材について、学校や家庭における話し合い、対人関係は何といつても身近かな父母、教師、家族や友人、クラスメンバー、他クラスや知人とかであり、子供の生活の場は次第にひろがり社会的になり、行動経験の半径が伸びていくので取材の広がりもそれに応じてひろげられていく。この様な環境のひろがりや、子供の成長に応じて「のぞましい経験」「共同の経験」等を土台にして、日常身近なことがらから社会的事象、内面的事象へと、取材を展開させていく。

(ロ)構想について、何をかくか、どの様にかくかということは大切である。子供達は「……についてかきましょう」といつた所で、構想の指導をされないではいろいろな経験はあつても、その経験について、どの様にかくべきか、何をかくか、という事に案外気づいてくれないし、又かこうという意欲も湧いてくるものではない。この様にかくべきことがらについて気づいていないで、かこうとする意欲も湧かずには真に生き生きした作文はかけるはずがない。かく前に共通の経験や、いろいろの経験についていろ

いろ話しあい、「かく」ことがらについてノートさせるかして構想を充分にねつてやるべきである。かこうとすることがらにおける行動や経験の時間的経過の順序、そして中学年あたりからは中心テーマを段落にもりこみ自分の考えで順序をかえていくとか、更に高学年では論理的思考によつて段落をまとめていくということ等である。

充分な話しあいによつて構想がねられ、子供たちが自分の経験や考えたり、感じたりしたことの、何をどのようにかくかということに気づけば作文指導は一応成功したといつてもよいのではなかろうか。かくことに対する抵抗はいろいろあろうが、子供たちが作文をかきたがらないのは大ていの場合は教師の構想における指導のまずさの故であると思われる。かくべきことがらに気づかず、かこうとする意欲もない子には、やはり何もかくわけにはいかないのである。

(ハ)叙述について

。子供自身が感じとつたこと、考えたこと、よろこびや、おどろき等をそのまゝ実感のこもつたことばでかきつゞるということである。借りものゝことばでなしに、真実の心のさけびを自分のことばでかくということ、いゝかえれば平明な生き生きとしたことばでかくということになる。

借りものゝことばや、かざつたことばでかゝれたウソの文や詩は少しも生き生きとしてはいないし、又そのようなことばでは、かくよろこびというものも湧き出てもこないし、従つてかく能力も決して伸びてはこない。それればかりでなく作文ぎらいな子供をいよいよ作文ぎらいな子にするばかりである。

。相手によめるように文字を正しく、そして美しく、早くかけるようにする。接続詞や句読点や原稿用紙等の使い方に習熟させるということ。

。修飾語やその他の語いについて

どういう時にどんな語いをえらび、どんな修飾語をつかえばよいかということは普段の国語の学習における語い指導や、文字指導等と相まつて作文指導の時にも(推考)充分なされるべきである。特に沖縄の場合は方言の影響もあつて修飾語等のつかい分けを誤つたりすることがかないり多い。この点地域における問題として語い指導は充分考えなければならない。

例えば、いろいろな環境や場において子供等は、どんな不正語いを使用しているかということゝ、どのような語い、修飾語いが比較的使用されていないかということである。これらのことを充分理解研究しこのような語い、修飾語の指導を普段の国語学習(おもな語い、新しい語いの指導)において充分時間をかけ徹底的に指導するよう工夫されるべきだと思う。

{共通語指導に熱心なあまり、案外国語学習における語い指導はおろそかにされている傾向であるのではないか。}

方言の影響から来る不正語いや、誤つて使用されている修飾語等の指導は、たゞちに共通語の指導とも関連してくるわけで、このような語い指導により共通語指導を一歩前進させるということは又「かく」抵抗を少くするということにもなる。

。高学年における敬語の指導創造的表現ということ。

B、領域について

(イ)"通信"はコミニケーションの最も基本的な形であり、一対一の親子、兄弟、友人等々の対人関係の対話の形である。しかもこの通信の代表的なのが手紙で、伝言の形から出発し最も基本的な手紙文の指導に入る。地域、学年、その対象取材に応じて案内状、消息文、礼状問い合せ、注文、電文と指導をひろげていくようにする。

「かく」「はなす」ということにおける最も基本的な形であるのでこゝを「作文指導の出発である」ということを理解してかゝるということ。

(ロ)記録報告

今日の国語教育に最も重要なことがらである一つのことは、デスカッションによつて一つの目標に向つて一つの問題をみんなで解決していこうとする態度と能力を養うことであるが、この「一対多」の形で行なわれるディスカッションが作文における記録報告である。

近代はもはや一人の英雄や偉人によつては、すくわれないし、それらの人々の力に、過去におけるような期待もかけることはできない時代である。今日のあらゆる科学の発達は単なる一人や二人の少数の天才等の力にのみよつてとげられたものではない。解決ということを前提にして多くの人々が協同の目標によつて討議によつて結論を見出していこうとする努力のたまものであることを私たちははつきり認識すべきである(児童会の指導目標)。このような現状において、私たちは子供らの日常生活の要求に応じ、何かの目標のために記録や報告をかく学習をさかんにし、充分な能力を身につけさせたいものである。

私たちの生活向上のために

(ハ)通達、マスコミにおけるかく技術というのは、割に特殊技術を要するので、あらゆる場において誰もがかけるという所までいつていない。(生活化させる)

更に宣伝時代だといわれているようなマスコミの煩乱な状態において充分な批判力をも身につけておかなくてはならない。このような現状において、マスコミのほんとうの意味を充分理解させ、マスコミにおけるかく能力を伸ばすようにしたい。

ほんとうに明るい民主的な社会にするために

(ニ)創作、創作は社会意識の発達段階において一種の完成段階に属し、高次な文化機能である。だが通信・記録・報告・通達の段階をすぎてはじめて見られるものではなく、それぞれの段階においてその片鱗をのぞかせるものである。従つて低学年のころからそれぞれの段階に於て適当な指導を行い、その文学的才能を伸ばしてやることは勿論であるが高学年に於ては特に個々の能力に応じてこの文学的才能の自然的発現を見まもるようにすべきである。これまでのように単なる直接経験や生活叙写のみに止まることなく、ありのまゝのものをこえた真実、こうありたいという真実に対する意欲をもり育てるように

C、第二表について(月別指導計画表)

第一表の目標と領域を基にしてこの月別指導計画を考えてみた。

。生き生きとした作文をかゝすために

。重点的な指導をするために

。効果的な指導をするために

(イ)国語教科書を中心に他教科との関連を考えながら少くとも月に二かい程度(二時間といういみではない)はかゝす機会をもつようにする。そして一ヵ年には学年に応じた領域にわたるように題材の配置を考え、場合によつては同じような題材をくりかえし指導することも考える。(重点的な指導)

(ロ)社会科、理科、家庭科、教科外活動等の指導と特にきりはなしては考えられないのは記録の指導報告である。

理科学習における観察・飼育の記録等の「かく」ことは作文指導における記録報告の指導のよい機会である。この意味において国語科と理科における関連を充分に考え、この指導の目的を達成するようにすべきである。私たちはこの場合、理科教師であると共に国語科教師であるので惜しみなく充分な時間をかけて、それぞれの機会においてかくことの指導の徹底を期すようにしたい。同様にどの教科にも「かく」機会はあるものであるから、あらゆる機会をとらえて「どの子にも」かゝせるようにしたいものである。

(ハ)行事との関連について

通達においては特に地域や学校の行事との関連をぬきにしてはその指導は達せられない。評語や掲示一つかゝせるにしても、日々の行事や週間行事等、子供の生活と常に関連させることにより、より効果的ないきいきとした学習を進めることができるのである。日常生活と縁遠いように思われているこのような指導を、よい機会をとらえ、よい経験をつませることにより、マスコミのほんとうの意味を子供に理解させ生活化させることができるのではないかと思う。

作文指導の領域と目標

（第一表）

学年	対象		取材	構想	叙述	通信（手紙・葉書・電文）	記録の報告（日記・記録・報告）	通達（掲示・標語・紹介・プログラム・編集）	創作（詩・物語・（脚本）・随筆）
1年	教師・父兄・友達		○日常身近なもの 人物・事物 行動	○行動の順序 ○時間的経過の順序	○平明な表現 ○自分のことばでかく ○表記を正しくする ○文字を正しくする	○伝言 ○手紙	○絵日記 ○生活日記 ○生活記録	○個人文集	○感動のこもった文 ○絵話 ○生活文
2年	同上		○同上	○同上 ○同上	○同上 ○同上 ○同上 ○接続詞の使い方 ○用紙の使い方	○見舞状	○観察日記 ○学習記録	○プログラム ○グループ文集	○つゞき話
3年	同上	他学級	○同上 ◎社会的事象	○同上 ○同上 ○中心テーマを段落にもりこむ ○自分の考えで順序をかえる	○同上 ○同上 ○同上 ○同上 ○修飾語の使い方	○案内状 ○消息 ○礼状	○学級日記 ○メモ ○説明	○掲示 ○学級文集 ○カベ新聞	○童話
4年	同上	同知人	○同上 ◎同上 ◎物の見方・考え方	○同上 ○同上 ◎同上	○同上 ○同上 ○同上 ○同上 ○語い・をえらぶ	○問合せ	○飼育栽培日記 ○報告 ○会議の記録	○評語 ○紹介（書評） ○学級文集	
5年	同上	PTA他学校	◎同上 ◎同上 ◎内面的事象	○同上 ○同上 ○同上 ◎論理的思考により段落をまとめる	○同上 ○敬語の使い方 ○共通語でかく ○創造的表現	○注文状 ○電報			○伝記
6年	同上	同上	◎同上 ◎同上 ◎同上	◎同上 ◎同上	○同上				

（第二表）

月	行事	社会科	理科	家庭科	教科外	国語教科書	作文の題材
4月	始業式・入学式 花まつり しんたいけんさ						
5月	子供の日 母の日 家庭訪問 遠足						
6月	はりゆう船 時の記念日 いれい祭						
7月	七夕まつり 一学期修業式						
8月	夏休み おぼん						
9月	始業式 秋分の日 夏休み作品展 老人の日						
10月	運動会 校舎落成記念日						
11月	文化の日 きんろうかんしゃの日 美化しんさ						
12月	クリスマス 冬休み お話の会 としのくれ						
1月	年始 敬老の日 成人の日						
2月	節分 旧正 文化祭 愛林週間						
3月	ひなまつり 春分 卒業式 学校創立記念						

本土教育の現況

宜野湾中学校
普天間朝英

私は静岡県の清水一中に派遣され、六カ月間お世話になりましたが、生徒一、七〇〇名、職員五〇名という大きな学校でありながら校長の合理的な学校経営と職員の勤務態度が立派なため、学業が想像以上にスムースに運ばれている事は全く頭が下がりました。職員の勤務態度と申しましても莫然とした言い方でありますが、あらゆる面で戦時中の様な緊張ぶりが見受けられ、公私の別が判然としていることは、私も随分反省させられました。職員の勤務状況は沖縄においても千差万別であろうと思いますので、一概に劣るとは言えませんが、六カ月間勤務時間中、雑談を聞いたことがなかつたというだけでも本土教職員の緊張振りが伺われるのではないかと思います。五時のベルが鳴りますと、私的な生活に切り替えて、寛いであらゆる話に花を咲かせていましたが、なれてしまうと別に窮屈に感ずるということもなく、日一日が楽しく過せるものでありました。尚校舎や施設の面では、私が行きました静岡は都市よりも農村の方が良い様に見受けました。教室の数は小学校に於てはそれ程までゝはありませんでしたが、中学校や高等学校になりますと、学級数の二倍乃至三倍の教室数をもつている上に講堂や体育館までも有している学校が相当ありました。施設の面で充実している学校等はこちらでは想像できない程であります。都市の学校でも教室数だけが田舎ほどでないという位で施設の面では相当充実しております。産業、職業教育に力を入れております清水市の四中の如きは高級なハイヤーまでも持ち、三年生は殆ど運転も出来る様になり、校用の場合も利用している状態でありますから、その他の理科、家庭科、体育等の設備は推しておわかりになると思います。尚、環境が教育的に浄化され、又PTA活動によつて環境の意図的な浄化が試みられていることも本土教育の進んでいる一つの理由にもなつていると思います。PTAは常に学校の後援者となり、いろ〳〵な行事を催し、その収益をそのまゝ学校に収めておりますが、会費も百万を下るという学校は殆どありません。夏休み等の長期休暇には各町内PTAで、キャンプ、水泳、遠足、学習会等が計画され、生徒の不良化の防止に相当な力を入れており、生活指導も徹底して行われております。学校によりましてはPTAの活動がはげしくなり、熱心のあまり、職員の指導ぶり、勤務ぶりについても嘴を入れる等がありまして校長の立場として相当悩まされている様な所もある様にきいております。それにしても、PTAの熱心さと教職員の熱意にとりまかれている生徒の学習意慾の旺盛さは全く羨ましい限りであります。生徒の訓練面については各学校とも問題になつており、そのやり方も各々まち〳〵でありますが、何処の学校でもその必要性は感じている様であります。その面は現在自衛隊の問題とも関係づけられがちであり、自衛隊そのものについて相当論議されておる折、学校の側としましても相当慎重を期しております。私の行きました清水一中は学校の研究テーマが道徳教育になつておりますので、その実施方法の一つとして毎週一回学年毎の団体訓練を行い、道路上の歩行訓練、交通道徳の周知徹底、挨拶、会釈等の指導に当つておりますが、生徒の態度の立派な事は申し分ない程であります。これも正しいと思うことについては社会の批判もおそれず独自な指導原理をうち立てようとする所、本土の特色ある学校を作り出す原因にもなると思います。又本土ではあらゆる学校が学校としての研究テーマを持ち、その面を深くほりさげ、しばしば研究発表の機会をもつておりますので、個人的にも指導を受けに学校を訪問することが良くあります。清水市の学校を例にとりますと、一中の道徳教育、二中の学習指導、三中の特殊教育(遅進児の取扱)、四中の産業教育、三保中の健康教育等がそれであります。尚、学校行事は本土に於ては少いという様にかねて聞いて行きましたが、行つてみますと沖縄よりもはるかに多いと思いました。対外試合などもこちらとは比べものにならない程ありましたが、学校をあげて一つの試合に参加するということは全くありませんでした。試合は全部土曜日の午後か日曜日に行われますので、選手と係の先生だけしか行きませんので学校の授業にさしつかえるということもなく選手も気軽に試合に参加しておりました。練習もクラブ活動でやつておりますので、そのために勉学や体に影響するということもなく、一年を通して練習しておりますため、レベルも相当高く、本当の意味の体位向上がよみとられました。勿論、試合の勝敗を学校の名誉にかけて等ということは生徒も職員も全く念頭においていない様でありました。次に私は国語指導をテーマにとつて行きましたので、その点にふれてみたいと思います。戦後の新教育への一大転換により一時教育界は混沌の相を呈している様に思われましたが、その理念が全般に浸透するに及び最近漸く落ち着きをみせてきましたが、実際の学習指導の面では今尚落ちついたとは言えない感があります。幸此の度本土に学ぶことができまして国語科の学習指導のあり方というものにふれることが出来ましたのでそのあらましについて述べてみたいと思います。従来の学習指導は教師のもつている専門的な知識を得々としてそのまゝ生徒に移そうとし、教師はその深さを誇り、ゆたかさに酔つて諄々と講義をつゞけてきました。生徒は教師の一言一句に指示され、巧妙な身ぶりと板書にあやつられて、学習してきました。この様な指導法は教室の現実と社会とを遊離させ、授業は生活とは全く無関係なものにしてしまいました。本土における国語科の学習指導では生徒自ら学習の目的を立て、自ら学習を計画し、自ら学習を遂行し、自ら学習を評価して国語学習の目的に到達しております。教師の立場も勿論重要なもので、学習の案内者、相談役、刺戟者としての地位に立ち、生徒の要求と社会の要求を調和させつゝ学習を通して生徒の創造的、統合的人格の育成に努めております。これをもつと具体的に述べますと、四月の始めに次の事項が計画され、実施に移されます。

1、学習計画委員長の選出

2、一ヵ年間の学習計画の樹立

3、学習班の編成(普通六班まで)

イ、班長の選出

ロ、各責任者の選出

記録係、ノート検閲係、書取テスト係

4、教師に示されたカリキュラムの一ヵ年学習計画をたてる

いよいよ単元学習に入ることになると割当てられた班員は大単元が終了するまでの学習計画表（普通十二時間位）をプリントにして全員に配布して学習事項をはつきりさせ、司会の生徒が教壇に立ち一時間々々の授業をすゝめることになつております。班員は授業がスムースに運ばれる様に、あらゆる社会施設や図書館等を利用して調査研究しておりますので驚くべき成果を収めております。若し発表者と各自の調査研究したものとの間に、そごがあつたり、疑義があつたりした場合は活発に討論して正しい方向へ向ける様努力しています。こうした学習方法によつて生徒は社会を正しく理解し、社会の進歩に積極的に寄与できる実践的な性格をもつものとなり、学習を常に生活に接近させている所の長所が表われております。やゝもするとこうした学習は班の指導者が、或は二、三の優秀児が学習を独占し、他の者は全く受動的になるか、或は無関心になり、いわゆる寡頭的学習形態となるおそれがあると思われがちでありますが、教師の巧みな助言指導によつてそれらしい点が全く見えないのもこうした学習指導の成功の一つだと思います。尚戦後、従来の国語教育が問題にされ批判されるようになり、新かなづかいや、漢字制限等が大きくとりあげられた為、やゝもすると国語科の基礎である文字の学習がおろそかにされがちでありますが、本土においてはこの点にも大きな力を入れていることがわかりました。書取テストは頻繁に学習の中に取り入れられ、問題の作製（教師の検閲をうける）実施、評価、整理まで生徒の手によつてなされていますので、それを整理するだけでも書くことの学習に大きな力となつていると思います。尚教師によつて計画されたカリキユラムを眺めてみますと、教科書とワークブックを中心とした学習は一月までに終わる様に計画され、二月、三月は文学作品を中心とした指導が計画されております。文法の学習指導も毎時間取り入れられ、文より入つております為、生徒は容易に理解することが出来る上に、生きた文法としての知識をたくわえる事が出来る様になつております。以上が本土における国語学習指導のあらましでありますが、これをそのまゝ沖縄で実施するということは危険であり又困難であると思いますので、これを参考に沖縄なりの学習指導法を諸先生方の御指導をうけ、案出してみたいと思つております。

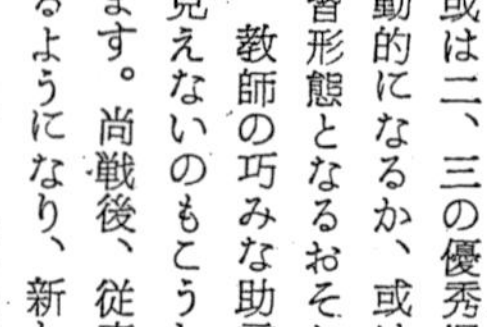

奈良より帰つて

那覇市上山中学校
与儀利夫

奈良が自然六分、人間四分などといわれていた時代があつたかと思うと、まるで夢のようである。いまでは国鉄、私鉄の両駅から運ばれてくる夥しい人の波、遠くは観光バスの発展に伴い、三重県、兵庫県等から乗りつける団体客も多く、殊に春秋の行楽シーズンには、野に山に人が満ち溢れてしまう。それというのも比較的狭い地域に名所旧跡が集つているからであり、他の府県にみられないこのような特色が吸収力となつていると思う。

現在の奈良市は、一〇〇〇年前の古い都のあつた場所から東の郊外に当つている。そこにははじめ興福寺、東大寺が建てられて聖域となり、外京といわれていたようであり、延暦一三年に平安京に都がうつったので、旧都はさびれ、その聖域のあつた東の方に移り遂に現在の奈良市になつたのである。最近では行政の変化により、北の郊外にある法華寺、秋篠寺、中学三年国語教材の大和の古塔に出てくる薬師寺、唐招提寺あたりが併合された模様である。近い将来にこの附近が、すなわち、西の京と呼ばれている地域が一大発展するのではないかと予想される。

春秋の一家揃つての団欒や、若い人々が青春の息吹きを求めて、若草山や、浅茅ヶ原で弁当を開いたり、将来を語り合つて楽しくすごして時間を費す人達には、この様な貴い古文化財には関心がうすいかも知れない。東大寺大仏殿の大仏を眺めてさえその一部には、香り高い一二〇〇年前の文化のあとが残つているし、天平時代の建物三月堂の前は素通りすることは出来ない何かしら感動深い空気が漂つている。この様な古文化財があつたからこそ、戦禍を免かれたかも知れない。市内だけでなく、近鉄沿線（大阪↔奈良間の私鉄）のどの駅におりても由緒深い寺社がある。それだけに奈良は古い伝統をもつた所である。従つて人間も祖父伝来の古い伝統の血筋を引いて、他府県の者を寄せつけないという固い殻を被た保守的、頑固な共通性をもつているものだろうと、考え勝ちだが、決してそういう危険をもつ必要はないと思う。勿論、この地方独得の言葉は最初の人には冷たく聞える。私もムツとしたことがあつた。然し馴れるに従つて、言葉の特性というものが解り、無やみに怒ることの愚を恥かしく思つた程であり、かえつて親しみというものが湧いてくる。更に教育面にも保守的色彩の濃厚性を恐れる心配は毛頭ないと私はいいたい。勿論、一部の学校、教職関係職員には、そのような傾向の持ち主がいることもいるが、それはこの沖縄でもいえることで、さして気に掛ける程のものではないと思う。私が奈良へ配属になつた頃にはすでに県の教育指導方針や教育計画の手引き等が冊子となり、配布されていた。この点、時機を得た県教委の処置には敬服する。四月始めに、その年度の教育指針が示されて冊子にまでして配布する早手廻しな計画実施は沖縄の方でも見倣つて損をするものではないと思う。それによると（詳述することは勘弁して貰つて、大綱だけ抜書してみる）

一、学校経営の合理化
二、生活指導の徹底（道徳教育審議会の答申利用）
三、学力の向上
四、教育研究の奨励（校長の校内研究会指導）
五、各種教育の振興
　特に産業教育、理科教育、学校図書館、僻地教育、定時制通信教育、同和教育　特殊教育

等が掲げられている。内容をみると文教局の指導方向とほぼ似ている。この大綱の後に続いて具体的に説明を加えている。この冊子を中心に各学校で読み合せ、討論が行われ、その学年度の学校教育指導方針が立てられて、実践に移されていく。学校によつてそのウエイトをおく点が夫々異つてくる。私の配属されていた学校では、生活指導の面に本年度のウェイトをおいていたし、三笠中学校では産業教育に重点をおいている。

静かな落着いた環境にあるために、人間はおだやかであり、のんびりとした印象を受けるが、教壇実践面に於けるファイトは相当なものである。先程人間と書いたつたが、その中には勿論教職に関係のない人々が含まれている。それらの人々は、生活に対する静かなファイトをもつていることは確かで、それは東京や大阪で感ずる都会の雰囲気からくる表面的なファイトとその趣を異にすることを強く主張したい。教育研究に派遣して貰つたのであるから教育面のみを紹介するに留めたいと思う。すなわち、教育研究特に教科指導研究会が市郡毎に開催されている。生駒郡の場合を少し詳しく述べると、生駒郡で八つの中学校があり、各学校の校長が一教科乃至二教科の研究グループの世話役となり、四月に研究テーマをみつけ、各校の該教科担任が会員となつて夫々そのテーマを研究し、学期に一回宛中間発表をする。必要とあれば、生徒を実験の対象として、会員参加による公開授業が行われる。この会は校長陣頭指揮といつた形であり、校長も一会員である以上、公開授業をする場合も少くない。一例だが私の配属された学校の校長が専攻が理科であつたが、数学の研究会の世話役であつた。そして分数計算の公開授業を自らやり、後の話合いの席上で会員から色々と改善すべき点、望ましい指導のあり方等、敬服されたり、吊し上げられたりしていた。会場に録音機まで持込んでくる会員にはその是非は別として、教育的良心を買つてやつてもいいと思つた。他に研究サークルとして個人的に有志を募つて小中高校の校種の別を考えずにグループを作つて教科の研究に精進している。そして研究授業をやる。グループの教員だけでなく、各校に招待状を発送し一般会員として参観してもらい、後で討論会に加つて貰つて研修を積んでいる。講師として招かれる人々も指導主事だけでなく斯界の実践家として知られている学者とか文士をよんでいる。そういつた費用は毎月の研究会費やその日の一般会員に今までの研究記録や其の他参考資料を頒布してそれで得た金であてている。とにかく教育的なファイトというものは地底を流れている水脈のように尽きることはないものだということを知つてもらいたい。教育一般に関する問題として色々あると思うが、教科書の選択はもつと研究する必要があるのではないかと思う。現在、他府県特に中央に於て、民主党の出版し配布した「憂うべき教科書」として銘うつたパンフレットを中心に編集者側と第三者及び民主党と現在発行されている検定教科書の内容の是非を論じ合つているが、そのことについては、週刊朝日十月二十三日号を読んでもらうことにして、ここではその選択の方法を他府県でどのようにしているかをお知らせして今後の参考にしていただきたいと思う。毎年六月か七月に来年度使用教科書について教科書選択委員会が構成され、構成は現場の教科担任全員が委員となり、各教科書会社から学校に送られてきた見本で予備知識をもつておき委員会のあつた時、委員は一堂に会し、更に会場に準備された各会社の教科書を再検討してその採択を決定する。従つて教科書の採用は直接現場の教員の意見によつて決定される。市、郡によつて採用される教科書は異るが現場教員の手によつて採択が決定されることは同様である。他にも教育的問題はあると思うが、私の研究テーマについて発表する時間がないので、それは後の話合いの時間にゆずつて、私のテーマである社会科について若干時間割をきいた。昭和二十七年十二月十九日に口火が切られたといつてもいい社会科改訂指導要領が今年の二月二十二日付の第五次中間発表でその論争は一応段落がついたようだが、文部省の示した指導計画例、A案B案、何れが是かという問題は各校でまちまちである。然し、奈良の中学校で参考にしている案はほとんどの学校が、文部省のA案に準じた計画である、地理的内容、歴史的内容、政治経済社会的内容、と三ヵ年にその領域を夫々学習指導している。社会科といえば問題解決学習という言葉でおきかえる程に社会科に於ては問題解決学習が重んぜられている。此処で私はテーマをうんとしぼつてみたい。そして研究報告というよりも、既に研究し終えられた方々もおられることと思いますが、もう一度考えてもらいたいと思う問題を提出したいと思う。それは文部省の示したA案B案にかかわらず検討されねばならないと思う。問題解決学習に於ける「問題」がその問題だと思う。一体何を問題とするか、二十六年度の指導要領には「切実な生活の問題」とある。生徒にとつて切実な問題は沢山ある。問題意識さえしつかりと与えれば、その数ある問題のうちどれを取り上げるか、その取上げ方によつては生徒は不満の色を濃くしていくことがしばしばある。教壇の上だけで解決できない問題を生徒は持つてくる。それを私達は指導要領に示された言葉だけをわかり易く説明してやつて事はすんだものとしてよいものだろうか、具体的な例を沖縄から引き出すことはたやすい。私は明言をさけたい。卑怯なといわれてもその問題となる問題が奈辺にあるかは、百も承知の筈であるから。

　他府県の一例を挙げるならば、水の少ない地方で百姓が田畑を新しく開いたからといつて、村のしきたりでその新しい田地に水を送ってやることの出来ない場合、その百姓の子供はそれを切実な生活上の問題として取上げてくることだろう。友人もまたその子供の問題を自分達の問題として取上げるだろうと思う。これは教室内だけで解決出来る問題でなく、村全体を動かす問題である。この場合、教師の一人よがりな言葉でもってする解決とか、その様な問題にぶつかった時の態度や将来の解決の方法だけを生徒と共に話合つて解決したことにしても、当面の生徒は満足しないであろうと思う。こういった問題は沖縄の問題とケタが違うような気がするが、とにかく、どの範囲内で問題をとり上げ、どの程度解決していけばいいか、考えて頂きたいと思う。他府県でこのことについて話合つたが、具体的な問題になると頭を悩ましていたようであり、これという結論は出されていないようである。

研究報告という名の集会であつたが、どうやら問題を提出し考えてもらう会になつたようで誠に恐縮です。六カ月間研究のため派遣されましたが、くだらんことをひねくり廻して帰つてきたことを深くおわびして報告ということにおきかえその責をまぬかれたいと思います。

研究報告發表内容

屋部中学校
中村秀雄

本会場で同一テーマの報告発表者が三名もいますので、力めて重複を避けるために内容について話し合いしましたところ、私は社会面にウェイトをかけた発表ということになり、社会科の研究には極めて浅薄な知識しか持ち合していない私としましては誠に汗顔のいたりであります。

それに社会科に関する話にしましても社会科教師だけの集りでもございませんので失礼かと甚だ恐縮に存じている次第であります。

更に本土の改訂社会科指導要領につきましてはすでに第五次案の発表がなされ、本年の四月から実施を見ているわけでありまして、戦後新しく誕生した教科だけに問題も多く、改訂にまつわる政治的な疑惑がかけられたりして大きくとりあげられましたので、すでに皆様方には教育関係の図書や雑誌でお読みになつておられることと思い駄足ではないかと恐れているわけであります。

幸いにして六月六日、七日に東京の日本青年会館と台東区の下谷中学校で行われました「日本の進路を決する社会科教育」と題する第九回教育技術全国大会と、六月の十七日、十八日の両日にやはり東京の学芸大学講堂で開催されました「新指導要領の批判と実践」を主題とする第九回全国社会科教育研究協議大会に参加して、社会科教育の権威者や全国から馳せ参じた現場の猛者達の高見を拝聴する機会を得ましたので与えられた短い時間で概略御報告申し上げたいと思います。

二　少し抽象的になりますが、社会科改訂の要点について

①　社会科教育の欠陥として審議会では如何に答申されたか

②　審議会の答申の方策に示された改善の基本線

③　改訂に対する社会科教育の理論や実際家、日教組の社会科問題協議会、地方の社会科教育協議会等の批判

それに社会科は誕生以来今日まで八年間に四回の改善が行われて来ているわけでその変遷についての考察についても申し上げなければならないと思いますが時間が許しませんので省略いたしまして、社会科研究協議会のどの会場でも常に論議の焦点になりました問題解決学習と系統的学習について明らかにされた見解をお伝えいたします。

教育技術連盟の全国大会の二日目の下谷中学の会場で、文部省視学官小沼洋夫氏は、問題解決学習とは社会科の本質論であつて学習形態ではない。ひいては教育そのものが問題解決を目標としている。生徒の興味、欲求に立脚して子供の意欲がぴつたりとのつてくれば立派な問題解決学習だ。学習形態としてはグループ学習、講義法、問答法といずれでもよい。学習の結果に於て系統的知識が習得されていなければ問題解決学習にはならない。現代社会において現実の問題をどう処理するかの能力を養うのである。また、批判力の養成は正しい知識をつけるとき自ら生まれてくるものと思う。

又同会場で東京都指導主事の斑目文雄氏は、問題解決学習に必要な知識が系統的知識である。たとえば地理学習の際、自然決定論に陥らずに日本の課題をもつ象徴的なところをとらえて多面的綜合的に進める。これは現実の問題である。批判力なしには新しい知識は生れてこない。新しい学習の底に沈澱するもの、それが系統的知識だと思う、と見解を表明しておられました。

ここに文部省が社会科改訂に際して発表された

① 問題の類型

他に 問題解決学習の能率化を如何にするか、③問題を含んでいる問題解決学習の考え方などに関する考察の研究がありますが省略させて戴きまして現場に於ける推進対策の例として静岡県教組の「社会科推進基本要綱」の中から簡略して申し上げますと

現在の学級人数、教師の定員不足、資料、財政力、教師の指導力等の現状から見て年間を通じて高等なもので実践することの困難さを考慮する。現場においては

① 地域社会のもつ最適の社会問題を一つ把え学年を通じ、せめて一単元は問題解決単元に構成して学習を行い他は教科書による学習を工夫して行く。

② それも無理な学校や教師は単元の中の分野(副単元)でもよいから地域の切実な社会問題をとり入れて問題解決学習を行い、そのような部分を除々に増加していくようにつとめる。他は教科書による学習を工夫して進めて行く。

③ 教科書による学習のみで進める教師も教科書のもつ傾向や欠陥や問題点を究明し、社会科の狙いを少しでも生かしていけるような心構えでいろいろな創意工夫をこらし教科書のもつ問題点をのりこえて教科書を使いこなしていくように努力する。

と以上三つの推進方法を挙げています。

次に

沼津市を中心に私の見て来た中学校社会科学習の現場の所感を申し上げます。

① 【教科書】

先ず沼津市を中心とする静岡県東部では各校ともA案によつているので大体中学一年が地理的内容、二年が歴史的内容、三年が政、経、社的内容の教科書を使用していました。

② 社会科の学習現場は、学級の人数、教師の担当時数、教師の指導力、教材研究の時間等に隘路があるように思いました。

△ 静岡県は総体的に一学級の収容人員が多く、学級編成の県の平均が普通学級で小学校六十四人、中学校五十六人になつていますが、それは大体の学校は教師の負担を軽くするためと又教室不足を補うために法定学級数より一学級ぐらい減じて実際運営をしているので教育法施行規則の標準を上廻つているわけであります。であれますから学級の生徒数が私の見た範囲(玉川学園を除いて)では大体五十四人~六十人まで詰つていて、教師の指導を困難ならしめているように思いました。

△ 社会科の特別教室をもつている学校にはめぐり合わなかつたのですが、大体の学校が教科教室制をとつていますので、ホーム・ルーム教室を兼ねた社会科教室になつていました。しかし、資料室、準備室程度の小部屋はどの学校でももつていました。

△ 教師の担任時数も大体ホーム・ルーム指導や特別教育活動の指導も加えますと、二十六~二十八時間になるようで教材研究にじつくり打込んで用意周到な準備ができず、教材(教具)を活用して興味と変化に富んだ学習活動の障害になつているように思いました。

△ 教師の問題についても、専門科目と担当内容の面、問題解決学習に対する関心の度やそれに対する把握のし方、実践の熱意、指導技術等、およそ教師の落差が大きいように思いました。

③ 入試準備と社会科学習について

受験準備の問題が健全な社会科学習に少からぬ掣肘となつているのではないか、教師がその事によつて大きな心の重荷となり、社会科学習に取組む意欲が歪められ心の余祐がそがれているのではないかと思いました。

しかし、準備教育によつて新教育の危機が叫ばれているといつてもその受けとめ方には渡日前に私が想像していたことと実態とは格段の差があつたことを認めています。戦争による社会の混乱や破壊は沖縄とは比較にならないし、復興も急速調であり、独立国の自主性自由もあるわけですから、社会の秩序や道徳も確りしたものをもち続けています。その上に立つている学校の特別活動、即ち生徒会ホーム・ルームの活動が軌道に乗づているのですから新教育が歪められているといつても、私の廻つた学校ではそれ程に感じませんでした。そのことは道徳心の退廃の場合も云えると思います。

でありますから基本的には社会科本来の狙いを生かしながら入試準備の対策を考慮に入れた指導計画や実際指導を如何にするかの対決策といいますか、両立策といいますか、それに苦心をしているのが偽らざる中学校の現状のように思いました。

終りに六カ月間の研究期間は、郷土をはなれ、じかに本土の教育現場に接してはじめて郷土の教育に対する再確認が出来たというわけでありますが、玉川学園の外に沼津市の市心部や周辺部、静岡県東部の郡部の小山町や長泉村、清水村の小中校や伊豆の僻地学校の中に入れられている船原小学校等十七校ばかり参観して参りましたが施設、教材、生徒の学用品、生徒の社会環境等を見て、沖縄の教育は教師の力だけで推進されているのだという感を強くいたしました。決してそれは自分の思いあがりではないと今もなお痛感致します。

最後に他の方達の報告とも重複しない程度で特に強く感じ、帰つて来た現在もどうにかしたいと思つている事柄について、二、三申し上げてみたいと存じます。

(1) 学校の年間計画が確固と樹立されていること、即ち学校の年間行事が固定していて授業の欠けるのさえ予定がついていること、沼一中で(例)一学期間の各月の授業日数が四月の予定と実際とが一致し、更に一学期の授業日数においては昨年度と今年度が同じであり、更に郡部の小山中学のそれと一致しておりました。

(2) 三月の下旬に教育人事が決定し四月の初からすべり出しが好調であつたこと、私のいた沼津一中でも校長代理以下四名の出入りがあつたわけですが、四月一日、二日にわたつて全員が揃つて職務会がもたれ、運営組織や年間計画について協議し、四月の第一週で入学式、学級編成、ホーム・ルーム役員や生徒会役員、各クラブ役員の決定を見て第二週からは落着いた学習がなされていました。

(3) 職員の講習会、研究会、協議会の参加による出張は多い様に思われましたが、全員が授業をさいて出ることは一学期中で一回もありませんでしたし、沼一中の一学期間の職員出張数の実際例もありますがそれは省略しまして、とにかく職員研修会、協議会は毎土曜、日曜何にかの会合にどの職員かが行つているようでありました。

(4) 次に教科研究会が盛んで市内十三の中校が互いに連繋をして歩調が揃つていること。

(5) 沼津市では教育委員会で小学校用、中学校用の郷土読本が社会科の教科書以上に写真が多く入り親しみやすいものが出来ていました。

沖縄でも歴史の教科書はすでに出来ておりますが、地理、政治、経済、社会に関する沖縄の郷土読本があつて欲しいものだと思います。

(6) 次に教材研究の時間的、経済的な余祐がほしい。

(7) 村内の中、小校が教科の面にも教育全般についてももつと連繫を緊密にしていきたい。

(8) 生徒の生活指導についてもつと力を入れたいものだということ。

(9) 沖縄の僻地性を強く確認させられました。社会性の涵養のためにもつと校内の行事を盛んにしていきたい。

國語水準調査雑感（1）

——文法指導を——

伊禮茂

研究調査課の国語学力水準調査の結果が発表された。それによると、

「国語教育のあらゆる領域の学習指導において、文法指導が大きく取り上げられなくてはならない。本テストによって示された作文、読解の欠陥は科学的思考力の不足が、これを端的に教えてくれる」とある。

ここに言う文法指導は、従来の系統を重んずる学問としての文法指導ではなく、ことばの機能としての文法指導である。文法指導は小学校一年生から的確に指導されていなくてはならない。それは、ことばのきまり、機能をないがしろにして国語教育はありえないからである。

科学的思考力が不足しているということは国語教育だけから生まれてきた問題でないかも知れない。しかしことばは思考の形式である。ことばを的確に使うのは思考である。ことばは思考と切り離された単なる話す、聞く、読む、書く、作るための道具ではない。具体的な事物について、ことばを積み重ねて次第に抽象的な意味をもつことばが理解されるようになる。すなわち高度の概念は、思考の網目を通して整理、統合される。ことばは思考によってつかまれるものであり、考えることと結びついたことばの指導でなければ、その能力が育つはずはない。

国語教育の具体的内容は「日本語」である。「日本語の語い、語法、文字、文章」である。日本語の教育は、日本語の特質にしたがってなさるべきであって、英語の指導とは異なるはずである。日本語の特質として、その一つは他国語の追随を許さない、ていねい語の発達が著しいことがあげられる。そこで日本語の長短もそこから生まれてくる。その短所とも見るべき日本語のむずかしさはていねい語の複雑からであろう。「そうである」「そうだ」の基本形に対して、ていねい形は「そうです」「そうであります」「さようでございます」になっている。相手によってかように三段に形が変わるから、それを敬称、謙称の二重奏に和して三部を適度に総合しなければならない。それから敬語が絶対的敬語から相対性敬語にまで進まなければならないことである。すなわち、「おとう様はいらっしゃいますか」に対して、絶対敬語では「はい、おとうさんは、いらっしゃいます」である。しかし「はい、父はおります」という相対語にならなければならない。

その二はことばをむき出しに表わさず、意を言外に残して余韻、余情を楽しむ言い方をすることである。すなわち含蓄的ではあるが、実証的ではない。西洋語の「あなたは行くか、あなたが行くなら私も行こう」のように、人称接辞や代名詞でごつごつ言わず「いらっしゃいますか。いらっしゃるならまいりましょう」と柔らかに婉曲に言うのである。はっきり言うと実証的ではあるが、浅いものになる。含みを残すと、はっきりはしないが、ことばに奥行きができて深くなる。西洋語の正確にとねらうのに対応する。俳句を英訳すると詩にならないと言われている。「起きて見つ寝て見つかやの広さかな」夫に死なれての作だと言えば、ぽつりつと言っただけでその気持が、その情景がよくわかる。主語だの述語だのは、てんで問題にならない。西洋語がどこまでも精確さを目標にしている科学的言語であり、日本語は余韻というものに関心をもつ芸術的言語であるといわれている。そこで、かかる特質をもつことばによって育って来たものが、科学的思考力の不足してくるのは宿命かも知れない。指導にあたって、含蓄性、芸術性、主観性が強調されていく傾向はやむをえないかも知れない。それはテストにおいて客観的、科学的思考を要する問題よりも、主観的、直観的な問題解決が秀れていることでも実証できる。

小学校の問題において、

「文学的表現でよく味わうことを要求されているテスト問題（2）の㈠は正答率四五・七七％、㈡は三一・八四％で国立研究所の予想正答率㈠は四〇％、㈡

は三〇%の水準を越え、㈢は三八・九%で国立研究所の予想正答率三〇%を上廻つている」

中学校においては、

「問題(2)の文の情緒を感得する能力において、他の能力を見る問題よりも、国立研究所の予想正答率に最も近く、報告書(2)の正答率及プロフィルを見ても愛媛県の成績との比較において、その差が最も少ない」

それは前述した通り日本語の特質から生まれてきた必然的な結果かも知れない。指導の偏向についても当然かも知れない。子供の先天的にもつている「勘」をもつて問題が処理されていることは論理的、科学的文章の処理の態度を見てもわかる。子供の思考力によつて濾過され、処理されていないことは反応率表が示してくれる。すなわち日本語の特質から生まれてくる弱点を如実に示していると言えるが、指導にあたつてはそれに流されることなく進めていくべきであろう。その三は、日本語の動詞の活用には「人称」がないばかりか「数」がないことである。いくら変化しても、その変化は数とはなんの関係もない。単数、複数を区別しないため、時にはひとりのことか、多人数のことかわからない。

以上日本語の特質として言えると思う一部分をあげてみたのであるが、われわれは、その特質をはつきりにぎりその上に立つて指導を確立したいものである。

新しい国語教育においてコミュニケーションを強調しなければならないならば、文法指導をおろそかにしてはならないはずである。そればかりでなく教育において日本語が子供の主観性を育つていく傾向が濃厚であるというならば、客観的、科学的に思考する文法指導は国語教育において大きな位置を占めるべきであろう。

私は文法指導について、ある話題に託して具体的方法の一つの型を述べてみたい。しかし、それには教室の場の雰囲気を忘れては困難であろう。どういう場の雰囲気が必要なのだろうか。

＝文法指導は＝

○「先生はいいなあ」

朝七時。KSARから放送される綴方教室のアナウンサーの声がきこえる。日本の児童の作文である。題は顕微鏡で、四年生の作品であるといつている。出勤する時刻であるが、朗読のすばらしさに引きとめられた。いや、きいている中に作品のみごとなのに引きこまれた。理科の一時間の学習活動を淡々と書きひろげている。きき終つても、なお私をとらえて放さない作品である。子供たちは一ときも早く顕微鏡をのぞくのを期待していた。予告されていたかも知れない。顕微鏡があらわれたとき子供たちは歓声をあげている。先生はおもむろに顕微鏡を教卓におき、挨拶をした。子供たちはもどかしい気持で待つている。それから、窓ぎわの観察台の所に移して、光線をはかりながら焦点を合わしていた。突然一人の男の子が「先生はいいなあ」とはき出した。みんなはどつと笑つた。それはその時の全児童の心持を代表する表現であつた。笑いはその心もちから解放された笑いである。先生はその声に、はじめて子供の心を知つたのであろう、焦点を合わせる手をやめて、にこにこしながら教卓の所にもどつた。それから顕微鏡をみんなでどう見るかについて相談した。その時のなごやかな教室の空気が手にとるように描き出してある。作品は期待にもえる感動の頂点から急転直下、顕微鏡をのぞいた冷たい科学的な細かい観察の世界になつている。

この作品は、このような教室から必然的に生まれてくるものであろう。大胆に臆することなく「先生はいいなあ」と言い放ち、それをきいた先生がこどもの期待に理解をもつて顕微鏡をまかせた教室の空気である。自由にものが言え、感動のみなぎる教室、そこに子供たちの表現は育つと思う。私は学習室から生まれてきた良い作品を見たことが少ない。われわれの子供の作品のテーマは一体どこから生まれてきたのが多いのだろうか。それを通してわれわれの教室の営みがわかるような気がする。感動の少ない、生気のない教室になつていないだろうか。たたき売り場のお客さんになつている子供からは良い作品は生まれてこないだろう。そこには明かるい伸び伸びした子供は育たないだろう。私たちの子供たちも「先生はいいなあ」と言つていないだろうか。そう思つても沈黙を守つている子供に育てあげてはいないだろうか。それをよいことにして顕微鏡を独占して悦に入つている教師になつていないだろうか。子供たち自身で顕微鏡の焦点を合わせ、突然あらわれた驚異の世界に導かれていく過程の中に科学的法悦とも言われるところがあることを認めよう。子供たちの育つ大事な要素を奪つて形骸だけを与えることをやめよう。子供たちの期待をふみにじつていながら、やれ教育だと言うことを反省しよう。私はこういう和やかな空気の充満した、感動のあふれる教室の教師になりたいと思つた。かくの如く表現する教室ならば教育は楽しいものであろう。表現しなければ教育は困難である。特に文法指導は表現の上に立つのでなければ効果は上らないだろう。そう思つたとき私のからだはバスの中にあつた。それから私の思いは、ある一婦人が語つてくれた話を思いだした。

○おいしいダンゴがたつた三本で五円

雑沓している午後の那覇市場である。買い物かごを下げて、とあるダンゴ屋の店先に立ちどまつた。そこに掲げられている標語に目がとまつたのである。縦六十センチ、横三十センチばかりの用紙に、筆太に書かれている。赤わくでかこみ、それだけは人目を引くに不満足らしく字ごとに二重丸をつけてある。

「おいしいダンゴがたつた三本で五円」

婦人は首をかしげた。ダンゴを買うのに思案したのではない。雑沓の中の婦人は、掲示されている標語を口の中でつぶやいた。標語の理解に苦しんだのである。何と近頃の世の中は、こうも変つたものだろうと思つた。商売人がこれほど高慢でいいのかと思つた。「ただの三本ポッチで五円も取るぞ」と、まるで高いものを買えといわんばかりである。婦人はダンゴ屋の中をのぞいてみた。案外お客は多く繁昌している。「高いぞ」といつているダンゴを、さもおいしそうにほほばつている。近頃の人々は「高いぞ」といわないと余り買い手がないのかしら……。かつてリーダース・ダイゼストに「ここを読んではいけない」という標題があつた。読みたくなつて読んでみると、読んでいる自分をさんざんひにくつていた。人間の反対心理をとらえた効果的方法だと思つたが、そういう心理をねらつた新商売戦術かと思つてみた。

「おいしいダンゴが三本でたつた五円」

いずれにしても、それが本当の心もちであろう。「たつた」という副詞が「三本」につくか「五円」につくかによつて、全然反対の意味になつてしまう。「たつた」という一語をおろそかにしては、自分の心持ちを相手に正しく伝えることはできない。ことばを無視してダンゴをほほばつている。多数の人々の住む世の中は一体どうなつていくのだろう。近頃の人々の生活の混乱も、そのへんから根ざしているのではなかろうかと思いながら家路を急いだ。婦人はふと、学校へ行つている自分の子供たちのことが心配になつた。子供たちの話しことばや作文はどうなつているだろうか。

○S子さん戴いて

婦人は、暗い気持からだんだん明かるい気持になつていつた。自分の子供たちが正しい考え方をもつて育つていくには、正しくことばを理解し、正しくことばを使うことからはじめなければならない。上手な、美しいことばは正しいということをぬきにしては意味のないものだと思つた。ハイヤーが横を通りぬけた。ハイヤーの流線型の美は空気の抵抗から生まれてきた必然的なものであつて、美しさを最初からねらつたものではなかつたはずだと思つた。

晴れやかな気持で玄関をあけ「ただいま」と声をかけた。奥から長女が「おかえり」とさもまちかねていたという響きではねかえつてきた。玄関の土間には見おぼえのないはき物があつた。お客さんらしい。長女が急ぎ足でにこにこしながらやつてきた。「同期生のS子さんが遊びにきてよ」といつた。婦人は買い物をおいてS子さんのところへ挨拶に行つた。S子さんはかしこまつて婦人の来るのを待つていた。学校からつれだつて来たらしい。セーラー服をつけ、カバンは横におかれていた。何となくあかぬけのした清潔な感じの子である。挨拶のことばがはぎれよく、はきはきしている。長女から話はきいていたが、なかなかしつかりした子だと思つた。はつきりした生活態度をもたなければ生まれないことばだと思つた。長女に買つてきたばかりのおやつを茶菓子に出させた。持つてきた長女は「どうぞ」といつて、S子さんにすすめた。S子は明かるい朗らかなことで、豊富な話題をもつている。学校の話やら、家庭の話やら、上手におもしろく話す。婦人はその話し合いを正しく聞く努力をした。自分の子供と大きなひらきがあるように思つた。しばらく話し合いに夢中になつていた。S子さんが茶菓子に手をつけないのに気がついた長女は、

「S子さん、戴いて」といつた。

婦人はそのことばが異様に感ぜられた。「戴く」ということばは辞書を引くまでもなく「謹んで貰う」「食べる」「飲む」の敬語なはずだ。自分のものを他人にあげるに「戴いて」といつてもよいものだろうか。S子さんはすすめられるままに茶菓子をはさんで口に入れた。婦人は「S子さん戴いて、というのは、失礼にならないかしら」といつた。二人は婦人のたずねていることがわからないような顔をした。婦人は、「ひと様に自分のものをあげるに、戴いてといつてよいものかしら」とつけ加えた。二人は顔を見合わして、ふきだして笑つた。長女は「S子さん、ごめんなさい」「どうぞ召し上つて下さい」とわらいながらいいなおした。S子さんは「私も、つねに母から注意されるのです」といつた。

○小いぬ

翌日、婦人は子供たちが学校へ行つているときに、四年生の長男の作文をひらいてみた。二十日ほど前に飼犬のペスが五ひきのかわいい子いぬを生んだ。子供たちは大喜びである。その感動を書いた文であるが、ほほえましい場面を上手にかいてある。子供のものの見方の新鮮なのに驚いた。婦人は一通り読んだ後、「たつた三本で五円」式のことばはないだろうかと注意しながら読んでみた。やつぱり気をつけてよむと、主述のあいまいな表現を三箇所ほど発見した。その書き出しのところだけをあげると、

「うちのペスが五ひきの子いぬをうみました。子いぬの毛なみは三びきは黒白のぶちで、もう二ひきはからだぜんたいまつ白のきれいな子いぬです」

これでは「子いぬの毛なみは……きれいな子いぬです」になつてしまう。子供は「まつ白の子いぬがきれい」といいたいのである。主述の関係を正しく理解して使えるようにしなければ、話や文章を正しく理解することはできない。正しく理解することができなければ正しい思考は育たない。この材料で文章の最も基本的な主述関係を指導しようと思つた。日本語ではその外に接続詞、助詞、加動詞が主要な役割をもつている。子供の作文をその面からもう一度読んでみた。やつぱり生き生きと使いこなせないところが見受けられる。教育の場において、案外それが軽く取り扱われているのではないだろうかと思つた。子供たちがことばをきまりにしたがつて、自主的に正しく使うことができるように努力しようと決心した。

婦人は学校から帰つてきた長男におやつを与えながら云つた。

「子いぬの作文を読んでみたが、たいへんよくできているよ。おもしろくて何べんも読んだわ。ところが、おかあさんにわからないところがあつて困つているの。おしえてちようだい」とさそつてみた。長男はにこにこしながら「どこがわからない」と、いさそにのつてきた。婦人は書き出しの朱線を引いたところを読みあげて、「ここね、五ひきの子いぬがみんなきれいな子いぬですか、しら」とたずねると、さも不満らしい顔つきで、「いいや、白の二ひきがきれいことよ」と云つた。「それは、だれが読んでもおかあさんのように思うでしようから、白がきれいんだよと、だれでもわかるように書きなおしてごらん」と云うと、作品をとりあげて、ゆつくり読んだ。しかし、どうしていいかわからないで当惑している。そこで婦人は、「きれいな子いぬです、の、きれいは子いぬぜんぶに云つていることになるから、子いぬをとつてごらん」と注文した。子供はそこだけをけして、

「子いぬの毛なみは、三びきは黒白のぶちで、もう二ひきはぜんしんまつ白のきれいです」と読みあげた。子供はすぐそのあとで、「まつ白のきれいですは、おかしいよ。まつ白できれいですにしないと」と、さも新発見でもしたように、「の」と「で」の助詞の用法を訂正した。婦人はにこにこしながら「そうそう、いいところに気がついたね、えらいよ」とおだてた。子供は得意になつてきた。婦人は次々に主述のあいまいなところを示して、自発的になおしていくようにしむけた。誘い水をやつたポンプの如く、子供は仕事をかたずけていく。

○おばあさんのお祝

その次の日である。長男は福祉協議会の「助け合い」の作文を書いてくるように課題されたらしい。一生けんめい書いている。のぞいてみると、こまつている隣の八十八になるおばあさんのお祝のことを書いている。

婦人は書き終つたところを読ませてもらつた。隣近所が物や金を持ちよつて八十八のお祝をしてあげる事である。そのお祝の前におじいさんが厭世自殺をした。そこで集めた金は、お祝と葬式に使つたことを書いてある。婦人は一通り読んで接続詞の指導をしようときめた。もう一ぺん読みながら文章の切れ目にかぎをつけていつた。それから文章のむすびのところを示して「おばあさんを喜ばしてあげようというみんなのこころもちがよくわかるよ。ここのところね、長くて意味がわかりにくいから、お金にしてまでにまるがつくようにしてごらん」と云つた。子供はしばらくみていたが、「おかあさん、お金にしましたならばどう」といつた。婦人は「そうそう、いいよ」とほめてやつた。婦人はなおしたところを朗読させた。それから、ことばをついで、「よくわかるようになつたが、お金にしましたの次にすぐおじいさんがときたら、つながりがおかしいから、それをつなぐことばを入れてごらん」といつた。子供は問われたことがわからないようである。そこで、接続詞「また」を入れて、よみきかせた。子供はきき終つたところで、「またではおかしいよ。そうしてがいいよ」と自信たつぷり接続詞「そうして」をひろいあげた。

○結婚の賜物

ここまで話をきいていた私は、フランスの母親の娘に対することばの教育への関心の深い話を思いだした。そこで婦人に、「フランスの母親は家庭において子供のことばに最も関心が深いと云われている。フランスに行つた日本人某がフランスのある家庭で、その母親にむかつて「愛する娘の結婚の賜物に何をやるか」と問うたとき、その母親は躊躇することなく「りつぱなことばづかいを身につけさせるのが最大の賜物である」と云つたということを、ある本でよんで感心しましたが、沖縄にもフランスの母親のような人がいたのを知つて安心しました」と云つたら、婦人は「おだてはいけませんわ」と目をかがやかせながら文句をいつていた。

○ことばのきまりは、

われわれの教育環境にかかる母親がたくさんいるとするならば、学校におけることばの教育はもつと楽になるだろう。それほど関心をもつた親はそうざらにあるものではない。それでは、どこでどうしなければならないか、われわれ教育者は考えなければならないと思う。ことばの教育の全部が学校においてなされなければならない環境において、この婦人のように、現実に表現され生きている子供のことばからとりあげて指導されるのが効果的であろう。勿論教科書によつて小学校一年生から系統的に指導されるようになつているのであるが、教科書をもつて指導するときは、観念的になり、その場かぎりで終つてしまうきらいがある。そこで子供の現在身につけた言語実態を的確にとらえて、ことばの正しいきまりを身につけさせるよう努力すべきであろうと思う。

（指導主事）

1954學年度卒業生動向調

1955年3月卒業生を1955年6月末日の調査（学務課）

学校数	学校種別	性別	卒業生徒数	進学生徒数	実務就職者数 計	農業	林業	水産業漁業	鉱業	建設業	製造業	卸業小売業	金融業保険業不動産	運輸通信其の他公益事業	サービス業	教員	公務員、教員を除	軍作業	家事	其の他	死亡	無業	不詳
	中学校	男	8.793	3.919	4.198	2.398	50	151	2	171	73	102	5	37	65		3	291	205	645	2	497	357
	中学校	女	8.095	2.831	4.512	1.342	1	3		10	25	142		23	167		7	143	1.935	714	3	348	401
139校	中学校	計	17.068	6.750	8.710	3.740	51	154	2	181	98	244	5	60	232		10	434	2.140	1.359	5	845	758
	普高校	男	1.832	448	748	186	5			26	6	61	20	32	27	13	55	105	104	108	1	210	425
	普高校	女	1.716	266	839	47				4	1	58	15	19	39	13	38	33	458	114		175	436
16校	普高校	計	3.548	714	1.587	233	5			30	7	119	35	51	66	26	93	138	562	222	1	385	861
	職高校	男	860	117	743	207		45		127	12	75	29	31	11	3	36	71	9	87			
	職高校	女	362	35	322	41				1		87	19	6	12	4	13	8	47	84	1	4	
9校	職高校	計	1.222	152	1.065	248		45		128	12	162	48	37	23	7	49	79	56	171	1	4	

生徒の計算技能の向上を図るにはどうすればよいか

前原地区与那城中学校　比　嘉　栄　吉

過去四ヶ年間中学校で教鞭をとつてからずつと数学科を担任して来たが私なりの目から見て、生徒達の計算技能が余りにも劣つている。

従つて数学科の問題解決にしても計算に時間がかかり過ぎたり、計算の結果や過程が間違つていたりして、充分な学習活動が出来ない。

数学科の学習が必らずしも計算技能によるのだとはいえないが、問題解決に於いても、その基礎をなすものは計算技能であると思う。

数学科の指導目標の一つに計算測定の技能が挙げられているのもその所以ではなかろうか。

昨年七月二年生と三年生に自作の最つとも基礎的な計算技能のテストを課してみた。

それに昨年の後期、幸、研究教員として、神奈川県藤沢市立鵠沼中学校にお邪魔をさせて戴きましたので、同じテストを同校の二年生と三年生にも課してみた。その中から代表的なものを挙げてみると、

	与中		鵠中	
問題	2年	3年	2年	3年
1. 247＋136	86.8%	94.0%	92,6%	95.6%
2. 563－104	76.3	84.0	89.1	93.4
3. 62×24	84.2	82.0	89.1	95.6
4. 2592÷32	39.5	74.0	83.6	87.0
5. 14.5＋1.82	47.4	52.0	80.0	87.0
6. 74.3－9.46	39.5	42 0	81,8	82,6
7. 3.4×0.16	26.3	52.0	70.8	78.3
8. 0.527÷0.31	23.6	18.0	67.3	58.7
9. $\frac{1}{4}+\frac{1}{3}=$	47.4	34.0	83.6	84.8
10. $\frac{4}{5}-\frac{2}{3}$	42.1	48.0	83.6	82.6
11. $\frac{2}{5}\times\frac{4}{3}$	50.0	58.0	67.3	80.5
12. $\frac{5}{6}\div\frac{7}{5}$	13.1	50.0	65.4	76.2

このように与那城中学校の二年生で40%台のつた正解率に対して、鵠中学校の二年生で80%といつた正解率で格段の差があつた。然し本土で実施したテストは11月でしたので、実施の時期に4ヶ月もの開きがありましたので正確な統計資料とはいえませんが、でも比較の資料として、どのような傾向にあるかということはつかめたと思います。

それに生徒の住む地域社会も随分異つているその一、二を挙げてみると、鵠沼中学校の生徒の父兄は大多数が高級サラリーマンで卒業生も90%が進学を希望するといつたような環境であり、家庭の生活条件にも雲泥の差があるわけです。沖縄の生徒は学力面に於いて大分本土の生徒と開きがあると常にいわれているのですが、現実にとびこんで本当にびつくりする程でした。学力の劣つている理由には色々あると思いますが私としては、現在預つている子供たちの能力を出来る限り伸ばすように努力せねばならないと思います。

児童生徒の実力の向上必ずしも、教師の責任とは言えないのですが、直接児童生徒を指導する教師の任務が大であることは否めないと思います。では預つた子供達の計算技能を向上させるにはどうすればよいか。

私見ではありますが、現在の数学教科書による単元学習では、その学年の指導内容だけに、時間がとられてしまい、基礎学習主として計算技能がおろそかにされ勝ちである。

単元学習によれば数学を一応役立てる事ができ又、役に立つことは、理解できるが、時によると、数学の基礎技能を身につけ。反復練習をする。機会を失うことになり、折角の数学を他の場合に役立てることができなくなることがある。

例えば、歩合(百分率)を使うと便利であることが、実際の場面を通して理解できたとしても、それを生活の他の場合に応用するためには、歩合や百分率に関する計算を相当程度練習しておく必要がある。

単元学習をしている途中で、このような練習をする必要を認めた時、その場で、単元学習を中止してまでもこれを行うべきかどうかは問題である。とにかく吾々は、基礎的な技能を身につけるための計画をたてておく必要がある。

この場合に二つの段階が考えられるが、一つは新しく導入された数学的内容をある程度身につけさせる段階で、他の一つはある程度身につけるものを忘れないように、又何時までも使えるように反復練習をする段階である。

第一の段階の場合には、新しくその内容が出て来た時に単元練習のすじみちをこわさない範囲でできるだけ

の練習をさせる方がよい。

その際大切なことは、機械的練習に終始せず、その数学的内容が実際に行われる場面の裏付けを持たせて練習させることである。

例えば始めて%の概念が導入された時には、%を使つて実際に種々の処理をすると都合のよい例をいくつかあげて考えさせ更に%に関する計算を使つて処理すると都合のよい例をあげてその計算をさせるのである。

それと平行して機械的に%に関する計算を幾らか練習させるのがよいと思う。

こうすることによつて生徒は数学的内容を正しく理解でき、応用をきかせる素地が作られるのである。又教師としては第二の段階に入る足場を作ることができるのである。

第二の段階の場合には機械的練習を繰り返し行うと同時に、時折その数学的内容の実際場面への応用の練習をすることを忘れてはならない。究極のねらいは数学をきかせて問題を解決するところにある。目的と手段を混同せぬようにせねばならない。

そこで私は単元学習のすじみちをこわさないように各学年の月別の内容に準じて計算技能の問題集を作製して計算法の理解を深めると共に反復練習の機会と問題を与え今年の五月から毎月欠かさず五題程度の計算練習を継続して家庭でなさしめ結果の検討と診断を続け補導を加えて計算技能の向上を図るようにしている現在私が実施している計算技能の向上策についてその結果をまだ充分に発表することはできないのですが、何れその時期を見て発表したいと思つております。

前に自作のテストで、鴻沼中学校の生徒と本校の生徒との比較をしたのですが、その時に本校の生徒に比べて鴻沼中学校の生徒は計算能力に於いて遙かにすぐれているということになつていたのですが、本土の先生方としてはあの力では未だ未だ不充分だというお考えをお持ちのようです。と申しますのは去る一月三十日から四日間長野県長野市で開かれた日教組第四次研究集会の模様が新聞紙上で報導された。

皆様方には既に御承知のこととは存じますがその内容を抜萃してみると次のようである。

全国の小中学校の児童生徒の学力はどうか。日教組学力調査委員が昭和二十七年から足かけ三年の日数と二百万円の費用を使つて調べた結果次のようであつた。

これは国語数学の両科目で国語は小学校六年数学は小学校六年中学校三年の児童生徒七千二百名を選んでテストした全国的な大掛りな調査である。

数学の部を拾つてみると

小学校で加減乗除が一つの式に入つている問題についてみると乗除をさきにやるということを知らない児童が三分の二もいる。特に注目されるのは式を書かずに必要な計算を答案用紙の片隅にチョコチョコと書いて答だけを書いてある児童が多いこととなつていて中学校では分数の乗除負数や文字の計算が出て来るが分数と分数の掛け算は三分の一しかできず負数の計算は半分、文字計算に致つては正解者十五%然も正しいやり方で答を出した者は三%しかなかつた。

これらは現行指導要領に大きな欠陥があると共に単元学習の結果根本的な数学教育の体系が乱れたのと、戦後の数学教育が生活に密接した方法をとつて来たのに、この根本的なことが忘れられたために応用問題を解けなくしている。

簡単な応用問題を解けたるのは九%に過ぎなかつた等と報じていた。そこで私は去る四月に日教組が行つたテストの一部(計算技能に関するもの)を自分の学校の生徒三年生に課してみた。その結果は次のようである

	本土の中学三年	本校三年
9940＋6083	91%	78%
6304－4867	69%	51%
0.68×780	44%	15%
6902÷17	64%	37%
$\frac{23}{9}+2\frac{7}{9}$	66%	15%
$2-1\frac{2}{5}$	50%	34%
$\frac{1}{6}+0.4$	31%	22%
$2\frac{2}{3}\times 3\frac{1}{2}$	37%	10%
$12\div\frac{2}{3}$	34%	7%
45－15÷3	41%	2%
(－4)×3－2×(－6)	30%	27%

これを見ても如何に本校の生徒の計算技能が劣るかが伺えるのである。そこで同じく日教組が小学校に課した問題を中学生に課してみたが、その成績は余り感心できない面がある。

	日本六年生	本校中学校 一年生	二年生	三年生
342×536	98%	97%	88%	90%
538＋467	94	86	74	78
7803－3795	65	62	30	41
6304－4867	67	62	33	51
6000－2508	57	60	37	49
26,478－9.74	50	29	25	54
83－0.09	38	13	16	29
73×804	65	35	30	49
6902÷17	66	38	21	37
250÷90	67	27	30	46
61,32÷8	13	1	2	2
$\frac{1}{2}+\frac{1}{3}$	72	38	33	29
$\frac{3}{4}-\frac{1}{2}$	61	35	19	29
$2-1\frac{2}{5}$	56	24	14	29
10×8－10×2	37	27	14	22
15－8＋2	66	57	63	70
45－15÷3	30	30	12	10
39÷3×4	60	32	44	39
10×(8－2)	65	49	30	49

以上のように本校の中学生でも、本土の六年生に計算技能において劣る現状の生徒をどのように中学校の指導内容を指導していくか、私自体迷つているのである。そこで私としては、前にも述べた通りに、現段階の生徒達の計算技能の向上を図るべく努めているのです。現段階の計算技能をもつ児童生徒が、少しでも向上するようにと。

歌で育てる私の人間像

仲間智秀

子供は「なす通りにはならないがする通りにしかならない」ということは昔から言い古るされた教育語である。即ち子供は親や教師がなそうと思う通りにはならないが親や教師がする通りになるという意味であるこおいうことばにあながち新教育にあてはまらない旧教育語ではないと思う。古いものにも古いなりに真を徹することばも、考え方もある。即ちいつの時代までも真【新】なるものがある。それを忘れ失せては新教育も真教育も成果を揚げる事はできない。古文化が新文化の基盤をなしている以上、古いものを一律にコツトウ無視しては新しいものも生れない筈である。道徳教育、純潔教育、世界人教養等々とカリキュラムや計画ができただけで能ではない。「子供を守る」「子供も人として尊重する」といつても大人が守つてやり、大人が尊重してやらなければ知識だけに終り鳴物入りで躍つただけでちつともその目的は果されない。啓蒙の時期でもなければ普及の時期でもない。実践躬行の時期であり、できたカリキユラムを生かす時期である。「知つている」だけでは絶対に交通道徳も犯罪防止も人権尊重も社会純化も個人純化も実績はあがらないものである。

道徳教育や純潔教育でも子供一人一人の上に具現するにはまず第一に子供たちの「私の自覚」から出発しなければならない。

而しながら養護期と呼ばれる小学校中低学年の子供に「私」の自覚が望める筈はないが精神訓練期である小学校上学年から中学校三年までの子供たちには的確に「私」の意義を自覚せしめねばならぬ。それが不明確であつては此の期の教育目的も達せられないし、教育効果もぼやけてしまう。中学までよく精神訓練、人間訓練が行われておればこそ頭脳訓練期の高校から大学二年頃までの教育が収穫されるのである。学校種別による教育責任分野が以上の通り明確になれば道徳教育や純潔教育に対する精神訓練期即ち中学教育の重要性も自然にはつきりする。但し、精神訓練期だからといつて中学だけで人間育成は充分だとして高等学校へ行けば大学予備校向に知識偏重になつては子供たちが点数稼ぎの努力だけに終止してしまう。中学時代での精神訓練は高校以上がその実践期であることを忘れては教育はつながらないことになる。

私は私の学校の子供たちに「私」の自覚を高めるために創立以来、彼此とやつて見た。私は一九四七年四月実業高等学校創設から今日まで同一校にいるので足かけ十ケ年、物であればカビ着く年数でもある。

私は創立当初から子供たちに「私」は祖先に血液がつながつていることを強張して来た。四百年程前の島の先人たちが見つけた偉大なる人生観、世界観を唄い込んだ「木棉花節」の民謡を拾い上げた。その歌詞は

花に果《ない》ならち、果《ない》に花咲かち
うまんちゆぬまじり、真肌添《まはだす》ゆさ

となつており、木棉は花に実がなり、その果実に再び棉花という花が咲く。その純白な棉花はフトン着物、タオル、ガーゼ、ホータイ等になつて万人すべての肌添う。即ち、万人を暖めるという歌意である。

に祖先の血が通つている以上この精神も通つている筈であり、たとえ現在ではいくらか曇つていても復活し得る思想であり、人生観だと思つて此の民謡を教育の中に拾い上げた。本校の別名を棉花学園といい、学校新聞を棉花新聞といい、卒業生や在学生が棉花精神とか棉花魂とかいつているのもここにある。

古文化（祖先の残した木棉花節）をシンボルとし、世界につながる人になれと呼びかけて来た。

一九五〇年から小学校六年国語教材に取り上げられた「心に太陽をもて、唇に歌をもて、他人の為にもことばをもて」を中学生の基礎的人間像だとしてそれに中学教育を積み重ねて来た。表裏のない明かるい人、いつでもどこでも必要に応じて歌える人、他人と慰撫激励も交し、協力もし得る人、即ち万人を暖め得る人世界につながり得る人というのが本校人間育成の明確なねらいとなつた。この年（一九五〇年）に校歌や本棉花節その他七、八種の歌をとりませて棉花学園愛唱歌集が生れた。

一九五二年実験研究校の指定を受けた時に「職業教育」を主テーマとして、心に太陽をもつて喜んで働き得る人を目標において、唇に歌を持たしめる為に「教科外芸能教育」と他人の為にもことばをとねらつて「言語教育」の三本立てとして努力を重ねて見た。ひろげすぎて負担過重だという感想も出たし、焦点がはつきりしないという批判も受けた。而し今日の子供たち

を見ると喜んで働ける姿が充満して、自主的自発的であり、生徒自育会の役員選挙や旅行体験発表会等で、よく物を見、よく考え、よくまとめてものが言える子供になりつゝあることはほゝえましい事実である。

一九五三年度から採用された中学社会科と国語の教科書は私に「私」の自覚を高めるに最適なすばらしい資料を教材として提供してもらつた。「私」の自覚は先ず「父母」と「私」から出発する一年用社会教科書巻頭第一頁に、「父や母の目に愛情を感じることのできない子供たちは、世界のはてまでさまよつて見ても、人の親切に動かされたり、心から他人を愛することはできないであろう」

と言い切つてある。更に中学三年国語科巻末に「世界を結ぶ」という単元の中で「私の前に道はない私の後に道はできる」を明示してある。次に二宮尊徳翁の報徳訓「身体の根元は父母に在り」の一節は私に「私は父母の北極星なり」の一句を発見させた。

いよ〳〵本年度になつて精神訓練期の中学生教育の一面の解決資料にもと思つて次の通り「歌で育てる私の人間像」を生み出した。毎朝の五分間、曜日別に自己誓言をさせて歌で心を集結して第一時限の学習に流れ込ませている。

歌で育てる私の人間像

（具中校）　五五年十一月

◎歌で育てる私の人間像

(月)私たちは祖先の残した、すばらしい人生観を身につけ、棉花にあやかつて、世界万人を暖め得る人になりたいと励む。

△花にないならちないに花さかち
うまんゆうぬまじり真肌すゆさ。

◎歌で見つけよ私の意義を

(火)父母は私の根元であり、私は父母の北極星である父母を尊敬じない者が絶対にえらい者にはならない。父母に信頼されない人生は無価値である。

△夜はらす舟や子《ネ》ぬは星見あてい
わんなちえる親やわんどう見あて

◎歌でほどこう私のもつれを

(水)私は自分の身辺に起る、すべてのことがらを成し遂げるために強い信念を育て、大きな理想を持つ

△んざやりがなわかち巾なするいなぐ
花ぬやしらみん織いどすゆる。

◎歌で磨こう私の心身を

(木)理想を失わず、現実を無視せぬことが理想へ近づく大事な条件である。
但し感傷的な願望を理想と錯覚せずに。

△金剛石もみがかずば　玉の光はそわざらん
人も学びて後にこそ　まこと徳はあらわるれ
時計の針のたえまなくめぐるが如く時の間の
日かげ惜しみて励みなば
如何なる業かならざらん。

◎歌で培う私の言動

(金)学歴と教養は必ずしも一致するものではないが、学力と教養とは必ず一致する。学歴、学力教養の三つを一致せしめねばならない。

△人に生りらば　竹ぬ子ぬぐとに
義理や節々ぬ　中にくみてい

◎歌で見つめる私の父、母

(土)父や母の目に愛情を感じることのできない子供たちは、世界のはてまでさまよつて見ても、人の親切に動かされたり、他人を心から愛することはできない。

△石なぐる石ぬ　大石なるまでん
うかきぶせみそり　わ親がなし。

「私の自覚」という点に立て各曜日の自己誓言と歌を簡単に解説しますと。

※「月曜日」……歌で育てる。私の人間像（教師の音頭発言）

私の血液は祖先につながつているという自覚をめざして古文化財である木棉花の歌をもつて来ました。世界万人を暖め、世界につながり、世界を結び得る人、即ち世界人的教養をねらつて祖先の残した偉大なる思想をシンボルにして棉花にあやかりたいと自育するのです。

※「火曜日」……歌で見つけよ、私の意義を。

報徳訓で「父母が私の根元」であるならば私は父母の北極星であると言いきりました。古歌「夜はらす舟や」もこのことを歌つています。父母が「私をめあてだという感傷的な情実を取り上げるのではありません。この感情にしばられて、手も足も出ないということは時代錯誤だともいえます。前進して父母を「めあて」にしている「私」の所にまで引上げることに主眼をおいています。

※「水曜日」……歌でほどこう、私のもつれを。

「少年よ人として成すべきすべてのことがらを成しとげるために大志を抱け」といわれた。クラーク先生の名言を転用しました。織りつゝある縦糸がもつれたらそれこそ織物は代なしです。「そのもつれたカナ（布糸）を解きほぐして織り上げ布を完成し得る女のみ

が花織り模様の四枚ソーコーは使えるのだ」というのが歌意です。

時代と共に家庭に、社会に、又は個人的に色々なもつれ、煩雑、苦悶は多種多様である。このもつれに負けては人生も終りであり、十代の自殺もそこに起る。投げ捨てゝ事終りではない。開拓、打開解決の知能こそその人を前進させ、社会をもプラスする。
※「木曜日」……歌で磨こう私の心身を。
水曜日の誓言の大きな理想がセンチ的な願望と、錯覚があってはやがて自己破壊を招く。大浜信泉先輩の名言を拝用した。現実を無視した理想はその人にプラスし得ないのみかやがて、世も、人も、怨む人生を迎える結果となる。磨かねば光らない。たゆまぬ努力のみが、その人を大成させ、現実に立つた理想現実の近道でもある。
※「金曜日」……歌で培う、私の言動
「大学を出た奥様より、無学の女中の教養が高いこともあり得る」とは言い古るされたことばである。而し学力「その人の生活力になつている所の、学びとつた力」はその人の人品であり、その言動によつて表明されるその人の高さ深さである。自由とわがまゝとをはきちがえて、節度を失い、責任感の伴わない権利と自由の出張!!そこに社会の混乱もあり、犯罪も起る。

「竹の子の様に節のある人に」と歌つて自育する。
※「七曜日」……歌で見つめる私の父母。
中学一年社会科教科書第一頁のことばであり、すべて宗教もここから出発するともいわれている。明日の日曜日家庭生活へのつながりも持たせてこの一句を土曜日の自己誓言とした。「父母がいつまでも健在であるように」とは総ての子供の真情である。

各歌の歌い方は、
月曜日の民謡は文章で曲の説明はできないが、火、水木、金、土の四歌は「夜はらす舟や」のうたい方でうたつており、
木曜の金剛石の歌曲であります。毎朝自己に誓言させこのうたによつて「私」の自覚を深め中学期における人間育成即ち、精神訓練の一部面を持たせています。長々と費させていただきましたが人間育成の一方法として広く御批判を仰ぎたい為です。よろしくお願います
（久米島具志川中学校）

生活指導偶感

安里盛市

◎ 固有名詞に呼びかける。

文教時報第十五号の中で、奥間小学校長知花高信先生は、次のような述懐をなさつておられる。

「私の学校では、毎年六十二、三名の卒業生を送つているが、そのこども達を六ヵ年間あずかつて来たと口巾たく云うものの、その内実は、こども達の名前さえろくろく覚えていない状態である。考えてみると実に淋しいことであり、すまないことだと思う。卒業生に対してこうでは、全校のこども達に対しては更にこのましい状態だとはいえない。これではガイダンスも何もあつたものではない。単に校長職務的事務屋にすぎないと云われても致し方あるまい」と。そして、「私は秋ごろまでには、三六三名のこども達の名前をはつきりと呼びかけ得たいものだ」と。

これは教育一すじに生きる者のきびしい自己批判であり、真摯なヒューマニズムへの覚醒である。


近代学校に於ける教育の大量生産によつて、集団の中に自己の姿を見失い勝ちなこども達の意識を呼びもどすには、まず教師が一人一人の魂に呼びかけることから始めねばなるまい。

しかしながら一人一人の名前を覚えるという平凡なことがらも、そのことが、一人一人の魂に通うものだという信念を抜きにしては、およそ意味のないものになつてしまうのではなかろうか。国民学校時代にはやりはじめた生徒達の名札が、どのような意図をもつてなされたか、甚だ疑わしいものである。或は又、個々の生徒を知るためのテストや調査が冷ややかな、単なる技術的操作におわつてしまつたとするならばどうであろうか。それらは生徒の一人一人に対して、よりよい人間関係を深めんがための有力な道具として役立てられてこそ、はじめて生活指導上の正しい位置を占めることができるのではなかろうか。

最近読んだ図書で感銘を受けたものに宮坂啓文先生

の「生活指導」がある。

その中に石山シュウ平先生の「ガイダンスの基本問題」という論文を引用されている。

「われわれは長い学生生活をふり返つてみて、教師から自分の固有名詞、すなわち自分の名に呼びかけられ、自分のあり方、進み方について問題とせられたことが、はたして幾たびあつたであろうか。とくに中等学校以上の青年学徒としての思い出の中に、教師から自分の性格や境遇や進路について向われたり、忠告されたり、激励されたりした経験ははなはだ少い。しかしわずかなその経験を今なおありありとおぼえている。それほど主体への呼びかけは身にしみるのである。青年的なアイロニィ(擬装)は表面上自主独往の態度を示し、他人の評価や干渉を排斥するが、内実は自分ながら心もとなく、他人の批評や忠言を敏感に受け入れ、心からの同行者を切に求めている」

そして宮坂先生は「生活指導とは、まさにこのような生徒の一人一人の固有名詞に呼びかけていくところから出発するものである」と述べておられる。

「あまりにも平凡なことではないか」　「何を今更らしく」　などと思われるかも知れない。が然し、それほどかんたんに済ましてしまつていいものであろうか。

「分つた」ということが、そのままわれわれの行動を指導してくれるものであるならば、なる程今更らしくもつたいをつけて他人の云い古した言葉を持ち出す必要もなかろう。然しながら、一応観念としては持つていても、実際には行い難いのが凡人の常ではなかろうか。単に知的理解にとどまることなく、自己の体験として、実感をもつて味わうところまでいつてこそ、はじめて、その人の行動を導き得る力となるのではなかろうか。

そのような意味で、共感を呼ぶ他人の体験を謙虚な気持で味わつてみることも、あながち無意味ではないと思う。

奥間小学校の知花先生の自己批判に触発され、石山先生の論文に啓発され、宮坂先生の著書を通して教えられたことなどを失礼を顧みず書き綴つたまでである。

◎ ルールをつくる子供達

放課後の運動場で、男のこども達がバレーボールを投げ合つて遊んでいる。十数名ずつの二組に分かれ、東西に相対し、陣を構える。ジャンケンで一方の一人がボールを取り、相手側の陣に向つて投げつける。相手側はボールを自分たちの陣営深く浸入させまいとできるだけ前面においてくいとめる。くいとめたところから今度は相手側が投げ返す。このようなことをくり返えして最後に相手の後方の線に投げ込んだところが勝ちとなる。何のたわいもない素朴なゲームであるが、よく見ると回を重ねる毎にその遊び方が変化していくことに気がついた。

最初のほど、受け止める側はボールが通面に落下した地点から投げ返えしていたが、何時の間にかボールが地面に落下しないさきに、前へとび出してくいとめるようになつた。それだけ相手の陣に攻め入ることになるからであろう。それに味をしめて、今度は落下して来るボールをパスして、できるだけ敵の方にはね返えすようになつた。場合によっては相手側にとつて、全く投げなかつたのと同じような結果にもなりかねない。このような方法で東軍はなだれを打つて敵に襲いかかつた。結果は明らかである。勝負は一方的に東軍の連勝ということになる。

こんなことを二、三回繰り返している中に、双方にもんちやくが起つた。負け続けた西軍の方に疑問が起つたのである。相手のやり方が不正だと云うのである。もともと、自然発生的な遊びで、最初からルールがあつたわけでもないから「不正」だという決め手はないのである。唯遊び方としては全く不合理極まるものであることには間違いない。子供達はその不合理を発見し、それに対して激しく抗議したのである。

暫く云い合つていたが、このもんちやくはかんたんに解決したようだ。双方に了解が成立したとみえて、再び元気よく相対してゲームがはじまつた。さて次からのゲームにどのような変化がおこるか注意してみていると、今度はボールの落下地点から正しく投げ合つている。双方に相手方を監視するような雰囲気が出来上つている。ゲームは一進一退の中にもだんだん東軍の敗色が濃くなつて、とうとう西軍の勝ちとなつた。西軍が連続二回ほど勝ち越した頃、又もや、もんちやくがおこつた。今度は東軍からの抗議である。東軍の中にきわ立つて体の大きい子がいる。誰が拾つてもボールは常にその生徒に渡され、何時の間にか拾い手と、投げ手が決まつてしまつている。ことの起りはそのへんにあるようだ。

なる程これも不合理だ。第一にこれでは形は団体競技でも実質的には個人競技になつてしまう。結局ずばぬけた者が一人居れば結構勝てるということになる。それに体育指導の面からも機会均等の原則が侵されることになりはしないだろうか。他の生徒は投力を練る機会を自ら放棄しているからである。子供達の抗議はもつともだと思う。

このようにして自然に発生した自由な遊びが何時の間にか素朴ながらも、ちゃんとしたルールを持ったゲームに整えられていつたのである。

子供は遊びを通して人間的成長を遂げつつあるという事実を目の前に見ることが出来た。

集団生活に於ける不合理を発見し、共同思考によつてこれを合理化していこうとする態度と能力はこのような些細な経験を通して積み上げられていくのである。自己の属する集団社会をより合理的に楽しくしていくために自分たちで規則をつくり、自ら作つた規則に自ら遵つていこうとする民主的態度はこのようにして幼い魂の中に芽生えて行くものと思われる。事実彼等が一旦自ら決めたルールに一点の誤りもなく遵うとする誠実さは極めて奇異にさえ感ぜられる程である。

われわれはこのような事実を見逃してはならない。子供達の自然の生活の中に極めて生き生きと作り出される人間成長の機会をもつと真剣に掘りあてていかねばならない。そしてこれを自然のままに放置することなく、教育的に手を加え、組織立ててやらねばならない。教科以外の活動は、このような生き生きとした子供達の生活をその内容に抱き込むことによつて、正規の教育課程としての正しい位置を占めることが出来るであろう。

（指導主事）

校舎建築現況

（施設課）

教育区	学校名	学級数	在籍	本建築 教室数	本建築 現在保有坪数	応急最低基準面積	復旧率
糸満		57	2.804	61	1.467.5	1.682.4	87.22
三和		41	1.685	43	984.88	1.011	97.41
高嶺		16	708	17	392.	424.8	92.27
東風平		38	1.831	43	998.2	1.098.6	90.86
兼城		25	1.147	27	619.4	688.2	90.00
豊見城		44	1.915	47	1.060.3	1.149	92.25
粟国		14	521	14	317.5	312.6	101.56
渡名喜		9	356	11	214	213.6	100.18
座間味		14	444	13	296.88	266.4	111.44
渡嘉敷		12	278	10	233.48	166.8	139.97
那覇		407	19.614	443	10.029.25	11.768.4	85.22
真和志		219	10.766	218	4.891.4	6.459.6	75.72
浦添		64	3.072	66	1.491	1.843.2	79.17
北大東		6	205	10	289.	123	234.95
南大東		12	486	13	290	291.6	99.45
与那原		32	1.541	35	806.8	924.6	87.25

教育区	学校名	学級数	在籍	本建築		応急最低基準面積	復旧率
				教室数	現在保有坪数		
南風原		35	1.629	38	856	616.8	88.19
大里		32	1.405	35	768	843	91.1
佐敷		32	1.523	35	822	913.8	98.95
知念		30	1.265	32	744.22	759.	98.05
玉城		46	2.035	47	1.213.17	1.221.	99.35
具志頭		28	1.241	29	670	744.6	89.98
西原		38	1.621	39	870.8	972.6	86.53
中城		45	1.898	47	1.091.5	1.138.8	95.84
北中城		39	1.671	40	923.1	1.002.6	92.07
宜野湾		92	4.154	96	2.178.5	2.492.4	87.4
北谷		48	2.234	54	1.200.9	1.340.4	89.59
越来		115	5.452	118	2.812.4	3.271.2	85.97
嘉手納		41	1.905	42	970.8	1.143	84.93
読谷		78	3.563	81	1.867	2.137.8	87.33
美里		77	3.425	78	1 795.3	2.055	87.36
具志川		145	6.650	162	3.710.54	3.990	94.24

教育区	学　校　名	学級数	在　籍	本建築		応急最低基準面積	復旧率
				教室数	現在保有坪数		
勝連		60	2.410	60	1.382.22	1.446	95.58
与那城		84	3.608	87	1.996.5	2.164.8	92.22
石川		75	3.559	80	1.854.9	2.134.4	86.88
恩納		41	1.602	41	927.2	961.2	96.46
金武		29	1.303	28	665.24	781.8	85.09
宜野座		29	1.084	30	670.14	650.4	103.0
久志		33	1.111	32	710.82	666.6	106.65
名護		71	3.328	76	1.782.75	1.996.8	89.28
屋部		26	1.056	28	617.2	633.6	97.41
本部		97	4.073	97	2.242.5	2.443.8	91 76
上本部		35	1.475	35	809.3	885.	91.44
今帰仁		73	3.031	78	1.755.25	1.818.6	96.51
羽地		53	2.229	55	1.277.5	1.337.4	95.52
屋我地		18	720	18	394.5	432	91.31
伊江		36	1.568	37	865.64	940.8	92.01
伊是名		32	1.406	28	628.74	843.6	74.53

教育区	学　校　名	学級数	在　籍	本建築		応急最低基準面積	復旧率
				教室数	現在保有坪数		
伊平屋		26	982	26	514.75	589.2	87.36
大宜味		48	1.769	48	1.077.48	1.061.4	101.51
国頭		69	2.501	72	1.602.46	1.500.6	106.78
東		23	716	21	474.98	429.6	110.56
久米島 具志川		55	2.142	54	1.216.97	1.285.2	94.69
仲里		46	1.733	42	1.002.22	1.039.8	96.30
平良		146	6.424	159	3.447.75	3.854.4	89.44
下地		31	1.335	39	814.75	801	101.71
上野		27	1.249	30	634.25	749.4	84.63
城辺		79	3.456	91	1.917.5	2.073.6	92.47
伊良部		51	2.409	55	1.185	1.445.4	81.98
多良間		22	769	23	550.25	461.4	119.25
石垣		96	4.295	98	2.221.25	2.577	86.19
大浜		56	1.971	66	1.413.75	1.182.6	119.54
与那国		30	1.194	35	666	716.4	92.96
竹富		72	2.018	86	1.557.98	1.210.8	128.67

教育区	学校名	学級数	在籍	本建築		応急最低基準面積	復旧率
				教室数	現在保有坪数		
	糸満高校	21	750	21	496	675	73.45
	那覇 〃 〃	47	1.652	48	1.086.75	1.486.8	73.09
	首里 〃 〃	38	1.345	38	860	1210.5	71.04
	知念 〃 〃	22	962	22	521.5	685.8	76.04
	野嵩 〃 〃	29	1.011	29	683.5	909.9	75.11
	胡差 〃 〃	31	1.091	31	734	981.6	74.75
	読谷 〃 〃	21	725	21	496	652.5	76.01
	前原 〃 〃	19	670	19	450.6	603.	74.27
	石川 〃 〃	20	714	20	470.4	642.6	73.20
	宜野座 〃 〃	12	430	13	264	387	68.21
	名護 〃 〃	28	981	28	679	882.9	76.90
	北山 〃 〃	13	441	13	304	396.9	76.59
	辺土名 〃 〃	14	492	14	328	442.8	74.07
	久米島 〃 〃	14	480	14	320	432	74.07
	宮古 〃 〃	21	725	24	727	652.5	111.41
	八重山 〃 〃	13	440	14	463.75	396	117.10

教育区	学校名	学級数	在籍	本建築		応急最低基準面積	復旧率
				教室数	現在保有坪数		
政府	北農	12	537	15	347	537	64.61
	中農	14	699	19	449.5	699	64.3
	南農	12	553	16	336	553	60.75
	水産商校	9	306	10	240	306	78.43
	工業	15	622	18	416	622	66.88
	商業	20	1.102	27	648	1.102	58.80
	宮古農	9	349	10	234	349	67.04
	宮古水	7	246	8	182.75	246	74.28
	八重山農	9	332	12	299	332	90.06
	盲ろう学校	9	74	2	48	44.4	108.10
	澄井小中	3	54	3	72	32.4	222.22
	稲沖小中	2	20	1	24	12	220.0

現在生徒数を国勢調査の数に補正した生徒数

（学務課）

学年度 / 学年	55.4 年月	56.4 年月	57.4 年月	58.4 年月	59.4 年月	50→54.12.1 国勢調査	55.4 学校報告	55.4×9.843 換算した場合
1 年	24.127	26.244	26.148	26.114	26.422	24.127	24.127	24.127
2 年	24.921	23.910	26.008	25.913	25.877	22.904	25.319	24.921
3 年	13.440	24.747	23.743	25.826	25.732	21.761	13.654	13.440
4 年	10.752	13.359	24.599	23.600	25.671	11.798	10.924	10.752
5 年	14.418	10.698	13.299	24.451	23.482	11.405	14.648	14.418
6 年	16.663	14.375	10.655	13.239	24.353	14.717	16.929	16.663
小 計	104.321	113.333	124.445	1319.143	151.539	106.712	105.601	104.321
教員数	2.609	2.835	3.112	3.479	3.789			
1 年	16.692	16.613	14.332	10.623	13.199	15.421	16.958	16.692
2 年	18.211	16.659	16.580	14.303	10.602	16.287	18.501	18.211
3 年	17.309	18.193	16.642	16.563	14.289	17.628	17.585	17.309
中 計	52.212	51.465	47.554	41.489	38.090	49.336	53.044	52.212
教員数	1.741	1.716	1.586	1.383	1.270			
小中計生徒数	156.533	164.798	171.999	180.632	189.629	156.048	158.645	156.533
教員数	4.350	4.551	4.698	4.862	5.059			

高 校	55.4 年月	56.4 年月	57.4 年月	58.4 年月	59.4 年月	60.4 年月	61.4 年月	62.4 年月	63.4 年月	64.4 年月
1 年	7.133	6.917	7.270	6.650	6.619	5.710	4.232	5.269	9.662	9.317
2 年	6.094	7.126	6.910	7.263	6.644	6.613	5.705	4.228	5.264	9.653
3 年	5.646	6.150	7.219	6.903	7.256	6.638	6.607	5.670	4.224	5.259
計	18.873	20.193	21.399	20.816	20.519	18.961	16.544	15.167	19.150	24.229

投稿案内

一、教育に関する論説、実践記録、研究発表、特別教育活動、我が校の歩み、学校経営社会教育活動P・T・A活動の状況、その他
（原稿用紙四〇〇字詰一〇枚以内）

一、短歌、俳句、川柳、※五首以上

一、随筆、詩、その他
※原稿用紙（四百字詰）五枚以内

一、原稿は毎月十日締切り

一、原稿の取捨は当課に一任願います。（御了承の程を）

一、原稿は御返し致しません。

一、宛先文教局研究調査課係

一九五五年十一月二十八日　印刷
一九五五年十二月十日　発行

文教時報（第十九号）
（非売品）

発行所　琉球政府文教局　研究調査課
印刷所　旭堂印刷所
那覇市四区八組（電話六五五番）

琉球

文教時報

20

特集

長欠児童生徒調査

NO.20

文教局研究調査課

謹んで新春のおよろこび申し上げます

元旦

文教局長 眞栄田義見
〃 次長 小波藏政光
庶務課長兼学務課長 山川宗英
指導課長 中山興眞
社会教育課長 金城英浩
施設課長 喜久山添采
研究調査課長 比嘉信光

目次

年頭にあたって

眞栄田 義見

長い坂道を喘ぎ喘ぎやつと峠に辿りついて一息ついたというのが終戦十年であり、そして一九五六年の年頭に立つて殊にその感を深くするのである。

今年度で必要教室数は充足して少しは余りが出た、今年度でいくらか教授備品費の予算化も出来た。来年度からは特別教室にも手が出せる。備品充実計画も立てられる。教員の待遇も財政の範囲内で向上の緒が手繰られて来たし、何よりも特記しなければならん事は教員自身の自発的な教研大会が持たれた事である。

行政面からしても、現場の側からしても、苦しい坂道をふり返つて見るだけの余裕が出たわけである。

この十年に比べたら、今後はわり方坦々たる道が教育界にも、開けて来るだろう。

あれも不足、これも無い、こんな状態では満足な教育は出来るわけはない、とよく言われたものだが、そういう苦しさの中に、教育を支えて、来たのは教員の教育愛と、ＰＴＡの援助だともよく言われた事であつた。

しかし、教育における物的条件は今後数年にして、やゝ整備を見る筈である。教員の教育への情熱と相俟つて、沖縄教育の一段の飛躍が期待されるわけで、現場の皆様と共にまことに年頭にあたり、心からおめでとうございますといゝたい衝動をどうする事も出来ません。

教研大会では基礎学力と道徳教育の問題がとりあげられた。

今の沖縄教育で大きな二つの課題であるが、これを教員自身が、自分の責任でこれをどうしたら解決出来るかと、真剣に取り組んだ所に大きい意義がある。

自分の問題を自分で取り上げるのは当り前ではないかと、一応は言えるわけだが、しかし、いろんな条件が、教員のこういう自主的な意欲をはばんでいたのである。

それが、自分に眼を向けたのであるから、否、自分に眼を向ける余裕が出たのだから、意義が大きいというわけである。

原因は自分にもある、少くとも自分にある部分だけは自分で、見つけ出して自分の手で解決する。その原因を自分の中から見づけようとする、自主的な態度の現われが、教研大会の今日的意義の大きいものだと思うのである。

八重山の開拓地にも、国頭の北の果てにも、宮城島にも、スマートな校舎がドッシリと建つていた。そこの子供達は、つぶらな瞳に、希望の色をたゝえて勉強していた。

一寸見ただけでは、みんな元気で、伸び伸びと育つていた。

でも子供達の一人一人には様々な問題を持つているのがいるだろう。勉強に適応出来ないで困つている子がいるだろう。

学力の低下は、学習の困難は、この子供の背負つている問題や、子供の個性の中にもあるのだ。そしてもう一つ、沖縄の持つている困難な問題は形を変えて、その片鱗を子供達も背負つているのだ。

自分を見つめる先生方は、きつとこの子供達を見つめるだろう。そして子供達と自分の関係を見つめるだろう。二十四の瞳ではないが、一〇〇の瞳二〇〇の瞳が、自分につながつている事を思う時に、今日の日と今日の仕事が、ありがたくなりますね。

十七万の児童生徒と、五千の先生方の上に一九五六年がしあわせな年で有りますよう祈ります。

年賀状の快味

指導課長 中山興眞

年賀状はわれわれを元旦らしい心情にする。

どこかで、新生活運動の一環に、年賀状が単なる儀礼形式なるものとして、その廃止を取り上げているようだが、その運動の適否は別のもの。それとは無関係に年賀状は新年を迎える者の心情深く結びつく伝統にして常に新しい慣習の一つであろう。

カレンダーの枚数が残り少なに薄れ行くにつれて、自分の年令の累加感に恐れと、悲しみと、また一種の息詰りすら感じ、迫る年の暮を知るころでも、年賀郵便取扱開始のポスターを見ては、又新しい活力を覚えるものである。

われわれ人間の好情交歓の営みには、暑中見舞というのもあるが、年賀状にはたしかに三百六十五日に一回という強い意義の実感と暖かい親しみがこめられている。

だから年賀状を認める時の態勢は尊いものである。せわしい生活の中で、先づ日程を計画する。年一回新しい筆と新しい墨を買うために出かけるのにも、その思いが新たに湧く。愈々認める場になり、送り先の人物決定に移るのだが、その拠りどころは、昨年いただいた年賀状集を主体とし、次にこの年間、新たに得た恩人、知人、友人の氏名を書きとめた手帳である。磨墨が済み、潤筆して第一筆を振る時の慎重さ、静けさ、快適さは何といってもよい。これまた年一回味う快味の一つ。ところでこの第一筆の光栄に浴する人物の詮衡基準としては遠近の距離、南北の方向、老若年令、あるいは名簿順等として大体決めてあるが、大方その年の心境で年々異っている。かくして一気に筆を進めていくうちに、認められ行くはがきの面に人々の顔や、声や、動静や、職業等が浮かび、なつかしさや、欠礼への痛さなどの感懐すら覚えるものである。ところで、毎年のことであるが、こちらから出してない方からの年賀状には全く恐縮である。有り難さと、すまなさにほんとに地にひれ伏す気持である。「よし、来年は心して。」と、固い決心のもと取りあえず返状をと心得るのであるが、果さないまゝに越年することが多い。この方々に対する謝意は骨身に泌みて忘れ得ぬものがあって、次年度発送の原本を過年度年賀状集に拠る所以である。

さて年賀状の快味は何だろう。「今日は。おめでとうございます。年賀郵便です。」この生気と活力高い郵便屋さんの玄関での一声に始まる。これがたった二円という最低郵便料金の声である。色彩刷りの賀状の一枚一枚に、新香を味わい、有難さを覚え、健康を思い、世界中の人間への明るさと親しさすら感ずるものである。全家族員がくり返し表を読み、裏を見て感を語ること数度に及ぶ。たった二円の世界最低額の会費による遠近、新旧、老若男女相集っての大交歓会が展開される。この光景とこの心情こそ正に新年元旦における年賀状極致の快味であり、年賀状の精神ではないだろうか。

こゝで失礼ながら、今年私がいただいた年賀状を紹介しよう。先づ、賀状の効果を高めるために、華やかな色彩刷りのはがきであるが、その効果は幾枚も重ね合わせた時一段と賀春の感覚が湧く。これは作製に当って、工夫された郵政当局に謝意を表したい。次には鄭重の部として封筒入りがある。中味もやはり品あり、丈夫で入念な心づかいに敬服する。また家族と家族の特殊関係からの夫婦連名や、家族全員の氏名、年令、職業表等もあって特別の情愛が迫って来る。商売上の宣伝や挨拶を盛った儀礼気豊かなものには、その形式を通じて快いものを感じ相互の尊敬と理解の深まる気持がわくものである。用具としては、毛筆が断然多く、ペンがこれに次ぎ、小学校の子供さんの鉛筆もあつたが何れもそれぞれの個性や真剣さがうかがわれ、芸術的、書道的立場を離れてそれぞれ生気をおぼえ親しく、おもしろく受け取つた。

次に繪入りのものが随分多い。その主なるものに松に鷲、猿に竹、猿、朝日に蝶、猿に梅、元旦のあさぼらけ、朝日と山、松、梅、松に梅、竹に梅、人形、櫻、家屋に雪、竹に鶯、雪の富士、松に雪、松に鶴などがある。自作、他作とりどりあるが、いづれも快味はたつぷり。新春のにおいに満ち満ちている。

文面にもいろいろある。賀正、謹賀、恭賀を主体とし、謹しみての謝恩、たのみ、祈り、はげまし、決意、それぞれの立場と個性が実感として歌の如く迫るものがあるが、年令的に高令者ほど簡潔で、低令者ほどこまかい。私などはその前者に属する者として恐縮している次第である。中でも打たるゝのは、曾ての教え子からのである。顔も時も、所もはつきりと浮かんで来ないのがあると全く赤面もので、どんなことを教えたかの反省にしばし沈默。

今年特に感銘に堪えないのは、小学校の子供さんからのものであつた。はがき一ぱいに思い切り力強く書きひろげ、受け取り人氏名よりも自分の住所氏名を大きく明瞭にするなどその真剣さと純真さはまことに尊く思つた。二回ほど訪問した学校の四年児童の一人から「久米島に早くおいで」とのさそいをこめた暖かさなどほゝえましいものである。最後に特殊のものとして旧姓で名嘉山と興真を興信に取り替えたものがあつた。前者の場合は改姓の公表をしなかつた私にその罪があり、後者の場合には日本字にはローマ字にはない同一音による誤り得る欠陥があるし、また、真と信とは沖縄人名上共通普遍性豊かなる文字なる故から来るものと思う。こう考えると旧姓を書かれた方に対しては旧姓を通じての私に対する結びつきの徹底さに感謝し、信を用いられた方に対しては共通普遍的文字を名前に採用して御迷惑をおかけしたことを深くおわび申し上げたい気持になる。

尚差し出し人もなく、文面もない一面白紙さつぱりのもの一枚と一人で二通のものがあつた。何れも多くのものを処理する場合に起る手違いであろう。これもまた、年賀状の快味かなと私は一人二通には重々の感謝を捧げ、白紙には無言、深情に謹しんで無限の感謝を捧げる次第である。（一九五六・一・五）

教員ご正月

比嘉俊成

除夜の鐘きゝ居てつくぐ〜立てゝ見る決心は先づ月賦拂うこと

○

徹夜して妻が仕立てし服つけて子供がはしやぐ初日かゞよう

○

南天は眞直《ますぐ》に高く白菊のかたへににほう今朝を祝《ことほ》ぐ

○

蚊帳《かや》靴と月賦重なれりこの十月《とつき》芋を《を》食しつゝがんばらざらんや

○

一着の服揃え得てほこらしも初日もくる〜廻《まわ》りて暖か

○

うらじろに初風見えて鏡餅のかたへの南天紅くさえたり

長欠児童生徒調査

—一九五五年九月二十日現在—

文教局研究調査課

長期欠席児童生徒の実態

I 調査方法の概要

1 調査目的

全琉球における小学校、中学校の長期欠席児童生徒の状態およびこれら児童生徒の環境を調査し、これ等児童生徒の就学奨励や不良化防止などの施策の資料とすることを目的とした。

2 調査方法

悉皆調査により各学校長に報告を求めた。

3 長期欠席児童生徒の概念(定義)

本学年度の長期欠席児童生徒調査も去年と同様九月二十日現在において三十日連続して欠席した児童及び生徒を長期欠席者とした。(文教局学務課、学校在籍一齊調査、文学第五号用紙による)

4 調査事項

(1)学校名 (2)学校種別 (3)全在学者の保護者の職業別調査 (4)長期欠席者の保護者の職業別調査 (5)長期欠席児童生徒の理由別調査 (6)労働種別長期欠席児童生徒調査 (7)疾病異状別長期欠席児童生徒調査 (8)長期欠席児童生徒の父母の状態別調査

II 調査結果の概観

1 結果の概要

本学年度の調査における長期欠席生は小学校五〇三人、中学校一、六六六人、計二、一六九人である。これを前年度と比較すると小学校においては三二六人の減、中学校においては四四七人の減で小学校、中学校で合計七七三人の減である。

本学年度の長欠児童生徒と全在学者の比率及び長欠児童生徒の一校当りを示すと第一表の通りである。

第一表によると長欠児童生徒は前年度(一九五四年)と同様中学校に多いことが目立つて居り、これは琉球における義務教育に対する意識が中学校になれば軽視されている点にあるのでないかと思料される節がある。全琉一校当りの長欠者数でみると中学校は小学校の約四倍の長欠生徒を保有して居る。参考までに前年度の一校当りの長欠率は小学校〇・八四、中学校三・八九、一校当り長欠者数は小学校四・四人中学校一四・九人で本学年度と比較すると長欠率において小学校〇・三六、中学校〇・六八の減一校当り長欠者数において小学校一・六人、中学校三・三人の減である。

第一表　長欠児童生徒と全在学者の比率及一校当り長欠児童生徒数

区別	在学者総数	長欠児童生徒総数	長欠率%	一校当り長欠者数
小学校	103,609人	503人	0.48	2.8人
中学校	51,838人	1,666人	3.21	11.6人
計	155,447人	2,169人	1.39	6.5人

長欠者を地区別にみると第二表の通りで其の数においては那覇地区の四八〇人(二二・一%)が最も多く胡差、宮古、前原の順にな

第二表　地区別長期欠席者数

区別	糸満	那覇	知念	胡差	前原	石川	宜野座	名護	辺土名	久米島	宮古	八重山	計
小学校	52 10.3	119 23.7	35 7.0	67 63.3	62 12.3	21 4.2	8 2.0	39 7.8	16 3.2	11 2.2	46 9.1	27 5.4	503 100%
中学校	225 13.50	361 21.7	105 6.3	227 13.6	183 11.0	58 3.5	32 1.9	188 11.3	9 0.5	11 0.7	212 12.7	55 3.3	1,666 100%
計	277 12.8	480 22.1	140 6.4	294 13.6	245 11.3	79 3.6	40 1.9	227 10.5	25 1.2	22 1.0	258 11.9	82 3.8	2,169 100%

つて居る。尚これを全在学者との比率において比較したのが第三表であり、第三表によるとどの地区が最も長欠率が高いかをうかゞい知る事が出来る。小学校においてはどの地区も長欠率は低いが糸満地区の〇・六九％、石川の〇・六二％がやゝ高い方である。

小学校と比較して中学校の方は長欠率が著しく高く、糸満地区の五・五三％を筆頭に宮古の四・二八％、前原の三・五四％、石川の三・四九％、那覇の三・四二％の順になつて居る。これを前年度と比較して図表化したのが第一図である。

第一図によると小学校においては宜野座地区、辺土名地区、久米島地区、以外はいづれの地区も長欠率が下つて居る。

中学校では糸満地区

第三表　全在学者に対する長欠児童生徒の比率（地区別）

区別	糸満	那覇	知念	胡差	前原	石川	宜野座	名護	辺土名	久米島	宮古	八重山	計
小学校	0.69	0.52	0.51	0.45	0.57	0.62	0.35	0.3	0.49	0.43	0.43	0.42	0.48
中学校	5.53	3.42	2.76	2.93	3.54	3.49	2.71	2.8	0.51	0.84	4.28	1.82	3.21
計	2.38	1.43	1.32	1.30	1.53	1.32	1.15	1.15	0.50	0.58	1.66	0.86	1.39

第一図　地区別長期欠席率の前年度との比較

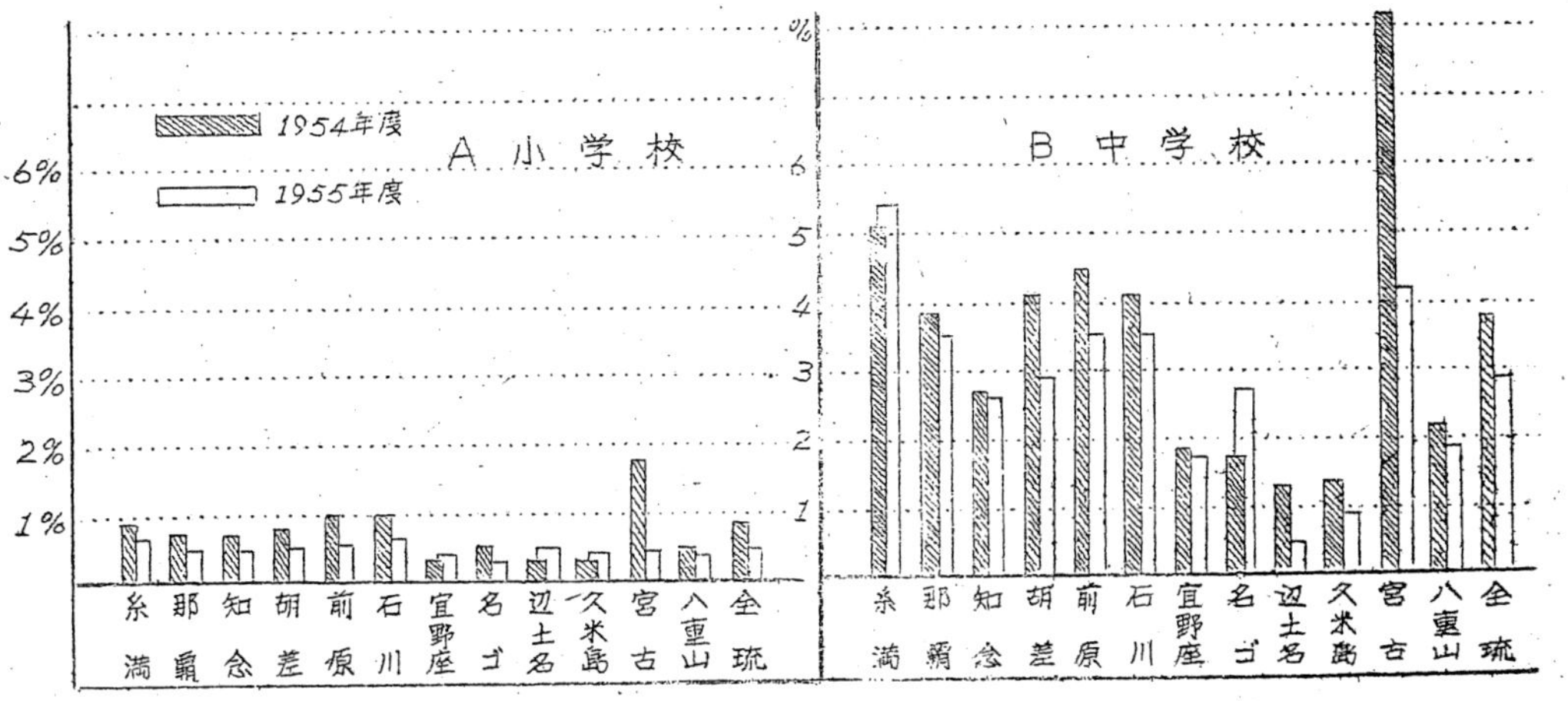

第四表　一校当り長期欠席児童生徒数（地区別）

区別	糸満	那覇	知念	胡差	前原	石川	宜野座	名護	辺土名	久米島	宮古	八重山	計
小学校	3.5人	6.6人	2.9人	3.2人	3.6人	3.0人	0.7人	1.4人	1.1人	1.6人	2.7人	1.8人	28.0人
中学校	20.4人	30.1人	13.1人	16.2人	12.2人	12.0人	4.6人	9.0人	0.6人	2.2人	13.2人	3.7人	11.6人

第五表　保護者の職業別欠席率

区別	農業	林業	水産業	鉱業	運輸業	自宅商	自宅工	自由労務	工員	公務員	学校職員	会社員	旅館飲食店	接客業	軍作業	行商露天商	医者	其の他	計
小学校	0.48	0.58	0.31	0.0	0.18	0.34	0.54	1.00	0,47	0.19	0.06	0.02	0.13	1.42	0.31	0.95	0.0	1.45	0.49
中学校	3.3	3.8	6.2	4.4	1.5	0.9	1.9	6.7	2.9	0.3	0.4	0.5	3.6	5.1	2.2	5.0	1.3	7.2	3.2

名護地区以外は良い傾向にある。次に地区別に一校当りの長欠児童生徒数を調べてみると第四表の通りで小学校においては那覇地区を最高に前原、糸満、石川の順になつており、中学校では那覇、糸満、胡差、宮古の順である。

尚長期欠席率を保護者の職業別にみると前記第五表の通りで小学校においては長欠率の最も高い職業は接客業の（一・四二％）で次に自由労務（一・〇〇％）行商露天商（〇・九五％）の順であり中学校では自由労務の六・七％を筆頭に水産業（六・二％）接客業（五・一％）行商露天（五％）の順になつている。全琉小学校、中学校の保護者中小学校において約〇・四九％、中学校で約三・二％の父兄が長欠児童生徒をかゝえている事になる。これを前年度と比較してみたのが第二図で年次的に観ても、小、中校を通してみても林業、水産業、自由労務、接客業、

第二図　年次別・学校種別にみた保護者の職業別長欠率

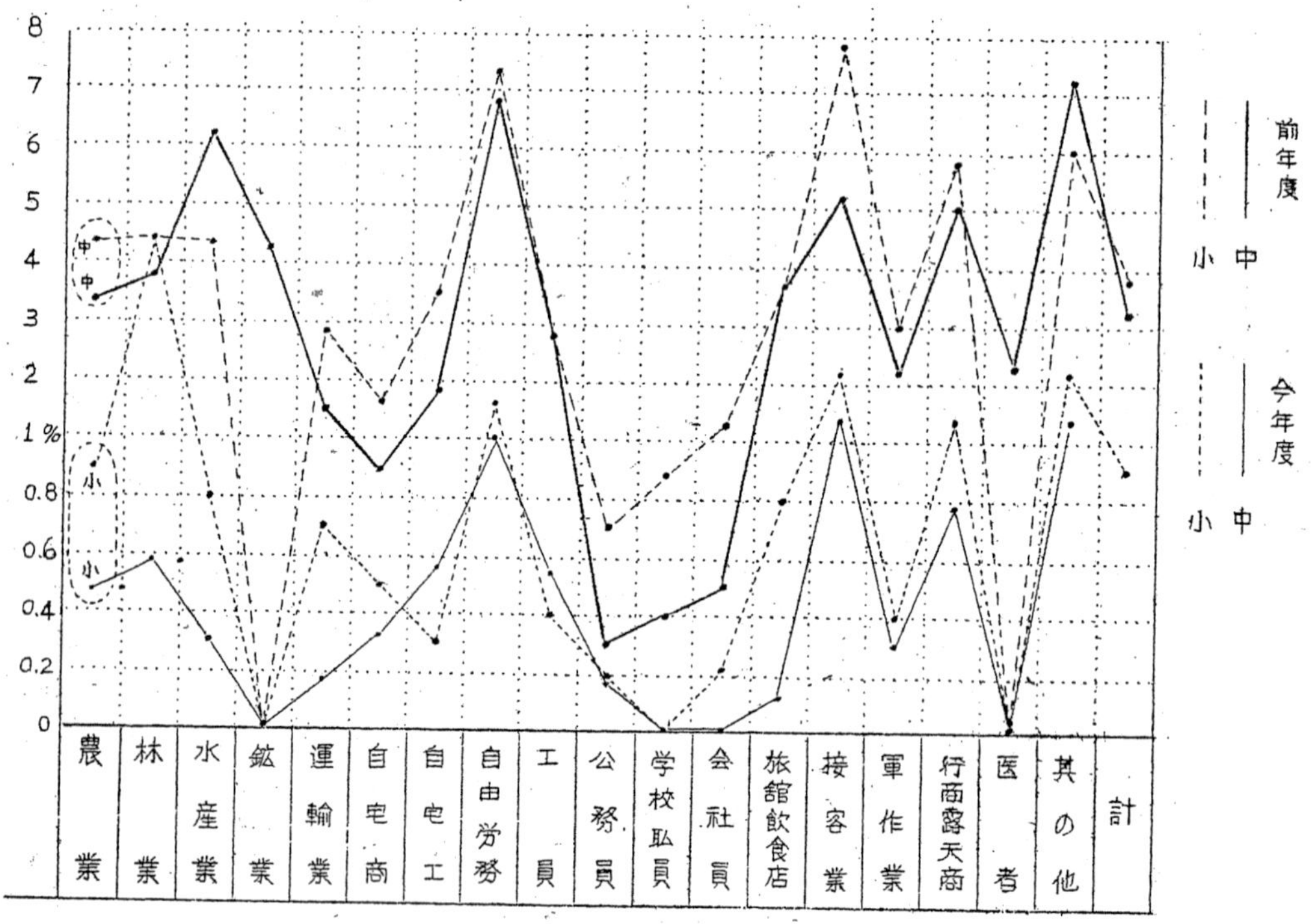

行商露天商に長欠児の多い事が解る。

2 長期欠席者の様態

どのような理由で長期欠席者になつたかを考察したのが第六表及び第七表である。

第六表によれば小学校においては本人による長欠生が多く、中学校では反対に家庭による長欠生が多い。

更に第七表で本人によるもの、家庭によるもの、各々について其の理由別を分析してみると小学校においては五〇三人の長欠生の中其の三九％の児童が本人の病気のために真にやむをえないものであり、次に高率なものは勉強ぎらいの一五・三％家庭の無理解の一二・九％等である。中学校では一、六六六人の長欠生の中、其の二五・五％が勉強ぎらいで長欠生となつて居り教育指導の面から十分反省すべき問題だと思う。次に高率なのは家計を助けるための二一・六％家庭の無理解の一八・七％等である。

第六表　理由別長欠者数

区　分	本人によるもの	家庭によるもの	計
小学校	69.98% 352人	30.01% 151人	100% 503人
中学校	46.99% 783人	53.00% 883人	100% 1,666人

小学校、中学校を通して感ずる事だが、家庭の無理解（小一二・九％、中一八・七％）家計を助けるため（小八・二％、中二一・六％）本人の居所不明（小七・八％、中五・九％）等が高率であることは、琉球の社会現象として反省されるべき点ではなかろうか、単に学校、あるいは教師のみの問題でなく抜本的な社会政策の必要を痛感する。尚長欠生の理由別調査を前年度

第七表　長期欠席児童生徒の理由別調査

区分	本人によるもの											家庭によるもの								合計
	本人の病気	勉強ぎらい	友人にいぢめられる	学用品がない	衣類や着物がない	学校が遠い	本人の居所不明	小使銭かせぎ	非行児童	其の他	計	家庭の無理解	家庭の災害	家族の疾病異状	教育費が出せない	家計の一部又は全部出したら出校	家計を助けるため	其の他	計	計
小学校	39.2% 197人	15.3 77	0.4 2	0.2 1		0.4 2	7.8 39		0.6 3	9.2 31	67.0% 352人	12.9% 65人	0.8 4	1.4 7	2.2 11	0.4 2	8.2 42	4.0 20	30.0 151	100% 503人
中学校	9.3% 155人	25.5 425	0.5 9	0.2 4	0.06 1	0.3 5	5.9 98	0.5 9	1.5 25	3.1 52	47.0 783人	18.7% 311人	0.7 12	2.9 49	4.1 69	1.6 27	21.6 359	3.4 56	53.0 883	100% 1,666人

第三図A　長欠者の理由調査（年次的比較）小学校

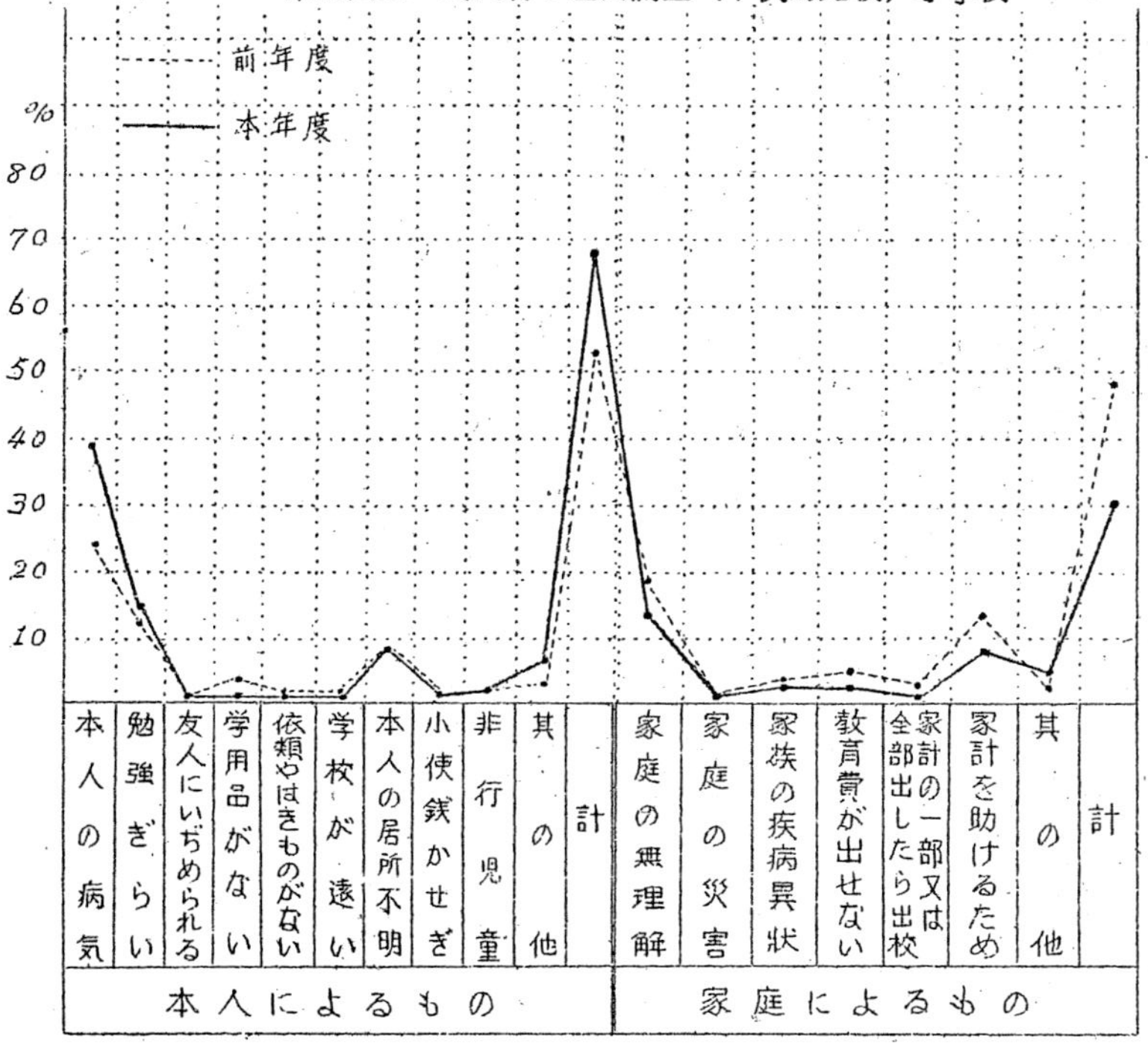

第三図B　長欠者の理由調査（年次的比較）中学校

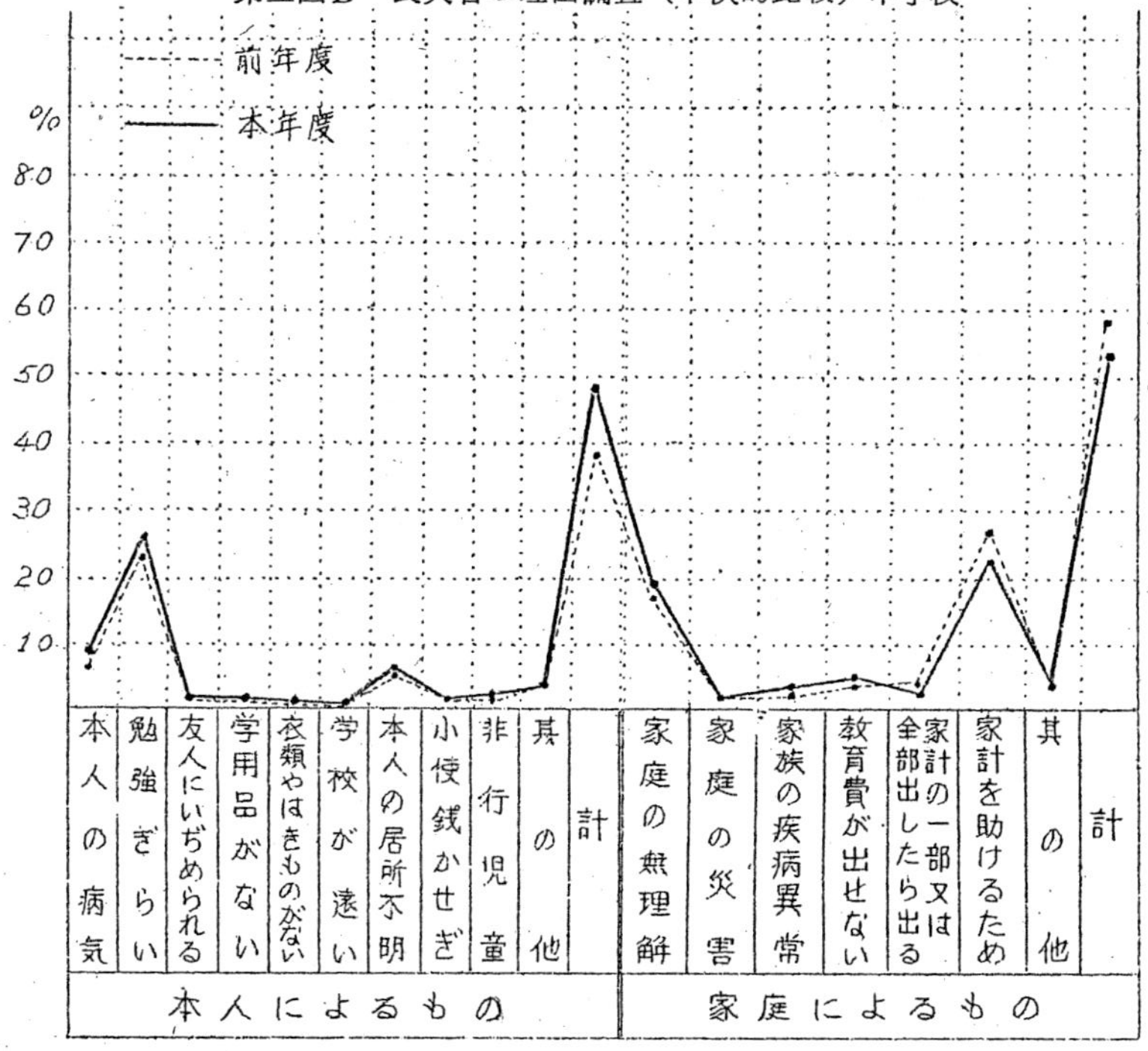

と比較して見たのが第三図である。

第三図は小学校、中学校とも長欠生総数を一〇〇とみてどのような理由に該当者が多いかを折線グラフで表わし其の年次別動態をみたのであるが小中共長欠生の長欠になる理由は前年度も今年度もほゞ一定している。

唯此処で長欠児童生徒に対する施策及び各種対策の結果として現れたと思う現象は小学校中学校とも家庭によるものより本人によるものが多くなつて来た事である。

長期欠席児童生徒が本人の病気以外のために長欠となつている場合は一応「ガイダンス」の面から教育に対する社会意識の面から生計部面ひいては社会政策の面から充分検討してみる必要があると思う。そのような観点から第三図及び第七表を観た場合色々と示唆される部面が多い。

地区別に長期欠席者の理由別る見ると第八表の通りで各地区とも特色がうかがわれる。小年犯罪の大半は長期欠席児童生徒によつてかもし出されているといわれ其の面からの考察も必要と思われるが本調査の理由別長期欠席児童生徒数から特に小年犯罪と深い関係を持つものは勉強ぎらい、本人の居所不明、小使銭かせぎ、非行児童による欠席者であると思料されその様な理由による長欠者が各地区にどう分布しているかを観ると面白い傾向がわかる。

長期欠席者が疾病異常でない場合何等かの労働を行つていることが普通で特に中学校の長期欠席者と労働問題は密接な関係があり、尚又少年犯罪等とも関係が深いので長期欠席児童生徒の疾病異常を長期欠席生徒の労働関係について分析を進めてみる事にする。

第八表A　長期欠席児童生徒の理由別調査（地区別）小学校

		糸満	那覇	知念	胡差	前原	石川	宜野座	名護	辺土名	久米島	宮古	八重山	計	%
本人によるもの	本人の病気	25.0 13	33.6 40	60.0 21	52.2 35	25.8 16	38.1 8	62.5 5	43.6 17	50.0 8	36.4 4	37.0 17	48.1 13	197	39.16
	勉強ぎらい	17.3 9	16.8 20	5.7 2	16.4 11	21.0 13	9.5 2	25.0 2	15.4 6			17.4 8	14.8 4	77	15.31
	友人にいぢめられる	1.9 1							2.6 1					2	0.4
	学用品がない				1.5 1									1	0.2
	衣類やきものがない														0
	学校が遠い				3.0 2									2	0.4
	本人の居所不明	11.5 6	9.2 11	2.9 1	1.5 1	17.7 11	14.3 3					6.5 3	11.1 3	39	7.75
	小使銭かせぎ														0
	非行児童		0.8 1								9.1 1	2.2 1		3	0.6
	其の他	15.4 8	8.4 10		7.5 5	1.6 1			10.3 4	6.3 1		2.2 1	3.7 1	31	6.16
	計	71.2 37	68.9 82	68.6 24	82.1 55	66.1 41	61.9 13	87.5 7	71.8 28	56.3 9	45.5 5	65.2 30	77.8 21	352	69.98
家庭によるもの	家庭の無理解	17.3 9	16.8 20	11.4 4	9.0 6	11.3 7			7.7 3	1	54.5 6	10.9 5	14.8 4	65	12.92
	家庭の災害	1.9 1						12.5 1	5.1 2					4	0.8
	家庭の疾病異状	1.9 1	1.7 2	2.9 1	3.0 2							2.2 1		7	1.39
	教育費が出せない	1.9 1			1.5 1		33.3 7		5.1 2					11	2.18
	家計の一部又は全部を出したら出校する						4.8 1					2.2 1		2	0.4
	家計を助けるため	3.8 2	6.7 8	17.1 6	4.5 3	12.9 8			7.7 3	1		19.6 9	7.4 2	42	8.15
	其の他	1.9 1	5.9 7			10.0 6			2.6 1	31.3 5				20	3.91
	計	28.8 15	31.1 37	31.4 11	17.9 12	33.9 21	38.1 8	12.5 1	28.2 11	43.7 7	54.5 6	34.8 16	22.2 6	151	30.01
合計		52	119	35	67	62	21	8	39	16	11	46	27	503	

A　長期欠席児童生徒と労働との関係

本学年度長欠者小学校五〇三人、中学校一六六六人中就労しているもの小学校一一九人、中学校一四七〇人で就労率にして小学校二三・六%、中学校八八・〇三%で中学校の方が著しく高率を示している。

就労者をくわしく分析し如何なる仕事（職種）に従事しているかを観たのが第九表である。

第九表は労働種別を家事手伝を主としたものと外部に出て就労しているもの、つまり他人に雇傭されているもの、二つに分類して解釈したものである。第九表によれば家事手伝が一五七人（全体の七八・九%）他人に雇傭されているものが四二人（全体の二一・一%）で中学校においては家事手伝一〇九九人（全体の七四・八%）他人に雇傭されているもの三七一人（全体の二五・二%）であり、小中校共、家事手伝の方が高率である。

第九表 A　労働種別長期欠席者

区分	家事手伝が主であつた	他人に雇傭されているもの	計	長欠者総数に対する率
小学校	78.9% 157人	21.1% 42	119	39.5%
中学校	74.8 1099	25.2% 371	1470	88.2%

尚、これを細分して考察を進めたのが第九B表である。それによれば家事手伝が主であった長欠者は小学校においては留守番、子供看病等が最も高率であり、中学校では農耕伐木が高率を示している。幼少年の身体と発達と就労の関係が一面うかがえる。他人に雇傭され就労している長欠者は小学校においては(女中、給仕

第八表B　長期欠席児童生徒の理由別調査（地区名）中学校

		糸満	那覇	知念	胡差	前原	石川	宜野座	名護	辺土名	久米島	宮古	八重山	計	%
本人によるもの	本人の病気	6.7 15	9.4 34	10.5 11	8.8 20	8.2 15	19.0 11	18.8 6	13.3 25	22.2 2	27.3 3	4.7 10	5.5 3	155	9.30
	勉強ぎらい	37.8 85	38.8 104	25.7 27	24.7 56	34.4 63	27.6 16	40.6 13	12.2 23	22.2 2	27.3 3	15.1 32	1.8 1	425	25.51
	友人にいじめられる	0.4 1	0.6 2		0.9 2	1.1 2	1.7 1						1.8 1	9	0.54
	学用品がない							3.1 1				0.9 2	1.8 1	4	0.24
	衣類やきものがない								0.5 1					1	0.06
	学校が遠い	0.4 1				0.5 1						0.9 2	1.9 1	5	0.30
	本人の居所不明	4.9 11	8.9 32	2.9 3	10.1 23	2.2 4	8.6 5	6.3 2	2.1 4		9.1 1	4.2 9	7.3 4	98	5.88
	小使銭かせぎ	0.9 2	0.6 2					3.1 1	1.1 2			0.9 2		9	0.54
	非行児童	0.9 2	2.2 8	1.9 2	2.6 6	1.1 2	3.4 2		0.5 1			0.5 1	1.8 1	25	1.50
	其の他	34.0 9	5.3 19		0.4 1	2.7 5	1.7 1		3.7 7			2.8 6	7.3 4	52	3.12
	計	56.0 126	55.7 201	40.9 43	47.6 108	50.3 92	62.1 36	71.9 23	33.5 63	44.4 4	63.6 7	30.2 64	29.1 16	783	46.99
家庭によるもの	家庭の無理解	18.2 41	10.5 38	27.6 29	19.4 44	21.9 40	3.4 2	3.1 1	20.2 38	33.3 3	36.4 4	29.2 62	16.4 9	331	18.68
	家庭の災害				0.4 1	1.6 3			2.1 4			1.4 3	1.8 1	12	0.72
	家族の疾病異状	1.3 3	3.9 14	1.0 1	3.1 7	2.2 4	3.4 2		6.4 12			1.4 8	5.5 3	49	2.94
	教育費が出せない	4.9 11	5.8 21	1.0 1	7.0 16	3.3 6			2.7 5			3.3 7	3.6 2	69	4.14
	家計の一部又は全部を負担したら出校す	1.3 3	2.2 8		1.3 3	0.5 1	3.4 2		1.1 2			3.3 7	1.8 1	27	1.62
	家計を助けるため	17.8 40	18.8 68	28.6 30	15.0 34	19.1 35	15.5 9	25.0 8	30.3 57			26.9 57	38.2 21	359	21.55
	其の他	0.4 1	3.0 11	1.0 1	6.2 14	1.1 2	12.1 7		3.7 7	2		4.2 9	3.6 2	56	3.36
	計	44.0 99	44.3 160	59.1 62	52.4 119	49.7 91	37.9 22	28.1 9	66.5 125	55.6 5	36.4 4	69.8 148	70.9 39	883	53.00
合計		225	361	105	227	183	58	32	188	9	11	212	55	1.666	

第九表 B　地區別労働種別長期欠席者

学校別＼種別	家事手伝が主であつた者									他人に雇傭されている者										合計
	農耕伐木	魚獲水産，養殖	女中給仕小使雑役	大工工員物品修理	販売従事	靴みがき	留守番子守看病	其の他	計	農耕伐木	水産関係	女中給仕小使雑役	販売従事	歌遊芸遊興	子守留守番	靴みがき	軍労務	其の他	計	
小学校	11.6 23		6.5 13	0.5 1	1.0 2		32.2 64	27.1 54	78.6 157	1.5 3	1.5 3	6.5 13	1.0 2		6.0 12			4.5 9	21.1 、42	199
中学校	30.4 447	3.4 51	8.6 127	1.0 15	3.0 44	0.3 4	13.0 191	15.0 220	74.8 1099	2.2 32	2.1 31	6.9 102	0.8 12	0.3 4	4.6 68		1.4 20	6.9 102	25.2 371	1470

第四図A　労働種別長期欠席者の年次的比較　（小学校）

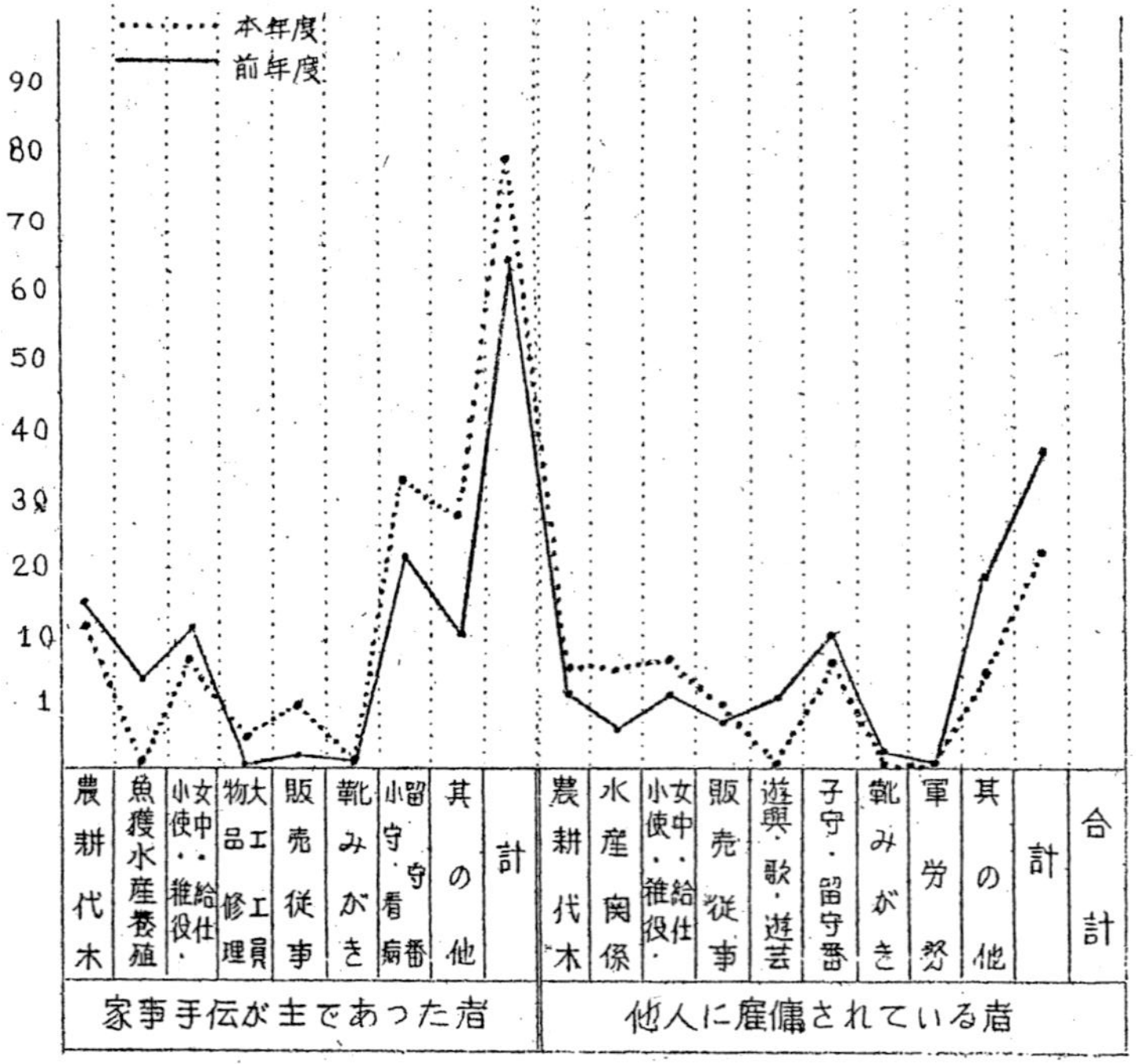

第四図B　労働種別長期欠席者の年次的比較（中学校）

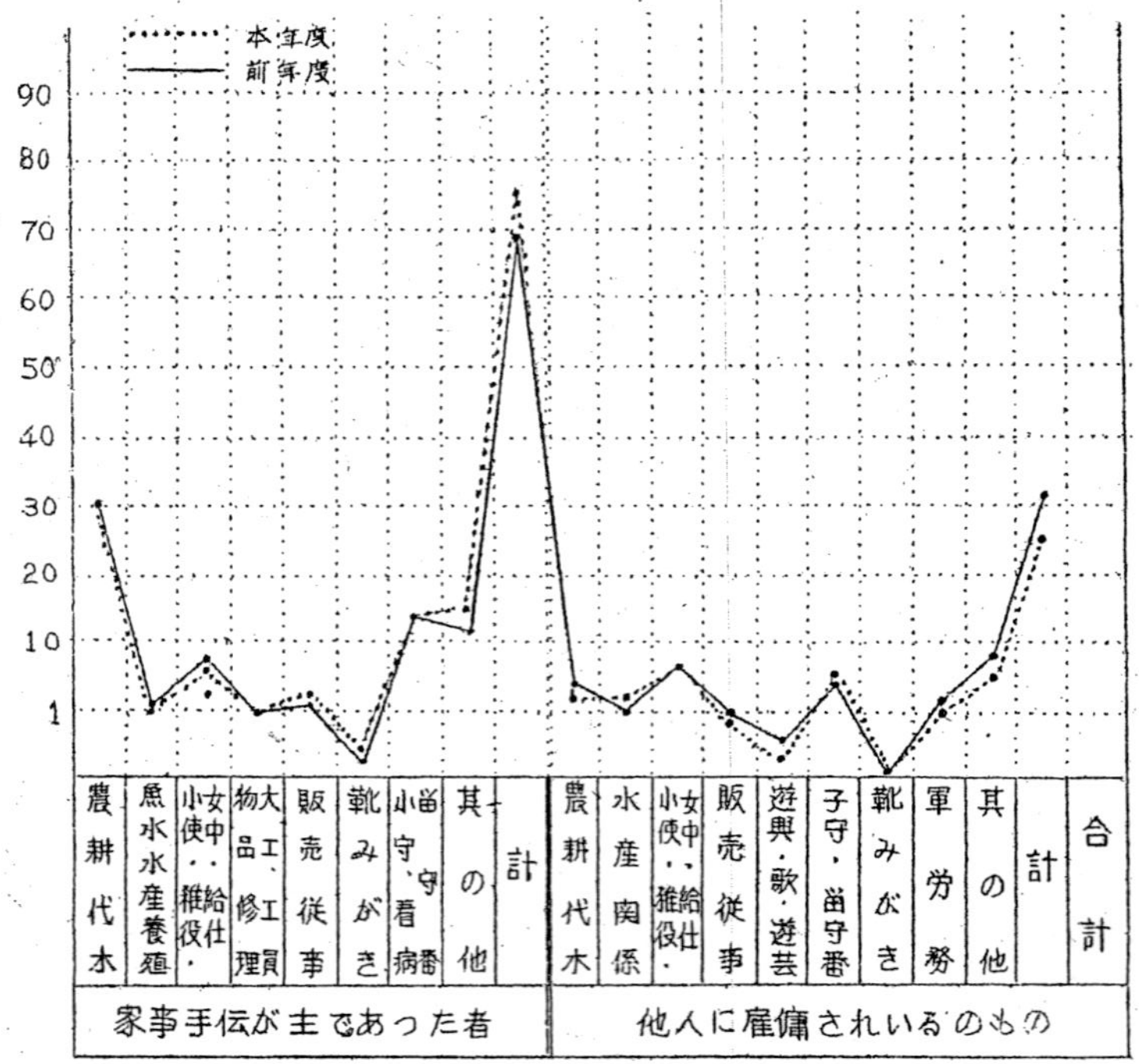

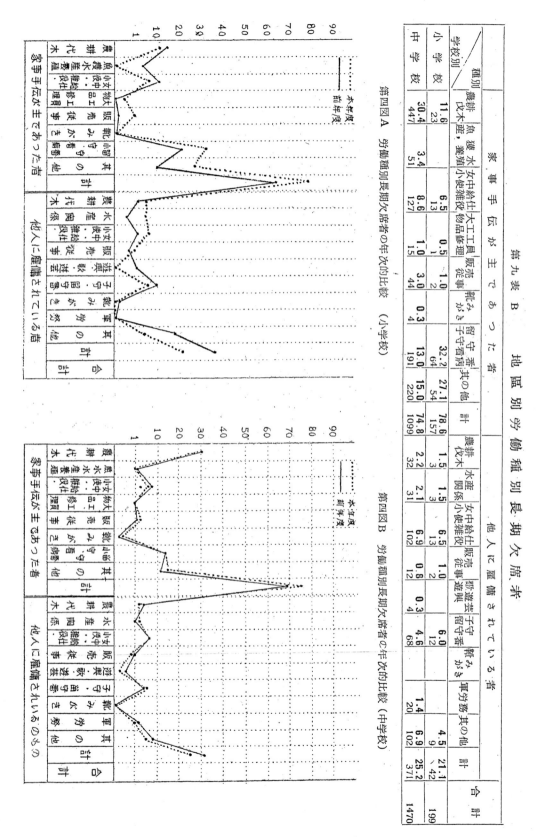

小使雑役）が最高を示し中学校でもやはりそれが高率である。基地的特色のあらわれが中学校の方に軍労務一、四%を示している。

労働種別長期欠席者を前年度と比較して示したのが第四図ＡＢである。第四図によれば労働種別長期欠席者は前年度、今年度ともほぼ同じ傾向を示している。若干憂うべき点と思はれるのは中学校において(女中、給仕、小使雑役）に該当する仕事に従事している者が他より高率になつてきた事である。

労働種別長期欠席者を地区別に分析して考察したのが第十表Ａ・Ｂであるこれによると地区ごとの特徴がよく現れて居り、其の地区の経済状態社会環境状態と密接につながつて長欠者が存在する事がよく理解出きる。

第十表によれば家事手伝が主であつた長期欠席者は小学校においてはほとんどの地区が留守番、小守、看病に集中し中学校においては農耕伐木が高率を示している。これはほぼ前年度と同じ傾向である。

特殊的な存在として小学校で胡差地区が（女中、給仕小使、雑役）に高率を示し八重山が（農耕伐木）に高率を示している事である。中学では宜野座地区、宮古地区が（女中、給仕小使雑役）に高率を示している事である。

他人に雇傭されている小学校の長期欠席者は胡差地区が（女中、給仕、小使雑役）に集中しているのを除いてはほとんどの地区が（子供留守番）（女中、給仕

第十表Ａ　地區別勞働種別長期欠席調査　（小学校）

		糸満	那覇	知念	胡差	前原	石川	宜野座	名護	辺土名	久米島	宮古	八重山	計	%
家事手伝が主であつた者	農耕伐木	14.2 3	9.5 2		10.5 2	7.5 3			18.75 3		25.0 2	15.6 5	37.5 3	11.6 23	11.56
	魚獲・水産養殖	0	0												0
	女中・給仕・小使・雑役	4.6 1	4.7 1	15 3	15.8 3	5 2		100 1				6.25 2		6.5 13	6.53
	大工・工員物品修理	0	4.7 1											0.5 1	0.50
	販売従事	0	4.7 1			2.5 1								1 2	1.00
	靴みがき	0													0
	留守番・子守・看病	52.4 11	50.2 11	15 3	15,8 3	22.5 9			43.75 7	63.6 7	37.5 3	21.8 7	37.5 3	32.1 64	32.16
	其の他	9.2 2	5	55 11	26.3 5	40 16			12.5 2	27.3 3	12.5 1	25.0 8	12.5 1	27.2 54	27.14
	計	80.2 17	24.2 21	85 17	68.4 13	77.5 31	0	100 1	75 12	90.9 10	75 6	68.65 22	87.5 7	78.9 157	78.89
他人に雇傭されているもの	農耕伐木			5 1	5 1							3.1 1		1.5 3	1.51
	水産関係					2.5 1			6.25 1			3.1 1		1.5 3	1.51
	女中・給仕小使・雑役	4.8 1		10 2	21.6 4		50 1				12.5 1	9.4 3	12.5 1	6.5 13	6.53
	販売従事	10.2 2												1 2	1.06
	歌遊芸・遊興														0
	子守・留守番					12.5 5	50 1		18.75 3	9.1 1	12.5 1	3.1 1		6 12	6.03
	靴みがき														
	軍労務														
	其の他	4.8 1			5 1	7.5 3						12.5 4		4.6 9	4.52
	計	19.8 4	0	15 3	31.6 6	22.5 9	100 2	0	2.5 4	9.1 1	25.0 2	31.2 10	12.5 1	21.1 42	21.10
合計		21	21	20	19	40	2	1	16	11	8	32	8	199	99.99

小使、雑役）等に分布している。

　中学校においては前年度に比して各地区とも農耕伐木が減少し其の他の職種に広く分布していつて居る。特色としては中南部の各地区に軍労務をもつているが特に胡差地区が著しい。

B　長期欠席者と疾病異常の関係

　疾病異常による長期欠席者は小学校一九八人、中学校一五五人で全長期欠席の小学校三四・四%、中学校九・三%である。

　尚、各地区別に疾病の傾向を見たのが第十一表である。第十一表によれば何れの地区も肺結核に相当高い率を示している。

C　長期欠席者の父母の状態

　長期欠席者の父母の状態を示したのが第十二表である。

　第十二表によれば長期欠席者を持つ家庭が小学校四九九戸、中学校一六五〇戸で其のうち数の面からみると父母共に健在の家庭に多い事がわかる。日常懸念されている継母や継父の家庭に少ない事は面白い傾向である。

第十表B　地區別勞働種別長期欠席者調査　（中学校）

		糸満	那覇	知念	胡差	前原	石川	宜野座	名護	辺土名	久米島	宮古	八重山	計	%
家事手伝が主であつた者	農耕伐木	40.6 86	15.3 45	34.3 34	20.5 31	40.2 65	7.3 4	45.8 11	49.1 82	28.6 2	7.5 6	31.1 64	20.7 17	447	30.41
	魚獲・水産養殖	6.6 14	0.3 1	2.0 2	0	1.8 2	0	0	3.0 5			6.8 14	15.9 13	3.5 51	3.47
	女中，給仕 小使・雑役	8.0 17	8.8 26	7.1 7	7.9 12	8.5 13	9.1 5	33.3 8	3.0 5			12.6 26	9.8 8	8.6 127	8.64
	大工・工員 物品修理	2.8 6	1.0 3	2.0 2	0	0.9 1	0	0	0			1.5 3		1.0 15	1.02
	販売従事	4.7 10	6.1 18	1.0 1	2.6 4	0.9 1	5.5 3	0	0.6 1			2.4 5	1.2 1	3.0 44	2.99
	靴みがき	0	1.4 4	0	0	0	0	0	0			0		0.3 4	0.27
	留守番・ 子守・看病	4.2 9	19.3 57	15.2 15	12.6 19	14.0 22	12.7 7	0	15.0 25	14.3 1	12.5 1	12.1 25	12.2 10	13 191	12.99
	其の他	12.7 27	21.0 62	10.1 10	39.1 59	12.2 19	16.4 9	4.2 1	7.8 13			4.9 10	12.2 10	15 220	14.96
	計	79.7 169	73.2 216	71.7 71	82.8 125	75.6 123	50.9 28	83.3 20	78.4 131	4.3 3	87.5 7	71.4 147	71.9 59	74.7 1099	74.76
他人に雇傭されているもの	農耕伐木					2.4 3			1.2 2			12.1 25	2.4 2	2.2 32	2.18
	水産関係	3.8 8	0.3 1	2.0 2		1.2 1			2.9 5			1.9 4	12.2 10	2.2 31	2.11
	女中，給仕 小使・雑役	6.1 13	8.1 24	15.2 15	6.6 10	6.7 10	5.5 3		5.4 9	14.3 1		5.8 12	6.1 5	6.9 102	6.94
	販売従事	0.5 1	1.7 5	1.0 1		1.2 1	2 1					1.5 3		0.8 12	0.81
	歌遊芸・遊興		0.7 2	0			3.6 2							0.3 4	0.27
	子守・留守番	3.8 8	3.7 11	4.0 4	3.3 5	6.7 10	5.5 3		7.8 13	28.6 2		4.9 10	2.4 2	4.6 68	4.63
	靴みがき		0	0											
	軍労務	0.5 1	1.0 3	1.0 1	4.0 6	3.0 6	5.5 3							1.4 20	1.36
	其の他	5.7 12	11.2 33	5.1 5	3.3 5	6.7 10	27.3 15	16.6 4	4.2 7	14.3 1	12.5 1	2.4 5	4.9 4	6.9 102	6.94
	計	20.3 43	26.8 79	28.3 28	17.2 26	25.6 41	49.1 27	16.6 4	21.6 36	57.1 4	12.5 1	28.6 59	28.3 23	25.3 371	25.74
合計		212	295	99	151	164	55	24	167	7	8	206	82	1470	99.99

第十一表 A 地区別疾病異常別長期欠席者調査（小学校）

	糸満	那覇	知念	胡差	前原	石川	宜野座	名護	辺土名	久米島	宮古	八重山	計	%
肺結核	30.8 4	20 8	4.8 1	19.4 7	25 4	12.5 1	40 2	35.3 6	37.5 3		5.9 1	23 3	40	20.20
法定伝染病	0	2.5 1	19 4			12.5 1	20 1						7	3.54
伝染性皮 フ病	15.4 2	7.5 3	9.6 2	13.9 5				11.7 2				7.6 1	15	7.57
外科的疾病	23.1 3	10 4	9.6 2	16.7 6	12.5 2			17.6 3	25 2	25 1	5.9 1		24	12.12
精神異状		5 6			6.3 1	37.5 3		5.8 1		25 1	11·7 2	15.2 2	12	6.06
難聴弱視盲ろう		0			6.3 1				12.5 1			7.6 1	3	1.52
外科的不具	7.7 1	2.5 1	4.8 1	2.7 1	12.5 2	12.5 1					17.6 3	31.4 4	14	7.07
其の他	23.1 3	52.5 21	52.2 11	47.3 17	37.4 6	25 2	40 2	29.6 5	25 2	50 2	58.8 10	15.2 2	83	41.92
計	13	40	21	36	16	8	5	16	8	4	17	13	198	99.99

第十一表 B 地区別疾病異常別長期欠席者調査（中学校）

	糸満	那覇	知念	胡差	前原	石川	宜野座	名護	辺土名	久米島	宮古	八重山	計	%
肺結核	13.7 2	20.6 7	27.3 3	10 2	26.7 4	27.2 3	16.7 1	8 2	50 1	33.4 1	30 3		29	18.71
法定伝染病							0	4 1					1	0.65
伝染性皮フ病	6.6 1	5.9 2			13.3 2		22.4 2	8 2			10 1		10	6.45
外科的疾患	20 3	11.8 4		10 2		18.2 2		20 5			20 2		18	11.61
精神異常	13.6 2	3 1	9.1 1	15 3	20 3			16 4					14	9.03
難聴弱視盲ろう	6.6 1	5.9 2	9.1 1	5 1		9.1 1		4 1					7	4.52
外科的不具	25.8 4	5.9 2	9.1 1	5 1	6.6 1	9.1 1	16.7 1		50 1		10 1		13	8.39
其の他	13.7 2	46.9 16	45.4 5	55 11	33.4 5	36.4 4	33.2 2	40 10		66.6 2	30 3	100 3	63	40.64
計	15	34	11	20	15	11	6	25	2	3	10	3	155	99.99

第十二表　長欠児童生徒の父母の状態（小学校）

	糸満	那覇	知念	胡差	前原	石川	宜野座	名護	辺土名	久米島	宮古	八重山	計	%
父母共に死亡	6 3	6.7 8	14 5	7.9 5	4.9 3				10.5 2		13 6	3.7 1	33	6.61
父母共に別居	8 4	5.0 6	2.9 1	1.5 1	16 1	15.8 4		2.6 1	5.3 1		6.5 3	3.7 1	23	4.60
父なし	18 9	11.8 14	14 5	27 17	23 14	24.5 5	12.3 1	25.6 10	10.5 2		10.8 5	14.8 4	86	17.23
母なし	2 1	5 6	2.9 1	6.3 4	6.2 2	18.6 4	25 2	16.2 6			17.1 8	3.7 1	35	7.01
父母共に健在	46 36	52.1 62	45.7 1	47.6 30	57.7 35	14.3 3	62.5 5	41 16	63.2 12	72.7 8	34.4 20	63 17	247	49.49
父母共に病気		0		1.5 1					10.5 1				2	0.4
母病気	6 3	0.8 1	2.9 1		1.6 1			5.1 2					8	1.60
父病気	6 3	0.8 1	2.1 1	3.2 2						9.1 1			8	1.60
継母	2 1	5 6	5.7 2		1.6 1			2.6 1			2.2 1		12	2.40
継父	6 3	3.4 4	2.9 1	4.8 3	4.9 3				10.5 1	18.2 2	4.3 2	3.7 1	20	4.00
其の他	0	9.2 11	5.7 2	-	1.6 1	23.8 5		7.7 3	0		2.2 1	7.4 2	25	5.01
計	50	119	35	63	61	21	8	39	19	11	46	27	499	99.99

第十二表　長欠児童生徒の父母の状態（中学校）

	糸満	那覇	知念	胡差	前原	石川	宜野座	名護	辺土名	久米島	宮古	八重山	計	%
父母共に死亡	12.3 27	9.4 34	10.5 11	9.7 22	8.2 15	5.2 3	3.1 1	7.4 14	11 1		5.7 12	4.7 4	144	8.52
父母共に別居	2.3 5	2.5 4		2.2 5	7.7 14	2 1	3.1 1	1.6 3		9 1	3.8 8	5.9 5	52	3.08
父なし	21 46	18.3 66	22.9 24	25.1 57	27.9 51	31 18	41 13	20.2 38	33 3	9 1	22.6 48	12.9 11	376	22.25
母なし	6.8 15	6.6 24	5.7 6	5.3 12	3.8 7	5.2 3	12.5 4	6.9 13	11 1		11.8 25	10.6 9	119	7.04
父母共に健在	40.2 88	34.1 123	40 42	40.9 92	33.3 61	41 24	21.9 7	40.9 77	22 2	45 5	40.1 85	52.9 45	651	38.52
父母共に病気		0.3 1		0.4 1	1.6 3			0.5 1			0.9 2		8	0.47
母病気	1.4 3	3.6 13	0.9 1	0.9 2	3.2 6	2 1	3.1 1	4.8 9			1.9 4		40	2.37
父病気	0.9 2	2.5 9	2.9 3	0.9 2	4.9 9	3.4 2	6.3 2	4.3 8	11 1		3.3 7	2.4 2	47	2.78
継母	5.5 12	3.3 12	4.8 5	4 9	4.9 9	2 1	9.4 3	2.7 5		18 2	2.8 6	2.4 2	66	3.91
継父	23 5	3.3 12	3.8 4	3.5 8	2.7 5	2 1		1.6 3	11 1	18 2	4.2 9	4.7 4	54	3.19
其の他	7.5 16	16.1 58	8.5 9	7.5 17	1.6 3	7 4		9 17			2.8 6	3.5 3	133	7.87
計	219	361	105	227	183	58	32	188	9	11	212	85	1650	99.99

本土におけるガイダンスの実践
—沖縄教育に如何に生かすか—

内間武義

☆記述順序

一、はじめに
二、ガイダンスとは何か
三、本土におけるガイダンスの実践状況
　a、本土の一般的実践状況
　b、配属校における実践状況
四、沖縄教育に如何にとり入れるか
五、むすび

一、はじめに

日進月歩、伸長しつゝある子等、天真爛漫で蕾を想わせる洋々たる未来を持つた子等、全人としてのこの子等、社会の一員としてのこの子等を「如何にして自らの問題を自主的に解決し得る民主的社会人に育成するか」。「個々の生徒を如何に伸ばし、成長発達を促進させるべきか」ということは教育者に課された真の重大課題であり、その課題解決のために古今東西を問わず、多くの人々が全智全能をふりしぼり、誠心誠意、嬉しい〃なやみ〃をし続け、今後ともなやみ続け、より良い教育者に、もつと良い教育者になろうと務めると共に新時代に即応する、もつと良い指導によつて、より良い企画性を持たせ、組織化し、周到なガイダンス計画と相俟つて、もつと良い生徒の指導に当り、教育基本法に示された目的に即応する生徒の育成に当らなければならないのは当然であろう。然らば何故に生徒指導が重要視されねばならないかの要因を具体的に列挙すると

1、社会の急激な変化によつて青少年は深刻な問題になやんでいる。

2、新しい教育観は個性の開発を重んじ個人の教育を強く要求する。

3、新しい心理学は個人差が著しくその個人差がはつきり測定出来ることを実証し、教育の個別化に信頼出来る資料を与えた。

4、新しい学校制度が特に個人の問題、道徳の問題を取り上げるプログラムを要求して来た。

5、多くの適応障碍が放置されている。

6、一人一人の合理的な生涯の計画が指導されていない。

ということが指摘出来る。従つて斯る諸要因の現存する時にこそ、正しい指導を最も必要とするのである。兹に真に迫るガイダンス研究の深長な必要性が存すると信ずる。以下に六ケ月の短期間ではあつたが研究のために派遣された者として見聞したまゝの本土におけるガイダンスの実践状況と沖縄教育に如何に役立てるか。について記述してみよう。

二、ガイダンスとは何か

1その意義

※一口に結論づけることは余程危険性を伴うが、その定義とも目される言葉で表現するならば「個々の生徒がその生活の危機的場面において賢明た選択、適応ならびに解釈をなし、しかもその際に自己指導の能力が不断に生長するように助言による援助を与えることを目的とする。」ものである。

右の定義にはガイダンスの意義について考えるのに重要ないくつかの概念が含まれている。

(イ)その第一は個人という概念である。ガイダンスの運動は個人差の存在というものを根本的な仮定として出発している。

(ロ)次には危機という概念である。広く考えれば危機というものは、すべての生活領域にわたつて普遍的に存在しているものである。

(ハ)第三は自己指導という概念である。個人が問題を解決し得るように援助するのであつて依存させることはいけない。

(ニ)次にガイダンスの方法上の特質として第一にその科学性をあげなければならない。指導は個人について得られる限りの客観的資料をあつめ、それに基づくことが必要である。

(ホ)もう一つのガイダンスの方法的特質としては継続性ということである。これはガイダンスが個人を焦

点とし、その個人の自己指導の能力の伸長と適応の発達をめざすものであるということから当然考えられることである。が、のみならず特に取り出して指摘する要のあることがらである。

(ヘ) 次にガイダンスの意義を明らかにするにはガイダンスの必要な社会的背景を考慮に入れなくてはならない。ガイダンスが単に技術の問題となり現在の社会、子供達を取りまく社会環境の無意識的肯定の上に立つものであれば危険である。

(ト) 次に教科の教育との関係においてガイダンスの意義を考えると、よい教育の目的が生徒個人に最大の適応と成長とを得させることにあるのであれば教授の本質的部分となるのである。

(チ) ガイダンスを発生事情から考えて職業指導中心として考える場合もあるが現在におけるガイダンスは、この意味よりは更に広く教育と同様の意味即ち生徒指導、全人教育等の広範囲にわたつている。

(リ) 正しいガイダンスの意義としては個人がその生活地位にあつて内からの要求に基づいて考察し計画し実行しようとする際に遭遇する問題をその個人の自由な決定において、その要求が事態に正しく調整せられ適正に満たされ解決するように援助し助言を与えることである。

2 その領域

(イ) 消極的領域はすぐに生じた現在の不正適応を矯正し治療するための領域であり、積極的領域は現在及び将来の生活における不正適応を予防し、より賢明な生活計画をなし得るために与えられる領域である。

(ロ) 具体的領域としては健康及び身体的発達、学業、財政、家庭関係、性、宗教、道徳及び訓練、人格の欠陥、社会的、生活状態、職業及び進学、余暇、家族成員、指導性などの諸問題がその主なるものとしてあげられている。このうち学業と職業には、はつきりと独自な領域として認められる内容をもつているが、あとのいくつかは重複もあり、必ずしも固定的領域とはいゝがたい。

三、本土におけるガイダンスの実践状況

これを二方面から挙げることにする。その一つは本土における一般的実践状況。他の面は配属校の実践状況の実態を分析してみる。

1、教育基本法や学校教育法その他の関係法規が教育の原理となつて教育全般を律していて躾教育があらゆる場所であらゆる機会に指導されている。言葉遣いや服装、態度、動作に至る微細なことも見逃すことなく望ましい方向へ伸ばすための即場矯正が板についている。—この中に真に生きたガイダンスがあるものと信ずる。

2、単に指導のやりつ放しではなく望ましい人間像を描いてたえずすべての教育活動や指導計画、実施などがホンの一小事象でも必ず評価され、生徒の自覚に訴え、納得、理解させる方法をとつている。—こゝにも見逃せない生きたガイダンスがある。

3、本土の教師はガイダンスについて如何に考えて居られるか。というと

(イ) 生徒からは面白い先生だ、よく自分のことを理解して下さる先生だ。だが威厳のある先生だと思わせることがガイダンスである。と…… 礼節指導の厳として生きている根源だろう。

(ロ) ガイダンスは集団指導と個人指導の接点にあるのであつて、その何れか一方にはあり得ない。と……

(ハ) 教師が教科のみならず子供の人格そのものに興味をもつ処にガイダンスがあるのだ。と…… 換言すると、あたりまえのことをその通り実行するところにガイダンスがあるのだ。と……

(ニ) 生徒を平等視し平等に取扱うところにガイダンスがある。これが教師のガイダンスにおけるバックボーンである。と

(ホ) 「静かなる自己改造」がガイダンスの秘訣だ。と……

4、あらゆる場と機会をとらえて生徒に関する資料を蒐集し診断、治療（特にこういう言葉で表現、即ち感より科学的方法で）する雰囲気が出来上つている。

5、ガイダンスは個々の生徒に溶けこんでいる。教育の根本が個々の生徒の成長と発達にあることに徹し、ハツシと組んでその姿はコレデモカ。コレデモカ。コレデモカと個々の生徒の心情にとびこみ四つに組む教師の尊い姿はホントに文字消り子供達への肉迫又肉迫の真剣一路な姿である。

6、ガイダンスの組織の在り方

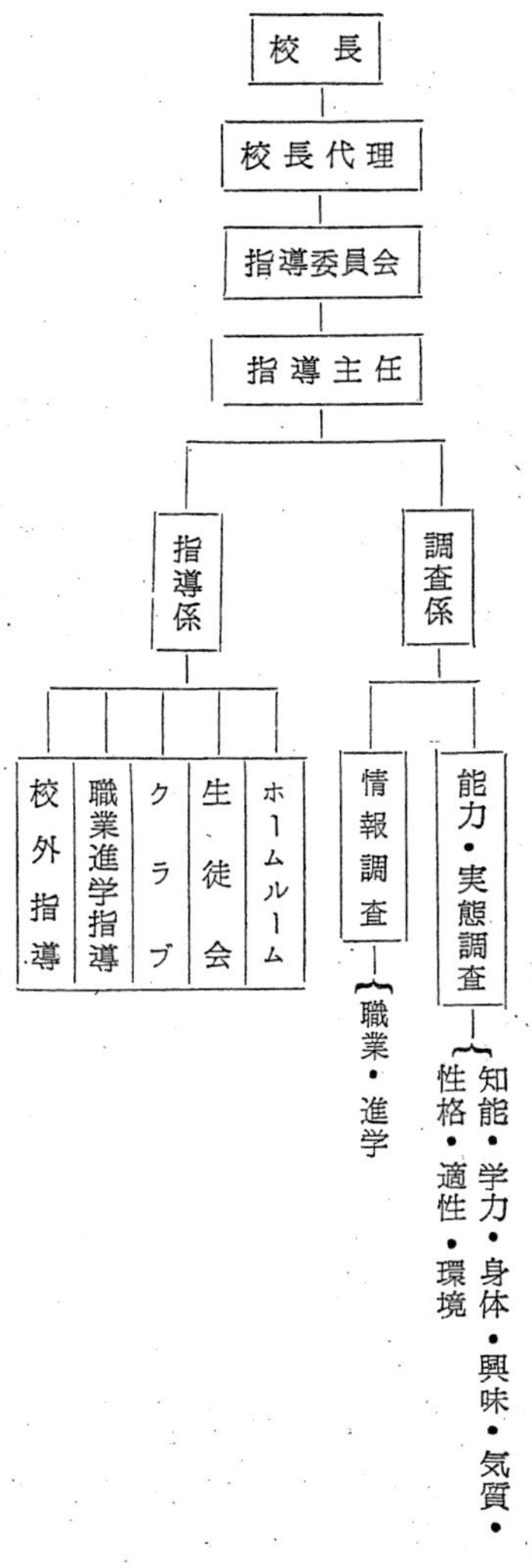

7、ガイダンス計画のたて方

(イ) 実施中のガイダンス計画の検討
(ロ) 特に問題となつたケースの研究
(ハ) 普通の生徒が持つている問題や感じている困難の把握
(ニ) 卒業生の追随（追求）研究
(ホ) 地域社会の調査によつて側面的に生徒の問題について知る
(ヘ) 一般の人を入れて懇談会を開く
(ト) 前項の結論に更に望ましいと考えられる社会的道徳的性質を加えて質問紙として父兄に配布しその緊急にとりあげるべき項目にマークしてもらう。
(チ) 各ガイダンスの領域を検討し目標を分析し直す
(リ) 生徒各個人の理解のために必要な資料のあつめ方を研究する
(ヌ) 各領域指導の適当な時期について研究する
(ル) 学校暦と関連づけながら一覧表を整頓してみる
(ヲ) 指導場面の構成についての大要の計画をたてる
(ワ) ガイダンス綜合計画案の樹立
(カ) 年間計画案を完成する
(ヨ) 全校職員会において綜合計画案の検討

8、ホーム・ルームにおけるガイダンス

(イ) ガイダンスの基盤である。
生きた切実な問題を民主的に話合い、又適切な相談助言がなされ、生徒の出欠調査、伝達、報告を取扱い生徒の個人的、社会的、教育的指導や社会性指導及び職業指導など組織的計画的に行われている。

(ロ) 編成と役員
編成はクラスルームそのまゝであるが、三年生はほとんどAコース、Bコース（職業、進学）編成である。役員は委員長、副委員長、書記、会計、図書、購買、保健、整美などの係がある。

(ハ) 時間と指導計画
朝、昼、午後三回のところもあるが普通は朝、午後（各々十分乃至十五分）の二回でロングタイムのないところもある。計画は適切な材料を選択し各学年、各学期、季節的、行事的に系統的に配分され、ルーム独自の題材もかなり織り込んだ計画立案である。

9、個人指導

(イ) ガイダンスという言葉は結局個々の生徒の問題に帰する。個人の生活を通して個人を社会的に有用な人格にまで高めるために家庭、個性、対人、思想、対指導者などの諸問題について具体的に指導されている。
(ロ) その方法としては問題の提出、資料の蒐集と解釈、診断、治療、反省、面接法、日記法、あるいは自叙伝、観察などによつて具体的に個人指導が行われている。

10、集団指導

(イ) 直接指導法
教師の全人格が生長発達する生徒がそれに直接影響する極めて深い指導的意義を有し教師の講話や自ら司会者となる場合など特に顕著である。

(ロ) 間接指導法
会議、討議、集会、朝礼、クラブ活動などの集団指導の場、即ち生徒が主体的に活動するときのガイダンスである。

11、学業指導

(イ) 指導においては個人の価値は第一義的に尊重されている。
(ロ) 事前において周到な準備がなされている。
(ハ) 指導に当つては情熱を傾注している。
(ニ) 学業不振児の指導は、その個々のケースの必要に応じた個人的処置がなされている。
(ホ) 宿題など家庭作業の指導は時間的考慮や量、質の上からも可能な範囲内で計画され、家庭の協力を得べくプリントによつて連繫を密にしている。
(ヘ) 欠席生徒に対しては原因を調べ、時折家庭訪問を行い、適切な指導がなされている。

(ト) 遠足、旅行、休暇前後の指導

期間、場所、内容、方法などの事前の計画が細密に立案され、事後は発表学習（あらゆる形で）が実施されている。

12、社会性指導

(イ) 生徒会指導

法秩序の観念や権利と義務、責任の観念、奉仕及び協同の精神、世論尊重の精神、道徳的心情、自発的活動の意欲や習慣を育成するねらいで組織図は次の通りである。（一例）

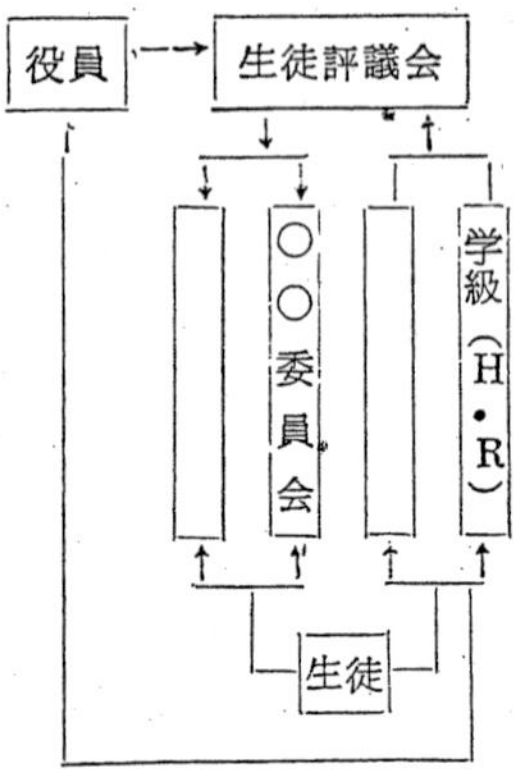

(ロ) クラブ活動の指導

全員参加のたてまえをとり、クラブの数、種類とも合わせ考慮し二つ以上になるような無理な配当はさけ趣味の集りとは言えあくまで高いものを目指して進んで努力するクラブになるよう指導されている。クラブの決定はホーム毎に入部申込みを行わせるが調整する場合もある。クラブ活動に興味のない生徒は状況観察、進歩状況への興味、友人関係のなごやかさなどから興味を抱かせるように指導されている。必ず年間計画を樹立しクラブの規約を決て活発に活動しているが、その裏付の予算は充当され施設、用具も充実している。

(ハ) 経営活動

○学校新聞

健全な学校精神を創造し学校の最も良い伝統を維持する為にニュース記事、論説、特種記事、挿絵、写真、ユーモア、広告、雑報、クラブだよりなどの資料で編集し、部員は編集部、経営部、発行部、広告部、報道部、などである。

○保健活動

ホームの人たちが健康の向上をはかり全員が楽しい生活を営むことが出来るようにするとともに健康な学校をつくることを最高のめやすとして年間計画が立案されている。その組織図は次の通りである。

○学校売店

学用品の販売、商品の仕入れなどの経営を行い、生活の実際に役立つ知識、技術、態度を養っている。最初の資金はPTA費に予算化されて運営が始まった。

委員長—副委員長—常任委員—各係委員

○学校図書館

図書館の仕事を正確に自主的に実行することによって責任感、誠実、成功性などの社会的性格を発展させるよう指導されている。役員は前項に準ずる。

(ニ) 生徒集会（朝礼）の指導

全校で行われるものや各部（生徒会の）で行われる行事集会と全校集会とに大別されるが、年間プログラムにより教養面、各種の報告、発表、伝達、学校、社会、季節的行事が週一回ないし二回行われる。

(ホ) 校外活動の指導

生徒が校外で自らの手によって生産化し共同化し社会化し文化的に、かつ民主的に企画され実施されるがその主な内容は生活美化運動、生活共同化運動、余暇善用運動、保全運動、その他募金運動などである。

13、性格指導

現在の学校の目的が単なる教科の学習ということから巾を拡げ、生徒が聡明にかつ幸福に生活を営むことを学ばせる。つまり精神衛生である。精薄児、弱視児、難聴児、肢体不自由児、吃音児、盗み、うそつき、ずる休み、乱暴、破壊行為、かんしやく、喧か、反抗、空威張り、わがまゝ、強情、ひねくれ、孤独、内気、不良児などの異常児あるいは不適応児の実態調査に基づいて教師、生徒間、父兄、地域社会の理解と協力がなされている。特殊学級編成のところもある。

14、余暇指導

趣味、娯楽、映画鑑賞、スポーツ、音楽、ラジオ、読書、日曜日、祭日、夏冬などの休暇中の指導、生徒個人に対する指導、家庭に対する指導、社会関係、環境の整備などで根本的な善導がなされている。

15、健康の指導

発育状態、運動能力、疾病異常、病気欠席、外傷、生育史、家庭の状況や家庭生活、学校生活、社会生活における健康生活の実践力について調査し個人並に公衆衛生の指導、健康増進の指導、虚弱児の指導、身体検査と指導、救急法、保健施設の利用などが適切に行われているようである。

16、純潔指導

社会環境の浄化と諸機関の連繋によつて校外活動の指導は勿論社会生活の指導。例えば男女交際のエチケット、心構えが理解させられ、特に家庭との連絡を緊密にし話合いの機会がつくられている。映画、読み物などの指導と進んで学校施設設備の充実などで心身共に健全で批判力のある生徒育成をねらつているようである。

17、進路指導

(イ) 職業指導は職業情報及び経験の指導、適性観察と相談、選職指導、職業斡旋と就職指導などが行われ、職業相談所や職業安定所などの協助を得てほとんど一〇〇パーセント就職出来るようであるが、就職コースの学級編成をしている。

(ロ) 進学指導においては学校の選択、父兄会、面接、家庭訪問などによる相談、進学準備指導などが行われ、進学コースの学級編成をしている。県立、市立、私立の各高等学校があるのでほとんで進学可能のようである。

18、生活指導

登校、下校時の安全補導、朝礼時の放送施設利用と進行、週番の活動指導、服装指導、清掃や諸当番の指導、休み時間、廊下等における指導。更に行事による指導、家庭との連繋による家庭生活指導などが観察法、面接法、記述尺度法などで適切に指導されている。

19、その他指導要録の利用もめざましく生徒の特殊能力、才能、趣味、性格を見出すためにつねに活用され、通知表も単なる通知、通告だけでなく連絡簿形式で活用されている。

20、結論を言うと子供達がとても大切にされ明るく伸び伸びとしていて発表力があり、態度動作もキチンとしていて道徳教育、躾教育の良さを痛感した。

◎配属校におけるガイダンス実践方法

1、カウンセラーとして直接ガイダンスを担当していた教師が指導主事に転出したが、その後の現状は、その当時当時の形態をそのまま軌道にのせ、殊更にガイダンスをとやかく取り上げなくてもよい状態になつている。換言するとガイダンスは既に板についているので、もう主努力点にする必要性がうすらいだような域に来ている。

2、教育の目標

○健全な体軀をそなえた自由人の養成
○和親協調性を有する社会人の育成
○叡智を修めた文化人の養成

3、学校経営の方針（特にガイダンスに関係深いもの）

○形式化、行事化をさけ、なるべく単一な経営をする。現実にある生徒をいかに伸ばすか、いかに世話するかに中心をおく。
○よい校風の樹立は、良い学校の条件である。その眼元は教師にあることを自覚し、生徒は学校を愛し良い校風を樹立するために努力する深い自覚を持たせる。
○すべての生徒が希望を持つて勉学するクラスを作りたい。そのためには下積みの生徒の出来ないように務めなければならない。
○自治活動のためには生徒会のより良い育成、クラブ活動、学級会をさかんにして自主自律の態度をきづくよう努力する。
○教育能率を上げるためには教師の熱意と資質の向上が大切である。生徒の能率的な学習活動それに施設、設備の改善、これを最高度に活用したいものだ。

4、本年度研究主題

○職家科の教育内容の再検討と教育課程の作成
○社会科改訂による教育課程の作成
○各教科の教育能率をあげるための研究
○道徳教育の高揚、道徳的判断ー知識の開発ー実行
△知つていることの実行△生徒会の自治活動
△ホームルーム活動の促進

5、ガイダンスの沿革

○二六年四月に県教委の実験学校に指定され、カウンセラーを配属
○二六年五月、ガイダンス計画、カウンセラー運営組織を決定
○二七年四月、カウンセラー室設置
○二七年五月、諸資料の個人別整理、資料箱の完成
○二七年六月、第一回研究発表
○二七年九月、カウンセラーと家庭環境と題して研究資料を集成
○二七年十月、本年度前半期の研究成果中間発表
○二八年二月、資料として地域社会の実態調査完成

○二八年六月、資料を県教委へ提出
○二九年十月、生徒個人指導の手引作成
○三〇年問題児の早期発見とその指導（研究中）

6、ガイダンス管理組織図

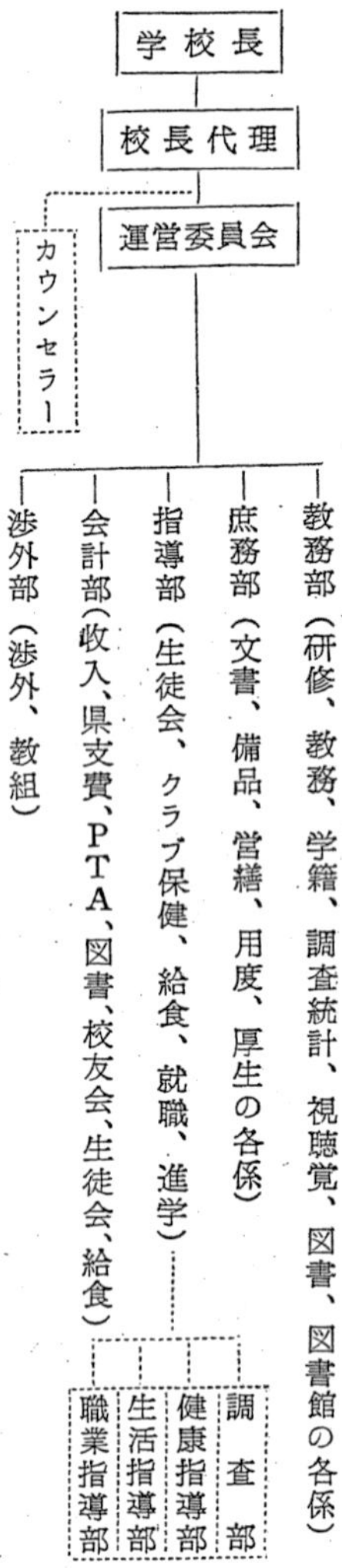

○カウンセラーは前記のように転出したので現在は指導部長が代つているようである。H・R・Tも亦

○カウンセラーはガイダンスの計画立案実施、各指導機関へのサービス、個人指導、カウンセリングを担任するが右の図を分析してみると

○ガイダンスにおいて実施上至便な方法である。

○生徒の集団訓育、躾の指導は指導部長を中心として行われる。（カウンセラーは一切訓育的立場はとらないが生活指導部と表裏の立場からたえず相互の密接な関係にあつた。）

○全生徒を対象とするが父兄保護者に対してもカウンセリングを実施する。

○学校長自らも機会を求めて実施する。

7、ガイダンスのためのカウンセリングの目標

○自己の問題について自ら深く理解し問題解決のために早期の助言を与える。

○すでに性格行動面に不適応を起している生徒の治療指導に当る。

○右二項の全体目標に対して第一学年＝新入生のオリエンテーション、第二学年は学力、就学、日常生活の向上、第三学年は進路決定、職業選択のにめの助力…の各学年別の目標を定めて実施している。

8、ガイダンスの望ましい在り方をこのように考えている

○ガイダンスの中心となるものがカウンセリングでカウンセリングの中心技術は面接である。

○カウンセリングの内容は

△生徒の成功するのに重要な知識を与える。△生徒の問題を解決するために役立つその個人の資料を準備する。△生徒とカウンセラーの相互の理解を生み出すこと△生徒の困難を解決するための計画の援助。△生徒が自己の興味、能力、適性、機会等よく理解するように助力する。△特殊な能力を励まし、正しい態度の発達。△目的にむかつて効果的な努力をするように励ます。△職業進路の選択に助言を与える。

○カウンセリングの方法

△準備＝その個人の問題解決に必要な資料の蒐集△面接＝一人対一人の場を通して実際に助言する場。△追随＝面接後の変化、適応の状態、その後の指導、次の面接の端緒。

○カウンセリングの中心技術は面接である。△面接は一人対一人の人格交渉の場である。△面接は親和感を基底としている。△説教、訓戒の場面ではない。△面接を通して自己理解にいたることを期待する。

○カウンセリングの為の教養

ガイダンス、プログラムの原理と実際、職業及び教育情報、精神衛生、ガイダンスのための標準検査、カウンセリングの技術の実習。

9、ガイダンスの過程

○面接の申し込み

生徒より直接カウンセラーへ。相談箱に用件をかいて投入。父兄教師より、カウンセラーから教師へ

○準　備

諸資料の蒐集。情報の聴取

○面接開始＝放課後、昼休、授業中

○相談助言の展開＝診断、助言、治療のための処置、指示

○面接助言の終結

指導機関への連絡（H・R・父兄、専門機関）

○追随指導

○反　省

10、ガイダンスの為の資料

○知能、性格、環境、適性、興味、学力などの標準テスト

○諸調査＝なやみの調査、家庭環境調査、父兄希望調査、生徒希望調査、劣等感調査、体育手帳、逸

話記録、家庭訪問記録、地域実態調査、欠完家庭調査、扶助家庭調査、出欠席調査、文芸手帳、指導要録

○諸記録

標準テスト一覧表、面接記録、資料箱、非行記録、個人カード

11、ガイダンスのためのカウンセリング実践状況

(イ) 問題児

難聴三、肢体不自由四、虚弱十一、言語障害三、精薄十、盗癖七、家出一、怠休十、貧困三九、性格異常十、情緒不安定二二、境界線八二、計二〇二名(在籍一、五一〇名)

(ロ) カウンセラーが申込んだ面接

就職三、進路一、進学三、非行二四、盗み七、出席不良十五、家庭問題十八、性格上十六、知能と学業の不調和八、交友十一、クラブ二、教師との関係二、途中入学七、身体障害二、計百十九名。

(ハ) 生徒より申込んだ数面接

進学一、就職二八、進路五、家庭経済二、家庭問題三、ホーム七、学習一、生徒会一、クラブ二、非行二、教師との関係六、近隣一、健康一、交友十、計六九名。

12、指導計画と実施方法

(イ) 行事計画(特色のある主なものだけ)

一年生出身校との懇談会、定期臨時身体検査、環境調査、ガイダンス研究会、問題児調査、職業希望調査、欠席生徒調査、職場報告、総合学力テスト、職業興味テスト、田中A式B式テスト、職場情報、職場見学、保護者から学校への希望調査、なやみ調査、職業適性検査、余暇利用調査、職場実習報告会、清潔指導、北中文化祭、寄生虫駆除、追随調査、職場相談、遠足、旅行、進路希望調査、栄養週間、全校マラソン大会、成績不良児調査、補導連絡会、追随指導準備会など。

(ロ) 資料箱設置によって自由に自己のなやみを開陳出来る仕組みになっている。

(ハ) 全職員がガイダンスの重要性、必要性を理解(研修会、講習会、講演会などで)も綿密な年間プログラム立案による協力によって実施しているので効果的である。やはり最後は教師のあらゆる面の根気の問題である。

13、ガイダンスにおける留意点と実施上の諸問題

○教師の意識の問題
○アチーブメント入試
○H・Rの指導力
○職員会と生徒指導
○道徳教育と生徒指導
○個人指導と集団指導
○特活と生徒指導
○家庭と学校の協力
○教科指導と同時に人格指導を併行する教育方針の樹立
○ディーン・ルームティチャーとカウンセラーの仕事の領域を明確にする
○ホーム担任との職務以上の深い人間的な結びつきが必要である。
○生徒は勿論、父兄へのカウンセリングの性格内容について正しい理解をさせること。生徒は訓育的に解釈しやすい。
○カウンセラーの技術特に精神医学的知識がカウンセラーの能力を決定する
○資料整理保管上、相談室、資料室の施設が入要である。
○処置については家庭環境、経済事情のため、解決出来ない障害が多い。

14、ガイダンス促進の根源と目される諸事項(配属校における)

○全職員の協力と高い資質による指導
○面接室、面接カード、個人カード、資料箱などの施設、資料の完備
○必要に応じた予算の裏付けの完全充当
○カウンセラーの配属
○地域社会父兄への密なる連繋、協力理解――環境の良さ

15、ガイダンス実施上の効果

(イ) 不良化傾向及び非行を起す生徒が減少したこと
(ロ) 怠休、長欠の生徒が出席するようになつた。
(ハ) H・Rに対する不信、不満、思いすぎが改善された。
(ニ) 友達間に問題を起し易い生徒の性格で改善された。
(ホ) 両親との対立的、反抗的態度が改善された。
(ヘ) 男女間の交際の正しいあり方が理解された。
(ト) 家庭的に問題をもつ生徒の激励、助言によって正しい生活が維持されている。
(チ) 問題児に対するホーム担任の指導が一層深められて来た。
(リ) カウンセリングを受けた者の感想寄せ書の一部

「その一」相談を受けて自分の態度についてよく考えました。あの時先生に言われたように自分で実行してみた。すると次の日から父は一度に人が変つたようにラジオは九時には必ず消してくれる

し色々な面にも良くなつて下さるようになりました。元来親にわびる等したことのない僕は何だか変な感じを受けたがこれが人生を渡つていく小さな渡し舟のように思われた。全て一八〇度の回転です。ただ僕はうれしい。(原文のまゝ)

「その二」私は入学前からいろいろのなやみ友達との争いがおこりました。私はどちらかと言えば少し物事にクヨクヨする方です。このような〃なやみ〃を家の人は相談にのつてくれません。カウンセラーの先生に相談したら、先生は色々と相談にのつて下さいました。そしてその事件も解決出来、学校に来るのが楽しく思います。大勢の共同生活の中には一人でも信頼出来、相談にのつて下さる先生は必要だと思います。(原文のまゝ)

◎面接の技術をこのように考える

(概念、根本原理の項目だけにとどめる)

a　面接はなぜ必要か

○面接を通して真の生徒を理解できる。
○面接を通して生徒は希望と自信に満たされる。
○面接は個人指導の中心場面と技術とを与える。

b　効果的な面接のしかた

(イ)　面接の基本的態度

○不幸な生徒はあるが悪い生徒はない。
○面接場面の主人公は生徒である。
○実行の障害となつている感情の力を解消する。

(ロ)　面接の入り方

○緊張感をといてくつろがせる。
△面接中他人が入るおそれのないこと。△坐り方、話し合う位置=横ならびがよい。△思いがけないユーモア。△言葉と調子を考える。
○親和感を得る。
△心をすなおにする。△尋問口調にならない。
△面接中の記録はなるべくさける。

◎面接の進め方

△出来るだけ多く語らせよ。△生徒の秘密は守る
△自校の生徒のことを話題にのせてはいけない。
△その生徒の問題を第三人称的に語る。△一回の面接にいくつもの中心的をもたない。△面接中の沈黙は話題の変化などでなおす。△誘導する応答形式になれる、ハイ、イイエの返事にならぬように〃嫌いなの。そういうわけではない?〃という風に。

◎面接の終り方

△最終の場面は次の予定日時、場所を指定させるか、今日の面接の過程をかいつまんで話させること△助言の最終は、面接者の方も別れ難い絆を感ずるようでなければならない。△問題解決のための連絡=父兄、教師間、指導機関へ。

四、沖縄教育に何如にとりいれるか

テーマが大きいので、そのものズバリとは行かないが一応箇条書的に列挙してみよう。その中には勿論実現不可能な面も多々あるが、せめて「こういう障害点を除去し、こういう風に留意すれば現状より一歩でも前進出来るのではないか」という望ましい方向と思考する面や私の要望をも織り混ぜて記述することにする。先輩諸賢の御指導を乞う。

1、経済的に貧困のみならず、立地条件、地域社会の環境、施設、設備、教育諸組織などの後進性になやむ沖縄教育が本土の教育をそのまま生のまま取り入れることはむしろ危険であろう。本土ですら目下反省期で純アメリカ一辺倒から日本的十(プラス)アメリカ的教育観を樹立し、漸次日本的純教育観に立脚しつつある。

2、しかし単に「仕方がない。危険だ」という諦見は禁物である。本土における教育の姿を一種の理想像として沖縄の地域社会に適応する新分野を開拓しようとする努力がガイダンスの糸口であると思う。

3、ガイダンスカリキユラムの研究会の振興

研究の余地が大いにあると思う。各地区毎か、各学校毎か全島一円の組織でもよいが、その専門の研究会、即ち沖縄に最適のカリキユラムを立案、実施することをもつと真剣に考究することが必要であろう。各地区毎がよいかも知れない。

4、実態調査の研究

ガイダンスの基盤であると考える。従つて一、二回で終るようでは無意味であろう。各地区、各学校毎に継続的にやる。又やれる工夫の具体化を考慮することが肝要といえよう。事務のための事務にならぬように文教政策上ある種のデーターを作製して長時間与えるとか休暇中に出来るとかしてやれる工夫。あるいは定期的に個々の教師の自由な時間における実態調査の結果のコンクールや発表会をさせるとか。学校内でも実施出来ると思う。

5、よい待遇を与えること

教師のあらゆる面の基底であり、ガイダンスにおいてもその重要さ、必要さは論を俟たない。最低限

度の教師も生徒の前ではいつもネクタイでガイダンス出来るように。教師の外見の端正さは直接間接に生徒に響くことを思えば。

6、研究事例の交換の具体策樹立

個々の教師でもよいし各学校間でも良いだろうが種々の教育的なやみを交換する機関を設け成功例、失敗例を具体的に知り合うことによつて常に抱いているなやみに一大光明を与え得るものと思う。個々の教師から隣校同志、地区内、全沖的に範囲を拡げる。斯ることが案外なおざりにされているのではないだろうか。

7、教師自身ガイダンスの自己研修にもつと真剣になるべきだろう。

いろいろの条件もあるし、いろいろの障害点もある。しかし教育者であるからには教育の基盤であるガイダンス研修にはより良い、もつと良い真剣さが欲しい。

8、諸研究集会振興の具体策樹立

範囲、経費、期間などを考慮してもつと気楽にどの教師でも出席出来る講習会研修会、研究発表会等の具体化にまだ振興の余地があるようだ。

9、沖縄教師の負担軽減策の樹立

端的にいうならば職員の増置のことである。事務職員、養護婦、用務員等々。

10、沖縄教員に希望を与える具体策樹立

ガイダンスの基底であると思う。ホンの一例を挙げれば本土の大学通信講座を文教政策として取り上げ希望者は誰でも受けられるとか。

11、ガイダンス強化の具体化をねらい個別指導に徹することがまわり道のようで実は近道であろう。

12、参観、見学の奨励の具体化

百聞は一見にしかずである。せめて可能な範囲における奨励は必要であり、特定の教師例えば校長級だけでなしに廣く全職員が出来るような工夫が必要である。

13、家庭訪問の継続的励行

年一回学校行事の際で行う程度ではホントの家庭訪問とはいいがたい。良いにつけ悪いにつけ父兄に理解させることがガイダンスの根源といえよう。理解に立脚しない協力はあり得ないと思うからである。

14、よい施設、設備の具体策樹立

無手勝流では生徒がかわいそうだ。〃出来ない〃で放つておくことは何時までたつても出来ない。設備可能なものから年次計画でＰＴＡや広く社会の協力を得るとか文教政策にも強力にもつて充実することが急務であろう。ガイダンスの直接間接的効果上見逃せない。

15、教育研究所の設置

最少限各地区毎に教員の要求に応じ得る独立機関がほしい。

16、教員ライブラリーの設置

経済的に恵まれず購入することも出来なければ図書館にも出向くのに遠距離である教師のために公費で読書し研究出来る場を与えることは特にその必要さを痛感する。

17、ガイダンス研究センターの設置

各町村別、各地区別でもかまわないが何かそういうような自由に研究出来る場がほしい。同好会の集りとしてでも良いだろう。

18、カウンセラーの設置

ガイダンスの最も効果的方法といえよう。

19、ガイダンス専門機関やガイダンス評価委員会など何らかの独立機関が沖縄では特に必要ではないだろうか。附帯的機関としてではなしに。

20、ガイダンスのための予算化の確立

各学校は学校なりに、ガイダンスのための予算が充当されているとか、政策としても特に打出され充分に充当されて思い切つてガイダンス出来ることが望ましい。

21、児童生徒用読み物の充実

本土の生徒に比べて沖縄の子供達わけても田舎の子供達は気の毒でたまらない。ＰＴＡの協力が是非とも必要であろう。

22、子供達の遊び場の整備

遊び場、即学習の場となるような例えば学校内の庭園、花園は勿論附近の草木の名札、木の高さ、距離などを書き、じかに目にふれさせながら遊ぶことが出来ると共に「木に登ってはいけないとか」「チリやゴミを拾いましよう」などの道徳的ガイダンスのための立札などもつともつと場の整備が必要ではなかろうか。

23、子供を守る会の強化策の具体化

もつとドシドシ、アンケートを出すとか実態調査をするとかして沢山の資料を得て下部組織を強化して、充分な予算の裏付けによつてより良い活発化をはかることも必要だといえよう。ガイダンスと直結する重要な組織であるのでその強化策は特に樹立実践されてもよいと思う。

24、組織的な全沖縄一円のガイダンス研究会の設置範囲が拡くなると、とかく不活発に終るうらみがないでもないが細く長くつゞくような工夫によって年間カリキュラムの立案、ガイダインスの在り方、障害点とその打開策等々について地道に研究する組織も必要だと思う。

25、ガイダンス専門図書の公費貸与

巡回でもよいし或は範囲を区切ってでもいい、倘同好会みたいな組織で必要な会員に限定してもよい。何れにしても公営のそれがあればよいがと考えることは野暮なのかしら。

26、環境の道徳意識の昂揚

地域社会、PTA、青年、婦人等がもっと道徳意識に目覚め環境の精神的整備を心掛ける必要があろう。両親の教育的熱意はおしなべて本土と大差がない。環境を整えることの大切さを痛感した。これがガイダンスの母体とも言えるからである。

27、家庭との密なる連繋策樹立

ガイダンスの時間は家庭においてなされるのが多い。口頭でもかまわないが家庭通信によるガイダンスの直結を工夫する必要がある。と共に父兄会や参観日、相互の連絡訪問などあらゆる機会をとらえて実施すべきだと思う。PTAの充実、振興策の樹立も同様である。

28、各種教育諸官公衙の緊密連繋強化の具体化

中央教委、文教局、地区教委、教育長事務所、教職員会、児童相談所等々が何等かの方法でもっと強化連繋することが必要ではなかろうか。一連のガイダンス委員会とかで。

29、青年会、婦人会との連繋の具体化

直接、間接の影響が大きいだけにPTAの一組織として各の協議会をもってガイダンスに協力してもらうことは効果的といえよう。

30、社会教育の充実策樹立

母親学級、成人学級、青年学級等々講座、講演、討論その他あらゆる方法を考案して充実させることが特に必要だと思う。不振の障害点を政策としてとり上げて真剣にその策の樹立を望む。

31、警察との密なる連繋の具体策樹立

本土では校外補導委員会の組織があり、たえざる連繋を保っている。

32、福祉更生機関の振興策の具体化

思い切って、不安なくガイダンスに当れる機関の振興。

33、職業相談所や児童相談所の活用の具体化

支所や出張所をもっと増置するか、プリントによる両欄設置をしてもらうかなどでもっと学校と直結された気楽に相談出来る工夫がありそうだ。特に僻地の場合を考慮して共にガイダンスに協力してもらうことが必要だといえる。

34、幼稚園の充実具体化

ガイダンスはここを根拠とするといえよう。三つ児の魂百までといわれるようにこのごろのガイダンスは最も効果が大きいと思う。本土の充実ぶりはものすごい。

35、結論を言うと施設、設備が不完備であればある程、経済的に恵まれなければ恵まれない程、環境が思わしくなければない程、ホームルーム担任が真に個々の生徒の人格像をみつめてガイダンスに当る以外に良策はない。又それ以上に良い方法もないと思う。「守礼の邦」の美風を生かし道徳教育の習慣化を図ることがガイダンスの大きな沖縄における使命の一つとも言える。

五、むすび

以上項目だけを羅列したのであるが実際に如何にしてその具体化をはかりその実践の完璧を期すかは残された興味深々たる研究事項であると言えよう。ガイダンスは難しい。大きなつり鐘は指ですぐ動かすことは出来ない。しかし何回か押す中には、はげしくゆれる。その後は指で一、二回おさえるだけでは止めることは出来ない。ガイダンスはそれに似たものがある。

とかく、この六ケ月間のあわただしい期間でどうやら本土の教育像を直接見聞し得てその間に教育の条理と方向と力を与えてもらい、教育の根本が生徒の成長と発達にあることを信念として把握出来たような感を抱けることは幸事であった。それのみならず教育により高さを高め、より深さを深めるために教師の研修と努力、信念と教育観、情熱と愛がいかに必要であるかを知り、それらを思いきって伸長させ駆使したい意欲と自覚がいささかなりとも芽生えたと思えることは満足であった。沖縄の個々の生徒を真に凝視し子供等と共に生き抜ける教師になりたいと命じている。ガイダンスの問題は究極のところ生徒一人一人を望ましい方向に伸ばし将来有為な社会人として育成するところに帰着すると思うからである。

※附　記

六ケ月間の私の歩み

（研究設計の経過と教育雑感の大要）

○六ケ月にわたつた研究期間も月並な表現ではあるが夢の間にすぎた。赴任当時のことがつい昨日のように記憶に新しい。馴れなかつた日々もどうやら大過なくすごし職員・生徒・PTA・青年協議会の方々の温い歓待でなごやかな学園生活を送ることが出来た。感謝。

○月別研究計画案

四月＝配属校の内容概観
五月＝生徒・教職員の実態研究
六月＝沖縄の教職員から依頼された調査・研究事項の研究と隣接校の参観
七月＝自己の研究テーマの研究
八月＝地域社会・PTAの研究
九月＝研究の総まとめ

○四月から八月までの五ケ月間学校の宿直部屋拝借。九月下宿

○四月、五月はほとんど沖縄の事情をききたいと申し込む生徒が多くうれしい悲鳴をあげた。

○ほとんど助勤にまわしてもらい教科担任はしなかつた。

○全国研究校の〃しおり〃を利用して北は北海道から南は九州に至る三十七校に研究物を依頼蒐集した。

○指導課訪問をたえず行い指導を受けた。

○教育研究会、講習会、懇談会、協議会、研究授業などにはつとめて出席した。

○毎日ほとんど夜半まで研究した。十二時前に就寝したのはわずかであつた。

○月一冊の割で読書計画を立案してあつたが二回以上精読したと思う図書八冊。その他目を通した程度の図書二十数冊読んだ。

○沖縄事情講演のため四回にわたつて各種団体から招かれた。

○自己の研究テーマ以外に具体的現場の問題が解決出来、あるいは出来そうだと思える問題の研究数が五百余題にわたる。例えば「望ましい学校経営は如何にあるべきか」という学校経営の問題や「学習意欲を昂揚するための具体的方法はいかにすべきか」という学習指導の問題、「生徒の自主的活動助長の計画樹立のために如何なる方法をとるべきか」という生徒指導の問題、「新出語句の取扱い方法はどうすることが効果的か」という国語の問題等々に類似する生々しい現場の問題―即ち学校経営に関する問題＝五四問。学業指導に関する問題＝四四問。生徒指導に関する問題＝四二問。特殊教育に関する問題＝二七問。特活に関する問題＝一〇五問。図工に関する問題＝一九問。英語に関する問題＝三〇問。職家に関する問題＝九七問。保健体育に関する問題＝五一問。国語に関する問題＝一三一問。音楽に関する問題＝三一問。社会科に関する問題＝四〇問。数学に関する問題＝八七問。理科に関する問題＝四七問に亘るなやみを一応解決出来たのは非常に幸であつた。

○毎月教育雑感を印刷、配布した。

○教育雑感

(イ)　生徒の面

△一般的な事柄から言うと性格が明るく伸び伸びしていて 発表力があり 字が上手でうらやましい。

△一番感心したことは生徒会やクラブ活動・ホームルーム等が自主的に運営され問題を自分達の力で解決しようとすることが軌道にのつていることであつた。

△学習も熱心で授業に教師を案内したり、授業開始時の「お願いします」、終了時の「有難うございました」と朗らかに言うしつけがなされている。

△生徒の多いわりに整列のうまさや話のきゝ方の上手さも賞讃に価する。

(ロ)　教師の面

△たえざる研修が行われている。例えば月二回の教科研究会、月一回の公開研究授業、毎日の指導密案の立案実施、学級並教科経営案の立案実施、その他講習会、講演会、教育研究会など計画的に実施されていて敬服の至りである。

△職員会には必ず討議が上程され熱心に討議されている。

△服装が整い教師としての品度が保たれている。例えば真夏は別だがネクタイのないまゝの指導や無精ヒゲを生やしたまゝの教壇実践はみたことがない。

△腰をおちつけてしかも真剣に指導に取組んでいる教師の姿は全く尊く敬服した。

△細かいことだが一つだけ非常に感心したことは朝の職員連絡会の在り方で前以つて打合せ事項を板書して研究しているので統一がとれスムー

スに運営されているということ。

(ハ) 学校運営や施設の面

教育方針や教育計画、実際の教育活動が教育法規通り実施され、常に計画的であり多大の効果があげられている。施設・設備は沖縄とくらべるとたしかに完備されていると言つても過言ではない。教具・教材等が充実していてその保全と活用につとめられている。

(ニ) ＰＴＡと学校及び家庭関係

家庭生活は出来得る限り合理化して楽しく送る計画がなされ日々の努力がなされている。生徒も家庭でしつけられ、道徳教育をなされ、それが学校でも板についている。即ち家庭教育が充分行われていてうらやましい。ＰＴＡ活動も目覚しく沖縄のほとんどがその発展育成に努力しているのとは対蹠的である。

(ホ) 地域社会・経済と学校

地域社会の環境が整備され教育への理解・関心が高い。更に必要な経済的裏付がなされているのは教育立国ならではの感ひとしおというところである。

(ヘ) 総合的教育像

ガッチリと四つに組んだその姿は微動だにしない実に頼母しい姿であつた。ハッシとくんだその姿は、コレデモカ。コレデモカ。コレデモカと斯の道を探究している真剣一路な姿で全くホロリとさせられた。（完）昭和三十年九月十九日記

（沖縄派遣研究教員　配属校静岡県浜松市立北部中学校　現任校沖縄名護地区伊江村伊江中学校）

職業家庭科について

当山正男

一、職業家庭科と産業教育

産業教育は一般教養である、ともすると産業教育は職業家庭科教育であるというように考え、職家科を職業的家庭的技能のあらゆる面を小出しに経験させる教科であり、それが即ち産業教育の目的であるかのように誤解することがある。産業教育が一般教養であれば職業家庭科もまた他の諸教科と同様に国家及び社会の形成者として必要な資質を養うことに変りはない。然しながら、産業教育の目的が「勤労に対して正しい信念を確立し、産業技術を習得させると共に工夫創作の態度を養い、もつて経済自立に貢献する」ということにあるのに対して職家科の目標が「基礎的な生産技術および生活技術の習得を通して、国民経済および国民生活に対する一般的理解を養う」ものであるから職家科が産業教育の面に大きな意義をもつていることは当然である。この教科が国民経済および国民生活に対する一般的な理解を養うという教科であるということによつて中学校を終えて上級学校に進学するものも又将来直接生産に従事するものも、家庭のよき主婦となるものも、共通に学ばなければならない教科であるということはいうまでもなく決して一部の職業準備教育であつてはならないのである。他の教科が知識理解に重点が置かれるに対して職家科は他教科によつて培われた基礎の上に立つて、その仕事を通して目的に到達するものである。生徒一人一人がこの教科で体験するところの仕事は極く少ないが、その仕事を窓として生産技術や生活技術は極めて多方面にわたつている、然し中学二ケ年間に習得出来るものは極めて少い。そこで現在の段階では特に地域の要求と、施設設備の状況から見て最も基礎的であり、且一つのまとまつた仕事を重点的に行うことによつて充実した生活経験を持たせ、勤労を喜び楽しく働く態度を養えると思う。

勤労愛好ということが強調されるが、たゞ働くことでなく頭と手をもつて創造し科学性、漸進性をめざして働く近代的な勤労態度こそ将来生徒がどの方面に進もうとも信義と誠実の心をもつてこうした勤労観に立つことをねらつてやらねばならぬと思う。

二、職業家庭科実施上のあい路

仕事を中心として、家庭生活職業生活の基礎となる技術と知識理解を、一つの体系として、指導しようとする職家の教育は新しい教科であるだけに現場の学校においてはいろいろ実施上のあい路と困難な問題があ

る。しからばそのあい路と困難な問題とは一体いかなるものであろうか。

①施設設備
②教員の適性と組織
③時間不足
④予算の不足
⑤地域社会の理解のうすいこと

とにかく施設設備といっても、早急な実現は困難である現在実際的問題として現有設備の最大限の活用を工夫し、さらに教員の適性と組織のためには、職家をうけもつ教員はできる限り技術を生徒と共に深め、高次な専門的内容については、地域社会の専門家等の援助を仰ぐ方法も考えられるであろう。地域社会の理解の少ないことも教師の真剣な努力によってこの教科を意義あらしめるにいたれば自ずと解決される問題であると思う。

三、特に充足してほしい施設、設備

（愛知教育文化研究所調査参考）

		1 希望	2	3	4	5
（都市）	中都市	実習室（調理、洋裁）	ミシン	ダイプ	機械器具	工作器具
	小都市	実習室（工作、作業、商業、被服）	機械器具	製図用具	ミシン	〃
（郡部）	山間部	実習室（製図、被服）	機械器具	標本	適性検査	工作器具
	海岸部	実習室（製図、工作、農具、被服）	〃	タイプ	自動車	洗濯機
	平坦部	実習室（工作、調理）	〃	実習場	製図用具	窯業施設

近代社会における職業あるいは産業への高度の機械化と技術化への基礎的技術の習得がのぞまれる。この教科の充実発展のために、できる限りの施設設備の充実がのぞまれる。中学校における職家の仕事が昔ながらの農業形態や手工業形態において行われることは近代日本人育成の立場から一日も早く放棄されなければならぬ。施設設備の問題は現実的に当面する教育行財政面へと移行する問題であり、物的条件の不備がとかくこの教科の不振あるいは、第二義的に考えられる安易な逃口上となる危険を感ずる。しかしながら現在施設設備を生かし、そこに地域社会との適切な連繫による創意工夫をこらし学校あげてのこの教科育成への熱意により、よき成績をあげている学校も少からずあり、単に不振への理由を観念的に施設設備の不足にありとわりきる前にいかにして、どうすれば常に創意と工夫と教育的熱意とによって一歩でも前進向上のための実践的計画がなされることがのぞまれる。

四、職業家庭科と他教科との関連

(イ) 時間が不足しているからカリキュラムの上で、内容の重複をさける。
(ロ) 社会科の内容を職家の基盤として発展させる。
(ハ) 職家科と各教科との関連事項を科学的能率的に指導できるよう考慮している。
(ニ) 職家科と各教科との関連事項については各教科担任相互の打ち合わせをする。
(ホ) 職家科の単元一覧の中に、各教科の関連事項を記入しておく。
(ヘ) 各教科の指導に当たり、職家科の関連事項を強調していく。
(ト) 職家科の各単元毎に主眼点を明らかにし、横の連絡をはかっていく。
(チ) 手技工作、保健衛生の内容については、とくに重複が多いので、理科、図画工作と内容を配分していく。
(リ) 社、数、理、図工、保健、体育においては原理面を職家においては、その原理面を実技面に応用する。

五、学習指導法

今までの職家科の学習指導法を考えてみるとその形態としては講義法、実習法、練習法などが多く用いられ、その方法は教師中心、一齊教授、教材中心主義で生徒の興味、生活などは軽視され画一主義の傾向があった。この形は封建社会や全体主義的な教育の立場において教育が一つのものに対する奉仕に駆使され、個人は無視され、模倣や服従を中心に教育される場合に多く用いられた方法であるといってよかろう。学習は知識と学習過程の健全な学説に基づくべきであることはいうまでもありませんが、それだけで学習形態の適否を云々してはならない。教育史的に証明できるように、ある時代の形態はその時代の社会の目的を反映しているし、反映しなければならないものである。いわゆるソクラテスの産婆法が用いられギリシャ時代は批判的、創造的な人間の育成に主眼がおかれていたといわれる。ところが中世の権威社会では、服従を強いる教育法がとられたのであるが民主主義社会では各個人が平等にして尊厳な人格として協同して社会に寄与する立前であるから、これを反映した学習指導法がとられるべきものである、実に目的と方法は二にして一なのである。民主社会においては各人が平等の権利と義務とを保有し、社会に寄与することになるから、各人は日常生活においてのいろいろの個人的、社会的な問題に対し自ら主体的にこれを解決する能力を持ち、相互によりよい社会生活を営んで行かなければならない。したがつて民主主義の教育では社会の変化に応じて起る事態に対して公正なる判断を下し問題を解決する意志と能力を養うことが大切になる、この立場から考えると、学習は生徒が自ら生活課題の解決する過程であり、その指導が学習指導となる。新しい学習では生徒の生活が学習の基盤となり、生徒の必要、興味による生徒の主体的活動が尊重されると共に個人差、地域差が考えられ、他人との協力が強調される。したがつて職、家科の学習も、その地域の必要、生徒の必要から生ずる日常生活の課題を自己の経験を契機に、主体的にいろいろの仕事を通して実際的に解決することになる。このように学習の形態の中心をなすものはプロジエクト法であつて討議法、講義法、指導学習、視聴覚補助法、練習法など多種多様な学習法がその流れの中に織り込まれるべきものである。また、従来多く用いられた学習形態である講義法、実習法、練習法なども新しい学習に適応するようその性格や用い方が修正されなければならない。学習の組織も従来の一齊学習が反省されて、学習の個性化、社会化を重んずる個人学習、分団学習の形式が重視されるようになつた。

A　プロジエクト法

プロジエクトの類型

a　個人プロジエクト

生徒個人が一つのプロジエクトについて学習活動をする場合で、これには学級全体同一のプロジエクトにより個人が学習する同質プロジエクト学級全員がおのおの別々のプロジエクトに従つて学習する異質プロジエクトとの二つの型がある。

b　集団プロジエクト

学級全体あるいはグループごとにプロゼエクトを設定して共同して問題解決に当る型で職家科における仕事を中心としての学習には多く用いられることが予想される。

c　ホームプロジエクト

これは個人プロジエクトの一種で家庭が一つのプロジエクトを家庭で、教師や父兄の協力を得て、問題解決に当る方法である、農業、家事の分野の学習においてはホームプロジエクトは大きく取り上げられる。

◎プロジエクト法の長所と短所

プロジエクト法は実際の仕事を通して問題を解決させるため生徒の生活を重視し、学校生活と実際生活とを結合させるのに都合がよいばかりでなく、仕事を忍耐強く進めることにより忍耐心を養つたり、仕事を完成させるよろこびを味わせたりする。

問題は生徒の興味から出発するため学習にあたつては、確実な動機づけが行われ、また自ら進んで計画実行するから創造性、責任性を高めることができる。また集団プロジエクトの学習においては、協同指導寛容犠牲の精神など社会的な徳性を養うことができるであろう。

△短　所

プロジエクト法は生徒の能力が低い場合、問題解決の資料の不充分な場合などは時間と精力を浪費し学習を困難にする。この方法では生徒の自発的活動を重んじ、自由に学習活動をさせるため、ややもすると無秩序になりやすく、学級管理上困難をきたすことがある、また一部の能力のある生徒により学習活動が独占され、他の者が犠牲になる場合があるから注意を要する。

プロジエクト法は生徒の生活を重んずるため教材の論理的体系を軽視しがちであり、鑑賞、練習、習慣の指導の方法も等閑に附される傾向がある。プロジエクト法は職業家庭科の単元学習にひろく取り入れられる方法であるが以上のような長所、短所があるから、これらの点をよく考え、短所については他の学習指導法を取り入れることにより、その欠点をおぎない効果をあげるようにしなければならない。

B　講　義　法

従来の職業家庭科の学習では、その学習指導の形態は講義法と実習法が中心であつた。この場合の講義法は教師中心、教材中心主義で教師が知識や技能を生徒に詰め込むやり方で生徒にとつては受動的な学習法であつた、したがつて生徒が主体的に活動して自ら問題解決に当る新しい学習法とは、およそ縁の遠いものであり単なる内容の記憶や模倣に重点がおかれて行われた方法であつた。そのためこの年令の生徒としては比較的困難な内容の筆記が中心となり内容の分析や、批判を行う余裕もなく、また長時間興味を持続することも困難な状態であつた。また一齊に講義で終始される為個人差による指導もできなかつた。講義法はこのような欠点を持つものであるが、一方長所もあり、新しい学習の原理に即応して新しい形態をとり入れられるべきである。

それには次のようなことが考えられる。

一、単元の導入にあたつて、その目的についての興味を刺戟し、動機づけを行い、単元学習の準備をさせるのに役立つ。

二、学習に必要な知識、資料が生徒の能力や学校の環境などから充分に得られない場合、教師が適当に講義してやれば、学習の時間の浪費をふせいだり学習の興味の減退を避けたりすることもできる。

三、講義法は視聴覚補助法を用いれば、生徒の興味をひきつけ、一層理解を深めることができる。

四、民主主義社会では演説、放送、人の意見などを聞くことが多い、この場合内容を分析し批判することが必要であるが、講義法はこのような訓練に役立つ。したがつて講義及び内容についての討議をさせることも必要なことである。

五、大勢の生徒を一時に指導する場合に便利である。

六、講義法は問題解決の見通しや解決の過程をまとめるのに有効である。講義をする場合は教師はあらかじめ筆記の形式要領、技術などを指導し講義の内容は周到に準備して生徒の能力に応じてこれを行い、常に講義中生徒に理解されているか、否やを察知するよう注意する。

C 討議法

生徒が平等な立場で相互に意見を述べ合い、その意見の比較検討により、批判力、判断力を養い、正しい結果を得ようとする方法で、問題解決に当り、生徒が相互に協力することにより、学習の社会化を増進し民主的に生徒中心の学習をねらつているものである。討議学習を進めるには、討議の題目は討議に適するもので、生徒はその題目について知識を持つていること、生徒全体が参加して自由に意見を発表できるようにすること、司会者になるものは充分の準備をしておくことが大切である、職家科の学習では単元学習の計画の段階、結果の批判の段階などで討議による充分な意見の交換によつて、仕事の計画の樹立、結果の反省などが行われることが予想される。

D 視聴覚的方法

視聴覚的方法は従来から行われてきたもので別に珍しいものではない。たゞ経験を重視した学習の立場が強調されるようになり、この方法が大きく取りあげられるようになつたに過ぎない。視聴覚的方法は単独で学習の方法として用いられる場合もあるが、いろいろの学習と併用され、それらの学習法の効果を一層強化する場合が多い。そのためには、この方法のいろいろの形態について、その機能、用いる技術を充分理解することと、学習に用いる時期について配慮することが必要である。

職業家庭科の学習に利用される方法として

一、実物、標本、模型

二、図、図表、グラフ

三、実地教示

仕事を中心に学習を進める職家科では特に効果的な方法である。

実地教示は教師、生徒および他の有能な人が行う場合がある、実地教示は教師、生徒および他の有能な人が行う場合がある、実地教示を行う場合は、実地教示者も参集者も仕事と単元との関係、仕事の目的、仕事の過程を充分理解し、必要な機械、用具、材料などについてあらかじめ研究しなければならない。実地教示の進行中には適当な解説が必要であり、またこれに対する質問が行われるであろう。終結においては、その過程や結果についての充分な討議を必要とする。

四、絵画、写真、幻燈

五、映画

特に次の点が学習に利用される

㈠ 事物の運動の状態、物の生長の状況を明示する

㈡ 行動の過程や全体を示すことができる

㈢ 外国や、遠隔な土地の様子について知らせることができる

㈣ 正しい経験を記録することができる

㈤ 生徒に興味を与え、自発的な学習への動機づけに役立つ

六 遠足および見学

生活に役立つ仕事を中心に学習する立場から、学校、家庭以外に出て遠足や見学をすることは学習の効果をあげるに極めて適切なことである。

七 ラジオの利用

聴取前の準備、聴き方、聴取後の整理の訓練

E 練習法

職家科の学習では技術の練習を必要とする部分が多いので、練習法は職家科の学習の形態として重要な役割を持つものである。従来の技術の練習では子供が大きくなつて社会に出た時に困らないように将来の職業生活、家庭生活の準備として生活経験とは無関係の機

械的に基礎技術を練習させたのであるが、新しい学習における練習は、生徒の生活経験に関連して学習者の必要、興味に即応じた技術の練習を目標においている。練習するにあたつては、自己の生活経験を再組織するために最もよい技術を選択することが必要であり、特に技術の速さと巧みさを練習することにある。練習の効果をあげるためには、一時に長時間実施するより、一般には練習する時間を短く回数を多くする方が効果があるとされる、さらに練習にあたつては個人差にそなえて指導する。

以上職業家庭科についていろいろと述べてきましたが生徒をして将来の民主的な良き社会人としての育成をめざし、この教科が特に国民経済および国民生活に対する一般的な理解を養う立場で実に重要な科目であります。そこで私達教師はつねに絶えざる熱意を持ち、研修を続け、個々の生徒をよく見つめ温い愛情ではぐくみ個性を伸ばし、手と頭をもつて創造のできる科学性に富み働く事を喜びとする人間育成を特に望むものであります。（前原地区具志川中校教論）

特別教育活動について

照屋忠英

目次

一、夏の週間予定表

時間		月	火	水	木	金	土
8.20	職朝						
8.25	M.I.						
8.30 9.20	1	生徒集会					
9.30 10.20	2						
10.30 11.20	3						
11.30 12.20	4						
	昼食			学年主任会	職員会長		清掃
12.45 12.55	S.H.R. 放送	〃	〃	〃	〃	〃	
	休憩						
1.15 2.5	5				クラブ		
2.15 3.05	6				L.H.R.		
	清掃						
3.30 4.30	7		生徒会	職研	職員会	教研	
午後六時下校							

△月曜日の第一時限は全校生徒の集る時で朝会はない。

△連絡事項は掲示と放送による。

二、日行事、週行事に於ける特活の実践活動内容

過去の私の六ケ月間に見聞した、一日あるいは週行事内におりこまれて実施されている特別教育活動の実践活動をレポして今後の私の学校における特活の改善の資料としたいと考えている。思うに特活は新教育における教育動作の中で最も清新味をもつている教育内容の一翼であると考えられるのである。然してその活動内容も学校経営の面、特に日々の行事との関連が

深く、従がつて学校経営の独自性も特活をおりこんで行うことによつて現われている感を深くするのである。そして生徒の自主活動、教師のたゆまざる努力によつて特活を推進し生徒の社会的、公民的な基礎を養いつゝあると私は信じている。それは効果からみると大、小、遅進の差はあるにしても、ゆつくりではあるが着実に特活本来の目的を果しつゝあると考えられる。新しい学校活動のあり方としての基本的命題は

1、学校のなすべき仕事は、生徒も教師も含めてすべてこの者が現在その場所で十分満足しながらよい公民の資質を修練する適当な機会をもつように学校全体の場を組織することである。

2、どこでも可能なところで課外活動は課程活動から成長し、そしてまたそれに帰ることによつてそれを豊かに育てなければならない。

以上のことからしても新教育における特活の必要なことがうなずかれるであろう。ではいかにして本土では学校行事におりこんで実践されているか具体的なことを日々行事、週行事について記述しよう。

Ⅰ　生徒集会

月曜日の第一時限目に生徒集会を行う。

△全校生徒が集ることは此の機会以外には週をとおしてなく、したがつて全生徒が集るのは月曜日の第一時限の一回である。

△生徒集会はすべて生徒の集会委員によつて司会されている。

△生徒集会は職員会と同時に始る。職員会（一五分）が行われている間に全校生徒は運動場に出て生徒役員の指揮によつてラジオ体操をやる。

A　生徒集会の行事（式順）

1、開会の挨拶
2、朝の挨拶
3、朝の歌（校歌）入学式、新任式の場合は歓迎の歌を歌う。
4、校長先生のお話
5、生徒側の発表
　例、立候補者の立合演説、レクリエーション、演劇、音楽（独唱）、ゲーム、各クラブ発表

生徒集会は以上のようにして毎週かゝさずに行い集会では伝達事項は発表されず、その行事のみで一時間費すのである。

B　生徒集会運営要旨

一、目　標

生徒の自主、協同、親和性の諸活動の発表をつうじて、その全人性の育成につとめる。

1　生徒会各委員会
2　クラブ
3　ホームルーム
4　諸行事（社会、学校、学年）
5　その他

二、レクリエーション

1　演　劇　2　音　楽　3　ゲーム
4　その他

三、社会的集団の基礎的訓練

1　秩序ある行動
　集合、解散、整列、行進その他
2　奉仕活動（校外は校外生徒会）

Ⅱ　生徒会放送（毎日昼食時の一五分）

放送は生徒会放送委員により企画されている。

1　各学級編成で全学級がもれなく放送する。

2　放送内容（学級代表）
偉人伝、今朝の新聞記事、歴史的事実、市内行事の解説、独唱、その他

3　放送委員による放送
○生徒議会での決議された事項を全生徒へ伝達徹底させる。
○学年あるいは学級において特別に異動があつた場合の伝達
○校長及び職員が特に必要な場合には事前に放送委員に許可をうける。
○毎日の訓育、躾などの徹底方法の伝達

放送施設は学級にまで完備していてスピカーなども各学級、運動場などにも常置されているので生徒はもれなく放送される事が聞かれるので総ての面に時間的空費がなく労少くして効果を大きくしているのである。特にその日その日の伝達事項の徹底には十分に役立つている。従つて生徒の日々の行動なども自分で自分のことを処理していることなどから考えると現代の学校にはなくてはならぬ最も大切な施設だと感じた。

Ⅲ　生徒会（火曜日の六時限終了後行つている）

生徒の自主的な行動を助長し発表の機会を与え将来社会人としての基礎を養い公民的態度の育成などが行われている。生徒会は集団指導（特活）の中で最も中核をなす組織である。新教育の最も主流をなす教育活動の一つである。つまり学校行事への生徒参加の強力な組織であり、自主活動の中心である。すなわち生徒会の活動は

1　親しい間柄で結ばれる小さい集り（即ちグループ生活）に入る機会をすべての子供や青年たちに与

え、これによつてかれらが社会生活を営むに必要な態度を育てる。

2 他人を尊重する態度を発展させる。

3 生徒の自主性と創造性とを発展させる。

4 個人的、団体的な責任を重んずる態度を養う。

5 他人と協同する態度、方法、技術を学びその喜びを学ぶ。

6 中正なる批判のできる精神を養う。

7 団体や社会の秩序や規則を重んじ長上や先輩に対して誠心をもつて対する態度を養う。

8 清潔、正直、勤労、社会奉仕、スポーツマンシップなど人間の大切な習慣や態度を養う。

9 他国民、他民族に対する友情的な態度を養う。

生徒会活動は一—九までの素養を知らず知らずの中に生徒自身が身につけるようになつていくのである、それは毎日の限られた授業では、とうてい体験することの出来ない貴重な体験である。その体験は単なる思いつきの計画から生まれるものではなく周到なプランをたて不断の教師及び生徒の協力実践にまつほかはないのである。そのプランを毎日実践して蓄積された、思慮、態度、技術方法こそ将来の社会人として十分に役立つ民主的公民になるといえるであろう。では毎週火曜日に行われている生徒会の活動状況の一委員会の活動を記述すると次の様である。

総務委員会　組織—各学級の委員長と総務委員

総務委員長は生徒会長が行う。

議　題

1 連絡の徹底について

○委員での決議事項は各学級で生徒各自に徹底伝達されているかどうか。

○決議事項を徹底させるにはどうしたらよいか。

意見内容

1 水曜日に各級で発表

2 機関紙を発行する。

3 クラスで掲示して知らせる。

4 放送によつて発表

※(2)の場合は会長立候補の場合に公約したから当然実行すべきであるという意見もでた。

※賛否両論あつてお互に自分のグループ（同志的結合）によつて意見の交換をやつている。

※委員長もつゝこまれて、たじたじの状況であつた。

以上のディスカッションによつて学校内部における生徒の生活面が討議され決議されているので基礎的訓育躾はお互で解決していて教師の手をやかさない処は感心した。

Ⅳ、クラブ活動

毎週木曜日の五時限目にクラブ活動を行つている。五時限目が適当な時間配置かは一考を要するが正課のクラブ活動は毎週欠かさずに実践している。その日は第六時限L・H・Rをおりこんでいるのでクラブの時間が外の時間に転用されないだけは時間配置としては適当のようにも考えられる。クラブ活動だけは、ほとんどの中学校で実施していている。正課のクラブと放課後もクラブ活動をしている学校もある。即ち、Aコース、Bコースといつたようにして二本だてのクラブ組織が考えられるようである。クラブ活動の必要な施設、設備、備品の充実などはクラブによつて一様ではないが特に理科実験クラブが家庭科関係のクラブ芸能科関係のクラブ、職業科関係のクラブは充実していてクラブ本来の目的である活動の伴うクラブ活動をしているようである。文化クラブと体育クラブの時間配当は正課のクラブを二時間当てた学校もあるし、文化クラブ体育クラブを一つにまとめたクラブ組織もある。要するに沖縄における現段階のクラブ活動はなんとかして設備を整えることであり、あるいは現在ある設備備品を最高度に利用するように教師も生徒も協力してクラブの基礎をきづくべきではなかろうか。

一、クラブ活動の目標

クラブ活動を通して、自主性、協同性、親和性、学研的態度を養い、人間としてのゆとりのある生活をするような社会人を育成する。

二、指導方針

(1) 生徒の活動を主体として教師の自発的な計画に協力し、その実施にあたつてはこれを指導するものとする。

(2) 指導教師はあらかじめ年間計画表を立てること。

(3) 教科の時間内においては、指導してないこと。または指導し得ぬことを深く研究し味わい楽しむようにすること。教科内容と全く合致するものは適当でない。

(4) 指導内容は必ず活動を伴うものであること、内容を狭いものにして活動を主体的、力動的にできるように立案指導すること。

三、編成方針

(1) 学年をといて全学年的なものとする。

(2) 教科名を冠したクラグ名をつけないこと。

(3) 生徒の希望を尊重するがそれのみによらないで指導啓発により適当に配属する。

(4) クラブの特殊性は認めるが教師一人当り平均四

○名ぐらいは指導を担当する。
(5) 生徒は出来るだけどこかのクラブに所属する。
(6) 教師の希望を決定の上、生徒の希望を募る。

四、設立クラブ名

A 文化部

英会話、英語通信、行書、硬筆、写真、化学実験、生物、染色、測量、商業実習、幻燈、演劇、一冊、英文法、英作文、器楽、鑑賞、作詩作曲、写生、木工、機械、珠算、読書、手芸、自由詩、弁論、合唱。

B 体育部

野球、排球、ソフトボール、リズム体操、陸上、ダンス。

五、実施細則

(1) 生徒はクラブの所属を年間かわることができない。
(2) 時間は週二時間、火曜、木曜の第七時限とする。
(3) 各クラブともクラブ委員長、副委員長及び学年委員を各一名づつおく。
(4) クラブの出席は学年委員が出席簿に記入しクラブ委員長はこれをまとめてクラブ担任に報告する。
(5) クラブの出席については格別の関心をもつて監督し学年委員に命じて学級担任に通報する。
(6) 評価はクラブ員全体を通じて、五、四、三、二の段階にわけてする。その配分比率は生徒の示した事例によつて行う。
(7) クラブ活動に要する費用は原則として徴集しない。

六、クラブ活動の隘路とその打開策

(1) クラブ活動の目標に対する教師自身の不認識と未経験
(イ) 新制中学校教育におけるクラブ活動の意義の啓蒙
(ロ) 指導上の留意点の徹底
(2) 編成長の難点→クラブ希望人員の過大、過小
(イ) 生徒の希望は第三希望まで提出させるように考慮
(3) 指導上の難点
A 施設、設備の狭隘、不備
(イ) 校舎は普通教室、特別教室を使用
(ロ) 備品器具の十分なる活用
(ハ) 運動場の区画、協定使用
B 時間の不足
(イ) 火曜日、木曜日の固定時間を置く
(ロ) 教師の熱意による時間外指導
C 指導技術の研究不足
生徒の自発性と興味を喚起する創意と工夫

V、特活の基本原理（クラブ生徒会）教育大学講座十八巻による。

1 学校に協力課程活動（特活）のために建設的なプログラムを持たなければならない。例えばあらゆる諸活動は生徒会によつて認められなければならない。生徒会自身も校長の許可を受くべきことは勿論である。
2 すべての活動は毎日、あるいは一週間のプログラムを計画しなければならない。
3 生徒会に対しての生徒参加の計画は、ホームルームから出発し、そこで発展し学級の組織がクラブにおいて発展し、ついには生徒会にまで成長するのである。
4 クラブ計画も特別の興味をもつた者が集まつた特殊のグループから出発し発展し拡大して行くのである。
5 全生徒があるクラブに加入し、すべて教師があるクラブの顧問教師、相談役とならねばならない。

三、一日における合理的学校経営に於ける基礎的な躾や仕事内容

1 連絡の徹底

○放送をとおして各学級へ伝達する。
○放送用のアンプが設備されスヰッチによつて一年生への放送伝達、次は二年生へと自由に放送出来る。
○生徒は伝達された事項に従つてその日の行動を一糸乱れずに行う。その行動は学級内部において委員長を中心にして全員が良くききよく従つている。お互生徒間の命令や伝達などもすなおにきいてその通り行動している。
○したがつて一日の学級の動きがスムースに支障なく動いているので学校全体としても支障なく運営されているのである。つまり学級こそ最も重要な推進母胎であり学校活動の原動力である、それで生徒一人一人にたえず注意して、生徒をしてすきのない学校生活を送らせているのである。

2 掲示板の活用の徹底

○生徒会専用の掲示板によつて詳しくその日の行事あるいはその週の行事が掲示され生徒各自は掲示板の記事をいつもみているので時間の空費がない。行事板を見る訓練なども学級でよく躾てある。

○学年伝達掲示板

各学年又は各学級では、その日〳〵の掲示板に必ず眼をとおす習慣がついているので教師が口やかましくいわないでもちやんと次回の心の準備が出来ている。ドングリ眼では明日の行動に支障をきたすので心の眼を開くとともに、注意力の喚起に心すべきことをつくづく感ずる。

3 朝、放課後の清掃の徹底

○生徒は朝くると各自の担当区域の清掃に取り掛る。どの区域でも清掃が行きとどいていて、いつでも清齊さを感ずる。指揮者も学級の風紀委員があたつている。

4 教師と生徒の連絡の緊密

学級と教師の連絡は大変よく行われ、生徒はたえず教師と連格をとり、そして確実に学級内に伝達している。然して時間が厳守され区切りがはつきりしている。夏は六時下校になつているが六時になると当直の先生は全校へマイクを通じて下校の放送をする教師の手伝いしている者もその合図で帰宅し、校内には一人の生徒も見あたらない。もしも下校がおそくなると父兄の方からすぐ電話のといあわせがあるので下校後の行動などについても生徒はすきのない生活をさせられていて時間的規律なども実行されている。

5 以上の点から校内は生々としている。言はず語らずの間に学校全体が一個の有機体のように活動している。それにはある程度の施設が充実しているといえばそれまでだが施設を有効に活用する事も考えなければならないのではなかろうか。

四、特活の評價

(教育大学講座十八巻による)

生活指導の面、特に特別教育活動の面に関する記録は学業の発達記録と同じような評価又は採点が与えられるべきものではなく、どこまでもその児童生徒が示した要求、興味、才能などや実際にとつた活動の種類、事実、態度、技能の程度であつて、それが個別的、発達的教育のための生活指導である限り、他との比較による序列を与えることは本来の意味ではない。

一、評価の目標

1 活動のプログラムが円滑に進行し全成員に滲透する事が出来たか。
2 活動における各自の地位と責任を自覚するようになつたか。
3 規則や秩序を尊重し他人と共同して能力において進歩が認められたか。
4 活動が活発になり、各成員は強制されなくとも自発的に集団の生活に貢献しようと考える様になつたか。
5 活動のプログラムに対して興味を示したか。
6 他人に接觸し交際する態度技術に進歩があつたか。
7 健全な娯楽を喜び余暇を有効に使用出来るようになつたか。
8 リーダーシップは進歩したか。
9 討議能力、資料、調査力等が進歩したか。
10 自主的、創造的、批判的精神が養われたか。
11 美的情操、正義、公正、寛容、友愛、スポーツマンシップなどの習慣や態度が培われたか。

二、評価の方法

(5) 非常に活発―各成員はリーダーに対して非常に友好的で成員相互は積極的に協力しあい、極めて親和的でどんな悪条件に遭遇しても分裂することなく益々結束を固くする活動のプランに対して各成員は活発に建設的な意見を述べ、リーダーから一々命令されなくても自発的に分担し活動する。社会中心的な行動が圧倒的に多い。

(4) 稍々活発―リーダーに対して稍々友好的で成員相互常に協力しようと心がけており、リーダーから仕事の分担を与えられると喜んでひきうける。

(3) 普通―成員相互よく準備して仕事をする。リーダーに対して特に友好的であるわけではないが、攻撃的でもない、仕事の分担を与えられると余り文句もいわないで引うける。

(2) 稍々不活発―リーダーに対する不満が稍々多い。やゝともすると成員相互孤立し、あるいは争う傾向が多い。リーダーから仕事の分担を与えられると強制されるとしぶしぶひきうける。

(1) 非常に不活発―リーダーに対する不満が非常に多く極めて攻撃的あるいは全く無関心、成員相互は全然孤立し、あるいは幾つかの下位集団に分れて常に争い敵対している。リーダーから仕事分担を強制されてもひきうけようともしない。少し困難な場面に遭遇すると忽ち分裂してしまう。

1 非常に不活発 ― 2 稍々不活発 ― 3 普通 ― 4 稍々活発 ― 5 非常に活発

教育調査を手がけて

福里文夫

㈠　小生、去る三月第七回研究教員として、六ヶ月間、文部省調査局調査課において、教育調査の研究にたずさわる機会を得た。教育調査は、その範囲が余りにも広く方法も亦複雑多岐にわたつているので六ヶ月という短かい研修期間では多くを望むことができなかつた。以下簡単に研修の概要を述べて見たい。

㈡　琉球の教育は、教員の夏期講習で来られた日本講師団によつて度々指摘されたように日本々土より十ヶ年遅れているといわれる。十ヶ年というのは何を標準にしていわれたものかよく分らない。多分大きなひらきがあるということの平たい表現だろうと考える。敗戦以来いわゆる新教育なるものと真剣にとつ組んで進歩して来た日本の教育界と孤島にとぢ込められ外界との交流を全く絶たれ生きることのみに勢一ぱいの努力をして来た沖縄の教育界との間に大きな開きのあることは当然である。しかし終戦十年を経た今日、なおこの大きなひらきを認めなければならないということは何という悲しいことだろう。教育者として大いに奮起しなければならないと思う。ともあれ琉球の教育が相当に立遅れていることは否めない事実であり、これはあらゆる方面について言われるであろうが特に教育調査統計の面においてはこれが目立つており日本における「指定統計」の類さえ完全なものがないといつてもよい状態である。

㈢　文部省調査局調査課において現在手がけている調査には、一、地方行政財政調査、二、職場における学歴構成調査、三、父兄負担教育費の調査、四、外国教育調査、五、僻地教育調査、六、日本の教育編集、七、文部時報の編集等であり、これらのすべてに渡つて一通り研修することが一番望ましいことであるが期日の関係でこれは到底不可能なことである。従つて一つの調査を研究することによつてすべての調査に通ずる基本的な知識を得るようにしたいと考えた。もちろん各々の調査にはそれ〳〵に特色がありその調査でなければ分らないよさや困難や又は疑問等をもつているであろうが順序や方法は大同小異であつて「調査のすべてに通ずる法則」はあると考えられるのである。手がけてみたい調査は地方行政財政調査と職場における学歴構成調査の二つであつたが幸い後者を選ぶことができた。

㈣　「職場における学歴構成の調査」とは、別名「社会的要請に基づく教育計画立案のための調査」とも呼ばれ、学校教育に対する産業社会の要請を科学的に測定把握してそれを合理的な教育施策の基礎資料として役立てようとする調査である。この調査は昭和二十七年度に次年度の新規事業計画として企画され、二十九年三月に第一年度の報告書が出されている。この調査の究極の目的は前述した通りであるが、この目的に達する第一段階として「社会の高等教育に対する要請」をまずとりあげ

1、社会の高等教育卒業者に対する需要状況と教育機関の供給状況との実態を数量的に測定し、この需給関係に科学的な分析と評価とに基づいて将来の関係を予測し、これを高等教育施策の基礎資料として提供する。

2、産業社会における業種の規模に応じて人的構成の諸類型を提示して、企業経営、人事管理に関する参考資料とする。

を調査の直接目的として実施されている。従つて今回の調査はその第二年度である。私がこの調査の研修にたづさわる以前にこの仕事は次のような順序によつて調査票ができ上つていた。

1、第一年度の調査の経験と結果についての反省。

2、昭和二十九年六月下旬
調査の基本方針を決定し調査の目的、方法対象、内容等についての具体案作成。

3、同年七月中旬
調査要綱案及び職務分類についての原案作成。

4、同年七月下旬
会社、官庁の有識者からなる「教育計画立案のための調査企画会議」がもたれた。

5、同年八月下旬―9月中旬
上記会議の意見に基づいて要綱案、職務分類等に若干の修正を加え調査の細目に亘る最終の方針が決定された。

6、同年十月下旬
最終案を行政管理庁統計基準部の審査を受けその承

認を得た。

7、同年十一月上旬―十一月中旬
要綱、調査票等の印刷、調査対象への発送。

8、同年十一月下旬
日本経営者団体連盟及地方公共団体に対する協力援助を要請した。

9、昭和三十年二月下旬
調査票の第一次〆切

10、同年三月上旬
調査票の最終〆切

㈤ 作　業

1、集計作業
単純集計は統計課の協力によつてできた。しかしA、民営事業所。B、官公庁、官営事業所、公社。C、全対象に分け、これを更に産業部門別、学歴別、専攻科目別、経営規模別、職務分類別、男女別等にかみ合わせて見ると

民営事業所	一一七	
官公庁、官営事業所、公社	六	二〇一種
全対象	二〇	

の結果表ができることになる。これらのすべてを報告書にのせると莫大なものとなり報告書を作る予算が足りないので、ごく必要なもののみを残す必要がある。即ち最大限二〇〇頁になるまでけずる必要を迫られた。しかもこれさえ最終決定の時はスペースの関係で一四八頁となつた。

2、右に応ずる百分比の算出
報告書にのせる統計表について必要なものを百分比表とした。

3、集計作業と平行して、関係統計表等作成作業が進められた。

イ、「昭和二十六年度事業所統計結果報告」による産業別、規模別の事業所数および従業員数。
ロ、「昭和二十五年度国勢調査報告」による産業別職務別の男女別就業者数
ハ、「昭和二十五年度国勢調査報告」による在学年数別、職務別の男女別就業者数
ニ、「労働力調査」（昭和二十九年度十月）による産業別職務別（大分類）の男女別就業者数
ホ、「学校職員調査報告書」による学歴別教員数
ヘ、登録弁護士数
ト、登録医師数
チ、「経済六ケ年計画」による産業別（三分類）の将来就業者数（昭和三十二年昭和三十五年）
リ、「綜合開発の構想」による産業別（三分類）の将来就業者数（昭和四十年）
ヌ、人口問題研究所の資料による年令（五才階級）別、男女別、推計将来人口（昭和三十年、三十五年、四十年）
ル、諸外国の職場における学歴構成

しかし、これ等の資料はその一部を除き今回の報告書の内容として利用されなかつた。

㈥ 報告書の作成

1、前述の集計作業、資料等の準備を終えていよ〳〵報告書の作成にとりかゝつた。これに先立ち報告書の見出し、内容、解説、範囲等について数回の会議が持たれ「経済六ケ年計画」にみあう教育計画等についての研究もなされた結果、この報告書は一先づ現状の考察に止め、この調査の終局の目的である「社会的要請に基く教育計画樹立」のための考察は次にゆずることとなつた。

報告書の内容は
イ、産業別従業員の学歴構成、職務構成、職務と学歴との関係。
ロ、職務から見た産業部門別、経営規模別の学歴、専攻科目との諸関係。
ハ、学歴から見た職務との関係。
の三つの部分を軸としてそれぞれについて相互に関係を持たせつゝ解説することになつた。

2、調査対象

民営事業所

A　事業所数

a　従業員　五―四九人	二、一四六
b　〃　五〇―一九九人	一、六四一
c　〃　二〇〇―四九九人	八六九
d　〃　五〇〇―九九九人	三九五
e　〃　一〇〇〇人以上	三八五
計	五、四三六

B　人員

男	一、二七一、九五一
女	三八三、五三三
計	一、六五五、四八四

官公庁、国営公社事業所

A　事業所数

官　庁	三二〇
公　序	六五四
国営、公営事業所	二〇四
計	一、一七八

B　人員

男	二一三、一八一

女　五四、三二五
計　二六七、五〇六

3、解説

イ、なるべく平易な文体にし、誰にも親しみ易いものとすること。このため見出しも第一年度において「学歴から見た従業員の実態」「専攻学科別従業員の産業別分布」等の表現を「職種によつて学歴はどうちがうか」「専攻学科は職場で生かされているか」等の平易な言におきかえる。

ロ、しかし平易にすることによつて専門的に研究したいと思う篤志家の意慾を殺さない様に注意し、特に統計表はこれ等の専門家にも満足するように努めること。

ハ、解説の重複をさけ、同じことをくど〳〵しく何回も書いたり統計表の数字がそのまゝの形で解説にのつたりすることのないよう注意すること。

ニ、簡潔な言葉で要点のみを書くこと。

ホ、高等教育卒業者に焦点を合わせること。

ヘ、忠実に現状の解説を行い、主観や予想をはさまないこと。

等を解説の原則としてそれ〴〵手がける綱目と分担して執筆した。

㈦　この調査の発展

この調査は三ケ年計画で構想されている。

○第一年度―昭和二十八年度―は高等教育に重点を置いて産業教育に対する需要推定のための調査と二本建で実施

○第二年度―昭和二十九年度―既述のとおり第一年度の調査の経験と結果を基礎として、企業体、官公庁における従業員の学歴構成とその従事する職務内容との関連を明らかにし、産業社会の人材需要の質的面に分析を加えることを主眼にしている。特に職務と学歴との関係を分析評価して人的構成の最適標準の作成、もしくは合理的な需要の総量を推定する基礎資料にする。

○第三年度―昭和三十年度―企業体における学歴、学科別従業員構成の最適標準を作成しこれを全国的な規模に拡大して学校卒業者に対する産業社会の合理的な需要総量を推定し、生産力の展開と雇傭状況を考慮して将来数年間にわたる学校卒業者の需要及びこれに対する供給の関係に検討を加え、調査の最終的目標に到達しようとするものである。即ち職種と学歴に関する望ましい従業員構成を設定し、経済六ケ年計画に見合う従業員の新規要来を「望ましい従業員の構成」という尺度によつて測定し、六ケ年後又は十年後の学校卒業者に対する需要量を推し、これに伴う専攻学科別の高等教育卒業者の供給面のあるべき姿を構想しようとするものである。

㈧　結び

この種の調査は外国でもほとんど類例がないといわれ日本においても最初のものであるため調査方法や技術上にも相当の苦心がなされ特に調査対象が行政上つながりのない産業社会であるため実施が非常に困難であること、既存の資料がないため調査結果について十分な分析、評価、特に調査上必要な比較研究ができないこと等、幾多の問題を抱藏している。このようにむづかしい調査とごく短期間ではあるがとつ組んで研修ができたということは、小生にとつて非常に幸運であつた。

省みて教育調査に対する知識や技術をどの程度身につけたかを考えるとほとんどそれらしいものを見出せない自分を恥しく思う。期間が余りにも短かく教育調査の一断面をのぞいたに過ぎない。しかし教育調査の持つ重大な意義と教育調査でなければ味わうことのできない興味を知ることはできたと思つている。

これを機会に沖縄における現実に則した教育調査とじつくり取組んで見たいと念願している。

正月のことば

○友あり、遠方より來る。また楽しからずや　孔子

○汝自らを知れ　ソクラテス

○叩けよ、さらば開かれん　クラーク

○少年よ、大志を抱け　キリスト

○桃栗《モモクリ》三年、柿八年。達磨《ダルマ》は九年、俺は一生　実篤

経験と指導

倉石一精

だれでも過去の出来事のなかで強く印象付けられたいくつかの経験を持つているものである。そして時とするとこれらの一つの経験が自分のその後の人生に重要な意味をもち、人格形成の貴重なきつかけになつたような気のすることもめずらしくない。

ある名士は幼児に、ちよつとしたうそをついた事で父親から現今ではちよつと考えられない様な罰を与えられた。この経験がこの人に絶対にうそはいうまいという信条を持たせるきつかけとなり、この人の清廉な一生の出発点になつたと説明される。このような事例をあげると限りはない。そしてこのような事実は多分に真実であるかも知れない。が同時にまた主観的な一つの解釈に過ぎないかも知れない。

大体この種類の経験談がいつたん権威ある人の口から語られると、世人の心を動かす美談となり更にこれが一般化されて「昔流のきびしいしつけこそ教育指導の基本になるべきだ」という早まつた主張を生み出し易い。

同様なことは、何か一つの望ましくない経験は人間の堕落をひき起し、時としては犯罪の原因となり、あるいは精神異常のきつかけになるのだと説明され、かかる経験の恐るべきことに対する過度の警戒心をひき起している。

一つのきわ立つた事柄はともするとそれだけがだ目され全体的状況を等閑視し、よきにせよ悪しきにせよ以後の人格形成の直接的原因になるときめつける傾向は妥当ではない。

しかしともかく当人自身がこのような因果関係を固く信じているならば、これも一つの心理学的資料であるといわざるを得ない。ただしこれは内観法という現在では余り価値を認められていない心理学的方法による一資料に過ぎないのであつて、この種の事例からただちに一般化が行われることは科学的な教育論とは申せない。

こどもに望ましい経験を持たせ、望ましくない経験からかれらを護ろうとする親たちの熱烈な希望は経験の次の学習や人格形成の素地になり次々に影響をもつていくと信ずるからであり、一般的にはこの信仰は誤りではないのであるから、当然かくあるべき願いであろう。

しかしいかなる経験が望ましくない経験なのかと具体的に問うならばこの人たちの答はひどくまちまちになるであろう。

明治の末のころ、ある母親は、その一才半の幼児がころんで額を打ちつけ、泣いてその痛さを訴えた機会に、こどもの痛む箇所をなでてやりながら同時に「ここも痛くてかわいそう」と言いながらこどもの手で縁側の板の間をなでさせた。この母親は格別の教育的見識があつたわけではないが、世間でよくある誤つて鉢合せした双方がののしり合う醜くさをこのようなしつけによつて防げるかも知れないと漠然と考えたのであつた。この習慣はきわめて容易に形成され、このこどもはころんでどこかをいたくするごとに生命を持たない地面とか板の間をさするという風であつたといわれる。

しかし、このこども自身はこの経験を片りんだに記憶していない。したがつて先にのべた例のようにこの経験が自分の性格形成に役立つたとは意識していない。このこどもは母親が期待した通りに成人したかどうかはわからないが、一応親類や友だちなどの評判では「温順であまり人をにくんだり人からにくまれたりしない性格」だといわれている。このこどもは長じて心理学者になつた。

母親はこの流儀で息子の息子である初孫にもこれと同様なしつけを実行した。父親たる心理学者は今や冷静な立場で、このしつけ教育をつぶさに考察する機会にめぐまれた。

この観察に基くと…そんなにやたらにころぶわけではないのに、この動作はすこぶる速く成立する。額のこぶをさする反応はいくらか効果があるが板をさすることはなんらの報酬の伴わない動作であるなども弁別する以前に、かかる事態における情緒表現の型として習慣化するように見える……このような習慣化が行われる過程を目標行動において効果のある反応が固定するという学習論的なメカニズムによると見るよりも、自然発生的な情緒表現の動作がその属する社会の習慣を模倣することによつて、それぞれ特徴的な型をもつてくるように、この幼児の場合は祖母の指示する特異な型を受け入れて事態の終結をはかるという動機に基くものと見る方がよさそうである。……学習論的にこじつけて見ると、幼児がころんで痛い目に会つた際、成人になぐさめてもらう手段としてこの型の動作を学習したのだということになる。どちらの説明が妥当であるか、ここでは問題にしない。……ともかくこの幼児は泣きながら板の間をなで廻すという奇妙な動作を行うようになつた。これが三十年前の自分の姿かと思うとこの心理学者は若干、おもはゆい思いだつた。……この習慣はしばらくの期間継続したのだが、ある日心理学者は幼児がころんだとたんに板の間をたたきながら泣き出したのを見てびつくりした。調べて見ると臨時に雇つた家政婦がこどもが転んだのを助け起して「いたいいたいかわいそうに！まあにくらしい！」と板の間をたたいて見せたそうである。この一回の経験で、例の習慣はたちまち崩壊してしまつた。……家政婦が恐縮するのをなぐさめながら、祖母と父親は顔を見合わせて笑い出した……。

　このようなしつけと断ずるわけではないが、他我の立場に思いをいたす発達段階に達していない幼児にとつては、成人の期待するものとは性質のちがう、機械的な習慣構成なのであり、永続性があり得ないこと、そして意味の自覚されない習慣はちよつとしたきつかけで崩れてしまうことの事例として、この心理学者はP・T・Aなどのお話に、この経験談を持ち出して見る。

　そしてそのつど何人かの母親たちの反撥に会つている。この母親たちは、このようなしつけ方自身が美わしい行為であると主張し「あなたがその効果を否定なさつても現にお母さんのお蔭でりつぱな心理学者になれたではありませんか。」などと決して後へ引かず心理学者を苦笑させている。

　総じて人々は年令や階層によつて話の内容こそちがうが、なんらかの教育上の美談や悲話を求め、かかる美談的経験が人間を向上させしからざるものは人間を堕落させたり不幸にしたりするものと割り切りたがるように見える。人間形成に対する個々の経験の役割を単純に機械化して考えるからであり、これは保守的思想をもつ人の側にも、進歩的思想をもつ人の側にも共通に見られる傾向である。このため教育上の問題に対してやたらにヒステリックな批判をやり合つて、こどもを無視した成人同志のけんかになつたりするのは恥ずかしいことである。

　経験が以後の学習や性格形成に影響を及ぼすのは言うまでもないことであるが、どのような経験がどのような様式で影響するのかという具体的な問題になると、現在の教育科学はまだじゆうぶん説明をなし得ないのだと言つても、さして言い過ぎにはならないだろう。

　ことに成長後はおおかた忘れ去つてしまつている幼児期経験の影響については、しばしば論及されながら実証的データーはきわめて少なくかつ分明ではない。口唇リビドー仮説に基く、母乳と人工栄養の両条件の性格形成に及ぼす影響なども、統計的には有意性が否定されているようであるし、また惨烈きわまる戦場生活の長い経験に対じあまり神経症的徴候を示さないで、たくましく平常生活に復帰して米国の精神衛生学者を驚嘆させたと伝えられている沖縄人の性格形成に、米国人よりはるかに長い授乳期間が関係しているなどというのは解釈に過ぎるのではあるまいか。

　学問的には一応定説化しているように見えるが精神薄弱の原因としての出産障害のごときも調査法のいかんによつては、それを決定的と考えることを否認するデータが得られる。従来の調査では現在精神薄弱と診断されている対象児童の生活史調査をやる。そしてこの生活史の中で出産障害以外に、低能の原因になるような事実がない場合、その事を精神薄弱の原因と考える。ところが調査法を変えて、ある産科施設で過去二十五年間に扱つたすべての出産児について、現在どう成長しているかを追跡調査をして見ると、出産障害の大部について、障害のあつた組となかつた組との間に知的発達の有意の差が認められない。したがつて一般的に出産障害を精神薄弱の原因と言い切ることは早計で、出産障害中のどのような事柄が知能の発達の障害になるかという研究をまたねばならぬ。

　年少児童の教育においては、成人が与えたいと思つている経験、行いたいと思つているしつけ、あるいは不幸にして起つてしまうような事件、望ましくないふんい気等は一度は児童に体験されるとしてもほとんどこれらの経験はそのままの形では記憶に止まらないのが普通である。したがつて忘れられたこれらの経験が当人たちに意識されることなく、しかもなんらかの形でその後の人生に影響を与えているであろう事情をつまびらかにしていくことは、たいへんむずかしいことではあるが教育科学的には重要なかつ興味のある問題である。

われわれの四六時中の諸経験の中でわずかの部分だけが代表的に記憶に留まり、他は消滅してしまうものであるが、目標のある一連の経験は、無目的の何とはなしの行動よりも記憶に止まり易いことが原則である。しかしこれにもかかわらず時として、ある内容が全く他動的に経験組織の一隅に追い込まれることもある。「門前の小僧習わぬ経を読む」式の学習がこれである。この種の経験は統合された全体経験から孤立した経験としていつまでも把握されていることがある。このような断片的経験を豊富に持つている場合これを「物知り」という。もちろん物知りの断片的知識のすべてが強制的に覚え込まされるものとは限らず、好奇心という要求に動機づけられた自発的学習の成果であることも多く、こどもの知識の求め方はこの形式をとるものが多い。

断片的知識でもないよりはましであり、これが記憶に留つている限りは将来においてなんらかの有機的関連をもつて統合的体系に織り込まれる可能性がないといえないからである。またそうならないにしても、話のつぎ穂になつたり、あるいはさも知識があるように見せかけてうわべを飾る手段にもなるからである。

しかし「物知り」は記憶力や記憶方式や性格等の個人差によつてだれにでもなれるわけではないのであつて、これを養成しているように見える教育は決してよい教育とは申せないが、とかくわが国ではこれが幅をきかす傾向があるのは心外である。

文学者とその代表著作、作曲家とその代表的名作等を詳細に暗記しているこどもや青年が、実はその著作を読んだことがなく、ポピュラーなそのメロデーに対しても識別力すらないというのは寒々としたことであり、指導上一考を要することではなかろうか。

経験が後の学習や人格形式に影響するためには、純粋な意味でそのまま記憶されることよりもむしろそれ以前から累積している経験の組織に吸収されることの方がたいせつである。このしかたはおおまかにいうと二種類の形式があり一つは知識となつて残され一つは習慣として存続する。知的学習の成果は知識の体制に織り込まれ次の知的学習のレイネスを形成し、またこの組織自身も身が重くなるごとに適当に組織換えをしバランスを保つていくものである。運動的学習はいわゆる有機的記憶の形式で運動器官の機能にある傾性を残し、ここに習慣が形成される。しかしこの両者は別個の成分というよりは、相まつてわれわれの具体的活動に素材をなしているのであるから 厳密に区分することは困難である。たとえば 知識の 求め方や 知識表現の形式等は「習慣」的なものであり、個々人の持つ習慣は自覚されて、自己の能力、自信確信等「知識」的色彩を持つからである。

知識体制の機能的特徴は可変的流動的なことであり、時間的排列よりも空間的排列に重要な意味がある。歴史的知識のごときも、必ずしも年代順に学ばれなくとも結局は同様な知識となり得るが、唱歌は逆に学習したら全然別のものになつてしまう。知識と習慣のちがいである。知的学習の場合も学ぶ内容の順序は学習効果の点で問題になるが、学習内容とレディネスとが一義的な依存関係があり、それが系統立つている場合は順序が特にやかましく考えられる。しかし別個の体系に属する学習内容の時間的排列には融通性が多分に考えられる。またいつたん誤つた知識が取り入れられても環境が変つたり、知識相互の間に矛盾が生じてくるとそれが遂次修正されて行くという点でも、多分に融通性があるといえる。

これに反し、習慣はいつたん構成されると、その形成が最善のものでなくても固定してしまう傾向が強い。音痴の先生と調子のはずれたピアノで形成された歌唱上の悪習慣はきよう正するには相当骨が折れることであろう。「習慣の発達的修正の原理」という楽観的説もあつて習慣は固定的なものではなく不必要になれば捨てられ、常に事態に適合するような習慣が選ばれると説かれ、はう習慣は成熟に従つて立つて歩く習慣に置き換えられると説かれるが、現実の生活では過去の習慣の修正が困難である事例をたくさん指摘することができる。

思いちがいや誤つた推理等は一度これは修正すべき機会があつて正しい見通しが成立すれば、たつた一回で改められるが、運動的な習癖、たとえば誤字や読みちがい、音程の狂い、ぎこちない運動の型等を修正するのは非常な努力と長い時間を要するものである。

（抜萃欄）

したがつて指導者のいかんによつて児童・生徒の成就に大きな開きの生ずるのは、芸能科のごとき習慣形成を主体とする学習において特に著しく、他教科においても知識を求める態度や勉強をするしかた、あるいは表現の技術等の学習にこのことがいえるだろう。すぐれた指導者によつて行われる学習指導は、最初の気はくにおいてすでにちがうものがあるといわれるが、それだけでなく、既得の習慣の利用、特に巧みな時間的排列により習慣構成に妨害的な因子の排除が仕組まれているように見える。

知識や習慣が欠除しているために新事態で適応行動がとれなくては困るから、将来起り得る事態のための準備教育をしているのだと考える教育的立場では、その学習内容の選択自身が大きな問題となるが同時にこの学習内容がどのような指導によつて有効な経験になり得るかが教科教育の重要な課題となる。

まとまつた学習、生活に即した学習、体系的な学習等の原則論は繰り返えされているが、児童・生徒の発達的基準がまだじゆうぶん資料的裏付けがないために抽象論におわつている。この方面の教育心理学的研究が要請されるゆえんである。

具体的なものから抽象的なものへという発達論的原則は、単純に低学年の学習指導は経験中心、高学年では教科中心という形式主義を誘いやすい。精神発達の心理学的原則が未消化のまま、学習指導の方式の決定に利用されることは、いささか融通性に乏しい。

概念構成の過程を見ると、当初は具体的経験においてある事柄が学ばれ、それが類似した事象にも適用され、これらの事象間の共通の内容が抽象概括されて新しい概念が構成されるのであるが、この過程は動物にも乳幼児にも見ることが出来る。成人においても新概念を得る場合はこれと全く同様な過程をたどるのであつて、その点からいうと高学年や上級学校でも経験中心の指導は必要だということになる。大学においても現に医学や自然科学の指導において、実験・実習や視聴覚教具を多分に活用することなくしてその目的を達し得ないことでもわかる。

他方、ある一つの概念構成がすでに中途まで進んでいるような場合では、低学年の児童であつても、抽象化・概括化を助け、知識体系を分化させるような系統的指導が取り入れられねばならぬ。この指導に教科中心・学問体系中心という名称は当らないがともかく児童はその年令相応に最も適切な、なんらかの体系を要求しているものなのである。

年輩の識者がしばしば生活経験中心主義の教育に対していだく危惧の一つは、新教育を受けた若者たちは個々の具体的事実についてはよく観察し、よく記憶しているがいくつかの事象間の相互の関係や原則等については全く知識を欠いており、もし学んだことを忘れてしまつたら元も子もなくなるではないかということである。そして体系的な原則的知識はいざという時、何時でも必要なことを学び直すきつかけとなつてくれると言つて昔流の抽象論的教育へのメスタルジヤを示している。

これは経験主義教育を正しく批判していることにはならないが、最初の具体的経験に固執し仕上げをおろそかにしたり、すでにじゆうぶん具体的経験をもつている児童に不必要な具体的経験を重複させたりする似而非的経験主義教育への警鐘になるであろう。

抽象化や概括はいきなり起るものではなく相互な具体的経験を必要とするが、だからといつて一定の年令に達しなければ抽象能力はないと考えるのは妥当ではない。この点で多少術語の意味が不徹底のため話のくいちがいが起つていると思われるので念のために觸れておきたい。抽象能力がじゆうぶんに発達するといわれるのは、論理学上の抽象概念が構成され、かつ使用される時期（小学校中学年）以後のことであるが、心理学的にはそれ以前にも抽象や概括がないわけではない。ただし成人の持つ基準と異なる基準で概括され、独特の思考様式を持つている。つまり学習の内容学習者の個人差に応じてさまざまな抽象化が行われているので、幼児指導や低学年指導には抽象化の指導は不必要であると考えるのは紋切型過ぎる。

既得の知識や習慣を豊富に持ちながら一向これが現実の課題解決や社会行動の面に利用されないことがあるのはどうした欠陥があるのだろうか。

なすべきことを承知でなさないのは横着だといわれる。可能な能力を持ちながら、それを実行しないのは不誠実であると断ぜられる。これらは持てる知識や習慣のあり方に欠陥があるのではなく、現在直面している課題解決の必要性が稀薄であるか現実の状況分析ができていないがためである。

不良行為や犯罪も過去の経験が発動してくるのではなく、現在の全体的状況が悪への途を選択させていることに注目すべきであろう。

現実の精神生活において事態を分析し、よい目標を選び、よい解決方法を見通すことは、知識や習慣があつて初めて可能になるという見方もまたたいせつである。知識を利用するためには知識体制がよく分節し、簡素な構造にまとまつていることが有利であることは、品物がばらばらにあるよりも整理されている方が利用価値があり、整理たんすや引出しの数、その置き場所に最適の条件が考えられるのと対応させて考えることができよう。

利用価値の高い知識体制や習慣体制を備えている人を「頭のよい人」「器用な人」と呼んでいるが、知能や技能の構造を明らかにし、指導に役立てようとする教育科学の努力にもかかわらず、人はなるようにしかならないのだというあきらめに打ち勝つ日ははど遠いようである。〈京都大学教育学部教授〉

沖縄水産高等学校における 製造養殖科の教育課程について

東江幸藏

目次

序

凡そ人間が社会に立つということは、何等かの職業に従事し、それを通して自己の全人格を社会の発展完成の上に実現するということでなければならない。

然しながらこの職業生活には、必ず種々の苦難が伴うものであつて、観念的に職業の重要性や、勤労の尊さ等を知つただけでは、この千難万苦を克服して自己の職業生活を確立し、充分に社会に貢献することはできない。

社会において果すべき使命の自覚に基き、一般的な教養を高めると共に、専門的な技能に習熟させる、という高等学校の教育目標は、勤労教育が極めて重要なことを規定し、一般的な陶冶において、この勤労精神を生かして教育すべきことを指摘している。

自己の個性を充分に伸し、自己の生活設計を自分の力で形成していく、自主的能力者であるような教養人こそ、教育によつて生みだすべきであると思う。

基本的性格において職業学校が終局的学校であるということを考えるとき、職業教育は、自力をもつて自己の生活を形成していくための職業技術並に技能とそれを人間として体現する精神態度とを習得せしめる教育であるといえる。

われわれの生活の向上、ひいては幸福というものは、根本は何といつても産経済の発展であり、生産の増大であることは、論をまたないことであつて、その意味において産業教育の振興は、琉球にとつて解決をせまられた大きな問題として取りあげることができよう。

所が実際問題として、産業教育によせる世人の関心は極めてうすい。特に水産業に対する世人の認識が浅いのと同様に、水産教育によせる関心の度も又低い。

このことは、水産教育の発展、ひいては水産業の発達上、甚だ遺憾な結果となるものであつて、今後水産教育に対して世人の理解と御協力を切に御願いするものである。

水産教育においては、実験、実習が重要視されなければならないが、特に本科においては、これらの施設、設備が皆無の状態にあるため、教育課程の編成については毎年のことながら大きな悩みとなつている。

その意味において、本科の教育課程はまだ幾多の問題を残しているが、筆者はこゝに製造養殖科の教育計画を発表致し、諸賢の御批判を乞う次第である。

一、製造養殖科の教育目標設定及び教育課程の編成について

本校はその基本的性格から見た場合、前にも述べた通り終局的学校であり、それだけに本科の教育内容は卒業後直ちに技術的にも、社会的にも、又は教養人としてもその役目を果し得る人材を養成するためのものでなければならない。

従つて本科の教育内容は次の三点に重点をおくことにした。

1 勤労精神の確立
2 技術の習得
3 工夫創造力の養成

技術は本科の教育内容の中核をなすもので、これは実習を外に習得し得られるものではなく、体現しなければならない。

こういつた教育内容は、広義の社会生活の中から仕くまれなければならないため、本科においては、琉球の水産製造及び増殖業の実態の結果を、教育内容の編成、教育目標設定の基礎とした。

A 琉球における水産製造及び増殖業の現況

水産業はその特殊性からして、事業の経営にあたつては広汎な科学的知識や技術的熟練を必要とするのであつて、現在なお、科学的進歩の甚だ幼稚な水産業のことであるから一層その困難を感ずる。

しかしそれだけに、琉球の地理的条件からして水産業が今なお、大きな将来性をもつ産業であることが判る。同じ原始産業にしても農業、林業、蚕業、畜産業などは、これに従事していない一般人でも、常にその業態を直接目にし、耳にして自然その産業に関する一通りの知識を備えた人が多数で、これらの産業に対して相当の理解がある。

水道や火源設備がないため、グラウンドの一角にて
分析用蒸溜水の採取にいそしむ生徒達

然し世人は一般に水産の業態に関し、これを直接目撃する機会が少なく、自然これに対する親しみがうすく、従つて水産業に対する理解を欠くことになる。このことは水産業の発達上、甚だ遺憾な結果となるのである。

水産業の消長が吾々の生活に如何に影響するかは、特に戦後の食糧事情において痛切に感ずるところであるが、然らば如何にして沖縄の水産業を改善し、興隆せしめるかとなると、現在の如き世人の認識と理解の程度の下においては、正常な輿論の喚起を期待することは甚だ困難である。

戦後沖縄では、水産業の重要性と有望性が認められ他産業に先立つて、雨後の筍もただならぬ程、新興経営者が続出し、まことに喜ぶべき現象であつたが、果してそれが、正確なる認識の下に事業が計画され、予期した成功をおさめ、沖縄の食糧事情を緩和し、吾々の栄養を挽回し、向上せしめてくれたであろうかを思うとき、いささか不安をいだくものである。

水産業は、漁業、製造、増殖業に大別されるが、これが発展には三者一体とならなければ決して望めるものではない。

a 製造業

琉球の水産製造業は、戦前、戦後を通じ一般に不振の状態にあるが、鰹節は戦前黒糖と共に沖縄の二大産業とまでいわれ、その生産高は次表によつても明らかな如く戦後の生産高を遥かに上廻つており、その大半が輸出されていたことは周知の通りである。

その他の水産製造業としては、練製品、乾製品、魚油、製氷及び

第一表　鰹節生産高　単位L、b、s　水産課調

1935～1940年（平均）		1946～1953年（平均）	
工場数	総生産高	工場数	生産高
91	3,789,442	67	863,395

罐詰業等で、魚油、製氷、罐詰業を除いては、ほとんどが小規模な家庭工業的な生業にしか過ぎず、又魚油、製氷、罐詰業とても、その生産量は僅かなものであつた。

特に製氷においては日産僅かに三〇屯といつた状態で、漁業者の需要を充たし得なかつたことは周知の通りである。

それ故に戦前の水産加工品の輸入高も莫大なもので、如何に沖縄の水産業が不振であつたかは容易に判然できる。

戦後一時は発展するかの感を受けた水産業も、はつきりした認識のもとにその経営が行われなかつたせいか、他産業への転業者が多く、従つて漁業は毎年、衰微の一途をたどり、そのために製造業にも直接影響しその不振の一因をなすに至つた。

それ故に戦後の水産物の輸入高も、主食についで、その額、一年に約三億円だといわれている。

第二表　戦前の水産物移入高　(1935～1946年の平均)　単位L.B.S.

総移入高	鰹節	諸魚鰹	雑魚	昆布	干魚	塩魚	
13,773,844	143,683	103,532	37,990	1,257,700	2,820,790	234,689	

第三表　戦後の水産物移入高　(1954年)　単位L.B.S.

総移入高	魚罐詰	乾魚	昆布	塩魚	海藻其の他佃煮	鰹節	その他
13,052,157	5,145,191	3,445,776	1,500,852	1,994,007	367,414	70,816	528,101

戦後製造業として特筆すべきことは、練製品製造と製氷、冷凍、冷蔵であるといえよう。

練製品、及び氷の生産高は、戦前より遥かに多くなつており、これは吾々の生活が向上したことを如実に示めすものである。練製品は鮮魚として価値の低い魚類を加工し、調味を施し、商品価値を高めることを以つてその使命とするものであるが、琉球では練製品原料としては、鮮魚として最も高価な鮪、あかむろあじ(ぐるくん)が使用されているため、加工技術の創意工夫がなされなければならないだろう。

魚類の鮮度保持は、水産経営上、最も重要な問題である。

この鮮度保持の問題と密接な関係を有するものは、冷凍、冷蔵、製氷施設であるが、前述せる如く、戦後は各地に製氷所が施設され、特に琉球水産株式会社においては、冷凍、冷蔵の設備を施し、鮮度の維持と、貯蔵保管の役割を果していることは、沖縄水産業の発展を約束するものといえよう。

第四表　練製品業態数及生産高　L.B.S.　水産課調

1934～1936年（平均）		1953年	
業態数	生産高	業態数	生産高
30	310,155	68	611,854

最近、二、三の罐詰工場が施設されたが、まだ本格的な操業には至つていない。然しこれらの工場が罐詰を本格的に製造するようになれば、日本からの輸入は完全に防止できるであろう。

工芸品製造としては、貝釦工場が新設されたが、規模が小さいため、原料たる貝がらの過半数は輸出されている現状にある。

以上水産製造業の主なものについて述べたが、要するに漁業の発達なくして、水産製造業の発展はあり得ない。

第五表　地域別製氷所の分布及び製氷、冷蔵、凍結能力　1955年水産課調

地域＼事項	工場数	製氷（屯/日）	冷蔵（屯/日）	凍結（屯/日）
那覇	4	105	3,749	40
糸満	2	30		
本部	1	15		
名護	1	15		
美里	1	15		
与那原	1	6		
平良	1	15		
石垣	2	15	72	
計	13	216	3,821	40

現在輸入されている水産物の全部が加工品であり、将来はこれらの輸入を防止すると共に逆に輸出をはからねば、琉球経済の樹立は到底望めないであろう。

b 水産増殖業

増殖業は振わない水産業中においても最も不振の状態にあるが、これが原因は奈辺にあるかは割愛して現況を省きたいと思う。

△かん水養殖

(イ) 真珠養殖

黒蝶貝を母貝として戦後急速に伸びた養殖業であり、日本からの資本の導入が大きな斯業の発展の原因になつているものと思われる。粗製品として現在は輸出されている。

(ロ) かき

戦後日本から種がきを入れ、塩屋湾において養殖が行われているもので、共同組合組織で生産をあげつつある。高級食品として有望である。

(ハ) 海人草角又

海人草角又は戦前から養殖されているものであり、積極的養殖ではないが、禁漁期を定め、共同組合事業で行われている。

(ニ) 、高瀬、広瀬貝類

五四年度より積極的養殖がなされているが、現在までの生産は、自然物の採捕によるのであり、三年後において相当の生産あるものと思われる。

第六表　氷の使用状況（1954年現在）　水産課調

事項	漁船用	陸上鮮魚用	陸上一般用	計
数量	9,100°839	6,384,880	7,073,814	22,559,533
(比率%)	40.3	28.3	31.4	100

第七表

事項／業態別	施設数	資本構成		養殖の規模		生産数量	
		外資	島内資本		生産予想	数量	金額
真珠	6	4,400 000円	4,353,000円	713,165坪	39,800個	1,680個	276,000円
かき	1		200,000	43,247坪	11,102		
鯉	5			95,000坪	50,160		
田魚	20			1,200坪	10,000		
海人草角又	6		99,335	1,785,835坪	57,420		
貝類	2		354,635	143,929坪	94,000		
計	50	4,400.000円	5,006,970円	2,782,376坪	222,682L.B 39.800個	1,680個	276.000円

△淡水養殖

生物種類は、鯉、鮒、テラピア（タゴ）等であり、沼池等の止水養殖でほとんど個人経営であるが企業的段階に達しないのが大部分である。政府の産業育成奨励によつて補助され発達の傾向を示しているがまだまだ全般的に幼稚の域を脱し得ない。

B 実態調査に対する態度

現場教育の実施にあたつて、吾々が常に感ずることは、教育効果があまりかんばしくないということである。それには色々な原因があるだろうが、教育内容の貧弱ということも又大きな原因といえよう。

教育内容が広義の社会生活から仕くまれる以上、地域の水産業の実態調査は是非なされなければならない。

本校は時宜を得た文教局の研究校指定以来、琉球水産業の実態調査をしてきたが、時間的余裕をもつことが出来す充分な調査が出来なかつたことは否めない。

次に調査の結果をあげたいと思うが、紙面の都合もあつて、次期へ割愛することにして、今回は調査細目のみをあげることにする。

△社会調査

(1) 水産の自然環境に関するもの

a 地勢　b 気象　c 資源

(2) 水産業の地位

a 水産業者数及び他産業人口との比較

b 漁家個数

c 生産量

(3) 水産企業

a 企業　b 生業

(4) 水産物の流通

a 水産物の流通組織及び市場機構

d 魚市場及び共同販売制度
c 水産物の輸送、貯蔵及び保管
b 水産物の輸出貿易

(5) 水産金融
a 金融機関
b 金融に対する態度
c 財政資金による金融
b 融資状況

(6) 水産技術
a 水産技術の発達段階とその機械化の程度

(7) 水産施設
a 冷凍、冷蔵、製氷その他の加工施設
b 養殖池、築礎、魚付林

(8) 生産と生産性

(9) 水産業に対する民族的態度
a 迷信
b 宗教
c 行事習慣

(10) 水産行政
a 行政組織
b 政策の変遷
c 五ケ年計画
d 取締規則

(11) 水産教育

(12) 基地に由来する特殊性
a 米軍演習による漁場の喪失
b 水質の汚濁
c 米人への水産物の供給高
d 米国民政府の沖縄水産業に対する態度

△生徒調査
(1) 職業意識に関する調査
(2) 学校生活に関する調査
(3) 各教科に対する興味調査

C 本科の教育目標

「実社会の要望に応じた技術知識を身につけ社会に出て直ちに実務にたずさわり、やがては業界の中堅となつて水産業を向上発展させて行く原動力となる人材を育成する」という水産教育の一般目標を達成するために、本科においては更に次の目標を設定する。

(1) 製造コースの目標　水産物の処理加工から販売に至るまでの理論と実際を習得させ、海産物に依存する琉球の水産食糧品、水産加工品の生産価値を確保する人材を養成する。

本コースの目標を達成するためには、正しい知識と、技能及びこれを実践に移していく態度が必要で、各学年の目標を以上の三点から次のように設定する。

第一學年（漁業、製造、養殖コース共通科目）

△理解の目標
(1) 水産業とはどのようなものであるかを理解する
(2) 水産資源が人類にどのように役立つているかを理解する。
(3) 水産資源の特質について理解する。
(4) 水産業の発達、分布、種類の大要を理解する。
(5) 水産増殖、漁業の分野についてもおよそ一通りの技術を理解する。
(6) 一般生物分類の大要と合わせて、水産生物の分類の位置を理解する。
(7) 水産生物の特長、生活環境を理解する。
(8) 水産生物の社会的、経済的意義を理解する。
(9) 水産生物の各部門について、発生、生理、生態、形態の大要を水産製造技術との関連において理解する。
(10) プランクトンの分類、性状及び水産上における役割を理解する。

△技能の目標
(1) 水産生物の採集、観察、検鏡、解剖、記載及び標本作成の技能を養う。

△態度の目標
(1) 水産資源を愛護し、水産業にまじめに従事する態度を養う。
(2) 水産生物の知識及びその取扱い技術を水産上に応用する態度を養う。

第二學年

△理解の目標
(1) 水産製造の社会経済的意義を理解する。
(2) 水産物の加工、製造、貯蔵の大要を理解する。
(3) 水産製造の機械、器具及び其の他の設備を理解する。
(4) 栄養とは何であるか、またそれと人体との関係について理解する。
(5) 食品の化学について理解する。
(6) 水産物について化学的に理解する。
(7) 微生物とはどのようなものであるかを理解する
(8) 微生物の生物界における役割を理解する。

△技能の目標

(1) 水産物の加工、製造、貯蔵に関する機械取扱いの技能を養う。
(2) 水産製品検査および鑑識の技能を養う。
(3) 化学分析の技能を養う。
(4) 微生物の簡単な実験の技能を養う。

△態度の目標

(1) 水産物を衛生的、科学的、且つ経済的に処理する態度を養う。
(2) 水産化学の技能を斯界に応用する態度を養う。
(3) 微生物についての知識を水産業の進歩、改良に応用する態度を養う。

第三学年

△理解の目標

(1) 水産製造の社会経済的意義を理解する。
(2) 水産物の加工、製造、貯蔵の大要を理解する。
(3) 水産製造の機械、器具およびその他の設備を理解する。
(4) 栄養と人体との関係について理解する。
(5) 食品の化学について理解する。
(6) 水産物について化学的に理解する。
(7) 水産経営の条件となる自然的、経済的及び社会的事情を理解する。
(8) 水産経営に必要な統計を理解する。
(9) 水産経営の規模、能率及び企業形態を理解する
(10) 簿記の目的を理解する。
(11) 水産簿記の特質を理解する。
(12) 水産簿記の方法と帳簿組織について理解する。
(13) 法とはどのようなものであるかを理解する。
(14) 水産法規にはどのようなものがあるかを理解する。
(15) 水産行政に関する法規の内容を理解する。
(16) 水産協同組合に関する法規の内容を理解する。
(17) 漁業権に関する法規の内容を理解する。

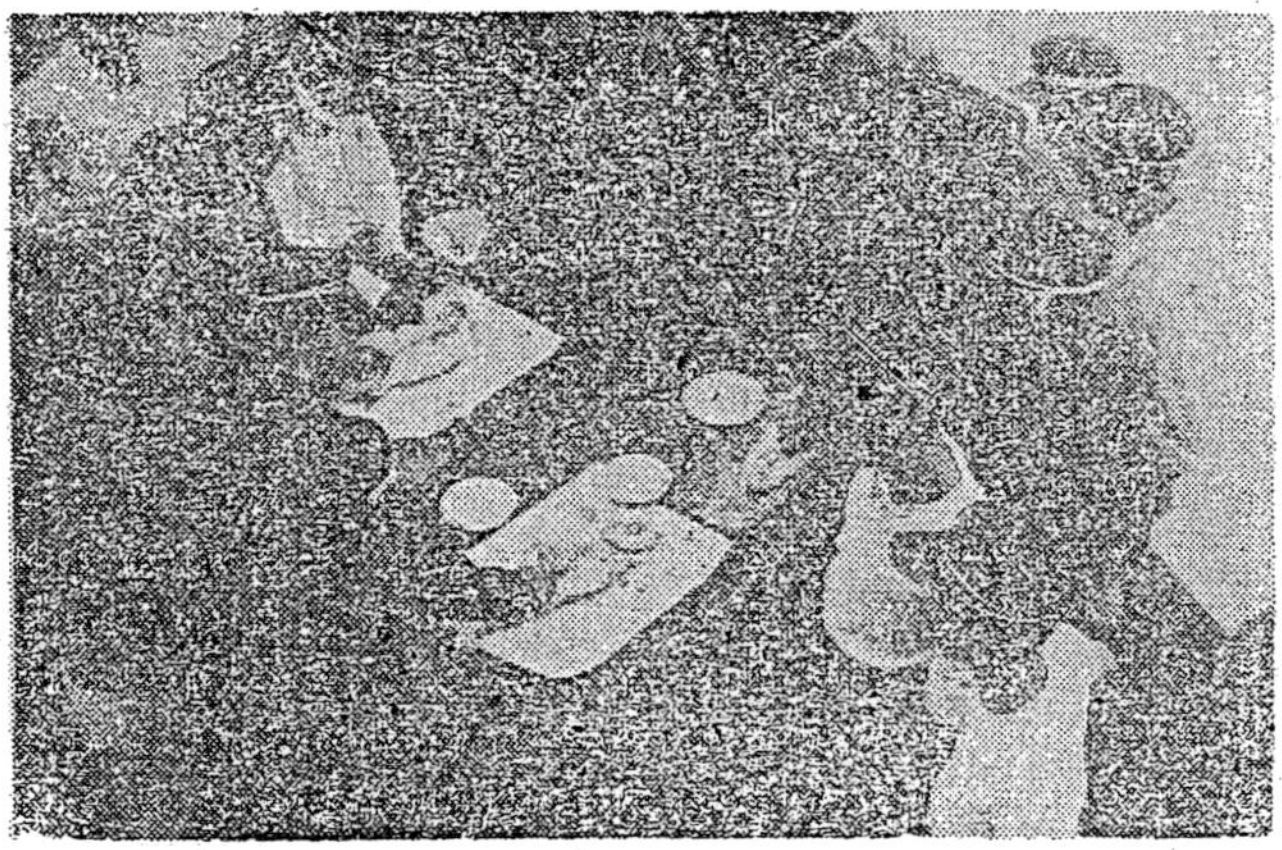

魚類骨骼並に神経標本の作成に熱中している生徒たち

△技能の目標

(1) 水産物の加工、製造、貯蔵に関する機械取扱いの技能を養う。
(2) 水産製品検査及び鑑識の技能を養う。
(3) 化学分析の技能を養う。
(4) 簡単な水産経営の計画と管理の能力を養う。
(5) 水産業に用いる複式簿記の記帳および決算の技能を養う。
(6) 水産業に関する財務諸表をつくり、またこれを分析する技能を養う。

△態度の目標

(1) 水産物を衛生的、科学的、且つ経済的に処理する態度を養う。
(2) 水産化学の技能を斯界に応用する態度を養う。
(3) 水産経営を良心的にまたは科学的に行う態度を養う。
(4) 水産簿記の知識を用いて、水産業の経営を合理化しようとする態度を養う。
(5) 法規に親しみ、法に従う態度を養う。

2 増殖コースの目標

重要水産動植物の繁殖保護を助長すると共に、積極的に、沖縄の水産動植物を増殖する施設や技術を講ずることが本科の使命である。

以上の目標を達成するために、知識、技能、態度の三面から次のような具体目標を設定する。

第一年学

△理解の目標

(1) 水産業とはどのようなものであるかを理解させる。
(2) 水産資源が人類にどのように役立つているかを理解する。
(3) 水産資源の特質について理解する。
(4) 水産業の発達、分布、種類の大要を理解する。
(5) 漁業および製造の分野においてもおよそ一通りの技術を理解する。

(6) 一般生物分類の大要と合わせて、水産生物の分類の位置を理解する。

(7) 水産生物の特長、生活環境を理解する。

(8) 水産生物の社会的、経済的意義を理解する。

(9) 水産生物の各部門について、発生、生理、生態、形態の大要を水産技術との関連において理解する。

(10) プランクトンの分類、性状及び水産上における役割を理解する。

△技能の目標

(1) 水産生物の採集、観察、検鏡解剖、記載および標本作成の技能を養う。

△態度の目標

(1) 水産資源を愛護し、水産業にまじめに従事する態度を養う。

(2) 水産生物の知識及びその取扱い技術を水産業に応用する態度を養う。

第二学年

△理解の目標

(1) 水産業の科学的運営に重要な海洋と気象の関連について理解する。

(2) 増殖業および増殖事業一般を理解する。

製　氷　実　習

(3) 増殖業および増殖事業の社会経済的意義を理解する。

(4) 一般生物分類の大要とあわせて、水産生物の分類の位置を理解する。

(5) 一般生物と比較して、水産生物の特長、生活環境を理解する。

(6) 水産生物の社会的、経済的意義を理解する。

(7) 水産生物の各部門について、発生、生理、生態形態の大要を各種水産技術との関連において理解する。

△技能の目標

(1) 採苗、採卵、ふ化、給餌、放養等の技能を養う。

(2) 増殖に関する施設の設計、設置の技能を養う。

(3) 魚病、その他障害の鑑定、治療と対策、処置の技能を養う。

(4) 水産生物の採集、観察、検鏡、解剖記載および標本作成の技能を養う。

△態度の目標

(1) 水産増殖業の経営に水族病理の知識、技能を有効に応用する態度を養う。

(2) 水産生物を愛護し、その生理、生態を科学的に観察する態度を養う。

(3) 水産資源の維持、培養に関する研究能力を養う

(4) 事業の管理を常に怠らない態度を養う。

(5) 養殖事業を有利に経営する態度を養う。

(6) 技術の進歩、改良をはかる態度を養う。

第三學年

△理解の目標

(1) 重要水族の疾病の種類、起因、病理、解剖の大要を理解する。

(2) 重要病原生物の大要を理解する。

(3) 増殖業の一般を理解する。

(4) 増殖事業の社会経済的意義を理解する。
(5) 水産経営の条件となる自然的経済的および社会的事情を理解する。
(6) 水産経営に必要な統計を理解する。
(7) 水産経営の規模、能率および企業形体を理解する。
(8) 簿記の目的を理解する。
(9) 水産簿記の特質を理解する。
(10) 水産簿記の方法と帳簿組織について理解する。
(11) 法とはどんなものかを理解する。
(12) 水産法規にはどのようなものがあるかを理解する。
(13) 水産行政に関する法規の内容を理解する。
(14) 水産協同組合に関する法規の内容を理解する。

△技能の目標
(1) 疾病の診断、予防、駆除の技能を養う。
(2) 採苗、採卵、ふ化、給餌に関する施設、設置の技能を養う。
(3) 魚病その他障害の鑑定、治療と対策、処置の技能を養う。
(4) 簡単な水産経営の計画と管理の能力を養う。
(5) 水産業に用いる複式簿記の記帳および決算の技能を養う。
(6) 水産業に関する財務諸表をつくり、またこれを分析する技能を養う。

圧縮機の運転実習

△態度の目標
(1) 水産増殖業の経営に水族病理の知識、技能を有効に応用する態度を養う。
(2) 水産生物を愛護し、その生理、生態を科学的に観察する態度を養う。
(3) 水産資源の維持、培養に関する研究能力を養う
(4) 事業の管理を常に怠らない態度を養う。
(5) 養殖事業を有利に経営する態度を養う。
(6) 技術の進歩、改良をはかる態度を養う。
(7) 水産経営を良心的にまた科学的に行う態度を養う。
(8) 水産簿記の知識を用いて水産業の経営を合理化しようとする態度を養う。
(9) 法に親しみ、法に従う態度を養う。

二、教育課程編成にあたつての問題点

A 学校の設備及び施設の不完備

実習は産業教育の骨髄である。一切の知識、技能は経験から出発するといつてもよい。認識、経験、批判これらのものの、知識の発達過程においては、それが一つの経験となつて、次の認識や経験や批判の作用因となる。しかもこのような知識と経験の連関には、常にそこに実行が媒介となつているのである。即ち学科によつて得た基礎的知識を実験、実習によつて体験し一層正確に会得するということである。

又知識の発展の基礎が、自らによつて自己の中に植えられることになり創作、創造の能力が培れるのである。

このような観点に立つて、当校においても実習は重

視され、関連産業において長期の委託実習を行つている。委託実習はそれなりの意義をもち目的を有するものであるが、これを以つて学内実習に代える充分のものであるということは、絶対に誤りである。しかしながら委託実習即学内実習の観あるは、誠に遺憾とせざるを得ない。学校と企業は、教育と営利において本質的に異るものであり、委託実習においては、模擬的実習の範囲を脱し得ないことは当然である。生徒の心魂に結ばれない又打込まれない実習作業は、教育的価値を減却するものといわなければならない。この意味において学内実習設備の充実は早急に要請されるものである。

B　教育資料の貧弱

産業教育にとつて地域社会の教育資料の貧弱がどんなに重大な問題であるかは、弁を喋々するまでもないことである。水産においては、強力な研究機関がなかつたことは、沖縄水産業の不振の大きな一原因であろう。今度の実態調査に即応して我々が最も努力を傾注したのば研究資料の蒐集であつた。これなくして知識は意味がないし、又無駄である。しかしこの問題の解決なくしては、水産教育は成果をあげ得ないだろうし又斯業の発展を望むべくもない。そしてこの調査研究を継続することによつて、教育の効果を期待し得るものである。

関係当局にこの面の理解と整備充実を強く望むものである。

三、學習進度計画（別表）

この計画をするにあたつて、各科共通科目の水産一般、水産経営、水産法規については、既に文時十八号において当校教諭西島本氏が発表しているので今回はそれらの科目を省くことにした。

尚機械一般についても次号に発表される予定になつているので省くことにする。

四、本科の努力目標

本科は次の点に重点をおいて教育効果の向上をはかることにする。

1　教育環境の整備

技能は、本校教育の中核をなすものであり、実験、実習を通して体得されなければならない。

本科の教育課程は、実態調査の結果、又は地域社会の要望に応じて編成されたものであるから、地域社会の要望に応ずる人材を育成するための教育施設を職業現場と同一にするようその整備に努力する。

2　実力の養成

各人の個性を伸長するため、教科外の特別教育活動として適当な実験、実習を選択させ、製造増殖技術の向上練磨をはかる。

3　補導の確立

地域社会との連絡を強化することにより、職業人の活躍が琉球の自立と再建の上に最大の基礎要件であることを認識せしめると同時に、社会人として又は教養人としての生活のあり方について認識を深める

4　健康教育の強化

将来、過激な水産労働に耐え得るために、水泳、漕艇又は陸上におけるスポーツによつて心身の練磨をはかる。

5　学校教育の社会進出

本科の教育目標を達成するために、関係団体と連絡を密にし、水産製造、増殖業の現場実習を行い、技術を体験させ、卒業後直ちに就職し得る態勢に乗り出す。

むすび

教育指導について当面する問題は、教育内容及び施設、設備の貧弱のために充分なる教育効果をあげ得ないことである。そのために前述せる設定手順によつて一応教育課程の編成をしたのであるが、教育経験の浅い筆者のこととて、今後共益々御鞭撻の程を御願いする次第である。（水産高校教諭）

本文正誤

誤植及び脱落箇所	誤	正
四二頁十二行	産経済	産業経済
学習進度計画表一枚目表（水産製造）	油缶詰	油漬缶詰
学習進度計画一枚目表（微生物）	病源体	病原体
四五頁第七表		増殖業の規模調査、（一九五五年度）水産課調

第二学年製造養殖科製造コース学習進度計画

主眼	科目	単位	1 2 3 4	5 6 7 8	9 10 11 12	13 14 15 16	17 18 19	20 21 22	23 24 25 26	27 28 29 30 31	32 33 34 35	一年間の授業時数
			製造加工の産業上の位置と内容	水産乾製品の製造法と種類	節類製品の製造法とその種類	塩蔵品の製造法とその種類	水産調味品の製法とその種類	塩辛類の製造法とその種類	練製品の製造法とその種類	罐詰ビン詰の製造とその種類		
漁獲物の全般にわたつて、それぞれ適切な保存、加工の方法を考じ廃棄物、未利用資源等の高度利用に付いても科学的な各方面の知識を集成して技術面経済面及びこれら工業を運営管理する上に必要な知識と技能を知りこれに適用する態度を習慣づける。	水産製造	八単位	A. 産業界において水産製造加工は如何なる位置にあり、如何なる役割を果しているか 1. 漁獲物の需給の調整と魚価安定と製造加工 2. 漁獲物の保管貯蔵運搬性の増加と製造加工 3. 他産業と水産製造加工業との関連性 4. 水産製造加工の他産業と異る特異性 B. 水産製造はどのように分類されるか 1. 冷凍、冷蔵及び水産食品の製造加工 2. 水産化学工業、農用品の製造加工 3. 薬剤、皮革工芸品製造加工 C. 製造加工の対象となる水産生物の性状 1. 水産生物の性状 2. 水産物の鮮度判定法 3. 水産生品の変質、腐敗の検出法 4. 殺菌防腐剤の化学とその利用法 D. 水産物高度利用の方策 1. 鯨肉完全処理方法 2. 完全処理についての将来の方法と施策	A. 食品の乾燥と貯蔵性 1. 食品中の水分と腐敗細菌 2. 自家消化酵素と食品中の水分との関係 B. 乾燥方法と乾燥中の変化 1. 乾燥の理論 2. 乾燥方法の種類と利害 3. 乾燥機の種類と乾燥技術 4. 乾燥中及び貯蔵中の肉質の変化 5. 貯蔵中の虫害の予防と防除及び注意 C. 煮干品の種類とその製造法 1. 煮干品の意義と一般的製法 2. 各製品の製法、種別及び歩留 D. 素干品の種類とその製造法 1. 素干品の意義と一般的製法 2. 各製品の製法、種別及び歩留 E. 塩乾品の種類とその製造法 1. 塩乾品の意義と一般的製法 2. 各製品の製法、種別及び歩留	A. 節の意義とカビ付け効果 1. 節類の系統と沿革 2. 節類の一般的製法 3. カビ付けの効果 4. くん煙中の有効成分 5. 製造中におこる節質の化学的成分の変化 B. 各製品の製造法 1. 鰹節の種類とその製法 2. 鯖節の製法 3. 鮪節の製法 4. 削り節の製法	A. 塩蔵法の普遍性と水産品中に占むる地位 1. 内需と対貿易品として塩蔵品の占むる価値とその種類 2. 塩蔵と食品貯蔵の普遍性 B. 塩蔵と食品の防腐性 1. 塩蔵と食品の貯蔵力 2. 塩蔵法の種類とその特質 3. 塩蔵品の貯蔵と脱塩の方法 C. 各種塩蔵品の製法とその種類 1. 鯖 2. 鯨 3. その他	A. 調味品の意義とその内容 1. 佃煮調味品の意義とその内容 2. 原料は何が適するか B. 佃煮品について 1. 佃煮の一般的製法 2. 佃煮の特質防腐性と製品の鑑別 3. 佃煮製法に必要な施設設備の大要 4. 包装並に保存取扱い法 C. 各種佃煮の製造方法 1. 鮪、鰹、角煮 2. のり佃煮 3. ひじき、あおさの佃煮 4. 魚味噌の製法 5. 混和剤と調味料の配合と品質の関係	A. 塩辛製品の意義と化学的考察 1. 自家消化酵素と熟性 2. 用塩及び用塩量と品質並に貯蔵 3. 一般的製法のあらまし B. 各種塩辛の製法 1. 鰹の塩辛 2. イカの塩辛 3. このわた 4. ウニの塩辛 5. 塩辛の保存取扱い法 6. 包装について	A. 練製品の沿革と製造原料 1. 練製品の歴史的考察と食品的価値 2. 練製品になるまでの魚肉成分の物理化学的変化 3. 整型技術と包装 B. 各種の練製品 1. 板付けかまぼこの製法と種類 2. 竹輪の製法と種類 3. はんぺんの製法 4. つきあげの製法 5. 魚団の製法 6. ハム、ソーセイジの製法	A. 罐詰ビン詰法の沿革 1. 罐詰ビン詰法の発明とその後の変遷と発達 2. 罐詰の輸出入額と生産高及び仕向け国 3. 沖縄における主要な罐詰工業の状態 4. 世界各国の罐詰業の状態 B. 罐詰、ビン詰の製造原理 1. 罐詰、ビン詰の主要工程 2. 製造工程における理化学的細菌学的な考察 C. 罐詰、ビン詰に用いられる機械、器材について 1. 罐詰、ビン詰の製造工程 2. 罐詰の内容について 3. ビン詰の内容について 4. 内面塗料及内装紙 5. ブリキ罐と内容物の関係	6. 外装塗料及び標示 7. 各種機械設備 D. 各種水産罐詰、ビン詰の製造法 1. 水産罐詰の分類と特質 2. 水産水煮罐詰の種類と製法 3. 味付け罐詰の種類と製法 4. 油罐詰の種類と製法 5. 畜産罐詰の種類と製法 6. パイン罐詰の製法 7. トマトソース罐詰の製法 E. 罐詰貯蔵中の変化及び品質の鑑定法 1. 罐詰貯蔵中の熟成 2. 罐詰内容の変化とその対策 3. 罐詰の鑑定と検査 4. 罐詰の輸出検査とその規格及び手続き 5. 罐詰の栄養価値及び罐の中毒について	280

主眼	科目	単位	1 2	3 4 5 6 7	8 9 10 11 12	13 14 15 16	17 18 19 20	21 22 23 24	25 26 27 28	29 30 31 32 33 34 35	一年間の授業時数
			水産化学と水産食品	魚貝肉の化学			魚貝肉の処理加工及び貯蔵中の変化			海藻の化学	
水産製造加工上水産物の利用価値を高め質的向上を図るために、その組成並びに成分上の諸問題を把握しこれを応用すると共に、水産物の分析実験の独力を養う。	水産化学	五単位	A. 水産化学の学習のあり方 1. 目的 2. 必要性 3. 学習と研究のしかた B. 水産食品とは 1. 食品食物の定義と必要条件 2. 水産食品の化学的組成 3. 水産食品の発熱量 4. 人間の栄養	A. 魚貝肉の組織 1. 筋肉の種類 2. 血合肉と白色肉 3. 結締組織 B. 魚貝肉の物理化学的性質 1. 水素イオン濃度 2. 抗張力 3. 電気抵抗 C. 魚貝肉の蛋白質 1. 蛋白質の組成 2. 肉漿の蛋白質 3. 蛋白質等電点 4. 蛋白質のN化合体 D. 魚貝肉のエキス 1. エキスの含N化合物 2. エキスの無N化合物 3. エキスの燐酸及塩基について 4. 無機成分について E. 水産動物油 1. 海産動物油	2. 脂肪酸の化合形体 3. 一般性状 4. 油脂の変化及酸敗 5. 海産油脂の臭気 6. 栄養価 F. 魚貝肉の色素 1. 色素細胞 2. 水溶性色素 3. 脂溶性色素 G. 硬直（死後） 1. 現象とその原因 2. 硬直における化学変化 3. 硬直の始まりと持続時間及条件 4. 硬直と魚体処理 H. 自己消化 1. 自己消化をおこす酵素 2. 自己消化と条件 3. 抑制する方法	4. 自己消化の水産加工への利用 I. 腐敗作用 1. 細菌類 2. 腐敗の際生成するアミノ酸 3. アミノ酸の分解機構 4. 腐敗を早める条件 5. Bacteria の発育繁殖の抑制策 J. 鮮度判定 1. 感応判定 2. 弾力による判定 3. 化学的な判定法 4. 細菌学的方法 K. 魚貝肉の中毒について 1. 食中毒の種類 2. プトマイン中毒 3. 細菌性中毒	A. 加熱による変化 1. 蛋白凝固 2. 油脂の変化 3. 水素イオン濃度の変化 4. 肉蛋白組成の変化 5. NH_3、H_2S の変化 6. Enzymeの破壊 7. Vitaminの変化 8. 物理的の変化 9. 栄養価及び消化率の変化 B. 乾燥によつておこる変化 1. 乾燥製品の一般成分 2. 乾燥時に附着するBacteria及びEnzyme 3. 蛋白質の変化 4. 油脂の変化、加水分解 5. 栄養価、消化率の変化	C. 煮熟、煮焙によつておこる変化 1. 鰹節製造における蛋白質の化学的変化 2. 呈味成分 3. カビ付けの影響 D. くん煙によつておこる変化 1. 煙の肉に及ぼす変化 2. 煙の成分とくん材について 3. 蛋白質及び油脂の変化 E. 塩蔵によつておこる変化 1. 魚体の半透膜現象 2. 塩蔵方法と食塩の滲透 3. 蛋白、油脂の変化 4. 栄養物質の損失 5. 塩辛類の熟成 F. 練製品の製造に際しおこる変化 1. 魚肉のSol化 2. 魚肉のGel化	G. 冷却によつておこる変化 1. 水分の変化、氷結晶の生成 2. 遊離水と結合水 3. 冷却中の組織変化 4. 蛋白質の変成 5. 油脂及び肉色の変化 6. 凍結温度と塩分の影響 7. Dripの生成 H. 罐詰の製造中及び貯蔵中におこる変化 1. 罐材の変化 2. 原料による罐内容の変化 3. 加熱殺菌による罐内容の変化 4. 貯蔵中の罐内容の変化 5. 罐内容の化学的変化 I. 魚粕、魚粉の製造中及び貯蔵中におこる変化 1. 成分と品質 2. 製造に伴いおこる化学変化 3. 貯蔵中の変化	A. 海藻類の化学的成分及び利用上の化学的な考察 1. 緑藻類　2. 紅藻類　3. 褐藻類	175

主眼	科目	単位	1 2 3 4	5 6 7 8 9	10 11 12	13 14 15 16 17 18	19 20 21	22 23 24 25 26	27 28 29 30 31	32 33 34 35	一年間の授業時数
			微生物を学ぶためにBacteria とはどんなものか	酵母、かび、とはどんなものか	超顕微鏡的微生物とは微生物と外囲	腐敗と醗酵について	食品を微生物の腐敗作用からまもる方法	水産食品と細菌			
微生物の本質を知つて水産物を処理加工する上に、微生物の作用をとり入れ、食物の腐敗の防止、及び微生物を利用して栄養価を高め食品加工に必要な知識を理解させると共に考察力を養う。	微生物	三単位	A. 微生物とはどんなものか、微生物の発見について B. Bacteria の形態、栄養繁殖及び分類について 1. 形態と構造 2. 栄養 3. 繁殖 4. 増殖率及び死めつ率 5. 分類	A. Yeastの形態、栄養、繁殖及び分類について 1. 形態と構造 2. 栄養 3. 繁殖 4. 分類 B. Moldについて 1. 菌体及び細胞の構造 2. 個体の成長、糸状菌の繁殖 3. 分類	A. 超顕微鏡的微生物について 1. 濾過性ビールス 2. バクテリファーゼ B. 微生物に及ぼす物理的環境と微生物による物理的変化 1. 水分、滲透圧、光、温度、電気圧力について 2. 熱の発生、発光、粘稠度、滲透圧	A. 微生物による無機化合物、有機化合物の諸変化について 1. 無機化合物の変化 2. 有機無N化合物の変化 3. 有機N化合物の変化	A. 各種の防腐的な食品の貯蔵法 1. 無菌的処理による方法 2. 防腐剤の添加による方法 3. 水分を除く方法 4. 塩蔵による方法 5. 低温による方法 6. 高温による方法 7. 醗酵による方法 8. その他による方法	A. 魚介肉の腐敗と細菌との関係 1. 魚介肉の腐敗 2. 魚介肉腐敗の原因となる細菌の来源 3. 魚介肉腐敗の細菌 4. 魚肉腐敗の進行と腐敗細菌の魚肉分解作用 5. 生魚の鮮度保存 6. 魚肉の細菌学的検査 B. 罐詰と細菌 1. 罐詰の脱気と細菌との関係 2. 罐詰の殺菌 3. 加熱殺菌の冷却操作と細菌との関係 4. 罐詰食品検査法 5. 罐詰変敗原因判定の標準 6. 変敗細菌の来源と作業上の注意 C. 冷凍と細菌 1. 微生物と低温 2. 魚介肉の冷凍と細菌	3. 伝染病源菌と低温との関係 D. 塩蔵品と細菌 1. 食塩濃度と細菌の発育 2. 好塩細菌と耐塩細菌 3. 食塩中の細菌 4. 塩蔵魚の化学的成分の変化と細菌 5. 塩蔵品の赤変 6. 塩蔵品と病源菌 E. 乾製品と細菌 1. 食品の水分量と細菌の発育 2. 乾燥中の化学的変化と細菌の作用 3. 乾製品の腐敗 4. 乾製品と病源菌 5. 節類のカビ付 F. 調味加工品と細菌 1. 佃煮の防腐原理 2. 砂糖濃度と微生物の発育との関係 3. 佃煮類と病源菌	G. 練製品と細菌 1. 練製品の貯蔵意義 2. 練製品の腐敗 3. 蒲鉾のネトの細菌 4. 蒲鉾のネトの防止法 H. 罐詰及びその他食物中毒に関する細菌 1. 食物中毒の種類 2. プトマイン中毒 3. 細菌性食物中毒 4. ボツリヌスによる食物中毒 5. ブドウ状球菌による食物中毒 6. 連鎖状球菌による食物中毒 7. Salmonella 属による食物中毒	105

第二学年製造養殖科製造コース

主眼	科目	単位	週 1 2 3 4 5	6 7 8 9	10 11 12 13 14	15 16	17 18 19 20 21 22	23 24 25 26 27 28 29	30 31 32 33 34 35	一年間の授業時数
			単元：冷凍の理論					冷凍機械		
冷蔵、冷凍及び製氷の理論と技能を習得させ、漁獲物の鮮度保持並に他の食品貯蔵と冷蔵、冷凍との関係を理解せしめる。	冷蔵冷凍	四単位	A．冷凍の原理 1．冷凍機でどうして品物が冷えるか 2．熱 3．冷凍作用の原理 4．機械的冷凍装置 5．蒸発器で冷凍品から取つた熱はどうなるか 6．熱ポンプとしての冷凍機 7．冷凍機と水ポンプの比較 8．冷凍機の種類	B．冷凍装置に使われる述語の説明 1．圧力 2．温度 3．熱量の単位 4．冷凍能力及び冷凍屯 5．仕事、馬力、仕事の熱当量	C．圧縮式冷凍機の作用 1．圧縮式冷凍機における冷媒の作用 2．冷凍機内の冷媒の圧力及び温度の変化 3．冷媒ガス中の不凝縮ガスの及ぼす影響 4．冷凍機の効率 5．Compressorの作用 6．Condenserの作用 7．Evaporatorの作用 8．Expansion Valveの作用 9．直接膨脹式及びBrine式	D．冷媒 1．冷媒の特性 2．Brine 3．モリエル線図	E．モリエル線図による圧縮式冷凍機の基礎計算 1．モリエル線図による圧縮式冷凍機の操作の説明 2．圧縮機の大きさ及び体積効率 3．圧縮機の所要馬力数・圧縮効率・機械効率 4．成績係数・及び理想的冷凍機の成績係数 5．凝縮温度・蒸発温度が、冷凍能力・効率その他冷凍機の操作に及ぼす影響 6．濕り圧縮・乾燥圧縮による圧縮機の操作の変化 7．モリエル線図使用上注意すべき点	A．冷凍機用圧縮機 1．冷凍機用往復式圧縮機の種類 2．圧縮機の構成部分 3．潤滑法 B．Condenser 1．Condenserですてる熱量 2．Condenesrの種類とその特長 3．Condenserの構造 4．冷却水温・冷却水量及び冷水量の分布、不平均による凝縮能力の変化 5．冷却氷温・冷却水量と凝縮圧力との関係	C．Evaporator. Receiver. Oil Separator 1．Evaporatorの種類 2．各種Evaporator の構造及び特長 3．Receiver 4 .Oil Separator D．配　管 1．配管に使用する管弁 2．Expansion Valve 3．Safety Valve E．自動式冷凍機 1．自動式冷凍機の概要 2．自動式冷凍機の附属品	140

主眼	科目	単位	月	一年間の授業時数
			単元	
	一般機械	二単位		

主眼	科目	単位	週 4 5 6	7 8	9 10 11	12	1 2 3	一年間の実習時数
			単元：校内実習	校外実習	校内実習	校外実習	水産機械及び施設見学	
校内及び校外において、実習する事により、勤労精神を涵養し、更に自ら水産物を製造加工する能力及び水産製造加工工場を運営管理する能力を培う。	実習	二単位	魚体処理実習	1．鰹節製造実習 2．塩辛製造実習	1．塩蔵品製造実習 2．乾製品製造実習 3．調味加工品製造実習	練製品製造実習	1．冷蔵、冷凍及び製氷施設見学 2．冷凍機見学 3．罐詰製造機械及び施設見学	140

第三学年　製造養殖科　製造コース学習進度計画

学年			第三学年	製造養殖科	製造コース学習進度計画				
	週		1 2 3 4 5 6 7 8 9 10 11 12 13 14 15 16 17 18 19 20 21 22 23 24 25 26 27 28 29 30 31 32 33 34 35						
主眼	科目	単位	魚貝藻エキスの製造法	海藻製品の製品法とその種類	魚粉、魚粕の製造とその利用	魚油の製造法	水産皮革品の製造法	工芸品の製造法	一年間の授業時数
漁獲物の全般にわたつて、それぞれ適切な加工と保存の方法を講じ、廃棄物及び未利用資源等の、高度利用についても科学的な各方面の知識を集成して、技術面経済面及びこれら工場を管理する上に、必要な知識と技能を知り、これに適応する態度を習慣づける。	水産製造	四単位	A．魚貝藻の成分及びエキス成分について 1．アミノ酸 2．無脊椎動物筋肉のエキス 3．海藻のエキス成分 B．各種エキスの製造法 1．各種エキス成分を利用した栄養剤 2．タウリン、クレアチンの製造 3．エキスの理化学的利用法	A．海藻工業の沿革と産業的価値 1．原藻 2．海藻工業の概況 3．海藻資源と産業的な価値 B．各種海藻製品の製造法 1．昆布の二次的加工法 2．寒天の製造法 3．沃度の製造法 4．アルギン酸の製造法 5．その他の海藻加工	A．魚肥の製造法 1．水産肥料の種類とその製法 2．水産肥料の肥効価値 B．Fish Meal製造法 1．飼餌料としての Fish Meal 2．F sh Mealの種類 3．Fish Mealの製造法 C．Fish Meal、魚粉の利用 1．食用としての魚粉利用と栄養価 2．飼餌料としての利用と価値 3．調味料原料としての利用と価値 4．ペースト原料としての利用 5．その他	A．魚油製造工業の沿革と概要 1．魚油と人生 2．魚油の性質と用途 B．魚油の採油方法 1．溶出法 2．圧搾法 3．溶剤を用いる方法 C．採油後の処置 1．油分の分離 2．脱蠟法 3．精製法 D．魚油の利用 1．重合油の製造と用途 2．硬化油の製造と用途 3．ズルホン化油の製造と用途 4．石けんの用途 5．Vitamin油の製造	A．なめし革の沿革と製造法の概要 1．原皮の性状及び組織 2．なめし革工業と水産皮革の発達経過と現況 3．じゆう革法 4．なめしの原理となめし剤 B．海獣皮のなめし方 1．毛皮のなめし方 2．鯨皮のなめし方 C．魚皮のなめし方 1．鮫皮のなめし方 2．うつぼ皮のなめし方 3．魚革の染色法と顔料 4．水産皮革の特性と用途 D．陸産動物皮のなめし方 1．牛皮のなめし方 2．馬皮のなめし方 3．豚皮のなめし方 4．蛇皮のなめし方	A．貝釦の製造法 1．貝がらの化学的成分 2．原料 3．製造法 B．その他製品の製造法 1．べつ甲 2．海綿 3．鯨鬚	140

	週		1 2 3 4 5 6 7 8 9 10 11 12 13 14 15 16 17 18 19 20 21 22 23 24 25 26 27 28 26 30 31 32 33 34 35						
主眼	科目	単位	定性、定量化学分析法		水産物の分析				水産薬用品	一年間の授業時数
水産製造加工上、水産物の利用価値を高め、品質向上を図るために、その組織並びに成分上の諸問題を把握しこれを応用すると共に水産物の分析実験の独力を養う。	水産化学	五単位	A．定性分析の方法と試薬の調整 1．化学実験をする上の心得 2．器具器材類の取扱い方 3．定性分析試薬の調整 4．金属陽イオンの分離検出 5．陰イオンの分離検出 6．各試料を選んでイオン検出	B．定量分析の理論、方法、操作と計算 1．標準溶液及び規定液の調整 2．化学天秤使用法 3．酸、アルカリ及び酸化、還元溶液の調整、滴定補正計算 4．Indicatorの調整 5．溶液の保存法 6．各種の試料を選んで定量分析	A．水産物、食品、飼料の定量分析 1．水分 2．粗脂肪 3．粗蛋白 4．灰分 5．燐酸 6．アンモニア 7．アミノ酸（ホルモール滴定法） 8．グリコーゲン	B．油脂特性測定 1．融点 2．凝固点 3．酸価 4．鹸化価 5．沃素価 8．Vitamin Aの比色法	C．海藻の分析 1．沃度 2．加里 3．マンニツト 4．粗繊維	D．水質の分析 1．水素イオン濃度 2．塩化物 3．硝酸 4．亜硝酸 5．アンモニア 6．カルシウム 7．マグネシウム 8．溶存酸素 9．過マンガン酸加里消費量 10．炭酸ガス及び硫化物 11．残さい	A．水産動植物の薬用的価値について 1．内臓器官について 2．魚血 3．消化酵素 4．マクリの薬用的価値 5．その他	175

	週		1 2 3 4 5 6 7 8 9 10 11 12 13 14 15 16 17 18 19 20 21 22 23 24 25 26 27 28 29 30 31 32 33 34 35								
主眼	科目	単位	冷蔵、冷凍、製氷装置並に冷凍機取扱法				冷凍食品				一年間の授業時数
冷蔵、冷凍及び製氷の理論と技能を習得させ、漁獲物の鮮度保持並に他の食品貯蔵と、冷蔵、冷凍との関係を理解せしめる。	冷蔵、冷凍	二単位	A．冷蔵庫 1．冷蔵の目的 2．冷蔵庫の種類 3．冷蔵庫の防壁 4．冷蔵庫に必要な冷凍力 5．家庭用電気冷蔵庫 9．業務用冷蔵庫 7．大型冷蔵庫	B．冷凍装置 1．凍結貯蔵法の目的及び種類 2．空気凍結装置 3．岩本式急速冷凍装置	C．製氷装置 1．製氷装置の概要 2．Ice Can 3．原水を凍結するに要する時間 4．製氷に使用する冷凍能力及び電気量 5．製氷に必要な冷却管の長さ 6．空気攪拌装置 7．貯氷庫、仮置室	D．冷凍機取扱法 1．NH_3冷凍機運転法大要 2．メチルクロライド、フレオン、亜硫酸ガス小型冷凍機取扱法大要 3．冷媒の漏洩検出法 4．故障と対策	A．総説 1．沖縄における冷凍の現状 2．各国における冷凍の現状 3．微生物と低温の関係 B 氷蔵庫 1．砕氷による方法 2．冷蔵による方法 3．氷蔵法の改良 C．冷蔵法 1．鮮魚と冷蔵 2．水産加工品と冷蔵 3．他食品と冷蔵	D．凍結法 1．空気凍結法 2．直接接触法 3．滴状ブライン法 4．間接凍結法 5．凍結法の長所と欠点 6．凍結作業	E．凍結及び貯蔵中の変化 1．氷結晶の生成 2．凍結貯蔵中の乾燥 3．食塩の浸入 4．色の変化 5．脂肪の変化 6．蛋白質の変化 7．Vitamin及び栄養価の変化	F．融解及び凍結品の規格 1．融解法 2．Drip 3．冷凍品の規格について	70

	学年		第三学年製造養殖科製造コース					
	週		1 2 3 4 5 6 7 8 9 10	11 12 13 14 15 16	17 18 19 20 21 22 23 24 25 26	27 28 29 30	31 32 33 34 35	
主眼	科目	単位 / 単元	機械学に必要な基礎的知識	原動機とはどんなものが用いられているか	缶詰製造に用いられる機械	魚粉、魚油の製造に用いられる機械	其の他の機械	一年間の授業時数
水産製造に用いられる加工、処理、缶詰、魚粉、魚油その他の機械の機構と性能を知り、これ等機械の原動機械及び補助的機械、伝導装置の大要を理解させ、その取扱、故障の修理、ひいては、工夫改良の創意を養い、水産製造業の機械化を促し生産の向上を図る。	水産機械	三単位	A．力学 1．仕事及びエネルギー 2．力のつり合い 3．まさつ 4．回転体 5．図法力学について B．材料の強弱 1．機械の材料 2．引張と圧縮 3．剪断と屈曲 4．合成内力 C．機械の要素 1．まさつ車と歯車 2．カムとリンク 3．伝導装置	A．原動機とエネルギー 1．原動機の種類と機械的効率 2．原動機の取締規則 B．蒸汽缶 1．蒸気の発生と飽和蒸気の保有量 2．含水蒸気及び蒸発当量と係数 3．過熱蒸気と特性 4．ボイラーの構成、種類及び特性 5．主なるボイラー 5．ボイラーの附属器具、機械 C．蒸気機関 1．スチーム、エンヂンの原理、機械と種類 2．機関各部の名称とその作用 3．附属器具 4．機関馬力と蒸気消費量	A．魚類を調理する機械 1．ヘッド、カツター 2．スライマー 3．アイオンチンク 4．ヲイツシユ、カツター及びミート、カツター 5．ミート、フイラー B．缶詰、瓶詰の密封に用いられる機械 1．缶詰の二重巻締機の原理と主要機構 2．巻締機械の種類及び機構と性能 3．瓶詰機械の種類と構造 C．加熱機械 1．エキゾースト、ボツクス 2．レトルト	A．魚粉製造機械 1．種類、性能 2．ミーキン式魚糧機械 3．大野式魚粉製造機械 B．魚油の製造に関係ある機械 1．遠心分離機の原理と機構 2．遠心分離機の種類と性能 3．フイルタープレス	A．水産物を刻切する機械 1．刻鯣機械 2．昆布切断機 3．節削り機械 4．伸展器械 B．水産物を らいかい する機械 1．肉挽機 2．ネヂ、ロール機 3．らいかい機 C．皮革の製造に用いられる機械 1．バツドル 2．ドラム 3．スカツテング、マシン 4．ステーテング、マシン 5．光沢機	105

	月		4 5	6 7 8	9 10	11 12 1	2 3	
主眼	科目	単位 / 単元	水産機械実習	校外実習	日本における水産施設見学	校外実習	水産機械見学	一年間の実習時数
校内、及び校外において実習する事に依り、勤労精神を函養し、更に、自ら水産物を製造加工する能力及び、水産製造、加工場を運営管理する能力を培う。	実習	五単位	1．冷凍機実習 2．缶詰製造機械実習	冷蔵、冷凍及び製氷実習	1．冷蔵、冷凍及び製氷工場見学 2．缶詰工場見学 3．製造工場見学 4．魚油及びビタミン油製造工場見学 5．魚市場見学 6．練製品工場見学	缶詰製造実習	1．水産皮革製造機械及び施設見学 2．貝ボタン製造機械及び施設見学	350

第一学年製造養殖科養殖コース学習進度計画

主眼	科目	単位	水産生物とはどんなものか	脊椎動物						無脊椎動物	一年間の授業時数
	週		1	2 3 4 5 6 7	8 9 10 11 12	13 14 15 16 17	18 19 20 21	22 23 24 25	26 27 28 29 30	31 32 33 34 35	
水産生物の形態習性を理解させ人生との関係を明らかにし水産生物の種類の大要を理解させると同時に水産業発展のためたえず研究しようとする態度を養成する	水産生物	三単位	A．水産生物の概念 B．水産生物を学ぶものの態度	A．水棲哺乳類 1．陸棲哺乳類と相違する点及び分類 2．食肉類（らつこ、おつとせい）の生態 3．鯨と魚の比較、分類、生態、分布 4．海牛類の生態分布 5．水棲哺乳類と人生	B．鳥　類 1．他の動物との相異点 2．游禽類の特性、生態と水産との関係	C．爬虫類 1．分類　かめ類の種類と生態 わに類の種類と生態 うみへび類の種類と生態	D．両棲類 1．無尾類の種類と生態 2．有尾類の種類と生態	E．魚　類 1．概説、魚類の体制、外形、体の区分、ひれ、うろこ、色彩筋肉、骨骼、内臓、消化器、排泄器、生殖器、循環器、呼吸器、神経系 2．魚類の分類 下記魚類の種類、分布、習性、生態について あんこう類、たら類、ひらめ類、かれい類、たい類、はたはた類、ぶり類、あじ類、しいら類、かじき類、まぐろ類かつを類、さば類、ぼら類、とうぎよ類、うなぎ類、こい類、なまず類、さけ、ます類、いわし類、肺魚類、硬鱗魚類、板鰓魚類、	3．魚類の繁殖方法 卵胎生、卵生について 産卵季節、産卵場所、卵の性質、産卵数 受精方法 発生、卵の保護 4．魚類の発育と成長 5．魚類の運動方法 6．日本産魚類の分布 7．洄游漁場	A．無脊椎動物の分類 1．概説、下記生物の形態習性分布について なまこ類、ひとで類、うに類 B．海　藻 1．分布 ，習性、形態	105

主眼	科目	単位	生物のからだはどのようにできているか	生物はどのように生活活動をしているか	生活活動のエネルギーはどのようにして発現するか	病気をふせぐにはどうすればよいか	一年間の授業時数
	週		1 2 3 4 5 6 7 8 9	10 11 12 13 14 15 16 17 18	19 20 21 22 23 24 25 26 27	28 29 30 31 32 33 34 35	
生物の体の構成、活動のしかたについて理解させ生物に対する興味を抱くようになると同時に衛生面から社会的公民としての態度を養う。	生物	二単位	A．生物のからだはどのような器官や組織でつくられているか 1．植物の器官と組織 a．植物の器官　b．器官のできかた c．植物体の組織 2．動物の器官と組織 a．動物の形　b．動物の器官 c．動物の組織 3．組織のできかた B．細胞はどのような構造をしているか 1．生きている細胞と死んだ細胞 a．細胞のつくり　b．原形質 c．顕微鏡　d．細胞の死 2．細胞のふえかた　a．細胞分裂と核分裂 b．染色体	A．植物や動物はどのような、はたらきによつて養分をとつているか 1．生物はどのようにして体を養うか、a．植物に必要な養分と、そのとりかた　b．動物の食物とそのとりかた　c．生物のからだの組成 d．榮養素とビタミン、植物体の構成、e．炭酸同化作用のはたらき、f．窒素の同化、g．同化物質の貯蔵、h．特殊な榮養のとりかた 2．人と動物の栄養のとりかた、a．食物の消化、b．消化酵素のはたらき、c．消化の道すじ、d．肝臓の働き 3．生物体内の物質の移動、a．体液の移動、b．血液の組織、c．循環器のつくりかたと、はたらき	A．エネルギーはどのように使われているか 1．エネルギーの生じかた a．生活活動のエネルギー、b．内呼吸のしくみ　c．酸素なしの呼吸、d．外呼吸のしくみ　e．呼吸を調節するしくみ、f．血液のガス交換、 2．エネルギーの発現、a．エネルギーのでてくるすじ道、b．生物の体温、c．生物の発光、d．生物の発電、e．生物の発音 3．老廢物の排出、a．排出の必要なわけ、b．老廢物とは、どのようなものか、c．老廢物はどのようにして、つくられるか、d．排出器のつくりと、はたらき、e．排出による生活作用の調節、f．植物にみられる排出作用	A．われわれはどうして病気になるか 1．われわれのかかりやすい病気 a．乳児死亡、b．急性伝染病、c．結核死亡、d．性病 2．日常かかりやすい病気 a．急性および慢性の胃腸、b．気管支炎および肺炎、c．高血圧症、d．寄生虫 3．病気の原因とそのおこりかた a．病気とその原因、b．素因、c．外因、d．微生物と病気 B．病気はどのようにして治療したらよいか 1．病気の治療 a．治療法の種類、b．薬物療法 2．病原体に対する生物体の反応 a．免疫、b．アレルギー 3．病気の予防とこれらの絶滅 a．病原体の感染の経路をたつ方法、b．病原体を排除する方法、c．抵抗力を増大させる方法 4．健全な社会の建設	70

主眼	科目	単位	水産業のあらまし	海洋訓練	水産生物の観察及び採集	一年間の実習時数
	月		4　5　6	7	8	
水産業に必要な協力的忍耐の態度を養い海に親しみを抱く様になる。	実習	二単位	水産施設見学	水泳及びカツター訓練 手旗信号 操櫓訓練	採集並に標本作製 プランクトンの採集 顕微鏡による観察	140

第二学年製造養殖科養殖コース学習進度計画

主眼	科目	単位	水産増殖は我々の生活にどのように重要であるか	水産生物はどのような生活をしているか	水にすむ生物はどのようにして養育したらよいか	海にすむ生物はどのようにしたらふやす事ができるか	一年間の授業時数
週			1 2 3 4	5 6 7	8 9 10 11 12 13 14 15 16 17 18 19 20 21 22 23 24 25	26 27 28 29 30 31 32 33 34 35	
水産養殖の重要性とわが国の水産養殖の価値とを認識し有用水産物の生理、生態、病理、養殖法、繁殖、保護、助成の大要とそれに必要な条件施設を明確に理解し改良と創意工夫を施し、水産生物を合理的に増産せしめんとする技能を養成する。	水産増殖	五単位	A．水産増殖はどんな意義と目的をもつてなされるものか 1．水産増殖の意義と目的 2．漁撈、製造と増殖との関係 3．他産業との利害関係 B．有用水産生物の増殖はどのようにして発達してきたか 1．先覚者、科学者の業蹟 2．増殖事業の発達経路 C．水産増殖はどのように区分されて行はれているか 1．水の性質、水域の種類及び方法による増殖業の分類 2．繁殖保護の大要 D．未解決の問題と研究について 1．水産増殖の現況と将来	A．水産生物と環境要因との関係について 1．泅游、底棲浮游による水産生物の生態的分類 B．水産生物の種類とその分布 C．主なる水産生物の習性 D．主なる水産生物の増え方と発生のしくみ 1．有性生殖と無性生殖 2．生殖年限と生物の壽命 3．性別とその特徴 4．産卵方法と産卵数 5．卵子の性質	A．鯉、鮒の養殖 イ．池で養殖する方法を理解させて養殖技術を修得させる 1．こひ、ふなの種類と形態及び習性 2．養殖適地の選定 3．池の種類及び造池方法 ロ．稲田で養殖する方法を理解させて技能を養う 1．種苗の育成方法 2．親魚の養成 3．稲田放養準備 4．運搬放養の方法、稲田養鯉の発達経路 ハ．湖沼、溜池に種苗を放養し養成する方法 B．金魚の養殖 イ．池で養殖する方法を理解させて技術を修得させる 1．金魚飼育の沿革 2．飼育の方法 3．運搬の方法 ロ．系統と変種を知らせて将来の品種の改良の技能を修得させる 1．遺伝による品種の改良とその系統 ハ．疾病について知らせその予防の方法と治療方法を理解させる 1．疾病及予防と治療 2．観賞の仕方 C．うなぎの養殖 イ．池で稚魚から食用魚にするまでの方法と技能を与える 1．形態と生態 2．養殖池のつくり方 3．種苗の放養と養成 4．餌料と餌付け及び投餌法 5．採苗の方法 ハ．食用魚の販売について理解させる 1．販売の方法 D．食用蛙の養殖 イ．生態特に変態過程を観察理解させる 1．形態と習性 2．産卵と変態 3．おたまじやくしの養成 4．親蛙の養成 ロ．池のつくり方を理解させその設計技能を修得させる ハ．おたまじやくしの越冬の方法を修得させる 1．越冬のさせ方 ニ．利用販売の要領を理解させる 1．利用と販売 E．熱帶性観賞魚の飼育と管理について理解させその技能を修得させる 1．魚の種類と習性 2．飼育と管理 3．水族舘の設計 F．ティラピヤの養殖 イ．池で養殖する方法を理解させ技能を与える 1．ティラピアの形態並に生態 2．養殖の沿革 3．池の設計方法 4．品種の改良方法	A．かきの養殖 イ．種苗と海況との関係を理解させ技能を修得させる 1．種類と分布 2．生態と環境 ロ．種苗の養成方法を修得させる 1．養成の方法 ハ．養成施設の操作を修得させる、施設の設計方法 ニ．販売方法、運搬方法を修得させる B．はまぐり、あさりの養殖 イ．種苗の採取と養成法を理解させる 1．分布と生態 ロ．養殖適地を見だす能力を養う 1．環境と生産量 2．種苗の採取と放養 ハ．使用器具の種類と取扱い方 ニ．養成方法を理解させる C．真珠貝の養殖 イ．真珠の成因と養殖の沿革について知らせ科学者の業積を讃える態度と新しいものへの研究心を誘発させる 1．分布と習性 2．養殖適地 3．真珠の成因 4．養殖の沿革 ロ．種類と方法を理解させ技能を与える 1．真珠の種類 2．養殖法 D．うにの養殖 イ．種苗の採取と養成方法について理解させる 1．分布と生態 2．種類 ロ．人工授精とふ化の方法 1．採卵法 2．養殖適地 E．広瀬貝、高瀬貝の養殖	175

主眼	科目	単位	無脊椎動物	海藻	浮游生物	一年間の授業時数
週			1 2 3 4 5 6 7 8 9 10 11 12 13 14 15 16 17 18 19 20	21 22 23 24 25	26 27 28 29 30 31 32 33 34 35	
無脊椎動物並に藻類プランクトンについて理解し一年次での学習と合せて水産増殖の発展のための充分なる知識態度を養う。	水産生物	五単位	A．棘皮動物 1．概説 2．なまこ類、ひさご類、うに類 3．上記生物の形態、習性、分布について 4．棘皮動物と人生 5．うにの発生実験観察 B．節足動物 1．概説（体制、内部構造） 2．甲かく類の生態と種類 3．節足動物の生活法 4．節足動物と人生 C．軟体動物 1．概説、体制（外形、内部構造） 2．頭足類の生態と種類 3．腹足類の生態と種類 4．斧足類の生態と種類 5．軟体動物と人生 D．丹形動物 1．生態と種類 2．生活寄生について E．環形動物 1．生態と種類 2．他動物との関係 F．扁形動物 1．生態と種類 2．活物寄生について G．腔腸動物 1．概説 2．分類、生態 3．腔腸動物と人生 H．海綿動物 1．概説 2．生態と種類 3．海綿動物と人生 I．原生動物 1．概説 2．生態と種類 3．原生動物と人生	A．海藻とはどんなものか 1．概説、種類、生態 B．形態 1．細胞膜、細胞の内容、組織 C．繁殖 1．無性繁殖　2．有性繁殖 D．栄養　1．栄養器官、水質及び栄養素、炭酸同化作用 E．生育と外囲　1．光線、地盤、温度、塩分の濃度、棲息帶 F．分布　1．垂直分布、水平分布、太平洋における分布 G．海藻の利用 1．食用　2．糊料　3．医薬料 H．緑藻類 1．形状と繁殖分類、あをさ I．褐藻類、ほんだわら J．紅藻類、つくしのり、つのまた K．下等藻類、クロレラ	A．プランクトンとはどんなものか 1．プランクトンおよびプランクトン学 2．プランクトンに関する知識見解の発達 B．プランクトンの分類 1．植物プランクトン 2．動物プランクトン 3．幼虫プランクトン C．プランクトンの研究法 1．採集法.定量法,培養法.生物測定学的研究法、固定染色保存法 D．海水の物理学的特性とプランクトン、水温、水色、透明度、海水の圧力、水塊の流動 E．海水の化学的特性とプランクトン,塩分、酸素溶存量.炭酸溶存量、燐酸塩溶存量、その他、PH F．海洋の生物的環境 1．しゆう群の密度、捕食関係、生態的相互関係 G．プランクトンの適応現象 1．浮游作用、増殖作用、発光作用 H．プランクトンの垂直分布 1．プランクトンの成層、プランクトンの垂直分布の変化 2．日々の垂直移動の誘因と制約要因 I．プランクトンの地理的分布 1．植物性指標種 2．動物性指標種 J．ブランクトンの量分布 プランクトンの季節的変化 K．プランクトンと漁業との関係　食餌、魚群の洄游との関係、赤潮	175

第二学年製造養殖科養殖コース学習進度計画

週：1 2 3 4 5 6 7 8 9 10 11 12 13 14 15 16 17 18 19 20 21 22 23 24 25 26 27 28 29 30 31 32 33 24 35

主眼	科目	単位	地球上にはどのような生物が生育しているか	生物は環境とどのような関係をもつて生活するか	種族はどのようにして維持されるか	生物学の進歩は人生をどのようにゆたかにしたか	一年間の授業時数
生物の発生、遺伝、進化、生物学の人生への貢献について理解し水産生物の育種、改良に応用できる知識、技能、態度を養う。	生物	三単位	A．生物の分類と命名 a．植物の分類 1．分裂植物 2．変形菌植物 3．鞭毛植物 4．ケイソウ植物 5．接合藻植物 6．緑藻植物 7．シャジクモ植物 8．褐藻植物 9．紅藻植物 10．藻菌植物 11．子嚢菌植物 12．担子菌植物 13．地衣植物 14．コケ植物 15．シダ植物 16．裸子植物 17．被子植物 b．動物の分類 1．単細胞の動物 2．カイメン動物 3．腔腸動物 4．扁形動物 5．輪形動物 6．円形動物 7．棘皮動物 8．環形動物 9．節足動物 10．軟体動物 11．原索動物 12．脊椎動物 B．生物は地球上にどのように分布しているか。 a．植物の地理的分布 1．世界の植物の分布 2．日本の植物の分布 b．動物の地理的分布 1．世界の動物の分布 2．日本の動物の分布 C．現在の生物はどのようにできたか。 a．生物の出現 b．生物の進化 1．進化説のはじまり 2．進化の証拠 3．ダーウィンの進化学説 4．現在の進化学説 c．ヒトの進化	A．生物は外界の変化にどのように反応するか。 a．刺激の生じかたとうけ入れかた 1．刺激と興奮 2．感覚のおこり 3．からだの表面で生ずる感覚 4．眼でみる感覚 5．耳できく感覚 6．においと味の感覚 7．からだのつりあいの感覚 b．いろいろな型の反応 1．植物のうごくしくみ 2．動物のうごくしくみ 3．動物の行動 4．本能と知能 B．生物体の各部分のはたらきはどのように調節され統一されるか a．神経によるはたらきの統一 1．神経による興奮のつたわり 2．中枢神経のはたらき 3．自律神経のはたらき 4．反射のおこるしくみ b．物質による調節 1．生物体のはたらきを調節する物質 2．ホルモンのはたらき 3．ホルホンとビタミン 4．器管相互の調節 C．生物体はどのような生活をいとなむか a．生物と環境 b．植物の群落と動物の群棲 c．生環の生態的分布	A．生物はどのようにふえるか a．生物のふえ方 1．雌雄の区別と性徴 2．無性生殖 3．有性生殖 4．世代交番 b．生殖細胞のはたらき 1．生殖細胞のおいたち 2．減数分裂 3．動物の受精 4．植物の受粉と受精 B．生物はどのように発生し成長するか a．動物は卵から発生してくる 1．卵子の分割 2．胚葉形成のしくみ 3．ふ化変態 4．卵生と胎生 5．発生のしくみ b．成長と死 1．成長の速度 2．成長を支配する物質 3．生物の寿命 4．老衰のおこり 5．死とはどんな事か C．生物の遺伝はどのようにして行はれるか a．遺傳の基礎 1．1対の形質についての遺伝 2．2対の形質について遺伝 3．キセニア b．遺伝法則の発展 1．メンデル法則の変形 2．連関 3．雑種強勢 4．細胞質遺伝 5．性染色体と性の決定 6．性にともなつておこる遺伝 7．遺伝子 8．個体変異 9．ヒトの遺伝 c．遺伝学の応用	A．生物学の進歩によつて健康はどのように増進したか 1．微生物研究の進歩による傳染病の治療と予防 2．新薬の創製 3．環境の改善 4．能率増進と災害防止 5．精神衛生 6．医学上未開決の問題 B．生物学の進歩は生産をどのように増加させたか 1．農作物の増産 2．森林の効用 3．発酵工業 C．生命の探究はどのようにして発展してきたか 1．生命の研究の発達 2．生命とはどのようなものか 3．生物と無生物 4．生物学の将来	105

週：1 2 3 4 5 6 7 8 9 10 11 12 13 14 15 16 17 18 19 20 21 22 23 24 25 26 27 28 29 30 31 32 33 34 35

主眼	科目	単位	水産化学と水産食品	魚貝肉の化学				一年間の授業時数
水産物に含まれている栄養素を理解させ、その簡単な分析実験の能力を養う。	水産化学	二単位	A．水産化学の学習のあり方 1．目的 2．必要性 3．学習と研究の仕方 B．水産食品とは 1．食品、食物の定義と必要条件 2．水産食品の化学的組成 3．水産食品の発熱量 4．人間の栄養素	A．魚貝肉の組成 1．筋肉の種類 2．血合肉と白色肉 3．結締組織 B．魚貝肉の物理化学的性質 1．水素イオン濃度 2．抗張力 3．電気抵抗 C．魚貝肉の蛋白質 1．蛋白質の組成 2．肉漿の蛋白質 3．肉基質の蛋白質	4．平滑筋の蛋白質 5．蛋白質の等電点 6．蛋白質の窒素化合態 D．魚貝肉のエキス 1．エキスの含窒素化合物 2．エキスの無窒素化合物 3．エキスの燐酸及び塩基 4．無機成分 E．海産動物油 1．海産動物油 2．脂肪酸の化合形態 3．一般性状	4．油脂の変化及び酸敗 5．海産油脂の臭気 F．魚貝肉の色素 1．色素細胞 2．水溶性色素 3．脂溶性色素 G．硬直 1．現象とその原因 2．硬直における化学変化 3．硬直の初りと、持続時間及び条件 4．硬直と魚体処理	H．自家消化 1．自家消化を起す酵素 2．自家消化と条件 3．自家消化を抑制する方法 4．自家消化の水産加工への利用 I．腐敗作用 1．細菌類 2．腐敗の際生成するアミノ酸 3．アミノ酸の分解機構 4．腐敗を早める条件 5．細菌の発育繁殖の抑制策 J．鮮度判定 1．官能判定 2．弾力による判定 3．化学的判定法 4．細菌学的方法 K．魚貝肉の中毒について 1．食中毒の種類 2．プトマイン中毒 3．細菌性中毒	70

主眼	科目	単位	3月 海洋観測	7月 貝類、魚類並に藻類標本の作成	8月 増殖実習	一年間の実習時数
干潟に慣れ親しむ態度を養い、増殖について未解決の問題の研究をさせ、研究の方法、態度を養うとともに、海洋観測の方法を自ら行える様になる。	実習	二単位	1．定点観測 2．海水温度の測定及び採水 3．海水の密度及び比重の測定 4．海水の透明度及び水色の測定 5．潮汐観測 6．塩素の定量 7．海水中の溶存酸素の定量 8．可溶性有キ物、硫化水素及びカルシウム塩の定量 9．プランクトンの採集定量並に定性分析	1．磯採集 2．干潟、浅海における有用水産生物の分布並に生態調査	1．イカの増殖研究 2．あいご（スク）の生態並に増殖研究 3．干潟の貝類増殖研究 4．うなぎの増殖	140

第三学年製造養殖科養殖コース学習進度計画

週：1 2 3 4 5 6 7 8 9 10 11 12 13 14 15 16 17 18 19 20 21 22 23 24 25 26 27 28 29 30 31 32 33 34 35

主眼	科目	単位	単元	内容	一年間の授業時数
増殖生物の繁殖を阻害するものについて理解し、それを除くにはどうすればいゝかの技能を修得させると同時に学校増殖施設の管理をなし、よつて増殖業経営に必要な知識技能態度を養う。	水産増殖	六単位	繁殖保護	A．繁殖保護の意義 イ．意　義 ロ．増殖施設の管理 B．繁殖障害 イ．自然的障害 1．気象の変化 2．潮流の変化 3．水質の変化 4．生物的障害 ① 生存競争 ② 微生物の発生 ロ．人為的障害 1．漁　業 2．水質汚濁 3．堰　堤 C．繁殖保護の方法 イ．制限禁止 1．漁場区　2．漁　期　3．漁獲物の大きさ 4．性　5．漁具漁法 6．漁船、漁具、漁業者数 ロ．助　成 1．築礎と投石　2．魚　梯　3．採苗施設 4．耕耘と客土　5．害敵駆除 6．ふ化放流　7．移植と播付 D．繁殖保護の効果 イ．国際漁場における実績	210

週：1 2 3 4 5 6 7 8 9 10 11 12 13 14 15 16 17 18 19 20 21 22 23 24 25 26 27 28 29 30 31 32 33 34 35

主眼	科目	単位	単元	内容	一年間の授業時数
資源変動の調査法を理解し、その技能を修得し、よつて資源の保護、又助長の積極的政策の裏づけをなし得又漁況の予報ができる様になる。	水産資源	二単位	資源調査	A．海況及び漁況調査法 1．海況及び漁況調査史とその現況 2．海況及び漁況調査法 B．種族査定法 1．種族査定法と結果の吟味 C．年令査定法 1．年令査定の基準になるのは何か 2．鱗耳石及び椎体における輪の成因とその変異 3．測定法 D．資源量及びその分布調査法 1．標識測定法 2．資源量測定法 3．資源の分布範囲及び洄遊調査法	70
			資源の変動法則	A．増加法則 1．資源の増加法則 2．ロヂスティク型増加法則 B．増殖量と添加量 1．産卵量 2．稚魚減損と添加量 C．増重法則 1．個体の増重法則 2．成長の制約要因 3．資源の増重率 4．資源の成長型 D．自然減少量 1．自然死亡率 2．逸散率	
			資源体量に及ぼす人為的効果	A．漁獲効果 1．適正漁獲量 2．濫獲の徴候 B．漁況予報 1．相関的漁況予報 2．分析的漁況予報	

週：1 2 3 4 5 6 7 8 9 10 11 12 13 14 15 16 17 18 19 20 21 22 23 24 25 26 27 28 29 30 31 32 33 34 35

主眼	科目	単位	単元	内容	一年間の授業時数
水族生活を迫害し増殖を阻害する疾患の予防、発見、療養と害敵の防除について理解させる。	水産病理	二単位	寄生生物	水族疾病の原因となる寄生生物とはどのようなものであるか イ．寄生生物の分類 1．動物性寄生生物 2．原生動物 3．蠕形動物 4．甲かく類 ロ．植物性寄生生物	70
			魚類の疾病	A．こい、きんぎよ 1．まつかさ病 2．水生菌による疾病 3．白点病 4．鰓病、呼吸器疾患 5．呼吸障害 6．生殖器病 B．うなぎ 1．皮膚病 2．鰾　病 C．た　い 1．筋肉病 2．胃腸病 3．腹腔病 D．さば、かつを 1．血行病 2．鰓　病 3．胃腸病 E．まぐろ、かじき 1．皮フ病 2．胃腸病 F．さめ、えい 1．皮フ病、血行病、胃腸病 G．かれい 1．皮膚病 2．筋肉病 3．胃腸病 4．膀胱病 5．眼　病 H．さけ、ます、にしん 1．筋肉骨格病 2．腹腔病 3．腎臓病 4．卵及び稚魚の疾患 I．蛙類の疾病	
			貝類の疾病	A．貝類の疾病の原因と対策 B．貝類の害敵の対策	
			藻類の疾病	A．藻類の疾病の原因と対策 B．藻類の害敵の対策 C．磯やけ現象	

月：7 8 4 ～ 9 10

主眼	科目	単位	単元	内容	一年間の実習時数
増殖に必要な技能、態度を養い、高度に進歩した内地養殖業を見学させ見聞を広める事によつて沖縄における増殖を興隆させる。併せて過度的な社会の実態に即応するため冷凍冷蔵の技能を養う。	実習	五単位	冷凍冷蔵実習	製造課程に準ず	350
			増殖実習	1．カキ、増殖実習（塩屋） 2．高瀬貝、広瀬貝養殖場見学竝にその種貝採集 3．沿岸及び内湾の養殖可能域の調査 4．資源調査	
			日本水産施設見学	1．養殖場の見学（浅草ノリ、マガキ） 2．水産関係、学校、研究所、会社、施設の見学	

社会科教室

☆世界人権宣言とは

第一条　すべての人間は生れながらにして自由であり、尊厳と権利とにおいて平等である。人間は理性と良心とを授けられており、兄弟の精神をもつて互に行動しなければならない。

第二条　(一)何人も、ひふの色、性(男女)、言語、宗教、政治上などの意見、国や社会的地位や家がらなど、どんな種類の差別も、うけることなく、この宣言に定めたすべての権利と自由とを享有する。

(二)なお、その人の国が独立国であつても、信託統治であつても、また主権がどんな制度のもどにあつても、いかなる差別もうけてはならない。

右の原則にしたがつて、何人も生存、自由、及び身体の安全を享有する権利をもつこと。何人も奴れいまたは苦役をしいられることはない。奴れい及び奴れい売買はいかなる形式においても禁止する。何人も法の平等な保護をうける権利をもつ。……等々が定められています。

一九四八年十月一日　国連総会で決議

☆教育の歴史

○奈良時代(千二百年ほどむかし)

日本にはじめて学校ができはじめた。貴族のための官学(国がたてた学校)で奈良に大学、地方に国学ができた。

○平安時代(千年ほどむかし)

大学や国学のほかに、貴族がじぶんの一族を教育するために私立学校をつくつた。

○鎌倉時代(七百年ほどむかし)

学校の制度がいゝかげんになり坊さんが中心になり有名な寺でお経や漢文を勉強した。

○室町時代(五百年ほどむかし)

少年をお寺にあずけて読み書きを教えた(寺小屋のはじめ)

○江戸時代(三百年—百年ほどむかし)

寺小屋が盛んになり、諸大名は藩校、学者は私塾などをはじめた。

○明治—昭和時代

明治五年に学制改革(大学、中学、小学校ができた)

※沖縄では明治十二年の廃藩置県の翌十三年始めて師範学校が設立され、旧来の国学は廃して中学校を置き、又村学校も閉ぢて新に小学校が開設された。

○明治十九年尋常小学校四年間が義務教育になる。

○明治四十年義務教育六年になる。

○昭和二十二年義務教育九年間(六、三制)男女共学となる。

☆沖縄の教育の歴史

一四九二年—官生によつて漢字伝習。

一六一三年
一七〇三年—地方有力者の子弟が、読書、そろばんを伝習。

一七九八年—首里に国学、平等学校をつくり、首里、泊、那覇に村学校ができ、農村に筆算けいこ所ができた。

一八〇二年—久米村に明倫堂建つ、(漢学中国語を教えた)医学、技術、修業。

一八八〇年(明治十三年)—各地に小学校建つ(一四校)中学校(首里)師範学校(那覇)

一八八二年(明治十五年)—留学生を東京におくる。小学校五十三校となる(各間切島に一校づつ)

一八八五年(明治十八年)—医生教習所を開く(那覇)女子も小学校に入学する。

一八八六年(明治十九年)—小学校(四年制)義務制となる。

一八八七年(明治二〇年)—文部大臣森有礼来島(小学校の入学者激増する)

一八九六年　師範学校に女子講習所ができた。

一八九七年(明治三〇年)—小学校(八二校)生徒数(二万六千人)就学率(三六・七九%)

一九〇〇年　高等女子校建つ、一九〇五年技芸学校

一九〇七年(明治四〇年)—建つ、小学校生徒数(六万二千人)就学率(九二・八一%)

一九〇八年(明治四一年)—小学校六年生となる。

一九一六年(大正五年)女子師範学校建つ。

(以下省略)

人事案内

※学校教員希望者募集!!

文教局では、このたび教員の適正な配置円滑な交流をはかるため、ひろく教員の転任及び就職希望者を募集し、志願者名簿を作成して、あっせんすることになった。

転任又は就職希望者（産休、結休補充教員を含む）は左記様式で申込書を文教局長あて提出して下さい。

様式

教員希望申込書

本籍

住所　　　　氏名

生年月日

一、希望地区又は希望教育区

二、希望学校の種類

三、免許状の種類、番号、授与年月日及び教科名

四、特技

五、就職の種類

六、その他

右の通り履歴書二通相添え申込みます

年　月　日

氏名㊞

文教局長　真栄田義見殿

△記入上の注意

一は、第一、第二、第三希望まで記入する

二は、小、中、高校の別を記入する。

四は、技術又は専攻科目等について記入する

五は、転任希望者は転任（現任校名、担任学年及び教科）と記入し、就職希望者は新就職と記入する

六は、研究、趣味その他参考事項等を記入する

研究調査課だより

○義務教育学力測定実施について

1、日時　二月三日、四日の二日間　午前九時半

2、受検対象

a　中学校三年生全員

b　過年度卒業生で受検を希望する者（出身中学校長に申出て手続きをとること）

3、受検場　各中学校

4、教科　社会科、国語、数学、理科、音楽、図工、保健体育、職家、英語の九教科について

5、実施　各地区テスト管理委員会

あとがき

○希望に輝く新しい年を迎え、おめでとうございます

※あらたまる年に　たんと昆布かざて
心から姿　若くなゆさ

※何となく　今年はよい事あるごとし
元日の朝晴れて風なし　啄木

○戦後十年、苦難の道を歩んで来たわが教育界に、最も輝やかしい前進の年でありますように……

※雲を圧(お)してゆる〳〵昇る初日哉　耕父

○皆様の時報も、はや二〇号をかぞえることになりました。今後益々内容の充実につとめ清新味を豊かに盛りたいと思います。何とぞ御指導と御協力を願います。

○人事案内を時報を通じて連絡いたします。御利用下さい。

○現場では学年の総くゝり…御健斗の程を（K・T生）

投稿案内

一、教育に関する論説、実践記録、研究発表、特別教育活動、我が校の歩み、社会教育活動、P・T・A活動の状況、その他
（原稿用紙四〇〇字詰一〇枚以内）

一、短歌、俳句、川柳（五首以上）

一、随筆、詩、その他
※原稿用紙（四百字詰）五枚以内

一、原稿は毎月十日締切

一、原稿の取捨は当課に一任願います。（御了承の程を）

一、原稿は御返し致しません。

一、宛先　文教局研究調査課係

文教時報（第二十號）（非売品）

一九五六年十二月二十九日　印刷
一九五六年一月十四日　発行

発行所　琉球政府文教局　研究調査課

印刷所　ひかり印刷所　那覇市三区十二組（電話一五七番）

文部省機構図

昭30.10.1現在

- 文部大臣　松村謙三
  - 文部政務次官　寺木広作
  - 文部事務次官　田中義男
    - 大臣官房
      - 人事課　田中彰
      - 総務課　齊藤正
      - 会計課　天城勲
    - 初等中等教育局　緒方信一
      - 財務課　安島彌
      - 地方課　木田宏
      - 初等教育課　上野芳太郎
      - 中等教育課　杉江清
      - 職業教育課　浦谷吉雄
      - 保健課　塚田治作
      - 教科書課　安藤健二
      - 特殊教育課　辻村泰男
    - 大学学術局　稲田清助
      - 庶務課　前田充明
      - 大学課　春山順之輔
      - 技術教育課　関野房夫
      - 教職員養成課　村山松雄
      - 学生課　西田亀久夫
      - 研究助成課　中西勝治
      - 学術課　岡野澄
      - 学術情報室　妹尾茂喜
    - 社会教育局　内藤誉三郎
      - 社会教育課　蒲生芳郎
      - 社会教育施設課　岩倉武[illegible]
      - 体育課　佐々木吉蔵
      - 芸術課　[illegible]野俊郎
      - 視聴覚教育課　岩間英太郎
      - 著作権課　大田周夫
    - 調査局　福田繁
      - 企画課　宮地茂
      - 調査課　伊藤良二
      - 統計課　臼井亨一
      - 国際文化課　柴田小三郎
      - 広報課　石沢貞義
      - 国語課　白石大二
      - 宗教課　近藤春文
    - 管理局　小林行雄
      - 振興課　赤石清悦
      - 福利課　西田剛
      - 学校給食課　宮川孝夫
      - 教育用品室　三浦勇助
      - 教育施設部　田中徳治
        - 計画課　中尾龍彦
        - 指導課　小野弘
        - 助成課　今村武俊
        - 工営課　小林秀彌
    - 文化財保護委員会
      - 事務局局長　岡田孝平
        - 次長　清水康平
          - 管理課　武中貞賢
          - 庶務課　西森馨
          - 会計課　細川可賀
          - 記念物課　平間修
          - 美術工芸課　本間順治
          - 建造物課　関野克
          - 無形文化課　佐藤薫
      - 国立博物館（東京、京都、奈良）
      - 文化財研究所（東京、奈良）
      - 文化専門審議会

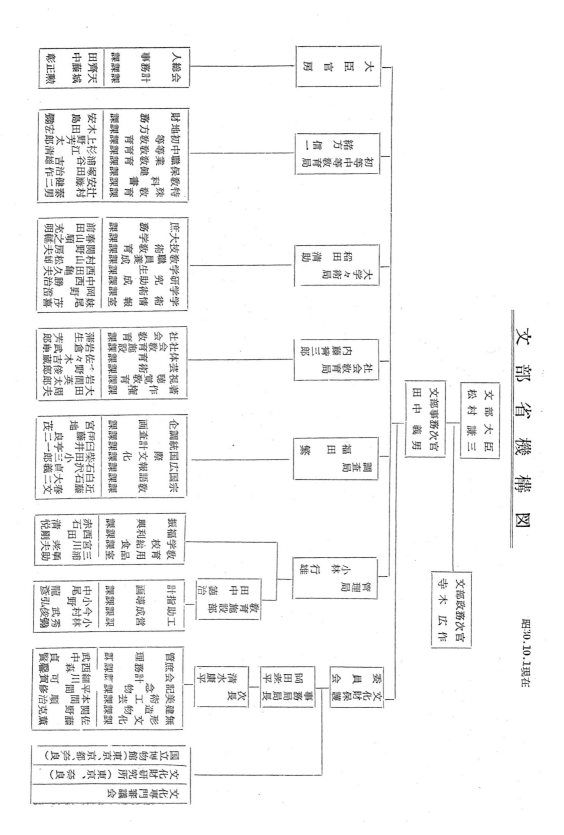

琉球

文教時報

NO.21

特殊児童生徒の調査

文教局研究調査課

—南蠻唐草張付半胴かめ—

南蛮といつても琉球壷屋の南蛮焼で時代はおそらく壷屋中期であろう。こういつた張付の模様は水かめや植木鉢にもあつたが近頃は殆ど焼いていない。口べりのルイザもやはり南方系の模様で、壷屋南蛮としてはかなり手の込んだ美しいものである。
久米島の民家に保存している。

文教時報21号

═目　次═

知能検査に関する考察二題

琉球大学教育学部
教授　与那嶺松助
助手　東江康治

序

諸研究の結果、田舎の児童生徒は都会の児童生徒に較べて知能が低いとされている。ということは知能検査の結果、田舎の児童生徒は「測定された知能」が比較的に低いということである。この「測定された知能」が低いという現象を説明するものとして次の諸理由が考えられる。

(1) 田舎と都会の人口構成を比較した場合、都会の人口には高い知的水準の要求される高等専門的職業の人が多く、また総体的にみても、生存競争のよりはげしい都会の人口は田舎の人口に較べて素質的に優れているかもしれない。若しそうだとすると、都会の児童生徒は田舎の児童生徒より素質的に優位を占めていることになる。

(2) 田舎の児童生徒は、彼等の生活環境の僻地性のため、知能の発達に好適な発達的刺戟が尠くそのために、彼の知能の発達は比較的に遅く都会の児童生徒のレベルに達していないということが考えられる。

(3) 現行知能検査の含む言語及びその他の文化的要因のため、知能測定の際、田舎の児童生徒はハンディキャップをうけているとも考えられる。

(4) 田舎の児童生徒の検査に対する不馴れ、検査に対する動機づけの低調等の理由によるものとも考えられる。去年の秋、文教局研究調査課が、全琉小学校五年生、中学校二年生より抽出された標本に対し新制田中式知能検査(全版)を実施した結果によると、知能偏差値の平均は夫々四六・〇と四六・四を示し両学年とも標準より約〇・四六下つている。この結果を如何に解釈するべきだろうか。本調査は沖縄における知能検査の結果に関する一考察を試み併せて知能検査の機能の一吟味として、知能検査がどの程度学力を予言し得るかということを検討したものである。

問題及び着眼点

一、問題

(1) 現行知能検査の言語並びにその他の文化的要因を検討し、沖縄の児童生徒が知能検査によつて測定される場合にうけるハンディキャップの有無並にその程度を吟味する。

(2) 学習適性検査としての知能検査の機能を吟味する

二、調査の着眼点

(1) A式（言語式）知能検査の結果とB式（言語不用式）知能検査の結果との間に差があるか。若し差があればその差は低学年から高学年に進むにつれて伸縮何れか、或は恒常な傾向を示すか。

(2) AB両式知能検査の相関はどれ位か。両検査の相関は低学年から高学年に進むにつれて高低何れか、或は恒常な傾向を示すか。農村と都市の間に差があるか。

(3) 農村と都市の児童生徒の測定された知能の間に差があるか。若しあれば、低学年から高学年に進むにつれて伸縮何れか、或は恒常な傾向を示すか。

(4) AB両式知能検査の下位検査のうち、特に弁別度の低いものがあるか。

(5) 測定された知能と学力の相関はどれ位か。

手続

一、対象

調査対象の児童生徒を農村と都市の小中学校より、両地域とも小学校三年から中学校三年までの七学年にわたり、学級を単位に各学年から任意の一学級を選択した。都市は旧那覇市で、農村は名護地区の純農村である。普通学級或はホームルームを単位に選択してあるので男女ほゞ同数である。児童生徒の数はTable 1に示す通りである。

Table 1 地域　学年別調査対象数

地域＼学年	小学校 3	4	5	6	中学校 1	2	3	計
農村	44	45	58	50	50	50	50	347
都市	53	49	56	56	註2 41	50	51	361
計	102	94	114	106	91	100	101	708

註1. 児童生徒は検査当日出席して検査をうけた数で、学級の在籍数ではない。

2. 都市中校一年のクラスはHR長、学習部々長を含む3人がワークキャンプ参加のため欠席。

二、検査

次の検査をTable 2に示す通り農村都市両地域の児童生徒に実施した。

新制田中A式知能検査（第一形式）

新制田中B式知能検査（第一形式）

田研式標準学力検査（国語、算数、社会科、理科）

Table 2 検査の学年割当表（☆印は検査と学年を示す）

検査＼学年	小学校 3	4	5	6	中学校 1	2	3
A式知能		☆	☆	☆	☆	☆	☆
B式知能	☆	☆	☆	☆	☆	☆	☆
国語学力		☆		☆	☆	☆	
算数実力		☆		☆	☆		☆
社会科学力	☆		☆	☆		☆	
理科学力	☆		☆	☆			☆

三、管理者

学級担任教諭又はホームルーム主任教諭が検査の指示監督に当り、教育学部教官並に学生が時間係りを担当した。

四、管理と日程

(1) 一九五五年六月十七日午前　雷雨後晴れ　註一室内温度C19°。

対象　農村小学校、農村中学校

検査　B式註二、国語、社会科註三、理科（中学三年のみ）

註一、午前十時小中学校一斉にB式検査の実施を始めたが検査最中雷雨になり、児童生徒の注意は散漫して検査に支障を来したが、二時限の学力検査まで続行実施された。二時限の半ば頃には校庭一面浸水し、教室も床まで水浸しになつていた。

二、中学二年生は小学校四年の時、田中B式を受けたことがある。

三、検査を二時限で打切つたため、小学校六年の社会科学力検査は実施を延期、六月二十日に施行された。

(2) 一九五五年六月十八日午前　晴れ　室内温度C22°。

対象　農村小学校、農村中学校

検査　A式、算数（数学）理科（中学三年を除く）

(3) 一九五五年六月二五日午前　晴れ室内温度C22°。

対象　都市中学校

検査　A式、数学、社会科

(4) 一九五五年六月二七日午前　晴れ室内温度C24°。

対象　都市中学校

検査B式※、国語、理科

※註　一年生全員小学校四年の時、二年生四一人中三一人、小学校四年の時、三年生全員、小学校六年の時、夫々田中B式を受けたことがある。

(5) 一九五五年六月二八日午前　晴れ室内温度C24°。

対象　都市小学校

検査　A式、算数、理科

(6) 一九五五年六月三〇日午前　晴れ室内温度C23°。

対象　都市小学校

検査　B式、国語、社会科

※註　小学校四年の教室はコンセット改造教室で他の教室より暑かつた。

結果とその考察

一、「A式知能検査の結果とB式知能検査の結果の間に差があるか。若しあれば、その差はある傾向を示しているか」

先ず農村の知能検査の結果をみることにする。A B両式の学年別偏差値平均及びその標準偏差はTable 3に示す通りで、それを図表に示したものがFig 1である。

Table 3、農村児童生徒の平均知能偏差値とその標準偏差(S、D)

但し括孤内の数字は雷雨のため信頼性の疑われているものである、以下これに準ずる

学年	A式 M	A式 S.D.	B式 M	B式 S.D.
小学校3			(43.6)	(8.6)
4	44.2	10.0	(45.2)	(7.3)
5	42.6	8.2	(42.6)	(8.0)
6	46.8	9.2	(44.8)	(9.9)
中学校1	43.9	8.7	(37.8)	(8.8)
2	45.0	11.1	(44.2)	(9.6)
3	46.0	8.7	(42.1)	(10.2)

A式の結果は小学校五年が四二、六で些か下つているが、他の学年は殆んど四四乃至四六附近で比較的に恒常的なカーブを示している。しかしB式の結果は最高の小学校四年と最低の中学一年との間では七、四点の差を示し、カーブもA式に較べてより不規則である。農村のB式知能検査実施中雷雨になつたことは前に触れておいた通りだが、その結果から、雷雨の影響が大きく作用していることは殆んど疑う余地がないものと考える。

Fig 1　農村児童生徒の平均知能偏差値

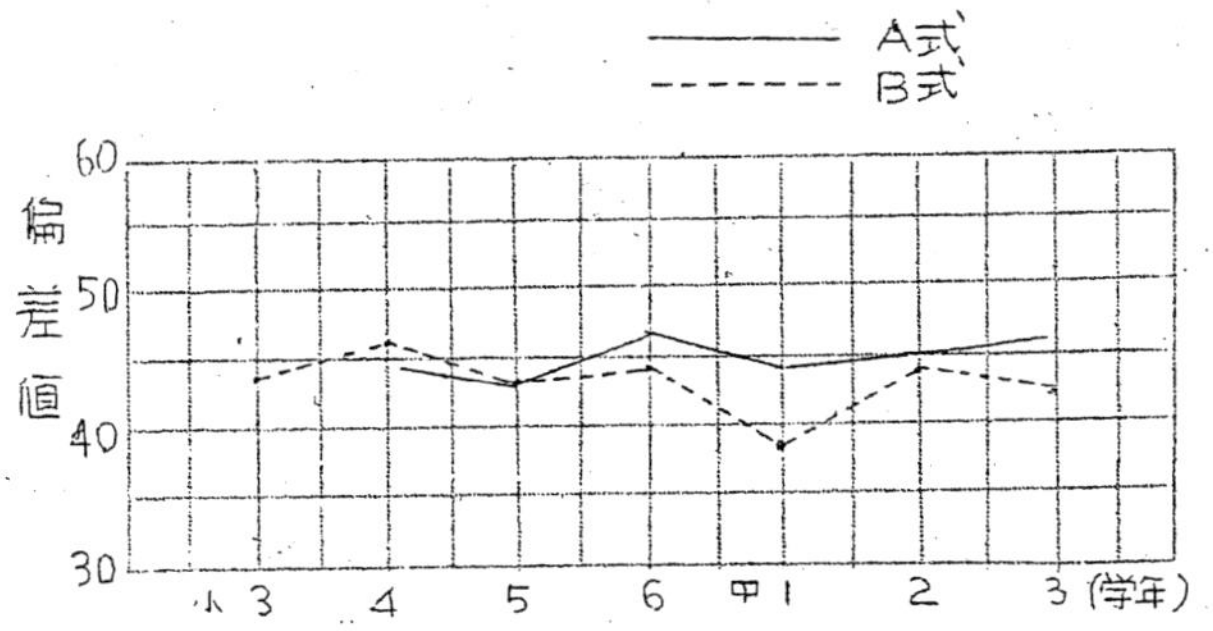

総体にA式の結果はB式の結果を上廻つている。中学一年のA B両式の差は六、一点もある。しかし両検査の差は不規則で傾向らしきものは殆んど認められない。

両検査の差を説明するものとして、B式における雷雨の影響の外に練習効果が考えられる。本調査において農村都市両地区の結果が綜合される場合、練習効果の要因を統制するために、農村ではB式を先に施行し、都市ではA式を先に実施してある。しかし、夫々の地区内で、先行する検査が後の検査に及ぼす練習効果を統制する考慮は払はれていない。

Table 4 都市児童生徒の平均知能偏査値(M)とその標準査偏(S、D)

学年	A式 M	A式 S.D.	B式 M	B式 S.D.
小学校3			44.2	9.5
4	43.7	10.1	47.7	10.5
5	47.4	10.1	49.0	8.3
6	49.4	9.9	51.8	10.9
中学校1	45.0	8.4	48.2	8.8
2	47.1	10.1	49.5	11.0
3	50.6	7.5	53.1	11.4

都市の結果はTable 4に示す通りで、それを図表に示したものがFig 2である。A式の結果は小学校と中学校とを別々にみるとどちらも下級学年から上級学年に進むに従つて恒常的上昇カーブを示している。小学校六年と中学一年の間には偏差値四、四の差がみられ、中学校一年が小学校六年より下つている。この差を説明し得るものとして、本調査の方法が横断法(Cross- Sectional)で小学校六年生と中学校一年生が異つた児童生徒であるということが考えられる。そ

の外に、調査対象の小学校児童と中学校生徒がすべて同一学校区域の児童生徒でないということも、この差を説明する可能な理由として考えることができるかもしれない。

Fig 2. 都市児童生徒の平均知能偏差値

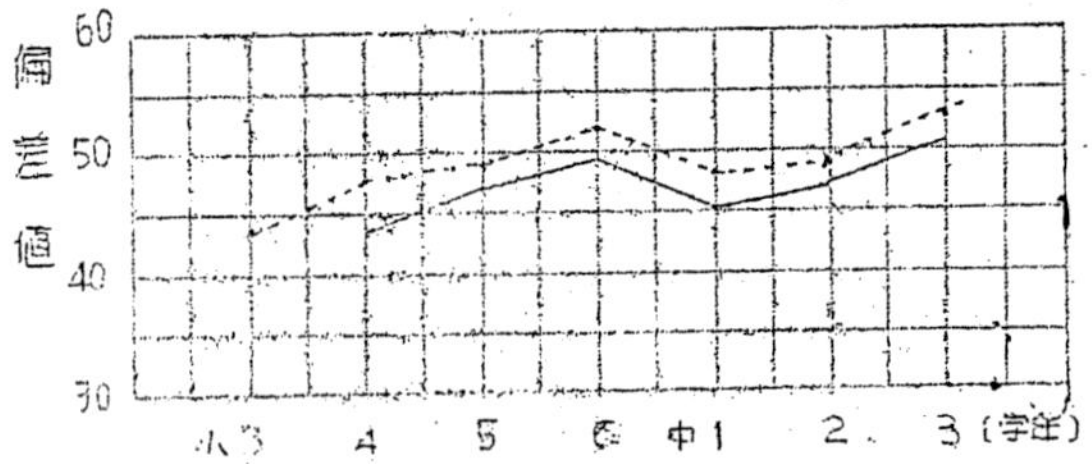

B式の結果もA式の結果と殆んど同一の傾向を示している。全学年にわたつて、B式の成績はA式の成績を上廻り、その差は偏差値の二点乃至三点附近で、可成り恒常的である。

しかし、AB両式のこの差を直ちにA式知能検査によるハンデイキャップとして指摘することはできない。

先に述べた通り、一地域における練習効果の作用を統制する考慮は払われておらない。都市においては、A式が先に施行されているので、B式の成績にA式の練習効果が加わつているだろうということが考えられる。

Table 5 農村都市綜合の平均偏査値

検査 学年	A 式	B 式
小学校 3		(43.9)
4	44.0	(46.5)
5	45.0	(45.9)
6	48.0	(48.6)
中学校 1	44.4	(42.5)
2	46.0	(46.9)
3	48.2	(47.7)

次に農村都市両地区を綜合して、AB両式検査の結果を比較してみたい。両地区の結果を綜合すると、都市においてA式がB式に齎らした練習効果と農村においてB式がA式に齎らした練習効果がほゞ同一だと仮定して、練習効果の要因は一応統制されたことになるだから、両地区を綜合した場合両検査の差は、練習効果要因の取除かれた差と考えて差支えないであろう。両地区綜合の結果は、Table 五 に示す通りで、それを図表に示したのが Fig 三 である。B式の結果からA式の結果を引いた差は小学校四年から中学校三年まで低学年からの順に偏差値の1.5 0.9, 0.6, -1.9, 0.9, -0.5となつている。しかし、B式の成績は雷雨の影響を蒙つていると思われる農村の成績が加わつているので、若し農村のB式が好適な条件で施行されていたらB式綜合の結果は、もつと上廻つたであろうと思われる。

Fig. 3 農村都市両地区綜合の平均偏差値

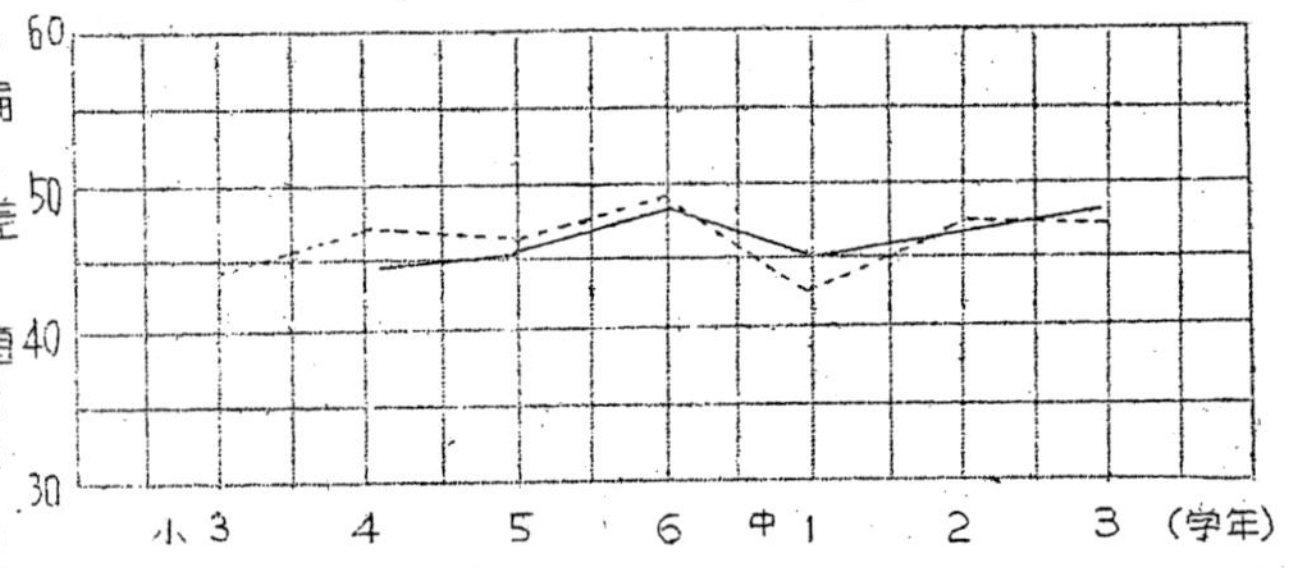

両検査の結果は、共に小学校六年と中学校一年の間の不規則性を除けば、上級学年に進むに従つて、漸次を示しているように思われる。

二、「AB両式知能検査の相関はどれ位か。両検査の相関は下級学年から上級学年に進むに従つて変化があるか。農村と都市の間に差があるか」

AB両式知能検査の相関係数はTable 六に示す通りになつている。

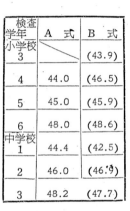

Table 6　AB両式知能検査の相関係数(σr)とその S.D (r)

学年	村		都 市	
	r	σ	r	σr
小学校 4	(0.52)	(0.11)	0.74	0,06
5	(0.66)	(0.07)	0.75	0.06
6	(0.69)	(0.07)	0.76	0.06
中学校 1	(0.75)	(0.06)	0.66	0.09
2	(0.84)	(0.04)	0.80	0.05
3	(0.65)	(0.08)	0.66	0.08
平　均	(0.69)		0.73	

農村小学校四年を除いて他はすべて係数の 0.65 以上 0.84 以下になつており、平均 0.7 附近になつている。農村の場合中学校三年を除けば、小学校四年から上級学年に進むにつれて係数は漸次高くなつている他方都市では、小学校四年からすでに平均を上廻つており、全学年を通じて比較的に安定した係数を示している。

農村のB式は天候の悪条件下で施行されたものではあるが、上記の結果から農村の下級学年においては、AB両式検査の一つ或は両者の信頼性乃至妥当性が上級学年におけるそれに較べて低いのではないかということが考えられる。他方都市においては児童の測定され知能の順序づけに関する限り、AB両式検査の機能は低学年と高学年の間に差はないようである。

三、「農村と都市の児童生徒の測定された知能の間に差があるか、若しあればその差は低学年から上級学年に進むに従つて変化があるか」

Fig.4　A式知能検査の平均偏差値

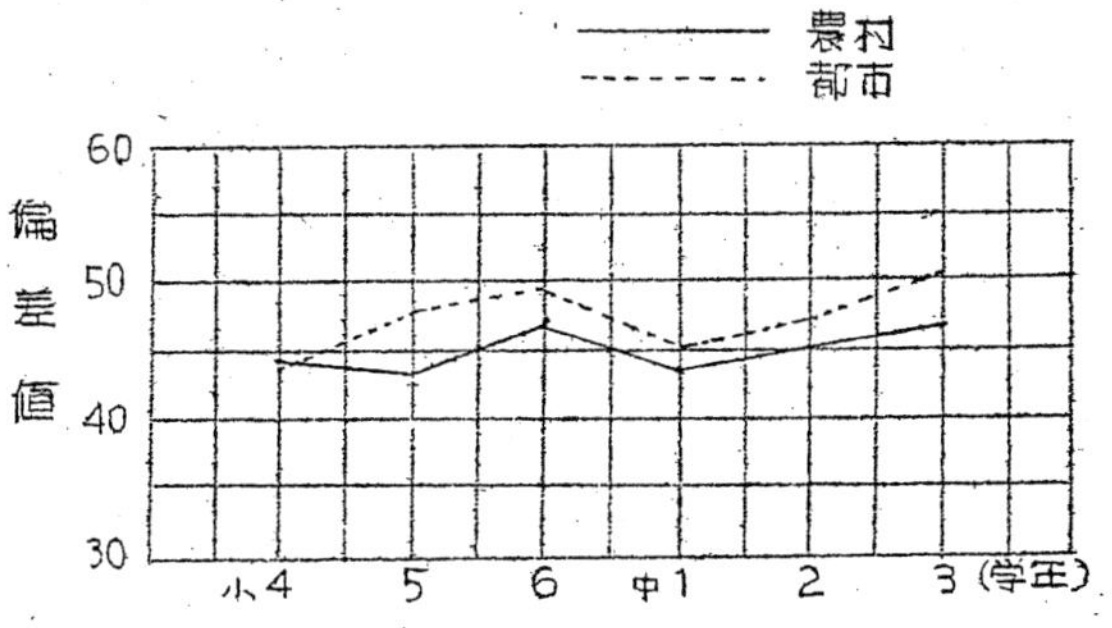

農村都市両地区のA式知能検査の結果を図表で比較すると *Fig* 4 に示す通りとなる。小学校四年では僅かながら農村児童の成績が都市児童のそれを上廻つているが、五六年では都市児童が優位を示している。中学校においてもほぼ同じ傾向を示し、一年では差は僅か偏差値の**1.1**点であるが二年では **2.1** 三年では **5.6** と差は漸次大きくなる傾向を示している。この結果から練習効果の要因を取除けば、両地区の差はもつと大きくなるものと考えられる。都市のA式には練習効果が作用しておらず、農村の場合はB式の練習効果が加わつているものと考えられる。だから、理論的に言えば練習効果の作用を統制することにより両地区の差は *Fig* 4 に表れている差より農村においてB式がA式に齎らす練習効果だけ大きくなる訳である。

Fig.5　B式知能検査の平均偏差値

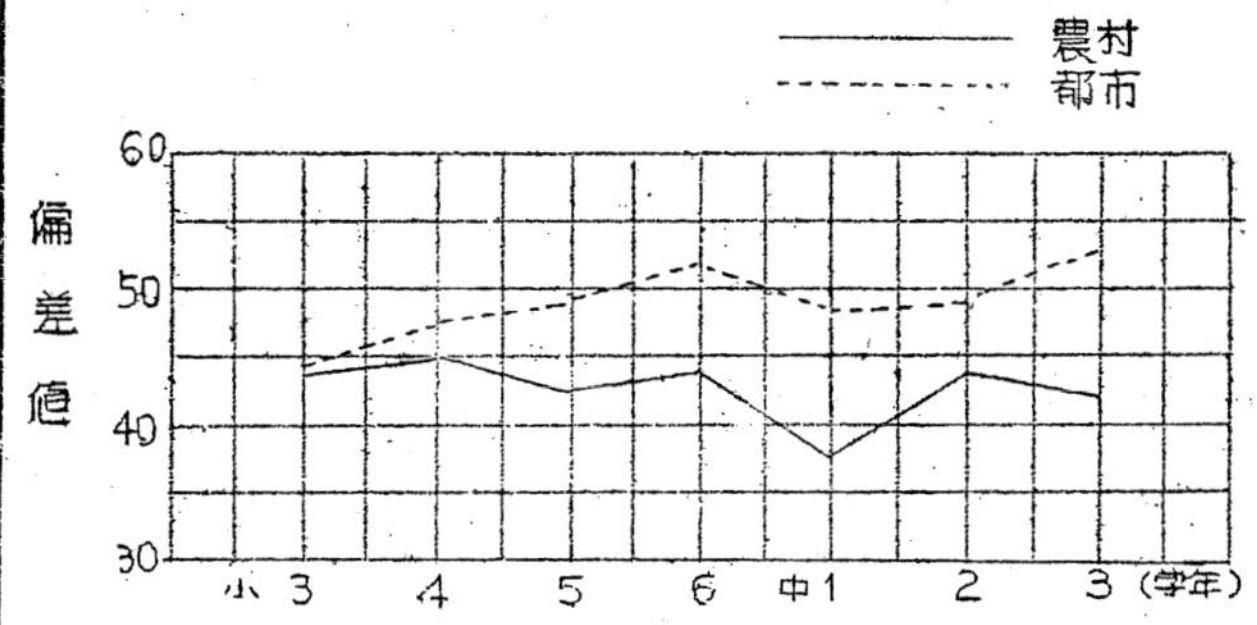

Table 7　AB両式の平均偏査値但し小学三年はBのみ

学年　地区	農　村	都市
小学校 3	(43.6)	44.2
4	(44.7)	45.7
5	(42.6)	48.4
6	(45,8)	50.1
中学校 1	(40.9)	46.6
2	(44.6)	48.3
3	(43.9)	51.9

B式知能検査における両地区の差は Fig 5 に示す通りになつている。両地区の小学校三年における差は殆んど認められないが、上級学年に進むにつれて、その差は大きくなつている。しかし、この図表に表れている両地区の差は次の二つの理由のため過大に評価されていると考えるべきであろう。(1)小学校三年を除く都市の結果には練習効果が作用しているものと思われる(2)農村の結果には練習効果の要因が加わつていないばかりでなく、雷雨の影響をも蒙つているものと考えられる。

次に地区毎にAB両式検査の成績を総合してみると Table 7 に示す通りとなり、それを図示したものが Fig 6 である。

Fig.6 AB両式綜合の平均偏差値
但し小学校三年はB式のみ

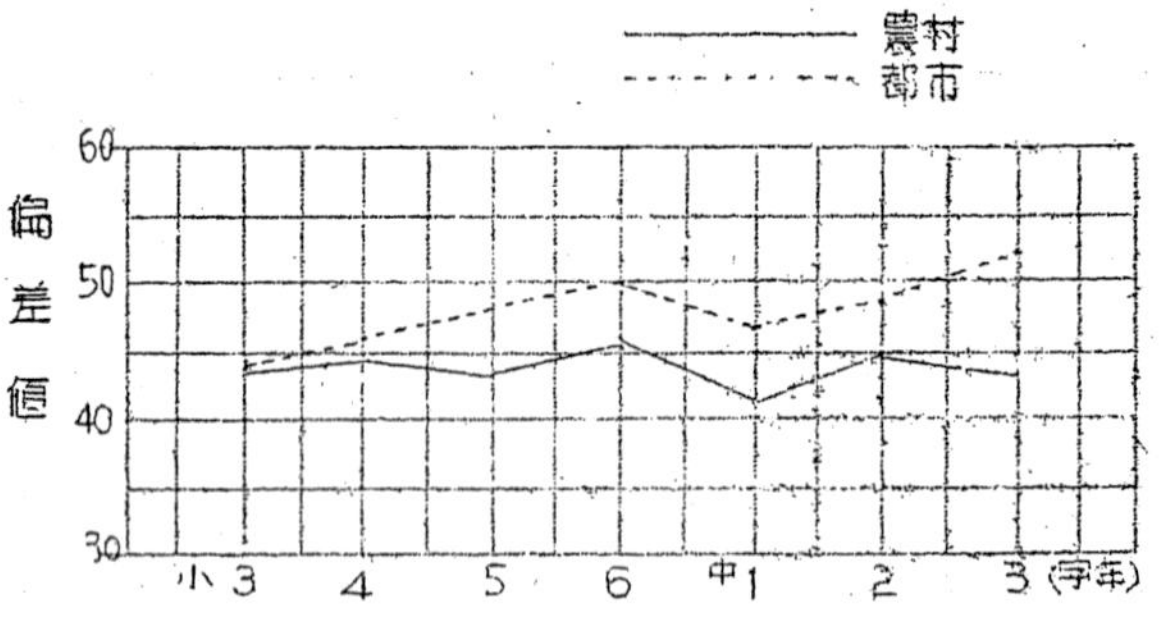

A式検査が四年以上にしか適用できないので、小学校三年はB式だけしかうけていない。だから小学校三年はどちらの地区も練習効果の作用がないわけである四年以上はAB両式検査の綜合平均であるので、A式がB式に齎らす練習効果とB式がA式に齎らす練習効果が同一だと仮定した場合、練習効果の要因は統制されていることになる。

Fig 6 に示された両地区の結果を比較してみると小学校三年四年では殆んど差は認められないが、五年以上では可成りの開きをみせている。中学校二年と三年における差は三、七と八、〇で些か不規則だが、小学校五六年と中学校一年の三学年では偏差値五内外の比較的恒常な差を示している。しかし、農村の成績には雷雨の影響を蒙つていると思われるB式検査の結果も含まれているので、その要因を取除くことにより両地区の差はそれだけ小さくなるものと考えられる。

方法上大きな欠陥の認められていない都市の結果だけにつき考察を進めてみたい。Fig 6 に示された都市の綜合平均は小学校六年と中学校一年の間の不規則性を除けば、下級学年から上級学年に進むに従つて可成り恒常的な上昇カーブを示している。この傾向がAB両式検査において表われていることは既に Fig 2 で観察した通りである。この漸次上昇の傾向を如何に説明するべきだろうか。

偏差値は児童の知能が同一年令群において占める相対的位置を意味するものである。知能を精神年令と生活年令との率で表した知能指数（IQ）も同一年令群における相対的位置づけという意味においては偏差値と同じことを意味している。偏差値や指数が同一年令群における相対的位置づけを意味するものであるのに対し、精神年令（知能年令）は生活年令の枠を外して考えられるもので、知能発達の絶対的水準を意味するものである。だから精神年令が年の増加とともに漸増していくものであるのに対して、知能偏差値は恒常的な安定したものでなければならない。尠くとも標準化の過程において、平均偏差値は何れの年令層においても五〇になるようにつくられている。

本調査の対象になつている都市児童生徒の平均知能偏差値が下級学年から上級学年に進むにつれて上昇している現象の説明として次の二つのことが考えられる(1)彼等の知能は標準化の対象よりも急速な速度で発達していく。(2)彼等は知能検査をうける際ハンディキャップを受けている。そのハンディキャップは下級学年から上級学年に進むに従つて漸次減少していく。

子供をよりよい生活環境に遷すことにより、彼の知能指数が向上することや、特別な教育計画によつて訓練した場合、コーチングの効果が知能指数の上昇となつて表れることは既に認められていることである。しかし、本調査の対象の知能偏査値が上級学年に進むに従つて上昇していることはこの何れの場合とも異る性質のものと考えられる。即ち、彼等は他から現在の生活環境に遷されてきたのではないし、また沖縄の都市における教育が特に勝れているために彼等の知能が標準化集団よりも急速に発達していくものとも考えられない。結局この現象の説明として残されるものは上記の(2)であろう。沖縄の社会における言語その他の文化的条件は、標準化集団のそれと必ずしも同一のものではない。沖縄の児童生徒が知能検査の中に含まれた言語並びにその他の文化的要因の背景をなすものを学んでしまうまで彼等はそれ等要因によるハンディキャッブを受けるものだと考えられる。

四、「AB両式知能検査の下位検査のうち特に弁別度の低いものがあるか」AB両式知能検査とも七個の下位検査から出来ており、その名称はTable 8に示す通りである。

Table 8　AB両式知能検査の下位検査名称

	A式知能検査	B式知能検査
1	文章完成	迷路
2	命令	立方体の分析
3	反対	幾何学的図形構成
4	類推	置換
5	置換	異同弁別
6	数字弁別	数系列完成
7	推理	図形抹消

知能を多面的なものとして、それを各側面から分析的に測定しようとする試みが、サーストンによる因子分析的な知能検査である。本調査に使用された検査もサーストンの因子分析法によつて選ばれた問題群である限り、それ等下位検査は互いに独立した因子と考えられるので、下位検査相互間の相関係数は低くても差支えないわけである。しかし、知能検査の構成部分である各下位検査は知能検査全体との相関係数は高ければ高い程よいわけで若し全体との相関係数が低い場合その下位検査の妥当性は疑われることになる。それで下位検査の弁別度の一考察として、各下位検査の得点と検査全体の成績である知能点との相関係数を求めてみた。農村都市両地区とも小学校六年が比較的に安定した結果を示しているので、その一学年の結果だけを検討することにした。

相関係数はTable 9とTable 10に示す通りになつている。

Table 9　A式知能検査の下位検査と全体との相関係数

下位検査	農村	都市
1	0.79	0.76
2	0.68	0.71
3	0.55	0.69
4	0.59	0.74
5	0.70	0.73
6	0.56	0.69
7	0.48	0.48
平均	0.62	0.69

Table 10　B式知能検査の下位検査と全体との相関係数

下位検査	農村	都市
1	(0.74)	0.73
2	(0.64)	0.58
3	(0.67)	0.70
4	(0.55)	0.76
5	(0.51)	0.63
6	(0.74)	0.62
7	(0.60)	0.69
平均	(0.65)	0.67

A式知能検査の下位検査七（推理）と検査全体との相関は両地区ともに係数の〇、四八を示し、下位検査のうち最も低い係数になつている。都市においては下位検査七を途けば、他はすべて〇、六九と〇、七六の間で何成り相等しい数を値示しているが、農村では〇五五と〇、七九の間にひろがり、都市におけるような一致をみていない。

この限られた結果から結論なことはいえないが、A式知能検査は都市におけるより農村においては弁別度が比較的に低いかも知れないということが考えられる。農村における弁別度が都市におけるよりも低いということは、その検査が農村において持つ妥当性は、都市において持つ妥当性より低いということを意味するものである。

B式知能検査の下位検査と検査全体との相関における両地区の差はA式検査における差よりも小さい値を示している。下位検査のうち全体との相関係数の低い数値を示しているものは、農村における検査五（異同弁別）と都市における検査二（立方体分析）くらいで他に著しく低い下位検査はないようである。両地区に共通して低い係数を示している下位検査といえば検査五（異同弁別）であるが、それもA式知能検査の下位検査七（推理）程著しくはない。標本が小さくて結論的なことの言えないことは既述の通りであるが、この限られた結果は、農村都市両地区間においてB式知能検査が示す妥当性の差は、A式知能検査が両地区において示す差より小さいという可能性を示唆しているものだと考えられる。

五、本調査における知能検査の練習効果について

相異る二つの知能検査の練習効果は、大凡次のような条件の下において観察されるものと考えられる。

(1)　検査に対する感情及び心構えが転移する場合

(2)　両検査の問題が形式的に或は内容的に共通するものを持つ場合

(3)　問題解決の方法乃至は技術に共通な点がある場合

本調査において練習効果統制の考慮が充分に払われていないことは既に述べた通りである。同時に本調査の結果を通じて練習効果及びその程度を検討すること

も極めて困難である。しかし、A式検査の下位検査五(置換)とB式検査の下位検査四(置換)の比較により極めて限られた範囲で、ある程度の検討は可能だと考えられる。両下位検査とも形式と方法において同一であり、内容にも可成りの近似がみられる。それに時間の制限及び採点の条件も同一なので比較するには極めて好都合である。

Table 11．農村におけるAB両式検査の置換検査の素点とその差

学年	A 式 検査 5	B 式 検査 4	差 A − B
小学校 4	47.2	(44.8)	(+2.4)
6	62.9	(64.3)	(−1.4)
中学校 2	68.5	(74.6)	(−6.1)

Table 12 都市におけるAB両式査検の置換査検の素点とその差

年学	A 式 検査 5	B 式 検査 4	差 B − A
校学小 4	42.9	54.6	+11.7
6	62.2	82.1	+19.9
中学校 2	65.4	82.8	+17.4

Table 11・12 はA式検査の下位検査の五とB式検査の下位検査四の素点と両下位検査の差を地区別に示したものである。両下位検査の差は後に施行された検査の成績から先に施行された検査の成績を差引いたものである。

先ず両地区のA式の下位検査五の成績を比較してみると、僅かながら三学年とも農村の成績が都市のそれを上廻っている。先にFig 4において両地区のA式知能検査全体の成績を比較したが、それによると小学校四年においては僅かながら農村の方が都市の成績を上廻っているが、他の学年においては都市の方が優位を占めている。両地区の下位検査五の成績の比較は農村において、B式の下位検査四の練習効果がA式の下位検査五に齎らされたのではないかということを示唆するものであると考える。

次に両地区における両下位検査間の差を比較してみると、都市の方が大きく、農村においては小学校四年を除き他の二学年は負(−)の差を示している。しかしこの結果から、下位検査五が下位検査四に齎らした練習効果は検査四が検査五に齎らした練習効果より大きいということは出来ない。両下位検査の内容は類似してはいるが、必ずしも同一ではなく、置換の図形と符号には異つたものがある。東北地方における一調査(参考文献三)によると、検査四は検査四は検査五より高い成績を示しており、検査四は検査五より容易な問題であろうと考えられる。だから農村における両下位検査の差はもつと大きい差が練習効果によつて縮められたものと考え、都市における両下位検査の差は両検査の難易の差に練習効果が加えられたものとみるべきであろう。

練習効果の統制が本調査の関心するところで、練習効果の検討は、本調査の方法的欠陥が生んだ必要な害悪である。以上単に練習効果の存在することの指摘にとどめたが、練習効果の範囲及びその程度の検討は将来に残された問題である。

六、標準学力検査の結果

本調査において標準学力検査を施行したのは学力測定が主目的ではなく、学力と知能の相関を検討するためのものである。だから本項においては学力検査の結果を示す程度にとどめ、結果の考察は必要以上にしないことにする。但し検査とその管理についてつけ加えておかねばならぬことがある。

学力検査実施の目的が第二次的なものであり、各学年検査も異るので管理の条件は知能検査の場合程統制されておらない。各学級担任教官に対し検査についての一般的注意を与え、管理は殆んど彼等に任せることにした。

Table 13 国語学力検査の平均偏差値とその標準検査

学年	農村		都市	
	M	S.D	M	S.D
小学校 4	(48.5)	(11.8)	47.8	12.6
6	(46.2)	(8.5)	49.8	8.1
中学校 1	(43.6)	(10.2)	52.5	9.0
2	(43.4)	(9.3)	47.8	8.9

本調査に使用された田研式標準学力検査は、文部省制定の学習指導要領に準拠したものである。だから田研式検査を沖縄の児童生徒に実施する場合、その結果には文部省制定の学習指導要領と沖縄におけるカリキュラム並に学習指導要領との差が反映するものと考えられる。

中学一年の数学の成績が顕しく低いことが目立つている。中学一年に施行した検査は小学校卒業検定用のス用紙で、小学校六年後期から中学校一年前期に適用するものである。若し中学一年の低い成績が検査そのものに大きく原因しているものとするならば、この現象は大切な意義をもつものであり、算数の学習転移に関する研究問題であろう。

Fig.8 国語学力検査の平均偏差値

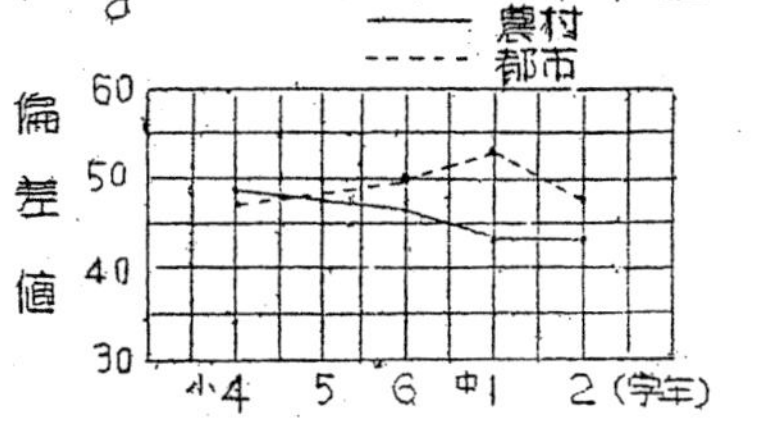

Fig.8 算術及び数学学力検査の平均偏差値

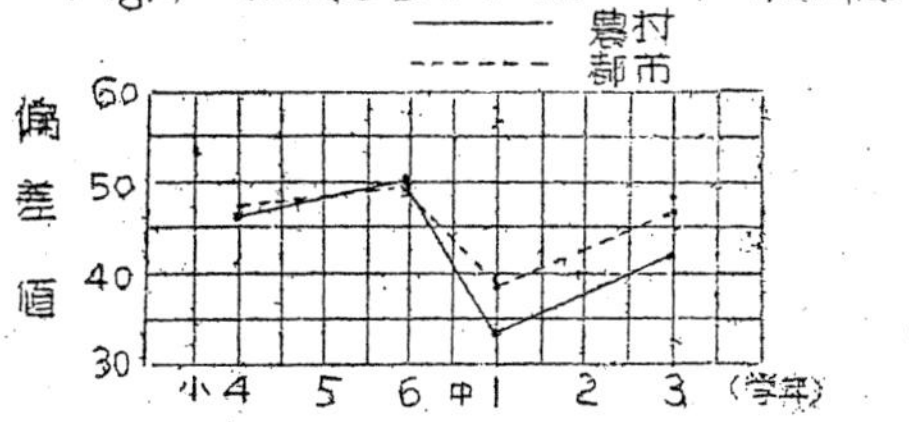

Table 14 算数学力検査の平均偏差値とその標準偏査

学年	農村 M	農村 S.D	都市 M	都市 S.D
小学校 4	45.2	9.3	46.1	11.5
6	50.0	8.0	49.8	8.3
中学校 1	33.1	7.8	39.0	11.8
2	41.4	6.7	46.1	9.3

Table 16 理科学力検査の平均偏差値とその標準偏差

学年	農村 M	農村 S.D	都市 M	都市 S.
小学校 3	48.1	13.4	42.4	13.8
5	47.0	7.4	48.2	10.2
6	46.1	6.9	46.9	10.5
中学校 3	41.9	7.2	46.2	7.7

Table 15 社会科学力検査の平均偏差値とその標準偏差

学年	農村 M	農村 S.D	都市 M	都市 S.D
小学校 3	(48.5)	(11.8)	36.7	9.6
5	(53.3)	(6.2)	48.0	10.7
6	42.0	6.9	46.7	7.8
中学校 2	(42.5)	(7.5)	45.4	7.6

Fig.9 社会科学力検査の平均偏差値

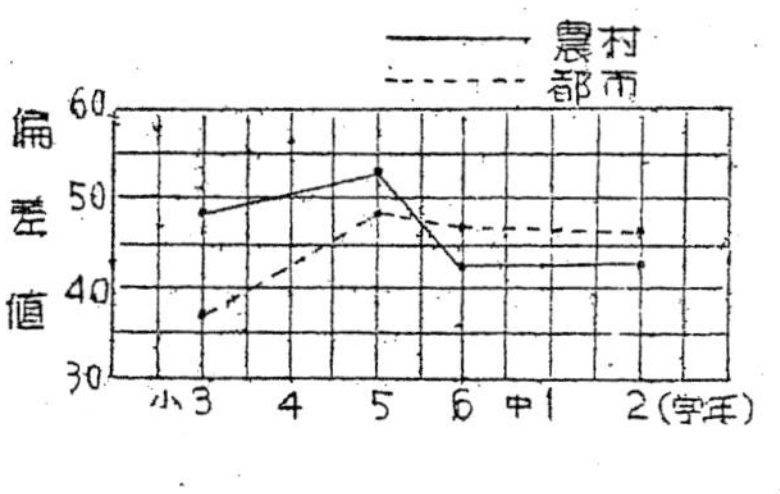

Fig.10 理科学力検査の平均偏差値

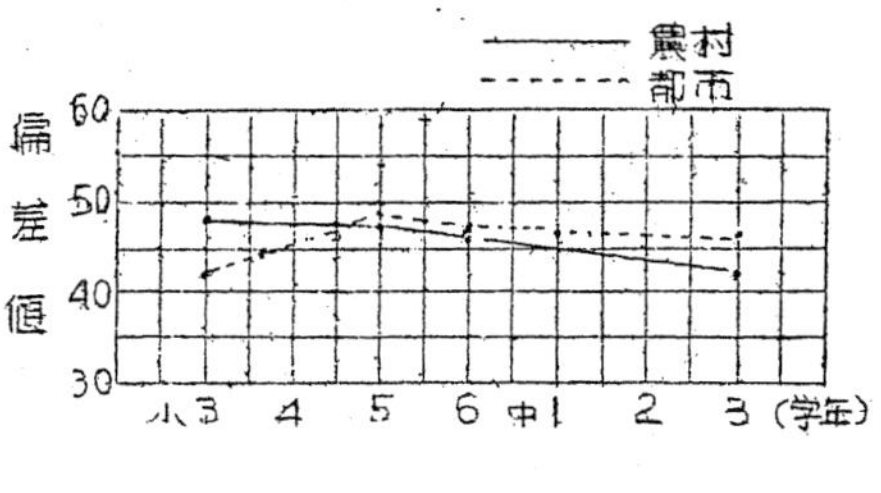

七、学力検査の結果と知能検査の結果との相関

知能検査は適性検査の一つである。知能検査が一般知能を測定する限りにおいて、それは特殊技能学科を除く一般学科の学習適性検査ということができよう。知能検査が教育上意義をもつのも一つには知能検査適性検査としての機能のためである。

本調査において現行知能検査の学習適性検査としての機能の検討として、知能検査によって測定された知能と学力の相関を求めることにした。この種の研究は内外の研究者によって既に多くの発表をみているものではあるが、沖縄の学校における知能検査の利用価値並びにひいては知能検査の沖縄における妥当性の一検討としてこの試みが本調査の中に加えられたわけである。

知能検査によって測定された知能との相関を求めるべき学力としていろいろな学力が考えられる。教師による評価成績、即ち学校の学科成績もその一つである本調査においては標準学力検査によって測定された学力を選んだ。その理由の一つは、単なる操作上の便宜のためであり、もう一つは標準検査の比較的高い信頼性のためである。もちろん教師による評価成績と知能の相関を求めることはまたそれ自体別の意義をもつことはいうまでもないことである。

対象学年として農村都市両地区の小学校六年生を選んだ。小学校六年に限り四教科の学力検査をうけているし、その成績も比較的に安定しているからである。結果にTable 17・18に示す通りである。

先ず農村の結果からみてみると全学科にわたりA式と学力の相関はB式学力の相関より高い数値を示している。しかし農村のB式は雷雨の影響を蒙っているだろうと考えられるので、この結果から直ちに農村においてA式がB式より学業成績の予言性が高いということはできない。B式と国語の相関は特に低い数値を示しているが、B式と国語に限り両検査とも雷雨或は浸水の悪条件下で施行されている。

都市の場合は、国語と社会科の二科目はB式とよりA式との相関が高く、算数と理科はA式とよりB式との相関が高い係数を示している。

Table 17 農村小学校六年生の知能と学力の相関及びその S.D.

知能 / 学力	A式 r	A式 σr	B式 r	B式 σr
国語	(0.62)	(0.09)	(0.42)	(0.12)
算数	0.63	0.09	(0.53)	(0.10)
社会	0.57	0.08	(0.54)	(0.10)
理科	0.65	0.08	(0.53)	(0.10)

知能と学力の相関を総体的に眺めてみると農村のB式と国語の相関を除き、他はすべて〇、五以上の係数を示しており、この数値は他の地域における同種調査の結果とほぼ一致している。

四教科の学力検査の成績を総合して一般学力とみなして、それと、AB両式検査の結果を総合した成績との相関を求めてみると、農村においては係数の〇、七〇 (σr=0.07) を示し都市は〇、六八(σr=0.07)を示している。この四教科書以外にも一般知能と相関の認められる学科があるわけだが、そういう学科をすべて総合して特殊技能学科と区別した一般学科とするならば、知能検査によって測定された知能と一般学科学力との相関はもっと高い係数を示すものと思われる。

Table 18 都市小学校六年生の知能と学力の相関及びその S.D.

	A式 r	A式 σr	B式 r	B式 σr
国語	0.59	0.09	0.55	0.08
算数	0.58	0.09	0.62	0.10
社会	0.65	0.08	0.51	0.10
理科	0.56	0.09	0.61	0.10

結び

本調査は現行団体知能検査の代表的なものとしてのAB両式新制田中知能検査の言語及びその他の文化的要因を検討し、沖縄の児童生徒にその検査を施行する場合に彼等がうけるハンディキャップの有無並びに量と、同検査の学業成績の予言性を調査しようと試たものである。

しかし、本調査の結果は次の諸理由のため、極めて控えめに解称することを余儀なくされている。

(1) 農村におけるB式検査が雷雨の悪条件下で施行されている。

(2) 農村都市各地区内におけるAB両式検査間の練習効果を統制する配慮がなされていない。

(3) 調査対象は総員で七〇八人であるが、それを農

村と都市の二地区より選び各地区とも小学校三年から中学校三年までの七学年にわたつているので一地域、一学年の対象数は平均五〇人即ち普通学級の一学級であるだから本調査対象の数は全体の概観的な観察を許す程度の標本の大いさに過ぎない。

上記理由のため結果の統計的処理は最小限度に止められ、差の信頼度等必要な検討も省略されている。これ等の諸条件を考慮に入れて、本調査の結果及びその考察を次のように結ぶことができる。

(1) ＡＢ両式検査の差（Ｂ式－Ａ式）は小学校四年から中学校三年まで低学年からそれぞれ偏差値の　1.5 0.9 0.6 －1.9 0.9 －0.5となつていて、殆んど差を示していない。しかし農村におけるＢ式検査が好適な条件で施行されていたら、Ｂ式の成績はもつと上廻つたであろうと思われる。こ結果のはＢ式検査の成績が僅かながらＡ式検査の成績を上廻りＢ式の優位差は上級学年に進むに従つて漸次減少し小学校六年頃からは殆んど差を示さなくなるのではないかということを示唆しているものと考えられるこゝで注意しなければならないことは、仮にＡＢ両式検査が小学校六年から中学校一年頃同じ結果を示すことになつたとしても、それはＡ式検査の言語交化的ハンデイキャップのなくなつた決定的証左にはなり得ないということである。それはＡ式検査が言語使用検査であるためにうけるハンデイキャップの相対量即ちＡＢ両式検査のハンデイキャップの差がなくなることを意味するに過ぎない。

(2) ＡＢ両式検査の平均相関係数は農村においては〇六九、都市において〇、七三を示している。農村においては下級学年から上級学年に進むに従つて漸次上昇の傾向を示しているが、都市においては小学校四年から中学まで殆んど恒常な系数を示している。この現象は農村においてＡＢ両式検査の機能が上級学年に進むに従つて等質化していくことを意味するものではないかと考えられる。それは同時に、農村の下級学年においては上級学年に較べてＡＢ両式検査の一つ或は両者の信頼性乃至は妥当性が比較的に低いのではないかということを示唆しているものと思われる。都市においては知能検査が持つ知能の順序づけの機能に関する限り、下級学年におけるＡＢ両式検査の差は上級学年における両検査の差と殆んど変らないことを示している。

(3) 農村都市両地区の成績を比較すると、両地区の差は下級学年においては殆んど認められないが、上級学年に進むに従つて両地区の差は漸次大きくなつていく傾向を示しているように思われる。都市においてはその偏差値の平均は恒常的に上昇して一般標準に近づいていくのに対し、農村においては同様な傾向が殆んど認められず、偏差値は四五の附近を上下している。この現象は両地区の教育環境的刺戟の差を物語るものではないかと考えられる。都市の児童生徒の平均偏差値が学年が進むにつれて漸次上昇していることは、彼等の知能が標準化集団の知能よりも急速な速度で発達していくということを意味するより、むしろ、低学年生は検査を受ける場合に、言語その他の理由によるハンデイキャップのため、彼等の知能が正確に測定されていないとみるべきではないかと思われる。

(4) 下位検査のうち弁別度が特に低いと思われるものはＡ式の推理の検査である。両地区とも検査全体と推理下検査との相関係数は〇、四八で、それはＡＢ両式検査の一四の下位検査のうち最低の係数である下位検査と全体の平均相関係数は両地区両検査とも〇、六台になつている。Ａ式検査の都市における弁別度は農村に於ける弁別度よりいくらか高いようであるが、Ｂ式検査の下位検査弁別度は両地区殆んど差がないようである。これは、Ｂ式検査の両地区における妥当性は殆んど差はないが、Ａ式検査の妥当性は農村におけるより都市においては高いことを意味するものだと考えられる。

(5) 本調査の方法的欠陥が生んだ派生的問題としてＡＢ両式検査の練習効果について検討されたがその結果、練習効果のある充分な理由は認められるが、その量の検討は将来に残こされた問題である。

(6) 個々の知能検査の結果と個々の学力検査の結果の相関係数は〇、五－〇、六台を示している。両式知能検査の総合成績と四学科学力検査の総合成績との相関は〇、七附近の係数を示している。各学科の学力とＡＢ両知能検査の結果の相関につき本調査の結果は一定の傾向を示していない。農村におけるＢ式検査は雷雨のため信頼性が疑われているので、結果の解釈もそのつもりでなさなければならないが農村においては四教科ともＡ式との相関がＢ式との相関より高い係数を示している。都市においては国語と社会科はＡ式との相関がより高く、算数と理科はＢ式との相関がより高い係数を示している。

後記

本調査をするに当り、文教局及び関係者各位の協力を得ることのできたことを感謝いたします。特に調査の対象に選ばれた四校の校長先生外諸先生方の御熱心な御協力は本調査を容易ならしめたものでありました。

本調査に教育学部の文沢先生並びに学生二十五名が協力して下さつたことに対し厚く感謝します。不馴れのため全く試行錯誤的なところもありましたが、この経験が何等かの意味で学生達にプラスになつたことと思います。わずらわしい統計的処理にあたり、献身的に奉仕して下つた島袋、座間味、西平の三君に対しては特に負うことが大きかつたことを特記して感謝します。

本調査には不備な点が多々ありましたので、近く本調査に方法的修正を加え再度調査を行う予定にしております。

参考文献

1、Anastasi & Foley
Differential Psychology、1949

2、文教局研究調査課
文教時報、十四号一九五六年四月 pp6－19

3、日本教育心理学協会
教育心理学研究、第二巻、第四号 pp、17－22

4、田中正吾
知能の心理と教育 昭和二十八年

5、田崎仁
知能検査入門 昭和二十四年

6、牛島義友
教育のための標準検査 昭和二十四年

（琉球大学教育学部）
一九五五年十二月

能力差に應ずる学習指導法

名嘉正哲

一、応能学習の必要性

現在の学校教育は只単に知識のみを得るのではなく社会人としての訓練を受ける場所であり学校は実社会のような異分質の集りであることが望ましいことはいうまでもないが、私達が実際に現実の問題として生徒に当つて生徒の経験、知識、学力等が学年の進むにつれてその差の大きくなるのを知るときこれを「なんとかしてやりたい。」又「なんとかしてやらねば」という気持にかられるのである。

民主々義が各個人を原則とし、又教育が各個人の能力を十分に伸展さすことにあれば数学教育も生徒の最高発達点を絶体の基盤とせねばならないことを思うときその個人の能力に応じた学習指導法の研究は大変重要なものであり、本土教育で盛に研究している理由もそこにあると思う。

二、編成法とその長短

編成法にはいろいろ考えられると思うが本土中学校で用いられているのに以下三方法が挙げられると思う

一、能力別の編成によるもの

A　この型では各級の生徒の能力が比較的等質になるから各能力に応じた適切な教材が採用出来るし又指導も大変能率的である。

B　この方法だと各級とも生徒の実力が大体似ているので正しい意味の競争心が起きて学習活動が各級とも活溌になる。

C　ある期間後テスト等によつて能力を再調査し、各級の人員の入替えを計ることによつて学習意欲を高めることが出来る。

イ、能力別に組分けるために生徒間に劣等感を対立感を与えこれが教育上に大きな弊害をきたす

ロ、数学の時間を同時に開かねばならないので教師の数と質及び時間割編成上の困難のために学校により実施不可能なところもある。

ハ、数学の時間生徒が教室を移動するために学校管理上このましくないことが起き易い。

ニ、一定期間後にテスト等によつて交流するためには各級の進度を揃えねばならず進度を揃えるためには各能力に十分適応し導指がしにくい。

二、自然学級のまゝの編成によるもの

A 生徒間に劣等感、対立感を起させずに自然のまゝで教育が出来る。実社会でも玉石混こうであるので自然のまゝで教育が行なわれることは円満な社会人を作る環境として最もよいことである。

B どこの学校でも手数がかゝらず実施出来ることは当然であり、教室の移動がないので学校管理上大変都合がよい。

イ 能力差に応じた指導をするためには教師の負担が非常に大きくなるので実施困難となり有名無実になり易い。

ロ 能力の巾が広いので上位の生徒は物足りなさを感じるし下位の生徒はおいてきぼりになり易い。

三、自然学級を主体としそれに能力別又はグループ編成を併用するもの

A 能力差の特に著しく目立つのは技能の面であるから技能の面のみで能力別の級編成又はグループ編成をすることによつて指導の能率をあげると共に劣等感、対立感を幾分でも少くすることができる。

B 自然学級と能力別のグループとを併用するものは臨機応変の処置ができるので波動性に富み大変都合よく必要な時にグループ編成をし得る。

イ 能力別の級編成を併用する場合にも一部ではあるが劣等感、対立感が残る。又技能面だけ能力の差がひどいとは言えない点もあるし平素の指導教師と技能の時の指導教師とが変るので指導上不便である。

ロ グループ編成を併用するものでは全面的能力別の級編成によるものほど指導の手数を省くことは出来ない。

三、指導の実際

一、能力別編成指導

A 組編成

a 編成の留意点

・生徒に能力別編成の意義を機会ある毎によく理解させて学習出来るようにする。

・男女の比率が余り極端にならぬようにし、又組の呼称も優劣の表われないような呼び方にする。

b 編成…各段階の構成をできるだけ同質にして三組に分ける。

一組 成績上位のもの

二組 普通と思うもの

三組 成績下位のもので謂所成績不振者

c 編成に必要な能力判定

イ 標準学力テスト

	男	女	平均
【一組】			
高	一〇〇	一〇〇	
低	七一	七五	
平均	八四、一	七六、九	八一、五
【二組】			
高	七八、一	八〇	
低	四〇	三五	
均	五五、一	四八、八	五二、四
【三組】			
高	五〇	五五	
低	〇	〇	
均	一四、二	一九、〇	一六、六

ロ 知能テスト

	男	女	平均
【一組】			
高	七七	七一	
低	六〇	五〇	
平均	六五、八	六一、〇	六三、四
【二組】			
高	六二	六六	
低	四七	四〇	
平均	五六	四九、二	五二、一
【三組】			
高	六三	五九	
低	二九	二六	
平均	四八、三	四五	四六、六

B 学習指導の方針

。優劣感や嫉妬心を持たせないようにする

。社会性の陶冶に特に注意する

。指導上の工夫に努力する

。指導の重点をどこにおくか

一組…ある程度指導を簡単にし自分で研究する部面を多くする。

。内容を深く堀り下る。

。自由研究をやる。

。正規の授業より若干先のことをやつていく。

二組…なるべく個人指導に留意し練習を多くする実態に即して一組に近づけるようにする。

三組…かなり懇切に丁寧に指導してやる。沢山の問題より少し程度の低いものを

練習させる。

C 学習指導

a 教材についてはその量には違いがあるが、基底的なものは共通でいく方針をたて各組は次の事に留意する。

一組…基底的なものに深い研究発表討議等の自主的学習をやる。

二組…普通基底的なものについていく。

三組…程度の低い教材から導入して基底的なものについて反復練習をする。

b 単元及び指導内容例（単元は各組同じものを取扱う）

月	生活単元	教科単元
4 5	一 生活と公式 ○気象通報 ○正の数、負の数を文字に入れて文字の○○教科単元	○座標軸及び座標 ○式の四則　○乗法の公式
6 7	二 ○ピタコラスの功績 ○ピタコラスの発見した幾何学上の諸定理 ○ピタゴラスの定理数表計算尺を使用各方面に応用	○ピタゴラスの定理の説明 ○直角三角形の辺の長さの計算 ○平方と平方根の計算
9 10	三 設計と工作 ○模形の作成　○設計について •数学の美術について	○投影図　○展開図　○対称図 ○回転体
11 12	四 生活と方程式 ○日常に於ける未知数の解明 ○座標の観念、教室の物体	○座標の利用　○グラフによる問題解明 ○一元一次方程式　•二元一次方程式
1	五 変化の見方 ○種々の資料をグラフで表わす ○相共に変化する二つの量の関係 ○三角比を応用して	○数表からグラフと式へ ○比例及反比例 ○三角比　○地図の作整について
2 3	六 保険。利まわり。租税 ○火災保険　○納税について ○有価証券	○保険に関する理解 ○租税に関する理解 ○利まわりの意義と理解

c 実際指導に於ける留意点

一組…単元学習を中心にそれ以外に教師が考慮した問題をプリントにして配布し自主的に解かせ又研究した後にこれがポイントを説明し、かつ正答率や間違いを統計的に調査して完全理解につとめる。

二組…勿論単元学習を中心にして行うが特にこの級では生徒の不注意によつて間違つている箇所の原因探究に力を入れて行う。

三組…この組の生徒に対して最大の悩みは勉強しないではなく「どうして手につかないのか」「どこを間違つているのか」をいかに興味を持たせて学習させるかである勿論個人指導に注意を払い自発的意見を尊重し場を与えて発表させ自分の力に合うような方法で興味をもち自信をもたせて学習するよう努力する。

d 組替

生徒の綜合成績を教師が判断して組替える。

一組
↑－－－四人　－－－－↓一人
二組
↑－－－五人　－－－－↓五人
三組
三六名中の十%

D その結果

a 学習成績の面

① 一組は三組に較べてそれ程進歩がみられないが是は一組の平均が上位にあるためでこれに反し三組では

顕著な向上がみられる。

	一組	二組	三組
一回	九四、五	八〇、一	五五、二
二	九五、六	八五、六	六四、八
増減	十一、一	十五、五	十九、六

② 問題に対する正答率はやはり一、二、三組の順で特に一組では理論的に十分理解していても計算を間違つているし三組では見やすい問題は大体とけるようになつた。

③ 生徒の点数の浮動生については一、二組の方に多いようである。

以上からして学習成績よりみた結果は一応向上して来たといえる。

b 心理方面

a 能力別学習の賛否…自分は {賛成 五一 / 不賛成 二一 / 不明 五一} 家庭 {六八 / 二一 / 四二}

b 劣等感の問題

① はずかしい気持はしないか {しない 六七 / どうも思わない 五五 / する 一二}

② 人に馬鹿にされるように思うか

思わない 六五
どうも思わない 五五
思う 一二

c 授業について

	賛成	どちらでもよい	不賛成
自分の能力に応じてよい	七八	三六	一八
質問がし易い	五六	四七	三五
少しづつ理解出来るようになつた	六八	三四	三四
授業に興味があり思白い	九九	三二	六
他の組の生徒と勉強できてよい	五一	三九	四八

上記の通り最初に心を配つた問題の劣等感は持たない又心理的種々の事柄学習に対する反応等もむしろ組替やその他により向上心がわき心配する事がないように思われる。

家庭の能力差に応ずる学習に対する関心はそうとう高く理解し協力を得ている。

自然学級と能力別編成の併用

（一） 指導の概要

一、実施学年…第二学年、第一学年（二学期より）

二、編成法

三学級をグループとし、これを能力別にA（低）B（中）C（中）D（高）の四級に分け同時に指導する。但し都合で二学級一グループのときは中が一級となる。組分けは前学期の成績本人の希望及びテストの結果を考えて決定する交流は毎学期の初めに行う。

三、時間数

一組四時間の中普通指導二時間、能力別指導二時間

四、指導内容

年間の単元を下の如く二分して別々のカリキュラムを作る。

	固定	能力別
I	1歩合とグラフ 2利子と利まわり	1分数の計算 2文字の使用
II	3合同と相似 4縮図と測量	3〃 4正の数、負の数
III	体積の公式と近似値	5〃

普通指導…作業単元を主とする（図形、経済、測量等）

能力別指導…計算技能を主とする（分数、正負の数文字の使用、方程式等）各級とも進度を等しくし級によつて問題の質と量を加減する（ワークブック）を併用する。

低…最低の基礎計算力をもたせる。
中…潜在能力を啓発することにつとめる。
高…数学的能力の伸長をはかる。

五、評価

能力別学習では一単元終了後各級共通の一斉テストを実施しこれと普通学習での標価とを合せて評価の決定をする。

（二） 実施上の留意点

一、特に精神上の問題を重視した劣等感、対立感を生ずる原因は能力別編成によるよりも生徒の誤解や認識不足（大人の）の方が影響が大きいのでこの面の啓蒙につとめた。

二、生徒には能力別指導の主旨と方法を説明し納得させ、用語等でも自尊心を傷つけるようなのはさけ精神の動揺を防ぐ。

三、父兄に対してはＰＴＡ総会や役員会等で了解と賛同を求める。

四、関係教師は絶えず連絡し意見の交換や研究の発表をする。

五、毎月研究授業をし指導法の反省と改善につとめる

六、常に生徒の学習状態に注意し適時必要な調査対策を構える。

七、生徒と父兄の理解は機会ある毎に促進する。

(三) 結　果

一、個別指導

容易である特に級によつて誤りや困難点が類似して指導がしやすい。

二、学力の向上

傾向調査による理解の増加六七%低下二%又標価二段階の生徒が三、四段階になるのもある。

三、学習意欲

目立つてよくなつた特に低位の組程著しい増加七二%低下三%

四、精神的影響

劣等感は殆ど表われていない、但し上位の組の中に圧迫感から動揺している者がある。又競争心は上位の組ではかなり増している。全体としてよく主旨を認識している。賛成八七%反対五%

(四) 反　省

一、現在のところでは普通指導との優劣は一概に決められない。

二、能力別は個人指導学習意欲の向上、遅進児の指導の面ですぐれている。

三、能力別指導では各級に応じた独自の指導技術が必要である。但し結局は個々の教師の指導力の向上が大切である。

四、特に教師間の相互の協力が必要である。

自然学級に於ける能力別指導

(一) 自然学級に於ける能力別指導の可能性

一、義務教育に於ける教育内容は殆んどの生徒が消化し得る程度の内容である。

二、数学はルールの完全な遵守であるルールを明確に知れば誰だつて或程度はこなせ得る。

三、時間と空間と心理的要素の工夫活動によつて能力差による困難性は相当大巾に解消させ得る。

四、自然学級に於ける一斉指導と能力別指導は両立し得るものである。

(二) 自然学級に於ける能力別指導の展開

一、学習形態の多様性

二、プリント学習による個人学習と個人指導

a テストの表裏一体関係の堅持

b 一斉指導—自由研究—一斉検答—評価—記録

三、テスト学習の充実強化

a 興味—緊張—必要—利用

b 問題の多様性に依る個人指導の実現

c 検答と反省指導と成績記録

四、補充問題集の自由研究と個人指導(ノート学習)

五、質疑応答時間の設置とその利用(殆ど休時間を利用)

(三) 成　果

一、校内計算大会に於ける成績は向上しつつある。

二、府下数学診断テストに於ける成績が優秀である。

三、市内中学校計算大会での成績優秀

四、卒業生の数学能力抜群である。

五、一応二大目標の達成への道近きを感じている。

(四)、結　論

能力別編成では

一、劣等感、対立感が教育的及び訓育的見地から問題になると思うが、実施してみると結果は案外でかえつて学習が徹底してよいとの生徒の声を聞くという学校が多い。而し反対に実施した結果中止した学校もあるこのように正反対の結果を得るということはこの編成の適否は教師及び生徒の実情によることが大であることを物語るものでこの方法が適するか否かも各学校の実情によつて決めるべきで一般的な決論は出せないものと思われる。

二、数学の時間を揃えることは必要条件となるが、科目を組合せる(例えば数学と英語)ことで教師の少い学校でも実施している。

三、生徒の移動による教室管理面の欠点は生徒の躾の問題で訓練された学校ではこの幣害は少いようである。

四、生徒を交流させる事が必要となろうがそのために進度を同じにし内容の深さを変えている。

自然学級にグループ又は能力別編成の併用

一、自然学級に能力別編成を併用する場合にもいろいろ短所はあるが、長短所をにらみ合せ決断を下させねば仕方のないことである。度々交流させることにより劣等感、対立感は正しい意味での競争

心が起きて刺戟になるようである。

二、生徒相互の研究を奨励し能率をあげることを考えている。この場合は自然学級編成とほとんど似ているのでグループは技能面だけに限定せずいろんな場合に利用した方がよいようである。要するにこの場合は能力編成と自然学級編成との中間の型であるだけに、長所短所も少なくなるようである

自然学級のままの編成

一、玉石こんごうの形態であるから一斉指導を出来るだけ少くし個別指導によつて各個人個人の指導に当つている。この場合教師の負担が過重になるがこの負担をいとつては成功は望めない。

二、一斉指導を出来るだけ少く上位下位の生徒に適切な教材を準備すると共に複式の様式をおりまぜているところもある。要するにはこの方法は能力が比較的揃つている学校では最も自然なよい方法であるが能力の分布が広い学校では、教師のよほどの努力を覚悟の上でやらぬと有名無実になる恐れがある。

今後の問題として

① 進学生と就職生の学習意欲の問題
② 全体指導と個人指導の比重の問題
③ 標価の客観化
④ 下位生の学習意欲の問題
⑤ 個人発達記録の活用

等が取残されているようであるが、現在取扱かわれている以上三つの型でどれが最もよい型であるかを決定する要素はそれぞれの学校の実態にあるので結論は自分の学校に適したのが最もよいという以外には言えないようである。学校の実態とはその学校の生徒の能力の分布状況、保護者の教育に関する関心の度合、教師の質と量の問題、教室及び教具の数、学校全体のカリキュラムに於ける数学科の位置の問題いろいろ考えられよう。

又学年によつて指導の型が変つた方がよいこともあり得る即ち一年では自然学級のまゝで二、三年生に能力別編成をして効果をあげている学校もある。要は指導者の熱意と教育愛が大きな役割を演ずるものであると考える。

（日琉派遣研究教員　広島県尾道市立長江中学校）

進路指導はどう行われていたか

金城信光

一、校務分掌と学級編成

。教務第一部に進学指導係、第二部に職業指導係をおいて綿密な企画の下に運営している。

。選択教科により英語選択組と職業選択組に分ける英語組は進学コースであり職業組が就職コースである。

二、就職コース

三年になつて編成する。

時間配当　国五、社五、数四、理四、音一、工二、保体二、健康教育一職家三、計二七、選択、英語二、職家三、特活二、総計三四

一宮の環境として繊維工業の中心となつているため就職難もどこ吹く風といつた感じである。毎日の一宮タイムス求人広告がでている、中卒程度の給料は四、〇〇〇円―五、〇〇円程度で住込の場合は三、〇〇円（食事付）の処もあるようである。一般に商魂凛々たる処で生徒も機を見るに敏なる処がある。就職コースを選んだ生徒二五〇名の中で真に全幅の信頼がおけて就職のあつせんのできるのは十指に満たない状況であると職業補導の教師は述懐している。

以上の状態で学校内に於ける就職指導もどちらかといえば活潑ではなく授業の際の職家（商業が主である）の指導だけで年に数回休暇を利用して会社や工場にアルバイトを兼ねて校外実習が行われている。要は一宮市の環境そのものが就職戦線異状なしの感で卒業生は殆んどが希望の方面に就職できるようである。

三、進学コース

時間配当は

国四、社五、数五、理四、音一、図工二、保体二、

健康教育一、職家三、計二七、選択英五、特活二、総計三四、

尚選択教科は一、二年共に英語だけである。

。入試選抜要項

1、中学校長からの報告書と学力検査の結果から綜合判定する。

2 報告書の学習成績と学力検査の成績とは同等に扱う。

3、中学校の必修教科から出題し一般知能を検査する問題を加える。

4、選択教科は出題しない

6 基礎的な問題を出す、

解答が偶然性に支配されたり、単なる記憶の検査に偏したりすることのないような問題を出す。

の五要項よりなつて沖縄の要項と大差はない。

。入試の現況

1 志願者は毎年増加の傾向にあるが抜本的な対策はまだたてられていない。名古屋市の場合は七八%が希望高校に進学している。

2 三年を担当する教師にだけ責任の大半を負わされている。

3 公私立の学校に百パーセント入学できるため傍聴生はいない。

4 有名校に入るため中学から選ぶ、もぐり入学も多い。

5 有名高校の最高学年は在籍の約四分の一が学区外である。電車の片道一時間半の者もある。

。入試の対策はどうたてられているか

1 進学希望者は毎月一回国語、社会、数学、理科英語の五教科にわたり実力テストを行い席次をきめ、本人と家庭に連絡し志望校の選択資料とし併せて学習意欲の増進に資している。

2、補習授業が行われている。

主として三年の進学希望者が対象であるが、夏季冬季の休みには全学年希望者を集めて実施している。夏季は毎朝始業前に一時間補習授業を行つている学校が普通である。名古屋市では九〇%以上の学校が実施し、体育、特活をできるだけ削減して他教科にふりかえている傾向にある。

。補習授業の理由。

1 進学準備のための補習授業

2 学力補充のための補習授業（実質は進学準備）

準備教育としての補習授業は中学校の性格上よくない事は百も承知の上で実施する理由は学歴の重んじられる国である故によい学歴を持つという事は就職の根本条件となるからである。よい高校へ進学しよい大学を出るということは就職の根本条件である。職は食に通ずるが故に父兄が心底から補習授業をしてまでも自分の子弟を伸ばそうとする気持は教師は断わることができないのである。まして学校の経済的な運営がPTAの協力なしには行けない現状に於ては尚更である。

。補習授業のテキスト

1 入試問題集

2 教科別の市販の受験準備テキスト

3 テスト問題集

（一枚一枚に解答を記入し提出採点できるもの）

4 教師作製のプリント

5 参考書を購入して内容順に指導していくもの。

以上のテキストを使用して生徒は自主的に勉強している。教師よりもつと勉強しなさいも言われた事はなかつた。教科書中心からはなれきれず常に変動的な沖縄の中学生と根本的に異なつている点はこれである。

。学力標準テスト

日教組教研大会よりの資料より補習授業と学力標準テストの関係を愛知県の分を参考に取り上げてみると。

数学ー五十題　（五十点満点）

名古屋　三〇、九（準備教育実施）

豊　橋　二八、一

純農村　一九、一（準備教育実施していない処）

以上みるとこの問題は進学準備対策を実施している地区の中学生を対象にしている。結果は進学準備をしていなければ入学できない。都市に於ては五十題中四十ー四十五題できなければ進学はできない、結局準備教育をあおる結果となつている。

結論として全員入学ができなければいろ〳〵な意味から準備教育もやむを得ないとしている。

一九五六年度高校入学選抜要項について。

十月十七日付発表の中央教育委員会の高校入学選抜要項は理論的には一大英断と考えている。しかし現場の教師として、且つ本土の状態を見て来た一人として何かしら割り切れない感がなきにしもあらずである。私の私見が杞憂であればそれに越したことはない。専問家が長期にわたつて論議したことをむしかえす愚もあろうが進路指導のティーマを持つた以上所見を述べて御叱正を受けたいと思う。此の度の要項から次の点が考えられる。

1 本土に於ける入試要項も中学校教育の正常な発

展を期すためとあるが実際はむしろ逆コースをいつている。

2 本土に於ては志望通りとはいかなくても公私の学校に一〇〇％入学できるが沖縄ではそうはいかない。

3 準備教育は果して中学校の正常な発展を害しているか。都市で有害ならば果して農村でも有害か

4 歴史的にも後れ、地理的にも恵まれない沖縄の生徒が刺戟の乏しいまゝに学窓を巣立つて本土の人々生活戦線に互して行けるか。

5 沖縄の高校卒業生が本土の大学へ進学して学力が劣つているといわれている。その遠因は何処に求むべきだろうか。

6 体力の競技もある、頭脳の競争もあるべきだというのは教育の邪道だろうか、

7 義務教育学力測定は本土を標準に行うのか、

8 一宮市の南部中学校の生徒は自主的に進路をきめて勉強している。しかるに同じ年配の沖縄の中学生はほとんどがそうでない。如何にして刺検を与え、希望を与え学習を補導して行くべきだろうか。

9 指導要録の評価は大まかであるが、千戟万別の能力のある生徒を五段階であつさり評価して進路をきめるは危際でなかろうか。

10 標準学力テストや義務教育学力測定は従来の高校に於ての入試を中学校で、すなはち試験場を移した程度の差異でないだろうか、外にも具体的にいろ〳〵の難点もあると思われるがほとんど公聴会で言いつくされているので省くことにする。

以上述べて果して研究発表になつたか甚だあやしいけれども御批判を仰ぎたいと思います。

（配属校愛知県一宮南部中学校　羽地中学校教諭）

体育科の学習評価

前田眞一

一、学習評価は何のために行うか

従来体育科の評価は、普段の学習指導に於てはさつぱり考えられていないことを、評価しなければならないから、というわけで学期末になつてから、りきんで、学期間の記憶を呼びさましたり、他教科の成績から類推したり、運動能力の測定を始めたり、或は一回の考査だけで知識の量を測定して、学習指導要録や通知表に記入して来たというのが現場の偽りない姿ではなかつたろうか。これらは評価とは、子供たちの学習成績を或る一定の方式で記録にとゞめておく教育事務であるとか、或は子供を検査してそれに点数を与えてやることだという考え方であつて、真の学習評価は

一、児童の現状を明らかにするばかりでなく、その現状の認識をもととして自己の学習指導の方法を反省し、将来の学習指導の計画や教材選択などの改善に役立つものでなければならぬ。即ち児童生徒の現状が学習指導の目標に相当の距離があるような場合はその原因がかれらの経験や発達の未熟さによるものか、学習態度や動機づけの不適当によるものか、また指導者自身の指導法の拙劣さによるものか、教材の困難さによるものか、などを深究し、各児童生徒のもつ全能力を最大限度まで発揮させ進歩させるためのものであらねばならぬ。

二、学習の評価は単元の終りや学期末だけに行われるものでなくて、学習活動の展開の過程に於てもつねに行われねばならないものである。

三、評価は教師だけが行うものでなく、テストや練習の結果などについて児童が互に注意し合つたり、相談したり、自己の行動について反省したりして、自らの考えによつて将来の学習や練習の計画などをたてる自己評価を行わせ、評価学習に導くことが大切である。このように自己の実態をよく認知し、確認することが今日いう児童中心の教育といえよう。

以上評価についての要点を三つ挙げたが、要するに個々の児童生徒の毎日の生活がその指導目標にどの程度接近しつゝあるか、またどのように改善されつゝあるかを絶えず機会をとらえて観察し、診断してかれらの学習を進歩させ一人一人のもつ全能力を最高可能の点まで発達させるための指導に役立つもの

であらねばならぬ。

二、体育科の目標と関連した評価

体育科の目標として指導要領には

一　身体の正常な発達を助け、動力を高める。……
……(身体的方面)

二、身体活動を通して民主的生活態度を育てる。…
……(社会的方面)

三、各種の身体活動をレクリエーションとして正しく活用することができるようにする。……(レクリエーション的方面)

と規定されているし、その目標から導き出された学習内容は

一、学校や学校外で行える望ましい運動を経験して興味を深め、必要な技能を発達させる。
(身体活動)

二、友達と仲良く遊ぶ　(人間関係)

三、施設用具を大切に扱い上手に活用する。
(施設用具の活用)

四、運動と関連するよい健康習慣を身につけ、安全に注意する。　(健康安全)

五、進歩するようにつとめる。(評価)

六、体育運動についての正しい知識を持つ。……
…(高学年のみ)……(知識)

のように五―六つの主要項目になつている。体育科の評価はこれらの目標―学習内容―学習活動とその間に一貫性をもつたものでなければいけないと考えられる。

A、身体的方面の目標に関連して

この目標は児童個々の「身体の正常な発達を助け活動力を高める」ことが主な目的である。したがつて発達に役立たせるための評価と活動力を高めさせるための評価が行われるわけである。この目標は身体活動を通して学習が行われるのであるから、評価的内容として

一、運動技能の評価
二、身体の形態と運動能力の評価
三、学習態度の評価
四、健康習慣の評価

の四つにまとめてわけることができる。

B、民主的生活態度の目標に関連して

この目標達成のためには、身体活動を通しての経験や行動を「民主的生活態度」を育てる」よう方向づけることが必要であり、これが学習指導の重点でもあるだろう。しかし民主的生活といつてもその中には、個人的態度、指導性、従屈性、同僚性などいろいろあるわけだから実際指導にあたつては、評価項目をあまり多くとらず最も具体的な目標としてとらえさせねばならない。

C、レクリエーションの目標に関連して

この目標の内容も一つの身体活動を通して何れの目標にも関連した事項が考えられるが教養、鑑賞創造、参加と四つの要素にわかれると思う。児童は遊びを自分たちの能力や環境に適応するようにいろいろ工夫する能力を、先天的な力としているが、やゝともすると、それが粗野な非民主的な、不健全な遊びとなることが多い。そこで体育学習の場に於ては、これを望ましい形の遊びになるよう児童に工夫させる力を持たせる方向に向けなければならない。創意と工夫により、安全でしかもみんなが楽しめるものであり、又それが環境条件に適合したものであることが必要である。そして又これは未組織的なものから組織的なものへ発展させることが必要である。第二は組織的活動へ発展させるばかりでなくいわゆるレクリエーション行事の運営の学習も必要である。積極的レクリエーションの機会をつくり、之を計画し、運営する力と経験を持つことは極めて必要なことであろう

第三には施設用具の問題がある。さてこのようなレクリエーションの目標に対する評価としては大体に於て、話し合いという形のものが適当であろうが具体的目標の内容によつてカードを使用することもよいと思う。

以上五つの目標についてその一般的な評価について述べたが、学習指導に於ける評価は具体的目標がその内容となるので評価を行う場合にも、又評価を行わせる場合にも目標とすることを明確にとらえさせることが大切である。

三、評価の方法

指導が計画的であると同時に、評価も計画的でなければならない。むしろ年間計画の作製の中に評価も計画も含まれるべきものであろう。体育の評価の問題で最も特徴ある領域は運動能力に関するものである。健康の問題は教育全般の主要目標であるが、これも体育の立場からもつとも関心を注がねばならない。

理解、態度、習慣の問題は他の教科と共通的なものであつて、方法で体育独自のものではない。然し体育の立場から評価されなければならない測面があり場によつて変化し易いのが児童の行動の特徴であるから、児

童の姿を全体的に把むためには教育全体からみても有効なことである。以上あげた健康運動能力、理解、態度習慣の面から評価の方法を考えたいと思う。

一、健康状態及身体の発達の検査

身体検査は評価の最も基礎的なものであり、身体的発達の現状と健康状態、主として病気や身体的欠陥の有無についてしらべるのであるが、健康の問題は専門的医者の協力を得ることにしても、毎年一回は必ず行われていながらその結果が有効に利用されて居らず、報告のための測定に終つているような傾向が多い。

身体のつり合いは外面的観察によつても大体わかるが、もつと数量的、客観的につかむ必要があり比体重、比胸囲、比坐高を標準と比較することや、身長、体重、胸囲の測定値をプロフィールに描いて身分の長所欠陥、或は相体的位置、学年又は学校の平均値による自分たちの現状を明かにするよう十分活用すべきである。

○あらゆる身体活動の基礎になる体格（身長、体重胸囲）、基礎能力(走跳投)の六つの測定値を尺度によつて換算された点数で正六角形の図表を描くこのカード利用により児童は自己の進歩発達及びからだのつりあいの状態を知り正常な発達をはかるために努力する。

○形態の測定は毎学期初め年に三回きそ運動能力は春秋二回測定し同時にプロフィールに描く。

○プロフィールは形態と運動能力を別々に描く方法もある。

○懸重の測定値は正常分配曲線を之がかないのでのぞく。

身体のツリ合いの評価標準例

年令		7年	8年	9年	10年	11年	12年
男子	比体重	16.6	17.5	18.6	19.6	20.6	21.8
	比胸囲	50.3	47.7	49.3	49.0	48.8	48.7
	比坐高	57.4	56.7	56.2	55.9	55.4	55.0
女子	比体重	16.2	17.1	18.2	19.2	20.4	22.0
	比胸囲	47.2	48.7	48.2	47.3	47.5	47.6
	比坐高	57.3	56.9	56.4	55.9	55.3	55.3

昭和8年～12年迄の平均値

プロフィールの一例(体力のつりあい)

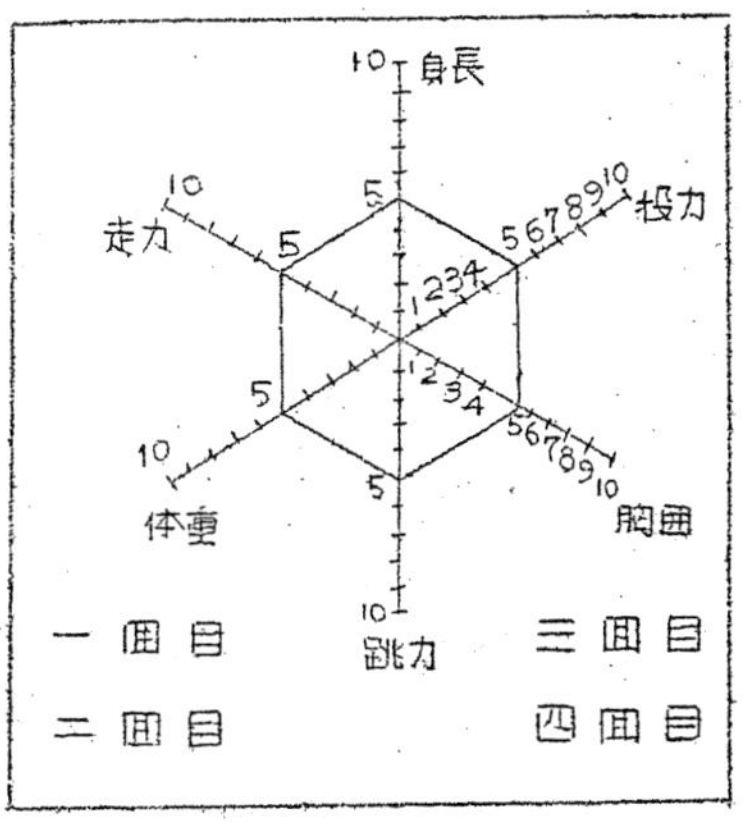

全国、平均と標準備差　(昭和26年)

			8才	9才	10才	11才
男子	身長	平均値	113.018	121.975	126.053	131.153
		標準備差	4.787	5.028	4.303	5.783
	体重	平均値	22.127	23.880	25.937	28.415
		標準備差	2.411	2.622	3.146	3.514
	胸囲	平均値	60.1	61.7	63.6	65.3
		標準備差	-	-	-	-
	坐高	平均値	66.9	69.0	70.8	74.6
		標準備差				
女子	身長	平均値	117.257	122.157	126.258	130.715
		標準備差	4.793	5.632	5.372	6.041
	体重	平均値	21.485	33.195	25.478	28.207
		標準備差	2.371	2.771	2.984	3.792
	胸囲	平均値	58.2	57.9	61.7	64.2
		標準備差	-	—	-	-
	坐高	平均値	66.5	68.7	70.6	73.0
		標準備差	-	—	-	-

◎比坐高による体形表

年令＼分類	低坐高	正常坐高 短坐高	正常坐高 正坐高	正常坐高 長坐高	高坐高
自7年 至12〃	←50	51	52	53	54→
自13年 至18〃	←52	53	54	55	56→
児童の比坐高は年令の異るために殆ど変化がない。	可成り下肢の長い人	稍下肢の長い人	日本人として頭と顔と胴長と下肢の長さのつり合た人	稍下肢の短い人	可成り下肢の短い人

坐高が高ければそれに相応した比胸囲がなければならぬ。比坐高が大きくて比胸囲の小さいのは胸の発育が足りないことになる。

◎ 比胸囲による胸の表

胸部 ＼ 年令	細狭形	正常胸					広発形
		小形		中形	大形		
7	←42	43	44	45	46	47	48→
8	42	43	44	45	46	47	48
9	43	44	45	46	47	48	49
10	43	44	45	46	47	48	49
11	44	45	46	47	48	49	50
12	44	45	46	47	48	49	50
13	45	46	47	48	49	50	51
14	45	46	47	48	49	50	51
15	46	47	48	49	50	51	52
16	46	47	48	49	50	51	52
参考事項	発育不良	発育稍劣		発育正常	発育良好		発育良

比胸囲は正形中、正常大形が良い。

比体重による体形表

年令	ヒヨロ形	ヤセ形	中肉形	ガッチリ形	肥満形	デブ形
7						
8						
9	〜12	13〜15	16〜18	19〜22	23〜25	26〜
10	〜14	15〜16	17〜20	21〜24	25〜27	28〜
11	〜16	17〜18	19〜22	23〜25	26〜28	29〜
12	〜17	18〜20	21〜23	24〜27	28〜30	31〜
13	〜19	20〜21	22〜25	26〜28	29〜32	33〜
14	〜21	22〜23	24〜27	28〜31	32〜34	35〜
15	〜23	24〜25	26〜28	29〜32	33〜35	36〜
16	〜25	26〜28	29〜31	32〜34	35〜37	38〜
判定	最も良くない	良くない	まづ良い	良好	良好	過多
	要養護		鍛錬			要注意

二、一般的な運動能力の検査

能力検査基礎的な運動能力検査運動素質の検査熟練度の検査の四つは一般的運動能力を評価する場合の代表的なものである。

A 筋力の検査

身体各部の大きな筋肉の力は、ことに全身活動能力の状態をよく示すものであるとされている。筋力計の発明によつて筋力測定は比較的客観化された。しかし、力量計で測定されることは、必ずしも小学校の児童に適当なものばかりとはいいがたい。

握力
背筋力
脚力
引上げ
押上げ

筋力指数＝右握力（ポンド）＋左握力（ポンド）＋背筋力＋（ポンド）＋脚筋力（ポンド）＋引上力（ポンド）＋押上げ力

B 基礎的な運動能力の検査

一般的な運動能力は走、跳、投、懸垂などの基礎的な運動能力の検査によつて推測することが出来る。これについては文部省の作製による標準テストがある。

一、五十米疾走能力
二、立巾跳
三、スポンヂボール投
四、懸　垂（検査実施要領略）

C 運動素質の検査

個人差に応じた指導を行う場合、到達目標をどこに定めるかは極めてむづかしい問題である。個々の児童がどの程度まで到達出来る可能性があるかその先天的な素質を知つておいてそれに応じた各人の到達目標を設定し指導し実際に達したのはどこまであつたかを、最後に評価するというのが合理的な考え方あでろう。しかし実際的な運動能力は先天的な素質だけでなく、後天的に獲得されたものとの相互の働きによつて表現されているものと考えられるので、明確に量的に素質だけを切りはなして把握する事は困難であるが、比較的、素質的なものを推量出来ると認められているもので文部省の標準化を試みた運動素質真検査がある。

一、垂直跳（サージエントジャンプ）
二、敏捷性テスト（バービーテスト）
三、運動の学習能テスト

新しいスキルをどの程度容易に学習する能力があるかを調べるテストで、共通してスタソツから成つている。すなわち身体の巧緻性、平衡、支配力などが主な内容を構成している。男子は四種目、女子は三種目を実施し定められた採点法により採点する。

D 熟練度の検査

運動技能の進歩の程度、学習上の困難または進歩を妨げている障害などを発見し将来の指導計画の改善をはかるために行う検査である。

力試めしの運動などは時間距離などを測定することによつて進歩の程度の評価は容易であるがボール運動などはいろいろな要素が動き合つて複雑であるので客観的な全体評価は困難である。このような綜合的な活動の場合はいくつかの重要な要素（きびん、せいかく、きよう、リズム等—その部分がうまく出来なければ全体がうまく出来ないような）を取り出してこれを一つ一つ検査し、最後にその結果を総合的に評価する手続をとらねばならない。この検査は現在のところ標準化された成就テストがないので指導目標や学習内容に応じて教師が学校の児童についてより具体的に学校の実状に即した尺度を工夫して構成することがのぞましい。

なわとび運動の記録　（高学年）

番号	氏名 ＼ 評価項目	短なわとび 連続とび（三十五回）	あやとび（五回）	こうさとび（五回）	連続二回まわし（一回）	長なわとび ふられている長なわのくぐり抜け	ふられている長なわのまたぎこし	一回旋一回とび十名連続で8字とび	十字なわ（一回）	綜合点	評点
1	S・M										
2	N・A										
3											

例

高学年

鉄棒　スタンツの記録

学年　組　番　　氏名

項目		月日及印	月日	印	月日	印	記事
鉄棒	1. 低棒さか上り（選手）						
	2. 低棒さか上り（順手）						
	3 高棒さか上り（順手）						
	4. あしかけ上り						
	5. あしかけまわり						
	6. 腕立てうしろまわり						
	7. け　上　り						
スタンツ	1. 片足屈伸（片足5回以上）						
	2. 片腕立（右左）						
	3. 腕立屈伸（5回以上）						
	4. かえるの逆立（15秒以上）						
	5. 支頭倒立（15秒）						
	6. 転向とび（365以右）						
	7. 同　左						
	8. 腕立体前出						

三、知識及理解の検査

体育は身体活動を通しての教育であり、その目標は身体活動を通して達成されるものであるが、これらの活動もそれに関する知識をこれと並行に学習することによつていつそう効果をあげることができる。

体育でとりあげる理解には、個人の運動についての方法用語練習のし方、用具等についての理解と体育一般についての理解にわけて考えることが出来る。

知識や理解の検査は主にペーパーテストで種類もいろいろあるが他教科と共通しているので略す。

四、態度の評価

よい態度の育成は体育の学習指導に於ける目標の一つである。したがつて体育の学習の場において児童がいかなる行動をし、いかなる態度をとるかを知ることは、評価における重要な面である。たゞし教師はその主観によつて判断してはいけないということである。そこでいろいろな方法で観察し累加記録をとる努力が必要とされる。もつとも用いられている実際的な方法は品等法、とくに記述尺度法であるが質問紙法、面接法、事例研究法などで補うことも必要であろう。しかし評価のために時間を空費し学習がおろそかにならないように注意すべきである。

マット・とび箱　運動の記録

学年　組　番　　氏名

項目		月日及印	月日	印	月日	印	記事
マット	1. とびこみ前転二人おく						
	2. 開　脚　前　転						
	3. 前転　(2回)　後転2回						
	4. 倒　立　(5　秒)						
	5. 地上で腕立前方転回						
とび箱	1. 開脚とびこし4段						
	2. 〃　5段						
	3. 〃　6段						
	4.						
	5. 閉脚とびこし（棒4）						
	6. 〃　5段						
	7 〃 前転　4段						

1. できるようになつたら係の者に見てもらい、パスしたら○印をつける。　2. 検印は先生におしてもらう。

ボール運動の記録 氏名＿＿＿＿＿							
種目	月日						
野球型	投げる　正確投						
	と　る　ゴ　ロ						
	〃　〃　フライ						
	う　つ　五　本						
	走　る　走　塁						
バスケットボール型	ド　リ　グ　ル						
	パスとキヤッチ						
	フリーシニート						
ネットボール型	サ　ー　ブ						
	パ　　ス						
フットボール	思つた方向にける						

学習態度の評価内容
一、学習中における友達との協力関係
二、運動用具に対する取り扱い
三、健康生活に対する積極性等

五、習慣の評価

好ましい社会的性格や態度を育成するために習慣の形成は極めて重要である。とくに体育の立場から強調されるのは健康生活を営むために必要な事がらを実行する習慣である。習慣は一朝一夕に出来るものではないので態度の評価と同じように教師の不断の観察が大事であり定期的に簡単な検査を実施して続かせねばならない。評価項目としては清潔遊びや、活動と睡眠、食事、姿せいなどがあげられる。方法としては面接法、観察法、質問紙法等が用いられる

項目＼運動＼月日										
1.自分の考えを発表したか										
2.人の悪口を言わなかつたか										
3.いやな事でもがまんしてやつたか										
4.人にしんせつにしたか										
5.役割をはたしたか										
6.進んでけいかくにさんかしたか										
7.係やしんばんのさしずにしたがつたか										
8.集合や整列早くしたか										
9.楽しくやろうとしたか										
10. 全力をつくしたか										

11. はちまきをしていたか										
12. ふくそうはよかつたか										
13. 手ぬぐいやハンカチをもつていたか										
14. 準備運動をよくやつたか										
15. せいり運動をよくやつたか										
16. 運動のあとで手をよく洗つたか										
17.										
18.										
19.										
20.										

評価項目の例（一週一回保健委員によつて検査）

学年組番氏名	観察事項	月／週	4月				5月				6
			1	2	3	4	1	2	3	4	1
	ハンカチ	有 ○　無 ×									
		清けつ ○　不けつ ×									
	身体及衣服	頭はつ清けつ ○　不けつ ×									
		爪短い ○　長い ×									
		手清けつ ○　不けつ ×									
		足清けつ ○　不けつ ×									
		運動後の手洗									
		食前の手洗い									
		下着清けつ ○　不 ×									
		歯　清けつ ○　不 ×									
		ボタン有 ○　無 ×									
	集計と評価	週　○の数									
		週　評点									
		月　○の数									
		月　評点									
		学期　○×数									
		学期　評点									

四、評価資料の記録の整理

一人一人の児童のようすが分り易いように、そして指導要録の記入にも便を考えたい。

一人一人の子供がどのような進歩を示しているか、体育の立場から見てどんな点がすぐれ、どんな点がまずいか、その子供の持つている可能性はよく伸ばされているか、今までたどつて来た発達道程から見て現状

行動項目	段階尺度				
	決して	まれに	時々	しばしば	いつも
1. 団体競技で仲よく協力したか	1	2	3	4	5
2. 規則をよく守つたか					
3. 各自の役割を果したか					
4. よろこんで順番をまつたか					
5. 礼儀正しく行動したか					
6. 競技のまづい者を援助したか					
7. きまりをよく守つたか					

はどうだろうか、それでは今後の指導はどおいう点に気をつけなければいけないだろうか、ということについて解釈や診断を下し易いように、今まで集められてきた評価資料を整理しておくことによつて評価の真の意義が発揮出来るものと思う。

A、学習の評価は体育の目標ー学習内容ー学習活動との間に一貫性を持つたものでなければならないと述べたが、現在の学習指導要録には、理解、態度、技能、習慣の四項目に分れているので、運動、人間関係、施設、健康習慣や安全、知識理解(高学年)、進歩の評価の各項目にわたつて成績をはつきりさせ、更に特に分けられるものはその中を、理解、態度、或は技能習慣というように分けると要録の記入にも便利である。

活動(運動)……技能、態度、理解、

人間の関係……態度理解

施　設……態度理解

健康習慣、安全……習慣理解

理解知識（高学年）理解

進歩の評価……態度理解　数量等

技能の上手、下手、できるか否か、要領、正確さフオーム、表現きよりや順番、協力性、礼儀、親切、勝敗、集団としての行動リーダーと成用具の出し入れ用具の置き場所、正しい使い方、修理等、員服装について、手足の清けつ、姿せい、じゅんび運動せい理運動場内の清けつ

一時間又は単元の終りに学習活動の四つに関して

B、児童の進歩発達の可能性を伺うのに役立つ資料を一人一人についてまとめておく。

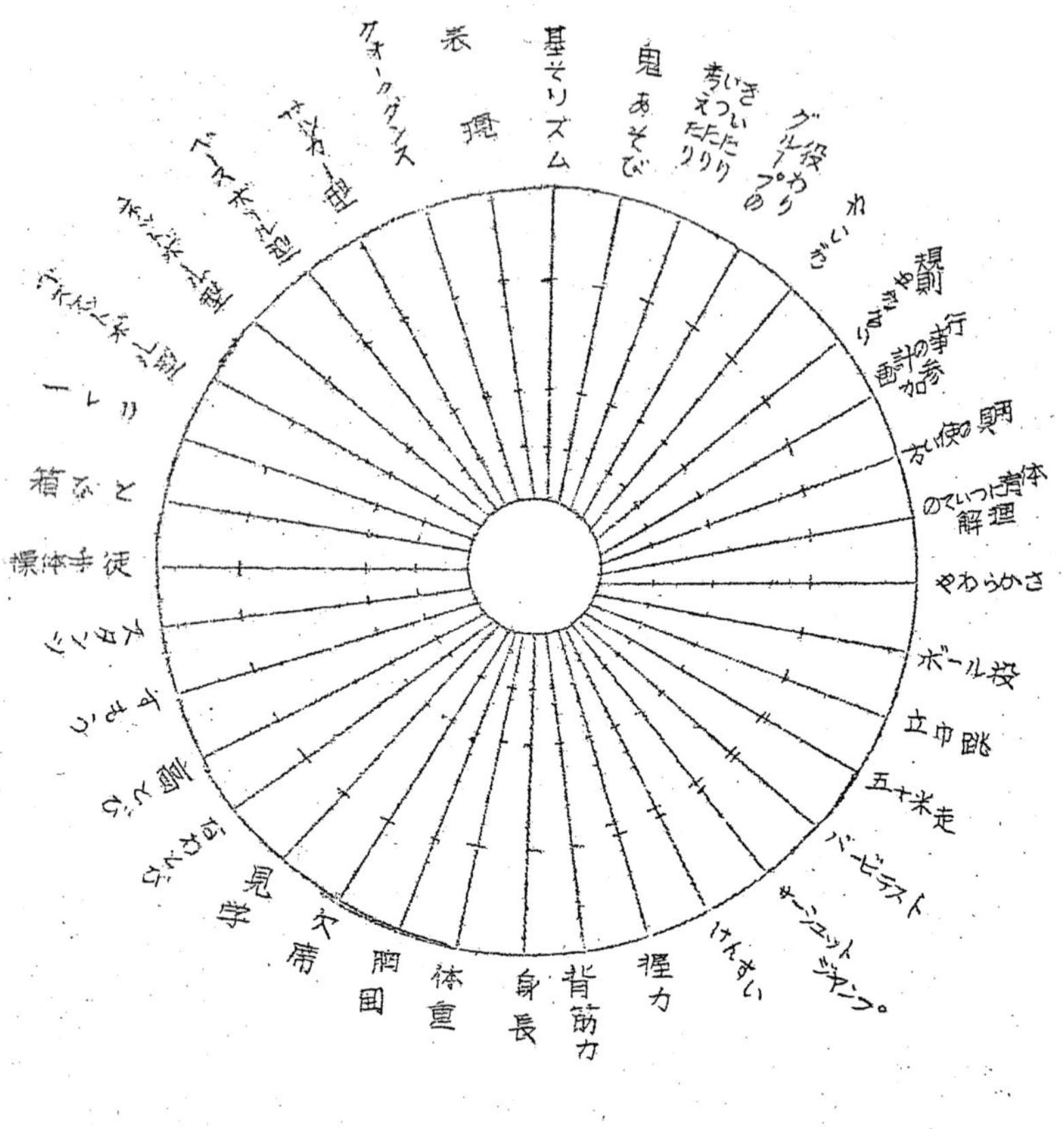

体育のバランスがよくわかるように、しかも四つの学習内容にまたがる評価項目を数多くかゝげ多角形図表に自己評価をさせ教師の価評とくらべてみる。

体格の尺度

（新潟県塩沢小学校）

		男子用			女子用		
五年	点数	身長	体重	胸囲	身長	体重	胸囲
	0	116.8 以下	19.6 以下	58.0 以下	114.5 以下	19.7 以下	54.8 以下
	1	116.9〜119.4	19.7〜21.0	58.1〜59.4	114.6〜117.5	19.8〜21.4	54.9〜56.4
	2	119.5〜122.0	21.1〜23.4	59.5〜60.7	117.6〜120.5	21.5〜23.1	56.5〜58.0
	3	122.1〜124.6	23.5〜24.8	60.8〜62.1	120.6〜123.5	23.2〜24.8	58.1〜59.0
	4	124.7〜127.2	24.9〜26.3	62.2〜63.4	123.6〜126.5	24.9〜26.5	59.7〜61.2
	5	127.3〜129.8	26.3〜27.6	63.5〜64.8	126.6〜129.5	26.6〜28.2	61.3〜62.8
	6	129.9〜132.4	27.7〜29.0	64.9〜66.1	129.6〜132.5	28.3〜29.9	62.9〜64.4
	7	132.5〜135.0	29.1〜30.4	66.2〜67.5	132.6〜135.5	30.0〜31.6	64.5〜66.0
	8	135.1〜137.6	30.5〜31.8	67.6〜68.8	135.1〜138.5	31.7〜33.3	66.1〜67.6
	9	137.7〜140.2	31.9〜33.2	68.9〜70.2	138.6〜141.5	33.4〜35.0	67.7〜69.2
	10	140.3 以上	33.3 以上	70.3 以上	141.6 以上	35.1 以上	69.3 以上
六年	点数	身長	体重	胸囲	身長	体重	胸囲
	0	120.3 以下	21.6 以下	58.7 以下	120.0 以下	20.1 以下	56.1 以下
	1	120.4〜123.1	21.7〜23.3	58.8〜60.3	120.1〜123.0	20.2〜22.2	56.2〜58.0
	2	123.2〜125.9	23.4〜25.0	60.4〜61.8	123.1〜126.0	22.3〜24.3	58.1〜59.9
	3	126.0〜128.7	25.1〜26.7	61.9〜63.4	126.1〜127.0	24.4〜26.4	60.0〜61.8
	4	128.8〜131.5	26.8〜28.4	63.5〜64.7	127.1〜132.0	26.5〜28.5	61.9〜63.7
	5	131.6〜134.3	28.5〜30.1	65.0〜66.5	132.1〜135.0	25.6〜30.6	63.8〜65.6
	6	134.4〜137.1	30.2〜31.8	66.6〜68.0	135.1〜138.0	30.7〜32.7	65.7−67.5
	7	137.2〜139.9	31.9〜32.5	68.1〜69.6	138.1〜141.0	32.8〜34.8	67.6−69.4
	8	140.0〜142.7	33.6〜35.2	69.7〜71.1	141.1〜144.0	34.9〜36.9	69.5−71.3
	9	142.8〜145.5	35.3〜36.9	71.2〜72.7	144.1〜147.0	37.0〜39.0	71.4−73.2
	10	145.6 以上	37.0 以上	72.8 以上	147.1 以上	39.1 以上	73.3 以上

運　動　能　力　の　尺　度　(新潟県塩沢小学校)

50M走
(男子)

0	1	2	3	4	5	6	7	8	9	10

M=9.64

○ 4年	11.18	10.84	10.50	10.16	9.82	9.48	9.14	5.80	8.46	8.12
○ 5年	10.45	10.21	9.97	9.73	9.49	9.25	9.01	8.77	8.53	8.29
M=7.73										
○ 6年	10.37	10.07	10.79	9.48	9.19	8.89	8.60	8.31	8.01	7.72
M=9.04										

(女子)

○ 4年	11.81	11.45	11.09	10.73	10.74	10.11	9.75	9.39	9.03	8.67
M=10.29										
○ 5年	11.12	10.82	10.53	10.23	9.94	9.64	9.39	9.05	8.76	8.46
M=9.79										
○ 6年	10.41	10.15	9.89	9.63	9.37	9.08	8.82	8.56	8.30	8.04
M=9.25										

立巾跳
(男子)

0	1	2	3	4	5	6	7	8	9	10

○ 4年	130.3	135.8	141.3	146.8	152.3	157.9	163.4	168.9	174.4	179.9
M=155.1										
○ 5年	134.2	140.9	147.6	154.3	161.0	167.8	174.5	181.2	187.9	194.6
M=164.3										
○ 6年	137.7	144.7	153.7	160.7	167.7	174.7	181.7	189.7	196.7	203.7
M=171.2										

(女子)

4年	120.6	127.1	133.6	140.1	146.6	153.2	159.7	166.2	172.7	179.2
M=150.0										
5年	129.3	135.1	140.7	144.7	150.5	156.3	162.1	167.9	173.7	179.5
M=153.4										
6年	136.1	140.2	147.9	153.8	159.7	165.5	171.4	177.3	183.2	189.1
M=162.6										

ボールスロー
(男子)

0	1	2	3	4	5	6	7	8	9	10

○ 4年	15.0	17.8	20.6	23.4	26.2	29.0	31.8	34.6	37.4	40 2
M=27.6										
○ 5年	20.5	23.2	25.9	28.6	31.3	33.9	36.6	39.3	42.0	44.7
M=32.6										
○ 6年	16.3	19.8	26	30.3	33.8	37.4	40.9	44.4	47.9	51.4
M=35.6										

(女子)

○ 4年	4.0	6.2	8.4	10.6	12.8	15.0	17.2	19.4	21.6	23.8
M=13.9										
○ 5年	4.8	7.2	9.6	12.0	14.4	16.8	19.2	21.6	24.0	26.4
M=15.6										
○ 6年	6.1	8.8	11.5	14.2	16.9	19.5	22.2	24.9	27.6	30.3
M—18.2										

子ども銀行のあり方

—教育活動の一環として—

安里盛市

◎貯金日の朝

「お母さん、今日貯金日だよ」

「このあいだ貰つたお使いのお駄賃があるでしよう」

「あれとうに使つちやつてありやしないよ」。

「又、無駄使いでしよう。あれ程言うておいたのに。使つてしまつたのならしようがないでしよう。この次におしよ。」

「だつてお友達はみんなお母さんからもらつて来るんだよ。僕だけだい、自分のお小使いを持つていくのは。」

「しようのない子だね、今度までですよ、ハイ、これまるでお母さんの貯金みたいだね」。

「なあんだ、これつぽちか、つまんないなあ、次郎君はもう一五〇〇円だよ、僕はまだ一〇〇〇円にも足らないじやないか、負けるのはいやだよ」


若し子供銀行の開設と貯蓄の奨励が、このような子供を生む結果にでもなつたとしたらその罪はまことに大きいと云わねばなるまい。子供は案外、新しいものに対する興味と、友達との貯蓄額の競争のために心を動かされているに過ぎない場合が多いものである。

このような動機による貯蓄が、こどもたちの社会的発達にプラスになるか、マイナスになるかは言うまでもあるまい。

子供銀行は、子供達自身の成長のために用意さるべきであつて、それ以外のものであつてはならない。こども銀行が非生産的な児童徒を対象として設立されると言うことは、どこにその根拠を求めるべきであろうか。言うまでもなく、それが、こどもの社会的成長発達に極めて有力な機会を提供するからに外ならない。

こゝで、われ〳〵は、あらためて子供銀行のもつ教育的性格について検討を加え、確認すべきものは確認し、運営の面で、そのねらいから、外れていると思われるものについては徹底的な批判を加えなければならない。

◎子供銀行は何をねらつているか

子供銀行が設立された動機には、青少年の不良化防止を意図したもの、貯蓄心の涵養、浪ひの是正、勤労精神の鼓吹、教科学習の促進、生産の増強、生活の刷新等、それぞれ、学校によつてその意図するところは違つているであろうが、これらのうちの一つだけを捉えて、他の面を忘れるならば、この施設が、真に教育的に生かされているとは言い難いのではなかろうか。ことに、その一面のみを強調するあまり、多くの弊害を招くに至つてはもはや何をか言わんやである。


【子供銀行】

↓
- ↓○貯蓄奨励
- ↓○教科方面↓
  - ↓社会科教育→経済道徳
  - ↓国語教育→書字作文
  - ↓数学教育→計算珠算
  - ↓図画教育→ポスター習字
- ↓○生活指導面↓
  - ↓責任観念の養成
  - ↓勤労精神の涵養
  - ↓経済生活の合理化
  - ↓不良化防止
- ↓○職業に関する知識技能の習得

【なすことによつて学ぶ】
↓
【人間完成】

右の表は子供銀行のもつ総合的なねらいを示したものであるが、これらの各面のもつ教育的効果は、その運営のよろしきを得るならば、極めて大きいと言わなければならない。「為すことによつて学ぶ」新しい生活教育の原理は、子供銀行を開設することによつて有力な実践の機会を得ることができ、他の特別教育活動と共にわれわれの教育活動に最後の実を結ばしめることになるのであろう。今、このような各面の実際的効果について、優秀なこども銀行を育てられた教師達の所見の中から拾つてみることにしよう。（大蔵省銀行

局編著「こども銀行」掲載）

一、児童の学習活動を容易ならしめている。

生活学習を指導する時、児童の生活経験が基盤となるのであるが、児童は、帳簿的な事や、社会機構の一とし要素の銀行の使命については殆んど知識を持ちあわせていないため、社会科における銀行の指導や、算数科におけるこずかい帳の記入、珠算の活用等についての指導では、理論的、非身辺的なものとして受入れられがちであつたが、こども銀行を実施することにより、「われわれの身近かな問題である」として指導できるようになつた。もちろん社会科算数のみでなく、家庭、図画の他、間接的には、他教科にも利用される又銀行の形で、特別教育活動の中にも多くとり入れているところを見ても、その効果のあることがうなずかれる。

二、新教育において重視されている職業教育が、一般的教養の指導に、専門的に平易に行われる。

三、躾教育の徹底を容易にする。

現金を取扱う関係で、その損失が、誤りが、直ちに身に響くので、綿密な注意心、真剣な態度、物を大切にする心、自分の物と他人の物とをはつきりする事、責任を重んじなければならないこと、協同の精神が必然的になされなくてはならないので、修身的な指導を必要とせず機会教育でたやすくなされる。

四、経済生活への関心を深める。

自主独立の精神を養い、生活の合理化をしなくてはならない現状の社会において、児童にこの心を教える必要がある。こども銀行は、この面を強調しないと貯蓄の源泉がなくなるし、銀行遊びの興味が生れてこない。だから児童に教えられるが、この影響として、大人の生活にも、漸次好影響を与えつつある。更に、児童の生活環境には駄菓子屋があり、紙芝居映画館がある。之等に対する消費が相当額に達していたのが、こども銀行発足以来対消費を節約する傾向が見える。この傾向は学用品にしても現われて物資を大切に使用し愛用する態度も見受けられる。

五、生活に目標を持つようになる。

月々の積立金が、まとまつて、修学旅行の費用になつた時の喜びは、些細な金をためると大きな有効な仕事ができることを知り、将来に、目標と計画を持つ生活態度が養成されて来る。

六、事務能率が向上する。

短時間ではあるが、毎回貯金額の記帳、計算を間違いなく、処理して行くことから数字の記帳に馴れ、計算にも習熟し、実務技能を向上させている。

以上は、実践の中から見つけ出した子供銀行の教育的効果であるが、更に之を琉球経済の現状と将来をおもう時、子供の時から、自分達の立たされている経済的な立場を自覚させ、社会全体の責任において、これが解決に当るべきことを認識させる有力な機会となるであろう。

◎ 金銭に関連する教育の指導目標

子供銀行の開設は当然金銭に関連する教育を必要とするものである。これを怠つた時子供銀行は反つて予期しない多くの弊害を招くことが多いであろう。

単に貯金額をふやすことにのみ興味を感じ、使うべき金まで使わないで貯金しようとする結果は遂に子供のうちから守銭奴となり、将来の家庭生活、社会生活への不適応を起すことになろう。貯蓄は多くの恣意を抑え、浪費濫用を制することになるのであるが、その目的は、富の獲得ではなくて、人格完成にある。ケチンボーをつくりあげないように心したい。

次に貯蓄は、その指導をあやまると、徒らに子供達の不健全な競争心をあふり、教育の他の面に於ける協力への障害ともなりかねない。更に、この競争の結果子供に貧富の差を意識させ、学校生活をいやがるようにでもなつたとしたら、これ程不幸なことはあるまい。

次の最も注意すべきは、その貯蓄源についてである。拾つた金をこつそり貯金にもつてきたり、親のふところせびりになつたりするようでは、遂に他人の所有物と、自分の物とを弁えない身勝手な子供をつくつたり依頼心を助長することになるであろう。汗の結晶が財産になることを知らなければならない。

ところで、自らの労働によつて貯蓄源を見出すことが最も価値のあるものということについては異論がないとしても、果して、それだけでよいであろうか。学級の最高額をとつた子供が、スクラップ集収から得たものであつたとしたならば何と皮肉なことであろう。而もスクラップにも限りがある。真新しい鍋が業者の手に渡つたり、集めておいたスクラップが小さいチンピラの手によつてなくなつたという最近の世相は、誤つた貯蓄心のとりことなつた青少年にとつて、不良化への道を開いているような気がしてならない。アルバイトについても同じことが言えよう。貯蓄は自らの労働によつて生み出したものでなければならない。但しその労働があくまで神聖さを保つたものであるという前提があつてのことでなければならない。

こう考えてくると、単に貯蓄をねらつたと思われた子供銀行が教育の全面につながつているという事実を深く認識して、運営に当たらなければならない。

そこでわれわれは、子供銀行の開設と並行して、金銭に関連した教育を計画しなければならない。それはあくまでも子供の発達段階に即して行われることが大切であると思われるので、以下各学年毎の指導上の目標を掲げてみることにしたい。（大蔵省銀行局編著「こども銀行」の中から）

【小学校一年】

① 金銭遊びを通して、金銭生活に充分馴れさせる

② 無駄づかいや、買食いをしない。

③ お金を大切にする習慣を養う。

④ 家庭と連絡をとり、物や金のむだづかいがないようお話をする。

【小学校二年】

① 金銭あそびの仕方を工夫させ、いろいろな金銭生活を体験させる。

② かんたんな買物のねだんを調べたり、むだづかいや、買食をしないように、お金を大切にする習慣を養う。

③ 家庭と連絡をとり、子供に買物のおつかい等をさせ、金銭の扱いになれさせる。

【小学校三年】

① 金銭を自覚的に処理させる

② 買食、むだづかいをしないようにお金を大切にさせる。

③ 功利的にならないように、また金銭にのみとらわれるような悪弊に注意し、強制でなく、児童の自覚と実践にまつて物の節約につとめさせる。

【小学校四年】

① 金銭と自覚的に判断し、計画的に処理する習慣を養う。

② 学級のみんなが相談しあつて、継続実践する態度の育成を図る。

【小学校五年】

① 金銭そのものに対して科学的研究をさせ、金銭に対する精神内容を深め、金銭の文化的使用に心がけさせる。

② よく理解できるように具体的な指導をして、次第に自主的計画的な生活への発展を期する。

【小学校六年】

① 金銭と労働の一体性を知らせ、金銭の価値、金銭の文化的使用、堅実な経済生活を理解させる。

② 子供が、自主的に計画し、主体的に実践するような積極性を持たせることである。

【中学校一年】

① 金銭取扱の正確性の認識と、計算技術の習熟を図る。

【中学校二年】

① 産業界の概要の認識を深めるとともに、計算事務としての簿記の習熟を図る。

【中学校三年】

① 経済社会の理解と、貯蓄の必要性の認識を強める。

参考図書

。大蔵省銀行局編著

教科外活動としての子ども銀行

（指導主事）

私の学級経営

安里ヨシ

私は、経験も浅く特に上級生の指導にはたくさんの悩みをもつて毎日の教壇に立つております者で、皆様方の前に発表できるような研究や、実践というほどのことはありませんが私が、悩みながらこれまでやつて参りました一端を申し述べまして御指導を仰ぎたいと思います。私の学級は、六年A組で男児二十五名、女児十七名、計四十二名でその中常欠児が三人居ります私の校務分掌は衛生係で研究部は保健体育と社会科に属しています。私は、学級経営の目標を次の様に設定して学級経営に当りました。

1、健康な心身を育てる。

2、自主的な生活態度を身につける。

3、相互の人格を尊重する。
4、集団としての規律と秩序を保つ。
5、協同して学習や、仕事をやる。
6、集団として、他の集団に奉仕する。

これらの目標に到達させるのには、子供達の実態をとらえこれを向上させる実践をすることだと思いまして四月当時の子供の状態を調査致しました。

一、児童の身体的な状況を調査して見ますと、
　弱視一人、難聴四人、トラホーム四人、器官の悪い者一人、となつて居ります。

二、学力
上位八人、中位十六人、下位十三人、下の子供には自分の名前さえひらがなで書けないのが一人居ります。又教室内では一言も口をきかず本も読まない子が四人も居ります。

三、家庭環境をしらべてみますと、
イ　生活程度の上位の子はなくほとんど中以下で下の子が多いのであります。
ロ　家庭調査、両親なきもの一人、父なきもの十二人、まま母一人となつて居ります。

次に児童の生活態度を調査して見ますと、
㈠　学習時に於ける態度は、学習意欲がなく特に男の子は注意散漫で、離席する子が多く、弱い子や女の子をいじめて学習のじやまをしたり、又叱れば目をむいて反感を露骨に現わし外にとび出して遊びに行つてしまう状態でありました
㈡　出席の状況は大へん悪く、この地域は常欠児が多く、私の学級にも、五名も居ります。又欠席がちな子も多し、特に午後の早引き、遅刻が多いのであります。
㈢　遊びや作業などに於ける子供達の態度は男の子は冒険的な遊びをしたり、女の子の遊びのじやまをしたり、いじめてお家に帰したりする。又子供達は依頼心が強く、仕事を云いつけてもやらないのが多く、いわゆるやつかいものであり、こまりもので一日の授業も落ちついて出来ない状態でありました。

そこで私は、それに対して次の様な実践を致しました。
㈠　身体的な面に於いては、弱視と難聴の子は前の方に席をおき、弱視の子の隣は、頭がよく親切でこの子のせわをしてくれる子を坐らせました。トラホームの子は家庭と連絡して治りようしてもらうようにし、器官の悪い子は、一学期は学校を休ませました。
㈡　出席を向上させるためには、まず常欠児のいないようにしなくてはならないと思いまして、たえず家庭訪問をし、子供と接し、父兄とも相談したりして努力致しました。すると五名の中三名は五月の半ばからは出校するようになりましたが、二学期になつて一人の子は出なくなつたので、他の二人の子も一緒に出る様に努力しましたが、年令も十五才で、身長が大きい故恥かしくして出ない子もおり、一人は、両親なく家庭貧困、他の一人は、肢体不自由児でその上胸が悪い為に、どうしてもだめでした。
次に、遅刻や、早引、欠席をなくすために、私も一緒に子供達と早登校を競争し、時々は、知能の低い子を相手に「明日は、〇〇さんと競争しましよう。」といつて喜ばせてやつたこともあります。又表を作らせ個人別にグラフに表わしました。そこで今では、早引きする子は少なく、午後ちこくする子は一人も居りません。又欠席する時には、どの子供も届けを出して休むようになりました。
㈢　学習意欲を高めるために子供達と仲良しになつてやり、せめて私にだけは何んでも話して呉れる子供にしたいといろ〳〵考えました。そして最初に三十九名の子供達に名札を縫つて渡し手紙を書いて子供達の意見を聞いたり、はげましてやつたり、私の六年時代の話をして聞かせてやつたりしました。次に、環境は人を作るとよく云われて居りますので、せめて子供の学習する場である教室環境の整備だけでも、自から学習したいと云う意欲をもりあげる様に整えたいと思いまして私は、子供達と一緒になつて次の様なものを備えておきました。飲料水用のバケツ、ユノミ、キユース、つめきり、はさみ、針と糸、鏡、手洗いと石けん、手拭いなど、又周囲には学習に必要な、えんぴつ、ソロバン、画板、壁には、学習に必要な絵や表、切り抜きなどを掲示し、それから、ミルクの空かんを利用して紙くず入れを用意致しました。女の子や弱い子をいじめたり、注意散漫な子供達や授業時に話さない子供達は、放課後残して、私と一緒に仕事をし、たえず子供達とお話しをするようにしました。すると、学習時のガヤ〳〵やかましかつたのもなくなり、よく女の子をいじめた男の子は、今では、女の子の人気者になつて互に教えたり、教えられたりするようになりま

した。

(四) 遊びや作業などの子供達の悪い態度をなおすために学級児童会を組織し、諸活動をさせました。組織に於いては、教師が児童一人々々の個性をいかし、しかも全員が何らかの仕事の上で奉仕するようにするわけであります。各係の仕事を細かく分け、どんな遅れた児童にも学級社会に参加させる様にしたいと思いまして、週番をきめ、男一人、女一人で、出席簿の順序に従つて、始業時や、終りの司会、清掃用具の点険などやつて居ります。部活動としましては、子供達の希望で、七つの部に分け、これら仕事を細かく分け、児童一人々々が責任をもつてやつてもらつて居りますので、子供達自身が、自分で考え、工夫してやっています。月末になると私が欲求しなくても、出席統計や、出席簿の整理などやつてくれますし、学習した事に関係のある資料はすぐもつて来て掲示して、学級の子供達みんなに読んでもらつて居ります。又掲示物などが、やぶれたら、すぐ何とも云わなくても修理してくれます。それから大掃除などの時は、下級生の手伝をしてくれるようになりました。

こういう風にして、自から子供達が責任をもつて務を果してくれますので、楽しみながらその日〳〵の学習を望むことが出来るようになりました。

以上まとまりのないことばかりをのべました。すべてに於いて未熟でこれからやつていこうとする所です。諸先生方の御指導をお願い申しあげて終りたいと思います。

（川崎小学校教諭）

新教育をはばむ一面

仲間智秀

新教育に対する感覚が家庭並社会と学校の間に距離が大きいので、教育効果が減少され教育活動がはばまれることは申すまでもないが、一般家庭人（主として父母）や、一般社会人(旧教育修了者)の思想や感情を支配占領している旧道徳観念、更にそれを培養するに役立つた儒教思想、その東洋的道徳感から謳歌された古歌、格言等が今日も亦将来も教育にブレーキをかけるものと考えられる。

その古歌や格言について数例を挙げて私見を述べて見ましょう。

※伊集(んじゅ)ぬ木ぬ花やあんちゆらさ咲ちゆい
　わぬん伊集やとてい真白(ましら)咲かな

「伊集の木の花はあんなにきれいに咲いている。私も伊集の木であつて、美しく咲きたいものだ」と、美しいものにあこがれを持ち、自分もよくなりたいと励みつゝ希望を持つ面から見ると教育的でいい歌である。而し他面、色町の女に夫を奪われて、「私も彼女ほど美しかつたら」と一人悶々と嘆く妻の歌であつて見れば事前に手ぬかりは無かつたかとも考えられる。即ち、他に魅力が移らないように自らを美しく整え、身なり、服装、愛嬌、エチケット等について「美しくなりたい」と願う前に美しくなる実践があるべきである。

封建的な女性宿命観や、東洋道徳的女性忍従観は清算されなければならぬ時代である。人権尊重をはゞむ一面がここに内在する無意識の内に封建性を謳歌することにもなる。

※民間での福引会等によく利用される俗語に「女の心は」と種を出して「ランプのホヤ」を渡し「内は燃えても色に現わさぬ」と種あかしをして拍手の内に笑いさざめく。

ランプのホヤは事実そうである。而し「女の心」と「ランプのホヤ」を並べて、なる程と喜びはしやぎ「女はかくあるべし」等と満悦している。そこにも女性忍従感と封建性が根を張つている。

※手ぬんじらわ、意地引き　意ぬんじらわ、手引き

これは糸満の白銀堂にからむ名言であり、時と所により、適切な名句でもあるが、新しい世代、特にこれからの二十世紀後半期に乗り切る意気と知能と実践力を培養する為の新教育によつて、人々が自ら是

と判断し、自ら決意して勇気が出かけた時その実行を躊躇したり、或はいよいよ実行に移ろうとする時に決意が軟化するようでは常に後進の一途をたどることになる。而し、正しく思惟、判断、決意のできない連断的行動は勿論この名言をかみしめて自己を慎しまねばならない。即ち戦後世相の人権軽視や青少年犯行等に対しては適切な誨告であるが、研究意慾から発した玩具の破壊や、多少の失敗事などに引用したり、子供たちの自主性、自律性から為す活動部面にまで適用されては伸びる若芽がはばまれることになる。

※夜はらす舟や　子ぬは星見あてい
　わんなちえる親や　わんどう見あてい

「父母が私の根元」であるから私は「父母の北極星」だともいえる。それを指示したのがこの名歌である。而し、父母が「私」をめあてにしているからといつて感傷的な感情ばかりに支配されて父母の膝下を一歩も出きらない子であつては困ると思う。

父母の信頼を受けて前進し、発展、伸長した自分の所に父母をも引きよせ、或は引き上げる心がまえが、これからの親子感情でなければならない。

桃太郎の童話が「錦を着て故郷に帰る」思想を育成したように、帰ることだけが最善であつては後進性となり、時代錯誤にもなる忘れ難い親であり、育て甲斐のある子供になつてもらうことが親教育である

※実ぬ入らわ、首うりり

稲の穂になぞらえて、充実したら穂先が垂れるという事実を引用した格言である。

教養が高まるにつれて頭を低くする謙虚な態度もよい躾ではあるが、「必要以上の遠慮は罪悪に等しいという躾も忘れてはならない。特に内の空白を忘れて表面をのみ飾る現今の軽薄世相に顧みると、充実した人々が先頭に立つて積極的に社会を導く心構えも必要だし、学習場での相互協力学習等には是非もたねばならぬ心構えである。

時勢は内交的よりも外交性の人を要求している。自主的、自律的な子供、積極的な子供、自信に満ちた迫力の強い子供を育成するという新教育の面からはこの格言を絶対視しても困る。

「能ある虎は爪をかくす」とか「良商は深く蔵して貧なるが如し」的な東洋道徳感は再考を要すると考えられる。

※満たんカラカラーぬどう鳴ゆる

充満している酒壷(カラカラー)は振つても音は出ないが満たない器は振つてよく音がでる。

前述の格言と相通ずる思想であり、又此の頃の世の姿も未熟で不消化のまゝの者が殊更に口角泡を飛ばす状態であり、此の面を考えると適切な警告でもある。而し育てつつある学徒、否学習途上にある子供たちに、この格言を尊大視しては子供こそ迷惑であり、その表現意欲がはばまれることになる。

遠慮深い消極的な黙認黙行型の人間になつては新世代を乗り切る為にふさわしくない。学習途上では「失敗、失策が次への体験」でもあるし、時代は不言実行型の人よりも有言実行型の人を要求している。有能な人々がもつと社会の表面に出て然るべき時代である。

※鉄はうつて固めよ

この格言を盾に持つて鍛錬だ訓練だと理由づけをなし、大人が一方的に解釈し、青少年を時にはたゝき時にはことばするどく刺すことがある。

※かなさる子に、鞭かきり

この格言を絶対視して「可愛いからたたくのだ」と理由づける体罰も子供はよく体験している。

多くの場合、たたく瞬間の大人の心理状態は「いくら教えてもわからんか」それ位も考えられんか」「こつちを馬鹿にしているのか」等と大人の独善感情を満足させる為の行為であり、子供を大人視することから起る即ち感情移入的の威嚇行為に外ならない。そしてたゝいた次の瞬間の反省によつて「可愛いから、たたいたのだよ」と理論づけて子供を満足させるのが普通である。

「天、正に大任をその人に負わさんとするや必ず先ずその身志を苦しめる」ということは正しく天の試練である。天でない大人たちが子供に対して事後承諾的に理由づけをすると子供は理解に苦しみながらも恐怖心から温順さは現わすが内心には反感と憤満を持つのが常である。が而し、真に教育的良心から発する懲誡にまで訓誡恐怖症を起してはならぬ。

※高い木は風あたりが強い

この格言も人々の積極性をはばむもとになる。

安価なうぬぼれや責任感の伴なわない放言、放語等は先分慎しまねばならないが、良い目的のために、人々が自分のすべての才能を自発的に、積極的に使つてもらわねば社会の進歩発展は望めない。

小島根情は常に他の自発性や積極性に対して「ねたむ」「うらむ」「そしる」「はばむ」ことが普通であり、「隣に蔵が立てば、こちらは腹が立つ」式になりがちである。

真なるもの、正善なるものに向つて進む時は「木が

高いから風があたる」のではなく、「あたるのは風である」という強い信念を堅持して前進する気迫をたえず育成せねばならぬ。

※ばか正直、くそ真面目

この俗言は無意識の内によく生活語として使用されている。

魯鈍や痴愚を嘲笑したことばではあるが実社会の矛盾と不潔さが感じられる。正直がすなおに容れられない社会、真面目がくそと同視されるような社会が子供たちを待つていては、やがて希望に燃えて校門を巣立つた青少年を自己破壊に追い込み十代の自殺もこゝに端を発するとも考えられる。

正直と、真面目が無条件に尊敬される社会が構成されなければならない。この俗語が通用される社会では未成品である児童生徒が正直と真面目とを自育することが困難である。

不正直者即ち「上手にいいのがれたり」「他人をあざむき、だます人」を知慧者としたり、不真面目者を「利功者」とする社会では絶対に青少年犯罪は後を絶たないであろう。「無理が通れば道理が引こむ」ということも同一類型の俗語である。

以上全くの主観的見方、考え方ではあるが色々な場において歌つたり引用したりする古歌、古言が不知不識の内に「封建謳歌」「女性忍従」「自己卑下」「前進性へのブレーキ」を内在する点など再思すべきだと思つて新時代構成への新教育の効果をはばむ一面として愚見を述べて見ました。古歌そのものの価値を云々するものではない。

（久米島具志川中学校長）

＝強い信念＝

大道小学校五年六組　翁長和枝

私は一才の時にしようにまひにかかり、左の足が不自由です、終戦直後薬がなかつたためお父さんもお母さんも大へんな苦労をなさつたそうです。私はお父さんお母さんに申しわけないと思つておりますこの前は、しいのみ学園の映画を見にいきましたところ、私よりも、もつともつとかわいそうな人ばかりでした。それでもみんな楽しそうにのびのびと勉強している人ばかりで、さびしそうな人は一人もいませんでした。私はそこで感じた事がありましたのでお母さんに聞いて見ました。お母さんはさつそく話して下さいました。

「あの人たちはね、強い信念のもとにいきているのですからちつともさびしくも、かなしくもなくのびのびとそだつていますのよ。というのは自分の心の中で神様におやくそくするように自分と自分の心にやくそくして、きつとやつて成功して見るのだ、そしてなおして見せるのだという固い信念の心がまえですね、あの人たちは大きな希望を持つて明かるい気持で毎日をすごしていますから決してさびしい事もかなしい事もありません。それにしてもあなたよりまだまだひどい人ばかり、あの人達に比べたら和枝ちやんはかた方の足ですからなんでもないのよ」と話しているうちにお母さんは目からいつぱいなみだがこぼれてきました。私も一時むねが一ぱいになりましたが映画を思い出して力ずけられました。お母さんは口ぐせのように「あなたはしようらい手芸で身を立てるように、せんもん学校までも入れてあげるからそのつもりで一生懸命勉強するのですよ」とおつしやつています。私も、お母さんのいうとおりにしたいと思つております。しいのみ学園を見てからはなおさら強く強く感じました。私はお父さんお母さんの、おつしやつた事をいつもむねにえがいて今は毎日楽しく勉強にはげんでおります。またこの間は受け持の今帰仁先生からも「あなたはしいのみ学園を見てどんな感じがしましたか」と聞かれましたので私はむねがいつぱいになつてなんといつていいかわからないので、だまつていましたが先生は私に「あなたをいじめる人は何もわからないわるい人ですから何も気にしないで勉強するんですよ」とやさしくおつしやつて下さいました。私はその言葉を受けてなお力強くなりました。しいのみ学園を見る前はある人たちが私のまねをしたり、また「ねえぐう」といつたりした時はかなしくなりましたがしいのみ学園を見てからは、いつも明かるい気持になつて、「私がほほえめば父母もほほえむ」「私がかなしめば父母もかなしむ」いや私は強い信念の、もとに明かるくのびのびといきます。かなしんでもいけない。ひがんでもいけないのだ強く強く生きるのだと固く心の中にやくそくをしました。そして強い信念で明かるい道に進みます。

おわり

指導要録の改訂

大　島　文　義

今回、小学校・中学校・高等学校の指導要録の様式やその取扱いが改正されて、（九月十三日付文初中第三七三号初等中等教育局長大学学術局長通達）昭和三十一年度から全国的に新しい指導要録が用いられる事になつた。この際その改正の趣旨と、改正された要録の内容についての説明を試みたいと思う

現行指導要録の性格とその取扱い

学校教育法施行令第三十一条に、児童生徒の「学習及び身体の状況を記録した書類」といわれているものの原本が指導要録をさすのであつて、その取扱いについては、同法施行規則に次のように規定されている。

第十二条の三　校長は、その学校に在学する児童等の指導要録（学校教育法施行令第三十一条に規定する児童等の学習及び身体の状況を記録した書類の原本をいう。以下に同じ。）を作成しなければならない。

②　校長は、児童等が進学した場合においては、当該児童等の指導要録（進学により送付を受けた指導要録を除く。）を進学先の校長に送付するとともに、その作成に係る指導要録の抄本を作成しなければならない。

③　校長は、児童が転校した場合においては、当該児童の指導要録を転学先の校長に送付するとともに、その作成に係る指導要録の抄本を作成しなければならない。

第十五条（抄）学校において備えなければならない表簿は、おおむね次のとおりとする。

四　指導要録、出席簿およびその身体検査に関する表簿

②　前項の表簿中、指導要録および抄本は十年間その他の表簿は五年間、これを保存しなければならない。

指導要録はこのような法定の公簿であつて、各学校の校長は、これに従つて指導要録を作成し、またこれを保存しなければならないことになつている、戦前の小学校における学籍簿の取扱いと似通つたところがあるが、学籍簿は、それを作成した学校に保存されたのに反し、指導要録は、児童生徒が進学・転学の際には、それぞれ進学・転学先の校長に送付される。指導要録がそれを作成した学校にとどめられずに児童生徒とともに先の学校へ動いていくということは、先の学校においてこの書類を必要とし、これを活用するものであるというたてまえをとつたからである。いいかえれば、「児童等の学習および身体の状況を記録する」することは、その学校に在学中の指導や進級のために用いた上、それを記録にとどめ保存しておくというだけの目的ではなくて進学・転学先の学校でその児童生徒を教育する上にも役立たせようという目的を持つものと考えられたのである。

児童生徒を指導する場合に、その成長発達の過程におけるかれらの特性についてじゆうぶんに知つていることがたいせつであるが、そのためには、個々の児童について、その経験、能力・態度・興味・要求、その他多くの特性を長期間にわたつて研究するのでなければ効果があげにくいのであろう。そのような必要による記録が指導要録であつて、これに児童生徒の成長発達とともにその特性を累加的に記録して、つねに教師が指導のために役立たせようとするものである。

現行のものが規定され、その様式が文部省からしめられたのは、小学校の児童指導要録(旧称学籍簿)については、昭和二十三年十一月十二日（発学第五〇一号学校教育局長通達）、中学校・高等学校の生徒指導要録(旧称累加記録摘要)については、昭和二十四年八月二十五日（発初第一〇八号初等中等教育局長通達）幼稚園の幼児指導要録については、昭和二十七年三月三日（文初初第二〇七号初等中等教育

局長通達）に発せられたそれぞれの通達によつている。前記の趣旨はこれらの通達中にも示されているが、たとえば児童指導要録については、その趣旨として、

1　個々の児童について、全体的に、継続的に、その発達の経過を記録し、その指導上必要な原簿となるものである。

2　記録事項は、新しい教育の精神からみて、とくに重要と思われるものを選定してある。

3　できるだけ客観的に、しかも簡単に、かつ容易に記録されるように作られてある。

の三項があげられている。

記録事項は、それぞれの通達で様式の中に示されているが、それは要録の性格上、全国一律にまつたく同一のものとなる必要はなく、文部省の示した様式にもとずき、地方ならびに学校の性特殊に応じて適宜記録事項を変更したり付加したりしてもさしつかえないものとされた。それで、多くの府県では、その地方の実情にもとずいてそれぞれ様式を作成してこれを使用しているが、様式の基本は文部省の示したものによつているのが現状である。

現行指導要録についての問題点

以上の趣旨に基いて作成された指導要録を、各学校で数年にわたつて使用した結果によると、指導のためにという観点からみれば、これが児童生徒の学習を向上させる上にも、教師の指導の立場を反省し改善する上にも、大きな役割を果してきたものといえる。しかしその間の経験によると、指導要録に関していろいろの問題点があることがわかつてきた。これには、指導要録に関する規定や要録の様式そものものについての問題もあり、これを実際用いる際の教師の理解や態度についての問題もあり、またこれを学校が外部に対する証明等の原簿として用いるときの外部からの要求や理解に関する問題などもある。今回の改正は、これらいろいろの面から検討を加えて要録の様式や取扱いについて改善をはかろうとしたものである。

1　性格に関して

要録の本来の性格からいえば、前記のように、これは指導のための記録とされていたのである。しかし旧来の学籍簿が廃止されて、指導要録がこれに代る公籍とされてきたために、外部の要求によつて種々の証明書を作成する場合や、家庭への連絡のための通信簿を作成するときに、やはり指導要録が基本的な資料となる場合が多かつた。そのようなときに、要録の内容の全部または一部がそのまま転記されて用いられることがあつて、ひいては要録へ記入する場合の態度がそれを予想した上でなされることがしばしばあつた。そのような事情から要録本来の性格がゆがめられてきたきらいがないではなかつた。このように、その取扱いの上で、実際上、指導のための記録と、外部の要求に応ずる証明書の原簿という二つの目的が考えられるとすれば、その関係をどうするかを解決しなければならない。

2　内容に関して

つぎに、現行の要録様式やその記入方法についても、いろいろ改善すべき点が指摘されてきた。指導のための記録といつても、担任教師が、日常児童生徒を指導するときの資料としては、これだけでは簡に過ぎて、じゆうぶんな利用価値がないといわれるその反面、公簿として記入を要求されるものとしては、これだけでも教師の負担は相当に過重になるという声も強い。したがつて指導のための記録をどの程度にすべきかは、前記の性格の問題とあわせて考えなければならない。

様式についてさらに具体的にいえば、現行のものは、幼・小・中・高各学校のものの間に、各項目や記入方法に連絡が乏しく、一貫性において欠けているところがあつて幼児童生徒の成長発達に伴う特性の累加記録として用いるのに不便であり、また各項目については、記入事項の分析の妥当でないものや、記入に困難なもの、意味のふめいりようなもの実際の要求に合わないものなどがあつて、再検討を要するといわれてきたところが多い。

3　活用について

このような様式の改善を行うとともに、一方、その趣旨を徹底して、これを扱う現場をして、さらにいつそう要録に対する理解を深めさせ、その扱いを正しく活用の効果をあげるようにすることがたいせつである。

改訂の経過

文部省では現行指導要録を作成して以来、文部省主催の研究集会や各地の研究会において、評価の方法にあわせて要録の記入や要録の活用について指導を行つてきた。とくに昭和二十七年ごろからは、初等中等教育局内で、現行要録についての問題点の研究を進め、その間、現場の人々の意見を聴取する会合を持つとか、指導主事連絡協議会に付議するとか都道府県教育委員会へ調査を依頼するとかして、改訂のための資料を集めてきた。昭和三十年四月以来

局内に指導要録研究協議会を設け、左記の委員の協力を得て、この問題全般にわたつて審議を重ねた。
井坂行男(東京教育大学助教授)、石谷 博(東京渋谷区立笹塚小学校教諭)、岩下富蔵(東京大学教授附属中・高等学校長)、内田安久(御茶水女子大学教授・附属中学校長)、小田信人(女子聖学院長)小山田幾子(東京都港区立南山幼稚園教諭)、菊地文男(東京都教育委員会指導主事)、小林 浩(東京都目黒区立第五中学校教諭)、佐久間信敬(静岡県伊東市立伊東中学校長)、沢田慶輔(東京大学教授)、高田卓郎(東京都荒川区立第一中学校長)、武田一郎(御茶水女子大学教授・附属小学校長)、中村昇(東京都港区立西桜小学校教諭)、布川正吉(東京都立新宿高等学校教諭)、野原隆治(東京都立江東工業高等学校教諭)、林次一(東京都教育大学附属ろう学校教諭)、藤本博(神奈川県教育委員会指導主事)、星一雄(東京都立九段高等学校長)山極武利(東京都中央区立常盤幼稚園長)

　この研究協議会の意見にもとづいて、文部省では要録の様式案を作成し、さらにこれを、七月札幌で開催された東日本地区初等中等教育研究集会の教育評価班に提案して研究を重ね、また八月に行われた全国都道府県教育委員会指導部課長会議にこれを提示説明して意見を求めた。かくて最後決定した様式に説明事項を付して発した通達が本稿の最初に述べたものである。

　幼稚園の指導要録については、前記の通達中に示されていないが、各学校の分と同様の改訂の方針にもとづいて審議を重ね、十月八日発表された。追記を見られたい。

　特殊教育諸学校については、当分、従前どおり、幼・小・中・高等学校のものを準用することとし、今後研究を進めて新たにこれら諸学校用の指導要録を作成することになつている。

改訂の趣旨

1　要録の内容を決定するには、まず公簿としての要録の性格をはつきりさせなければならない。いま要録に求められる内容を列挙すれば、児童生徒が学籍にあつたことの記録、進学・就職、その他の場合に外部の要求に対して発する証明書等作成のための資料、家庭との連絡に用いる通信簿等作成のための資料、教師が児童生徒を指導する上に必要な記録などになるが、これを大別すれば、対外証明のための原簿と指導のための記録ということになるであろう

　今回の改正では、指導要録をこの二つの目的を持つものと考えようとするものである。前述のように指導要録は、学校長がその作成と保存の義務を負つているものであるから、性格上なるべく簡単な必要最少限の内容を盛るべきであり、そうなれば、対外部証明のためとしても、指導のためとしても、その取扱いに注意すれば、その内容にさして大きな差異を与えなくともよいと考えられる。

　したがつて、この場合、指導のための記録とはいつても、担任教師が日々の指導の上に役立つ詳細な記録という意味でなく、「児童生徒の学習および身体の状況」を要約し、それによつて、それぞれの児童生徒の特性を概観的には把握して指導に役立たせようとするものとなる。

　担任教師は、当然平素の指導のための記録、たとえば補助簿とかエンマ帳とかを作成していることが予想されるが、これに基いて公簿としての指導要録に必要な事項が記入されることになろう。またこの要録を対外証明書の原簿として用いるときは、それぞれの要求あるいは必要に応じて適当な証明書が作成されるべきである。

　このように考えて、改訂の基本的な方針として、次のような立場をとつた。

　現行指導要録を改善して、児童生徒の学籍ならびに指導の過程、および結果の要約を記録し、指導および外部に対する証明等のために役立つ簡明な原簿とした。

2　前記の趣旨から、内容は、現行のものに比べて簡素化され、したがつて結果として、これを扱う教師の事務的負担は軽減されることになろう。

　平素の指導のために教師の使用する補助簿などについては、別に文部省は指導補助することを考えている。

3　現行のものでは、中学校と高等学校を通じて一つの様式にまとめられていたが、それぞれの学校の性格の相違や、実際取扱い上の便を考えて、中学校と高等学校の様式を別々に示した。

4　小学校・中学校・高等学校の要録の間に、できるだけ一貫性を持たせた。しかしそれぞれの学校段階の特質はこれを充分考慮して様式を定めた。

改訂指導要録の取扱い

　前述のとおり、現行の指導要録は、児童生徒が進学・転校の際には、その原本が進学・転学先に送られることになつているが改訂要録については、その

性格からみて、要録の原本はこれを作成した学校に残して保存するのが適当であると考えた。その学校に在学中のことに関する諸種の証明などは、当学校で行うのがたてまえであるからである。

そして児童生徒の進学の場合には、左記のような内容の抄本を作成して、これを進学先の学校へ送る

1　小学から中学校へ進学する場合

a　学校名及び所在地。

b　児童の氏名・性別・生年月日及び現住所。

c　卒業年月日。

d　最終学年の「学習の記録」の写。

e　最終学年の「教科以外の活動」の写。

f　最終学年の「行動の記録」の写。

g　「学籍の記録」の備考、「出欠の記録」、「身体の記録」及び「標準検査の記録」に記載されている事項について、将来の指導上とくに必要と思われるものがある場合には、その事項。

2　中等学校から高等学校へ進学する場合

a・b・c（小学校の場合と同じ。）

d　最終学年の「学習の記録」の写。ただし選択教科については、その教科を履修した最終学年における記録の写。

e・f（小学校の場合に同じ。）

g（小学校の場合に「進路に関する記録」を加える。）

3　高等学校から大学へ進学する場合。

中等学校の場合に準ずる。

また児童生徒の転学の場合には、要録の写しを転学先へ送る。

保存期間は従来十年であつたが、改訂要録の取扱いが右のようになるので、要録原本については二十年、進学または転学の際に送付され抄本または写しについては、児童生徒が当該学校に在学する期間とする。これら取扱いと保存期間とについての変更には、学校教育法施行規則の一部改正が必要であるからつづいてその措置をとる予定である。

尚、改訂指導要録の実施時期は、昭和三十一年度から、各学校全学年同時に行う。但し第二学年以上の児童生徒の分については、従来の要録の記事を新しい要録上に転記する必要はなく、新旧二葉を保存することになる。

改訂指導要録の様式・内容

改訂指導要録の様式・内容の示しかたについては文部省の従来のものと同じ立場をとつて、今回も通達で出した。各地方ならびに学校で適宜記入事項を変更してさしつかえないこと、従前のとおりである。

小・中・高各学校で、その様式に多少の違いはあるが、基本的には共通する部分が多いので、ここでは「中学校生徒指導要録」だけの様式を示す。小学校及び高等学校の分については、中学校のと比べて異なるところだけを次に記しておく。

○　小学校児童指導要録

「学籍の記録」中「進学先・就職先等」は「進学先」とする。「特別教育活動の記録」は「教科以外の活動の記録」とする。「進路の記録」は設けない。なお「生徒」を「児童」とし、学年は六ケ年となることはいうまでもない。

○　高等学校生徒指導要録

「学校名」の次に「課程名」、「学籍の記録」中「保護者」欄の次に「保証人」の欄を設ける。「学習の記録」中に「科目」「出席・単位」「履修単位」等の欄を設ける。

次に、各学校を通じて、各項目について、それぞれ改訂の趣旨と記入事項に触れておく。様式やその注とあわせて見られたい。

1　「学籍の記録」

「備考」に家庭環境・社会環境その他特記すべき事項」を出した。従来、家庭の状況等が教師の先入観となつて児童生徒の取扱いに公平を欠くようなことがあつてはならないという意味で、この欄が設けてなかつたのであるが、改訂案では、とくに家庭や社会環境の状況にいちじるしいものがある場合にはこれが指導上必要な資料であると考えられた。この場合には、秘密を要することなども記入されることがあろうが、その取扱いについては、教育上細心の注意が入用なことはいうまでもない。

2　「出席の記録」

公簿としての出席簿は別に存在するから、ここでは指導上必要な事項に限つて記録する。学習指導要領では、教育課程の基準として指導時間を、一年間の総時間数で押えている。しかし要録の上では、出欠を日数で記入したほうが指導上有意義であると考えた。ただ高等学校の場合には、このほかに学習の記録欄で、各学科ごとに履修した時間数を記入して単位修得のための資料を明らかにできるようにした

3　「身体の記録」

現行の小学校の要録のように、三段階評定をするのも無理であろうし、中・高の場合も項目の出しか

たがふめいりようであつたので、それらのうち行動の記録へ譲れるものはそちらへ移し、この欄では(1)身体検査の結果と、(2)日常観察による身体状況とのそれぞれについて、留意すべきこと、それに対しての指導処置について必要な場合に記入する。記入事項のうち、ツベルクリン反応については（一）（十）の区別、陽転の事実、陽転の時期等、結核については、学校医の判定による指導区分を記入する。

身体検査に関する表簿については、別に学校身体検査規程によつて定められている。

中学校生徒指導要録

学校名および所在地			
区分＼学年	昭和　年度第1学年	昭和　年度第2学年	昭和　年度第3学年
校長氏名印			
担任者氏名印			

学籍の記録

生物	ふりがな 氏名		男・女	昭和　年　月　日生			
	本籍						
	現住所						
保護者	ふりがな 氏名		生徒との関係		職業		
	現住所						
第一学年入学年月日		昭和　年　月　日					
入学前の経歴							
入学後の異動		転退学		転入学			
卒業年月日		昭和　年　月　日					
進学先 就職先等							
備考（家庭環境、社会環境その他特記すべき事項）							

出欠の記録

学年	年間出席すべき日数	出席日数	欠席日数	欠席の理由その他
1				
2				
3				

身体の記録

学年＼観点	(1) 身体検査の結果とくに留意すべき事項および、指導・処置事項―視力、色神、聴力、うツベルクリン反応、結核等 (2) 日常観察による身体状況および指導・処置事項―疲労、姿勢、運動、機能、り病状況等入学
1	
2	
3	
入学前の病歴	

標準検査の記録（標準化された検査で最も信頼のおけるものを実施した場合に記入する。）

学年	検査年月日	検査の名称	結果	検査者	備考

学習の記録

学年	評価	国語	社会	数学	理科	音楽	図画工作	保健体育	職業・家庭	選択教科 外国語(　)	選択教科 職業・家庭		備考（学習態度進歩の状況等特記すべき事項）
1	評定												
	所見	言語への関心意識 聞く・話す 読解 作文 書写	社会への関心 思考 知識 技能 道徳的な判断	数学への関心 数学的な洞察 論理的な思考 技能 数学の応用・創意	自然への関心 論理的な思考 実験観察の技能 知識・理解 原理の応用・創意	表現（歌・器楽・創作） 鑑賞 理解	表現（描画・工作・図案） 鑑賞 理解	健康安全への関心 運動の技能 理解 協力的な態度	技能 知識・理解 能力 態度・習慣	外国語への興味・関心 聞く・話す 読解 書き方	技能 知識・理解 能力 態度・習慣		
2	評定												
	所見	言語への関心意識 聞く・話す 読解 作文 書写	社会への関心 思考 知識 技能 道徳的な判断	数学への関心 数学的な洞察 論理的な思考 技能 数学の応用・創意	自然への関心 論理的な思考 実験観察の技能 知識・理解 原理の応用・創意	表現（歌唱・器楽・創作） 鑑賞 理解	表現（描画・工作・図案） 鑑賞 理解	健康安全への関心 運動の技能 理解 協力的な態度	技能 知識・理解 能力 態度・習慣	外国語への興味・関心 聞く・話す 読解 書き方	技能 知識・理解 能力 態度・習慣		
3	評定												
	所見	言語への関心意識 聞く・話す 読解 作文 書写	社会への関心 思考 知識 技能 道徳的な判断	数学への関心 数学的な洞察 論理的な思考 技能 数学の応用・創意	自然への関心 論理的な思考 実験観察の技能 知識・理解 原理の応用・創意	表現（歌唱・器楽・創作） 鑑賞 理解	表現（描画・工作・図案） 鑑賞 理解	健康安全への関心 運動の技能 知識 理解 協力的な態度	技能 知識・理解 能力 態度・習慣	外国語への興味・関心 聞く・話く 読解 書き方	技能 知識・理解 能力 態度		

特別教育活動の記録

学年	
1	
2	
3	

行動の記録

学年＼題目	自主性	正義感	責任感	根気づよさ	健康習慣安全	礼儀	協調性	指導性	公共心		判断の傾向	情緒の傾向	特技趣味	所見
1											判断の公正さ 慎重さ 合理性 客観性	情緒の安定 審美感 明朗性		
2											判断の公正さ 慎重さ 合理性 客観性	情緒の安定 審美観 明朗性		
3											判断の公正さ 慎重さ 合理性 客観性	情緒の安定 審美観 明朗性		

進路に関する記録

学年	
1	
2	
3	

○「学習の記録」のうち、評定の欄は5.4.3.2.1で記入する。(3は普通の程度を示す。)所見の欄は掲げられた観点その他についてその生徒としての特徴があれば○×印を記入する。
○「特別教育活動の記録」は、ホーム・ルーム、生徒会、クラブ活動等について記入する。
○「行動の記録」のうち自主性から公共心までの項目はA、B、Cの3段階に評定して記入する。判断の傾向および情緒の傾向は掲げられた観点について、その生徒として特徴があれば○×印を記入し、それらが表われる面等を記入する。

4 「標準検査の記録」

他の項目のことがらとちがつて、標準検査は、いまのところ、各学校でかならず実施しなければならないことにはなつてはいない。しかし世上には信頼のおける標準化されたテストもできているし、これまでこれらを有効に使用して成績をあげている学校も多いので、この項目を存続して従来よりたしかな資料が記入できるようにその欄の様式をくふうした。であるから、この欄には、検査の条件や方法を正しく厳密に実施した場合にだけ記入するようにして、実施者の自信のないものを記入して指導上誤解を招くようなことがないようにしたい。

5 「学習の記録」

小・中学校では教科、高等学校では科目ごとに記録する。学習についての評価は、従来各教科について、たとえば「理解・態度・能力」などの項目に分けて、それぞれの項目ごとに評定記入するようになつていた。これを改めて、各教科(科目)ごとの評定を記入する。一つの教科(科目)としてまとまつた学習領域について、一本の評定をするのが指導の目的にもいかない。また各種の要望にもそいうると考えられたためである。この場合、学習指導要領に示されたそれぞれの教科(科目)の目標によつて指導が行われ、評価が考えられるべきであろうが、教科(科目)一本の評定を行うときに、その評定方法が容易について、知識理解のようなペーパーテストで行いうる面だけにかたよることのないように戒めなければならない。

評定は五段階で表わし、各学校いずれも5432 1の表示をする。

小・中学校では、

学級または学年において普通の程度のものを3とし、それより特にすぐれた程度のものを5、それより特に劣る程度のものを1とし、これらの中間程度のものをそれぞれ4もしくは2とする。

高等学校では、

各教科、科目の目標をほぼ達成しているものを3とし、目標を特に高い程度に達成しているものを5、目標の達成が特に不十分なものを1とし、これらの中間の程度をそれぞれ4もしくは2とする。

高等学校では、各生徒の進路・特性に応じて履修計画がたてられ、単位性がとられているし、一学級内の生徒でも履修する科目が必ずしも共通でなかつたり、ある選択科目ではこれを履修する生徒が少数であつたり、それら生徒の能力が一様でなかつたり学級編成の事情が小・中学校とちがうということからも、こういう方法が適当であろうと考えられた。

なお、小・中学校の場合に、五つの各段階に属すべき児童生徒数が問題になろうが、正常の場合には、評定3の段階に属するものがもつとも多数になり、5または1はきわめて少数にとどまるであろうしかしこのとき、正常分配曲線に厳密にあてはまることには無理がある。所見欄では、個々の児童生徒としての学習上の特質を知る上に参考となる事項を記録しようとするもので、あらかじめ各教科ごとにいくつかの観点を示してある。掲げられた観点について、その個人として比較的すぐれている特徴があれば、その該当する観点に○印を、北較的劣つてい徴るが特あれば、×印を記入し、なお、欄内の余白に、必要に応じて、他のいちじるしい特徴、進歩の度合、努力の程度等を記入する。たとえば、小学校のある児童について、国語の評定が4あり、所見欄の観点「書写」に○印がつく、ということは、その児童は学級内の他の児童と比較して国語は総体として4の段階に属するが、その児童個人としては、国語の学習に関して書き方や書取りにとくにすぐれている。(書写について他の児童と比較するのではない。)ということになる。したがつて、ここに提示された観点は各教科の評定をする過程における分析評定の観点としてあげられたものではないし、また指導目標としてのすべての観点を尽しているものでもない。

この観点は、次に表示するように、小・中・高それぞれの学校の場合に異なるところがある。一つの学校では全学年を通じて同一の表わし方をしているが、同じ観点でも、学年の段階に応じて意味する具体的内容が多少ずつ異なつてくるであろう。

高等学校の国語(乙)および漢字の欄には特記すべき特徴を適宜記入し、また必要ならば学習した事項をも記入する。また、高校の職業に関する教科・科目については、それぞれの科目の特性によつて一律に具体的に観点をきめることは適当でないので、一般的の表示の例が掲げられている。

左に観点として掲げられたもののうち、数例について説明をあげよう。

○ 国語

「言語への関心、意識」(小中)ことばに対する積

——抜　萃　欄——

教科／学校	小学校	中学校	高等学校	
国語	言語への関心・意識 聞く・話す 読解 作文 書写	（同　上）	国語（甲）	読解 言語の使用
			国語（乙）	
			漢文	
社会	社会的な関心 思考 知識・技能 道徳的な判断	社会への関心 思考 知識 技能 道徳的な判断	社会	（同上）
			日本史	（同上）
			世界史	（同上）
			人文地理	（同上）
算数 数学	数量への関心・意識 数量的な洞察 論理的な思考 計算測定の技能	数学への関心 数学的な洞察 論理的な思考 技能 数学の応用・創意	数学Ⅰ	（同上）
			数学Ⅱ	（同上）
			数学Ⅲ	（同上）
			応用数学	（同上）
理科	自然への関心 論理的な思考 実験・観察の技能 知識・理解	自然への関心 論理的な思考 実験・観察の技能 知識・理解 原理の応用・創意	物理	（同上）
			化学	（同上）
			生物	（同上）
			地学	（同上）
音楽	表現（歌唱・器楽・創作） 鑑賞 理解	（同　上）	音楽	表現 鑑賞 理解
			美術	（同右）
図画工作	表現（描画・工作・図案） 鑑賞 理解	（同　上）	工芸	（同右）
			書道	（同右）
家庭	技能 理解 実践的態度			

極的な関心、ことばを正しく使おうとする意欲、使つていることばに関しての自覚など。

「言語の使用」（高）ことばを効果的に使用する能力、その中には聞くことも含む。

○社会

「社会的な関心」（小）つねに集団生活への積極的な参加適応をかんがえようとする。社会諸事象に積極的な関心を持ち、進んで問題を発見しようとするなど。

「社会への関心」（中高）社会の諸事象ならびにその歴史的背景、自然環境との関係などに積極的な関心を持ち、みずから進んで問題を発見しようとする。

「思　考」（小）問題の追求にあたつて、自主的に創意くふうし、各種の観点から問題を考える。（中高）問題の追求にあたつて、自主的に創意くふうし、広い社会的視野から客観的に批判的に問題を考える。

○算数（小）数学（中高）

「数量的な洞察」（小）
「数学的な洞察」（中高）｝数量や数量的関係を直観的には握したり、明確に見通しをつけたりする

○理科

「自然への関心」（小中高）自然の事物現象に積極的な興味関心を持ち、みずから進んで問題を発見しようとする。

教科				
体育 保健体育	健康安全への関心 運動の技能 理解 協力的な態度	（同　上）	体育	理解 態度 技能
			保健	（同右）
職業、家庭		技能 知識・理解 能力 態度・習慣		
外国語		外国語への興味・関心 聞く・話す 読解 書き方	（第一）	（同上）
			（第二）	（同上）
職業に関する教科			家庭	知識・理解 技能 経営能力 表現・鑑賞能力 態度・習慣
			農業	知識・理解 技能 経営能力 態度
			工業	知識・理解 技能 適用の能力 実務能力 態度
			商業	知識・理解 技能 能力 態度・習慣
			水産	知識・理解 技能 能力 態度・習慣

○音　楽

「鑑賞」（小中高）小学校低学年では音楽を楽しんで聞く態度に重点をおき、進んでは積極的に鑑賞する態度に及ぶ。

○図画工作

「鑑賞」（小中高）小学校低学年では、美的価値への興味に重点をおき、進んでは積極的に鑑賞ならびに作品を尊重する態度に及ぶ。

○体育（小）、保健体育（中高）

「協力的な態度」（小中）運動に積極的に参加しようとし、集団の一員としての協力的な態度、施設・設備の活用のしかたを含む。

「運動の技能」（中）各種運動技能や救急処置の技能。

○外国語（中高）

「外国語への興味、関心」（中高）外国語に対して積極的に興味関心を持ち、外国語を正しく使おうとする意欲、これを通しての国際理解に及ぶ。

○家　庭（高）

「経営能力」（高）みずから進んで問題を発見し、その解決を自主的に企画し処理する能力。

○農　業（高）

「態　度」（高）問題を科学的に処理しようとする実践的な態度、生命愛育の態度を含む。

○工　業（高）

「適用の能力」（高）習得した知識、技能をもとにし、実際面への適用について創意くふうしたり探究したりする能力。

「実務能力」（高）仕事の経営、管理、改善、保全などについて計画し実践する能力。

○商　業（高）

「能　力」（高）売買、事務、経営などの仕事を企画し運営し、遂行していく能力。

「態度、習慣」（高）正確、迅速、めいりょう誠実に仕事を処理する態度、習慣。

高等学校の「学習の記録」については、各科目の単位認定との関係上、毎学年について各科目ごとに年間指導時間数とその生徒の年間出席時数、および修得を認定した単位数を記入する欄を設けてある。また履修単位数の各学年ごとの計、ならびに各科目ごとの計をも記入できる欄がある。

「備考」には、全教科について、学習態度、進歩の状況など特記すべきことがおれば記入する。各教科の所見欄に書ききれない場合も利用できる。

6　「行動の記録」

現行の、小学校の記録十二項目、中・高の個人的社会的公民的発達記録十七項目、いずれについても評価項目が多くて統一に欠け、しかもその中には、重複しているように考えられるものや、理解しにくい項目、評価しにくい項目もあるといわれていた。これらを整理して、まず行動について価値判断のできるもの九項目をあげだいたい個人的のものから社会のものへと順序をととのえた。

そうして従来の五段階評定を改めてＡＢＣの三段階評定とした。

原則としてこれらをすべての学年を通して評定記入するのであるが、小学校低学年などでは、全児童について判定することが困難な場合には、児童によつては、記入のできない項目があつてもさしつかえないことにした。同一項目についても学校段階に応じてその意味する内容がかなり異なつてくることがあるのは学習の記録の場合と同様であるが、各項目に含まれる行動特徴は、たとえば次のようなものである。

○「自主性」－自分で計画する。進んで実行する。自分の力でやりとげようと努力する。人の意見に左右されない。誘惑に負けない。信ずることをはつきり主張する、など。

○「正義感」－まちがつたことをにくみ正しいことを求める。正義のために献身的につくす、など。

○「責任感」－自分の言動に責任をもつ。役目を自覚してよく果す。約束をよく守る、など。

○「根気強さ」－熱心にまじめに仕事をする。最後までしんぼう強くやり抜く、など。

○「健康安全の習慣」－衣服や身体を清潔にしている。自他の健康や安全に注意して行動している、など。

○「礼儀」－はつきりした返事ができる。ことばづかいが正しい。身なりを端正にしている。人に接する態度がよい、など。

○「協調性」－だれとでもわけへだてなく接する。だれにもやさしく親切にできる。友だちや年長者を敬い親しむ。グループの仕事に協力できる。他人の立場を理解し意見を尊重する。他人の過失を許してやれる。人々のためにつくす。人の注意をすなおにきける、など。

○「指導性」－指導的立場に立つことができる。指導力があつて人から信頼されている、など。

○「公共心」－きまりを理解して守る。集団の秩序を乱さないようにできる。社会秩序がよく守れる公共の物や設備をたいせつに扱う、など。

つぎに判断と情緒の傾向など性格に関するものの欄を設けて、掲げられた観点について比較的すぐれている特徴劣つている特徴があれば、それぞれ○または×印を記入するようにした。「趣味特技」には本人の興味・趣味・読書傾向・特技などについて、「所見」には本人の全体的な特性を記入し、また、とくにＣと評定された行動目についでは、具体的理由や指導方針をここに記入する。

7　「教科以外の活動の記録」「特別教育活動の記録」

学級会・児童会等、またホームルーム・学級会・クラブ活動等について、指導時間数および出席時間数・役職・所属等の事実、児童生徒の活動についてとくに顕著な事項などを記入する。

8　「進路に関する記録」

中学校・高等学校の様式に設けられたこの欄には、たとえば、(イ)生徒の希望する職業または学校ならびに必要があればその理由、(ロ)保護者の意見、(ハ) 教師の所見と取られた処置などについて記入する。

指導要録の活用について

今回発表の文部省の様式は、いわば全国的な基準様式であつて、実際使用の場合には地方や学校の実態に即して有効に使用できるような様式内容を研究する必要がある。各項目について、どのような事項をどのような場面で児童生徒の観察をなし、どのような方法で評価するかは、だいたい現場の研究にゆだねられている。現場では今回の改正の趣旨につとつて、指導要録の性格と目的をじゆうぶん理解していただいて、その活用について効果のあげられることを期待してやまない。

指導のためという観点からすれば、要録に記録されるまでの過程が重要であるといえるだろう。そのためには指導のための補助簿の内容や記入が、それぞれの学校段階について、学校の実情、指導の方法などに即して考えられなければならない。

外部に対する証明書等を作成する場合には、もちろん学校の諸記録にもとづいて、正確な客観的な資料として価値のあるものを作らなければならない。この場合に、教育者以外のものが見ても誤解の起らないようにすることが必要である。たとえば、要録の一部の抜き書きがそのまま出されて全体との関連が見失われたり、要録中で用いられている要約された用語や記事がそのまま出されて、理解しにくかったり誤解を生じたりしないように、とくに注意しなくてはならない。

家庭に対する通信簿の場合も、同様な配慮が望ましいが、通信簿の様式の研究とともに、両親に対して通信簿と意義と内容を理解してもらうような努力がたいせつであろう。

幼稚園幼児指導要録（追記）

幼稚園の指導要録は、十月八日付（文初第三九三号初等中等教育局長 大学学術局長通達）をもつて発表された。

改訂の基本法針は、小学校以上のものと同様である。したがつて、「学籍の記録」「出欠の記録「身体の記録」「標準検査の記録」については、小学校の場合の様式とほとんど同様である。「学習の記録」以下に代るものとして、「指導記録」が設けられている。

「指導の記録」においては、健康・社会・自然・言語・音楽リズム、絵画製作の六つの指導内容の欄を設け、それぞれを三ないし五の項目に分け、各項目についてＡＢＣの三段階に評定記入する。なお「指導上参考となる事項」の欄に、幼児の性格・行動・情緒の傾向・習癖・才能等について、指導上特に参考となる事項および指導処置を自由に記入するようになつている。

（初等中等教育局視学官）

ジュースの味

大阪府教育研究所
森田長一郎

「先生、ジユースてどんなものですか。」「ジユースはね、果物をこまかくつぶしたもので、バナナジユースはバナナの味がするんだよ。」「バナナの味はどうなのですか。」「さあ、ちよつと説明しにくいね。食べたらわかるよ。たべなければね。」

こんな説明をきいた子供はジユースについてうまく答案は書くが、本物のジユースを飲みながらそれがジユースであることに気がつかない。私はこのような指導が毎日平気で行われているのではないかとしきりに気にかゝる。「先生二分の一わる三分の一は。」「うん。二分の一に三分の一をひつくりかえしてかければいいんだ。」「あゝ、わかつた。」というたぐいもまた此の例にもれないのである。

最近ある関係を見ようと学力調査をしたことがある。裏日本式気候はといえば「冬北西のモンスーンのため雪の多い気候です。」と子供は答える。裏日本式気候の所はどこですかと問うと「本州の日本海方面です。」とこれ又よく答える。それでは地図でその地方をさしてごらんというと今度は満足に答えられない。瀬戸内式気候についても同様で、雨が少く晴天の多いことはよく知つているが、自分の生活の場が瀬戸内地域にあるのか否かの認識が十分でない。つまり理解が子供の生活とはなれ、身についてはいないのである。これは極めて重大で知識が全く羅列的なよせあつめになつているのである。何十年間もの学校教育でこのような指導が身にしみこみ、教育者も毎日このような指導をして何ら不思議に思わないし、いわんや父兄においては先生に数倍してそうなのである。

こうしてつめ込まれた知識が子供の生活や将来とは何も縁のない死んだ知識や理解である場合が多く学校の屋根瓦が何千枚あるということを知っているのと五十歩百歩の場合をしばしば見うける。これは歴史の指導においても、政治的な場合でも、すべての学習指導に見られる一般性である。封建制度をその発生過程から詳細に学習するのであるが現在の生活にその残滓が如何なる形で存在するかを子供が認識せず、学習と生活との間には何の関連性もない。こうして社会科の学習が明日のよりよい社会の建設に何の意義をももたなくなるのである。一時は子供の生活をやかましくいわれ、つゞいて基礎能力が叫ばれ、教育は風に吹かれる柳のように西に東に動揺して、常に新しいものを求めてやまなかつた。しかし子供の経験興味や発達過程を無視した教育がないように、子供の生活の実態を無視したり、望ましい人間像の画かれていない教育はあり得ない。

教育を職業にする者が、教育的な組織の中で教育活動をしていると、つい機械的になつてくる。地域社会の実態も望ましい人間の姿も見失つてただ教科書に引きずりまわされて、山に入つて山を見ずの恰好になり終る。地域社会の民主化の実態や、封建制の残滓がどのような形で残つているのか と聞き直つて聞かれたらドキッとする私たちが、地域の特異性も考えず、民主主義とは何ぞやと説きがちなのである。小学校低学年の社会科は主として人間関係を取扱い三年生になつて歴史的考察や自然との関連が出てくる。やがて四年生の郷土の生活では本格的に地歴の導入が意図され、地理的見方歴史的考え方が指導される。これは子供の生活の場において、実態にふれ真の理解見方を与えようとするのである。この直接経験にもとづく理解を中心に高学年の学習が、或は遠心的に或は求心的に展開されていく。これは台風によく似ている。熱帯地方で育成される台風がその位置を如何に変えて行うことも常に風がその眼を中心にして吹くように、中心気圧が低ければ低い程風力が強まるように、実態把握が深ければ深い程、これを中心に行われる教育活動はより旺盛に行われ、各領域における学習がこの中心に統合されることによつて、生活の場の理解が一層深まり、教育効果がます〳〵たかまるのである。まことに生活の場における実態に対する直接経験が、学習の出発点であり、基盤であり、帰結点であつて、これと絶対無縁の実習はあり得ない。

私は今ジュースの事を思い出す。少量でもよいからジュースそのもの、バナナ、りんごを与えねばならない。こうなると、私たちの教材研究は、おのずから変つてくるはずである。教科書の見方も変つてこなければならない。最近教科書について議論の花が咲いているが、これは教材であり、教育活動の手段の一つであつて、教育活動の中心は子供そのもの、教師そのものである。教科書が教育の最終でもなく最高水準でもない。私たちは国民の総意によつて作りあげた憲法の大理想と教育基本法の精神をくんで崇高な人間像を画きながら、子供そのものを把握し、地域の実態を正しくとらえ、その上に立つて堅実に教育をなさねばならない。然しながら実態の把握理解は決して容易なことではない。これは教師そのものの力ときわめて関連が深いからである。しかし教師みずからがこの困難にうち勝たなければ今後の社会科は一歩も前進しないのではないかと思われる。地域の実態と関連のない社会科学習は、ぜんまいのない時計がいかにうまく歯車を組み合せても動かないのと同様である。社会科学習の形式的な指導法の研究はすでに過去のものになつた。今や実体的な研究のみが社会科を生かす唯一の道になつた先生みずから子供の先頭にたつて、ジュースをのみその味を知りその上に学習をつみかさねねばならない。

「私の学校の近くにはよい古墳も社寺もなく、顕著な地理的事象もないので、三、四年の地歴の導入は極めて困難です。」という先生方のなげきをしばしば耳にする。誠に尊い苦悶の声ではある。然しながら古墳や法隆寺や観心寺のみが私たちの尊い文化遺産ではない。

汗と涙と、はかない希望を持ちながら全国にはりめぐらした灌漑用水路、最も偉大な歴史的大事業ともいうべき棚田、溜池が、私たちの周囲に庶民の生きんがための文化遺産として無数にあるのではないか。民法が改正されて家は消滅したものの、いまだに家のもつ拘束力のいかに大きいことか。

男女の本質的平等を大きく憲法でうたいながら、男児出生をよろこぶ気持はいかなる思想を反映しているのであろうか。

民主主義の根源は、個人の尊厳にめざめ合理性に立脚するものであるにかゝわらず、いかに私達はしばしば権威をかさにきることか。

教師みずからを掘り下げ地域の実態を正視するならば、そこには生きた教材が無数にあるのに相違ない。実態の把握は難事中の難事である。しかしながら明かるい明日の社会の建設のために、愛する子供のために、敢えて先生方の奮起をのぞんでやまない。

診断座席表によせて

（K・T生）

先月大道小学校で二年生の学年PTA会に参加し、授業参観ののち受持の先生とこん談の機会をもつことができた。

教室はスレート葺であるが、教室環境に細かい心づかいのあとがうかがわれて、気持ちのよい明るい感じをうけた。

まず掲示のしかたであるが、その時期の行事や学習によく合うように工夫されており、学習効果をあげる面から、教材、教具の整備、豊富な資料が取揃えてある。児童の身体の発育状況などもグラフにされ健康教育、衛生施設の面にも配慮され、ヌカリのない教室経営に感謝の気持で一ぱいでした。

こういった教室環境の中で、子供達が健やかに、明るい瞳を輝やかして、学習にいそしんでいる姿は実に頼母しく、感じられたのである。

思うに児童生徒を育てる目標が頭の中にボンヤリとあることよりも具体的に確立されることが望ましく、そのためには学級の児童生徒の実態を充分とにぎっておくことが、教師にとつては、指導上不可欠の要件でありましよう。要するに自分のクラスの一人〱の児童生徒をあらゆる角度からよく理解しておくことであり、「あの子も」「この子も」一人として取り残されることのないように、みんなが教師の心の中に座を占めて、温く見守られることによつて、個々に応じた成長発達が可能となりましよう。

さて当日の学習は、楽しい正月を迎える子供達のはりきつた心情をとらえて生活教材としての「年賀状の書き方」についてであつた。時宜をえた効果的な取材であり、必要と興味をとらえムダのない学習風景が教室一ぱいにみなぎつていた。

指導のために用意された教鞭物は、絵葉書で模型をつくり、表と裏の区別をはつきりさせて提示された。眼でみてわかる学習指導の感がした。ほとんど全児童が、年賀状の様式について感じ取つたようである。

絵葉書にもいろ〱あることだが、特に正月にちなんで「松に竹、鏡餅」「梅にうぐいす」の絵がかゝれてあり「あけましておめでとうございます」「送り先」と「差出人」の住所、氏名がかゝれて例示されている。わかりやすく説明を加え、かねて用意された代用ハガキが一枚〱子供たちに配ばられた。

子供たちは「年賀状がかけると」ー自信に満ちた微笑を万面にたゝえて作業にとりかかつた。送り先のお友達や先生の顔が頭の中を往来しているにちがいない。

中には先生「僕住所がわからないよ」先生「絵はどんな絵を書いてもよいでしよう」などー。

こみいつた絵よりも線一本であらわせる「富士山」をかいている子供、又マルを描いて「初日の出」を象徴するようにかいている子もいる。各々創意と工夫をこらして出来るだけ、まねないようにと努力を払らつているようである。中には出来上つたものを自分の父兄に取り上げてみせている子もいる。自信満々の態である。

子供たちの学習状況をみて感じたことは「思つたこと」「気づいたこと」「わからないこと」を何のこだわりもなく、発表したり、尋ねたりしていることであつた。こういつた学習態度を通して自主的で積極性のある子供の育成も助成されていくことであろう」。

昔「三尺はなれて師のかげをふまず」といつた師弟間のへだたりがすつかり影をひそめ子供中心の学習形態がみられるのは何といつても新教育の魅力である。

以上私なりに見たこと、感じたことをかいたのである。要は学級経営が子供だちといかなるつながりに於いて確立されるべきかということになりはしないでしようか。

そこで学級経営を手がけるために、

・児童生徒の身体的、精神的発達状態について充分留意し、
・学級の児童生徒の実態を把握すると共に、(個々についても、地域社会、家庭)
・その実態に立脚して学級経営の方針を確立し、
・学習指導、生活指導、健康指導の目標を樹て、教室経営の合理化を図り、
・各教科指導上の重点等を明確にして学習計画を明細

診断座席表

にすることが大切なこととなつてくるでしょう。

そこで、客観的に子供を観察するため知能検査も、標準学力検査も、職業興味テストも交友関係の調査(相互評価など)も、家庭環境の調査なども必要となつてくるでありましょう。

左に紹介する、診断座席表も、児童生徒を理解し、指導するための手がかりとして考案されたものだと思う

ので掲載して御参考に供したわけである。

ただ一考を要することは、教育の効果方法が、児童生徒の環境や素質、興味に応じ、教師の能う限りに於いて工夫されなければならないということで、ただ流行を追い、盲目的に模倣するというのでなく、採長補短、自ら確信のもてる最善の方法を生みだして、よりよき児童生徒の理解者、案内者としての信念をもつこ

とだと思います。

別表は一研究教員三島貞男先生から、配置校大阪市立豊崎中学校で使用している診断座席表を一部もらいうけましたので紹介したわけですが、こういつたことが学級経営上、又は教科担任制による指導の面から何かと手がかりとなって、多少でも参考になれば幸いに思います。

（研究調査課）

						氏名	氏名
						82二● 悪付乱	114三○ 体 好
(氏名) 119三△ 校	(氏名) 126四△ 努 家	(氏名) 111三△ 欠課多	(氏名) 109三○ 努	氏名 105三△	氏名 109三▲ 媛 療あり	氏名 132三△ 校	氏名 82二△
(氏名) 74一△ 家 趣味の会	(氏名) 100三△ 努	(氏名) 129三△ 好 校	(氏名) 100三△ 校	氏名 104三○ 好 ソロバン3級	氏名 109三○ 家	氏名 96三● 落付なし	氏名 128三△ 劣 調べる
(氏名) 114四○ 努 力	(氏名) 98二○ 家	(氏名) 81二● 校	(氏名) 96二● 通 言付ない 反抗する	氏名 95三▲ 家	氏名 129四○ 家 反抗する 育出1 回療あり	氏名 130四○ 落付なし	氏名 112三○ 校
(氏名) 130五○ 努 校 好	(氏名) 145五○ ソロバン2級	(氏名) 110四△ 努 家 欲付困乱	(氏名) 105三△ 校 家	氏名 84二○ 校	氏名 132四○	氏名 134三○ 家 校	氏名 114三△ 校 反抗する
(氏名) 122三○ 家	(氏名) 132五○ 努 ソロバン2級	(氏名) 96三△ 努 校	(氏名) 104三○ 校 家	氏名 126四○ 校 家	氏名 119四○ ソロバン3級 努 力	氏名 117一○ 家 校	氏名 95三△ 校 ソロバン3級
(氏名) 114三△ 家 欠なし	(氏名) 78三○ 努 家 ソロバン4級	(氏名) 80二● 家	(氏名) 一▲ 努 欠課多し	氏名 130四○ 好 家 校	氏名 119四○ 好 家 校 ソロバン2級	氏名 89二▲ 家 校	氏名 69一△ 校 趣味の会

備考　女子は（○）

教卓

担任　　　　　　教諭

この会はI.Qの七五以下の生徒の集い、いわば情薄児の指導のためうつて一週間に何回かその日の何時間目かに学級より集めてくる、この学校には十四五名位いる、父兄本人の了解があればこの会に入れる

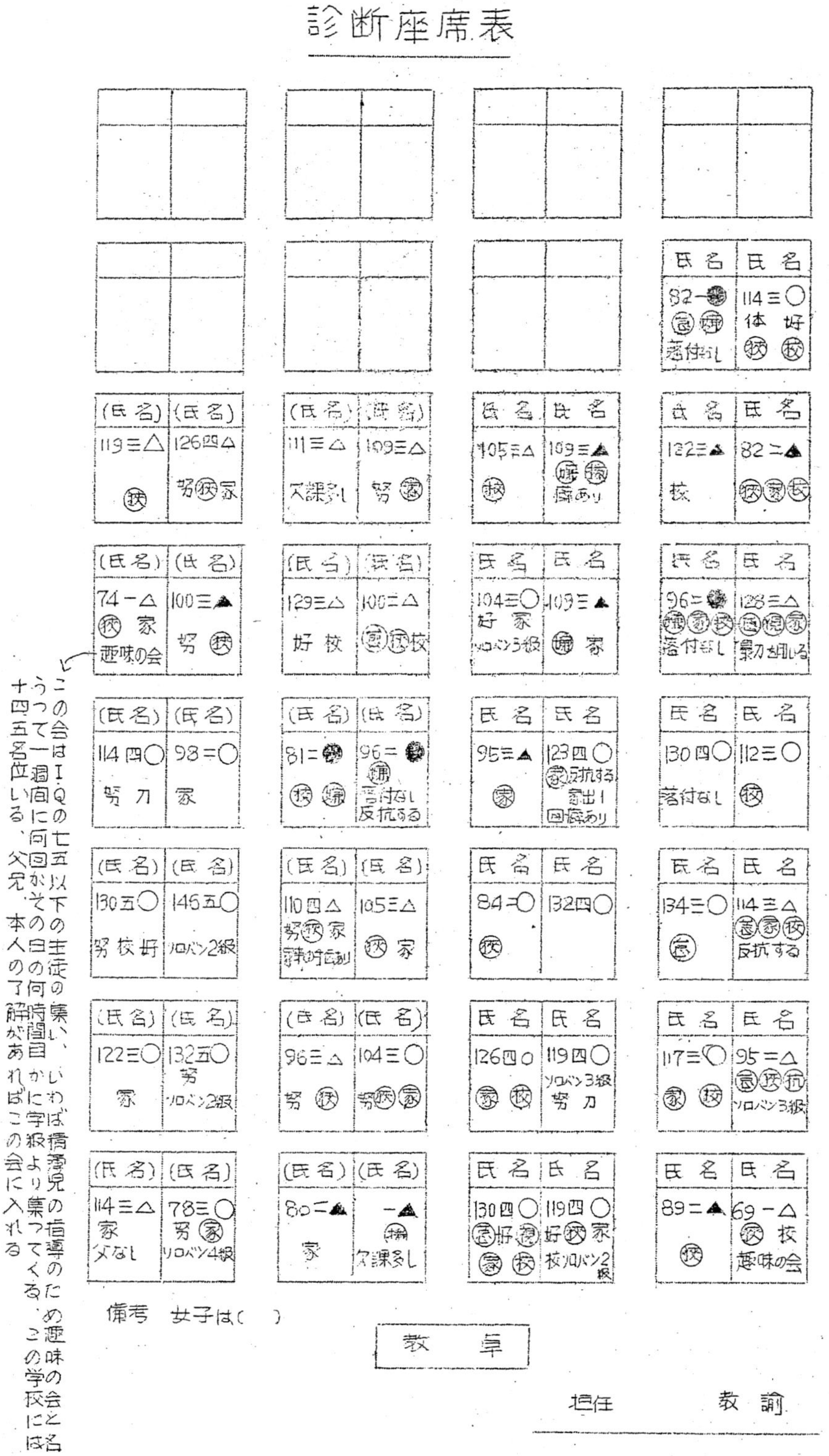

個人診断要素票

年　組　氏名

		記載例	第一次記入	第二次記入	第三次記入	備考
1	知能指数	112				2回以上のトータルの平均値をとる
2	成績	三				4教科の平均値を大略五段階に分つ(国、社、数、理)
		体　㊦				4教科外については上記の評価より2点以上の差をもっているもののみ特記す(体は上廻るもの、㊦は下廻る)
3	性向 (担任の判断)	◉　○ ▲　△				◉は粗暴野卑　○は明朗活達　▲は陰鬱　△は内気であるが誠実
4	努力 (担任の判断)	A°　C″				知能指数順位と成績順位の差、15以上あるものは(A°はプラス、C′はマイナスの方)
		努　(怠)				よく努力していると思われる者 怠惰なる者
5	交友関係	好　(嫌)				生徒相互で好嫌の生徒名を各2名づつ記入させ6名以上に好かれている者、6名以上に嫌われている者
6	身体状況	(養)　(視)　(聴)				身体上注意養護を要する者 聴力に欠陥ある者、特に視力0.3以下のもの
7	経済状況	(援)　(準)				援護を受けているもの 準援護のもの
8	家屋状況	(狭)				平均1人宛の畳数が1.5畳以下
9	要注意	欠課多し 癖あり 色ごと　落付なし その他				生活指導上特に注意、又は監視を要するもの(事項は具体的に)
10	家庭生活	家 (家)				1.家の中はいつも楽しい(正11以上) 2.だいたい楽しい(正8,9,10) 3.楽しくないことが多い(正7以下)
11	学校生活	校 (校)				1.学校生活は愉快です(正10以上) 2.だいたい愉快です(正,8,9) 3.不愉快なことが多い(正7以下)
12	得意なもの	ソロバン3級 その他				
13	備考					英語は選択になっているので4教科の平均値をとる

年　組
氏名

適応性診断　調査その一（家庭）

1、あなたは、自分の父または母がいない方がよいと思いますか。　はい　いいえ
2、あなたの友だちは大がい、あなたよりも幸福にくらしていると思いますか。　はい　いいえ
3、あなたの家の人は、あなたに注意するとき気持よく注意してくれますか。　はい　いいえ
4、あなたは家の人からかわいがられていると思いますか。　はい　いいえ
5、あなたの家の人は、どちらかといえば、あなたをうるさがつている方ですか。　はい　いいえ
6、あなたの家の人たちは、あなたのことをあまり考えてくれないのであなたは不幸だと思うことが時々ありますか。　はい　いいえ
7、あなたは、今の自分のきようだいがいない方がよいと思いますか、　はい　いいえ
8、あなたは家の人に、わがままなことをしたり口答えなどをよくしますか。　はい　いいえ
9、あなたのきようだいはあなたをすきですか。　はい　いいえ
10、あなたの家では時々あらそいがあつて自分は不幸だと思いますか。　はい　いいえ
11、あなたは、家でよく役にたつ子だとほめられることがおおいですか。　はい　いいえ
12、あなたは、自分の家をにげ出して、どこかへ行きたいと思うことがありますか。　はい　いいえ

年　組
氏名

適応性診断調査　その二（学校）

1、あなたの学校の友だちは、あなたとけんかをすることが多いですか。　はい　いいえ
2、たいていの人は、あなたよりも先生にすかれていると思いますか。　はい　いいえ
3、あなたは友だちの世話をしてあげることは、ばかげたことだと思いますか。　はい　いいえ
4、あなたは先生からすかれていると思いますか。　はい　いいえ
5、あなたは、学校でどんな友だちとでも話ができますか。　はい　いいえ
6、あなたの友だちは、あなたをいじめることがおおいですか。　はい　いいえ
7、あなたの友だちは、あなたにいやなことをたのみますか。　はい　いいえ
8、あなたは友だちがいじわるをするので友だちとなるべくあそばないようにしていますか。　はい　いいえ
9、あなたは学校の友だちが悪いので、ほかの学校へかわつて行きたいと思いますか。　はい　いいえ
10、あなたは大がい学校にいるよりも、家にいる方がすきですか　はい　いいえ
11、あなたは、時々先生から注意されますか。　はい　いいえ
12、あなたは、時々学校を休みたくなりますか。　はい　いいえ

8.　12、は「個人診断要素票欄」の調査を示す

年　組　氏名　　調査（その三）

8	家屋状況	畳数（　）畳　｜　家族人員　名 畳数（　）÷ 家族人員（　）＝
12	教科外のものであなたが最も得意なものは何ですか	作ること…ラジオ製作　木工工作　械機作り　人形作り　縫もの 芸ごと…こと、舞踊、ピアノ、生花、茶道 飼育栽培…動物飼育、園芸（草花作り） 特　技…ソロバン（　級）ハーモニカ　シロホン、歌謡曲 得意な運動（　　） 読　書…科学雑誌、文学書 其の他…

◎．座席配置の方法

【註】　座席配置は各担任に於て自由に考慮決定するが教育効果につき充分考慮する

(1)　主眼点別　①知能指数　②成　績　③努力度　④性　向　⑤出席簿順　⑥身長（座高順）　⑦友人（好きなもの同志）　⑧その他

(2)　男女配別
①男｜男｜女｜女｜
②　男｜女｜男｜女｜
③女｜男｜女｜男｜
男｜女｜男｜女｜
④　男┊女　男┊女　男┊女　男┊女

(3)　隣席配置
○○　○▲　●▲
○△　△△　▲▲
○●　△▲　●●
△●

・適応性診断調査
調査その一（家庭）その二（学校）は状況の良いものだけ調査す

特殊児童生徒の実態

特殊学校における該当者

種別／学校別	1. 盲者及び弱視者						2.ろう者及び難聴					3.性格異常者			4.精神薄弱者				5.言語障害者				6. 肢体不自由者					7.身体虚弱者	計	前年度
	盲	準盲	弱視	視機能障害	治療可能	計	ろう	高度難聴	中度難聴	軽度難聴	計	反社会性	非社会性	計	白痴	痴愚	ろどん	計	会話不能	会話困難	矯正可能	計	高度障害	長期治療	中期治療	短期治療	計			
盲ろう学校	23					23	53				53																		76	76
澄井小中学校																								59			59		59	59
稲沖小中学校																								19			19		19	35
実務学園												44	44	88															88	73
刑務所少年区												40		40															40	75
計	23					23	53				53	84	44	128										78			78		282	318

全琉特殊児童生徒数

種別／学校別	1.盲者及び弱視者	2.ろう者及び難聴者	3.性格異常者	4.精神薄弱者	5.言語障害者	6.肢体不自由者	7.身体虚弱者	計	前年度
公立小中校該当者	132	176	112	262	190	543	174	1,589	1,791
特殊学校在学者	23	53	128			78		282	318
計	155	229	240	262	190	621	174	1,871	2,109

年令該当者の内訳と百分比（全琉公立小・中校該当）

種別 / 令年別	1．盲者及び弱視者						2．ろう者及び難聴					3．性格異常者			4．精神薄弱者						5．言語障害者				6．肢体不自由者					7．身体虚弱者	計	学令該当者に対する率 %
	盲	準盲	弱視	視機能障害	治療可能	計	ろう	高度難聴	中度難聴	軽度難聴	計	反社会性	非社会性	計	白痴	痴愚	ろどん			計	会話不能	会話困難	矯正可能	計	高度障害	長期治療	中期治療	短期治療	計			
6才	1		2		2	5	1			3	4		1	1	1	1	1	2		5	1		3	4	8	1	1	2	12	1	32	
7	2	1	2	1	3	9	2	1	6	8	17	1	2	3		2	9			11	5	6	6	17	36	11	3	2	52	16	125	
8	2	2	1		3	8	3	6	6	2	17	3	6	9	4	6	14	3	1	28	10	13	5	28	28	15	8	9	60	17	167	
9	2		6	1	1	10	4	4	3	6	17	1	10	11	4	4	12	1	2	23	4	6	7	17	12	7	6		25	24	127	
10	1	2	2	1	3	9		2	2	2	6	2	14	16	2	5	23	2	2	34	6	7	1	14	20	9	8	4	41	21	141	
11		2	6	5		13	8	3	3	5	19	2	5	7	2	10	15	6	1	34	13	10	7	30	31	13	8	7	59	16	178	
12	2	3	3	5	5	18	6	1	3	8	18	3	14	17	3	7	18	7	1	36	4	13	5	22	31	16	16	9	72	19	202	
13	1	4	8	10	1	24	3	9	10	14	36	7	9	16	4	4	19	2	1	30	11	4	6	21	44	12	8	3	67	20	214	
14	1	1	4	4	4	14	1	3	5	14	23	4	16	20	1	8	15	4	4	32	5	10	3	18	40	20	18	2	80	20	207	
15	1	1	9	3		14		2	3	4	9	7	4	11	2	2	10	2		16	4	3	2	9	21	11	9	5	46	17	122	
16		2	1	5		8	2		3	5	10	1		1	1	2	4	2	1	10	2	4	2	8	12	4	4	5	25	3	65	
17																1	1			2		1	1	2	1			1	2		6	
18																	1			1					2				2		3	
計	13	18	44	35	22	132	30	31	44	71	176	31	81	112	24	52	142	31	13	262	65	77	48	190	286	119	89	49	543	174	1,589	
学令者に対する率						0.08					0.11			0.07						0.16				0.12					0.34	0.11	1.02	
該当者に対する率						8.3					11.1			6.92						16.5				11.9					34.5	11.0	100	

小・中学校別該当者の内訳と百分比（全琉公立小中校該当）

学校別	種別	1．盲者及び弱視者						2．ろう者及び難聴					3．性格異常者			4．精神薄弱者						5．言語障害者				6．肢体不自由者					7．身体虚弱者	計	学令該当者に対する率 %
		盲	準盲	弱視	視機能障害	治療可能	計	ろう	高度難聴	中度難聴	軽度難聴	計	反社会性	非社会性	計	白痴	痴愚	ろどん			計	会話不能	会話困難	矯正可能	計	高度障害	長期治療	中期治療	短期治療	計			
小学校	該当者	10	10	22	13	17	72	24	17	23	34	98	12	52	64	16	35	92	21	7	171	43	55	34	132	166	72	50	33	321	114	972	0.93
	学令者に対する率						0.07					0.09			0.06						0.16				0.13					0.31	0.11		
	全該当者に対する率						7.40					10.1			6.58						17.59				13.58					33.0	11.72	100	
中学校	該当者	3	8	22	22	5	6	6	14	21	37	78	19	29	48	8	17	50	10	6	91	22	22	14	58	120	47	39	16	222	60	617	1.19
	学令者に対する率						0.12					0.15			0.09						0.18				0.11					0.43	0.12		
	全該当者に対する率						9.72					12.64			7.8						14.74				9.4					35.9	9.72	100	
計	該当者	13	18	44	35	22	132	30	31	44	71	176	31	81	112	24	52	142	31	13	262	65	77	48	190	286	119	89	49	543	174	1,589	1.01
	学令者に対する率						0.08					0.11			0.07						0.16				0.12					0.34	0.11		
	全該当者に対する率						8.3					11.1			6.92						16.5				11.9					34.5	11.0	100%	
前年度との比較	該当者						138					207			167						269				171					598	241	1,791	
	学令者に対する率						0.09					0.14									0.17				0.11					0.37	0.16	1.17	
	該当者に対する率											11.6			9.3						15.1				9.5					33.4	13.5	100	

地区別該当者の内訳と百分比（公立小中校該当）

地区別		種別	1.盲者及び弱視者						2.ろう者及び難聴					3.性格異常者			4.精神薄弱者						5.言語障害者				6.肢体不自由者					7.身体虚弱者	計	前年度の比較
			盲	準盲	弱視	視機能障害	治療可能	計	ろう	高度難聴	中度難聴	軽度難聴	計	反社会性	非社会性	計	白痴	痴愚	ろどん			計	会話不能	会話困難	矯正可能	計	高度障害	長期治療	中期治療	短期治療	計			
1（糸満地区）	小	該当者		1	3	1	3	8		2	2	13	17	1	5	6	6	3	9	2		20	4	2	6	12	15	11	3	3	32	10	105	150
	中	〃		4	9	11		24		1	14	19	34	3	6	9		3	8	2	3	16	3	3	4	10	11	8	10	3	32	10	135	158
	計	該当者						32					51			15						36				22					64	20	240	308
		学令者に対する率						0.28					0.44			0.13						0.31				0.19					0.55	0.17		
		全該当者に対する率						13.3					21.3			6.3						15.0				9.2					26.7	8.3		
2（那覇地区）	小	該当者	1		3	1	1	6	4		3	2	9	7	3	10		3	7	1	1	12	1	8	4	13	28	12	6		46	5	101	97
	中	〃	1	1		1	1	4	1			1	2	3	4	7		3	2	1	1	7	2		4	6	11	5	4	5	25	3	54	61
	計	該当者						10					11			17						19				19					71	8	155	158
		学令者に対する率						0.3					0.32			0.49						0.55				0.55					2.1	0.23		
		全該当者に対する率						6.5					7.1			11.0						12.3				12.3					45.8	5.2		
3（知念地区）	小	該当者	1		1	3	2	7	1	1	3	6	11		4	4			7	2		9	6	5	2	13	6	1	2	6	15	5	64	62
	中	〃			3	2		5		3	1	1	5	3	1	4		4	6	1		11	9	2		11	11		2	2	15	2	53	59
	計	該当者						12					16			8						20				24					30	7	117	121
		学令者に対する率						0.11					0.15			0.08						0.19				0.23					0.28	0.07		
		全該当者に対する率						10.3					13.7			6.8						17.1				20.5					25.6	6.0		
4（胡差地区）	小	該当者		4	6		4	14	1	5	1	1	8		3	3	2	4	10		2	18	1	7	10	18	27	14	8	5	54	28	143	128
	中	〃		1			1	2	3	1		2	6	2	4	6	1		3	1		5	2	1	2	5	12	7	5	1	25	9	58	89
	計	該当者						16					14			9						23				23					79	37	201	217
		学令者に対する率						0.71					0.62			0.4						1.0				1.0					3.5	1.64		
		全該当者に対する率						8.0					7.0			4.5						11.4				11.4					39.3	18.4		
5（前原地区）	小	該当者	2		1	2	1	6	2	3	2	2	9	2	5	7		1	10	2	1	14	7	2	2	11	19	4	2	1	26	6	79	94
	中	〃	1				2	3		3		3	6	1		1	2	1	7	1		11	1	4	1	6	20	4	1		25	6	58	47
	計	該当者						9					15			8						25				17					51	12	137	141
		学令者に対する率						0.56					0.94			0.5						1.56				1.06					3.18	0.75		
		全該当者に対する率						6.6					10.9			5.8						18.2				12.4					37.2	8.3		
6（石川地区）	小	該当者												1	1	2		2	3			5		1	1	2	17	2		1	20	2	31	30
	中	〃					1	1									1		2			3	1			1	8	1			9		14	16
	計	該当者						1								2						8				3					29	2	45	46
		学令者に対する率						0.02								0.04						0.16				0.06					0.6	0.04		
		全該当者に対する率						2.2								4.4						17.7				6.6					64.4	4.4		
7（宜野座地区）	小	該当者		1			1	2	2		2	3	7		19	19		4	4			8		6	1	7	5		2		7	6	56	40
	中	〃			1			1		1		1	2	1	3	4	2		2		1	5		2		2	7	5			12	4	30	23
	計	該当者						3					9			23						13				9					19	10	86	63
		学令者に対する率						0.08					0.26			0.66						0.27				0.26					0.55	0.29		
		全該当者に対する率						3.5					10.5			26.7						15.1				10.5					22.1	11.6		
8（名護地区）	小	該当者	2	2	4	7	4	19	2	3	5	2	12	1	6	7	4	12	24	4	1	45	7	13	3	23	20	11	11	11	53	16	175	172
	中	〃	1	2	4	5	2	14	2	1	5	4	12	4	4	8	2	4	9	3	1	19		7	1	8	22	5	5	1	33	8	102	98
	計	該当者						33					24			15						64				31					86	24	277	270
		学令者に対する率						0.17					0.12			0.08						0.32				0.16					0.44	0.12		
		全該当者に対する率						11.9					8.7			5.4						23.1				11.2					31.0	8.7		
9（辺土名地区）	小	該当者								2		2	4					2	3	4		9	1	2	1	4	3	3	2	2	10	9	36	39
	中	〃								1		1	2		1	1			1			1			1	1	2	5	1	3	11	5	21	26
	計	該当者											6			1						10				5					21	14	57	65
		学令者に対する率											0.12			0.02						0.20				0.1					0.42	0.28		
		全該当者に対する率											10.5			1.8						17.5				8.8					36.8	24.6		
10（久米島地区）	小	該当者								1	1		2						5	1		6		2		2	2		1		3	5	18	23
	中	〃																	1			1		1		1						1	3	16
	計	該当者											2									7				3					3	6	21	39
		学令者に対する率											0.05									0.18				0.08					0.06	0.16		
		全該当者に対する率											9.5									33.3				14.3					14.3	28.6		
11（宮古地区）	小	該当者	3	1	1	1		6	11	1	3	2	17		4	4		4	5	2	2	13	13	5	5	23	9	30	10	4	53	14	130	104
	中	〃			2	1		3		2		2	4		3	3		1	5			6	3	3	1	7	9	8	11	1	29	8	60	61
	計	該当者						9					21			7						19				30					82	22	190	165
		学令者に対する率						0.06					0.13			0.05						0.12				0.19					0.53	0.14		
		全該当者に対する率						4.7					11.1			3.7						10				15.8					43.2	11.5		
12（八重山地区）	小	該当者	1	1	1		1	4				2	2		2	2	4		3	3		10	2	2		4	3	2	1	1	7	9	38	151
	中	〃			3			3		1		2	3	1	4	5		1	5	1		7					4				4	4	26	48
	計	該当者						7					5			7						17				4					11	13	64	199
		学令者に対する率						0.07					0.05			0.07						0.18				0.04					0.12	0.14		
		全該当者に対する率						10.9					7.8			10.9						26.6				6.2					17.1	20.3		

『人事案内』

左記のとおり教員希望者がありますから、採用希望の校長は教育長を通じ文教局学務課まで連絡して下さい。

教員希望者

氏名	性別	年令	資格	免許状の教科	特技	就職の別	希望校	希望地
1	男	40—45	小中二	理科		復職	中校	胡差、前原、知念
2	〃	20—25	関東学院卒見込	社会	唐手、歴史	新	高、中校	辺土名、名護、宜野座
3	女	30—35	小中二	数学、家庭	手芸	現(知念)	中、小校	那覇、真和志
4	〃	20—25	小仮		低学年における生活指導	現(宜野座)	小校	宮古
5	男	25—30	小二		学習指導(特殊児童)	〃	〃	名護、屋部、本部
6	女	35—40	小中二	家庭		〃	中校	胡差、石川
7	男	20—25	小二			〃	小校	石川、前原
8	女	30—35	小中二	音楽、家庭	裁縫、手芸	〃	小、中校	胡差、那覇、前原
9	〃	20—25	小、中仮	国語		〃	小校	今帰仁、名護、羽地
10	〃	20—25	小仮		算盤	〃	〃	那覇
11	男	25—30	小仮		音楽	〃	〃	那覇
12	女	20—25	小二		洋裁	〃	〃	那覇、真和志
13	〃	25—30	小二		低学年における生活指導 体育、ダンス	〃	〃	那覇
14	〃	25—30	小仮		国語、音楽	〃	〃	名護、屋部、本部
15	〃	25—30	小二		図画、洋裁	〃	〃	那覇
16	〃	35—40	小二、中仮	家庭		〃	〃	真和志、那覇
17	〃	25—30	小二			〃	〃	那覇
18	〃	35—40	小仮		音楽	〃	〃	那覇、胡差、前原
19	〃	25—30	小二		低学年算数指導	〃	〃	名護
20	〃	25—30	小二		中学年算数指導	〃	〃	真和志、那覇
21	〃	20—25	小仮		体育、タンス	〃	小、中校	那覇
22	男	25—30	小二、中仮	英語	数学	〃	〃	胡差、那覇
23	女	45—50	小一、中二	家庭、国語	低学年算数指導	〃	小校	真和志、那覇
24	〃	45—50	小、中二	家庭、社会	音楽	〃	中、小校	那覇
25	男	45—50	中校長二、中小二	社会		〃	小校	那覇、胡差、前原、知念
26	女	30—35	小中二	家庭		〃	小、中校	那覇、真和志
27	男	45—50	中校長一			〃		那覇、真和志

—あ—と—が—き—

○特殊児童生徒の調査の結果を見て「しいの実学園」を想起するのである。——この子等のための特殊学校の増設及び特殊学級の新設などの必要性を感ずるのであるが……今のところいろ〳〵な条件にはゞまれて、はかばかしくいかない。

○が…しかし、

普通学級における特殊児童生徒に対する指導上の配慮は寧ろ重要性をもつものである。一人の肢体不自由児に「いたわりの気持」「おもやりの気持」でクラス全員が接する時、やがてその児が救われ、その児がいたがために、クラスの情緒的なつながりがより一層強化され、明るく、美しく、楽しい学級雰囲気がかもしだされることにもなろう。

○「いたわりの教育」「はげましの教育」が子供等を救う唯一の教育技術であり、方法であると思うのである。

○…してみれば、教育によつてのみ救うことの出来るこの不自由な児等のために、一層の関心と努力が傾けられることを祈るものである。

○本号に各先生方から尊い研究と実践記録を戴く事を得まして厚く謝意を表します。

（T・K生）

一九五六年一月二五日　印刷
一九五六年二月十三日　発行

文教時報（第二十一号）
（非売品）

発行所　琉球政府文教局
研究調査課

印刷所　旭堂印刷所
那覇市四区八組
（電話六五五番）

琉　球

文教時報

22

NO.22

文教局研究調査課

英祖王の石棺

英祖は浦添極楽山に始めて墓陵を築いた。これは英祖王の石棺といわれるもので幅四尺九寸高さ四尺八寸五分の規格からなり石材は按山岩を用いて出来たものである。

〔第一次特別重要文化財〕

棺の壁面は精巧な彫刻が施され当時の芸術の跡をしのばせる貴重なものとして一九五五年一月七日特別重要文化財に指定されたものである。

文教時報第22号

＝目　　次＝

沖縄水産高校における
機関科の教育課程について

具志堅松一

船の構成部のうち機関部はその大部分が船体の内部にかくれているため一般の人々にはやゝもすると船体部に比してその存在が忘れられがちである。

船を定義すると「人件や物件をのせて水上に活動する器」ということになる。したがつて載せる要素と活動する要素が必要であることはいうまでもない。この二つは対等の要素であつて、古い譬えでいえば鳥の両翼車の両輪である。いずれが欠けても船にはならない。もつとも原始時代の船は船体のみから成つていて、その活動はもつぱら人力または風力によつた。現在でも全琉で貨物船九隻、貨客船一隻、漁船二隻（海運課の船名録に登録されるいわゆる五屯以上の船舶）は機関を有していないが、これらは現代の船としては特殊な存在である。

舶用機関は船の活動要素であると述べたがこの活動と云うことは水上を航走することのみではない。船としての機能を発揮させるための各種活動をふくんでいる。貨物を積み卸しすることも船として必要な一つの活動であり、これらはみな機関によつてなされる。すなわち機関は死物である船体に生命を与えるところのものである。船が船として使命を果し得るのけ機関あるが故である。従つて舶用機関はその用途によつて二つに大別することが出来る。船体航走用のものすなわち推進機関と、これ以外の活動用のものすなわち非推進機関とである。

舶用機関は一般の陸上用機械の類とは異なる特殊の条件を具える必要があるので、機関学の一部門として独特の研究を要するものである。なおまた舶用機関はほとんどあらゆる種類の機械類を網羅し、しかもそれがみな高性能のものであることを要するので、学問としては機械工学その他各種科学の粋を集めたものである。すなわち一国の科学技術の結集がその国の船となると言われるゆえんである。そこで本課程における教育には社会的要望、個人的要求に即応して合理的にして綿密な計画を必要とすることは論をまたない。

本課程においてはあくまで漁船機関を重点的に取扱い、他の部門は機関についてより深く理解出来るようにという観点から取扱つてある。尚漁船に直接乗込むのであるから水産一般に対する知識、漁船に対する知識、航海運用に対する知識等も修得出来るようにしてある。

教育目標設定及び教育課程編成について

産業教育は地域社会の要望に応じてその目標が設定されなければならない。それには日本の趨勢を考慮し又日本の文部省案（昭和三十一年度）を尊重しながら先ず沖縄に於ける実態を見る必要があろう。

実態

（A） 国際的観点から

船舶運航の原動機として使用されている機関には色々の種類のものがあるが、これを大別すると外燃機関と内燃機関とに分つことが出来る。外燃機関の歴史は相当古く内燃機関は大変新しい。然し乍ら現在でもその使用状況は大体において半々であり、年々内然機関が進出する傾向にある。

（B） 琉球における実態

一 沖縄における業態別機関に就いて（宮古、八重山を除く）

(1) 焼玉機関業態別年度別船舶数（第一図）

(イ) 漁船に据付られた焼玉機関は一九五四年には減少しているがこれは経費関係で業態を変更したものと推定している。

(ロ) 貨客船に据付けられた焼玉機関は年々減少しているが、それは大部分遭難の為で、それに港内での火災（焼玉をやくため）等が原因と推定される。

(ハ) 貨物船に据付けられた焼玉機関は五三年から五四年は急激に減少しているが、これは大島が日本へ復帰をした為に他業へ変更したことによるものであり、又五四年より増加していのは法規によつて十二名以上収容可能の船舶のみが貨客船として規定されたため、貨客船から貨物船への転向を余儀なくされたせいだと思われる。

(2) ディーゼル機関業態別年度別船舶数（第二図）

(イ) ディーゼル機関を有する漁船は表に示す如く増減していない。

(ロ) 貨物船に据付られたディーゼル機関は五四年より増加しているがそれも焼玉の時と同じく法規適用によるものと推定される。

(ハ) 貨客船に据付られたディーゼル機関は五三年から五四年へは増加しているが五五年では減少している。その原因は調子が悪く焼玉に切換えられた為であろう。

(3) グレイマリン機関業態別年度別船舶数（第三図）

(イ) 漁船に据付られたグレイマリン機関は年々減少しているが、米国製品であるため、部品が少なく、日本から来るものは米国製に劣るという欠陥のあることが原因している。

(ロ) 貨客船、貨物船の場合も全く同様の原因によつて減少している。

二 全琉に於ける各種船舶機関業態別一隻当り馬力数

漁船焼玉機関では宮古は沖縄の一、五五倍になり従つて宮古は小型漁船は少なく揃つた中型漁船が多いということになる。沖縄では琉水社の漁船が中型でその他は小型漁船が多い。（第八、九、十図）

三 沖縄（宮古、八重山を除く）における業態別主要燃料消費量（一ヵ月当り）

(イ) 海運関係のガソリン消費量は刳舟の電気着火機関とグレイマリンの補助機械に多い。

(ロ) バンカーオイルは単独には消費されず軽油（ディーゼルオイル）として消費されている。

(ハ) 工業関係のバンカーオイルは発電所用ボイラー製糖会社の主要燃料及び酒造用ボイラーに燃料として使用されている。（第一表）

四 年度別燃料消費量（第十二図）

(イ) ディーゼルオイル五四年における減少はマリンディーゼルへの切換えのためで年々その傾向は増大している。

(ロ) ガソリン消費量の急上昇は自動車数の増加と稼働時数の増加によるものと推定される。

五 機関図面について

組立図面は一部船舶に所持しているだけでほとんどの船舶になく、部分図面は皆無の状態であるので部分品を沖縄で作ることが出来ず、そのためか機関士は正しい図面の見方、書き方を理解していない。

六 舶用電気について

船内は電気装備が施されているが、機関士は電気工学に対する知識に乏しく、一例を琉水社にとれば鯖船のゼネレーター一台故障のためにすべての機能が停止され、その船が操業したと考えた場合、船員の俸給などを考えると一二〇万円の欠損だと社長が云つておられる。

七 機関材料について

機関士が機関材料の知識に乏しいため機関による海難の原因となつている。（第十三図～十五図参照）

八 機関製作並びに修理について

○沖縄の鉄工所ではディーゼル機関の修理が出来ない。

○機関製作に必要な工作機械がない。

九 免許状所持者について

○機関士は安全運転に対しての各部分品の強度計算を実施しているのが極く少く又計算能力が薄弱である。

○免許状所持者は小機士と高級免許状所持者が少ない。（第一表参照）

○ディーゼル機関技術者が非常に少い。

免許状所持者で実際に免許状を生かして船舶に乗り込んでいるのは六〇％以下である現状なので海運課としては法定職員数の三倍の免許状所持者を養成すれば無資格者による船舶運航がなくなると考えている。すると機関は第一表に示してある如く現在迄の免許状所持者以上の五三三名の所持者が必要となつて来る。

結論

日本漁船統計（昭和二十九年末）によれば海水動力漁船の焼玉機関は昭和二十五年末を最高として漸次下降しディーゼル機関一馬力に対し焼玉機関一、三馬力の割合になつている。既に日本の時勢はディーゼル機関の組立や運転に習熟した技術者の時代と云える。沖縄の現状を考えるに統計の示す如く焼玉機関の世界で焼玉九六％ディーゼル二・六％でディーゼル機関一馬力に対し焼玉八・五馬力の状態で水産業の発展には燃料が経済的に約半分となるディーゼル機関に切換えて行く必要があると思う。難点はいろ〳〵あるが我々学校当事者としてはディーゼル機関技術者の養成に主眼を置いている。折角ディーゼル機関が漁船等に取付られても実態に示した如くディーゼル機関を取扱うディーゼル技術者の貧困な為に又焼玉に切換えねばならぬと云う現状では水産業発展を阻害する大きな原因であります。

それで本科の教育課程の目標並びに単元展開は今まで述べた沖縄の実態の上に立脚し日本及び世界の趨勢を加え合せて作成してあります。

本課程の教育目標

船舶機関の操作、運転、修理等について必要な知識、技能を修得し将来船舶職員として漁船に乗組むものを養成するため次の目標の達成を目ざすものである。

一、水産に関する一般常識と漁業ならびに漁船に関する実際的な知識を習得させる。
二、漁船機関の運転、修理ならびに保全に必要な知識技能を習得させる。
三、船用機関の設計工作に関する基本的な知識を習得させる。
四、漁船の運航に伴う機関の確実かつ経済的な取扱いの技能を習得させる。
五、漁船の操業に従事させ、機関部員の占める位置と役割を正しく認識させ、漁船の操業に協力する態度を養う。
六、船内勤務を通じて勤務に対する確固たる信念と正しい職業観を把握、確立させる。
七、困苦に堪え、責任を果す強靱な体力と旺盛な気力を養う。
八、常に科学的精神を堅持し創意工夫をこらし研究を怠らない態度を養う。

漁船機関の目標

一、漁船機関の種類とその特徴について理解させる。
二、漁船機関室内の主機および補機の配置について理解させる。
三、往復汽機の作動原理および構造について理解させる。
四、往復動汽機の附属装置の構造および機能について理解させる。
五、往復動汽機の取扱いの技能を養う。
六、軸系の構造および機能を理解しその取扱いの技能を養う。
七、推進器の原理およびスリップについて理解させる。
八、蒸汽タービンの作動原理および構造について理解させる。
九、蒸汽タービンの減速装置について理解させる。
十、蒸汽タービンの取扱いの技能を養う。
十一、内燃機関の作動原理と種類について理解させる。
十二、焼玉機関の構造を理解し、その取扱の技能を養う。
十三、電気着火機関の構造を理解し、その取扱の技能を養う。
十四、ディーゼル機関の原理と構造を理解し、その取扱いの技能を養う。
十五、漁船機関の燃料の種類、積込および貯蔵法について理解させる。
十六、漁船機関用潤滑油の種類、性質および給油法を理解させる。
十七、機関室の計器の構造、機能を理解し、その取扱いの技能を養う。
十八、機関の馬力の種類を理解し、これを測定する技能を養う。
十九、ポンプ類の構造機能を理解し、その取扱の技能を養う。
二〇、操舵機および揚貨機の構造機能を理解し、その取扱いの技能を養う。
二一、機関の故障の未然防止ならびに修理について理解し技能を養う。
二二、機関に関する法規について理解させる。

以上の目標達成のため次の具体目標を定め各項について理解させる。

第一学年

理解

一、漁船機関の種類とその特徴について
二、漁船機関の作動原理とその基礎について

技能

一、内燃機関の安定且つ取扱の技能を養う。

態度

一、船内諸機械の機能についてよく観察し測定する態度を養う。

第二学年

理解

一、漁船機関室内の主機及び補機について
二、推進軸および推力軸受について
三、中間軸および中間軸受について
四、推進軸および船尾管について
五、推進器の原理およびスリップについて
六、船の速力と燃料消費量との関係について
七、内燃機関の作動原理について
八、内燃機関の種類について
九、焼玉機関の構造と特徴について
十、電気着火機関の構造と特徴について
十一、漁船機関用燃料の種類、積込および貯蔵法に

ついて
十二、機関の指示馬力および軸馬力の意義について

技能

一、内燃機関の安定、且つ経済的な取扱いについて
二、内燃機関の整備保全について
三、機関室内計器の取扱いについて
四、機関の馬力測定について

態度

一、船内諸機械の機能について観察し、測定し、記録する態度
二、機関運転中に発見した異常は軽視せずその原因を究明する

第三学年

理解

一、内燃機関の作動原理について
二、ディーゼル機関主要部の構造と名称について
三、ディーゼル機関の燃料装置について
四、ディーゼル機関の排気装置について
五、ディーゼル機関の冷却装置について
六、ディーゼル機関の起動装置について
七、ディーゼル機関の運転法について
八、漁船機関用潤滑油の種類、性質及び給油法について
九、機関室内の計器の構造と機能について
十、ポンプ類の構造機能について
十一、操舵機及び揚貨機の構造機能について
十二、往復動汽機の作動原理について
十三、往復動汽機の構造及び主要部の名称について
十四、往復動汽機の配置装置について
十五、往復動汽機の反転装置について
十六、往復動汽機の復水装置について
十七、蒸汽タービンの作動原理について
十八、蒸汽タービンの構造及び主要部の名称について
十九、蒸汽タービンの種類とその特徴について
二〇、後進タービンについて
二一、機関に関する法規について

技能

一、内燃機関の安定且つ経済的な取扱いについて
二、内燃機関の整備と保全について
三、内燃機関の故障の発見および修理並に損傷の応急処置について
四、機関室内計器の取扱いについて
五、機関の馬力の測定について
六、ポンプ類の取扱いについて
七、操舵機及び揚貨機の取扱について

態度

一、船内諸機械の機能についてよく観察し、測定し記録する態度
二、機械の運転中に発見した異常は軽視せず、その原因を究明する。
三、機械の機能および取扱法については不断の研究と工夫を続け、これが改善、改良に努める。

指導上の注意

一、実験、実習を重視し、実技を習得することに重点を置き指導する。
二、船舶職員法に基く機関の種類に限定を認める資格を考慮し、特に外燃機関の取扱いには注意して学習時間を配当する。
三、「乗船実習」ではこの科目を中心にして総合的な学習を行う様にする。
四、災害防止に充分注意する。

船用電氣

目標

一、電気の特徴と船舶に於ける電力の利用状況を理解させる。
二、電気の本質とその性質について理解させる。
三、電気の諸作用を理解させる。
四、電池の原理と種類を理解し、その取扱の技能を養う。
五、船の照明器具を理解しその取扱いの技能を養う。
六、直流機の原理と構造を理解し、その取扱いの技能を養う。
七、配電盤の構成とその機能を理解し、その取扱の技能を養う。
八、交流機の原理と構造を理解し、その取扱いの技能を養う。
九、変圧機の原理と種類について理解させる。
十、電気測定器の構造、用途を理解し、その取扱の技能を養う。
十一、電気設備に関する規程を理解し、これを守る態度を養う。
十二、電気工事についての技能を養う。

具体目標

A　次の各項について理解させる。
一、電気の特徴について

二、船舶に於ける電力の利用状況について
三、電気の本質とその性質について
四、電流の三作用について
五、電池の原理と種類について
六、電灯と船の照明器具について
七、直流と交流について
八、直流発電機の原理ど構造について
九、直流発電機の構造と種類と特性について
十、直流発電機の電圧調整について
十一、配電盤の構成とその機能について
十二、直流電動機の原理と構造について
十三、直流電動機の種類と特性について
十四、直流電動機の起動法及び制動法について
十五、直流機の取扱法について
十六、直流機の故障と修理法について
十七、交流理論について
十八、交流発電機の原理と構造について
十九、電気角度と周波数について
二〇、誘導電動機の原理、構造および特性について
二一、同期電動機の原理、構造および特性について
二二、変圧器の原理と種類について
二三、電気測定器具の構造とその用途について
二四、電気設備に関する規程について

B 次の各項について技能を養う。
一、電力、電力量、合成抵抗およびジュール熱の計算について
二、一次電池の作り方について
三、二次電池の充電及び取扱について
四、照明器具の取扱いについて
五、配電盤の取扱いについて
六、直流機の運転と故障に対する処置について
七、交流回路の計算について
八、交流機の運転と故障に対する処置について
九、電気測定器の取扱いについて、
十、電気工事について

C 次の各項についての態度を養う。
一、電気工事は規程に準拠して行う。
二、電気機器の取扱いを慎重に行い、点検を励行し、災害防止に努力する。
三、電気機械運転中の音響、発熱、その他の異常を軽視せず、原因を究明する。

指導上の留意事項

一、実験、実習を重視する。
二、機関に関する他の科目と密接な関連を保せて指導する。

以上の如き具体目標達成のため各学年進度計画により理解し、技能、態度を養う。

機関・設計・工作の目標

第一学年

一、各種機械類に共通な機械要素を理解し、機械の構成と機能とを理解する基礎的能力を養い機械の設計に当って機械要素を適正に選ぶ知識を与える、
二、機械を構成する各種材料についての知識を養い、その選択と処理を適正にし機械の損傷、修理保全の基本的知識を理解させる。
三、手仕上用工具の取扱法を理解し、手仕上げの技能を養う、
四、鑄造作業および鍛造作業の工程を理解する。
五、熱処理の種類と、その方法を理解し実技を養う。
六、熔接およびろうづけ用器具機械の取扱法を理解しその実技を養う。
七、板金作業用器具機械の取扱法を理解し板金作業の実技を養う。

具体目標

A 次の各項について理解させる。
(1) 機械要素について
1 動力伝達の方法
2 締結用機械要素
3 軸に関する機械要素
4 伝達装置
5 緩衝装置
6 管に関する機械要素
(2) 機械材料について
1 セメント及びコンクリートの製法、性質ならびに用途
2 れんが、耐火材料および保温材の種類、性質用途
3 木材の種類性質および用途
4 ガラス、合成樹脂およびゴム類の性質、用途
5 ベルト、ロープおよびファイバーの性質、用途
6 研磨材の種類、性質および用途
7 潤滑剤および切削油の種類、性質用途
8 燃料の種類、性質および用途
9 防蝕材料の種類、性質および用途
(3) 設計製図について
1 製図機械の用法

2 平面図形の画き方
3 機械要素の図示法

(4) 機械工作について
1 手仕上の工作内容とその工具の種類
2 工業用測定器の構造と機能
3 鑄造品の種類、特徴ならびに鑄造作業の工程
4 模型および鑄型の製作と鑄込法
5 板金材料と手工板金作業
6 板金機械とその作業

B 次の各項についての技能を養う。

(1) 機械要素について
1 ベルトを接合し、ベルト車にベルトを掛け外しする。

(2) 機械材料について
1 コンクリートを用途に応じて適切な配合で作る
2 木材の種類の鑑別

(3) 設計製図について
1 製図機械の正しい使用
2 平面図形を正しく画く
3 機械要素を工業規格によつて正しく画く

(4) 機械工作について
1 手仕上用工具を用いて簡単な部分を正しく工作する
2 鑄造用機械器具を用いて簡単な部品を鑄造する

C 次の各項について態度を養う。

(1) 器具機械は無理なく使用し、使用後の処置を適正に行う

(2) 設計製図について
1 製図機械使用後は必らず手入れを行い保全に注意する

(3) 機械工作について
1 手仕上作業は日用品の製作、修理に応用、演練の機会を作る
2 手仕上工具は大切に使用し手入れを怠らず保全に注意する

第二学年

一、機械各部に働く力を理解して機械の設計に役だてるとともに機械を円滑にかつ安全に使用する能力と態度を養う。
二、機械を構成する各種材料についての知識を養い、その選択と処理を適正にし機械の損傷、修理、保全の基本的知識を理解させる。
三、設計、製図の果す役割を正しく理解し、製図の規約に従つて正しく製図する技能を養う。
四、工作機械の機能を理解し、機械仕上げの技能を養う。
五、精密仕上の種類と、その方法を理解する。
六、測定および検査の種類とその方法を理解させる。

具体目標

A 次の各項について理解させる。

(1) 機械要素について
1 機械に働く力
2 機械に働く摩擦力
3 荷重、応力およびひずみと相互の関係

(2) 機械材料について
1 金属の組織と強さ
2 合金の組織と性質
3 重金属の種類性質および用途
4 軽合金の種類、性質および用途
5 銅および銅合金の種類、性質および用途
6 白色合金の種類、性質および用途
7 特殊目的用金属の種類、性質および用途
8 製鉄法と鉄の分類
9 炭素鋼の性質および用途
10 特殊鋼の種類、性質および用途
11 鑄鉄および特殊鑄鉄の性質および用途

(3) 設計製図について
1 製図の意義と種類
2 設計、見取およびコツピーの意義
3 設計と工業規格
4 機械図面の種類
5 画法の種類
6 投影画法の種類とその特徴
7 機械図面の大きさ
8 図面の尺度
9 図面用の文字と数字
10 図面に用いる線
11 基本投影図
12 作図法
13 破断の種類と断面図の画き方
14 寸法の記入法
15 仕上面の記号
16 摘要欄の記入法
17 スケッチの仕方
18 熔接記号

(4) 機械工作について

1 鍛造品の特徴
2 鍛造設備と鍛造作業
3 熱処理の種類とその方法
4 熔接及びろうづけの器具とその方法
5 各種工作機械の構造機能およびその取扱

B 次の各項についての技能を養う。

(1) 機械要素について
1 硬度計および材料試験機の安全な操作
2 機械設計に当つて機械要素を適正に選ぶ

(2) 機械材料について
1 金属の種類の鑑別
2 金属の組織を顕微鏡写真によつて見分ける

(3) 設計、製図について
1 製図の規約に従つた正確かつ明瞭な製図法
2 投影図法によつて立体を正しく画く

(4) 機械工作について
1 鍛造用機械器具を用いて簡単な部品を鍛造する
2 普通の工具の焼入、焼もどしおよび鋼材成形后の焼なましを行う
3 鉄板のガス熔接および電気熔接を行う
4 ハンダおよび真鍮ろうを用いてろうづけを行う

C 次の各項についての態度を養う。

(1) 器具機械は無理なく使用し、使用後の処置を適正に行う

(2) 設計製図について
1 製図の規約を忠実に守る
2 機械部品を機会を捉えて気軽にスケッチする習慣と態度を養う

(3) 機械工作について
1 刃物の焼入、はんだづけ等は努めて日常生活に応用して演練の機会を作る

第三学年

工作図を正確に読み、簡単な機械を設計する技能を養う。

具体目標

A 次の各項について理解させる。

(1) 機械要素について
1 機械製作の工場設備と製作工程の大要

(2) 設計製図について
1 工作図の画き方
2 スケッチの仕方
3 はめ合いの種類

(3) 機械工作について
1 特殊鋳造法
2 精密仕上の方法とその特徴
3 測定及び検査の種類とその方法

B 次の各項についての技能を養う。

(1) 設計製図について
1 投影図法によつて立体を正しく画く
2 工作図を正確かつ迅速に画く

C 次の各項についての態度を養う。

(1) 機械材料は適材を適所に経済的に使用し消耗品を徒費しない

(2) 設計製図について
1 機械部品を機会を捉えて気軽にスケッチする習慣と態度を養う

漁船の目標

一、各種船舶の船体、推進機構、漁撈機械の大要を理解させる。
二、各種漁船に必要な船舶のそれぞれの特性を理解させる。
三、漁船の機械、器具類を取扱ふ技能を養う。
四、漁船の管理および手入れ修理の技能を養う。
五、漁業に船舶が必要なことを念頭におき常に大切に管理する態度を養ふ。

海事法規の目標

一、海上衝突予防法について理解し、技能を養う。
二、船舶安全法を始め関係諸法規について理解し、船舶の円滑な運営を図る技能を養う。
三、法に従い船舶の安全を図る態度を養う。

航海運用の目標

一、船舶の安全な運航に就て必要な知識を理解させる
二、漁船の運航及び操業に必要な基礎的技能を養う。
三、船内職務を責任をもつて実行し、且つ乗組員と協同する態度を養う。

漁業の目標

一、各種漁業の大要を理解する。
二、漁場と漁期の条件及び性質を理解する。
三、漁具の材料、構造、操作等を理解する。
四、漁具の製作、修理保存の技能を養う。
五、船上の作業になれ、且つ漁具、漁法の操作、運用技能を養う。
六、水族を有効に漁獲し、その完全な処理、保蔵の技能を養う。
七、果敢に海上に進出し、且工夫改良する態度を養う
八、水産資源量を考察し、適正に漁業を行う態度を養う。

第一表　免許状所持者
海運課資料より

免許状の種類	所持者 1956年1月末日調査	法定職員（機関・甲板同数）55.12.31現在
甲一機		
甲二機	3	
内機乙機長	5	5
乙一機	18	24
乙二機	48	15
丙機長	140	29
丙機士	246	113
小機士	9	148
計	469	334

1955年12月10月海運課資料より		一隻当り馬力数
貨客船＝61隻	13,559HP	222,2HP
貨物船＝42隻	8,045〃	191,5〃
警備船＝4隻	900〃	225,0〃
雑　船＝3隻	460〃	153,3〃
漁　船＝199隻	12,128〃	60,0〃
合　計＝309隻	35,092〃	112,1〃

第二表　船用機関年度別実態　（沖縄の部）

機関別	業態別	年度	1953年	1954年	1955年
焼玉機関	貨客船	隻	34	25	13
		馬力	3,008	2,270	851
	貨物船	隻	20	6	11
		馬力	1,354	360	1,209
	警備船	隻	1	0	0
		馬力	150	0	0
	雑船	隻	2	1	1
		馬力	115	65	25
	漁船	隻	104	99	99
		馬力	4,866	4,562	4,846
ディゼル機関	貨客船	隻	5	8	6
		馬力	3,550	5,760	5,350
	貨物船	隻	3	3	5
		馬力	2,200	2,200	2,610
	警備船	隻	1	0	0
		馬力	250	0	0
	雑船	隻	0	1	1
		馬力	0	210	210
	漁船	隻	3	3	3
		馬力	850	850	950
グレイマリン機関	貨客船	隻	20	16	14
		馬力	7,650	3,750	6,075
	貨物船	隻	15	13	8
		馬力	4,725	4,275	2,475
	警備船	隻	6	5	3
		馬力	750	1,125	900
	雑船	隻	0	1	0
		馬力	0	225	0
	漁船	隻	7	4	2
		馬力	1,800	1,125	675

第三表　船用機関実態　1955年12月10日 海運課資料による

機関別	業態別		沖縄	宮古	八重山	全琉
焼玉機関	貨客船	隻	13	3	33	39
		馬力	851	94	739	1,684
	貨物船	隻	11	10	7	28
		馬力	1,209	1,102	424	2,735
	警備船	隻	0	0	0	0
		馬力	0	0	0	0
	雑船	隻	1	0	0	1
		馬力	25	0	0	25
	漁船	隻	99	32	62	193
		馬力	4,846	2,427	2,980	10,253
ディーゼル機関	貨客船	隻	6	0	0	6
		馬力	5,350	0	0	5,350
	貨物船	隻	5	0	0	5
		馬力	2,610	0	0	2,610
	警備船	隻	0	0	0	0
		馬力	0	0	0	0
	雑船	隻	1	0	0	1
		馬力	210	0	0	210
	漁船	隻	3	1	0	4
		馬力	950	250	0	1,200
グレイマリン機関	貨客船	隻	14	0	2	16
		馬力	6,075	0	450	6,525
	貨物船	隻	8	0	1	9
		馬力	2,475	0	225	2,700
	警備船	隻	3	0	1	4
		馬力	675	0	225	900
	雑船	隻	1	0	0	1
		馬力	225	0	0	225
	漁船	隻	2	0	0	2
		馬力	675	0	0	675

第四表　船用機関業態別一隻当り馬力数

機関別	業態別	沖縄	宮古	八重山	全琉
焼玉機関	貨客船	65.4	31.3	32.1	43.2
	貨物船	109.3	110.2	60.6	97.7
	警備船		0	0	
	雑船	25	0	0	25
	漁船	49	75.8	48.1	53.8
ディーゼル機関	貨客船	892	0	0	892
	貨物船	522	0	0	522
	警備船	0	0	0	0
	雑船	210	0	0	210
	漁船	316.7	250	0	300
グレイマリン機関	貨客船	434.4	0	225	408
	貨物船	309.3	0	225	300
	警備船	225	0	225	225
	雑船	0	0	0	0
	漁船	337.5	0	0	337.5

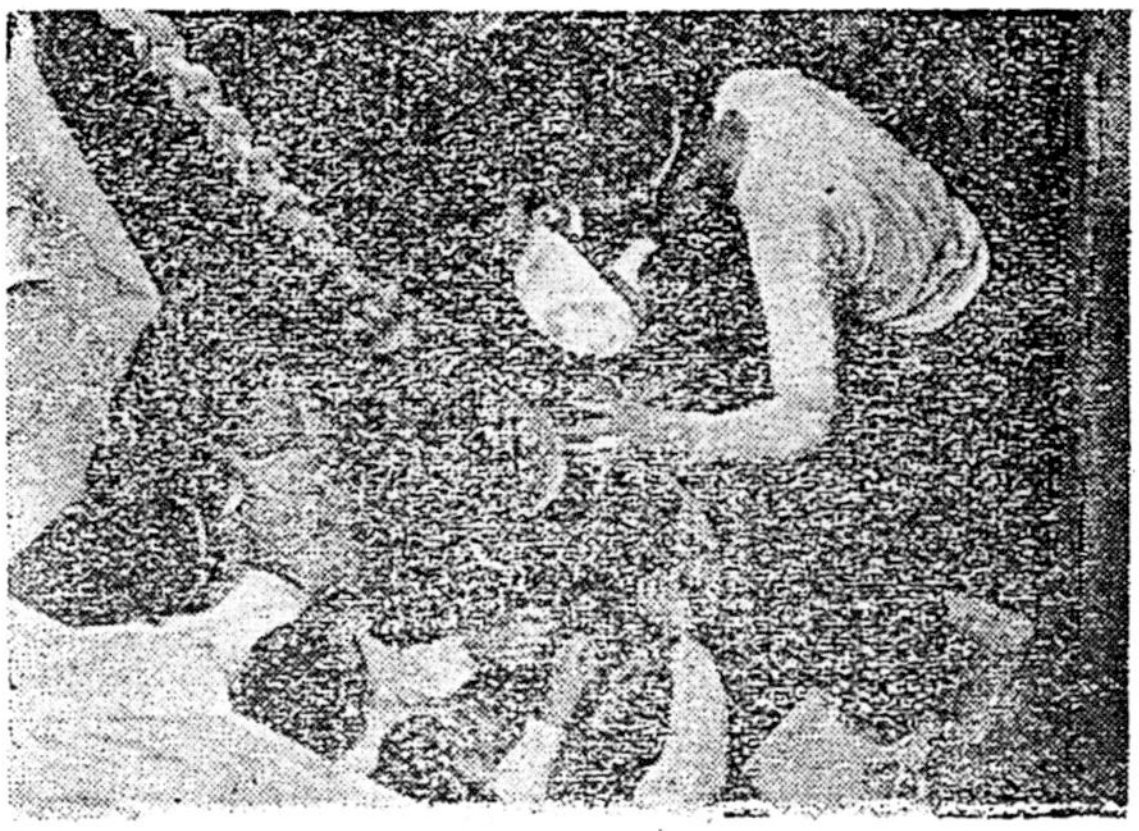

焼玉機関の分解修理を終つてシリンダーにピストンを操入する所（機関科二年生諸君の練習船開洋丸実習）

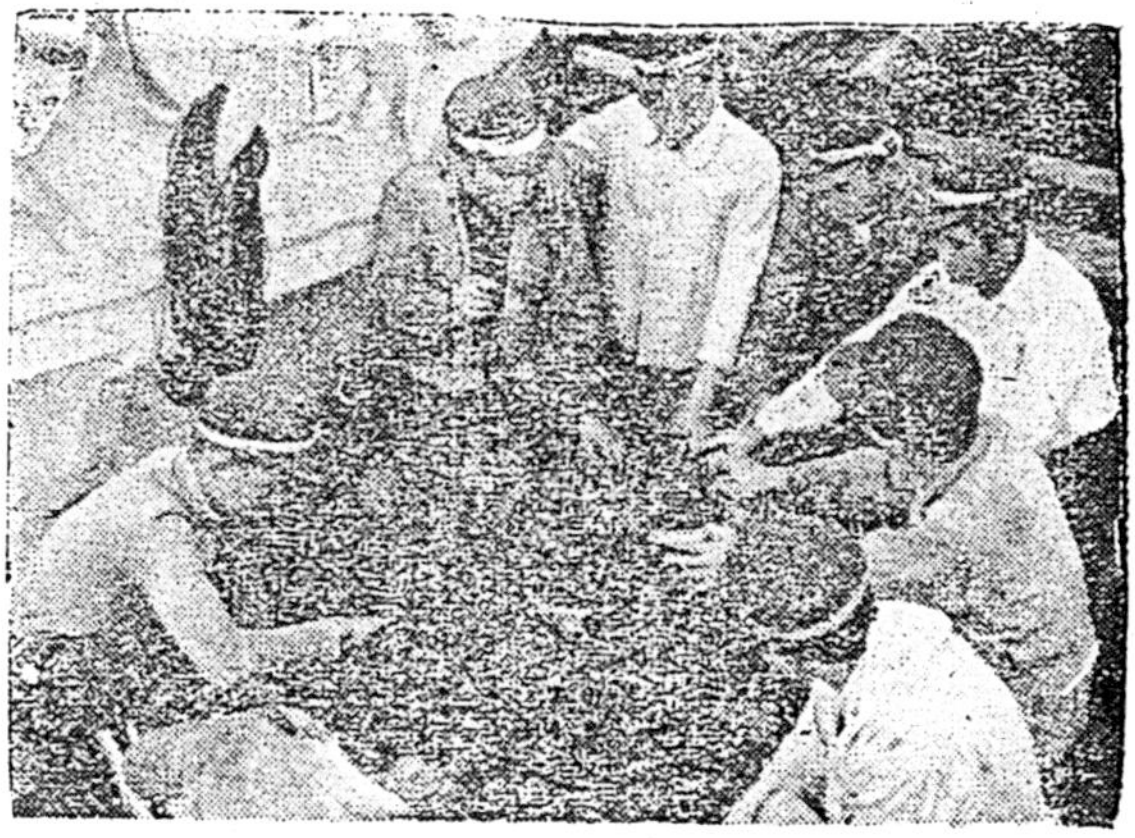

シリンダー・カバー・ポンプ類を分解手入れしている所

本課程の努力点

目標達成のために学校内外において努力すべき点を次に示す。

一、教育環境整備充実

教科目と平衡して基礎実験及び実習を重視しているのであるが、本課程の基礎実験実習設備は皆無で他の施設を利用しなくてはならない現状である。せめてディーゼル機関一台焼玉機関一台、電気着火機関一台等の中古品でも持ちたいものであると共に手仕上工作の基本実習が行われる一揃えと、その実習場が設置出来ないものだろうか、この欠陥は実業高校としての致命的欠陥と云わなければならぬ。

二、綜合実習の場としての練習船開洋丸は焼玉機関を使用しているのであるが、琉球の船舶機関が焼玉からディーゼルへと移行しつつある今日、本校練習船のディーゼルエンヂンへの切換えは早急になされなければなるまい。

是非ディーゼルに切換えなければ琉球の社会現状より取り残される結果となろう。

現状が右の通りでありますので生徒をして教科目と平衡して実験、実習を実施して行くことは毎年のことながら担当教師及び学校当局の最も苦心している所である。それで琉球海運株式会社や琉球水産株式会社等々地域社会にある施設を極力利用させてもらっているのでありますが、それだけでは学校教育の目的が充分達成されないのは明瞭であります。それで御理解を得て地域社会にある諸施設を極力利用させて戴きつゝ右に掲げた二項目の充実に向つて努力するものである。

全日制機関課程

教科	科目	単位数	学年別 1年	学年別 2年	学年別 3年
国語	国語(甲)	9	3	3	3
社会	新科目	3			3
	日本史	3	} 3	} 3	
	世界史	3			
	人文地理	3			
数学	数学(1)	6	6		
理科	物理	5	5		
	化学	3	3		
保健・体育	体育 保健	9	3	3	3
外国語	第1外国語	10	4	3	3
小計		51	27	12	12
水産	水産一般	2	2		
	漁業	2		2	
	漁船	2		2	
	航海運用	2			2
	海事法規	2			2
	水産機械	2			2
	漁船機関	19	2	8	9
	機関・設計・工作	12	3	6	3
	舶用電機	8		4	4
	実習	2	2		
	乗船実習			1ヶ月〜	3ヶ月
	小計	53	9	22	22
合計		104	36	34	34

機関科学習進度計画表第三学年

科目	週	1 2 3 4 5 6 7 8 9 10 11 12 13 14 15 16 17 18 19	20 21 22 23 24 25 26 27 28 29 30 31 32 33 34 35
	単元	地文航法と天文航法の大要	運用と海洋気象
航海運用	二単位	(1) 地文航法(用語解説及び諸元算法) (2) 水路図誌 (3) 航路標識 (4) 沿岸航行中の船位の決定法 (5) 天文航法の大要 (6) 天体の種類 (7) 天測歴及び航海歴 (8) 航海計器の原理と構造 (9) 六分儀による天体の観測 (10) 天体観測による船位測定の方法 (11) 地物と天体による自差測定 (12) 電波による船位測定法	(1) 潮汐と海流 (2) 日及び月の出没時 (3) 時雨計 (4) 風及び雲 (5) 気温と気圧 (6) 低気圧 (7) 避航法 (8) 天気予報 (9) 船体要部の構造 (10) 推進器と舵の作用 (11) 船内器具 (12) 船舶の操縦法 (13) 索具及び滑車 (14) 海難の処置 (15) 船舶の検査 (16) 船舶の修繕及び保持 (17) 貨物の取扱 (18) 日誌の取扱 (19) 国際信号旗

科目	週	1 2 3 4 5 6 7 8 9 10	11 12 13 14 15 16 17 18 19	20 21 22 23 24 25 26 27	28 29 30 31 32 33 34 35
	単元	海上衝突予防法	港則法	船員法及び船舶職員法	船舶法及び安全法と海難審判法
海事法規	二単位	(1) 沿革 (2) 総則 (3) 灯火及形象物 (4) 霧中信号及び速力 (5) 船泊の航法 (6) 航路信号 (7) 解怠の責 (8) 雑則	(1) 港則法 (2) 港則法施行規則 (3) 内海水道航行規則 (4) 入出港及び停泊 (5) 航路及び航法	(1) 船員法の総則 (2) 船員の職務 (3) 規律 (4) 雇入雇止契約 (5) 海技免状の種類 (6) 船舶職員 (7) 罰則	(1) 船舶国籍証書 (2) 船鑑札 (3) 船舶の登録及び変更 (4) 船舶の検査 (5) 海難の原因探究 (6) 懲戒法の種類 (7) 管轄及び組織 (8) 裁決

科目	週	1 2 3	4 5 6 7 8	9 10 11 12 13 14 15 16 17 18 19	20 21 22 23 24 25 26 27 28 29 30 31 32 33 34 35
	単元	熱機関の分類	燃焼の原理及び燃料の種類、性質、用途並びに貯蔵法	蒸汽缶	冷凍機
水産機械	二単位	A．デイーゼル機関 a．空気噴射式機関 b．無気噴射式機関 c．焼玉機関 B．ガソリン機関 C．ガス及び石油機関 D．燃料噴射電気点火機関 E．ガス•タービン	A．燃焼の基本化学反応式 B．燃焼に要する最小限度の酸素量又は空気量 a．固体及び液体燃料の場合 b．ガス体燃料の場合 C．実際空気量、空気過剰係数 D．固体燃料 a．石炭及び褐炭の種類 イ、石炭分析　ロ．試料採取方法 ハ．購入規格　ニ．石炭の風化と自然発化 ホ．分析成績表に対する注意 b．コークス　c．半成コークス d．煉　炭　e．泥炭 f．薪　材　g．木炭 E．液体燃料 a．石油、原油　イ、パラフイン基原油 ロ、ナフテン基原油　ハ、混合基原油 ニ、不正常原油 b．蒸溜及び精製　イ、直溜法　ロ、分解蒸溜法 c．揮発油　イ、直溜揮発油　ロ、ガス揮発油 ハ．混合揮発油　ニ、分解揮発油 d．ベンゾール　イ、製法　ロ、種類　ハ、用途 e．アルコール　イ、製法　ロ、用途 f．合成軽質液体燃料　イ、製法　ロ、用途 g．燈油、軽油　イ、製法　ロ、用途 h．重油　イ、種類　ロ、用途　ハ、製法 i．石炭タール、低温タール　イ、製法 j．その他の液体燃料　イ、シエール油 ロ、石炭液化　ハ、膠状燃料 k．石油製品中、燃料油の日本工業規格 F．ガス体燃料 a．天然ガス　イ、発生、種類 b．石炭ガス　イ、発生、種類 c．発生爐ガス　イ、製法　ロ、成分 d．水性ガス　イ、製法　ロ、用途 e．その他のガス　イ、種類	A．蒸気の発生過程 B．蒸汽缶の構成と種類 a．暖房缶　b．竪缶　c．焔筒缶　d．煙管缶 e．機関車缶　f．舶用円缶（変り型円缶•舶用水管缶）g．特殊缶 C．蒸汽缶の燃焼装置 a、石炭燃焼装置　イ．ストーカ　ロ、手焚 b．微粉炭燃焼装置　c．重油燃焼装置 d．タール油燃焼装置　e．ガス燃焼装置 D．蒸汽缶の給水装置 a．給水ポンプ　イ、ウオシトン•ポンプ ロ、プランジヤ•ポンプ ハ、タービン•ポンプ b．インヂエクター　c．給水弁　d．給水内管 e，給水自動調整器 E．蒸汽缶の送風装置 a．通風とは　b．自然通風　c．人工通風 d，風戸　e．通風不良の原因 F．蒸汽缶の附属具 a．安全弁　b．水面計　c．水面調節器 d．高低水位警報器　e．煤吹 f．その他の附属器 G．焔筒缶の構造と特徴 a．池田式水管缶　b．タクマ式水管缶 c．東洋バブコツク水管缶 d．日立ヤーロー水管缶　e．膣本式水管缶 f、三菱水管缶	A．冷凍の原理 a．冷凍機でどうして品物が冷えるか b．熱 c．冷凍作用の原理 d．機械的冷凍装置 e．蒸発器で冷蔵品から取つた熱はどうなるか f．熱ポンプとしての冷凍機 g．冷凍機と水ポンプの比較 B．冷凍機の種類 a．サブロー塩化メチル•フレオン—12二段圧縮式冷凍機 b．サブローアンモニア冷凍機 c．サブローアンモニア、二段圧縮式冷凍機 d．サブロー二段多効式炭酸瓦斯冷凍機 C．圧縮式冷凍機に於ける冷媒の作用 D．冷凍機に於ける冷媒の圧力及び温度の変化 E．圧縮機、凝縮器、蒸発器、膨脹弁の作用 F．直接膨脹式及びブライン式 G．冷媒の特性 H．ブライン

科目	週	1 2	3 4 5 6 7 8 9 10 11 12 13 14 15 16 17 18 19 20 21 22 23 24 25 26 27 28 29 30	31 32 33 34 35
	単元	機械要素	設計製図	機械工作
機関設計工作	三単位	(一) 機械製作の工場設備と製作工程の大要 1．工場の位置 2．建家の配置 3．建家の設計 4．水、空気及び光 5．機関の配置 6．運搬設備 7．防火施設	(一) 嵌合部分の表示 A．限界ゲージ方式 B．限界ケージ C．はめ合いの種類 D．穴基準式と軸基準式 E．はめ合いの等級 F．はめ合いの記号 G．はめ合い部分の寸法記入 (二) 軸受 1．軸受とジャーナル 2．ジャーナルの設計 A．ラジアル•ジャーナルの設計 B．スラスト•ジャーナルの設計 3．普通固定軸受の製図 4．ボールベアリングの製図 (三)、舶用機関の計画、設計、構造、材質 1．機関の設計、計画、資料、製図 A．概要 B．シリンダー数、直径、ピストン行程 C．直径の小さいシリンダー 2．船舶機関の主要寸法 3．シリンダー関係 A．シリンダー数及び排列 B．燃焼室の形及び弁排列 C．シリンダー体及びクランク室 D．シリンダー室の材質、強度 E．シリンダー蓋 4．ピストン関係 A．ピストン a．ピストンとシリンダーとの関係 b．ピストン•スカートと厚み c．ピストンの長さ d．ピストンの位置 e．ピストンのボス部 B．ピストン•リング a．ピストン•リング合口の隙間 b．油切りリング C．ピストン•ピン a．ピストン•ピンの様式 b．ピストン•ピンの大きさ c．軸受圧力 5．連桿関係 A．連桿本体 a．連桿の長さ b．連桿の断面形状 B．慣性の影響 C．連桿大端のボルト D．連桿大端の組合せ方法 E．連桿の小端 F．連桿の大端軸受金 6．クランク軸関係 A．概要 B．クランク•ピン C．クランク腕 D．クランク主軸 E．クランク軸の主要寸法 F．軸受圧力 a．クランク•ピン軸受圧力 b．主軸受圧力 G．主軸受植ボルト H．クランク軸の材質	(一) 特殊鑄造法 A．高級鑄鉄、鑄物 B．鋼　鑄　物 C．可鍛鑄物 D．チル鑄物 E．ダイカスト F．遠心鑄造 (二) 精密仕上の方法とその特徴 A．工具研削盤 B．生産研削盤 a．円筒研削盤 b．内面研削盤 c．平面研削盤 d．総形研削盤 C．突　切　盤 (三) 測定及び検査の種類とその方法 A．精密測定 a．万能角度定規 b．サイン定規 c．標準ゲージ イ、標準ブロックゲージ ロ、標準円筒ゲージ ハ、その他の標準ゲージ d．限界ゲージ e．試験用測定器 イ、ダイヤルゲージ ロ、オプチメーター ハ、ミクロソツキ f．その他のゲージ イ、スキマゲージ ロ、ネヂ山角度ゲーヂ ハ、ネヂ山ピッチゲージ ニ、針金ゲージ g．速さの測定 イ、積算回転計 ロ、回転速度計 B．検査の種類とその方法

科目	週	1 ～ 2	3 ～ 4	5 ～ 7	8 ～ 10	11 ～ 12	13 ～ 14	15 ～ 16	17	18 ～ 20	21 ～ 24	25 ～ 27	28 ～ 31	32 ～ 34		35
	単元	内燃機関(デイーゼル機関)										舶用補機		外燃機関		
	単元	調弁線図、デイーゼル機関の性能曲線	主要部分の材料	デイーゼル機関の主要部分の構成と作動				燃料供給装置	潤滑法及び冷却法	デイーゼル機関の取扱法		甲板機械	冷凍機	往復動汽機	蒸気タービン	機関に関する法規
漁船機関	九単位	1．四サイクル機関の調弁線図 2．二サイクル機関のポート開閉線図 3．指圧器 デイーゼル機関用指圧器として具備すべき条件 4．デイーゼル機関の性能曲線	1．シリンダー 2．ライナー 3．シリンダーカバー 4．ピストン•リング 5．ピストン棒 6，架構 7．ベヤーリング 8．クランク•シヤフト 9．バネ 10．コンネクチング•ロッド 11．ピストン	○シリンダー 1．シリンダーの構造と其の作用 2．シリンダー内の掃除作用 3．過給気法 4．起り易き故障と其の対策 ○シリンダーカバー 1．シリンダーカバーの構造と其の作用 2．高速デイーゼル機関と其の燃焼室 3．シリンダートップ•クリヤランス 4．起り易き故障と其対策	○ピストン 1．ピストンの構造と其の作用 2．ピストンの冷却 3．ピストン•リング及び油試環 4．起り易き故障及び其の対策 ○コンネクチング•ロッド 1．コンネクチング•ロッドの構造と其の作用 2．クロス•ベッドの構造と其の作用 3．起り易き故障及び其の対策 4．ブラスの換装法 5．メタルの鑄替法 6．メタルの摺合せ及び遊隙調整法 7．中心線の狂いに対する注意 8．ブラスの発熱と其の処理	○クランク•シヤフト 1．構造と其の作用 2．クランク•アームの開閉度 3．起り易い故障と其の対策 ○フライ•オイル 1．フライ•オイルの構造と其の作用 2．起り易き故障と其の対策	○メイン•ベヤーリング 1．メイン•ベヤーリングの構造と其の作用 2．起り易き故障及び其の対策	○空気噴射式 1．燃料噴射空気圧縮機 2．燃料噴射弁 3．動弁装置 ○無気噴射式 1．燃料ポンプ 2．燃料噴射弁 3．無気噴射式の性能 4．カムの構造と其の作用 ○ノーズル ○燃料供給装置の故障と其の対策 1．燃料噴射弁 2．燃料ポンプ 3．動弁装置	1．潤滑油装置 イ、内部潤滑油装置 ロ、強圧注油装置 2、冷却装置 イ、冷却装置の種類と其の作用 ロ、異金属間の電流作用と保蔵亜鉛	A．整理法 1．整理一般 2．シリンダー及びシリンダーカバー 3．主軸受、排気弁、始動弁、シリンダー安全弁 4．燃料ポンプ 5．燃料噴射弁 6．掃除空気ポンプ 7．空気圧縮ポンプ	B．操従法 1．操従一般　2．運転準備 3．起　動　4．運　転 イ、起動直後の注意 ロ、運転中の注意 ハ、運転中発煙の原因 ニ、燃料着火不良の原因 ホ、運転中主機回転数の急減及び自停の原因 ヘ、　ツキングの原因 ト、高速運転中より急速停止を行つた場合の留意事項 チ、運転中主機を停止すべき場合 リ、停止後の処置	イ、操舵装置 1．主要部 2．操従装置 3．水圧式操従装置 4．追及装置 5．操舵機 ロ、揚錨機 ハ、電動揚錨機 ニ、繋船機又は索捲機 ホ、揚貨機 ヘ、ポンプ類の構造と機能について	1．冷凍機の原理 イ、冷凍と冷凍法の種類 ロ、冷凍機と冷凍サイクル ハ、冷凍機による冷却方式 ニ、冷凍機の冷凍能力と冷凍屯 2．冷　媒 3．圧縮式冷凍機の作用 4．アンモニヤ、フレオン　冷凍機各部の構造 5．同冷凍機の取扱法 6．冷凍機の故障の発見と処理	1．作動原理 イ、蒸汽原動装置における蒸汽機関の地位 ロ、その分類 2．構　造 イ、主要部の名称 ロ、各部の構造 3．反転装置 イ、スチブソン式リング機構 ロ、ジョイ式機構 ハ、ワルシヤート機構 4．復水装置 イ、復水器の役目 ロ、〃　〃　種類 ハ、循環ポンプと冷却水量 ニ、空気ポンプ ホ、レツドワード式エゼクター復水器	1．作動原理 2．タービンの種類と其の特徴 3．構造及び主要部の名称 4．後進タービン イ、減速装置 ロ、反転装置 5．船用機関としてのタービンの利点 6．蒸汽タービンの潤滑法 イ、特殊部分の構造とその潤滑法	1．概　要 2．検査の種類 3．検査の準備と方法及び強力計算法

科目	週	1 ～ 7	8 ～ 12	13 ～ 17	18 ～ 22		23 ～ 31		32 ～ 35
	単元	交流		電流測定器及び測定法	電燈及び電路		電池		船内電気設備
	単元	交流理論	交流機械	電気測定器	電燈	電路	一次電池	二次電池	
船用電気	四単位	1．交流電気 2．交流電圧 3．位相 4．ベクトル表示法 5．電圧電流の関係 イ、抵抗回路の場合 ロ、誘導回路の場合 ハ、容量回路の場合 ニ、抵抗と自己誘導が直列にある場合 ホ、抵抗と静電容量が直列にある回路 ヘ、抵抗自己インタクダンス及び静電容量が直列にある回路 6．交流電力、力率 イ、Y結線の場合　ロ、△結線の場合 7．三相式 8．三相電力	1．交流発電機の原理 イ、回転発電子型 ロ、回転界磁型 ハ、誘導子型 2．電気角度と常用周波数 3．誘導電動機 4．同期電動期 5．変圧器	1．電気測定器の分類 2．電流計及び電圧計の構造 イ、可動線輪型測定器 ロ、可動鉄片型測定器 3．電流計電圧計の使用法 4．分流器及び倍率器 5．積算電気計器 6．抵抗の測定 7．ホイートストン•ブリツヂ 8．メッガー 9．マグネット•ベル	1．白熱電燈 2．電球の種類 3．アーク燈	1．電　線 2．電線の太さ 3．使用電線の太さ決定 4．船内配線法	1．電解及電解液 2．電池 3．電池の起電力 4．電池の諸性質 イ、成極 ロ、内部抵抗 ハ、局部作用 5．ダニエル電池 6．乾電池	1．蓄電池の一般作用 2．鉛電池の化学作用 3．鉛蓄電池の構造 4．蓄電池の容量 5．蓄電池の充電法 6．蓄電池の放電 7．蓄電池取扱いに関する注意	1．船舶設備規定 (電気設備)
実習		綜合乗船実習　(1ケ月～3ケ月)							

(註) 各学年各専門教科の実習はその科目の単位時間内に於いて実施し展開は省略してある。

機関科学習進度計画表第二学年

科目	単位	週	1 2	3 4 5 6 7 8 9 10 11 12 13 14 15 16	17 18 19 20 21 22 23 24	25 26 27	28 29 30 31	32 33 34 35
		単元	漁業とは	漁具と材料	漁具の構成	漁具の操作及び保存	資源について	漁場
漁業	二単位		(1) 漁業と漁ろう (2) 漁業の分類 (3) 漁業の大勢	(1) つり糸及び漁細綱の原材料 (2) より糸と綱の構造 (3) より糸と綱の太さの表示法 (4) より糸と綱の重さ、吸水量 (5) 糸と綱の抗張力、伸長度 (6) 網糸と摩擦による損耗 (7) 網地 (8) あばと浮標、いわといかり	(1) 糸綱の結び方と網地のすき方 (2) 網地の取扱い (3) いせ (4) 網漁具の縁の構成 (5) 網漁具の修理 (6) 網漁具の手入	(1) 網糸の防腐 (2) 漁具の取扱い方 (3) 漁具の格納法 (4) 破網の修理	(1) 資源の調査法 (2) 資源量の推定	(1) 各漁具と漁場 (2) 漁業と海洋気象との関係 (3) 琉球の漁業と漁場

科目	単位	週	1 2 3 4 5 6 7 8 9	10 11 12 13 14 15 16 17 18	19 20 21 22 23 24 25 26 27	28 29 30 31 32 33 34 35
		単元	概説	原理	漁船の構造	配置とぎ装
漁船	二単位		(1) 琉球の漁船 (2) 世界の漁船 (3) 船舶法と船舶安全法 (4) 種類 (5) 漁船の測度と重要寸法 (6) 漁船の屯数	(1) 排水トン数の計算 (2) 船の釣合と安定 (3) 船の重心位置 (4) 船の復原性 (5) 強力 (6) 動揺と振動 (7) 抵抗と推進 (8) かじと旋回力	(1) 船体構造の名称 (2) 船体図面の見方 (3) 造船用資材 (4) 木船の固着と木取 (5) 木 船建造法 (6) 修理と船渠	(1) 特長 (2) 配置 (3) 各漁船と漁法 (4) 漁船と漁獲物保存 (5) 漁船と漁ろう機械

科目	単位	週	1 2 3 4 5 6 7 8 9 10 11	12 13 14 15 16 17 18 19	20 21 22 23 24 25 26 27 28 29 30	31 32 33 34 35
		単元	機械要素	機械材料	設計製図	機械工作
機関設計工作	六単位		(一) 機械に働く力 (1) ねじに働く力（①力の合成と分解②ねじと斜面） (2) ボルトに働く力（ボルト、ナットの大きさの決め方） ①ボルトが軸方向の荷重だけを受ける場合 ②軸方向の荷重を受けながらねじりを受ける場合 (3) キーの強さ (4) コッター継手の強さ (5) リベット継手の強さ (6) トラスに働く力 1. 力の多角形 ①同一平面内で一つの着力点に働く力の合成 ②同一平面内で着力点を異にする力の合成 (7) 軸のたゆみ 1. 力のモーメント 2. 偶力とつり合いの条件 3. 軸にかゝる荷重と反力及び曲げモーメントと曲げモーメント図 ①片持ばり 1. 集中荷重を受ける片持ばり 2. 等分布荷重を受ける片持ばり 3. 各種の荷重を受ける片持ばり 4. 問題 ②単純ばり 1. 集中荷重を受ける単純ばり 2. 等分布荷重を受ける単純ばり 3. 各種の荷重を受ける単純ばり 4. 間接荷重を受ける単純ばり 5. 等変分布荷重を受ける単純ばり ③張出ばり 1. 張出ばりの特性 2. 一端張出ばり 3. 両端張出ばり 4. 問題 5. 曲げ応力 6. 断面二次モーメントと断面係数 (二) 機械に働く摩擦力 (1) 静摩擦 (2) 運動摩擦 (三) 荷重応力およびひずみと相互の関係 (1) 荷重 (2) 応力とひずみ 1. 応力の分類 2. 応力度 3. ひずみ 4. 応力とひずみとの関係 5. 熱応力 6. 問題 (3) せん断 (4) 許容応力と安全率	(一) 金属の組織と強さ 1. 純金属の物理的性質 2. 金属の結晶構造 3. 金属の組織構造 4. 金属の強さ (二) 合金の組織と性質 1. 合金鉄 2. 非鉄金属合金 (三) 重金属の種類、性質および用途 (四) 軽合金の種類、性質および用途 1. アルミニウム及びその合金 2. マグネシウム及びその合金 (五) 白色合金の種類、性質および用途 (六) 特殊目的用、金属の種類、性質および用途 1. 耐錆鋼 2. タングステン鋼 3. 高速鋼 4. 電機鉄板 5. 磁石鋼 6. 耐熱鋼 7. 高ニッケル鋼 (七) 銅および銅合金の種類性質用途 ①銅及びその合金 1. 純銅 2. 鍛錬銅合金 3. 銅合金鋳物 (八) 製鉄法と鉄の分類 1. 鉄材の分類（鉄及び鋼の分類） 2. 鉄及鋼の製造 ①銑鉄製造法 ②鋼製造法 1. 転炉製鋼法 2. 平炉製鋼法 3. 電気製鋼法 4. 坩堝製鋼法 (九) 炭素鋼の性質及び用途 1. 総論 2. 炭素鋼の組織 3. 炭素鋼の物理的性質 4. 炭素鋼の機械的性質 5. 炭素鋼の高温度及び低温度における性質 6. 炭素鋼の熱処理 7. 炭素鋼の加工 8. 炭素鋼の用途 (十) 特殊鋼の種類、性質及び用途 1. 表面硬化用鋼 2. 強靱特殊鋼（Ni鋼W鋼.Mn鋼及び各種合金） 3. 不銹鋼 4. 物理的特性を有する鋼 (十一) 鋳鉄及び特殊鋳鉄の性質、用途 1. 可鍛鋳鉄（製造法性質） 2. 製造法、性質用途 3. 銑鉄 4. 普通鋳鉄と高級鋳鉄 5. 鋳鉄の物理的性質 6. 可鋳性	1. 製図の意義と種類 2. 設計見取およびコツピーの意義 3. 設計と工業規格 4. 機械図面の種類 5. 画法の種類 6. 投影画法の種類とその特徴 7. 機械図面の大きさ 8. 図面の尺度 9. 図面用の文字と数字 10. 図面に用いる線 11. 基本投影図 12. 作図法 13. 破断の種類と断面図の画き方 14. 寸法の記入法 15. 仕上面の記号 16. 摘要欄の記入法 17. スケッチの仕方 18. 熔接記号 19. 製作図面 ① Vブロック ② ボルト•ナット ③ スパナ ④ 割筒形、継手 ⑤ ミゾ車とベルト車 ⑥ 平歯車と傘歯車 ⑦ ウオーム歯車 ⑧ コッター継手 ⑨ リベット継手 ⑩ フランジ軸、継手	(一) 各種工作 機械の構造、機能及びその取扱い 1. 旋盤 2. ボール盤 3. 中ぐり盤 4. 平削り盤 5. 形削り盤 6. フライス盤 7. ノコ盤 8. ブローチ盤 9. 研削盤 10. 歯切盤 (二) 鍛造品の特徴 1. 概説 2. 鍛造用金属材料 (三) 鍛造設備と鍛造作業 ① 工具 ② 炉 ③ 鍛造機 ④ 鍛造 1. 地金取り 2. 鍛造法の種類 3. 縮メ 4. 伸ばし 5. 段付 6. 切取り 7. 曲げ 8. 押抜き 9. 鍛接 10. 型鍛造 (四) 熱処理の種類とその方法 1. 焼入 2. 浸炭 3. 焼きもどし 4. 焼きなまし 5. 軽合金の熱処理 (五) 熔接及びろうづけの器具とその方法 1. 概論 2. ハンダ付けとろう付 3. テルミット熔接 4. 電気熔接 5. メタリコン

科目	単位	週	1 ～ 2	3 ～ 5	6 ～ 7	8 ～ 9	10 ～ 11	12 ～ 14	15 ～ 16	17 ～ 19	20 ～ 21	22 ～ 23	24 ～ 27	28 ～ 29	30 ～ 33	34 ～ 35
		単元	内燃機関													
		単位	漁船機関室内の主機及び補機について	内燃機関の諸サイクルの熱力学的考察	熱勘定、効率及び馬力の計算、廻転数行長比、二サイクル、四サイクルの比較	制動々力計と指圧器	漁船機関用燃料の種類積込及び貯蔵について	漁船機関用潤滑油の種類、性質及び給油法について	電気着火機関の構造と特徴について	焼玉機関の構造取扱				推進装置	ディーゼル機関の概設	熱サイクル
漁船機関	八単位		1. 主機の種類 2. 主機の役割 3. 補機の役割 4. 主機、補機の関係について 5. 内燃機関の歴史	1. カーノーサイクル 2. 定容積サイクル 3. 定圧サイクル 4 複合サイクル 5. 熱の出入 イ. 吸入 ロ. 圧縮 ハ. 燃焼 ニ 膨脹 ホ. 排出	1. 熱勘定とサンキー線図 2. 線図係数、指示熱効率、機械効率、指示馬力、制動馬力 3. 平均有効圧力と馬力の計算 4. 回転数と行長比 5. 二サイクル機関と四サイクル機関の比較	1. 制動々力計の原理 2. 摩擦制動々力計 3. 水制動力計 4. 電気制動々力計 5. 空気制動々力計 6. 指圧器 7. 機械的指圧器 8. 光学的指圧器 9. 電気的、電磁的指圧器	1. 燃料の種類 2. 液体燃料 3. 燃料の性質について 4. 燃焼について 5. 積込、貯蔵について	1. 潤滑油の種類 2. 〃 性質 3. 〃 装置 イ. 内部潤滑油装置 ロ. 外部 〃 〃 ハ. 強圧注油装置 ニ. 遠心力注油装置 4. 潤滑油量及び清浄法	1. ガソリン機関一般 2. 気化器 3. 着火法 4. デトネーション 5. 燃焼室の形状 6. 混合比、圧縮比、諸効率 7. 各種ガソリン機関の構造	1. 焼玉機関の作動 2. 焼玉機関の燃料油 3. 〃 〃 潤滑油 4. 一般構造 5. シリンダー 6. シリンダーカバー 7. シリンダートツプ、クリヤランス 8. クリヤランス•ボリユーム 9. オーキング•ボリユーム	1. ピストン 2. ピストン•リング 3. ピストン•スピード 4. ピスント•ピン 5. コネクテイング•ロツトと上下メタル 6. クランク•シャフト 7. メーン•ベヤリング 8. エヤータイトリング 9. クランクケース 10. エヤーバルブ 11. 焼玉 12. ブローランプ 13. フユーエル•ポンプ 14. ガバナー 15. フユーエルバルブ 16. エンヂン•ベツド 17. フライ•ホイル 18. サイレンサー	1. エキゾースト•パイプ 2. スターテイングバルブ 3. 冷却水ポンプ 4. ビルヂポンプ 5. オイルフイルター 6. 潤滑油装置	1. 始動 2. 運転 3. 停止 4. 焼玉機関の故障と修理 イ、始動困難なる場合 ロ、廻転数の低下 ハ、シリンダー内に音響を発した時 ニ、急回転をした場合 ホ、出力（巾）不定の場合 ヘ、過早、遅着火の場合 ト、手入法 5. 逆転装置について イ、間接逆転装置 ロ、直接逆転装置	1. 推進軸及び推力軸受 2. 中間軸及び中間軸受 3. 推進軸及び船尾管 4. 推進器の原理及びスリツプ	1. デイーゼル機関の原理 2. デイーゼル機関の分類 3. デイーゼル機関の特異点 4. 二サイクル、四サイクル機関の優劣比較 5. 空気噴射式と無気噴射式との優劣比較 6. デイーゼル機関の特長 7. 船用デイーゼルの現状と将来性	1. オツトーサイクル 2. デイーゼルサイクル 3. サバテサイクル 4. 各種サイクルの熱効率の比較

科目	単位	週	1 ～ 5	5 ～ 8	9 ～ 13	14 ～ 16	17 ～ 20	21 ～	22 ～ 27	28 ～ 30	31 ～ 35	
		単元	電気学大意	磁気学大意	直流発電機	直流発電機の種類及び特性	電機子反作用、整流及び損失	配電盤上の諸器具	直流電動機		直流機の取扱修理	
船用電気	四単位		1. 電気 2. 電流 3. 電位、電圧及び起電力 4. 抵抗 5. オームの法則 6. 直列と並列抵抗の計算 7. 電力 8. 電流の熱作用	1. 磁石 2. 磁界及び磁力線 3. 電流の磁気作用 4. ファラデーの法則 5. 自己誘導 6. 相互誘導 7. レンツの法則	1. 原理及び構造 2. 緒論 3. フレミングの右手の法則 4. 発電機の原理 5. 整流子の原理 6. 電機子の構造 7. 界磁の構造 8. 整流子の構造 9. 電機子の巻線法 イ、重捲 ロ、波捲 10. 刷子及び刷子保持器 11. 誘導起電力	1. 直流発電機の種類 2. 特性曲線 3. 直捲発電機の特性 4. 分捲発電機の特性 5. 複捲発電機の特性 6. 電圧調整法	1. 電機子反作用 2. 電機子反作用の軽減法 3. 整流 4. ヒステリシス 5. 渦流 6. 発電機の損失及び能率	1. 配電盤 2. ヒューズ 3. 自動遮断器 4. 検漏器 5. 表示燈	A原理及び特性 1. 直流電動機の原理 2. 逆起電力 3. 電動機の回転方向 4. 電動機に於ける基本諸関係式 5. 電動機の電機子反作用及び整流 6. 励磁法に依る直流電動機の種類 7. 各種電動機の特性及び用途	B起動法及び制御法 1. 起動法 2. 制御法 イ、抵抗制御 ロ、界磁制御 ハ、電圧制御 Ⅰ. 多電圧式 Ⅱ. ワードレオナード法 3. 起動器 4. 自動起動器 5. 自動加速装置 6. 電磁制御器	A. 取扱法 1 運転開始前の注意 2. 運転の順序 3. 運転に関する注意	B. 故障と修理法 1. 過電流 2. 整流子の火花 3. 各部の発熱 4. 電動機の故障 5. 発電機の不発電 6. 電機子内短絡又は切断個所の探知法 7. 電機子内の接地個所の探知法 8. 電気極性の識別法

機関科学習進度計画表第一学年

科目	単位	週	1　2	3　4　5	6　7　8　9	10　11　12	13　14　15	16　17　18　19	20　21　22	23　24	25　26	27　28　29　30　31　32	33　34　35
		単元	水産業とは	水産業の発達	沖縄水産業の現況	世界の水産業	海洋について	水産生物の種類と生態	水産生物の捕獲法	漁場、漁期	増殖法	水産物の利用の意義及び貯蔵、加工	水産業の経営
水産一般	二単位		1. 水産業の意義 2. 水産業の構成 3. 水産業の役割 4. 水産業の地位	1. 漁業の発達 2. 製造業の発達 3. 増殖技術の進歩	1. 漁業の特長 2. 生産状況と資源 3. 製造業の現状 4. 増殖の現状	1. 世界の漁獲高 2. 世界の漁場 3. 世界における漁業の種類	1. 海域の分類 2. 海底の状態 3. 海洋の性質 4. 波浪と潮汐 5. 海流 6. 海洋観測	1. 水産生物の種類 2. 水産生物の生態 3. 繁殖と成長 4. 水産資源の意義	1. 漁場探索 2. 集魚法 3. 漁具の種類と用法 4. 漁業機械 5. 漁船	1. 魚群の洄游 2. 魚群の形 3. 漁場 4. 漁期 5. 漁業と気象との関係	1. 増殖の分類 2. 繁殖保護法 3. 増殖法 4. 養殖の種類	1. 貯蔵加工の重要性 2. 死後変化と取扱い 3. 鮮度判定 4. 貯蔵原理 5. 冷蔵 6. 缶詰、ビン詰 7. 塩蔵品 8. 乾製品 9. 煉製品	1. 漁業経営 水産協同組合 2. 製造業の経営 3. 増殖業の経営

科目	単位	週	1　2　3　4　5	6　7　8　9　10　11　12　13　14　15　16	17　18　19　20　21　22　23　24	25　26　27　28　29　30　31　32　33　34　35
		単元	機械要素	機械材料	設計製図	機械工作
機関設計工作	三単位		1. 伝動装置 摩擦伝動 歯車伝動 ベルト伝動 ロープ伝動 鎖伝動 2. 締結用機械要素 キー、コツター、ピン ねじ ボルト、ナツト、座金、スパナ 3. 軸に関する機械要素 軸 軸接手 クラッチ 軸受 4. 緩衝装置 ばね 5. 管に関する機械要素 管 管接手	1. セメント及びコンクリートの製法、性質用途 ポルトランドセメント、早強セメント、混合セメント、モルタル、コンクリート 2. 煉瓦、耐火材料及び保温材の種類、性質、用途 普通煉瓦、耐火材料、保温材 3. 木材の種類、性質、用途 4. ガラス、合成樹脂、ゴム類の性質、用途 硝子、ゴム、ベークライト、紙 5. ベルト、ロープ及びファイバーの性質、用途 ファイバー、ロープ、ベルト、 6. 研磨材の種類、性質、用途 砥石、天然産研削材及び研磨材、人造研削材及び研磨材、金剛石 7. 潤滑剤及び切削油の種類、性質、用途 一般潤滑料、脂肪油製品、固体及半固体潤滑剤、混成潤滑剤、工作油 8. 燃料の種類、性質、用途 固体燃料…石炭、褐炭、コークス、半成コークス、煉炭、薪材、木炭 液体燃料…石油原油、蒸溜及精製、揮発油、ベンゾール、アルコール、合成軽質液体燃料、燈油、軽油、石炭タール、シエール油、石炭液化、膠状燃料、燃料油の日本工業規格 ガス体燃料…天然ガス、石炭ガス、発生炉ガス、水性ガス、その他のガス 9. 防創材料の種類、性質、用途 錆止ペイント、耐酸塗料、船底塗料、木材防腐剤	1. 製図器械の用法 コンパス、デバイダー、からす口、比例コンパス、丁定規、三角定規、雲形定規、スケール、分度器、製図机、製図板、鉛筆、製図用紙、その他 2. 機械要素の図示法 ねじ、各種ボルト、ピン、各種ナツト、各種キー、リベツトの図示法 3. 平面図形の画き方（用器画） 線（8問）角（4問）多角形（5問）円（3問）面積（4問）面すい曲線（4問）うず巻線（4問）歯形曲線（2問題）	1. 手仕上の仕業内容と工具の種類 A. 仕上工具 (イ)タガネ仕上――万力、片手ハンマー、タガネ (ロ)ヤスリ仕上――ヤスリ、目の刻み方、目の形、目の大きさ、断面の形、輪廓の形、ヤスリの使い方 (ハ)キサゲ仕上――キサゲ、油砥石、すり合せ定盤、直定規、キサゲの使い方 (ニ)ケガキ――ケガキ、ケガキ用工具 B. 組立工具 (イ)スパナ (ロ)弓ノコ――弓ノコ、ノコの身、使い方 (ハ)キリ――手ギリ、ドリル、特殊キリ、ハンドボール、手廻しブレース、胸当キリ、電気ドリル (ニ)ネジタツプ ホダイス型――単体ダイス型、割ダイス型、植歯ダイス型 (ヘ)リーマ――手廻しリーマ、チヤツクリーマ、調整リーマ、リーマ通し 2. 工業用測定器の構造と機能 A. 長さの測定 (イ)スケールとパス――長さの単位、各種スケール、各種パスと機能 (ロ)ノギス (ハ)マイクロメーター 3. 鑄造品の種類、特徴及び鑄造作業の工程 鋳造概説、鑄鉄、合金鉄、鑄鋼、銅、錫、亜鉛、合金、黄銅、青銅、ホワイトメタル、アルミニウム、マグネシウム、其の他 4. 横型及鑄型の製作と鑄込法 大型工作、鑄型工作、鑄込と鑄物の処理 5. 板金材料と手工板金作業 材料、工作 6 板金機械と作業 管曲げ機、プレス、シーヤ、廻し細工旋盤

科目	単位	週	1　2　3　4　5　6　7　8　9　10　11　12　13　14　15		16　17　18　19　20	21　22　23　24　25	26　27　28　29	30　31　32　33　34　35
		単元	船用機関の種類について	内燃機関取扱いの基礎				
漁船機関	二単位		1. 外燃機関 (イ)蒸汽機関 (ロ)蒸汽タービン　｝の概説 2. 内燃機関 (イ)電着 (ロ)焼玉 (ハ)デイーゼル (ニ)ガス　｝機関の概要	力 1. 力とは 2. 慣性 3. 重量 4. 力の三要素 5. 力の釣合 6. 作用と反作用 7. 合力と分力 8. 圧力 9. 遠心力 10. 速さと速度 11. 加速度	仕事 1. 動力 2. 馬力 3. 軸馬力 4. 図示馬力	熱 1. 温度 2. ボイルの法測 3. シャールの法則 4. ボイルシャールの法則 5. 熱量 6. 熱の仕事当量	内燃機関の分類 1. 動作による分類 2. 燃料による分類 3. 点火方法による分類 4. 構造による分類	作動原理 1. 四行程機関 2. 二行程機関 3. 指圧図 4. 指圧図の面積から図示平均有効圧力及び図示馬力を求める方法 5. 正味平均有効圧力 6. 図示熱効率 7. 正味熱効率 8. 機械効率

科目	単位	週	4	5　6	7	8　9	10　11　12　1	2　3
		単元	水産業のあらまし	海洋訓練		水産生物の観察及び採集	海洋訓練	機械のあらまし
実習			水産及び海運施設見学	手旗訓練 カツター訓練 操櫓訓練	水泳及びカッター訓練 （校外宿泊実習）	採習並に標本作製	手旗 カツター 操櫓	ガソリン機関の分解、組立

第4図 漁船杵関別隻数統計（1955年12月10日現在 海運課資料より）

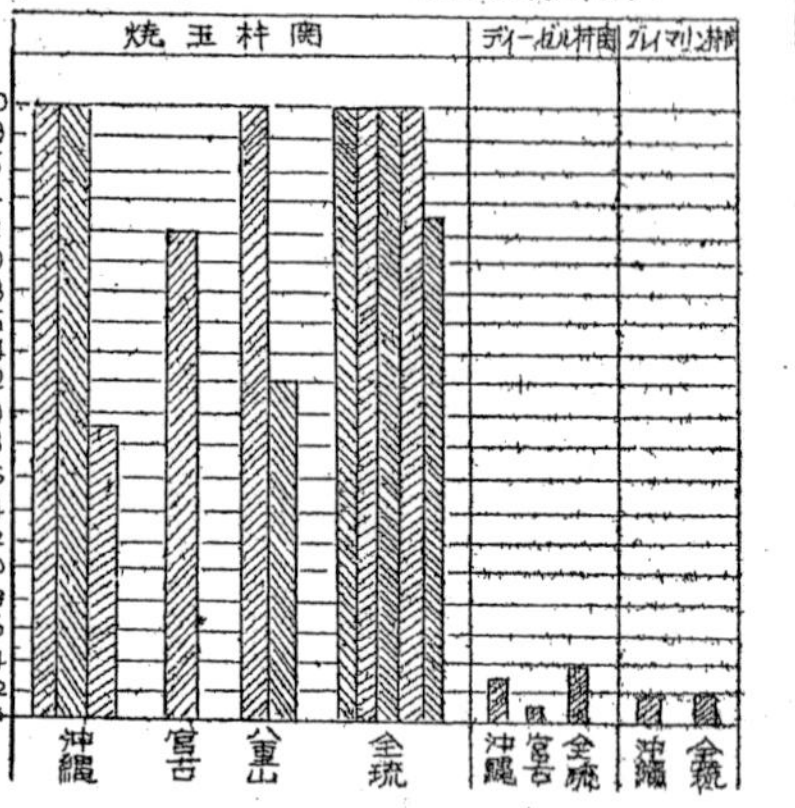

第8図 焼玉杵関業態別一隻当馬力数（1955年12月10日現在 海運課資料より）

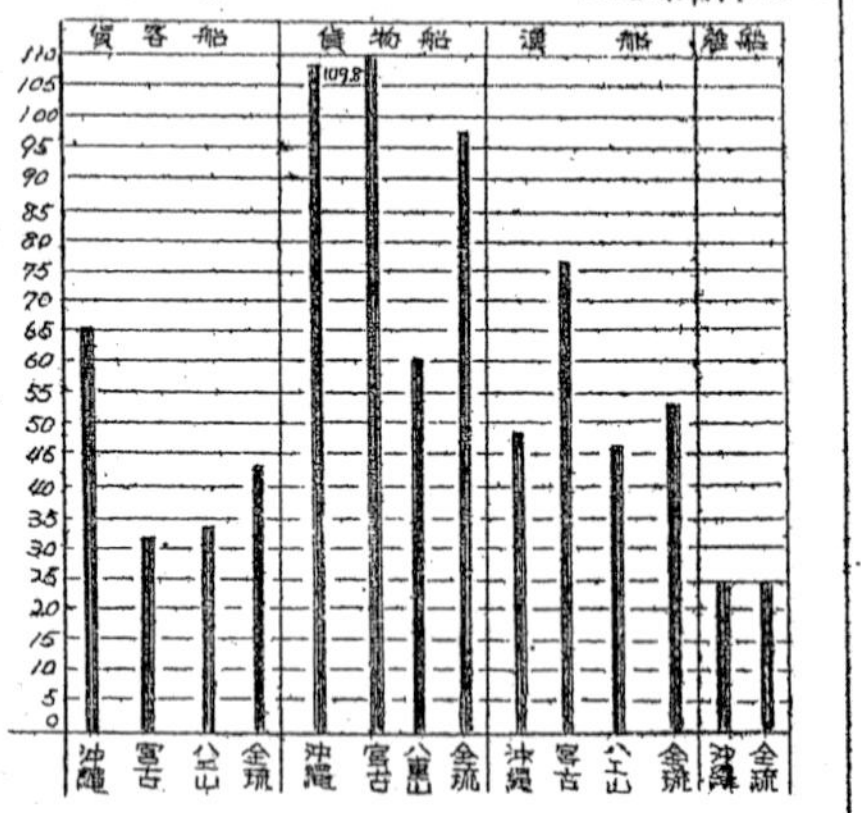

第5図 貨客船杵関別隻数（1955年12月10日現在 海運課資料より）

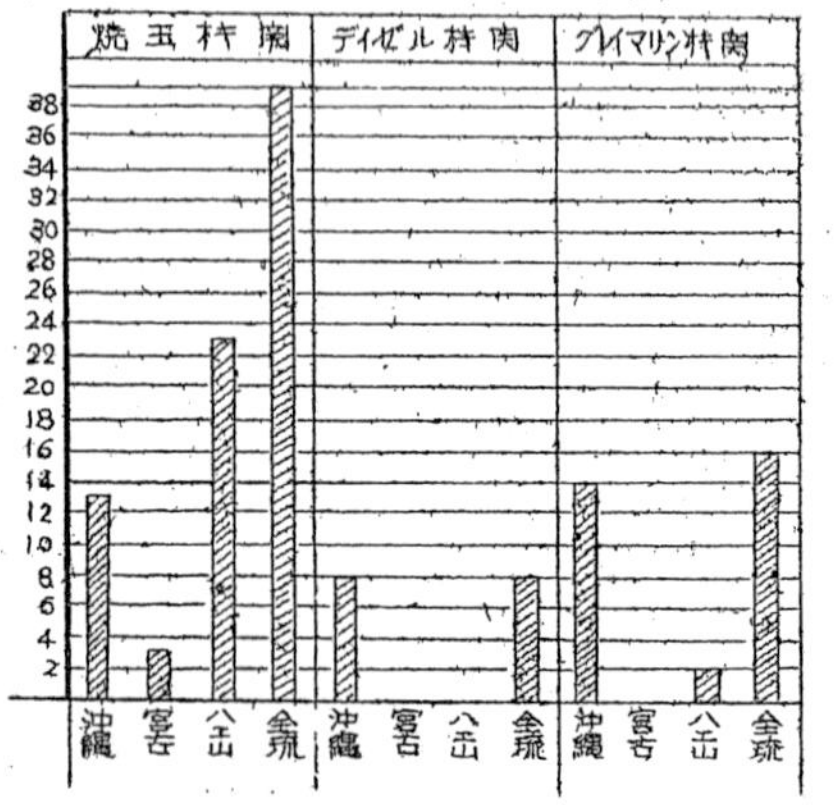

第9図 ディーゼル杵関業態別一隻当馬力数

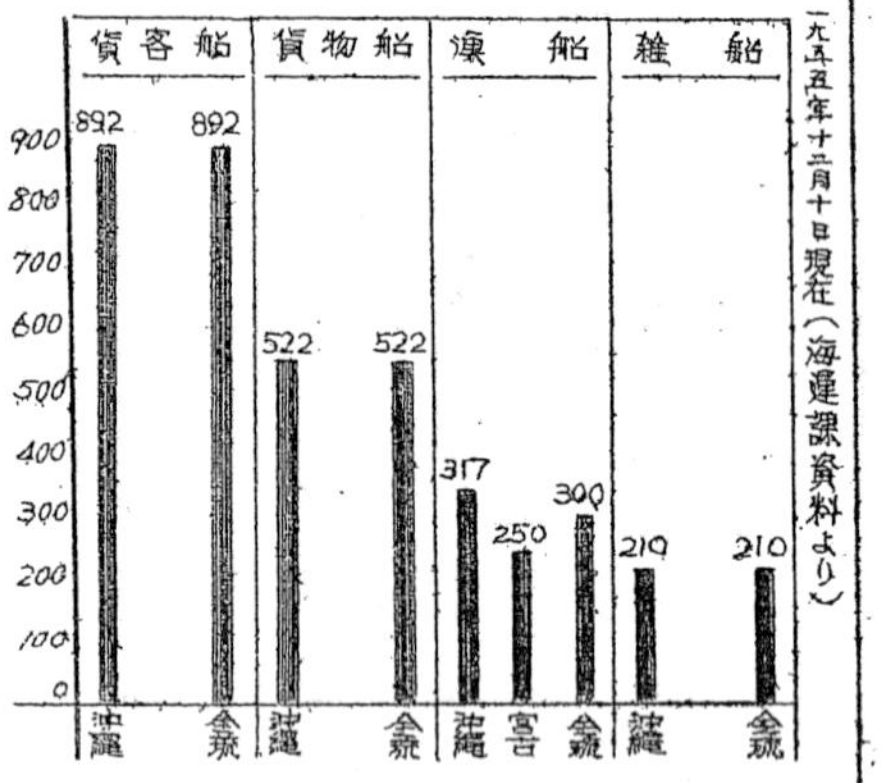

第6図 貨物船杵関別隻数統計（1955年12月10日現在 海運課調整資料より）

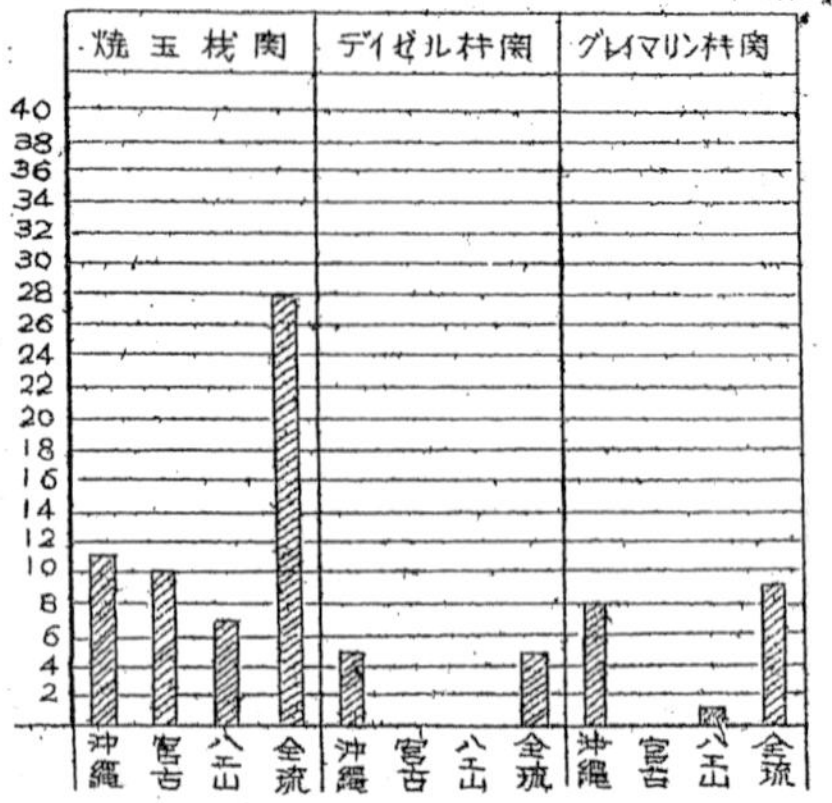

第10図 グレマリン杵関業態別一隻当馬力数

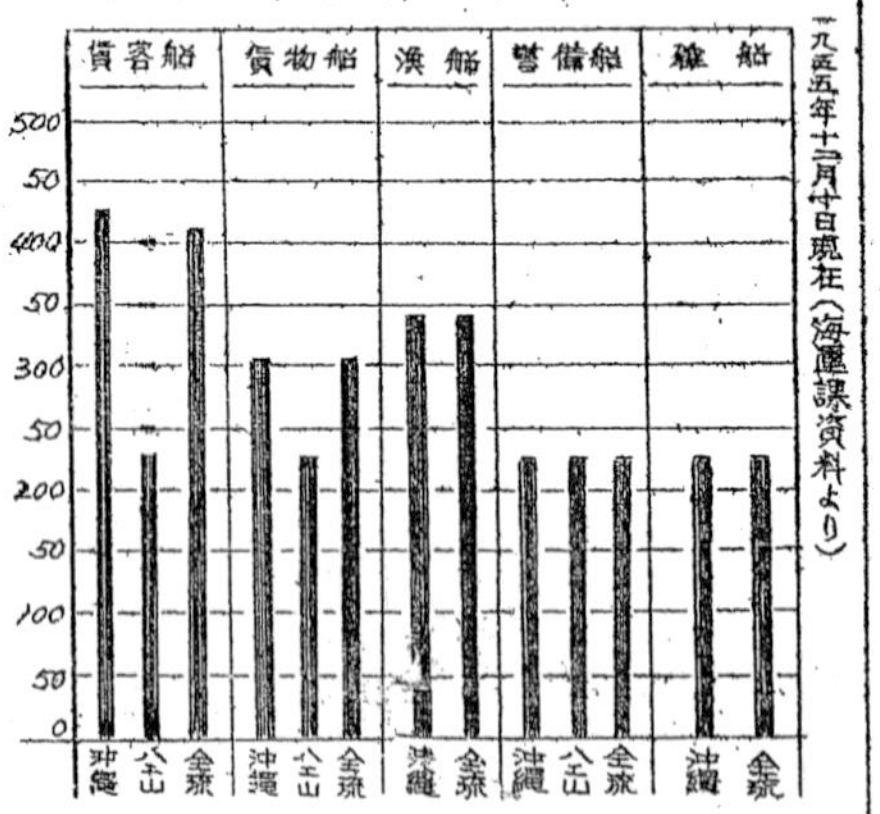

第7図 警備船及び雑船杵関別隻数統計（1955年12月10日現在 海運課資料より）

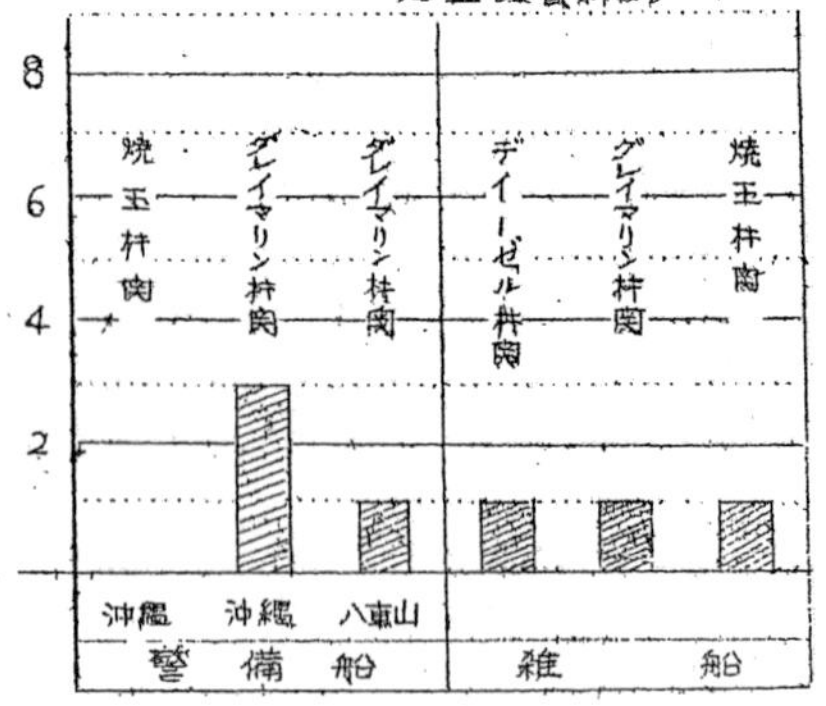

第11図 沖縄本島に於ける業態別主要燃料消費量一ケ月当統計

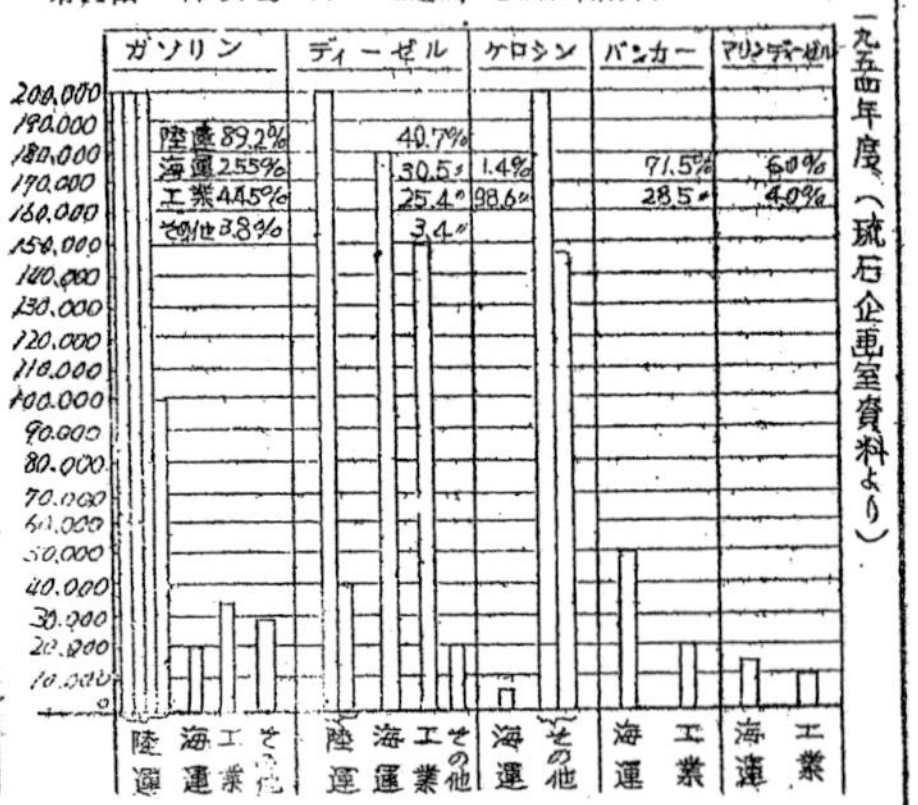

第12図 燃料年度別消費量統計（琉石資料ヨリ）

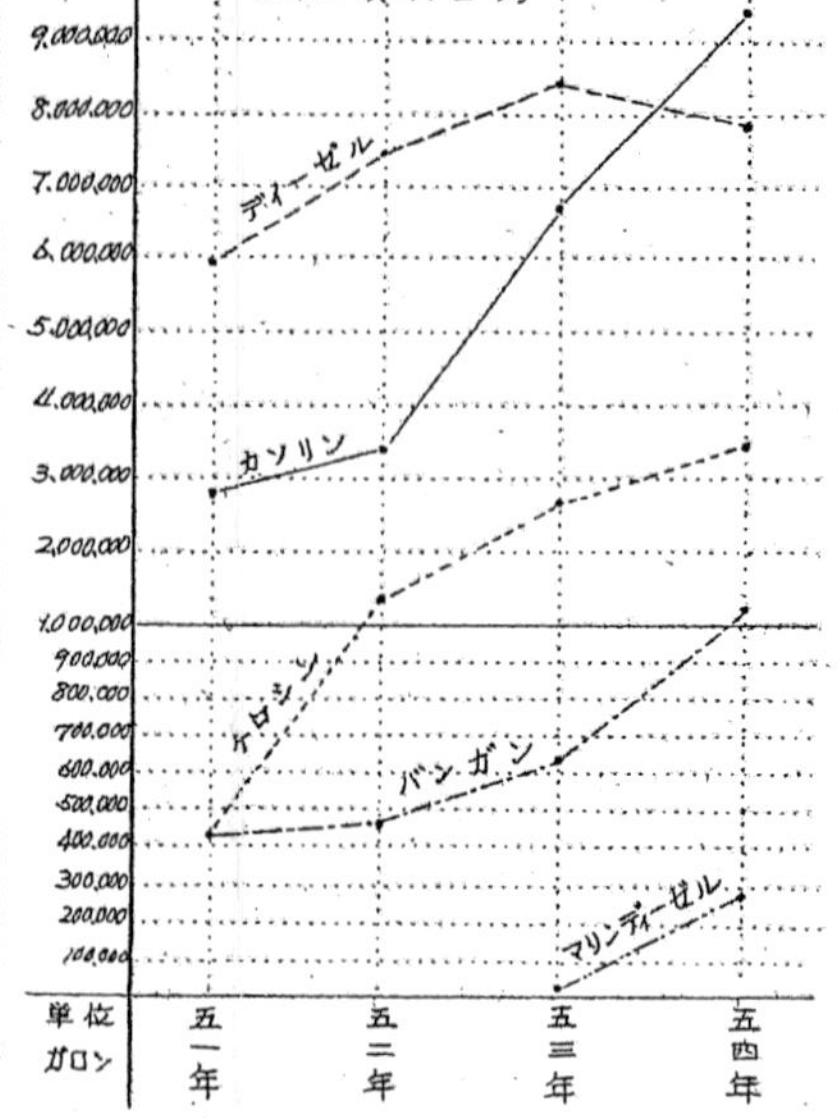

第14図 海難審判事件種別統計（全琉）その一 自1953年 至1955年6月

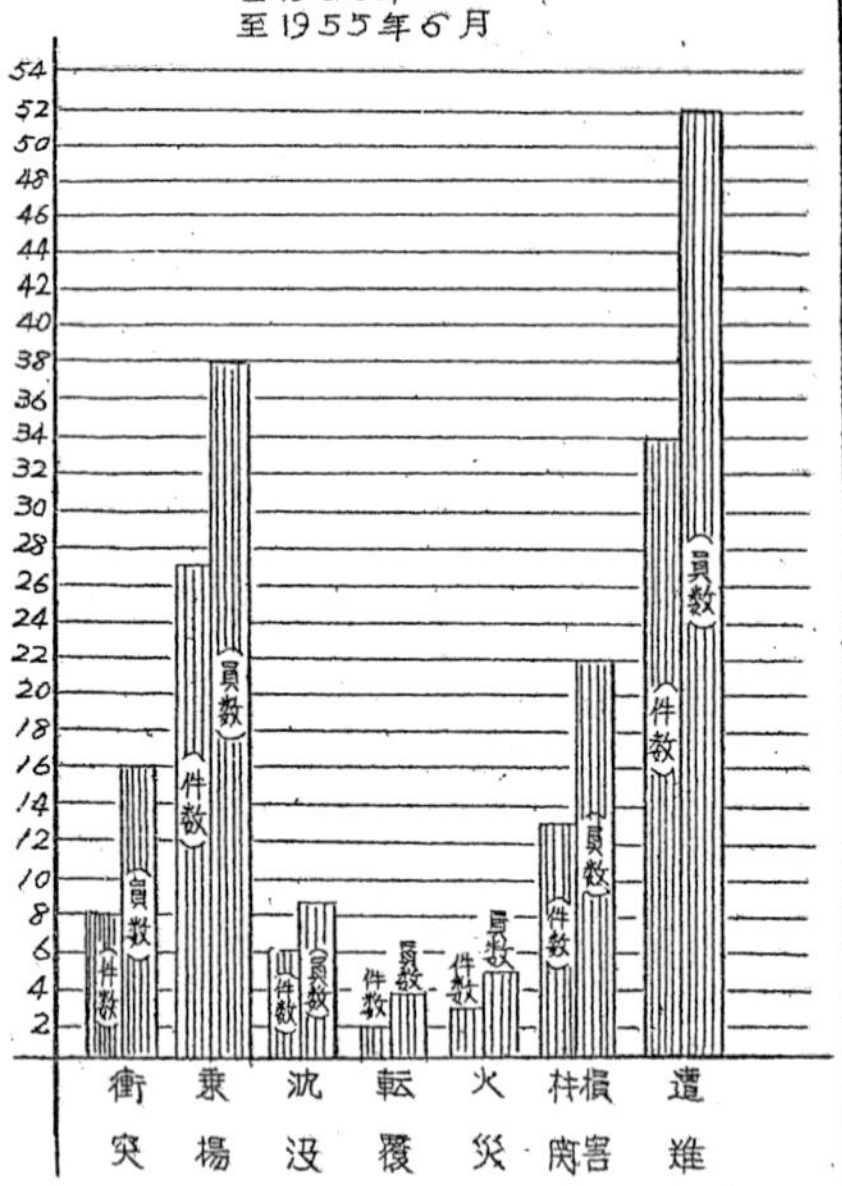

第14図 その二

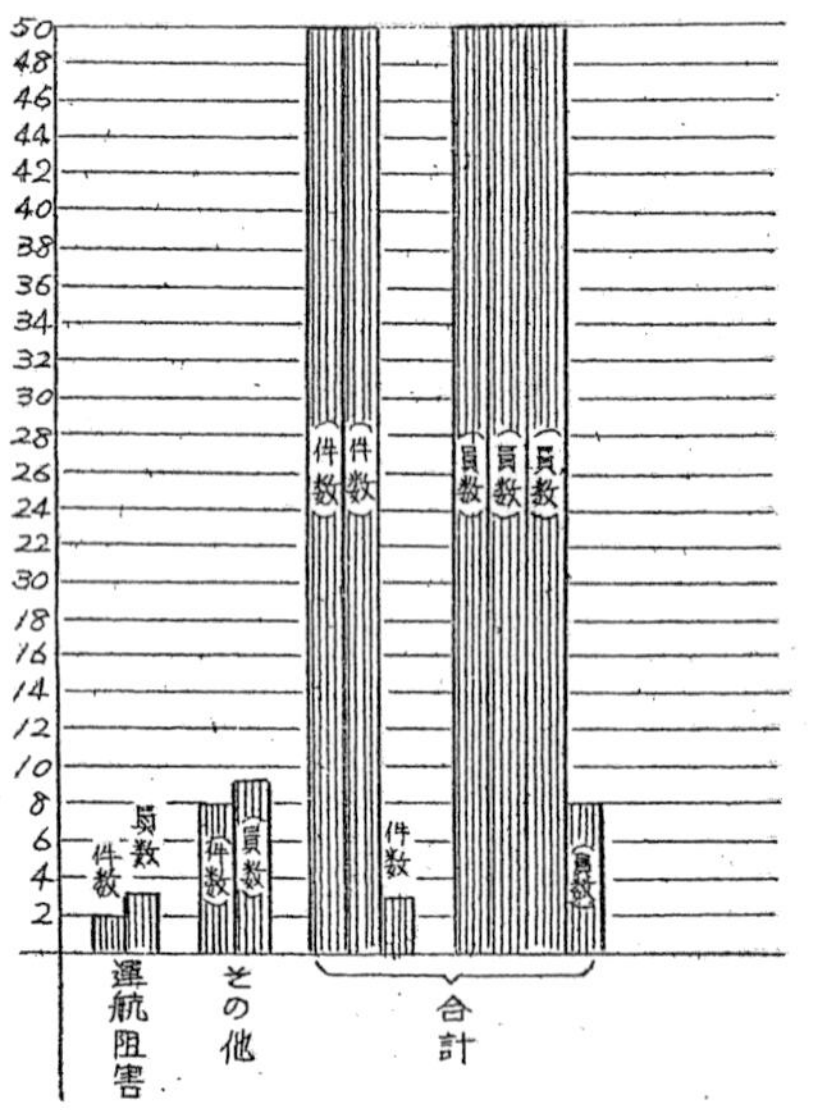

第13図 海難原因分類表（全琉）自1953年 至1955年6月末（海難審判委員会資料ヨリ）

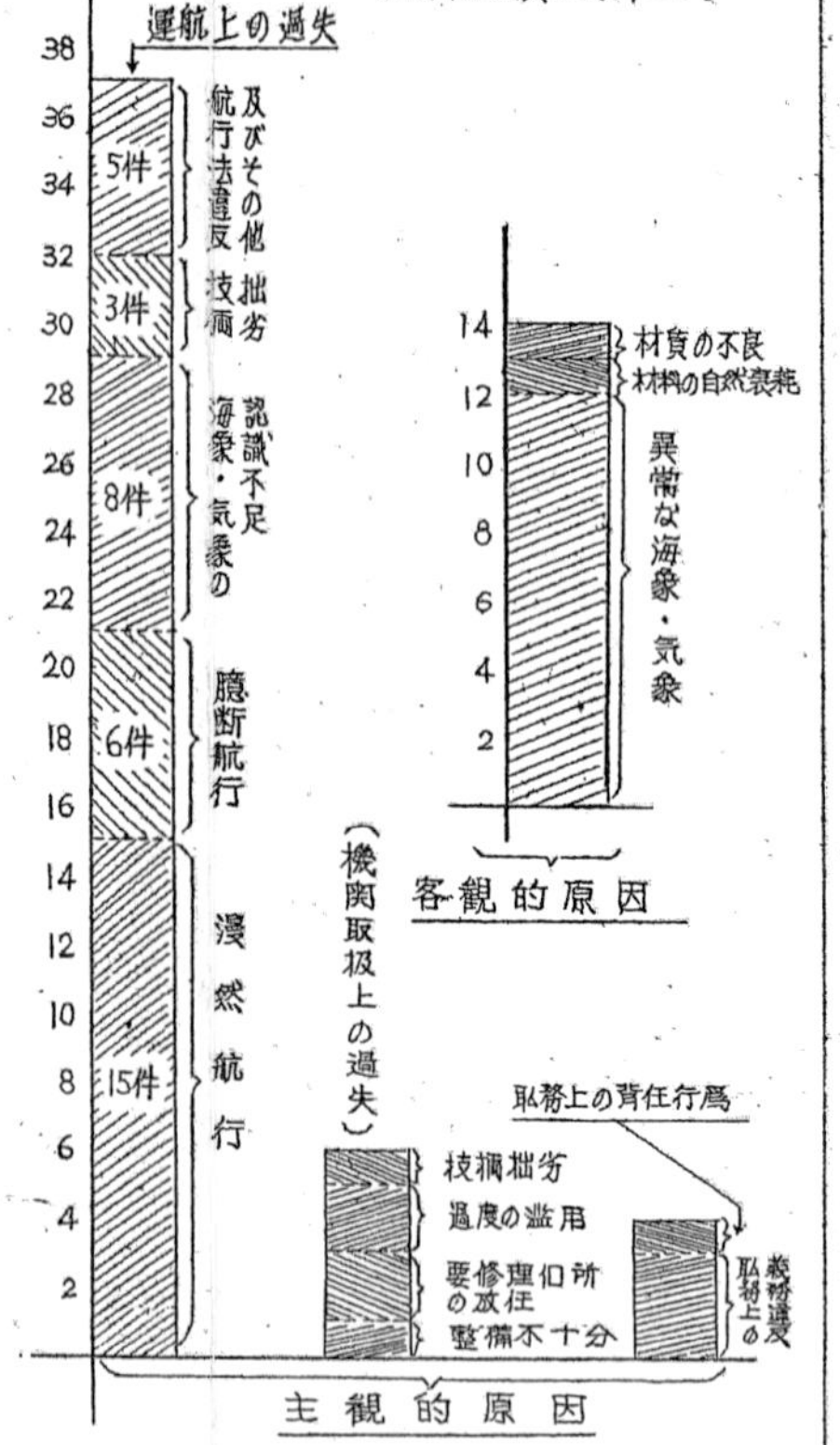

第15図 海難審判裁決種別表（全琉）自1953年 至1955年6月末

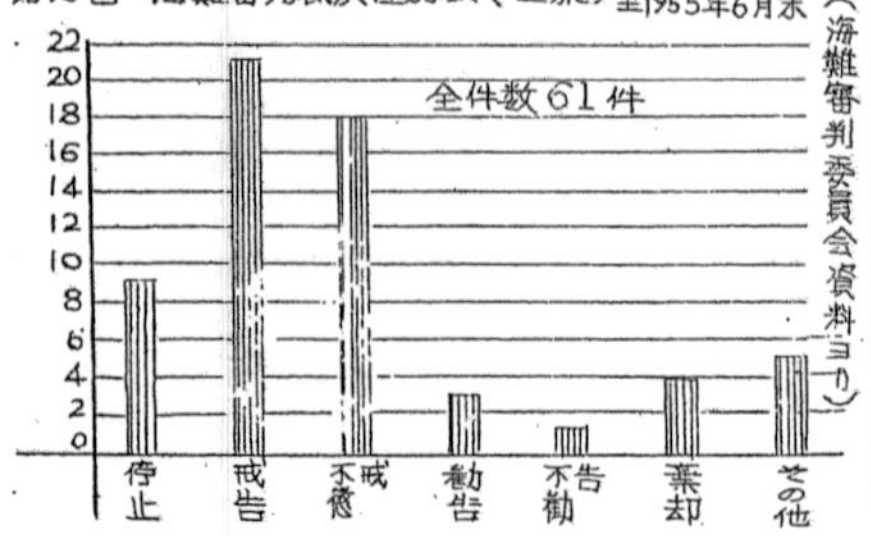

正誤表

○ 二頁上段の終りから二行目 軽油（ディーゼルオイル）と混合して…… と挿入

○ 統計図表

△ 第5図 ディーゼル杵関の項 八隻とあるを六隻に訂正

△ 第十一図 単位をガロンとする

△ 第十二図（ガソリン） 五二年の消費量を四、一〇〇、〇〇〇 に訂正

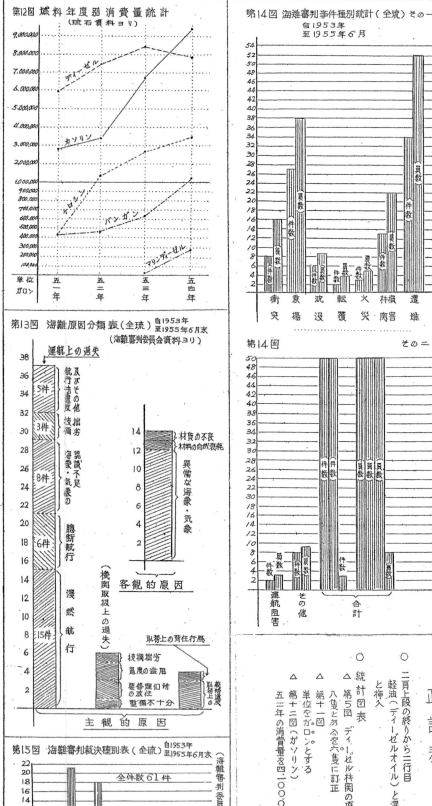

第1図　焼玉機関業態別，年度別隻数統計
（沖縄の部）

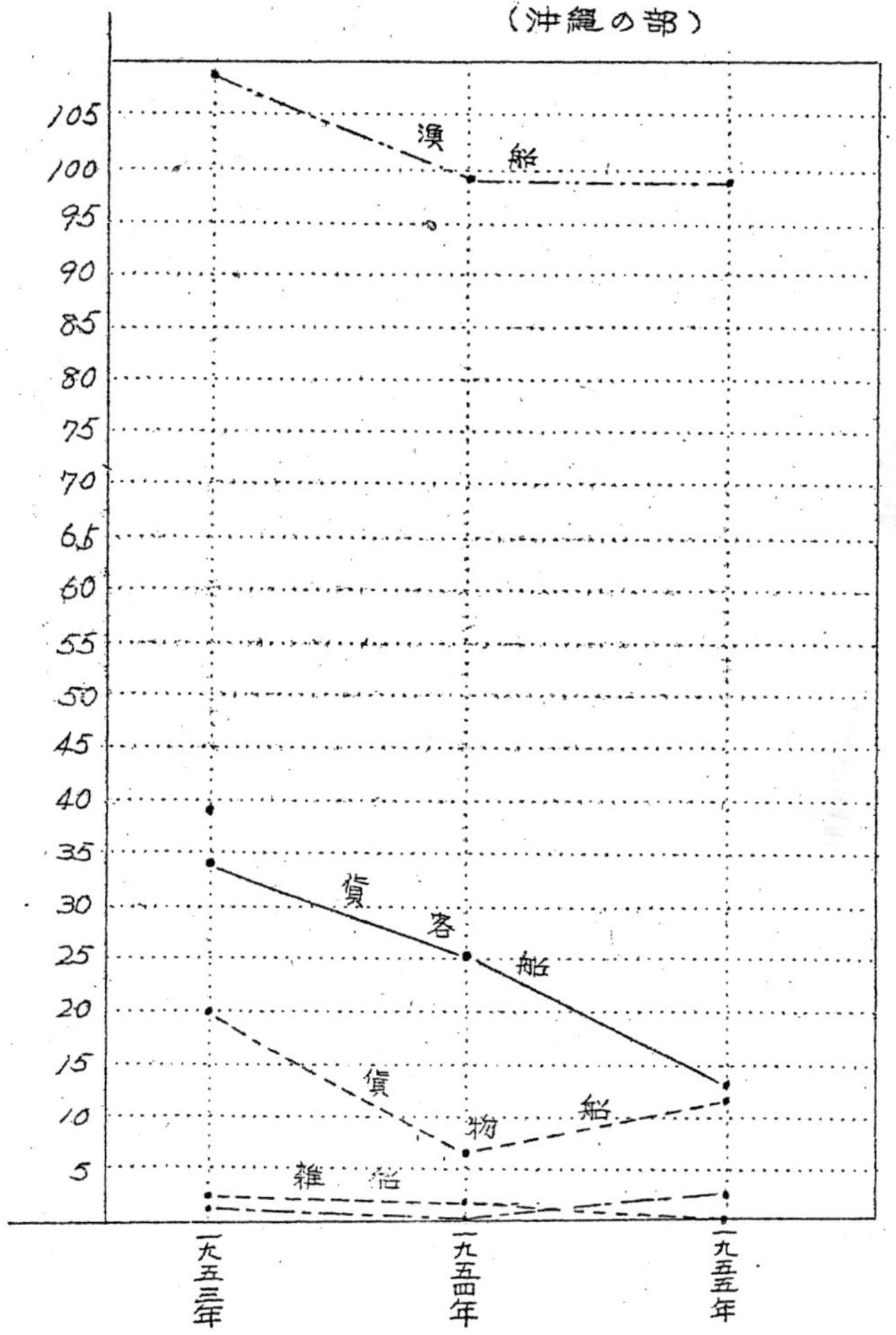

（一九五三年～一九五五年十二月十日　海運課調整）

第2図　ディーゼル機関業態別、年度別隻数統計
（沖縄の部）

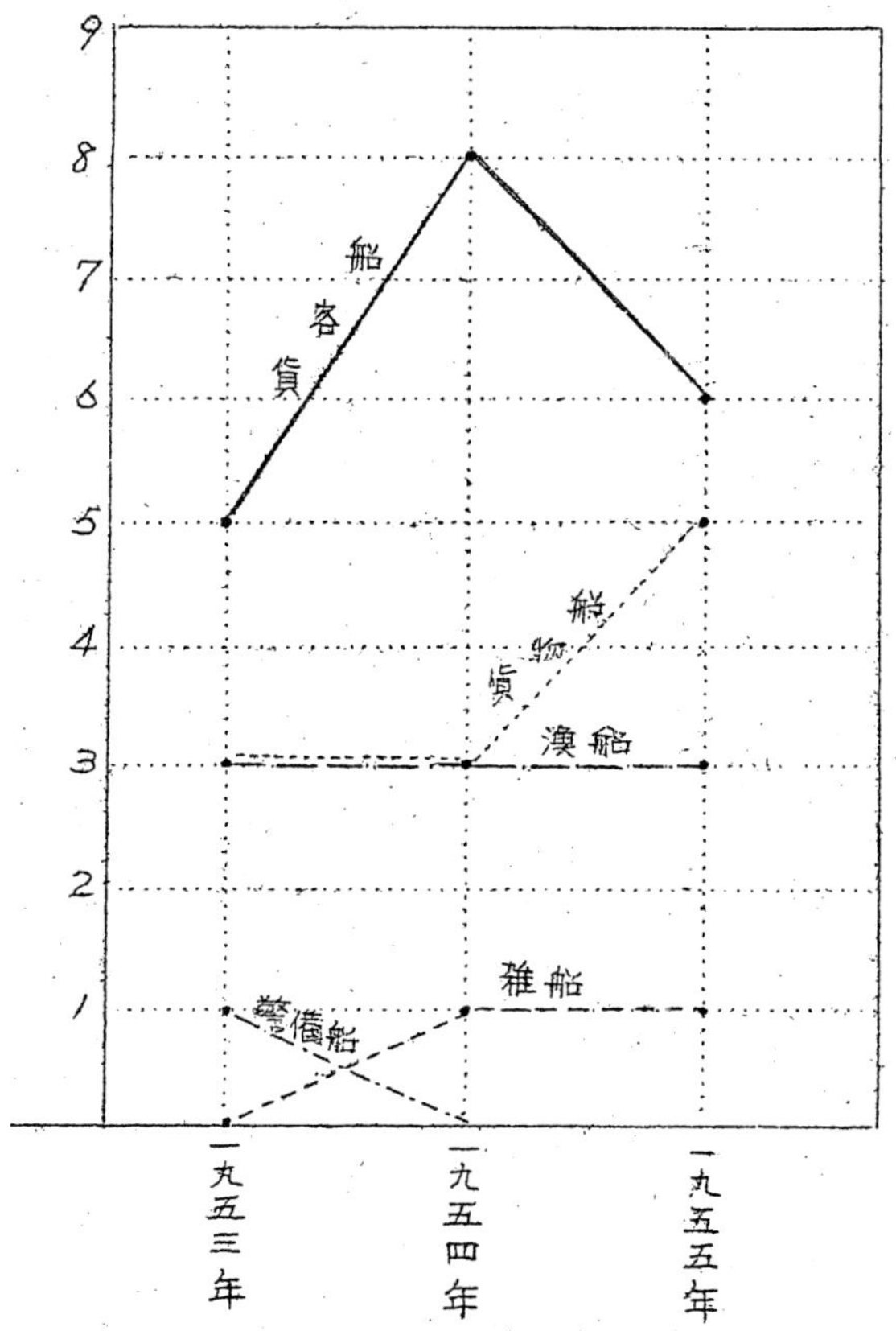

（一九五三年～一九五五年十二月十日　海運課資料ヨリ）

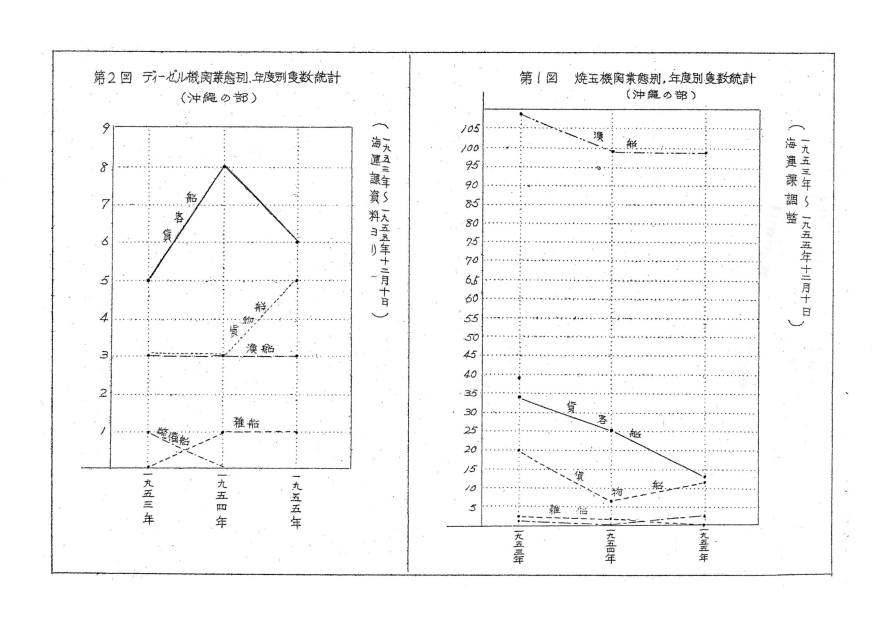

第３図　グレイマリン機関業態別、年度別隻数統計

（沖縄の部）

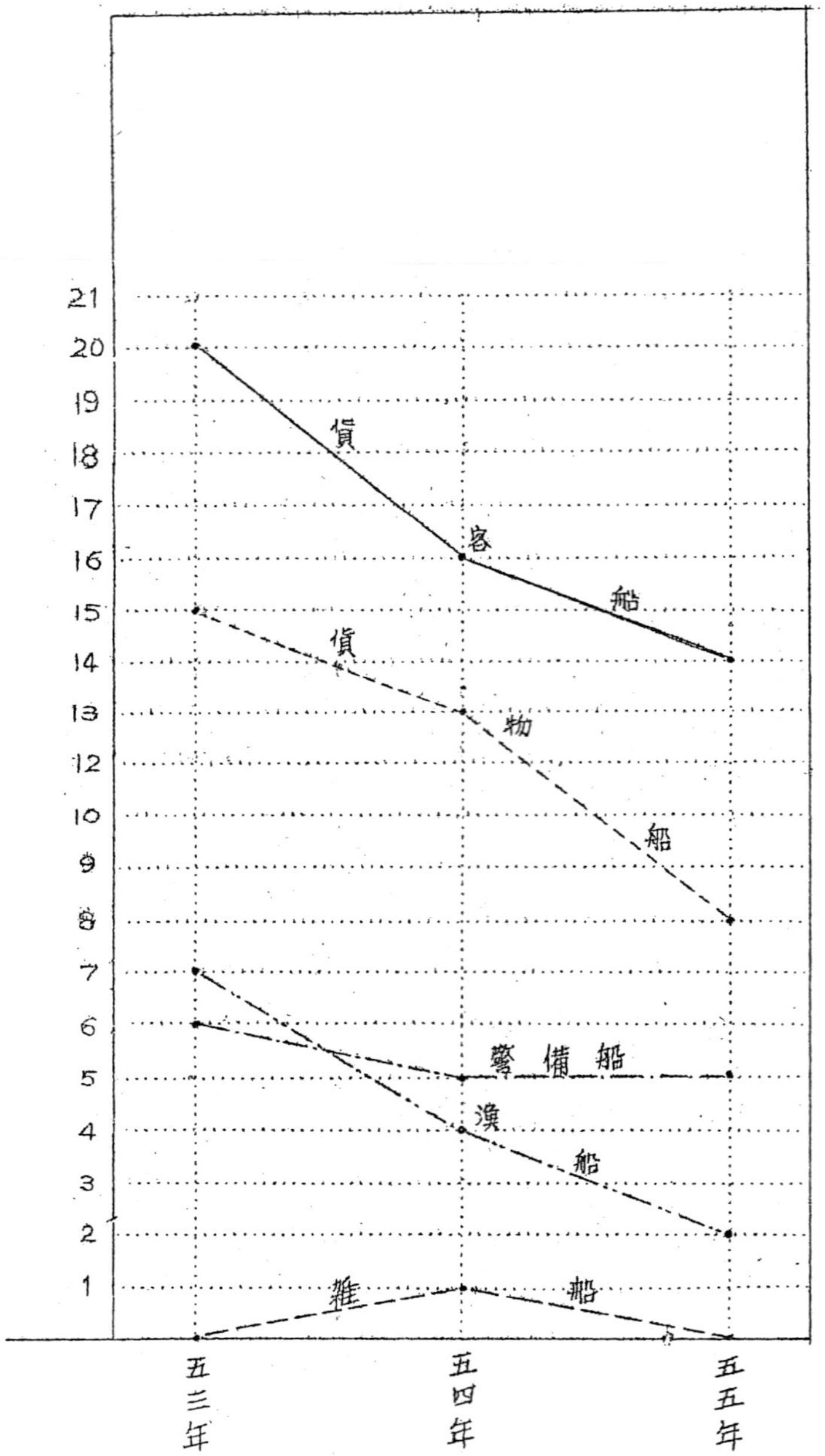

一九五三年～一九五五年十二月十日
（海運課資料より）

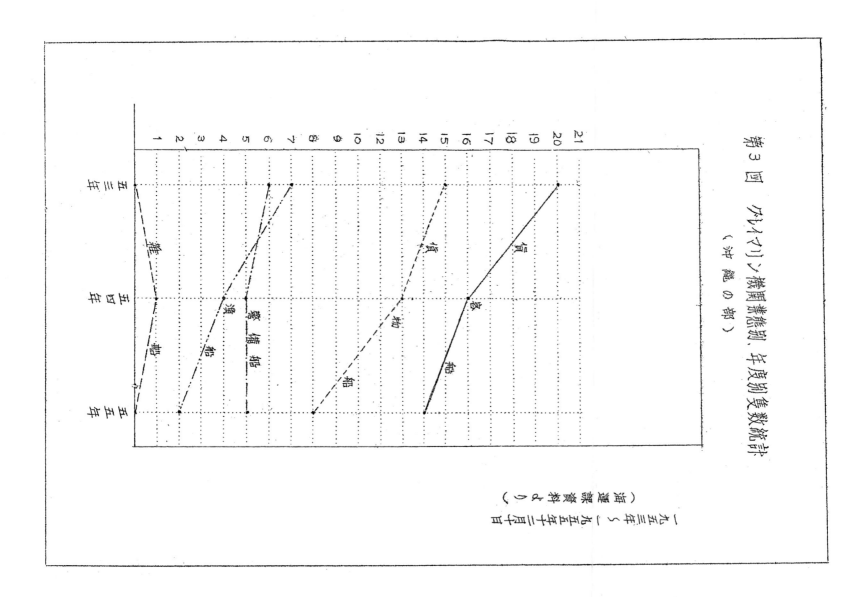

入試選抜法改正をこう迎えた

仲間智秀

高校入学選抜法の改正で学校も父母も社会も大変考えさせられました。子供たちも無心に幾月か悩めました。

中学校教育が歪められて、あるべき姿になかつたことも事実であつたし、従来の方法では「合格」という一語が鬼の首でも取つたような感覚を与え、入学後に慢心と倦怠とが伴ない、よく伸ばなかつた感じもあつたが、他面大部分の子供たちに起る卑屈感も無視されがちでもあつた。

教育とは「子供を矯慢と卑屈から救い、プライドと信念を持たしめることとなり」とは天野元文相の名言である。私は今回の選抜法改正で子供達がいくらか救えたと思う。但し一層点数恐怖心が起つたとなれば、それは制度の改悪というより教師の意識や受取り方によるものと思う。

高校へ進学させるということは高校卒業後の社会生活、特に着職生活の予想から出発しなければならない。次代の社会人となるべき現在の児童生徒は全員が高等学校教育を修了しなければならぬことは時代の要求でもあり、次代社会の要求でもある。その為に進学させるということは適当な職業によき職業人として着職させることであり、進学指導が広義の職業教育だと考えられる理由もここにある。

二十世紀の後半（後四十四年間）が二十世紀前半と同じ歩み方でいい等と思うことは牛の歩みで今日まで来た現在の大人たちの大きな錯覚ではなかろうか。

深刻にせまる人口問題、就職難、青少年犯罪等を思う時ブラ〳〵学校に通い六・三・三。をエレベーターの様に通過していては、あわれな被教育者だともいえるし、エレベーター操縦師になりすましていては数年待たずして情ない恩師よと呼ばれても仕方はないと思う。

二十世紀終末の年は現在中学三年生が六十才になる。彼等の最も花やかな時期即ち三十代、四十代の世界と人類文化がどのようになるか予測はつきかねるが恐らく過去一九五五年間の文化史に匹敵する四十四年間だと信ずる。その時代と、その文化を消化し吸収できるか。あるいは利用して生活を楽しみ得るかゞ全く今日の教育にかゝつている。

今年高校入学する子たちが卒業する数年後の高校の門前に待ち受けているものに就職難という危機がある。それを默算に入れて就職の為に進学をよく指導し、適切な推進と助言を与えなければならない。

今年から高校職員は入学選抜の為に新入すべき生徒たちに一回も接触しない方法になつた。そこに中学校の重責があり、適切明確な内申の必要性がある。

私はよい内申資料を得る為に三年生一六八名中、進学希望者一二一名の父母に対し左の注文をなし、数日後に父母の一人一人に面接をした。即ち従来入試第三日目に受験生と高校職員が行う面接を改めて中学校長がその父母と面接を行う方法を取つた。父母への呼びかけは、

一、高等学校を卒業して後は

1　大学に進学させますか

2　公務員、警察学校、看護婦学校等に進学させますか

3　家庭に踏み止つて家業を振興発展させますか

4　海外に雄飛し郷土を発展伸長させますか

5　沖縄本島に出すとすれば、どんな業務に従事させますか

二、もし今度入学できなかつたら

1　来年もつゞけて進学希望させますか

2　家庭に踏み止つて家業を振興発展させますか

3　沖縄本島に出すとしたらどんな業務に従事させますか

右について家族で会談し、親子の意見をまとめて㈠㈡の両方から「どれに向わせるかを決定しておいで下さい」と注文しました。

一二一名の全父母が来校し、一日四十名宛三日間、朝の九時から午後五時までの間に一時間五名の割で来訪時間を指示して面接しました。父母の中には大学進学としておけば内申がよくなりはせぬかという感覚の方も二三名あり、不明確の方も数名ありましたが大多数の方々が明快に意志を表示して下さいました。

その結果は

大学へ（六二名）　工業、電業、実務界へ（十一名）

警察学校へ（四名）　公務員へ（六名）

看護婦学校へ（十名）　洋裁学院へ（九名）
家業（農業）へ（十一名）　海外へ（四名）
不明確（四名）　計　進学と就職各五十％

第二問については全部来年度もやりなおすといつています。

私は常に「たゞうか〳〵と二十年」を過ごさせると「あれやこれやで次の二十年」を迎え、最後には「あれよ〳〵で二十年」の淋しい人生末路になると信じています。更に久米島の次代青年を何とかして全員高校教育の機会を与え、而してその三分一は更に進学してより高い知識と高度の技能で人類社会にも貢献し、郷土久米島をも輝かす者になり。次の三分の一は郷土の土と取り組んで郷土を磨き上げる者になり。残り三分の一は海外に伸展して海外で郷土を発展伸長させてもらわねばならぬと思っています。離島なるが故に毎月千五百円以上の送金をしなければ沖縄本島の実業高校に子女を送れない現状であり、農林、工業、水産、商業校にあこがれながら、止なく島の普通高校に向う有様であり、一二一名中僅か十名水産（六）南農（三）工業（一）の父母しか決意ができません。

それに顧みて離島にある普通高校は是非ともその一部に実業高校的運営性格を持たしめてもらわねばと文教当局並に高校当局に熱望するのです。新学年度からは高校教育課程も改正されるので、狭くてもこの郷土久米島の土を守り、それに磨きをかける人物の育成も織り込まれるものと期待しています。兎角、子供たちの思索力はまだ若くても円熟しそうな人間に育て上げてやらねば二十世紀後半の彼等に気がかゝります。

「んじやりがなわかち　布なする人や
花ぬやしらみん　織いどうすゆる」

の歌の如く「んじやりがな」をよく解きほどいて一反の布を織り上げ得る人を育てることが二十世紀中期の教育と教育者の責任だと思います。

高校の三ケ年間を無為通過していては絶対に着職はできないし、学歴ルンペン者はいよ〳〵社会や世相を「んじやりがな」と見るし、その「んじやりがな」をほどく知能と気力は持ち合わさないので遂に「世界広しといえども、我が住む余地なし」等と大それた考え方になつて自己破壊に落ち込み、あるいは十代の自殺ともなると思います。過ぎた一九五五年間の惰性に染みこんでいる親たちの蒙を拓きつゝ、次代に大きな関心と感覚を呼び起して進学せしめ、入試改正を子供たちの為に「私」のものにしたいものだと思つて改正選抜法を迎えた愚感を述べました。（五六年二月三日　義務教育終了学力検査の日　久米島具志川中学校）

国語教育について

普天間朝英

一、実態調査

1　実態調査の目あて

生徒の実態をつかみその認識の上に立つて、個々の興味や必要や能力に即して学習指導が行われなければならないということは、教育の原則でありまして、教育に携わる者の周知の事実であります。

この事は国語教育にありましても変らないことでありますが、しかしこの生徒の実態をつかむという程度も千差万別でありまして、中には極めて通り一片の認識しか持つていない者もないではありません。

良く話題にのぼる生徒の個人差の問題を例にとりましてもそうでありますが、指導に困難を感ずる個人差とはどんなことかということについての具体的な生徒についての種々の事例を持つている者は少く、単なる読む能力の違うことや書く能力の差等の表面に表われた抽象的な所のみを指摘する程度に止まる場合が多いのであります。このことについて、先ず読む能力、書く能力の低い生徒についての調査の場合は、その低い原因がどこにあるかを、単に語彙や文字の上からだけ調査して終るだけでなく、身体的にも心理的にも調べ、更に何故そうなつたかを前学年にさかのぼつて歴史的にも、又環境の点からも探究して、その真相をつかむだけの熱意がなければならないと思います。

一方生徒の実態調査ということは、どこまでも必要に迫られての調査、生徒の学習指導に役立たせる為の地についた調査という点に焦点をもたなければなりません。例えば読みものゝ調査とか、新聞やラジオに対する関心の調査とか又漢字の読み書き能力についての調査などはよく行われていますが、これ等の調査と日々の学習とのつながりは余り重視していない場合があるのではないかと思います。調査に必然性と学習との関連性がないということは、逆に言いますと、調査の目あてが明瞭でなく、調査の仕方に科学性を欠くということにもなるのであります。

　要するに国語の実態調査はあくまでも生徒の国語の力の成長に役立たせるためのもの、より効果的学習の方法を見出すためのものでなければなりません。従つて調査のねらいは、単に読む能力や書く能力に始終することなく、聞くこと、話すことの能力は勿論、ひろく国語の習慣、態度、技術、その環境などと生徒ひとり〳〵の力を総合的につかむ様に心掛けねばならないと思います。

　このことは前にも述べました、生徒の実態に則して行わなければならないという教育の原則からいつて当然なことでありまして、教師は生徒の実態をつかむ為にあらゆる努力を傾けなければならないと思います。

2　実態調査の程度

　生徒の実態をつかむ為の調査は先にあげた様に、あらゆる角度からできるだけ詳しく且つ正確に行われなければなりませんが、しかし短期間に簡単な調査でそれができるわけのものではありませんから、新学年当初の多忙な時に多数の生徒についての数々の調査をすることは無理であります。それに絶えず調査し観察し評価して生徒の成長のあとを記録することは教師としての責任でありますから当初の調査としては余り多く望まないのがいゝのではないかと思います。

　それでは最初にどの程度の調査をすれば、生徒の大体の実態がつかめるかということになりますが、先ず次の様な点を目やすにしてあらゆる面から調べてみれば良いのではないかと思います。

1　注意して話を聞くことができるか
2　大勢での話を聞く場合の態度ができているか
3　話を聞いて要点をつかみメモすることができるか
4　人の話を批判的に聞くことができるか
5　会議や討論に参加してその場にふさわしい聞き方ができるか
6　長い談話や講演を終りまで聞くことができるか
7　話をする場合発言ははつきりしているか
8　相手に対する適確な応答のしかたに慣れているか
9　声の調子や速度は適当であるか
10　話題は豊富であるか
11　進んで読書しようとする態度ができているか
12　辞書や参考書が適切に利用できるか
13　新聞や雑誌等の中で興味ある記事を拾つて読む習慣がついているか
14　文章の理解は確かであるか
15　必要に応じて早く読むことができるか
16　語彙は豊富であるか
17　漢字はどの程度覚えているか

（学習指導要領国語編及その他の資料による）

右の調査とともに是非調べておかなければならないことは、言語発達に障害となる何らかの条件をもつている生徒についての調査であります。

　国語力の進歩を妨げる条件にはいくつかありますが、中でも一番多いのは身体的なものでありまして、読むことの障害となつている弱視、近視、聞くことの障害となつている難聴、話すことの障害となるどもり舌のもつれ劣悪な身体状況が障害となるものに栄養失調、過労等が考えられます。

　尚本土におきましては殆ど見られませんが、沖縄における不正発音が生徒の国語力の伸長に大きなブレーキをかけていることも見逃してはならない重要なことであります。

3　調査の方法

　新しく生徒が中学一年として入学してくる時には指導要録その他の必要な書類が小学校から届けられる筈でありますが、それだけでは詳しく生徒の力を知ることはできませんから、前年度の教師の意見を聞いたり実態調査等の資料を求めたりする必要があります。

　尚生徒がどの様な教科書やその他の資料によつて学習してきたかということも知つておく必要があります。その他国語科に関する調査物、文集学級新聞などもゆずりうけることが望ましい方法であると思います。又中学に入学する時ともなれば、相当に自己を反省し、その力を評価する力もついてきますから前にかゝげた項目についての自己評価も生徒の実態を知る上に大切な資料となります。

　次に言語能力をテストする方法として聞くこと、話すこと、読むこと、書くことについての広範囲の能力テストを行うことは極めて困難でありますから、先ず読むこと、書くことについての調査を速やかに実施して、徐々に聞くこと、話すことの調査に入つて行くのが、あらゆる面で効果的であると思います。調査の方法にもいろ〳〵ありますが、最近実施されつゝある読書能力テストを行つたり、面持によつて質問したり、書かせたり、問題を出したり、作文による表記法の調査をしたりするのも一つの方法であります。

　又父兄との面接の機会を利用して、家庭及び社会における聞く生活、話す生活、読む生活、書く生活を中心に生徒の実情を聞き、これを記録することも大切なことであります。

4　実態調査の整理

今まで述べた方法によつてできた結果を前にかゝげた十七項目を中心にして生徒のひとり〳〵の個人カードに整理して記入します。この様にしておきますと、その各々の学年の生徒をして予想されます聞くこと、話すこと、読むこと、書くことの能力にくらべてどんな状態にあるか、ひとり〳〵についての実態をつかむことができます。またクラスを構成している生徒の能力水準や傾向もわかるようになります。これではじめて単元の設定もでき、毎日の学習指導の手がかりも得られ効果的に学習をすゝめることもできます。

二、能　力　表

国語の能力表については現在いろ〳〵提示されています為、その概念規定ははつきりしませんが、主要な定義としてあげられているものに、

1　最低要求基準としてあげられるものとして、社会生活をしていくのに必要な国語の能力の最低要求基準を生徒の身心の発達段階に即して学年別に配列した一覧表

2　最高可能な能力の線としてあげられているものにある学年の国語の能力として、最高可能な線を考えて、それを学年別に配列した一覧表

3　標準的（平均された）な能力としてあげられているものに、それぞれの学年に応じた国語の全般的な標準を示した一覧表

等があげられていますが、現在普通に言われている能力表は主として1の最低要求基準としてあげられるものがあげられています。

能力表の必要なことはここに述べるまでもありませんが、国語科の持育課程を構成するには、先ず国語科の学習指導目標が立てられなければなりません。しかもその目標は、社会の要求を充足するものであると共に、生徒の言語生活の現実から遊離したものであつてはなりません。そういう目標を設定するためには社会的に要求される国語のすべての能力を分析するとともに、それぞれの学年において、一般的にどの程度の学力をもつことができるか、最低どの程度までの能力を要求してよいか、その実態をつかんでいなければなりません。

この様に国語学習の指導目標を設定するためには能力表が必要となつてきます。

文部省発行の学習指導要領の能力表では、一、聞くことの能力　二、話すことの能力　三、読むことの能力　四、書くことの能力の四つが立てられています。

次に二、三の能力表の例をあげてみようと思います。

(1)　東京都中学校教育過程の能力表

1　聞くこと

(イ)あいさつ　(ロ)紹介　(ハ)経験発表　(ニ)意見発表　(ホ)研究発表　(ヘ)絵話、紙芝居、人形劇　(ト)劇　(チ)朗読　(リ)放送　(ヌ)電話　(ル)話し合い、討議　(ヲ)司会　(ワ)映画

2　話すこと

(イ)あいさつ　(ロ)紹介　(ハ)経験発表　(ニ)意見発表　(ホ)研究発表　(ヘ)絵話、紙芝居、人形劇　(ト)劇　(チ)朗読　(リ)放送　(ヌ)電話　(ル)話し合い、討議　(ヲ)司会

3　読むこと

(イ)日記　(ロ)手紙　(ハ)思索、記録の文　(ニ)実用文　(ホ)詩情表現の文　(ヘ)物語の文　(ト)演劇に関する文　(チ)辞書、参考書　(リ)新聞、雑誌

4　書くこと

(イ)日記　(ロ)手紙　(ハ)思索、記録の文　(ニ)実用文　(ホ)詩情表現の文　(ヘ)物語の文　(ト)演劇に関する文　(チ)編集

(2)　お茶の水女子大学附属校の能力表

1　話すこと、聞くこと

一、対話（一対一）

(イ)あいさつ　(ロ)対話　(ハ)問答　(ニ)紹介　(ホ)電話　(ヘ)面接

二、会話（一対多）

(イ)座談　(ロ)ディスカッション　(ハ)司会

三、独話（一対多）

(イ)説明報告　(ロ)経験発表　(ハ)意見

四、演劇

(イ)劇　(ロ)絵話

五、放送

(イ)ラジオ　(ロ)マイク

2　よむこと

一、詩情表現

(イ)詩　(ロ)短歌、俳句

二、思索、記録、実用

(イ)日記　(ロ)手紙　(ハ)記録　(ニ)新聞、雑誌　(ホ)辞書、参考書　(ヘ)掲示

三、物語

四、演劇

(イ)よびかけ　(ロ)シナリオ　(ハ)脚本　(ニ)狂言

五、読書法

(イ)音読　(ロ)黙読　(ハ)朗読

かくこと、つくること

3

一、日　記

生活日記　学校日記　観察日記　飼育日記

二、手　紙

伝言　実用文　社交文　電文

三、報告、記録

観察記録　飼育記録　読書帳　研究記録　自治会記録　学級の諸記録

四、編　集

文集　学級文集　学校文集　壁新聞　自治会記録　学級の諸記録

五、書　式

答案　届出　プログラム、規約

六、広告、宣伝

標語　広告文　ポスター

七、詩、短歌、俳句

八、物　語

童話　笑話　伝説　伝記　小説

4　文　法

一、発音　二、音便形　三、音の変化　四、文の構造　五、語尾変化　六、品詞の転成　七、かなづかい　八、文体　九、表記上の約束　十、助詞　十一、副詞接続詞　十二、標準語　十三、国語問題

(3)　清水市の能力表

教育委員会発行中等学校教育過程に掲載

国語能力表

範囲	能力	学年 1	学年 2	学年 3
読むこと	文の表わす情景がわかる	○	○	○
読むこと	ことばに対するよい感覚をもっている	○	○	○
読むこと	ことばのリズムがわかる		○	○
読むこと	主題がつかめる	○	○	○
読むこと	文の構想がわかる		○	○
読むこと	文の頂点がとらえられる		○	○
読むこと	問題の箇所を文の中に求めることができる	○	○	○
読むこと	心の動きを読みとることができる	○	○	○
読むこと	人間の性格が読みとれる			○
読むこと	文のおかしみがわかる	○	○	○
読むこと	ことわざやたとえのおもしろみがわかる		○	○
読むこと	ことばは簡単でも意味の深い言いかたがわかる		○	○
読むこと	いろいろの意味にとれる言い方がわかる	○	○	○
読むこと	技巧的な表現がわかる		○	○
読むこと	細かい観察とその適格な表現との関係がわかる	○	○	○
読むこと	書かれていない部分を想像することができる		○	○
読むこと	省略されたことばを見出すことができる		○	○
読むこと	会話を通して心理を推測することができる			○
読むこと	いろいろな術語がわかる	○	○	○
読むこと	古語が理解できる	○	○	○
読むこと	読み合わせができる	○	○	○
読むこと	せりふに従つて行動ができる	○	○	○
読むこと	長い文が読み通せる		○	○
読むこと	複雑な文脈がわかる		○	○
読むこと	簡潔な文がわかる			○
読むこと	思索的な文がわかる		○	○
読むこと	象徴的な表現がわかる			○
読むこと	比喩的な表現がわかる			○
読むこと	古文がわかる			○
読むこと	擬体詩擬声語の効果がわかる			○
読むこと	旧かなづかいが読める	○	○	○
読むこと	当用漢字が読める	○	○	○
読むこと	黙読が早く正確にできる	○	○	○
読むこと	必要な箇所を拾い読みすることができる			○
読むこと	読みながらメモがとれる		○	○
読むこと	代名詞や代用語が何をさすかがわかる	○	○	○
読むこと	説明図、統計図表などがよめる	○	○	○
読むこと	いろいろの辞典が使える	○	○	○
読むこと	索引の使い方がわかる		○	○
読むこと	注釈などが利用することができる		○	○
読むこと	図書分類がわかる			○
書くこと	文字が適当の大きさにかける	○	○	○
書くこと	文字を正確にきれいに早くかける		○	○
書くこと	文字の使いわけができる			○
書くこと	教育漢字がかける	○	○	○
書くこと	自然の写生ができる		○	○
書くこと	細かい観察が表現できる	○	○	○
書くこと	適切な言葉を選んで使える		○	○

書くこと			
適格な表現ができる		○	○
情景を表わす適当な言葉が使える		○	○
新しく語彙を使つて文が書ける	○	○	○
心の動きが表わせる	○	○	○
生き生きとした会話がうつせる		○	○
簡潔に表わすことができる			○
順序正しく書ける	○	○	○
構想をくふうすることができる	○	○	○
主題ははつきり表わすことができる	○	○	○
事件の移り行きがはつきり表わせる	○	○	○
首尾一貫するようにかける		○	○
文によつて図表説明図などがかける	○	○	○
文の内容を表辞することができる		○	○
文の内容を箇条書きにすることができる	○	○	○
与えられた内容を短い文にまとめられる		○	○
長い文を要約してかくことができる			○
注意書をみてその通りにかくことができる			○
議論の要点が順序を追つてかける			○
いろいろな場合のメモが取れる	○	○	○
ばらばらな項目を整理して書くことができる			○
比喩がじようずに使える			○
擬体語擬声語が効果的に使える			○
標準語でかける	○	○	○
聞くこと			
引き続き他人の話に注意が集中できる	○	○	○
他人の意見をすなおに聞くことができる	○	○	○

聞くこと			
他人の意見を公平に聞くことができる	○	○	○
他人の意見を冷静にきくことができる		○	○
話を批判的にきくことができる		○	○
他人の話を比較することができる		○	○
批判しながら聞くことができる			○
他人の意見に対して意見をもつことができる			○
相手の立場になつて聞くことができる	○	○	○
話の要旨がつかめる	○	○	○
話の内容を整然とつかむことができる			○
話しききながらメモがとれる			○
講演をききながら要領筆記がとれる			○
話の内容を整理しながらきくことができる			○
他人の話をきいて質問ができる			○
話をききながら念を押したり確かめたりできる			○
話をきいてその場の情景がわかる		○	○
映画と説明会話とを結びつけて考えられる	○	○	○
話すこと			
標準語で話せる	○	○	○
正しくはつきり発音できる	○	○	○
その場にあつた声量で話せる	○	○	○
講堂集会場などにおいて話せる		○	○
標準語で話せる	○	○	○
敬譲語が使える	○	○	○
その折々に応じて自由に敬譲語が使える		○	○

話すこと			
折々にかなつたあいさつのことばがつかえる	○	○	○
客の応待ができる		○	○
人を紹介することができる			○
正しいことばづかいができる	○	○	○
その場にあつた適当なことばが使える		○	○
自分の意見がはつきり述べられる	○	○	○
相互に反対の意見を述べあうことができる	○	○	○
身振り表情を交えて話せる	○	○	○
話題を選んで話せる	○	○	○
その場に応じて話してよいことと悪いことがわかる	○	○	○
落着いてゆつくり話せる	○	○	○
適当の速さで話せる		○	○
順序正しく話せる	○	○	○
話すことを整理して話せる		○	○
簡潔に要領よく話せる			○
かいつまんで話ができる		○	○
考えをまとめて話せる		○	○
主題から離れないように話せる		○	○
メモによつて話せる		○	○
相手にわかるように説明できる	○	○	○
相手によつて話しかたが変えられる		○	○
相手の気持を考えながら話せる		○	○
相手を笑わせるように話せる		○	○
印象的な話し方ができる			○
比喩的な話しかたができる			○
例を引いて話すことができる			○
説明図等を使つて話すことができる		○	○

話すこと			
話しかたの心構えがわかる	○	○	○
話の技巧がわかる			○
批評ができる			○
マイクロフォンを使つて話せる			○
相手の心を動かすように話せる		○	○

構成委員　一中教諭　曦　文英氏
二中〃　下野　明氏
四中〃　石田　富平氏

三、経験表

旧教育の教師による一方的な講義即ち記憶重点主義の指導形態から生徒の言語経験を豊かにする為の経験学習が叫ばれております今日、国語の学習においても即ち生徒の自発活動によつて自らの言語生活の諸問題を話すことによつて話し方に上達させ、又自らの読むこと、または書くことによつて読み書きに上達させることが新しい国語学習のねらいであります。それで先ず経験表をつくるには生徒のあらゆる経験の場を調査し生徒との絶えざる接触によつて見出したものを土台とすればより効果的なより実践的なものが出来ると思います。

次に参考のために東京都目黒第八中学校の「書くこと」の経験表をかゝげておきます。

範囲	言語経験	分類
書くこと	聞きながらかく	(イ)先生の話 (ロ)友達の報告 (ハ)社会施設訪問の時の他人の説明 (ニ)ラジオ

書くこと	
	(ホ)司会者、議長になつた時のいろいろの発言（会をすすめたりする為） (ヘ)会議の記録係として話し合い
見ながらかく	(イ)参考書など必要な所 (ロ)参考書など必要な点を要録して ※板書事項 ※統計展覧会の統計その他の参考事項
報告をかく	(イ)各学科についての研究調査の報告 (ロ)グループ研究、調査の報告 (ハ)会の代表として出席した時の報告 旅行等の報告
メモ	(イ)講演、説明、報告をききながら要点 (ロ)ラジオをききながらの要点 (ハ)司会者議長になつたとき参会者の意見の要点 (ニ)討論会参加のとき他人の意見の要点 (ホ)会議の記録係として速記の外に話し合いの要点 (ヘ)旅行のとき後で作文、報告談の為の見聞や感想 (ト)先生の話 (チ)毎週朝礼時の校長訓話の要点 (リ)電話をききながら要点 (ヌ)伝言
ノートの整理	(イ)各教科のノート
日記記録	(イ)生活日記 (ロ)学級日記 (ハ)観察日記

書くこと	
日記記録	(ニ)旅行日記 (ホ)観察記録 (ヘ)研究調査記録 (ト)学級の諸記録
手紙	(イ)伝言 (ロ)社交文 (ハ)実用文 (ニ)電文
ビラポスター	(イ)運動会、学芸会、音楽会等 (ロ)交通安全週間、読書週間、児童週間 衛生週間、納税週間等
標語	(イ)交通安全週間、読書週間、児童週間 衛生週間、納税週間 (ロ)防火デー、時の記念日、貯蓄
掲示をかく	(イ)集会通知のために (ロ)普通の通達事項 (ハ)連絡 (ニ)式並に行事の次第
伝言をかく	
文をかく	(イ)考えをまとめるために (ロ)感想文 (ハ)読後感 (ニ)創作、随筆（生活作文） (ホ)物語、童話（自作、聞いたもの） (ヘ)論文 (ト)書式のまとまつたもの

書くこと				
謄写版複写紙などを聞いてかく	脚本をかく	届書や履歴書願書をかく	詩をかく	展示会の作品
(イ)学校へ配布するための学習計画その他 (ロ)学級新聞、文集、諸雑誌等の編集 (ニ)学芸会、発表会等の題目や掲示用プログラム	(イ)紙芝居 (ロ)物　語 (ハ)劇 (ニ)シナリオ (ホ)放送台本	(イ)欠席、遅刻届 (ロ)学割等の発行願 (ハ)旅行願 (ニ)履歴書	(イ)自由詩 (ロ)定型詩 (ハ)童謡詩 (ニ)一行詩	

尚学習指導要領国語編（文部省発行）の七二頁に掲載されております主要な言語経験一覧表を参考にすれば各地域に即した経験表が容易に案出されると思います。

尚児童生徒は各自の経験したものには興味をもち、関心をもついますし経験によって生徒の能力も伸展して行くものでありますが、その経験には地域によって相当な差があることは見逃すことができません。

それ故単に児童生徒の自由な経験にまっていたのでは、地域によっては、どうしても国語学習の目標に到達することは困難であると思われる所があります。その為には機会をとらえてなるべく数多く、又多くの生徒に経験させるよう心掛けなければならないと思います。地域によって恵まれない所では一般的な児童生徒にどうしても経験させたいと思われるものを表にして、機会をとらえて与えたいと思います。そのことを念頭において左記の様な経験表（経験したもの、させたいもの）を考え出してみました。

尚児童生徒の経験を見ますに大体「読むこと」と「かくこと」の経験「聞くこと」と「話すこと」の経験は同一項目の中に入れて表わすことができますので、表をわかり易くする為この二項目ずつを一つにまとめて表わしてみたいと思います。

経験表

範囲	項目	分類（言語経験）
読むこと書くこと	思索記録文を読む書く	1 手紙 実用文、社交文、電文 2 日記 生活日記、観察日記（飼育も含む） 学級日記、週番日記 3 説明、記録 説明文、研究調査記録、学級諸記録 行事の各種記録、報告感想、意見、 論文 4 随筆 5 年表、図表、目録 絵年表、人物年表、文化年表、事件 年表、各教科に関する図表、各種目録

読むこと書くこと					話すこと	
	詩情表現文	物語文	演劇に関する文	参考書辞典	挨拶	紹介
6 告知、通知、広告、掲示 目的にそうた形式、方法	童謡、俚謡、短歌、俳句、新体詩、象徴詩、長歌 童詩、短詩型、長詩型、散文詩	1 絵物語 2 童話、伝説、寓話 3 伝記 4 小説 5 探険、冒険物語	1 よびかけ 2 対話 3 脚本 4 謡曲、狂言 5 新聞、雑誌、文集 壁新聞、学級新聞、学校新聞、子供新聞、一般新聞（読むのみ）各種雑誌（読むのみ）各種文集	1 漢和辞典 2 国語辞典 3 その他の辞典 4 資料	1 朝夕のあいさつ 2 先輩に対する挨拶、父母に対する挨拶、友人に対する挨拶 3 あらたまつた場所における挨拶	1 紹介する立場にあるとき 友達同志の時、身内の人と他人の時、目上の人に対する時

話すこと	聞くこと					話すこと			
紹介	経験発表	資料を利用して	劇	朗読	放送	電話	話し合い討議	映画
2 紹介される立場にあるとき 3 紹介を依頼するとき 4 自己紹介をするとき	1 身近かな出来ごと 2 観察、研究による経験 3 説明報告 4 意見発表	1 絵又は地図等を利用して 2 紙芝居、幻燈機を利用して 3 黒板を利用しながら	1 劇の内容を理解して 喜劇、悲劇、教訓理想人情等に関する劇		1 劇 2 文学作品 3 連絡、通知	1 電話をかけるとき 連絡、通知、依頼 2 呼び出されたとき 本人にかけられたとき、他人呼出を依頼されたとき	1 座談 友人同志、長上、記録をとるとき 2 ディスカッション 会員として、議長になつたとき 3 司会	

四、単元の構成と展開

単元の構成については学習指導者によつて、いろいろの方法で作られると思いますが、学習指導要領国語科編に示されている例を基とした方が一番無難だと思います。次に学習指導要領に示されている単元構成の基準を示しますと、

一、単元設定の理由
二、目　標
三、内　容
四、学習活動と経験
五、評　価
六、資　料

以上六項目が普通に行われている一般的方法と考えられます。

この展開の方法については、学習指導要領にその例が示されておりますので、これを参考にすれば容易に展開できると思います。

尚目標は学習を通して達成すべき目標が考えられますが、それには国語科の一般目標と各学年の到達すべき目標を熟知していなければならないと思います。しかしこれ等の目標は一般的なものでありまして、単元構成にそのまゝ利用することは出来ません。従つて構成する教師は地域の特質、学習者の発達、学校の設備等に応じて、たえず修正を加えて増減することが望ましいと思います。

五、学習指導

戦後の新教育への一大転換により一時教育界は混沌の相を呈している様に思われましたが、その理念が一般に浸透するに及びまして、最近漸く落ちつきを見せてきました。所が実際の学習指導の面では、今尚落ちついたとは言えない感があります。私も今までの学習指導の方法について、講習を受けたり、参考書を読んだりして一応、理解しているつもりにして、実際に行つてみましたが、どうもぴつたりしませんでした。自分自身も不安でしたが、生徒の様子をみても、いつも頼りない気持でした。読み書き等の学力低下という厳しい世評に対しても、これを反撃する程の気力も全く失つてしまいました。研究家といわれる方達の授業を見せてもらつても、僅か一時間や二時間では安心だという指導法に接したことがありません。

幸この度国語教育に権威のあられる清水一中の曠文英氏や国語部の教師によつて、研究された指導法によつて、私も大きな収穫を得たと思つております。

次に私が見た清水一中の学習指導についてのアウトラインを記してみたいと思います。

一、学習形態

従来の学習指導は教師のもつている専門的な知識を得々として、そのまゝ生徒に移そうとした方法でありました。教師はその理解の深さを誇り、ゆたかさに酔つて諄々と講義を続けてきました。生徒は教師の一言一句に指示され巧妙な身ぶりと板書にあやつられて、恍惚として学習されてきました。

この様な指導法は教室の現実と社会とを遊離させ、授業は生活とは全く無関係なものにしてしまい、生徒も単なる知識を知識として、収めたに過ぎませんでした。

新しい教育では社会を正しく理解し、社会の進歩に積極的に寄与することのできる実践的な性格をもつた

人物を養成することを目標とするものでありますから学習は生徒の全生活領域にわたつて、計画を立て、動く環境から生きた知識を得る為に常に学習に接近させる学習の生活化でなければならないと思います。

この為には生徒自ら学習の目的を立て、自ら学習を計画し、自ら学習を遂行し、自ら学習を評価することによつて、はじめて可能となるのであります。教師はむしろ案内者、相談者、刺戟者として、学習の裏付けをする地位に立ち、生徒の要求と社会の要求を調和させつゝ学習を通して生徒の創造的、統合的人格を育成する様に心掛けなければならないと思います。

このことは新教育の理念でありますが、その実践は仲々困難でありまして、多くの悩みが残されています。清水一中では軌道にのつておると思われますので次にその学習指導の実際について、述べてみたいと思います。

1 学習計画委員長の選出
2 国語科を学ぶ目的について話し合い
3 一ヶ年の授業時間数の調べ
（私が見ましたのは三年生でしたが、全生徒が一ヶ年の授業時数より行事その他を引いた実際授業日数を計算して準備していました）
指名によつて時数の割出しについて発表
一ヵ年の授業時数算出
4 教師に示されたカリキュラムの学習計画を立てる
5 学習班の編成
班長の選出
各責任者の選定
(イ) 記録係
(ロ) ノート検閲係
(ハ) 書取テスト係
6 単元学習計画表の作製
第一班、第一単元の学習計画表を作製プリントで全員に配布、以下第二単元は第二班と順序に計画し各班とも二回、計画表作製にあたる事になつています次に生徒の自発的計画によつて出来た学習計画表をそのまゝ掲載することにしますが、一年は現在指導中でありますので、これを略して二年の計画表を取り上げました。

第二学年
第二単元学習計画表

単元 新しい交わり

責任者 久保田 小笠原

学習事項／時	聞くこと	読むこと	書くこと	話すこと	その他	司会
1	注意 態度、姿勢 先生のお話 その他生徒の話 （要点メモ）	親しい友達 朗読 男九名 女九名	むずかしい語句の説明の要点 感想の要点 意見発表のメモ	学習計画発表 むずかしい語句の説明と例文 感想 ワークブック十五頁 ㈡の1発表 意見発表	研究課題	齊藤 薩川
2	注意 態度、姿勢 先生のお話 その他生徒の話 （要点メモ）	紹介の仕方 朗読 男六名 女六名	むずかしい語句の説明の要点 感想の要点 意見発表のメモ	むずかしい語句の説明と例文 感想 ワークブック ㈢の5発表 学習の手引三五頁 ㈠発表 意見発表	研究課題	清水 小笠原
3	注意 態度、姿勢 先生のお話 その他生徒の話 （要点メモ）	誕生日への招待 四四頁まで 朗読 男六名 女六名	むずかしい語句の説明の要点 感想要点 意見発表のメモ	むずかしい語句の説明と例文 感想 学習の手引 三五頁 ㈠ ㈢発表、意見発表	研究課題	川口 川島

4	注意　態度、姿勢 先生のお話 その他生徒の話 （要点メモ）	誕生日への招待（終） 朗読　男七名 女七名	むずかしい語句の説明の要点 感想の要点 意見発表のメモ	むずかしい語句の説明と例文 感想 ワークブック十五頁 3、4、発表 意見発表	研究課題 漢字テスト	佐野 久保田
5	注意　態度、姿勢 先生のお話 その他生徒の話 （要点メモ）	名詞のいろいろ 朗読　男七名　女七名	むずかしい語句の説明の要点 感想の要点 意見発表のメモ	むずかしい語句の説明と例文 名詞についての話合い 一八頁(1)発表	研究課題 ノート検閲	久保田 さかき原
6	注意　態度、姿勢 先生のお話 その他、生徒の話 （要点メモ）	電話のかけ方 朗読　男五名 女五名	むずかしい語句の説明の要点 感想の要点 意見発表のメモ	むずかしい語句の説明と例文 感想 ワークブック二十頁1 2発表 意見発表	研究課題	鈴木 風間
7	注意　態度、姿勢 先生のお話 その他生徒の話 （要点メモ）	聞きじょうず 朗読　男五名 女五名	むずかしい語句の説明の要点 感想の要点 意見発表のメモ	むずかしい語句の説明と例文 感想 ワークブック二十一頁の2 (二)の1発表 意見発表	研究課題	小笠原 杉浦
8	注意　態度、姿勢 先生のお話 その他、生徒の話 （要点メモ）	親しい人へ 朗読　男四名 女四名	むずかしい語句の説明の要点 感想の要点 意見発表のメモ	むずかしい語句の説明と例文 感想 学習の手引 六四頁1、2発表 意見発表	研究課題	浄見 影山
9	注意　態度、姿勢 先生のお話 その他生徒の話 （要点メモ）	社交的な手紙をかくには 朗読　男四名 女四名	むずかしい語句の説明の要点 感想の要点 意見発表のメモ	むずかしい語句の説明と例文 学習の手引 六四頁4、5、6発表 意見発表	研究課題 漢字テスト	斎藤 杉浦
10	注意　態度、姿勢 先生のお話 その他生徒の話 （要点のメモ）		発表のメモ	ワークブック二三頁 (一)4 5 (二)2 3 (三)1 2　発表 意見発表	研究課題 ノート検閲	清水 薩川

11	注意　態度、姿勢 先生のお話 その他生徒の話 （要点メモ）		発表のメモ	ワークブック二三頁 ㈡3 4 2 3 4 二六頁二1 2 3 発表 意見発表	研究課題	さかき原 川口
12	注意　態度、姿勢 先生のお話 その他生徒の話 （要点メモ）		発表のメモ	反省会 班長、副班長、テスト係、ノート検閲係、発表 各生徒の意見発表 反省	ノート検閲	浄見 久保田

7　学習の進め方

前にあげた学習計画表を眺めますと、班全員が協力して、発表の機会も等しく与えられていることがわかりますが、班以外の生徒も良く研究調査し、発表の機会を待つています。若し発表者の発表と各自の研究調査したものとの間に齟齬があつたり、あるいは疑義があつたりした場合は活発に討論して正しい方向へ向ける様努力しています。若し全員で不可解な場合は、研究問題として全員が調べることになつていますが、教師は案内者の立場から、研究調査のヒントを与える程度にとどめています。

やゝもすると教師は生徒の質問に即答しなければ、各自の権威にかゝわると思いがちでありますが、どこまでも生徒と共に研究するという本校教師の態度は尊いと思つております。

尙生徒は各自の責任において、あらゆる社会施設や図書館等を利用して、調査研究し、発表していますので驚くべき成果を収めておりますが、中都市の中心地にある学校のことで、環境が教育的に浄化されているということも大きな力になつていると思います。

こうした共同学習は社会的価値をもつ多彩な経験を与える機会として最良の方法と思いますが、教師の立場も亦重要なものであります。即ち教師は生徒を信頼し、学習を自主的に行わせているのでありまして、決して放任しているのではありません。教師は常に生徒の学習の環境となり、あるいは案内者となつて学習に参加しているのであります。

ややもするとこうした学習は班の指導者が、あるいは二、三の優秀児が学習を独占し、他の者は全く受動的になるか、あるいは無関心になり、いわゆる寡頭的学習形態となるおそれがあると思われがちでありますが、前の学習計画表を見てもわかります様に全然それらしい点が見えないのも本校における学習指導の成功の一つだと思います。

尙どこの学校にも、だれにも相手にされないで孤立している非社会的な生徒や、仲間の学習を妨害し協力しようとしない反社会的な生徒がありますが、指導技術の巧みさか、環境の良さか、本校においてはそんな生徒が全然見受けられず、毎日の学習が効果的に行われている点は全く羨しく思う所であります。

8　書取テスト

戦後、従来の国語教育が問題にされ、批判されるようになり、新かなづかいや、漢字制限等が大きく取りあげられた為、ややもすると、国語科の基礎である文字の学習がおろそかにされがちでありますが、文字の学習も決して軽視してはならない問題であります。

ある新制中学校ですでに学んだ国語の教科書を読ませた所、完全に読めたもの僅か一八％であつたということや、小学校の三年で学んだ語句を四年のあるクラスの生徒に読ませた所、読めたもの二〇％だつたという（石井昌夫著、新しい国語教育の目標による）ことは文字教育軽視のあらわれだと思います。

前にかかげました表に、漢字テストが一単元の中に二回も計画されている理由は単なる読みに重点をおいた過去の国語教育で行われた技能では余りにも狭すぎるので、練習学習によつて習慣化し、なんらの精神的抵抗もなしに、円滑に容易に再生することが出来る技能として身につけたいということに外なりません。

この漢字テストは問題の作製（教師の検閲をうけ

第一単元　第二回　　　書取テスト　　　責任者　杉田恒子

正答 ○　誤答 レ　無答 ×

問題の一、二、をかえることもあります）テスト、評価まですべて生徒の手によって進められています。

男子

番号	問題その他 ＼ 氏名	お互い	指摘	普及	届書	誤字	箇所	相違	署名	罰する	承認	添える	保証	趣旨	遅れる	便益	便宜	努める	明確	詳細	歓迎	得点	感想
1	伊藤　友義	×	○	○	レ	○	○	○	○	○	○	○	レ	○	×	○	○	○	○	○	○	16	字もそろつて大変良い答案
2	大島　祥治	○	○	○	レ	○	○	○	×	○	×	○	○	○	レ	○	○	○	○	○	○	16	字もきれいでていねいにかいてある
3	川口　信男	○	○	○	レ	○	○	レ	○	×	レ	○	○	レ	○	○	○	レ	×	○	○	13	鉛筆が濃すぎるため答案がきたなくみえる
4	織田　雅己	レ	○	○	レ	○	×	レ	○	レ	レ	レ	○	レ	×	レ	レ	○	○	○	×	8	勉強を要する

次に評価と反省について、書取テスト係によって整理されたものを掲げておきます。

女子

番号	氏名	お互い	指摘	普及	届書	誤字	箇所	相違	署名	罰する	承認	添える	保証	趣旨	遅れる	便益	便宜	努める	明確	詳細	歓迎	得点	感想
26	山田　伸	○	○	レ	○	○	レ	○	○	レ	レ	×	○	○	○	○	レ	○	レ	○	×	12	もう少し勉強してほしい
27	山田富紗子	○	○	○	○	○	○	○	レ	○	○	○	○	レ	○	○	レ	○	○	○	○	17	申し分のない字である
28	吉永　幸子	○	○	○	○	○	レ	○	○	○	○	○	○	○	○	○	○	○	○	○	レ	18	申し分のない良い答案
29	福田　紀子	○	○	○	×	○	×	○	レ	レ	レ	×	○	レ	○	○	レ	○	○	○	○	12	もう少し勉強してもらいたい
	正答者	18	18	20	13	19	14	15	15	16	19	14	21	19	18	16	20	21	16	18	19	349	
	誤答者	7	6	5	6	5	8	9	6	7	6	10	5	6	5	6	5	4	8	7	4	125	
	反応なし	1	2	1	7	2	4	2	5	3	1	2	0	1	3	4	1	1	2	1	3	46	

受験者

男子　31名中　31名　　100%

女子　29名中　26名　　89,6%

全体　60名中　57名　　95%

総合点　　平均点

男子　381点　　12.3点

女子　349点　　13.4点

全体　730点　　12.6点

多く違つた字

届書

お互に

点の良かつた人

20点　2人

19点　3人

18点　4人

17点　5人

気のついたこと

1，万年筆でかいてあつた人がいた　　2，全体として字が雑である

3，番号のかいてない人があつた　　4，みんな少し勉強が足りないようだつた

5，この仕事をやつてみて第一に思つたことは勉強をよくやつてくる人と、やつてこない人との差がずい分開いていることでした。勉強をやつてこない人はテストを受ける時の態度もよくありません。この様な状態で行けば、実力の差が多く開いてしまいます。どうしたら良いでしようか先生におききしたいと思います。

以上本校の学習指導の状態について簡単に書きつらねましたが、教師の研究状態と発展については省略したいと思います。

六、文法の学習指導

我々が学んできました過去を振り返つてもわかります様に、従来の文法学習は、国語学習の一部として行われたかも知れませんが、それ自体は全く国語とは切り離された様な取り扱いをうけ、規則の暗記に重点をおかれた為、何の味わいもなく、うける生徒にとつては、実にいやな学習でありました。そして単なる規則を憶えさせたり、説明したりする為に、文の一部分が出された為、実際の言語生活には、何らプラスする所もなく、単なる知識として習得されるという試みがありました。従つて卒業と共に文法という言葉さえ忘れる様になるのが、今までの文法学習の結果であつたと思つております。

新教育が研究され、大きく浮かび上つたのが、国語科の中では、この文法学習の取り扱いでありまして、学習指導要領国語科編の中の文法学習の意義の中に、「われわれが忘れてならないことは、実生活に必要なことばのはたらきを身につけることが、文法学習の目的であるということである。したがつて文法上の国語とか、規則とかを学んでも、その知識が人のかいたものを読んだり、自分の思うことを話したりするときに役立たないならば、その価値がない。文法の学習指導の意義は、ことばのきまり、それ自身を知ることではなく、生徒の日常生活におけることばのはたらきをいつそう正しく効果的にすることにある。」と述べられておりますが、これだけで文法学習指導の意義がはつきりわかります。

要するにより美しく、正しく、豊かな言語を自分のものとしていくためには、自覚的に言語生活を高めて行く心構えが必要であります。この自覚的に言語生活を高めるために文法学習は存在すると思います。

倚岩淵悦太郎氏は「われわれは文法に従つて言語表現をしているのであるが、その言語を自由に表現する人々にも、文法ははつきりした形で意識されないのが常であつて、特にこれに注意を加え、研究して始めて明らかに自覚し得るものである。われわれが現に自分の使つている言語について、その文法を学ぶのはこの自覚を確かにし、正しくするためである」と述べておられるのもこの意味であると思います。

倚国語教育の目的は国語を正しく、効果的に使つて行く習慣と態度を養い、技術と能力を磨き鑑賞と知識と理解を増し、理想を高めて行くためにありますが、従来の文法学習では規則ばかり憶えるのに、苦労するだけで、少しもこの目的に近ずくことはできないと思います。従つて文法学習が国語教育の目的にそうためには、学習指導要領国語科編に文法学習の目的として述べられている。

「一、社会的にきまつている正しいことば使いをしようとする習慣と態度を養う。

二、ことばの使い方について、知識と理解と鑑賞とを確かなものとする。

三、ことばをいつそう効果的に使う技術と能力とを高める。

四、ことばに対する自覚を高め、ことばに対する愛護の心を養う。」

ということを念頭において、常に指導していかなければならないと思います。

以上述べました文法学習指導の目標に到達するためには、教師は常にその具体的な内容をはつきりつかんでいなければならないと思います。この具体的な内容については学習指導要領国語科編に次の六項目があげられています。

一、文の組み立て

二、語のつかいかた

三、くぎり

四、文章の組み立て

五、ことばの効果的な使い方

六、文法の体系

本校におきましては、国語教科書の中から文を抜き取り研究課題として与え毎日の国語学習の時間にくり返し練習させておりますため、どの生徒も一応五項目までについては、理解できるようになつております。特に注目すべき所は、その間教師は文法についての規則等は全く説明せず、間違いを指摘するだけでしたが、各生徒の研究によつてこれだけの成果をあげております。

要するに文法の学習指導は教師が余りにもあせり過ぎるため失敗することが往々にしてありますが、本校の実施している文法学習の様に毎時間の五分間位を利用してたえずくり返して練習させれば生徒も興味をもち、知らず知らずの中に文法が理解できる様になります。

私はこの学習指導に接して、文法学習指導に興味を持ち、今までの悩みもすつかりなくなり、これからの文法学習指導に希望と明るみを見出すことが出来ました。これだけでも大きな成果だと思つております。

七、國語科の評價

学習指導を完全な指導に導くためには、常に生徒の動きに適した評価をしなければなりません。即ち前の実態調査の項でも述べましたように指導は常に生徒の実態に即した方法でなければ如何に立派に計画したものでもその効果は期待することが出来ないと思います従つて生徒の態度、能力、習慣なりを実際に捕えようとする時は常に評価していなければなりません。

即ち指導と評価は分離的なものでなくどこまでも一体でなければならない理由かち学習指導の開始と共に評価が始まり、指導が終るまで、常に学習と評価が並行して行われなければならないのであります。

評価といゝましてもその意義を一口に述べるということは、むずかしいことでありますが、先ず生徒の動きの累加的な記録ということが出来るのではないかと思います。多くの資料により、正確に客観的な生徒の真実の姿をとらえる、即ち生徒の一人一人について、広い面から、たくさんの角度から話す、聞く、読む、書く又は習慣、態度、技術、能力、知識、理解、鑑賞、理想（この八項目は常に思い出せるように、その頭文字をとつて、シユ、タ、ギ、ノ、チ、リ、カ、リ、と機械的に憶える）といつた面を捕えるということだと思います。

では如何にして言語活動を評価するかとなると、なかなかむずかしいことであります。即ちことばは生きています。この生きた言葉を使う生きた生徒のことばの使い方を捕えるということは多くの教師の悩む所であろうと思います。

それは今までやつてきた単なる「考査」によつてわかるものではありません。考査はとかく思いつきにすぎなかつたり、又散発的であつたりして、科学的に、計画的に行われるということは、少なかつたのであります。又評価の面についても、主として、文字の知識や理解に限られ、記憶を見ることが多かつたのであります。その採点についても、主観的な判定を下すことが多く、同じ答案でも採点者によつて随分ひらきがあるのであります。

漢字書取テストにおいてさえ、二十点万点の答案を二名で調べたら、十八点、十五点、十四点、と三人三様の点をつけている位でありますから、主観の入り易い説明文や作文なら、その差は想像もつかないだろうと思います。

最も簡単に出来ると思われがちな書取テストでさえ一字一画を厳格に調べる人と、いいかげんに見る人とでは満点と零点の差さえ出るのではないかと思います。

学習指導要領国語科編に「国語科の評価はある期間の学習の結果を試験して採点し、知識や理解力の差等をつけたり、進学の判定をしたりするために行うのではない。ひとりひとりの生徒の実態をつかんで生徒の国語の力がいつそう伸びて行くようにするために行うのである」とありますが、考査のみを評価と思うことは、大きな誤であるといわなければなりません。

従つて、国語科の評価は前にも述べました様に、学習の終つた時だけの考査だけでなく、学習の前にも、学習中も絶えず観察して、記録することが大切であると思います。次に評価の技術としての「調査とテスト」については学習指導要領国語料編に明記されてありますので、それを引用してみますと、

一、調　査

1 各個人の言語経験を具体的に調べておく
2 文字力、語彙力等の一齊調査をしておく
3 家庭や地域における言語文化を調査しておく
4 他教科の教師、または生徒が以前在籍していた学校などから、必要な資料を手に入れておく
5 ある話題、又は古典その他についてどの程度の関心をもち、興味をもつているかを調べる
6 国語力の予備テスト
7 学習動機の喚起と結びつけて行われるテスト

二、テスト

学習の終つたあとで知識や理解の程度を判定する

1 真偽法
2 選択法
3 組み合せ法
4 排列法
5 完成法

等があげられています。

尙前に述べました趣意から評価の具体的な着眼点について考えてみますと、それは先ず言語生活の四つの

機能から見て考えることができます。

この評価の具体的着眼点についても学習指導要領に明記されていますので国語科教師にとつては既に熟知している所であります。

本校におきましては、前に掲げました学習計画表でもわかります様に毎時の時間を「聞くこと」「話すこと」「読むこと」「書くこと」について学習する事柄をはつきり示してありますので、教師が評価するには随分便利であります。

この四つの機能について述べてみますと、「聞くこと」の項に態度、姿勢と注意書きしてありますがこれは外面的なものばかりでなく、話をきく時の態度で即ち意欲、心のくばり方、反省的批判的な態度という意味でメモされたノートによつて、生徒のきく力がはつきりするものであります。

又話すことについては、

1 言おうとすることがはつきりでているか
2 話の筋はどうか
3 材料は適当に準備されているか
4 材料を自分のものとしてこなしているか
5 黒板の利用はどうか
6 定められたとき時間内にうまく表現できたか
7 話し始めと話し終りの態度はどうか
8 ことばづかいはどうか
9 身振りは適切であるか
10 話し順序はどうか
11 話しの速さはどうか
12 話す声の大小、高低はどうか
13 発音がはつきりしているか
14 表現のしかたが自然であるか
15 話の筋はとゝのえているか

等について常に観察することが望ましいと思います。

次に読むことについての評価として、音読によつて調べることもありますが、単なる読みの速さだけは本当の読む力を見ることはできないのであります。従つて音読の前に目的を与え読後理解の程度の調査も必要なことであります。

語彙の理解も重要な問題で特に教育漢字八八一字については常に調査してみる必要があると思います。

尚読書ノートを作製させて読んだ書物の読後感を書かせるのも評価の方法の一つであります。

次に「書くこと」については、これまでは文字の美しさのみが重んぜられましたがここで言う書く力ということは、美しさのみでなく、速さや正確さも忘れてはならない大切なことであります。

「書くこと」の評価は他の言語活動に比べると、割に調査がやすく、書写能力、作文力、習字などによつて常に観察すれば、生徒の書く力の実態をつかむことが出来ると思います。

以上評価について書きつらねましたが単なる理論に終わることなく、日々の学習に取り入れることによつて、本当の生徒の実態を握ることが出来、あわせて生徒の可能性を最高度に伸展させることが出来ると思います。

後記

以上、私が六ケ月間本校の国語教育について、見たまゝ感じたまゝを書きつらねましたが、ふりかえつて過去十年の間教育実践についての反省をしなかつた自分の怠慢さが恥しくなりました。

本校の教師が教育の理論と実践の両面を良く研究し自信をもつて日々の授業に臨み、しかも生徒中心の学習から国語科教育の最終目標に到達させようとしている努力を見て全く頭の下がる思いがします。

最近ややもすると生徒の学力低下の原因が新教育にわざわいされていると、父兄は勿論教師にも考えられがちであり、又沖縄において、教育研究大会の時、学力低下の原因として、施設の問題、教師の問題、環境の問題、行事の問題、児童生徒の問題等があげられ、盛んに討議されましたが、私は本校の教育状況を見て、すべては教師の問題にかかつていると思いました。

幸、僅か六ケ月ではありましたが、新しい教育の先端を歩んでおられる本校の教育のあり方に接し、新しい教育研究の緒を見出すことができました、今後も常に連絡をとりつつ研究に励み、沖縄の教育を本土教育に一歩でも近ずけたいと思つております。

最後に校長先生はじめ、諸先生方が私の研究調査のため、学校の御迷惑も顧みられず、あらゆる好機を与えて下さいましたことを深く感謝致します。

（派遣先　静岡県清水市立第一中学校）

六ケ月の経過を顧みて

新垣久子

目次

研究経過報告

第七回派遣研究教員として文部省におとづれたのも昨日のようだがはや六ケ月の月日は過ぎた。四月一日文部省で派遣教員への注意があり配属校が決つた。四月三日早速目黒第一中学校を訪れた。校長先生は親切でやさしい方で心よくひきうけてくれた。四月六日生徒への挨拶がありいよいよ勤務することになつた。目黒一中は後に駒場高校をひかえ、環境に恵まれたところである。四月は先ず学校内の参観各教科授業見学及び学校組織を研究する。四月中に学校の実情がわかるようにつとめた。五月六月は主として授業を持つことになつた。一週九時間主に二年女子保健体育を担当す。同時に教材研究並びに週案指導案の研究をする。七月になつて他校参観（小中高大学校）を行。八月夏期ダンス講習を受講す。（お茶水大学、教育大学）後期になつて社会見学及び富士登山を行う。九月は主に他校参観クラブ活動を見学する。後期レポートの整理で以上が大体の研究過程である。

この期間中いろいろ参考になることが多く私にとつては三四年の収穫を得たような気がする。それは日頃からなやんでいた学習指導面において明るい光明が見出されたからである。

この六ケ月間体育だけでなくあらゆる面において研究することができ有意義に過したと思つている。今後沖縄教育のために少しでも貢献したいと思つてやまない次第である。

中学校のダンス指導

最近創作表現と既成作品による指導が盛んに問題にされて来た。創作表現も既成作品による指導も考えてみれば教師自体の問題になつてくるのではないだろうかと考えられる。この夏休み、教育大学の松本先生とお茶水大学の戸倉先生の講習を受講して日頃自分がなやんでいたダンス指導面において一つの明るい光を見出したのである。

中学時代は身体的にも精神的にもいちぢるしく発達する時代である。その過渡期の時代を教師はどのように指導すべきかは、ダンス指導だけでなく各教材にもいえることである。中学校は人間の発達の面でもつとも重要な位置をしめているのでそのために指導面のなやみも大きい。そこで中学校のダンス指導に際しても常に生徒の発達を考えられるのは毎日の学習を如何にすれば生徒が興味をもち、よろこんで学習出来るかということを考えなければならない。

そのためには既成作品による指導も必要だし創作表現による指導も必要になつてくる。両者は互に表裏一体の関係にあつてどれが良いとはいえない。要するに生徒が身体を充分に動かす素地を作ることが肝要である。そのために教師は生徒がダンス活動を通じて、身体的にも精神的にものぞましい方向に発達していくように指導すべきである。

その一方法として直接にはダンスに必要ないろいろな知識や技術や態度を得させるために生徒の生活としての学習経験の中に取り入れていくことである。さらにそれらの方法はあたえられた時間や空間の中にどのように展開させるか。という具体的なものになつていかなければならない。一つの題材を使つて指導するにもいろいろとちがつた指導の方法が考えられてくる。一つの踊りを通じて生徒に何を指導したか、又どのように指導すべきかということは指導者として各々異つてくる。

ダンス指導の方法と研究がさつぱりしないままに今日のダンス指導はあいまいだつた。一単元のねらいをしつかり考えることによつて教材が選択され、順序や方法も変化して単元にふさわしい独自な新しい教材が生れてくる。すなわち時間のねらいを中心にして部分的なものが有機的な関連をもつて、一つの統合した姿として表われることがのぞましいことである。

次に実際指導をあげてみることにする。実際指導は㈠身体練習、㈡リズム練習、㈢リズムをもとにしての作品構成の練習、㈣音楽による作品構成の練習等がある。それらを不断の学習指導にどうおりこむか……ということが問題である。それでは一時間の学習指導の流れを考えてみよう。

学習指導は各々教師によつてちがつてくるが大体左記の順序によつて行われることが多い。

五十分授業の場合。

10分
○身体練習
　1 身体の移動を主とする練習
　2 身体の柔軟性を主とする練習

35分
○あたえられた曲あるいは題による表現練習
　1 教師の指導による場合
　2 グループ練習の場合（生徒の場合）

5分
○話合い

身体練習は自己の思想や感情を美しく自由にリズムカルに表現出来る身体を育成するために行う。そのためには身体の柔軟性を養い、空間的な時間的な条件に対して軽快で美しい身体が出来るようにする。それが一時間通して身体練習となると生徒をあきさせてしまう。次に行う主運動のことも考えて行うことがのぞましい。

次に行う表現練習は自己の活動を美意識に表現しようとするものであり、過程においては工夫創作が行われる。しかしこの場合いきなり生徒に創作させることはむずかしいから、教師が暗示をあたえ、生徒が自然の中に創作するように指導すべきである。そのためには既成作品からヒントを得ることもよい。戸倉先生は、「創作は先ず模倣から」といわれているが、既成作品によつてダンスに盛られたリズムを感得することが出来、又ダンスの構成方法も知ることが出来る。又鑑賞能力を高めると共に作者の心情を再現することが出来る。つまり既成作品を用いても常に生徒に考えさせることが大切である。生徒に考える時間が多ければ多いだけに、ダンスの内容がわかり、自らも創作することが出来る。又それと反対にある曲から即興的に創作させる方法も考えられる。そういう時にはなるべく生徒の生活経験の中から材料を見つけることが大切である。殊に低学年においてはリズム指導も必要である「例へばお洗濯、山のぼり、ダリヤの花」の如き、日常生活の中から工夫をこらすことが望ましい。

そうなると生徒の個性に即した表現が生まれ自分でおどれるよろこびを感ずるようになる。要するにダンスを指導するにおいては自ら創作することも既成作品によつて指導することも指導者がたえず指導の目標を充分もつていればそうむずかしいことでもないのである。最後に希望したいことは、体育指導面において小中高が一体となつて研究することである。中学校教師は常に小中高校との連絡をはかり縦の連関性をもたすことである。

中学校の学習が教科別だからといつてひとりよがりに教えることはあまりよくないことである。日ごろなやんでいる指導面のことを互に研鑽し合うことによつて教育も成果を挙げるのではないだろうか。

創作指導のねらいと方法

中学校の学習内容としてとりあげるダンスの創作は、よい作品を作らせるのが究極の目標でない。このことは学校で行われるいずれの教科でもいえることで教材を理解させるのが目的でなく、それらの学習を通してある目標に到達させようとするものであることと同じである。したがつて創作指導の重点は創作された結果よりも、その過程であるということである。中学校における創作は生徒が楽しんで、しかも安心して自分を表現出来る機会をあたえてやることであり、そのたのしんで又安心して自己を表現するためには、創作についてのある程度の知識と技術が必要になつてくるのは当然でその知識と技能を知らせるための仕事がとりもなおさずダンスの創作の学習内容となつてくるのである。

創作指導というものは必らずも基礎的指導が終つた後にくるものとして考えるのはまちがいで、生徒の比較的断片的な表現から一つの秩序をつけそれを次第に舞踊的な作品にまとめていく方法を作品構成の練習としたものであつて、それがいわゆる創作指導といえるのである。創作指導にはいろいろあるが左記に挙げたものを説明することにする。

(1) リズムによる創作練習
(2) 空間による創作練習
(3) 運動による創作練習
(4) 作品の部分をつかつての創作練習
(5) 舞踊の形式による創作練習
(6) 音楽による創作練習
(7) 標題による創作練習

右の中で殊に教育大学講習で行つたものの二三を説明することにする。

(1) リズムと空間による創作練習

各個人で二拍子、又は三拍子のリズムによつて行う。最初は身体を移動させながらうごきの練習に入る。八名のグループを作り、ワルツやバランス等でおもいおもいのリズムパターンを行つてみる。

(2) グループ表現による創作

全員が同じリズムによつて運動を行う場合、異つたリズム運動を行う場合。更に小さいグループに別れる場合。などがある。

(イ) 海底の幻想一場面

(1) 海底のさんごじゆがゆらめいている場面

(2) 光が海底に屈折した場面

(3) 海底の秘密

こういうことも各自の表現による。

(3) 音楽による

「人間の生涯」の曲をきく。そしてどういう文節から出来ているか又曲の変化を考えてみる。

第一小節 憧 憬

第二小節 孤 独

第三小節 愛 情

第四小節 苦 闘

第五 節 祈 り

かようにしてグループ別に音楽をしつかりきいておもいおもいに創作する。しかし人間の生涯の如きものはいきなり創作することはむずかしい。教師はたえず直接にあるいは間接に指導にあたらなければならない。

創作指導にあたつては教師はたえず生徒の立場になつて考え、よい題材をえらび、曲もなるべく創作にてきするものをえらぶべきである。教師はどこまでも生徒の能力に応じた指導をすべきことが大切である。

夏休みダンス講習

今朝は八時から講習場を埋めつくしている。三〇度の暑さをものともせずに講習員はレコードがなるとあちらの隅からこちらの隅からとかけつけていつのまにかダブルサークルとなる。講師も若いはりきつた方で共にはずむ足どりは真夏の体育館を思う存分ふみならしている。教材は主に創作表現を主としたもので幼稚園から高校までの教材を関連ずけたものである。リズムを主としたものでうごくことが第一の問題になつてくる。低学年のジャンケン遊び仲よし会は日常の生活からヒントを得たものでとてもやさしい教材である。やゝもすれば私たち教師でもおつくうになるダンスが、こう創作表現を自らやることになると精一杯である。八人のグループになつて、かぼちやの花になつたり動物になつたりする光景は実に楽しい風景である。かようにして創作への雰囲気が出来た時に始めて題目をきめて自ら創作するのである。

海底の幻想とか、人間の生涯の如きはなかなかむずかしく感情を出すに苦労した。あるときはひとかたまりのグループを作り又散じ再び集つてくる。皆汗にだくなつておどりまくつている。そういうことを反復している中にいつのまにか創作への一段階を歩むことが出来た。

東京雑感

多くの人に見送られ那覇港を出航したのもきのうのようだがはや六ケ月の月日は過ぎ去つた。沖縄を立つときの私たちの希望と責任は実に大きかつた。

そのためか東京生活も始めの中はとまどつた。周囲の環境からうける感じと内がわの生活面から眺めた時バランスがとれないで実に困つた。日本の首都だけあつて人口の多いのにはおどろいた。

どの駅にいつても人の波におされ、静かに生活した田舎人にとつては、何かしらあわたゞしさを感じさせた。それだけに東京の人の生活は動きをみせ新しいものを求めるいぶきをみせている。かようにしてめまぐるしい東京生活において学校教育はどのようにして行われているかということはだれしも注目すべきことである東京の教育は新教育とか、民主教育とかいうものから抜け出し、じつくりものごとを考え反省期に入つている。

一ケ月二ケ月立つにつれて東京の学校の長所がみられるようになつた。半年とはいうものの私にとつては二三ケ年の収穫を得たような気がする。よい環境に育つ子供の問題、それを指導する教師の問題、さらにPTAの問題など多々感ずることが多かつた。ようするに個人学校地域社会が一がんとなつて教育にあたつていることである。そういう環境※（次頁下段へ続く）

沖縄学校農業クラブ大会

場所　北部農林高等学校

沖縄学校農業クラブ大会場

写真は測量技術競技会場

（前頁より）※の中に育つ子供は、のび〱と明るく積極的で物ごとに動じない性格をもつている。教師もそのために学習指導面に拍車をかけている、教師の事務についても能率的で早い。まさに都会の生活は生存競争だといつてよい。一方目を社会に転じてみても皆、せわしそうである。タタキウリが声をからして汗をふき〱宣伝していることも東京のせわしさの一こまであろう。各々個人がそういう生活にもまれているので自然に人間は働かなければならない欲情にかられる。日に新しくなつていく都会の生活は都会の人々によつて作り上げられていく。

教育の面において考えてみた時、教育の本質は何ら沖縄と変ることもないが、それをうらずける方法、技術設備等は格段の違いがある。殊に学校の設備は充分ゆきとゞいている。しかし私は考えた。「もし沖縄にこれだけの設備があつたときそれをうまく活用されるか」ということである。東京においてもいえる問題で設備は充分あつてもうまく活用されてないところもあるし、設備は貧しくても教師と生徒が創作して、学習効果を挙げているところもある、要するに教師の実力の問題になつてくる。その点私たち若き教師は常に反省し教師としての研　をしなければならない。

「怜悧なる理性と温かき愛情、どこまでもやりぬく実践力が必要だと思う、東京教育を一覧して自分の将来の研究にプラスになることが多かつた。今後この感激を永久に持続するように努力していこう。（派遣先　東京目黒第一中学校）

ホーム・プロジエクトとして
花やさいの栽培

北部農林高等学校三年生　眞栄田　啓史

私がホーム・プロジエクトで花やさいを栽培するようになつてから今年で三ヶ年になります。即ち一九五四年私が北部農林に入学した年からであり、今年も続けてやりましたが、なぜ私が花やさいをプロジエクトとして取り上げたかといいますと、

一つには、私の郷里は羽地村伊差川で消費者の多い名護の町から三K足らずのところであり、野菜を、町に出すには便利なところであること、

二つには三年前に本校の園芸研修会員によつて一年間の名護市場における野菜の出廻り状況を調査した結果から名護の市場が中南部の都市に比べて値段が高いので立派なものを作れば必ず売れると思つたこと、そしてこの場合三つにはタマナや大根人参のように極くありふれた野菜は出廻りの多い時は農家も投売りみたいに安い値段で売るため価格が安定しないから、農家で余り作らない野菜で、比較的値段の高く売れるものとを選んで花やさいにきめたのでありますが、更に栽培に成功すれば将来米軍向けとして一生県命やつて見たいと考え、そのためには西洋野菜に限ると思つたからであります。

そこで本年の実施の概要を申し上げますと、

1　品種は教科書にはアーリースノーボール、オータムジャイアント、ドライウエザの三つがあげられておりますが、先生に尋ねたら日本の品種で野崎献上なども立派な品種だといわれましたが、種子が手に入らなかつたのでアーリースノーボールを使いました。

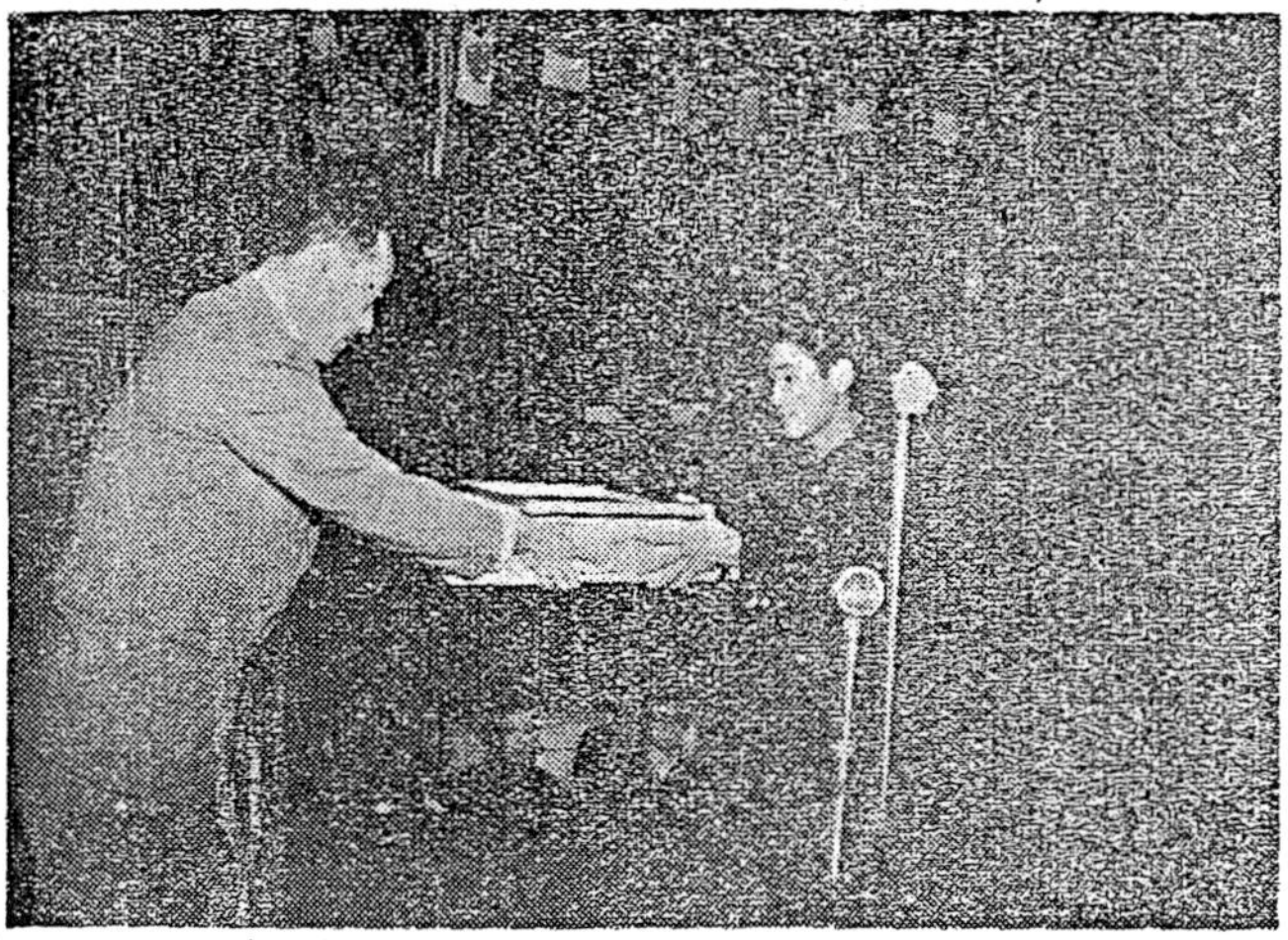

（写真は文教局長賞を授与されているところ）

2　畑は五〇坪を父から借りてやりましたが、その立地条件として、畑の周囲は山でかこまれており、九月十月の畑の日照時間は九時間である。
地下水の割合に高い粘質の赤土の土地であります。

3　播種は二回に亘つてやりました。即ち第一回目は九月五日、二回目は九月十三日にそれぞれ行いました。発芽の状況は二回とも大変よくて八〇％以上でありました。

4　一回目の播種の分は仮植後、畑の湿気が高くて根が腐れて全部駄目になつてしまいました。昨年迄は家の庭先で仮値床をつくつてやつていたのを今年始めて畑でやり思わぬ失敗をしたのであります。そこでその当時まだ苗床にあつた二回目のものは畑の周囲に排水溝を設け更に畑は畦をあげてそこに仮値しました。仮植は本葉四枚頃のとき十月十四日に行い、実験的に一週間おいて更に仮植をして一回仮植の苗と、二回仮植の苗を比較して見ましたが別に変りませんでした。

5　定植は十一月二〇日で本葉八枚頃のとき行いましたが、排水には気をつけて、植穴は畦をつくつてその上に掘り堆肥を入れて坪当り十二本（二尺×一、五尺）の割で値付けました。

6　植付後一週間目に軽く中耕をして配合肥料を水に溶かして追肥をし、更に一〇日後に一回目と同じく配合肥料追肥をしました。第三回の追肥は十二月十九日に前回と同じ要領でやりました。

7　つぼみの見えはじめたのが十二月二十五日で、収穫を始めたのが一月六日からでありました。一月十五日迄には全部収穫を終りました。その成績を示し

ますと次の通り

図表 三

収支の面を表によつてみますと別表（図表四）のとおりであります

支出では労力とか地代も計算しなければなりませんが今迄は現金の支出だけを考えておりましたので、これからは気をつけたいと思つております。

以上が私の本年やつた、ホーム・プロジエクトの花やさい栽培の概要でありますが、これによつて特に感じました事は、収穫が一週間早ければよかつたがという事であります。何故なら正月に間に合わせて販売出来たら、もつと有利であつたと考えるからであります。北部では新暦の正月をする人はよろこんで花やさいを買つてくれる人と私は考えています。

学校を卒えたら今年は播種期を早めるか、あるいは管理の面、特に薬剤の使用や肥料の使用法などを研究して私の考えを達成したいと思つております。

はなやさいの栽培概要

品種	アーリースノーボール	本畑の肥料
播種期	9月13日	50平当
仮植	10月14日	1．堆肥 100貫
定植	11月20日	2．配合肥料 5貫
つぼみの出始め	12月25日	内訳 1回追肥 1貫 / 2回〃 2.5貫
収穫	1月6日—15日	3回〃 1.5貫

収支計算表

収入	支出
収量 49貫 120匁	種苗費 240円
（307斤）	肥料費 139円
単価斤当 6円	薬剤費
6円×307斤＝1.842円	計 379円
	差引
	1.842円－379円＝1.463円

はなやさいの収量調査

収穫日	個数	重量	摘要
1月6日	80	7貫300	50坪当 植付株数 600本
7日	50	5．120	収穫株数 517
8日	95	9．000	
12日	80	7．650	最も大きかつた花 180匁
13日	72	7．050	最も小さかつた花 50匁
15日	140	13．000	
計	517	49貫120	全体平均 95匁

1955年名護市場に於ける野菜の出廻り状況

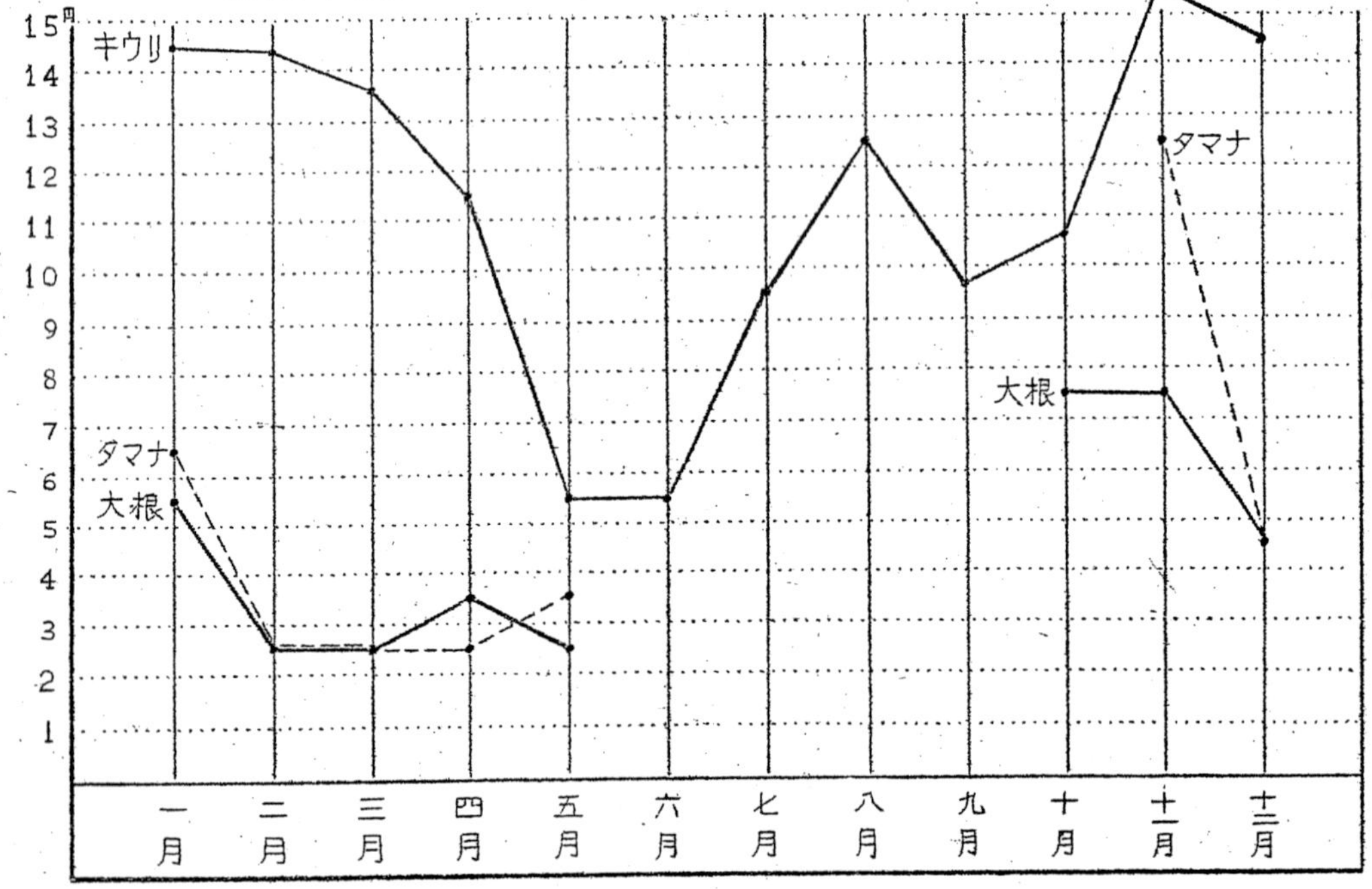

協同プロジェクトによる
荒蕪地解消と甘蔗の増収について

南部農林高等学校三年生　井口康一

私は南部農林の中城分団の協同プロゼエクトを担当する農業科三年の井口康一であります。どうぞ宜しく御願い致します。扨て私達がなぜこうした問題を取り上げたかについて御話し申し上げましょう。

従来の農業教育が教室本位の教育であり地域社会から遊離したしかも教師本位の教育であり、従つて生徒は企画性にとぼしく実際に農業経営をなす場合凡ゆる面に於て断片的の知識しか持ち合はさないといふ不合理の農業経営をなさねばならぬ運命におかれていた事はしば〳〵私達が聞かされる所でありました。

しかし乍ら現在新しい農業教育がさけばれホームプロゼエクトやスクールプロゼエクトなど私達に企画性を持たしめ、なす事によつて学ぶ新しい教育が実施されて居ります。

私達はこうした新しい農業教育を受けられるという幸福感と又責任を感ずるものであります。しかし乍ら私達はこうした教育を受けて居ても自から進んでプロゼエクトを計画し、実施しなくては自分のものになすことは出来ません。其の意味に於きましてこの問題を取り上げ協同プロゼエクトを実施することによつて企画性及農業の経営能力を養い、併せて本村の荒蕪地の解消及甘蔗の増収を図り、以つて本村の農家経済を豊かにしたいと思つて協同プロゼエクトを実施する運びとなつたものであります。

しからば本村に於ける荒蕪地解消と甘蔗の増収の二問題を取り上げた理由はどこにあるか、荒蕪地解消の問題から検討して見る事に致します。

この①表の如く本村の可能耕作面積は水田六七四反歩、畑六、五三四反歩、一戸平均水田〇、三九反、畑三、六反といふ小面積即ち貧農であるにもかゝわらず荒蕪地として水田一五四反、畑二、五八〇反は不耕作のまゝ遊んでいる状態であります。本村の農家はかゝる小面積の土地に何をつくつて生活しているか、この②表の通りであります。

本村の産業振興五ケ年計画として荒蕪地の解消と共に沖縄唯一の換金作物としての甘蔗作付面積を増加し併せて畜産の振興を図り、堆肥の生産を高め以つて地力を増進し、各作物の反当収量を増加せしめんとして居る現状であります。

本村は農作物の増収を計るためこの③表の如く計画を立て農作物の増収を図るべく農民に呼びかけているのであります。

先に申し上げた荒ぶ地の問題にかえりますが、扨て畑二、五八〇反の面積にこの④表の通り作物を栽培してみましよう。

この表によりますとこの面積に甘蔗を植付けた場合三、〇九六万斤の甘蔗が収穫され。其の金額二、七八六万四千円で、農家一戸当り約一万五千円といふ金が入いて来るのであります。

こうした事からして是非荒ぶ地を解消せねばならぬといふ理由が生じて来るわけであつて、我々の協同プロジェクトの大きな目的もこゝにあります。

今度は甘蔗の増収問題について検討を加えて見ましよう。

まづこの⑤表の如く本村の甘蔗の反当収量が他村に比べて劣る点はどこにあるか、色々の角度から検討されるであろうが、村の土壌を調査して見ましたらジャガル九五％、砂地五％で地力が乏しいといふ事が感じられます。いわゆる有機質肥料が少いといふ事を物語るのでありますが、こうした土壌の改良策として堆肥の増施、緑肥作物の栽培其の他色々の面があります。

本村の堆肥生産量は⑦表の通りで、反当四六二貫といふ数字になり、経済局の反当施肥目標五〇〇貫に近いわけでありますが、これでも反当収量が少いという事は地力が他村に比べて相当に低いといふ事になり、当村に於いては反当一千貫を目標に置く必要があると思います。この堆厩肥を造るには家畜が必要であります事は皆さんも御承知の通りでありましよう。

この⑧表は本村の家畜調査であります。

私達は堆肥の生産量を高める事によつて地力を増進し各作物の反当収量を高める事こそ農家経済を豊かにす

る事ではないかと考え、特に換金作物としての甘蔗の増収を図るべく甘蔗の増収といふ問題を取り上げ、荒ぶ地の解消と共に甘蔗の増収の二つの問題を協同プロゼエクトによつて解決し、以つて農業クラブの根本精神である指導性、社会性、科学性の涵養に努めるべく決意を新たにしたものであります。

扨て私達の協同プロゼエクトは以上の目的を達成すべく一九五五年四月より活動を開始しました。

⑨表　プロ、ジェクト組織図
⑩表　プロゼエクト計画図
⑪表　プロゼエクト収支決算（中間）

プロゼエクトの組織はこの⑨表の通りであります。

扨て、私達のプロゼエクト園は本村の中松氏所有の荒ぶ地六〇〇坪を五ケ年契約で借地（但し三ケ年は無償）したのであります。プロゼエクト員は二〇名で学校を終つた時間を利用し毎日の如く鍬音高らかに開墾が開始されました。耕耘作業は三回繰返され七月の炎天下に畦立作業が行われ、八月中旬に待望の植付が完了しました。申し上げる迄もなく予め用意された堆肥は反当六〇〇貫の割で施用しました。其の後、除草、培土作業が続けられ私達の汗の結晶として現在は草丈三尺位に育々と伸びて居り本村の注目をひいて居るのであります。

現在迄に要した労力費及経費はこの⑩表の通りであります。但し村役所より補助金として三千六〇〇円いただきプロゼクト員全員感謝に耐へない次第であります。

扨て以上が私達協同プロゼエクトの活動状況でありますが、要は現在の沖縄の農業を私達の手で振興せしめねばなりません。其のためには新しい農業教育でさけばれるホームプロゼエクトを実施することにより実際に卒業して農業経営をなす場合企画性のある合理的な農業が営れる事と信ずるものであり、将来の沖縄農業を振興せしめ明るい農村文化が建設されるものと信じるものであります。

⑧表　中城村における家畜頭数
1954年12月末現在

家畜名	頭数		計
牛	109	54	163
馬	32	33	95
山羊	165	1048	1663
繁殖豚	3	88	91
肉豚	—	—	1427
にわとり	—	—	4309
あひる	—	—	263

農家８戸に牛１頭の割

⑨表　中城分団協同プロジエクト組織

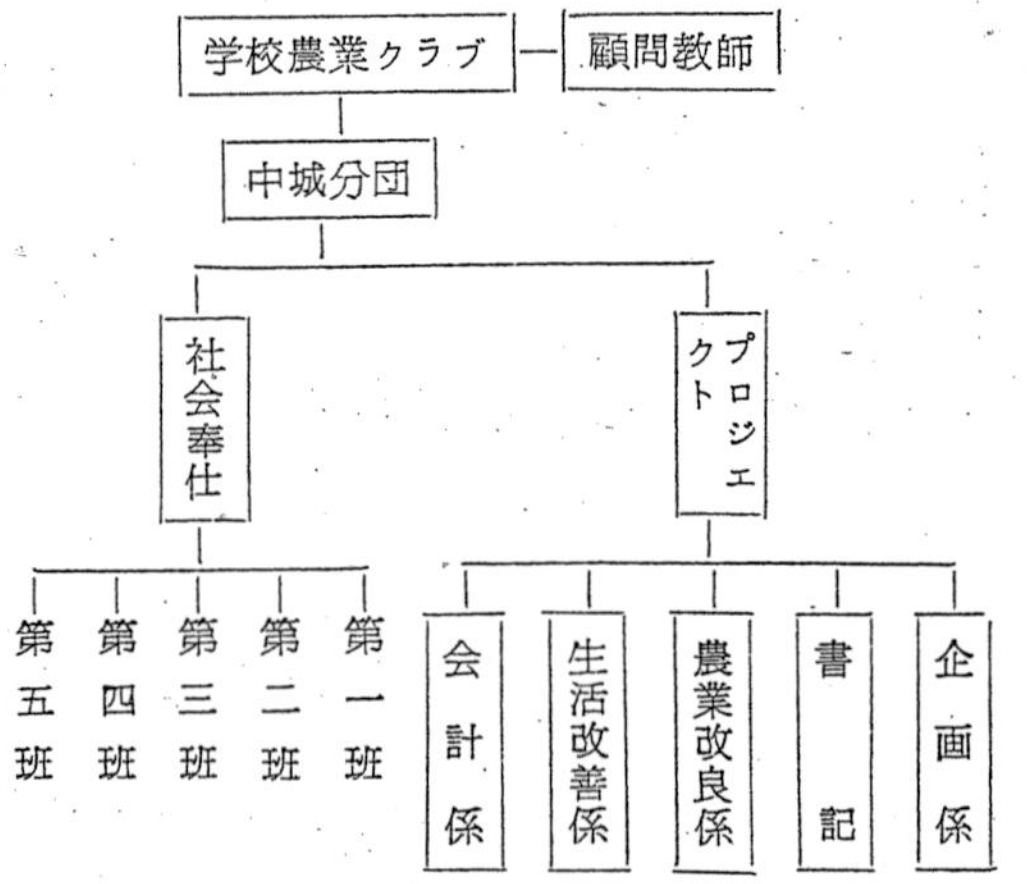

⑩表　ホームプロジエツトに要した労力費及諸経費

作業名	人員	作業時間	総時間	1時間労賃	金額	摘要
開墾	20	4	80	円 10	800	特に深耕す
	20	4	80	10	800	〃
	20	3	60	10	600	〃
整地	20	3	60	10	600	
	20	3	60	10	600	
畦立	20	4	80	10	800	
植付準備	20	3	60	10	600	堆肥 600貫施用
種苗代					2.000	3030本代現金支出
植付	20	3	60	10	600	
管理舎建築費					1.000	現金支出
建築労力費						父兄の援助
堆肥製造	20	3	60	10	600	石炭代を含む
金肥					990	現金支出
除草費	20	3	60	10	600	
第一回培土	20	3	60	10	600	
計					11.190	

収入の部

奨励金として村役所より 3.600円 補助

プロジエクト員 1人 20円当徴収した額 400円

ふ卵器の製作と育ヒナについて

宮古農林高等学校
畜産科 二年 嘉味田 実

一、ふ卵器について

私の一年のころから現在までの研究を発表します。だいたいふ卵器、ふ卵、育雛の三つに別けて話します。

私は、農林高等学校入学以前からどのような方法で行えば養鶏に成功出来るかと幼稚ながらも常日ごろ研究心を持つていましたが、まもなく大望の農林高等学校へ進学することが出来、そこで鶏の勉強が始められ、益々私の趣旨を伸すことが出来た。

無知識であつた私は、ふ卵についての知識を得るようになり、ついにふ卵器を作つてみたいという気持がわいて来、色々と考えてみたふ卵器は、母鶏の原理を応用したものであるから、なんとか出来ないことはない。よしやつてみようと確信をもつて始めた。しかし最初から、すぐ出来たのかと言えばそうでもない。私は色々な方法で色々と設計をとつてみたが、なか〳〵うまく行かない。こんどは木炭の熱で出来ないだろうかと考えても見たがだめだ。こんどは思いきつてトタン製に切変えたのですが、これは成功することが出来たのです。（次頁設計図）

▲試験の成績

まず保温の状況を調査するために入卵せず一夜中試験したがづつと百三度（F）を保ち、まず温度には成功したのですが、又実際にふ化をしてみなければ自信を持つことが出来ないので雑種の卵（三五）を試験に用いたがその成績は、

中城村人口及戸数調査　1954年12月現在

	人口	戸数
村全体	10.674人	1.971戸
農家	9.219人	1.806戸

1. 農家 1戸当 5.1名の家族数である
2. 農家人口 9.219人中 3.768人 が可働者である

畑、荒蕪地の2580反に各作物を栽培した場合の生産量及金額

作物名	荒蕪地	生産量	単価	金額
甘蔗	2.580反	3.096万斤	1.000斤 900円	27,864千円
甘藷	〃	774万斤	100斤 200円	1,548万円
大豆	〃	77.400斤	100斤 1.50円	116万円
野菜	〃	10.967.580斤	100斤 200円	21.835.160円

第五表による反当収量によつて換算

中城村における主作物別栽培面積調査　1954年12月

作物名	面積
水稲	1期 187.2反　2期 131.5反
甘藷	3585.5反
大豆	1305.4反
甘蔗	433.0反
野菜	384.反

野菜の主なるもの
胡瓜、大根、なす、南瓜、人参、
葉野菜類　ゴボーとなつている。

中城村農業耕作状況　1954年12月末

	畑	水田	山林
耕作可能面積	6.534反	674反	1.093反
現耕作面積	3.960反	520反	
荒蕪地	2.580反	154反	
農家一戸当り平均	3.6反	0.39反	0.51反

1. 荒蕪地は戦前耕作された所で現在では軍作業出稼により荒蕪地と化している。
2. 山林は段畑として耕作可能

ふ化率八五パーセントで無精卵（一一％）中止卵が（五・七％）と良い成績をあげ、以上の研究に成功したのです。その喜び、こゝで云いつくすことの出来ない程の喜びに満ちていました。

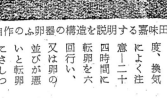

二、ふ卵の実際

▲種卵の選択

種卵にはまず、すべての条件が正常でなければいけません。特に長形のものは好ましくないです。重さは普通五五グラムから五六グラムで、これ以上大きいものになるとふ化率が悪く、奇型が生れると言われますが、そう極端に形の悪いものでないかぎり奇形は生れず、まして大きければ大きさにともない大きく強健な雛が生れ、ふ化後の成育状況も一段と違つて来ます。又集卵は出来るだけ産卵後の日数の短いものがよく、十日も前の卵は胚子が死んでいつたり、発育途中で中止したり特に十九日ごろの中止がはなはだしい。又、種卵の貯蔵は温度や湿気に注意し常に清潔な所に保管しなくてはならない。

▲入　卵

入卵のさいはふ卵器内外の消毒を十分し、入卵四時間程前から調節を行い、ふ化の時刻を考え「夕方に入卵すると二十一日目の昼ふ化するので仕事に大変都合が良いのです。

（写真は自作のふ卵器の構造を説明する嘉味田君）

▲ふ卵中の日程としては

一日中温度、換気によく注意—二十四時間に転卵を六回行い、又は卵の並びが悪いと転卵にさしつかえるので日に一—二回は卵座の手入をしなければならない。

こういうことはちよつとのことですが、こうした微々たる仕事の怠りが、ふ化率を悪くする原因となるのです。

▲種卵の消毒

クレゾール石験液での色々の方法を用いていますがその内、最も効果的であつたと思われるのは、三ポロのクレゾール石験の中に卵を入れ十分間程ひたしてその後とり出し清水でゆすぎ、清潔な布でもつてやわらかくふきとり十分に乾いてから入卵する方法でした。又皿に入れたクレゾール石鹼液をふ卵器の吸気孔の下におき、そこから吸い上げた液によつて、殺菌する方法もあります。又卵のよごれをとる時は、卵の温度より低い湯で洗い清潔な布でもつてふきとる。

▲発生時の雛の扱い方について

立体式ふ卵器では、卵座、発生座が別々にありますが、平面式ふ卵器には、発生座はなく卵座だけになつているので発生時、雛におちつきがなく、あつちこつちと卵座の区切を越えてまわる関係、少々傷害を与えますので、次のような方法を取りました。

ちようど十九日ごろからは転卵を止めますので、その時、卵座の区限を取り去り綿をうすく敷いてやりますと、体にやわらかく雛は大変おちつき、こんこんと寝こんでしまいます。又羽毛も早く乾きますので、元気でしかも絶対安全であります。又その後しばらくしてから雛の状況を見て育雛箱に移す様にします。

三、育　雛

▲育　雛

育雛中に最も大切なことは温度、湿度、換気であり雛の満足するようにしてやらなくてはならなりません。又春の日よりに鶏が日光浴をし、さも満足そうにしている状況、雛もこれに変りなく、全身の力をぬきだらりと地に足をなげだしてこんこんと寝こんでしまいます。
又雛がランプをかこむと温度が低いというわけですから、調節を要し、夏の暑さに成鶏がみせかける状況のように雛も温度が高すぎると表情に現しますから、いずれもよく気をつけ、それに保温ランプのススを室内に入れぬよう心がけねばなりません。又濕度が低くなれば消化不良となつたり、其の他の病気にかかりやすく、とくに十八日ごろからは羽毛が全身に生え初めるので飼料の給与にも注意し、弱いものは特別にみてやり、病気の症状の見えるのは、かくりし、悪化すればいさぎよく淘汰せねばなりません。

まずあつかつた病気の症状を簡単に申上げますと、

◎雛白痢はまず元気がなく、糞に白色の物をまじえ、羽はたれぼんやりとして、仲にはぐれる。

◎コクシジュムも外観的症状は白痢にていますが、外観に見えなくても、ねん液状の糞の中に、あわつぶのようなものがぶつ〳〵あわだち、重くなると血液を混有するような状態になります。

これらの病気の手当としては、(イロジンソーダ)を用いましたがあまり効果はなく、予防の程度にしかならなかつた。、しかし私は自然によくある生物で以上の病気をなおすことが出来ました。それは蛋白質飼料として、ミミズを与えていましたが、雛の病気の状態が次第に快復し、健全な雛に帰ることが出来た。これについて科学的には説明出来ませんが、ミミズにはなにかの要素があつて薬になつたんじやないかと思われますが、栄養的にも良い条件にあつたと私は思います。以上を通し病気に対してはなにより予防が大切で前もつて、種卵や育雛箱の完全な消毒を行わねばなりません。

	ふ化率	育雛成績	支出	収入	利益
4月	85%	88%	399円	920	521
5月	79%	90%	1.130	4.200	3.070
6月	52%	76%	1.345	2.800	1.455
7月	37%	100%	440	1.400	960
12月	50%	83%	582		

備考　4月は雑種類の卵であるため支出が最も少い。
7月は他の卵をたのまれたので支出が少く収入がでた。8月 9月10月は季候の関係で中止となつた。
育雛は 2ヵ月までの成績を示す。
12月は現在までの成績を示す。
支出は飼料、燃料、種卵の代金を含む
入卵数　4月(35)5月(85)6月(63)7月(59)12月(55)

私のふらん器製作費

費目	金額	備考
トタン	580円	4枚
ハンダ	240	2本
温度計	250	
温度調節器	370	
金網	65	転卵用
雑費	125	
その他	0	収集
合計	1.630	

第六回全国農業クラブ大会に参加して

北農高校（三年生）徳本行雄

本日茲に第三回沖縄学校農業クラブ大会を開催するに当り、第六回日本学校農業クラブ大会並に第三回技術競技全国大会の模様を報告出来る機会を得ましたことは、この上ない光栄に思つております。其の間政府文教当局及び学校当局の絶大なる御援助と御協力を得まして、高なる胸を躍らして去る十一月一日勇躍祖国日本へ出発しました。

大会出席の目的は申すまでもなく、全日本学校農業クラブ大会の活動状況並に単位クラブの地域農村との結びつき影響などを見聞し、沖縄の学校農業クラブの進展、ひいては沖縄農業の進展の一助ともなればと言つたものでした。

大会場は四国香川県であり、四国は農業国でもあり会場には最適のように思われました。吾々十名は本土の気温の変化にもさしさわりなく、第一日目の大会を無事に迎えたのであります。

第一日目は、技術競技で、耕耘機競技と測量競技でした。会場は香川高等学校の構堂で九時より会長挨拶のもとに幕は切つて下されたのであります。選手諸君は日ごろの練磨を発揮する機会だと香川の校庭は機械の調整に余年がありません。選手等は実習服に着がえ、タビをはき、巻ききやはんをまき、その姿は真の農業者を象徴する姿であります。

試合開始は十一時で一組当りの所要面積は三〇坪で、三重県の農林高等学校が耕耘から畦立の完成まで約二〇分を要して第一位を獲得し、その技術の優秀さと時間の短かかつたことには驚くばかりでした。

香川県では地域農村に耕耘機を導入して農業経営に従事していますが、農民よりも農学徒が技術上優つているように感じました。彼等は将来の日本農業のリーダーとしての使命を痛感して日ごろ着々と技術向上に邁進しているとのことをうかがい、なる程と思いました。

測量競技も同様、岩手県久慈農業高校が立派な成績で第一位を獲得致しました。測量競技の如きは吾が沖縄におきましても測量器は若干ありますので、日頃の練習如何によつては本土の生徒と肩を並べることが出来るでしよう。山岳地帯の郷土沖縄に於ては特に技術を身につけずしては、農業の発展はとうてい望めません。第一日目を有意義に過ごし、第二日、第三日の研究発表、演示クラブ活動発表はＦＦＪ合唱の後九時より開幕致しました。クラブ活動発表は、どこの代表でも天然色スライドを使用して発表し、中にはその場〳〵に適切な音楽のリズムを入れて発表し、換言すれば映画化されていると言つても決して過言ではありません。

これ等の事からしましても日ごろのクラブ活動がいかに活発化されているかその片鱗をうかがうことが出来ると思います。今や沖縄の農業も日本あるいは、世界農業の一環として肉体的過重労働依存から一日も早く脱脚して、科学的近代的文化的な機械の導入を促進し、生産性を高め、企業形態の一つとしての農業生産に建設的一大革命をもたらすことに若き農学徒諸子の総力が結集されなければ将来の沖縄農業の振興は予期出来ないものと考えられるのであります。

我が沖縄の農業クラブは、米国及び日本本土のそれに比較すれば、その年数の比較的浅いのはもちろん、飛躍の度合が低いというのも我々農学徒がクラブに対する根本的理解と観念が薄弱なることに他なりません彼らの研究発表は自ら献身的な研究テーマを持ち良く研修し、農業の本質を理解し農学徒としての使命と誇りと自尊心を持ち、自信を持つて堂々と発表しております、これは単なる模倣の発表でなく、真に身につけた血となり肉となつた発表であることを彼等の態度、経験の豊富な話題からも窺がい知ることが出来、単に賞讃するのみでなく、大いに学び取らなくてはならぬことだと痛感したことであります。演示やレクレーシヨンにしても同様単なるレクレーションではなく、地域農村生活に関連したテーマで取り上げられ、農村に明るい健全娯楽を与え、楽しく明るく明日の農業にはげめるように、又文化的な明るい農村を創造すべく、独創心にもえた熱意には感激せざるをえませんでした。

それにしても沖縄と格別差のある感のしましたのは演示発表で、例えば、山梨県の農業高校がブドウの整枝をテーマとし、特別模範発表をなされた事等で実物のブドウの木を実つたまま演壇に持ちこみ、リズミカルな数え歌の調子にのせて整枝の理論と実況を手にとるように、わかりやすく示してくれほんとうにその要領のよさに感銘させられました。この大会を通じ痛感しましたのは我々が一日も早く冷静に過去を反省すると共に目ざめなければいけないことです。私達の農業クラブの目的はやはり次の時代の農業の発展に寄与し貢献するところにあると思います。

私達の現状は開拓すべき新天地の前に立つているようなものです。この開拓事業は自から軽んずる卑屈精神やマンネリズムに依つては絶対に完成出来るものではありません。

若き農学徒よ、無から有を見出す空想を決して捨てるな！　まだ見たことのない種を地に落さなければならない。夢を貫く信念を養い毅然たる勇猛心を先づ立てよ、創造は冒険を含む、目的を違えぬ失敗は決して恥辱ではない。

今やひよう蕩たる嵐の中に新らしい清冽な黎明の光を迎える準備は着々進んでいるであろうか。

手をこまぬいて明日をまつてはならない。まして他人の手に依つて引き明けられる事を頼んではならない。

若き農学徒を他にしてだれがこの沖縄に光明を与える者があろうか。我々は即座にスクラムを組んで明日の農村、文化的な明るい共同社会農業クラブ発展のために相互に結束して邁進しようではありませんか。

終りにのぞみ、このような大会への本土派遣をお許し下され、且つ絶大なる御援助と御協力下さつた、文教当局、学校及び皆様の御厚意に深く感謝致しますと共に、今後とも御援助、御協力を継続して下さるよう切にお願い致し私の報告を終ります。

算数教育における暗算の位置

浜　田　正　矩

一、まえがき

算数教育において戦後いちじるしく変つた点は、生活教育の立場から単元学習が強調されたこと、学習指導内容の程度引下げの問題等いろいろあげられるが、変つた点でどうしても納得のいかなかつたことは暗算の軽視ということであつた。いや、「軽視というよりも、むしろ無視された。」といつた方が適切かもしれない。

わずかに暗算として名残りをとどめたのは加減九九と乗除の九九にすぎず、いわゆる青表紙教科書時代に打ち立てられ、当時、日本の算数教育の一大特色をなしていた頭加式暗算の体系は全然考慮されていなかつたのである。

かねて暗算指導に対して関心をもつていた私は、どうしてもこのことに満足できず、従前通り暗算指導を行い、同僚の先生方にも教科書にこだわらず暗算で進めていただくよう主張してきたのである。

かように暗算を強調する立場をとつていながらも、しかし一面なんとなく「これでいいだろうか」といつた一沫の不安がないではなかつた。というのは教科書はもちろん算数関係の書籍、雑誌にも筆算に関した論説はさまざまあつても暗算を主張するようなものはほとんど皆無といつてよい時代であつたということと、今一つは暗算から筆算に進むのが、最初から筆算で進む場合よりも、絶対に効果的であるということを立証する実証的な根拠を十分にもたなかつたからである。

二、暗算のもつ長所

ところが数年前のこと、四年担任をしていた同僚のT先生から次のような相談を受けた。

それは二位数と基数の乗法指導で算法については時間をかけ徹底させたが誤算が多くて困る。そこで繰り返し繰り返し算法を指導し練習を重ねたが、どうしても次のような誤りが跡をたたなかつた。

(A)
$$\begin{array}{r} 52 \\ \times\ \ 8 \\ \hline 506 \end{array}$$

(B)
$$\begin{array}{r} 52 \\ \times\ \ 8 \\ \hline 486 \end{array}$$

(C)
$$\begin{array}{r} 52 \\ \times\ \ 8 \\ \hline 66 \end{array}$$

(D)
$$\begin{array}{r} 52 \\ \times\ \ 8 \\ \hline 4016 \end{array}$$

そこで、ふと二位数までの加減は暗算で指導していることから（実はこのクラスは二年時代からT先生指導のもとに暗算で進んできた組であり、三年になつて三位数の加減からは筆算に入つているが二位数までの加減については折にふれて継続的に練習を積み相当に力をつけていた）「この乗法も横書にして暗算で指導してみたらどうだろう」と思いつき早速次の時間に横書にして問題を提出してみたところ誤算で教師を手こずらしていた子供達に案外な結果が見え特に驚いたことは遅進児のM（Dのようなもつとも程度の低いまちがいをしていた子供）がたやすくやつてのけたことである。

この結果T先生が「このまゝ乗法（二位数と基数）も暗算で指導してもいいものではないか」と相談をもちかけたわけである。私が「大いにやるべし」と力をこめて激励したことはもちろんいうまでもない。

この子供たちは二位数同志の加減までの暗算は相当身につけていたため15×9の場合、10×9＝90に5×9は45を加えることには左程困難を感じなかつたと察せられる。

さて、事実から考えられること、第一に二位数と基数の乗法までは筆算よりも暗算で指導した方がむしろ効果的であるということと、いま一つ、筆算はとかく数を数としてつかまないで機械的な数字だけの操作におわり勝ちなため数概念が明確には握されにくく、したがつて誤算も多い。それに反して暗算は数値を全体として、は握しつゝ計算するものであるから、数概念も明確となり誤算も少いということである。

こうしたことは、すでにこれまでに同ブロックの算数研究グループで話合つていたことであるが、私はこのことによつてさらにいつそう確信を深めることができたわけである。

三、子どもの思考と暗算

次にこのことと関連して「子供の思考と暗算はマッチするものだろうか」ということを問題として「子供はどのように思考するか」ということをめぐつて次のような調査を試みた。

この調査は同ブロック四ヶ町村の小学校十校で実施、児童は二年以上一三九〇名、一般の校下保護者四五〇名、計一八四〇名を調査対象とした。

(1) 調査の目的

・数計算の場における児童（大人）の自然的な思考過程はどうか。（上の位から数を操作するか、下の位から、操作するか）

・その思考過程は児童の成長、発達につれ学年的にどのように変化していくか。

・大人の場合、職業によつて思考過程にどのような傾向が見られるか。

(2) 調査問題

・お店やへ行つて五円の鉛筆を十二本買いました。お金はいくらはらえばよいでしよう。（二年は具体物を用いる。……本物の鉛筆とお金を対応させて）

(イ)
5
5
5
5
5
5
5
5
5
5
5
+5

(ロ)
5円の鉛筆10本でいくら
5円の鉛筆2本でいくら
あわせていくら

(ハ)
5円の鉛筆2本でいくら
5円の鉛筆10本でいくら
あわせていくら

(ニ)
5
×12

（イ）（ロ）（ハ）（ニ）の四つのやりかたの中で、あなたはどのやりかたがみやすいですか。これでするというのに○をして下さい。

・お店やへ行つて十五円の梨を五個買いました。お金はいくらはらえばよいでしよう。

(イ)
15
15
15
15
+15

(ロ)
10円の5倍でいくら
5円の5倍でいくら
あわせていくら

(ハ)
5円の5倍でいくら
10円の5倍でいくら
あわせていくら

(ニ)
15
×5

(3) 実施方法

・二　年　面接による観察法
・三、四年　面接により話させる
・五、六年／一般 〉質問紙法

(4) 調査の結果とその検討

・二年では予想通りほとんどが累加計算。十五の梨五個の場合は(ロ)と(ハ)を比べると断然(ロ)の上の位をさきに操作していた。

・三年では(イ)の累加と(ロ)が多く、累加のやすい計算の場合は、やはり累加が多い段階にあるということがわかつた。

・四年は乗法を学習した関係から(ニ)が目立つて多くなつているが(ロ)と(ハ)では、やはり(ロ)が多かつた。

・五、六年でも(ロ)と(ハ)では(ロ)の上の位からさきに考える者が多かつた。

・このように検討してみたとき、各学年共に10×5＋5×5＝50＋25の方が5×5＋10×5＝25＋50よりも多く、「子供は数を上の位から操作するのが自然である」ということがわかり暗算が子供の心理に即していることが一応実証されたわけである。

次に子供の思考過程についての附属校二年生児童を対象としての最近の一つのデーターを書きしるして、さらにいつそう子供の数の操作は上の位からということの裏付けをしておこう。

今年度二学期から二年生の算数も受持つことになり二位数同志の加法に入るとき「23＋15はいくらになるか」と最初から子供になげかけたところ大部分が38と答えた。そこで「どんなふうに考えたか、考えた順序をお話してごらん」と言つて話させたところ「20と10で30、3と5で8、30と8で38」と答えた者が四十六名中三十八名「3と5で8、20と10で30、30と8で38。」と答えた者六名、わからなかつた者二名であつた。この結果からみても一昨年の調査の信頼度は説明を要しないであろう。

そこでここに暗算のもつ長所と思われるもの四つをまとめておこう。

・数概念が確立する。
・実用価値が大きい。
・子供の思考に即している。
・筆算の基礎である。

このようなよさをもつている暗算が戦後の算数教育で無視されていたことはなんといつても大きなマイナスであつたといわなくてはなるまい。

だが、しかし最近新教育の反省なかんずく算数の学力低下の声に応えて現場の叫びとして暗算の強化が全国的に行われようとしており、本県においてもこの気運の高まりつゝあることは、かねてより暗算の重要性を痛感していた一人としてよろこびにたえないところである。

四、暗算指導の留意点

最後に暗算指導に関しての留意点といったものについて簡単に述べて筆をおくことにする。

(1) 暗算は上の位から数をなるべく結びつけたまま行うこと。

数を位毎に分解して行うのは筆算の立前である。暗算でも全然分解しないでいくわけにはいかないが24＋35＝20＋4＋30＋5＝(20＋30)＋(4＋5)とするのはあまりよくない。24＋35＝24＋30＋5＝54＋5とするのが暗算の正道である。前者聴暗算の際被加数を忘れ勝ちであるという欠点もある。

(2) 暗算は順序を追うて指導することが大切である。このことは正しい方法を知らせることと共に暗算指導の二本柱といわれている。

(3) 継続的に練習させること

このことはきわめて大切なことである。例えば二年で指導した二位数同志の加法で和が百以下になるようなものであっても、それを三年でも練習し、四年になってからも練習するというふうに。

(4) 基礎になるものはたえず練習して十分高めておくことが大切である。

基礎になるものが十分こなせたら他は特に指導を加えずともやれるようになる。

基礎暗算としては次のものが考えられる。

(イ)加法九々 (ロ)減法九々 (ハ)二位数と基数との加減 (ニ)乗法九々 (ホ)除法九々 (ヘ)10，100，1000，10000，……を掛けること。特に10×10，100×10，100×100，1000×1000など。(ト)、(ヘ)の逆の割算(チ)二位数と基数との掛算。

(5) 徳暗算の際は呼び声の感じ、速さの緩急に気をつけること。

特に加減の場合は加数・減数の呼び声の速さは、ゆっくり、しかも十のくらいと一の位とのあいだに「間」をおくことが大切である。「サンジュウ――シチ」というように。

(6) 暗算の筆算を同時に教えることはいたずらに混乱をきたすだけだから、まず暗算の限界点をこえたところで筆算を指導すべきである。

(島根大学教育学部付属小学校教諭)

教育解説

児童読物のゆくえ

—特に児童雑誌とこどもの現状分析から—

中山桂一

1 読物だけの影響か

北海道のある学校で、雑誌の付録そのままの理科実験をやったところ、大爆発が起って生徒が重傷を負ったとか、横浜のある中学生が今はやりの力道物語を地でいって友だちを死に至らしめたとか、二、三のセンセーションを導火線にして社会も悪書追放に余念がない。

理科実験中の事故は何も今に始まった珍らしいことではないが、特にそれが児童読物に動機づけられているところに問題があるというわけである。もし、そうだとすれば、児童読物だけがこどもの意識や行動に与える社会的影響効果はまことに大きいものだといわねばなるまい。だが一般に現在のようなラジオ・映画・テレビをはじめ、多くのマスコミュニケーションのうずまきの中から、こどもの意識を規制する読物の影響や、そのプロセスだけを抽出する作業はそう簡単なことでもなさそうだ。

ジャーナリストが、その結果の動因をどんな方法でどの程度まで力を入れて窮めたものかは深く知らないが、それを読物からの影響効果と判定するまでには、相当に科学的・具体的な方法の裏付けをもってしなければならないはずである。われわれは、悪書追放を叫ぶ前に、その悪書の与える社会的影響効果をどの程度科学的にはあくしているのだろうか。それがはっきりしないかぎり、悪書も良書も単なる主観や既成の規範観念のデッチ上げに過ぎぬことになり、決め手(基準)をもたないのではあるまいか。現在の段階では困難なことには違いないが、われわれは、読物がこどもに与える影響を静態的な結果の判断からばかりでなく、もつと動的な姿においてつかまえる客観的な方法をあみ出さなければならないようである。

2　こどもの天国はどこに

それがどういう点からどういう影響を与えるために悪書なのかがいつこうに明確にされないうちに、二、三の事例やちよつと見た感じやうわさから全体がうんぬんされることは珍しくない。

最近、悪書追放運動のあおりをくつて、二、三の出版社がつぶれた話は聞いていたが、それにひきかえ、良書や適書が現実においていつこうに発見され生れそうもないところを見ると、やつぱり、やりきれないのはこどもだということになろうか。学校へ行けば「悪い本は読まないようにしましよう」といわれ、家へ帰れば「そんなものを見ないでお勉強の一つもしなさい」では、よほど、こどもの安心して読める本がころがつていないかぎり、こどもは「日の当らぬ」緩衝地帯に逃げ込まざるを得ないようだ。そして、こどものエネルギーのはけ口は、店頭の立読みに、友だち同志の廻し読みに、貸本屋の三文漫画に、校庭の片すみに、夜ふけの寝床の中に求められ、楽天地の展開ということになりかねない。その一例は、次の「店頭立読み」プロフィール第1表(都立教育研究所が各地の店頭でこどもの立読み観察をしたもの)からも伺うことができる。

第1表　立読みプロフィール

	読書態度項目	人数	
人間関係	友だちといつしよ	㉗	80
	父兄と	2	
	ひとりで	㊳	
	その他および無記	13	
態度	話しながら	8	80
	だまつて	(61)	
	その他および無記	11	
表情	笑つて	14	80
	真剣に夢中で	㊲	
	うれしそうに	9	
	その他および無記	20	

ひとりで読んでいる者、友だちのいつしよの者が圧倒的。だまつて真剣そうに読んでいる者が大多数。なんと町角の店頭にたたずむこどもの姿が目に見えるようではないか。また、毎日新聞が全国の中学生二、九三八名に調査したところでは、全体の六七・七%の者が友だちに借り読みしているし、貸本屋から借り読みした経験の持主が全体の二六・八%になつている。またそれは第2表学年別立読み状況に示すとおり、父兄や教師の手から解放されたいという気持、よくいえば自主性の萌芽の年ごろともいえる小学校三、四年から中学一、二年くらいまでにかけて立読みが盛んであることも明白にしてくれる。一般に商業主義のおう盛でいかがわしい読物の多いのもこの小学校中・高学年からだといわれているがそこをねらつての現像なのであろう。こどもはそこで何を読んでいるのだろうか。この調査では、一般に「漫画王」、「冒険王」、「痛快ブック」、「幼年ブック」など、また、それに加えて高学年ではさらに、「少年クラブ」とか「平凡」というような雑誌を読みあさつているものが一年から中学二年までの約五四%である。またその内容の性格を見ると(単行本を含む)全体の約七三%が漫画・冒険・探てい物・グラビアなどに夢になつているというわけである。何もこれらの内容が一概に悪いというのではない。多くのおとなたちが危険だとか、無駄だとかいつて、こどもに禁じることの多い内容部分がこの「日の当らぬ場所」で読まれているところに問題があると思うのだ。中には家庭の経済的な理由から与えられず、ここにオアシスを求めるこどももいるには相違ないが、それよりもむしろおとなたち大衆が買つてやる気のしないものとして葬り去られるものが多いからなのではあるまいか。

第2表　学学年別立読み状況

学年	小1.2年くらい	小3.4年くらい	小5.6年くらい	中1.2年くらい	中3,高1.2年くらい	計
人数	6	17	26	21	10	80

おとなたちの眼の篩(ふるい)にかけられた残さい(しん)に、案外、こどもたちがこんなところで飛びついているとしたら、はなばなしい悪書追放運動などもおとなのひとりよがりな、無力な線香花火にもなりかねない。事実、最近の運動状況もやや中だるみの感がないでもない。それだけに注がれるエネルギーを、もつといいもの、ためになるもの、こどもたちの欲するものの発見と創造に具体的にふり向けられないものか。こどもの成長は一日だつて休むことはできないのだから、追放の結果としての空白は現実の中からの発見と創造によつて同時的に埋められていかなければならない。こどもだつて、早く

堂々と、日の当るところでよめるような自分の真に読みたい本がどんどん出てくるのを望んでいるに違いない。

3　教科書と児童読物

日本の親たちや教師たちが一番安心してみていられるこどもの姿は、教科書を読んでいるときのようだといつたら過言であろうか。それは、確かに望ましく思われるに違いない。しかし、こどもの現実はなかなかそうなつてくれないので困るのだ。

ところで、教科書が、より意図的学校教育の中核的手段として児童読物とは区別されなければならないとはいえ、それが何も、こどもの興味を引きつけるという点においてまで、違わなければならないということはないはずである。両者は、共存の旗印を掲げて堂々とこどもをチャームすべきだと思う。一例をあげれば、アメリカなどでは、そのような「差別ある無差別」という点で、わずか一部のものを除いては、比較的同等の質のレベルを保ち、同じようにこどもの興味の対象にもなつているようだ。

日本の教科書の現実は、此の点まだまだ違いが大きすぎる感がある。こどもの目先の興味ばかりのごきげんとりはいけないにしても、また、教科書が他の教材教具との関連において、その使用方法の巧みさによつては、効果をあげうることが期待されるにしても、内容それ自体がこどもの興味を真にゆさぶるような教科書が日本にどれだけあるというのだろう。少ないといつたら過言であろうか。教科書自体が、もつと学校の中だけでなく、こどもの生活意識に大きな幅を占めるようにならないかぎり、興味は児童読物にひとり占めという偏破な姿にならざるを得ない。

近く、とみに盛んになりつつある教科書研究も、こんなところにいつそうの力こぶを入れて欲しいものだ。そうでないと、こどもの読みたくないご本尊が教科書で、それを読むのを強いた結果が、さきほどの「こどもの天国」に求められるというような悪循環も起しかねない。

児童読物に良書や適書を望むなら、それとのバランスや関連において、教科書自身も単なる味気ないエキスの羅列に終らないよう、もつと豊かさをもつことが望まれる。しかし、それは何も価格を全く無視し、児童読物をまねて、さし絵や写真を多くのせることだけを意味しているのではない。

4　「平凡」のこども版
—読む本から見る本へ

科学の発達は、人間に対する抵抗の排除という一面をもつている。しかし、その抵抗の減少の結果が人間そのものの本質を堕落に導くとしたら、それこそ本末てん倒ということになる。最近の児童読物、特に雑誌のきらびやかな色彩やグラビアもこの科学の発展の方向に正しく位置づけられたものなら何も心配することもないわけだ。だが、現実はあながちそうとばかりいいきれない。終戦後のおとなの享楽主義がそのまま児童読物に縮図になつて出てきていないだろうか。声の歌姫「美空ひばり」の顔をあちこち大きく色刷り写真版にして出すということが、どれだけこどもの娯楽につながるというのか。それは、まさに断片の寄せ集めにしかすぎず、今はやりのおとなの「平凡」そのものとしかみられぬものもまだある。それを、読むものから見るものへの一八〇度の転回だといえばはなはだ聞こえはよい。しかし、それが売りさえすればよいという商業主義からだとしたら情ない。後者の場合、それがねらうこどもの興味とは、真のものでなく、ただただ、こどもの享楽性におもねた甘やかしの興味だという点に問題があろう。それは、近代の伝達手段としての文や文字の正当な位置づけを忘れ、必要以上に表面的現象的にならしめるものといえよう。

読物は、テレビや映画と違つて、見るものでなくやはり読むものである。幼稚園ものや低学年ものはさておいて、必要以上の視覚的表現を用いて文字表現を避けることは、それ自体こどもが無限に創造し、展開すべきイメージを規制してしまうことにもなる。

5　学習雑誌と娯楽雑誌

今の、特に問題点の一つに、児童読物における学習ものと娯楽ものとのあり方や、両者の調整ということがあると思う。それはさらに焦点をしぼれば、学習エネルギーの裏付けとしてのこどもの娯楽的内容のあり方のむずかしさに、より問題があるということにもなろう。

最近の雑誌の傾向を見ると、①学習ものに大幅のウェイトを置き、それを娯楽化してうち出そうとするもの、②学習ものと娯楽ものを同じくらいの比重で混在せしめているもの、③娯楽に大幅なウェイトをかけ、つけたり的に知識学習を出そうとしているもの、④全く娯楽だけをねらうものなどに分けることができよう。もちろん、現実の雑誌が、低学年向のものから高学年向のものに至るまで、すべてがすべてこの類型にぴつたりあてはまるというのではないが、たとえば大まかには、「〇年の学習（学習研究社）」は①の方向に、「小学〇年生（小学館）」は②の方向に、「幼年クラブ（講談社）」や「幼年ブック（集英社）」などは③の方向にあるものとして考えられよう。ところで、これらのどのタイプが正しい娯楽の位置づけや学習の位置づけを示すものかはそう簡単にいいきれない。というのは、この問題は現実的に内容論からだけかたづくものではないからである。日本のこども大衆が、どのような型をうち出すかによつて、より多く、より現実的にこの娯楽と学習を調整することができるかに連なるからである。理想的内容論からのみいうならば、すべてのこどもが理想的な娯楽誌と学習誌の両者を別々に持つことが考えられるが、その一つさえも持つことのできないこどもの現実では、それもどういうものか。娯楽と学習をはつきり対決させ、区別することにおいて、また、「学習ものが多すぎてつまらない」などいうこどもながらの意見も出てきかねない（和光学園森久保学級の雑誌分析から）。といつて、学習ものと娯楽ものをただ併存させるということも、一部の論者のいうように中途半ぱなものになる恐れがある。現状は、この功罪の程度が実証されず不めいりようのまま取り残されているといつたところだが、もしこの四つの型が現状肯定され、共存するとしたらそれだけの根拠が明白でなければならない。

ところで、わたくしのみた目では、現在の雑誌は、第①の型、第②の型のような学習の娯楽化の方向には割合に努力がなされているようだが、健全な娯楽から学習への意欲をそそるようなものが少ないという感じがする。一般には、右のような型の学習雑誌は、こどもにとつてはいざしらず、父兄をはじめおとなたちにはひどくアッピールするものがあるらしい。

それは、都立教育研究所の学習ものの娯楽化の適・不適についての世論調査の中に出てくる「〇年の学習」や「小学〇年生」の好評のほどを伺つてもわかることである（児童読物の研究〔Ⅰ〕一二四頁第13図参照。なお、高学年ものについては一九〇頁第40表及41表参照）。そしてまた、第③の型の「つけたり学習」が、往々にしてせつかくの娯楽をこわしてしまううらみがある。たとえば、前掲調査に見るごとく、学習ものの娯楽化の中で、「怪星ゴンガ」物語の片端に小さく、その物語の内容とは無関係と思われる「水鳥の羽がぬれないのは、尾のつけ根から出る油を口ばしで羽に塗りつけるからです」調の「一行知識（ぼくら）」や、豆の〇を並べてそれを結ぶと「マメ」の字になるようなおやおやページ（幼年クラブ）」なるものは、一般に不適当だと答えるものが多かつた（全体の約六四％）ことを見てもわかる。それらは娯楽に学習が不自然な形でプラスされているからであろう。これらの雑誌のねらいは、娯楽にあるにもかかわらず、それを娯楽から学習へのノーマルな方向としてでなく、ちよつとしたところで学習を娯楽化しようというような欲ふかな邪心にとりつかれているからなのであろう。娯楽の背景となる指導性というものは、そんなけちなつけたりや間に合わせでなく、全誌を貫く一つの底流として、脈々と流れていなければいけないというわけである。

ところで、前掲のような学習雑誌も、学校教育、教科書との関連性をもたせることは望ましいことではあるが、教科書をただ、さし絵や写真によつてやさしく説明した程度のものではナンセンスである。教科書の発展や深まりがそこに求められるようなものをさらに盛り込みたいものである。

いずれにせよ、それがこどもには混然として一つのものに見えるものにあつても、「学習の娯楽化」と「娯楽から学習へ」の二つの方向は、より高度な内容論においては区別されねばならないものである。そして、より現在の難関が後者にあることは確かなことといえよう。

6　読ませたくないものと読みたがるもの

おとなは勝手に悪書だとかなんとかいつているがそのような読物観を、ひとたびこどもの読物観と対照したらどんなことになるだろうか。まず、一般的に問題の多いといわれる小学校三、四年向七種昭和三〇年二月号について、父兄二、教師七、識者三、その他二、計一四名に分析作業をしてもらつた結果「物語の内容が不適当で読ませたくない」ものとしていくつかのものがあげられた。そこで、それを小学校四年生四九名に二週間ばかり見せて、その反応意識と対照すると第3表のようになつた。これを見てもわかるように、おとなの読ませたくないという傾向の強いもの（不適の数のほうが多いもの）は、こどもにとつては逆に読みたいもの（好きな数のほうが多いもの）になつている。両者の読物観には明

第3表　おとなとこどもの読物観の対照

題　名　と　誌　名	適（好）	不適（嫌）	不明
1. にじのかなたに（小学四年生）	3 (21)	7 (12)	4 (16)
2. なぞの紅ばら荘（少　女）	3 (23)	7 (8)	4 (18)
3. なぞの金どけい（なかよし）	1 (17)	10 (15)	3 (17)
4. 銀星Z団（おもしろブック）	3 (17)	7 (4)	4 (18)
5. 太陽行進曲（　〃　）	1 (14)	7 (10)	6 (15)
6. 鋼鉄魔人（　〃　）	7 (18)	9 (10)	4 (11)

（注）（　）内数字はこどもの好き，きらいを表わす。

らかにズレがあると見てよいのではないか――中間報告のため数は少ないが、こどもの本質的な姿を、単に内容の好き、きらいからのみ判断できないとはいえ、読ませたくないものが読みたいものになるアイロニイと悲劇は、われわれ読物を与える側に対する一つの警鐘といえよう。

7　読ませたいものと読みたがらないもの

ところで逆に、おとなが読ませたいと思う物語をこどもはほんとに読んでくれるだろうか。たとえば「ウィーンの音楽隊（小学四年生）」などはおとな一四名中一一名までが是非読ませたいものとしているのに、こどもの好き、きらいの比は逆に九対一八である。同様のことは、「ばらかおる朝（四年の学習」、「なだれ（小学四年生）」についても見られる。これは、読ませたくないものを読ませたいとするさきほどの裏返し証明ともいえよう。名作とか教訓物なら何でもいいと思うような親心も、ここで少し反省せねばならないだろう。原典がよくてもそのダイジェストのしかた、さし絵のつけ方などによつて、こどもの心理に対して適当にも不適当にもなるのである。「ウィーンの音楽隊」では、確かにモーツアルトをあまりにも天から降つた人間のように書きすぎるようである。

8　読ませたいものと読みたがらないもの

しかし、現実の読ませたいものをこどもが全部否定するというわけではない。中には両者がほぼ一致するものもある。これを見ると、現実のすべてがすべて心配になるものばかりでなく、おとなが見てもこどもが見ても読む価値もあり、興味の湧くものもあることがわかる。今それを第4表に見てみよう。

第4表　おとなとこどもの読物観対照

題　名　と　誌　名	適（好）	不適きらい	不明
1. 少年デヴィッドの冒険（四年の学習）	6 (11)	2 (14)	6 (24)
2. こわれたオルゴール（　〃　）	9 (21)	3 (12)	2 (16)
3. 海原にうたう（小学四年生）	6 (18)	3 (12)	5 (19)
4. みなしごになつた和子ちやん（少　女）	7 (17)	2 (10)	5 (22)

（注）（　）内数字はこどもの好き、きらい

埋もれた思わぬ芽を発見し、育て、一刻も早くこどもを「日の当る場所」に引出してやりたいものである。

9　漫画について

幼稚園向、低学年向、三、四年向、五、六年向、それぞれ七種の雑誌の中にある漫画について、おとなたち五五名に、その漫画の内容の適・否、ならびにそれらの理由などについて問うてみた。まず幼稚園・低学年ものについては、二二篇中、大多数が不適当とするもの七篇、逆に適当とするもの五篇、適・不適相半ばするもの一〇篇となつている。これらの中で最も適当とするものの理由は、(イ)ユーモアが感じられる、(ロ)表情がかわいい、(ハ)こどもに合う簡単なことばと絵、(ニ)動作と顔の描写のダイナミックなこと、(ホ)明かるい感じ、(ヘ)こどもの夢をこどもらしく表現している。(ト)絵がはつきりしていて色もいい(チ)動物擬人化が適当で親しみやすいなどとなつている。これに対し、不適当とする理由は(イ)不自然なところが多く、内容に素直さがない、(ロ)色が悪い、(ハ)話の筋が下品で非教育的、(ニ)動物擬人の感じが出ていないなどとなつている。また、中・高学年ものについても、これとほぼ似たりよつたりの批判がなされている。さらに表現の面から、漫画のおもしろがらせやこつけいみの出し方に好ましくないことばや、絵の描き方や色合いの、こどもにとつて不健全と思われるものを指摘させたり、特に幼稚園・低学年ものについては、動物擬人化の適・不適だけを掘り下げて聞いてみたが、ここでは紙数のつごうで割愛する（詳細は都教研「児童読物の研究〔1〕」

一〇五頁以下参照）。なお総体的に見て、ここでもおとなの漫画観とこどもの漫画観とは幾分のズレがあることは、前述の物語の場合と変らないようである。

10 児童読物の科学について

前述の読物だけの影響過程（力）を抽出するにも内容批判の決め手のあいまいさの排除のためにも、一つの科学的な立場と方法であることはいうまでもない。また、こどもの生活活動の偶然性や無根拠を盾（たて）に、常識的な手さぐり編集で執筆がいつまで続いたのではたまらない。そのような意味で、さきほど提出した二、三の資料も、読物の構造や内容分析のために作つた視角やカード（前掲書一七一二八頁参照）にしても、みなこの科学の方向を目ざしているものにほかならない。

児童読物といえば、文学と美術さえ考えればいいという時代は過ぎ去つた。児童読物は、こどもを取り巻くすべての基礎的諸科学（児童心理学・教育心理学・読書心理学・教育社会学・社会科・社会経済学等）と、内容に関する基礎科学（児童文学・美学・社会諸科学等）とを基盤にもつ児童読物の科学に立脚した所産でなければならない。

今、これら諸科学を基礎とするこの科学の立ち向うべき研究領域（対象）を試論的に提出して筆を置くとしよう。

① 与える側を通じての研究
(イ) 出版および編集機構・方針・方法ならびに販売傾向
(ロ) 執筆者のアイデア・児童観・教育観・技術。
(ハ) 父兄・教師その他の児童観・教育観・読物観。

② 与えられる側を通じての研究
(イ) 児童生徒の読書傾向・経験・習慣・態度。
(ロ) 児童の精神的物的読書環境との関連。
(ハ) 児童の読書心理（興味・要求・能力。
(ニ) 児童生徒の作品。

③ 児童読物の構造や内容の分析研究
(イ) 読物の構造分析—表紙のさし絵・タイトル・版の大きさ・スペースの配分・色彩の種類や配合・特集ものの取扱・紙質・印刷・製本・活字の種類。
(ロ) 小説・物語・童話・童謡詩・会話などの内容分析—主題の内容や構想の適、否内容の難易、指導のための頭がき・注意がき、動物その他の擬人化・生活化・ユーモア化のしかた、さし絵の構想や描写。
(ハ) 漫画の内容分析—漫画のねらい、誇大化・幻想化こつけい化・動物擬人化、説明語や吹出しのつけ方絵の描き方、連載ものと短篇ものの特徴。
(ニ) 学習ものの内容分析—児童雑誌における学習もののあり方、学習の娯楽化・興味化、学習ものの利用度についての見通し。
(ホ) その他—全体に使用されている語句・漢字・かな文の長さ文節の設け方、外国児童読物との比較研究単行本と雑誌の性格の差異。

④ 他の児童文化財との関連研究
(イ) 教科書との関連。
(ロ) こども新聞・ラジオ・テレビ・こどもの時間・教育映画・パンフレット等との、機能・性格の差異・特質の比較。
(ハ) 他の児童文化財との関連的使用方法。

⑤ 児童読物の与える社会的影響効果の研究（詳細略）

（東京都立教育研究所員）

正常分布と五段階評点法ものがたり

私次庄市

一、正常分布の発見

終戦前の学校では成績表の評点には、甲・乙・丙・丁とか、優・良・可・不可とか、一〇点満点法とか、一〇〇点満点法などが多く用いられていましたが、二十三年以降文部省の指示によつて、学習記録行動記録は小学校では－2．－1．0．＋1 ＋2中学校高等学校では1.2.3.4.5.のいわゆる五段階評点法を用いるようになりました。この考えは知能や学習成績が正常分布をすると仮定したことから初まるのであつて、一九一七年アメリカの教育家スタークが初めてとなえたのであります。

評価を五段階にすることについて疑問を持つた人があると思いますが、これにはまず正常分布ということを知らなければなりません。この正常分布ということは、知能や学習の成績だけに限らず、一般に人間の心的現象、たとえば成人の身長とか遺伝の法則などが調査の結果正常分布をするということがわかつているのであります。しかし体重の場合は栄養や運動によつて増減するし、大学生のI.Q（知能指数）は頭の悪い人が除かれているから、正常分布とはならないのです。

この分布を最初に考えた人は、フランスのモワーブルという人ですが、今から二〇〇年程前にロンドンでおかね持のとばくの手伝をしている時、お客が貨幣やさいころを投げるときの、貨幣の表が出る数や、さいころの特定の面の出る割合に、きまつた規則のあることを発見したことから始まるといわれています。

その後、ドイツのカウスという数学者が、物理学上の実験観測の誤差が正常分布をしていることを発見したのであります。

ちようどこの頃は十八世紀の初めでありますが、地球の形について長い間論争が行われていました。一つは地球は引力によつて扁平であるというニュートン学派と、他は不正確な測量を信じて地球は扁長であるというカッシニー学派であります。これを解決するのには実際に測量するほかに方法がないのでこの時から大規模な土地の測量が始まつたのであります。

さらに十九世紀に入つて、ナポレオンがヨーロッパの情勢は非常に変化をして、戦略や徴税のために土地の正確な測量が行われるようになりました。

この頃、カウスはドイツ各地の土地を測量し、長い年月と非常な苦心の結果、観測上の誤差が正常分布をしていることを発見したのであります。

この分布を表わす式はつぎの通りであります。

$$y=\frac{h}{\sqrt{\pi}}\times e^{h2x2}$$ ……………公式(1)

h は観測の精密度　x は誤差
y は誤差のおきる度合（割合）
e=2,7182　（オイラー・ナンバー）
π=3.1416　（円周率）

これを正常分布函数といつて統計学上非常に重要な公式であります。

これを図に示せば第一図のようになります。

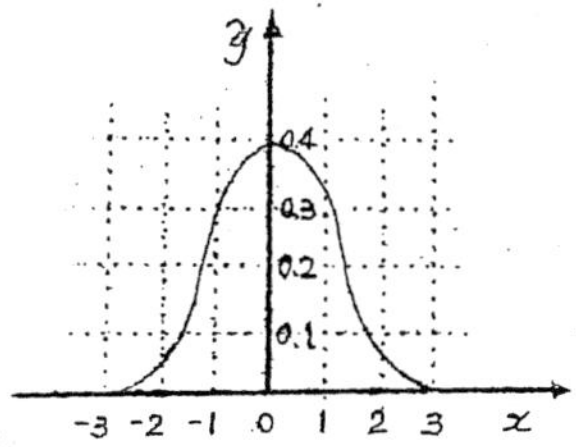

二、五段階評点法

さて、あるテストの評点を一〇〇点法でする場合に、その人の実力を表わすのには非常に不正確になることが多いのであります。たとえば甲・乙二つの学級に同一のテスト問題を課したとき、下のような成績分布を示したとします。

得点	甲学級	乙学級
35点～40点	3人	0人
40～45	6	1
45～50	12	5
50～55	10	12
55～60	16	16
60～65	23	21
65～70	15	23
70～75	12	14
75～80	10	8
80～85	8	5
85～90	7	0
90～	6	0
平均点	64.88	64.21

この場合両学級の平均点をとつてくらべてみると、甲は六四・八八、乙は六四・二一でその間にはたいしたちがいはないから、平均点だけでみると両学級の成績はたいしたちがいはないといわねばなりませんが、分布表をみると、乙学級は学力が平均している、いいかえれば特にすぐれた者も、特におとつた者も少いということから、乙学級は望ましい学級といえましよう。

これは得点の「散らばり」方によるのであつて、同じ平均点ならば、「散らばり」の小さい方がよいということになりましよう。

またひとりの人が二回のテストを受けて、第一回は八〇点、第二回は六〇点であつたとします。だから第一回のできがよかつたとは一概にいえないのであります。その時のテストの難易によつて第一回のテストの平均点がよければむしろ第二回のテストの六〇点の方に価値があるかも知れません。

以上の例でわかるように、一〇〇点法や一〇点法には客観性が少いということになるのであります。

そこでテストの平均点からの「散らばり」の度合

で表わす方法が考えられました。これが標準得点法といわれるもので五段階評点法の基本となるものです。

１００点法による各人の得点を粗点と呼びこの粗点と平均点との差を偏差といいます。

偏差 ＝ 粗点 － 平均点

つぎに $\sqrt{\frac{(各偏差)^2の和}{総人数}}$ を標準偏差と呼び σ《シグマ》で表わします。

たとえば粗点が6，5，4，7，8，3，6，4，2，5，とすれば，平均点は5となるから

$$\sigma = \sqrt{\frac{(6-5)^2+(5-5)^2+(4-5)^2\cdots\cdots+(5-5)^2}{10}}$$
$$=\sqrt{3}\quad =1.732$$

となります。

このようにして計算された標準偏差を単位として、各人の偏差を計算したものが標準得点となるのです。

これを記号で書けば

$$標準得点=\frac{偏\quad差}{標準偏差}=\frac{粗点-平均点}{標準得点}$$

$$Z=\frac{X-M}{\sigma}$$

と表わして　Z―score と呼んでいます。

この評点法によれば、程度の異つたテストの場合でもでき、ふできの比較をすることができるのです。

さて、正常分布を表わす式はこの標準偏差をもつて表わせば、

$$y=\frac{1}{\sqrt{2\pi}\,\sigma}e^{-\frac{(X-M)^2}{2\sigma^2}}\cdots\cdots公式(2)$$

となりますが，ここで $Z=\frac{X-M}{\sigma}$ を代入すれば

$$y=\frac{1}{\sqrt{2\pi}}e^{-\frac{Z^2}{2}}\cdots\cdots公式(3)$$

と簡単になります。これを単位正常分布函数と呼んでいます。

うえの図は公式(2)、(3)のグラフであります

公式(2)の図

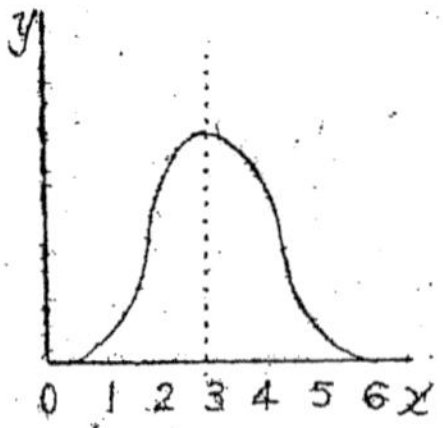

公式(3)の図

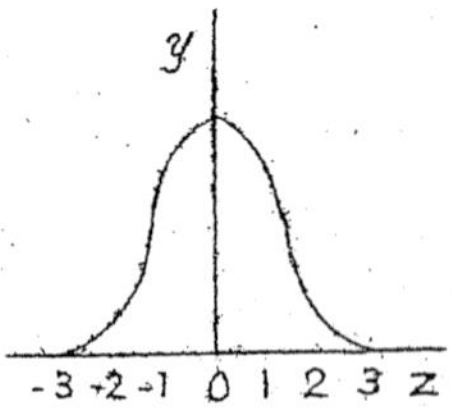

(3)の図は縦軸を平均点の位置に移動していますから平均点は0で標準偏差は１となります。また左右対称でZ=±3の処でZ軸に急に接しています

そこで平均点を中心として標準偏差σの幅で五段階にわけると、各段階にはいる人数の百分率はつぎのようになります。

（高等数学によつて計算した表を用いる）

－∞から－1.5σまでの面積0.06681… 7%
－1.5σから－0.5σ　〃 0.24173… 24%
－0.5σから＋0.5σ　〃 0.38292…38%
＋0.5σから＋1.5σ　〃 0.24173…24%
＋1.5σから＋∞　〃 0.06681… 7%

中学校から高等学校へ入学するとき報告される成績内申書はこの配分率でつくられているのです。

また統計学では－0.5σから＋0.5σの幅を表わすにはその中間値0をもつて代表させこれを階級値と呼んでいます。したがつて

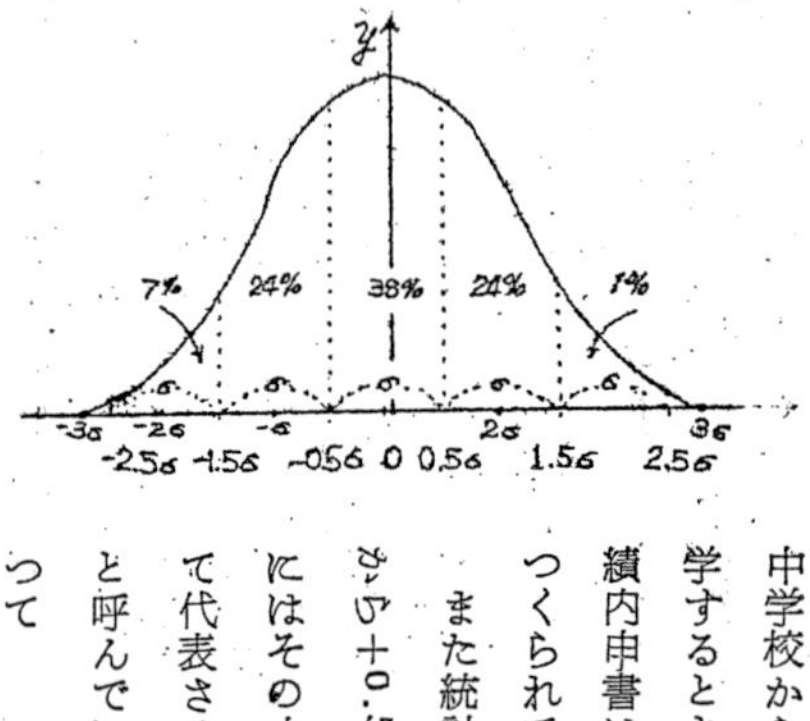

－2.5σと－1.5σの階級値は－2σ
－1.5σと－0.5σ　〃　－1σ
－0.5σと＋0.5σ　〃　0
＋0.5σと＋1.5σ　〃　＋1σ
＋1.5σと＋2.5σ　〃　＋2σ

と表わします。なお、

－∞から－2.5までの面積は0.006となつて非常に小さいので、この部分の割合は－2.5σから－1.5σの間に加えて、0.06681と計算するのが普通です。

ここで五段階評点法につかわれている

－2，－1，0，＋1，＋2 の記号が生れたわけです。したがつて中学校や高等学校でつかわれている 1，2，3，4，5 の記号は別に深い意味がないことになりましょう

（練馬区大泉中学校）

卒業式と入学式

久米島具志川中学校

学校行事の内最も重要でしかも教育的意義の深いものは入学式（入学のさせ方）と卒業式(卒業のさせ)方である。

感激を深め、生長に対する意識を高める適切な方法を講じて入学（即ち修学にスタート）せしめ感謝と反省を深からしめて卒業（即ち社会にスタート）せしめることが如何に大切であるかは今更申すまでもないことでありますが、

この感覚に立つて私たちの学校が如何なる考え方で如何なる挙式方法を取つてこの両行事に重みをつけているか記録をたどつて申し述べて見ます。

一、卒　業　式

※卒業式に対する意識

1　九ケ年の義務教育を了えて父母の許に或は実社会に第一歩をふみ出す日である。

2　身体の事情家庭の状況本人の努力や勉学の結果によつて修学の成果に上下の差はあるがこの祝福すべき卒業の日に絶対に優越感と劣等感を印象づけてはならぬ。

3　前日の式場準備まで朗らかに学修した生徒が賞品とか総代等にからんで当日欠式したり、又は物かげで淋しがつたりすることのあつた旧教育を忘れてはならぬ。

4　教育とは「子供を嬌慢と卑屈から救い、プライドと信念を持たしめることなり」ということを確信して

5　校門を巣立つ全員が実に咲いた純白の棉花になつて世の中の布団にでも毛布にでも、着物洋服にでも、タオル、ハンカチ、ガーゼ、ホータイにでもなつて世界万人を暖めてくれることを念願して送り出し

6　雄々しき希望を抱いて校門を出た全卒業生が、常に「暖い学園だつた」と母校に親しみを感ずるように送り出さねばならぬ。

7　要するに卒業式の意義は

△　各自が自分の九ケ年の行績を喜び

△　父母に心から感謝し

△　九ケ年間直接間接に育て、教えて下さつた諸先生方（今は亡き方も居られる）に感謝しつつ、その温顔を偲び

△　これからの生活に大きな決意を固め

△　遠大な理想に向つて強い信念を持つて出発せしむべき日であり、

△　優等生だ劣等生だという判決を下すべき日とならず、最高の感謝と感激と惜別の情を充満せしめ、喜悦の中に感傷的情操をも体験せしむべき日でなければならない

以上の意識に基づいて本校では次の順序方法をつゞけています。

※挙式までの準備

1　案内状は生徒代表（男女自育会長）の名で次の通り全父兄、卒業生村民指導者旧師教育関係者村内官公所に発送します。

御　案　内

来る三月△△日は私たちの第△回卒業式がおこなわれます。

おいそがしい時節ですが午後一時までに是非御来校下さつて私たち△△名の卒業を祝福し、喜びに満つ私たちをごらん下さいますよう御案内申し上げます。

年　月　日

具志川中学校生徒自育会長

氏　名（男子）

氏　名（女子）

右の案内状は各部落生徒自育会長が各戸を訪問して配布する

2　三年生は三月の初頃から卒業答辞を作文し、皆で批判検討して男女各一点を選定する（当日は作者が朗読して答辞とする）

3　二年、一年生は卒業生を送る祝辞を作文しその内から学年別男女別に四点を選定し当日は作者がテーブル、スピーチの形で祝辞を述べる準備をする。

4　賞品は卒業進級記念品として全員に授与、三年生は自他共に推賞できる生徒を男女各一名選定し

て学校長に推薦する

5 従来の学力優等を思わせる賞与は廃止した。学歴と、学力と教養が高く積まれた生徒は実社会に出てあと、その実績が立証されて表彰感と成功感を得るものであるという理由で廃止した。

6 卒業式の前晩村の親子ラヂオを通じて教務主任の声で全父母に対し「子供の義務教育終了を祝う為の赤飯」を呼びかける。

7 当日は早朝校門に国旗を掲げ、右門柱に次の通り掲示する。

「校門はいとし子△△名の門出を祝しその発展を祈って永久に動かない」

8 校門前の棉花新聞（教育掲示板）には卒業生壮行の辞に代えて卒業式の歌（仰げば尊し）の一節と、卒業生を送る歌を掲示する。

9 午前中は、一ヶ年間の学業成績品展示会を開く

※式の順序と方法

1 全員入場

2 開式挨拶につゞいて校歌を齊唱する

3 学事報告を教務主任がなす

4 卒業証書を授与する

証書を授与する前に本日の卒業生が何番から何番までであり、卒業生累計何百名であるかを告示する。

証書は代表授与の形式にせず全員に対して個人別に授与する

授与の際は校長は壇からおりて各人に目と手を触れるようにする

証書授与が式中の最高の場面であるので二年生数名をマイクの前に立てて次の歌を放送しつつ行う

証書を受ける者も授ける者も、参列者も共にこの歌によって心から一人一人の卒業を祝福するような場を構成する

歌は授与開始で初め授与終了までくりかえして歌いつゞける。

一五〇名内外の授与時間が六分間内外で実に厳粛裡に進められている。

卒業証書授与の歌

(1) 何も知らない、わたしたちに
読み方算数いろ〳〵と
やさしく教えてくださつた
先生!!先生!!ありがとう

(2) 雨の降る日も風の日も
僕等が大きくなるように
朝から晩まで、おはたらき
父ちゃん!!母ちゃん!!ありがとう

(3) 建設途上の学園に
夜ひるわすれて心から
一生けんめい、お骨おり
小父さん小母さんありがとう

(4) 村の宝だいとし子だ
心と体をみがきあげ
明かるい希望をめざしつゝ
坊ちゃん、嬢ちゃん伸びてくれ

5 卒業進級記念品授与

全員に授与する。学級別に代表者に授与する。代表は学級自育会長がなる。三学期の学級自育会長はその予想で選定されている。

6 皆出席者表彰

△ 一ヶ年皆出席表は今学年中一日の欠席もなく、チコク、早引、欠課六回以内の者を表彰する（賞与台帳により氏名を公表するにとゞめ賞状賞品は授与しない）

（昨五五年度は四一七名中、二三五名）

△ 三ヶ年 皆出席者は 本校入学以来 三ヶ年間の皆出席者でチコク早引欠課六回以上の者は該当しない。

（昨五五年三月は二二名）

表彰状と賞品を授与する

△ 九ヶ年皆出席者は小学校入学以来の皆出席者で中学在学中、チコク、早引欠課等により一ヶ年皆出の資格を失つた者についても一回だけは許容して表彰に加える

（昨年三月四名該当者あり）

左記の表彰状と賞品を授与し母と子を共に登壇せしめ、表彰状は母に賞品は子に授与する形式をとっている（子女の教育に母の関心と、そのたゆまざる努力が如何に重要であるかを表彰し、此の子の今日の栄誉は、その背後に偉大なる母が存在することを確認させたいのが母登壇の目的である）

表彰状

第△期卒業生

氏名

あなたは小学校一年入学以来九ヶ年間一日の欠席もなく、よく修学勉励しました。これあなたの勤勉忍耐の精神と父母の愛育の賜なりと認め第△回卒業式にあたり△△を授与して、その健康と勤勉努力の精神を表彰します。

年　月　日

学校長　氏　名

7　自育表彰

生徒自育会活動において自主的に自発的によく努力し、校風伸展に行績優秀な者を卒業生中から選定して表彰する。

表彰状

第△期卒業生

氏　　名

品性純良なる、あなたは、自らよく勉励するのみならず、進んで学友に範を示し、共に励み、互に磨き合い生徒自育のよい校風を育成しました。

依つて第△回卒業式にあたり△△を授与してその建設的品性を表彰します。

年　月　日

学校長　氏　　名

8　学園表彰

本校の教育ねらいに適応し、よく勉学した卒業生（三年生）中から一、二名を選定して表彰する。選定手続きは村民多数の前で次の表彰状によつて表彰するのに適格な者を予め三年自育会に推薦せしめ、職員会議で選考し、P・T・Aの経費によつてP・T・A会長が表彰する。

表彰状

第△期卒業生

氏　　名

品性純良なるあなたは自らよく勉励するのみならず常に明かるく学友と親しみ、共に磨き合い、在学中教師の信頼と学友の敬慕を受けて卒業します。

純良なる、その品性は棉花学園に育つ堅実な社会の一員なりと認め、第△回卒業式にあたり△△を授与して表彰します。

年　月　日

具志川中学校P・T・A会長名

9　学校長誨告

卒業生に対する学校長の誨告は学校における最後の教育である。多くの要求と長弁の説教をさけて次の内容を刷物によつて全卒業生に配布し読み上げながら付説する。

卒業生に贈る　　年　月　日

※めでたく義務教育を修了しました。

男も女も各々その天分を充分発揮して人間としてなすべき、すべてのことがらを成しとげ、良い目的に向つて自分の全才能を使うために教育を受け教養を高めたのです。

※みんなそろつて世の中の棉花になつておくれ

咲きそろつた△△△名の純白な棉花よ、卒業生諸子よ!!フトンにでも、毛布にでも肌着にでもタオル、ハンカチ、ガーゼ、ホータイにでもなつて人々に役立つてくれ、社会を暖めておくれ

人類社会は今人類自らの知能によつて発明創造した文化のためにおののいている。悩み苦しんでいる迷いもだえている。

卒業するみなさん!!　あなた方の中から誰か幾人か世界のポイントになつて世界をつないでおくれ

※二十世紀の後半!!　それはすばらしい時代です。そうしてあなた方の世代です。その世代を最も堅実に有意義に送つてくれ

たどうか〳〵と二十年
青少年期をうか〳〵と送つたら
あれやこれやで二十年
不安定な中年期を迎える因になり
あれよ〳〵で二十年
余世淋しい老年期になるぞ

この処世訓をよくかみしめていつでも、どこでも学歴と教養とをよく一致させておくれ、

※私よりもずつと高くなつてくれ

自分よりもすぐれた子供に育て得なければ私は親として教師としての才能が足らなかつたことになり

先生より高い人物になり得なければあなたは生徒として、子供としての自覚が足らなかつたことになる

常に反省して、よきにつけ、あしきにつけ、その責を半分しようよ

※父母は私の根元であり、私は父母の北極星である

父や母の目に愛情を感じとることのできない子供たちは世界のはてまでさまよつて見てもだめだ…と中学一年で学びました。

私の前に道はない、私の後に道はできる……と中学三年で学びました。

すばらしい人生を迎えて、あなたの後に偉大なる足跡《あと》（道）を残しておくれ

※いつも思い出して歌いましようよ、毎朝歌つたあの六つの歌を……（五二頁参照）

学校長　氏　　名

二〇世紀後半を見つめる、私の人間像

具中校　五五年十一月選

〔月〕（歌で育てる私の人間像）

（私たちは祖先の残したすばらしい人生観を身につけ、棉花にあやかつて世界万人を暖め得る人になりたいと励む。）

花にないならち　ないに花さかち
うまんちゆぬまじり　真肌すゆさ

〔火〕（歌で見つけよ　私の意義）

（父母は私の根元であり、私は父母の北極星である。父母を尊敬しない者が絶対にえらい人にはならないし、父母に信頼されない人生は無価値である。）

夜はらす船や　子(ね)ぬ方(は)星見あて
わんなちえる親や　わんど見あて

〔水〕（歌でほどこう　私のもつれを）

（私は自分の身辺に起るすべてのことがらを成しとげるために、強い信念を育て、大きな理想を持つ。）

んぢやりがなわかち　布なする人や
花ぬやしらみん　織いどうすゆる

〔木〕（歌で磨こう　私の心身を）

（理想を失わず　現実を無視せぬことが、理想に近づく大事な条件である。但し、感傷的な願望を理想と錯覚(さつかく)せずに

金剛石もみがかずば　玉の光はそわざらん
人も学びて後にこそ　まことの玉はあらわるれ
時計の針のたえまなく　めぐるが如く時のまの
日かけ惜しみて励みなば　如何なる業かならざらん

〔金〕（歌で培かう、私の言動）

（学歴と教養と必ずしも一致するものではないが学力と教養とは必ず一致する。学歴、学力、教養の三つを一致させなければならない。

人に生りらば　竹ぬ子ぬぐとうに
義理や節(ふし)ぶしぬ　中にくみて

〔土〕（歌で見つめる　私の父と母）

（父や母の目に　愛情を感じとることのできない子供たちは、世界のはてまでさまよつて見も、人の親切に動かされたり、他人を心から愛することはできない。

石なぐぬ石ぬ　大石(うふし)なるまでん
うかきぶせみそり　わうやがなし

10 教育長告辞

11 祝詞
村長、小学校長、高校長、在学生代表

12 答辞
卒業生代表　男女各一名

13 卒業生保護者代表挨拶

14 卒業式唱歌
歌を齊唱する前に学校長から全参列者に対して次の要望をする。
卒業式の歌は卒業する生徒だけでなく参列者全員が、この歌を通して各々自分の旧師恩師母校を思い起して感謝の意志を現わす為の歌ですから、生徒の歌に合わして心の中で、或は声に出して御唱和していたゞきます。歌は「仰げば尊し」で一番は卒業生で、二番は在学生で三番は全生徒で歌います。
更に最後の一節

雄々しくいで立ついとし子よ
行く手の道々　やすからじ
とわに幸(さち)あれと　いのりつゝ
今こそ別れめ　いざさらば

の歌は皆さんのすべての旧師恩師に代つて本校十四名の職員がお贈りする歌ですからそのおつもりでお聞きとりになつて下さい。

15 棉花の歌
卒業式歌の感激な雰囲気をしばらく静めてから民謡木棉花節を齊唱する

花にない(実)ならち　ない(実)に花咲かち
うまんちゆぬまじり　真肌添(す)ゆさ

16 式終了に引つゞいてP・T・A主催の謝恩会があり、父兄以外の村民有志多数出席して有意義な教育懇談会場となる。中学の全父兄も合せて毎年四百名内外の出席状況であり、会中に中学一、二年生は送別演芸を、三年生は謝恩演芸舞踊を演じて村民を喜ばせている。

二、同窓会と卒業生謝恩会

本校卒業式の翌日は毎年卒業生の期別同窓会があり新卒業生の謝恩会と同窓会への入会祝賀の定例行事がある。
この会場で新卒業生は来年卒業式までの一ヶ年間母校に於て催されるすべての学校行事（学芸会、運動会、研究会、展示会等）の際自発的に協力援助することは当然であると先輩同窓生から義務づけがされる。
各会場とも校歌で開会し木棉花節で閉会する例となつている。

三、入学式

※入学式に対する意識

1 入学は生長しつゝあるわが子に取つてその生長を意識させ、促進する大切な一日である。本人も両親も待望していた祝福すべき一日である。

2 胸に満ち溢れる明かるい希望がかなえられた明快な日である。

3 勉学に深い喜びと固い決意とを新にすべき日でもある。

4 その満悦感を十二分に体験させる為に家庭でも学校でも細心の計画と満全の準備とが必要である

5 子供が単身登校して式に出席し担任教師と自分の教室がわかれば入学したと考えてはならぬ。

6 小学校一年入学と、中学入学とにおいて親や教師の感覚に相違があつてはならぬ。

7 特に義務教育完成期である中学への入学は新しい自覚認識と情熱が伴なつて、より重要性を持つ入学でなければならない。

※挙式までの準備

1 両小学校（大岳、清水校）の卒業式の日に式終了と共に、中学の入学式日時を通告し、保護者に対して次の要望をなす。

△入学式当日は午前九時までに保護者も共に両母校（小学校）に登校し

△母校の朝会場で生徒代表並に保護者代表で職員と生徒（弟妹）に告別の挨拶をなす。

2 両小学校に対して次の通り依頼をなす。

△入学式当日、朝会場で告別壮行の式を挙行してもらうこと

△卒業生を母校々長が六年担任者で引卒して十時半に中学校門に到着するよう出発させてもらうこと（二列になつて）

△出発に際して在校生は校歌で送り出してもらうこと

△出発時刻を見計つて中学から迎えに行くこと

1 当日午前十時半に両小学校から新入生が揃つて校門に到着するように気を配る。

職員一名と生徒代表男女各一名両小学校に派遣する。

2 校門の右門柱には次の文字を掲示する。

『校門は△△△名の新入生を迎えて喜びに満つ』

3 門前の掲示板（棉花新聞）には新入生歓迎の辞を掲示する

（昨年の掲示例）

第一歩（中等国語一年用教材）

新しい道!!
明かるい光にみちた道
希望にみちた楽しい出発
私たちは!!
その第一歩をふみ出そうとしている
さ!! 自分の進む道を
力強くふみ出そう　ふみ出そう!!

4 学校長は門前で両校からの新入生を迎えて合流し、四列にして先頭に立つて校門にはいる。

5 校門から式場まで両側に、二、三年生が整列して拍手で迎え入れる

校門にさしかゝると拡声機によつて校歌を連続放送する

6 中庭（式場）で新入生を中にして、二、三年生が両側から抱くようにして式場となる

7 新入生の呼名をなし、学校長から入学を宣告し生徒代表（男女自育会長）から入学祝辞を述べ、新入生代表（両校から一人ずつ）新入学の挨拶をなす。

8 全員で校歌を唱和する

9 新入生は入学諸注意の為め保護者と共に講堂にはいる

※講堂での諸注意と話合い

1 四月十日に友人調査をなすこと予告

新入生は各々他の学校から来た新入生に何名の友人ができたかを調査する

2 四月十五日は本校愛唱歌大会がある

二、三年生は愛唱歌集から、一年生は校歌を正しく歌いおぼえることを予告する

3 学校の歴史、校風の現状卒業生のこと、学校の教育ねらいを理解せしめる（教務から）刷物によつて本校教育ねらい図説を配布し各家庭、学習室に貼布せしめる

4 新入生代表二名から学校長に入学挨拶をなさしめる

5 学級編成、ホームルーム担任者及、教科担任者を告知する

6 全員高校進学を予定している旨を父母に通告し進学準備は入学と共に開始するよう注意をなす。

※進学祝賀会

1 毎年本校入学式の日午後から村民揃つて進学祝賀会を開催している

一九五二年四月に第一回進学祝賀会を持ち毎年定例にしている

2　一九五二年四月は本校第一回卒業生が高校を終えて大学に進学した年にあたるのでこれを記念して村の全子女の小、中、高大学進学を村民有志で祝賀する会である。今年四月は第五回目になる。

3　この会は進学者並その家庭への激励になり、弟妹への刺戟になり村民の向学懇談の会合になる。

4　今年四月は第一回卒業生が大学を卒業する年にあたるので本会が中心になつて教育資金貯蓄組合が結成されることになつている。この組合がやがて村育英会組織への端緒になることを期待している。

四、結　び

以上で私たちの学校の卒業入学両行事の様子を申し述べました。よく入学せしめることはよく勉学せしめることになり、よく卒業させることは教育の成果をよく社会に或は生活に発揚することになる。即ちよい村民よい社会人に発足せしめることになる。

二十世紀後半（今年中学卒業生が六十才になる年が二十世紀終末）を堅実に歩ましめる為の直接責任者は現在の学校であり教師であるという、自覚にもとづいて教育行事を施行したい気持からの愚想拙案です。

広く御批正を仰ぎたく、記録のままを長々と記述いたしました。（筆者　仲間智秀）

校地計画について

中　山　重　信

教育的に最も適した校地の位置や広さ、地形、環境条件等がその学校の教育課程の実践に如何に重要な要素であるかということについては、こゝに論をまたないことであるが、沖縄の狭隘な土地条件や、更に軍用地として、その一部が接収された現状に於いては困難な問題が多い。

校舎建築の進捗に伴いだん〲校地の狭隘を感じ、最近では校地の移転に運動場の拡張に頭を悩ましている教育区も少くない。然し地代が高くても拡張や移転が困難であつても、最低の必要坪数は確保しなければ教育の目的は達せられない。

今後の拡張計画又は新しい校地計画についてどの程度を標準にしたらよいか、

校地というのは、一般に、直接教育目的に供される敷地部分を指すものと解し、寄宿舎や教員住宅等に供される敷地部分は一応問題外にしておく、

校地各部を建物敷地（校舎敷地、教材園を含む）運動場、実習地に分けると、

一、建物敷地の所要面積は建物の形態にもよるが

最低―建物、即ち校舎（附属建物も含む）延面積に対して　二～二、五倍

稍々適正―　〃　三、一～四、四倍

（附表一参照）

これを文部省最低基準校舎面積一人当り

小学校　〇、九坪　中学校　一、二六坪

高等学校　普通課程　一、六坪

家庭、商業課程　一、八坪

水産課程　二、二坪

農業、工業課程　三、六坪によつて

建物敷地の一人当り坪数を計算した場合

小学校　最低　一、八〇～二、二五坪

稍々適正　二、七九～三、九六坪

中学校　最低　二、五二～三、一五坪

稍々適正　三、九〇～五、五四坪

高等学校

普通課程　最低　三、二〇～四、〇坪

稍々適正　四、九六～七、〇四坪

家庭商業課程　最低三、六〇～四、五〇坪

稍々適正　五、五八～七、九二坪

水産課程　最低　四、四〇～五、五〇坪

稍々

適正　六、八二～九、六八坪

農業工業課程　最低七、　二～九、　〇坪

稍々

適正　一一、一六～一五、八四坪

の校舎敷地を獲得することが望ましい。

将来たとい政府補助はなくても教育運営上是非必要な教室は教育委員会自体の予算で是非建築されなければならない問題であるので教育委員会や学校の校長始め教職員が一丸となつて、その学校の教育課程を実践するのに、どのような数室を、どれ程建てねばならないか、それについて、敷地はどれ位なければいけないか、又は、配置をどのようにするかを十分検討吟味して永久計画を樹立する必要がある。

それには小、中学校に於いて現在の小学校一、二年生が大たい安定した在籍であるのでその学級を六倍、又は九倍しての最大学級数を基準にしてその他に特別教室を考慮して建物の延面積を算定すればよい

校舎配置に於ける教室の方位、通風採光、火災予防上の標準を参考までに示すと、

教室の方法に関しては太陽光線の中の熱線による建物自体の温度の上昇や、冬の寒さを和らげ真夏の暑熱をしのぐ為には、南々東、南西何がよいとされている。これを日照採光、受熱など総合して考えた場合、校舎として最も理想的な方位は、真南から東へ15°～20°ずらした方がよいということである。

隣棟間隔については、採光又は火災予防上は建物の高さの二倍又は建物の巾だけ離せばよいということであつたが模型実験の結果、建物の軒高の三倍以上離れば通風採光火災予防に支障ないことが証明された。

これを沖縄の学校建築設計（ブロック建）を基準にした場合の軒高、平屋建約一〇尺五寸、二階建約二二尺であるので並列型を主体として通風採光面の棟間隔を考えた場合

平屋建に於いて、約三一尺五寸（約五間）二階建では約六六尺（約一一間）以上の間隔があればよいということになる。その他火災予防上の種々の間隔を見た場合

(イ)　校舎が敷地外の家屋に対向する時

階数＼敷地外の家屋構造	連続した木造	棟に配置された木造屋根の燃え抜ける耐火構造	耐火構造（屋根が燃え抜けないもの）
平屋建	十五米	一〇米	六米
二階建以上	二〇米	一五米	一〇米

(ロ)　要壁をもつて接する校舎の間隔

階数＼要壁の構造	一方或いは両方が防火木造屋根の燃え抜ける耐火構造	両方とも耐火造（屋根の燃え抜けないもの）
両方共に平屋	六米	四米
少くとも一方が二階建	一〇米	六米

(ハ)　直角に隣接する校舎の間隔

階数＼対向部の壁の構造	一方或いは両方が防火木造で屋根の燃え抜ける耐火造	両方が耐火造（屋根の燃え抜けないもの）
平屋建	八米	四米
少くとも一方が平屋建	一二米	六米

(ニ)　便所、小使室等の附属家と校舎の間隔

附属家の構造	板張木造	防火木造屋根の燃え抜けるもの	両方が耐火構造（屋根の燃え抜けないもの）
平屋建	一〇米	六米	四米
二階建以上	一五米	一〇米	六米

二、運動場

校地全体として日当りのよい処というのは必要な条件であるが、特に運動場は日当りの良い処を選び建物によつて運動場に日影を造らない様校舎を校地の北側に配置し、運動場は校地の東向又は南向した部分に設けることが望ましい。そして平坦部分の運動場の外に多少起伏はあつてもその変化を利用して緑地帯を形成し休息場として或いは水飲場を設け、ベンチを置くことも考えられる。

運動場の広さを決める条件としては先ず第一に体育の課程を行うに必要な施設を容れるに十分な広さを持つこと

第二に休みの時間などに児童生徒がのび〳〵と遊び廻れる広さを持つこと。

第三に地域社会のリクリエーションの場として利用される様な場合にはその広さも考慮されねばならないので面積としては出来るだけ広めにとらねばならない。

文部省の標準では

小学校　九学級まで一人当り一〇坪方米（約三坪）十学級以上は超過一人につき六坪方米（約一、八坪）を増す。

但し、最低三、九〇〇平方米（約一、一七〇坪）を下らないことゝされているがこれは極小規模の学校の場合である。

小学校の運動場としては正規の陸上競技や球技などに必要な規格を備えた運動施設に制約されないからごく普通に子供達が周回競争をするに適したスペース或いはグループに分れてボール遊びリズム遊び体操などに互いに干渉することのない程度の運動場の広さがあれ

ばよい、その為には最低一、六〇〇坪から二、六〇〇坪は保有することが望ましい。日本建築規格に最小限120m ×70m を要求しているのはこれに相当する広さを見てよい。これには鉄棒砂場は含まれるが体育館プール等の敷地は含まれていない。その他に低学年（一、二学年）用遊戯場として一人当り約三平方米（〇、九坪）以上を必要とする。

中学校　生徒数三六〇人までは一人当り十三平方米
　　（約三、九坪）
　三六一人以上は超過一人に付き一〇平方米
　（約三坪）を増すということになっているが

中学校に於いては既に小学校と異なつて陸上競技や球技が体育の課程として取上げられているから運動場には、それ等の施設を容れるに十分の広さを持たねばならない。

日本建築規格には一二、〇〇〇平方米（約三、六〇〇坪）を標準とされているが、これは二〇〇米トラックと、それに重なつて軟式野球場とその他コート一面位は取れる面積になつているが規模の大きい学校ではコート一面では足りないので二面或いは三面位を取る広さを持たねばならない。

特に中学校以上の運動場は地域社会のリクリエーションの場として利用されることが多いのでそれ等の施設を容れるに十分な広さを持たねばならない。

高等学校は文部省の高等学校施設基準に生徒一人当り三〇平方米（約九坪）かつ、一五、〇〇〇坪方米（約四、五〇〇坪）を下らないことゝされている。

要するに運動場部分としては、

小学校で最低一、六〇〇坪から二、六〇〇坪

規模の小さい学校で最低一、一七〇坪

その他に低学年用遊戯場を持つ

中学校二、六〇〇～三、六〇〇坪

高等学校三、六〇〇坪～五、四〇〇坪を準標として

獲得に努力することが望ましい。

参考（参照図）

1 四〇〇米トラック縦一八〇米 横一〇〇米 } 面積一八、〇〇〇平方米（約五、四〇〇坪）

・三〇〇米トラック縦一五〇米 横一〇〇米 } 面積一五、〇〇〇平方米（約四、五〇〇坪）

・二〇〇米トラック縦一二〇米 横一〇〇米 } 面積一二、〇〇〇米（約三、六〇〇坪）

2 バスケット、バレー、テニス兼用コート

学校＼コート	一面 寸法	一面 面積	二面 寸法	二面 面積	三面 寸法	三面 面積	四面 寸法	四面 面積
中校	〇三六×一六	約五八〇m^2（約七四坪）	〇三六×三二	約一、一五〇m^2（三二四五坪）	〇三六×四八	約一、七〇〇m^2（約五一〇坪）	〇三六×六四	約二、三〇〇m^2（約六九〇坪）
高校			〇四二×三九	約一、六四〇m^2（四九二坪）	〇四二×五五	約二、三一〇m^2（六九三坪）	〇四二×七二	約三、〇一〇m^2（約九〇三坪）

3 野球場

最低　100m×100m＝10,000m^2（約3,000坪）

稍々

良　120m×120m＝14,000m^2（約4,320坪）

三、農業実習地

農村と都市の学校に於いて異なると思うが都市の学校では実習園程度に止めているか、全然実習園を持たない処もある。実習園程度の場合は建物敷地の部分に含めて宏めに計画すればよい。

琉球の現状では、

小学校　一人当り　約二坪

中学校　〃　約七坪は必要と考えられるが各学校の教育課程に副うよう計画する必要がある。

以上は今後の新しい校地計画或いは拡張計画をする時に学校や教育委員会が望ましい標準として数字的に表しただけでその他に特別教室や附属建物等の配置計画、緑地帯の計画、防火設備計画、給水施設計画等に種々あるが学校施設はその学校の教育課程を実践する為に所謂教育課程に奉仕するためにあるということを念頭に置いて永久計画を樹立し、それに近い或いはそれ以上の校地を獲得するよう教育の衝に当る人々は勿論一般の人々も努力してもらいたいものである。

（施設課主事）

〔附表一〕 (イ)

平　　家　　建

記号 / 教室数 / 構造		イ	ロ	ハ	ニ	ホ
		教室 5 坪 (120)	〃 10 〃 (240)	〃 15 〃 (360)	〃 20 〃 (480)	〃 30 〃 (720)
I 型	最低	坪 300 (2.5)	〃 500 弱 (2.1)	〃 800 強 (2.2)	〃 1,050 弱 (2.2)	〃 1,550 強 (2.1)
	稍良	〃 525 弱 (4.4)	〃 900 弱 (3.8)	〃 1,350 弱 (3.8)	〃 1,725 (3.6)	〃 2,400 強 (3.3)
L 型	最低		〃 575 弱 (2.4)	〃 825 弱 (2.3)	〃 1,075 強 (2.2)	〃 1,575 弱 (2.2)
	稍良		〃 975 弱 (4.1)	〃 1,350 弱 (3.8)	〃 1,725 弱 (3.6)	〃 2,475 強 (3.4)
コ 型	最低			〃 850 弱 (2.4)	〃 1,150 (2.4)	〃 1,600 強 (2.2)
	稍良			〃 1,425 弱 (4.0)	〃 1,800 弱 (3.8)	〃 2,550 強 (3.5)
5教室単位						
併列型	最低		〃 600 (2.5)	〃 900 (2.5)	〃 1,200 (2.5)	〃 1,800 (2.5)
	稍良		〃 910 弱 (3.8)	1,295 弱 (3.6)	〃 1.680 (3.5)	〃 2.450 強 (3.4)
10教室単位						
併列型	最低			坪 850 弱 (2.4)	〃 1,100 弱 (2.3)	〃 1,650 弱 (2.3)
	稍良			〃 1,320 弱 (3.7)	〃 1,560 弱 (3.3)	〃 2,220 弱 (3.1)

※　註(イ)　最低とは建物の周囲を 2.5k の巾をもつて敷地計画した時

(ロ)　稍良は建物の周囲を 5k の巾をもつて敷地計画し更に並列型は棟間隔も習慮してとつた坪数である

(ハ)　計画の例は別紙図表による

二　　階　　建

記号 / 数構造 / 教室		イ	ロ	ハ	ニ	ホ
		教室 10 坪 (240)	〃 20 〃 (480)	〃 30 〃 (720)	〃 40 〃 (960)	〃 50 〃 (1,200)
I 型	最低	〃 465 弱 (2.0)	〃 940 弱 (2.0)	〃 1,215 弱 (2.0)		
	稍良	〃 875 強 (3.6)	〃 1,500 強 (3.1)	〃 2,125 強 (2.9)		
L 型	最低		〃 767 弱 (1.6)	〃 1,092 強 (1.5)	〃 1,417 弱 (1.5)	〃 1,742 弱 (1.5)
	稍良		〃 1,300 弱 (2.8)	〃 1,800 (2.5)	〃 2,300 弱 (2.4)	〃 2,800 強 (2.3)
コ 型	最低		〃 806 弱 (1.7)	〃 1,311 強 (1.8)	〃 1,456 強 (1.5)	〃 1,781 弱 (1.5)
	稍良		〃 1,400 強 (2.9)	〃 1,900 強 (2.6)	〃 2,400 (2.5)	〃 2,900 強 (2.4)
5教室単位						
併列型	最低		〃 868 強 (1.8)	〃 1,333 強 (1.8)	〃 1,798 強 (1.8)	2,263 強 (1.8)
	稍良		〃 1,470 弱 (3.1)	〃 2,065 弱 (2.9)	〃 2,660 弱 (2.8)	〃 3,255 強 (2.7)
10教室単位						
併列型	最低				〃 1,568 強 (1.6)	〃 2,320 強 (1.9)
	稍良				〃 2,520 強 (2.6)	〃 3,165 強 (2.6)

併列型の(ハ)5単位(平家建)

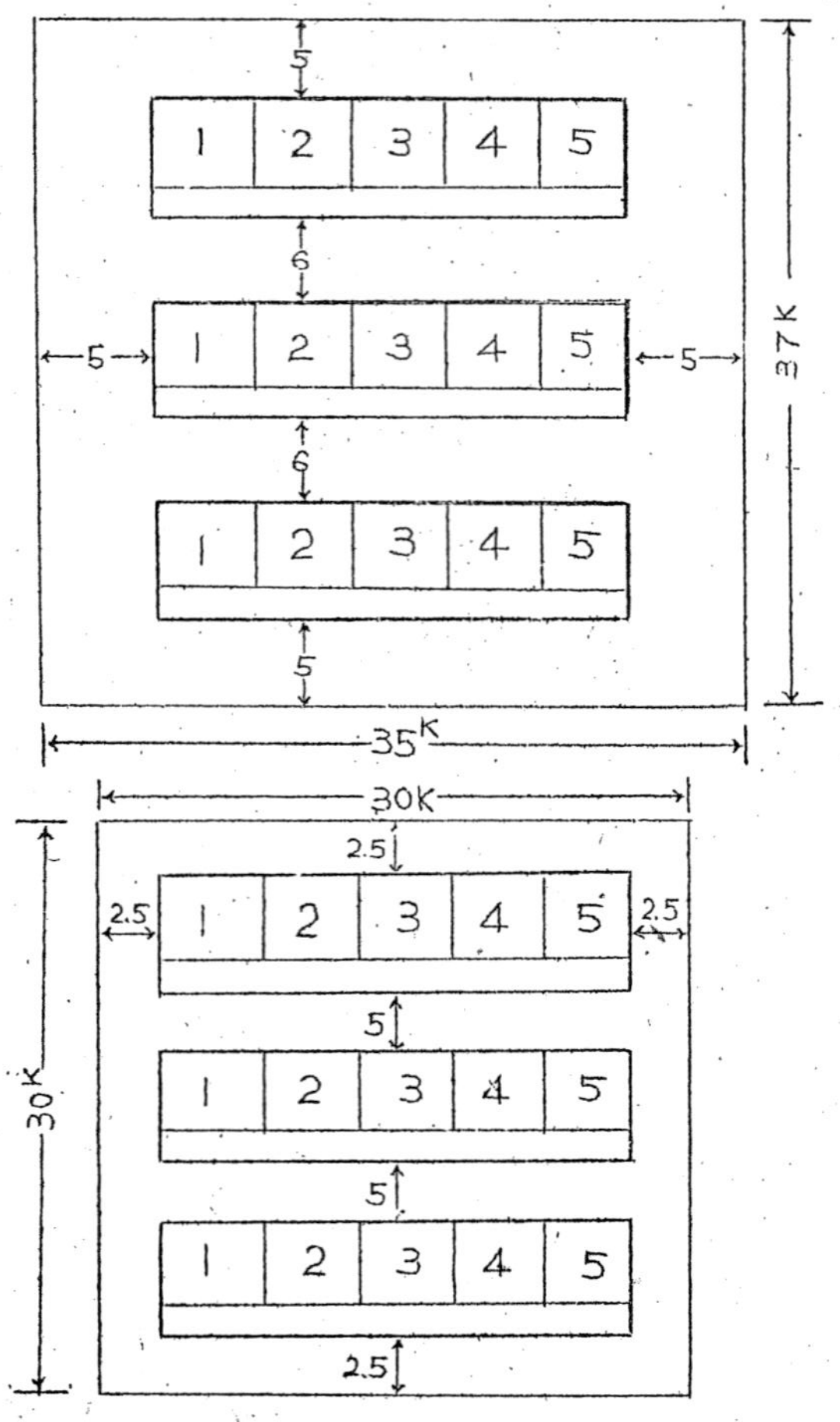

「稍々良」

「最底」

コ型の(ハ)(平家建)

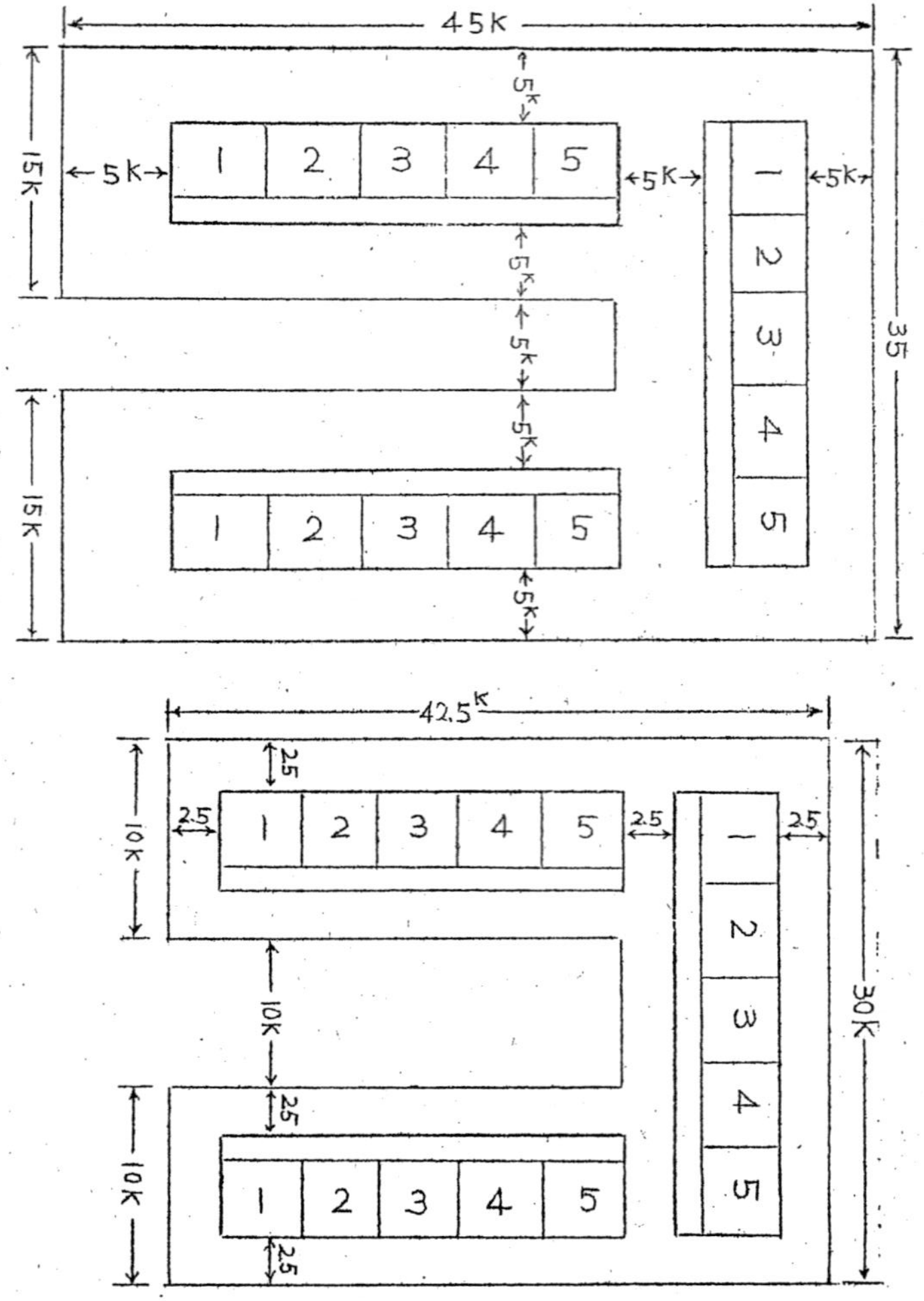

「稍々良」

「最低」

L型の(ハ)（二階建の場合）

「稍々良」

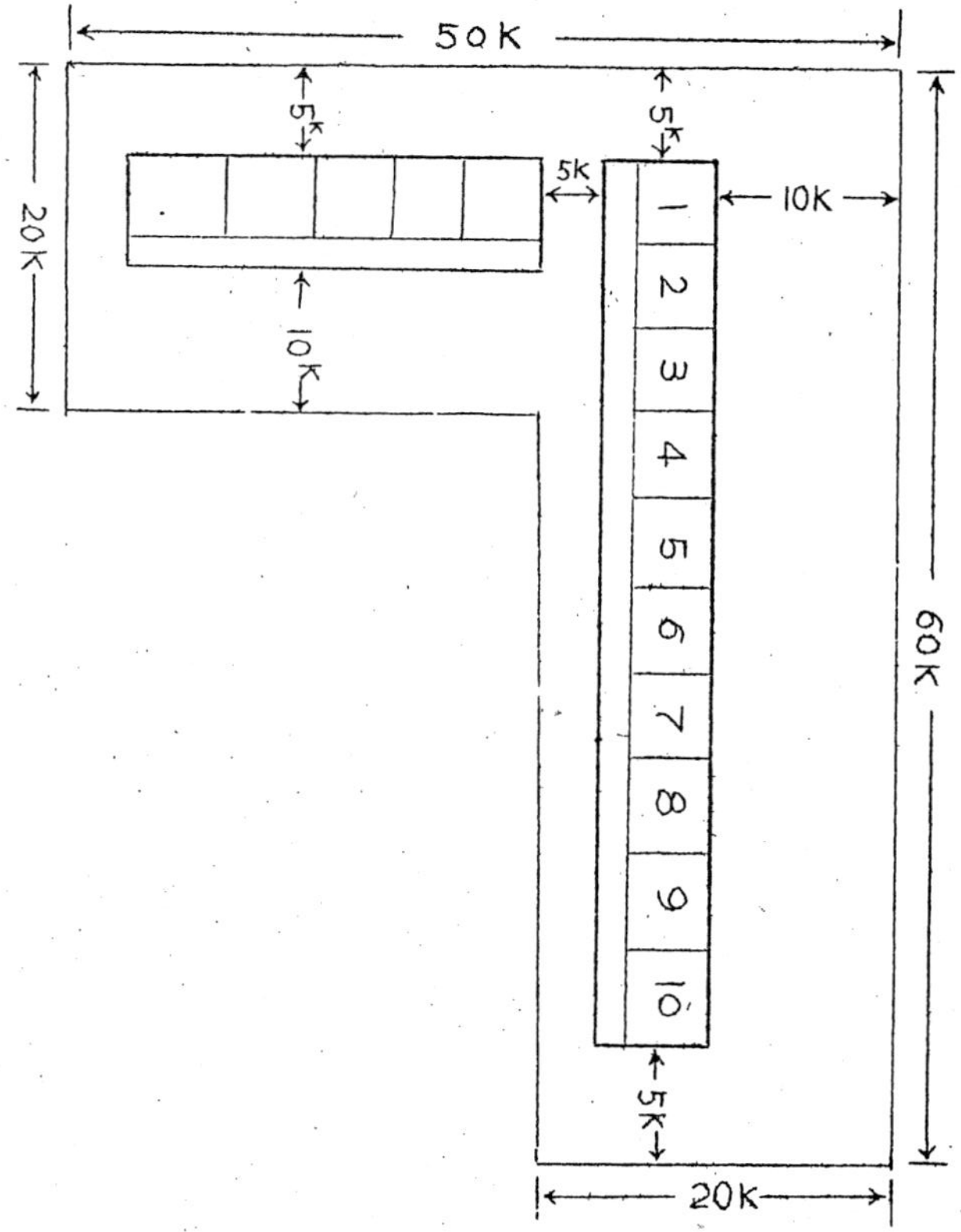

「最底」

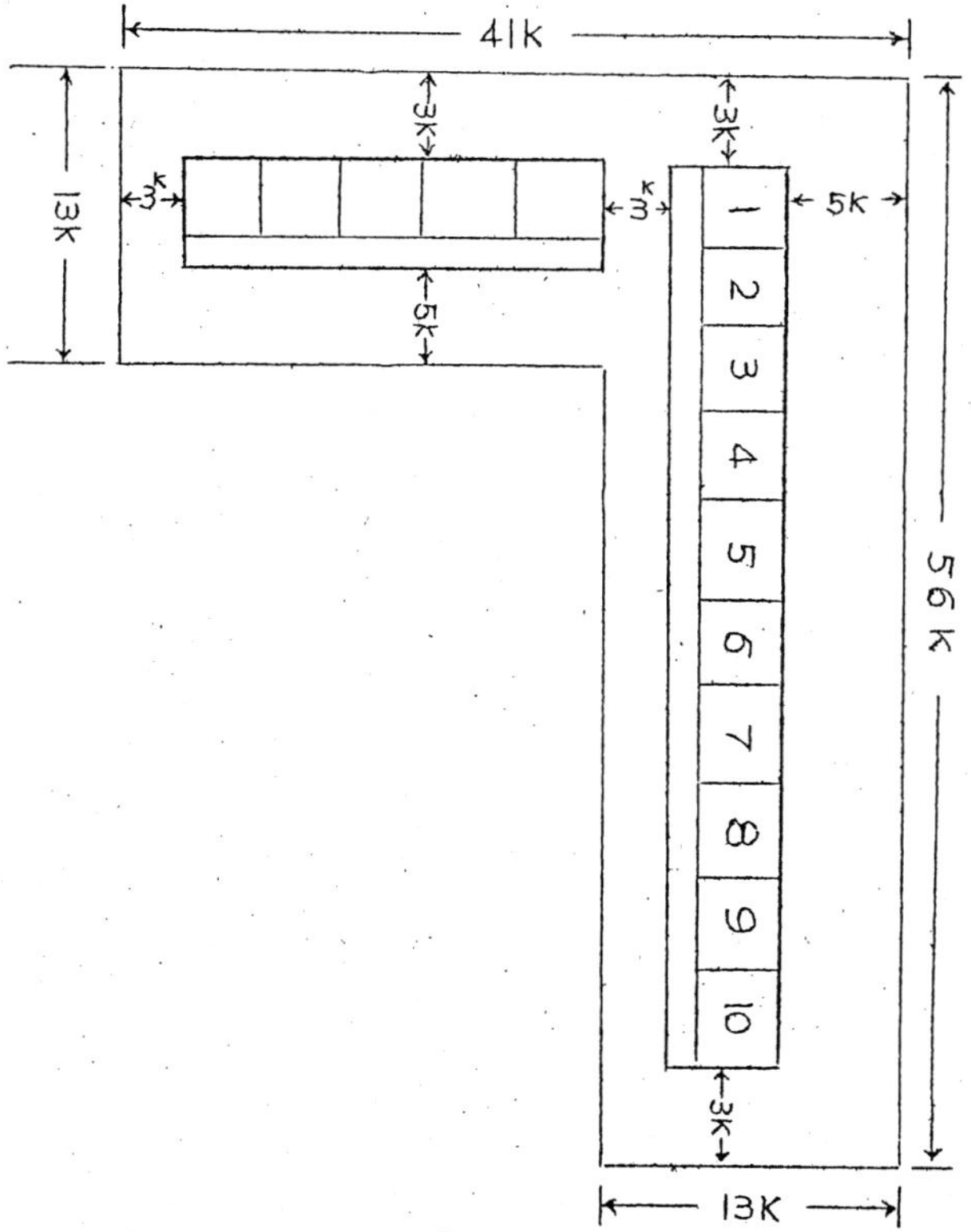

併列型の(ハ)二階建

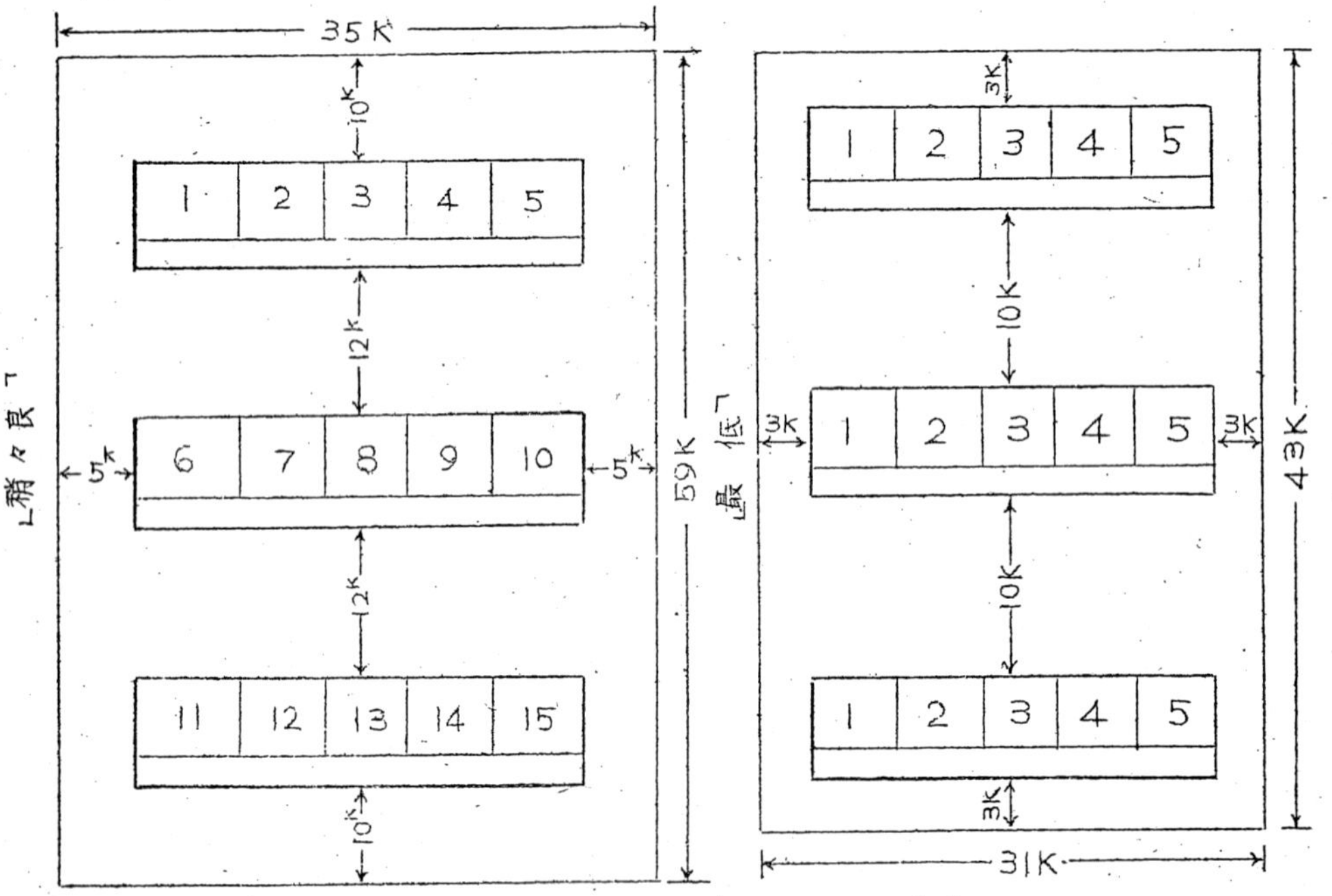

坪数14,400m² ≒ 4,330坪

400m トラック

S = 1/1000

「参考」

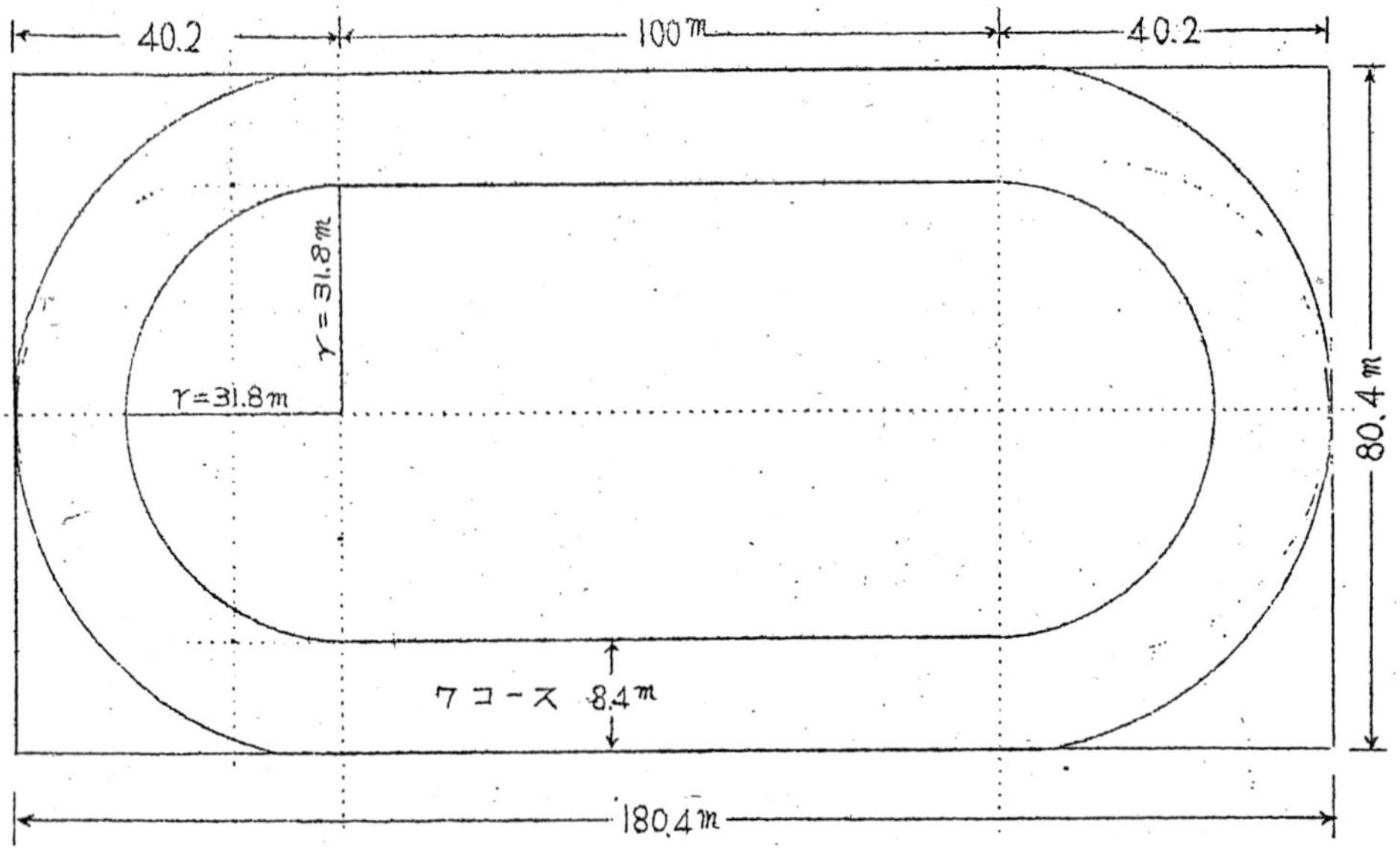

300m コースの坪数

面積 139.8m×64.8m=9.000m²≒2.700坪

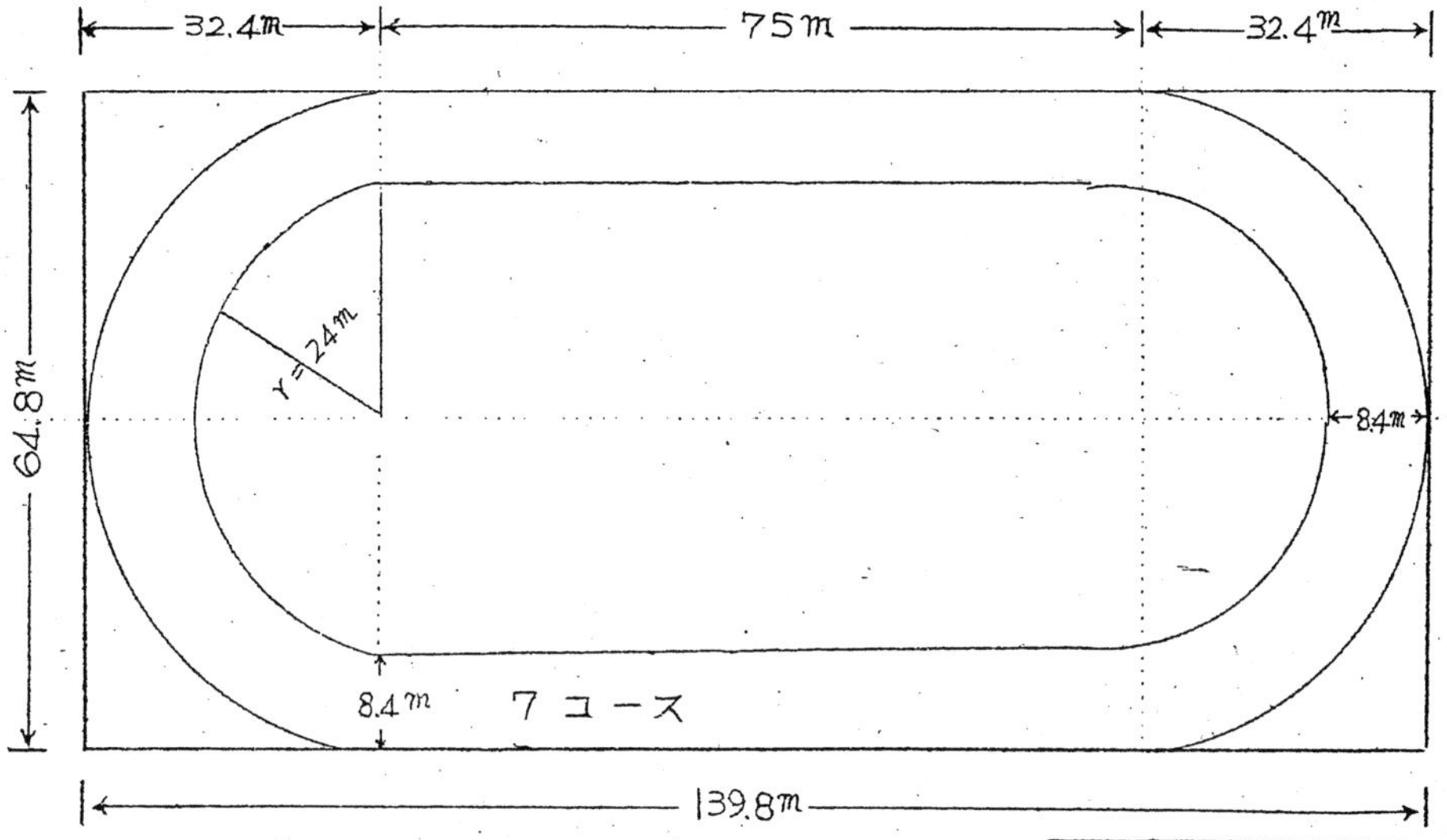

S=1cm=10m $\frac{1}{1000}$

200m コースの坪数

「参考」

面積 4136m²=44×94≒1240.8坪

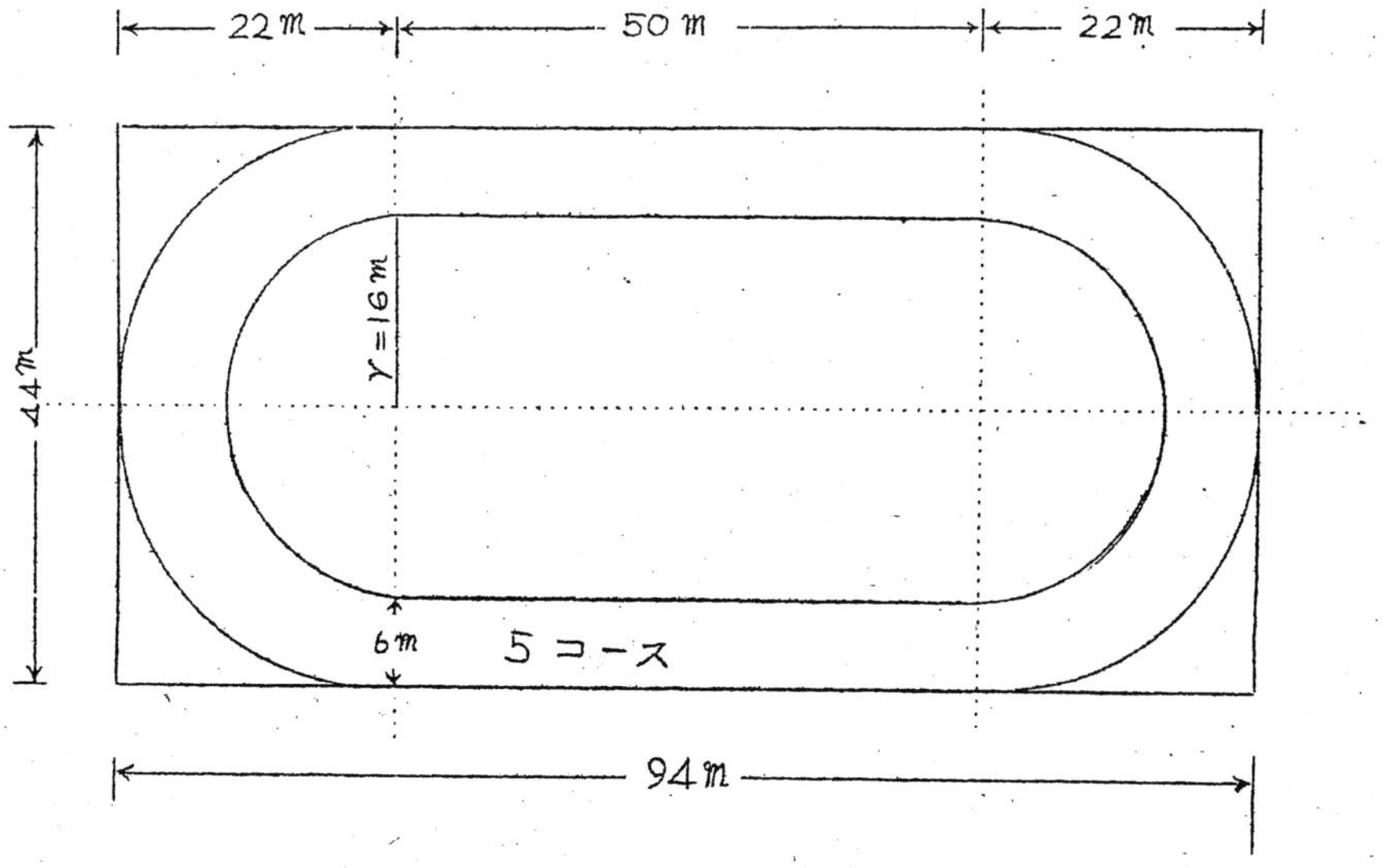

S=1cm=10m= $\frac{1}{1000}$

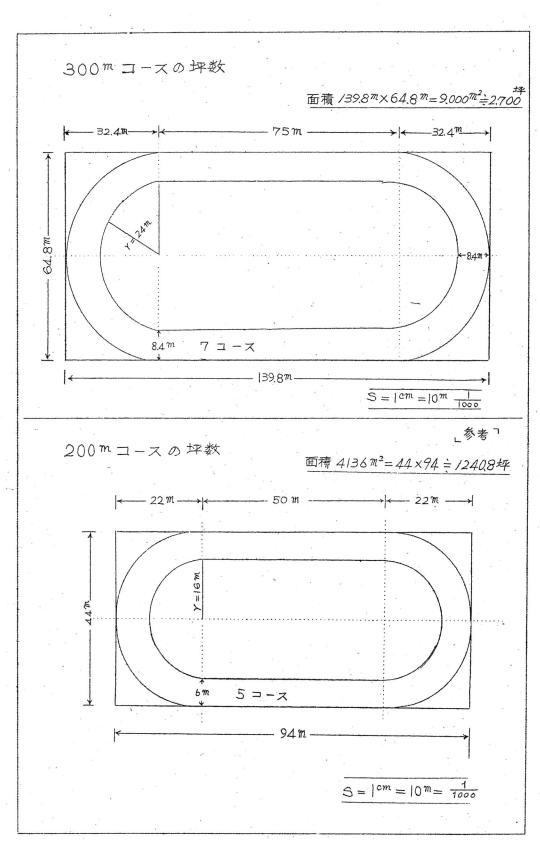

中央教育委員会だより

第三十一回（臨時）

自十月十四日　至十月十七日

○議案第一号
　財団法人設立許可について
　（財団法人屋嘉小学校同中学校の設立許可について原案どおり可決）

○報　告
　一九五六学年度高等学校入学者選抜方法についての調査研究の経過報告

○議案第二号
　一九五六学年度高等学校入学者選抜要項案について（原案一部修正可決）

○議案第三号
　一九五六学年度高等学校入学者選抜要項助言案について（原案一部修正可決）

○議案第四号
　教育測定調査委員会規定案について（原案どおり可決）

○議案第五号
　教育振興奨励金交付規程案について（原案どおり可決）

第三十二回（定例）

自十一月二十九日　至十二月一日

○議案第一号
　理化学実験器具購入補助費割当について（原案どおり可決）

○議案第二号
　一九五六年度校舎建築追加割当（原案どおり可決）

○議案第三号
　南大東の校舎建築補助額について（撤回）

○議案第四号
　浦添小学校西原分校敷地移転認可について（原案どおり可決）

○議案第五号
　本部小学校健堅分校敷地移転許可について（原案どおり可決）

○議案第六号
　瀬底小学校、同中学校水納分校敷地移転認可について（原案どおり可決）

○議案第七号
　恩納中学校敷地移転認可について（原案どおり可決）

○議案第八号
　教員研修奨励費支給規則案について（原案どおり可決）

○議案第九号
　公立学校教員研修奨励費補助金割当基準案（原案どおり可決）

○議案第十号
　職員人事（原案どおり可決）

○陳情の処理
　北農定時制新設について（職業高校長会議に諮問し、倘局において研究することに決定）

○報告　知能テスト実施報告

○議案第十一号
　義務教育担当教員志望奨学生の承認について（原案どおり可決）

○議案第十二号
　喜如嘉小、中学校自力校舎建築認可について（原案びおり可決）

第三十三回（定例）

自一月十九日　至一月二十二日

議案第一号
　議長、副議長選挙（正副議長の任期満了により選挙の結果議長に伊礼肇委員、副議長に池村恒章委員当選）

○議案第二号
　教員、校長、教育長免許令施行規則の一部を改正する規則案（原案どおり可決）

○議案第三号
　職業高等学校の課程設置について（原案どおり可決）

○議案第四号
　八重山、竹富区立鳩間小学校敷地移転認可について（原案どおり可決）

○議案第五号
　一九五六学年度職業高等学校採用生徒概数（原案どおり可決）

○議案第六号
　一九五六年度政府補助金による採用生徒概数（原案どおり可決）

○議案第七号の一
　公立学校建築割当及び一部変更について（原案どおり可決）

○議案第七号の二
政府立学校建築追加割当について（原案どおり可決）

○議安第七号の三
開拓地学校舎建築割当一部変更について（原案どおり可決）

○議案第八号
開拓地学校施設補助割当（原案どおり可決）

○議案第九号
定時制高等学校施設補助割当（原案どおり可決）

○議案第十号
教科書購入補助割当（原案どおり可決）

○議案第十一号
職員人事（原案どおり可決）

○議案第十二号
一九五六年度校舎建築及び修理要領の一部変更について（原案どおり可決）

○議案第十三号
南大東校舎建築補助金増額について（原案どおり可決）

投稿案内

一、教育に関する論説、実践記録、研究発表、特別教育活動、我が校の歩み、社会教育活動、P・T・A活動の状況、その他
（原稿用紙四〇〇字詰一〇枚以内）

一、短歌、俳句、川柳（五首以上）

一、随筆、詩、その他
※原稿用紙（四百字詰）五枚以内

一、原稿は毎月十日締切り

一、原稿の取捨は当課に一任願います。（御了承の程を）

一、原稿は御返し致しません。

一、宛先　文教局研究調査課係

文教時報（第二十二號）（非売品）

一九五六年三月十日　印刷
一九五六年三月十五日　発行

発行所　琉球政府文教局　研究調査課

印刷所　ひかり印刷所　那覇市三区十二組（電話一五七番）

琉球 文教時報

23

NO.23

文教局研究調査課

一九五五年十一月二十九日　文化財指定（史跡名勝）

ー竜潭池ー

文　化　財

文教時報23号

＝目　次＝

（子供博物館）

（第三展示室でお子様へ説明する感心なお母さん）

（第三展示室の貴重箱に見入る人たち）

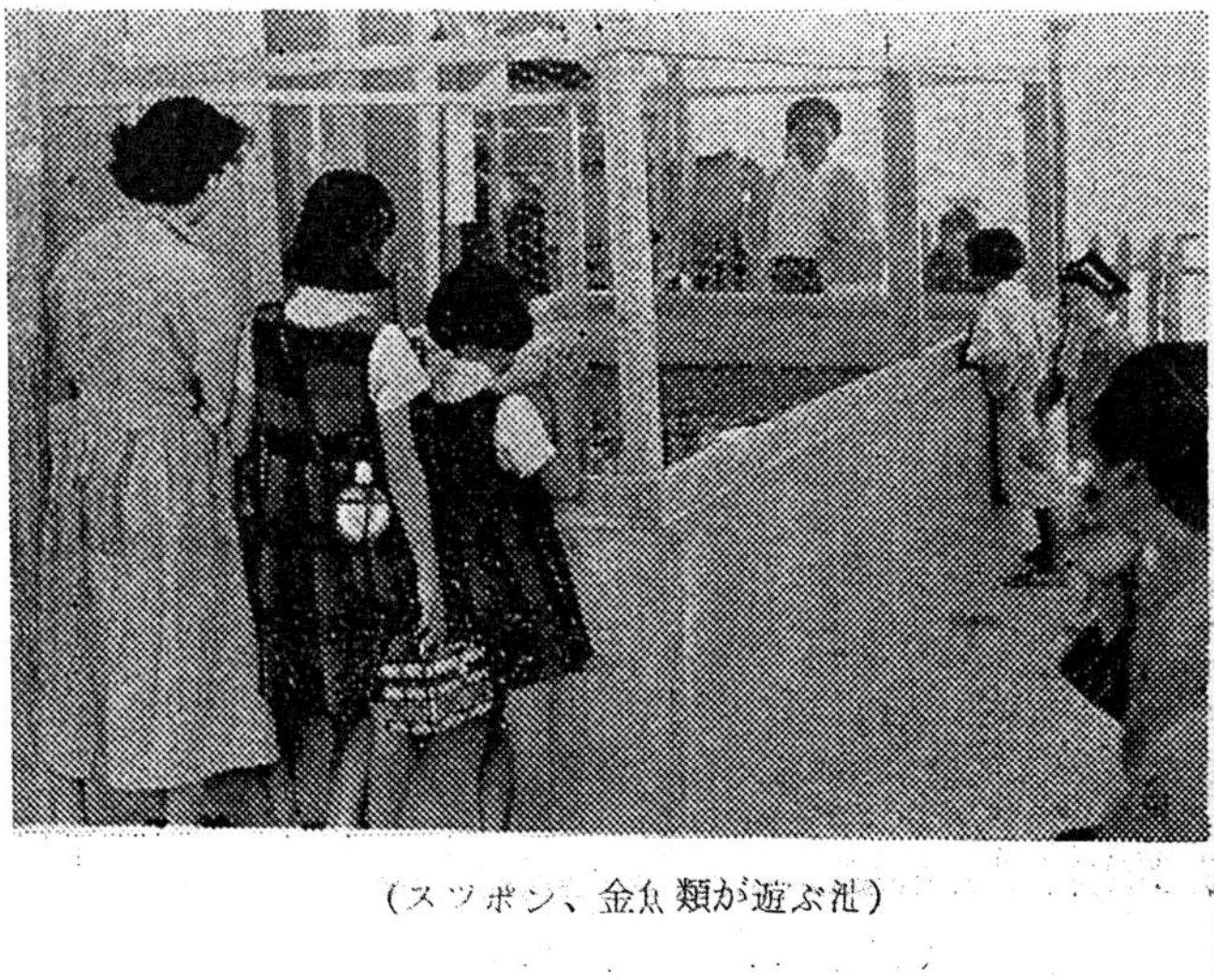

（スッポン、金魚類が遊ぶ池）

（楽しいピンポン室）

（ガ　　鳥）

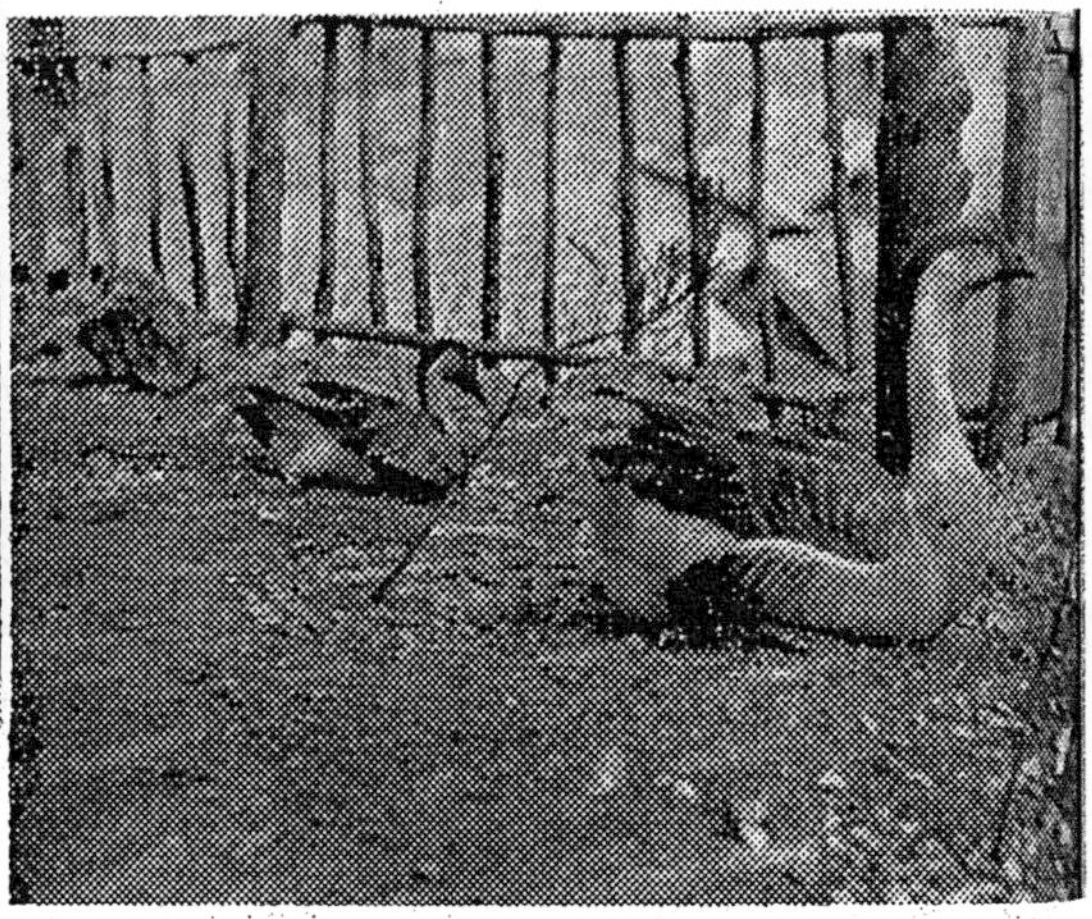

（電気で動く汽車や電車、電池で操縦するバスに珍らしく見とれているぢいさんと、お孫さ

(「那覇はどこでしよう」と研究し合う生徒たち)

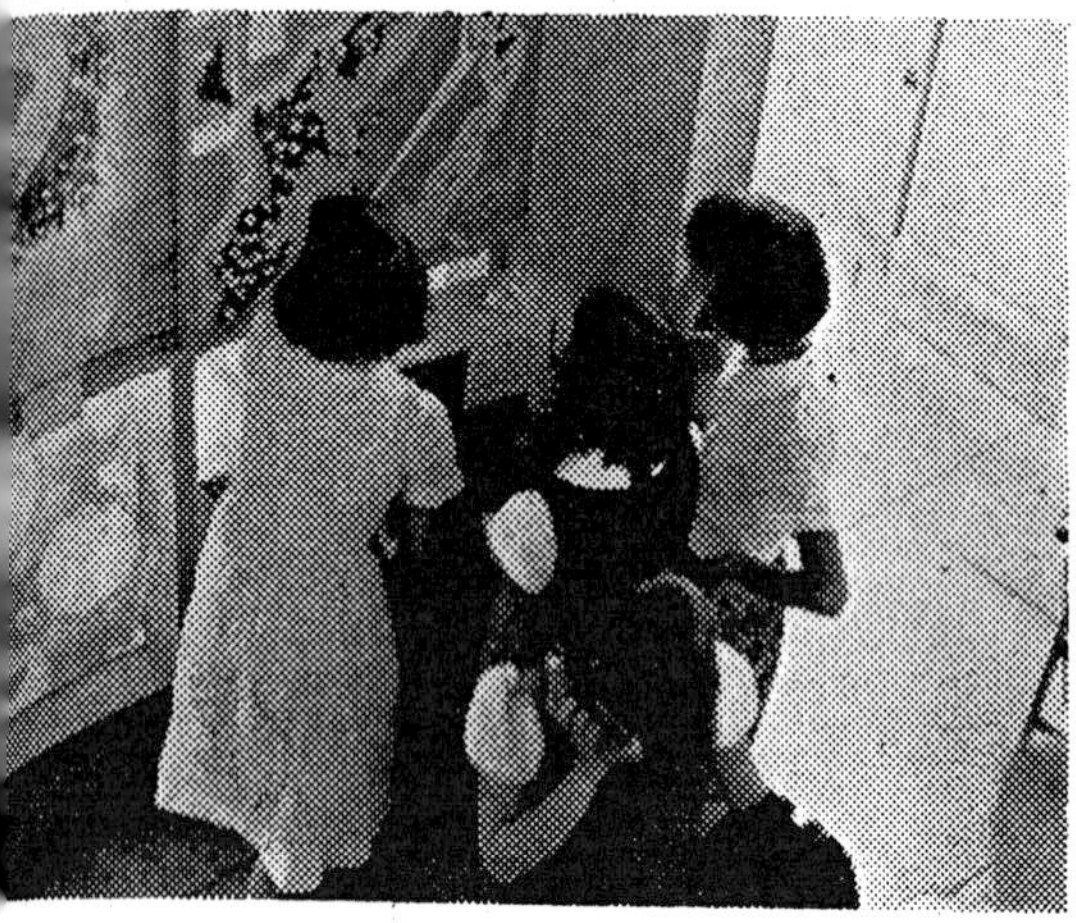

(七面鳥の雄)

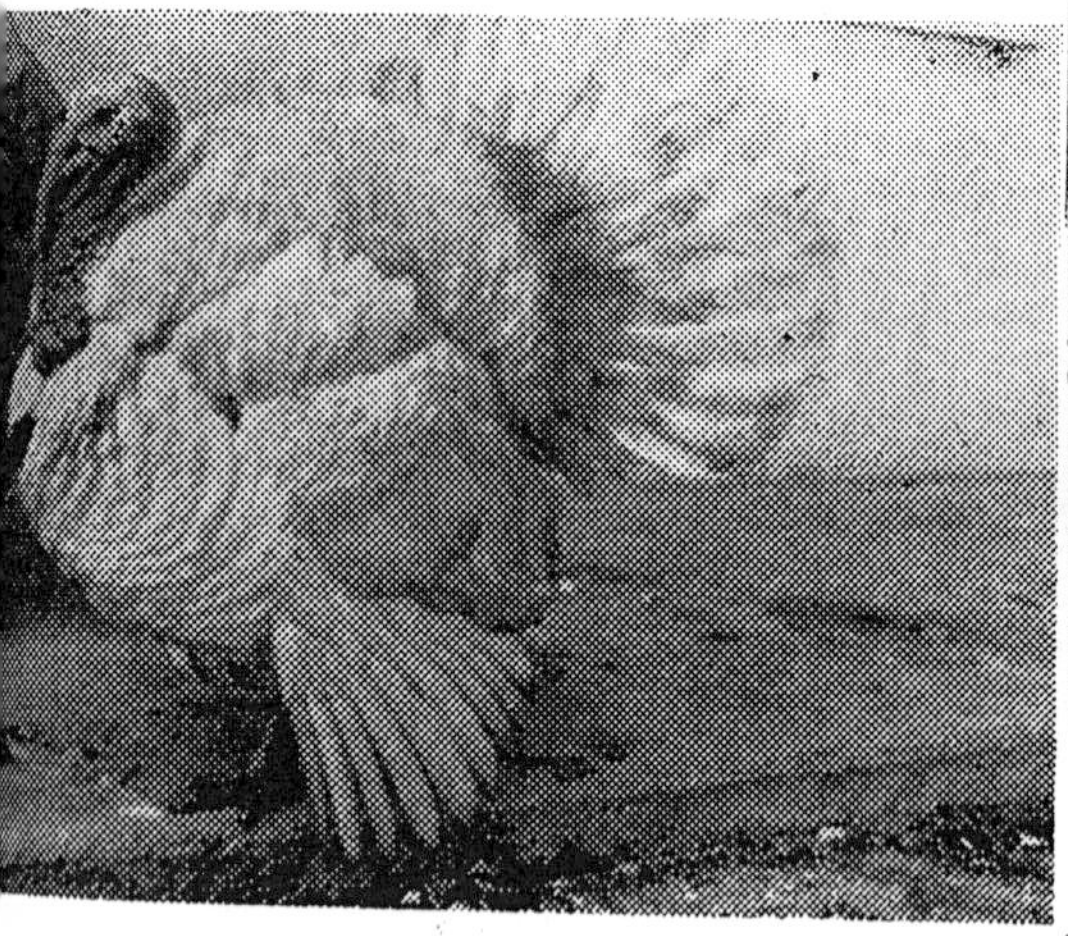

(電気交通室)

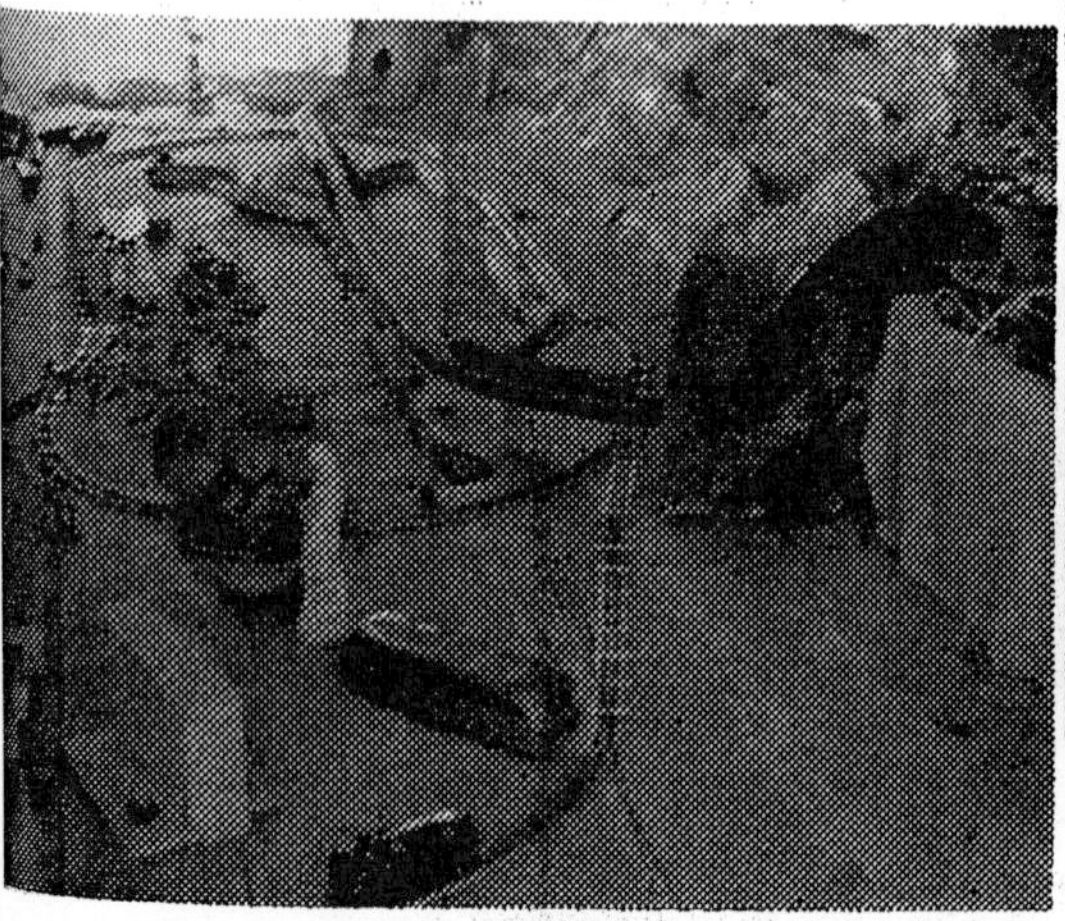

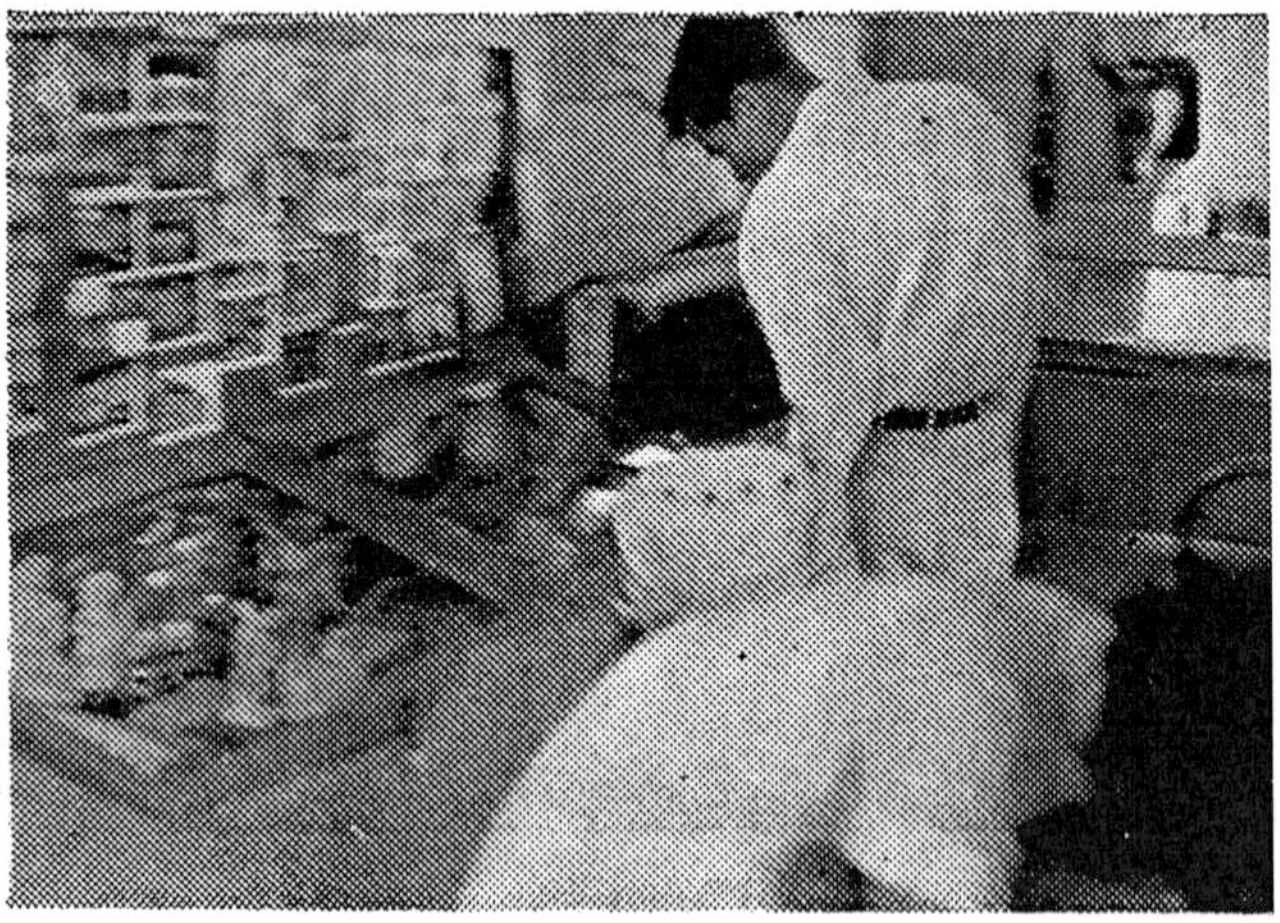

(珍しい展示物を説明するお父さん)

(動物園の人気物猿公)

(第二回コンクール入選の昆虫標本)

指導要録改訂要領

文研第一〇号
一九五六年三月二〇日

区教育委員会
高等学校連合区教育委員会
地区教育長
各学校長

殿

文教局長　眞栄田義見

小學校・中學校・高等學校および幼稚園の指導要録の改訂について

現行の指導要録については、その内容および取扱等において幾多の問題点があり、これが改善に対する強い要望もありましたので、かねて研究を重ねた結果、今回別紙様式のとおり成案を得ましたので送付いたします。

ついては、左記事項をじゅうぶん御了知の上、この案に基いて、学校および地域の特殊事情を勘案して、一九五六学年度から改訂した指導要録を使用するようにお願いします。

なお、これが趣旨および記入法、取扱等については、おって手引書や講習等において指導する予定であります。

記

A、小學校・中學校および高等學校の指導要録の改訂について

一、改訂の要旨について

(1) 現行指導要録を改善して、児童生徒の学籍ならびに指導の過程および結果の要約を記録し指導および外部に対する証明等のために役立つ簡明な原簿とした。

(2) 中学校と高等学校の指導要録の様式を別々にした。

(3) 小学校、中学校、高等学校の指導要録の間にできるだけ一貫性をもたせた。

二、実施期について

改訂指導要録は、一九五六学年度から、全学年同時に実施する。

なお、第二学年以上の児童生徒の指導要録については、前学年までの部分を従前の指導要録から転記する必要はなく、従前のものは、これをあわせて保存することとする。

三、取扱いについて

進学、転学の際における取扱いや保存等については、近く教育法規の一部改正を行ってから詳細に通知する予定である。

四、その他

(1) 盲学校ろう学校及び養護学校の指導要録については幼稚園、小学校、中学校及び高等学校の改訂指導要録に準じてその案を作成する予定である。

(2) 指導要録の記載事項に基いて、就職等の証明や家庭への通信簿などを作成する場合、その記載事項をそのまゝ転記すると誤解を生ずるおそれもあるから、これらの作成にあたっては特に注意されたい。

記入上の注意

一、「課程名」について

高等学校の課程名は、通常（全日制）の課程、定時制の課程の別および普通課程、家庭に関する課程、農業に関する課程、工業に関する課程、商業に関する課程、水産に関する課程等の別を記入すること。たとえば、「〇〇高等学校（全日制）、農業（農業土木）」のよ

うに記入すること。

二、「学籍の記録」について

(1) 「保護者」は、児童または生徒に対して親権を行う者、親権を行う者のいないときは後見人を記入すること。ただし、成年に達した生徒については、保護者に相当する者を記入する。

(2) 「第一学年入学年月日」は、児童生徒が当該学校の第一学年に入学した年月日を記入し、中途編入学の児童生徒については、編入年月日、編入学年および編入学の旨を記入すること。

(3) 「入学前の経歴」は、小学校、中学校または高等学校に入学するまでの略歴を記入すること。

(4) 「入学後の異動」の欄のうち、「転退学」の欄には、その年月日、理由、転学先学校名、所在地等を転退学した学校で記入し、「転入学」の欄には、その年月日、理由、前在籍学校名所在地等を転入学した学校で記入すること。

(5) 「進学先・就職先等」については、進学先の学校名、就職先事業名または家業従事の旨を記入すること。

(6) 「備考」は、児童生徒の家庭環境、社会環境等で、指導上特に必要な事項および他の欄に記入できないもので、特に必要な事項を記入すること。

なお、この備考に記入された事項のうち秘密を要するものについては、その取扱いに特に注意すること。

三、「出欠の記録」について

(1) 「年間出席すべき日数」は、教育法の規定により、出席停止を命じた日数を除き当該児童生徒の出席すべき年間の日数を記入すること。

(2) 「欠席の理由その他」は、「欠席の理由」として病欠、事故欠の別およびそのおもな理由を記入し、「その他」には著しい遅刻、早退の状況、出席停止の日数、事由等を記入すること。

四、「身体の記録」について

(1) 学校身体検査の結果特に留意すべき点、たとえば、視力、色神、聴力、う歯、ツベルクリン反応、結核等について、児童生徒の健康指導上特に必要な事項があった場合には、その事実および指導ならびに処置した事項を記入すること。

○ ツベルクリン反応については、(－)(±)(＋)の区別、陽転の事実、陽転の時期等を記入する。

○ 結核については、学校医の判定による指導区分を記入する。

(2) 教師の日常観察による児童生徒の身体状況、たとえば疲労、姿勢、運動機能、り病状況等について、指導上特に必要な事項があった場合には、その事実および指導ならびに処置した事項を記入すること。

(3) 「入学前の病歴」の欄には、その学校に入学する以前の病歴の中から指導上特に関係があると考えられるものについて記入すること。

五、「標準検査の記録」について

(1) 標準化された知能検査、適性検査等で最も信頼のおけるものを正確に実施した場合に記入すること。必ずしも実施したすべての標準検査の結果を記入する必要はない。

(2) 「結果」の欄には、指数、偏差値または百分段階点等を記入すること。

(3) 「備考」の欄には、検査日時の条件、結果の分析的考察など、検査結果を理解し利用する上に必要な事項を具体的に記入すること。

六、「学習の記録」について

(1) この記録では、いままでの各教科（高等学校では科目、以下同様）について分析した項目ごとに評定し記入する仕方を改め各教科について教科単位に評定をして記入することにした。

(2) 各教科ごとの「評定」は五段階で表わし、五段階の表示は5、4、3、2、1で記入すること。

○ 小学校・中学校

小学校は学級、中学校は学年において普通の程度のものを3とし、それより特にすぐれた程度のものを5、それより特に劣る程度のものを1とし、これらの中間程度のものをそれぞれ4もしくは2とする。その配合は、おゝむね正常分配の比率による。

一般に3の程度のものが最も多数を占め、5または1はきわめて少数にとどまるであろう。

○ 高等学校

高等学校教育の特質により、次のように評定する。

各教科、科目の目標をほぼ達成しているものを3とし、目標を特に高い程度に達成しているものを5、目標の達成が特にふじゅうぶんなものを1とし、これらの中間の程度をそれぞれ4もしくは2とする。

(3) 「所見」の欄には、個々の児童生徒として、その特質を知る上に参考となる事項を記入すること。他の児童生徒との比較を考えるのではない。

このため、掲げられた観点について、その個人として比較的すぐれている特徴があればその該当する観点に○印を、比較的劣っている特徴があれば×印を記入し、なお欄内の余白に必要に応じその他のいちじるしい特徴・進歩の度合、努力の程度等を記入する。特徴の認め難い場合にはしいて記入の必要はない。

○ 掲げられた観点は、従来のような各教科の評定をするための分析的目標を示すものではない。

○ 観点は学校の必要により付加修正される場合もあるであろう。

(4) 各教科に掲げられた観点は小学校、中学校、高等学校ごとに全学年を通じて同一のものを示してあるが、小学校においては同じ観点でも学年の段階に応じてその意味する具体的内容が多少ずつ異なってくることに注意すること。また小学校低学年においては、個々の児童の特質をとらえるのに困難な観点もあろう。

(5) 掲げられた観点のうち数例について、その趣旨をあげておく。

○ 国　語

「言語への関心・意識」（小中）ことばに対する積極的な関心、ことばを正しく使おうとする意欲、使っていることばに関しての自覚など。

「書く」（小中）文字を思い起して正しく書く能力、文字を効果的に書く能力など。

「読　解」（小中高）読解には鑑賞、批判を含む。

「言語の使用」（高）ことばを効果的に使用する能力、その中には書くことを含む。

高等学校国語科の国語（乙）および漢文の所見欄には、特記すべき特徴を適宜記入することとし、必要あらば学習した事項をも記入する。

○ 社　会

「社会的な関心」（小）つねに集団生活への積極的な参加適応を考えようとする。社会諸事象に積極的な関心を持ち、進んで問題を発見しようとするなど。

「社会への関心」（中高）社会の諸事象ならびにその歴史的背景、自然環境との関係などに積極的な関心を持ち、みずから進んで問題を発見しようとする。

「思　考」（小）問題の追求にあたって、自主的に創意くふうし、各種の観点から問題を考える。

（中高）問題の追求にあたって、自主的に創意くふうし広い社会的視野から、客観的に批判的に問題を考える。

○ 算数・数学

「数量への関心、態度」（小）数量に積極的な関心を持ち、好んで数量を用いて問題を処理しようとする。数量的処理においてたえず創意くふうをしようとする。

「数学への関心」（中高）数学の意義を理解し、数学に積極的に関心を持つ。

「数量な洞察」（小）
「数学的な洞察」（中高）
｝数量や数量的関係を直観的に把握したり、明確に見通しをつけたりする。

○ 理　科

「自然への関心」（小中高）自然の事物現象に積極的な興味関心を持ち、みずから進んで問題を発見しようとする。

「実験観察の技能」（小中高）実証的な態度をもって、実験観察を企画し、これを正しく処理していく技能。

○ 音　楽

「表現（歌唱、器楽、創作）」（小中）技巧の面だけでなく、それぞれにおける創造性を重視しかっこ内の各項ごとに記入する。

「鑑賞」（小中高）小学校低学年では音楽をたのしんで聞く態度に重点をおき進んでは積極的に鑑賞する態度に及ぶ。

○ 図画・工作

「表現（描画、工作、図案）」（小中）表現技術だけでなく、それぞれにおける創造性を重視し、かっこ内の各項ごとに記入する。

「鑑賞」（小中高）小学校低学年では美的価値への興味に重点をおき、進んでは積極的に鑑賞ならびに作品を尊重する態度に及ぶ。

○ 家　庭

「実践的な態度」（小）習得した知識技能をもとにして、仕事を計画し、手順を考え、創意くふうにより、積極的に実践しようとする態度。

○ 体育（小）保健体育（中高）

「健康安全への関心」（小中）健康安全について積極的に関心を持ち、また運動に関連して、みずから進んで、自己や集団の健康安全についての態度を身につけようとする。

「協力的な態度」（小中）　運動に積極的に参加しようとし、集団の一員としての協力的な態度。施設設備の活用の仕方を含む。

「運動の技能」（中）　各種運動技能や救急処置の技能

○ 職業・家庭

「能力」（中）　習得じた技能や知識・理解をもとにして、創意くふうにより仕事を計画し処理する能力。

「態度・習慣」（中）　根気強く仕事に打ち込む態度を含む。

○ 外国語

「英語への興味・関心」（中）
「外国語への興味・関心」（高）｝外国語に対して積極的に興味関心を持ち、外国語を正しく使おうとする意欲、これを通しての国際理解に及ぶ。

○ 高等学校の職業に関する教科

科目についてはそれぞれの科目の特性により、一律に具体的に観点を決めることは困難であり、また適当と思われない。その二、三の例について一般的にいえば、

家　庭

「経営能力」（高）　みずから進んで問題を発見し、その解決を自主的に企画し処理する能力

「表現・鑑賞能力」（高）　被服、食物などの作品についての表現・鑑賞の能力

農　業

「経営能力」（高）　みずから進んで問題を発見し、その解決を自主的に企画し処理する能力

「態度」（高）　問題を科学的に処理しようとする実践的な態度、生命愛育の態度を含む。

工　業

「適用の能力」（高）　習得した知識・技能をもとにし、実際面への適用について創意くふうしたり探究したりする能力

「実務能力」（高）　仕事の経営、管理、改善、保全などについて計画し実践する能力

商　業

「能力」（高）　売買・事務・経営などの仕事を企画し運営し、遂行して行く能力

「態度・習慣」（高）　正確・迅速・明瞭・誠実に仕事を処理する態度・習慣

(6) 「備考」の欄には、全教科について学習態度、進歩の状況など、特記すべき事項があればそれを記入すること。

各教科の所見欄に書ききれない事項がある場合には、それを記入してもよい。

(7) 高等学校の「学習の記録」の記載については、前各項のほか次の注意事項によること。

（イ）「教科・科目」の欄は、当該学校の教育課程の定めるところにより必要な教科、科目の欄を設けること。

（ロ）「出席、単位」の欄には、各科目ごとに、左欄の斜線の下に年間指導時間数を、斜線の上に当該生徒の年間出席時数を記入し右欄には当該科目について修得を認定した単位数を記入する事。

（ハ）成績不良等により科目の修得を認定できない場合は、その科目の評定欄に記入する評語を赤字にし、単位数は0と記入すること。

（ニ）一科目を二ヵ年以上にわたって履修する場合は、各学年において、それぞれの学習に応じて評定を行い（この場合はその評語に（　）を付ける。）学習を完了した学年においては、さらにその科目としての評定を決定記入すること。

（この場合はその評語に（　）を付さない）

なお、年間指導時間数に相当する単位数を便宜単位の欄に（　）を付して記入する。

（記入例参照のこと）

（ホ）「履修単位」の各学年別の欄には、その学年において評定（赤字の評定を除く）を行ったすべての科目につき、年間指導時間数に相当する単位数の合計を記入すること。なお、その学年で修得したものと認定した単位数の計（たとえば、記入例における国語甲のように四個学年にわたって履修した場合においては、第四学年において一〇単位の認定を行うこととなるから、その習得したものと認定された一〇単位を第四学年の単位数の計に含める。）を付記すること。「計」の欄には、修得を認定した単位数の全学年の合計を記入すること。

（へ）一九五六学年度から改訂指導要録を全面的に実施する際、一九五六学年度の高等学校第二学

年以上の生徒は、現行教育課程による教科・科目をそのまま履修していく。そのため、これらの生徒については「学習の記録」の欄の教科・科目名をそのまま利用できないので、便宜教科・科目名を訂正して使用すること。

記　入　例

学習の記録	学年	教科 / 科目 / 評価	国語 国語甲		数学 数学 1	
	1	評定	(4)		(5)	
		出席・単位	101 105 (3/10)		200 212 (3/9)	
	2	評定	(4)		(3) 4	
		出席・単位	105 105 (3/10)		104 105 (6/9)	
	3	評定	(4)			
		出席・単位	70 70 (2/10)			
	4	評定	(4) 4			
		出席・単位	69 70 (2/10)			
	修得単位					

七、「教科以外の活動の記録」「特別教育活動の記録」について

学級会、児童会等又はホーム・ルーム、生徒会、クラブ活動等について、指導時間数及び出席時間数、役職、所属等の事実、児童生徒の活動について特に顕著な事項などを記入すること。

八、「行動の記録」について

(1) 「自主性」から「公共心」までの項目については、A、B、Cの三段階に評定すること。Aは特にすぐれたもの、Bは普通、Cは特に指導を要するものの意味である。

(2) すべての学年において、これらの全項目にわたって評定し、記入することを原則とするが、ことに小学校低学年などにおいては、全部の児童について判定することは困難であろうから、児童によっては記入できない項目があってもさしつかえない。

(3) 同一の項目でも、小学校低、中、高学年、中学校、高等学校の学年段階や学校段階に応じて、その意味する具体的内容がかなり異ってくることに注意しなければならない。

(4) 「公共心」の次の空欄には、これ以外の項目で特に必要なものがある場合にそれを記入し、同じくA、B、Cの三段階に評定すること。

(5) 「判断の傾向」および「情緒の傾向」の欄には、掲げられた観点について、その個人として比較的すぐれている特徴があれば、その該当する観点に、○印を、比較的劣っている特徴があれば、

×印を記入し、なおそれらが表われる面等を記入すること。

(6) 「趣味、特技」の欄には、本人の興味、趣味、読書傾向、特技などについて具体的に記入すること。

(7) 「所見」の欄には、本人の全体的な特性を記入する。特にCと評定された項目については、具体的理由や指導方針を記入することが望ましいこと。

(8) 各項に含まれる行動特徴は、たとえば次のようなものである。

○ 「自主性」――自分で計画する。進んで実行する。自分の力でやりとげようと努力する。人の意見に左右されない。誘惑に負けない。信ずることをはっきり主張するなど。

○ 「正義感」――まちがったことをにくみ正しいことを求める。正義のために献身的につくすなど。

○ 「責任感」――自分の言動に責任をもつ、役目を自覚してよく果す。約束をよく守るなど。

○ 「根気強さ」――熱心にまじめに仕事をする。最後までしんぼう強くやり抜くなど。

○ 「健康安全の習慣」――衣服や身体を清潔にしている。自他の健康や安全に注意して行動しているなど。

○ 「礼儀」――はっきりした返事ができる。ことばづかいが正しい。身なりを端正にしている。人に接する態度がよいなど。

○ 「協調性」――だれとでもわけへだてなく接する。だれにもやさしく親切にできる。友だちや年長者を敬い親しむ。グループの仕事に協力できる。他人の立場を理解し意見を尊重する。他人の過失を許してやれる。人々のためにつくす。人の注意をすなおにきけるなど。

○ 「指導性」――指導的立場に立つことができる。指導力があって人から信頼されているなど。

○ 「公共心」――きまりを理解して守る。集団の秩序を乱さないようにできる。社会秩序がよく守れる。公共の物や設備をたいせつに扱うなど。

九、「進路に関する記録」について

たとえば次のような内容について記入する。

(イ) 生徒の希望する職業または学校ならびに必要があればその理由

(ロ) 保護者の意見

(ハ) 教師の所見と取られた処置

B、幼稚園幼児指導要録について

一、改訂の要旨について

① 現行幼児指導要録を改善して、幼児の学籍ならびに指導の過程および結果の要約を記録し、指導および外部にたいする証明等に役立つ簡明な原簿とした。

② 幼稚園の特色を生かすとともに、小学校児童指導要録との間にできるだけ一貫性をもたせた。

二、実施期について

改訂指導要録は、一九五六学年度から実施する。なお、すでに在園する幼児の指導要録については、従前の指導要録に記載された事項は転記する必要はなく、改訂指導要録をあわせて保存することとする。

三、取扱いについて

指導要録の送付および保存については、近く琉球教育法施行規則の一部改正をおこなってから詳細に通知する予定である。

四、その他

指導要録の記載事項に基いて外部への証明書、家庭への通信簿を作成する場合、その記載事項をそのまゝ転記すると誤解を生ずるおそれもあるから、これらの作成にあたってはとくに注意されたい。

記入上の注意

一、年度および学年初めの幼児の年令

「学年初めの幼児の年令」は当該年度の四月一日現在における幼児の年令を、たとえば「四年六月」「五年二月」のように記入すること。

二、学籍の記録

① 「保護者」は、幼児に対して親権をおこなう者のいないときは、後見人を記入すること。

② 「入園年月日」は、幼児が幼稚園に入園した年月日を記入すること。

③「入園前の状況」は、入園前の幼児の発育状況、り病状況、主として養育した人、保育所等での集団生活の経験の有無などで指導上参考となる項について記入すること。

④「入園後の異動」は転退園または転入園の年月日理由等について記入すること。

⑤「家庭環境、社会環境その他特記すべき事項」は幼児環境（家族の構成状況、父母の健否、教育への関心等）社会環境（家庭付近の状況、教育に及ぼす影響等）等で指導上参考となる事項を記入すること。また学籍の記録中他の欄に記入できなかった事項で記録を必要とする事項を記入してもよい。なおこの欄に記入された事項のうち、秘密を要するものについては、その取扱いに特に注意すること。

三、出欠の記録

①「年間出席すべき日数」は、伝染病で出席停止を命じた日数を除いて当該幼児の出席すべき年間の日数を記入すること。

②「欠席の理由その他」は幼児の疾病、家族の疾病等の欠席おもな理由と出席停止等の場合の理由について記入すること。

四、身体の記録

①学校身体検査の結果、特に留意すべき点、たとえば、う歯、ツベルクリン反応等について健康指導上特に必要な事項があった場合には、その事実および指導ならびに処置した事項を記入すること。

②教師の日常観察による幼児の身体状況、たとえば疲労、姿勢、運動機能、り病状況等について、指導上特に必要な事項があった場合には、その事実および指導ならびに処置した事項を記入すること。

五、標準検査の記録

①標準化された知能検査等で最も信頼のおけるものを、正確に実施した場合にのみ記入すること。なお、実施したすべての標準検査の結果を記入する必要はない。

②「結果」は、精神年令、知能指数、知能偏差値等を記入すること。

③「備考」は検査の条件、結果の分析的な考察など、検査結果を理解し利用する上に必要な事項を具体的に記入すること。

六、指導の記録

①「からだを清潔にする」から「喜んで絵や物を見る」までの項目は、指導内容の各領域について比較的代表的なものを掲げた。幼稚園や地域の事情により、なお、項目を付加する必要がある場合には次の空欄を用いる。

②各項目については、A、B、Cの三段階で評定すること。Aは特にすぐれたもの、Bは普通、Cは特に指導を要するものゝ意味である。

③評定は全項目にわたって行い、かつ記入することを原則とするが、幼児によって判定することが困難なものについては、しいて記入しなくともよい。

④「指導上参考となる事項」は幼児ひとり、ひとり、全体的、総合的に観察しその性格、行動、情緒の傾向、習癖、才能等について、指導上参考となる、すぐれていること、劣っていること、およびその処置について記入すること。たとえば非常にすなおである、よく友だちをいじめる、乱暴する。ときどき無断で家に帰ってしまう、物を独占したがる、泣きやすい、怒りやすい、泣くとよくもらす、頻尿である、よく指や、衣服をしやぶる、音楽にすぐれた才能があるなど、およびそれらについての指導ならびに処置を具体的に記入する。

問題児の診断と指導

幸地長弘

◈目次◈

はじめに

問題をもつ子供は、どうにもならない子供であろうか。どうにもならないとして、放任の許さるべきものであろうか。

どんな子供でも何らかの意味で問題をもたない子供というようなものは考えられない。いわゆる優秀児であつても多少の問題性はあるものである。従つてすべての子供は事例研究の対象になると思われるが、私たちはさしあたり特に問題性の顕著な子供についての事例研究をしていつた。なぜならそのような顕著な問題性をもつ子供はその問題の発見が比較的容易であると共に早急な教育的処置をこうずることが本人のためにも、社会のためにも必要だからである。

私たちは本校生徒一〇三七名の中に、一割位の問題をもつ不幸な子供を発見した。正直のところ、これまで私たちはこれらの子供に対しては雑事多忙のため一人一人に徹する指導ができなかつたことは事実である

この仕事をして色々異なつた事例に接し、更書の如くこの仕事の重大さを一増深く認識させられた。

このような子供たちは、どうにもならないものとして、放任させるべきものであつてはならない。彼等をそこまで追いやつたいろいろな原因があり、それへの診断と対策によつて多くの子供たちが救われるであろう。

問題児とみされる子供に対して診断した結果は、性格異常児と名づく者は一人もいなかつた。むしろ環境的要因による原因が彼等をそうさせたのである。よつて性格異常児でない限り、いかなる問題児も教師の熱意と根気で解決するものと考えている。

私たちのかかえている問題は緒についたばかりで、研究不十分である。何の自信もない現状で発表することは非常識のたぐいであろう。しかしつまらない発表をあえてするのは、この方面の研究にあたつておられる先生方には手を引いていただこうし、他の先生方にいつしよに研究していこうと考えたからである。一人でも多くの子供たちが、もつともつと幸福になるようにそして世の中がもつともつと明るいものになるように心から祈つてやまない。

虚心、平伏して十分の御指導をお願い致したい。

【一】 判別基準

私たちは、文部省の行動問題児基準、即ち「知能には甚だしい欠陥は認めないが、社会的情緒的に不適応を起し、そのために社会生活への適応が困難で、性格の偏りが著しく反社会的行動や非社会的行動をなすもの」に照して、次の項目をあげて本校の行動問題児判別基準にした。

(1) くり返しあらわれる行動を重視した。
単に反社会的行動をしたから問題児というのでなく、一度や二度制してもやまず、くり返し何度もおこる場合の子供について。

(2) 何か一つに激しい障害を有するもの、悪質のうそとか盗み。

(3) 反社会的行動が持続的におこる子の外、処置に困る子、環境によく適応出来ない子、又適応の仕方がまちがつている子

以上の判別基準に従つて次の表を設定した。

（第一表）

一　不適応性生徒調査表　㊙

性格上保護観察の必要あるもの

A						B					
項目	男	女	項目	男	女	項目	男	女	項目	男	女
強情			神経過敏			放浪くせ			夜尿症		
粗暴			注意散慢			嘘言くせ			ヒステリー		
わがまま			落つきなし			反抗くせ			てんかん		
かんしやく			精神薄弱			怠惰			残忍性		
劣等感						浪費くせ					

（A）該当者名	性別	概要	（B）該当者名	性別	概要

二　行動上異常を認められるもの　㊙

A			B					
項目	男	女	項目	男	女	項目	男	女
出席常ならず			ぬすみ			弄火		
遅刻、早引、欠課多し。			とばく			わいせつ		
けんかをよくする。			喫煙			性的非行		
金銭を浪費したり買喰をする。			飲酒			かげひなた		
珍らしいものや高価なものをもてあそぶ。			放浪					
物品をこわしたり、校舎をいためたりする。								

（A）該当者名	性別	行動の概要	（B）該当者名	性別	行動の概要

【二】本校問題児の実態

各HR担任より提出された資料に基づいて下表のように本校問題児の実態をまとめてみた。

◈ 問題を頻数分布の上からみていくと次の表のとおり。

（第二表）

性格上保護観察の必要あるもの				行動上異常を認められるもの			
類型	男	女	計	類型	男	女	計
強情	3	1	4	出席常ならず	18	3	21
粗暴	2		2	遅刻、欠課、早引多し	25	10	35
わがまま	6	2	8	けんかをよくする	2		2
かんしやく	3		3	よく買喰いをする	2	1	3
劣等感	7	5	12	物品こわし、校舎いため	2		2
神経過敏		2	2	よく他人のいたずらをする	6		6
注意散慢	25	7	32	ぬすみ	2	1	3
落つきなし	8	2	10	弱い者いじめ	1		1
精神薄弱	7	5	12	放浪	8		8
うそつき	2		2				
反抗くせ	2		2				
怠惰	10	2	12				
浪費くせ	1		1				
計	76	26	102		66	15	81

◈ 環境因子別にみると（第三表）

環境因子	地域社会					両親				経済				教育関心					しつけ方					学業				
	A地区	B〃	C〃	D〃	E〃	両親有	両親無	片親	継親	上	中	下	救済	熱心	稍熱心	普通	不熱心	無関心	厳格	寛大	放任	溺愛	態制	5	4	3	2	1
男	5	9	11	19	30	40	8	26	0	3	48	18	5	17	6	35	8	8	9	20	35	8	2	0	5	21	32	16
女	2	3	4	7	3	8	3	6	2	3	9	7	0	4	3	4	4	4	3	8	7	1	0	1	4	5	7	2
計	7	12	15	26	33	48	11	32	2	6	57	5	5	21	9	39	12	12	12	28	42	9	2	1	9	26	39	18

◈ 学校区の特色

A 地区－特殊（赤線）地帯
B 地区－市場地帯
C 地区－繁華街地区
D 地区－繁華街近郊の田園
E 地区－純農村地帯

【三】 研究の方法

A 抽出の段階

○ 抽出の方法

判別基準に従つて各HR担任は第一表の項目に該当しそうな生徒名と概要を記入して提出させ、その中から問題行動が顕著と思われるものについて五十名をえらび、さらに次の抽出方法によつて二十名を抽出し実験群として研究していつた。

① 知能検査と学業との比較において、特に知能の割合に学業の劣るものは要注意児としてマーク。

② 適応性診断テストを実施し、パーセンタイル、プロフイールにおいて全体的に35％タイルより左の方向に偏しているもの、又は五以下の項目において低いもの。

③ 家庭環境診断テストを実施し、診断プロフイールにおいて安全地帯（黒色の部分）をらマイナスの方向に脱逸しているものをマークする。

④ 道徳性診断テストにおいて、道徳性偏差値35以下のもの、及びプロフイールにおいて、とくに著しくパーセンタイルの低い項目を示すものは要注意としてマークする。

⑤ ソシオグラムにおいて、交友関係の少い、孤立型の生徒や嫌われる生徒に着眼し、マークする。

B 資料蒐集の段階

問題をもつ子供の問題の性格を明らかにするためには、どうしても客観的な事実を把握しなければならないので、その子の問題にふさわしい豊富な資料を集めることにした。しかし問題を解く鍵は資料の有効度の高いものでなければならないので、それぞれのケースの問題性によつて有効度の高い資料に重点をおいて集めらるべきである。

私たちは、抽出した二十名について、事例研究をしていくために、次の数項目について資料を集めた。

1、観　察

◎ 観察の方法

。出来るだけ自場場面における自然の行動を本人に気づかれぬよう観察する。

。人の行動の原型が危機的場面において最もよくあらわれるといわれるので、あやまちを犯した時、しかられた時、悪事をすすめられた時、仕事をいいつけた時等危機的場面をとらえて観察する。

2、調　査

(イ) 友人同志の好嫌調査

。あなたの好きな友だちを好きな順に三名あげなさい。

。あなたの嫌いな友だちを嫌いな順に三名あげなさい。

※ ソシオグラム作成

(ロ) 「私」という題で作文を綴らせる。

小さい時から今までのいろいろな思い出を書いて下さい。いろんな出来ごと－とくにそれに出会つた時の気持－うれしかつた事、いやだつた事、いま困つていることなど、かくさず書いて下さい

(ハ) 心理的環境調査

◈ 要求調査

1 目的－現在どんな要求をもつているか、身体、自我、独立、愛情、環境、愛情承

認等について調査し、心理的機制がどの面にあらわれているかを知るためのものである。

2 対象－実験群として抽出した二十名について。

3 結果－本調査は一般的な傾向をみるためのものではなく、個人の診断のための資料であるから、全体的な集計結果は出していない。

問題児がこの調査によつて、どのような要求をもつているか、そして、それがどう裏付けられているかについては事例一を参照されたい。

◆「いやだなあ」と思うことの調査

1 目的－家庭や学校において、その個人の心理的ファクターがどの程度のものであるかという調査で、ねらいはどこまでも個人の診断のためのものであるが、私たちはその傾向をみるために結果の集計をしてみた。

2 対象－問題児二〇名

3 結果－全部に答えたものはいない。三問一九名　二問一名である。

。父母兄弟姉妹について答えたもの…一八名
。仕事や小遣銭について答えたもの…一九名
・勉強について答えたもの…………一一名
・先生のことについて……………二名
・友人のことについて……………五名
・その他について………………四名

（第四表）　調査形式

要求調査　氏名（　　　）

次の中から自分の思うものに一つずつ○をつけなさい。

（身体）	（自我）	（独立）	（愛情）	（環境）	（愛情承認）
1 もつとじようぶな体になりたい。	1 べんきようがもつとよく出来るようになりたい。	1 先生は私をあまりしからないで下さい。	1 先生はひいきしないでほしい。	1 今の席を早くかえてほしい。	1 悪口やあだ名をいわないでほしい。
2 もうすこしやせたい。	2 だれとも遊べるようにやさしい子になりたい。	2 お父さんやお母さんは、あまり私に小言をいわないでほしい。	2 お父さんやお母さんはもう少し私を可愛がつてほしい。	2 組中仲よくもつとたのしい組にしてほしい。	2 先生は私に何かてつだわしてほしい。
3 もつと運動が上手になりたい。	3 委員や班長になりたい。	3 おぢいさんやおばあさんは、あまり私にかまわないでほしい。	3 先生はもう少し私を可愛がつてほしい。	3 家がもう少しお金持になりたい。	3 先生は私のよい点を知つてほしい。
4 もう少しせいが高くなりたい。	4 けんかなど負けないように強くなりたい。	4 お兄さんやお姉さんは、私のことをとやかくいわないでほしい。	4 先生はもつとわかるまでていねいに教えてほしい。	4 うちの中もう少し仲よくなつてほしい。	4 うちの人も、よいことをしたらほめてほしい。
5 もう少しおかおがきれいになりたい。	5 せん手になりたい。	5 何でも自分の思うとおりしてみたい。	5 兄さんや姉さんはえらそうにしないでほしい。	5 うちの人の病気が早くなおつてほしい。	5 お友だちも私のいうことをきいてほめてほしい。

結果の集計

（第五表）

因子		心理的環境	計	%	計
家庭環境因子	経済問題	小遣銭がもらえない家が貧乏である。	10	16·9	37
	家庭不和	父母がよくけんかをする、家中仲よしでない。	5	13·6	
		父はたくさんの子供を見すてている。	1		
		父は酒を飲んで家に帰らない日が多い。	2		
	親の愛情	母はいつでも私をつめたい目で見る。	1	13·6	
		父はもう少し私によくしてほしい	2		
		家にかえるとしかられる。	3		
		私は毎日しかられている。	2		
	差別待遇	私にだけ夜おそく買物にいかす。	1	3·4	
		母に義母である。義弟ばかり可愛がる。	1		
	その他	仕事ばかりさせられて、勉強出来ない。	4	16·8	
		朝仕事をしてくるのでいつも遅刻する。	4		
		きようだい一緒に住めない。	1		
学校環境因子	友人関係	友だちがいじめる。	3	8·5	19
		友だちが遊んでくれない。	2		
	教師関係	先生はひいきするからいや。	1	5	
		理由もきかないで罰する。	1		
		先生は可愛がつて下さらない。	1		
	学習面	わからないからいや	6	18·6	
		もう少し勉強がよくできたら	3		
		英語ができない。	2		
その他		体が丈夫になりたい。	1	5	3
		父が病気でねている。	1		
		母が病気でねている。	1		

ここにあらわれた数字は傾向であつて、これが真のすべてではない。したがつて各校それぞれの問題児によつて異つてくることは当然である。私たちはこの集計結果によつて云々することをさけ、どこまでもこれは傾向であることを念頭に入れてみることにした。

しかし診断の結果から、この調査と大体一致したものもあつたことは見のがせない。診断と結果の比較は第七表のとおりである。

調査形式

「いやだなあ」と思うことの調査あなたが、家庭や学校で「いやだなあ」と思うことがあつたら次の表の中にかきなさい。

（第六表）

氏名（　　　）

家庭でのこと		学校でのこと			その他
父母兄弟姉妹のこと	仕事や小遣銭のこと	勉強のこと	先生のこと	友人のこと	その他

3、家庭訪問

問題児の日常生活の場としての家庭を具体的に理解するためには家庭訪問による外はない。

。訪問事項

① 家庭の職業　② 経済状態

③ 住所の広さ　④ 構造及整備状況

⑤ 生育状況―出生より誕生まで、学令前、就学以後現在まで　⑥ しつけ方

⑦ 教育に対する関心の度　⑧ 家系について

⑨ その他必要と思われる事項

診断と調査結果との比較

（第七表）

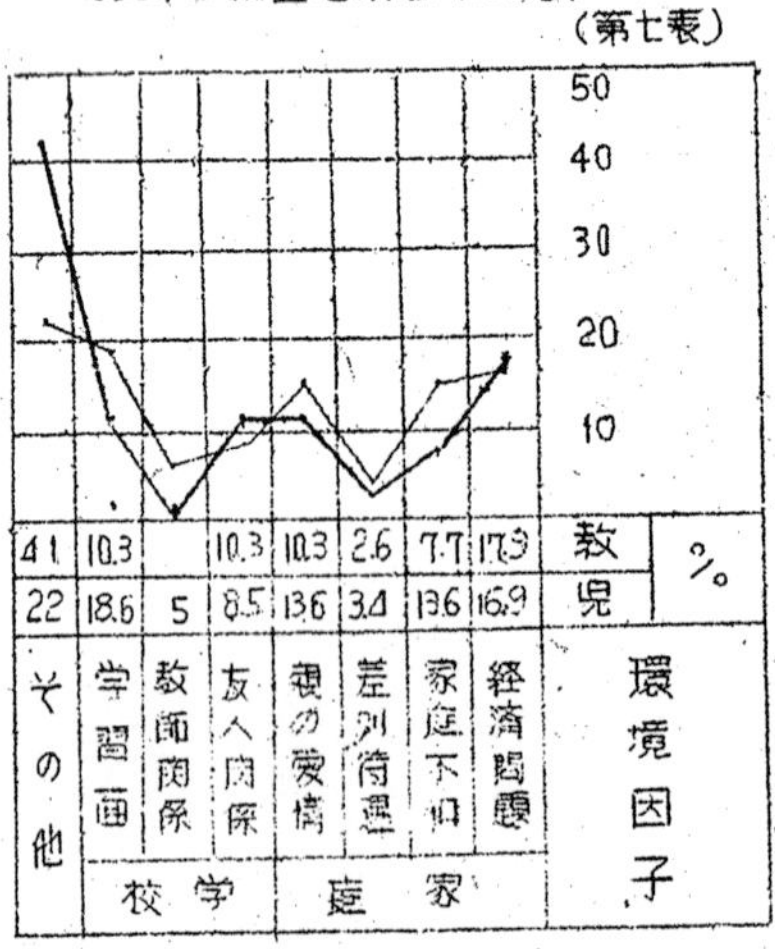

	その他	学習面	教師関係	友人関係	親の愛情	差別待遇	家庭不和	経済問題	環境因子
		学校			家庭				
教	41	10.3		10.3	10.3	2.6	7.7	17.9	%
児	22	18.6	5	8.5	13.6	3.4	13.6	16.9	%

4、面接

事例研究においては面接は最も心要である。気軽によく話してくれる生徒からは、その話の内容を通じて本人の感情、興味、性格、適応状況、家庭状況、希望、問題に対する本人の態度を把握することができ

る。又話し合いがうまくゆかなくても本人の身体、容貌、話し振り、姿勢、特殊な動作、服装等から問題の手がかりを得ることができる。

　面接の場としては、第三者がいたり、気を散らしたりしない静かな場所がよい。即ち田圃道、散歩道、丘の上、川べり、相談室等

5、テ．ス．ト

　私たちは生徒の素質を診断するために次の種類のテストを行つた。その中で内田クレペリン精神作業検査は研究未熟のため専門家（中央児童相談所の係の方）にお願いし、指導をうけた。

（イ）知能検査　　（ロ）適応性検査

（ハ）内田クレペリン精神作業検査

その外、家庭環境診断テスト、道徳性診断テストを行い診断上の資料とした。

6、学業成績及出席状況

指導要録を利用

C　診断の段階

1　事例研究

以上の諸資料をもとにして精密な事例研究により、個別的に理解を深めていつた。

2　診断の結果

診断した結果は次の表の通りである。

※ 因子分析一覧

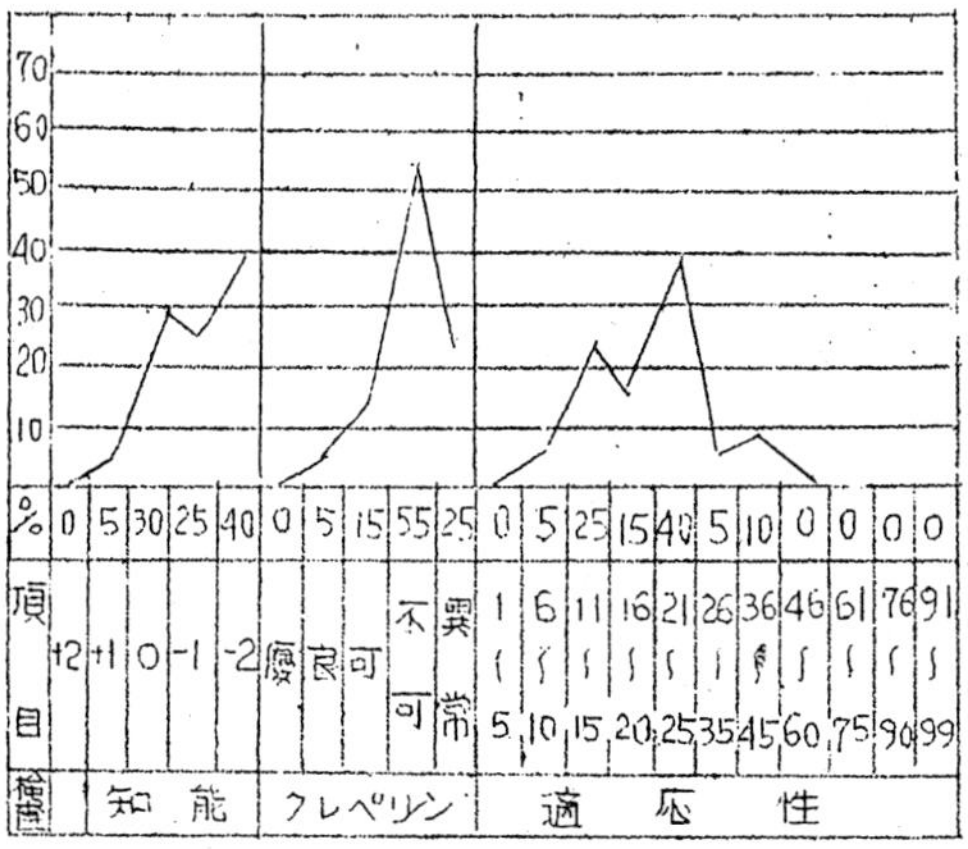

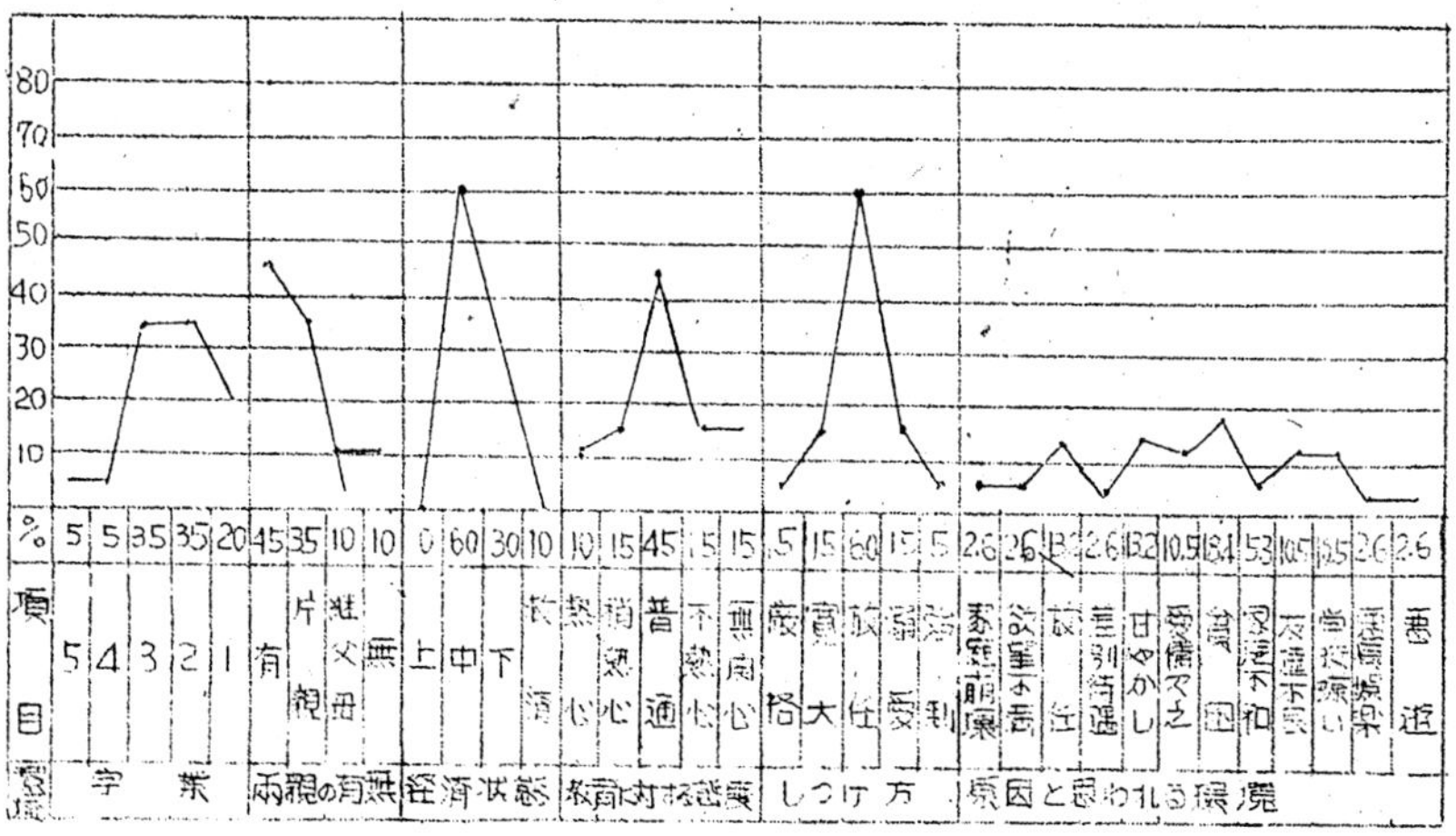

※　個人診断一覧表

氏名	学年	性別	問題	心理検査 知能	クレペリン	適応検査	道徳性検査	学業	身体	原因と思われる環境 両親	経済状態	教育関心	しつけ方	地域社会	原因と思われる環境
O・K	2	男	わがまま	104	B〃	25	47	3	虚弱	有	中	普通	溺愛	E	◦甘やかし　◦欲望不満
H・T	2	男	嘘言	95	DF	15	54	3	健	実母継父	中	普通	寛大	D	◦差別待遇　◦悪質娯楽に沈溺
M・Y	1	女	粗暴	95	CP	25	55	3	虚弱	母	中	熱心	溺愛	A	◦甘やかし　◦情緒不安定
K・K	1	男	落付なし	80	BF	30	51	3	健	母	下	普通	放任	A	◦経済問題
N・S	1	男	わがまま	71	C〃	22	21	2	健	有	中	普通	放任	A	◦友人関係　◦放任
H・K	2	男	ぬすみ	74	C〃	45	43	2	健	有	中	稍熱心	放任	E	◦友人関係　◦放任
U・K	2	男	粗暴	82	DP	25	47	3	健	有	中	普通	強制	C	◦両親の不和　◦圧迫
K・L	2	男	放浪	113	A〃	25	58	4	健	有	中	普通	寛大	C	◦甘やかし
S・Y	1	男	傷害 欠席欠課	66	C〃	20	24	1	健	有	中	無関心	放任	E	◦放任　◦学校嫌い
H・Y	1	男	ずる休み	62	CF	15	21	1	健	無	救済	不熱心	放任	E	◦愛情の欠如　◦学校嫌い
N・M	1	男	ずる休み	95	C′	10	44	2	健	有	下	無関心	放任	C	◦経済問題
U・M	1	男	放浪	88	B′	25	48	2	健	有	中	普通	放任	C	◦両親の不和　◦愛情の欠如
S・E	3	男	ずる休み	80	C〃	15	30	2	健	無	救済	稍熱心	溺愛	E	◦愛情欠如　◦経済問題 ◦甘やかし
K・M	3	男	ずる休み	99	BF	20	47	2	中耳炎	父	中	普通	放任	C	◦家庭崩壊　◦友人関係
T・T	2	男	家出	70	C〃	25	26	1	栄養不良	父	下	稍熱心	厳格	C	◦愛情の欠如　◦経済問題
K・S	1	男	落付なし	70	D〃	45	40	3	健	母	下	普通	寛大	E	◦経済問題　◦甘やかし
I・T	1	男	落付なし	68	C〃	20	23	2	健	母	中	不熱心	放任	E	◦放任　◦学校嫌い
Y・K	2	女	神経過敏	103	BP	25	55	5	健	実父継母	中	熱心	放任	B	◦情緒不安定　◦甘やかし
H・S	2	男	放浪	74	DP	15	30	1	健	有	下	無関心	放任	C	◦友人関係◦経済問題◦学校嫌い
A・S	2	男	ずる休み	80	DF	15	51	3	健	父	下	不熱心	放任	D	◦放任　◦経済問題

3　診断結果の総合的考察

問題児を指導するためには、問題児を正しく理解することである。この場合われわれは表面にあらわれた現象的な徴候のみにとらわれないことが大切である。　例えば「A子が盗みをするようになつたのは、家庭が貧しいからだ」と常識的に結論づけのるは、処置の段階において行きづまりをきたすようなものである。むしろ盗みという問題の発生条件や原因を客観的に究明する事から始めなければならない。勿論家庭貧困もその一部であるが…まず原因を明らかにすることが出来れば、その処置も中心をはずれず、指導効果をあげ得るものと考える。

考　察

(イ) 問題行動の原因は複雑である。

問題行為をなすようになつたその原因は決して単純なものではない。心の中の状態がいかなるものであるかを探らねばならない。即ち一原因で一つの結果を生み出すこともあろうけれども、必ずしもそうではなく、むしろ原因は多因で結果は一つの場合が多い。例えばA君が学校へ行かない理由は劣等感による引込思案である。劣等感がおこるのは、みすぼらしい服装、学業不振、学用品、教科書等の不足、その他の要因の集積が原因となつているのであるから、それを簡単な原因のみで判断するのは益々不適応を増すのみである。

(ロ) 子供の問題はむしろその親に問題がある。

「問題児」

原因調から見ると、親の放任、厳格、無関心、溺愛、不公平、家庭不和、家庭の崩壊等親に問題があるのが多いのを見てもわかるように子供の問題の処置をのみ考えて親への処置をおろそかにすると解決への効果は期待出来ない。要するに親を教育するという社会啓蒙の態度をもつて望まねばならないことを痛感した。

（ハ）精密な事例研究により個別的調査が必要

悩める教師を助けるものは事例史の記入であり、行動である。問題児の指導には一定のきまりきつた公式というものはない。教師の個別的科学的な資料によつて慎重に診断を下さなければならないと思う。

（ニ）その他

素質的にみて性格異常児と呼ばれる生徒はほとんど見られない。したがつてかような子供たちの問題行為は環境によるものと考えられる。心理的検査より考慮される主なものとしては次のものであろう。

△知能検査

これらの生徒は知能段階からいえば精神薄弱児の部類に入るのであるが、私たちの検査実施上の不充分な点もあつてか、この段階は信頼してよいか疑問である。何故ならば1Q七〇の生徒で、学業成績3のものもいるからである。その反面1Q九五の普通知でありながら学業成績2のものは明らかに学業不振児であるとみてよい。それらにはそれらなりの指導によつて学力の向上も考えられるが、先天的に知能が低いと思われる1Q六六、1Q六二の生徒に対しては特殊学級において指導した方がかえつてその子達のためではないかと考えるものである。

△適応性検査

。問題児二〇名の適応性（総計）の平均が二三である。

。問題児二〇名の特性上の欠陥としてあげられるのは、自我感情、近隣関係、学校関係、家庭関係である。即ち、自我感情では「あなたは自分をつまらぬ人間だと思うことがありますか」一六名についてとくに悪い。近隣関係では「近所の人はあなたをほめているでしようか」一六名についてとくに悪い。学校関係では「あなたは時々先生から注意されますか」一六名「あなたは先生から好かれていると思いますか」一六名についてとくに悪い。家庭関係では「あなたは家でよく役に立つ子だとほめられることが多いですか」一四名についてとくに悪い。その他の特性についても良い方ではないが、以上の四項目について特に悪い結果をおよぼしていることは、これらの問題児がいかに家庭、学校、近隣において承認されていないかがわかる。

△クレペリン検査　　疑異常五名

D　治療の段階

以上の三段階において問題の事実から引出された原因の仮説に基づいて、その子にふさわしい具体的な治療を実施しつつある。

指導の方法として、すでに診断結果的考察の所でもふれてきたように、子供の問題の要因は環境によるものが多いので、指導の方法として、家庭環境の操作、学校環境の操作による心理的な変化を考えていつた。

1　家庭環境の操作

問題行為の原因は家庭にある。とくに親子関係は、子供の問題を起す原因となつていることは原因調から見ても明かである。これらの両親の態度をどのように改めていくかが問題になつてくる。本校としては、家庭訪問及び家庭連絡を頻繁に行い、親を教育するという立場をとつていつた。しかし教師として行うべき責任には一定の限界があるので家庭的な複雑な面に介入することは絶対つつしむようにした。この場合はむしろその親の親戚知友に相談し協力を求めて側面的に力を与えてやるようにした。

2　学校環境の操作

。教師の態度をかえる。

問題児の指導はすべての教師の教育活動の一部であるという立場から、子供のもつ問題に対する深い理解が先決問題となつてくる。

「いやだと思う」調査の結果から見られるように（本校の傾向としては）私たちは日常の教育指導面において問題児をつくっているのではなかつたろうか。従つて学校環境の中で起因するものだけは、教師自身の力で排除可能と思われるので、私たちは日常の教育指導面において十分留意するように努めなければならないと考えている。

【四】指導の実際

指導の実際について一つの事例をあげてありますが、これは研究過程におけるものでありますので、指導の経過とか、効果の検討とかはやつておりません。

※事例1

氏　　名	H・T	男　　女	一九四一年六月二三日生	一四才一月	
中学校第二学年五組		H・R主任氏名	T・H　　女		
現住所	M地区G村T区六班				
出生地	O　県　N　市	本　籍	O県K郡O村字N二三番地		
生育地	一九四一年N市にて出生　　同年十月K郡O村に移住 一九五二年四月M地区G村T区へ移住				

1 問題点

嘘言、放浪、粗暴、強情

。四月一一日（月）四、五、六時限欠課、始めての欠課生で早速家庭訪問四時半だがまだ帰宅していない。

。母に叱られ、反抗的な気持から家出放浪（二日）

。六月二十日（月）朝のHRの時間に劇場附近の道で友人Kと口論し相手に馬乗りにされてなぐられている所を発見

。六月二十一日（火）五、六時限欠課、教科書代を昼食時にもらい、家から学校までくる途中に落した。さがしたがないので学校にこなかつた。授業がすむまでT区の事務所で遊んだ。

以上のような問題点は、そこに色々な疑点を残しながら、私の手もとにおくられてきた。

私はHのこのような問題行動からして、先ず問題の起る根源をつきとめるためにあらゆる資料の蒐集にとりかかつた。

2 資　料

(1) 家庭の状況

母との数回の面接によつて、次のようなことを明らかにした。

。家屋は永久建築で、四間に仕切られ、その外に台所がついている。一間は他人に貸してある。一間は大工職人が寝泊りしている。

。小さい弟妹多く、間数は多くても他人が使用しているので自分の部屋（勉強室）をもつことも出来ず、従つて勉強もできない状態に家はせまい。

。現在の父は義父である。この人はHが三才の時、母と結婚した人である。Hは現在の父を尊敬している。よく可愛がつてくれるので好きだといつている。義父は気がやさしく隣人との折り合いも良い。建築下請業で数人の職人をもつている。

。生活には事欠かぬ位の収入がありその外に三〇〇坪の小作もやつている。

。母はさらに言葉をつづけてHのことについて話された。Hは大変働き者で、私が神経痛で働けないものだから、畠仕事、水汲み等一切Hがやつています。朝は近くの料亭の水汲みをしてアルバイトをやり、学校から帰るといも掘り、まき割りその他畠の手入れ整地等、よくやつてくれるので助かつていると話された。

。母はどつちかというと夫や姑に対して、Hの行動がよくないから大変きまずい思いをしているというている。時たまHについて義父から小言をいわれた時もある。

。Hは「母は弟たちの我儘は許して、私にはきつい」といつている。

（家族構成表次頁）

(3) 生育歴

N市にて出生、正常産で母乳で育ち発育状況も良好、離乳は三才、生後二〇日目に肺炎にかかつたことはあるが、その後は学令前、就学後と現在まで病気した事、怪我したことがない。

生活環境の変遷をみると一九四一年N市に出生し同年十月K郡O村へ移住し、一九五二年現住地M地区G村〇区に移住現在にいたる。

(2) 家族構成

氏名	年令	続柄	学歴	職業	健否	収入	その他
K・K	40才	義父	高小卒	建築下請業	健		
K・T	41	母	〃	無	神経痛		
K・T	48	祖母	無	〃	健		
K・T	12	弟	小校五	〃	〃		
K・T	9	弟	小校二	〃	〃		
K・K	4	弟		〃	〃		

(4) 本人の状況

(イ) 身体状況中学一年時代の身体状況について担任教師の所見は次のとおり。身体強健にして作業、農業等よくやり、別に身体的欠陥というようなものはないという。欠席日数が多いのは、病気のためではなく、本人の問題性からくるものではなかろうか。これからみると問題となるが身体的な面からは別に問題とするに足りない

(ロ) 心理的検査

。知能検査

田中B式では1Q九五で普通知、新型B式(榊原)では1Q九〇で普通知、学業成績の比較ではその差はみられない。

。適応性検査

。本人の適応性(総計)一五パーセンタイルで非常に悪い。

。自己自身に対する適応も、社会に対する適応も不良である。

。特性中家庭関係、学校関係、近隣関係、自尊感情が最も悪く、退行的傾向、神経質傾向においては良好である。

。最も悪い家庭環境にあつては、どこかへ逃げだしたいと思うほど悪い条件にある。

	特性	粗点	パーセンタイル段階
	異常傾向	10	66
個人的適応	神経質傾向	9	65
個人的適応	自尊感情	3	1
個人的適応	退行的傾向	9	75
個人的適応	自己統制	6	25
社会的適応	社会的技術	4	5
社会的適応	統卒制	4	20
社会的適応	家庭関係	2	1
社会的適応	学校関係	2	1
社会的適応	近隣関係	4	1
	(適応性総計)	53	15

パーセンタイルプロフィール

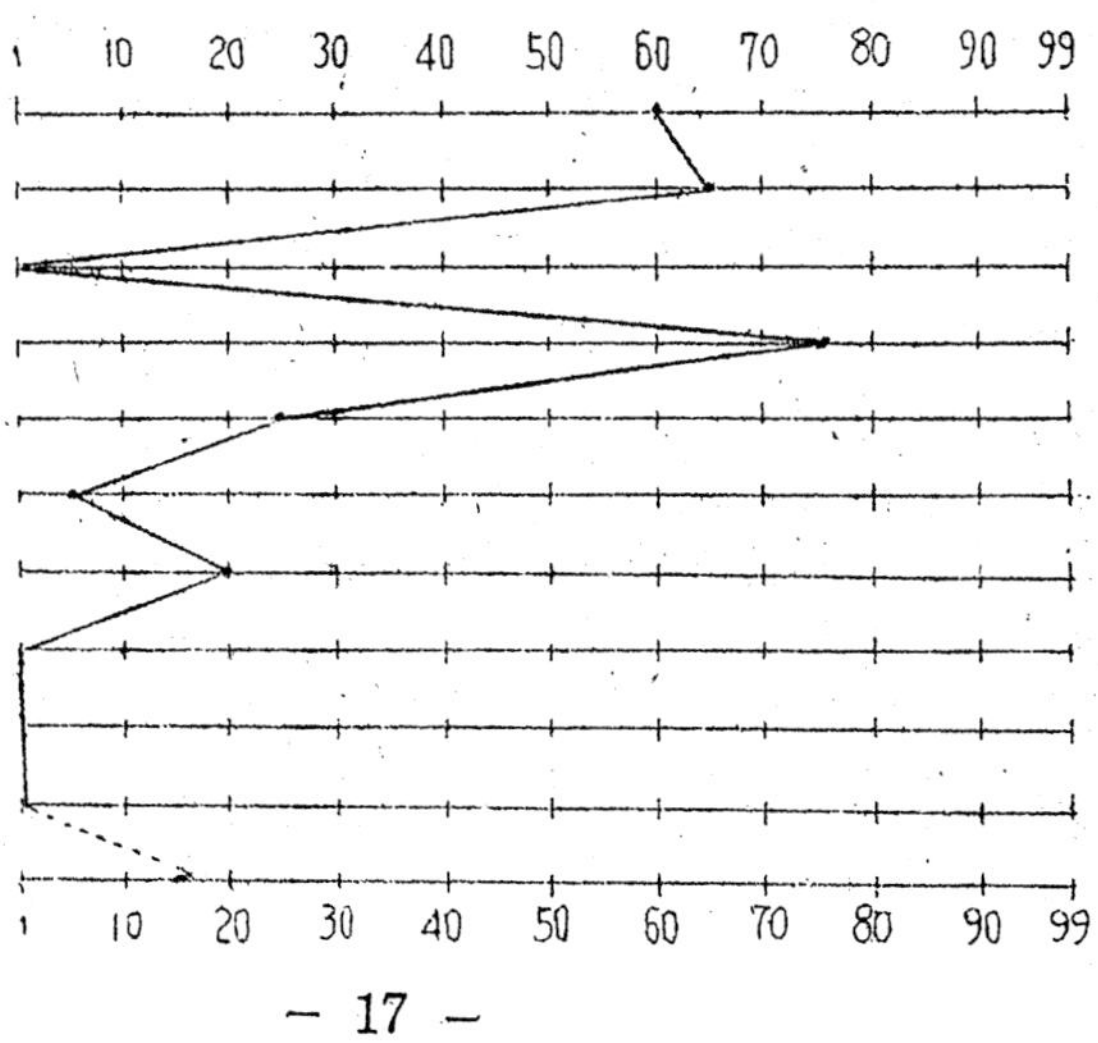

・家庭環境診断テスト
環境パーセンタイル22で最も悪い

▲　家庭環境段階

静的環境
(A) 家庭の一般状況
(B) 子供のための施設
(C) 文化的状態

動的環境
(D) 家庭の一般的ふん囲気
(E) 両親の教育的関心

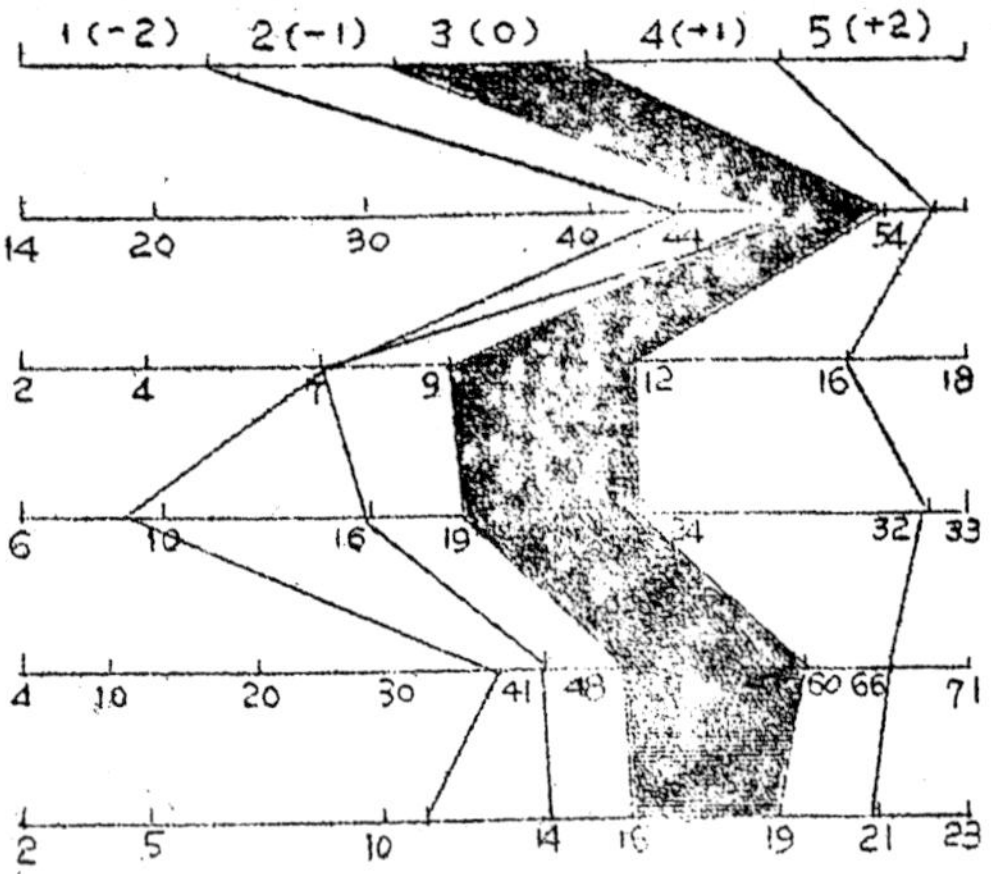

	A	B	C	D	E		環境パーセンタイル
粗点	52	7	9	39	11		
パーセンタイル	60	20	10	10	10	合計 110	合計÷5　22

▲　道徳性診断テスト

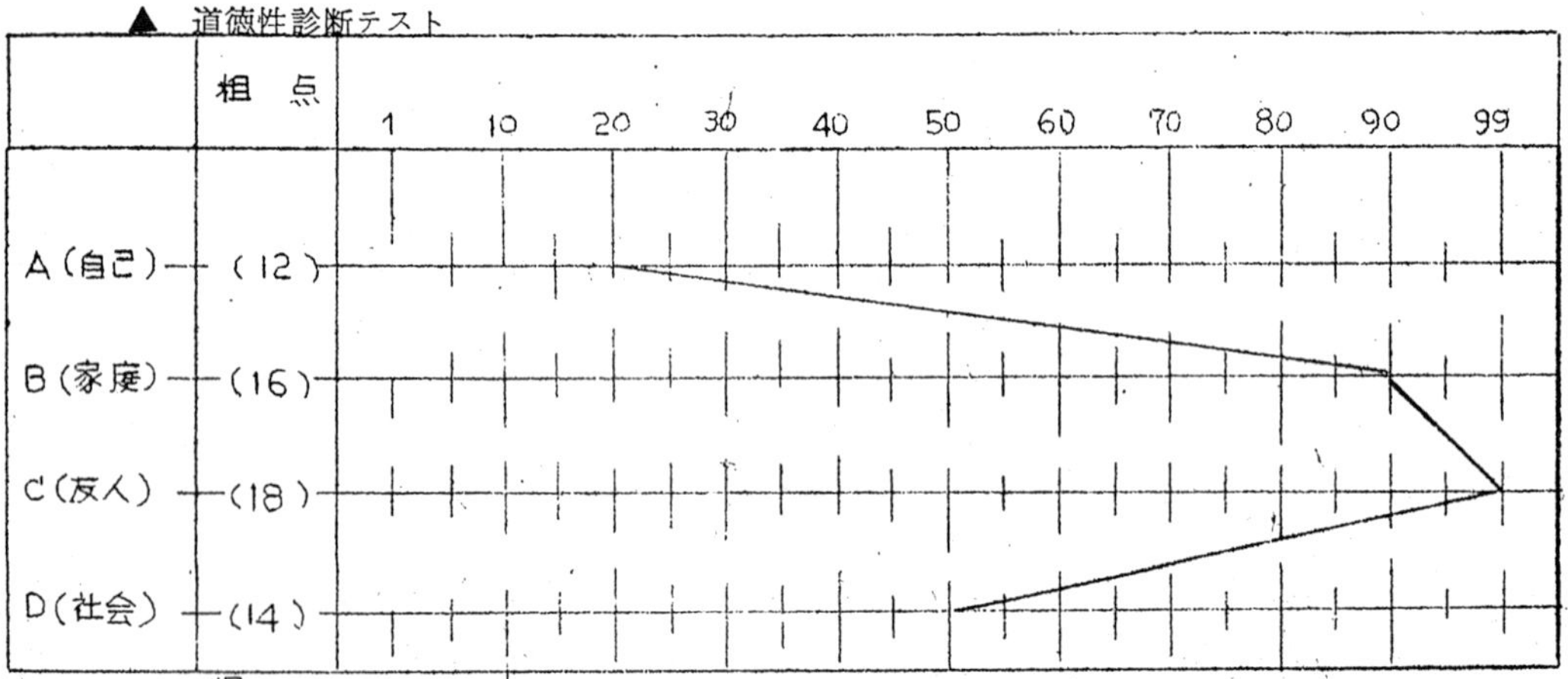

粗点60　　道徳性偏差値　54、中、良、0

。クレペリン精神作業検査
初頭無緊張、意志発動緩慢、休憩効果なし、疑問型である（DF）

（ハ）　学業成績
中学一年より二年二学期末までの成績は次の通りである。

学年＼教科	国	社	数	理	音	体	図工	職家	英
一年	3	2	3	3	3	2	2	4	1
二年二学期	3	3	3	2	2	2	3	3	3

（ニ）　出席状況

学年＼項目	病欠	事故欠	遅刻	早引	欠課
一年	0	7	38	13	57
二年	0	11	45	9	69

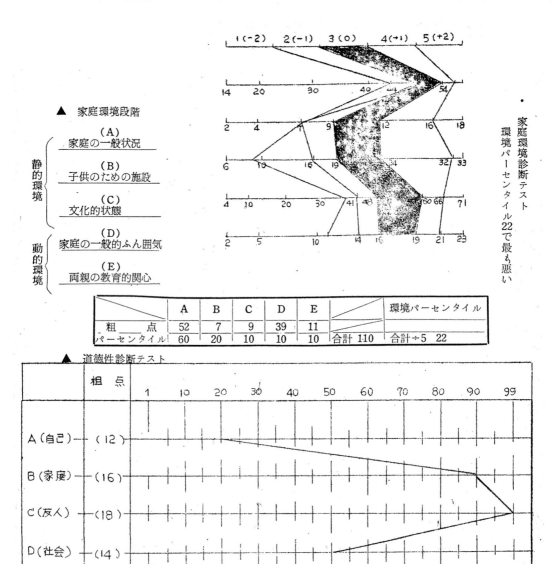

（ホ）友人関係
あなたの一番嫌いな人は誰ですか。

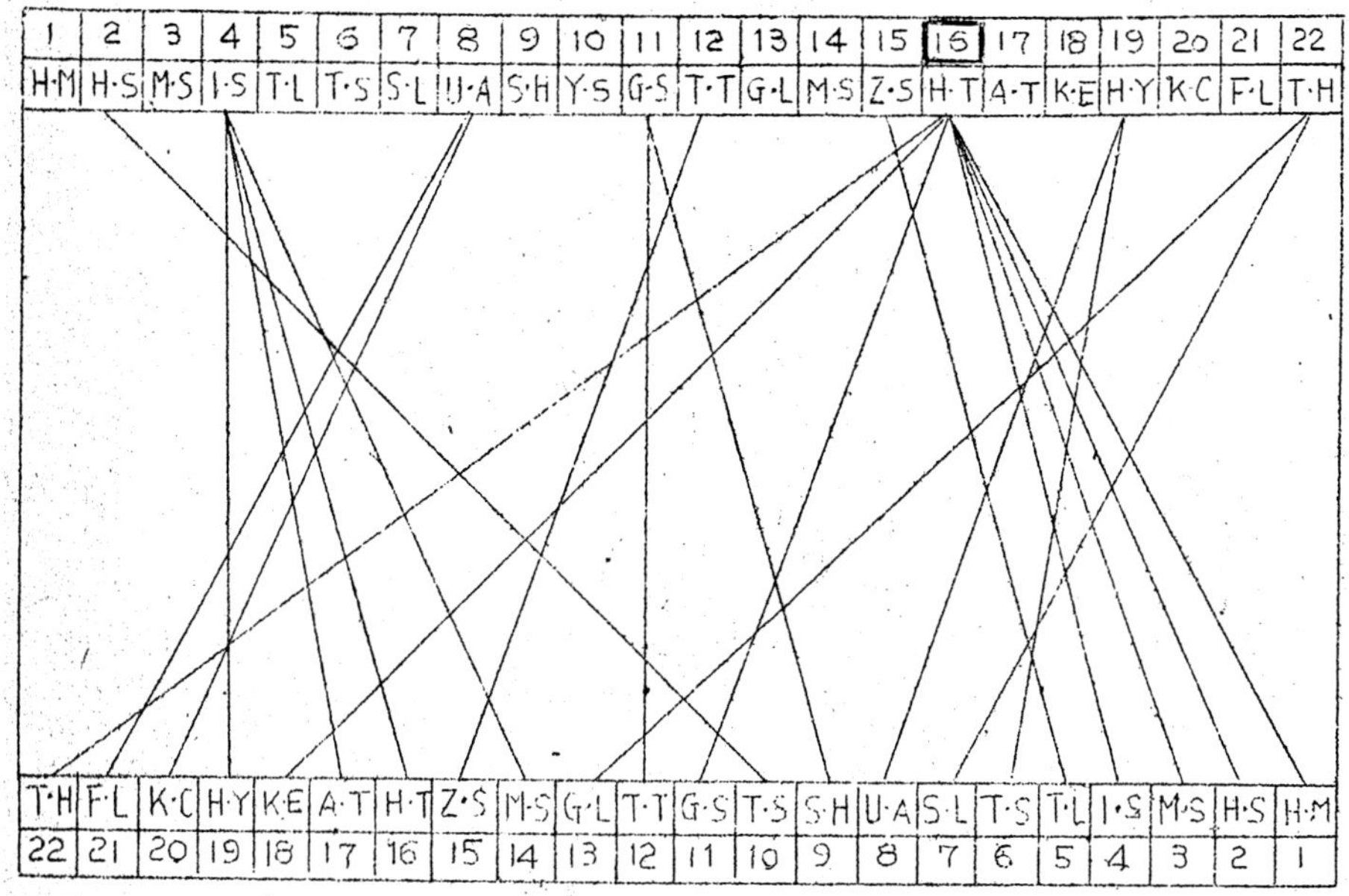

◇シソオグラム

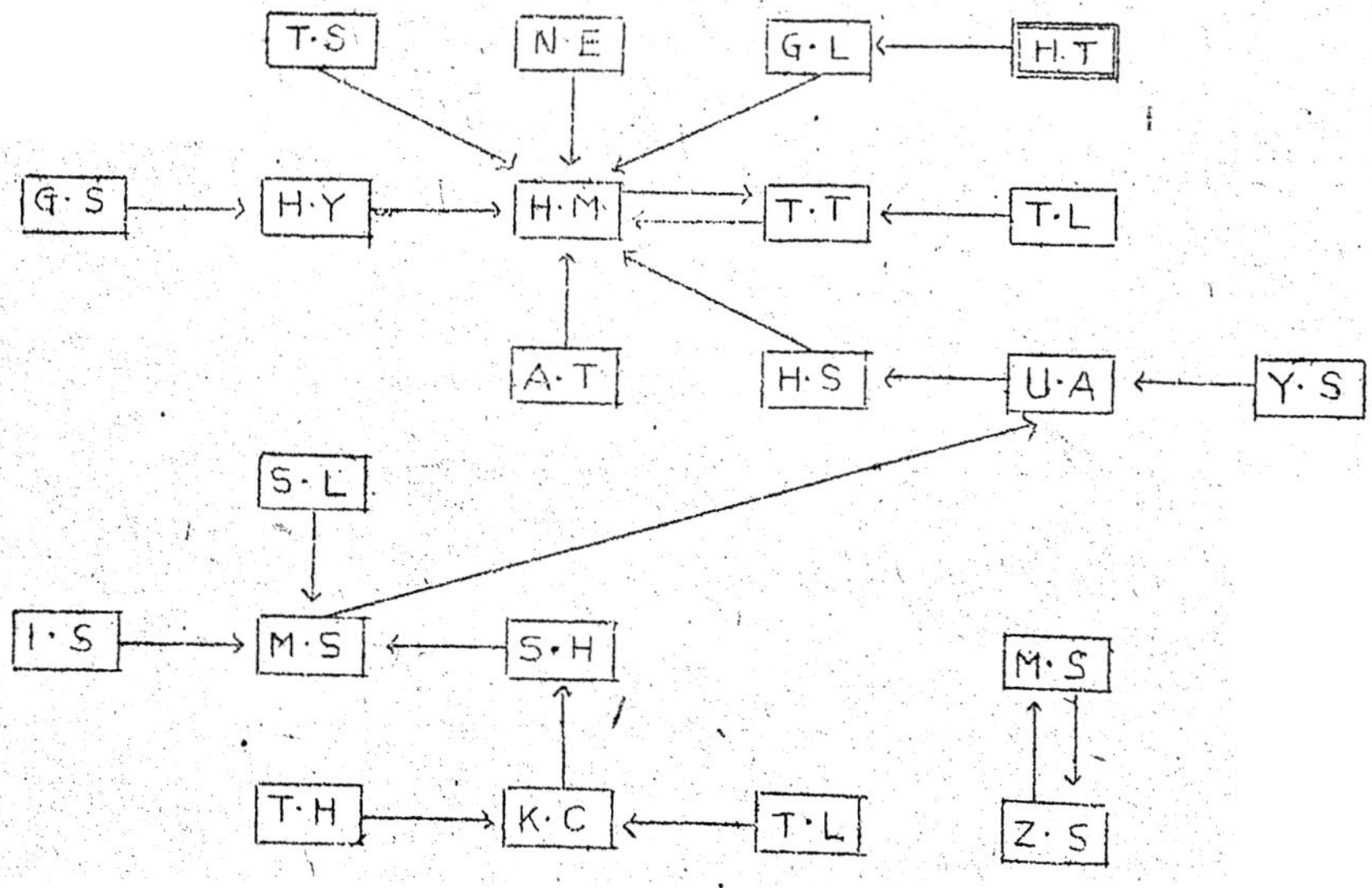

註・問題の子は　H・T

・矢印を受けている者は受動的。

・矢印を受けていない者は能動的

・T・L　I・Sは扇動家

○　調査人員男二二名中本人を嫌いと答えた者が七名（三二%）その理由としては、うそつき、粗暴だからといつている。本人が好きだとする友だちからは嫌われ、全く孤立の状態である。

（へ）「私」という作文から問題となる点

Hの例文を原文のまま書いてみよう。

「私」

ぼくは少さい時はO村N部落にいた、O村からK部落に遊ぶにいつてかえつてくると、必ず近所の人に「きみはもう一人の父にあつたか」といわれる。ぼくはそのとき、必ず二人の父おやがいると思つた。ぼくは母のきようだいH・Sおじさんと思つたが、考えるとそうではなかた。

それから五年のときT区にきた。はじめはふるいトタン家であつた。その頃から僕は大変いやな思いをさせられた。その家で、お金が百円、二百円と、ずんずんとたくさんなくなつていつた。それはみんな長男ぼくのせきにんであつた。それから新しい家にうつりそこでも、たばこ、たまごなどぬすまれた。それもみんな長男ぼくのせきにん。それから二千円母がおきまちがいしているのに、ぼくがとつたといつた。それは二時間後にわかつた。その後はおばあさんにしかられ、又みんなからもにくまれどおしであつた。

ぼくが一番たのしかつたことはO村にいたときである。山にいくときうんとおもしろかつた。みかんもり、水えい、たきぎひろい、それを売つてノートやえんぴつを買い弟たちにあたえた。そしてみんなにほめられた。ぼくのお父さんはほんとうのお父さんではないが、ぼくをかわいがつているので好きです。まえにはO村で仕事をしていたので家にはいなかつた。今はいつしよに暮しています。

△　この作文での問題

(1)　愛情の偏重、間違つた無知な態度

この作文で大きくうかびあがつているのは「みんなからいつもにくまれどおしである」ということである。この言は、この作文にだけあらわれているだけでなく、彼との面接において度々くり返しいわれた言葉である。母はこんなこともいつた「何かなくなつた時、Hが盗つてなくても祖母（現在の夫の母）への義理から、Hにつらくあたつたり、ひどい時にはたたいたりしたこともあつた」といつている。又「現在の夫との子に対しては、どんな悪いことをしても祖母のてまえ、さとすこともできない」ともいつている。このことがHにも感じたのであろう。Hはこういつている「母は弟たちには我儘はゆるして僕にだけはいつもきつい」ともらしている。

母親としてのだんこたる態度が、この家庭においては当然考えられねばならない。このような愛情の偏重、間違つた無知な態によつては、結局誰も救えない。Hにしろ、義弟達にしろ偏狭な人格がつくられていくだろう。

(2)　ほんとうの父親が健在であることを知つたこと。

このことはHの小さな胸をいためたであろう。ほんとうの子でないからみんなが厄介視しているのだという子供心の思いつめ、だから僕はみんなからにくまれるんだ、口ぐせのように「ぼくはもう何もかもだめです」というのもHの心の中がどんな状態であるかがわかるような気がする。

（ト）　観察記録

1　四月十一日（月）四、五、六時限欠課、この学級ではじめての欠課生である。早速家庭訪問したがまだ帰宅してなかつた。

2　教師に対する態度、積極的である、おしやべりで何でもよく話してくれる、おうへいな態度はない。

3　六月二〇日（月）朝のHRの時間に二年六組のK君と口論しているところを発見

口論の理由、中学一年時代K君から胡差に映画を見に行こうと誘われた。（金はK君が出した）僕はその後映画が面白くなり、金さえあればたびたび欠課してみにいつた。と先生にいつたことはいつわりである。実は映画を誘つたのは僕であるので、その後このうそがK君に知れ、せいさいされるのではないかといつも心配であつた。家に帰つても面白くなく、母の手伝いもせずねていたり遊んでいたりしていたので、今朝母が「お前のようなものはどこか遊んで食える所へ行け」といわれたので「僕はどうせ母にもみくびられているのだから、思いきつて悪党になり二度と家には帰つて来まいと決心して家を出てきた」K君を呼び出し「何故お前は今まで一週間も欠席したか」ときいたら、K君は「僕のことまでお前は構う必要はない、お前は先生にうそをいつて僕を叱らしたな」といつて、それから馬乗りにされてうんとなぐられた。

4　六月二一日(火)　五、六時限欠課　翌日理由をきく。昼食に家に帰り、母より教科代をもらい、学校へくる途中嘔吐、校門前まできて上衣ポケットにお金がないのを知り、さがしたがなかつた。友人Uに「今日は家に来ないで下さい明日全部話しますからと先生につたえてくれ」といつてT区の事務所へ行き休んでいた。

5　その翌日H君との面接

教　何故先生に家に行つてはいけないと伝言したか

H　先生が家に行くと金を紛失したことが母に知られ、きつと叱られる、僕は母に叱られるのはこわい。

教　お母さんは、お金は先生にあげたでしようと尋ねたでしよう…何と答えた?

H　先生に出したと答えた。

教　今話したことは間違いないね

H　ほんとうのことを話した。

教　では教科書はどうする……注文しないのか。

H　I君に借りて出すつもりです。

教　「あなたのいつたとおり、金をおとしたのがほんとなら、先生の方で考えてあげよう、事実であろうね。」と再び念をおした。お金の大切なことをいいきかし、二度と落すことのないよう注意する。

私の疑問

生徒を帰した後静かにこの子の言つたことを思い返していると疑問がわく、何故気分が悪くて五時間にこれないならそのことを伝えてくれなかつたか。

6　午後の授業があいていたのでHの家を訪問

母親の話では、昼食にきて、教科書代六〇円余りをもつて出たとのこと、学校には五時間から姿を見せないこと、朝の友人とのいさかいのこと、全部話したら母親は涙ぐんで嘆息をもらしていた。

7　六月二三日　弟との面接

卵盗難について弟の言分。

兄はたびたび卵を持出して売つている。然し母は誰がやつているか　はつきり知らなかつたが、或る日、卵を盗ろうとしている兄の姿を見て、卵を持ち出すのははつきり兄であることを知つたようである。私は兄にそんなことをしないように忠告したが止めなかつた。

Hの言分

弟は母にかくれて卵を持ち出して売つている。それをうまく母に話して(兄がとつたといつて)今まで度々僕はぬれぎぬを沿せられ、常に母から悪者扱いされるので、どうせ悪者扱いされるのだからほんとうに盗んで売つてしまえと思い、つい最近卵四個を持ち出し、料理屋に売り、その金で映画を見た。

8　六月二五日　朝から四時限終了までおとなしく勉強している、授業態度も大変よい。

9　六月三〇日　掃除終了後教室の前に立つているとHが「先生」と話しかけてきた。

「先生は僕の母から久米島の話をききませんでしたか」

「何もきいてないけど、どうかしたの」

(実父が久米島にいるということをきいたら、この子は向うに行くと言い出すかも知れないので、知らしてないという話をしていたので、私は何も聞いてない振をした。)

「向うに誰か僕と関係のある人がいるかも知れない。」

「どうしてそれがわかるの」

「祖母が来月久米島に行き僕の親類の人に相談して千円づつ送つてもらうようにする」と話していた。

10　七月五日(火)　六時限目とクラブ活動の時間いない。かばんは机の中にある。理由、昼食時にウドンを買つてくるように用事をいいつけられたので二〇円をポケットに入れたが、それをおとしてしまい、長いことさがしたがなかつたので、母にあやまつた。時間がすぎて帰る時間だつたので、学校へこなかつた。

11　要求調査の結果

○　だれとも遊べるようにやさしい子になりたい……自我

○　うち中もう少し仲よくなつてほしい……環境

○　先生は私になにか手伝わせてほしい……愛情承認

12　作業、清掃の時など大変よく働く

13　或る近所の人の話

畠で仕事をする時、弟は母も一緒に三人の時は真面目に働くが兄(H)と二人になると寝ころんだりして遊び、Hがいもをざる一杯掘つてしまうと、ざるをかついで家に行き、母にHは遊んでいたとつげ口をするとのことである。その時H君はいくらべんかいしても母はきいてくれないそうである。

14　おこつたときには、手当り次第どんなことでもする。昼食時間にHの弁当を級友がふたを開けて教卓の上に置いたので、その弁当を投ずつけたこともあつた。

15 七月一二日（火）アルバイトでもらう金の使途について尋ねた。

洋服がないので洋服かつた。ノート雑誌も買つた。母のパーマもあてさせた。母に小遣銭もあげた。

母がノートを買つてくれてたが弟にぬすまれたので本箱にカギをかけてある。弟は何でも欲しいものは買つてくれないと泣きだすので母は無理しても買つてあげているので学用品は大変ぜいたくにある。

16 一月十一日〜十四日まで欠席、母が留守だつたので弟達の世話から、父の昼食の準備をするため、又二日は足の傷がはれて痛くて二日間は登校できなかつた。

17 一月一九日五時限より欠課

18 一月二〇日　教室であばれてガラス一枚破損、家にガラスがあるからべせしようするといつて翌日持つてきた、実はそれは父に内緒で持つてきたので、後で父に叱られた。

19 家庭訪問

今までの行動について全部話したらお母さんは大変なげいて居られた。私はお母さんの話と、Hの行動からして今までのことは大部分でたらめな嘘であることがわかつた。後日を約して帰る。

20 二月四日　お母さんは、わざわざ痛い足をひきづつて私の家へきてHの今後のことについて相談をした。以下はお母さんの話

Hには金は見せられない。金さえあれば何はおいてもすぐ映画に行く、又お使いもさせられない、つり銭のいくらかはごまかす。今は買物には絶対に行かせない。アルバイトもやつているが、それもやめさせている。いつであつたか何かのひようしにHの帳面を開いて見たら、日記が書いてある。それを読んでびつくりした。「一五円では一人しか見られない、後一五円どうしようか、今日は約束の日だ、行かないとなぐられる」と書いてあつた。私はもしや不良にでもつかれているのではないかと思い近頃は心配でたまらない。どうにかならないものでしょうか。

21 二月七日　Hとの面接

教　君のお母さんが先生の家においでになつて、君のことを心配して相談にこられたよ。

H　どんなことですか。

教　君が映画狂だから、それをなおしたいために相談にこられたのだよ。お母さんは、Hは家での仕事については畠仕事から水くみ、お使い等大変よく働いてくれるので私は大助かりです。でも映画のことになると、どんな仕事をしているときでも途中で止めて見にいきます。そればかりはなおしてみたいと思つて相談にこられたのだよ。映画は好きですか。

H　大変好きです。

教　どんな種類の映画が好きですか。

H　何でも見ます。一度見た映画でも、見たいと思う時にはもうたまらないのです。何はすてても見に行きます。

教　映画を見ている時は面白いか。

H　はい、でもすんで後家に帰るとこわい、それから夕食後はすべてを忘れて今日見た映画を思い出して面白い。

教　映画を見ている時は面白いんだね。家に帰るとこわいんだね、それでも映画は見たいのですか。

H　やめられません、他人の仕事をしている時には責任があるから見に行かれません。きのう叱られたことを思い出すのですがつい見に行きたくなるのです。

教　やめようという意志はあるんですね。

H　はい、でも僕はもうだめです。すべてだめです。勉強も何もかもだめです、勉強しようとして計画も立てますが、だめです。勉強室もないので弟がじやましてできません。出来たら勉強室をつくつてカギをかけて自分だけのものにしたいんです。

22 二月八日　Hとの面接

この日はH君が自ら相談にきたのである。

H　先生　この前僕がつくつた花びん置棚をみて皆がほめていました、けれどもきのうは、ガラスに紙をはつて、外が見えないようにしたら、皆が紙のはり方がまずいといつてやじつていました。けれど僕の失敗だからおこりもしなかつた。もつと立派にはつてみようと思いました。今日はりかえます。

教　うん、うん、いいことだね、はり方は先生から習つたらどうかね。きのうは紙はりをすんでから図書室で読書したそうだね、T先生大変感心しておられたよ。

H　先生、家かえつても読めるように図書の貸出をして下さい。

教　考えてあげましょう。

H　それから先生、お正月には映画見ていいですか

教　いいでしょう、見ていらつしやい、えらんでね

23 仕事をいいつけたり、読書をさせたりした以後、

急によくなつたような感じがする。第一おとなしく教室で読書をしたり、学習態度もよくなつたこと、第二に級友とのいさかいが見られないことである。

3 綜合的所見（診断）

蒐集した資料を整理して、Hについての問題の原因を洞察、診断し指導方針を立てていつた。

△ 心理学的諸検査を実施して見られるHの素質的性格、知能には特別注意を払わなければならないような問題はないが、環境や生活については相当注意すべきものである。

△ 以前に不良仲間に加入していた関係上、彼等仲間の仁義（彼等の世界）今もつて抜けきれずひそかに交際しているのではないかと思い、不良交友関係をさぐつてみたが、全然そのようなことはないことがわかつた。

△ 母の連れ子として現在の夫、嫁いだ母とH、義弟、祖母、義父を結ぶ人間関係を私は探らなければならないと思つた。

△ 家庭以外に彼の生活の場としてこの学校、学級社会における彼と級友教師関係について研究することにした。

△ そして私は次にのべる項目がこの子の問題性の原因であるという結論をもつに至つた。　即ち

① 差別的取扱、愛情の偏重

祖母（現在の夫の母）への義理からだとはいえ、先夫の子Hと現在の夫との子の間にはあまりにも差別的取扱がありすぎる。この事は青年前期の少年には当然感じ得ることである。Hは彼の作文の中にも「みんなからいつもにくまれとおしである」と書いてあることや、彼との面接でも同様なことが度々くり反し言つている。さらに作文中に「これもみな長男ぼくのせきにん」と書いてあることは、罪の一切を背負わされた人の様に思えて、いたましさを一層感ずるのである。母からも、祖母からも、弟からも又時々遊びにくる叔母（義父の妹）からもそうみられいてる。「僕は物を盗ることはきらいなんですが何か物がなくなるたびに、僕はぬれぎぬをきせられるので、しやくにさわつた。それで僕はどうせ悪者扱いされるなら、ほんとうに盗んでやろうといつて卵を四個盗んだのが始めてです」

といつている。又母は弟の我儘はゆるして僕にはきつい」といつている。この事は彼の小さな胸にきざまれ容易にぬぐいさられぬままになつていつた。

適応性検査でもはつきりするように、最も低い家庭環境の特性で〃どこかに逃げ出したいと思う程悪い条件〃であり、学校環境では一パーセンタイルで教師からも級友からも承認されず、好かれもせず、Hの学校生活の不安定はいきおい他の面において自己の要求を満足させようとする手段をとつていつたのである。

このような雰囲気に育つたHの欠席、欠課は当然のなりゆきとなり、そしてそれが逃避場所として映畫館がよいをしはじめたのであろう。

このような家庭はHの安住の地でなく、Hはたえず口実をもうけてこの場から逃げていつた。これが嘘言くせをつくる根源となつたと考えられる。そして一度、二度の成功によつて教師をもまんまと嘘言にのせるようになつて来たのであろう。

結局彼は誰からも愛されない。誰からも承認されないままに二年を経過し現在にいたつたのである。

② ほんとうの父親があらわれたこと。

今の父親はほんとうの父ではなく、ほんとうの父親が健在であることがわかつた時の心理的なショックは容易に静まるものではない。僕がこのように、皆んなからにくまれるのも、ほんとうの子ではないから厄介視れているのだという子供心の思いつめから、どうにもなれ、ぬれぎぬを着せられてもそれをぬぎすてようともしない一種のひがみ劣等感がHの心を支配し、時たまそれが爆発して粗暴となり級中をあばれまわつたのであろう。このような粗暴は級友の反感をかい、しばしば喧嘩に発展していつた。交友関係を見ても七名の級友から嫌われているのも（三二％）その証こである。

③ 以前に交友関係に欠陥があつた。それらと交わつてから一層彼の行動にはくじやをかけるようになつた。それが今もつてなおしきれず、悪友グループから離れても単独で放浪し、満されない憤まんを映畫見学によつて補償しようとした。

四、指導方針

以上の診断結果から私はHについての指導方針を立てた。

① 家庭に対して

○ 母親としてのだんこたる態度がこの家庭においては必要と考える。この様な愛情の偏重や無知な態度では、結局誰も救えない。Hにしろ、義弟達にせよ望ましくない人格がつくられていく。私は先ずこの母親としての態度について、正しい愛情

の与え方について、じつくり話し合うため足しげく家庭訪問をすることにした。

○ 家庭のなごやかな雰囲気を構成していくように御願いした

○ 父親に対しては今までどおり可愛がつてもらうよう……この家庭は最初から協力的であつたので、私としても力づけられる思いでこの子ととつくんでいつた。

② 本人に対して

○ 私は先ずHにとつて信頼すべき友人にならなければならないと思いHとの話す機会を多く持つことにした。

○ 交友関係の調整をはかる。

○ 仕事を与えて賞賛し、承認していこう。

○ 全職員がHに対してあたたかい目で見守る。

③ 学級に対して

○ 皆んなしてあたたかい目で迎えてやる。

○ 教師、級友皆で承認してやる。そして生活の安定感を与える。

五、問題児の指導を阻む要因

① 環境の面

イ、家庭の教育に対する理解と保護能力がない。

これは帰するところ「家計貧困」がその根本となつている。一日の生活をどう立てるかに追われている保護者たちには、子供の教育に手を伸す余裕を持たないのである。

ロ、悪環境のために学校教育を破壊し、誘惑される

半都市的形態をおびているのと、基地という特殊事情からくる悪環境によつて、精神的、物的に生徒にあたえる影響は大きく社会のもたらす刺戟は実に大きい。

② 教師の面

イ、教師の過重労働がもとで、個別指導の徹底をはかることは困難である。

教師から雑務をとりあげることだ、そしてこの方面の研究の時間が与えられるとともに、教師皆が真剣にこの問題と取組むことができるようにならなければならない。

ロ、指導技術に困難

問題児指導についての深い理解と指導技術が必要であるにもかかわらず、この問題については、私たちはあまりにも無気力であるので、指導者養成の講習会開催が必要と思われる。

③ その他

教科担任制のため充分に個人に接する機会が少ない。

（前原地区具志川中学校）

事例記録票　（その1）

氏名		男　女		才　月
中学校第　学年　組		H・R担任氏名		
現住所				
出生地		本　籍		
生育地				

1　問題点

2　家族構成

氏　名	年令	続柄	学　歴	職　業	健否	収　入	その他

（その2）

三　家庭状況及近隣状況

四　生育歴

五　家系

（その3）

六　本人の状況

(一)　身体状況

(二)　心理的検査

(三)　学業状況

(四)　出席状況

(五)　観察記録

(その4)

七　診　断

八　指導方針

九　指導経過

子供博物館によせて

沖縄PTA連合会
子供博物館 事務局長 安村良旦

（参観人で、にぎおう或る日の子供博物館）

子供博物館の概要

一、建設の経過

1、建設趣意書

2、建設開館まで
別紙

3、開館落成式――一九五四年十二月十日

二、開館後

① 開館以後現在迄の施設補助金

1、政府補助 三〇万円
2、那覇市補助 一五万円
3、共同募金配分 二二、七五〇円
計 四七二、七五〇円

② 展示施設の主なるもの

1、動物園（猿、猪、七面鳥、が鳥、からす、はと、たか、かめ、みつ蜂、すっぽん、小鳥等）
2、社会科展示品（各種類百点）
3、動物標本、混虫標本、貝殻標本、押葉標本、鉱物標本等数百点
4、本土各地の人形及郷土人形等数百点
5、各種気象観測器及物理器具等数十点
6、電気交通模型室
7、ミユートスコープ室
8、映写教室及ピンポン会場

三、将来の事業計画

① 動物園の拡充
② 電気科学室の設置
③ 映写教室の充実
④ 屋上施設の建設と児童遊園施設
⑤ 表楷段の建設
⑥ 小規模の水族館の建設
⑦ 常置定示室の増築

右の外に那覇市都市計画による子供福祉センターの早期実現により周囲の墓地を整理し、海外同胞や政府の力を仰ぎ、ペルー館の外にブラジル館やハワイ館等の建設を夢見て居り、より充実した子供のための総合博物館が実現する様尽力致したい。

児童福祉に深い関心を持たれる官民、篤志家が海外同胞の御協力を切におねがいする次第であります。

子供博物館建設趣意書

沖縄が新しい歴史を創造して行くにはこれから成長して行く子供等に大きく期待される。伸びゆく生命に正しい方向と豊かな実験とを与えるような恒久的福祉増進施設が準備されなければならない。

子供博物館は彼等が健やかに育成され、社会人として自己を完成してゆくための創造心を発動発展させる場所として、又子供福祉施設の少い沖縄の現状に於て健全娯楽を与えつゝ学ばしめる場として子供達に提供する教育施設であり、社会施設であり、文化施設である。殊に世界の文化からとり残され勝ちな孤島沖縄に生を享け、育たなければならない私達の子供達、先進国の子供に比して優秀なる素質を有しながら低位にある其の学力を向上させ、将来伸びる素地を出来るだけ養成してやる事は、私達沖縄の大人に課せられた義務である。沖縄PTA連合会が創立五周年記念事業として子供博物館建設運動を提唱した理由も玆にある。

願くは政府をはじめ全沖縄の教育関係者、PTA各団体の各位、将来の沖縄発展のため可愛いい子供達のため本事業が早く実現し、育成発展させて戴く様全幅的な御協力御支援をお願い致します。

一九五三年九月

沖縄PTA連合会

子供博物館の建設を省みて

一、子供博物館の建設の件が議決なったのは、五十二年三月開催の総会であった。即本会五周年記念事業として採決され建設予算の研究案が三五〇万円だった。その内訳は

(1) 各地区PTAの負担金で　一〇〇万円
(2) 街頭募金額　一〇〇万円
(3) 政府補助及び寄附金　一〇〇万円
(4) 海外よりの寄附金　五〇万円

二、同年五月本会役員に専門家を加えた研究準備委員会で予算施設、敷地等を研究した。

三、併し右の案は地区PTAが校舎建築もしなければならず、負担過重との理由で研究案としてお預けの形となった。

四、五十二年六月ペルー沖縄人協会より寄贈の一二一万円を中央教育委員会支教局、教職員会等の御協力を得て建設基金として獲得する事が出来て予算の見通しがついて来た。

(子供博物館の世話を見て下さつている徳元先生と安村先生)

五、五十二年七月開催の総会で建設予算が成立した。

即ち、

ペルー寄附金　一二一万円
福祉協議金の配分金　六〇万円
地区PTA負担金　一〇万円

計一九一万円であった。これで資金の見通しがついたので、敷地の選定を急いだが中々決定せず、その上福祉協議会の配分金が二四万円に減額されたため再び予算を更正せねばならなくなり、終に五十二年を見送って、五十三年の春を迎えた。

六、五十三年五月開備の総会で敷地の問題は将来、那覇市が子供センターを予定している現在敷地は全島から交通も便利だし、静かで見晴しがきく最適地だと決定した。尚資金面では事業収入を図るようにとの事であった。

七、本会として敷地の決定したので那覇市当局と具体的折渉を開始した。轄市計劃課が音頭をとって、子供センター予定地の地主約五十名を召集して、換地の件と子供博物館建設の件について、地主の賛同を得た。　八、五十三年七月開催の総会の建設予算一八三万円が議決された。

その内訳は

ペルー資金　一二一万円
同　利　子　一三万円
共同募金配分　二四万円
PTA負担金　一〇万円
事業収益金　一五万円

九、資金は出来たが、換地が何時になるやら予想がつかぬので、関係地主と直接交渉を開始、那覇市都市計畫課の立合斡旋の下に近い将来、那覇市が換地する迄との条件で地主と借地契約を結んだのが九月だった。

十、十月に政府及那覇市の建築認可となるや四名の工事請負者の指名入札の結果、最低入札者、金城カムパニーが一四〇万円で落札し、十一月着工した。工事は最初順調に進捗し、二月末には予定通り二階のスラブを打上げたのであるが、工事施行者金城田助氏が突然逝去されたため、工事が困難となり、其の上便所をはじめ、数ヶ所の追加工事のため延び延びになりすべてが竣工し検査の結果本会が引取事が出来たのは去る九月であった。

即ち本建設は起案されてから完成を見るまでに実に二年有半かかった事になる、崎浜会長より天野会長の二代に亘る事業であり、資金造成面に、或は敷地の問題に其の他幾多の忠言、激励、批判等を戴き、迂余曲折の小建設史の感がある。

本建物は延一〇五坪のブロックコンクリート二〇建で設計者は名の高い仲座久雄氏。一〇が玄関、展示室、事務室、職務便所、二階が映写室の設備のある集会と展示兼用のホールとなっている。

総経費一部備品を含んで一九一万円である。資金の内訳はペルー沖縄人協会の貴附金（利子共）一三三〇円、赤い羽根共同募金配分金、二四〇円、会員の負担金一〇〇円、篤志家の協力による事業収益金二四万円計一九一万円で一銭の負債もなく建物は完成した訳である。

竣工と共に開館準備にとりかかり十月開催の総会で施設充実費の予算決定政府をはじめ那覇市、真和志市へ補助を仰ぐと共に、学校募金、篤志家より浄財を募集して館を充実し、開館式は意義ある、本会七周年記念日の本日と決まったのである。

開館とは言うものの準備期間と資金並びに私共当事者の微力のため、ささやかな展示になった、然しこれだけ出来たのも別紙目録に示すような協力者が居られたからである。

当事者の一人として常に将来の大きな夢を子供のために描きつつ現実を一歩一歩ふみしめて行きたいと思っている。行手は必ずしも平担な道のみとは思っていない、児童の福祉に理解と関心のある方々の御支援と御協力を得て、本館の充実に努めると共に近い将来、現敷地一体が那覇市によって換地され、子供センターとなった時、私達の描いている理想的子供の楽園が実現するものと信じている。

終りに、本建設に御尽力を賜わった、崎浜、天野両会長をはじめ役員の方々、真栄田文教局長、小波蔵次長、豊平中教育委員長（当時）それに屋良教職員会長をはじめ教職員会の方々、本会議員、各学校長、ＰＴＡ会長、那覇市花城都計課長、其他数える事の出来ない位多数の協力者、就中、建設始まるや常勤され会長代理として、あらゆる折渉、助言指導、事務まで手伝って下さる慈父の如く優しく、又決断力に富む徳元副会長、それに建設当事より一心同体となり、絶えざる指導と忠言援助をお急がしい中にも与え下さった、新里教職員会事務局長や文化委員長渡久地政功先生に万腔の感謝を捧げると共に少い人数で深夜までよく頑張ってくれた職員に謝意を表して二ケ年間の建設回顧とする。

一九五四年十二月十日　開館の日に。

開館以後現在（三月末日）までの見学者数

		大人	小人	計
一九五四年	十二月	一一五七	五六七〇	六八二七
五五年	一月	四〇〇	二四九一	二八九一
	二月	四二〇	二三八一	二八〇一
	三月	九五二	五七〇八	六六六〇
	四月	三二〇	三八一	七〇一
	五月	二三七	二三五三	二六一〇
	六月	一二四	一一六四	一二八八
	七月	一四四	七七九	九二三
	八月	九二一	一八〇八	二七二九
	九月	四〇九	一一一五	一五二四
	十月	二一七	一四四四	一六六〇
	十一月	三八六	一六四六	二〇三二
	十二月	四二五	一一〇九	一五三四
五六年	一月	一二一六	五五三九	六七五五
	二月	三四二	八二八	一一七〇
	三月	九三三	八八一七	九七五〇
計		八六〇三	四三、二三三	五一、八三六
一月	平均	五三八	二、七〇二	三、二四〇

紀年の取扱と歴史教育

饒平名浩太郎

六世紀の初頃から、百済は日本に五経博士を送り、それを交番制によって、日本に常任せしめている。これによって当時日本の知識層が五経の講義を求めたことが知られ、儒教思想の滲透及漢籍の流入が相当あったことが察せられる。こうして六世紀の半頃から易博士、暦博士、医博士、採薬師なども貢上されるようになった。後世の人が日本漢学の主流を儒学にあったと考えるようになったことも故なしとしない。

聖徳太子が確立したという暦法は、百済の観勒によって持来られ、同時に支那思想の讖緯説が入り、天文学の伝来と相俟って日本国家成立の反省が行われたのである。讖緯思想（未来のことを予言する思想）十干、十二支の組合せによって出来た考え方で、六十年に一回同じ干支がやってくる、この干支がまわり合せるとき革命があると考えた。辛酉革命、甲子革命、六甲一元、二十一元一ほうなどが即ち讖緯説の原理をなすものであった。元来一ほうは二十一元のことであるが、支那では三と七が最も大切な数字となっていて一元（六〇年毎）の革命の年が二十一回まわり合せるとき、国家的な大変革があるとする。

日本紀元は推古天皇九年、六〇一年の辛酉の年から逆算して、その一ほう一二六〇年前の辛酉を国家大変の年として神武天皇即位の年と定めたのである。

なぜ推古天皇九年を逆算の基準とする年代考定が推古天皇の時代に行われたであろうか。この頃から大規模な国史編修が行われたからに外ならないが、不都合な点が多々あることは見のがせない。即ち履中天皇以後は記録があったから真実に近いのであるが、それ以前は全く記録がない。従って作為によらねばならぬ。即ち六〇一年から一二六〇年遡った年を日本紀元とする場合に、天皇の在位、寿命が驚く程今日とへだたりがある。（日本書記による）

神武天皇在位を七六年、寿命一二七才（古事記には一三七才）十代崇神天皇の在位は六八年、寿命一二〇才（古事記は一六八才）十一代垂仁天皇が在位九九年、寿命一四〇才（古事記に一五三才）かくの如く、政治的意図をもって書かれた物語は、史科的価値がなく、真実であり得ない。

この在位年数は即ち履中天皇の即位が西暦四二八年で、逆算からいえば一〇八八年、一ほうの一二六一年の間は動かせないから、他に割振りをせねばならなくなり、百才以上の寿命を作るに至ったのである。

仏教の伝来に就てその公伝の記事の真実性に疑惑がもたれるようになったのも、書紀の記録に端を発しているというのがその一原因である。仏教公伝の日本書紀欽明天皇十三年の記事は、唐の長安三年（七〇三年）に訳述された最勝王経の文を採ったもので、書紀がそれ以後の起草であることは明かである。欽明天皇十三年壬申という年紀に就いては、法王帝説、その他に戊午伝来の説が伝えられていて、同時にそれは継体、安閑、宣化、欽明、四朝の書紀の年紀の錯誤の問題と絡んで壬申（五五二年）を戊午（五三八年）と改定する説があらわれるようになった。

坂本博士はこの問題に就いて「戊午（五三八年）が絶対に正しく、壬申は全く錯誤であると、いいきる根拠は薄いと思う、と考えられた。即ち戊午にも壬申にも仏教の伝来の事実はあって、その各々が別の史料に伝えられて、今日に残ったものではあるまいか」といわれる。もともと仏教の伝来といっても内容的には仏像、経巻、僧侶などの渡来であるから何回にも行われるのが当然であって、六世紀前半の時代のように半島の緊迫した状態で、百済が盛んに新文化の貢上に努めた時代には、そうであり得たはずである。仏教の伝来の時はある一年と限定するよりも幅のある一定の期間として六世紀前半であったと見る方が妥当であろう。

欽明天皇十三年の記事を書紀からひろって見ると、

「十三年夏四月辛酉朔天皇、皇太子、大臣及び諸王諸臣に詔して、共に同じく誓願を発して、始めて銅繍の丈六の仏像各一軀を造る。乃ち鞍作鳥に命じて仏を造る工となす。是の時に高麗国大興王、日本国の天皇仏像を造りますと聞きて、黄金三百両を貢上する」閏七月巳未朔皇太子諸王諸臣に命じて、襷を著しむ。冬十月皇太子斑鳩宮に居ます。

「十四年夏四月乙酉朔壬辰、銅繍の丈六の仏像並びに造り竟りぬ。是日丈六の銅像を元興寺の金堂に坐う時に仏像、金堂の戸より高くて、堂に納れまつることを得ず。是に於いて諸々の工人等議りて曰く、堂の戸を破ちて納れむ。然るに鞍作鳥は秀れたる工にして戸を壊たずして堂に入ることを得たり。即日設斎す。是に於て会集へる人衆勝げて数うべからず。是年より初めて寺毎に四月八日、七月十五日に設斎せしむ。五月甲朔戊午鞍作鳥に勅して曰く、朕れ内典を興隆さむと欲う。方将に寺刹を建てむときに肇めて舎利を求めき。時に汝が祖父司馬達等便ち舎利を献りき。又国に僧尼なし、是に於て汝が父多須那、橘豊日天皇の為に出家し仏法を恭み敬いたり、又汝がィ島女初めて出家して諸尼の導者として釈教を修行う。今朕れ丈六の仏を造り奉らむが為に、好き仏像を求む。汝が所献仏の本即ち朕が心に合へり。又仏像を造ること既に終りて、堂に入ることを得ず。諸々の工人計ること能わず。将に堂の戸を破たむとせり。然るに汝戸を破たずして入ることを得つ。此れ皆汝が功なり、即ち大仁の位を賜う因りて近江国坂田郡の水田二十町を給う。鳥此の田を以て天皇の為に金剛寺を造る」とある。これで見ると鞍作鳥一家が仏法弘通のため尽力した事が分り、仏像も日本に於て鋳造されていたことが知られる。従って梁から帰化した司馬達等以前に於ても漢文化と共に仏教が弘通されつゝあったことが察せられる

そもそも仏教は釈尊の滅後いわゆる覚者の教としてインド全土に普及するに至り、さらに国境を越えて東西南北、全世界にまで行きわたるようになった。

その中でも北インドから中央アジヤを経、また南方から南海を渡ってシナに入り、こゝに成熟した支那大陸の仏教が更に三韓を媒介として、後には直接に支那本土から数次にわたって日本にまで伝えられた。

仏教公伝当時の記録としては、日本書紀以外の金石文や断片資料もまた大体に於て書紀の記録を裏づけるものであった。こゝに紀年論の問題もひそんでいるものと考えられる。凡そ政治的目的のもとに書かれた文献は真実性を欠くことが多く批判の余地があることはこゝに記述するまでもない。吾々は真理の前には頭を下げねばならない。且て藤井貞幹が正に発に於て日本紀元は六〇〇年長いということを研究し、菅政友は日本紀元に関して懐疑論を発表し、那珂通世博士が日本上古代年代考に於て、日本紀元の誤謬を指摘され、三宅米吉博士が日本紀元の正否について論じられたが、日本国体の神国観を堅持した者や、国粋思想をもつものにとっては極めて危険思想として賓斥された。

終戦と同時に辻善之助博士は日本紀年論纂を著し、丸山二郎氏は日本紀年論批判を出して、日本紀元に一〇〇〇年近くの誤りがあることを指摘された。

紀元節復活論などを公然と説く教育者の頑迷さにも驚くが、吾々が考えねばならぬことは「高嶺おろしに草も木もなびき伏しけん大御代を」と唱する歪んだ感激である。民草がひれ伏して随順する姿を是認する態度はとうに清算されたはずである。

歴史の事実は吾々の個人的経験の事実と同じように、特殊であり、異る出来事の連鎖である。歴史は科学である。科学はその企図の中に不確実性の要素を是正するものである。科学である歴史の教育も「時の流れ」とか「時代の基盤」とかを究明し、それから年代発展の原理や法則を見出させることが使命である。

社会科で取扱う歴史は即ち吾々の住むこの社会を、そこに表われた現象のあらゆる面から正しく判断し、更に次の時代に発展させるところにある。従って学習指導の方法に於ても従来の括一一斉の講演式、暗記式指導法から、生徒の自発的研究や、個別的な自発活動を重んじ、なるべく実践的な多角的な研究法が行われ生徒自らこれを研究し判断し自らの実践を尊ぶように導くのである。こゝに教育の画期的な大改革があり、大きな進歩があるといえるのである。然しながら生徒をこの新教育の目標にそって歴史的訓練を施すのには幾多の問題がひそんでいる。即ち多角的な学習法や、問題解決学習法は括一的に行うものではなく、独自な立場で、独自な方法で、基礎から正しく計画的に行って、始めて目的を達すべきもので、これを性急に一足飛に行うとすれば、再び戦前の詰込主義に逆もどりする心配がある。実証的な態度をつくることが歴史教育の正しいねらいであるならば、早急な実践法は禁止されるべきものであって、歴史教育はこの立場から築き直して歴史の永遠性を期すべきであると考えるのである。

紀年論の取扱にしても、支那思想に端を発した讖緯説の錯誤から漢文化輸入時代初期の日本の知識人がそれを正しいものとして取入れ、日本の暦法を作りあげたところに誤りがあり、仏教伝来の年代が壬申（五五二）と戊午（五三八）の両方考えられることも誤った暦法（日本書紀の記述）から来たことであるが、当時国際関係や更に仏教という抱括的な概念から考えて、或る一年とすることは誤りだというように、あらゆる角度から究明していくように導かねばならない。

歴史教育の特殊な役割として愛国心の涵養があるが紀年論から起る仏教伝来に関する錯誤などのような立場に立つだろうか、歴史教育に於ける愛国心涵養は、母国の伝統と生活様式に対する理解を深めることにあるのは今日広く認められている。確かに歴史教育は愛

国の心情と無関係ではなくかえって、これを深めることが期待されているといえよう。しかし周知の通り戦前の愛国心は、自国の国家的自尊心のために歴史の真実はしばしば犠牲に供され、それを喚起するためにゆがめられた歴史教育から生れたものであり、排他的独善的愛国心であった。国民として国を愛する心情を養うことの大切なことはいうまでもないが、それは国民の歴史の内から、自ら萌え出るはずのものであって、外から強制され与えられるものではない。況やその為に歴史の姿が歪められるということがあってはならない。それは母国の歴史の真実の姿を通して、国民の一人一人の心に生れてくるものである。さらに今日求められる愛国心はいわゆる世界人としての自覚の上に立たねばならないものであり、従ってその為には母国の歴史の真実の姿のみならず、世界の国々のそれを通しても養わなければならない。

　そうしてはじめてよき国民であると同時によき世界人であることができるのである。歴史教育の使命もこゝに見出さねばならぬ。こう考えると仏教が国民精神を涵養した役割は実に偉大なものがあったのであるが仏教のもつ世界性を歪曲して、排他的、独善的な具に供しようとしたところに、国民の無自覚があった。

　これを本来の姿である世界性、博愛、一視同仁性の理念を止揚して取扱うようになれば壬申、戊午の両論から起る年代の錯誤や紀年論に煩わされることはないと考えられるのである。

一九五六年三月三十一日

（那覇高等学校教諭）

特別教育活動として

奥間信一

第一　特別教育活動

一、特別教育活動の必要性

吉田松陰の松下村塾から時代の傑物が多数輩出して封建社会に震天地の事実を作り上げ、近代社会の黎明の兆たらしめたが、これは一に松陰と生徒との間が人格と人格の触れ合いに依つて教育が営まれたこと、時代の要請を看破するのに明敏であつたといわれている日本に於ける過去の教育思潮を見ても、大正年間に唱導された、私立学校運動や生活綴方運動等、近くは道徳教育改造過程にあらわれた生活指導的内容、更に過去に於ける教育者が目をつけて来た生徒自治会・校友会等という生徒の自主的組織等。………

　従来の古い教育観に立つた知識のつめこみ、所謂読み、書き算珠的な教育に対して何かしら物足りなさを感じ、此の殻を何んとかして突き破つて、真に迫る生き生きとした教育をしたいという意欲の現れである。

　近代学校の特質は組織のない教育分野を次第に秩序づけて合理的、体系的なものにして教育効果を充全にあげるところにある。教育は生徒を全人として育て上げることであるというならば、知育教育の外に自主性、能動性、創造性、社会性等円満なパースナリティの構成に援助を与えてやらなければいけないことは勿論で、近代学校に教科教育活動と並んで特別教育活動が大事な教育の領域であると主張される所以である。

　斯くして　①教育過程観の拡大　②特別教育活動そのものに豊かな教育価値が潜在しているという事実は学校教育の中に特別教育活動という不可欠の領域を生み出したのである。

二、特別教育活動の位置

学校教育の領域、機能について杜撰ではあるが図にしてみたい。

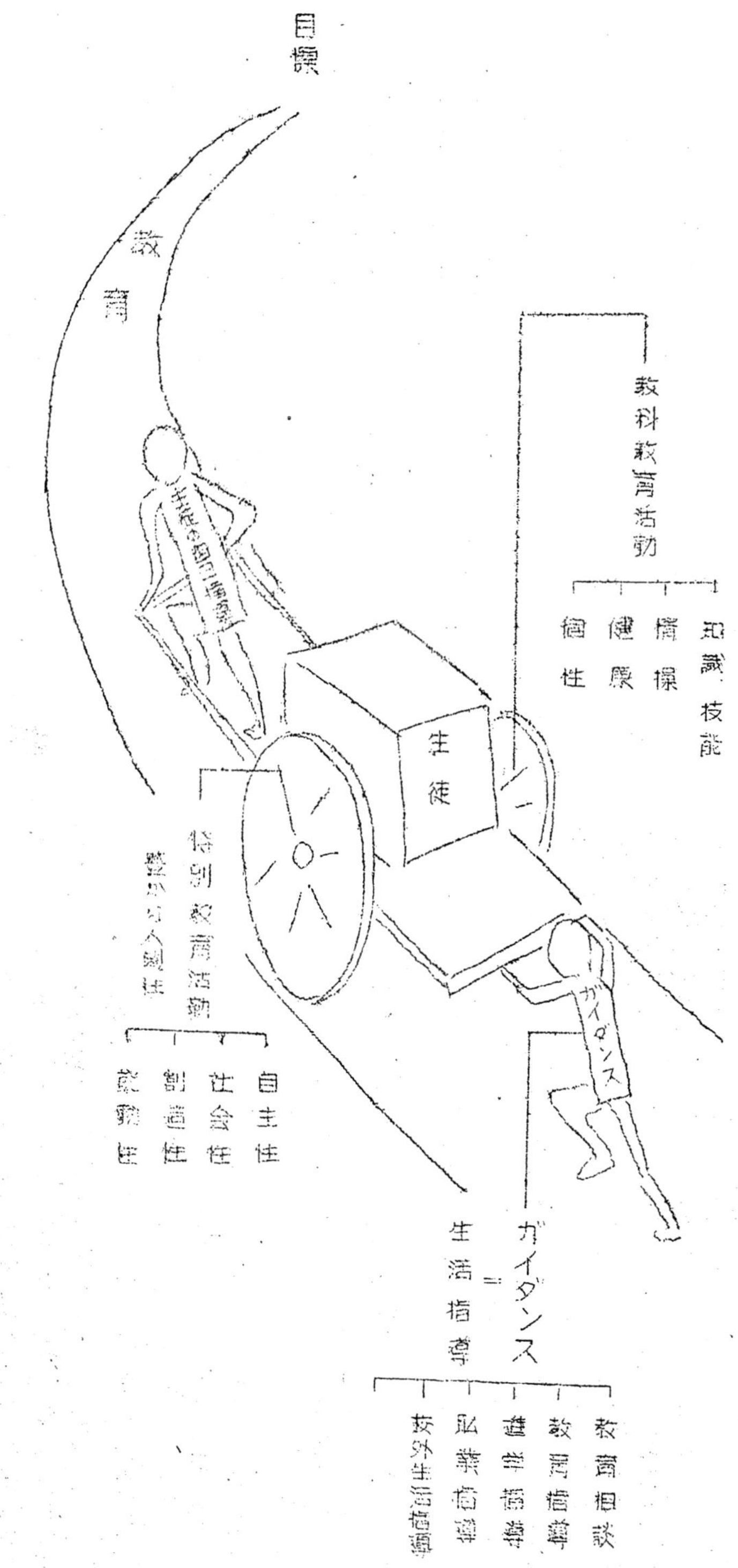

1、此の両輪は相擁して進むものであつて、一方が進めば一方が退くものでない。如何にすれば此の両者を円滑に推進することが出来るかについてのカリキユラムの編成が現場の私達に課された大きな課題である。

2、ガイダンスは教育の機能の全領域に及ぼされるべきであつて、ガイダンスが特別教育活動のみに働くとか、又は比重をかけるとか、そういうことは反省しなければならない。

また特別教育活動イコールガイダンス又は生活指導という考え方がなされ勝ちであるがこういう考え方は教科指導に於けるガイダンス又は生活指導を放棄又は等閑にふす危険性を伴うので此の関係をのべる

イ、特別教育活動即生活指導という見方

a　生活指導を教科指導という仕事の外に新しく

つけ加えられた教師の仕事と受とり他方やはり教科の外に附け加えられた特別教育活動が丁度それに当ると都合がよいという考え方これは生活指導を教科外の仕事とのみ見る誤を犯している。よい教師が既に行つている教授の中に生活指導が含まれており、よい教授の目的即ち各個人に可能な最大限の適応と成長とを得させるという目標がガイダンスの目的と同じである。

b　特別教育活動は任意的、自発的な生活指導を前提とし、その育成を基礎工作としてそれを組織化し教育的に再編するものであることを忘れて、教育意識があまり先に立ちすぎて生活指導と同一視する誤を犯している。

c　特別教育活動は教科活動と並んで学校に於ける教科課程の系列に加えられる、教育活動であつて、社会科即生活指導とか図工科即生活指導というような見方である。

特別教育活動はそれ自体として教育過程であるし、生活指導は教育過程の中で行われる機能と見做れなければならない。

d　相談指導専任者としてのカウンセラーを持たない一般学校にとつては事実上特別教育活動のみが生活指導の行われる唯一の場面と見られ易く両者を同一視する見方が生じてくる。そこでカウンセラーの担当する個別相談指導は生活指導の第一義的な部面であつて特別教育活動を通じて行われる生活指導は第二義的なものに過ぎないという誤つた考え方になつてしまう。

ロ、特別教育活動は生活指導ではないという見方

a　ガイダンスは本質的に個別指導だから特別教育活動という集団場面では行われない。

b　ガイダンスは専門知識や熟練を要するから特別教育活動では不適当である。

c　特別教育活動は集団指導であるから、指導の本質から見ると価値の低いものである。

そこでガイダンスの方法は個別指導と集団指導があるが集団指導というのは、どこまでも集団の中の個人の指導をその本質的意味とするものでないといけないだから個別指導と集団指導は方法上の分け方であつて本質的意味は同一である。

特別教育活動はそれが自由な実践的集団活動であるという理由で集団指導（集団を通じての個人指導）の機会を豊富に提供するものでありそればかりでなく、教師と生徒との間に親密な人間関係を打ちたてる働をもつているが故に個別指導の機会をも自然な形で提供し、又それに導くところの道を開く場面である。

特別教育活動と教科教育活動は機能的な差異でなしに夫々の占める、学校教育活動に於ける領域上の区別を示すに過ぎないと言われる。

なおコア派学者は特別教育活動は教科教育活動と融合して進歩的な新しい教育過程を実現させるべきとし特別教育活動はそれに到る過度的な存在であると主張している。要するにこれを平面図にすると

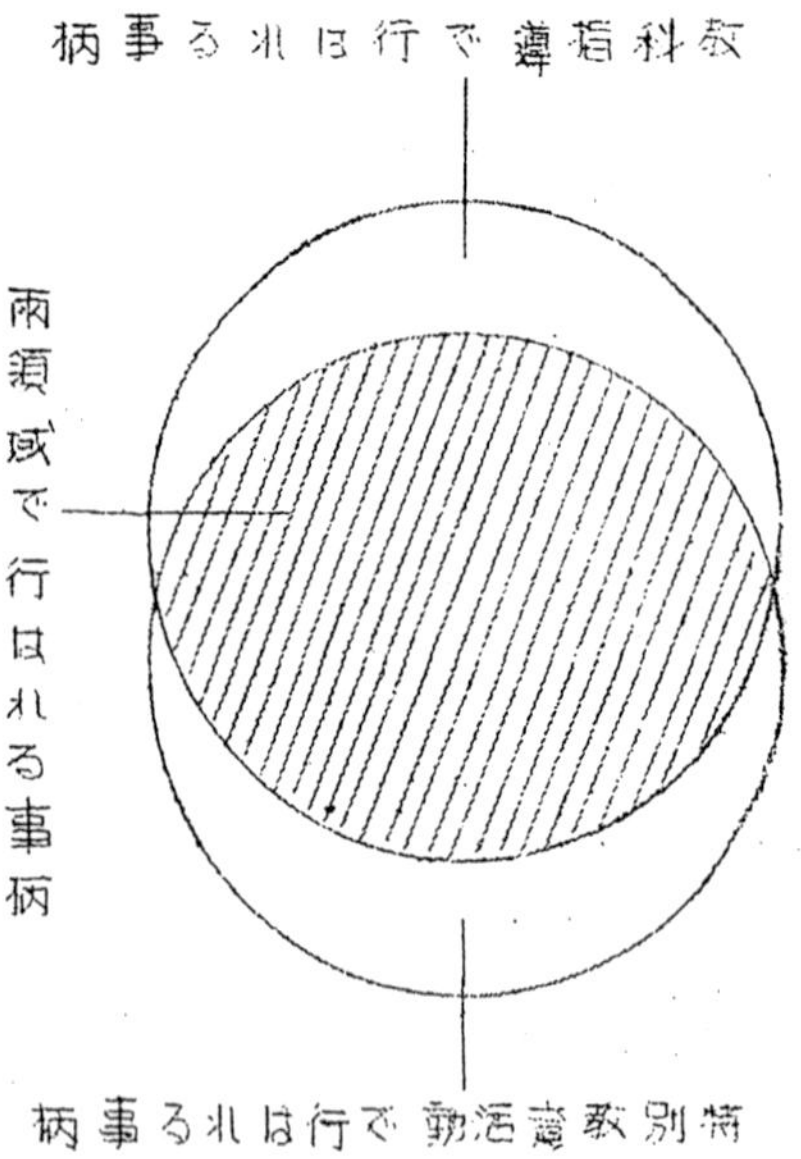

コア派の学者は遂にはこの両円を同心円として重ねなければいけないと主張するのである。

此の問題については池上中学校では去年まで新しい教育領域である特別教育活動の急速な発展を計るため重点的に特別教育活動の研究を続けて来て一応大きな成果を修めたのであるが、今年に到つて大きな反省に逢着し、全先生方が夫々教科教育活動と特別教育活動を同時に推進すべく研究組織と運営について検討を加えたのである。

1、個人研究

実態調査　イ、生徒個々人が夫々当面している問題とそのあり方　ロ、家庭関係及び近隣社会　ハ、身体と発育　ニ、本人及びその生活　ホ、精神の発達　ヘ、情意の発達　ト、社会的性格の発達　チ、人格に関する問題　リ、学習、研究生活

資料収集の方法　イ、学籍簿　ロ、身体検査票　ハ、成績表　ニ、出席簿　ホ、身上調査書　ヘ、戸籍謄本　ト、内申書　チ、観察　リ、面接　ヌ、質問紙法　ル、知能情意学力順応等のテスト　ヲ、作文、日記、自叙伝の分析

調査資料等の分析整理を行いデータとして記録し、蓄積して行くと同時に絶えず客観的な検証を行つて行く

2、グループ別研究討議（毎月一回以上）

3、職員研究会に於ける各リーダ及び個人の経過報告

4、指導部（推進委員）……各グループ及び個人の研究討議の結果をしぼつて「テーマ」に対する検証、指導を行う。各調査の結果研究の統一

三、特別教育活動の特質

特別教育活動の特質は他の教育領域（教科、行事生活）に比較して

1、学習活動の如く分割されてなく、これ等の学科に於て学習されたものを綜合されて用い、それに依つて教育活動を展開しているのであり、その間に教育がなされることが待望である。

2、行事教育とちがい自主的な教育場面として継続して行われる

3、学校生活は無体形である、けれども特別教育活動は組織を持ち活動展開の体制が出来ている。

他の教科指導と比較してその特質を考えると

1、特別教育活動は教師の体系づけ、計画された授業形態でなく、活動の主体は何処までも生徒であつて、生徒が主として企画した各種の表現学習の分野が展開されなければならない。教師の位置は相談役、顧問として背後から見守つてやらなければならない。

2、特別教育活動は他学年、他学級の生徒との間に打ちたてられた人間関係を基礎とした特有の場である。

3、特別教育活動は生徒の表現を媒介として教育の効果をあげようとしているのであるから実践に訴えた学習活動である。

4、特別教育活動は表現活動に便益な場を用いなければならない。

特別教育活動取扱いの性格上問題となることは学科の延長と考えられることで、個性の伸長実力の補充等は教科指導の中で個人指導に依るのが原則であつて、これを特別教育活動に位置ずけようとする事は比判されねばならない。

更に特別教育活動は機能的な立場からその特質を見ると

1、自由な集団活動である。

生徒たち自身に依つていとなまれる自由な集団活動だといえることで先づ興味の自由な追求といつた個人的、個性的な興味や能力の伸長の自由さがあり、いま一つは共同生活の建設の自主性を意味する二面がある。

2、教師と生徒との直接的な関係

教師と生徒とに望ましい人間関係を与える、特別教育活動は予め準備された教材によつて教えられるのでなくて、先ず接触的人間関係から出発して共に追求すべき活動の内容を共同で築き上げて行く所に特別教育活動の実質がある。

3、共同的生活実践の活動

特別教育活動は学校社会に於ける現実的な生活実践の活動だということが出来る。

4、活動内容に社会の動きを敏感に反映すること。

教科過程は内容が固定化し易いけれども課外活動はそのときどきの社会の動き、社会の要求、時代の動向といつたものを敏感に、また直接的に反映させ

る性質をもつている。
5、教科学習とのかゝわりあい。
学校教育の動的な実践場面においては教科教育活動と特別教育活動は寧相互媒介的に発展的な形においてかゝわり合つて行くものである。
イ、教科学習の諸々の場面から来る教育的弊害である。拘束性、競斗性、非人間性、抽象性、内容の固定化等に対し、特別教育活動を媒介として教科学習に於ける生徒側の自主性、主体性の恢復、協同性、互助性の増大、教師と生徒との関係の人間化、具体的生活性の獲得。
ロ、教科学習で学ぶ知識、技能を自治活動という実践場面で綜合的応用的に駆使してそれによつて知識、技能を直ちに身につける。
ハ、教科学習の基盤として、教材を受けとるべき問題意識や学習意欲の場として自治活動が役立つ
特別教育活動の特質が単に特別教育活動内部に於てのみ発揮されるのでなく、学校教育の本質的な改造のための不可欠の契機となるべきことを考えれば両者の統合的関連においてこそ、特別教育活動の特質が正しく発揮されるものである。

特別教育活動の重要な意味は民主社会の人間が生活するために欠くことの出来ない性格や態度を育成しようとする所にある。即ち次のような態度の養成が望まれる。
1、自主的行動
2、各個人の特質の理解と尊重
3、仕事を通じての協力
4、判断能力
5、多くの人々の考えを綜合して進路を決定すること
6、材料を集めて目的に適つた構成をする。
7、結果の判断に依つて方法を反省して新しい立場を築くこと

四、特別教育活動の運営と施設

1、特別教育活動は学習活動とならべて教育過程の二つの領域であるとし、カリキュラム改造を両者に貫いた問題であるとして運営に当らなければならない
カリキュラムは学科として編成された内容のみを対象として取扱うのでなく特別教育活動にどんな内容を盛り、どう扱うかという事も教育過程改造の主要な分野である。即ち特別教育を改造して今後の社会生活建設の基礎として、ここから新しい人間教養が出来て、それが生活を進展させる推進力となるように経営されねばならない。
2、運営
イ、日課表について
1、週番並びに学級当番及び購売部員、銀行部員、図書部員は始業三〇分前に登校服務す。
2、職員はおそくとも始業一〇分前には担当ルームにあつて朝の指導を行う。
3、ホームルーム担任は登校時、朝の連絡表及び所定の場所に告示する必要事項を承知し、これの伝達徹底をはかる。緊急を要するものは放送によつて伝達する。
4、職員は必要に応じ始業前、昼食時、職員室に集り打合せを行う。
5、ホーム・ルームの時間はホーム・ルーム運営案によつて指導する。
6、ドリルは教育漢字練習と計算練習を規定の方法によつて指導する。
7、放送はホーム・ルーム担任指導のもとに昼食時一五分間、校内プログラムによる学校放送を聴取する、連絡のための放送は朝のホーム・ルームの始め二分、昼食時の放送の直後の三分、終りのホーム・ルームの終りに二分間とする。
8、清掃は全員が一斉に校内外の分担区域を二五分間行う。
9、下校時間は厳守し残留を認めず、必要な仕事は始業前に行うを原則とする。但し特別残留を必要とする時はホーム担任及週番の職員及び教務の許可を得て行い、家庭に連絡する、以上の外土、日曜日などに校舎を使用する場合は日直職員の許可を要す。
10、時間を要しない生徒の場合は昼休に行い、その他の会合は清掃後行う。
11、始業第五時、清掃終了時、下校時の五分前及び各授業終了五分前には予鈴をならす。
ロ、週計画表について
1、月曜日の全校朝会にはその週の校内外生活上の徹底事項伝達及び校長講話、全校合唱を行う
2、月曜日の第一時限は保健指導二〇分、HR三〇分としHRTに依る保健生活指導と土、日曜日の生活の反省、一週の計画、学校経営上の諸問題の処理及び指導を行う。
3、特別教育活動及び職員の会合は週計画表の通りの日程で実施し、生徒は下校時まで、職員の会合は五時以後に開くことを本体とする。

4、ホーム・ルーム、学校協議会、生徒諸活動の時間に行う自治活動は、ホーム・ルームの諸問題及び学友会の問題につき研究協議し又実践するものとする。

5、火曜日の生徒分会及びクラブの班長会は必要に応じて開く。

6、木曜日のクラブ活動は下校五分前まで、各班の事情によつては延長出来る。

7、木曜日の学級協議会には学友会の問題を協議するものを本体とし、問題のない場合はH・Rの問題を扱うものとする。

8、土曜日の全員集会は学友会の自治的計画によつて運営される。

9、土曜日の午後は学友会及クラブ各班、学校学級の活動において職員の指導ある場合のみ校舎の使用を許す。

10、職員の会合は此の外に教科主任会、学年主任会、職員集会を必要に応じ随時行う。

2、教師は学習活動に於ては主役を担当するけれども特別教育活動に於てはよき相談相手となり、或は全くかくされた指導者となるようにしなければならない。即ち生徒の自主性により独自な展開をなして行く、生徒が自主的に運営に当るが、然し教師は常にその裏から見守らなければならない。特別教育活動の指導に当る教師の姿勢として池上中学校の考え方を掲げる。

(特別教育活動に於ける指導について＝教師の姿勢)

特別教育活動のねらいは、飽くまで自主性の陶冶にあると考えます。従ってあらゆる面で、出来るだけ、生徒の考え方、生徒の動きを中心にし、大切に育てゝ行きたいと思います。このことは換言すれば我々職員はやゝ表面的には消極的なものとなるわけです。勿論「指導のないところに自治はない」ことは真理でありますが。消極的な指導とはそれ故にあくまでも表面的に見たときの話です。昨年も自治活動を研究するに当つて、我々はこんな問題について「自治と指導」というテーマで話し合いました。今年度、特活の発足に当つて、私たちは今までの研究の上に立つて、次のような態度で進みたいと考えました。

活動するのは生徒自身ですから、彼等に考えさせ、自分の力で働くようにさせます。しかし我々職員は彼らよりも豊富な経験をもち、広い立場から物を見ることが出来ます。「此の計画によつて生徒が動き出せばこんな障害が生れるだろう。」という事は、ある程度予想出来ると考えます。そこで我々は之等の障害の発生を未然に防ぐような処置をとつたり、早期に気づかせてやつたりしなくてはなりません。私達はこのような努力こそ真の指導だと考えるわけです。従って「表面的には消極的な」という言葉を使ったわけです。

3、特別教育活動は技術の展開を以てその特質としているので、これを進める為には材料と道具と場所とを必要とする。公共の経費を以て負担されるようなことは今後に於ける特別教育活動の発展のために必要なことである。

施設では生徒会事務室、協議室、クラブ室、ホーム・ルーム、種々の備品、消耗品を必要とするが、学校施設不備な現状では教室等と兼用するもやむを得ない事であるが、生徒会事務室だけは小さくとも

得ない事であるが、生徒会事務室だけは小さくとも
専用を持たねばならない。

五、特別教育活動今後の課題

1、特別教育活動は教科教育過程以上に、夫々の時代や社会の要求を敏感に反映する。しかしそうした外部からの要求をそのまゝ無批判に受け入れるのであつてはならない。新しい社会の要求や、あるべき人間像の方向に向つていかなる活動を教育的に組織化してゆくべきかを決定すべきである。

特別教育活動は教科過程よりも、自由に、豊かに社会の動きを反映するという基本的性格を生かして学校教育過程全般の改造の発揮点となるべきものだといえよう。

2、特別教育活動が自体いかなる独自の教育的価値を持ち、いかにすれば教育過程なる実質を与えて正しい意味の特別教育活動たらしめるかについての理論的並に実証的な学者と教師との協同の研究が進められなければならない。

六、評価

特別教育活動では評価のための条件規定は難しいので特別教育活動以外の部面の評価で推測しなければならないのではないだろうかと教育大の井坂先生は述べている。

日常の実践記録を通じて一人一人の子供を観察する以外にないのではなかろうか。池上中校では生徒をよく観察しありのまゝのことを所見の形で評価する態度をとつている。

第二　生徒会

一、生徒会の必要

特別教育活動が学校教育の領域としてクローズアップして以来、学校内外に於ける生徒の自主活動が盛んに行われるようになつた。この自主活動の中核として、学校長の指導監督の下に特別教育活動における生徒・諸活動の全般に亘り、その連絡、調整、統轄をなし、これらの助長発展を図るための生徒自らの枢軸的統一的機関として生徒会は重要な意義を持つものである。

生徒会が現代中学校に於て次の三つの教育的意義を九大の原教授は主張している。

1、青年心理の上から重要な意義がある。

拘束や権威に対する反抗的傾向、潜在能力の自覚と独立行動への意欲の増大、既存の秩序や権威に対する批判的傾向、自己誇示の発現等青年心理は複雑である。斯かる心理傾向に対して、発散の場と機会を与えることに依つて解放と満足を得て心理的に調整され生徒自ら組織し統制し運営する機関である生徒会活動によつて心理的満足感が得られ、秩序や権威の尊重、責任を自覚した自律行動が得られる。

2、学校精神分解の阻止

中学校に於ける学科担任制、中学校区の拡大によつて教師と生徒、生徒と生徒の人間関係は不利の状態にあつて、これを放置すると、小集団の対立、反目、競争をもたらし、スクールモラルの形成に支障を来たす、生徒会を基盤とし、全生徒の活動に亘る機関である点から以上の欠点を補い、立派な校風を作り上げることが出来る。

3、学校管理への参加は必要である。

民主的学校経営の原理は学校長、教師、生徒、地域社会の人々に依る協力経営にあるといはれている。旧制の中学校のように幾多の生徒の中から選ばらた少数で目的も似ているので学校当局側の一方的な劃一編成が容易に行われたが新制中学校では生徒の量と質と進路に著しい変化を来たし、カリキュラムの拡大、教育方法の複雑精緻化により校長、教師のみの統制や編成では大きな効果の速成は期待出来なくなつた。復って生徒会が学校管理の分野に協力的に参加する必要か生じて来た。

二、生徒会の機能と目的

1、生徒会の機能

イ、生徒の総べてが平等の権利と義務、特権と責任を持つた学校社会の市民の立場に立ち、自然な生気に充ちた民主的社会組織の中で各種の貴重な市民的資質の訓練をする場である、校長や教師にかわつて訓育的監視をしたりするような警察行動機関であつてはならない。

ロ、学校長指導監督の下に各種の生徒活動の組織運営の全般に亘つて、之等の円満な発展を目指して調整、管理、統一をなす責任と権限を持つ

此の場合学校管理に指導監督の立場にある校長、教師と同等に学校管理に対する、干与権を持つことが出来たと誤つた考えを持ち勝ちであるがこれはあくまでも校長から委託された学校管理に対する参与でなければならない。

2、生徒会の目的

生徒会は学校学級等集団との関連集団への奉仕が強調される所に独自の教育目的が出て来る。

イ、公民的資を啓培する

a、民主々義の根本的原理と政治上の基礎知識を理解する。

b、遵法精神、社会奉仕の精神、権利と義務の念、自律心、統率と服従の精神を高める。

c、寛容で強調的態度責任感と協力的態度を養う

b、計画的態度や実行力を向上させ、民主々義の技術としての討議や議事進行に熟達する。

ロ、校風の形成と刷新に資する。

a、生徒相互、教師生徒間の親密を齎し、相互の理解を助ける。

b、紀律を確立し、互恵連帯の気風を生じ学校の精神的統合に貢献する。

c、父兄や地域社会と学校の関係を円滑にする。

三、組織と運営

物事の成敗は半ば発端の良否に依るといわれるとおり、その組織については周到な準備と指導を必要とする。

1、全生徒の切実な必要感を醸成するために学校の教科学習等に於て生徒会の根本理念を正しく理解せしめると共に、基礎訓練を与える。

2、職員内に小委員会を設け生徒会について調査、研究、討議を行い、職員全体か生徒会に対して深い理解と熾烈な指導意識をもつこと。

3、生徒会指導者と職員が一しよになつて適切な運営方針を決め、生徒の興味を刺戟し生徒会の理念や、知識活動について徐々に指導して行く。

1、生徒会規約

第一章　総　則

第一条　この会は池上中学校生徒会と称します。

第二条　この会は池上中学校生徒をもつて会員とします。

第三条　会員は役員になる権利とえらぶ権利と定められた事に従う義務を持ちます。

第四条　本会の目的は次の通りです。

1、お互に尊敬し合い友愛の情をわかちあいます。

2、お互の利益と幸福をはかります。

3、つねに自主的精神を以て、よき校風をきづくよう努めます。

4、生徒たる責任をもつて学校の運営に参加します。

第二章　役　員

第五条　この会には次の役員をおきます。

1、会長一名　2、副会長二名　3、書記長一名　4、書記若干名　5、中央委員若干名　6、全校生徒会議長一名　7、校全生徒会議副議長一名　8、代議員　各組男女各一名　9、事務局員若干名

第六条　役員の選出は次のようにします。

1、会長は全会員の投票により選出されます。

2、副会長、書記長、書記、中央委員、事務局員は会長が任命します。

3、全校生徒会議長、副議長は代議員の中から代議員が選びます。

4、代議員は各ホーム・ルームから選ばれます

第七条　役員の任務は次の通りです。

1、会長は会校生徒の代表者であり、運営の責任にあります。

2、副会長は会長を助けます。

3、書記長及書記は生徒会総会、中央委員会、全校生徒会の会議の記録をとり会長の事務をたすけます。

4、中央委員は中央委員会及全校生徒会議に出席したり委員会を纏めたりします。

5、代議員はホームを代表し全校生徒会議に出席します。

第八条　役員の任期は半年とします。

第三章　会　議

第九条　本会の会議は次のとおりです。

1、生徒総会

イ、総会は最高の決議機関であり、会長の召集により、全校生徒が集まります。

ロ、総会は各学期に一回開かれます。但し全校生徒の三分の二以上の要求に依りこれを臨時に開くことが出来ます。

2、全校生徒会

イ、生徒会の目的を達成するために種々の事柄を審議決定します。

ロ、全校生徒会議は毎月一回開きます。但し会長が必要と認めた時には臨時に開く事が出来ます。

3、中央委員会

専門委員長が集つて生徒会の運営を企画し、実行について話し合います。

4、学年生徒会議

イ、議長には学年ホーム委員会の議長がなります。

ロ、学年別ホーム・ルーム委員会が必要と認めた時は之を開きます。

ハ、学年に関する問題を討議し、決議します

第四章　中央委員会

第一〇条　中央委員会は、生徒会の活動を企画、実行するため必要に応じて開かれます。

第一一条　中央委員会は次のとおりです。

校内　校規、美化
校外　学友区の運営
文化　文化クラブをまとめ文化祭その他文化方面の運営
厚生　保健衛生に関する運営
レクレーション
学習　学習方法の研究、学習環境の整備
体育　体育クラブをまとめ各種大会の運営
会計　会計事務一切
図書　図書室運営に参加
出版　池中新聞、生徒会公報の発行
消防　少年消防クラブ

各種校内行事の企画運営　特別委員は必要に応じて設けられます。

第五章　ホーム・ルーム

第一二条　ホーム・ルームは生徒会に必要と認めら

れた係をおきます。

第一三条 ホーム・ルーム委員はホーム・ルームの責任者であります。

第六章 会計

第一四条 生徒会の経費は生徒の会費その他でまかなわれます。

第一五条 会計は毎年四月一日に始まり、三月卅一日に終ります。

第七章 権限

第一六条 本会の決議事項其の他は学校長、職員会議の承認をへなければなりません。

第一七条 各会議、各委員会は先生を顧問として助言を受けます。

第八章 附則

第一八条 本規約の改正は、生徒総会の承認をへなければなりません。

第一九条 各会議、専門委員会、代表委員会の運営に関しては別に定めることが出来ます。

第二〇条 役員に関しては、リコールを認め、全校生徒の過半数の意志があれば之を行うことが出来ます。

第二一条 この規約は昭和二九年四月一日より実施します。

2、池上中學校校内規約

私達は常に学校全体が、高い道義をもち、よい校風を維持する理想社会であるように、崇高な学校目標の人間像たるべく努力し、こゝに私達お互いが日常校内生活に於て、尊重し合い、守りあわせなければならないものをとり上げ校内規定とし、ここにその基準を定めたい。

第一条 服装について

1、正しく着用し、清潔を保ち、帽子を正しくかぶり、胸章をつける、華美にはしらない。

2、清掃の際には、男子は上着をぬぎ、女子はエプロンをかける。

第二条 礼儀について

1、目上の人（来客はじめ先生方）には敬愛の念を以て礼儀正しくする。

2、生徒間にあっては、常に和の精神を念頭におき、上下級生間は相互に親しみを失わない。

3、生徒会関係はじめ、各生徒役員に対しては、みだりに反抗したりせず、意見のあるときは組織機関にその旨をつげる。

第三条 教室について

1、机、椅子はいつも整頓しておく、大切に取扱う

2、床はきれいに、室内ではいたずらせず、静かにして大声など出さない。

3、教室を大切にする（保持、壁、黒板、戸、備品、外）

4、教室はいつも美化するよう心がける。

5、授業開始のベルが鳴つたら校内外を問わず、集合、着席を迅速にする。

6、授業態度は真面目で、明朗活発に受けること。

7、雨降りの日の履物は教室を汚さぬよう注意する。学校内では昼食時以外に食をとらないこと。

第四条 廊下について

1、走つたりせず、右側通行を守ること。

2、大声を出したり、肩をくんで歩かぬよう。

3、職員室の前では特に静かに歩行する。

4、校舎内では帽子をかぶらぬようにし、土足は絶体に止め、上履を成るべくはくよう、はく時は必ず赤い印をつけるようにする。

第五条 校庭について

1、規定以外の場所で遊ばぬよう。午休みは校庭外に出ぬよう。

2、一部の者で独占したり、他人の迷惑になる遊びはしないよう、雨降の時はグランドに入らない。

第六条 登校下校について

1、右側通行を守り、横に列をつくり道をふさがぬよう。

2、よくない歌は歌はないようにする。早退をしないように、するときは許可を受ける。

3、道草をしたり、畠に入つたりしないようにする

4、買喰をしないようにし、特別の用事がない限り登下校の時間を守る。

第七条 職員室の態度について

1、出入は礼儀を正しく先生のいいつけにははき〳〵と返事をする。

2、先生がいらつしやらない時は入らぬよう、又無暗みに入らぬようにする。

第八条 遊びについて

1、学校内外を通じ、中学生徒として恥しい遊びはしないようにする。

2、メンコ、パチンコをしたり、悪い本をよんだりしないようにする。

3、全校生徒会議規則

第一章　組織

第一条　全校生徒会議はHR代議員を以て組織し、議長、副議長夫々一名をおきます。

第二章　権限

第二条　生徒会の規約其の他凡て生徒会に関する重大事項は生徒会議の議決を経なければなりません。

第三条　全校生徒会議で議決した議案は議決した日から満三ケ月経なければ変更や廃止することは出来ません。但し万場一致で変更や廃止を認めた場合は此の限ではありません。

第三章　HR代議員

第四条　各HR代議員はそのHRの意志を代表します。

第五条　HR代議員は全校生徒会議に出席して議案を審議し表決に当ります。

第六条　HR代議員は議案に関しては、その属するHRの意見を徴し、又HRの会員に全校生徒会議の状況を報告しなければなりません。

第七条　HR代議員は全校生徒会議に出席します。もし出席出来ない場合は同じHRの会員に代理させる事が出来る。

第八条　生徒会実行委員はHR代議員となる事は出来ません。

第四章　議長、副議長、書記

第九条　議長、副議長は全校生徒会議で代議員の中から選び常任とします。

第一〇条　書記には生徒会書記がなります。

第一一条　議長は会議の秩序を保ち、議事を整理し、副議長は議長を補佐します。

第一二条　会議の際議長自ら発言、討論しようとする時は席を副議長にゆづらなければなりません。

第五章　会議

第一三条　全校生徒会議は毎月一回定例に之を開くが、生徒会長の要求があつた場合及びHR代議員過半数の要求のあつた場合には之を臨時に開く事が出来る。

第一四条　全校生徒会議はHR議員がその三分ノ二以上出席しなければ開くことが出来ません。又この会議には顧問教師の出席が必要です。

第六章　発議

第一五条　HR代議員は所属するHRの過半数の賛成を得た議案を全校生徒会議に提出する事が出来ます。

第一六条　会長は実行委員側の議案を全校生徒会議に出すことが出来ます。

第一七条　議案の提出者はその議案が議場に上された後でも之を修正、撤回する事が出来ます。

第七章　発言権

第一八条　HR代議員は全校生徒会議に於て議席及び発言権をもちます。

第一九条　会長、副会長及び実行委員は全校生徒会議に於て議席及び発言権をもつが、但し表決に加わることは出来ません。

第二〇条　凡発言権は議長の許可を得なければならず発言しようとするものは「議長」と呼び自分の所属及び氏名をつげ、議長の許しを得てから発言しなければいけない。

第八章　議事

第二一条　議案を審議するには、議事次第に従つて議案を議場に上せ、その提出者に提案の理由と内容を説明させます。

第二二条　右の説明が終つた時には議長は之に対して質疑応答を許します。

第二三条　議案に対する質疑応答が終つた時には議長は討論を許します。討論は議題外にわたつてはなりません。

第二四条　修正動議は会議の議決を終つた後に議長が之に対して質疑応答及討論を許します

第二五条　討論が全くおわつた時に議長は採決する旨をつげ、採決する問題と表決の方法を述べます。

第二六条　採決するには修正案がある時には最も原案に遠いものから採決し、それが否定された時には原案に近いものに移ります。

第二七条　表決の方法は挙手、起立、投票でしますが記名投票をすることも出来ます。

第二八条　採決がおわつた時には議長はその結果を述べます。

第二九条　議事はすべて過半数で決め、賛否同じ時は議長が之を決めます。

第三〇条　棄権が全票数の過半数をしめした時には、その議題は再審議します。

第三一条　議事次第の変更、中止等会議に関して希望のある時には緊急動議を出すことが出来ます。但し緊急動議を議場に上らせるには会議の議決を経なければなりません。

第三二条　緊動議が議場に上つた場合は、之に対して質疑応答、討論の後採決します。

第九章　補則

第三三条　此の規則に決めてない全校生徒会議に関する事項は適宜機関手続を経て決めることが出来ます。

4、池上中學校選挙規程

第一条　池上中学校生徒は選挙権と被選挙権を有します。

第二条　選挙管理委員会の委員及び選挙事務に関係ある人は被選挙を持つことは出来ません。

第三条　選挙人名簿は選挙管理委員会に於て作成し、選挙期日七日前を以て確定します。

第四条　選挙は役員の任期終了前に之を行い、その期日は十日前までに公示しなければなりません。

第五条　選挙は投票により一人一票とします。

第六条　投票管理者は選挙人の中より選挙管理委員会の選任した人を以てこれにあてます

第七条　投票場は選挙管理委員会の指定した場所におき選挙日より三日前までに公示する

第八条　投票用紙は選挙の当日投票場に於て渡し、選挙人自ら候補者名を記載して投函する。

第九条　投票所又はその附近に於て演舌又は討論したり又は投票を勧誘したりした場合は投票管理人は之を一定区域外に退出させることが出来ます。

第一〇条　候補者は選挙人の中から開票、立合人二名を選び選挙期日前に届出ます。

第一一条　開票所は選挙管理委員会の指定の場所に之を定め、場所、時間を公示します。

第一二条　選挙人は開票について参観することが出来ます。

第一三条　投票の効力は開票立合人の意見を聞いて決定します。但し左の投票は無効とします。

1、正規の用紙を用いないものや、候補者以外の事柄を記したもの

2、立候補者の名を自書しなかったり、何を記載したかはっきりしないもの

第一四条　投票は有効無効を区別し、会長の任期間之を保存します。

第一五条　選挙に関する記録は関係者の署名を得て会長の任期間之を保存します。

第一六条　立候補者たらんとする者は選挙期日の公示のあつた日より三日前迄に其の旨を選挙管理委員会に届出ます。尚此際三〇名以上の推せん者が必要です。

第一七条　有効投票最多数を得た者を以て当選人とします。投票数等しき時は年長者をとります。

第一八条　立候補者は選挙事務所一ヵ所を設置することが出来ます。設置した時は之を選挙管理委員会に届出なければなりません。

第一九条　選挙運動に関する規定は別に之を定めます。

なお特活指導計画表を池上中学校案を別表に掲げる

四、生徒会指導の留意点

1、生徒会はややもすると弊察的、裁判的な機関におちいりがちであるが、生徒会本来の特性である自主活動の枢軸という正しい方向を誤らないように注意する。

2、生徒の校外生活の教育的再編成を生徒会活動の重要な領域とする。

3、生徒の自主性、主導性を高めるため教師は裏から眺める姿勢をとる。生徒自身の失敗は寧ろ自己訓練、自己批判の好機である。

第三　ホーム・ルーム

一、ホーム・ルームの必要性と機能

新制中学はその特性から生徒に対していろ〳〵の問題を投げかけている。(1)地域の拡大によつて、今まで全く見ず知らずの友達が周囲に充ちあふれている。(2)数量的、質的（生徒の）拡大によつて、適応し難い社会として与えられている。(3)教科担任制によつて、多数の先生が入りかわり立ちかわり教室を出入するだけで、精神的な支柱として教師にすがる術がない。

こうした不適応な社会の中に、自分に内在するものを、発現し得ず、もた〳〵した心を抑えて、遂にはその中に沈溺し、萎縮し、悶々とした日々を送つている

生徒が居るのではなかろうか。

このような中学校の生徒に自己発現の生き〱とした場を与え、教師と生徒、生徒と生徒の間に望ましい人間関係を作り上げて一人々々の生徒に内在する可能性を最大限に伸ばしてやり、社会性を与える場としてホーム・ルームは近代中学校に必要な教育領域であつて、ホーム担任教師の指導の適切に依り、大きな効果を挙げることが出来る。

ホーム・ルームの具体的な働きとして次の事が考えられる。

1、学校管理の一単位となる。
2、生徒の生活指導を行う。
3、学校、学級にあたたかい家庭的雰囲気を作る
4、生徒と教師、生徒と生徒の相互間の理解を深める。
5、課外活動への参加をすすめる。
6、家庭と学校との関係を緊密にする。

ホーム・ルームは学校に於ける指導の中心で、生徒からすれば学校生活の基地であると考えられる。その運営如何は子供達の望ましい生長に重大なる影響を与えるものである。

池上中学校では、ホーム・ルームに対して次のように考えている。

ホーム・ルーム指導要項

1、ホーム・ルームの役割

本年度の特活委員会が指導面に於て、全校生徒の面前に出ないで、専ら生徒の生活指導の計画と立案とを立て、その遂行に必要な資料や情報を提供するサービス機関として、出発し、ホーム・ルームに於ける生徒の直接指導はすべてH・R・Tを通じてなさるべきであることに決定した。

従つてH・R・Tの指導領域が従来よりも広くなつたともいえるし、又或面から言えば、今まで二重にも三重にもなつていた生徒への指導系統が一つに統一されてすつきりしたとも言える。生活指導が総てホーム・ルーム教師を通じてなさるべきであるといつても、勿論ホームの生徒の全生活場面を一人のH・R・Tが担当する事は不可能に近い。それは教科生徒会、クラブ、委員会活動等々の多面的角度からなされるのでなければいけない。然し生徒の生活指導を多面的角度から正しくなす為にはH・R・Tのホームの把握の仕方如何によるところが大きい。斯様な相対的見地より「すべての指導はH・R・Tが中心となつてされるべきである」とする本年度の特活委員会の考え方は正しいものであると云える。

2、各委員会とホーム・ルームの関係

各委員会は全校生徒の生活指導の計画立案をなしそれをH・R・Tがホーム・ルームで指導してゆくのに必要な資料と情報を提供する役割を果たすことになる。故に各委員会は生徒に対して間接指導を行い、直接指導はホーム・ルームに於てなされることになる。

従来は之が混同していた。各委員会が生徒指導の全面に出てきて、時にはH・R・Tが指導しなければならないような問題までもとり上げてしまつてH・R・Tは傍観しているという面もないでもなかつた。例えば或る委員会が委員の生徒を集めて種々指導や伝達をやり、委員の生徒はそれをホームに持帰つて協議するが、H・R・Tはそれについて何も知らなかつたりする場があつた。

従つて委員会は生徒に流した。同じ資料をH・R・Tに流さねばならない。もしこれを各委員会が怠つたら、委員会とホームとの関係が根底から崩れてしまうことになる。

3、ホーム・ルーム指導の領域

ホーム・ルームの指導領域ということがしばしば問題になり、それを設定するのに常に苦心しているしかし苦心して設定されても有効に用いることがなかなか出来ない。それを用いることが出来ないということは指導領域設定の枠のきめ方に何か矛盾があるのではないか。

苦心して秩序立て組織づけられた、領域設定を試みたとしても、それを理解し、運用して行くだけのその学校全体のバックボーン。云いかえれば全教師の歩調が揃つていなかつたならばそれは無意味なものである。（一人や二人の教師がそれを叫んだとしても所詮それは有害にして無益なものである）

従つてよしんば理想的な領域を設定する目標なり枠などがあつてもその学校の実情とは程遠いものであればそれをいきなりもつてきて、あてはめるわけにはいかない、その学校の実状にマッチした領域設定の枠を見つけ、それから出発しなければならない以上の意味に於て本年度は、ホーム・ルーム指導の基本面と努力面をあげることによつて指導領域にかえたい。

。基本面　1、各種委員会から提供された資料、情報等を正確に伝達し、必要な指導を行うこと

2、昼食時間、清掃時間には生徒と接触しそれについての必要な指導及びいろいろ

の問題について話し合うこと。

3、ロングホームの計画を立て、放送時には出席して生徒と一緒に放送を聴取すること。

4、家庭訪問をやり、生徒のあらゆる環境を知ることに努力すること。

。努力面　以上の基本面から出てくる種々の問題をどう扱い、それをどうホーム経営面に役立てるかは、ホーム教師自身の問題である。本来のホーム指導というのはこの努力面にウエイトがあると思うがそれをするにはそれ以前の過程（基本面）を踏まねばならないようである。

4、ホーム・ルーム経営に於ける教師の姿勢

われわれはホーム・ルーム教師として諸種の記録を作成したり。情報を得たり、ホームの会合で生活指導の話し合や個人面接を実施したり、家庭訪問したりして、様々な生活指導のための計画や技術を研究したりするが、それよりも先にまず切実な問題なのは生徒と教師の親密な人間関係の確立ということである。

「生活指導の基本は、個々の生徒を知つて、その人間理解に基いて夫々の生徒の正しい適応をはかつて行くところにあるわけだが、個々の生徒を知るということは、ただ単にテストや調査をやつて子供の現実状態を知るというだけの意味ではない。生徒を知るということは、先ずなによりも生徒達に対して人間的関心をもつという意味を内包するものでなければならない。テストや指導の技術が先なのではない。一人々々の個性をもつた主体性的存在である子供達に対して広く深い人間的関心を持つということが、いつさいの生活指導の営為の出発にほかならない」＝宮坂哲文先生の生活指導引用。

5、ホーム・ルームの評価

特別教育活動が内容的にも充実して学校教育の正常な軌道に乗つているのなら兎も角、現在それが未完成の段階にある時、これを評価する一定の枠なり基準なりを探し出すことは困難である、しかしそうかといつて、それを評価しないことは許されない。

現在の状態では、そのありのままのことを所見の形で評価するのが一番妥当のように思われる。

二、ホーム・ルーム教師の姿勢

1、オリエンテーション

生徒相互の理解、ホーム・ルームの活動計画、学校社会の一員としての権利と責任についてオリエンテーションを行い、ホームの一員としての意識を明確にする。

2、遅刻、欠席の原因分析

遅刻、欠席は不適応の徴候であり、原因をなすものであるから、その原因を究明し、排除するよう指導する。

3、個々の生徒に対する科学的理解

知能、読書、成績、学力テスト、性格テスト、情緒、健康、長所、短所、問題と悩み、友人関係、学習の習慣と条件、余暇利用、特別教育活動、学校及社会への貢献、進路計画、家庭状況、過去の異状な経験等の資料を蒐集整理し、個々の生徒を理解し他教師にも理解してもらうよう努める。

4、集団指導

ガイダンスに於てはカウンセリングが最も重要視されているけれども、集団指導も又、個々の生徒を指導するのに有効な一面をもつものとして重要であり、社会的適応、グループリーダーシップ、市民的資質の訓練には是非とも行わなければならない。

集団指導の場合でも個々の生徒についての理解を前提とし、個々の生徒の主体に呼びかけるものをもつていなければならない。

イ、指導は総べての生徒を対象とする。

生徒の体内に潜んでいる可能性を伸ばしてやることが教育であれば、一部の生徒に限られてはならないはずである。生徒は皆それ相応に問題をもつている。教師は一人々々の問題解決に助力しなければならない。

ロ、指導は全人としての指導を強調する。

教育が民主社会の市民として幸福な生活を営む資質を授ける事にあれば、当然全人としての指導が施されなければいけない。

進路指導レクレーション、公民生活、芸術的鑑賞の生活、人間関係等調和のとれた円満な生活の出来るよう心掛てやらねばならない。

ハ、指導は継続的に予防的に行わなければならない

一オンスの予防は一ポンドの治療に勝ると言われており、問題の発生をまたないで生徒の生活危機を避けるように行わなければならない。

ニ、指導は組織されなければならない。

下部構造を基礎として脱落がないように総べての生徒に浸潤しうるプログラムをもたねばならない。

ホ、指導は個々の事例に焦点をおく。

個々の生徒の事例研究を出発点として、その事例を心理的に取扱う専門過程へ進まなければならない。

へ、指導は科学的方法を重視する。

パースナリテーの標価と、その取扱いにおいては主観的な臆測や独断を排して科学性と客観性を主張する。

ト、指導は専門的識と技術を要求する。

ガイダンスの組織化、個性化、科学科が要求されるならば、当然ガイダンスの専門化が考えられ要請されるべきであるが、一般教師も専門的知識をもち生徒の生長に助力しなければならない。

5、個人指導

よく計畫された集団指導は個々の生徒の問題にも応えることが出来るのであるが、然し集団指導に依つては、解決することの出来ない個人的な問題が残るであろうし、又集団に依つて提供された勧告を実践にうつすためには個人的な激励、指導が必要である。

従つてH・R・Tは個々の生徒に関しては資料を持ち、問題を早期に発見して面接、家庭訪問をしてカウンセリングに力めなければならない。

以上H・R・Tの姿勢を述べたけれども、実践上の問題としてH・R・Tが考えなければいけないことは集団指導と個人指導の関係であるが、この二つの関係は指導方法上の撰択の問題であつて別々の樒にはめて区別すべき問題ではないと思う。それは集団指導の考え方も集団の中の個人をよりよく伸ばすために集団という組織を通して指導するということで、本質的には集団指導も個人指導も同一であると考えられるし、実際上の問題として、或る生徒の問題を取扱う場合に個人指導によらなければいけない場合もあるが集団指導に依つた方がより効果的である場合もあるし、両方法を通じなければいけない場合もある。H・R・Tは問題の性質に依つて、より効果的な方法を選んで指導助言する姿勢が望ましい。

カウンセリング

カウンセリングは技術、知識、経験を必要とするので専門のカウンセラーでないとやれない一般の教師の手に負える仕事ではないという考え方がなされ勝であるが、然しカウンセリングガイダンス機能の中の一つの方法であるからには一般教師も、これを知つて或る程度のカウンセリングは行わなければならない。特に専任カウンセラーの居ない沖縄に於てはなお更のことである。又教師の中には生徒の可愛さのあまりほつておけず一生懸命になつて面倒を見てやつて救い上げた例の一つや二つはあると思う。これ等は偶発的で無計畫（指導計畫上）であつたりしても立派なカウンセリングだと思う。斯ういう立派な指導を教育過程の中に、体形づけ、組織づけ、計畫性を持ち、普遍化して教育をあげようというのがそのねらいであると思う。

1、カウンセリングとは

生徒の中にある可能性を最大限に伸ばし、民主社会の市民として幸福な生活が営めるように個々の生徒に対して行う相談、助言のことで、学者によつて方法上の違いから色々の定義を下している。

イ、指示的カウンセリグの立場からジョンズは、

ある問題が生徒自身によつて解決されるように総べての具体的事実が集約されすべての経験が集中され、そしてこの問題解決に当つて直接の個人的な助言が与えられるような活動である。

ロ、非指示的カウセリングの立場からコームズは

個人がその能力や身体的素質を最大限に利用することが出来るように、その態度、感情、情緒を再構成するのを助けてやろとする努力である。

前者は問題解決を助けてやる事がカウンセリングの中心問題となるし、後者は心理学的洞察が強調され、パースナリテイの再構成が重視されている。

2、方　法

イ、指示的カウンセリング

この方法についてウイリヤムスンは四つの型をあげている。①グループガイダンスで行われるグループ・ワーク。②普通の教師が行う忠告的なもの。⑧テイチャーカウンセラーの行う委員によるカウンセリング。④専門家に依る臨床的カウンセリング。

臨床的カウンセリング

A、分　析……生徒の正しい理解をするために各方面から資料を集収する。

B、線　合……分析によつて集められた資料を生徒の長所、傾向、適応、不適応を明らかにするように整理して組立てる。

C、診　断……生徒によつて提示された問題の性格と原因に関してカウンセラーの与える結論

D、予後診断……生徒の問題が将来どのように発展し

ていくかについて述べ或は予言する

E、処　置……適応又は再適応させるために、生徒
（カウセリング）　又はカウンセラーによつてとられる手段

F、追　随……新しい問題について又は古い問題の再発についてカウンセラーが生徒を助けることがある。これは処罪又はカウンセリングの効果を判定するためにも必要である

以上の段階はその順序を確守しなくても、カウンセラーが自在にこれ等の段階を利用すべきである。

ウイリヤムスンはカウンセリングの技術として次の五つを挙げている。

A、妥協の強制
B、環境を変えること
C、適当な環境の選択
D、必要な技術の修得
E、態度を変えること

カウンセリングのための面接の技術として一〇項目あげている。

A、直接的質問
B、被助言者に責任をとらせる
C、情報を与える
D、忠告又は暗示
E、説得
F、否認及び批判
G、話された内容をくり返す
H、設釈
I、是認
J、再保証

ロ、非指示カウセリング

非指示カウンセリングは次の根本仮定の上に立つている。

A、個人は成長、健康、適応への衝動を以つている。
B、非指示カウンセリングは知的側面より情緒的側面を強調する。
C、非指示カウンセリングは個人の幼時の外傷的経験よりも現在の直接場面を考えようとする。
D、治療的関係それ自体が生長の経験である。

非カウンセリングの過程

A、個人が助力を求めにやつて来る。
B、助力を与えるという関係である事がはっきり示される。
C、カウンセラーは被助言者に問題についての自己の感情を自由に表現させるようにする。
D、カウンセラーは被助言者の否定的感情を受け入れ、又それを明らかにしてやる。
E、この否定的な感情が十分に表現されると、一時的ながらもかすかな積極的な衝動が表現される。これが成長への重大な踏石である。
F、カウンセラーは否定的感情を認容したと全く同じ態度で、この積極的な表現を認め、受容する。
G、洞察、自己の理解、自己の容態は全過程に於て極めて重要な面である。
H、この洞察の過程と前後して、今度どう決心したらよいか、どう進んで行けばよいかという事が被助言者に明らかになる。
I、ここに此の方法のもつともこう惚たる場面が展開される。
J、洞察の発展
K、被助言者の側に、もつと積極的な統一ある行動があらわれてくる。
L、助言が必要であるという感じがうすれて、カウンセリングの関係をおわろうとする気持になる。

非指示的カウンセリングの技術

A、過程の構想説明
B、非指示的誘導
C、認容……否認是認をするのではない。
D、カタルシス……緊張感を解消する。

ハ、折衷的方法

この二つの方法は全く異る対しや的な方法ではなく、いわば一つの連続せる線の上に位置づけられたものであるので、カウンセラは両者を理解して被助言者の性格、問題によりカウンセリングの関係に従つて、その場その場に適切な技術を自由に駆使するようにする。不入斗中学校の鈴木文吾先生は実践指導を通して、カウンセラーの立場を次のように述べている。

イ、ガイダンス・サービスの中心として問題を持つ個人を個人的に相談助言する。
ロ、生徒個々の福祉は勿論、学校社会のためにも有益な綜合教育の一つの重要な役割を持つている。
ハ、教育愛に立脚し、生徒の本性を傷けないように継続に長い時間をかけ、相互信頼と納得の上に問題解決をして行く。
ニ、全生徒を対象にしなければならないが、特に精神薄弱児、身体不自由児、優秀児、犯罪虞犯児、性格異状児、環境不適児、怠休不就学生徒の問題を対象にする。

ホ、カウンセラーの注意
a、秘密保持
b、問題生徒の資料抽出について全校的立場に立つ
c、生徒の訓育面にタッチすることを避ける。
d、問題解決に当つては集団討議を要する。

更に同先生はカウンセリングの障害として次の如く述べている。

一般父兄、学校職員不認識のために、カウンセラー不要論を唱えるものがあるが、それはカウンセラーの性格として自分の働を発表することが出来ないために効果がわからないためである。

カウンセリングは常に生徒との親密感と信頼、尊敬の人間関係の上にできているのであるから、生徒の面子をつぶし、劣等感を与え、人格を踏みにじるような行為は避けなければならない。カウンセラーはその子の父兄へも、担任教師へも絶体に秘密を守らなければならない場合がある。

カウンセラーなるが故に折角の努力の結晶も、その立場とはいえ抑制し、ひたすら子供の正常な発達を見守つてやらねばならない。

なお大低の学校がディシプリンをのみ重視し、カウンセリングを無視する傾向にある。然しカウンセリングは若い教師にとつては、とつても甲斐のある魅力的な教育活動であるが次のような困難がある。

1、地味であり継続的な努力を必要とする。
2、努力が父兄にも誰にも知られない。
3、貧困家庭に於ては幾らかの経済的な負担も覚悟しなければならない。
4、子供との相談は休日、時間外が多く自分研修、家の仕事をする時間がない。
5、報酬も時間外手当も皆無である。

以上カウンセリングについてあらまし述べたが、教師は教育愛に徹して如何にすればこの子供を救うことが出来るか、伸ばすことが出来るか、という事に腐心し、創意し、研鑚すれば道は自から開けてくるものと思う。

なお資材収集のための調査用紙は前掲のものを参考にして工夫創意すればよい。

第四　クラブ活動

一、クラブ活動の必要性

クラブ活動は生活を楽しむ紛囲気を作り、その中から生徒の豊かな人間性を育て上げる事柄を拾い上げて教育過程として体系づけ、組織づけて、生徒の生長発達に貢献しようということで具体的な目的を挙げると

1、特殊な技術、興味、能力を発達させる。
2、正しい習慣を形成させる特に友人間の協力的な交渉や生活を通じて個人的な責任、建設的な指導性、社会的な連帯性効果的な計画性、実践性等の公民性社会的習慣を形成させる。
3、他の人々と如何に協力すべきかを体得させる。寛容を学び、仲間と共に仲良く仕事をして行動的方法を学ばせる。
4、友愛協力、公正、責任、スポーツマンシップ、秩序性、明朗性を養う。
5、能力の劣つた、遅れた生徒をも、その特徴を生かしてやる機会を与えることが出来る。
6、教師はクラブ活動に依つて青年期の心理的要求と性格を知り、これに依つて全人的な生活指導に資する。

近代中学校に於ける特質と教育目的からの要求の交錯する難点を補うために新しい教育領域が生まれた事は理の当然であつて、不可欠の要諦である。

二、クラブ活動の編成

1、性格
イ、自由である。

生徒一人々の活動意欲によつて、下から盛り上つて来る力によつて作られる自由な集団でなければならない。宮坂先生は「クラブは自由な形で生き生きとした形で営れるものであつて、全員参加する必要はない。又クラブには精薄児を救う使命はない「と言われた。之は形式的な、そして先生が与えたクラブではいけないことを示唆されたもので、全員参加が理想であるけれども功きをいそいで形式的、強制的全員参加にして、生徒にめばえて来る自由な意欲を阻害してはいけない。それよりもどうすれば生徒が興味を持つて飛びついて来るか、生徒が飛びついて来るような魅力のあるクラブに育てあげるかを考えるべきであるということでしょう。

ロ、興味はクラブ活動の生命である。

国立教育研究所の小川先生は「クラブ活動の発展を阻害する七つの原因として、クラブの編成は

生徒の興味そつちのけにして、教師のもつ能力を基準にして編成する。例えば美術クラブの希望者は多いけれども、美術の先生が居ないから美術クラブは編成しない。というような傾向にあることである」と言われた。生き生きとした心の底からの欲求によるものでなければ長続しないし、形式的に行つたにしてもそこからは真実な何物も得られないという事と、それよりも、生徒の如何なる欲求にも応えてやることが出来るように教師は準備しなければならない。

ハ、協同的である友人と一しよに行動することによつて学ぶ

クラブは興味ということを主張すると共に協同でやるという事も大事な条件で、クラブ活動を通して望ましい人間性、社会性を養うのであるから協同に依らないものはクラブとしての価値がないと言われている。個人的、学科的反復練習は教科学習でやるべきであつてクラブではやるべきでないということはクラブ活動は学科の延長であってはいけないという事を示唆したものであると同時に協同性ということが没却されて目指す所の教育効果を挙げることが出来ないからである。

ニ、自発的、積極的な活動である。

ホ、形式的、学研的、教師中心主義になり易い教科の欠点を補う。

へ、教科と同等の地位に立つもので、軽視すべきでない。

2、クラブの数

人間の趣味、興味は分化されて多様にわたるので興味に依つて、自由に作られるクラブの数は多くなるのが当然である。なるべく生徒の希望に応えてやるように学校の事情の許す限り多くしてやる。

クラブの数の決定については先づ生徒の意志を尊重しなければいけないけれども現在の学校では施設、備品、教師の定員等から制約を受けるので、その数の決定については大きな困難を感ずる。武山、大楠両校で設けた原理を掲げる。

1、生徒の希望、要求にそう。
2、父兄、地域社会の要求に応える。
3、その地域でどう社会文化が欠けているかを考慮
4、学校の教育方針
5、利用し得る施設、設備、又は予算
6、教師の技能、興味、趣味を生かす教科にとらわれず自由な種目を選ぶ。
7、生徒数職員数を考慮

以上の原理を一つで割切る事はむずかしいが、これ等の原理を綜合して実情に即してクラブを設けるべきである。

池上中学校では年度始め（四月）に新入生を迎えるに際して（入学式当日）各クラブは入部勧迎のポスターをはり出して勧誘し、更に生徒会主催によるクラブ紹介会が催されます。なお生徒の自由意志により新設したいクラブは同好の士一五名内外募つて予算編成前までに生徒会事務局に申請すれば許されるようになつている。

3、参加

全員参加方式が望ましいけれども強制は慎まねばならない事はクラブが自由に生き生きとした活動を要求する点から当然であることは前節で述べたけれども、教師の態度としてミ力ある、クラブを作り、生徒が飛びついて来るように努力すると共に、クラブの必要性を指導し生徒の意識の昂揚に力める事が大切だと思う。

一人の生徒が加入出来るクラブ数を一種目と限定してある学校、二種目以内と限定した学校。全く自由にした学校等々種々あるが、これが絶体に良いという、きめ手はないのであるからその学校の実情に即した方法を独自の立場で推進すればよい。

二、運営

1、計畫

生徒が興味に即して自主的に計畫し、教師は側から必要に応じて、助言指導を与えるのである。

一例として池上中学校の気象班の計畫を掲げる。

人員一五名　三女－四名　二女－三名　一男－八名　一女－二名

イ、作業　気象観測
ロ、班編成　二名－一組で一日交替。日曜日は学校の近くの生徒が測定をする。
ハ、測定項目　気温　気圧　湿度　風向　風力　曇量　雨量
ニ、測定時間　八時三〇分　一二時三〇分　一六時三〇分

此の測定時間は課業に支障のないように決めたもの。

ホ、月間の集計は翌月の始めにやる。

日計表、月の最高、最低、平均を求めて統計にするラジオの天気予報を天気図に記入する練習をする。

以上を生徒の話し合で決めたが教師は側から必要に応じて技術的な事を助言する程度である。

文字力を伸すには

研究と言うほどの事でもございませんが、ささやかなあゆみを、記録しまして御指導を頂きたいと存じます。

入学当初は、お話を聞いたりきかせたりの日々が続き、いくらか学校の生活にもなれ元気よく登校出来るようになりました頃、次のような事をやつて見ました

△ 絵と文字の結びつけ

ごいカード（絵入り）を作り、二三枚ずつ掲示し、絵を見て話し合い、文字が絵と同じものを表わしている事をわからせました。二三日同じものを掲示しておきますと、子供達は山の絵を見てやまの文字を読み、花の絵によつてはなの文字を知り、

「せんせいもうおぼえたよ」

とよろこんで報告するようになりました。

こうして二三日毎に取り替えていきました。

又登校路別にグループをつくり、放課後残してカードあそびをさせました。

「今日は四まい取つた」「わたしは、六まい」とみんな喜んで参加しました。

一年担任　川崎ゆき

△ 書く事の準備

話すおけいこと並行させて絵を描くお勉強もつづけさせました。

黒板を自由に使わせ色チョークもそろえてやり、自由にたのしく、手首や指先の筋肉の運動をねらつてどんどんかかせました。（黒板以外の場所へはかかない事を約束して）

新しいノートを出して書く事のおべんきようを、せがむ子のために、らせん形や縦書き横書きの練習もつませました。

毎日１２大の更紙を与えて、自分の好きな絵をかかせました。えんぴつで用心深くかく子、くれよんでたのしく色をぬつている子、どの子もよろこんでかきました。

△ 絵のはなし

静かに机間をまわつて絵の出来上つた子に話しかけました。

ポツリ ポツリ「わたし、ねこ、はな」と説明する子、たくさん話してくれる子いろいろです。

絵の説明を「やま」「ひこうき」「おかあさん」と書き入れてやると、とても喜びました。

毎日五、六名子の作品をみてやり、全員にわたるように心がけました。国語の教科書の学習をすすめていくうちに、多くの子供が文字の読み方をおぼえるようになりましたので、次のしごとをはじめました。

△ 文字のよみ方

絵カードの裏の文字を使つて、カードあそびをはじめました。

「いぬ」の「い」こいのぼり」の「こ」と教師がよんで「い」のカード「こ」のカードをひろわせるのですが、まだよく覚えていない子は、よい子におされてほとんど一枚も取れない事がありましたので、優生と劣生にグループを分けかえ、劣生のグループでは、一回目は表（絵と文字）を上にしてあそばせ、二回目は裏（文字のみ）を使つて遊ばせました。

△ 語いの指導として

読み手のことばも、時々かえて見ました。又子供たちはことはあそびをよろこんでやりました。時々方言がとびだして、こまりましたが、そんなときよく考えついたけれど、方言は、字で書くのがむずかしいからこれはやめましようね」とその言葉を共通語になおして、教えてやると、にっこりうなずいてくれました。

△ 文字を書く練習

六月の中頃から書くおけいこもさせました。

かきかたのほんによつて「はのじのつくものなあに」で、「はるお」の「は」「はな」の「は」「はつ

こ」の「は」と、黒板に大小の「は」の字を、ゆつくりかき、子供達も、教師の後をおうて、空書きを、くりかえさせました。

列毎に一人ずつ出して、黒板にかかせました。みんなで筆順を見たり、字形を見合つたりしてからノートに書かせ、教師は机間を巡視して個人指導をしました

△ 字形の練習

字形の上から考察して、さ・き・め・わ・れ・ぬ・ぬ等のように、字形の似たものは、同時的に練習して、曲線の部分の書き方を早く習得させるようにと気をつけました。

す・む・は・な等の筆の運び方も同時的に行いました
る・ろ・んで、同じ線の上を、もどる要領も同じようにして練習させました。

△ 一字一字を認識させて

国語の教材と関連させて、かなあわせや、しりとりあそびをして、それを板書しノートに視写させたりしました。

又文字旗ひろい等も、子供のよろこぶ学習だと思います。

△ 「を」「は」「へ」の指導、拗音 促音の指導

子供達の日用語を取りあげて板書し、「を」「は」「へ」を色チョークで書き助詞をぬいた文と比較させたりして、注意をむけました。

「べんきょう」「しましょう」等「きょ」「しょ」は一つの字と同じである事、よの字の大きさ「いつて」のつの書き方等も注意しました。

△ 、や○「 」について

中巻の「かざぐるま」の学習から、、や○に注意してよませました。

「あさがお」では「 」の指導をはじめました。

文の視写をつづけて 、○「 」もかきこませ、もつともつと認識を深めたいと思います。

△仲よしポスト

一、五cm方眼の1/4の更紙を用意し「先生やお友達にお話したい事を字でかいておてがみをあげましようね」と言つて渡しましたら、みんなよろこんで書きました。書く意慾にもえて、わからない字はどんどん質問して、かきつづけてくれました。

字の質問、ことばの質問せめで困りましたが、きながに一々応対してまいりました。

一生懸命な子供達の様子をみますと、語いとして生活面で駆使出来るように、ずつと仲よしポストの利用をつづけていきたいと思います。

「せんせい てきんこさは いつできるのですかはやくできたらいいね」「きの おかあさんと なはにいて まり かてきたよ」

このような文が多いのですが。あせる必要はないと思います。

すら〳〵、かけるように、なりましたら、書く速さは、速くなりましたが、字形がわるくなりがちで大へん困つて居ります。

ゆつくり、ていねいに、かきましよ。
だれがよんでも、よくわかるよう、かきましょう。

よい字形と、わるい字形の比較も効果があるかと思います。

△ 漢字の指導

漢字の学習は、子供達が大へん興味をもつていたします。

読みのできる子供は、時々一生懸命に、おぼえて来た漢字を黒板に書いて「先生この字よめるよ」とほこらかに言うのです。

「先生この字二年生でもよむことができなかつたよ」

たしかに大体の子体が、よろこんで学習しますが、やたらにつかつて「木ます」「子いのぼり」等とかいてよろこんでいるので、びつくりしました。

そこで、漢字が表意文字である事の認識を深めるために、絵入りカードをつくりました

「まつの木」「ながい耳」「あかい目」のように、語いとして学習させました。

筆順の指導は、空書の練習ー黒板ーノートとドリル的に、くりかえしました。

ポストの中のおたよりに、ぼつ〳〵正しい漢字を使つたのが見られるようになりました。

文字は正しいが、かたく鉛筆を握つて、一画一画緊張しきつて書く子、「子」を「子」「小さい」を「小さい」書く子が沢山居ますので、これから、そういう、子供達の指導に力を入れて、いきたいと思つています。

× × × ×

(船越小学校教諭)

理科教育について

新崎盛繁

理科教育が振興されねばならないという事は戦前戦後を通じて強く叫ばれてはきたものの全般的には常に不振のまゝの状態でこれの解決は尚今後残された教育上の重要なる課題の一つである。幸いに戦災校舎復興資金による理科備品の到着によって不備ながらも相当に充実される運びとなつた今日、理科室や理科準備室の悩みもあるにはあるが、一応は理科教育の実際面に之等の器具機械が大きな役割を果すでありましよう。

更に我々は簡易実験器具の製作工夫をなすことによつて遅ればせ乍らも理科教育を何とか水準の域まで引き上げ教科書に出てくる程度の実験や観察は実際に普通の程度にはしていきたいものである。

児童生徒の理科に対する関心を高めよりよい学習が展開され、理科教育の目標に到達させるためには先ず教師自身の指導技術の向上が先決問題である。教師実験の三要素として、

1、現象顕著で百発百中正確に実現さすこと
2、疑問事項であり注目の対象となること。
3、興味を喚起し、印象づけること。

がよく挙げられるが教師自身不安ではどうにもならない。同時に最少限の設備を含む環境の設定がどうしても必要である。以下それらの諸項について一応述べて見る。

【1】指導技術の向上に対する具体的解決策

一つの学校に於て全体的に効果を挙げていくには特定の教師が如何に優秀な能力をもつていたとしても、それだけで充分な結果が得られるものではない。小学校においては教師全員が理科教材の扱い方を一応は心得て指導に当らねばならないことは当然である。しかしそれは非常に大きな仕事であり又、早急に到達し得ないところであります、事実理科教師自体理科全般にわたつて優れた能力をもつているとは言えない。結局同好の志が結束して互いに協力しつゝ互いの技術を磨かなければならない。そういう意味から神奈川県の小学校でとられた二、三の方法を事例として参考に供したい。

A、理科学習資料の一覧表作成　川崎市立川崎小学校

児童や教師の作つた標本が一枚の絵が、そして貴重な出費によつて求められた多くの実験器具が次の子供達の学習に役立つ為に、現在の資料が今後有効に使われる為に、

分　類

1、学校にあるもの。
a、天体の動き　b、自然の変化　c、生物生活　d、健康な生活　e、機械と道具の働き　f、自然の保護と利用　g、化学実験器具と薬品　h、掛図とスライド、
2、家庭にあるもの－家庭環境調査集計表
3、自然社会にあるもの－自然環境調査
－社会環境調査

B、理科学習資料の扱い方　同右校

貴重な資料が有効に且つ安全適切に取り扱い得て又長期に亘つて使用し得るように危険防止や手入保存の方法も考慮するように心がけて作成されている

収録内容

1、機械の分解組立
2、機械器具の取り扱いと保存手入れ
3、実験用機械器具模型及び工具の取扱い
4、電磁気実験の一般的注意
5、電磁気機械器具の取り扱い方
6、化学実験の一般的注意
7、化学実験器具（装置）の取り扱い
8、化学実験上の危険防止
9、植物の栽培
10、動物の飼育
11、生物の採集
12、生物の標本の保存
13、人体に関する標本
14、本校に於ける気象観測の方法
15、気象観測器具の扱い方
16、気象観測整理上の注意
17、天文に関する学習器具の扱い方

C、月別教材配当表の作成　鎌倉市立第一小学校

教科課程をより具体的にするために詳細に各月の

題材各指導目標実験観察の種類及準備物を学校の実情に沿つて作つてある。

D、月別実験観察指導要点のしおり　　同　右　校

各月の題材に対する実験観察の要点その準備注意事項等なるべく簡単で効果的な実験観察法を説明したもので準備物も簡単に学級で準備できるものと、理科室に用意されているものとを区分して、

E、器具薬品準備票の活用　　同　右　校

授業の準備に時間をかけないように、作つてある。前述の指導のしおり中の欄の必要器具薬品名を数量と共に記入し前日中に理科部に提出し、揃えて貰つてすぐ利用できるようにしてある。

準備票

<table>
<tr><td colspan="4">理科実験観察器具使用票</td></tr>
<tr><td colspan="2">月　日　　校時</td><td colspan="2">於理科室
教　室　　年　組　級</td></tr>
<tr><td>実験名</td><td></td><td colspan="2">教師実験　　組
児童実験　　組（グループ）</td></tr>
<tr><td>器具薬品</td><td>数量</td><td>器具薬品</td><td>数量</td></tr>
<tr><td></td><td></td><td></td><td></td></tr>
<tr><td></td><td></td><td></td><td></td></tr>
<tr><td></td><td></td><td></td><td></td></tr>
<tr><td></td><td></td><td></td><td></td></tr>
<tr><td></td><td></td><td></td><td></td></tr>
<tr><td></td><td></td><td></td><td></td></tr>
</table>

F、実験指導会の実施

時期の教材の実験技術の体得をし日常の理科学習をより活発なものにするようにつとめる。

【2】環境の整備

A、校庭と校舎そのもの科学的利用

1、校庭の施設

。木についてはずべてに名札をつける。

。花壇の経営、学年学級に割当てゝ

。観測所、日時計、百葉箱、雨量計、地温計、風計、風速計等

。小動物の飼育計画　兎鶏小鳥等

2、校舎内

。廊下の利用、陳列棚

。おどり場の利用　季節の草花栽培植物の解説と陳列等

3、教室環境の整備

。学習に必要な書籍月刊雑誌等の準備

。長期観察の動植物の飼育栽培　日常必要な観察実験測定などの器具の準備又学習に関係ある図表その他の資料の準備。

4、理科準備室の整備

理科センターとしての機能を発揮するような整備が考えられねばならない。研究のための用具は自由にとりだして使ってもよいように、おき場所と物品名をはっきりわかるように整理し、児童の各自が自己の構想によって必要なものを取り出して使ったり疑問のある場合本を調べる必要の便に供するため、それぞれ相応の図書一覧表をおくのも一方法である

研修について

新町小学校に於ける教師の研究状況を御紹介致します。

1、校内教科研究部会活動

国語、社会、算数、理科、音楽、図工、家庭、体育毎週木曜日各研究部会「一」該科の充実を計る。

2、市教科研究会

国語、社会、算数、理科、音楽、図工、家庭、体育視聴覚、演劇、舞踊、学校図書。

学期一回以上の研究会をもっている。

殊に市教科研究会では学芸大等その道の大家を招いて指導助言、講演技術習得等がなされていた。又夏季休暇を利用しての海の生物の採集会、高山植物の採集等有効になされていた。

3、P・T・A予算による県外視察補助

一人四、〇〇〇円の補助で年間八人づつ県外優秀校参観をなさしめ研究を深めさせている。

4、県の斡旋による内地研究教員制度

教育大学へ留学生を送って教育理論の探求に当らしている。留学中は有給のまゝである。

（読谷中学校教論）

△　△　△　△　△　△　△

改訂指導要録と評価

小河正介

はじめに

改訂指導要録の要旨については、通達に明らかにされているので、それによればその全ぼうを端的につかむことができる。また、市販の解説書によっても、その趣旨をくわしく知ることができるであろう。しかし、細部についての取扱いや、記入上の注意については、まだじゅうぶん意をつくさないうらみもあり、そのため各学校での取扱いもまちまちになるおそれもあるので、今回県教育委員会で解説書が出されることになった。すでに、この稿が出るころには、その解説書も届いていることであろう。

しかし、以上のいずれのものにも、記入する際、当然問題となってくる評価上の問題点については、ほとんど触れられていないのである。県教育委員会の解説書にも、詳しく書くことができず、ごく一般的、基本的なことだけにとめざるを得なかったのである。

したがって、ここで多少詳しくこの問題について考えてみたいと思う次第あでる。

(一) 改訂指導要録に対して「指導のための記録」という考え方がうすくなったのではなかろうか。

改訂指導要録は、通達文の最初に挙げられているように、「指導および外部に対する証明のために役立つ簡明な原簿」という二重性格がもたれているのであるが、「指導のため」という性格は、指導要録本来の性格であって、従来と同様重要に考えられなければならない。その点、指導的性格は少しも後退していないと考えたい。

今回のものが、簡素化されている点は、大へんよい点であると思うが、それだけに困難な点もおこってきている。われわれは、単なる記録のための記録として指導要録を書くのでなくて、「指導のために」真に役立つ記録になるようにつとめたいものである。

(二) 「一教科一評定」の考え方と、いままでの評価の考え方。

変った点で、最も著しい点は学習の記録で、一教科が一つの評定になった点である。もともと指導のためには、分析的に目標を立ててそれぞれをおさえながら診断的に評価する方が効果的である。したがって今までの評価は、この分析評価を重要視したのである。しかし、われわれが物を見る場合、分析だけに偏しては片手落ちになる。分析・総合・分析がくり返され、常に全体と部分との関連においてとらえられなければならない。いままでの分析評価では、それぞれの部分の学力はつかめたが、全体としての学力はわからなかった。「部分の総和、必ずしも全体とはならない。」今後の評価は、全体を忘れた部分だけの評価でなく、部分は全体構造の中で正しく位置づけられ、分析評価と総合評価が互に相助け、織りなされて行われなければならない。したがって「一教科一評定」という総合評価は、頭から総合評価するのではなく、正しい分析評価の基礎の上に立たなければならないということになる。

(三) 総合して評定するとは、どのようにするのであろうか。

いままで述べたように、学力をとらえるためにはまず分析してとらえられなければならない。たとえば、算数科で、計算測定の技能・論理的思考・数学的洞察等、たくさんな分析目標をまずそれぞれおさえる必要がある。次にそれをどう総合するかであるが、おさえられた分析目標のそれぞれを、同一の重味づけと考えた場合は、それぞれを総和してその算術平均を求める。しかし多くの場合、それぞれの分析目標は教科全体構造の中で各々重味づけが異なるであろう。そうすれば、単に算術平均を求めるのでは、総合評定することにならない。

では重味づけについてのことであるが、その重味づけは学習指導要領の示す教科の目標に立って、しかも担当児童生徒の学力の実態と、教師の指導の重点のかけ方によって、定められるものであろう。たとえば、自分の学級では計算測定の技能はよくついているので、論理的思考に指導の重点をおいたとすれば、評定の場合のウェイトのかけ方は自然その方にかかってくるわけである。ここで最も注意しなければならない点は、とかく知識・理解という面に指導の重点がおかれやすく、また評価もしやすいのでその方にウェイトがかかりやすいのであるが、常に全体構造の上から理解・知識・技能・態度にそれぞれ重味づけを考えなければならない。また重味づけの決定については、一教師の主観による危険をさけるため、学年または学校単位くらいで協議して定めることも一方法であろう。

㈣ 学年末成績をこう考えたい。

実際の場合、評価は指導の過程の中で随時行われ補助簿などに累積的に記録されるわけである。そしてそれを学期ごとに総合評定されて通知票などに記入される。その時学年末成績というのは、学年末当時の成績と考えるのが妥当であろう。したがって三つの学期末成績の総和の算術平均ではない。しかしながら、学年末現在だけの評定では妥当性を欠ぐ場合もある。そうした場合は当然一学期二学期の成績も考慮に入れなければならない。

㈤ 相対評価の場合は、正常分配曲線にならなければならないか。

小・中学校の学習の記録の評定欄は、学年または学級内での相対評価による五段階評定であり、高等学校は指導目標（到達目標）に対する絶対評価の立場がとられている。小・中学校の場合、通達文では「一般に三の程度のものが最も多数を占め、五又は一はきわめて少数にとどまるであろう。」となっているだけで、正規分布については、この程度にしかいっていない。事実、学級によっては、必ずしも正常分配曲線のように7・24・38・24・7パーセントのような割合になるとは限らない。むしろその方が多いかも知れない。したがって、この比率を機械的にあてはめることは適当でない。しかし、学級集団の姿として、一般に正常分配になるのが望ましいのであるから、この比率は尊重されなければならない。もし、小・中学校で絶対評価を加味すべきであると考え、この比率を無視するものがあれば、それは改訂指導要録の趣旨に沿わない考え方であるといえる。

㈥ 所見欄と評定欄は無関係なものであるか。

通達では、「所見欄に掲げられた観点は教科の分析目標ではない。」と特にいってある。すなわち所見欄と評定欄は無関係である。評定は集団内相対評価による総合評価であるのに対し、所見は個人内絶対評価による分析評価である。つまり、この二つはそれぞれ別の立場から一人の子どもをみようとしているのであるが、そのことによって互に相補い、評価の全きを期するようにしてあるのである。したがって、国語の評定は「2」であっても、所見欄の作文に「○」のつくこともあり得る。

㈦ 行動評定のA・B・Cの三段階はどのように考えたらよいか。

改訂指導要録では、評価項目が小・中・高を通じて、大いに簡素化され九項目に減らされた。しかし同一の行動項目でも小・中・高それぞれ発達段階に応じて、その観点と評価の基準は当然変ってこなければならない。同じ「自主性」といっても、その意味する具体的内容は、それぞれ学生に応じて具体的内容については、今後研究してある程度はっきりした行動評定尺度などを作る必要がある。

次にA・B・Cの三段階評定であるが、指導の立場から、Aは特にすぐれたもの、Bは普通、Cは特に指導を要するものとされているが、これは相対評価でなく、絶対評価として考えるのである。つまり学級内で他の児童生徒と比較してきめるのでなくて学校または学級の生活指導の目標に照らしてA・B・Cに評定するのである。この場合、絶対評価であるからもちろん比率について考える必要はない。しかしある程度の目安はあつた方がよいかも知れない。上・中・下の三段階として考えるのでなくて、Bを普通として最も多くとり、AとCは「特に」ということばを強く見て、ごくわずかにするのがよいのではあるまいか。

(8) 判断および情緒の傾向の項目と所見欄について

この二つの項目は、診断的な項目であつて評定するものではない。ちようど学習の評価における「所見欄」と同様、掲げられた観点について、個人として比較的すぐれている特徴があれば○印、比較的劣つ

ている特徴があれば×印をつけるようになつている
なおこれらの評定は、行動の分析的評定であつて生きた人間をバラバラにして見ることになり、全体像をつかむことが欠げる。したがつてこの欠陥を補う意味で設けられたのが所見欄で、ここでは個人の全体的な特徴や印象を端的にとらえるのである。そうした意味で所見欄は重要な意味をもつものと考えたい。

おわりに

もつと核心にふれた点まで考えてみたいと思いながらも、とうとう紙面の都合上一般的、抽象的な叙述におわつてしまつた。今後たくさん問題となる点が出てくるのであろう。それらの点について読者とともにさらに考えていきたいと思つている。ただ、現在の段階として、多少なりとも参考になればと思い、私見を述べたまでである。

（教育研究所主事）

古い卵と新しい卵

木本喜一

青年諸君に何を望むか？　私は青年諸君にもつと賢くなるよう望みたい。私のいう「賢い」は、中学校でおわつた人より大学を出た人の方が賢いというように学校教育を長く受けたという意味ではない。また物をよく暗記していることを指すのでもない。腹の中に入つた牛肉が牛肉のまま、米が米のままであつたら人間の血ができずに体がやせてしまう。暗記は意味がないものを学び、よく消化し、自分の成長に役立つものを自分のものにし、ことに当つて正しい判断をなし得る人を私は賢い人といいたいのである。

賢くなる努力は生涯つづけねばならぬが、その努力が最も甲斐ある時期というものがある。生気が強壮で知的生活が複雑高度化する青年期が最もよい。だいじな時期であろう。

健康な野鳥

青年諸君の中には「時代がわるい」「環境がわるい」という人がいる。ほんとうに時代が悪いのか、ほんとうに環境が悪ければ一体どうしたらよいのか

先日私が、金魚鉢の水をかえようとしたとき、子供がそばにあつた火箸を鉢の中に入れて「あつ曲つている」というのである。事実曲つていないものでも曲つて見えるのである。事実を確かめもせず、曲つていると軽卒に思いこみ、わめきたてる人がいたとすればその人に判断は誤つているといわなければなるまい。つまり賢くないのである。

先般ある群の中学生の弁論大会に列する機会があつた。ある弁士が孟子の母に訴えるといつて「環境が悪いといつて三回も遷つたということは決してほめたことではない。遷るのは卑怯だ。環境に負けない強い子になれと、なぜ孟子を激励しなかつたのですか」と叫ぶのであつた。まことに心打たれた次第である。環境のせいだ、時代がわるいからだではすまされまい。環境や時代を自分でつくるつもりで、この不完全を乗りこえようとする若さと熱を青年諸君にもつていただきたい。

健康な野鳥は、いろいろなものを食べるが、自分の血や肉にならぬものはどんどん排泄してしまう。社会にはいろいろな事象があり確かに悪いものもある、自分の健全な成長に役立つか役立たぬか、正しいか正しくないかを判断する健全な精神の持主であつてほしい。

古い卵と新しい卵

民主的な新しい村づくり、国づくりのため新生活運動が提唱され実践されている。これは個人としてはお互の生活をみつめ、考え、よいと思つたことは自分から始めて他人におよぼす、地域や職域や団体では、みんなで話し合い、いいときまつたことは、みんなで実践することである。実践せねばならぬことは、たくさんあり、その一つでも徹底させることはなかなかむずかしい。この推進には若い人の逞ましい力が期待される。青年諸君は絶えず前進している。ところが前進しようとする意欲はややもすると後からの声に耳をかすことを忘れさせる。

かくては青年は一個の笑うべく憐むべきドン・キホーテに堕してしまう。古い卵からオムレツはつくれないーといつて壮年、老人にレジスタンスする人もいるが、新しい卵を生んだのは誰か自分の生んだ卵の、よい成長を願わないものがあろうか。

青年諸君は、青年らしさを失わず、しかも壮年、老人の立場を理解し愛し協力を求むべきである。先賢、偉人というと、はなから受け入れようとしない人さえいる。これは偏狭である。賢いとはいえない

若い女性に対して

この際私は特に若い女性に対して、男性より真剣に賢くなるよう努力してほしいと望みたい。これは決して女性が男性より劣つているという意味ではない。女性は一生涯与えられる教養の時間や機会が男性よりもすくないからである。家事担当者として、家庭教育担当者として、さらには家計費補助者としての任務さえある事を思えば、女性は余程の努力をつづけないと時間と機会を逃がしがちである。限られた二十四時間から教養の時間を生み出すことは、子を産み出すより難かしいものである。会合の時間厳守、訪問時間の適正、家事切り廻わしの際の動作経済、合理的な家事生活から時間を生み出さねばならないが、これらの創意工夫は若い女性の賢さに期待するところが多い若い女性は賢くなつてほしい。

（社会教育課長）

校外補導と親たちの氣構えについて

福光町立北山田小学校PTA
荒井美蔦香

一、生活環境の浄化について

私は近ごろ新聞で「水橋町の中部小学校の児童九百二十名中の大半が、北側裏口から通学している実情でその裏口附近には芸者置屋兼料理屋が軒をならべており、白昼から三味の音や、なまめかしい声が聞えてくる前を行き帰りしているために、いつか校内でも時には一、二年のこどもたちまでが「お富さん」や「芸者ワルツ」を放歌する傾向がいちじるしくなつてきたというが、たまたま授業参観に行つたPTA会員の間に問題化し、PTA会長から善処方を同町の教育委員会に持ち込んだ」という記事を読んだ。

このことについて、その学校の校長は「隣接する赤線区域を通つて登校することは教育上よろしくない。学校管理の上からも、赤線区域に通ずる裏口を閉めたい」といつているが、同町教育長の話では「利害関係もあるので、おいそれといつて裏口を閉めるわけにはいかない」といつている談話も見た。

筋が少しわきえそれるかも知れないが、終戦後いわゆる「国破れて山河あり」というが、私は国破れて料理屋栄ゆ」だといいたい。あの町にもこの市にも、つぎつぎと豪華な料理屋が新築されるのを見るたびに正しい日本の歩み、方向といつた面に、何か割りきれぬものを感ずるのは私だけではあるまいと思う。しかも最近における多数の料理屋の存在を通じて、いかに多くの家庭悲劇や、だ落、殺傷などの事件が発生していることか。

むろん天下の公道の両側に建ちならぶ料理屋の存在道路であるからには子供も通れば老人も人妻も通る。時にはズンドコ節もきこえるし、バケツの底をたたくような乱ちき騒ぎや、芸者達の奇声嬌声などが、手にとるように道ゆく人の耳目にはいるのであろう。そうした姿を毎日のように小学校の一年生のころからの見聞させることが、感受性の強いこどもたちにどれほど悪い影響を与えるかは、もはや論ずるまでもなかろう。私たちはとくにわれわれ子をもつ親として、こうした裏面的な社会悪に染まらない環境に、こどもたちを導くように万全の方策を講ずべきことは勿論であり、水橋中部小学校のPTAが問題を重視したことも至極当然のことだと思う。

児童憲章はその要旨として「児童はよい環境のなかで育てられる」と、うたつているし、さらに「すべての児童はよい遊び場と文化財を用意され、わるい環境からまもられる」と示しているが、果して先生も父兄も真剣な気持で、こどもたちをわるい環境から護つているでしようか。四六時中ほんの半日だけでも、そうした関心のもとにこどもを補導している親たちが、果してどれだけいるだろうか。父兄たちはこどもを登校させたら学校の先生まかせ、先生は放課帰校後は親たちまかせで、そこにはほとんど連絡さえないのが日常の実状である。われわれPTAの親たちもこの点充分反省してみる必要があると思う。

二、校外生活指導と道徳教育

従来、全国教育大会などでしばしば問題となつている。

(1) 売春婦をおく家庭のこどもの実態について
(2) 街娼がこども達に与えている影響度について

などという深刻な問題の解決が、現在の日本教育の悩みの種として、未解決のまま道義上の話題をのこしている。一面においてカフエー、キャバレーなど特飲街が市井の繁栄街の表裏に賑わい、どんな片田舎の町や場末の鉱泉でも料亭、飲食店が繁昌している現況だから、大人たちの家庭を外にした享楽がいかに多いことか。

こうした卑俗な何か割りきることのできない心暗い世相のうちにも、こどもたちのためには、明るい社会の建設を望まない親たちはなかろうと思う。そして明るい社会の建設は、まず愛情の世界に求めなければならない。まことにわが子を愛する母の愛は無限大であり、仏の慈悲にも等しいという。何物にもめげず、何ものをも否定しない真の愛情こそ、青少年の不良化を清め明るく導くにちがいないのである。また「人格の完成」あるいは「人間性の啓発」を目ざして営まれている、いろいろな教育活動も道徳教育において統一されているものである限りは道徳教育の効果を否定することは、教育の事実を無視するものである。われわれが日々の新聞記事について青少年の犯罪、だ落などの事件を拾つてみても、近来ますます悪質のものが増加の傾向にあることは否めない事実であるが、そうなつた青少年の環境、その動機、個々のもつている道徳的観念の深浅ということなどが、その犯罪に影響あることはむろんであるが、人間の心にはそうした悪の芽生えが、どこかに潜在しているということも否定できまい。だからといつて人間のすべてが必ずしも悪を好む性情があるとは断言できないばかりか、反対に悪を好まないといつた方がほんとうかも知れない。とりわけ日本人は古来公正をたつとび、正義を重んずる気持が強いといわれてきたにもかかわらずその血をうけつぐ青少年の不良化の多いことは何としたことか。

児童憲章には「すべての児童は、家庭で正しい愛情と知識と技術をもつて育てられ、家庭に恵まれない児童には、これにかわる環境が与えられる」と示されているが、現実の各家庭で新しい民主教育に即した子供のしつけや技術を身につけて、わが子を育成している親たちは少ないのではあるまいか。ことに農村の家庭では、十年一日の如く封建的な古い教育思想をつぎこんだり、旧来の道徳教育を強いたりして、却つて学校教育と対立的な面をつくつている親たちもないではなかろう。こういつた点についてもPTAの会合などでお互いに批判検討しあつて、正しい時代性のある道徳教育の徹底に協力してゆきたいものだと思うのである。

しかしながら、こどもを偏愛するの余り、いつもつべこべと細かいことまでいちいち干渉して、こどもが自分で判断し自分でものごとをする気持を、なくするような親の態度も、却つてこどもの反感をかうにちがいない。またこどもの叱り方、あやまちを起したときのさとし方など、児童憲章のいう技術の面についてもふだんのわが子の性格と言動をしっかりつかめないで親としてガミガミいつてみても当らない。ともあれ教育的な知識と技術の面では、P側に大きく欠けていることも事実だと思う。

三、視聴覚教育と親たちの関心

近ごろ映画の「暴力教室」が青少年に悪影響をおよぼすものとして、その上映禁止が問題化している。現にこの映画の暴力シーンを真似た傷害事件が起つたというので、不良映画追放の声が主として青少年不良化防止という立場からおこつている。このことについて県在住の評論家雪山俊之氏は、アンドレ・ジイトの講演の一節を引例して次のようにいつている。

「影響を恐れ、影響を避けている人たちは、みずから魂の貧しさを告白している」

「偉大なる精神は影響というものをおそれない。恐れないどころか存在に対するどん欲というような、一種のどん欲をもつて影響を求める」とい

った言葉からして、

「今日、青少年に悪影響をおよぼすが故にとの理由で、見せることを禁じ、近づけることを禁じていたとするならば、どこにその限界点を置いたらいいかわからないというのが、偽らぬ日本の現状ではないか」

と警告している。

こうした論評についていうことは暫くおき、わが福光区域校外補導連絡協議会では、この春から映畫の観覧について、研究委員をつくり映畫をあらかじめ鑑賞して、比較的よい映畫を子どもたちに見せるために許可制と推せん制を作り、推せん映畫はなるべく学校から引卒してみにゆくようにしている。ところがその反面、各地区の校外での映畫を観る気構えはほとんど野放しで、小学校の講堂やお寺の御堂などを借りて催されるような主催者による映畫会は、会員券などを買わされる関係で、徒らに大人や子供の欲するまゝに、夜おそくまでどんな映畫でもおかまいなしに、親も子もわんさとつめかけて見ている。その場合PTAの父兄側も、こどもに見せてよいフィルムか、わるいものかの判断もほとんどわきまえていないような校外における現状では、せっかくの先生方ご苦心を裏切るものであり、お互い親たちも視聴覚教育ということに、もつと、真けんな関心をもちたいものだと思うのである。

まこともに街々には、いわゆる性典映畫やきどわい犯罪映畫が氾らんしているし、新聞雑誌の映畫広告をみても青少年に与える影響は決してよいものばかりではない。現実の社会人がこのような映畫を許容し欲求するが故にとは思うが、学校に通っている青少年でさえこうした映畫によつて多分に影響され、暗い数々の犯罪をおかしていることを摘発されてからやつと知つて親兄弟や学校側が面目を失つている事例もまた少くない。われわれPTAの親たちは、積極的に校外補導に協力する意味で、もつと視聴覚教育ということに協力して、こどもたちを善導すべきである。

四、課外読物と親たちの関心

現在、書店やデパートにところ狭しと展示されている図書は、ことごとく読物、よい文化財に限らない。むしろ俗悪な読物の方が多いといつても過言ではなかろう。こうした不良文化財のもたらす影響がこどもの頭の中を占領して、よりよい明日へのねがいを子供たちの夢の中に育てようとする教育や、親の希望をおしつぶしている場合もまた少くない。

事実こどもたちが家へ帰つてきて、直ぐさま真妙に読書しているなと思つて、のぞいてみると大がい俗悪なマンガか、付録につられて買つたこども雑誌の冒険ものを夢中で読んでいるような場合に当面する。かくして、こどもたちをめぐる出版文化は、いよいよ悪影響を拡大する傾向にある。そしてこどもたちのわるい好みにこび、おもねり、売らんかな主義だけの俗悪読物は、どれほど数多く巷に氾らんしていることか。

学校での教科書よりも何よりも、深い興味とあこがれをもつて読みなれる結果、物の見方、考え方はほとんどこれらの俗悪読物の中で育てられていくようでもある。そうしたこどもに「尊敬する人物」と聞いてみても大ていの場合、旧時代的な親分や冒険王のたぐいを答える。かりに鞍馬天狗がこどものあこがれであるなら、それをぬきにして善導の出発はあり得ない。しかも俗悪とおもう読物も、いわゆる禍を転じて福となすの気構えで、積極的に批判の対象としてとりあげこどもはこどもなりに批判させる。そして親たちもこれを読んでみて読しあいの中から正しい批判力をやしない、自分で判断させる習慣を養成していくところに、親や教師の任務があると思う。かくしてさらにどんな読物がいいかについて親も教師も一しよになって、PTAの会合などで検討してみる必要がある。

即ち健全なこどもらしい夢を育てるような童話、あるいは正しい英雄観とリアルな生活に、真実の満足を与えるようなすぐれた伝記物語など、具体的に読物の選択について充分考えてみるべきである。

一方、学校で教科書や参考書をたくさんこどもに買わせると、それだけ教育の目的が達せられると、思っているような学校や先生が、なお少くないのではないか。教科書外の経費が沢山かゝることが、新しい教育の一つの特色でもあり、よいことには違いないが、果してその費用と効用のバランスがとれているかどうか金を費えばそれだけよい教育ができるというような錯覚があっては、親たちこそ迷惑である。むろん金をかけてよい教育をするにこしたことはないが、少くとも義務教育においては個人負担をできるだけ避けて、国家や地方自治体などの大きな力でやってゆく方が、より民主的だと思う。義務教育ではことに個々の家庭のふところ具合を、学校に反映させるのは面白くないと思う。

これを要するに、真にこどもたちの、ものの見方や感じ方を育てゝいくものは、教室の学習より以上に社会の力、なかでも大人の姿や大人のつくった読物がより大きな影響力をもち、それがこどもたちの知識を育てていることを、われわれＰＴＡの会員も特に心すべきであると思うのである。

五、民主教育の認識と親たちの負担

富山市教委では、さきごろ市内の小・中学校について学校事務の巡回指導調査を行ったが、その結果として備品購入などで、公費でまかなえるにもかかわらずＰＴＡに依存している傾向が強いことを警告した。しかもこうした依存は、勢いＰＴＡの学校全般に対する発言力の強化という傾向を招いて、学校用務員の採用などの人事問題にすらＰＴＡの希望する人事を、市教委が行うことを余儀なくされている学校もあるというので、教育関係者はその行き過ぎを心配している。という新聞の報道を先日私は見た

戦後の日本は民主主義の徹底、社会福祉の向上、平和日本、文化国家の建設を目ざして進展しつゝある。しかしながら現実の日本情勢では急速に、この四つの目標を具現することは困難状態にあることはいうまでもない。かかる情勢からして教育制度の大改革いらい、ＰＴＡは教育民主化のために大きな役割を果しているが、一面において富山市教委の警告しているような不当な勢力が、学校教育に禍している場合もまたないではない。そうした外部的な圧力が加わつては新日本の教育が向上されない。われわれＰＴＡの親たちは、お互いに三思して現在の文教制度にタイアップしたＰＴＡのあり方について認識を新たにすべきである。

また学校の先生たちが、毎日こどもたちとありながら、こどもたちのために、その親たちのためにどのような問題と取り組んでいるか、またどのような苦悩にたえて教育に従事しているが、世の父母たちも教育行政の人々も、見極めようとする努力があつてほしいと思う。

前文相時代に世評にのぼった修身課程の復活や親・孝行の問題などにしても、道徳教育は時代とともに改変するものであり、一定の道徳律をいつまでも封建的に固守するようなことは親としてもつつしむべきことだと思う。

ことさらに制度や条例で復活させなくても、犬猫でさえも可愛がって飼っていると随分なついている。まして親子の血の通った温かさというものは、親孝行を強調しなくても親の老後を安楽に暮らさせたいということなど「母の日」の感謝を延長してゆけば若いのが自発的に孝養をつくすにいたるであろう。そうした新しい時代の孝行から生れた明るい家庭、明るい社会こそわれわれが待望しているのである。

六、結びの言葉－私のねがい

今日の教育は教える教育から育てる教育の方向へと進展しているという。そしてこどもたちが性来もっているおのおのの個性を引き出し、その能力に応じて教育される。児童憲章は「すべての児童は愛とまことによって結ばれ、よい国民として人類の平和と文化に貢献するようにみちびかれる」と教育の理想をうたっている。しかも一般的にいって教育ということは、特殊な専門的な仕事であるために国民大衆が近よらないうらみがあるが、教育ないしは教育行政が、そしてその経費が、いかにわれわれに直結したものであるかということを認識するならば、学校の先生方だけに委せるとのみいっていられないものがあることは重ねていうまでもない。われわれＰＴＡの親たちはもっと教育の理解を深め先生たちの手となり足となって、教育の向上を期すべきであると思う。

こどもたちのために「こどもの日」が制定されたり児童福祉運動が行われたりしてはいるが、こどもたちをとりまく社会環境は、今も昔にかわらず、不良化問題、人身売買などこどもについての問題があとをたたない。その対策としてまず部落や町内ごとに児童クラブやこども会をつくることも必要なことだと思う。そして父母たちも一しよになって、こどもたちのために自主と奉仕と勤労の習性をやしなうことに協力する地域社会の協同のなかから、こどもたちを正しく、強く明るく育ててゆく気構えが、親たち全部にあって欲しい。

憲法第二十五条に「すべて国民は、健康で文化的な生活を営む権利を有する。国はすべての生活部面について、社会福祉、社会保障および公衆衛生の向上および増進に努めなければならない」と規定している。また児童福祉には「国および地方公共団体は、児童の保護者とともに健やかに育成する責任を負う」と定めている。だが現実の社会には、温い愛情にうえている子供たちがまだまだたくさんいるし、家庭の無理解によって義務教育をさえ長期欠席している子供たちも少くない。こうした現実は社会保障制度の不備によるといえばいえないこともない

が、一部の親たちの教育文化について無関心がそうさせていると見るべきものも多いようである。

学校教育は、地方における文化の先鞭をつけるものであり、しかも教育は次代に築く準備である点からして、必ずしも現実の生活と符節を一にするものでないばかりでなく、一面において現実に対して批判的である点は、教育本来の使命からも、避けることはできない。

しかるに現実の生活の苦悩をも教育の責任に転嫁しようとしたり、また保守的な考えから教育をないがしろにするようなことは、決して褒めたことではない。要するにわれわれ国民の一人一人の中から教育文化をもっと誠実に希求する努力が生れてこそ、新時代の教育文化の実があがるであろうことは、疑がいもないことだと思う。そして古い言葉だが「親は銅でも子は金に」という気持を忘れてはならないと思う。

（これは過日PTA活動に関する論文を募集された中のP側の入選作品である。）

▽中央教育委員会だより△

第三十五回（定例）中央教育委員会議事日程

月日	議題種別番号	件名	審議の結果
三月十九日（月）	議案 第一号	学級数、教員数算定基準の改正について	可決
	〃 第二号	大原中学校移転認可について	可決
	〃 第三号	久部良中学校設置認可について	可決
	〃 第四号	西表中学校、西表小学校の船浮分校網取分校の校名変更認可について	
	〃 第五号	中城小学校の北上原分校設置認可について	可決
	〃 第六号	幼稚園（那覇区）保育料値上申請の認可について	保留
	〃 第七号	公立定時制高校（新設）補助割当について	可決
	報告	八重山講習会について	報告
三月二十日（火）	議案 第八号	職員人事	可決
	〃 第九号	公立学校々舎建築割当一部変更について	可決
三月二十二日（木）	〃 第十号	若狭小学校設置認可について	保留
	〃 第十一号	教育長の任命について	可決
	〃 第十二号	嘉手納小学校の分校廃止認可について	可決
	〃 第十三号	宮前小学校の設置認可について	可決
	報告	指導要録の改訂について	報告
	報告	学校衛生統計調査報告について	報告

第三十六回（臨時）中央教育委員会議事日程

月日	議題種別及番号	件名	
四月十四日	報告	一九五六学年度指導計畫	
	議案第一号	一九五六年度隔遠地所在公立学校在勤教職員の勤務手当、補助金交付に関する臨時措置規則	可決
	〃第二号	公立学校教育職員退職手当、補助金交付に関する臨時措置規則	可決
四月十六日	議案第三号	員職人事について（本局　政府立学校）	
	報告	教育法案について	報告

△人事移動

所属課（庁）	職種	氏名	発令月日	備考
（局内）				
学務課	課長	山川　宗英	四月十六日	庶務課より配置換
庶務課	同	金城　英浩	同	社会教育課より配置換
社会教育課	同	佐久本嗣善	同	学務課主事より昇任
指導課	指導主事	糸洲　長良	同	学務課より配置換
学務課	主事	知念　繁	同	研究調査課より配置換
同	同	島袋　栄徳	同	石川地区教育長事務所より配置換
研究調査課	同	親泊　輝昌	同	社会教育課より配置換
（局外）				
学務課	主事	当銘　武夫	三月一五日	退職・研究教員へ
前原地区教育長事務所	社会教育主事	前堂　清昌	三月三一日	依願退職・兼原小校へ
学務課	主事	仲宗根　繁	〃	依願退職・野嵩高校へ
庶務課	主事補	下地　寛	〃	経済企画室へ出向
八重山地区教育長事務所	主事補	大浜　安秀	四月一日	新任用
糸満地区教育長事務所	社会教育主事	知念　清英	〃	〃
庶務課	主事補	与那嶺蘇青	〃	商業高校書記より転任
社会教育課	主事	玉木　芳雄	〃	社会局へ出向（移民課長）
学務課	主事	福里　文雄	〃	商業高校教諭より転任

投稿歓迎

一、教育に関する論説、実践記録、研究発表、特別教育活動、我が校の歩み、学校経営社会教育活動P・T・A活動の状況、その他
（原稿用紙四〇〇字詰一〇枚以内）
一、短歌、俳句、川柳、※五首以上
一、随筆、詩、その他
※原稿用紙（四百字詰）五枚以内
一、原稿は毎月十日締切り
一、原稿の取捨は当課に一任願います。（御了承の程を）
一、原稿はお返し致しません。
一、宛先文教局研究調査課係

文教時報（第二三号）
（非売品）
一九五六年四月十一日　印刷
一九五六年四月二十三日　発行
発行所　琉球政府文教局
研究調査課
印刷所　旭堂印刷所
那覇市四区八組
（電話六五五番）

琉球

文教時報

NO 24

文教局研究調査課

天然記念物　しまちすじのり

指　定—一九五五年一月七日
保護地域・真和志市識名園育徳泉
　今帰仁村天底の井戸（アミスガー）

鹹水産で紅藻類に属する。種類は頗る多いが、淡水産の紅藻類には、ちすじの外の二三種を数えるのみである。
ちすじのりの発生地は日本々土では長崎県南高来郡多比良村、土里村、鹿児島県伊佐郡菱刈村に限られ、沖縄本島にては最初識名園の育徳泉で発見された。植物分布学上貴重な資料である。

しまちすじのりの発生地
(今帰仁村天底の井戸)

文教時報　第24号

目　次

三度びつくり

文教局次長
小波藏　政光

先頃本土から来島した新聞記者の感想を聞いて面白いと思いました。その要旨は、沖縄に来て案外立派な校舎がへき地まで建てられているのに先づびつくりした。が足を一歩教室内に入れて見ると、教具教便物が殆ど無いので二度びつくりした。更に教室内での学習指導が旧態依然として新教育が殆んど見られないので三度びつくりした。

校舎や施設備品の充実は比較的に容易であるが、教師の資質の充実向上は、資金も時間もかゝるし際限も無いので、なか／＼困難な問題である。

折角立派な校舎が与えられても掲示物が殆んどない教室がまだ稀に見受けられるのは残念である、然し茅ぶきの仮校舎草壁の中で、つぎはぎの板の掲示板を作つて利用してあつた二、三年前の坂田校その他の学校の感激的印象は、思い出しても楽しいものである。

理科備品でさえ、教師の実力によつては相当に充実出来る事は、瀬喜田校が実際に教えている。徒に校舎備品の不足、資金の不足を悲観し拱手傍観するのは感心しないと思いますが、教育の物的要素を軽視するのでもなく、又その不足を言訳するのでもありません。要は人的要素が遙かに重大で、遙かに困難である事を強調したいものです。

校舎施設備品もその活用は、専ら教師に依ります、せめて現にあるものは不十分ではあるが、十分に活用して頂き度いものです。資源貧弱で貧困だからでもありましようが、吾々は物を大事に保存するの余り、死蔵する嫌いがあると指摘したアメリカ人もあります。

物は死んでいます。教師によつて活用されるのを待つています。活用されて始めて教育効果の向上に十分貢献出来るものです。それで教師の熱意実力工夫努力こそは、教育の効果を上げる最高の要素であると考えられます。

教育に関するすべての営みの最高最終の目的は児童生徒の実力の向上にあります。その目的達成の最大の要因は教師の実力にかかります。それで教師の養成と現職教育は最も重要な問題と考えられます。

教師の指導力の向上には種々の方法がありましよう、が現在採用されているのは残念ながら大学単位集積法だけであります、これは客観的に公認し易いという利点はありますが、形式的に流れて、教師の実力の実質的向上から縁遠くなりがちな欠点のある事は周知の通りであります。

要は教師一人一人が単位だけにとらわれず、自然的な研究工夫勉強をする事でしよう。民主教育の基本は、独立自主的な個人の育成という一面を持つていると考えられます。教師自らが独立自主的な個性豊かな人間になる勉強が第一でしよう。言論の暴力に左右されず、不和雷同せずに、客観的に資料を蒐集して独自の判断をもつて、それを勇敢に実行する民主的教師になる事でしよう。

新教育も色々の角度から、色々に言われます、それらを調査研究比較検討して独自の考えをもつ事です、そのものを掘り下げて、実行せざるを得ないような具体的実践案に到達する事です。要するに教師一人一人の自発的研究、工夫、実践が期待されます。事実その成果が此頃急に―実は徐々に長期にわたつているでしようが―沢山現われて来ました。

それが実験学校の成果の一つであると私は考えます。図工、音楽、職家、理科、特殊教育等がいよ／＼軌道にのりつゝあるのを見ると実に愉快に堪えません。戦後の吾等の努力の最高目標である新しい学習指導、生活指導の実践が、此頃軌道に乗りかけたのです。糸満小学校の特殊教育、宮森校の図工、瀬喜田校の理科、羽地中学校の職家の情況を見て、ほんとに暗夜に燈を見る喜びを感じました。その他にも私は見ていませんが、健康教育、作文、特活等の面に於て、新教育が立派に行われているようです。本年こそは戦後教育の一大開花期に当ると思います。

然し問題は咲いた花が余りにも少いとです。その種類に於ても、数においても、長い蕾の期間の努力工夫の最中で、発表されていないのが多いかと思います。

実験学校を見て感ずる次の事は、指導主事がよく理解され、親しみを持たれ、相談相手、協力者としての本来の機能を発揮している事です。指導主事との協同研究であるという気持まで行つているのは誠に結構で、割合に楽な気持で発表もしています。

今一つ感ずることは少しあせり過ぎ働き過ぎ過労になりはしないかとの心配である。永続する事がもつと大事である。あせらず、無理をせず、時間一杯一心に働いて出来ただけを発表して漸次大成を期する事です。その対照的反面に多くの学校で授業を欠き過ぎる傾向が目につくので、実験学校に就いては此の感を一層深くするのかもしれません。

中学校ホーム・ルームに於ける
教育測定と教育診断

名嘉喜信

目次

知能検査

生徒の学習はいろいろの条件で左右されているが、知能はその中の大きな条件である。個々の生徒または学級全体の知能を調べて、知能程度に応じた指導計画を立案するためにも、又個々の生徒がその能力に応じた学習効果を発揮しているかどうかを見るためにも是非実施する必要がある。

本校（東京都新宿区立西戸山中学校）においては、あらゆるテスト、及び調査を行い、科学的、客観的な立場から生徒指導をなしている。別表(1)の通りの〃精神衛生指導綜合診断個人票〃を、ホームルーム毎に作製し、テスト、調査の結果を記入し、一見してその生徒の家庭環境、交友関係、知能、学力、性格等がわかるようにしてある。教科担任制である中学校においては、此のような個人票を作ることによつて、各教師が生徒をよりよくつかみ、各教科指導と相まつて、個人差に応ずるガイダンスを行う事ができる。

昭和二十九年五月に現在の二年生（当時一年生）全員に対し、新制田中A－2式新制田中B－2式の両知能検査を実施している事がこの表よりわかる。その結果を現在のE組について、考察して見よう。

第一表

男				女			
番号	氏名	新田中A－2式	新田中B－1式	番号	氏名	新田中A－2式	新田中B－1式
1	安部	63	66	30	阿部	65	77
2	飯沢	62	57	31	今井	52	47
3	飯野	49	58	32	大江	56	30
4	井川	72	69	33	岡田	52	53
5	榎本	69	59	34	川本	72	59
6	大野	67	64	35	北見	44	43
7	大橋	75	77	36	木下	55	61
8	大森	77	70	37	小出	61	56
9	大吉	51	61	38	小林	73	63
10	岡野	72	83	39	佐藤	62	58
11	加納	51	58	40	城間	52	54
12	茅島	58	66	41	末永	75	70
13	佐藤	67	59	42	鈴木	58	
14	島田	65	64	43	高橋	56	73
15	鈴木	52	62	44	新名	63	58
16	鈴木	52	67	45	西村	70	69
17	関口	57	59	46	西本	72	79
18	高瀬	67	60	47	野口	48	57
19	立石	74	79	48	古市	68	66
20	谷口	44	63	49	本多	75	63
21	林田	51	61	50	間宮	72	73
22	笛木	72	67	51	水野	64	
23	藤田	54	52	52	村田	77	75
24	藤野	60	62	53	藪下	69	66
25	増田	43	64	54	渡辺	60	54
26	俣野	57	54				
27	宮本	65	72				
28	村井	64	63				
29	吉沢	60	72				

第一表は名簿順による知能偏差値一覧表である。是を知能偏差値分布表にまとめると第二表（A・B）の通りである。

第二表　A　　　知能偏差値分配表　　新田中A－2式　29.5.29

知能段階	偏差値区間	中間値	人数調べ	人数(F)	人数% 実験	理論	D	FD	FD²
最劣	5～9	7.5							
	10～14	12.5			0				
	15～19	17.5			(0)	(1)			
	20～24	22.5							
劣	25～29	27.5			0				
	30～34	32.5			(0)	(6)			
中の下	35～39	37.5			3				
	40～44	42.5	下	3	(5.56)	(24)	－4	－12	48
中	45～49	47.5	丅	2	10		－3	－6	18
	50～54	52.5	正下	8	(18.52)	(38)	－2	－16	32
中の上	55～59	57.5	正丅	7	18		－1	－7	7
	60～64	62.5	正正一	11	(33.33)	(24)	0	0	0
優	65～69	67.5	正正	9	18		＋1	9	9
	70～74	72.5	正正	9	(33.33)	(6)	＋2	18	36
最優	75～79	77.5	正	5	5		＋3	15	45
	80～84	82.5			(9.26)	(1)			
	85～89	87.5							
	90～94	92.5							
	95～99	97.5							
合計				54	(100)	(100)		ΣFD 1	ΣFD² 195

第二表　B　　　知能偏差値分配表　　新田中B－1式　29.5.20

知能段階	偏差値区間	中間値	人数調べ	人数(F)	人数% 実験	理論	D	FD	FD²
最劣	5～9	7.5							
	10～14	12.5			0				
	15～19	17.5			(0)	(1)			
	20～24	22.5							
劣	25～29	27.5			1				
	30～34	32.5	一	1	(1.92)	(6)	－6	－6	36
中の下	40～39	37.5			1		－5		
	40～44	42.5	一	1	(1.92)	(24)	－4	－4	16
中	45～49	47.5	一	1	6		－3	－3	9
	50～54	52.5	正	5	(11.54)	(38)	－2	－10	20
中の上	55～59	57.5	正正一	11	24		－1	－11	11
	60～64	62.5	正正下	13	(46.15)	(24)	0	0	0
優	65～69	67.5	正下	8	14		＋1	8	8
	70～74	72.5	正一	6	(26.92)	(6)	＋2	12	24
最優	75～79	77.5	正	5	6		＋3	15	45
	80～84	82.5	一	1	(11.54)	(1)	＋4	4	16
	85～89	87.5							
	90～94	92.5							
	95～99	97.5							
合計				52	(99.99)	(100)		ΣFD 5	ΣFD² 185

知能偏差値分布表より学級の偏差値平均、及び、標準偏差値を求めた。求める公式は、

$$\Sigma = A.M + \frac{\Sigma FD}{N} \times 5$$

（平均）（仮想平均）　（級間）

$$S.D = \frac{5}{N}\sqrt{N\Sigma FD^2(\Sigma FD)^2}$$

（標準偏差値）

である。

	M	S.D
新制田中 A－2式	62.6	9.50
新制田中 B－1式	62.9	9.23

尚、是を知能偏差値分配図で、理論上の正常分配曲線と比較すると第一図の如くである。

此の曲線を見るに、理論上の曲線とは相当変つた曲線であるが、類数が少い場合は必ずしも一致しない。

全体として両検査共右に偏よつた曲線で、知能上位群が下位群よりも多いことがうかがわれる。両検査共略同様曲線をえがいている事は、相関度が高い事を意味するものである。

第一表を見てもわかるように、新田中B～1式において劣が一人いるのみで、後は全部中の下以上で、知能においては劣等児はいない。

次に両検査の相関表をつくり、相関係数を算出してみると〇・六一となり、相関程度は〃大きい〃といえる。

（第一図）

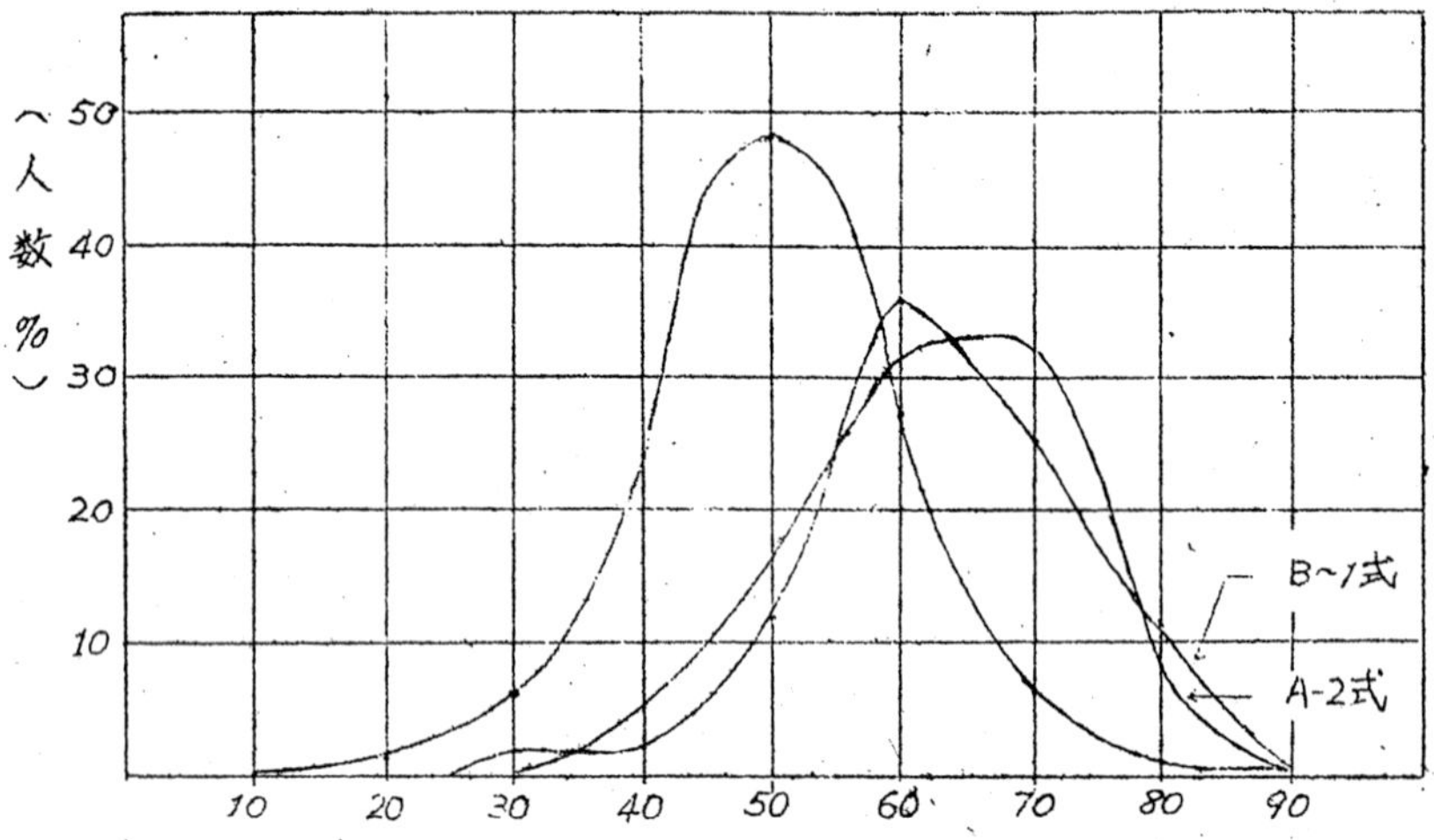

第三表

A－2式(X) / B－2式(Y)	30～34	35～39	40～44	45～49	50～54	55～59	60～64	65～69	70～74	75～79	80～84	FY	y'	FYy'	Fy^2	Σx'	Σxy'
80～84									1			1	4	4	16	2	8
75～79								1	2	2		5	3	15	45	11	33
70～74						1	1	2	2	2		8	2	16	32	11	22
65～69					1	1	1	3	2			8	1	8	8	4	4
60～64			2		2	1	3	3	2	1		14	0	0	0	−3	0
55～59				2	1	1	4					8	−1	−8	8	−9	9
50～54					3	1	1					5	−2	−10	20	−7	14
45～49					1							1	−3	−3	9	−2	6
40～44			1									1	−4	−4	16	−4	16
35～39												0	−5	0			
30～34												1	−6	−6	36	−1	6
FX			3	2	8	6	10	9	9	5		52		12	190	2	118
x'			−4	−3	−2	−1	0	1	2	3							
Fx'			−12	−6	−16	−6	0	9	18	15		2					
Fx'^2			48	18	32	6	0	9	36	45		194					
Σy'			−4	−2	−9	−6	−3	10	16	10		12					
Σx'y'			16	6	18	6	0	10	32	30		118					

$$r=\frac{\frac{1}{N}\Sigma xy-cx.cy}{\sqrt{\frac{1}{N}\Sigma x^2-cx^2}\ \sqrt{\frac{1}{N}\Sigma y^2-cy^2}}$$

$$cx=\frac{2}{55}=0.0363$$

$$cx^2=0.00131769$$

$$cy=\frac{12}{15}=0.2181$$

$$cz^2=0.04756761$$

$$r=\frac{\frac{118}{52}-(0.0363\times 0.2181)}{\sqrt{\frac{194}{52}-0.00131769}\ \sqrt{\frac{190}{52}-0.04756761}}$$

$$=\frac{2.26}{3.62}=0.61$$

相関の程度の分類は、厳密には標本数によって標本の相関係数から母集団における相関係数の有無を判別する限界が違いますが教育や心理の方では標本数が五〇以上ぐらいのときに次のように五階級ぐらいにわけける事が望ましいといわれている。

第四表

r	相関程度
1.0～0.8	極めて大
0.8～0.6	大きい（大）
0.6～0.4	ややあり（中）
0.4～0.2	殆どなし（小）
0.2～0.0	なし

学力検査

生徒の学力を調査するには、教師自作のテストにより実施する場合と標準化された標準学力検査による方法とがある。前者は教師が任意に自分で作って行うものであるから、その学級だとか、あるいは同一学校内でならば個々の生徒や成績や能力を他の生徒と比較してみることができる。しかしながら他校の生徒とか、或いは全国、府県全体の水準と比べて、個々の生徒や学級が優れているか、普通か、劣っているかを見ることはできない。標準化されたテストはその面を見る場合は特に都合がよい。又そのもっとも重要な特質はそれが予め実験的、統計的に設定された基準を具備しているということである。標準テストを使用する人が、その作者の指示している施行法や採点法をよく守って行い、出た結果をその基準に照合すれば、ただちにその生徒の成績を客観的に測定できるように仕組まれている。だからと言って個々の学校や学級の指導目標や内容の全部を蔽うてはいない。したがって、どんなに標準テストが完備したとしても、それのみで教育評価はできない、必要に応じて随時行う教師自作のテストの必要なゆえんである。

標準学力テストをどんな目的に使えばよいか、その利用法を列挙しておこう。

(1) まず個々の生徒についての指導の立場から

これを実施することで、個々の生徒が、あらゆる科目での学力において、世間一般の同学年の生徒と比較して普通か、優れているか、劣っているかの度合を知って、指導の基礎資料とすることができる。

(2) さらに同一科目内で、いくつかの指導目標ごとに基準を示してあれば、個々の生徒が、どこは優れ、どこは普通で、どこに欠陥や遅れをもっているかを診断することができて、その生徒の今後の学習指導上の留意点がわかる。

(3) さらに知能検査の結果との関係で、成就指数や偏差値を出すことによって、ある程度、その生徒が可能性だけの学力を実際にあげているかどうか、今後どんなことが期待されるかを知ることができる。

次に学級や学校など集団としての立場から

(4) 平均成績を出して、基準と照らすことにより、その学級や学校が、世間一般の学級や学校があげている成果に比してどんな水準にあるかを反省でき、父母や地域社会の批判に証拠をもって答えることができる。

(5) 学級全体として、各教科や各指導目標について明かにし、カリキュラム指導法の改善に資することができる。

(6) 一学級内の生徒の能力差を客観的に明かにし、能力差に応ずる指導を促し、また能力別グルーピングをなす場合は、その編成のための一つの有力な資料を与える。

以上の目的により、昭和三十年十一月十六日に実施した教研式学力検査について考察してみよう。各教科別の学級名簿順による一覧表を掲載すると、第五表の通りである。是を評価段階別分布表を作り、正常分配曲線と比較してみると第六表（A、B、C、D、E、第二図（A、B、C、D、E）の如くである。表及び図より一見してわかるように、全学科を通じて知能検査の結果と同様、曲線は右に片依っていることがわかる。特に社会、国語においては優（＋２）の段階の生徒が多いということである。数学、理科、英語は稍正

第五表

番号	氏名	社会	国語	数学	理科	英語	総点	平均
1	安部	61	61	65	56	58	288	57.6
2	飯沢	82	67	63	64	47	323	64.6
3	飯野	42	30	41	40	32	185	37.0
4	井川	70	71	61	62	57	321	64.2
5	榎本	57	48	42	46	34	227	45.4
6	大野	71	64	62	68	51	316	63.2
7	大橋	86	71	59	69	69	354	70.8
8	大森	73	69	48	56	60	306	61.2
9	大吉	65	47	44	52	43	251	50.2
10	岡野	70	62	72	67	63	334	66.8
11	加納	50	50	38	43	44	225	44.5
12	茅島	76	70	72	75	80	373	74.6
13	佐藤	54	53	48	50	59	264	52.8
14	島田	75	68	62	55	64	324	64.8
15	鈴木	65	65	63	65	51	319	63.8
16	鈴木	46	42	49	55	49	241	48.2
17	関口	64	55	56	61	46	282	59.4
18	高瀬	54	54	56	49	47	260	52.0
19	立石	78	71	70	66	77	362	72.4
20	谷口	39	31	51	42	34	197	39.4
21	林田	56	43	48	47	47	241	48.2
22	笛木	72	56	74	68	52	322	64.4
23	藤田	45	45	40	47	32	209	41.8
24	藤野	52	52	46	43	35	228	45.6
25	増田	42	39	45	43	43	212	72.4
26	俣野	77	63	50	67	35	292	58.4
27	宮本	67	50	60	60	59	296	59.2
28	村井	70	70	54	68	76	338	67.6
29	吉沢	54	48	51	57	45	255	51.0

番号	氏名	社会	国語	数学	理科	英語	総点	平均
30	阿部	54	66	59	54	68	301	60.2
31	今井	44	49	39	49	45	226	45.2
32	大江	46	53	36				
33	岡田	42	47	52	51	42	234	46.8
34	川本	54	67	58	49	63	291	58.2
35	北見	43	50	41	49	36	219	43.8
36	木下	40	54	53	50	59	256	51.2
37	小出	42	56	46	38	26	208	41.6
38	小林	70	61	54	63	46	294	58.8
39	佐藤	51	56	49	50	48	554	50.8
40	城間	56	50	45	49	78	278	55.6
41	末永	63	66	65	52	59	305	61.0
42	鈴木	91	65	54	62	57	299	59.8
43	高橋	54	59	51	50	45	259	51.8
44	新名	70	60	50	60	74	314	62.7
45	西村	59	61	55	56	47	278	55.6
46	西本	72	66	66	66	85	355	71.0
47	野口	51	47	39	52	37	216	45.2
48	古市	65	65	55	52	51	288	57.9
49	本多	61	62	65	56	69	313	62.6
50	間宮				58	46		
51	水野	67	62	61	66	82	338	67.6
52	村田	72	71	68	62	58	331	66.2
53	薮下	67	66	63	63	70	329	65.8
54	渡辺	56	53	41	52	43	245	49.0
	計	3173	3027	2846	2952	2827		
	M	59.9	57.1	53.7	55.7	51.5		
	N	53	53	53	53	53		

第六表

			(A) 社会		(B) 国語		(C) 数学		(D) 理科		(E) 英語	
偏差値	評価段階	理論上%	頻数(F)	実験(%)	F	%	F	%	F	%	F	%
65以上	5	7	22	41.5	17	32.1	8	15.2	1	20.8	11	20.8
55～64	4	24	11	20.8	15	28.3	16	30.2	17	32.1	12	22.6
45～54	3	38	12	22.6	16	30.2	19	35.8	19	35.8	16	30.2
35～44	2	24	8	15.2	3	5.6	10	18.9	6	11.3	10	18.9
34以下	1	7			2	3.9					4	7.5
計		(100)	53	(100.1)	53	(100.1)	53	(100.1)	53	(100)	53	(100)

第　二　図

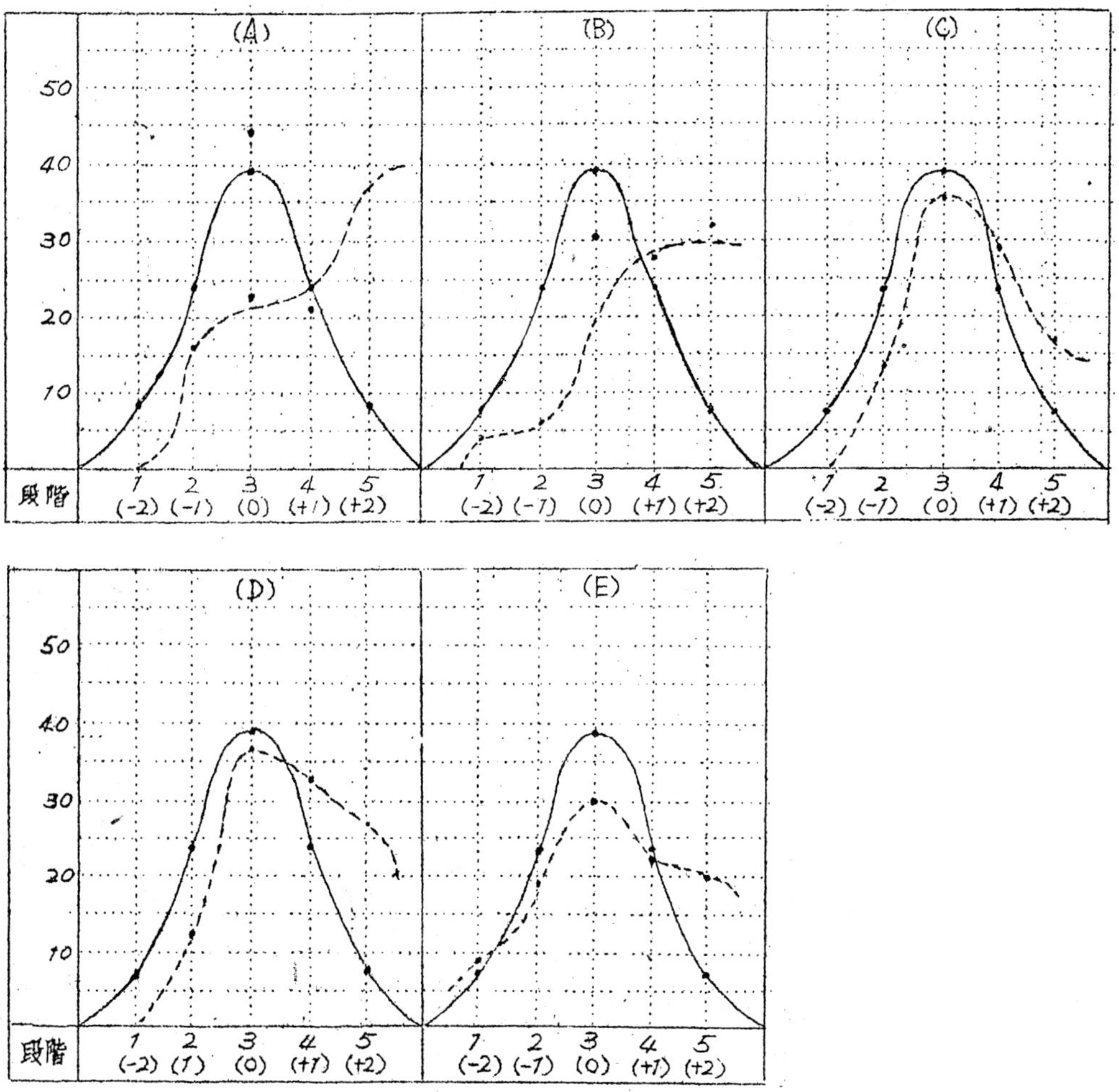

常分配曲線に近い。学級全体として理数科系の学科より文科系の学科が優れている。この事は、教師の指導法によるものか、生徒の興味によるものが、又は地域環境によるものであるかは研究すべき問題であると思う。学習興味診断テストと合せ考えた場合、いくらかその理由が判然とするものと思うが、その事は後にゆずることにして、学力と知能の相関について考察して見よう。

知能と学力との相関

学級全体として、各学科の偏差値平均、標準偏差値、知能検査との相関係数、及び成就値を求めると第七表の通りである。

第七表

	M	S.D	r	成就値
社会	59.9	11.8	0.63	−2.2
国語	57.1	10.6	0.72	−5.0
数学	53.7	10.0	0.64	−8.4
理科	55.7	8.7	0.54	−6.4
英語	51.5	14.4	0.86	−10.6

(註)　rは新田中A−2式との相関係数
成就値は各教科別平均偏差値より知能偏差値平均を引いたもの

此の表より判断できる事は、全教科とも成就値は(一)であり、知能に相応する学力がないという事である。即ちまだまだ努力、勉強がたりないことがうかがわれる。言いかえるともつともつと全体として向上する可能性があるという事である。特に英語、数学は差が大きい。この事は標準テストの作製にも関係あると思うが、少くとも社会、国語よりは劣つている事は数量的に判然としている。ホームルーム教師はテストの結果をこのようにまとめて、教科担任の教師に提示することによつて、その学級の学習指導は如何にあるべきかを工夫することができる。

尚第七表のS.D. r の算出法は偏差積法によるものである。

個々の生徒に就て、知能と学力の相関は如何になつているかをしる為には、第三図(次頁に参照)の如き相関図に表わすと一目瞭然として、知能に応じた学習効果を発揮しているかどうかをみる事ができる。此の相関図の氏名欄は出席簿順でなく、知能の上位のものから順に記入した方が知能と学業の不一致を見出すのに便利である。相関図を一見して、知能相応の学習効果を発揮していないものに就ては何処にその原因があるかを更に追究する必要がある。家庭の環境によるものであるか、本人の興味或いは性格、健康状態によるものであるかを診断し、その原因がはつきりすればそれを治療する事に努力しなければならない。診断の方法としては、家庭環境調査或いは家庭訪問により家庭の環境がわかる。学習興味診断テストを実施することによつて、その生徒の学習興味及び学習態度を知ることができる。性格については、性格検査、向性検査、内田クレプリン精神作業検査等を実施することにより、教師の平素の観察と合せ考えた場合大体判断がつく。

学習興味診断テスト

むかしから、〃好きこそものの上手なれ〃といわれているように、好きなものに向けられた活動は効率が高いとされている。馬でさえ、水のほとりまでつれていくことはできても、馬が水を飲もうとする積極的な意志のないかぎり、水を飲ませることはできない。児童生徒の教育、特に学習活動においても、その効果は単に能力や努力だけで決定されるものではない。学習活動そのものに対する好ききらいそれへの積極的な意志の有無、すなわち学習興味の程度が重要な要因となつていることはいまさらいうまでもない。効果的な学習指導を行うには、どうしても学習に向けられている児童生徒の興味の方向や程度を知り、それに即して指導が行われなければならない。知能検査により知的な素質を測定し、学力検査によつて学力を測定して、本来もつべき興味が起されていないとき学習効果があがらないならば、まず興味を喚起するための努力をすべきである。

一般に興味とは(1)まずわれわれの注意が一定の対象に向けられ、(2)それに対して快か不快かの情緒的反応が作られる。(3)快の反応をもたらすような対象には、それに近接しとり入れようとする傾向が生ずる。この傾向を興味というのである。人は正常であるかぎり、その周囲のなにものかに向つて、それにはたらきかけようとする要求をもつ。このような要求が一定の活動に対する興味の源泉となり、これに個人の生得的な特質、発達の状態、過去の経験などが条件となつてそれぞれの児童生徒の興味をつくり出している。興味の指導に於いては、(1)児童生徒の生来の興味に即応し、(2)かれらの生活経験とできるだけ関連をもたせ、(3)発達の程度にしたがつて適切な方法を講ずることが大切である。したがつて新しい興味を起させるためには、生活に近いことがらを、直接的な刺激として与え、同じことを何べんもくりかえして経験させ、しかもそれらを児童生徒の人格との関連において指導することが原則とされるものである。以上の事は田研式学習興味診断テストの手引書より抄録した。学習興味の測定には

(1)質問紙によるもの
(2)直接的な観察によるもの
(3)実験的観察によるもの
(4)テストによるもの

などがあるが、昭和三十年十二月十六日に田研式学習興味診断テストを実施したので、その結果について考察して見よう。

学級全体、及び男女別の得点平均を算出し是をプロフィールにあらわすと第四図(A B C)の通りである。(図は11頁参照)

(1)絶対的プロフィール(……)
各教科についての差異を示すものである。

(2)相対的プロフィール(——)
標準との相対的な興味の方向および程度をパーセンタイルであらわしたもので学級及び男女別の絶対興味が相対的に位置づけられる。

学級全体として、相対的プロフィールを見るに興味にむらがないということである。理科は他の学科に比較して稍興味が大きいことがうかがわれる。しかし第五表の学力検査と比較して見た場合、興味の大きい割には学習効果はあがつていない。この事は標準学力テスト及び本興味診断テストの妥当性、信頼度、又本校における理科教育目標とも関係し、一概には断定する事はできないが、此のようにテストにあらわれた結果をお互教師が反省し、学習指導の手がかりとする事は

第三図

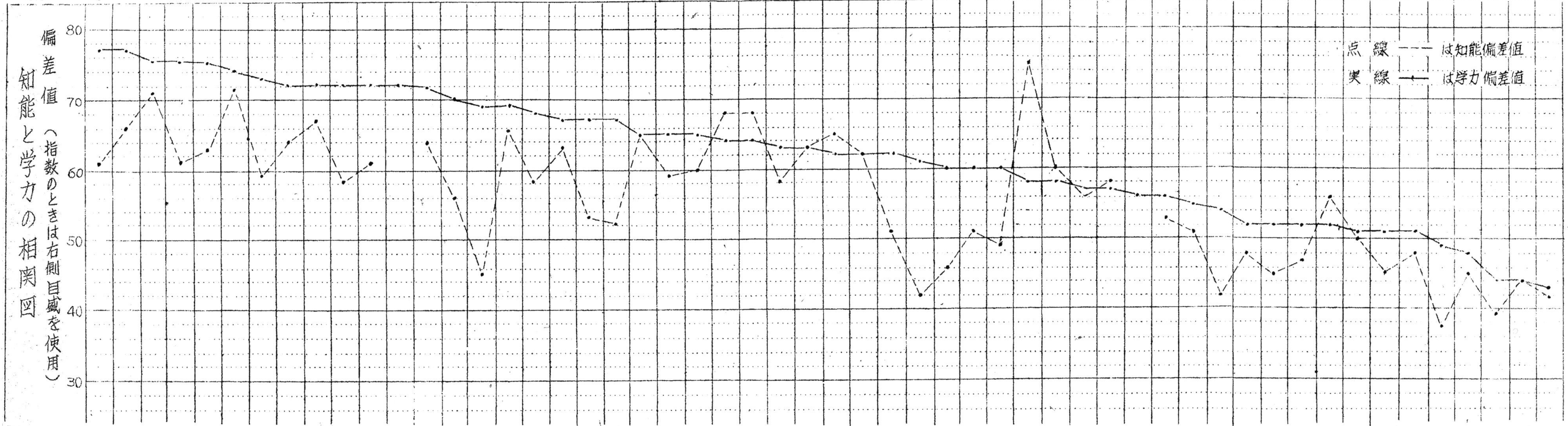

知能序列番号		1	2	3	4	5	6	7	8	9	10	11	12	13	14	15	16	17	18
氏名（姓だけの記入でもよい）		大森	村川	大橋	末永	本多	立石	小林	井川	岡野	川本	西本	間宮	笛木	西村	榎本	藪下	古市	大野
学力偏差値（または教育指数）	社会	73	72	86	63	61	78	70	70	70	45	72		72	59	57	67	65	71
	国語	69	71	71	66	62	71	61	71	62	67	66		56	61	48	66	65	64
	算（数）	48	68	59	65	65	70	54	61	72	59	66		74	55	42	63	55	62
	理科	56	62	69	52	56	66	63	62	67	49	66	58	68	56	46	63	52	68
	英語	60	58	69	59	69	77	46	57	63	63	85	46	52	47	34	70	51	51
	平均	61	66	71	61	63	72	59	64	67	58	71		64	56	45	66	58	63
知能偏差値（または知能指数）		77	77	75	75	75	74	73	72	72	72	72	72	72	70	69	69	68	67
成就指数（または偏差値差）																			

知能序列番号		19	20	21	22	23	24	25	26	27	28	29	30	31	32	33	34	35	36
氏名（姓だけの記入でもよい）		佐藤	高瀬	島田	宮本	阿部	村井	水野	安部	新名	飯沢	鈴木	佐藤	小出	藤野	吉沢	渡辺	茅島	鈴木
学力偏差値（または教育指数）	社会	54	54	75	67	54	70	67	61	70	82	65	51	42	52	54	56	76	61
	国語	53	54	68	50	66	70	62	61	60	67	65	56	56	52	48	53	70	65
	算（数）	48	56	62	60	59	54	61	56	50	63	63	49	46	46	51	41	72	54
	理科	50	49	55	60	54	68	66	58	60	64	65	50	38	43	57	52	75	62
	英語	59	47	64	59	68	76	82	52	74	47	61	48	26	35	45	43	80	57
	平均	53	52	65	59	60	68	68	58	63	65	64	51	42	46	51	49	75	60
知能偏差値（または知能指数）		67	67	65	65	65	64	64	63	63	62	62	62	61	60	60	60	58	58
成就指数（または偏差値差）																			

知能序列番号		37	38	39	40	41	42	43	44	45	46	47	48	49	50	51	52	53	54
氏名（姓だけの記入でもよい）		関口	俣野	大江	高橋	木下	藤田	鈴木	今井	岡田	城間	大吉	加野	林田	飯野	野口	谷口	北見	増川
学力偏差値（または教育指数）	社会	64	77	46	54	40	45	46	44	42	56	65	50	56	42	51	39	43	42
	国語	55	63	53	59	54	45	42	49	47	50	47	50	43	30	47	31	50	39
	算（数）	56	50	36	51	53	40	49	39	52	45	44	38	48	41	39	51	41	45
	理科	61	67		50	50	47	55	49	51	49	52	43	47	40	52	42	49	43
	英語	46	35		45	59	32	49	45	42	78	43	44	47	32	37	34	36	43
	平均	56	58		53	51	42	48	45	47	56	50	45	48	37	45	39	44	42
知能偏差値（または知能指数）		57	57	56	56	55	54	52	52	52	52	51	51	51	49	48	44	44	43
成就指数（または偏差値差）																			

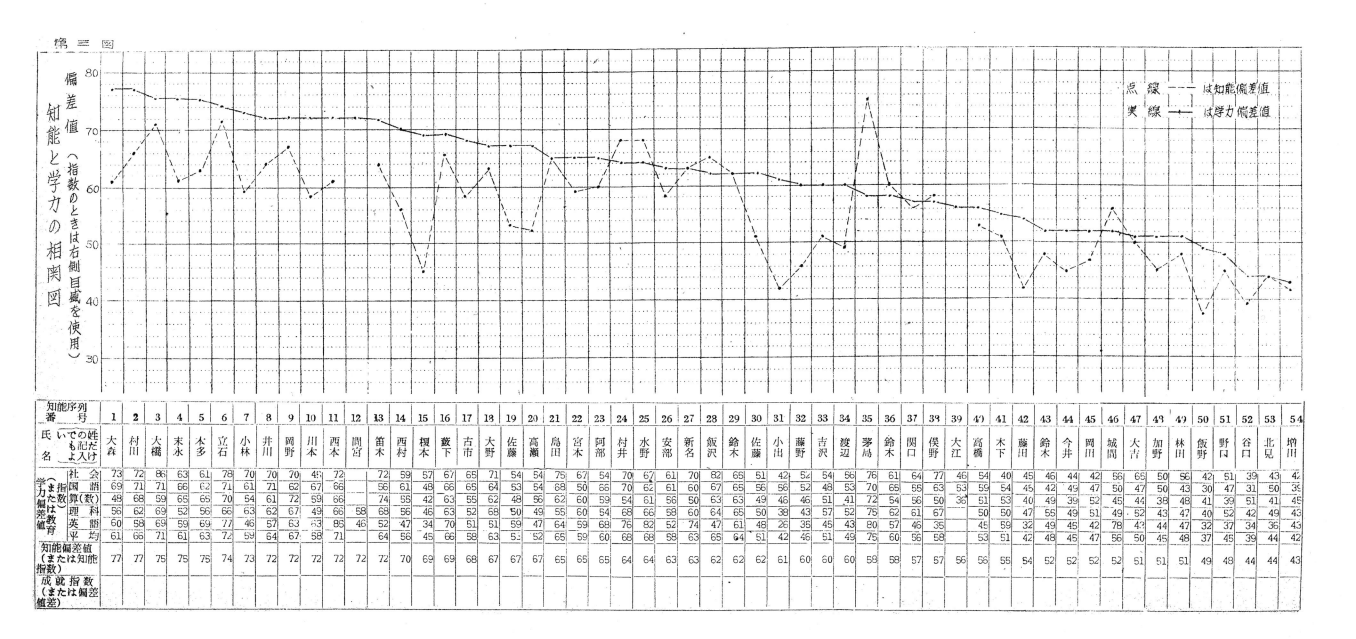

第四図　学習興味診断プロフィール

(A)

	得点	パーセンタイル	- - - - - 線は得点　—— 線は%
社会	9	50	
国語	6	70	
算数	4	50	
理科	8	80	
図工	6	50	
音楽	4	60	
家庭	4	60	

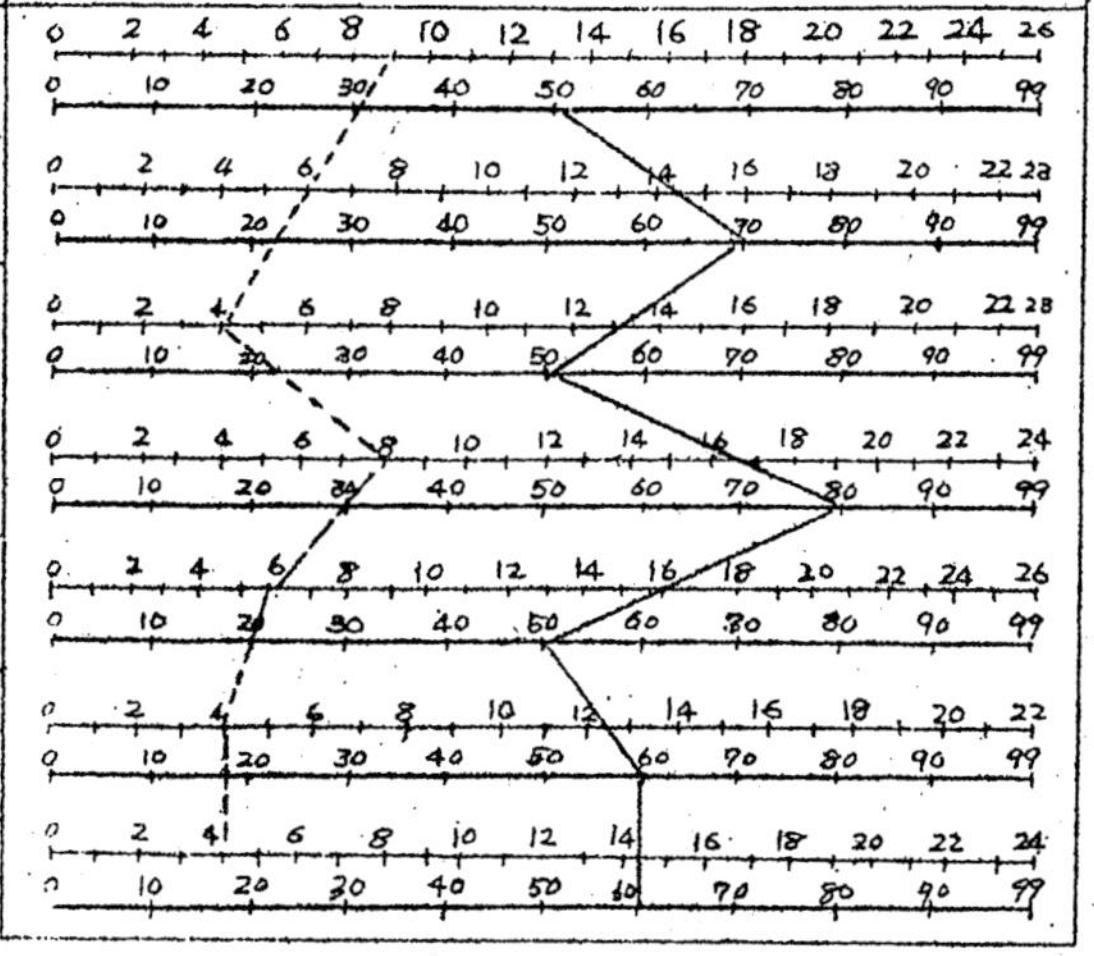

(B)

	得点	パーセンタイル	- - - - - 線は得点　—— 線は%
社会	11	70	
国語	6	70	
算数	4	50	
理科	10	80	
図工	7	60	
音楽	3	50	
家庭	2	40	

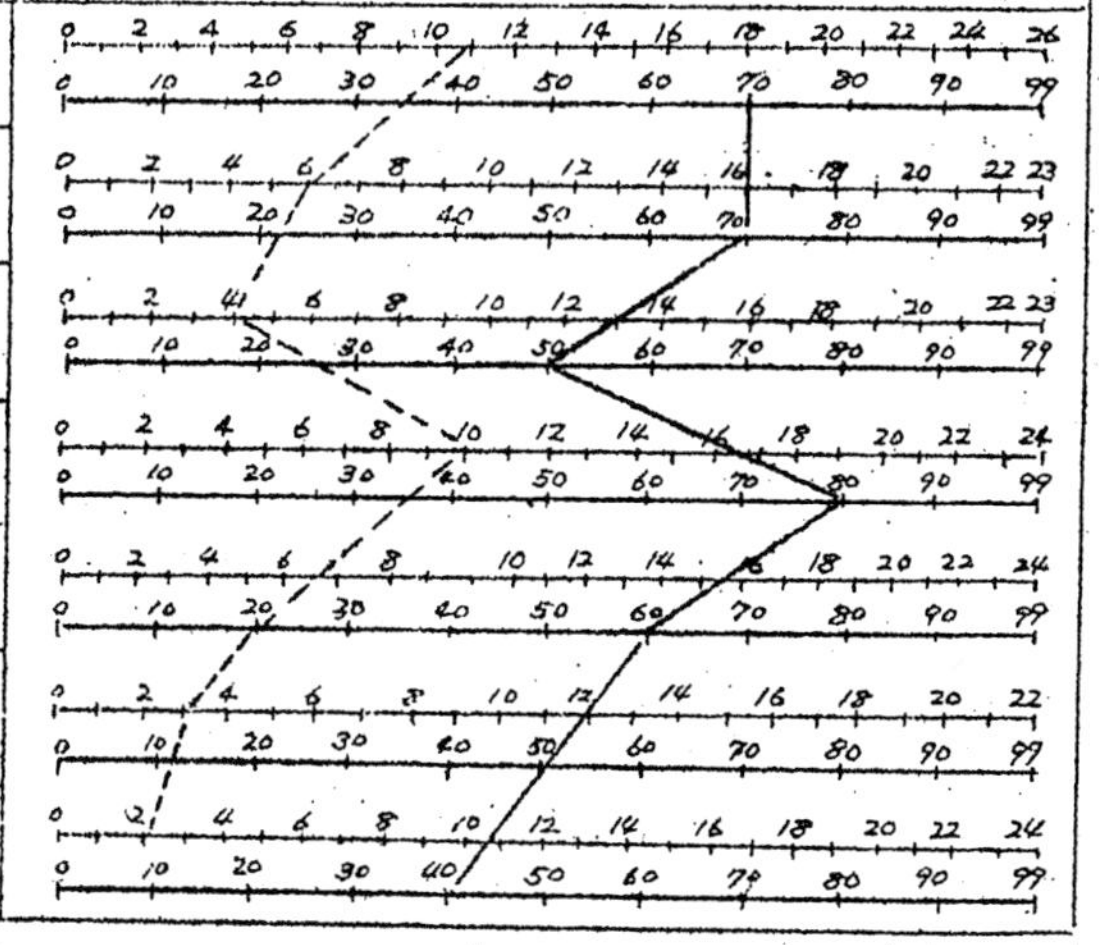

(C)

	得点	パーセンタイル	- - - - - 線は得点　—— 線は%
社会	8	40	
国語	6	70	
算数	4	50	
理科	6	50	
図工	6	50	
音楽	6	70	
家庭	6	80	

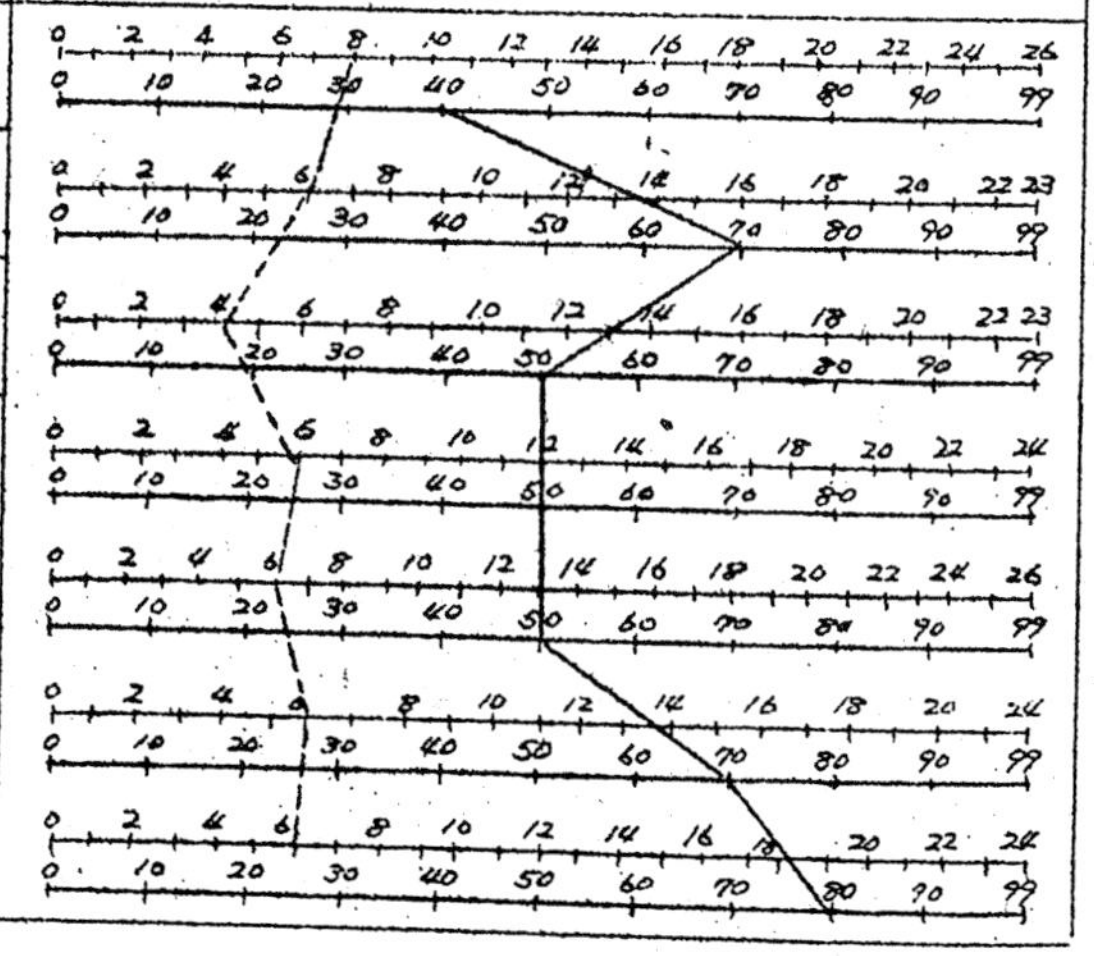

必要な事ではなかろうか。男女別にみた場合、音楽と家庭は男子より女子の方が興味が大きい。又社会と理科は女子より男子の方が興味が大きい。この事は性別による興味の方向が既に違つていることをあらわしている。女子は女子としての特性を現す家庭、音楽に興味が集注しているし、男子は反対に音楽、家庭の面では興味が薄く、社会、理科に興味が集注している。絶対的プロフィールを見た場合、社会、理科、国語、図工、数学、音楽、家庭という順になつているが、相対的プロフィールは必ずしもその順序にはなつていない。社会科の得点は9で第一位だが、是をパーセンタイルに換算したら五〇%となつている。その事は此の時期における児童生徒が一般に社会科に興味をもつているので、社会一般の生徒と比べてみた場合は普通であるということができる。

内田クレペリン精神作業素質検査

知能検査、学力検査、学習興味診断テストについて是を実施した結果についてのべてきたが、さらに内田クレペリン検査について今までの結果と合せ考えて見る事にしたい。

内田クレペリン検査とは、簡単な加算作業を一分間づつに区切つて、連続十五分間実施し、休憩五分の後、さらに十五分間同様作業をさせて、休憩前と休憩後の二つの曲線によつて、その生徒の性格をみわけるものである。その診断の基準は一般に人間は仕事を与えられるとそれを一生懸命にはじめるが、次第に疲れてきて能率が下る。しかしあともう少しで終ると思うと疲労にうちかつて仕事をするようになり稍能率が上る。休憩後は疲れもとれるし、仕事もなれてくるので休憩前より能率が上るのが普通である。そしてその仕事の能率は次第に下るが、あともう少しというところでまた能率が上る。こういう作業曲線を描いているものを

作業量 休憩前後 曲線型	A級 41以上 46以上	B級 40～26 45～31	C級 35～11 30～16	D級 10以下 15以下		曲線主要特徴
定型	a	b	c			初頭努力があり、特に休憩後の初等努力あり、休憩効果あり自然的調和的な型にして異常傾向なきもの
準定型	a′	b′	c′			上記に次ぐ、部分的に上記の特徴を欠き、或いは不足するもの異常傾向を含まざるもの
準々定型	a′f	b′f	c′f			上記に次ぐ、部分的に僅か乍ら異常傾向窺わるも猶全体として定型傾向を失わざるもの
中間疑問型	f(A)	f(B)	f(c)			定型とも異り、異常傾向も強からぬもの、正異両特徴の混在するもの或は曲線理論よりして不審あり、再検を適当と認められるもの
劣等型				d		D級にして誤も多からず、型も異状傾向を明に示さざるもの（加算不能者にしても㊉式にて40程度をなし、定型ならばdとする）
劣等異常型				dp		D級にして異常傾向を含むもの、作業量僅少（5～6程度のもの）誤り多く㊉式にて量も少きもの、非定型なるもの
疑異常型					fp	尻上り、下降、中高等の型を示すもの、平坦落込み、動揺、誤等の多きものにして定型傾向なきもの
異常型					p	上記以上異常傾向特に甚だしきもの

定型曲線といい、しからざるものを非定型といつている。曲線型及作業量より、十六類型に分類し、その各々を符号を以つて示している。その原則的基準を示すと第八表（生徒指導用内田クレペリン検査法の一四頁）の通りである。

此の作業曲線の判定、解釈には、相当の熟練と教養を必要とするが、幸いな事に四日間内田勇三郎先生、小林晃光先生の直接の御指導を受けたので、一応今までの知能、学力、興味と比較対象して考える事も有意義なことと思い、昭和三十一年一月十六日に実施した結果について少しばかりふれることにする。

先ず学級全体及び男女別の平均作業量を算出すると第九表、第五図（ABC）の通りである。（表及び図は13頁参照）

この表及び図を見るに

(イ) 学級全体及び男女とも、きれいな定型をなしてる。

(ロ) 作業量の点からみると男女の差は殆どない。普通中学校一、二年においては男子より女子がいくらかよいといわれているが、本学級においては男子の方がかえつていいくらいである。

(ハ) 休憩前曲線についてみるに本学級生徒の作業では八分頃が最低となつて以後稍上昇している。然るに一般の常人では五～六分頃が最低である。その原因は精神の興奮現象が起

第五図（A） 全

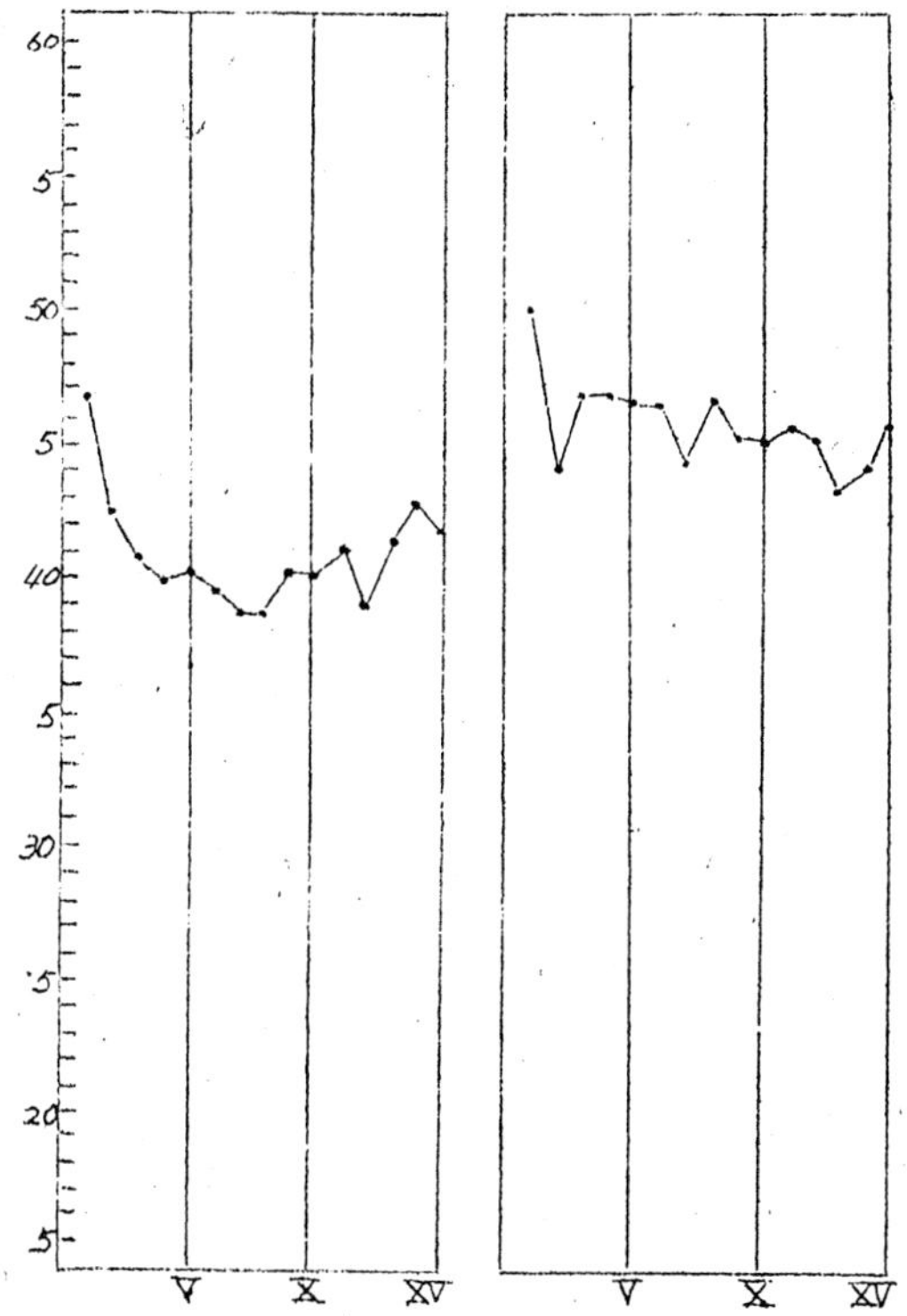

（第九表）

時間	男 (31)	女 (27)	全 (58)
1	46.3	45.2	45.8
2	42.4	40.3	41.4
3	40.4	38.9	39.7
4	38.8	39.1	38.9
5	39.7	38.1	39.0
6	39.4	37.3	38.4
7	38.5	37.1	37.7
8	38.2	36.8	37.5
9	40.0	38.5	39.3
10	40.0	38.1	39.1
11	40.4	39.9	40.2
12	39.3	37.1	38.3
13	41.4	39.4	40.4
14	42.6	41.1	41.9
15	41.8	39.8	40.9
1	49.1	49.1	49.1
2	43.8	42.1	43.1
3	45.2	46.3	45.7
4	45.5	46.3	45.8
5	42.5	45.4	45.6
6	45.0	45.5	45.2
7	43.6	43.0	43.3
8	46.9	43.9	45.5
9	43.2	43.8	44.3
10	45.1	42.8	44.0
11	45.1	44.0	44.9
12	45.1	42.9	44.1
13	43.5	41.2	42.2
14	44.1	41.9	43.1
15	45.5	43.5	44.6

第五図（B） 男

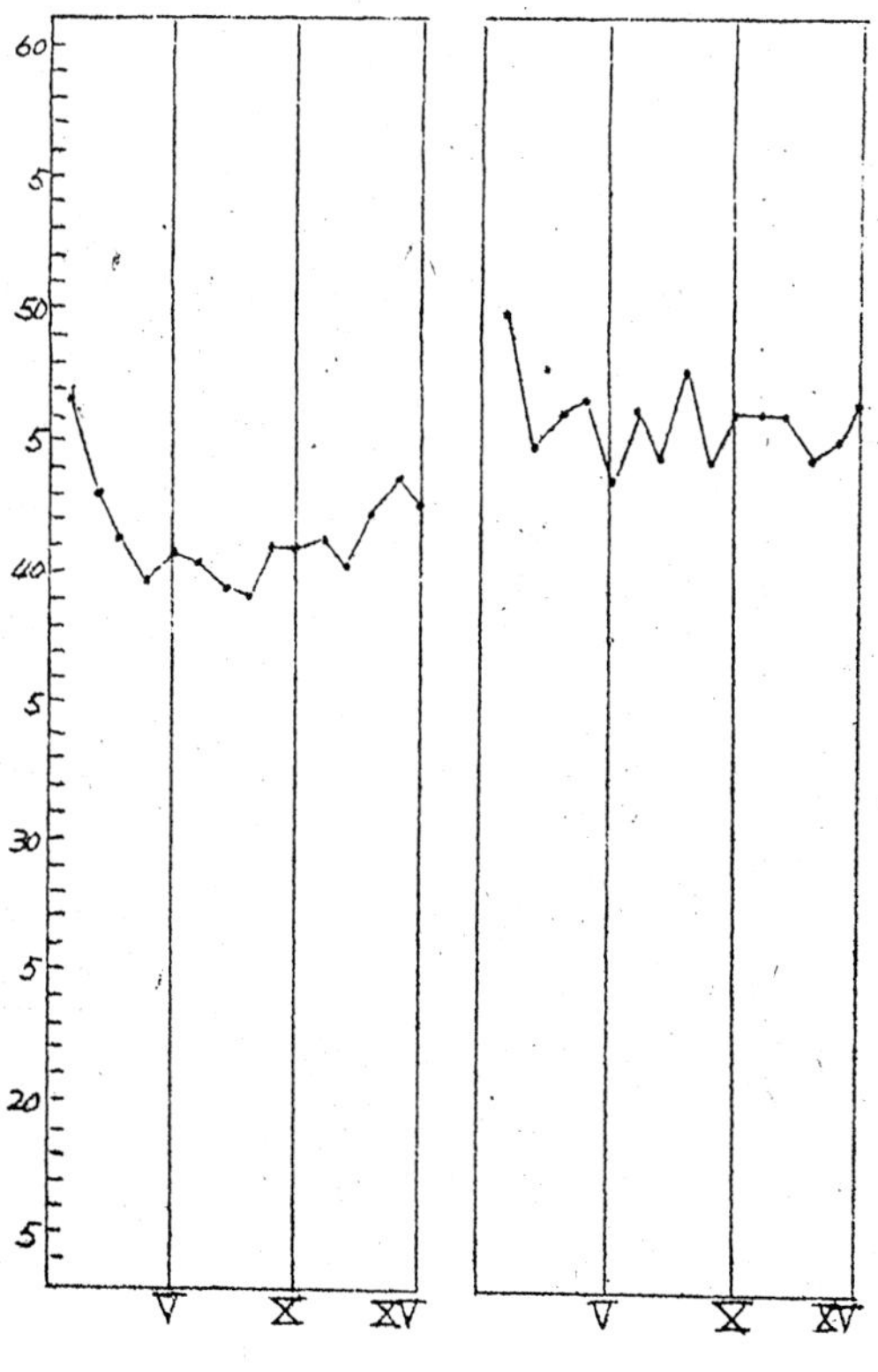

第五図（C） 女

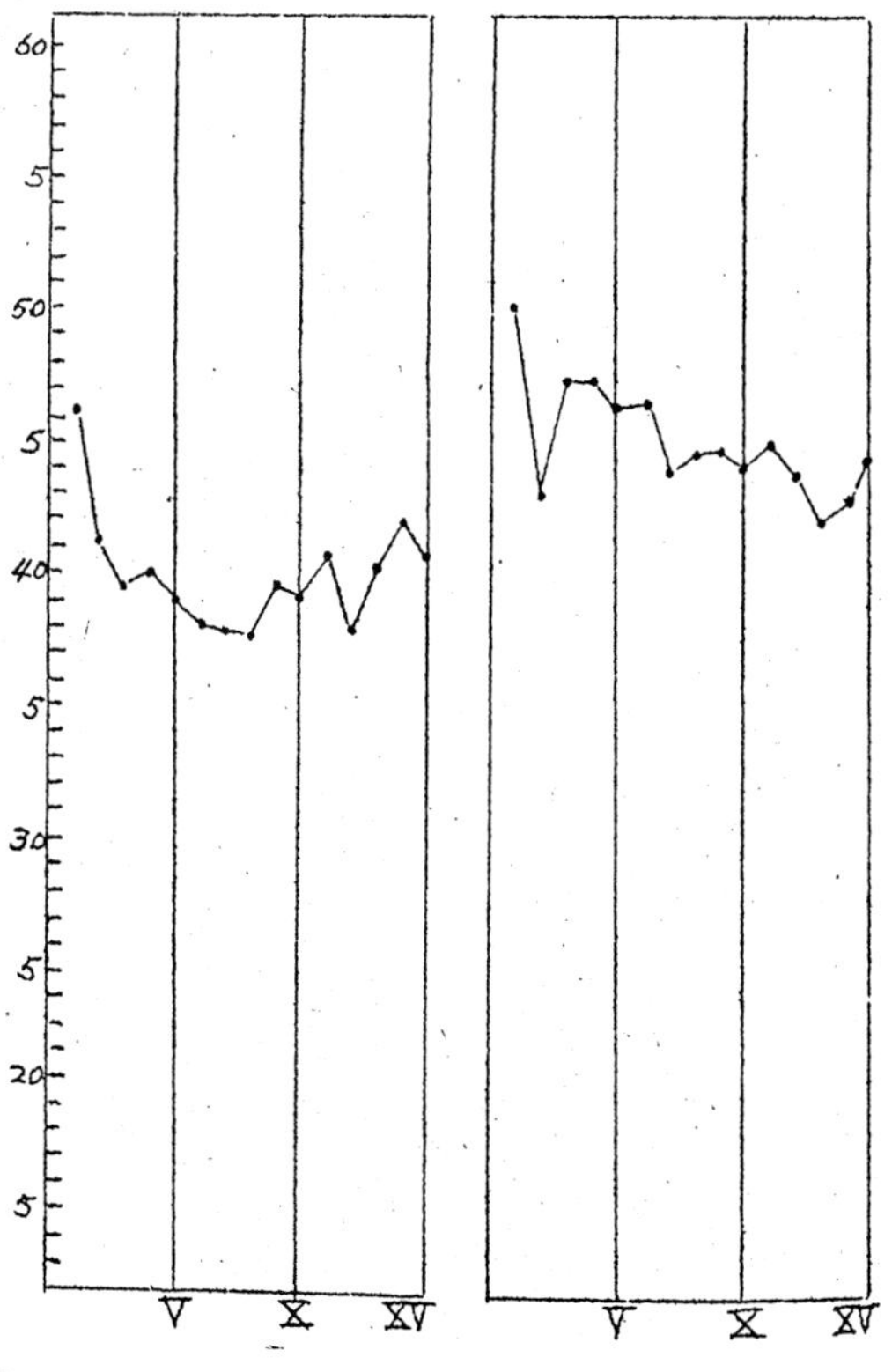

るのが遅いと言える。是は通則的に年令によるものであるか或は他に原因があるのか、是だけでは断定することは出来ない。

作業曲線を一見して定型をなしているといつたが、是を客観的、数量的に判定して見ることにする。即ち常態指数を算出すると次の通りである。

(1) n欄は常態定型曲線の曲線型を平均から偏差を以つて現わしたものである。

(2) xの欄には判定しようと思う曲線の平均からの偏差を以つて現した数を記入する。

常態指数は +1.0 から−1.0 までの間の数値で現われ、

（第10表A）　全

時間	n	x	nx	x^2
1	+6	+4	+24	16
2	+1	−2	−2	4
3	0	+1	0	1
4	+1	+1	+1	1
5	+1	+1	+1	1
6	0	0	0	0
7	−1	−2	+2	4
8	−2	+1	−2	1
9	−3	−1	+3	1
10	−3	−1	+3	1
Σ		+2	+30	30
$\frac{\Sigma}{10}$		+0.2	(A) +3.0	3.0
$\sqrt{\frac{\Sigma x^2}{10}}$				(B) 1.7

常態指数 $(N)=\frac{A}{2.5\times B}$

$=\frac{3.0}{2.5\times 1.7}=0.71$

（第10表B）　男

時間	n	x	nx	x^2
1	+6	+4	+24	16
2	+1	−1	−1	1
3	0	0	0	0
4	+1	+1	+1	1
5	+1	−2	−2	4
6	0	0	0	0
7	−1	−1	+1	1
8	−2	+2	−4	4
9	−3	−2	+6	4
10	−3	0	0	0
Σ		+1	+25	31
$\frac{\Sigma}{10}$		+0.1	(A) +2.5	3.1
$\sqrt{\frac{\Sigma x^2}{10}}$				(B) 1.8

$N=\frac{2.5}{2.5\times 1.8}=0.56$

（第10表C）　女

時間	n	x	nx	x^2
1	+6	+4	+24	16
2	+1	−3	−3	9
3	0	+1	0	1
4	+1	+1	+1	1
5	+1	0	0	0
6	0	+1	0	1
7	−1	−2	+2	4
8	−2	−1	+2	1
9	−3	−1	+3	1
10	−3	−3	+9	6
Σ		−3	+38	43
$\frac{\Sigma}{10}$		−0.3	(A) +3.8	4.3
$\sqrt{\frac{\Sigma x^2}{10}}$				(B) 2.1

$N=\frac{3.8}{2.5\times 2.1}=0.72$

+1.0 は常態定型曲線と全く一致していることを意味し、−1.0 は全く反対の形であることを意味する。従つて+1.0 に近いほど曲線型がよいわけである。即ち常態指数が（+）のときは定型に近く、（−）のときは非常型になるともいえる。男女別に見た場合、男は 0.56 女は 0.72 であり、男子より女子の方が作業曲線はよい、前にものべた通り作業量は男子がいくらか上まわるが曲線型はそうでもない。その事は精神的健康さの現われとみてよいのではなかろうか。即ち女子に比べて男子は精神的な異状傾向を持つているものが多いということを考慮すべきである。

教育診断の事例研究

知能、学力、興味、内田クレペリン四検査の結果より知能相応に学習効果が上つていないもの、学業成績上位及び下位の生徒について、事例をもつて見当してみよう。

(1) 知能相応に学習効果の上つていないものについて

榎本〇〇（男）

此の生徒の新制田中A—2式の知能偏差値は69で、評価段階優（5）であり新制田中B—1式は59で中の上（4）であるから、知能は普通児以上である事がわかる。教研式標準学力検査の成績、及び学科別の成就値を示すと第11表の通りで、知能相応の学習効果を発揮していない事が明かである。

第11表

	学力偏差値	学級平均偏差値との差	A式との成就値(69)	B式との成就値(59)
社会	57	−3	−12	−2
国語	48	−9	−21	−11
数学	42	−12	−27	−17
理科	46	−10	−23	−13
英語	34	−18	−35	−25
平均	45	−11	−24	−14

その事は何処に原因があるのか、診断してみると、先ず家庭の環境として、精神衛生指導綜合診断個人票より是を見るに、実父母と三人暮し、兄弟姉妹はいない。出生当時の父の年令四一才母の年令三〇才、生計状態は中である。父の職業はとび職、さらに田研式家庭環境診断テストの結果は第12表の通りである。

家庭環境は教師が家庭訪問をする事が一番よくわかるのであるが、短い期間でしかも直接ホームルームを担任していないので、家庭訪問する事が出来ず、個人票により以上の事がわかったものである。第12表を見るに、家庭の一般的状態、及び両親の教育的関心が五点法で共に1である。知能相応の学力がないという事は、一つにはこの事も原因になつているのではなかろうか。

本人の学習興味及び学習態度について検査の結果をプロフィールに描いてみると第六図の通りで、興味にむらがあり国語、数学の面で興味が薄く、図工や理科などが特に作業による学習方面に興味が集注している。学習態度の偏差値は五三で是もあまりよくない。

第12表

		昭和29年5月28日実施	粗点	%ile	五点法	1 2 3 4 5
静的	A	家庭の一般的状態	28	1	1	
	B	子供のための施設	13	90	4	
	C	文化的状態	18	60	3	
動的	D	家庭の一般的雰囲気	56	60	3	
	E	両親の教育的関心	13	10	1	

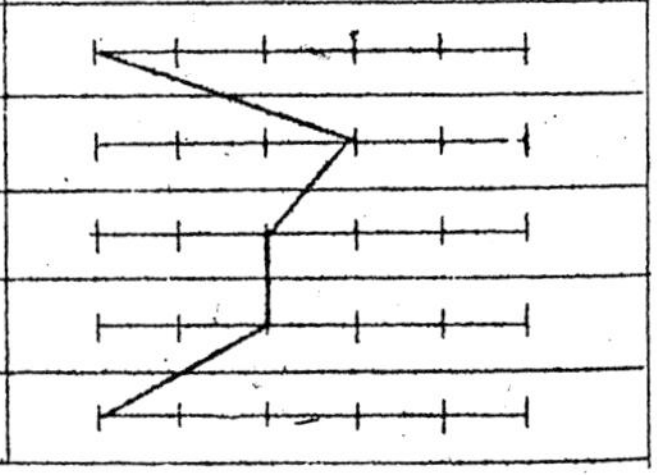

第6図　学習興味診断プロフィール

	得点	パーセンタイル
社会	12	80
国語	3	30
算数	1	10
理科	9	80
図工	6	50
音楽	7	80
家庭	3	50

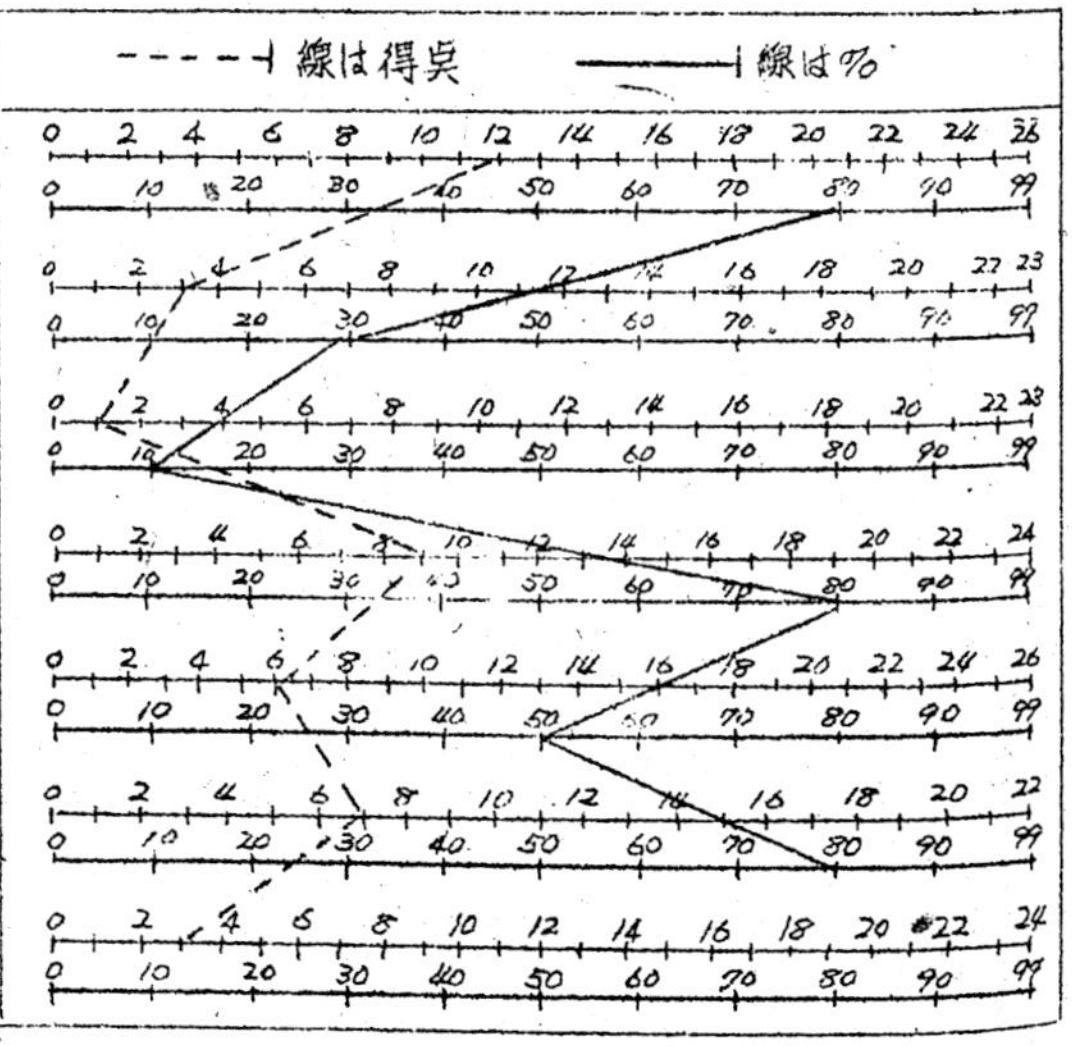

第2部（学習態度）

得点合計	72
偏差値	35

次に内田クレペリン精神作業素質検査の結果について考えてみよう。第一四表第七図をみてもあきらかのようであることがわかる。誤りが多く、落込み、動揺がはげしい。休憩効果がなくかえつて休憩後は作業量が減つている。休憩前に誤りが多く、休憩後は少い。休憩効果がないことはこの事が原因しているものと思われる。疑異常型（ｆｐ）で、稍分裂性々格者に似かよつた曲線である。

第 14 表

時間	作業量	誤
1	36	13
2	31	12
3	36	25
4	23	6
5	32	19
6	24	4
7	27	15
8	18	4
9	33	18
10	27	1
11	25	1
12	16	6
13	21	1
14	21	1
15	24	1
計	394	
平均	26.3	
1	29	0
2	21	3
3	23	2
4	22	0
5	20	0
6	22	1
7	19	2
8	28	1
9	21	1
10	20	17
11	32	8
12	20	0
13	21	0
14	26	7
15	26	5
計	350	
平均	23.3	
後期増減率	88.6	

（第７図）

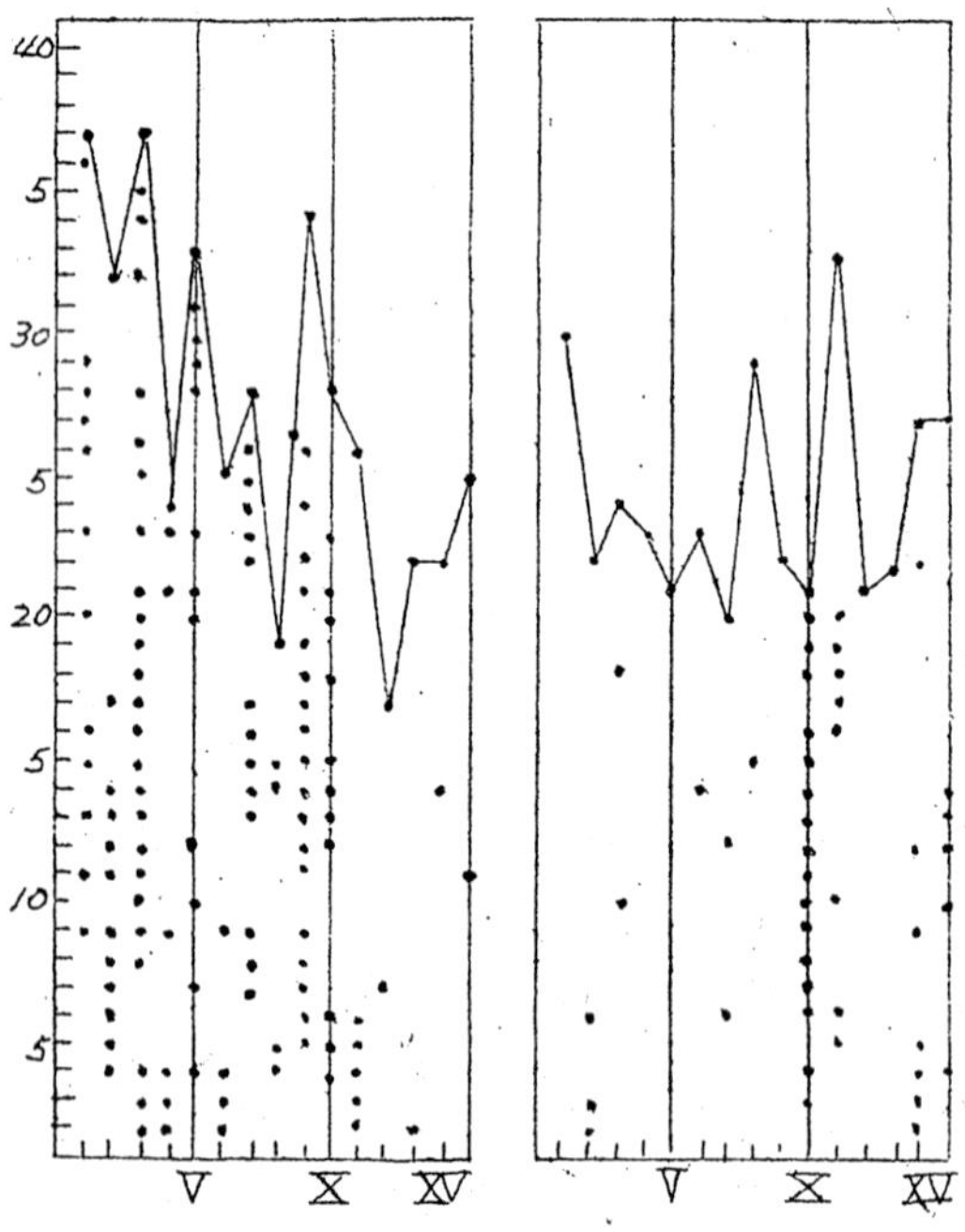

以上の事を綜合してみるに、学習効果の上つていない原因として次の事が言える。⑴家庭の環境として、経済条件は中程度であるが、父母の教育に対する関心が薄い。⑵学習興味にむらがあり、特に基礎学科と言われる国語、数学に興味がない。⑶性格異状傾向を示し、分裂性々格にやや似かよつたところがあり、注意散漫児である。このように診断してみると、必然的にこの生徒の指導は如何にあるべきか、工夫されてくる。医者が病人を診断し病名を決定するには、その本人からいろいろ徴候を聞き、大体を予測して、病気の種類によつては、レントゲン写真を撮つたり、血圧を計つたり、検査したり等いろいろの操作をなし、いよいよ決定すれば、それに応ずる薬物を与え又は注射その他の療法を実施する。我々教育活動も全くそれと似かよつている。医者が病人を診断するのに相当の技術を必要とすると同様教育者が精神衛生的観点から児童生徒を診断治療することが是亦相当の技術と修熟が必要である。

尚この事例であげた生徒について、以上の資料を判定すると、一応問題児ではなかろうかと疑問をいだいたので、ホームルーム担任の先生に聞いてみたところ、二年に進級するときの学級編成の際、問題児の一人として取扱われたとの事である。又担任教師の言によると性格の明瞭の方であるが、物事にあきやすく、自制心に乏しく持続性がないという事である。この事はクレペリン検査の結果下降傾向を示している事から全く一致している。

(2) 学業成績上位のものについて

立 石 ○ ○（男）

ホームルーム担任の教師に、学級内において学業成績、素行のいいものについて尋ねたら上記生徒であることがわかった。この生徒について検査の結果を調べてみると次の通りである。

(イ) 知能検査

両知能検査共学級平均偏差値よりはるかに上まわっている。A式においては学級知能順位は第三位になっているがB式においては第一位である。

（第15表）

	偏差値	段階	評価段階	学級平均との偏差値差
新田中A－2式	74	優	＋2	＋13
新田中B－1式	79	最優	＋2	＋16

(ロ) 教研式標準学力検査成就値の±10以内は、検査のときの諸種の条件あるいはテストの妥当性等を考慮した場合は問題とすべきでない。よってこの生徒は、知能相応の学力を発揮していると見てさしつかえない。即ち学力検査の平均とA式との成就値は－2で、B式との成就値は－7である。普通成就値を見る場合は＋なら可能性以上の成果をあげておりーなら学習効果がもっとあがりうることを示すものと解釈している。この観点からこの生徒を見ると、指導法によってはまだ伸びる余地をもっていることがわかる。

(ハ) 学習興味診断テスト

そのプロフィールを示すと第八図の通りで、興味にむらがない。数学、図工、音楽、家庭は相対的に見た場合普通といえる。社会、国語は七〇パーセンタイル、理科は八〇パーセンタイルで普通児以上にその面に興味が集注している。

（第16表）

	学力偏差値	学級平均との偏差	A式との成就値 (74)	B式との成就値 (76)
社会	78	＋18	＋4	－1
国語	71	＋14	－3	－8
数学	70	＋17	－4	－9
理科	66	＋10	－8	－13
英語	77	＋25	＋3	－2
平均	73	＋16	－2	－7

(ニ) 内田クレペリン検査

第一七表、第九図に示す通り作業量も多く、極めてスムースな作業振りを思わしめ、作業曲線は定型である。休憩前後共初頭努力あり、休憩効果もある。休憩効果を後期増減率で示してあるが、一一一で十分であるとみてよい。休憩効果率は、小、中学校において

第8図　学習興味診断プロフィール

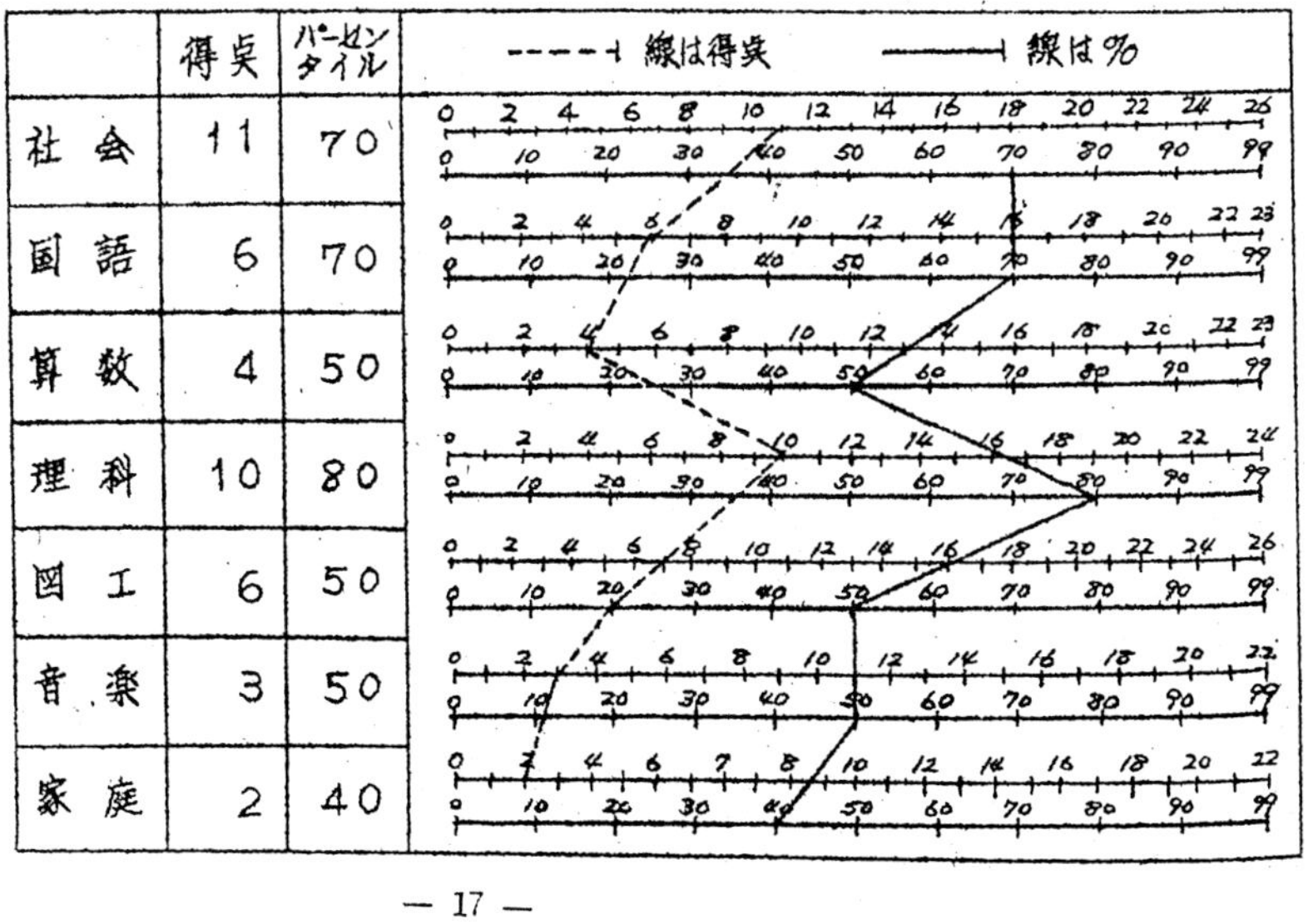

第2部（学習態度）

得点合計	86
偏差値	73

一一〇～一一八位……
十分ある。
一〇六～一一〇位……
普通

常態指数・七六である。学業成績、知能学習興味クレペリン検査等からこの生徒は欠陥があまりみられない。そくにいう、品行方正学術優秀というところであろう。級友との仲もよく、大変したわれている事が交友調査の結果に現われている。

(第九図)

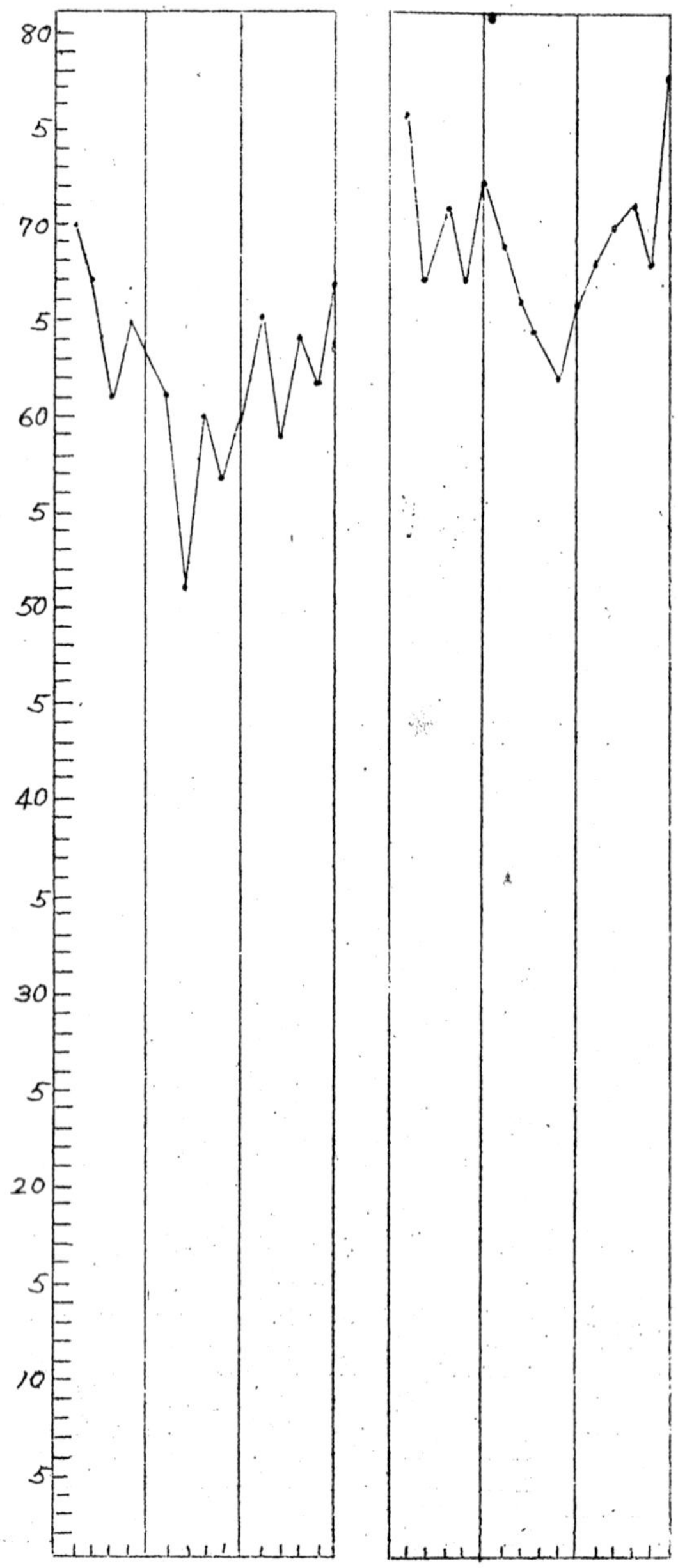

第17表

時間	作業量	誤
1	69	
2	66	
3	60	
4	64	
5	62	
6	60	
7	50	
8	59	
9	56	
10	59	
11	64	
12	58	
13	63	
14	61	
15	66	
計	917	
平均	61.1	
1	75	
2	66	
3	70	
4	66	
5	71	
6	68	
7	65	
8	63	
9	61	
10	65	
11	67	
12	69	
13	70	
14	67	
15	77	
計	1020	
平均	68.0	
後期増減率	111	

(第18表)

	グループ社会距離	
	×	五点法
1. 愛 好	44	5
2. 排 斥	0	5
綜 合	44	5
3. 信 頼	22	5

(3) 学業成績下位のものについて

飯野○○(男)

(イ) 知能検査

学級平均偏差値より、下であることは第一九表により明らかである。A式

（第19表）

	偏差値	段階	評価段階	学級平均偏差値との差
新田中A－2式	49	中	0	－13
新田中B－1式	58	中の上	＋1	－5

においては学級内で下から五番目、B式においては下から九番目の順位である。ところが学業成績は級中最下位であると担任教師はいっているが、果して標準学力検査の結果は如何であろうか。

(ロ) 教研式標準学力検査

平素の学業成績も悪いとの事であるが、標準学力検査も第二〇表に示す如く極めて悪い。平均点は級中最下位である。知能検査の結果と比較した場合、第二〇表で示す如く、平均とA式との成就値－12で、B式との成就値－21であり知

（第20表）

	学力偏差値	学級平均偏差値との差	A式との成就値(49)	B式との成就値(58)
社会	42	－18	－7	－16
国語	30	－27	－19	－28
数学	41	－13	－8	－17
理科	40	－16	－9	－18
英語	32	－20	－17	－26
平均	37	－19	－12	－21

（第21表）

昭和29年5月18日実施			粗点	%ile	五点法	1 2 3 4 5 6
静的	A	家庭の一般的状態	49	40	3	
	B	子供のための施設	6	10	1	
	C	文化的状態	13	1	1	
動的	D	家庭の一般的雰囲気	34	1	1	
	E	両親の教育的関心	12	1	1	

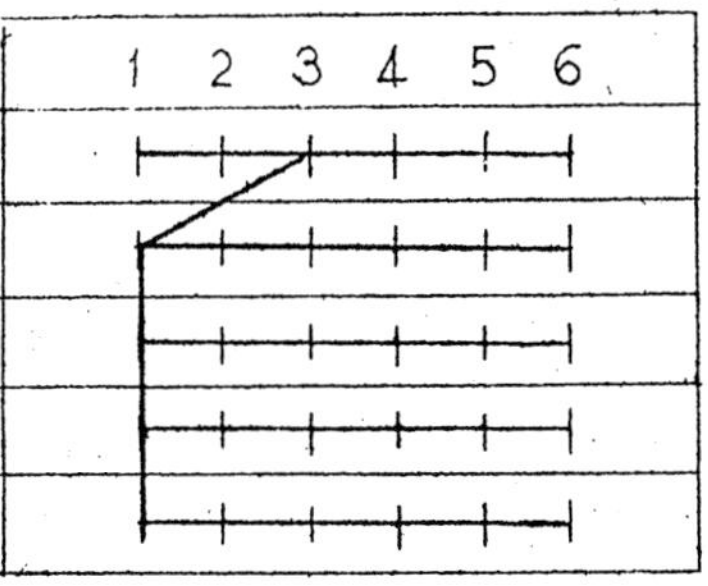

（第10図）

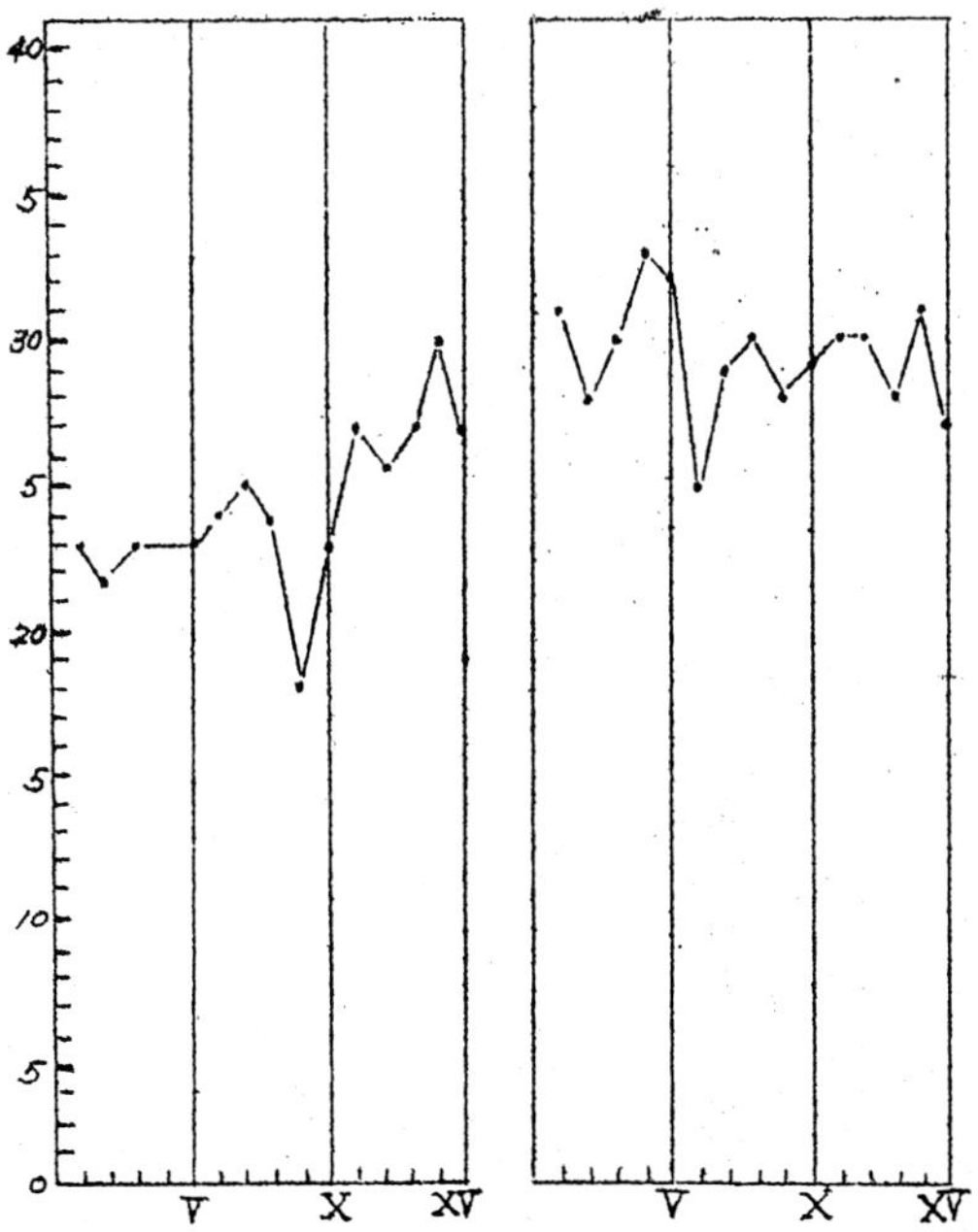

（第22表）

	前 作業量	前 誤	後 作業量	後 誤
1	22		30	
2	21		27	
3	22		29	
4	22		32	
5	22		31	
6	23		24	
7	24		28	
8	23		29	
9	17		27	
10	22		28	
11	26		29	
12	25		29	
13	26		27	
14	29		30	
15	25		26	
計	349		426	
平均	23.3		28.4	
後期増減率	122			

能相応の学習効果を発揮していない。

(ハ) 家庭環境

実父母あり、姉一人、弟一人、家庭の職業下駄加工業、生計状態下、父母共高等小学校卒、本人は乳幼児期人口栄養により養育されている。旧研式家庭環境診断テストの結果、家庭環境が特に悪い。子供のための施設、文化的状態、家庭の一般的ふん囲気、両親の教育的関心共に五点法で一である。

(ニ) クレペンリ検査

第二二表、第一〇図（表・図前頁）を見るに、作業量が少い。休憩前作業においては尻上りの傾向を示し、休憩後における曲線はやや平担に近い作業振りを思わせる。休憩前後共初頭努力がない。以上の事より判断すると作業曲線は非定型（fp）であるといえる。尚図を一見してわかるように作業の休憩効果はある。休憩効果率（後期増減率）は一二二で十分あるといえる。

以上（イ、ロ、ハ、ニ）より綜合してみるに家庭環境が悪く、本人の精神作業面、情緒の面でも欠陥があり、知能もあまりよくない。知能に相応する学習効果を発揮していないが、他のすべての条件があまりよくないので、たいした効果は期待出来ないと思うが、指導の如何によつては、今少し向上する可能性はある。担任教師の性格評価によると、安定感がなく、責任観念に乏しく、他に協力しようとしない。といつている。この事は対人関係における不適応性が認められるものであり、クレペリン検査の非定型である理由がわかる。

以上三名の生徒について、事例研究を行つたが、およそ、教育診断とは、生徒の教育上の欠陥を分析し、さらにすすんでその原因をつきとめ、それに基いて矯正の方策を構想することを可能にする一連の操作である。とされている。診断のことばは、元々医学で用いられたもので、それは症状を手がかりとしてその性質原因を、徹底的に知ることである。そのためには、症状を、前もつて知る必要があるが、これが予診すなわち症状診断である。この考え方がそのまゝ教育診断にも用いられている。学習指導の領域、人格、行動の方面、又は身体、健康の面にも、要するに今日の教育指導が取扱うべき児童問題が存するところ、どの領域でも考えられるわけであるが、とりわけ学習指導の面における診断はゆるがせにできない。学習不振の原因診断の拠点は個々のケース（患者）である。したがつて事例研究式に行われるのがもつともよい。学習診断の事例研究では、次のような仕事が行われる。

(1) 教師の試みた誤謬分析
(2) 本人との面接
(3) 標準学力検査
(4) 知能検査
(5) 過去の学業成績
(6) 各種人格テスト
(7) 身体条件の調査
(8) 家庭環境

などについての資料を蒐め、それを綜合的に解釈することによつて

原因の診断を試み、さらにそれに対応して矯正法の構想を立てる。

教育診断の過程において、知能検査を実施した場合学業成績とのくいちがいをよく発見することがあるこの場合新しいこころみとして、内田クレペリン検査を介入させることによつてはつきりする。つまり「知能がいくらよくても精神作業ぶりが不健であれば学業成績は振はない。また知能はあまりよくなくても（下知能では問題にならない）精神作業ぶりが健全であれば学業成績は振う」ということになる。いま一つの時計を考えてみよう。時計は機械仕掛と、それを動かす原動力になつているゼンマイとが必要である。現行の知能検査では、主としてその機械仕掛の精粗が見分けられるものであり、内田検査ではゼンマイの健、不健を見分けられるものであると考える。そう考えると、時計の仕掛が如何に精巧緻密に出来ていても、ゼンマイに故障があれば正確な時間が刻めないと同じように如何に知能は高くともそれを動かす機能に欠陥があれば、知能の持前の力が発揮されてこないことになる。またその逆がいえる。機械仕掛がそれほど緻密なものでなくとも、ゼンマイが正確に働いていれば時計の機能は達せられると同じ様に、知能が特に優れていなくともそれを動かす機能が優れておれば、その持前の力をフルに運転することが出来て精神作業は健全なのである。前者はいわば宝の持ちぐされであり後者は生かして使う事である。このように学業成績、知能検査、内田クレペリン検査とは密接な関係があることを考えた場合、是を実施する事により、学業不振児の原因診断矯正等にも応用し、学業成績を向上させる手懸をうるのみならず、個々の生徒の人格、情緒、予想される行動の面についても、欠陥を招く原因についての認識をさせたり、あるいはまた軽微のうちに欠陥を矯正してその悪化を未然に防止することを可能にしてくれる。

（壺屋小学校教諭）

平敷屋事件の背後にあるもの

饒平名　浩太郎

才華は在五中将の如く、生涯は猶遙かに数奇である、策略を以て老いた政治家と闘えば必ず敗れると語られて、雍正十二年（一七三四）甲寅六月廿六日安謝港において磔刑に処せられ、三十五才の生涯をとぢた平敷屋朝敏については、無筋の落書をなし国家の御難題をもちかけた罪禍によるものとしてその後の記録については知る由もないとされ、今はもう家の衰運をなげく子孫さえ残つていないと記されるのが大方の歴史家の記録である。

平敷屋朝敏は尚円王八世朝文の長男として首里金城に生れ（康煕三十九年＝一七〇〇年庚辰十一月廿三日）朝文父の跡目となり、地頭所（勝連平敷屋）を拝領し御奉公相勤、叙座敷位せられ、首里王府において華やかな役人生活を送つていた。たまたま彼が三十五才の雍正十二年（一七三四年）彼の塾生友寄安乗、弟爾覇里之子等十五人と共に大和横目川西平左衛門の旅宿に落書を入置、且つ後に茂く落書仕可き旨書与えたというのが、彼の三十五才の生涯に終止符をうたしめた平敷屋事件件である。

この平敷屋事件という大疑獄はどんな歴史的背景のもとに起されたものであろうか。

八代将軍吉宗の享保の頃は、江戸文運の最も開けた頃であり、清の康熙の盛時に当り、沖縄でも尚敬のこの時程沢山の人材が輩出した例はない。即ち蔡温も、程順則も、能の研究家であり、組踊りの玉城朝薫、画家の殷元良も、苔の下貧家記で知られる、平敷屋朝敏も、女詩人恩納ナベも此の時代の産物である。この頃の大政治家蔡温が国師として手づから経倫の大道を教導したという尚敬王が平敷屋朝敏と同年同月の誕生であることも、不思議な因縁であつた。尚敬王は康熙三十九年六月十九日尚益王の第一子として生れて十四才にして世統をついだ。正徳元年（一七一一）即ち尚敬十二才の頃から蔡温(三十一才)（当時勝連間切神谷地頭神谷親雲上を名乗つた）について儒学を学んだ。最も国師として聘した目的は王自身薩摩に上国し智識を広めようという素志からであつたが、突然父王の喪にあい遂に志を得なかつたのであるが、世統を継いで以来愈々蔡温は信任を受け、首里赤平村に家宅を賜り三十五才にして請封のため渡清し、同時に西原間切末吉村の地頭となり、末吉親雲上を名乗三十八才紫冠を賜つて末吉親方、四十七才（享保十三年）三司官に昇り）具志頭親方となつている。累進が如何に早く、信任が如何に厚かつたかを物語つている。平敷屋は尚敬と同じ元祖尚真王の嫡子尚維衡（浦添王子朝満）からの出であり、祖父朝致は国頭親方（真三郎）として度々の請封使節として国事にあづかつている。平敷屋も父朝文の遺封を受けたとはいえ、幼年よりその偉材が知られ、叔父大宜味親方朝楷から多大の薫陶を受け将来を嘱望されていた。王府における役人生活は元服して間もない頃からであつたが、次第にその才幹を見出され、享保三年彼が十九才の九月越来王子が正使として将軍吉宗の承統を賀す慶賀使の一行に加わつて憧れの江戸入をしたのである。平敷屋朝敏が自ら業平に擬して文をものするようになつたのは江戸深川においての修業によつたものである。（喜納万蔵朝万がその祖父朝良平敷屋の遺児から聞いた覚書）帰朝後の平敷屋は独立独往、蔡温の政策に対する批判もどしどし加えた。彼は又学問に身を打込もうとした。当時の彼の歌はディオニゾス的な調で、身自ら階級的社会の矛盾と自由な人間性との衝突を感じて作られた。悲劇的な抗議であるが全力的なたたかいであつたことは彼の作によつて充分知られよう。

「四海波立てゝ硯水なちん
　思うことあまた書ちんならん。」

本物の詩人にはなり切つていないけれども、彼のこうした独立独往の行為は尚敬王の敬遠するところとなり、（此の間には恋愛問題がからんでいたようである―大宜味朝隆談）又蔡温の政策とは全く相容れず、彼自信官を退いて雍正三年（二六才のとき）勝連の片田舎に潜みかくれるようになつた。この落魄中の作が苔家記である。この頃から彼はニヒリストとなり、哀愁の生活をくり返している。

「かたてくり恋い渡ら
　浮世鳥鳴かぬ島のあらば」

王宮の華やかな生活から没落して、遠く勝連に住まねばならぬ事情は色々あつた。

妻子を伴つて都落をする彼は当時の心情を次のように述べている。

「まずしうなりて調度やうのものさへ人物となさしめ、いまは田舎へこそと共いそぎするにも哀れなることおほかり……

一つ家につま子などあまたともらいて、ひざをだにのべんかたくわびしけれど、住まばすまれざらめやとよろづを忍びつつあるに、猶家のせばきはたへがたくて、火たき屋を別に作り、かまどなどうつしたれば少し、くつろぐようになりにける。」

「けうよりはひざのべやすくいねつべし
　またこの外になにをもとめん」

彼はもう逃避的な気持にすらなつている。

「糸竹も軒の雫にききこめて
　こころすむ夜の雨のたまくら」

ちりにうづもれぬる心にだにかようなれば、まして廬山のいにしへいかにききけんかし」と述懐している。

世捨人の心境に立かへつては

「数ならぬ身をもいとはで袖ちかく
　ふれくるほたるあわれならずや」

手づから植えた夕かおの咲いたのを見ては、

「わび人のうえても花はよろこびの
　まゆを開くる軒の夕顔」

亡父の忌まつりに都のことを思い、

「あたら夜の月を袖にも襲らする
　都しのばぬ心ともがな」

勝連の古城を訪ね浅茅原にすだく虫の声をきいてはそのかみ王府にありし日のことをしのび、

「いにしへをしのぶることの音にたて
　哀れもふかき夜の松風」

尾花のなびくも哀れにおぼえて

「むかし見しいもが垣根をすぎ行けば
　招く尾花の袖ぞなつかし」

勝連生活の五年間（享保十一年一七二六年享保十五年一七三〇年まで）は彼の性格や、救国の願望には堪えられず再び首里に帰つた。彼の政治運動はこれからである。那覇西村の友寄安乗の宅で塾が開かれて、塾生がふえるようになつた久志親雲上弟爾覇里之子も兄に師事した。この頃に作られたのであろうと思う「万歳」も「手水の縁」も玉城朝薫の戯作に示唆を受けたものといわれている。

平敷屋朝敏は首里王府に仕えた当時から惣嶺親雲上の門弟として師を感嘆せしめたことが多かつた。

蔡温は久米村の出身、三十六姓が来琉当時指導役に当つていた千江長史楽嵩の七世沢氏の孫である。久米村の蔡氏は、錦の頃、血統が絶えたので梁氏具島家から鐸が入つて家系を継いだ。この蔡鐸が中山世譜の編纂者である。

久米村では若那親方が誅されて以来、三司官になることは出来なかつたが、蔡温に至つて三司官の位置を占めることができた、蔡温は大経世家であり政治的な天才であつた。若いときから福建に学んで支那思想は身についている。二十七才（宝永四年一七〇七年）から二十九才まで進貢存留役を仰付けられて福州にあり、陽明学者に接して人生観を一変したといわれている。お前の学問は芸人より劣り、劣等な学問をしているとなじられ、夢からさめたように活学問をせねばならぬことを悟つた。同時に彼は父母の国琉球の悲惨な境遇に幾度か悲哀を感じた。そして父母の国を救うべき責任を一層強く感じた。従つて二度目の渡清には彼特有の人生観からあらゆるものを見直し又考えた。

清人李鼎元さえ彼を評して「学失子而未純者」といつている程、彼の学問観は異端であつたが、寧ろそれが彼の長所でもあつた。彼は帰朝早々卓越した時勢の解釈によつて、沖縄の経済政策を考え実行に移した。沖縄人の進むべき方向を考えた。これは御教条に示されている通りである。

彼の考えは「海中の小国である沖縄は、海外貿易で国用は弁じているが、内乱が引続いて、人民は塗炭の苦にある、恰度支那に通じたから制度は出来上つているが、生活は火の車だ、これは政治の仕方がまづいからだ。薩州の支配下に生活してから政治の方法がよくなり万民は安心して生活することができた。これは全く御国元のおかげだという。ここに彼の双股政治の理念がある。彼は羽地朝秀の偉業をほめたたえているが、内心彼の薩州贔屓をけなしていた。そうして沖縄の政治家が苦しいのは島津氏の監視の下に非常に制限されているからだと公然といい切つている。沖縄人は薩摩の奴隷だといいながら、表向御国元のおかげだと公表するところに蔡温の老猾さがある。

政治の要道を説き、職業に貴賎の別はないという思想を持ちながら、士族と平民が異る者になつたのは制度上已むを得ないという。

教育の問題に就ても、教育が人生の大問題で一家の盛衰延いては国家の興亡に関するものだという理念をかかげながら、貴族や富豪の子弟の教育は最も必要だと説く、彼には沖縄のある両属政治には止むを得ないことだといつている。

道徳面では人間に色々の気質があり、融和し難いものだが、人に怨まれるようなことがあっても等しく人を怨むようなことがあってはならないといった。以上の精神は彼の家言録や、法条、醒夢要論に示されている。

国家のことを論及しては、能く造化の機を知る者は必ず能く天道を知る。能く天道を知るものは、必ず能く天道を重んずる。能く人道を知るものは、必ずよく忠孝を重んずる。夫れ忠孝は国を保ち家を保つの道で即ち天の教へる所にして我が性の固有する所である。」と忠孝を重んじないで人道を談ずるのは空論で、真実ではないといった。これは皆朱子学から得た教訓が生んだ彼の哲学であった。彼の三司官在位中盛んに支那思想を取り入れたのは当然で、従って支那崇拝思想は燎原の火のように広がった。

島津氏の方ではこれを容易ならぬこととして国事探偵をして監視せしめたりした。

しかしながら彼は支那一辺倒で政策を行ってもゆるぎない地位と背景ができ上がっていた。それは尚敬王の絶対の信任があること、彼が三司官になった翌年享保十四年には、長男蔡翼（浜川親方―具志頭親方延儀）が国婿（尚敬王の長女真鶴金の夫）になったことによって蔡温は愈々宮中府中に於て絶対の勢力を得、容易にその理想を実現する機会を得たのである。

蔡温が実行した政策は支那仕込みの政治観や倫理観によったもので、彼の胸中には日本を頼ろうなどという考えは微塵もなく、寧ろ彼独特の考えによって国家を進展させるという信念に満ちていた。

蔡温が薩摩を呪咀していたのは、彼のいう通り、沖縄を奴隷視して、搾取の対象としていたこと、彼の仕官前後を通じて次のような布令、禁令にあい、沖縄の政治を混乱に陥れているという点にあった。即ち

1　慶長十八年の令達に
その国之儀諸式日本に不替様可被成法度事

2　元和三年（一六一七年）
琉球王国之者日本人之髻髪衣裳に相代る事曾而可為停止自然此旨を令違背日本人之なりを仕もの有之者調之上行罪科事

3　寛和元年（一六二四年）
日本名を付日本支度仕候者堅可為停止事

4　寛永十五年（一六三八年）
琉球之儀差許就御奉公疏意有之様其聞得左様には有間敷と存候処、漸くに其色致顕然無心元存候事

5　宝暦六年（一七五六年）
大和年号日本衆の氏名大和書物等に至るまで唐人可咎物深く可取隠置事

6　天保七年（一八三六年）
大和歌やまと言葉仕間敷候若唐人共やまと言葉にて何歟申聞候はゞ不通体可仕候、やまとめき候風俗無之様相嗜候

7　慶応二年（一八六六年）
男之儀まわし仕候而者唐人可致批判候、くわん船御滞在中末々迄那覇江差越候節袴可致着候兼候はば肌不顕様衣裳可致着旨去年申渡置候通堅相守事

この布令は隷属国民に対する屈辱的なもので当時の政治家が如何に苦慮したかが窺われる。
かてて加えて平敷屋朝敏というハイカラが、蔡温の支那一辺倒の政策を薩州の勢力を借りて一掃しようと計画したことは蔡温にとっては此の上ない屈辱であり、危険この上ない仕打ちであったに違いない。しかし平敷屋といえどもむげに彼を誹謗しようとした訳ではない。彼は王府に仕官当時は少からず蔡温に敬服もしていたし、彼の門を叩いて教をこうたことも一再ではなかった。
しかし両者の意見は常に衝突せざるを得なかった、否寧ろ蔡温は平敷屋を相手にすらしなかった、その様子は蔡温の家言録に記されている。
嘗有某氏者、面善心狼雖郷党族、中心嫉之皆能避之、此人平時忌我而懐謀害之意人皆知之、我亦知之、一日偶来訪我、家人大驚我便烹茶待之、談笑自若、此人至晩而辞別去、家人諫我曰、彼乃破鏡梟鳥之属也何不避之、予曰人無害物之意、物豈得害人耶、次後此人果有之軌之罪而伏誅焉、
我此一時雖似黠愚実非愚人可為也、思之思之、
平敷屋は蔡温一家から梟狼の様におそれられている。平敷屋にして見れば大宰相を説き伏せてでも、日支両国の政策の長所を採って行へば、現在の苦境を幾分でも緩和できると思っているから、思い切って所信を披瀝しているが、相手にされない悔しみから、言論は次第に決裂する。従って家人から見れば破鏡梟鳥の属と見られる。蔡温の妻女が平敷屋の妻女を罵ったという伝えは、恐らく此の辺の消息を物語っているようである。（一門大宜味朝親翁談）
蔡温はただ国家を思う念以外にはないのであるから意見の喰違う平敷屋という若僧を強いて罪禍に陥れようという念慮はない。従って無害物之意、物豈得害人耶といったに違いない。
しかし国王尚敬にして見れば、平敷屋の言動が身にしみて邪魔物になって仕方がない。鴻恩を受けた身で

ありながら恩を仇で返されては仕末が悪い。師伝蔡温の政策にケチをつけ、あまつさえ鎖と称して組合を作り、日本一辺倒の政策を謳歌し、心酔して行く平敷屋の行動にひんしゆくしていた。

当時の情勢から見れば尚敬王如何に天資英邁豁達と雖も、両属政策の悩みをかこつたであろうし、施す術に迷つたであろう。従つて政策上の企画が全く師伝蔡温に委されざるを得なかつたであろう。この事情は独物語の中に記述されている。

国土の儀眼前の小計得にては絶て安堵之治罷成不申積に候、依之政道と申は必国土長久之御為に大計得を第一に心掛相働申由、聖人被教置候といい、尚敬王に向つては「支那のことは左程六ヶ敷はない、よし又六ヶ敷い事態になるようなことがあつても誤魔化しがきく、併し日本の事はそうは参らぬ」と漏らしている。

しかし彼の心中には平敷屋が考えていた通り将来沖縄は支那の手を離れて、日本に属するようになるだろう、ところが当面の問題は親支政策を取らぬ限り、沖縄の経済は立行かぬ、そのためには日本の感情を傷うことのないよう心得えねばならぬというのがいつわりのない蔡温の気持であつたし又尚敬王の気持でもあつた。そうだから正徳四年以来日、支両国にひつきりなしの親交使節の派遣となるのである。即ち正徳四年には与那城王子をして方物を献じ、将軍の承統を慶賀させ、更に金武王子を以てその世統を嗣ぐの恩を謝せしめる、そうかと思うと、享保二年には耳目官夏執中と正議大夫蔡温を遣わして清廷に進貢し、

翌享保三年には又越来王子を遣わして吉宗将軍の承統を賀せしめている。」尚敬王の気まぐれ政策のようにも受け取れようがそこが為政者の苦衷であつた。この有様を蔡温はうまく唐大和との御取合だといつて取りつくろつている。なお蔡温にして見れば享保十三年彼が法司官に任ぜられる以前から尚敬の師伝として儒学を教え、親支政策の必然性を指導して来た手前、どうしても親支政策を断行せねばならなかつたという事もあるし、それに蔡温自身支那ひいきの久米村出身という根強い支那崇拝の思想に薫陶を受けている関係もあり、強い経世的信念を断行せねばならなかつた、そこへ多感な青年平敷屋が尚敬王と蔡温の政策に力強い批判をさし向けたのであるから、当然たどるべき必然的な運命におかれていたと見る方が適当のようである。

平敷屋と大和横目西川平左衛門との親交はだんだん深まつて行つた。ところが当時の大和横目というのが全くのくせ者である、「大和横目のあとや誇人も道らぬ」という諺どおり、薩摩から沖縄に派遣された在番奉行は大方貧乏士族の連中で、最大級の搾取を敢行してはばからなかつた、彼等が任満ちて帰ると三つの蔵を建てた程だといわれていた。彼等の政策は沖縄を手先として支那貿易を行わしめ、その利をせしめようとしてあらゆる手段を講じた、沖縄の使節が脱荷をしたかどで断罪に処せられた例は幾らもある。加うるに彼等は糸荷と称する利財を使節に預けて売り捌かせることも忘れなかつた。奴隷政策といい、これといい、蔡温が日本との事態に就て神経をとがらしたのは当然で、大和ひいきに弾圧を加えねばならなかつたことは琉球見聞録にも見えている。

蔡温が政治上の実権を握つた二十五年間の偉大な功績は滅することはできないにしても透徹した信念を以て独裁政策を行い、政権欲と外戚としての地位に物をいわせて、独り国家の重きを以てした事実は、藤氏や維新政治の伊藤博文と左程遠く隔つたものではないと思う、宝暦二年七十才で信任した尚敬王がなくなると、翌年三司官を辞して隠居した。御評定所では按司家に引上げようと詮議しているが、制度の上ではこれは異例である。やむを得ず、他の方法で表彰したが、退役後も、首里政庁の顧問として居り、長子蔡翼は宮内大臣格で、常に王の左右を離れなかつたから、沖縄の政治は不相変蔡温の政治といつて差支えなかつた。

一方平敷屋は心安く出入りする西川に落書をしているが、落書の内容は薩州に力をかりて親支政策を代えて親日政策え転廻せねばならぬという、かねてからの意見書であつたことはいうまでもない。これを蔡温が国家の御難題を工んでいるといい、悪逆無道の梟賊と尚敬王に告げるに及んだのだから、その詮索も厳重を極め、蔡温自らこれに当つている。その判決は当然極刑を以てされたし、雍正十二年（一七三四年）甲寅六月二十六日安謝港に於て磔刑にされ、系記、領所は取揚げられ、妻と女(十一才にして死)は百姓に貶せられて、高離島に流され、遺児朝良は水納島に流罪、次男は未だ若年であつたため、十一才まで親類大宜味家に預けられ、乾隆六年（一七四一年）兄朝良流刑されて七年目、辛酉十二月十四日多良間島に遠島となり、友寄安乗及弟幽覇里之子等十五人が平敷屋と共に斬罪となつてこの大疑獄も落着した。

勿論次男朝助の流罪の際に母は面会さえ許されなかつたし、嫡子朝良流罪の際も監視付であつた。愛児と泊高橋で別れたのが生別死別であつたのだから、その断腸の思いは想像に余りあるものがあつたであろう。

「泊高橋になんじやじふあ落ち
いちが夜のあきてとめてさすが」

紫式部は源氏物語で女の宿世ほど口惜しく悲しいものはないといつているがありし昔をしのび、落ち行く愛児の行末に思いをはせて、涙と共に歌つたというのがこの一首であつた。都落をして高離れ島に没落する彼女は

「高離れ島やものしらしところ
にやものしやべたんわたちたぼれ」

流れ行く自分の行末、娘の行末を思うにつけ万こくの涙なくして渡り得たかつたであろう、彼女は、島の上原に佗住もしばし、もう彼の菩提を弔つて吳れるものも長く絶えてなかつた。

一方水納島に七年の苦しい落魄の生活をつゞけた朝良は、弟の遠島を伝え聞いて、島を逃れて多良間に渡つた。兄弟の生活がこれから多良間島で行われることになつた。朝良は享保五年庚子生れ父樸州の際十五才この年七月水納島に流州となつたのであるが、父の薫陶を受けて漢学の素養もあり、組踊りに対する教養もあつた。多良間島で組踊りを始めたのも彼であり、一七四〇年元文五年庚申の年には、島の八月甲午の節に、組踊の組別を作らせた。

彼は都の風を長く忘れなかつた。子孫の為に都の墓地を擬して築造した。憂愁の中に悲惨な死をとげた父の遺品を守り続けた。禍福はあざなえる蠅の如しといい残した言葉を忘れず、島の幸福を待ち望んでいたと伝えている。（一九五六・五　那覇高校教諭）

新生活運動要綱

一 趣旨

新時代に即応して住民生活の向上を図るため、非合理的な生活慣習を一掃し、能率的で経済的な要素をもつ健全明朗な生活様式を普及すると共に生産性を高め経済の安定を期するよう住民の盛り上る力による物心両面の強力な実践運動を展開しようとするものである。

二 方針

1 住民の自発性に基く運動として進めること。

2 形式的に流れず、実質的な効果を挙げるように努めること。

3 一時的な運動に終らず継続的に根気よく進めること。

4 それぞれの地域の実情に即した運動を展開すること。

5 実施項目は重点的に身近かなものから取り上げ、完全に実施するよう務めること。

6 運動実践のためにはあらゆる機会を利用し、且つあらゆる地域や職域に透するよう地道な努力をすること。

7 運動の展開に当つては関係機関団体の間の十分なる連絡調整をはかること。

三 実践項目

㈠ 生活慣習の改善

1 時間生活の実行

(1) 定時励行

(2) 働く時間と休養とのけじめをつける

2 迷信の打破

(1) 迷信的医療の排除

(2) 日柄、方位、鬼門等の迷信打破

(3) 信仰生活の指導

3 冠婚葬祭の簡素化

(1) 衣裳及び調度品の実質化

(2) 式及び披露宴の簡素化

(3) 祭事は厳粛簡素に

(4) 火葬の奨励

4 各種会合及び行事の簡素化

(1) 年中行事は実質的に

(2) 各種会合は開会、閉会を宣言し簡素に

(3) 献酬の廃止及び節酒

5 虚礼の廃止

(1) 贈答の自粛

(2) 祝儀寄附行為等の自粛

(3) 年始の回礼廃止

6 家庭の民主化

(1) 家庭関係における個人の尊重と男女の平等

(2) 家務の分担

㈡ 生活環境の整備と浄化

1 合理的健康生活の奨励

(1) 早期診断、早期治療の実行

(2) 定期的健康相談の励行
(3) 予防接種の励行
(4) 旧慣療法の是正

2 環境衛生の改善
(1) 清掃の励行
(2) 汚物の衛生的処理の実践
(3) 便所の改善
(4) 寄生虫、のみ、か、蠅、ねずみ等の駆除
(5) 手洗の実行（作業後、食事前、用便後）
(6) 飲食物の衛生管理

3 環境の美化（植樹など）

4 不良文化の駆逐

5 文化厚生施設の充実
(1) 子供の遊び場の設置奨励
(2) 部落図書館や公民館の設置奨励
(3) 保育所の設置奨励

6 職場生活の健全明朗化
(1) 職場の民主化
(2) 娯楽、厚生施設の整備

7 レクリエーションの健全化
(1) 健全娯楽の普及奨励
(2) 郷土芸能の振興

(三) 衣生活の改善
1 衣類の簡素化
2 衣服の設計
3 衣類の手入れ保存
4 衣服の更生利用

(四) 食生活の改善
1 栄養知識の涵養
2 献立生活の習慣
3 調理技術の改善
4 粉食の奨励
5 食品の加工と貯蔵の工夫

(五) 住生活の改善
1 住居と附属建物の配置の合理化
2 間取りの工夫
3 台所の合理化
4 通風採光

(六) 社会道義の高揚
1 公徳心の涵養
(1) 公衆衛生思想の高揚
(2) 公共施設の愛護
(3) 交通道徳の確立

2 青少年の善導
(1) 長欠児の一掃
(2) 不良化防止
(3) 未成年者の禁酒禁煙

3 友愛協調精神の高揚
(1) 人格の尊重
(2) 礼儀、秩序
(3) たすけあい精神の高揚

4 義務と責任観念の高揚
(1) 遵法精神の高揚
(2) 納税思想の高揚

(七) 生産性の向上と経済生活の安定
1 勤労精神の高揚
2 貯蓄心の高揚
3 共同施設の奨励
4 作業の共同化
5 副業、内職の工夫
6 生活設計の工夫
(1) 家計の計画化
(2) 物資の愛護
(3) 消費節約
7 島産品愛用

(八) 家族計画の実行
1 趣旨の徹底
2 受胎調節

四 実践組織

新生活運動推進協議会

政府（官房及び各部局室）中教委・市町村長会・青連・婦連・教職員会・P.T.A連合会・子供を守る会・社会福祉協議会・農林協会・公民館連絡協議会・工会議所・各新聞社・放送局・防犯連合会・文化協会・交通安全協会・水産協会・体育協会・医師会連合会・金融協会・弁護士会・琉大・立法院・上訴裁判所・宗教団体・歯科医師会・農業協同組合連合会

専門委員会

宮古・八重山支部（地方庁）

新生活運動〇〇市町村推進協議会

市町村長・議会議長・各校区長・公民館長・青年会長・婦人会長・農業改良普及員・生活改善普及員・社会福祉主事・保健婦・農業協同組合長・開業医師・駐在巡査・助産婦・公吏・P.T.A会長・金融機関・開業歯科医・その他・指導主事・社会教育主事・区教育委員会

新生活運動実践体（部落及び職域）

附記
教育長地区教職員会長・地区青年会長・地区婦人会長・警察署長・地区P.T.A会長・連合教育委員会議長・保健所長・福祉事務所長・生活改善地区主事・指導主事・社会教育主事・金融機関・地区衛生課長・公民館長・地区医師会・その他
◎この該当団体は管掌地区及び所在市町村の協力体とする。

五 指導啓発実践計画

1 標語の募集
2 市町村協議会及び実践班の推進組織の整備
3 市町村協議会実施事項の樹立実践指導
4 新聞報道による啓発宣伝
5 広報車による巡回啓発指導
6 映画館のスライドによる啓発指導

教研式学力知能検査

知能・学力検査の結果の解釈

学年別知能検査が生れるまで

——団体知能検査の歴史

今日、日本の小中学校で、知能検査や学力検査を実施しない学校はほとんどないといってもよい位広く普及しているが、知能、学力検査に対する正しい知識は必ずしもこれに伴なつていないし、その利用も十分になされているとはいい難い。ただ漫然と実施しただけにおわつてはいないか。指導要録に記入せんがための実施におわつてはいないか。右の点に鑑み極めて具体的に主として教育面への利用の問題、即ち「知能・学力検査の結果はどのように教育上利用すべきか」について「多少なりとも先生方の実践指導の参考になるよう」図書文化通信第五号に紙上講習会を試みたところ非常に好評を受け、次号発行の要望があるのでここに紙上講習（第二講）を出すことにした。

一、最初の個人別知能検査はビネーの知能検査

今日知能検査の開祖は、フランスの医者でありかつ心理学者であつたビネーであるということに一致している。ビネーはもともとパリの医者であつたが、精神薄弱の子供がときどき自分のところに診断につれて来られるので、その実験の鑑別法の必要を痛感すると共に、この問題の解決に興味を感じ、簡単な精神能力を検査する問題をつくつたのがそもそものはじまりである。

その後、弟子のシモンと共に、たびたび改訂を加えたが、いずれも標準化については何も行つていないし、幼児用の知能検査であるということで終つている。

その後、ビネー知能検査は、各国で改訂された。例えば我国では楢崎浅太郎博士のものにしろ、また田中寛一博士のものにしろ、大伴茂氏のものにしろ、ビネーの知能検査に改訂を加えたターマンの研究をとりいれている面が多い。田中ビネーといつても実は「田中ターマン・ビネー」というべきである。

二、団体知能検査はじめてつくつたオーチス

ビネーシモン法の個人検査の改訂が盛んに行われるようになると、これを、一学級全部に一齊に実施したら、より能率的であるという考えがアメリカに起つた。

オーチスは、一九一七年に多くの集団にでき得る形の知能検査の原稿を書きあげ、出版して、世に出すばかりになつていた。

三、最初は軍隊の募集に実施した

時あたかも、第一次世界大戦が起り、アメリカ合衆国の陸軍当局は直ちにたくさんの将校と兵士をえらばなければならぬことに直面した。すぐ将校になれる人はどうして選ぶか、学歴でえらぶか、いや知能検査でなくてはならないということになり、陸軍を募集するについて使う集団知能検査の製作を目的とした選定委員会が構成され、ヤーキースを委員長とし、オーチスなど六人の心理学者が委員に任命された。いろいろ研究されたが当面の緊急問題を解決するにはオーリスの集団用知能検査以外にない。そこで早速これが役立てられることになり、総計五〇〇人の心理学者が、これに協力しここに知能検査史上空前の大規模な測定活動が開治された。

イギリスも、フランスも、ドイツも、すべて時間的のズレは多少あるが、将校と兵の選抜という同じ問題にぶつかつたわけである。しかし、ついに集団知能検査を作製し得るに至らなかつた。

当局者の理解、心理学者の質の上ですぐれていること、国民全体がこれを承認して協力するということの一つがかけてもできないのであつて、アメリカのみがこれをよくしたのは国民全体の合理的な判断の態度と能率主義が勝利を占めたということになる。

予備的検査も十分になされ、その結果つくられたのが今日陸軍α（アルファ）式とよばれるものであり、少しおくれて陸軍β（ベーター）式もつくられた。これらの検査を実施したものは一、七二六、九六六人の多数にのぼり、普通の個人検査では到底

出来得ない数字である。この検査を実施した結果適当か、適当でないか、将校として適切か、適切でないか、兵士として適当しているかどうかという大切な事務が短い時間の間に行われ、重要な役割を果した。その結果は訓練中においても輸送中においても、戦地での新しい環境への適応、責任の負担などには、やはり知能のすぐれたものとして選抜された将校の方が兵士よりすぐれていることが、実証され、知能検査の妥当性が証拠立てられ、一般の人々の信頼を高めた。

四、なぜB式にしたか

最初陸軍α（アルフア）式、少しおくれて陸軍β（ベーター）式がつくられたと述べたが、α式は英語を読みうる人に対して実施されβ式は英語を読めない国民を軍隊に募集する必要上つくられた。なぜβ式をつくつたか。それは、アメリカという国は各国からの移民によつてなりたつた国である。ドイツ系あり、フランス系あり、アメリカ系あり、東洋人あり、在来の土人ありの国で言葉がちがい、また全然文字の読めない土人もいるわけである。そのような関係で、英語で書いた文字によるα式知能検査では英語を読める人のみの検査ができて英語を読めないものには、実施ができない。そこで考え出したのがβ（ベーター）式知能検査である。β式知能検査は絵や図、あるいは符号であらわした問題であるので文字を知らない即ち英語を読めない黒人にも、一齊に知能検査を実施するということでβ（ベーター）式を使用するようになつた。

五、日本では知能検査はどのように発達したか

我が国において最も有名なものに、鈴木治太郎博士の鈴木ビネー法が大正九年に完成され、ついで田中寛一博士の田中B式知能検査が昭和十年に完成された。田中博士はそれを用いて東洋諸民族の知能水準の比較研究をされ非常に貴い資料を発表した。

終戦後、新しい教育の要求にもとづいて、再び知能検査の必要が痛感され、知能検査は、小学校・中学校生徒の指導上絶対に必要なものとして指導要録の項目としてとりあげられたため、全国的に非常に広く用いられるようになつた。

知能検査の種類

どんなものがあるか

知能検査には

（1）ひとりびとり児童を個人別に検査する個別式知能検査と

（2）一度に多数のものを検査する団体検査とがある。

さらに団体検査の中にはA式とB式とがある。

A式、B式とはどんなことか。まえにも述べたとおり、一つ一つの問題が、おもに言語（言語式）を用いているのがA式で、絵や図形（非言語式）のものがB式である。

（3）A式の特徴―いろいろの心の働きを見る問題を構成することができ、いずれも文字や話しことばを媒介として知能を測ろうとするものである。したがつてA式による場合には、特に言語の発達のおくれている児童生徒には、不利となる傾向がある。学年別知能検査などでも、小学一年二年用にはA式をとり入れてないのは、低学年では、文字をあまり修得していないからはぶいてあるのである。

（4）B式の特徴―B式の知能検査でも、心の動きを検査する問題を構成することができるが、一般に短い時間に施行する「時間制限式検査」である「動作テスト」であるから、動作のにぶい児童生徒には多少不利な傾向がみられる。

最近の傾向としてはA式とB式を同程度混合したものを見受ける。

（5）知能検査は使用の目的によつて一般用と診断用に分けられる。

イ　一般用とは―全体としての知能の発達程度を大ざつぱにとらえるのが目的であり現在まで広く用いられてきた。A式ないしB式の団体知能検査は一般用である。

ロ　診断用とは―全体としての知能の検査と同時にそれぞれの知能因子の発達をとらえ、これらの結果を比較考察して、知能の構造を明かにしようとするものである。

（6）むすび―以上知能検査は　①個別式か団体式か　②A式かB式か、AB併用か　③一般用か診断用かに分かれるが、「教研式」学年別知能検査はA式B式併用で一般的知能を知ると同時に診断的に知能を知ることができる。

知能・学力の結果の解釈

―知能・学力検査の常識―

一、生活年令（満年令又は歴年令）

生活年令とは検査を実施した年月日から、その生徒の生年月日を引いたもので、生まれてから現在に至るまでの満年令のことである。

二、精神年令（知能年令）

精神年令とは生活年令には関係なく、知能の発達程度を表わしたものである。例えばAという八才四カ月の子供がある知能検査をして知能点三十五点、Bという十才六カ月の子供が五十二点、Cという十二才の子供が五十八点とつたとする。しかしこれだけでは、この三人の子供の知能がよいか、悪いかは一向はつきりしない。何か得点の意味をはつきり明らかにするものはないか。こういうことから知能検査の最初の考察者といわれるビネーが精神年令というものを考え出した。

例えば、生活年令満六才の多くの子供（集団）がそのテストで平均二十四点をとるならば、逆にその二十四点の成績をとる知能の程度のものを「精神年令六才」と定めたのである。

同様にして二十五点をとるものは知能年令六才三カ月、二十六点をとるものは六才六カ月というように定めたのである。

したがつて六才の子供であろうと四才の子供であろうとあるいは十六才の青年であろうと、それが二十四点をとつたならば、その知能年令はいずれも六才ということになるのである。

（イ）生活年令も精神年令もともに同じ六才であれば、ちようど年並の知能の進み方で普通の子供と解釈され

（ロ）生活年令が四才で精神年令が六才であれば二年も知能が進んで頭のよい子供であることがわかる。

（ハ）生活年令十六才の青年で精神年令が六才であれば大変知能がおくれていることが知られる。

よく「僕は、年はとつていても精神年令は若いですよ」と自慢顔して人にほこるが、考えようによると、自ら知能が低いと宣伝している結果となる。

三、教育年令とは

精神年令の理論からみちびき出したもので、教育の発達の程度がおそいか速いかを、年令に換算したものである。即ち教育年令を知ると、ある生活年令の生徒の学習成績が、普通より何カ月進んでいるかまたは、劣つているかを知ることができる。

四、相当学年とは

教育年令を学年と月で表わしたものである

こうして知能年令をだして、それをその生徒の生活年令と比べることで一応その生徒の知能のよいかわるいかの解釈はつく。これはまさにビネーの貢献であつた。

五、精神年令だけでは不便である

知能指数が生まれた

例えばここにAとBの二人の子供があつて、つぎのようになつたとする。

	生活年令	知能年令
A児	七・九	八・六
B児	一〇・一	一一・二

これだけでは二人共普通以上の知能であることはわかるが二人のうちどちらがどれだけ優れているかは瞭然でない。この欠点を補うためにアメリカのターマンが知能指数（I・Q）なるものをだして知能度をあらわすことをはじめた。

六、知能指数とは

知能指数は、その子供の生活年令に対して精神年令（知能年令）をくらべて百分比（%）であらわしたもので、その公式ははなはだ簡単なものである。

$$\frac{精神年令(M・A)}{生活年令(C・A)} \times 100 = 知能指数（I・Q）$$

これで前記ABの二人の子供の知能指数をだしてみると

A児 $\frac{8.6\times100}{7.9}=\frac{102\times100}{93}=110$

B児 $\frac{11.2\times100}{10.1}=\frac{134\times100}{121}=111$

Aの知能指数は一一〇、Bの知能指数は一一一となり、Bが幾分高い知能であることがはつきりする。

このように生活年令と精神年令を比べて精神年令の方が生活年令より進んでいるほど一〇〇より大きい数字で、またおくれていればおくれているほど一〇〇より小さい数字で表わされる。精神年令も生活年令も同じであればすなわちその児童が丁度平均児童に相当するから知能指数は一〇〇である。

七、教育指数

教育年令と生活年令の比の値を百倍したものである

$$教育指数（EQ）＝\frac{教育年令（EA）}{生活年令（CA）}×100$$

例えば生活年令十四才〇ヵ月、教育年令十四才五ヵ月ならば

$$EQ＝\frac{14×12＋5}{14×12＋0}×100＝\frac{173}{168}×100＝102.9≒103$$

八、知能偏差値

知能偏差値は同じ年令の者の中で、一人一人の生徒の知能がどの位置にあるか、平均の位置か、平均より上位にあるか、又は下位にあるかを示すものであつて、知能指数と同様にちがつた年令のものを直接比較することができる。知能偏差値はつぎの公式によつて求める。

$$知能偏差値＝50＋\frac{（個人の得点－平均点）×10}{標準偏差}$$

この公式で平均点、標準偏差は個人と同じ年令の多くの児童のものについて求めたものである。

知能偏差値は50が中心であつて、それより値が高くなるほど知能は優秀になり、逆に低くなるほど知能は劣等になる。

知能偏差値は75以上が秀で25以下は低脳児ということになつている。

九、学力偏差値

現在の学力テストでは偏差値による基準を用いるものがすこぶる多い。それは指数よりも、はるかに合理的とされている。

しかしこの基準を知るには、いくばくかの統計法の知識が必要で偏差値の理論についての説明は次号にゆずる。求め方の公式は

$$学力偏差値＝\frac{（個人の得点－平均点）×10}{標準偏差}＋50$$

学力偏差値とは、まちまちな学力点を一〇〇点法にして標準化した値であるといつてもよい。

一〇、指数（知能・教育）偏差値（知能・教育）計算図表

以上の指数あるいは、偏差値は、一々公式を使つて計算して出す必要はない。指数（知能・教育）偏差値（知能・学力）精神年令も早見表によつて算出できるよう手引にのせてある。また教研式教科別全国標準学力テストや、教研式学年別知能検査は、早見表のようなめんどうなものを見るよりもつと簡単な「教育、知能指数計算図表」「知能・学力偏差値計算図表」というはなはだ簡単な図表から直ちに出せるように新しい工夫をしてあるので容易に算出でき、実に便利である。

知能や学力の程度はいくつかの段階に表わされる

いわゆる評価段階について

普通知能指数は五、六〇点から一五〇点あたりまで、実に一〇〇以上の段階に分かれてあらわれ、偏差値も二、三〇点から八〇点あるいはそれ以上にわたつて出されている。

しかし学力にしても知能にしてもテストをやつて、その結果を解釈する場合、いつもこのように細かに区分する必要はない。また現在のテストでは偏差値で一、二点、指数では、三、四点の差を有意味として区別するほど精密を要求すべきほどのものではない。むしろこのように細かに分かれて出た点を三つか、五つあるいは七つ位の等級にまとめて、個々の

SDを単位とした知能段階と評価段階

知能指数	知能偏差値	百分率順位	理論分配曲線の(%)	知能段階	評価段階		
140以上	75以上	99.4以上	1	最優（最上知）	秀	5	＋2
124～139	65～74	93～99.3	6	優（上知）			
108～123	55～64	69～92	24	中の上（平均値上）	優	4	＋1
92～107	45～54	30～68	38	中（平均値）	良	3	0
76～91	35～44	7～29	24	中の下（平均値下）	可	2	－1
60～75	25～34	0.6～6	6	劣（下知）	不可	1	－2
59以下	24以下	0.5以下	1	最劣（最下知）			

成績をその等級のいずれかに所属させて見る方が常識であり又わかりやすくそれで充分の場合が多い。昔からあれは上等だとか、あれはふつうだとか、あれは劣つているとか品等しているが、成績をきめる場合にも、甲乙丙丁の四段階に分けたり優良可に品等したり、今の小学校では（－2）から（＋2）まで、中学校では1から5までの五段階法を用いているの

（抜 萃 欄）

も全くそのような考え方に立つているのである。

このように細かくわけた段階を集約して知能や学力を品等するとかえつてテストの意味がよくわかる。

評価段階の定め方

しかし品等化には評価段階の定め方に共通の理論があるから理解して置くと好都合なことが多い。

学力偏差値の品等

学力偏差値を七段階に品等する場合には左の表のようにすればよい。

学力偏差値の品等表

学力偏差値	評価段階	理論的分配(%)	評価段階		
75以上	最優	1	秀	+2	1
55～74	優	6			
55～64	中上	24	優	+1	2
45～54	中	38	良	0	3
35～44	中下	24	可	−1	4
25～34	劣	6	不可	−2	5
24以下	最劣	1			

数字の一点二点の差は余り重く見る必要はないから父兄に通知する場合は、評価段階により優とか中とかがよい。殊に評価段階の(−1)(+2)は父兄の誤解を受ける。父兄が「いくらうちの子供ができないからといつてもまさかマイナスになるはずはあるまい。少しは字は読めるし、おつり銭位はわかる」と学校へどなり込んで来た、という話もあるから結果を通知する場合は十分注意すべきである。

学力検査の結果だけでは

指導効果の判定にはならない

学力検査の結果がよいから生徒の学習効果は上つている、学級、学校の成績が上つている、教師の指導効果は優れている、と一概には決定できない。

成就指数

知能指数と教育指数とが相伴なつている場合は成就指数は一〇〇となる。学業の方が知能より優れているものは一〇〇以上となり、学習効果を十二分にあげているのである。学業が知能より劣つている場合は一〇〇以下となり、それは学習効果は上つておらぬことになる。成就指数は次の公式によつて求められる。

左の表で教育指数だけで比較すると甲がすぐれているが、知能と学力の両方面から比較した成就指数によると乙の方が上つていることになる。

$$成就指数 = \frac{教育指数}{知能指数} \times 100$$

又は

$$\frac{学力偏差値}{知能偏差値} \times 100$$

知能指数と教育指数の比較

	知能指数	教育指数	成就指数
甲	130	120	92
乙	90	95	106

$$甲 = \frac{120}{130} \times 100 = 92$$

$$乙 = \frac{95}{90} \times 100 = 106$$

偏差値差（成就値）

学力偏差値と知能偏差値とを比較した偏差値差（又は成就値）がある。

偏差値差＝学力偏差値－知能偏差値

この公式において、偏差値差が正（＋）であれば学習効果は上つており、零（〇）であれば、学習効果は普通であり、負（－）であれば、学習効果は上つていないことを示すのであるが、次の表に示すような場合には、その意味が一層明らかになるであろう。

児童	学力(国語)偏差値	知能偏差値	偏差値差
甲	73	82	−9
乙	58	58	0
丙	44	32	+12

すなわち、甲は国語の成績(偏差値)は七十三で最高点であるから、相対的には優秀であるが、その知能の点からみると期待されている力を出しきつてはいないことが、偏差値差の欄が負（－）になつていることからわかる。

これに反して丙は、国語の成績は四十四で学力（国語）は一番悪いように見受けられるが、知能点から見ると期待以上の学習効果が上つていることが偏差値差の欄が正（＋）であることからわかる。

乙は国語の学力と知能の程度とが同じであるから普通であることが偏差値が零（〇）であることからはつきりわかる。しかし偏差値の一点や二点の差はあまり問題にするほどのものでない。

つまり、学力検査の結果だけで学習効果や指導効果が上つていると解釈することはできない。学力と知能の両検査を施して比較することによつて始めてわかる。

このことは個人個人の生徒だけでなく、学級、学年、学校としては、知能と学力の平均を出して両者を比較すれば、学級、学年、学校の学習効果や指導効果が（一）か（＋）かがわかる。

促進指数とその利用

知能指数や知能偏差値は子供が学習ができるか、できないかの程度を示し、学力偏差値や教育指数は現在の子供のもつ学習の程度がどの位置にあるかの程度を示すものであるが、知能と学力を考えて、生徒の未来の学習の速度がどの程度までのびることができるかを推定するには、促進指数が役立つのである。

促進指数は次の公式で表される。

$$促進指数=\frac{知能偏差値+学力偏差値}{2}=\frac{知能指数+教育指数}{2}$$

標準検査の結果はどのように利用すべきか

知能・学力検査の結果を**みやすくするためには**

集計表の記入のしかた

知能検査、学力検査を実施して採点し、教育（又は知能）指数や学力（又は知能）偏差値を算出し終ると、大抵は集計表に記入するのが普通である。集計表には記入する欄が非常に多くて、見ただけでうんざりしてしまうことがある。又時には全部の欄を記入しなくてもよい場合もある。要はこの欄を記入して置くことによって、教育上如何に利用できるか、また児童の指導上必要か、不必要かを考えて、必要だと思った欄だけ記入すればよい。必要もないのに記入欄があるから記入するというのでは労多くして功少なしと言えるだろう。

では今、教育上の利用を考え、記入するには、どのようにすればよいだろうか。

集計表の児童氏名欄に、児童氏名を記入する場合出席簿順に記入するよりは知能か、または、学力の優れた児童から、順に記入して置く方が、あとで、知能と学力の関係、成就指数、成就値、あるいは知能と学業の不一致を調査する上に非常に便利である。

検査の結果を 分配曲線で表わすには

まず、ある教科について、一人一人の児童の学力または、一人一人の児童の知能が、全国的な水準から見て、適当か、すぐれているか、劣つているかを明らかにしておくと、学力や知能がこの程度であるならどのような方針で教育していけばよいか、知能と学力とをくらべてみて、その教師の指導法がよかつたわるかつたがをみるのに参考になる。

そのためには学力又は知能検査を実施した結果をまず、第一図のような分配曲線で表わすと、一目で結果がどんな具合かはつきりとわかる。

第一図

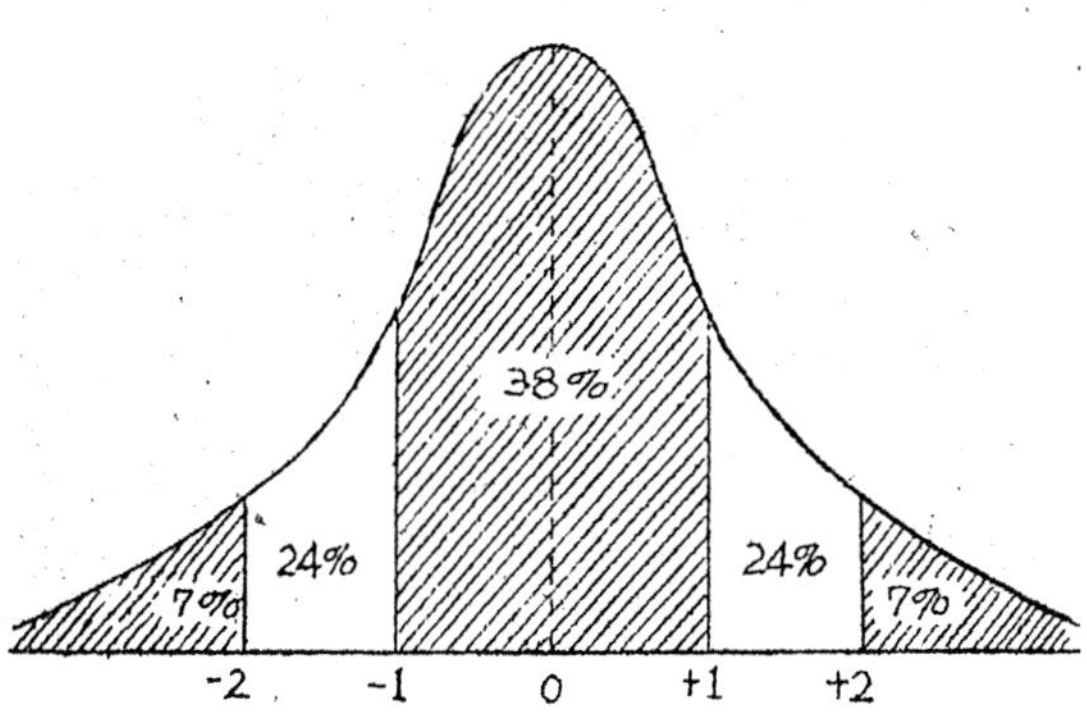

分配曲線のあらわし方

まずパーセント（%）をだす

最も簡単な分配曲線のあらわし方についてのべよう。例えば三年生の児童五十人に知能検査又は学力テストを実施して、五十人中（＋２）（＋１）（０）（－１）（－２）の児童が各々何人あるかを集計したところつぎのような結果（第一表）を得たとする。

この評価段階に分けられた人数は五十人中何人ということであるから、これを百人について検査したとして百人中何人にあたるか、つまり、百分率（パーセンテージ（%））に換算する。パーセンテージに換算しておくと検査人員のちがう組とすぐに比較してみることができるからである。

パーセンテージ（%）に換算するには、各段階の人員を全部の人員で割り百倍すればよい。（－２）の児童は六人だから6÷50×100＝12（%）となる。以下同様にして各段階の%を出す。（表参照）

第一表

知能段階又は学力段階	－2	－1	0	＋1	＋2	計
人数	3	13	16	14	4	50
百分率（%）	6	26	32	28	8	100

パーセンテージ（%）を表にあらわす

このパーセンテージ（%）をグラフにすることによつて分配曲線がえられる。まず方眼紙に、第二図に示したように、縦の軸を%とし10、20、30、40、50の位置をきめ、横の軸を評価段階として（－２）（－１）（０）（＋１）（＋２）の位置をきめる。

つぎに各段階の%を縦軸と横軸の交る点にそれぞれ記入し、その点を順にむすべば知能または学力（教科）の評価段階による分配曲線ができあがる。

標準テストは知能検査でも学力検査でも、都市

第二図（例）

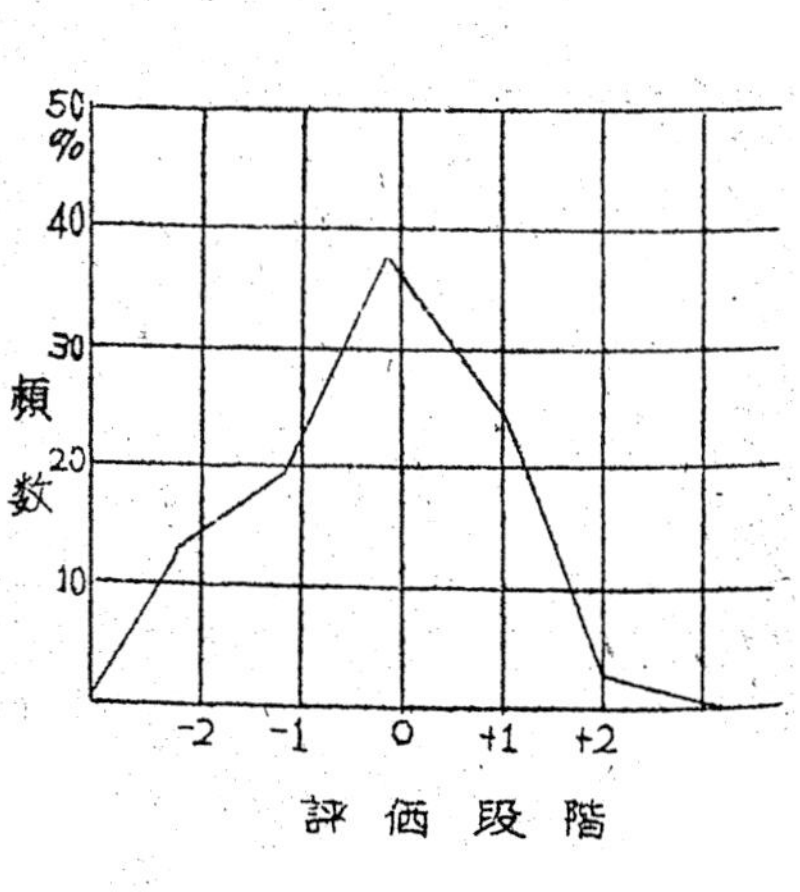

第三図（例）

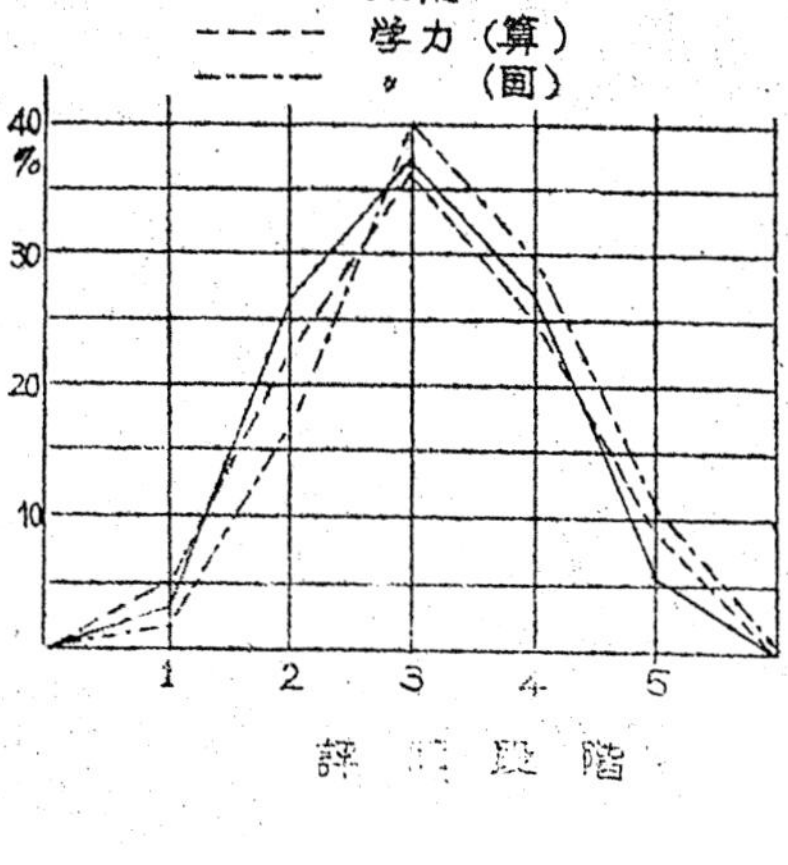

（同じ都市でも大都市、中都市にわけて）町村（山村、農村にわけて）から選んだ学校の児童によって予備実験を行ない、さらに本実験をして、標準化をしてある。従って評価段階による分配曲線は、正常分配曲線になるようにできている。正常分配曲線とは第三図に示した通りのものである。

正常分配曲線とはどんなものか

知能にしても、学力にしても、またあるいは体重にしても、同じ年令の多くの児童（集団という）についてこれを調べてみると、平均級の人がもっとも多く、平均よりも上、またはそれ以下の両はしに近づくにつれて、次第に人数がへって、その分布の形は丁度つり鐘をふせたような形になるという統計的事実がある。このような分布の形を正規分布といいそのグラフを正常分配曲線という。

評価段階による分配曲線の見かた

標準検査は全国的に標準化したものであるから、結果は正常分配曲線になるように作られてある。ところがある都市の学校で実施した知能検査の結果、正常分配曲線より右よりになったから、この検査はあますぎる、信頼がおけないとの批評を受ける場合がある。どこの学校でも知能なり学力検査を実施して必ず正常分配曲線に近い結果が出るとは限らない。また一学級や、一学年に知能検査や学力検査を実施しただけでは、その学級や学年によって、必ずしも正常分配曲線にならないことはありうる。

つまり学校や学級の知能差、学力差によって右よりになる場合もある。右よりになることは、知能にしても学力にしても全国平均より上まわっていることを表わし反対に左よりになっている場合は全国平均より劣っているわけである。

もし評価段階による分配曲線が正常分配曲線より左右いずれかにずれた場合、とくに左にずれた場合には、なぜ全国標準より劣っているかについて、その原因を調査し、反省してみる必要がある。

知能検査と学力検査との相関

（一）学級、学年、学校についての相関をみるには

知能検査を実施して、各児童生徒の知能を知り、ついてそれ〴〵の知能の内容をプロフィールによって、知能のどの方面が特に優れているか、あるいは劣っているかが診断できる。そして今後の指導に役立たせると同時に、学級全体としての知能程度と、その傾向を明らかにしていろ〳〵教育上の目的に合うように役立たせることができる。

また、学習するにあたって、知能がどの程度であるかを、めいめいの児童について調査して、その結果を学級は学級で学年は学年で、まとめて分配曲線に表わしてみると、全国的な水準から見てどの位置にあるかがわかる。

学力検査も同時に実施してあれば、その結果を知能の分配曲線の図の中に表わして、第三図のように学力と知能の分配曲線が同時に比較できる。

もし、知能の分配曲線と学力の分配曲線が、大体一致しているとすれば、知能相応の学習をしているということがわかる。

しかし、学力の分配曲線が知能の分配曲線よりも左側の方にずれているときには、学力が知能より劣っているということになる。即ち知能相応に学習効果があがっていないことであるから、ここで反省して、更にその原因はどこからきているかという調査の必要が起る。そして教師の側としては指導効果があがるように努力しなければならないし、学習指導についても工夫しなければならないことにもなる。

逆に、学力の分配曲線が知能の分配曲線より右にずれているとすれば、学力は知能より上まわっていることで、児童の側からいえば学習効果があがっていることであり教師としては指導効果があがっていることで、実に望ましい結果であると同時に、また相応した知能以上に、学習に無理をしてはいないかどうかを一応反省してみる必要もあろう。

これらの事実は、知能検査を実施したならば、それと平行して必ず全国的に標準化された学力検査を実施して、客観的な学力の評価をすることによって明らかにされるわけである。

殊に知能と学力の相関を見る場合は「教研式・学年別・教科別全国標準学力テスト」を実施するならば、それとの比較が合理的にできるようになっている「教研式・学年別・知能検査」を実施して、二つの結果を比較検討することが最も理想的である。

このことは、学級はもちろんのこと、学年全体、さらに学校全体としての知能と学力の水準を知り、一歩進んで知能・学力の両者をくらべあわせることによって、学級・学年・学校としての教育方針を検

討する上に、貴重な参考資料がえられることになる。

（二） 各児童生徒についての相関をみるのは

学級、学年あるいは学校全体として、知能と学力の関係は知能・学力の両者の分配曲線をくらべてみることによつて、それぞれの水準や相関が理解される。

けれども児童・生徒の一人一人の知能と学力の関係は、どのようになつているかを調査することもテストの結果を利用する上に大切なことである。

知能検査も学力検査も、要は、個々の児童にあつた指導計画をたてるために実施するわけである。単に指導要録に記入するに都合のよい資料を得るためにやるのだとか、職員会議できまつたから仕方なしにやるのだとかいえるものではけつしてない。

では、どのようにして、各児童一人一人の結果をみていけばよいのだろうか。

成就指数（または成就値）を算出することも一つの方法であるがここでは一見してわかるようにグラフで表わす新しいやり方についてのべることにする（成就指数、成就値については後でのべる）

（三） 学力検査の結果だけでは指導効果の判定にはならない

学力検査の結果がよいから児童生徒の学習指導の効果はあがつている、学級学校の成績があがつている、教師の指導効果は優れていると一概にきめることはできない。学力検査と知能検査の両方を実施して、児童、生徒が知能なみの学習をしているか、あるいは知能より学力が劣つているか、優つているか両者を比較して見ることが最も必要であり、大切なことである。知能以上に学力が優れていてこそ始めて学習効果や指導効果があがつているといえるのである。

知能・学力の不一致の調査

いま第四図（37頁参照）にみるように縦の軸を偏差値（知能偏差値も、学力偏差値も、この軸をいつしよに使用する）の軸とし、横軸は児童の氏名欄とする。

知能検査の結果を全体として、知能偏差値の一番上位のものから順次に児童の氏名を記入する。各児童の知能偏差値をそれぞれの欄の相当の場所に記入し、この各点を直線で結ぶと、知能偏差値の推移折線が得られる。

偏差値は50が平均（M）であるから縦軸の50の所を通る直線（第四図のM）をひいて置くと平均より優れているか、劣つているかが見易く、非常に便利である。

いま第四図を一べつすると、学級としての知能は全国平均（つまり知能偏差値50）より上の児童の方が下の児童よりも多い。したがつてこのグラフからも、学級全体としての知能は全国平均の水準より高いということがわかる。

又学級の知能偏差値の平均を求めて52であつたら52の所を通る直線（M）をひいて置くと、全国平均の水準より高いということを一層はつきり見ることができる。

（四） 学力偏差値はどう記入するか

学力検査の結果、たとえば算数の学力偏差値、国語の学力偏差値を各児童の欄の相当する箇所に記入して見ると第四図のような学力と知能の相関図ができる。

（五） 知能・学力の相関図からつぎのようなことがわかる

（1）全体に目を通してみると知能偏差値五十以上すなわち知能のよい児童は一般的に学力が知能にともなつていない。むしろ大部分の児童は知能より学力が劣つている。

（2）反対に知能の低い（知能偏差値五十以下）児童は学力が知能より上まわつている。

（このような結果は他に無作為に都市五校、町村二校を抽出して研究的に調査して見たところほゞ同じような結果であつた。

従つておそらくどこの学校も同じような傾向であるといつてもよいのではなかろうか。）

（六） このような結果は何に原因しているか

（1）まず第一に考えられることは、教師の指導目標あるいは指導水準がどの辺におかれているかということである。つまり教師が中以下の児童の学習指導に力を注いでいる場合には、知能の優れている児童は、ともするとすて置かれることがあろう。実際の指導にあたつている教師の日頃の大きな悩みは、まさにこの指導目標をどのレベルにおくかという点にあるといえる。

（2）指導目標を仮に学級の中位程度においた場合でも、指導方法の如何によつて―例えば、中以上の特にすぐれた知能の児童は副読本などを与えることも考えられることであり、また学級文庫や学校図書館の利用も考えられるが、いろいろの工夫によつて更に学力を伸ばしてやることができる。

（3）学級の人数が五十人以上かあるいはそれに近い児童のため、中以下の学習指導に力をいれ、あるいは中以下の児童を指導基準として授業を進める一齊指導のため中以上の児童には目がとどかず、いきおい知能 のすぐれている 児童には、 とかく学習の面で遊ばせてしまうようなことの結果とも考えられる。

（4）知能のよい児童に知能相応の学習をさせたいと思つても、学習させるもの、与えたくても与えるもの（資料）がない。現在の小学校中学校では知能の優れている児童も劣つている児童も各学期を通して一冊の国語の本、一冊の算数の本を与えられているに過ぎないまた学級文庫を与えたくても文庫の設備がない。学校図書館の利用をさせたくても学校図書館もないこのような日本の教育の現状から来ている結果とも考えられる。でき得ることなら最少限度例えば知能の優れている児童には学校で採用した国語が二葉の国語としたら他に光村の国語、東書の国語というように、他社のものも与えて知能の劣つている児童の学力の向上に力を注ぐと同様、知能の優れている児童も、知能なみの学習のでき得るような方法を工夫すべきではないだろうか。学校は文部省できめられた指導要領の範囲内において指導すればよろしい。無理に学力を向上させた結果、優劣の差のできることは管理上やりづらいという教師があるとすれば、それは学級管理の為のものでなく、指導のためのものであることを忘れていたものといわなければならない。

（5）現在の日本の小中学校はアメリカその他の国と比較すると学級の人員が非常に多いので、口では分団に分れて学習する分団学習や、能力別に分れて学習する能力別学習が称えられても 実際問題としては実行できない。旧態そのまゝの一齊指導の結果から来ているとも考えられる。

以上は教師 にとつてかなり 興味のある 事だと思う。でき得るならば、知能検査を実施したら、それと共に標準学力テストも実施し、知能学力の相関を見た上で右の事実が事実であつたら、どのようにしてこれらを打開してゆくか、これは好個の研究題目ではなかろうか。

（七） 知能と学力の不一致の児童を見つけたらどうしたらよいか

第四図の知能と学力の 相関図 をみることによつて、学力が知能にともなつていない児童は3番の松本、15番の中村、25番の斎藤の三人である、ということが発見された、そこで、まずこれらの児童は、どういうわけで、こういう結果を示したかを、いろいろの面から調査して見ることである。例えば、

㈠　三番の松本君の家庭は飲食店でお客商売の関係で両親は夜おそくまで働いている。家庭の経済は豊かでない。両親も教育には無関心である。

㈡　25番斎藤君の家庭は、父は河川運搬人夫で毎日働きにでかける。母は父の収入が少いため近所のセルロイド工場に女工として働いている。両親共に遅く帰つて来る。子供は学校から帰ると毎日の小遣としてもらつた十円で紙芝居を見たりあめなど買つて夕方迄近所で 遊びながら、 両親の帰宅を 待つている。以上の状況であるので両親は子供の学習を見てやる暇もないということが調査の結果から明らかになつた。

知能と学業との不一致の原因

調査項目	学業が知能より優れたる者（A）	知能が学業より優れたる者（B）
生計	上良家庭（豊か）	下（豊かならず）
環境	教育熱心	不熱心
身体	強健	虚弱
運動	好む	好まず
早熟・晩熟	早熟	晩熟
性格	勉強家	不勉強家
交友関係	交友を好む	比較的無口好まず
教師の印象	良	不良
幼稚園	入園者多し	入園者少し
母親の性格	外交性	内向性

㈢　15番中村君は家庭的には恵まれているが、最近アデノイドを手術したばかりである。

㈣　以上三人の児童は家庭の事情、親の職業、教育に対する無関心さ身体の状況のために知能より学力が劣つているのではないかと一応想定される。

その他児童の教科に対する興味友だち関係など児童自身にひそんでいる原因と思われる面について調査することである。

これらの調査の結果を綜合し、種々考えて見ることによつて、学力が知能より劣る所謂学業不振がどこから来ているかという原因がよりよく考察されるのである。

このように知能検査の結果は優れていても学力がそれほどでもないとか、知能は普通であるが学力が非常に劣つている場合がある。

（八）知能と学力が不一致の場合、知能検査の結果は本人や両親にしらせるのがよいか

知能は優れているが学力が劣つている場合には、学習効果があがるよう、はげましをつける意味でときには知能検査の結果を本人に知らせてやるのもよいが、これは特に慎重にやらなければならない。（普通知能検査の結果は本人や両親に知らせない方がよい）

知能は優れているのに、学力がそれにともなわないときには、両親たちは日頃の学業成績から、自分の子供は成績のよくない子供だときめてかかつているかもしれない。即ち子供を初めから劣等視しているかもしれない。だから、知能検査の結果では決してそうでなく、もともと頭のいい児童だということを家庭訪問、又は父兄会の折などに両親にしらせ正しく自分の子供を見て、激励もし、また適当な処置をとるよう忠告することである。

（九）学力が知能よりも極端にすぐれている児童の処置はどうするか

第四図で第23番木下君と24番の江口君は学力が知

第四図

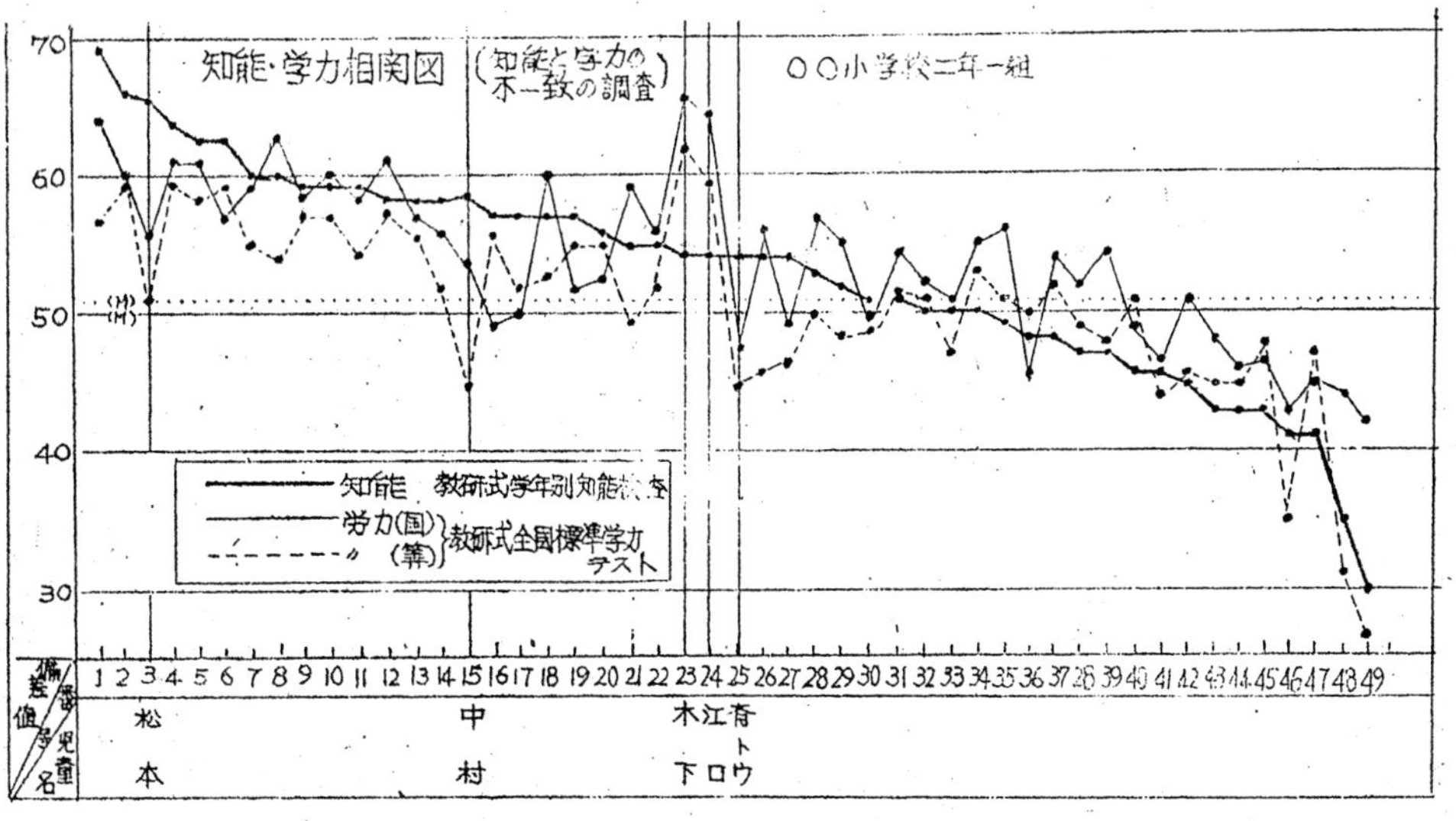

能にくらべてはるかによい児童である。殊に24番木下君の国語の学力はクラス中一位であるし、算数も第二位である。

このような児童は知能以上の成績をあげているわけであるから誠に結構なことであるが、いわゆる努力型の児童として取り扱うべきかどうか、それは問題である。知能より学力の方が極端にすぐれている場合、それがその児童の意志の強さや学習意欲のさかんなことによるがんばりである場合もある。けれども親が教育に熱心なあまり、また友達の誰々さんにまけてはならないというようなつまらない親の名誉欲を満足させるためだとか、無理に上級学校へ進ませるためというような理由で、家庭教師までつけて勉強させ、その上夜遅くまで勉強を無理にさせているような場合には、将来において子供のためにならないような結果になつたり、また子供に依頼心を抱かせたり、身体をわるくしたりするといつたことになりやすいから注意しなくてはならない。

知能検査の結果が明らかに誤つていると思われる時はどうするか

第四図で見る23地木下君24番江口君の二人はふだんの成績即ち学力は一位か二位であるから、標準検査の成績もそれと大体一致すべきである。

然し、この相関図から考えると知能はもつと上位にあるべきではないか、知能検査の結果がおかしいのではないかということも時にはある。かような疑問の起きた場合は、その子供について他の団体知能検査をやるなり又は個人検査によつて再検査しなくてはならない。

教育解説

改訂児童指導要録の解説

「小学校、中学校および高等学校の指導要録の改訂について（通達）」（文初中第三七三号、昭和三〇年九月一三日）が発せられて以来、小学校教育の現場においては、昭和三十一年度からの全面実施にそなえて、改訂児童指導要録に関する研究が熱心に続けられてきている。

その取扱いや記入、活用のしかたに関しては、すでに数々の問題点が指摘されており、また今後研究すべき問題も数多く残されていることと思う。そこで、まず本号においては、改訂児童指導要録に関して最も多く提出された質問のいくつかについて大島視学官に答えていただき、次いで、「学習の記録」の所見欄に掲げられた各教科の観点の意味、および「行動の記録」に掲げられた行動項目の意味を、それぞれの担当官に解説していただくことにした。

本解説が、現場における改訂児童指導要録の研究と活用のために、いくぶんでもお役にたてば幸甚であると思う。（編集部）

一　全般的な疑義に答う

大島文義

改訂された小学校児童指導要録については、公表後も教育現場から多くのさまざまな質問をいただいている。その中から比較的ひん度数の多い質問を選んで、本欄を借りてお答えすることにする。

取扱いについて

（問）「進学の際は、原本を保存し、進学先学校にその抄本（転学の際送付された写の抄本を含む。）を送付する。」となつているが、抄本の記載事項は最終学年のものが主であるから、転学の際に送付された写はこの場合無関係と思うが、どうか。

（答）抄本の記載事項は、「学習の記録」「教科以外の活動の記録」および「行動の記録」は最終学年のものだけでよいが、「学籍の記録」の備考、「出欠の記録」「身体の記録」および「標準検査の記録」に記載されている事項について将来の指導上特に必要と思われるものについては、別段最終学年とは限定していない。したがつて転学の際に送付された写の中に、この後者に該当するものがあつた場合には、それを抄本中に転記することが必要になる。もつともこのような事項が、転学先の学校で作成した指導要録に転記されているならば、抄本は間接的な役目をするわけである。

（問）「転学の際は、原本を保存し、転学先学校にその写（転学の際送付された写を含む。）を送付する。」となつているが、これはA校からB校へ、さらにC校へと二度転学した場合には、A校で作つた写はB校で作つた写とともにC校まで送られるという意味に解してよいか。

（答）そのとおりである。

（問）「保存期間は……進学の際もしくは転学の際に送付される抄本または写については児童生徒が当該学校に在学する期間とする。」とあるが、児童が小学校の途中で転学する際には、幼稚園から送られてきた抄本は転学先学校へ送る必要があるか。

（答）この当該学校というのは、「当該段階の学校」と解すべきである。したがつて、児童が小学校に在学する期間中は、幼稚園から送付されてきた抄本は保存の義務があると考えなければならない。それはあくまでも指導のための資料として利用されることを予想しての規定であるから、転学の際の抄本の送付については通達中にべつだん何も定められてないが、やはり転学の際には写につけて送付するのが、真に抄本の趣旨を生かすものだと思う。

なお、これに関連して、学校教育法施行規則第十二条の三第三項は、次のように改められることになつている。

校長は児童等が転学した場合においては、当該児童等の指導要録の写を作成し、その写（転学してきた児童等については転学により送付を受けた指導要録の写を含む。）及び前項の抄本

（抜萃欄）

を転学先の校長に送付しなければならない。

学籍の記録について

（問）「第一学年入学年月日」および「卒業年月日」は、学令簿にある「四月一日」または「三月三十一日」を記入するのか、それとも実際に入学式なり卒業式なりを行つた日付を記入するのか。

（答）これは、法定公簿としては問題のあるところであろうが、指導要録においては、教育委員会の定める入学年月日または卒業年月日を記入するようにしたい。すなわち、入学式なり卒業式なりの挙行の日を記入するのである。

（問）転退学の日付と転入学の日付が、遠距離の転居や親の不注意などの理由により、著しく開く場合がある。義務教育として、あまりいちじるしい空白ができるのは好ましくないと思うが、たとえ一、二カ月以上の開きがあつた場合にも、そのままを正直に記入するのか。

（答）ありのままを記入していただきたい。転退学から転入学までの日数はできるだけ短いのが理想的であり、もし親の不注意や怠慢などによつて転入学の手続きが遅れているようなときには、それを督促するのが市町村教育委員会の役目であろう。その間の空白は当然欠席日数として計算されるが、指導要録にはそれをありのままに記入して指導のための資料とすることがたいせつである。

出欠の記録について

（問）児童の忌引については、べつだん法的に定められていないが、指導要録においてはどう扱つたらよいか。

（答）児童の忌引の取扱いについては、都道府県教育委員会の定めるところにしたがつていただきたい。ある県では、児童の忌引も教職員に準ずるものとして、年間出席すべき日数からはぶいて扱つているし、また他の県では、出席日数に含めて考え、「欠席の理由その他」の欄に「忌引何日」と記入するように定めているようである。いずれも一長一短があるので、どれがいちばんよいとは簡単にいいきれぬようである。

身体の記録について

（問）「指導上特に必要な事項があつた場合には、その事実および指導ならびに処置した事項を記入する。」と断つてあるが、特に必要な事項がない場合には、全然空欄のままに残しておいてよいのか。それとも、「なし」と記入しておく必要があるか。

（答）そのような場合には、空欄のままに残しておいてけつこうである。べつだん「なし」と記入するには及ばない。斜線を引くのも一法であろう。

標準検査の記録について

（問）「必ずしも実施したすべての標準検査の結果を記入する必要はない。」と断つてあるが、そうすると何も記入しない場合があつてよいのか。

（答）そのとおりである。この欄は他の欄と違つて、必ず標準検査を行い、その結果を記入しなければならぬというものではない。

（問）標準検査の記録欄が小・中・高等学校を比べてみると、小学校児童指導要録で最も狭く、高等学校生徒指導要録でいちばん広くなつているが、これは標準検査の現状から言つて、むしろ逆になるべきではないか。

（答）そのとおりだと思う。スペースの関係でこのようになつたが、利用しうる標準検査の種類や数から言つて、たしかにこの逆になるのがほんとうである。しかし、この欄はもつとも信頼のおけるものに限つて記入するのであるから、欄の広狭は必ずしも本質的な問題にはならぬと考える。

学習の記録について

（問）所見欄に掲げられた観点は「従来のような各教科の評定をするための分析目標を示すものではない。」と述べられているが、この観点は各教科の評定をするための評価目標と全然無関係なのであるか。

（答）無関係ということはありえない。各教科の観点はいずれも、学習指導要領に示す指導目標の中から、最も重要なものを取り出してくつたものであるから、各教科の評定をするための評価目標（それは当然、指導目標を評価の立場から具体化したものにほかならない。）と無関係であるはずがない。ただ、このような述べ方をしたのは、評定欄と所見欄が性格の異るものであること、および観点は指導目標の全部をおおうものではないことをいおうとしたものである。つまり、掲げられた観点だけについて評定し、それだけを総合しても、それは決して評定欄が要求する完全な評定にはならない、ということである。

（問）「観点は学校の必要により付加修正される場合もあるであろう。」と述べられているが、観点の表現や順序の変更（たとえば、「社会的な関心」を「社会的な関心・態度」に、「思考」を「問題解決的思考」に、「自然への関心」を「自然への関心・態度」に改めるとか、あるいは家庭科の「技能・理解・実践的な態度」を「実践的な態度・理解・技能」の順に改めるとか）は自由に行ってよいのか。

（答）はつきりした教育的根拠があれば、改変を加えることもさしつかえないと思う。ただ、それが独断に走ることなく、万人に納得されるものでなければならぬことは、当然である。

（問）各教科ごとの五段階評定について、各段階に含まれる人数のパーセンテージが今回も明示されていないが、文部省においてはどう考えているのか。

（答）各段階に含まれる人数の比率は、現実の問題として、これを明確に規定することは困難である。従来現場においては、正常分配曲線の理論に基く七、二四、三八、二四、七パーセントという比率が多く用いられていたようであるが、五段階評定の基底にこのような理論的比率を考えることは、一つの手掛りとしてはよいとしても、それをあまり窮くつにあてはめることには、学級の実態を無視するという点で問題があろう。（しかも、その理論的比率も、全体の分布が六SDの範囲内にあるとすれば、三・五、二四、四五、二四、三・五パーセントとなつて、前者の比率とは少し違つてくる。）したがつて、現実には「一般に3の程度のものが最も多数を占め、5または1はきわめて少数にとどまるであろう。」という規定の仕方しかできないわけである。なお、「5または1は」という叙述は「5または1は同程度に」と解すべきことはもちろんである。けつして、1さえきわめて少数であれば、5は3に次いで多数になつても構わない、という意味ではない。

教科以外の活動の記録について

（問）小学校においては、指導時間数および出席時間数は必ずしも記入の必要はないと考えるが、どうか。

（答）これは、学校における教科以外の活動の経営のしかたいかんによつて異なつてくると思う。すなわち、全部の児童が必ずすべての活動に参加しなければならぬとしている学校においては、必ずしも指導時間数および出席時間数を記入する必要はない。しかし、活動の種類によつて参加の自由を許している学校（たとえば、学級会か児童会には全員参加すべきであるが、個々のクラブ活動には参加、不参加の自由を許しているごとき）においては、その記入は当然必要になつてくるであろう。

行動の記録について

（問）行動項目の三段階評定において、「Aは特にすぐれたもの、Bは普通、Cは特に指導を要するもの」と規定されているが、その人数の比率については何も示唆されていないので、現実にはAがいちばん多くつけられることになると思うが、どうか。

（答）A・B・Cの三段階は、指導の立場を考慮してきめられたものである。すなわち、Bは学校教育の立場から普通程度の指導を行つていくだけでじゆうぶんなもの、Aはただじつと見守つているだけで、ことさら指導しなくてもすむと思われるもの、Cはなんらかの理由により個別的な指導上の考慮が必要と思われるもの、というほどの意味である。したがつて、普通の学級であれば、Bが大部分であつて、AやCはあつてもごくわずかであろうし、またひとりもいないという場合も多いと考えられる。現実にAがいちばん多くつけられるだろうという心配は、従来の五段階評定においてもみられたところであつた。すなわち、一方にはプラス2を多くつけすぎる傾向があり、他方には、正常分配曲線の理論的比率を機械的にあてはめるという行きすぎの傾向もあつたのである。強いていうならばBは従来の五段階評定のプラス1、0、マイナス1の三つの段階を含めたものとさえ考えてよいのではないかと思う。したがつてAがいちばん多くなるということは絶対にありえないのである。

（初等中等教育局視学官）

二「学習の記録」における所見欄の観點

國語科

国語科の評価の観点としては、言語への関心・意識、聞く・話す、読解、作文、書写の五項目が示されている。

このうち「聞く・話す」は、小学校学習指導要領国語科編の中の国語能力表の聞くことの能力および話すことの能力に示された各学年の能力を手がかりにして評価した結果、特にこれらの能力においてすぐれた点を認めれば○を、特に劣つている点を認めれば×印をつける。聞くことと話すことを合わせて一項目にしてあるのは、聞くことと話すことは切り離さずに学習させるのが普通であるし、評価をする際にも話しことばの能力として、聞くことと話すことを相互に連関させて扱つたほうが扱いやすいからである。

「読解」は国語能力表中の読むことの能力、「作文」は書くことの能力（作文）、「書写」は書くことの能力（書き方・習字）を手がかりにする。したがつて、聞いたり話したりすること、読むこと、文を書くこと、文字を書くことに関する習慣・態度・技能・能力のすべてにわたつてどの程度習得の成果があがつているかを評価した結果、すぐれている点または劣つている点を認めた場合は○または×をつけるわけである。

「言語への関心・意識」という観点については、これまでにあまり研究されていなかつたと思うので少し詳しくその取扱いについて説明しておこう。「言語への関心・意識」は、児童の聞く・話す・読む・書くのそれぞれの言語活動をとおして児童がことばそのものにどの程度関心を有しているか、自分たちの日常使用している「ことば」に関してどの程度の意識をもつているか、を知るための観点である。言語への関心を高め、言語に関する意識を深めていくことは、聞く・話す・読む・書くの学習をとおして行われるものであるから、これらを別々に切り離して扱うことはできない性質のものであるが、特にこうした観点から児童の国語能力の特徴をつかむことは、国語の学習指導を効果的に進める上にだいせつなことである。

次に小学校学習指導要領国語科編の国語能力表の項目のうち、特に児童の言語への関心・意識の程度を知る上に手がかりとなる項目のおもな例について各学年別に記しておこう。

一学年では、短い簡単な話なら、復唱ができるように聞くことができるか。主述のはつきりした話し方ができるか。幼児語を使わないで話すことができるか。なまりのない発音で話すことができるか。気持よく調子のよい声で話すことができるか、本や絵本を読みたがるようになつたか。

二学年では、話しぶりのよしあしがわかるか。はつきりと人にわかるように話すことができるか。適当な順序をたてて話すことができるか。文字のほかの諸記号がわかり、それに注意して読むことができるか。文の時の使い分けができるか。点やまるをうつことができるか。簡単な文の句点とう点などを書くことができるか。

三学年では、筋のとおつた話ができるか。正しいことばづかいで話すことができるか。その場にあつた語調で話すことができるか。抑揚のある声で話すことができるか。文の常体と敬体との区別がわかるか。他人を楽しませるために、なめらかにわかりやすく音読することができるか。文を詳しくするために必要なことばを書きかえることができるか。文の筋をはつきりさせるために、不必要なことばをけずることができるか。新しいことばを使用する興味が出てきているか。文字のほかの諸記号の使い方がわかるか。文字を組立る基本の形（へん、つくり、かんむり）のあることがわかるか。

四学年では、音のよく似た語を区別することができるか。方言を使わないで話すことができるか。適当な修飾語を用いて話すことができるか。自分の話語の誤りを認めることができるか。文の組立がわかつているか。文の段落がわかり、その要点がつかめるか。一つことばのいろいろな意味について考えることができるか。ことばの構造とか意味について、一般と深い興味ができているか。文の組立を考えて段落のはつきりした文を書くことができるか。敬体と常体との使い分けをすることができるか。文字の形・大きさ・配列などに気をつけて書くことができるか。

五学年では、ことばづかいのよしあしを聞き分けることができるか。敬語を適当に使うことができるか。語や句をある程度選択して表現に富んだ話ができるか。辞書をひいて、新出語の読みや意味をとらえることができるか。一つの文を補記したり、省略したりして、主題のいつそうはつきりした文にすることができるか。方言を区別して書くことができるか。敬語を適切に使つて文を書くことができるか。適切な語を選ぶ能力が高まつてきたか。書いた文字のよしあしがわかり、進んで上達しようと努力するようになつたか。

六学年では、話のじようずへた、話す事がらの適否を聞きわけることができるか。正しいことばの自覚にたつて話すことができるか。むだのない力強い話ができるか。時間を考えてほどよく話すことができるか。文の組立を確かに早くとらえることができるか。叙述の正しさを調べることができるか。他人を楽しませたり、情報を伝えたりするために、明確な発音でなめらかに音読する能力がましてきたか。

以上に列挙した各観点は、聞く・話す・読む・書くのそれぞれの能力を知る手がかりとなるものであるとともに、言語への関心・意識をみる上にも重要な手がかりになる。しかも、言語への関心意識を知る手がかりは前記の各点にとどまるものでなく、国語能力表中の各項の大部分は、そのための観点として役だつものであることに注意しなければならない。

（木　藤）

社　会　科

はじめに

社会科の所見欄には、「社会的な関心」「思考」「知識・技能」「道徳的な判断」の四項目が並んでいる。これはいずれも社会科学習の本質から生れてくる観点であり、かつ第一学年から第六学年まで全学年にわたつて欠くことのできないものである。ところが、そう考えない人も少なくないようである。早い話が、要録改訂後出版されたある解説書の一部に、「思考」の説明として『……（前略）……この観点などは、低学年などではちよつと無理ではないかと考えられる。』とある。考えられることはその筆者の自由であるが、それなら一年生や二年生の社会科では、児童の思考など無視して勝手に「ごつこ」でもやらせておけばよい、自分の社会科指導でこどもたちがどれだけ「考えるこども」になつたかなど、低学年ではあまり評価しなくてもよいというのだろうか。

また、「道徳的な判断」というのは社会科だけで道徳教育を行うのだという印象を与えやすいから困る、という意見を耳にしたこともある。しかし、こどもの道徳的な判断を確かで豊かなものにしていくことにつながらない社会科の学習というものが、一体ありうるのだろうか。判断力一般をではなく、あくまで道徳的な判断力を形成するために地理を学ばせ、歴史について考えさせるのでなくて、どこに社会科成立の根拠がさぐられるのであろうか。

そういう事情を考えて、できるだけ具体的事例をおり込んで四項目の解説を試みよう。

「社会的な関心」について

A児は、社会科の授業でよく手を上げ、発言する。テストをやつてみると成績もよい。しかしグループ作業のとき、隣のこどもが道具を忘れて困つていても平気である。リーダーの発言がみんなの意志を無視するような傾向があつても無とんちやくである。

B児は、発表のしかたもじようずとはいえない。テストの成績必ずしも良好ではない。しかし、よそのグループに敗けないよう作業能率をあげるため自分のグループに献身する傾向をもつている。ときにはみんなの気持を代表してリーダーに文句をいうこともある。

C児は、社会科の宿題をいわれたとおりにやつてくる。日本の都会山脈の名を知つていることでも学級一である。しかし、日本には二毛作のできるところできないところがあるということを知つても、それではそのために農家の人々の生活がどれだけ異なつてくるかというような問題についてはあまり考えようとしない。

D児は、ときどき四国と九州を混同したような発言をする。しかし、たとえば電車の中で傷い軍人の姿を見てくると、あれはどういう人なのか、なぜみんなからお金を集めるようなことをしなければならないのかと教師にたずねる。教師が、それは社会科で政治の勉強をするときみんなで考えようといってやると、目を輝かしてこつくりうなずく。

この項目に関して、B児やD児には○がつけられても、A児やC児には○をつけられないであろう。

「思考」について

ごつこをやつている途中で、けんかや衝突が起る。教師がさあどうしたらよいだろうと、E児はもうこんなものおもしろくないよ、今度は違うことをやろうという。F児は、しばらく考えて道具が足りないからだよ、場所が狭いからだよ、もつと道具をふやし、交代でやれば先生きつとうまくできるよという。

商店が集つてにぎやかなところは、どういうところが多いだろうという話合いを行う。E児は、きまつているよ、駅のまわりだよという。F児は、自分たちの町ではそうだけど、どこでもそうかどうかはもつとほかの町についても調べてみないとわからないという。

あるグループが日本の工業の発達について調べた結果を、学級全員で聞いている。G児はその中に出ている統計的数字や工業都市の名称をノートに一生懸命記入している。あとで意見を問われると、だれさんの発表の声が小さかつたという。H児は自分の持つている教科書と照合して発表を聞いている。そして農村の女の人を安い賃金で働かせたことがよくないことのようにいわれているが、何も働く仕事がないよりは農村の助けになつたのではないかという疑問を提出、工業の発達ももつと農村の様子と結びつけて考える必要があるという。

この項目に関して、F児やH児には○をつけられても、E児やG児には○をつけられないであろう。

「知能・技能」について

この項目については、紙数の関係で具体例を省略する。ただ、知識については、習得した量ばかりでなく、その正確さにも留意すること、技能については「小学校学習指導要領社会科編（昭和三〇年度改訂版）」一八—二〇ページを参照してほしいことを指摘しておく。

「道徳的な判断」について

近所の遊園地での遊び方が問題としてとりあげられる。Iは自分らのグループがいつもあの遊園地の清掃をしているのだから、自分たちのグループが遊んでいるときは、ほかのグループの子は遠慮するのがあたりまえだという。J児は、I君たちが遊園地の清掃をしているのは感心だが、あれは町のおとなの人たちがお金を出し合つて町全体のこどものために作つてくれたのだから、清掃しているという理由だけで特権を主張するのはよくないという。

世の中には、自分たちのように楽しい正月を迎えられないこどもたちがいることが話題になる。K児はたいへんかわいそうだからみんなの家から金を集めてそういう人に上げたらよいという。L児、それもよいことだが、そういう気の毒な人がどうしてできるのかよく考え、できるだけそういう人が少なくなるようなよい政治のしかたをおとなの人たちに考えてもらうことがたいせつだし、結局は国が豊かにならなければだめなのだと思うから、自分たちはつまらぬむだ使いをやめて貯金するのもよいのではないかという。

この項目に関して、J児やL児には○がつけられても、I児やK児には○はつけられないであろう。

最後に

これを要するに、社会科の各項目は、その教科の特性上、なんらかの意味でデューイのいう expended judgment につながるものであるから、その意をじゆうぶん考えて評価にあたれば、誤り少なきを期しうるであろう。

（小　林）

算数科

もともと、こどもの総合的な能力を一つの評語によつて表わすことは、ひじように困難であり、またそれだけによつてその状況を知ることはひじように危険なことである。所見は、これを補う目的で設けられたものである。この主旨から考えて、所見としては、こどもの特長として考えられることを具体的に記入するのが望ましいと思われるが、表の余白の関係で、最も普通に表われそうな観点をあげ、しかも、それを短い用語で示すことを考えた。その結果実際にあがつているものは、ひじように固いことばになつている。それで、それだけから判断すると混乱を起すおそれもあるのではないかと思われるので特に、この主旨をよく考えて、記入していただきたい。

この観点をあげるにあたつては、以前の要録にある理解、能力および態度などのように算数科の目標を分析し、それらを適当に総合することによつて、全体の評定ができるようなあげ方をしたわけではない。むしろ、数量的な面においてのこどもの特長をとらえるという立場から最も多く現われそうなことがらを、主としてねらつたわけである。この意味で算数科の目標を分析したものではないが、ここにあげられた観点は、すべて、算数科の指導においてねらうべき重要な面をさしており、単に個々のこどもについての特性を表わしたものとしてかたづけるべきことがらではない。むしろ、最近のこどもについて特に落ちている面もあり、その向上にむかつて絶えず指導を施すべきところを示しているといえよう。しかし、所見の主旨から評定のよいこどもが所見もよくなるとは限らないで、あくまでもそのこどもについてとらえるべきことはもちろんである。

数量への関心・態度

数量に関心をもち、それを積極的に用いようとしているこども。数量的な処理が好きなこども。計算や測定などの数量的な処理の際になにか創意を働かす傾向のみられるこども。このようなこどもをとらえようとした。数量についての関心と、それに関する創造的な態度の二面が含まれるが、こどもの行為から分けてとらえるのは困難と思われたので、小学校では分けなかつた。

数量的な洞察と論理的思考

これらは、数量的に問題をとらえたり解決したりする場合の基本的な働きであつて、両面の発達が望ましいわけであるが、こどもによつては、どちらか一方にかたよつた傾向もみられる。たとえば、問題解決に当つて、数量的な関係を直観的にとらえたり見通しをつけたりすることはうまくても、その関係や解決の過程を、すじみち正しく表現することがうまくないこどももいる。また、クラス会や遠足の計画をたてるにあたつて、うまい考えを出すことはあつても、綿密にその計画を完成することができないこどももいるものである。個々のこどもについて、これらの面からその特長をとらえて、指導に役だてようとするのがこのねらいである。

さきにものべたように、固い表現になつているので、字句から分析しようとすると、いろいろむずかしいことになると思われる。このような研究も必要であるが、実際にあたつて個々のこどもについて、このような観点から、具体的な行為をあげてみて、再検討してみることも必要であると考えている。

計算・測定の技能

技能的なものがとくいであるかどうかをみる。特に、算数全体としてはよくなくても、そろばんだけはよくできるこどももいる。また、逆に、理論的なことはできても、いわゆる不器用であつたり、計算や測定のような労力を要するものを特にきらつたりするこどももいる。このようなこどもをとりあげることを考えた。

以上、一応の主旨を述べたが、所見という立場から、これらの用語にとらわれないで、各教師の最もわかりやすいように適宜附加修正して用いることが必要である。

（中　島）

理　科

理科では学習の記録の所見欄に「自然への関心、論理的な思考、実験観察の技能、知識・理解」の四つの観点をあげてある。一年から六年まで同じ表現で表わしてあるが、学年の段階で、その内容なり程度なりは当然異なるわけである。あるこどもが、この点については比較的すぐれているとか、または劣つているとかを判断する場合の参考に、各観点について、低学年・中学年・高学年に分けて、その一般的な傾向を掲げることにする。これを参考にして、具体的な事項から、それぞれのこどもの特徴をつかんでほしい。

自然への関心

（自然の事物現象に積極的な興味・関心をもち、みずから進んで問題を発見しようとする）

〔低学年〕　身近な自然の事象のうち、動的なものや美しいもの、形のおもしろいものなどに関心や興味を持つものである。そして、そのものに取り組んだならば、じつとすいこまれるように物と一体となつて観察し印象を深めるが、客観的にみたり、また問題の形におきかえて追究しようとする傾向は弱い。

〔中学年〕　生物の成長、変化、事物のしくみや働きなどに関心や興味を持ち、栽培したり、飼育したりまた動かしたりしようとする。対象の全体構造をつかんだ上で、その中の不明な部分に対して問題を持ち、これを自分で解決しようと努める傾向がしだいに強くなる。

〔高学年〕　生物の成長・変化を環境に結びつけて考えたり、自然物や人工物のしくみや働きを関係的にみたりするような積極的な関心や興味がしだいに高まつてくる。また、それらと人間生活との関係を意識して観察しようとする。さらに、みずから進んで対象の全体構造をつかもうとし、その中で不明な部分に対して問題を持ち、これを解決しようとする傾向が見られるようになる。

論理的な思考

〔低学年〕　自己中心的な見方が強く、直観的に判断することで満足することが多い。身近に経験していることがらや、じゆうぶん理解できることがらに対しては、しだいに筋道をたてて考えるようになる。

〔中学年〕　空想と現実とがはつきり分れ、現実に立脚して判断するようになる。したがつて、客観的な思考へだんだん移つていくが、未経験のことがらや理解のふじゆうぶんなことがらに対しては、主観的想像的な見方・考え方が現われる。

〔高学年〕　豊かな経験とあいまつて、客観的・抽象的な思考力が発達してくるので、論理的に納得できなければ承認しない態度がしだいにできて来る。そして、自然の事象の本質やそれらの相互関係、ならびに因果関係を理解しようとし、それらの関係をいくつかの条件に分析し、数量的に判断しようとしたり、全体的総合的に判断しようとしたりする傾向が強くなる。

実験・観察の技能

（実証的な態度をもつて実験・観察を企図し、これを正しく処理していく技能）

〔低学年〕見る・作る・育てるなどの活動それ自体に興味をもち、その完成の過程において、事物現象に触れ、そのありのままの姿をつかんでいく。その技能はきわめて素朴であつて、さわる・かぐ・見るなどの感覚的な行為が中心であるが、回数を重ねるうちに、しだいに統制され、組立てたり、扱つたり、測つたり、比べたりするような基本的な技能に発展していく。

〔中学年〕筋道をたてて考える力が進むにつれ、事実を尊重して、実証する態度が高まる。そして、実験や観察によつて調べる実践力がさかんになつてくる。実験・観察の技能は生活経験の利用に出発し、素朴なものからいくらか複雑なものへと成長し、分析的な思考に基いて、物を扱つたり、分けたり、比べたり、組立てたりできるようになる。また、分析したものを総合してみようとする思考に即して、技能が発達する。

〔高学年〕自然の事象の性質とか理法とかを究明しようとし、また、それらを実際に検証しようとして実験・観察を企画し、これを行う傾向が強くなる。そして、目的に応じて用具を選んだり、時期や場所などを選んだりして、条件を統制しながら観察や実験ができるようになる。また、簡単な道具や機械を用いたり、これを組み合わせたりして、定量的に測つたり観測したりするようになる。

知識・理解

〔低学年〕身近な生活経験に即して疑問や興味をもち、簡単な事実に気づいて、感覚的な探究をくり返しながら経験を拡大し、知識を集積していく。また質問を発しながら知的経験を体制化していく面も多いが、自己中心的で主観的な解釈や理解に終る傾向が強い。視覚的に因果関係を理解することはできるが、その理屈を機能的に理解することは困難である。

〔中学年〕生活経験はしだいに拡大され、事物の特徴や二つのことがらについての機能的な関係もいくらか理解でき、知識が拡大されていく。これらは既得の知識の中にとけ込み、さらに考察・処理を進めていく基礎となる。また、読書により、直接経験しないことでも経験を基礎として類推したり、判断したりして、理解に到達できる傾向が強くなる。

〔高学年〕生活経験が拡大されると同時に、自然の事象に対する見方が質的にもいつそう深まり、法則的な組織だてられた知識を持とうとするようになる。そして、この考察・処理の体験によつて得た知識を整とんし、生活に応用しようとして知識を生かすようになる。また、直接経験しないことでも、経験を基礎として類推したり、一般化したりできるようになる。

（谷　口）

音楽科

指導要録の所見欄には、表現（歌唱・器楽・創作）、鑑賞、理解の三つの観点が掲げられている。これらの観点は、あくまで観点があつて、記入上の注意にもあるように、「評定をするための分析的目標」ではなく、また児童相互間を比較するためのものでもない。

わかりやすく説明するために例をあげてみると、ある児童が総合評定では4であるとする。しかし、その児童の音楽学習の全体をみて、理解の面に欠けている点がある場合、その児童の理解の事項に×がつけられる。

また、その反対の例では、ある児童は総合評定では2である。しかし、その児童の音楽学習全体をみたときに、器楽の技術がよい、という場合には器楽の項に○をつけるのである。つまり、これらの観点は、あくまで、その児童の長所・短所を指摘していこうとする個人評価の記録の手助けとなるものである。

以下、それぞれの観点の内容を説明し、記入上の参考に供しよう。

表現

音楽科では、「表現能力」がもつとも端的な評価の対象になる。

音楽は、元来、表現を生命とするもので、歌つたり、ひいたり、作曲したりする表現を主体とする活動である。つまり、人間は生れながらにして自分の思想や感情をなんらかの形で表現しようとする意欲をもつている。単純率直で未分化な幼児ほど、思つたことや感じたことをそのまま表現しなければ気がすまない。歌を覚えると必ずそれを自由に歌わずにはいられないし、音楽を聞くとそのリズムに合わせて手足を動かさずにはいられないのである。そしてそのような自由に自己を表現しようとするところは自己本来の姿である個性が発揮されるのであつて、それは創造力へと直接発展する。

この生れながらにしてもつている創造力の芽をすなおに伸ばし、発育させるのが創造的表現の指導なのである。

したがつて、学習した歌曲をすつかり自分のものにして、その歌曲にふさわしく解釈して歌う能力、器楽曲をその曲の曲想に合うように演奏する能力、日常会話に用いる短かいことばや呼び声、詩などを旋律にしてみる能力、楽譜を読んだり書いたりする能力、音楽を聞いてその曲にふさわしく自由に身ぶりをしたり歌遊びをする能力などが、音楽科指導において伸ばすべき重要な指導目標であると同時に、また、重要な評価の観点でもあるわけである。

表現の中の観点を、指導要録では歌曲・器楽・創作の三つにしてあるが、前述の説明にもあるように、このほか、読譜・記譜やリズム反応等の項目を加えてもよい。

鑑　賞

よい音楽を聞くことによつて、児童の音楽性を引きだし、音楽をいつそう愛好する気持と健全な鑑賞能力を養い、文化的な社会人としての教養を高めるところに、音楽科の鑑賞指導の意義が見いだされる。したがつて、音楽科では、すべての表現能力の発達やその指導は、広い意味で音楽を聞く活動から始められるといつてよい。

ところが、事実鑑賞の評価ほどむずかしいものはない。それは、形に現われない心の内面的な動きを対象にするからである。しかし鑑賞の評価は、だからやらなくともよいという口実にはならない。多くの場合、表現力や知的理解、あるいは態度などと相まつて評価されうる。

ことに、表現力が伸長するためには、必ず自己の力以上のものを鑑賞することが必要である。一般に鑑賞したもの以上のものを表現することはできない。また、より深く鑑賞するためには、感覚的感受性のみではなく、知的理解の助けを借りることもあずかつて力のあることである。

このような意味で、鑑賞の面の評価は、表現力を中心にし、それに知的理解等を加味して行えば、ある程度の成果は得られるということになる。

これをやや具体的に述べると、低学年ではなんといつても楽しんで音楽を聞くというような感覚的な鑑賞の段階であるが、中学年以上は知的内容を深めていく。たとえば、音楽的要素や構造上の理解を深めながら聞く、また、表現したものの中に、音楽性が反映してくる。こうした観点から総合的な評価をしていくのである。

理　解

すでに触れたように、表現においても鑑賞においても、その基礎になつている事がらについての知的理解はたいせつな分野である。

知的理解事項として、楽譜・音程・音階・音楽形式・人声と楽器・演奏形態・音楽の種類・民謡・音楽の歴史等をあげることができるが、これらは、実際の音楽活動と切り離して指導することはあまり望ましいことではない。ことに、小学校では、なるべく、歌うことの中で、鑑賞指導の中で、こうした事がらの指導を行うほうが効果的なのである。

したがつて、評価をする場合も、単独に行うようなことはなるべく避けて、表現や鑑賞の働きの中に知識や理解がどのように生かされているかという観点から、総合的に評価をしなければならない。

以上、所見欄の三観点の内容について述べたが、なお余白の部分には、その児童の特にいちじるしい特徴や進歩・努力・態度等を記述してよいことはいうまでもない。

（真　篠）

図畫工作科

今度改訂された指導要録で、「学習の記録」の中に所見欄のできたわけは、評定が総合評定の形をとることになつたところから生れたものといつてよいであろう。

いままでの評価は、分析的目標別評価であつたので、図画工作科においては、鑑賞・表現・理解の三内容についてなされていたものである。今度の改訂においては、それが総合評定となつたため、評定のしかたにおいて、便宜的になつたり、かたよつた評価観に陥つたり、およそのかん（勘）で評定したりすることのないように所見欄を設けたわけである。

したがつて総合評定といつても、およそのかんで評定するものでなく、そのよつてくる根本には、分析的目標があつて、それらの各面からにらみ合わせてこれを評定しようというねらいなのである。

指導者は常に児童とともに学習指導の場にあるものであるから、学習指導の行われる以上は、その間において評価がなされているものであつて、その記録は随時指導補助簿的なものに記入されているであろう。そのような記録が基礎になつて、図画工作科の学習のあらゆる面から考察された結果、最後にそれらをかんあんして総合評定をするわけである。個人的な特質を評価するための、観点も、したがつていろいろな面から取り上げられるであろうが、今度きめられたものは、所見欄に表示してあるように、表現（描画・工作・図案）、鑑賞、理解の三観点である。

いまこの三つの観点に用いたことばが、以前の分析的評価目標の用語と同一用語が用いてあつたとしても、その意味はまつたく同一であるとはいえないのである。ことに表現のかつこ内にある描画・工作・図案というのは、この三用語の内容について評価し、それを総合して評定をする場合の要素にせよという意味ではない。この観点は、図画工作科の学習において、その児童としては表現の中、描画的学習において特に優秀ではないが、図案的学習においては、その方面の能力が特にすぐれている場合に、その頭に○印をつけておくとか、あるいは図案的学習においてはさほどでもないが、工作学習においては、特にめだつているという場合には、その頭に○印をつけておくとか、その反対に、描画的学習においては特にすぐれているというので○印をつけても工作的学習においては、その方面の能力がかたよつて劣つているという場合には、その頭に×印をつけておくといつたような意味なのである。といつてこの三点の頭には必ず○印か×印をつけなければならないという意味ではなく、特に優か劣かの場合にのみ○印か×印をつければよいという意味なのである。そこで総合評定の評語とこの○、×印との関係は、ある程度の関連はあるが、必ずしもよい評語の者のみに○印がつくとは限らないであろう。要するにその児童の特質を、指導者以外の者でも知ることができるようにしておくことが、すべてにつごうがよいという意味なのである。

しかし、総合評定をする場合は、図画工作科としての内容を、いろいろな目標を通して学習を進めているのであるから、その目標が達成されたか、どうかということについての評価は怠つてはならない。その目標のきめ方にもいろいろあるが、ある程度において、表現を主とする面、鑑賞を主とする面、学年の程度によつては、理解を主とする面といつたような意味においてこの三部面の観点をあげておいたのである。

図画工作科における表現・鑑賞・理解についてはともに有機的な関連があつてたんてきにこれを区別しにくい点のあることはうなずけるが、これを見かたによつてはある点において区別することもできるので、この三つの観点を選んだのである。

なお、図画工作科においては、鑑賞の評価は特にしにくいということもうなずける。しかし今度の観点は、必ず評価してその特質をかき表わせという意味ではなく、総合評定の場合にその点を無関心でおくのでなく、ある程度において鑑賞力の面も一応心にとめておくべきであるという意味なのである。もちろん学年が進むにしたがつて、その方面の特質もいろいろな手段によつてこれを知ることができるものであるからである。

（渡　辺）

家庭科

家庭科の所見欄には、技能・理解・実践的な態度の三つの評価の観点が示してある。これは、家庭科の学習における児童個人々の特徴を知る上に参考となる事項としてあげられているのである。

今回の学習の記録の改訂は、従来のものが各教科について、分析した項目ごとに評定し記入していた方法を改めて、教科単位に一本の評定を行うものである。この評定のしかたは学年や学級における他の児童との比較によつてなされるので、個人の特徴をじゆうぶんに現わすことができないうらみがあるところから、各教科ごとに所見欄を設けて、児童個人々の特質を現わすようにしたものである。家庭科においては、この所見欄の観点と従来の分析項目が大体同じようであるが、これをあげているそれぞれの意味が異なつていることを知らなければならない。すでに、各方面から、今回の改訂がただ単に従来の分析項目の順序を変えて示したものと解釈されて、質問をうけたので、特にこの改訂の趣旨をはつきりつかんでほしいと思う。

従来の分析項目による評定が、教科を一本にして評定することになつたといつても、教科内容のある一部分だけ、たとえば製作したものの結果だけから評価したり、また教師の単なる主観によつて評価したりすることであつてはならない。つまり評価に当つては、従来の分析評価の長所はよりよく生かしてその上に総合評定をなすのでなければならない。このことは、各学校で学習指導要領の目標を達成するように、それぞれに独自な指導計画を立案し、これに基いて指導される児童の学習活動が、どれだけ効果をあげたか、予期した目的に到達したかどうかを知ることである。この評価の観点は、学習指導要領の目標をさらに分析したものに立脚するのである。それゆえ、所見欄の評価の観点は、この分析評価の観点の大きな要素となるが、その全体を現わしているとはいえないのである。実際、所見については、個々の児童の特徴を文章で適確に記述できれば、これを見る人は、最もはつきりと特徴をつかむことができることになる。しかし、今回の改訂の方針は、記入するための負担をできるだけ節減するという点にあつたし、文章記述の形にすると、空欄のままになりやすいという欠陥を除くために、家庭科としては学習上の特質をつかむ観点として、先の三つをあげ、そしてなお書き足す必要のある場合は余白か備考欄に示すということになつたのである。

　次にこの三つの観点のつけ方は、他の教科と同じように、その個人として比較的すぐれている特徴があれば○印をつけ、比較的劣つている特徴があれば×印を記入する。また別に特徴のないものには印をつけない。たとえば、ある児童が総合評定は3である場合、この児童は学年または学級の中で普通の程度であることを示している。しかし、この児童個人においては、技能的な面がすぐれているが、理解面は劣つているという場合に、技能に○をつけ、理解に×をつける。実践的な態度については、それほどの特質がみられなければ、何も記入しないようにすればよい。

　次に三つの観点の内容については、それぞれの学校の家庭科の指導計画によつて、実際に指導される具体的な学習内容の技能、理解、実践的な態度の面の特質を評価するのである。これを、このたび改訂した学習指導要領家庭科編の指導内容から説明すると、まず「技能」の主な内容は、応接や訪問のしかた、病人の看病や傷の手当の手伝いのしかたをはじめ、被服に関するものは衣服の着方、手入れ保存のしかた、せんたく、作り方等、食事については、したくやあとかたづけのしかた、食事のしかたなど、また住居に関しては、そうじ用具の製作やせいとん美化等である。以上のように多種多様であるので、技能の面をさらに衣食住等に分析して、そのおのおのの特質を現わすようにすることも考慮されたが、この点については、よりよき家庭生活を建設する技能の総合として評価することになつた。「理解」については、学習指導要領に示した指導内容の五つの領域の各項目にわたつており、他教科と関連して多岐である。ことに技能と理解とは切り離して取り扱われるものでなく、家庭生活の技能は、家庭生活についての理解を背景にしてなりたつているのである。しかし児童ひとりひとりを見ると、よく理解して、技能を習得し、それによつてさらに理解の度を増すものもある。またよく家庭生活に関して理解するが技能の面は不得手で、理解に伴つてじゆうぶん学習が進まないという児童等、個人個人にいろいろな特徴を持つている。このような児童それぞれの特質をみて評価するのである。「実践的な態度」については、態度で実践的でないものはないということから特に「実践的な」ということばをつけないでもよいという意見もあつた。しかし家庭科は、単に理解し技能を習得するだけでなく、習得したことを家庭生活に実践するという面に指導の重点がおかれているので、これを強く現わす意味でこのようにしたのである。児童が家庭生活の問題をみつけて積極的に学習を進めるかどうか、学習したことを家庭生活において、学校生活において（家庭生活と共通する面において）積極的に実践しているかどうかを観察によつたり、感想を書かせたり、家庭との連絡等によつたりして評価する。ただし、この評価においては、実際に現われるところが大部分、家庭生活においてであり、教師が直接観察することができにくいし、家庭との連絡についても、いろいろとむずかしい問題はあると思う。要は、その実践的な態度が、ただ仕事をむやみにするというのでなく、習得した知識や技能を基にして、仕事を計画し、手順を考え、くふうして進んで実践しようとするかどうか、すなわち家庭科の目標である家庭生活に適応し、より改善しようとする態度について評価するのでなければならない。

（鹿　内）

体育科

健康安全への関心

　小学校学習指導要領体育科編（昭和二八年度版）の学習内容の中の「運動と関連したよい健康習慣を身につけ、安全に注意する」の項目に掲げられているのが、この観点の内容である。

　低学年では、運動と関連した健康や安全についての注意、たとえば①運動後手を洗う、②汗をふきとる、③爪を短く切つておく、④運動に適した服装で遊ぶ、⑤運動の後は静かに休む、⑥病気やからだの調子の悪いときは先生や家族に知らせ運動を休む、⑦けがのときはすぐおとなに知らせ手当を受ける、⑧できるだけ戸外で遊ぶ、⑨炎天下で長時間運動しない、⑩不潔な場所や危険な場所で遊ばない、⑪危険物は取り除く、⑫食事直後は運動しない、⑬けつしてひとりで泳がない、などのことがらがよく守れたかについてみる。

中学年では運動、と関連した健康生活の心得がよく守れたか、自分や他人の安全によく注意したか、などについてみる。

高学年では、健康や安全について積極的に関心をもつているか、また運動に関連してみずから進んで自己や他人の安全についての態度を身につけようとしているか、などについてみる。（中・高学年の具体的内容は指導要領参照）

運動の技能

運動の技能は、指導要領の学習内容の中の「学校や学校外で行える望ましい活動を経験して興味を深め、必要な技術能力を発達させる」の項目の中に含まれている各種の運動の技能について、その発達の程度をみる。

すなわち低学年では、「力試しの運動」「固定施設を用いる遊び」「ボール遊び」「リズムや身振りの遊び」「鬼遊び」「水遊びや雪遊び」等の運動の技能の発達の程度をみる。

中学年では、「力だめしの運動」「リレー」「ボール運動」「リズムや身ぶりの遊び」「鬼遊び」「水泳・スキー・スケート」等の運動の技能の発達の程度をみる。

高学年では、「力試しの運動」「徒手体操」「リレー」「ボール運動」「リズム運動」「鬼遊び」「水泳・スキー・スケート」等の運動の技能の発達の程度についてみる。

協力的態度

この観点に含まれる内容は指導要領の学習内容に示されている「友だちとよく協力する」「施設や用具を活用する」の両項目の内容である。

すなわち運動の学習場面における人間関係、たとえば低学年では ①自分の思つたことをはつきり表現し相手の意見をよく聞いたか、②だれとでもよく遊び喜んで仲間に加えたか、③弱いものいじめをしなかつたか、④順番を待ち他人のじやまをしなかつたか、⑤規則やきまりを守つたか、などの内容が考えられる。中・高学年では、さらにグループの一員として役割を果し協力する態度、勝敗に対する正しい態度、男女が協力する、などの内容が加わるであろう。

施設用具の活用は、公共のものとしての施設用具を正しく使用する態度について考える。その中にはたとえば、①用具をきまつた場所に置く、②施設用具の破損に注意する、③使用についての規則をつくりこれを守る、④用具の出し入れに協力する、などの内容が考えられる。

理解

指導要領の学習内容の「体育や運動に正しい知識を持つ」の項目の内容が、この観点に含まれる内容である。

しかし指導要領で、この項目は低・中学年には学習内容として掲げられていないが、低・中学年の体育学習においても、理解の面が考えられるので、指導要録では一応観点の一つとして掲げた。むろん、低・中学年でこの観点は児童の特質をとらえるのに無理な場合もあろうから、その場合は記入の必要はない。

この観点の内容としては、体育や運動についての正しい知識、運動を健康に役だてるために必要な知識等の理解の面が考えられる。

（梅　本）

三　「行動の記録」における行動項目

行動の記録に掲げられた九つの評定項目について低学年、高学年別にどのような具体的な行動特徴が含まれるかを表示してみる。（次表参照）同一の項目でも、発達段階に応じて、低学年と高学年では含まれる行動特徴の種類がかなり異つてくることに注意されたい。なお、中学年（三、四学年）は低学年から高学年への過渡期にあると考えられるから、随時双方の行動特徴を参照することが必要であろう。

（低学年）

自主性

自分から進んで仕事をする
人に頼らず自分の力で行う
自分の意見をはつきりいう
創意くふうする

正義感

正しいことと、まちがつたことの区別がわかる
まちがつたことを憎み、正しいことを求める

責任感

役目をよく果す
約束をよく守る

根氣強さ

他の事に気をとられないで熱心に行える
最後まで根気よくやる ※

（高学年）

率先して実行する
人に頼らず自分の力でやりとげる
進んで意見を述べる
自分の信ずることを主張する
自分の考えや立場を明確にできる
人の意見に左右されない
自分で計画し、よく考え、くふうしてやる
決断力がある
自信をもつて行動する
自分の言動が反省できる

常に真理を追及する
まちがつたことを憎み、正しいことを求める
正義のために献身的につくす
誘惑に負けないで正しい行いができる

役目を自覚してよく果す
約束や頼まれたことをりつぱに果す
自分の言動に責任をもつ

注意を集中して熱心にまじめに仕事をする
最後までしんぱう強く仕事をする★

※遊びやしごとのあと始末をよくする

健康安全の習慣

手足やからだの清潔に気をつける
教室などを汚さないように気をつける
あとかたずけをよくする
給食時などに衛生に気をつけて行える

礼儀

はつきりした返事ができる
正しいことばづかいができる
身なりを端正にしている
明るく話したり、ふるまつたりできる

協調性

だれとでも仲よくできる
ひとをいたわり親切にできる
年長者を敬い親しむ
人の注意がすなおに聞ける
自分勝手なことをせずに協力できる

★仕事の整理や後始末がよくできる
困難な仕事や、人のいやがることでも喜んで行う
困難にぶつかつてもくふうしてやりとげる

衣服や身体を清潔にしている
教室、運動場などを進んで美しくしようとする
清潔、整頓によく注意する
給食、清掃時などに衛生に気をつけて行う
常に自分や他人の健康や安全に注意している

正しいことばづかいができる
身なりをさつぱりと端正にしている
明るい態度で人に接する
公衆道徳を理解してよく守る

だれとでもわけへだてなく接する
人に対してやさしく親切にできる
友だちや年長者を敬い親しむ
グループの仕事に協力できる
グループの一員として指導者に協力できる
他人の立場を理解する

	他人の意見を尊重する 他人の過失を許してやれる 人々のために奉仕する	
指導性	友だちに人気があり、皆から好かれている グループをリードしていくことができる	指導力がある 指導的立場に立つて、よくやれる 皆から好かれ、信頼されている
公共心	きまりをよく守る みんなに迷惑をかけないようにできる	きまりを理解して、よく守る 全体の秩序を乱さないようにできる 社会的秩序がよく守れる
	社会的秩序がよく守れる 自分の持物を粗末にしない 人のものをたいせつに扱う	自分の持物を粗末にしない 公共の物や設備をたいせつに扱う 他人のものをたいせつに扱う 節約につとめる

だいたい以上のとおりである。これらの九項目は、相互にできるだけ内容が重複しないように配慮してきめられたものであり、配列は、比較的個人的なものから比較的社会的なものへの順を追つている。また、項目のきめ方も同一項目にはいると思われる行動特徴はできるだけくくつてひとつの項目にするといういき方をとつたので、各項目に含まれる行動特徴の数は多いものもあり、少ないものもあり、まちまちになつているが、これはやむをえないことだと考える。

（大内）

中央教育委員会だより

第三十七回（臨時）中央教育委員会

月日	議案番号	件名	審議の結果
五月九日	議案第一号	一九五六年度文教局補正予算案について	原案どおり承認
	〃第二号	一九五七年度文教局予算案について	原案どおり承認
五月十日		議案研究のため休会	
五月十一日	議案第三号	東中学校敷地移転認可について	原案どおり可決

第三十八回（定例）中央教育委員会

月日	議案番号	件名	審議の結果
五月十四日	議案第一号	一九五七年度推薦教科書目録編集委員の任命並びに委嘱について	原案どおり可決
五月十五日		議案研究のため休会	
五月十六日	報告	産業教育計画について	
五月十七日		議案研究のため休会	
	議案第四号	教員志望奨学生の承認について	予算定員補充のため四十八人を原案通り承認
	議案第五号甲、乙	職員人事	原案どおり可決
五月十八日	議案第二号	教育長任命（前原地区）について	原案どおり兼城賢松氏を任命することを可決した
	報告	来年度教育予算についての局長メッセージ	

一九五六年五月二十日 刷印
一九五六年五月三十一日 発行

文教時報（第二十四號）（非売品）

発行所 琉球政府文教局研究調査課

印刷所 ひかり印刷所
那覇市三区十二組
（電話一五七番）

琉球

文敎時報

25

特集

教育施設

NO.25

文教局研究調査課

かえりみて

文教局長　眞栄田義見

南部ではまだ戦争たけなわの頃北部の収容地区では、生残つた教師によつて露天学校が開始され青空教室で教育のいとなみがなされていた。教科書は勿論、用紙や鉛筆などの学用品は皆無の状態であつた。

壕からほり出された焼残りの教科書や、雑誌、などを集めて、それを手がかりに教科書編集所で郷土に即する生活教材を中心にガリバン刷の教科書が編纂された。

それから十年と云うても四、五年は此のみじめな状態が続いたのだから、――それから五、六年という方が当つているだろう。その五、六年の間にこんなに進歩しましたと驚きと感激で見るのが此の特集号である。理科、家事、音楽等々、写真で見るような学習活動が行われているのである。

茅葺の馬小屋教室の時にはどんなにまともな教室が欲しかつたろう。みんなが声を合して教室が欲しいと云うて来たら三年の間には、何とか今見られるような教室が与えられた。今度は備品が欲しいと真剣な訴えが始められている。私達は何とかこれも三、四年間には一通りの事はしたいと一生懸命に今計画している。これも近い将来に実現するだろう。

然し現場では他力本願でなしに、目の前で自分と生徒の力で出来るだけの事をして、自己の責任で、製作したり、集めたりの努力がつづけられている。

「その最も私の記憶に印象づけられているのが瀬喜田校で、翁長先生を中心になされている理科備品充実の努力である。自分達の製作した器具機械で教科書の中に出て来る実験、実習の大部分が出来るようになつているのである。その他、私の行つた事のない現場でも師徒同行の尊い教育のいとなみがつゞけられて、子供たちはすく／＼と伸びて行くだろう。」

此の特集号に集められているのはそれらの一部分が偶然に皆様にお目にかける機会が与えられたと云つた方がいいかも知れない。此処に集録された方々にも、そして又集録される機会が与えられなかつた方々の上にも、今日の日も明日の日も訪れて、その日々の積み重ねの上に子供達が育てられてそして沖縄が生長しつゝあるのを思う時に教育者のみの味う感激で、此の中の写真に見入つていました。求めよ、さらば与えられんという言葉の意味が、此の写真を見ていて、しみ／＼と感じられます。求める事が他力に頼る事だけでなしに自分の内にひそんでいる力を呼びさまして子供達との同行の苦しみと楽しみを教育者という感激で味わつて参りましよう。

特集　教育施設

目次

戰後十年！

百名小学校

廊下の利用

カバン掛、タン壺、靴箱、鉛筆削り、爪切り、鏡、帽子掛、消毒液等を設備し保清と保健に気をくばつている。はき物は上ばき、下ばきの二種類使用している。

給水場

ガランは上向きにした、流水は掃除用池へおとし、更に足洗池へ落ちるように工夫した。

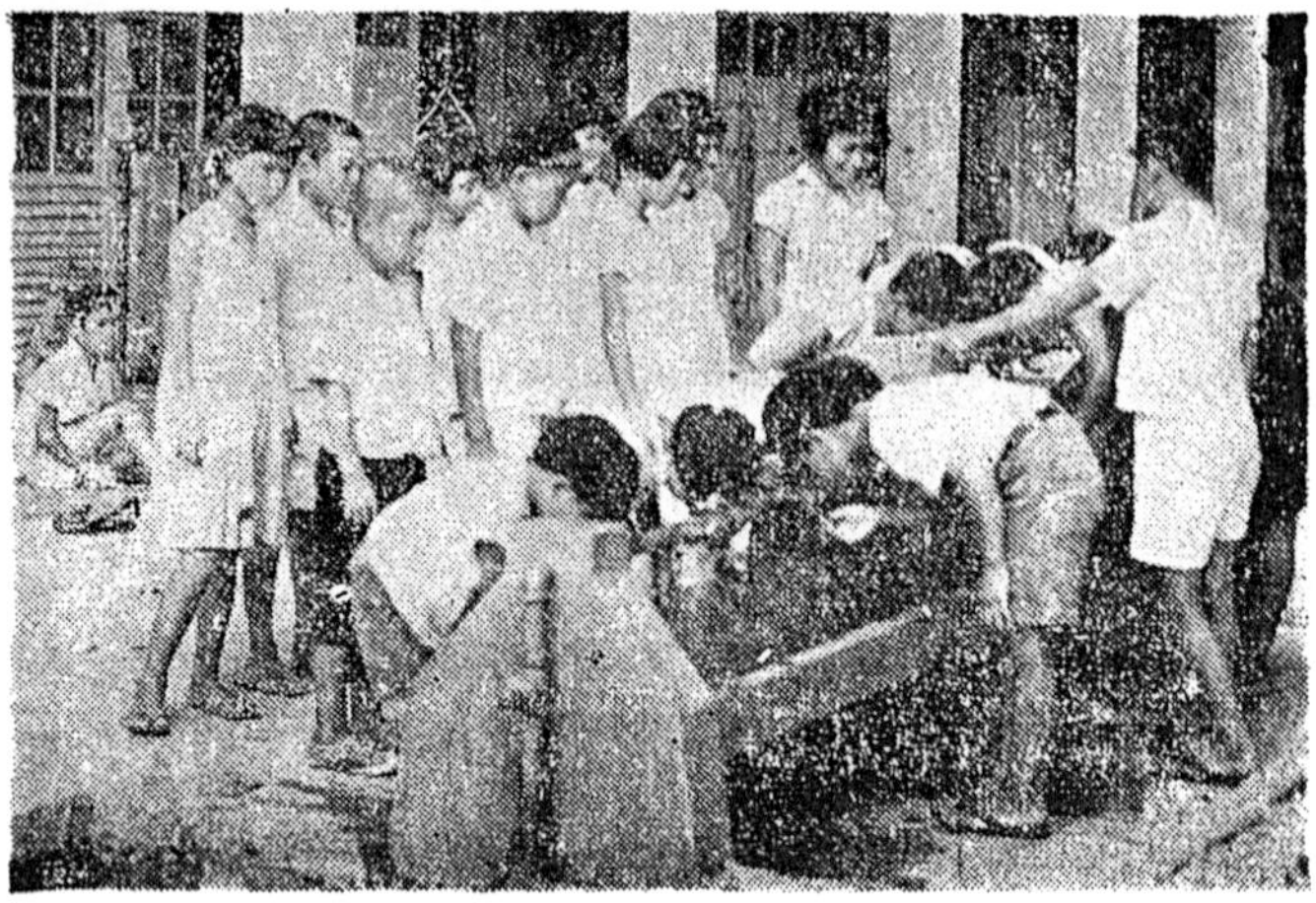

露場

児童職員の手によって出来上つた露場で気象班の児童が気象観測をしている。三年前から手を付けたが当時は内容貧弱で勉強に困つたが、愛の教具が届いたので元気をとりもどして一生懸命勉強している。

放送室

食後の運動防止を目的に設備されたプログラム

月、朗読
火、歌くらべ
水、お話、研究発表
木、創作遊ぎ
金、歌くらべ
土、創作遊ぎ

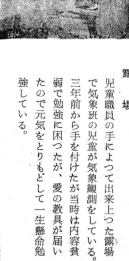

固定運動用具

廻転塔　廻転シーソー
其の他
低鉄棒、バレー、バスケットコート

保健室

校医の指導をうけ、保健係が治療している。

清掃

昼食前25分間全校児童が一齊に行う。全児マスクをかけて掃く者、拭く者、窓をはたく者、庭を掃く者とそれぞれ分担して行う。

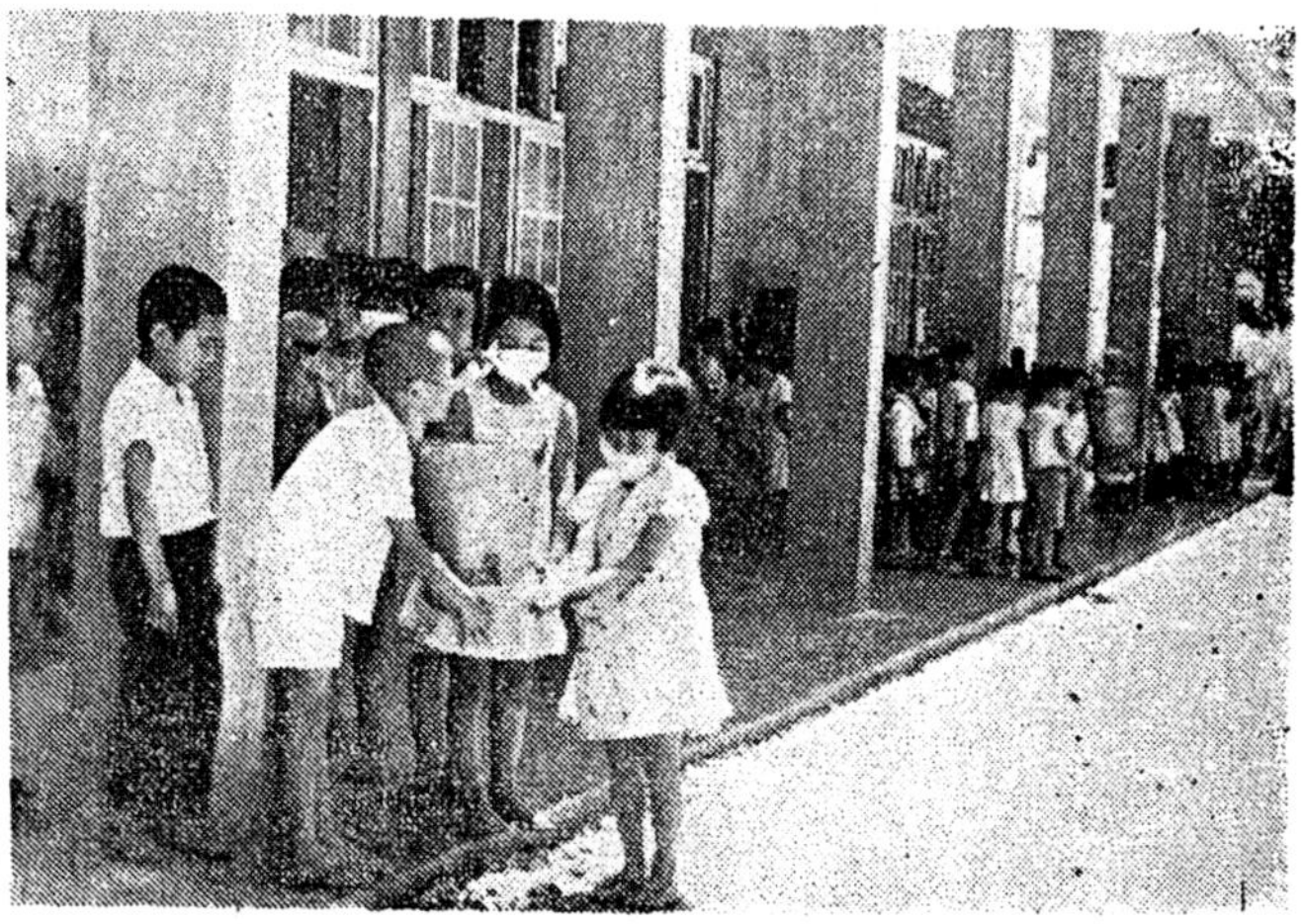

手洗い

清掃がすんだら消毒液に手をひたし、ガランをひねつてきれいに手を洗う。

皮膚摩擦

手洗いがすむと今度は皮膚摩擦だ
(皮膚が赤くなるまでこする)
冬―乾布摩擦
夏―冷水摩擦

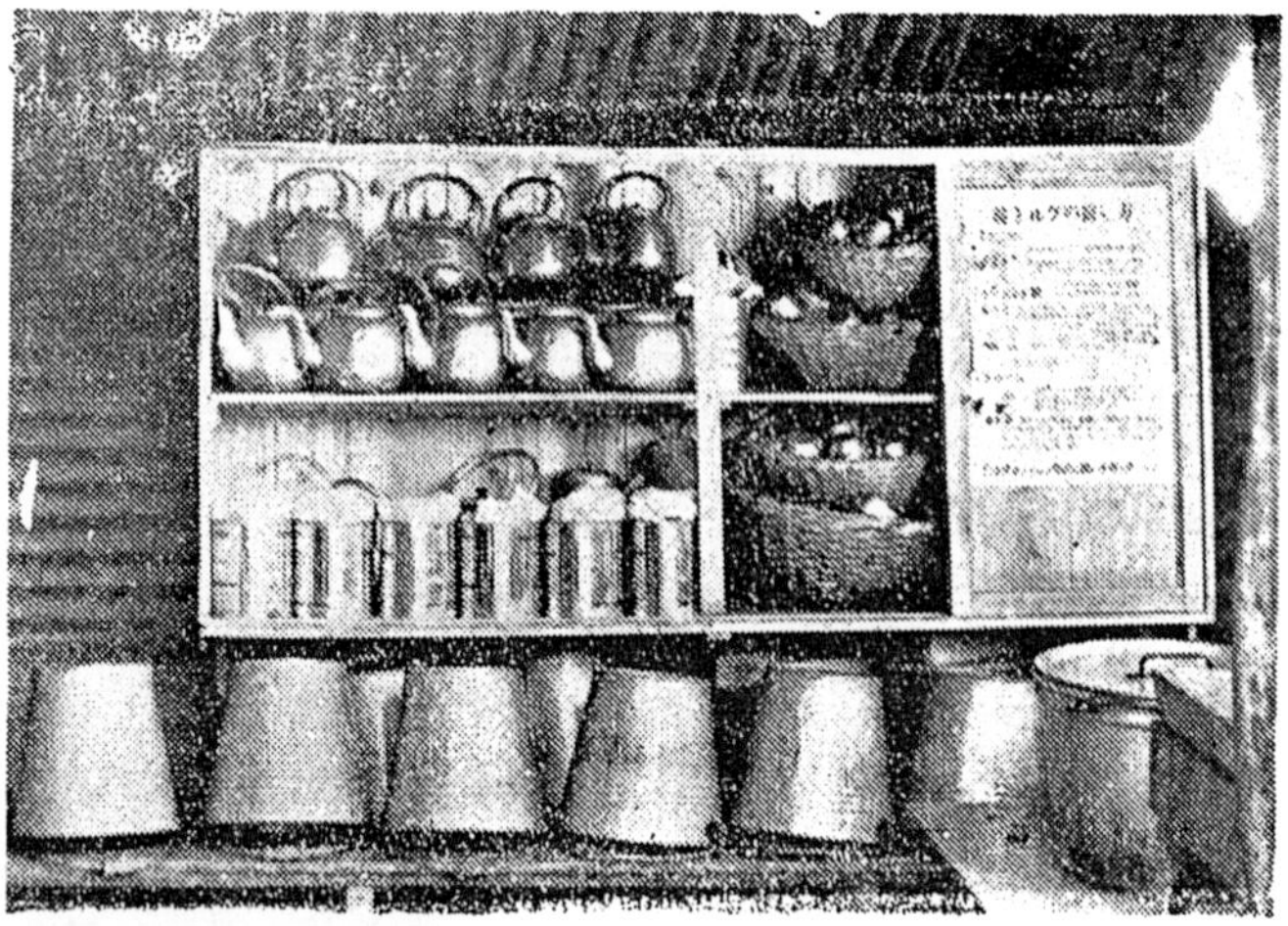

ミルク小屋

ミルク給食用器具
器具使用後は石鹼水に浸して洗う。
ネユースはビン洗いを使う、翌日給食
前必ず熱湯消毒を行う。

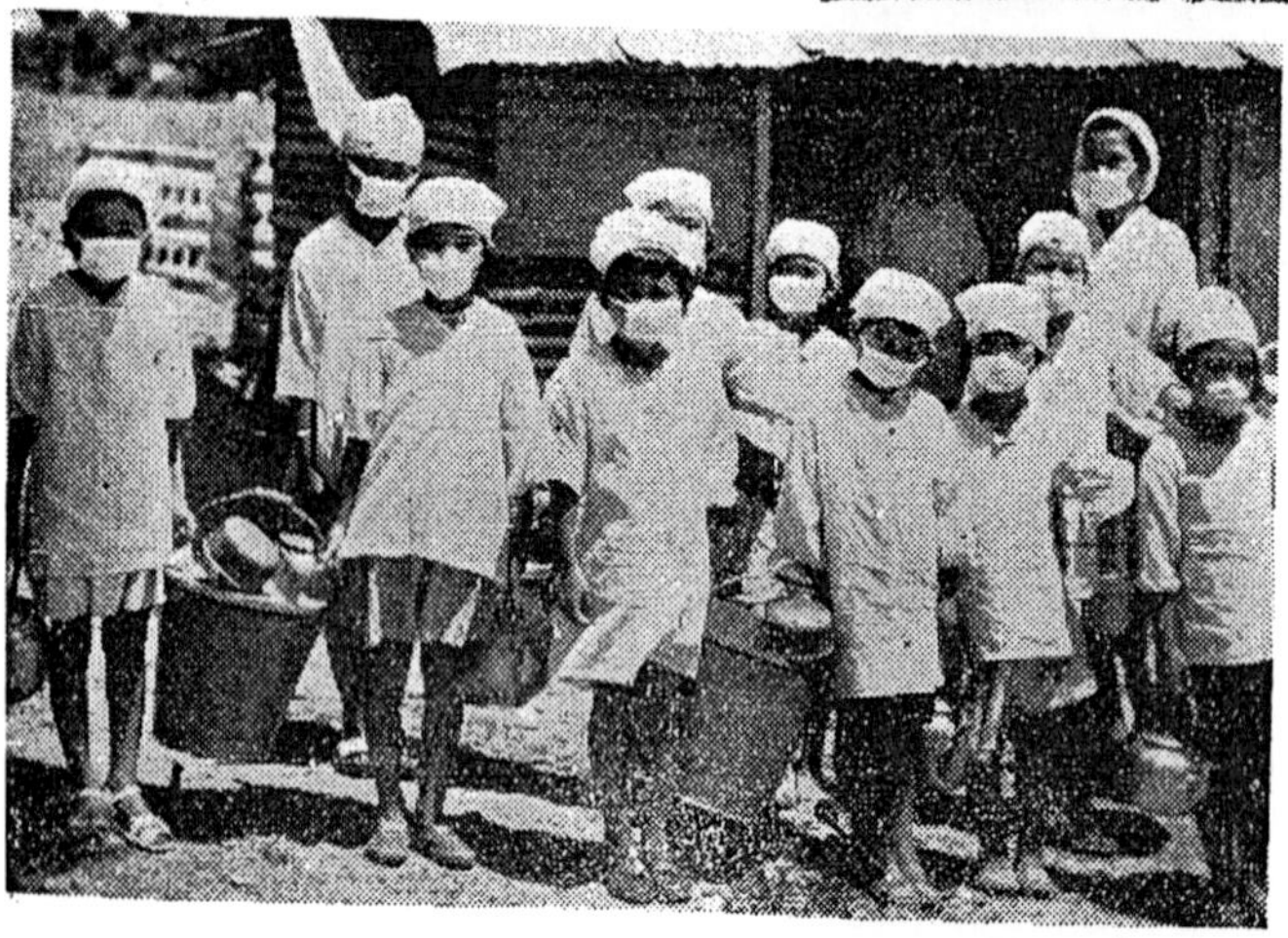

ミルク配給

皮膚摩擦がすむと、ルク係は頭布、マ
スク、カッポー着を　てミルク小屋へ
ミルク受け取りに行く。

昼　食

静かに、よくかんでいただく。
お箸は学校で準備し、ミルク器具同様
毎朝熱湯消毒している。

宮森小学校

作品をかまから取り出すところ（五年生）

工具箱　一学級を四分団編成として最低限の工具をおさめてある。

工作実習（六年生）

工作室の施設

- 工作台　四脚（二四人分）
- 工作箱　三二個（三二人分）
- ミシン鋸　一台
- 製材機　一台
- 座業式工作台　四個
- 工具箱　一個
- 成績品戸棚　二個
- 材料整理棚・掲示板・黒板

植樹園の手入れ

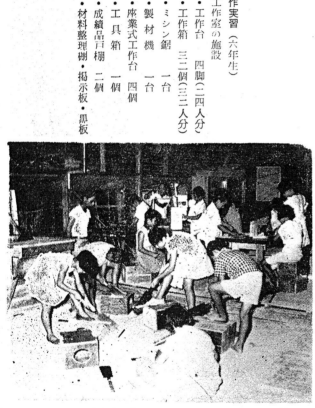

久茂地小学校

リズム遊び（幼稚園）

「幼い中に正しいリズム感を」とリズム指導に余念がない。

可愛いゝお手々にカスタネット、リングベル、タンブリン等遊戯の中に取り入れられ、おとぎの世界へさそわれる。

幼い姿を見ている大人も何時しか、うつとりさそい入れられる。

器楽合奏

上級生の合奏も見事だが、いたいけな一年生が思い／＼に打ち出すリズムも又ほほえましい。

足も届かぬピアノに大木の蝉のように吸い着いている。

大太鼓、小太鼓、木琴、ミハルス一年生の合奏もすみにおけない。

校門と囲い

（校内を守る門）

コンクリートの灰色の格好のよい石柱に、納戸色の配色で大様に造られた扉は見るからに和やかな風致を添えて暖く校内を見守つている。

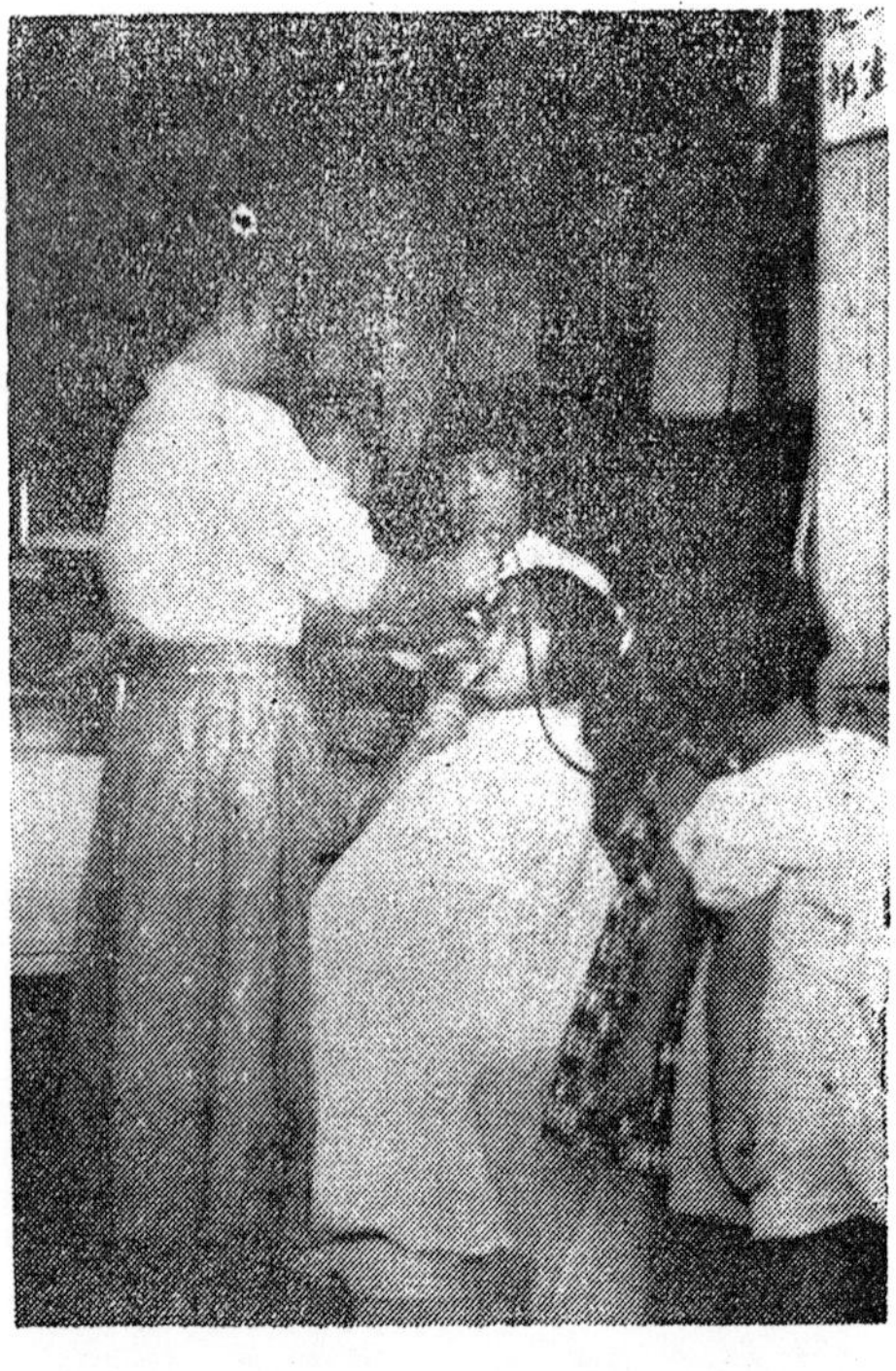

衛生施設

お昼の休み時間に「お目々を洗う子等」がどつと押し寄せる。六年女児の衛生係が二人づつ交代で助手をつとめる、各学年から選出された職員が三人宛、眼科医になつて、片端から手ぎわよく片付ける、二十分間の昼の清掃時の仕事である。努力は効を奏し、去年度に比してトラコーマ児が半減された、

55年 男一三八 女一一九 計二五七

56年 男 六五 女 七六 計一四一

お猿さん

動物の中で、学校中の人気者はお猿さんである。いたづらをする子には、目や歯をむいてにらみつけるが、親切な子とは大の仲よし、毎日朝晩かゝさず餌をやつて下さる校長先生にはよくなついて、校長先生が近づくとスル〳〵とおりてきて、お箸ではさんで差出す御馳走に小さなかわいゝお手々を差しのべて、人間のするようにつかんでおいしそうにほおばる。子供達がよろこんで見ている。

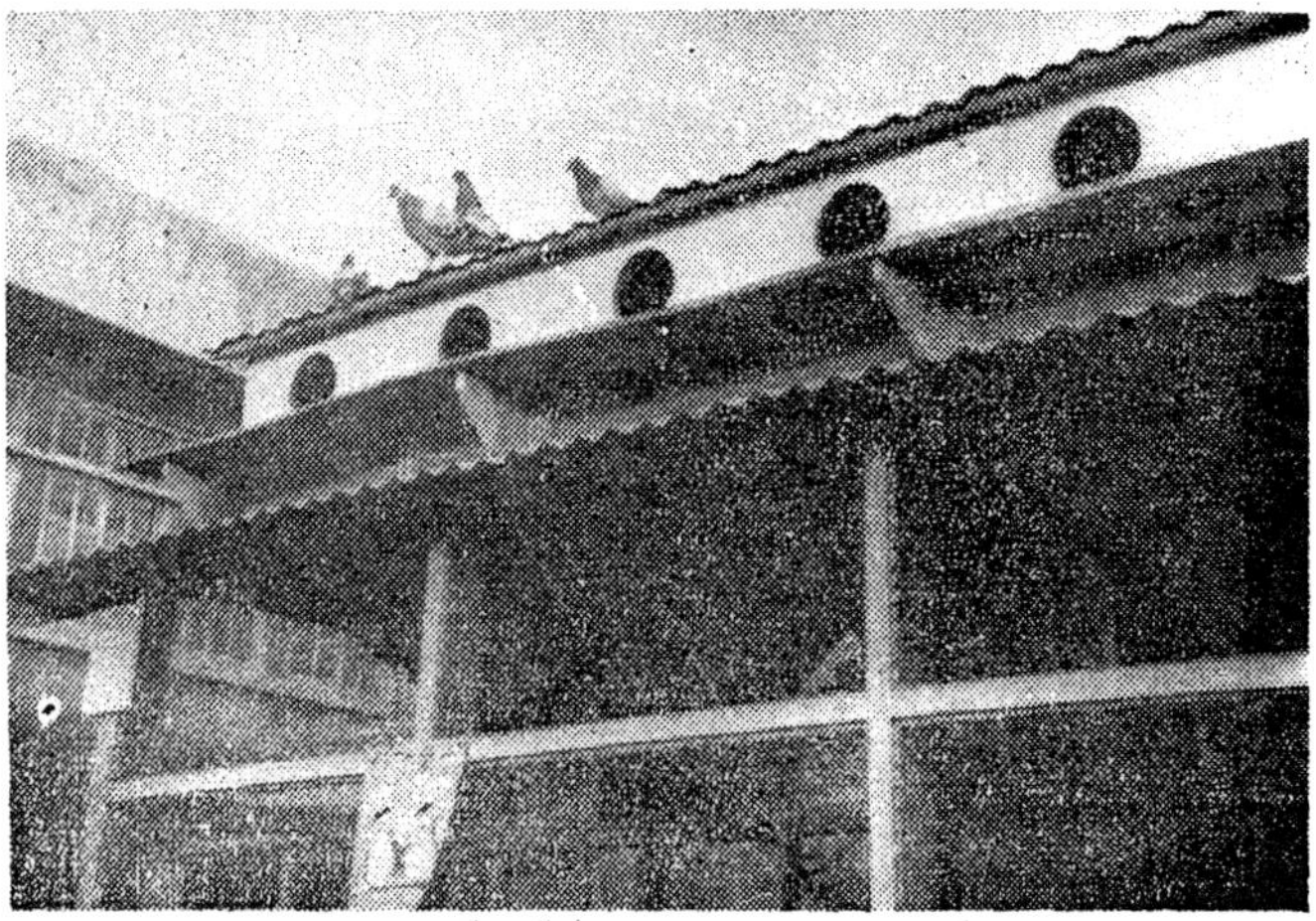

飼育小屋

都市の学校で動物飼育に努力しているのは先づ少い。屋根一つで、鳩、小鳥、兎と三段に分れた飼育小屋が目立つ。竹匙で差出す乳状の餌に小さいくちばしを一ぱい開けてむしやぶる雛のかはいらしさ。校長先生の御指導で一部屋毎上級生の各組で分担飼育している。

放送施設

放送室から流れ出るお話やメロディーは各教室のスピーカーを通して全校児童の耳に伝わる。毎週二回の校内放送や、校内のど自慢大会、夏の真盛りの室内朝礼週番の伝達、其他諸行事に活用される。

録音器

発音指導、朗読指導、其他各教科の学習指導に役立つほか、録音したのを放送して、放送施設と結びつく。選出された豆アナウンサーも今では一かどの技倆を見せている。

体育施設

校庭のぐるりには、攀登棒、遊動円木、平行棒、スベリ台、ブランコ、雲梯、高低鉄棒、が立ち並び、跳箱、野球、排球用具の一通りをそろえている。体育時間は勿論、休み時間、放課後などよく活用され、保健衛生と相俟つて児童の健康教育に大いに貢献している。特に遊動円木にゆられている子等の顔はいかにもたのしそうで日がな一日ゆれ通している。

大道小学校

学年朝の会

三千人を越える此の学校では全校朝の会等は考えられない。学年別に月曜日から六、五、四、三、二、一年と日が決められている。今日も静かに校長先生の話をよく聞いている。

休　憩

さあ!!休み時間、子供達は愛の教具のすべり台で大はしやぎ、日本の皆様有難う。

ジャングルジムに「先生も登って見よう、あれ?、足がはまつちやつた。」

学校正門

朝日と共に正門の戸が開かれ、良い子達は今日も元気に学び舎へ。

学年朝の体育

元気よく　いち、に、一、二

体育施設

七人乗のブランコに「僕が先だ!」「私がこぐよ!」でわいわい騒ぐ生徒達。

今日も六年生がピアノを前に歌のお勉強。

口腔衛生週間で皆んな一緒に歯磨練習。

一年生がお猿さんのように「よいしよ、よいしよ。」此の様にして体はきたえられて行く。

「さあ！ミルクだ」子供達が喜ぶ、ミルク給食の時間、どの子も美味しそう。

本土より送られた理科用の教具今日も上級生がグループ別に新垣先生を囲んでの理科の屋外勉強。

毎日の此の時間は子供達の一番楽しみとする時間、今日も係の六年生に依て二年生が放送をしている

糸満小学校

専任の衛生看護婦と衛生室
看護婦さんの治療をうけているところ

音楽教室

音楽施設＝ピアノ一台　オルガン＝九台　バイオリン＝一台、太鼓＝大二、小一　シンバル＝二　タンブリン＝九　カスタネット＝一〇　トライアングル＝五　蓄音器＝一台　レコード六〇
（音楽施設に愛の募金十万円を充てた）

図書館

小禄小学校

理科実験学習（理科教室）

気象クラブの風向、風速観測

露場での気象観測（気象クラブ）

学級園における栽培観察

石垣小學校

放課後閲覧のスナップ

問題解決のため、それ〲辞書で研究しているところ。

図書館委員のこどもたち

音楽クラブ員の合奏練習の風景

↑
あきかんを利用した蒸発皿で石けん作り
↓

眞和志小学校

六年女子による平均台使用による巧技
柔軟型　左右開脚坐　うしろそりの体操

音楽クラブ

実物映写機による社会科学習の一場面

與那原小学校

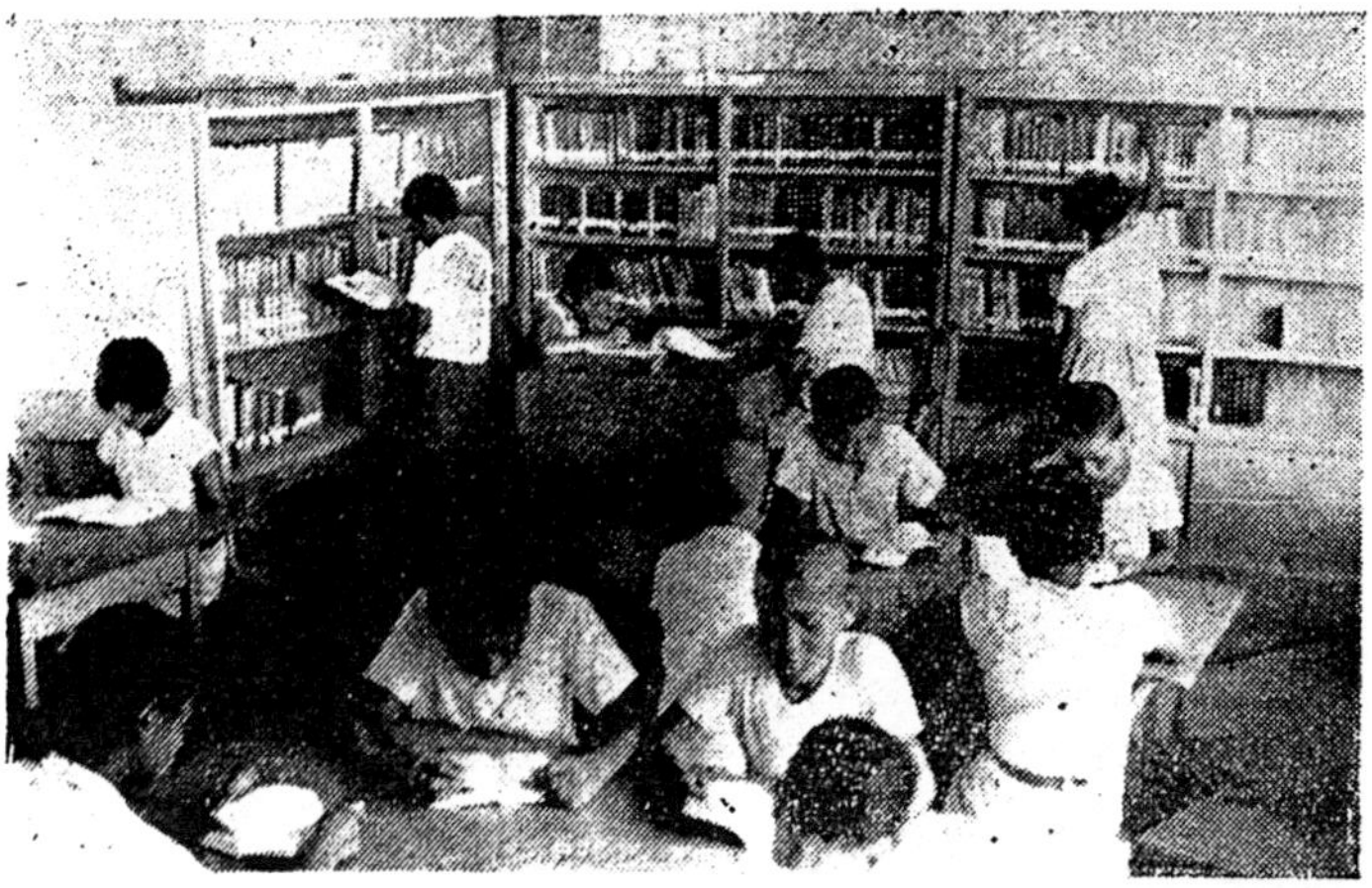

戦後やつと整備し、児童に親しまれていた図書館は、五三年十一月火災にあい焼失した。児童の読書熱は、毎月五円宛充実費を捻出して、その再建に努力している。

子供銀行は五五年五月五日子供の日に誕生　金曜日は預金日
無駄をなくして、進学資金にと、積み立てた預金高は一六一、九三八円一〇銭です。
金銭取扱い事務もお手のものです。

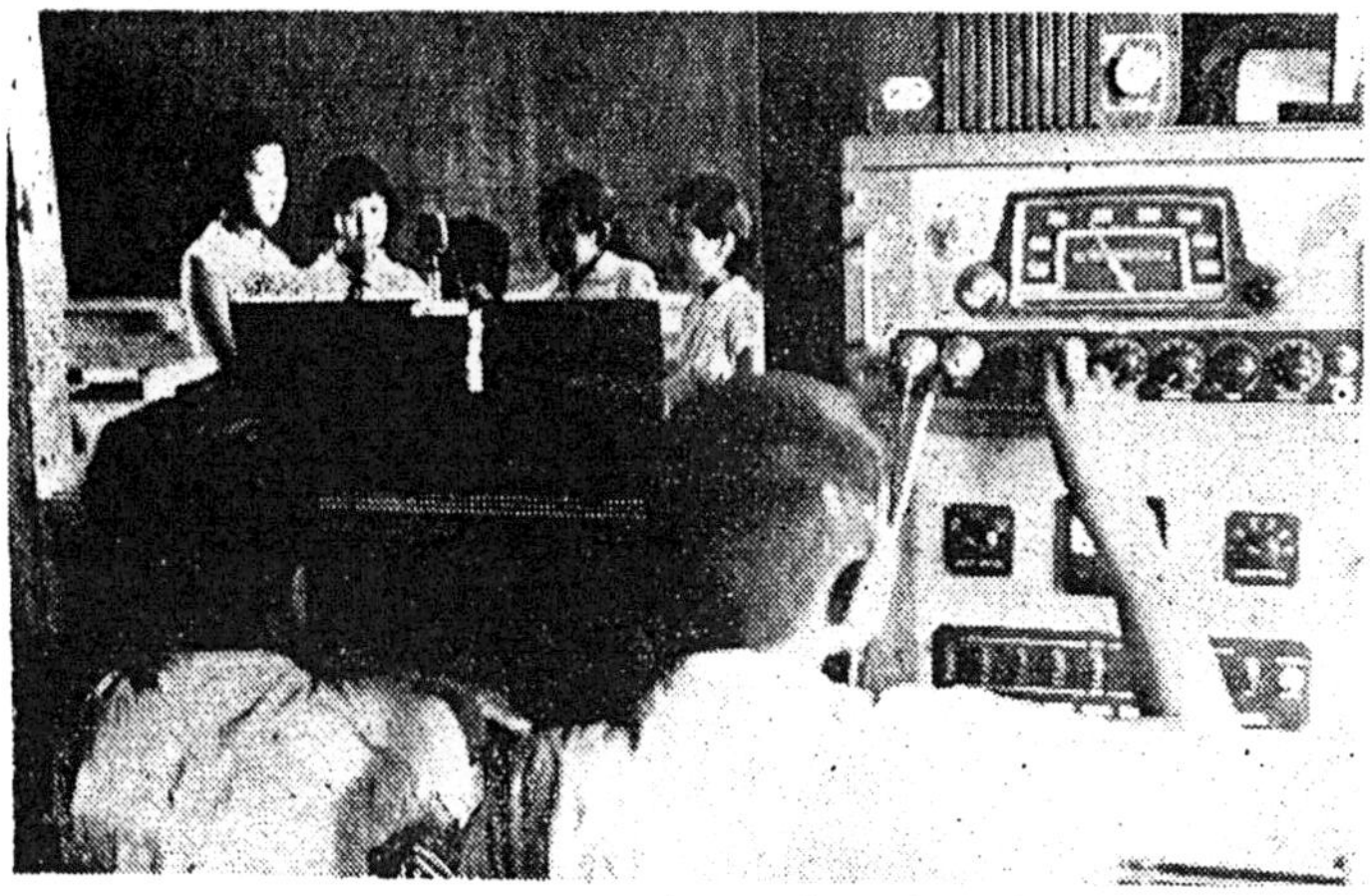

懸案の放送施設が愛の募金によつて解決され、感謝のうちに毎日〳〵の楽しい放送にひたることができた。

体育施設にみる
あの喜び　あの真剣さ!!

辺土名小學校

図書館の正面と手洗い
入館前、退館時は、手を洗いましょう。

それ〴〵のテーマにより、選択した図書資料で社会科の学習に余念がない。

適書を選択することは、学習活動に大切な条件です。

図書貸出風景

大浜小学校

（崎原公園）

うつ蒼たる大木の陰で暑さを忘れて嬉々として遊ぶ子どもたち

崎原公園の池畔で憩う子どもたち

崎原公園は運動場つゞきになつており、むしろ公園の中に運動場があるといつた方が適当かもしれません。自然の美を生かし、児童と教師の労作によつて完成した教材園です。

白保中学校

「飼育園の手入れ」こうして自給飼糧が生産される

生徒会は鶏、山羊の品種改良を計画し部落内に普及すると張り切つている。

継続的な緑化計画はまず樹苗の育成から仮植された樹苗に灌水しているところ。

喜如嘉中学校

豚舎と飼育部の活動

六坪の豚舎に母豚一頭、肥育豚三頭が飼育されており、生徒が自主的に計画して飼育に当り年二回分娩しています。

写真は母豚の皮膚の手入をしている飼育部員です。

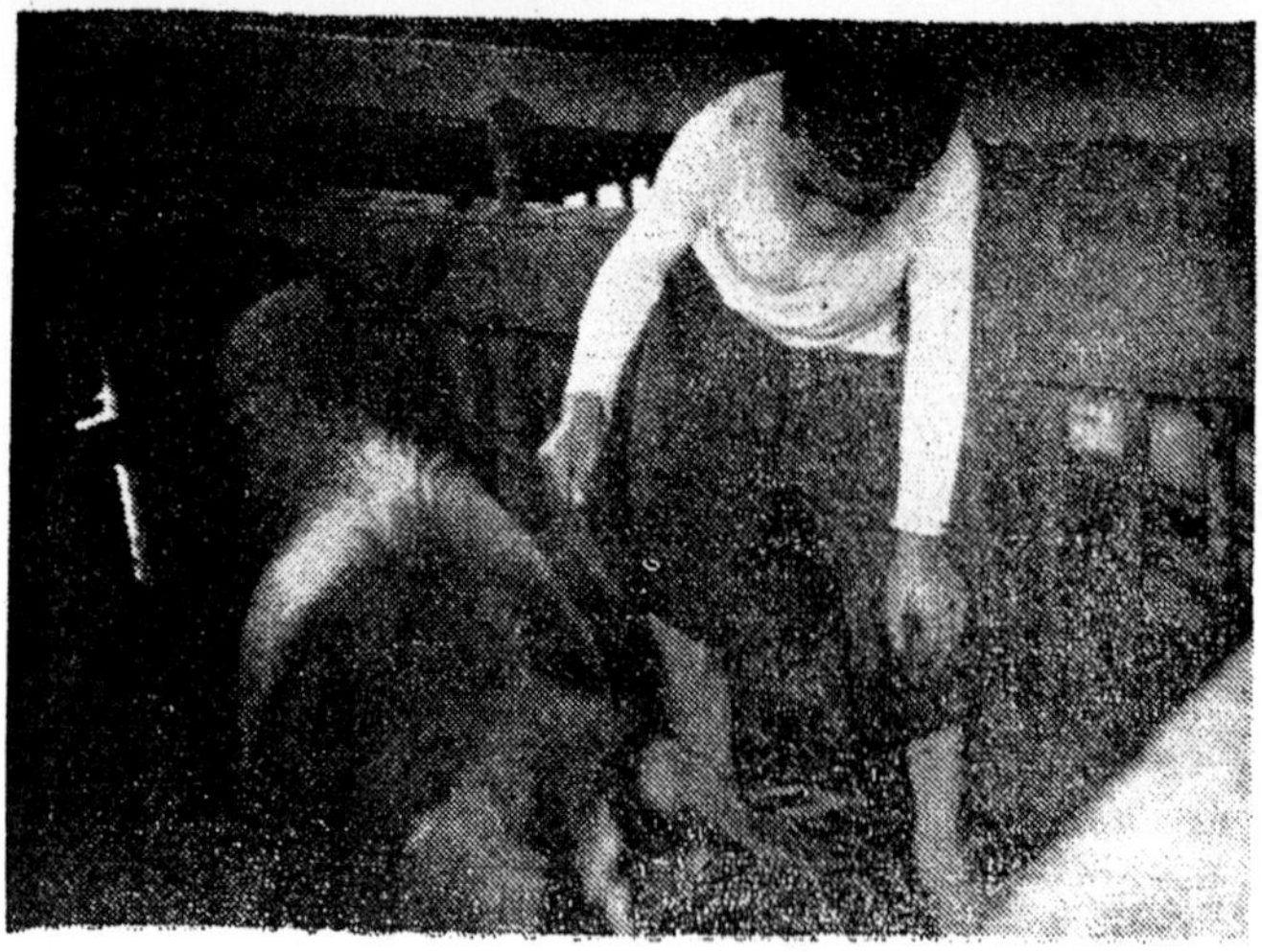

本校飼育部の一部

牛の皮膚の手入、水浴より帰つて牛とたわむれている風景

品種　和牛（牡）

生産教育に御熱心な父兄の贈り物です。

本校パイン畑の一部

旧七月盆前の収穫をめざしてパインの手入をしている生徒。

去年の収穫高は三、五〇〇円、今年は六、〇〇〇円程度の収穫を目標にはげんでいます。

飼育部の活動

三坪の山羊舎に四匹のザーネン種牡、牝、二匹づつです。

乳用種で日に一升程度の乳がしぼれます。その乳は豚にやり豚の発育を助けます。

写真は皮膚の手入をしています。

水田実習と胡瓜の収穫

本校は水田七六一坪と小作三〇〇坪、合計一、〇六一坪水稲栽培に励んでいます。

写真は水田の一部の三回除草に励む生徒と上は胡瓜の収穫をしている生徒です。

本校園芸部の活動

本校独得の菊の仕立、職員生徒により仕立てた菊が見事に咲いている、現在では生徒が自主的に仕立に励み仕立の技術をおぼえている。

中城中学校

植林の造成は苗圃計画から播種から植付までの過程における苗出をしているところ

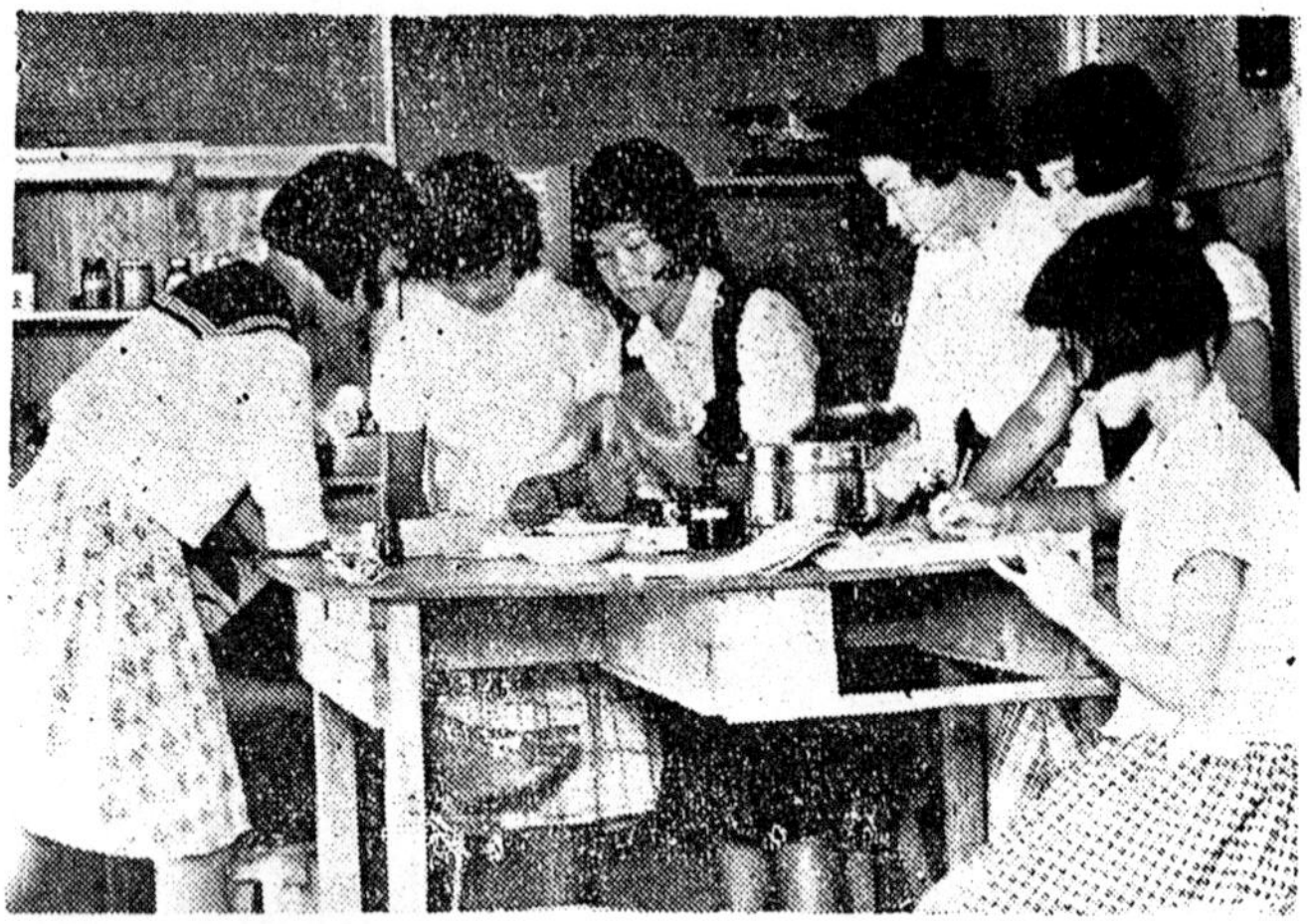

子供たちの身体を守ろう
外傷治療をうけている生徒さん

子供たちの身体を鍛えよう
巧技指導の一コマ

視覚にうつたえよう
「石炭の採掘と利用」についてスライドでその過程を学習している。

大里中学校

校舎の一部

資料室における実物幻燈機による理科の学習
（デーライトスクリーン）

テープレコーダーによる録音放送

名護中学校

校舎前面風景

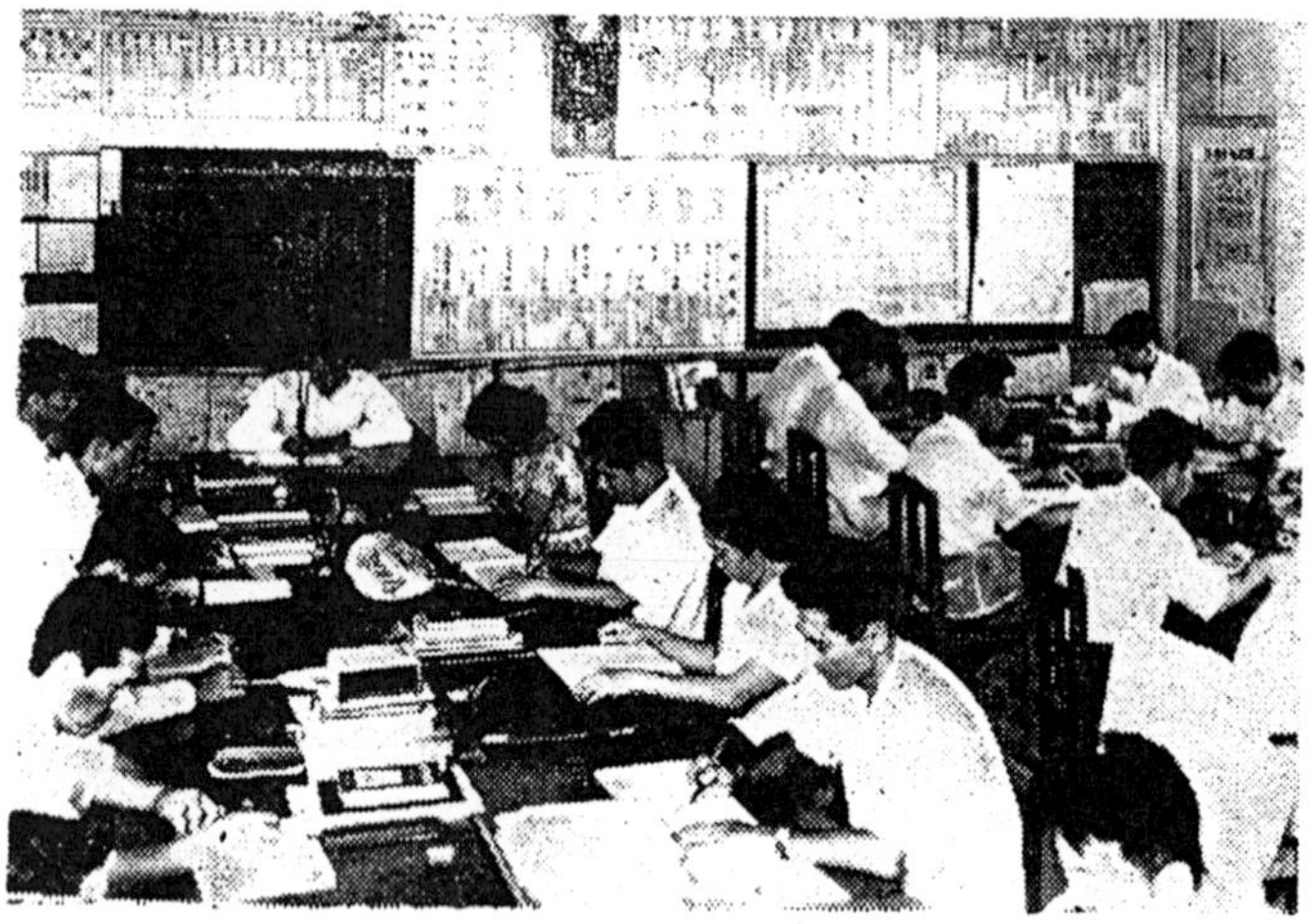

職員室

図書館

被服室

図画教室

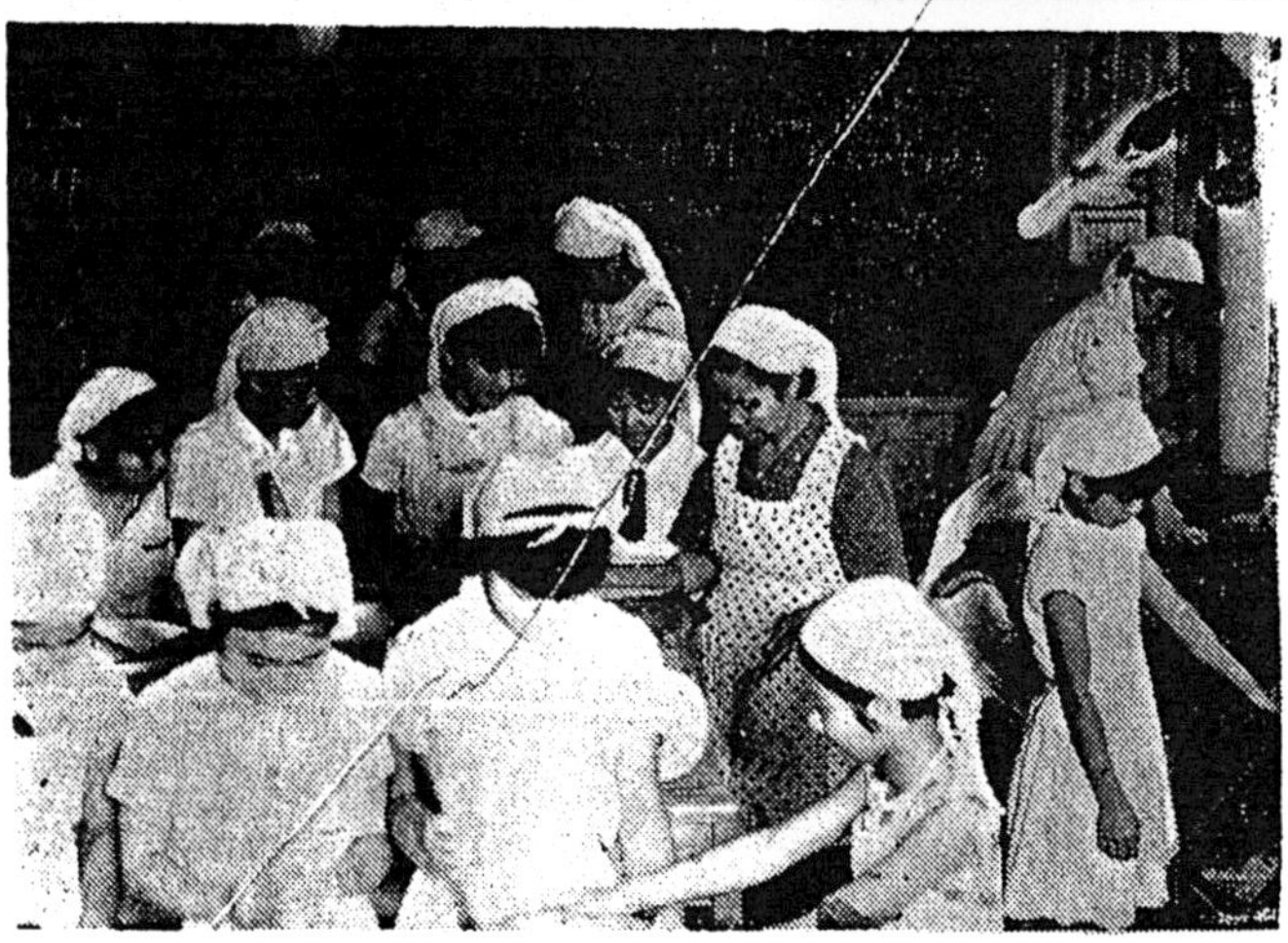

家事室（家事実習）

器楽クラブ（ブラスバンド）

西城中学校

校舎と庭園

花を植え、木を育て、美しさを楽しむ心

調和的に、立体的に、教育的に

養魚池

淡水魚（テラピヤ）の飼育、生産教育の一環として

家畜の飼育

牛も山羊も　われらの　お友だち

土を愛し、家畜を愛しましょう。

製縄作業

踏む脚も軽ろく、クラブ員は学区民の需要に追われている。

愛の教具に感謝し、多額の生産をあげている。

那覇高等學校

校舎とグランド

生物教室

実験室

N・K・H（那覇高校放送室）

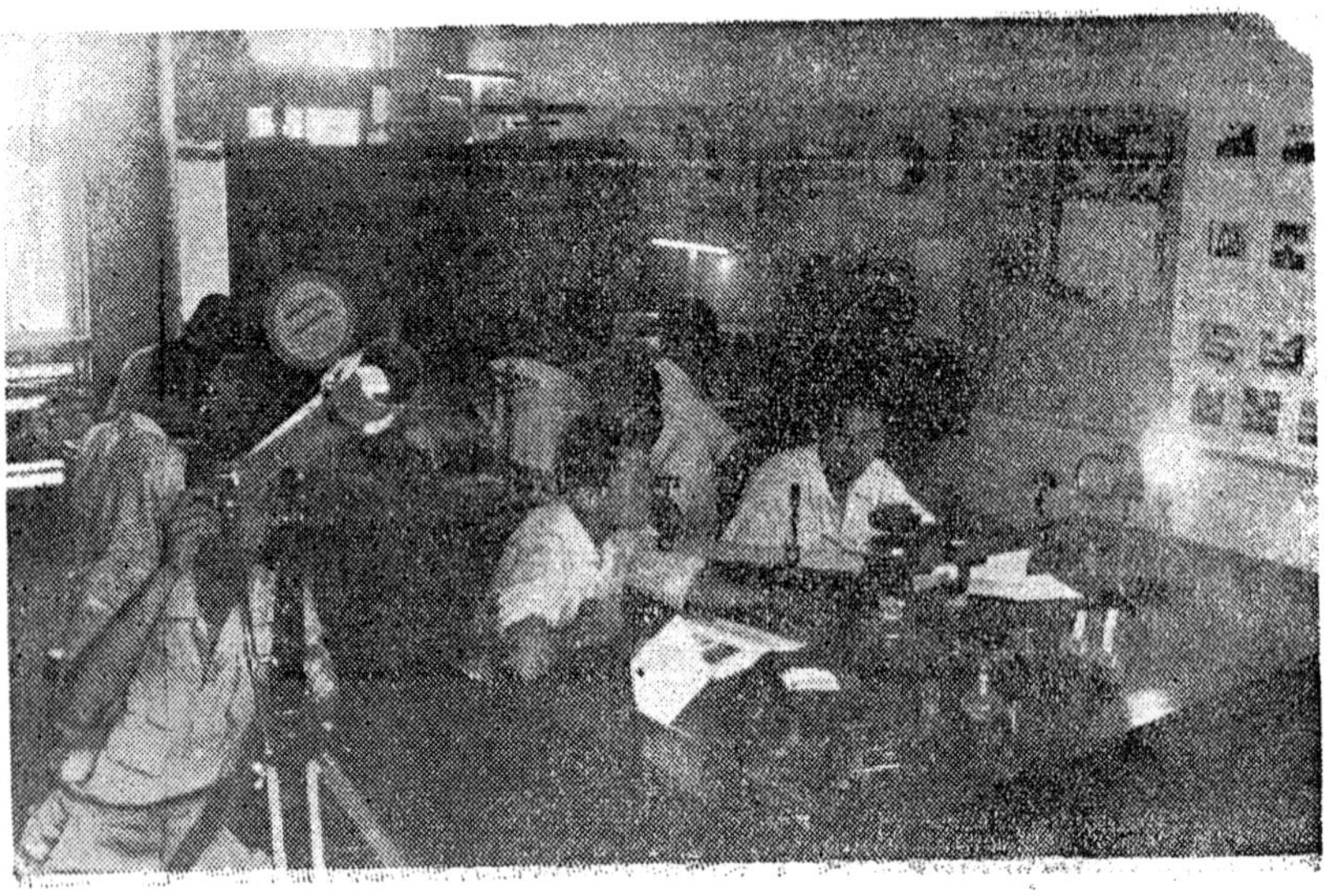

実験室における自由研究（放課後）

図書閲覧室

音楽教室

被服室

和室

野嵩高等学校

供覧実験（物理）

一般力学実験器を使用して「力の釣合」について供覧実験をしている。

供覧実験（化学）

アンモニヤの製法

塩素の製法とその性質について、実験観察しているところ。

生物教室

植物園

裁縫教室

宮古水産高等学校

中庭の花園を望んだところ

缶詰製造実習工場

校内止水、淡水養殖池

六分儀の器差測定及修正と太陽の高度観測をしている所。

缶詰製造実習

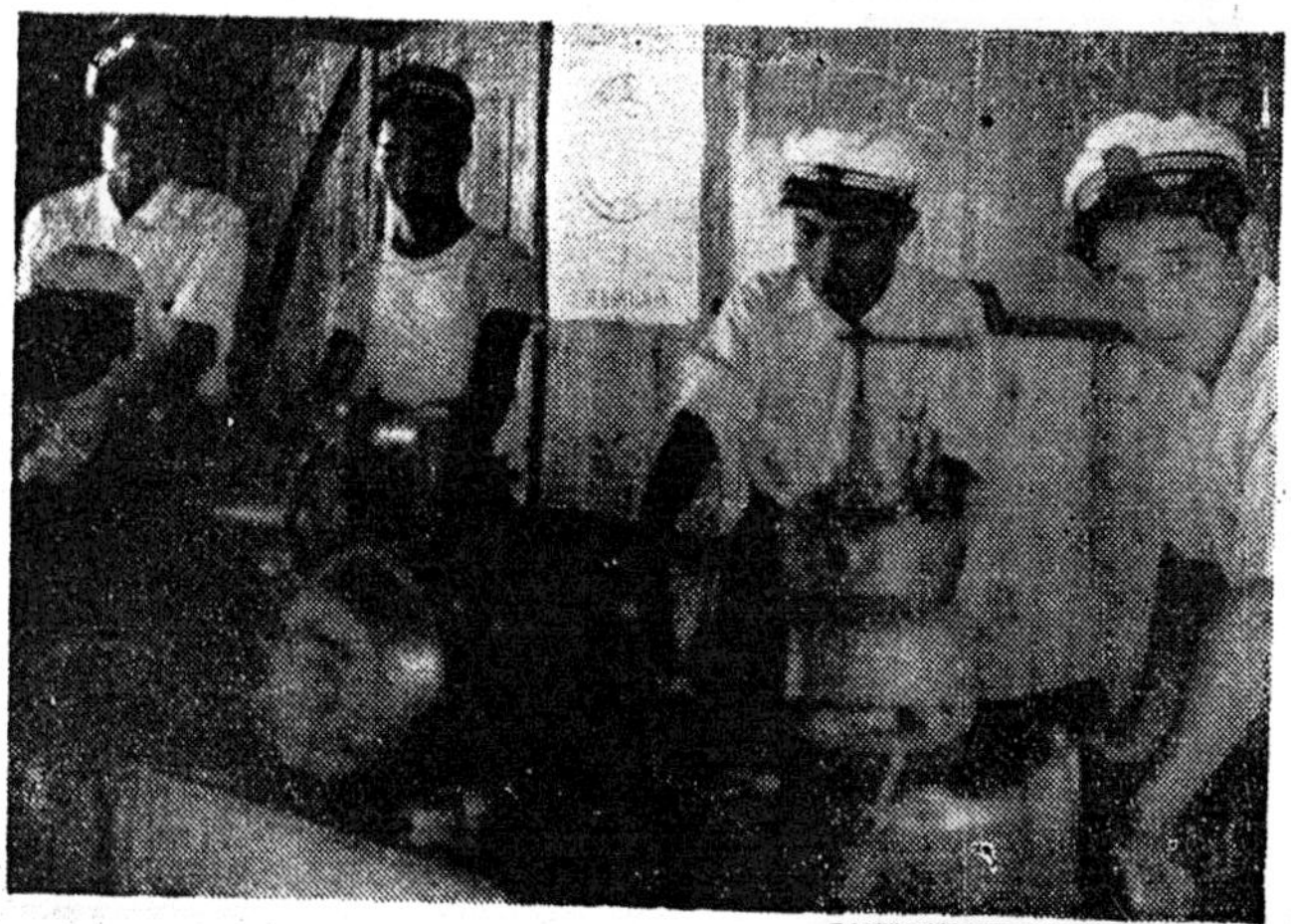

25馬力焼玉機関の分解検査をしているところ。

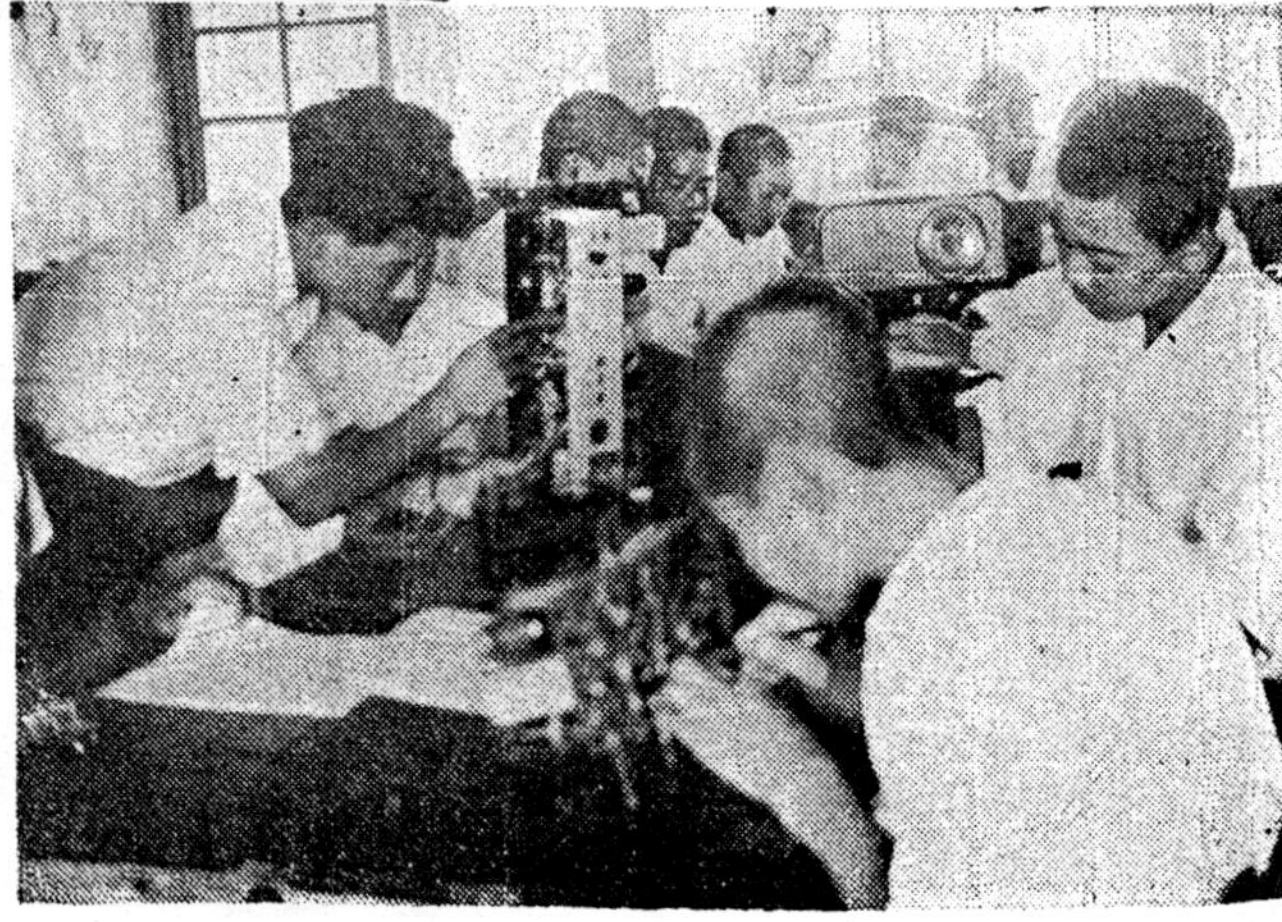

ラジオ通信クラブの活動をしているところ。

工業高等学校

機械科実習室

製図（建築科）

測量実習（建築科）

クラブ活動

旋盤の作動を試みる機械科二年生

旋盤作業

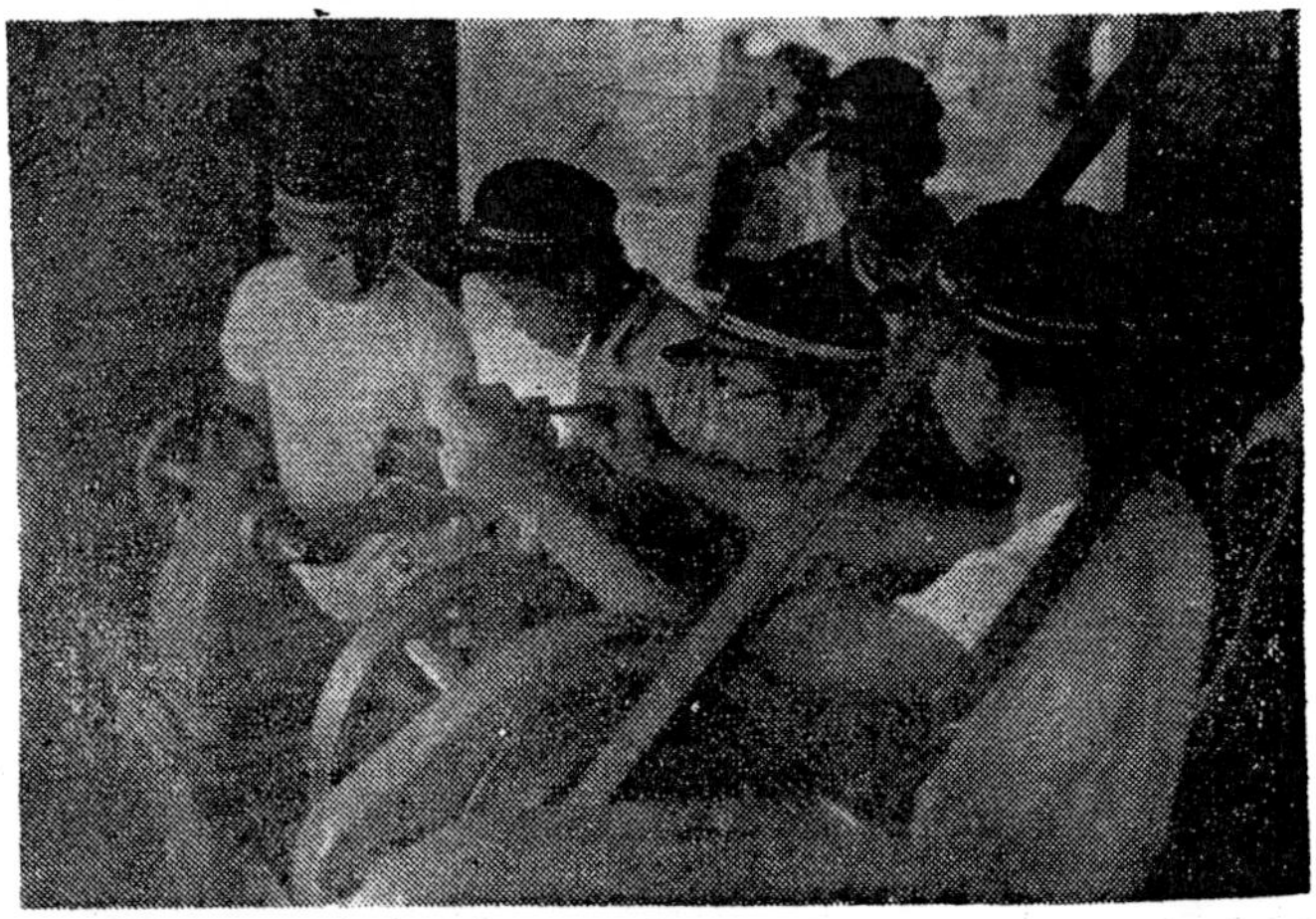

商業高等学校

校門より眺めた校舎の一部

学校掲示板

女子英文タイプの授業風景

本校は英文タイプ27台あり和文（後方）タイプ二台あり、将来英文、和文のタイプを充分使いこなせる様練習しつつあり。

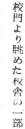

家庭科教室（ミシン実習）

給水設備の一部

商業実践の一場面（其の一）
丁度商取引を行なつているところで文書器具（チエクライター　数字打抜器）を使用して約束手形を振出しているところです。

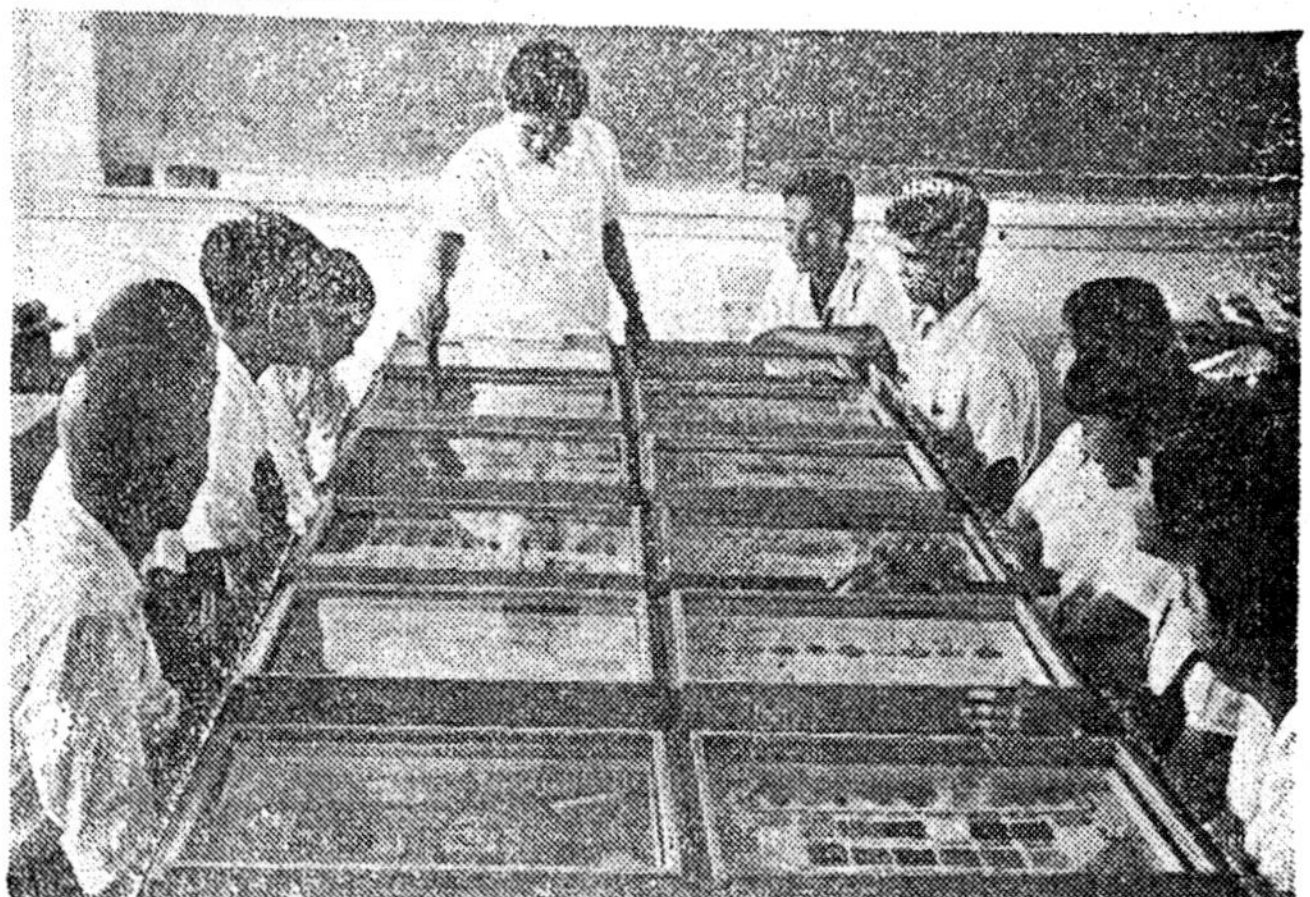

商業実践の一場面（其の二）
商品見本により商品の生産過程を実際に見てこれから商取引を行う場面です。

中部農林高等学校

校舎の一部と池

運動場全景

中庭の全景

もちとうもろこし

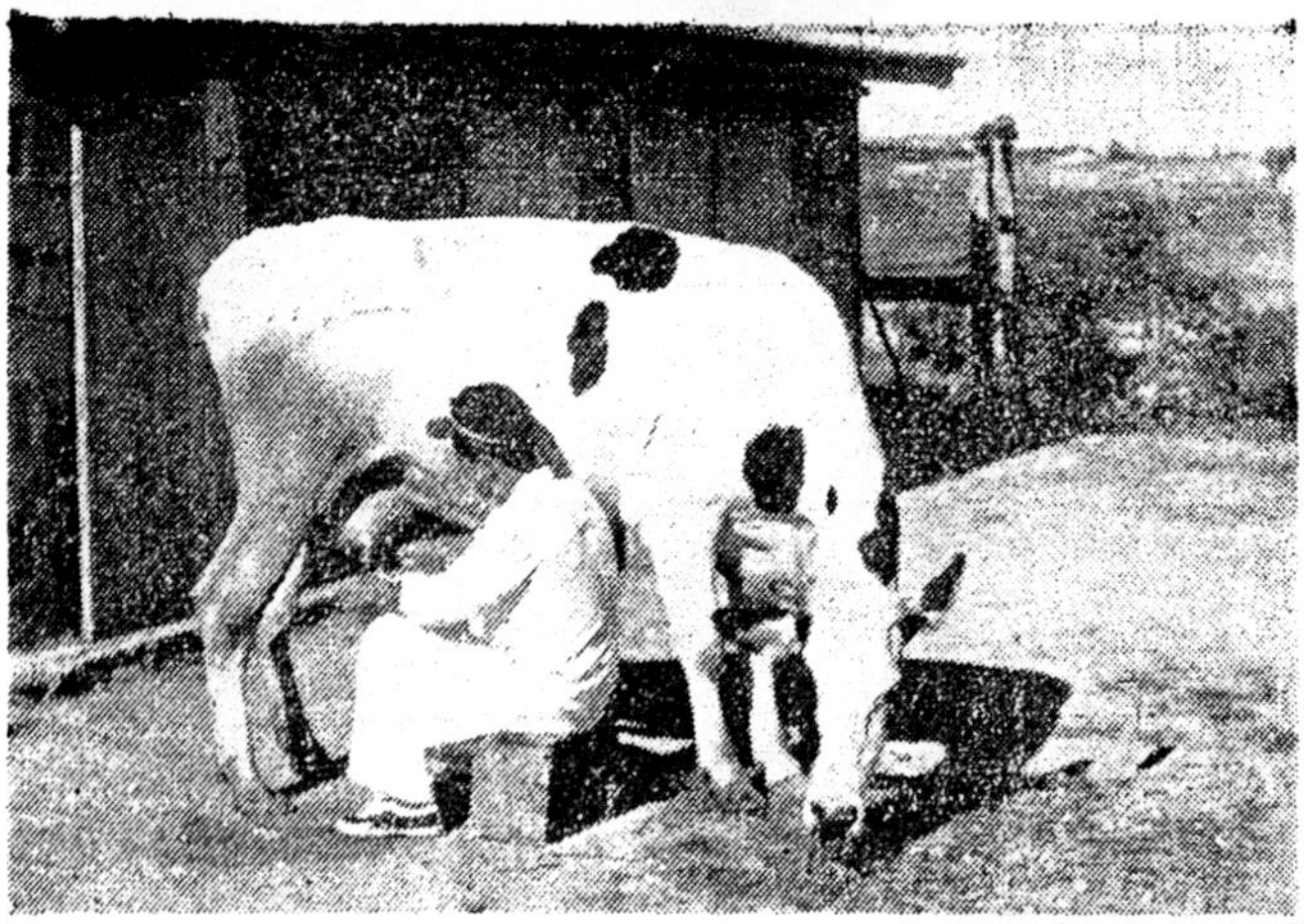

乳牛

製莚

製縄

耕耘実習

校地面積の規準

学校の種類	規模別、学科別	(生徒一人当り面積m^2)
小学校	12学級以下 13学級以上	20 15
中学校	生徒数　480 人未満 生徒数　481 人以上	30 25
高等学校	普通科おく高等学校 商業に関する学科をおく高校 家庭に関する学科をおく高校	70 70 70
	農業に関する学科をおく高校 水産に関する学科をおく高校 工業に関する学科をおく高校	110 110　実習地を含まない。 110

運動場面積の規準

学校の種類	所要面積
小学校	70m×120mを下らないことが望ましい
中学校	70m×120mを最小限とし、この面積、8,400m^2に生徒数740人を加えるごとに生徒1人につき6m^2ずつを加えたもの以上の面積
高等学校	上記の面積 8,400m^2に生徒445人をこえ740人までの生徒数1人につき14m^2ずつを加え、なお720人をこえる生徒数1人につき10m^2ずつを上記の大きさに加えたもの以上の面積

便所の規準

区分	小便器	大便器
男子児童（生徒）100 人につき	4	2
女子児童（生徒）100 人につき	—	5

クラス数	クラス定員	男子用		女子用
		小便器	大便用	
6	40人 50人 60人	5 6 8	3 3 4	6 8 9
9	40 50 60	7 9 11	4 5 6	9 11 14
12	40 50 60	10 12 15	6 5 8	12 15 18
15	40 50 60	12 15 18	6 8 9	15 19 22
18	40 50 60	14 18 21	7 9 11	18 22 30
24	40 50 60	20 24 29	10 12 15	29 30 36

學校各種コンクール審査の結果より

A 緑化美化について

1 木麻黄による早期緑化はかなり成果をあげている。

2 今後の植樹計画に樹種の選定が必要である。

3 植樹と建築物の調和を考慮して。

4 植樹の目的に応じた適当な管理を。

5 植樹計画、花壇計画によつて苗圃をもつこと。

6 管理は学習活動の一環として。

7 緑化、美化に関する教育計画と児童生徒の参画を。

8 教材園の設置が必要である。

9 管理用具の充実。

10 校地の保清に充分な配慮を。

B 校舎、教具、校具の活用作製状況について

1 校舎の整備に伴ない、校具、教具の充実に努力がなされている。

2 校舎、教室を高度に活用する意欲がさかんになりつつある。

3 ものを大切に扱い、破損に対しても、すぐ修理する考慮がはらわれつつある。

4 校舎の保清について一段の努力がほしい。

5 教室並に職員室の整理、整頓に一層の努力がほしい。

6 便所の位置、設計保清に留意する必要がある。

C 教室の施設運営

一、基本施設

1 机、腰掛は一般的に整備されているが、子供の身体に応ずる考慮が必要である。

2 特殊の黒板などの施設が少ない。

3 展示板の活用が不充分
展示の意図を明確に、充分と活用すること。

4 教室の棚の利用がされていない。

二、視聴覚設備

1 飼育、栽培、観察の施設が整えられていない。

2 各教科の指導に必要な資料、教具に創意と工夫がはらわれている(特に低学年)
各教科と関連して計画的に進めること

三、美化施設

1 清掃用具の整備が必要である。

2 清掃用具の管理と、保健的な処置が必要である。

3 美的情操面の施設には関心がはらわれている、

4 教室保健と下駄箱
衛生施設と手洗い、姿見、つめきり、児童の身体の保護について関心がはらわれている。

5 タンツボの設備がほしい。

四、修理保繕について、よく配慮されている。

あとがき

◎戦後十年!!

○炎天に木陰欲(ほ)りせし学校は　雨降り出でて休みとなりぬ　(一九四五年度)

○夏されぱむしやく如く　風吹けばバタバタ飛びしテント教室

○父母は国頭山に丸太切り　吾等かや刈りて成れる学校

○米松の二掛四(とうばいほう)に赤瓦、暴風(かぜ)にも休まずホットせりけり　(一九五〇年度)

○砂ジャリのブロック建の美事さに、若返りきて又学びたし　(一九五三年度)

(比嘉俊成氏作十二号より)

◎教科書も、紙も、鉛筆も、チョークも、黒板も、机、腰掛もない。
こんな条件のとゝのはない環境の中で教育することは確かに困難であつた……といつて子供たちはホツテおけない。
教具の創作、校具の作製など……と苦難の途をたどりながら、よくも教育をささえ、こゝまで守り育てゝきた現場教師の教育愛とP・T・Aの援助の大きかつたことを思い敬意を表します。

◎幸い五〇年度から校舎建築が本格的となり必要教室数が充たされる日も近い将来で更に内容面に今後相当の努力が払われることになりましよう。

◎八千万同胞の愛の募金による教具が各学校に贈られ、学習面にうるほいを与えて下さつた。写真に みるように 子供たちは生き〱と楽しく学習しています。
よい施設がどれだけ子供たちを幸せにしてくれることでしよう。感謝の気持で眺めています。

◎本号は出来るだけ写真を多く入れて、学校の活動状況を紹介したわけですがそれ〲の学校が地域に即し、特色ある経営をなさつている様子がはつきりいたします。

◎今後とも、数多くの学校を御紹介する計画でおりますので 御協力の 程を 御願い致します。(K・T)

一九五六年六月二十三日印刷
一九五六年六月三十日発行

文教時報(第二十五號)
(非売品)

発行所　琉球政府文教局
研究調査課

印刷所　ひかり印刷所
那覇市三区十二組
(電話一五七番)

文教時報

琉球　1956

附録 別冊　琉球の教育

文教局研究調査課　No, 26

空は澄みわたり、涼風ははだえに快い楽しい運動会シーズン。

文教時報26号

＝目　次＝

新学期によせて

＝自信ある目標と確實な實践＝

指導課長　中山興眞

○夏休みは、全教師が講習に出かける。日直には教育委員会が当つていた。校舎、校地その他施設一切の所有権者であり、その保護管理の最高責任者たる委員会の成長である。

○休み中の校舎、施設は護りにくい。便所の戸、籠球のリング、指揮台まで完全に護られている学校があつた。それぞれの施設に対し、予想できる災害に処する一寸した対策でも、無駄になるものではない。再度の台風後にその実例をいくつも見た。

○すべての樹木が焼き拂われたようにまつ赤になつた校庭に、三本の梯梧の幼木が、初夏のような若葉でみずみずしい緑をたゝえていた。しかし、この三本の幼木の囲辺は、それぞれ四本の杭と茅の壁で包まれていた。

○休み中の学習指導、生活指導に、学校としての計画、家庭との連絡、基本的には手が打たれている。しかし、児童生徒の参加により、学級に即し、個人に即し、地域性、環境性の色彩の濃い具体ある準備と、計画への前進が今後に残されている。

○この頃、学力低下の声は静かになつているようだが、解決されているのではあるまい。あらゆる要因をつきとめて、いよいよその打開への実践期にはいつたのであろう。この期間は長いことを覚悟せねばならない。

○教育委員会の成長、教育実践者の自信ある目標と確実なる実践、このような両者間の理解と協力が問題解決の核となる。

○具体にされた目標から自信が湧き、具体にされた計画と、準備と、方法から確実な実践力が生まれる。

○安全教育も、道徳教育も、教育行事も、学力の向上も、指導要録の記入も、通知表の活用も、問題点の一つ一つに対する自信ある目標と確実な実践で解決していこう。

一九五六年六月二十六日

文教審議委員長　山　城　篤　男

行政主席殿

産業教育振興計画に関する答申

文教審議会は一九五六年五月十五日に第一回総会が開かれてから一九五六年六月二六日をもつて回を重ねること十三回に及んだが、その間「産業教育振興計画について審議され、問題を

一、沖縄の産業政策の動向、特に基幹産業及び主要産業について

二、当該各基幹産業乃至主要産業に要する地位別、就業者の比率及び所要数について

三、中高校及び職業高校の目標について

四、中高校職業高校の規模について

五、中高校職業高校の施設設備について

六、教員養成計画について、

七、地域社会、諸団体との関連について

八、教育行政機構の強化について

各産業毎に各専門部門（農、工、商、水、家）に於いて論議されたが、最も重要なものとして検討が加えられ主な点を挙げれば大要次のとおりである。

一　審議事項

1、産業教育の振興を必要とする沖縄の実態について

2　産業教育とその使命

3　産業教育振興の問題点

○　産業教育の施設設備の充実をはかるべきである。

○　産業教育に従事する教員の現職教育と教員の養成の強化をはかるべきである。

○　産業教育の振興を図るため教育行政機構の強化が必要である。

○　産業教育振興法をつくるべきである。

二　審議内容

一、産業教育の振興を必要とする沖縄の実態について

沖縄は元来土地が狭い上に更に軍用に徴せられることもあつて八十万人の多くが、生活してゆくためには、高度の技術をもつて産業を盛んにし、経済を発展させるよりほかに方法はない。産業を興隆させて経済力を伸長させることは再建途上にあるわが沖縄にとつて最高の目標でなければならない。

言うまでもなく経済面においては、楽観を許さない問題が山積している。もともと天然資源に恵まれず、また人口稠密をきわめている上に現在なお年々約二万人の増加、労働力において八千人の増加を見つつあるなど、経済の基本的な面で不利な条件がかさなつているしかも生産業は膨大な駐留軍および基地建設工事等の特殊な条件に大きく作用されて、その復興がいちぢるしくおくれ、不振をきわめている。そしてこれらの基礎条件は経済構造の上にも重要な影響をもたらしている。産業界のこのような現状にあるとき、産業の推進力である産業人の育成ということが重要視されなければならないことは勿論である。ところが経済審議会において産業教育振興の問題が取り上げられてないのは遺憾に思う〃それが産業教育に必須の施設、設備の甚だしい不足と共に、教育上の大きな隘路となつて思うように教育効果を挙げ得なかつたとも言える〃しかし一九五二年から産業教育を振興せねばならないことが取り上げられ、一九五四年新しい使命を掲げて民主社会の中に正しく位置づけられるようになつた。

二、産業教育とその使命

まず第一に産業教育は近代的人間育成のための大衆教育の達成を期することである。

今や近代社会生活の認識と相まつて徹底的に誤れる前近代的教育思想を是正しなければならない〃今日の社会は技術文明の社会であり、その支配的立場は産業経済であることは論議の余地を持たない所である。従つて産業経済生活が大衆の生活であることを認識すれば、産業教育こそ民主主義的教育理念に基いた大衆教育であると言うことができる。

そして目的を自覚した科学的な勤労観を養い、産業技

術を正しく習得し、さらに工夫創造の能力を培った近代的人間像を大衆教育として、これが達成を期すべきである。

第二に産業教育は産業を通じて沖縄の人々の生活に寄与する技術教育の徹底を図ることである。

われわれは生活を向上させるために必要な産業経済の発展を希うものであるが、沖縄の貧弱な資源の上で如何にして産業経済の発展を可能ならしめるかは、沖縄再建にとつて宿命的課題である。

その解決は生産力の増強如何にかかつており、これを教育的に果すためには、豊かな創造力を培う技術教育に求めなければならない。即ち農、工、商、水、家庭等の産業技術の進歩向上によつて生産力の増大、資源の開発、輸出の振興、経済生活の合理化、能率化を実現し、それが沖縄住民全体の幸福に連なることを目標とした技術教育の徹底こそ産業教育の担う大きな使命でなければならない。

新しい産業教育の理念に基く技術教育によつて育成された産業人が、やがて経済力の増大と生活の向上安定の推進力となつて行くことを期待しなければならない

要するに産業教育はいわゆる普通教育又は一般教育と厳しく対立し、区別せられるものと考えるべきでなく、むしろ産業教育の中に血となり肉となつて一般教育を吸収し、近代的全人教育の成果が産業教育であると言う観点に立つことが必要である。そして産業教育が産業社会の要求と教育理念とを調和して、その使命を達成するように沖縄教育の根本方針を樹立すべきことは沖縄再建の必然的要請である。

三 産業教育振興の問題点

○産業教育の施設設備の充実をはかるべきである

産業教育の施設設備は戦争による学校の転換、戦災等によつて惨胆たるものである。中学校、公立高校の施設、設備は現在皆無の状態にあり、職業高校は一九五四年に至つて初めて設備充実費が支出され設備の現有率は農林高校（五校）、商業高校、水産高校に於いて僅かに一〇%、工業高校において三%の設備である施設の面に於て実習施設は殆んど皆無の現状である。この現有状況は日本の設備現有率四二%、施設四一%に対してみじめなもので、当面の緊急問題としてその充実整備が熱望せられている。言うまでもなく実習は産業教育の中心であり、そのための施設設備は欠くことの出来ないものであるが、その整備には莫大な経費を要するので、この五カ年計画において六〇%の施設設備は一層の関心と努力をもつて充実に尽すべきである。

○産業教育に従事する教員の現職教育と教員養成の強化をはかるべきである。

教員に適切な人を得ることは、産業教育ひいては産業の発展のために極めて必要なことである。産業教育が技術教育を生命とするものであるから、これを担当する教員が理論と技術の両面を指導する能力をもつことが必要である。沖縄の現状において採るべき方法は現職教育と教員養成とである。すなわち日本本土留学職場実習及び見学講習会等のあらゆる機会と方法によつて、学科指導担当教員の実技能力の向上をはかり実習指導担当教員は教職教養の充実をはからなければならない。更に緊急な問題は教員の養成である。

琉球大学の施設設備を充実し、理論と実技両面を一元化した教員養成機関を設けて、職業科家庭科の担当教員を養成すると共に日本本土の大学のそれぞれの専攻部門において職業高校の中堅教員を養成し、沖縄産業教育百年の大計を打ち樹てるべきである。

1 産業教育に従事する教員及び指導者の定数を農業、工業、水産各科毎に学級数と教育課程の実態に即して明確に規定されたい。

○ 教員と技術専門教員（教諭及び助手）と二重に分ち各定数を規定すること。

○ 実験実習、ホームプロゼクトもあるので、教員の週当り授業時数は十五時間以内とすること。

○ 学校の規模に応じ、工場夫、農場夫、乗船夫等の定数及び農場、工場等の専属事務官定数をも規定すること。

2 産業教育に従事する教員及び指導者についてはその職務の特殊性により実習手当、超勤手当等を支給して優遇されたい。

○ 産業教育に従事する教員は学科指導の他に実習指導もあり、普通科教員よりも勤労も強度であり、勤労時間も多いのでかかる措置が必要である。

○ 支給の対象範囲は産業教育に従事する有為な中堅青年の育成に当る職業高校の教員全部を希望するが、少くとも職業科の免許状を有し、職業科を担当している教員は民間職域における処遇との均衡を考慮して優遇されたい。

○ 特別なる休暇中或は夜間の勤務について超過勤務手当給与の措置をとること。

3 産業教育に従事する教員並びに指導者の現職教育及び資格の向上について特別な考慮を払われたい。

○ 琉球大学において現職教育の講習会を実施され

たい。

○ 施設設備の充実している大学において現職教育の講習会又は日本本土留学を実施されたい。

例えば工業機械、農場経営法、水産技術、商業実践等は年々進歩改革されるので、現職教育が特に必要である。

○ 技術関係指導者については、学歴或は認定講習のみならず、更に別途に経験と技術を尊重して実力本位とした検定試験制度をも併せ制定すること

4 実習助手の資格の向上、待遇の改善定数の確保について特に実施されたい

◎ 産業教育の振興を図るために教育行政機構の強化が必要である。

不振に悩む産業教育を振興発展させるためには、教育行政機関の指導助成施策が最も必要である。これから政府が当然遂行しなければならない事項は余りにも重大な内容と広汎な範囲に及んでいる。

すなわち産業教育総合計画の樹立、学習内容方法の指導、施設設備の整備教員の現職教育又は養成計画の実施、産業界との協力等はいずれも容易に遂行出来るものではないだけに、これらを実施するための産業教育行政機関としては、今までの考え方を一掃して大英断を揮って根本的施策を立てなければならない。

産業教育行政を担当する課（産業教育課）を特設して産業教育に関する企画、調査、指導、施設、設備の諸業務を一元的に処理すべきである。

○ 産業教育振興法をつくるべきである。

産業教育が沖縄の産業経済及び沖縄の住民の生活の基礎であることにかんがみ、産業教育の振興に関する総合計画の樹立、その他産業教育に関する重要事項を調査審議させるため、文教局及び政府の財政的援助を受ける市町村にそれぞれ中央産業教育審議会及び地方産業教育審議会を設置するとともに、政府が公立中学校、公立高校、職業高校の設置者に対し、産業教育の内容を充実させるために必要な経費について補助する等の措置によってその振興を図るべきである。

以上文教局から諮問された産業教育振興計画に関して、文教審議会に於ける産業教育振興計画に対する審議のまとめと別紙資料を相添え答申いたします。

資料目録

1 産業教育計画
2 農業教育振興に関する答申
3 水産教育に関する答申
4 工業教育振興に関する答申
5 商業教育振興に関する答申
6 家庭科教育振興に関する答申

夏休みの想出

与那原小学校　六A　辺土名邦子

七月二十一日から八月三十一日までの夏休みもすんで涼しい二学期がはじまりました。長いようで短いような夏休みには、あれこれいろいろな思い出がたくさん残っています。

休みに入ると、午前中はオルガンと合唱の練習、午後は家の手伝やお習字のおけいこなど、これが私の夏休み中の日課でした。むし暑い午後の日中には昼ねや散歩の時間も持ちました。

お盆の一日目母と一緒に盆の買物に出かけましたお盆だというのでナハの通りは人波のごったがえしです。市場通りの商店では売る人、買う人がいそがしそうにたちまわっています。どの店もいつもとちがって品物がぎっしりとつめこんであります。人波を分けて山形屋の二階で大急ぎで買物をすませて帰りましたが、ナハの町があまりにもにぎやかなことには、まったくおどろきました。

買物も終り今度はお供えの準備です。妹達も家中そろって準備にかかりましたのでよくはかどりました仏だんのお供えもすまし、ちゃんとかざりもととのえ、ちょうちんに灯をともして御先祖様をおむかえしました。旧十五日の晩にはいつもより、おそくまで起きて仏さまをお送りしました。お盆も夏休中の大きな行事の一つです。

今度の夏休みは目立って暑いような気がしました寒暖計の目盛はほとんど毎日三十度を越えていました。七月八月といえば夏のまっさかりで暑さのために学校での勉強がじゅう分に出来ないというので長い休みもあることでしように、時々台風がおそって来たりしてせっかくの計画もむだになってしまうしほんとに弱ってしまいます。これは今後の夏休みのいやな思い出の一つです。

日頃は学校にいる時間が大部分で弟や妹たちの世話も思うようにはしてやれないが休みに入ると家にいることが多くなるので妹の勉強の世話などもしてやることが出来るのも楽しいことです。時々あるクラスの出校日には長い間家をはなれて久しぶりに自分の家に帰って来たようで先生やお友達の顔もだいぶかわったような気がしてふだんよりも学校に親しみを感じました。

来年は台風のない夏休みでありますように。楽しい夏休みでした。

道徳教育の反省とその測定評価実施の難点（二）

比嘉俊成

＝目次＝

一、序説

戦争に追われて食生活もあさり拾いの生物的自然生活に陥り、その習慣のせいか所有の観念が薄らいで共産風になり、父母兄弟を失い、妻子眷属をなくして呆然虚脱状態になつた所へ、加うるに戦後諸般の機関未だ整わず、生活もなお安定を欠ぎ、傷い疾病の家族の為め学令内にある少年少女の勤労群が街に氾濫しても救済養護の社会保障も未だこれなく、社会状況は道徳的に混乱の状態にあつて、偽り、欺き、かつぱらい、窃盗、傷害等、殊に青少年の犯罪が多く、どことなく道義の頽敗道徳感の低下の声が喧しく、心ある人士をしてヒンシユクせしめるようになつた。

是に於て、道徳教育の振興、道義の昂揚の必要を痛感せざるを得なくなつた

二、道徳教育の実践反省

1、教育目標、誠の人間像

戦後は教育の目標も又未だ判然せず、只戦争に懲りた結果自然に平和愛好と民主々義であるべきことが大体に於て察知されるだけであつた。

それで我校としては現下の社会状況に鑑みてこの二つの上に誠の人間を育成しておけばよかろうと誠の人間像を目標にして世界性のある即ち国際的発展性のある科学的な文化主義を教育の方針に取つた。

ローラーをかけられたように打ちのめされた戦後の無から有への教育で校地、校舎、校具、教具等の形の上の即ち建築や施設備品の一方、所謂学習指導養護訓育等無形の即ち精神面として具体的に「誠意」の大文字を掲げガイダンス、しつけを重視する様考えて進んだ。

2、生徒自治会の組織運営

実行の一つとして先ず生徒自治会を組織させて、これを各部落毎に学校に於て、又は各部落に於て開催させ、自治的に各自の行動を規制して行く様にし、職員は各部落受持に分担して指導に当ることにした。同時に又市教育会に提案して市内各校とも各部落別に参加して、時に各校区毎に、或は又時々一校に集つて開催して各校職員も同様部落受持指導に当つて貰う様にした所市教育会が同じ気持でこれに賛同、全市挙つて道徳教育に尽すことの出来たことは、喜びと感謝に堪えないが、特に各部落区長が学習所の設置や時鐘の世話など進んで協力したことは特筆に値する。

自治会での協議、実行の項目は種々あつたが、主として帰宅後の学習の件や当時最も危険の一つで時に生命に関する夜間外出映画見学等の事で自らの相談によつて互に規制して社会悪から守られ、学習に専念せしめる様教育の一助たらしめた。

因に、この自治会の結果、各自の行動品行が著しく向上して、学習成績の上に好影響を及したが、又各個人、或は部落自治会として善行により軍或は市から表彰、感謝状、賞品礼状等を寄贈されたものも多くある

3、新聞によつて社会に呼び掛ける

道徳教育は衛生などの様に環境挙つてなさなければ成績効果があげ難いので、先には真和志市全域の協力を得て実施したが次は広く社会に呼びかける為めに新聞によつて訴えた。即ち一回はタイムス紙上に「道徳教育の振興を促す」と題して一両日間、次は琉球新報に「文化国家への道」（再び道徳教育の振興について）三日間、次も同紙に「道徳と文化」（三度道徳教育

の振興について）やはり三日間掲載して、道徳国家が文化国家に最も近いことを強調し、なお道徳が文化価値の高いことを述べて道義心の昂揚を訴え、なお新聞社や公社官庁に道義昂揚週間の如きものを開催することを慫慂した。

一年後に「子供を守る会」が発足して教職員会内にあり、二年後に文教局が長欠児問題を取上げて対処し、那覇市に訪問補導教師が出来て地区教育庁内にあり、同時に各学校に補導主任が置かれる様になつた。なお琉球新報社でも中高校生の対談座談会や長常欠児問題についての各界代表の座談会を開催する様になつて、世間の青少年の行動徳義心の問題についての関心が高まつて来た。お蔭で年々青少年の犯罪が少くなりつゝあるとの当局の発表である。

しかし吾々の目標は勿論青少年の養護補導でいたいけな子供に罪を犯させたり、社会悪に染めないことでつまり大人に子供を守つて貰うことであるが、進んではやはり生徒を通じて、社会浄化にまでいきたいものである。

三、道徳教育指導計画

1、道徳テストの一例題

△傾向の把握対策、異常傾向の処理指導

測定検査評価の計画は主として行動の記録や人格テストの要綱によるが「人と親しむか、否か」「よく話すか「引込勝か…」…」等々の交友社交性の関係の普通の人格テストの項目以外、新聞記事、時事問題特に「人としての行」（所謂人間の道）として云々される徳義（義理？）道徳上に関係ある事項について試みる

時項	試問
養護院の方々	どう思いますか
戦争で父母を失つた子	時によつて
老人	悲しいと思うか
かつぱらい、窃盗	いやだと思うか
強盗、殺人（特に遊興、贅沢の為めの）	痛快だとするか
厚生園	けしからんと思うか
風紀問題（ゆみ子ちゃん事件）	何とも思いませんか
夜間外出	当り前だと思うか
映画見学	助けてやりたいと思うか
	慰問したいと思いますか
	憤りを覚えるか

後に詳述する如く道徳的検査評価は六ケ敷しくて、リトマス試験紙の様に判然とつかめない所があるが、こゝでは傾向の把握と対策に注意し、中でも特別異常傾向の処理指導に注意を払う様にする。而しその個人的なのは個人指導やガイダンスに使用し、家庭父兄と連絡して当り、集団的部落の傾向を示す時には、部落常会、部落父兄、区長会と連携協力して当り度いと思う、今までの所では未だはつきりした傾向や異常特殊な傾向は現われていない。（把めない）

2、正しい指導の為めの正しい評価

東洋特に我が沖縄では人格といえば道徳的性格と考えられて来た。人格の総和を道徳的行動に見る沖縄の社会型に於て、全人教育によつて、人格の一面たる徳性を重視して、よりよい社会、住みよい社会へ目指して、よき社会人として、社会の進歩発展に寄与する人格を涵養したいと考え、「正しい指導の為めの正しい評価」のモットーで進みたいが、道徳教育の評価は六ケ敷しくて色々の困難を感じる、そこで先づ手取り早く文部省の「手びき」に沿うて、分折し、具体的に精密な計画目標の設定の下に進みたいと思う。

3、文部省「手びき」

先づ「手びき」の習慣、判断、心情を骨子として、徳性から見て結果的な行為を他律的から自律的へ（又自立へ）或は意識的から反射的、乃至無意識的へと進ませたいが、而し心情なるものは知的な判断による感情的働き、燃ゆる心情の働きといわれる行為の道徳的判断から現実の行為（実行）へ、即ち頭から肢体の行動（実行）へは情意、心情の推進によつてなされる様にいわれる。

4、テスト評価実施の難点

A観察法（主観的偏見と客観的信頼度）

前述の如く人格の検査、道徳的テストは他の学力や知能のテストの様に適確にうまく行くものか、先づ行動の記録に倣つてやつて行くことにして、

第一に観察法を取るとすれば如何、これはどうも主観的偏見の欠点があり、客観的信頼度が低い様な憾みがある。先入主を拭い去つて純粋に明鏡止水の姿に客観（表象）を描写しなければならない苦心が存する。

Bペーパーテスト（被検者の善意に依存する信頼度）

次にペーパーテストである、これは又自己診断と真実性の問題が包蔵されている。こんな実験（テスト）は対象（被検査）の善意真実の答に依存する。正直な

自己の真の姿を語ることによらねばならない。こゝにその信頼度が問題になつて来る。

Cプロジエクト法（聯想表出の可能度）

今度はプロジエクト法であるが、人間は本来自己の内なるものを語りたくない性質があるが、プロジエクト法では間接的に被検者を無意識のうちに自己に内在するものを、どの程度告白、発表させ得るかが問題である。特に、テスト結果の解釈には高度の技術が必要である。以上の様にテストの各方法皆各々特色があると共に又各々問題点がひそんでいるので、実施に当つてはよくこの難点を考慮してやらなければならない。

5、妥当性の面から

次には方法をかへて考察して見たいと思う。

即ちその妥当性の面から考察する時、そのテストの結果（計量数字）なるものはそのまゝ対象（被検者）の徳性（道徳的性格？）の分量を示すものであろうか。それによつて上記の「手びき」の心情、判断、習慣（これは観察以外六ケ敷しいか知らん？）の計量尺度となるかどうか、即ち「行」と同時平行（又平衡）を示すものであるか、即ち王陽明ではないが、知行はどの程度合一するか、但し知的判断が情意心情をして行動に移さしめる勢力？を有し、融合して統一体となつて行動（道徳的）となれば、知識の計量は又同時に心情（習慣？、これは別であろう）の分量に相応すると倣される？であろう。以上仔細に点検観察して見ると、何れも難点を蔵して愈々実施に手出し出来なくなつて来るが、何とかして可能な程度で、而し科学的に実施して行きたいものである。

四、実施処理上の諸注意

以上色々と実施経験し観察考究検討した結果、実施に当つて種々留意すべき点があるからこれを指点記述しおくことにする

1、手軽に施されること

2、短時間に施されること

如何によいテスト測定や評価も繁雑で手間どり従つて長時間を要するのは種々の支障を来たしてよくない。あつさり手軽に、それ故に又短時間に施されることが望ましい。

3、成績（特に劣等の）の取扱いには、慎重に意を用いなければならない。

4、テストは決定的なものではない。（テストの結果のみによらない）

これは前述諸種の疑問難点に鑑みて当為的にテストの結果のみを以て決定的なものにしないで、他の資料も色々参考に供して見る必要があることをよくよく注意しておくこと

5、年令による信頼度

なおこれらの諸方法は人格の複雑度の増す年令、即ち高学年には信頼度が低く、低学年にそれが高いといわれているので留意すべきである

6、実施の適否（時期、方法、回数の）

実施に当つてはその時期、方法及び回数の適否をよく考えて適度に施すこと

7、解釈の苦心

解釈に当つては公正無私、出来るだけ主観先入主を排除して、客観的に把握すべきで、従つて実際の対策指導には一方ならぬ苦心を要する。

五、結　び

1誠実の人間社会へ

指導に当つての目標として、誠実な人間社会、即ち誠意善意を以てつき合う、真によりよい、住みよい社会建設に尽す人間（人格）を養成する様心掛ける。

2、道徳的社会型の建設へ

善意でつき合う、真によりよい、住みよい社会で、それが民主的社会であり、沖縄昔ながらの人格尊重の道徳的社会型で、それの建設実現に寄与する人たらしめる様指導に務める

3、良心的自然的義務づけ

お互が良心的に結び合うて、自然に社会或種のオブリゲーション（強制でなく義務づけ）の社会慣行の型が出来て、その繁栄に寄与して行く様にあらしめ度い

（真和志中校長）

琉球における

青少年不良化の防止対策

政井平進

不良少年とは不良行為をなす少年に対していうのであるが、特殊な場合においては、不良少年と犯罪少年虞犯少年とは、区別して用いる場合もあり得る。

何故なら犯罪はすべて不良行為であるが不良行為は必ずしも犯罪行為ではない。けれども矯正指導の立場からすれば、その行為は敢えて区別する必要はない。

不良少年とはいえなくても親に口返事をし、無断外出をし、無精、怠惰であり、素直でなく反抗的で、落ち着きがない少年達がいる。これも或る意味においては問題となる少年達であろう。健全なる人格への指導育成に当る者として刑法に抵触しないからというだけで放置してはおけないであろう。

かかる行動は青年期の一時的現象であるかもしれないが、又将来に由由しい犯罪行為の前兆であるかもしれないし、或いは精神症学的な前兆であるかも知れない。しばしば、結果として形成された不適応人格を以つて云々する事も少なくないが、我々は未だにその不適応人格を形成せしめる原因を追究し、正しき判断に基づく指導をなさねばならないのである。

こゝに琉球における青少年の不良化について考えて見たいと思います。

一、不良化の原因

1 社会制度の激変

昔守礼の邦（その言葉には過去の封建的な階級意識が強く含まれてはいるが）として知られ、又一沖縄県として、政治経済も安定し、住みよい平和な社会であつたが、第二次世界大戦の最終の交戦地として見るに忍びない悲惨な災害を蒙り、尊い人命は惜げなく失われ、荒れ果てた唯中に終戦を迎えるに至つた。

敗戦は一気に人々を堕落せしめた、自暴自棄となり人心は荒廃し、復員軍人や其の他海外からの帰還者で人口はうなぎ上りに増大し、生活は日日困窮の状態に陥つた。この失望にとざされた住民は次第に道徳観念が薄らぎ、社会悪に対する連たい責任は極端な自己本位の利益の争となり、場戦心理が戦果（窃盗）根性となり、それが盗癖となつてしまつた。住民は生活苦に追われ、子弟の教育善導は無関心となり放任状態となつた。

2 環境の悪化

先述べた如く敗戦に依り国民思想が動揺し、精神的なものから物質的なものへと移行し、そのため道徳観念が低下し風紀がみだれ、享楽の気風は成人にのみ止まず青少年にも影響を及ぼし、飲酒、喫煙、賭博的遊戯、不健全な興業と不健全なる読物が蔓延して童心を傷つけ、不良行為をするものが激増して来た。

3 家庭の環境

子供を幸福にする基礎は健全なる親と家庭である。子供は親の感化と指導によつて健全なる発達をするのであり、親と家庭の在り方が子供の幸、不幸を決めるといつても良いのである。

この様に子供の発達に最も重要な家庭、家族の構成が大戦で失われ、ぶち壊され、或る者は両親を失い、片親、兄弟姉妹を失い、戦災孤児となり、又は家屋を焼失し、不動産まで失い、精神的にも物質的にも家族の安定性を欠き日々暗い生活を余儀なくしている家庭が少なくない事は沖縄の特殊な家庭環境として留意すべきことである。

㈠ 経済的困窮

未開社会であればいざ知らず現代の資本主義社会において、血縁的或いは機能的な集団組織は経済的裏付けなくしては成立し難いのは当然である。戦災は悉く家庭経済の安定を失わせ、あらゆる点において家庭内に不和をもたらし、暗い雰囲気をかもし出している。

経済的基盤の上に立つて正しい明るい生活も営まれ、青少年の健全なる育成もなされるのであるが現在の琉球では日々の生活に窮し、就学期の青少年が家計維持の為に就学出来ず仕事に従事しているのも多い。

又現在の家庭状態から就学児童も特に経済的観念は持つべきであろうが余り金銭的興味を持ち過ぎている様である。子供の経済的観念は無駄使いせず与えられたお金を有効に使い得る程度で結構であろう子供は子供として伸び伸びとした日常生活をして行く事が望ましい。現在の青少年の精神的内部には幾分清らかさが失われている様な感を受けるのである。

㈡ 家族の無関心及び無理解

たい廃した社会において、感受性、模放性の強い然も自我意識が未だ堅固でない青少年を持つ親家庭が子供に対して無関心であつたり、無理解であつたりすることは不良化の最も大きな原因をなしているのである。文教局の調査結果によれば長欠児特に家庭によるもの小学校 三八八人中四一% 中学校一二三四人 中三一、一% の児童が家庭の無理解によるものとなつている。又警察局の犯罪統計によれば中流家庭 二二一六人 の中一一七六人で 全体の五三、二% で下流家庭三六、七% 極貧六% 上流家庭四%となつている。

琉球の社会に中流の家庭が全世帯の何%占めているかはつきり分らないが犯罪者が中流家庭から多いことは大体うなずかれる。

これは不良行為が経済的原因にのみよるものでなく、両親の日常生活における躾の態度、家庭雰囲気親の教育に対する関心、或は社会の諸条件がその原因をなしていると思われる。

㈢ 両親との関係

先ず高橋茂雄氏の調査（四国の少年院）した結果によれば両親の揃つている者は、不良少年一一四名中三九名であり、全体の三四、二%で残り七五%は両親が揃つていない者である。

又胡差地区長欠児一八三名についての調査（胡差地区訪問教師による）結果によると、両親の揃つているもの九八名、五四%両親の揃つていない者八五名四六%となつている。

William C kvaraceus に依れば、不良少女の内一〇%は母親なしであり、不良少年の母親なしは四、五%である。そのことから彼は、思春期の少女の指導において、母親の重要性を述べている。

これらはいずれも、社会全体の青少年に対して両親の揃つている者、又両親が揃つていない者の数が出されていないので断定することは出来ないが高橋氏の調査結果は勿論、胡差地区に於ける調査結果においてでも、両親のそろつている者と両親のそろつていないものとの大差がないことは正常なる一般社会において、両親のそろつた家庭が多いことからしても、両親のそろつていない家庭から不良青年が多く出ていることがいえる。

㈣ 地域社会環境

不良少年の家庭が教育的に好ましくない環境的要因を含んでいると同様に地域社会が個人に及ぼす影響も大なるもので、その社会の文化的諸条件及び近隣の人的構成によつて、各個人の生活行動は改善され、又悪化していく場合が多いのである。

又移動性の高い家庭においては、地域社会に対する結びつきが薄く、近隣の人々に対する親密感、責任感が減じてくる。無産階級の労働者達は、職場の変動と共に家族も移動していくのである。職場の変動は家庭の安定感を失わせ、子供は情緒的不安定となる。友交関係も思わしくなく、学校に対してもなじまなくなり、長欠の原因ともなり、不良行動をなす原因ともなる。

青少年の余暇を適切に活動し得る教育的環境が少ない。その為め勢い冒険的行動をなし、又映画館にもぐり込んだり、悪事を働いたりする。

㈤ 学校環境

学校は家庭外において、子供に適応を要請する意図的機関である。子供はその能力、個性に応じて知識技能を習得すると共に、情緒的体系に一定の統制が行われることによつて社会に適応した行動を展開する。又反面、学校の権威に反抗し、規則を無視し非友好的で反社会的態度を益々強固にしていく場合もある。

学校環境の整備と教師の行き届いた指導は最も必要であるが戦後の琉球においては、これらの全てが悉く破壊された。なお日本内地との行政分離は教育面に最も痛手を蒙り、戦後十年、ようやく小中学校の校舎もバラックから本校舎に代り、教具、教師陣容、カリキユラムの合理化と内容充実に進みつゝある。現在の学校は未だ組織的にも完全ではない。この様に不備の中に集る青少年の中には複雑な家庭事情を持つた者も多く、個別指導を要する者も少なくないが、児童の数の増加と、教室不足は学校当局の大きな悩みである。従つて学級の編成も望ましいものではなく、定員超過も止むを得ない。この様な状態では学級経営も合理的な指導も出来ず個人指導等行き届いてなされないのは無理もない事である。

教育の場としての学校環境でありながら、この様な悪条件における教育はやむなく不良児及び長欠児を出している。

長欠児

疾病による長期欠席はやむを得ないものであるがそれにしても長期欠席が青少年の健全なる発達を阻止していることは云うまでもないことである。

又長欠が不良化の大なる原因となつていることも見逃し難い事実であり、次に示す表（一九五四年文教局研究調査課）によつても明らかである。

（第一表）長欠者と在学者に対する比率

区分	長欠総数	長欠率%	在学者総数
小学校	八二九人	〇・八四%	九八、六一〇
中学校	二、一一三	三・八九	五四、三一六
計	二、九四二	一・九〇	一五二、九二六

（第二表）理由別長欠者数

区分	本人によるもの		家庭によるもの		計	
小学校	四四一人	五三・二%	三八八人	四六・八%	八二九人	一〇〇%
中学校	八八九人	四二・一%	一、二二四	五七・一%	二・一一三人	一〇〇%

第一表では中学校生が小学校生よりも長欠児が多いことが目立つている。一校当りの長欠児は小学校四・四人中学校一四・九人となつている

第二表では小学校が本人に依る長欠者が多いのに比較して中学校は家庭によるものが多い、尚これを本人に依る者家庭による者の別に考察したのが第三表である。

（第三表）A、本人によるもの（理由別長欠者）

区分	本人の病気	勉強ぎらい	学用品がない	衣類はき物がない	学校が遠い	本人の住所不明	小使銭かせぎ	非行児童	友達にいじめられる	その他	計
小学校	四〇・〇%	二四・〇%	五・〇%	一・〇%	三・〇%	一四・〇%	〇	二・〇%	〇・九%	五・〇%	一〇〇%
中学校	一六・七%	五六・三%	〇・九%	〇・五%	〇・三%	一二・三%	一九	一六	一・六%	七・三%	一〇〇%

第三表Aに依れば小学校においては本人の病気、勉強嫌い、本人の住所不明のが高率となり、中学校では勉強ぎらい、小使い銭稼ぎ非行児、本人の病気等が高率となつている。

さてこの表から本人に依る長欠の理由が小中学校概ね共通しているが中でも目立つ勉強ぎらいは学校教育において最も重視すべきであろう。その原因は生徒自身の身体的障害か、学力低下にあるか、家庭の無理解か、交友関係が思わしくないか、又は学校施設、教具の不備、カリキユラム構成が不適か教師の指導が悪いためか、教師は科学的資料を以つて反省し、今後対策を講じねばならない。

尤も中学生の長欠児の五〇%以上も勉強ぎらいの中に含まれているということは、最も基礎的能力を養成する小学校時代をうやむやに過して来た点にあるのではなかろうか、この様な長欠児は単に学校をずる休みしてじつとして一日を過してはいまい。人間は暇さえあれば何か活動しようという意欲を持つ、特に活動力の旺盛な、少年期、青年期においては尚更のことでこの様な常欠児は町をうろつきまわり、逃避の場として映画館等に入り浸ることも少なくない。

映画館という環境のために悪友を知り、悪習慣が身につき学業がおろそかになり益々学業がきらいになり妙な空想や好奇心を培い、犯罪行為をなしたり、又入場料のために金銭に対する悪癖（嘘を言う、家の物を持ち出す、盗みをする）におち入りやすい。

次は第三表Bで家庭によるものを検討して見よう。

（第三表）B、家庭によるもの（理由別　長欠児）

区分	家庭の無理解	家庭の疾病の異状	教育費が出せない	家庭の災害	家計の一部又は全部を出したら出校する	家計を助けるため	その他	計
小学校	四一・〇	六・〇	九・〇	三・〇	六・〇	二八・〇	六・〇	一〇〇%
中学校	三一・二	四・八	五・三	二・〇	五・一	四四・八	五・八	一〇〇%

家庭による長欠者は小学校では家庭の無理解、家計を助けるため、中学校では、家計を助けるため、家庭の無理解等がそれぞれ高率となつている。長欠児が疾病異常でない場合何らかの労働を行つていることが普

通で特に中学校の長欠児と労働問題が密接な関係にあることや、小学校における長欠者と疾病異常の問題、家庭の無理解等関係深い問題である。

以上述べたように不健全な諸条件が青少年の不良化の原因となつているが、これらの問題は単に個々の原因によるものでなく、琉球の国際的地位及び政治経済社会教育制度に大きく起因し、同様に青少年各自、又住民一人一人にその責任はかかつている問題であり、原因は幾重にも錯綜しているのである。これらの諸々の悪条件の中に育つ青少年を守り各自に自覚せしめ、これらの社会現状からよりよく社会に適応して行くよう境遇を整え、又善導しなければならない。

二、不良防止対策

たくましい体、明朗なる精神、温い家庭、楽しい学校そして健全なる平和な社会を築く事、不良化防止においての対策も窮極においてはこれ丈につきるであろうがこの目的を達するために具体的な方法を挙げてみたいと思う。

1　健全なる身体の育成

「健全なる精神は健全なる身体に宿る」。といわれていますが青少年の強固な精神を育成するためには身体の練磨にはじまる。前記第三表及本人に依る長欠児を見るに小学校では四四%　中学校では一六・七%も病欠で占めていることは、琉球の地理的条件、及び社会の諸条件から来るものであろうが、保健衛生面からも単に学童だけの問題ではなく一般社会の問題でもあるので保健衛生に対する関心と知識を広めねばならない。

①公衆衛生、伝染病に対する認識と予防、病原体発生地の撲滅、公衆衛生設備の完備と清掃、街道の放水等

②個人衛生、規律正しい日常生活、食生活の改善、飲料水の浄化、家庭における衛生施設の改善、充分なる睡眠等

2　家庭環境の改善

イ民主的な家庭

親は親としての責任と義務を果し、家族のすべての人格を尊重し、家族の成員も常に協力的精神を以つて行動し、家族に対する安定感と信頼感のもてる愛情に充ちた楽しい家庭でなければならない。

ロ子供に対する正しい理解

幼年期、少年期、青年期の各々の時代における身体的、情緒的発達の特徴を知り、正しき家庭指導をなさねばならない。青年期に至つて判断力が旺盛になつて来ると親やその他の権威による意見には反抗的となり道理にかなつた真理に対して服従するようになる。

ハ不当な欲求不満を排除する。

親又は家族は子供の能力以上の事を望んではならない。子供の欲求は適度に満してやる。家族間の偏愛は避ける。

ニ教育に対する関心を高める。

家庭における学習指導（低学年における学習指導は時に子供にとつて負担過重にならぬ様注意する）幼少児の正しき家庭の躾け、習慣を身につける。親の授業参観、経済の許す限り、子供の能力に応じて進学させる。家庭揃つてリクリエーションの時間を持つ、新聞ラジオ雑誌を通じて、時には映画、ピクニック等行く事は最も望ましい、映画について又映画のストリーに対して話し合い正しき判断力批判力を養成する。

ホ家庭の経済的安定を計る

以上述べた如く、子供にとつて楽しい我家であつてもらい、また望しい子供を育てるためには家庭の経済が安定しなければ困難である。たまには堅固な精神と忍耐力で見事に家庭の貧困、社会悪を克服し、名声を挙げ社会に貢献する人物もいる。然し極めてまれなことである。

3　学校教育の強化

学校は児童生徒の望ましい人格形成と個性と能力に応じた指導助言をなす大切な生活の場である。それ故学校は彼等にとつて愉快な勉強の場であり、面白い遊びの場でなければならない。

①施設、教具を完備すること、保健衛生設備、学校図書館の充実、情操教育に必要な教具を備える。

②カリキュラム構成の適性化と指導

琉球の地域社会にふさわしいカリキュラムを構成する。各教科を通じて生活指導をなす、琉球児童生徒の特殊事情に鑑み指導をなす。（身体検査、家庭の実態調査、環境調査、性格検査、知能テスト、学力テスト、興味テスト等の調査テスト結果による資料をもとにして指導をなす）学習指導の強化、特殊地域には専任のカウンセラーを置く、特殊学級の設置（琉球の現状から是非特別学級は必要であるがそれがない為普通学級における問題児指導が一層困難になつて来る）一学級の児童数を四〇名から四五名にする。（個人指導の面からそれ以上は望ましくない）余暇利用の指導【図書館を利用しての読書指導、趣味能力に応じた作業の指導、スポーツ指導、室内ゲーム等】

3　学校は一般社会の啓蒙機関でなければならない

成人教育及び職業指導、学校教育の目的を達成するため極力ＰＴＡ、地域社会の各団体と緊密な連絡を計り、教育に対する理解と協力的精神を高める。

Ａ一般社会の道義精神の昂揚

①人格の尊重

現在の社会的経済変動は児童の就業を余儀なくしているが雇傭者は良心的に被雇傭者を取り扱ひ、児童の虐待や人身売買を社会から抹殺せねばならない。

②禁酒運動

琉球の日常生活及び風習の改善、琉球の日常生活、経済的見地からして酒宴の機会が多過ぎる。これは圧制的な社会、困窮生活の代償行為なのかも知れないが犯罪統計からしても飲酒による粗暴犯が目立つている。犯罪防止の面から見ても飲酒は望ましいものではない。これに次いで未成年の喫煙、飲酒は厳しく取締らねばならない。

③興業、特飲業、書籍販売業者の良心的理解と協力により、青少年を守らねばならない。

④有識層、青年会、婦人会、防犯協会その他の機関、団体は政府関係当局、警察、学校とチームワークをなし、社会改善に努力し活動すること

⑤政治的社会保障がなければならない

保健問題、明朗な家庭、民主的な学校教育、社会教育等各人各層の関心と協力なくしては達成し得ないことは当然であるが、それは究極においては政治的財政的裏付けなくしては困難で政治的対策が必要である。

①社会福祉事業の強化

保健衛生に対する一般社会の啓蒙、伝染病に対する予防と対策の強化、貧民救済法の適応範囲の拡張

②経済と労働問題

。人口問題、海外各地への移民団の開発、産児制限

。産業振興

。対外貿易、農業振興（農業法の改善）水産業の発展、畜産奨励、技術員養成

③成人教育の普及及び促進

公の為の図書館設置、職業指導、余暇利用の指導

④運動場の設置

男女老若を問わず余暇を有意義に楽しませ、活動させるにも、また車輪の多い地域においては児童の生命を守る上からも公園及び広場が望ましい。

⑤風俗営業に対する適確なる法と監督をなす。

⑥学童アルバイトの廃止

現在沖縄においては、家庭の経済上、特定の児童にはアルバイトを認めているが、而し、那覇市及び胡差地区等特に盛場や喫茶店に出入りしてアルバイトしている児童の目に映るのは何であろうか、清らかな青少年の心を傷つけ、にごらせ、感受性の強い彼等に好寄心と悪習を身につけさす風景だけであろう。青年期に入つたばかりの確固たる自我を意識しない彼等がこの様な環境に入つて溺れずに堅固な精神を以つてすごして行けると誰が断言出来ようか。

五五年の末那覇市内に一晩に街頭指導を行つた児童五六名をみるに、五〇％が家庭の貧困、家庭にゆとりがなく自分の小使銭稼三〇％面白半分にしているものが二〇％となつており、全般的には家庭の貧困のためアルバイトをしている児童も、稼いだ金を家庭に納めているものはごく僅かで殆んど家計には何の役にも立つていないと云う、最近では自分の贅沢をする為のアルバイト児童が増えた。（沖縄タイムス刊より）とありましたが学童アルバイトは長欠児問題とも繋がり、また青少年の不良化の原因ともなるのでこれを全国的に廃止することが望ましい。

以上各項目を上げて、青少年の不良化の原因を追求し、その対策を上げてみたが、これは一朝一夕にして解決し得る問題ではなく、また現在の問題が突然に起つたものでもなく、それは青少年の過去十年間の生活すべてが彼等の現在の人格を形成しているのである。現在の問題は未来の琉球社会に通ずる重大問題である現在の犯罪傾向から見て、五二年、五三年、五四年のいずれも二〇才から二五才迄の者が犯罪の四〇％内外を示しているが、これらの年令層は大戦中、十二、三才の少年で戦時中の社会状勢、教育面をみますと、あらゆる部門に亘つて軍が独裁権を振い、教育面においても昭和十九年に至つては、学校教育は中断されている。当時の児童生徒は、基礎教育が中断されており、学力も半分に低下したのも当然であろう。

基礎教育を中断された少年達は、敗戦の悲惨な社会環境の中に成長し、与えられた民主々義と過去の日本教育は彼らの精神面に大きな変動を来たし、自由平等主義を履き違え我儘勝手な行動をしている。

この様に過去十年の彼等の家庭、学校及び社会環遇の影響が現在の彼らの行動として表われ、現在の彼等の人格を築き上げていることを考えてみる時、この問題は一瞬たりともゆるがせに出来るものではない。

一昨年よりも昨年、昨年よりは今年と毎年不良化傾向は減少しつつあるといわれ、喜ばしい事であるが、家庭、学校、社会、政府は相互理解と協力を以つて一心同体となつて今後努力し、未来を背負う青少年を守らねばならない。青少年の不良防止について一考察を行いましたが治療法についての考察はここでは省略することに致します。

（琉大心理学クラブ　機関誌　Psychologyより）

沖縄の理科教育

譜久里　廣徳

理科教育の不振な国の国民は不幸

　これを証明する何物も私は持つていない、然し理科振興法第一条及び昭和二九年初等教育研究会の理科の部で、会長野尻氏の挨拶が真実ならば、理科教育不振な国の国民は不幸であることが言えると思う次ぎにそれを紹介する。

理科振興法

　第一条この法律は、理科教育が文化的な国家の建設の基盤として、特に重要な使命を有することにかんがみ、教育基本法及び学校教育法の精神にのつとり理科教育を通し、科学的な知識技能及び態度を習得させるとともに、工夫創造の能力を養い、もつて日常生活を合理的に営み、且つわが国発展に貢献し得る有為な国民を育成するため、理科振興を図ることを目的とする。

野尻氏挨拶の一部

　我が国が、現在当面している問題に、基本的なものとして、生産の復興があります。生産を高める事により、生活水準を高め、最低生活の向上をはかると共に、民主社会の建設に邁進しなければならないのです。それには、国民の基本的教養を培う初等教育において児童の科学性を、思う存分に伸ばさなくてはなりません。多くの教科の中でも、理科は殊にこの面を多くになうものでありまして、人間形成に重要なる役割を果すと共に、科学性を伸ばし、生産復興に、民主社会の建設に、極めて有意義な教科であります。

沖縄での理科教育の様相推察。

　基礎学力の低下は沖縄で叫び続けられている状態で耳新らしい事でない。其の実態を知るために、文教局及び、各学校では、種々な方法を試みられて来た。然しそれは、教科の一部の国語算数のみに試みられたもので、他教科の事はあまり調査されず、その実状を知ることが出来ない。

　そこで私が沖縄の現在の理科の様相を述べることは余り根拠のない軽薄な論になることを免れない。視野の狭い私が、日本本土の理科教育を見て、沖縄と余りに懸隔がある様に感じられ、立ちどまつて、今一度沖縄の理科教育を眺めた所感である。

　沖縄では確に、社会国語算数の教育より、理科教育は劣つているように思われる。それはお互学校での毎日の行から推察出来るし、また研究大会、実験学校及び、発表会の度数からも、想像出来る。

　あれ程力を注いだ国語、算数も、本土と相等の隔てがあるから、理科に於ては其の懸隔は随分大きなものと考えねばならない。（本土では、理科振興法が出来、また研究大会でも研究されていること五回にも及んでいる。）

沖縄の理科を振興するには。

全教科の振興

　理科は人間構成の部面では、問題解決学習の型でこどもに接触している。問題解決学習は、環境の中より問題を見つけ出し、これに積極的に働きかけて筋道を通して考究し、これを上手に活用するにあるこの解決を見るまでには、自己の知識、技能の渾然一体となつて当る機会が与えられる。そこには計算力、読解力、表現力、道徳力、総てが動員されねばならない。故に理科の本来の使命を果すには、諸教科の振興が必要であるし、また理科の振興は諸教科の振興にならねばならない。

我々に資材を与えよ。

　環境から来る現象は複雑な条件の結晶となつて現われてくる。この現象を生のまま子どもに与えることは発達段階から見て不当なものがあるので、教師がこれに手を入れ、条件を固定し結果を考察させねばならない。これが実験観察で理科の中核をなすものである。これを失なつては木に登つて魚を求める評を免れない。其の実験観察には多くの機械器具が必要である。

　沖縄の教師に理科不振の原因を聞くならば、異口同音に備品の不備を言うであろう。然りである。然し今まで待つて漸く現在の備品である。備品の揃うのを待つては百年河清を待たねばならない。

それでは教育の機会均等を受けるべき現在の子どもたちがあまりにかわいそうである。そこで私は次のことを叫びたい、「我々に資材を与えよ」。我々教師児童にエナメル、ペンキ、鋸、鉋、ガラス、木材を与えよ」と。我々は高価な機械器具は欲しないこどもに科学的な態度、技能、理解をもたらしめたいために材料が欲しい。高価な備品は子どもにとつては縁遠い他物に思われ到底自分の手におえない観念に結ばれがちである。

また経済面からも次ぎの様な差異がある。

千葉県理科教育研究会中より（一々品名をあげたいが省略する）

品名（一七点）市価合計（二二五八〇円）自作価合計（一七〇〇円）自作価の市価に対する%（七、五%）

虹蜂蝶とらず

配属校赴任の日校長に同伴され教育庁、教職員会校長宅、ＰＴＡ会長宅其の他数個処挨拶まわりをした。自転車で出掛けたのだが私は自転車に自信がなかつたし往来はトラック、三輪車其の他の諸車が多いため、校長を追うのに精一ぱいだつた。帰つて来てほつとしたのであるが、其の後、校長宅を訪問しようとしたが行けなかつた。

ゆつくり見物でもしながら行けば訪問した半分程はわかりよつたのにと後悔している。現在の理科教育にも其の様な事はなかろうか。

子供を教育するに大事なものはカリキユラムである。カリキユラムは子どもの心身の発達に即し地域社会並びに子どもの要求に応じ地域社会に立脚した指導内容をもつ様に校長が作製せねばならないが、それに要求されていることがあまりに多すぎはしないだろうか、沖縄の子どもたちには、不消化物になりはしないだろうか、現に西清校でも時間の割に教材が多いと言うので基礎的経験を何にしようかと虻と蜂をねらつている。

虻蜂蝶をとるにはどうしても指導要領の研究が必要だ。即ち理科としての系統を持たし他教科との連絡殊に算数と連絡を密にして誰にでも容易に学習指導の手がかりにできる様に編集してほしい、またやらねばならないものだ。

参考のために千葉県小学校で理科学習指導がどのように行われているか其の実態を記してみる。

▣は計画通り実験観察を通して指導したもの。
◎予定通り指導出来なかつたが概ね実験観察を通して指導したもの
○は教科書を読む程度に指導したもの。
×は全く取扱わなかつたもの。

分野	▣	◎	○	×
天体の動き	15%	38%	21%	26%
自然の変化	18	54	29	5
生物の生活	22	37	32	9
健康な生活	27	42	27	4
機械と道具の働き	15	37	23	23
綜合	20	41	28	11

これは何を物語つているか種々の観点から検討すべきである。

わがものと思へば軽し笠の雪

人の荷物を持つ、人の仕事をする、共同作業をする等は修養のたらない人にとつては自分のものをするよりは抵抗の大きいものである。学習効果を向上させるにはこの原理にもとづいて学習経験をその子のものにする事が大切である。そこで子どもは何を要求しているか知る必要が出る。

千葉の各学校では子どもの要求興味を調査しているが種々学校によつて異つている。これは理科が軌道に乗つていない証拠であるが、この調査によつて教科を進めていることは望ましい事である。殊に今日の教育は自主性自発性が要求されている。それも子どもの切実な問題でなければ養成され難い。指導上手な教師はその問題を子どものものにするところから始まる。そこには個人差も見出されなければならない。

我々は分類学者でない

現在学校では校外学習が多い。殊に生物に於ては然りである。この指導が計画案通りに行かない理由は、校外に子どもを引卒で行つた場合あれこれと名前を聞かれては困ると言ういらない心配からでなからうか。現在野山に行つて子どものたずねるだけの生物無生物の名前を知つている教師は稀であらう。それは私達が分類学者でないからである。

また野山にある生物無生物の名前を全部教えようとは指導要領にもない。それ以外に我々は人を教育すると言う重要な使命があることを忘れてはならない我々が校外に出るのもこの重要使命を果すためである。即ち校外学習に出ることは、地球上に種々の個々のものがあるがこれは相関連し適者生存の理法が行われ、進化論の根拠が求められ、これを如何にお互の生活に活用し生活水準を向上させるかの理科的な大きな目標を忘れてはならないと思う。

然し全然名前を知らないでは困る。それは経験を生かし得ないからである。そこで学校では学校附近にある植物に名札をつけ鉱物動物を採集して名札をつけて置く必要がある。

それ以外のものが出た場合は、先生も知らないから研究しようと児童に激励の言葉を与え研究法を指導し、師弟共に学習に当り、成功の喜びを味えば学習効果また大なりと言えましょう。

進歩ある教師

一九五五年一月の日教組第四次教育研究全国集会の第二部第一分科会で福井県教組代表は、男教師の六〇・七％　女教師の八四％が自信がないという理由で理科を担任することに不安を感じているという調査を報告している。このパーセンテイジは恐らく全国的な平均値を示しているものであろうと言われている。

私は沖縄でもこの調査が出来たら面白い結果ができ、その実態によつて文教局の今後の対策も生れなければならないと思う。泉が枯れては草木が茂るはずはない。日本における理科教育審議会においては本年度の重点的に審議する問題として「理科教育に従事する教師の現職教育と養成について」をあげている。その内容の主なものを挙げると、（A）実験観察の指導技能の向上をおもな目的として講習会を計画する。（B）現職教員の講習会研究会に参加出来る様な処置を講ずる。（C）研究会講習会に参加したものには単位を与える。（D）その経費は国庫から補助をする。（E）理科研究団体の組織と活動を助成する。等々他にもあるが割愛する。

教師は常に理想を持ち、問題を見つけ、この解決に突進しなければならないと思う。千葉県では次ぎのことを問題としてとりあげている。

千葉県理科教育研究活動推進目標

A、理科教育の計画をどのように改善したらよいか
　1、理科教育の内容をどのように系統づけ児童の発達段階に即して計画をたてたらよいか
　2、理科教育の内容をどのように重点化簡素化したらよいか
　3、地域の生産生活意識児童実体に即してどのような計画をしたらよいか
　4、小学校中学校の一貫した計画を立てるにはどの様にしたらよいか

B、理科教育の発展を阻む障害をどのように克服したらよいか
　1、教師の実験観察に於ける障害点とその対策
　2、施設備品予算の貧困をどのように克服するか
　3、障害の多い地学的教材の効果的な指導法

C、科学を児童の身につける指導法
　1、児童はどのような面に疑問や問題をもつか、
　2、児童は自然をどのように見どのように認識するか
　3、低学年の理科教育に於て改善すべき点
　4、男女学習意欲や学力の差をどのように克服するか
　5、実的証明、創造的な態度を身につける方法
　6、科学的能力や態度の評価をどのようにしたらよいか

以上のことから本土の理科の問題点がわかると思う。お互も明瞭な目標を決めて進む必要はなかろうか。

沖縄の理科教育の先決問題

1、継続観察の励行
2、機械器具の製作取扱い講習会、

この二つをやれば日本本土の理科教育と足並を揃えるんでないかと問題を見つけました。

機械器具の製作取扱いに瀬喜田校が先鞭をつけられていることに敬意を表しています。

（千葉県派遣研究教員　真壁小校教諭）

かごしまにいつたこと

よなばる小がつこう　二A　城間成美

なつやすみになつて、わたくしは、おかあさんにつれられて、りよう子ちやん、まさとちやんと、いつしよに、おきなわまるというふねにのつて、かごしまへ行きました。とまりこうにはおとうさんやおばあちやんたちがみおくりにきてくださいました。ふねがでるときにあかやあおのてーぷをなげて、「さようなら、いつてきます。」と大きなこえでいいました。

うみのみずはあおくてとてもきれいでした。りよう子ちやんと、まさとちやんはうみをみてよろこんでいました。しばらくふねのおへやにはいりました。せんちようさんが、すいかをもつてきてくださいましたので、おいしくいただきました。よるになつたので、おへやでやすみました。つぎのひのおひるの二じにかごしまにつきました。

みなとにはよし子おばさんと、たかのりちやんがふたりでむかえにきていました。よし子おばさんがハイヤーをよんできて、みんなハイヤーにのつてよし子おばさんのうちに行きました。

みんながわたくしたちをよろこんでむかえてくださいました。かごしまのおばあさんが、「おおきくなりましたね。」と、わたくしたちをみて、びつくりなさいました。かごしまの町にはでんしゃも、きしやも、はしつてたいへんにぎやかでした。

＝夏季講習＝

……座……談……会……

招聘本土講師を囲む

講習の一場面、　（於那覇会場）

出席者（順不同）

沢　英　久（長崎大教授）ー教育評価
榊　原　清（東京教育大助教授）ー〃
大西佐一（大阪学芸大助教授）ー〃
中野佐三（東京教育大教授）ー〃
四方実一（京都学芸大教授）ー〃
徳　永　至（福岡学芸大助教授）ー方法及指導

講習を終えて、講師全員（於琉大）

津　守　真（お茶の水女子大助教授）ー児童の成長と発達
多田鉄雄（一ッ橋大教授）ー学校管理
佐藤正夫（広島大教授）ー教育課程
篠　原　俊（鹿児島大助教授）ー青年心理
小　栗　弘（東京学芸大助教授）ー地理学
宮城栄昌（横浜国立大教授）ー日本史
鮎沢信太郎（横浜市立大教授）ー東洋史
沢口美穂（戸板女子短大講師）ー家庭
林　雅　子（お茶の水大講師）ー家庭
水口統夫（文部省事務官）ー職業指導
木場一夫（熊本大教授）ー理科教材研究
小島齊久寿（東京学芸大助教授）ー音楽

本土から招聘された講師をかこむ座談会は、九月一日午前十時から十二時まで、琉大志喜屋図書館一階ホールで催された。会は安里学長のあいさつで始まり、続いて軍政府情報教育部係官ハークネス氏のあいさつの後仲宗根琉大副学長の司会で座談会に入つた。

仲宗根氏は、次の三つのトピックを提案、それらを中心に話し合いを進めたいと述べた。即ち

一、沖縄について、夏季講座について、感じた一般的な事
二、夏季講座について、具体的にどの様な点が改善さるべきか
三、将来に対する希望、要望事項

以下安里学長のあいさつから座談会の内容に至るまでを速記をもとにして要約したい。

▲　安里学長あいさつ

六週間にわたり沖縄の猛暑をついて、夏季講座の仕

事を無事終えられた皆さんの御労苦に対し、感謝いたします。こゝに皆さんの御元気なお顔に接し、喜びにたえません。

たゞ宮田先生が御病気の為こちらにお見えになつて居られない事を残念に思います。幸い先生には快方に向つて居られますので我々も安堵致して居りますが、皆さんも当地のなれない気候にずいぶん御苦労なさつた事と思います。

この講習により琉球各地で五千名の教員が参加し皆さんの御指導を直接に受けたのでありまして、これにより、琉球の教育界の受けた利益は大きなものであります。琉大としましては今度の講習は成功したものと考えて居ります。

来年もこれと同様な行事を計画して居りますが、将来とも、皆さんの継続的御援助をお願いします。今日は幸い皆さんにお集り願い、この行事を今後ますます改善、発展させて行く為にお話し合いの機会を得ました事を喜んで居ります。

▲ハークネス氏あいさつー

皆さん御苦労さんでした。皆さんの御滞在中、他の仕事に忙殺されて、皆さんと十分に接しよくして親しくお話し合いをする機会に恵まれなかつた事を残念に思います。我が琉球に於きましては皆さん方のような専門家の御援助を仰がねばならぬ種々な問題がたくさんあります。

米国民政府としましては今後四年間この行事を継続する様計画して居ります。その間に琉球の教育を確立したいと願つて居ります。それまでは今年同様皆さんが御援助下さる事を願つて居ります。

皆さんが当地御滞在中に沖縄名物の台風を御紹介したいと考えて、気象台とも連絡しました所、幸いにも二つは当地を訪れ、二つは外れると云う結果を得ました。（笑声）今後とも我々の為に御援助を続けて下さる様御願いします。この計画に絶大な援助を下さつた日本文部省に感謝の意を表します。

中野ー今回我々が引受けた仕事を無事終えて、喜んで居ります。しかしこれも軍民両政府当局、琉大、その他の絶大な御援助の御かげでありまして、座談会開催に先立ち、この点我々からの感謝の意を御伝えしたいと思います。私は去る日曜日に中城ーどうも発音しにくいですな（笑声）…そのナカグスクからコザ方面を廻つて見たんですが、途中ある学校を訪れたんですそこに二つコンクリートの建物がありました。そこで私は考えたんです。数年前までは恐らくこんな立派な建物はなかつたんだろうと。とにかく沖縄の教育界も大へんなスピードで進歩しているんだと云う事を方々で感じたんです。沖縄の皆さんはその点将来に対して明るい希望を持つべきぢやないかと思うんです。

小栗ー私は石川で地理を受け持つたんですが、受講者はほとんど中校の先生達でした。私は実習に力を注いだのです。那覇では小、中、高校から受講者が集まつたんですが、今後は小、中、高校別に講義内容を変えるようにした方がよいんぢやないかと思います。十分に教材がそろわなかつた事で苦労しました。

宮城ー今回は全琉球の教員が参加したわけですが、前期、後期と別れて、その両方とも出席した教員も居たとすると、仲々大へんなことです。夏休みもすつかり返上して、講習の終つた翌日からすぐ学校がはじまるんです。今後は何とか講習日程を工夫して講習終了後せめて一週間ほどでもゆつくり休めるようにしたらいいと思いますね。

受講者はずいぶん疲れている様に見受けられました私は日本史を受け持つたんですが、講習での日本史の内容は始めからそちらの方で分野をはつきり決めてしまわずに、担当講師が決まつたら、その人が最も得意とする分野をさせるようにしたらいいと思うんです。

佐藤ー私はこちらに来る前に沖縄の教員はほとんどが無資格者だときいて来たんですが、実際に来て見るとそうぢやない。その反対なんです。こう云つた情報は、講義内容の立案と深い関係を持ちますので、来年からは、もつとくわしく受講者の性格に関しての情報を我々に提供して下さい。そうでなければ適切な講義内容の準備が困難ですから。

四方ー糸満で、教育統計を受け持つて感じた事は一般教養のレベルが低い事でした。その為に授業が、度々停滞して困りました。基礎的な数学力や他の教育関係の知識を引き上げなくちやいけないと思いました。それから、沖縄では、共同研究や学習が教員間であまり行われて居ないようですが、これは今後、是非奨励してもらいたいと思います。その点で、琉大の先生達が先頭に立つてこの気運をそだてるよう指導していたゞきたいものです。

小島ー音楽を担当して感じた事ですが、音楽は短時間で教える事は困難です。又音楽はたゞ単位だけもらえばよいでは学べるもんぢやない。

これはどうしても長期にわたる継続的な、辛棒強い勉強が行われなければなりませんから、たとえば、毎週土曜日に琉大に集つて一しよに勉強すると云つた様な事が出来たら、効果も上がると思います。

浜口ー家事を担当して、家事に関する特別教室の設備がゼロに等しい事におどろきました。何故だろうと考えたんです。

沖縄つて所はやはりまだ男がいばつて（笑声）女はそつちのけになつてるんだろうと。家事の先生方のお話では新しい特別教室が出来る予定らしいんですが、部屋だけ立派でも内容がからつぽぢや…。これも予算関係ですかね。（笑声）委員会でも作つて、組織的にこの問題の解決に当るべきだと思うんです。

多田ー学校行政の講座で、その出席者がほとんど、校長、教育長と云つた人々だつたんですが、この種の学科は一度きりの講習では何にもならない。将来に於ても、実際面の指導が続けらるべきで、その点、さき程ハークネスさんから向う四年間の計画についてお話がありましたが、私は四年でも短か過ぎると思うんです。私はアメリカで、所謂「進歩的教育」ープログレツシブ・エジュケーションから学ぶ所が多かつたのですが、これは本だけから学ぶ事は出来ません。

我々は今後も継続的に当地に来てお助けしたいんです。それから、受講して居られる先生達の疲労が目につきました。これはやはりさき程のお話の様に、もつと適切な日程の立て方で行くべきだと思います。

或る学校では先生方が実によく勉強していますが、勉強しない学校もある。私はその点「教師に十分な時間を与えよ」と叫びたい。雑務があまりにも多過ぎてあれぢやとても勉強どころぢやあるまいと同情してるんです。必要な教材や参考書が仲々手に入れられなくて困りました。次からはもつとめんみつな準備が必要だと思いました。

水谷ー私が感じた事は、今度の講習でクラスを通じて「職業指導」と「職業教育」のちがいをはつきり分つていたゞいた事で、この点は成功だつたと思います。これまで、この方面の事はあまり沖縄では進歩していなかつた様です。受講者の方々に、最初、どう云う風にクラスを進めようかと相談して、間口を広く奥行きを浅くするか、それとも煙突のようにせまく深い行き方にしようかと図つたんですが、皆さんの希望で広くやろうと云う事になりました。

そこで次からは一つ一つを深く掘り下げて行く段階になります。名護では教師ばかりでなく、他の人々もお集まりになつて特別講座を開いたんですが、職業教育、職業指導についての理解を深めていたゞいて喜んで居る次第です。成人講座では、PTAの方々や一般市民にも参加願つてやはり特別講座を開いたんですが非常によい結果を得ました。

今後は琉大でもこう云つた特別講座を開いて、各地で一般の方々にも新しい事についての理解を増して行くようにしたらいいと思います。

大西ー私は受講者の背景のまちまちなクラスを受持つたら講義をする者が苦労すると思います。色々な点で背景が似通つた人々で以て今後は出来るだけクラスを組織するようにお願いしたいと思います。

それから私はディスカツションの方法をクラスに取り入れて授業を進めたんですが、どうも沖縄では、こう申し上げたら何ですが、ディスカツションが皆さん下手ですね（笑声）クラスに一人リーダーをお願いして、大ていえらい人なんですが、その人がリードはせんで、一人で一時間でもしやべつてしまうんです（笑声）今後、皆さんにこのディスカツションの方法についてしつかり訓練をつんでいたゞきたいと希望しております。

林ー私は家庭科の方ですが、私もやはり家庭科の設備が無に等しいと云う事を感じました。沖縄に出発する前に、私の方でも出来るだけのものは準備して持つて参りましたが、必要な設備を全部持つて来る事はとうてい不可能ですから、そちらの方でも相等な所まで設備を充実していたゞきたいと思います。

又家庭科の向上はどうしても一般の方々の家庭生活の水準を引き上げる事と関連して来ますので、一般の人々の生活を改善させて行く為の社会教育が盛んにならなければいけないと思います。

中野ー私はテストと評価を担当しましたが、東京でいろいろな参考資料を集めて手はずを決めてから来たんです。ところが、こちらに届くのがおそくて、とうとう前期には間に合わないと云う次第で、ラーニング・バイ・ドウイング（為す事によつて学ぶ事）が出来なかつたのです。営利的な本屋にまかしてしまうとこんな事になるんで、これはどうしても琉大そのものが主体となつて本を手に入れてもらわないと困りますテスト用紙やその他必要な参考資料など、琉大が主体となつて取り扱つてもらいたいもんです。

水谷ー職業教育の私のクラスに幼児園の先生達も混つて居られました。これは単位を取る為に出席されたんでしようが、どうもあまり関係のなさそうな科目にたゞ単位の為にと云うのもどうかと思いまして…それで次からはやはり中、高校の教師と云う風に直接関係のある人々を主体にして行きたいと思いました。

篠原ー問題児について申し上げますと、統計的に云つて、今沖縄には一万五千人居るものと推察出来るんですが、この問題に対して適切な手が打たれて居りません。中、高校などでもカウンスラーがもつと活潑に働いていただきたいものです。その為に、問題児を取り扱うカウンスラーを訓練する特別なコースを設けてそこでしつかり訓練してもらうように出来たらよいと思います。

徳永ー就学前児童についてですが、沖縄には幼稚園がずいぶんあります。しかしその内容はまことに貧弱なものです。それから父兄などにしても子供らの罰やしつけの問題に対して理解が欠けて居ります。

これらの問題は将来をになう子供らのパーソナリティ形成の上に、非常に大切なものですから、早く手を打つべき問題だと思います。

榊原ー私は特殊教育について申し上げたいと思います。沖縄で感じた事は、精神薄弱児など、特殊児童がおろそかにされている事で、こう云つた子供らが普通のクラスと一しよにされているから、先生達が、スムースなクラス運営の上で非常に苦労して居られる。

私は盲ろう学校を訪問して見てその教師が無資格の人々で充たされている事を発見しました。日本では特殊教育の専門教師を組織的に養成して居りますし、又この方面には相等に力が注がれている現状です。今の沖縄の様に特殊児童が、普通のクラスに〃お客さん〃扱いで出ていては色々困難な問題が生まれる因になります。特殊教育に関するコースが沖縄で設定が困難なら、本土に学生を送つていただきたいと思います。

多田ー商業、工業その他の職業教育のコースを将来設けてもらいたいものです。教育税については色々むつかしい問題がありますので、その評価が早く為されなければならないと思います。

宮城ー学校教科書の撰定は、これまで、大きな会社から出てるのを文句なしに買うと云う傾向があつた様ですが、それではいけないですね。撰定の基準はあくまで内容そのものでないといけないと思うんです。

著者についても、よく調べてかからないと元戦犯とかそのほかずいぶん、いかがわしい連中が教科書など書いてますからね。だから内容、著者、思想と云う観点からもつと慎重な撰定をすべきでしよう。

津守ー我々の宿所についてのお願いですが、場所つまり周囲の環境などについて、あるいは講習場所との関係など、ほんとにゆつたりした気持で、一しよに勉強出来るよう、場所の撰定についていま少し御配慮をお願いします。

安里ーさき程講習時季についての御希望をうけたまわりましたが、実はこれについて、当方としては夏季休暇の、しかも現在の日程以外によい考えは今の所ないのです。受講される先生方が休暇をぎせいにし、疲労なさる事に対しても同情して居ります。我々としましてはこの問題について考慮して居りますので、何とかして解決したいと思つて居ります。

沢ー夏季講習の単位は点数が甘過ぎるとの風評ですが、どう云う制度になつて居りますか。私の考えではこれはどうも琉大の正規のコースでもらう単位、つまり学位の為の単位とそれからこの夏季講習でもらう単位とは同質のもので、一元的に取り扱われている。

そうすると、夏季講座でもらう単位もこれを積んで行けば、学位がもらえると云う事になるんで、これはどうも変な制度だ。とこう思うんですが、そうなんですか。

仲宗根ーそうなんです。これはどうも我々も頭を痛めている問題なんですが…

沢ー実は正規の学生達が不平を云つてるときききましたので、その点をはつきり知りたかつたんです。

安里ーこの問題については何とか解決したいと思つて居ります。現在の受講者が琉大に入学した場合に夏季単位がそのまま生きて来るかの問題もあるんです。たしかに今は正規の単位と一元的に取り扱われているんですが、おのずから我々としては区別して考えて居ります。夏季講座の方は我々「夏季単位」と呼んでいるわけです。目下の所この夏季単位の性格はあいまいで、これではいけないと考えて居ります。

鮎沢ー私は東洋史を受け持つたんですが、前期で受講者がわずか三、四名。皆さんの話によりますと、東洋史は直接に日常のクラス授業には役に立たないけど背景的な知識になると云うんです。

それから一般的な事ですが、学校制度や設備などすべてアメリカから直輸入はしたもの、内容まで輸入するわけに行かん（笑声）それで外形と内容との間にギャツプがあり、すべてのジレンマはそこから来るんだと云う風に感じたんです。それでこれはアメリカへの注文ですが内容の方も一つ…（笑声）。寄宿舎だと云うんで、見てびつくりしました。あれは丸で豚小屋なんです。（笑声）あれじやどうも御気の毒ですな。

地方に行くと、まだまだ施設は整つてませんね。これは一つアメリカから今後も継続的に援助をお願いしたいと思います。

木場ーその点で私の考えはちよつと違うんですが、施設の悪い事も、設備がひどい事も、大変同情申し上げてるんです。しかし現在持つてるものを最大限に利用すると云う事も是非考えていたゞきたいのでありまして、そう云う事では学校によつては実によくやつて居ります。

例えば瀬喜田小学校の如きが、それでありまして、教材作製の面で涙ぐましい努力をして居られる。よくもあれだけやれるもんだと、私は深く感動しました。

仲宗根ー何かほかに御注文がございましたらどうぞ

佐藤ーカリキユラムの研究は何も校長先生方だけに必要なものではないと思うんです。一般の先生方も是非勉強していたゞきたいものです。

木場ーこれは私達の立場から、お願いしたいんですが講習の始まる前にせめて、二、三日程暇を下さる様に今後は取りはからつていたゞきたいんです。そしてゆつくり琉大の図書館やそのほか資料のある場所を訪ずれたんです。こちらにどんな本があるか、どんな資料があるかを調べた上で授業にかかりたいんです。

仲宗根ーでは時間も迫りましたので、残念ですがこの辺でこの会を結びたいと思います。御苦労さんでした。最後にミシガン教授団のミード教授に御挨拶を願つてこの会を閉じる事にします。

ミード、ー今日はおいそがしい所をお集り願いまして、日本の先生方から大変有益なお話しを聞かせていたゞきまして、感謝して居ります。

講習期間中、お互いに忙がしくて、ゆつくりお話をする事が出来なかつた事を残念に思います。私達ミシガン教授団の者は、今後も皆さん方、日本のエキスパートから御教示をお願いする次第です。大変今日は参考になりました。皆さんが再びこの島を訪れ、沖縄の為に力をかして下さる事を希望して居ります。

ごきげんよう　さようなら。

ー完ー

一九五六年　夏季大学講座招聘講師名

担当科目	講師名	開設地 前期	開設地 後期	勤務先
教育評価	塩田芳久	名護	名護	名古屋大学助教授
〃	榊原清	那覇	那覇	東京教育大学助教授
〃	大西佐一	前原	前原	大阪学芸大学助教授
〃	中野佐三	那覇	那覇	東京教育大学教授
〃	四方実一	糸満	糸満	京都学芸大学教授
〃	相川高雄	名護	名護	愛知学芸大学講師
〃	沢英久	胡差	胡差	長崎大学教授
〃	椋野要	胡差	胡差	岡山大学教授
方法及び指導	宮田丈夫	那覇	那覇	お茶の水女子大学助教授
〃	小林虎五郎	宮古	宮古	新潟大学助教授
〃	末吉悌次	胡差	胡差	広島大学教授
〃	徳永至	知念	知念	福岡学芸大学助教授
〃	森純吾	八重山	八重山	岩手大学教授
児童の生長と発達	津守真	知念	糸満	お茶の水女子大学助教授
〃	五十嵐清止	名護	名護	東京学芸大学助教授
〃	近藤敏行	那覇	那覇	広島大学助教授
学校管理	高木太郎	胡差	名護	神戸大学助教授
〃	多田鉄雄	那覇	石川	一ツ橋大学教授
教育課程	佐藤正夫	那覇	前原	広島大学助教授
青年心理	篠原優	前原	那覇	鹿児島大学助教授
地理学	小栗弘	石川	那覇	東京学芸大学助教授
日本史	宮城栄昌	糸満	石川	横浜国立大学教授
東洋史	鮎沢信太郎	石川	知念	横浜市立大学教授
国語学	塩田紀和	胡差	辺土名	文部省事務官
生物学	加藤君雄	宮古	宮古	秋田大学助教授
家庭（家庭用品調度）	浜口美穂	名護	那覇	戸板女子短期大学講師
家庭（被服原料）	林雅子	前原	名護	お茶の水女子大学講師
職業指導	水谷統夫	那覇	名護	文部省事務官
理科教材研究	木場一夫	名護	胡差	熊本大学教授
音楽	小島喜久寿	琉大	琉大	東京学芸大学助教授

あなたは保守的か？ 進歩的か？

このテストで、あなたが保守的か進歩的かがはつきりします。あなた自身をためして見て下さい。

(問) 左の九つの点を四つの直線で、一筆書きに結びなさい。

(条件) (一) 一たん筆を紙上においたら、書き終るまで筆を上げてはいけません。

(二) 一度引いた線の上は二度と通れません。

(三) 線が交わる事はかまいません

(四) 線の方向が変るごとに線の数はふえます

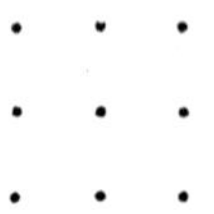

(例)

2本

三本

(解答三七頁)

特集

賞罰のあり方

文部省初等教育課編集　〃初等教育資料〃より

賞罰行使上の問題點

原　俊之

一

漢語における「教べん（鞭）」といい、ヨーロッパで古くから「むちの下にある」という表現が「学校で学ぶ」と同意語として使われていたことにもうかがわれるように、賞罰は教育とともに始まつたとすらいえよう。教育史によると近世以前のヨーロッパの学校では、耳をひつぱる、頭をたたく、ほおを打つへりのとがつた板の上にひざまずかせる、頭の上に物をささえさせる、むちやつえで打つ等、軽重さまざまの体罰が、もつぱら生徒の学習上の不成績をこらすためにひんぱんに用いられていた。

近世になると、ヒューマニズムの影響により、ざんこくな体罰はしだいに緩和され、十八世紀末にはルソーにより一切の人為的罰を否定する自然罰の主張がなされ、その感化を受けてバゼドウ、ザルツマン等汎愛学派の人々は罰よりも褒賞を尊重するに至つた。さらに十九世紀以後は、学校教育の発展にともない、ヘルバルト教育学の管理論に見られるように、賞罰は学習上のみでなく学校や学級の集団生活の管理のために重視されるようになつた。

今日においては、新しい教育学、児童心理学、教育社会学、精神衛生学等の究明により、賞罰の本質やその方法に関する考え方は、以前の考え方といちじるしく変つたものになつたことは、周知のとおりである。もちろん教育における教師の人格的感化を重んじ、不賞不罰を主張する理想論もないわけではない。しかし人間には快を求め苦痛を避ける本性があるために、快感をひき起す賞と、不快や苦痛をもたらす罰が、人間の考えや行動を統制する有効な手段であることを否定しようがないのである。

したがつて今日の学校教育も児童生徒の具有する本性と、かれらの心身発達の程度に応じ、学習指導や訓育において、賞がのぞましい考え方や行動の誘発と促進に、罰が望ましくない考え方や行動の禁止と抑圧の手段として必要でありかつ適切であると認めているのである。賞罰の重要問題は、賞罰の要不要の問題ではなく、教育学、児童心理学、精神衛生学等の理論や多くのすぐれた教師たちの実践に参照して、いかなる賞罰をいかに行使すればよいかの問題であるといつてよい。

この点については、すでに発表されている幾多の権威ある論述にゆずるが、わたくしはこれらの論述が比較的に触れることの少ない問題、あるいは特に強調すべき問題のうち、二、三の問題について卑見を述べてみよう。

二

「左伝　襄公二十六年条」に「善く国を為むる者は、賞をぬすまず、而して刑は濫にせず。賞ぬすめば則ち淫人に及ばんことをおそる。刑濫にすれば則ち善人に及ばんことをおそる。若し不幸にして過てば、寧ろ僭むとも濫にする無し。其の善を失わんよりは寧ろ其れ淫を利す。善人無ければ則ち国之に従う」（この大意は－よく国を治める政治家は、賞すべからざるものを賞したり、刑罰をみだりに加うることをしない。賞をまちがうと邪悪な人に賞が及ぶおそれがあるし、刑をみだりにすると善人を罰するおそれがある。もし不幸にして賞罰をあやまることがあるならば、むしろ賞罰をあやまつても、罰をみだりにしないようにしたい。刑があやまつて善人に加えられ、善人を失うよりは、むしろ賞をあやまつて淫人を利したい。善人がないときは国はほろびるからである。）という一文がある。

数千年前の儒教の政治論を引用するなど、時代ばなれのそしりをまぬかれないであろうが、あえてこれを示すのは、教育における賞罰行使の問題について、この引用がひとつの重要な教訓を与えてくれるからである。すなわち積極的には賞罰の公正を強調するとともに、消極的には賞をあやまることがあつても、罰をあやまらないようにといましめている点である。

教育におけるいろいろの実験的研究や現場の実践の教示するところによつても、罰よりも賞が、叱責よりも賞讃が、より有効であり妥当であることがはつきりしている。賞の不当や過剰は、賞の意図する個人あるいは集団の行動への積極的動機づけを弱める、すなわち賞の機能が無力化する弊を生ずることは否定できないが、受ける側の与える側への不満や反発の発生は少ないといわれている。これに反して罰の不当や過剰は、被罰者の発達段階によつては、処罰者に対するかれらの不満、うらみ、反抗を誘発し、こうじさせるのみでなく、被罰者が学級やグループの同情を受け、その被罰を誇示することによつて、みずからの苦痛や傷心を補償することになりやすい。罰の不当は、教師の個人児童間のみでなく、教師と学級集団間の、いわゆるラポート（和合）をさまたげ、教師の指導力の致命傷となることが明らかに認められている。

「七つほめて三つしかれ」という、きわめて平凡な標語は、今日においても、賞罰行使上の貴重な原則であることを、がん味すべきであろう。

三

法律によつて禁止されているにもかかわらず、教育の現場において慣用され、しかもしばしば重大問題となるのが体罰である。体罰が法的に厳禁されているのは、暴力を行使して他人に肉体的苦痛を与えることが、人権の侵害となるからであることはいうまでもない。しかし単に法律的な見地からのみでなく、体罰は教育的懲戒としても不当であり、かつ無効であることによつて否認されるものである。

かつては大審院や地方裁判所の判決によると、「児童ノ身体ヲ傷ケ健康ヲ害スルカ如キ結果ノ発生ヲ避止シタ」場合には、明らかに体罰と見られるものも正当な懲戒として認められていた。しかし今日では、昭和二十三年十二月、法務庁から公表された「児童懲戒権の限界について」の意見書に、

「体罰とは懲戒の内容が身体的性質のものである場合を意味する。すなわち(1)身体に対する侵害を内容とする懲戒－なぐる、けるの類－がこれに該当することはいうまでもないが、さらに(2)被罰者に肉体的苦痛を与えるような懲戒もまたこれに該当する。たとえば、端座、直立等特定の姿勢を長時間にわたつて保持させるというような懲戒は、体罰の一種と解さなければならない。」

とあるのが一応妥当な解釈であるとされている。しかし特定の懲戒が体罰に該当するか否かは、被罰者の年令、健康、場所、時間等種々の条件を考え合わせて制定すべきで、一律に定めがたいのは当然である。この点同じく法務庁が示している「体罰禁止に関する教師の心得」は参考になるであろう。

(1) 用便に行かせなかつたり、食事時間を過ぎても教室に留めておくことは肉体的苦痛を伴うから体罰となり、学校教育法に違反する。

(2) 遅刻した生徒を教室に入れず、授業を受けさせないことは、たとえ短時間でも義務教育では許されない。

(3) 授業中怠けたり、騒いだからといつて生徒を教室外に出すことは許されない。教室内に立たせることは体罰にならない限り懲戒権内として認めてよい。

(4) 人の物を盗んだり、こわしたりした場合などこらしめる意味で、体罰にならない程度に放課後残してもさしつかえない。

(5) 盗みの場合など、その生徒や証人を放課後訊問することはよいが、自白や供述を強制してはならない。

(6) 遅刻や怠けたことによつて掃除当番等の回数を多くするのはさしつかえないが、不当な差別や酷使はいけない。

(7) 遅刻防止のための合同登校はかまわないが、軍事教練的色彩を帯びないように注意すること

しかるに現場においては、むち打つ、なぐる、けるなど、明らかに正当な懲戒の限界を越えた体罰が行使され、刑事問題にまで発展することがまれでない。不法な体罰を加えた後に、「愛のむち」「将来を思えばこそのせつかん」等と、その処罰の弁解や正当化が行われがちである。

フリッツ・レドル（Fritz Redl）は「訓育論」の中で「苛酷な体罰を課す教師には二つの型がある。嗜虐狂型と恐怖症型である。前者はみずからの嗜虐欲を満足させる対象として生徒を利用する。後者は生徒たちのみずからに対する軽べつ、敵意、攻撃を恐れるあまり、その予防手段として前者と同様体罰の濫用となる。」といつて、体罰常用者の心理分析を行つている。このような異常性格者的な事例は、現実にはきわめて少ないにせよ、一般的には、教師

が体罰を課す際は、程度の差こそあれ、不快や不満あるいは怒りの感情の中にあることは否定できない事実である。ことにはげしい体罰は、児童生徒の将来等を冷静に考慮してというよりは、教師みずからの体面、権威のための、自己防衛的行為に近く、一時的興奮、あるいは一種のノイローゼ的状態においてなされることが多い。

　このことは被罰者の身体に傷害を与える結果となつた体罰が、むち、棒、チョーク箱、黒板ふき、書籍等、なんらかの器物をもつてした場合に多い事実に徴すれば明らかである。とつさに手にしている物手近な器物を取つて体罰を加えるという、教師としての平静を失つた興奮の所行にほかならないといえよう。今なおある種の体罰を認めているイギリスの伝統的なパブリツク・スクールにおいて、体罰を実施するのは学校長のみの権限としている事実や、わたくしがかつてアメリカの教師に対して体罰実施の調査をした際の回答の中に、学校によつては学校長または同僚の立会のもとでのみ体罰行使が認められているという回答が多数あつたことなどは、体罰を加えるまでに、ある程度の時間的経過と、第三者の存在することによつて、処罰者に冷静を保持させることの効果がねらわれていることを示すものといつてよい。

　罰は、報復、威嚇、集団の防衛のためよりは、むしろ被罰者自身の改善ときよう正のために行われるものである以上、教師自身の感情の激発にまかせた不法か酷な体罰は、たとえ多少の副次的効果の存在を強弁しうるにせよ、教師の絶対につつしむべき懲戒手段であることは論をまたない。しかしながら、すべての教師が慈愛にあふれた円満な人格者でもなく、また判断力に富み思慮深いわけでもない。多くの教師はさまざまな欠点を持つた平凡な人間であるしたがつて児童生徒に予期しない不正や非行を見出したり、かれらからあらわな敵意や反抗を示されると、感情にかられ反射的に、許されざる体罰を加えるに至ることもいなめない。わたくしはたとえ体罰を加える愚を犯すにせよ、ぜつたいに器物を用いないという、心の平静だけは保つてもらいたいといいたい。不法な体罰行使のあやまちをまぬがれえないことはもとよりであるが、器物が「兇器」となつて被罰者の身体に傷害を与えることの不幸をいささかでも防止しうるからである。

　前述の点からすれば、体罰の問題は、それが児童生徒に与える影響について究明の問題であるとともに、これを与える教師自身の心理、精神衛生の問題でもあるといえよう。

四

　いかなる賞罰を、いかに与えればよいかということとに関しては、すでに内外の学者や実践家たちによつて、多くのすぐれた研究がなされている。しかもこれらの研究の多くは、賞罰が児童生徒によつて、個人的あるいは集団的に、どのように受けとられているか、したがつてどのような賞罰が、どのように与えられると合理的であるかということをもつぱら究明しているようである。

　しかし軽い賞讃や叱責から、程度の強い賞罰に至るまで、すべての賞罰はこれを与える者すなわち教師から切り離されたものとして、受ける者すなわち児童生徒に働きかけるものではないのである。学級や学校単位の児童会や児童委員会等による、一種の賞罰としての賞讃や非難の場合も、これを与えるのが児童の集団であるにせよ、その集団の承認や否認を権威あらしめるものは、その背後にある教師にほかならない。したがつて賞罰の重要問題の一つは、具体的に「だれが」「どのような教師が」賞罰を与えるかということである。

　換言すると、賞罰は心理学的、精神衛生学的な究明に基礎づけられた合理的の問題であるとともに、これを与える教師とこれを受ける児童生徒との人間関係、端的にいえば、教師のパーソナリティの問題なのである。

　「頭の後にも目を持つ教師」―黒板に字を書きながら、いたずらをしているこどもをふり向きもしないで、名指ししてしかりつける教師―この種の教師は児童の心理を心にくいまでに知りつくし、児童の動きの裏をかいたり、先回わりするのが巧妙で、いわゆる「しつけ家」（Disciplinarian）といわれる。しかしこのようなやり方が、教師の誠実や愛情にみちたパーソナリテイによつて裏づけられていないと後に児童たちはその空疎、冷酷をさとることになりかえつて逆効果をもたらすものである。

　相手の心理に乗ずるやり方は、真の意味での技術ではなく、単なる詭計、小細工にすぎないのであるフリツツ・レドルは、訓育における真の技術の基本として、

a　児童の発達段階と、かれが単独であるいは集団内でとる行動の基本的法則に関する知識を持つこと。

b　教師がおかれている立場を、個人心理と集団心理に連関して洞察し分析する能力を持つこと

c　感化を与えるのに最も基本的な手段と、それが児童の年令や性格にどのような関係を持つかについての知識を持つこと。

d　感化の手段のうちどれがどのような状況に適合するか、またそれが児童の心にどのような効果を及ぼすであろうかを予想しうる能力を持つこと。

をあげ、さらにこのような技術をになう教師のパーソナティの資質として、最も望ましいものは、「諧謔」(Hnmour) であり、最も排すべきものは「虚勢を張ること」(False Dignity) であるといつている。

ユーモアにあふれたパーソナティであれば、児童や生徒にとつて気軽く接近しやすい教師であり、両者の間に、なごやかな人間関係は容易に樹立されるものである。このような人間関係の中では、教師の最も軽い賞讃も叱責も、最も大きい効果を持つものであり、逆に虚勢を張る教師の場合は、かれが与える賞罰は、いかにささやかなものであつても、受ける側からは常に、教師の権威の維持防衛の手段と見なされ、効果少ないものになりがちであることは、現場に徴すれば明らかなことである。

要するに、賞罰行使の妥当と、合理化のための科学的根拠を深求することはもとよりたいせつであるが、いつそう根本的には、指導の対象である児童生徒に対する教師の誠実と愛情にささえられてこそ、その与える賞罰ははじめて真の教育的手段となることを悟るべきである。(九州大学教育学部教授)

賞罰の心理

三　好　稔

一　賞罰の心理的問題

教育の一重要手段として、これまで普遍的に行われてきた賞罰には、教育上種々の問題が含まれているようであるが、心理学的にみて、もつとも問題となると思われる点は、賞罰と人間関係、賞罰と動機づけの二点であろうかと考える。

賞罰が行われる場合には、必ず、それを与えるものと、与えられるものとの次元を異にした二つの立場がみられる。一般に、親・教師・社会などは前者の立場にあるものであり、児童、生徒は、後者の立場にある。賞罰が一方から他方に加えられるということによつて、好むと好まないとにかかわらず、これら両者の人間関係には、ある種の変化がおこつてくる。人間関係を強化して、好ましい方向に進みていくこともあれば、逆に人間関係を悪化させる場合もありうる。賞罰による人間関係の変化は、単に教師と児童という異次元の存在者間だけにではなく、児童相互間にも、またなんらかの関係の変化をおこしがちである。賞罰のあり方が正しくないときには児童相互間に、敵意・しつ視などの好ましくない人間感情を助長させることにもなる。

賞罰は、本来、教育上なんらかのプラスを結果しようとして行われるものであるのに、そのあり方、すなわち質と量、時と場所が当を得ない場合には、かえつて逆に、教師と児童、あるいは児童相互間に、好ましくない人間関係を引き起すことにもなりかねない。賞罰を単に教育的手段として考えるだけでなく、心理的には、それのもつている人間関係への影響ということを、じゆうぶん考えなければならない理由は、この点にある。

また賞罰は、多くの場合、広い意味での学習指導上の動機づけの意味をもつているところに、第二の心理的重要さがある。好ましい方向への積極的な志向と、好ましくないものからの消極的な離脱ということが、賞罰の動機づけとしての重要なはたらきであるわけであろうが、賞罰のあり方いかんによつては、ここでもまた、所期の目的を達することができるかどうかは疑問である。

与える者も人間であり、与えられる者もまた人間であるところから、賞罰の効果は物理的に決定されるものとはいえない。動機づけが、学習上きわめて重要なものであるだけに、これと深い関係にある賞罰についても、心理的によく考究される必要がある。

二　賞罰と人間関係

いうまでもなく教育は、もともと人間による人間の教育が本態である。教育技術、教育手段には、いろいろなものが考えられ、行われたとしても、根本

的には人間による人間教育であることに変りはない。もしそうだとすると、「人間」すなわち「人と人との間」の問題をはなれて、教育はどこにも存在しないといつても過言ではあるまい。

今日の教育は、集団教育の形態をとつて行われることが多いから、昔のような個人的、人格的接触を主にした寺小屋式教育は見ることはできない。しかし教育の現実を直視してみると、その外観上の集団性にかかわらず、基底には人と人との関係の問題が、中心であることに気づかれるであろう。親とこども、教師と生徒、生徒と生徒というような、種々の形の人間関係が織り込まれながら、教育過程が進行しているものといえる。これら種々の人間関係のわくの中で、適正な調整が行われえた場合にのみ、真に人間的な教育が達成されたものとみることができる。人間関係の調整の不備が、家庭において、学校において、また社会において、いかに多くの不幸を結果しているかは、いうまでもないところであろうこの意味からみて、家庭においても学校においても不断にくり返されている賞罰の事実を、人間関係の観点から考えてみるということは、じゆうぶん教育的な意味をもつものと考えられる。

この立場からみて、まずいえることは、賞罰は、人間関係としては、権威と服従を第一義的に意味しているということである。ほめたりしかつたりすることの背後には、被教育者に対し、規範の存在を知らしめ、それに向つての行動を強制する性格をもつている。規範を背景として、相手を自己の意志、自己の志向する方向に押し進めようとするはたらきが含まれている。それであるから、賞罰を与える側と与えられる側との間の関係は、縦の上下の関係である。この意味では、賞罰を受ける側からの権威の是認、賞罰者の人格的価値への肯定の意識が伴わなくては、賞罰はその人間的意味の大半を失うことになる。このような是認と肯定の上にたつものでないと賞罰は、かえつて強い不快と反発を引き起すことになり、人間関係の正常さを破壊する危険さえ含んでいる。

実際問題として、多感な青年期にある子女の教育が、往々にして失敗に帰することの多いのは、教育する側の人々が、賞罰を当然視し、賞罰が人間関係の変化に至大の関連をもつていることをじゆうぶん認識しないことに基くものである。

あたりまえのごく軽い賞罰だと考えられて行うものが、多感な子女には、案外重大にとられ、全体としての人間関係を、おもしろくなくしてしまうことが、失敗の原因であろう。ことに、大ぜいの目の前で行われる賞罰は、たとえごく軽いものであつても個人意識を強く刺激し、周囲のしつと心を起したり個人の自意識を傷けたりして、必要以上の「不公平」の感を伴わせがちである。若い青年教師が、子女の教育において失敗することの多いのは、この点による場合であることは周知のとおりである。

次に、人間関係に及ぼす影響という点からみて、賞と罰は必ずしも同一であるとはいえないようである。賞も罰も、権威を背景として行われるものであるという点では、共通の地盤にたつて行われるものであるから、本来はなんらの差もないはずである。しかし実際には、両者の間にある程度の差異のあることは否定できない。

ほめるほうは、多少度が過ぎたり、ほめ方がへたであつても、一般にそれほどの反発を伴うことは少ない。しかし、しかり方が悪かつたり、度を過したりした場合には、その影響は小さくない。ちよつとした注意として与えたことが、両者の人間関係を長く冷却させ、その後の教育効果を半減させてしまうということもまれではない。ことに男のこどもにくらべ、女の子は個人感情が強いから、しつ責の影響はきわめて大きい。

このようなことは、けつきよく、賞罰が、その内容にしたがつて評価されないで、事態と人間関係とによつて、評価に大きな差が現れてくることによるものと考えられる。賞罰を与える側では、行為の性質、程度に応じて、それにふさわしい程度の、またふさわしい形での賞罰を与えているつもりであつても賞罰のやり取り自体が、人間関係を背景としているものであるために、それが額面どおりに受け取られないわけである。両者がともに人格体であり、個性的特質をもつものであるがために、賞罰自体が、人間的に着色されて評価されてくる。ここに、賞罰と人間関係の重要な問題が含まれているわけであるこの点からすると、賞罰の方法、程度は、被教育者の年令的発達段階ということと、じゆうぶん適合するように考慮される必要がある。

賞罰は、なんといつても、教育手段としては、きわめて直接的な性格のものであるから、発達程度を度外視しては、その効果を期待することがむずかしい。保守主義の教育は、賞罰中心の訓育主義に傾き進歩主義教育は、逆に賞罰を無視した放任主義にたちやすいと考えられているようであるけれども、このように範疇化して考えることは、いずれにしても現実には適当であるとは思われない。被教育者自体が人間であり、年令上の差を異にしており、それぞれ個性的特質をもつているものである以上、賞罰の方法、程度が、人間的に考量されなければならないことは、当然である。

賞罰を教育的権威の表現として行うというようなつきつめた考え方にたたなくても、「徳が官に対し賞が功すに対す」のは、人間の常道であるから、なんらかの形の賞罰、何ほどかの賞罰というものは、教育の行われるところには、常にありうるものと考えられる。問題は、賞罰を固定的に考え、非人間的に考えるところにあるといえよう。いろいろな意味からいつて、賞罰が問題視されるにあたつては、まず人間関係との関連に重点をおいて考えるという方向に進むことが必要であろう。

三　賞罰と動機づけ

こどもの社会的成熟に至大の関係をもつている愛情、独立、成就などの基本的要求といわれるものについて、小、中、高の児童、生徒を対象として調査してみると、「罰せられるようなことをしたくない」「罪になるようなことは、できるだけ避けたい」という要求が、いかなる場合にも、第一位を占めている。すなわち、こどもたちは、罰を避け、罪に陥りたくないという強い社会的要求をもつている。このことは、賞罰が、りつぱに「動機づけ」の役割を果していることを意味するものである。

家庭や学校において行われる「しつけ」の手段として、賞罰が好んで用いられてきたことは、古今をつうじ、また洋の東西を問わず、常にみられたことであるが、以上の事実からみて、賞罰を問題にする以上、動機づけと切り離して考えること　はできない。行為の結果に対して罰を加え、苦痛と不快を伴わせることによつて将来の行動に抑制を加えようということは、もつとも原始的な教育手段として、だれしも考えるところである。

賞についても同様であつて、学業成績の優良とか善行などに対して賞を与え、将来への動機づけとして役だたせようというのが、これまでの考え方の中心であつたとみることができる。

それでは、賞罰は、予期されるような動機づけの役割を、じゆうぶんに果すことのできるものであろうか。ここに検討を要する一つの問題が横たわつている。

心理学の領野においては、この問題は、学習効果におよぼす賞および罰の影響として、動物および人間を中心にして、数多くの研究がなされている。ここでは、これらの点についての詳細な検討は省略して、二、三の問題点だけを提示して、賞罰の問題を考える参考に資したいと考える。

白ねずみに問題箱を解決させる学習を行わせるにあたつて、ねずみを三群に分けて行わせる。一つの群では、問題を正しく解決した場合に、賞として食物を与える。第二の群では、正しく解決した際に食物が与えられるとともに、学習の途中に誤つた反応をするたびに、強い電気ショックが罰として加えられる。第三の群は、誤つた反応をするたびにショックが加えられるが、正しい反応に到達しても食物は与えられない。すなわち、第一群は、正反応ー賞、第二群は、正反応ー賞、誤反応ー罰、第三群は誤反応ー罰という組合せである。賞のみ、賞罰併用、罰のみの三つの場合について、学習の効果は、どのように異つてくるであろうか。

長い四十日間の練習を経た後に、第一群は、六〇パーセントの進歩を示したのみで、しかも初めの二十一日の間には、ほとんど進歩らしいものは見られなかつた。これに対し、第三の罰のみの群では、三十三日で完全に学習が成立し、第二の賞罰併用群では、十三日で完全学習がなされている。

この結果からすると、正行為に対する賞、誤行為に対する罰という二本建の指導方法が、賞罰いづれか一つの場合に比べて、はるかに有力な方法であることが理解される。ことに、賞のみという方法は、もつとも効果がうすいことが立証されている。

しかし、ここで注意されなければならないことは罰だけが用いられる場合には、ねずみは、この種の実験をしだいに拒否し、反応自体を全く示さないようになる事実である。罰は、一時的には賞より効果があつても、より早く飽和点に達し、効果をまつたく失う可能性が強いわけである。

これに反し賞は、その効果は、わりあい徐々にしか現われないが、しかし効果の永続性をもつている点に、大きな長所を示している。

人間を対象として、諸種の作業実験が同様に試みられている。ここにおいても、罰は賞よりも、一時的な効果は大であり、学習効果を高めることには有力である。しかし、罰の反復は、学習者をしてしだいに慎重に、臆病にし、誤つた反応の数は減少しても、一回の試行に要する時間は、賞の場合よりもむ

抜萃欄

しろ大きくなつてくる傾向がある。賞は、効果は徐々であつても、学習者に自信の度を加え、確実に学習のステップを歩ませるのに反し、罰は、誤ることを恐れさせる結果、学習者をきようだにおとし入れる危険をもつている。

このことは、賞讃と非難という対立的な方法を用いての実験的研究からも、さらに明らかにされている。児童に、簡単な連続加算を行わせるにあたつて第一群には、常に賞讃を与え激励を加えるのに反し第二群には、その不成績を常に非難し、けなし続け第三群には、賞讃も非難もいずれも加えないで行わせてみる。第一群がもつとも成績がよく、第三群がもつとも劣つてくる。第二群は、最初の間は、相当の進歩を示すけれども、その後はほとんど進歩がみられない。

これらの実験研究は、賞罰の機能について、かなり明白な事実を示しているように思われる。すなわち、年少の者の教育にあたつては、賞罰いずれも、ある程度の効果をもつていること。好ましくない、誤つた行動を禁止することに対し、罰は賞よりも、より早い、より大きい効果を示すが、しかしその効果は、永続する性質のものではなく、反復によつて効果はしだいに減少し、ついには作業拒否の傾向さえ助長してくる危険のあること。これに対し賞は、その効果は常に徐々にしか現われないが、しかし永続的であつて、最終的にはもつとも好ましい方法であることなどを教えている。

俗言に「三つしかつて七つほめよ」といわれているが、子女の教育方法として、この言には、強固な実験的裏づけがなされているものとみることができよう。

学習の動機づけとしての賞罰を考えるにあたつてさらに考慮されなければならない重要な点として、次のことを指摘することができる。賞といい、罰といつても、これらが学習者によつて正しくそのとおりに認識されているかどうかは、明らかでないという点である。賞を与えた、罰を加えたといつても、その賞なり罰なりが、相手によつて正しく理解された形において行われたものでない限り、賞罰の真の意味ははたらいていないといわなければならない。行つた反応、行つた行動のうちどれが真に賞せられたのであるか、どれが罰せられたのであるかが、行動者によつてじゆうぶんに理解されるようなしかたにおいて、賞罰は行われなければならないということである。「お前の一般的態度が気にくわない」とか、「全体としてなつていない」とかの形でしつ責が加えられたのでは、学習としては、改めるべき具体策を見いだすことができない。「この点がよい」「こういうことがよくない」というふうに、賞罰の対象が、はつきりと相手に理解される形において、賞罰は行われるべきものである。

教育の理想からいえば、賞罰などという副次的手段を必要としないような教育が、真の教育であるといえるかもしれない。しかし、現実の児童、生徒は未発達者であり、社会的未成熟者でもある。この意味からいつて、なんらかの形の、また何ほどかの賞罰というものは、実際には欠くことのできない手段であるともいえるであろう。理想論から、賞罰を完全に抹消し、その機能、そのあり方について、なんらの考慮も加えないということは、やはり行きすぎた考え方であるといわねばなるまい。

しかしこのことは、賞罰を、無批判的に、無制限に承認することを意味するものではない。賞罰の教育的意義なり、心理的機能なりについて、じゆうぶんの検討が加えられた上で行われて、はじめてこの古い教育手段に、新しい意味が与えられてくるものと信ずる。

（広島大学教育学部教授）

＝沖縄の子守歌＝

一、クガナーヨ　ニンシラヤハ　ヤ
アニガ　ムイフドウアーサバ　ヨー
（ヨーイ）シミサヌン　シグリリヨ
ハリヌ　クガナー

二、クガナーヨ　ニンシラヤハ　ヤ
ヤヒルヤヌ　ユミナサ　ヤ（ヨーイ）
トヒルヤヌ　ヌシナリヨ
ハリヌ　クガナー
クガナーヨ　ハーリヌ　クガナー

（一、黄金のような　大事な我が子よ
寝んねしな　姉さんが　守り育てたら、
に学問も　優れた子になれよ。
二、黄金のような　大事な我が子よ
八尋殿の嫁にしようね
十尋殿の主になれよ。）

指導事例

しかり方、ほめ方の反省

―低学年―

望月　稔

特別しかつたりほめたりする方法を考えているわけではない。だから、あとからふりかえつてみて、ずいぶん無理があつたり、むだなしつけをしたりしたことが反省される。

こどもをなぐることは、もちろんやらない。しかしことばや学習方法の上でしつかり、ほめたりしていることがある。低学年はほめることがたいせつだ、と思いながらも、「何々してはいけない」という〃だめ〃式のことばが多いことに気がつく。

がいして、学習上で「だめ」式のことばがでるときは、学習の準備ができていないときに多い。こどもをお客さんのようにほめている場合は、こどもの理解が浅いのがつねである、ある内向性のこども。母は「勉強しないで、だめ、だめ」という。わたくしは、「せいいつぱいやつているのだから伸びますよ。」と激励す。母は、「わたくしを安心させるためにいうのでしよう。」という。このこどもは手をなかなかあげないのでいろいろ話しかけてみたり、二、三人で話合をさせてみたりした。まれに、答えたとき、ほめてやつたりした。でも、相変らず前と同じ、そこで誕生会のとき、劇の主役をやらせてみた。「とてもできないでしよう。」と母もいつた。日がせまつてくると、いつしようけんめい練習するようになつた。どうにかこの責任を果したかれは、それ以来、手をあげ、発表するようになつた。

ほめることと学習がぴつたり一致して成功した場合といえるだろう。これは一年生の二学期の例である。とかく、しかること、ほめることが学習や生活と結びついていないと、からまわりをするようだ。

㈠　ほめること

低学年児童は、まず、ほめることから始まる。四月、一年生の入学式には「みんなうれいそうね。おりこうね。」と学校にきたことをほめる。教師側が黙つて苦い顔をしていたり、長いおさとしをしていたのでは、こどもはあくびをし、学校がきらいになる。これは、あるいは甘い、ぎこちない教師の演出と感じられるかもしれないのだが。ことに、低学年で男の先生だと、こどもは教わる前から恐怖を感ずるものらしい。男の先生はしかるものだという先入感があるのだろう。これはすべてではないが、女の子に多い。

転入してきたA子、知能は中の下位、なかなか教室にはいらない。前に女の先生におそわつて、こんど男の先生におそわるようになつたためだという。二、三日ぐずつていたが、まもなく明朗になり、はしやいで困るようになつた。

一年入学の初め、教室の中で教師の話がきけない子に、「太郎君だめね……」というようなことをいつても、応じない。「次郎君はよくきいていますね。」というと、みんな姿勢を正しく聞くようになる、ほめることのききめは、このときよくわかる。低学年でほめることは、こどもをみとめ、教師との距離をちぢめることになる。ここで問題となるのは話の内容、興味、早さ、わかりやすさ、長さなどだと思う。はじめから、しからないでと考えていてもその場、その場で〃だめ〃式の注意をして、とかく失敗してしまう、これも教師の癖というものだろうか。

ほめること自体、はじめのうちは効果があるとしても、何回かくり返しているうちにききめがなくなる。「甘い先生」「もう少ししかつてください」と父兄からいわれる。

ノートがきれいに書けたら、まるをやる。同じまるを何回かやると、「同じまるばかり」とあきたらなくなる。ほめられる要求がますますたかくなる。これも、困つたことである。

そこで、こどもをみとめることに努力し始める。こどもと手紙をやりとりする、掲示をくふうする。

ほめることのきざつぽさが消えて、きわめて具体的に、こどもと教師の人間的つながりが起るようになる。あたたかい学級経営がそこでつちかわれ、成功する。いつも、こういうようになりたいと考える。

㈡ しかること

低学年では、しかつているとき、何をしかられているかがわからないことがある。ことに、自分の主観的な立場からひどくしかろうとするときに、これがある。たとえば、静かに勉強する態度が、他のクラスに比して劣つていると自分だけで考えているような場合など。しつけという事が流行的におとなの側の世論となつたとき、あるいは、偶然にクラスのこどもがまずいことをしたとき、そんなときはこどもの話し声が過大にひびいてきたりする。これは教師の劣等感だろうか。教師の精神衛生はまつたく必要だと思う。同じ学年の教師同志はこのためにも歩調を合せて協力してやつていかなければならない。

廊下を走つた子を立たせて、百までかぞえさせるようなこと。これはこどもの心理に真向いから、挑戦している。便所が遠い、休み時間が限られている、というような理由があるからだ。これは、校舎の構造や、各クラスクラスが歩調を合せるべき問題だ、また学校児童会の考えるべきことである。

音楽の時間、オルガンをひいていると、こどもがよみをしたり、いたずらをしたりする。それで、歌を歌つたあとで反省会を開いた。すると、さかんに友だちの悪いことをいう、次にまた開いた。こんどは競争で悪いことをいい合う、反省会、友だちの非難でうずまる。「先生、だれだれさんは消ごむをいじつていました。」……このまま、つづけていくと友だちの批判ばかりするようになる。批判と実践が伴わなくては困る。低学年であまり長い話合いは、批判のための批判になつていく。しかし、これは批判ではない。ゲゼルのいう、こどもの攻撃機制であろう。内容を充実して、発達に即した指導が必要になるゆえんであろう。

低学年では友だちの訴えがよくある。「何々さんはどうした。」「何々さんはより道した。」といつてくる、こういうこどもは、やや外向的で、人なつつこいのに多い。このこどもの訴えに、指導の貧困を感じても、訴えられたこどもをしかる場合があるしかられたこどもは泣きだす。訴えたほう、訴えられたほう、両方話合いをさせるとよい。劇にして、やつたことを再現させてみてもよい。

ある女の先生の話…こどもがけんかをしていた。AとBのうちBのほうをしかつた。というわけは、BがAをなぐつたからだという。しかしAにも悪いことがあつたらしい。それが先生に聞いてもらえなかつたのだ。Bは次の時間、答案を書かずにすねていたという。

こどもが活動していて、急に何もしなくなるときそれが教師への反抗心から起つていることがある。低学年では、まともに反抗は示さない、泣いたり、すねたり、無活動になつたりして、反抗が示される。身体的表情にもすぐ出てくる。

なぐることのいけないことは、こどもにいわなければならない。これ当然の話である。しかし、こども同志の交友関係も、このときによく知つておくことがたいせつだ。一方的にしかる印象を与えることは、もつともいけない。

ソシオグラムで、きらいの中にはいつていないこどもでも、友だちをいじめたといつてさかんに攻撃されることがある。四面そ歌のこどもも、こども同志の間では、実際に好かれていることがある。

ソシオグラムは教師のしかり方、ほめ方の反省として現われる場合もある。よくしかられているこどもが、きらいの矢印をたくさんもらつていないかどうか、反省して見る必要があろう。

ノートを忘れたこども、「先生ノートを忘れました。」といつてくる。「だめだね、今度から忘れてはいけません。」こういつて、わたくしは紙一枚を与えた。次の日また忘れた。今度は黙つていて、いつてこない。きのうしかつたのが、ひびいたのだろうか、ただ沈黙を保つているだけである。もしきのうノートを忘れたといつていたとき、わたくしが黙つて紙を与えたとしたら、きようもまた、発らつとして、「ノートを忘れました。」といつてきただろう。しかし、ノートを忘れることを奨励するようになつたら困る。忘れものをするこどもは、たいがいクラスできまつている。これらのこどもは家庭連絡とか、個人指導が必要だろう。忘れものばかりではない、落しものもよくする、家でしかられるこどもは、落しものをして、わつと泣きだすことがある。

㈢ その他のこと

ある三年生の男の子、よく席を離れて前にでたりうしろにいつたりして困る。原因は、近視のため、黒板の字を前にでて見ようとしたときの癖だという。ノートによく鉛筆でかき、消してはやぶいてノートを汚くするこどももいる。低学年の初め、こういうことでしかってはいけない、しかると書かなくなる。さかんに書かせることだ。一年生の初め、はやくから書かせると、こんなことで失敗することがある。

体育の時間、順番に列に並ばせることは一年生ではひと苦労である。列に並ぶとき、おしくらが付随してくる。しかし、全体をしかってもききめがないならぶことの要領がわからないのだ、割込があって混乱している場合もある。よく原因をつきとめることがたいせつだ。

声が大きい教師は、とかくしかっているように聞える。教師の声につれ、こどもの声も大きくなるという。他のこどもの声が大きくなると、発表しなくなるこどもがいる。こどもは教師の気づかないことに影響される、わたくしも自分の声が大きいと感じたときは、声の小さい子と話を合せることにしている。

× × × ×

しかること、ほめることは、やはり、こどもの成長や発達を考えてやらないと失敗する。そしてひとりの個人をしっかりと知っておくことがたいせつだ。これに徹底すると、前に述べたような、しかること、ほめることのかげがうすれてくる。ここまでいくには困難だがそれにしても、低学年ではほめることがいちばん効果的なようだ。こどもをなるべくほめながら、一方では学習の内容を充実していこうと思っている。

（東京都世田谷区立東大原小学校教諭）

しかり方のくふう

——中学年——

宮崎幸子

こどもにとって、「しかられた」という印象と、「注意された」という印象とでは、おそらく「しかられた」というほうが、こどもの心に「自分はたいへん悪いことをした」というように強く映じることだろう。ことに気の小さいこどもなら、どうにもならないくらい、劣等感を持ってしまうこともあろう。あまりきびしくしからなくても、こどもが自分の非をさとって、今後改めようという気持を持てばよいのである。

そこでわたくしは常に、「しかられた」という気持をこどもに必要以上に強く持たせないように、気をつけていこうと思っている。たとえ内容はしからなければならないことがらであっても、扱い方によって、こどもになっとくさせることができる。

ことに三、四年生ともなると、自分で判断する力や、人の言動を批判する力も、そろそろ養われているから、もののわかりもよくなってくる。わたくし自身、いつもこどもを「しかる」という気持より、「注意する」という気持でこどもにのぞんでいるから、以下二、三の例についても、そのつもりでご批判いただきたい。

㈠ 個人的な問題の場合

Hはクラスでの忘れんぼのナンバー・ワンである。学用品であれ、お金であれ宿題であれ、なんでもはじから忘れてくる。ととのっているときのほうが少ないくらいである。クラスには「忘れ物係」という係がきめられ、忘れ物をするたびに、係のメモに記録されていく。ときどき参観にくる母親は、その記録を見て学校ではため息をつき、家に帰ってもりだくさんのおこごとを与える。そこでHは、忘れ物をしないように気をつけようと努力するのではなく、その当座をごまかすことに気がついた。毎月の諸費用を持ってくるある日の朝、

「おかあさまにお知らせをお見せしたけれど、くださらなかったの。」

といってきた。その家庭は費用をとどこおるような家庭ではなかったので、わたくしは内心「おや」と思ったが、持ってこないものはしかたないので、

「ではあした忘れずに」ということですませておいた。偶然にもその母親が、用足しの後、学校にたちよつて参観した。そこで、

「一週間ほど前に、諸費集金のお知らせをさしあげましたが、ごつごうはいかがでいらつしやいましようか。」

と念のために聞いてみた。すると母親はびつくりして、ぜんぜん知らなかつたという。そこでこどもに問いただしたところ、学校からの通達文を、母親に渡したといいはる。そこで母親がこどもの机の中の物を、みんな出して整理してみると、数枚の通達文がもみくちやになつてはいつていた。

Hは家から持つてくる物も忘れるが、学校から持つて帰るのも忘れる、のんきやさんであつた。その日の放課後、Hと母親とわたくしと三人で、空室の一隅でいろいろ話し合つた。

忘れ物の多いこどもの行動に対して、母親はこごとだけでおわり、善処することがなかつたらしい。そこでこどもは、その気持のはけ口を母親に持つていき、忘れ物を母親の責任にでつちあげてしまつたのである。わたくしはとんだことになつたと、まつたくがつかりしてしまつた。そして忘れることはよくないが、それをごまかすことはもつと悪いことをよく話してきかせた。ごまかしは必ずわかつてしまうことや、おかあさんと先生は、なんでも話し合うから、学校のことも、家のこともみんなよくわかつていることを話し合つた。

このとき以後、Hの忘れ物はどんどん少なくなりまたごまかしというようなことはまつたくなくなつた。この問題はH個人の問題で、他のだれに知らせる必要もないし、また知らせないほうが、Hのためによいと思われたので、前記の三人だけの問題として、解決したわけである。

㈡　グループにおきた問題の場合

どこの学校にもありがちな、清掃当番の間におきた問題である。Nが働かないでなまけてばかりいる。注意すると、またそのことからいざこざが起きて、いつもごたごたしているという。まずNをひとり呼んで聞いてみた。

Nは、ときどきなまけてしまうことを認めているどんなときになまけるのかと聞くと、「遊びたくなる」「そうじがめんどうくさい」等という。まつたくのわがままである。しかし普通にそうじしていても、「なまけた」といわれるときもあるという。あいにくなことに、Nのグループは、クラスでの働きものばかり集まつてしまつている。したがつてNの行動が、クローズアップされてくるわけである。

もつともこのグループは、同じ方面からくるこどもによつて組織されているのである。

別の機会にNを除いたこどもたちの意見を聞いてみた。Nはまつたく気まぐれで、気のむいたときにはよくするが、大部分は気がむかないときのほうが多い。そんなときには、当番でないこどもと遊んでみたり、楽な仕事にちよつと手を出してみるくらいである。少し注意するとブツブツいうので、そのことについてけんかになつてしまう。

けんかをしていると、そうじの時間がなくなり、ついおろそかになる。またみんなの気持もよくない。Nがいると、けんかの種ができる。いつそNがいないほうが、ひとり手不足になつても、そのほうがかえつて能率にそうじができる。そこでNを他のグループに入れてもらいたいという。こどもらしい気持の表現の一つとして、

「Nさんが遊んでいると、悪いながら、わたくしたちもちよつと遊びたくなるから困ります。」

などといつている。

またこのグループには、まつたく関係のない数人のこどもに、このこどもたちが見たグループの様子を聞いてみた。だいたいの様子は以上のとおりである。ただ、

「Nさんもよく働いているのでしようが、他の人がすごくよく働くので、なまけているように見えるのでしよう。」

ともいつている。

またわたくしは、人知れずこのグループの様子を観察してみた。「見られている」ということを意識すると、まつたくかわつた状態になりやすいので、だれにも感づかれないように観察を続けた。それによると、今までの報告はみな、けつしてまちがつていないようである。ただ注意のしかたが、こどものいきどおりも手伝つてか、少しきびしすぎるようであつた。

ある日のそうじの後、このグループ全員と話し合うことにした。みんなが率直に意見を出し合うことにし、考えさせた。Nは自分の行動や位置を改めて認識したようであつた。そこでNには特に、

「そうじ当番がそんなにきらいなら、あなただけそうじ当番をしなくてもよいことにしましようか。」といつたら、

それは絶対にいやで、これからは、まじめに働くと

約束してくれた。次に他のこどもたちには、

「Nさんもみなさんのように、当番をよくするお友だちにしてあげられないでしょうか。みなさんはそうじはじょうずなのですから、こんどは、Nさんと仲よく当番をするのにはどうしたらよいかくふうしてごらんなさい。」

と話した。Nは家庭では相当に甘やかされているので、学校でもそのわがままがでるのであろう。

このこどもたちには、そうじをきれいにすることもたいせつであるが、みんなの力で、ひとりの友だちをよりりつぱに育てていくことのほうが、もっと大きな問題であることをなつとくさせた、その後このグループは、Nをたいへんよくかばつて、仲よく当番をし、現在に至つている。

「Nさんがとてもよく働いてくれます。」

などといううれしい声がときどき聞かれるようになつた。

㈢ 多くのこどもが共通の問題を持つた場合

前の二つの例は、あるこどもにとつて不利の問題が、できるだけ少数、小範囲で解決されるようにした場合である。しかし個人の問題でもそのこどもに関して、多勢が共通の問題を持つている場合には、クラス全体またはその参加している団体にはかつたほうが、そのこどものためによかつた場合もある。

Tは末つ子の甘つたれ。中学年になつてもなお、常に自分がその活動の中心になつていないと、気がすまないという、自己中心的な域からぬけきれないでいる。またTは学校では有名な乱暴者、暴力の強いことではクラスで第一番。学校側では乱暴をしないようにというと、家庭では、

「おうちに帰つてからは、あばれてもよいから、学校ではおとなしく。」

といつた状態である。こどもの心に正反対の二つの生活をおしつけておいて、「お友だちと仲よくしなさい。」といつても無理である。

このようなTにも、やつと矛盾した生活から抜け出すときがきた。それはいつの間にかはぐくまれた、こどもたちの自治性と、スポーツを通してのスポーツマン的な精神である。

① 自治会、朝の話合い

中学年になると、意見の交換がまつたくいきいきしてくる。自治会においても、朝の話合いの時間にも、Tについての問題がはなはだ多い。わたくしはときどき気の毒になつたり、かわいそうになつたして、弁護したり、あるときは聞き流したりしていた。毎日の学級日誌の反省欄にも、Tに対する批判の矢は増す一方である。Tに関するいろいろな問題を分折して考えてみると、友人に対する不当な暴力、そうじのなまけ、下級生に対する乱暴などになつた。

クラス全体としては、正義に対する判断力が芽ばえはじめた今、ことに不当な暴力に対する問題をこのままにすることはできない。一方総攻撃をされるTは、いろいろな批判にたえうるだろうか、かえつていじけてしまいはしないだろうかなど、わたくしの心は何回迷つたことだろう。しかし、なんとしてもTがしばしば悪いことをしていることは、事実なのだから、Tをみんなの中にほうりこんで、とことんまでたたかれてみるのもよいだろうと決心した。

それから一年半というものは、まつたくの根気くらべであつた。問題が出るごとに、みんなで考えた。それに対するTの答ははじめは、「ごめんなさい」「こんどしません」というばかりであつたが、しだいに、「ぼくはこう思つたのでこうしたのです」というように、自分の行動を認識し、かつ責任を持つ態度がみえて来た。このころからTに対するはじめのわたくしの心配は、まつたく解かれていた。

② スポーツ

中学年になつて、ルールの複雑なスポーツができるようになつた。Tはスポーツが大好きであるし、またうまい。ことに力は人一倍強い。

いろいろなルールのあるスポーツをしていてもTはときどき持前のわがままを発揮して、ひとりよがりな行動をとる。すると他のこどもたちは、ルールをまつこうからふりかざして、Tの不正をせめる。ルールのない遊びについて、このようなことがあると、Tはひとあばれする。ルールがあり、審判のいうことは絶対となつているスポーツの世界においては、かれのわがままも、腕力もまつたく頭があがらないのである。

このような生活が、一か月、二か月と積み重なつていくごとに、Tの規則に従うという気持がはぐくまれてきた。あれほどあばれまわり、手こずらせたTも、現在では自分のひたいに、大きなこぶを作られるほどおとなしくなり、

「このこぶいたかつたよ。ぼくも前には人にこぶをつくつたんだね。」

などと心の余裕のほどを示している。

なお、こどもをしかる場合に考慮したい、一般的な事がらを左にまとめてみることにする。

○一方のいい分だけを聞いて、他方をしかることのないように気をつける。

○こどもをしかるのに、力による制裁は絶対にさけるべきである。

○「しかられた」という気持のまま、こどもを家路につかせたくない。なんらかの方法によって、沈んだこどもの気持を引きたたせ、安定した精神状態で下校させるようにしたい。

「お茶の水女子大学付属小学校教諭」

しかり方、ほめ方の調査

―高学年―

下島　節

高学年の児童は、学校で、教師からどういうことでほめられ、どういうことでしかられ、またそれに対してどう考えているのであろうか。わたくしの学校で五年八学級のうち二学級（九五名）、六年七学級のうち二学級（一〇三名）の児童について、次のような質問をして回答させてみた。

ほめられた児童

学年	六年					五年					合
組	A		B			A		B			
性別	男	女	男	女	計	男	女	男	女	計	計
ある	20	21	19	20	80	22	18	21	21	82	162
ない	5	7	5	6	23	4	3	4	2	13	36

しかられた児童

学年	六年					五年					合
組	A		B			A		B			
性別	男	女	男	女	計	男	女	男	女	計	計
ある	25	28	23	25	101	26	15	23	22	86	187
ない	0	0	1	1	2	0	6	2	1	9	11

1 あなたは五、六年になつてから、先生にほめられたことがありますか。（ある、ない）

2 どういうことでほめられましたか。

3 そのとき、どう思いましたか。

4 あなたは五、六年になつてから、先生にしかられたことがありますか（ある、ない）

5 どういうことでしかられましたか。

6 そのとき、どう思いましたか。

児童の回答をまとめてみると、上の表のようになる。

表で明らかであるように、各学級とも、大部分の児童が、なんらかの事由でほめられたり、しかられたりしている。全般に、ほめられたことより、しかられたことのほうが多い傾向がみられる。しかられたことのない児童はきわめてわずかである。

この結果を素直にそのまま受け取つて推測すると児童はほめられたことよりもしかられたことのほうが強く、長期間印象づけられるのであろうか、あるいは、教師は、ほめることより、しかることのほうを多く使うのであろうか、児童の現状は、ほめられる行動より、しかられる行動のほうが多いのであろうか、などいろいろ興味がある問題が考えられてくるように思う。

さて、こうした児童は、どのような機会にほめられ、またしかられるのであろうか。

児童のこれに対する回答は、きわめて種々で、範囲も広く、高学年における、ほめかた、しかりかたの対象領域の広さを示している。ここでは一般的な傾向をみるために、ひん度の多いものを、拾い上げて、次表のように整理してみた。

ほめられたとき

男子

六年		五年	
1国語の本がよく読めた	6	1勉強をよくやつた	6
2絵をじようずにかいた	6	2国語がよく読めた	5
3そうじをしつかりやつた	4	3絵がじようずにかけた	4
4人の世話をした	3	4作業やそうじをよくやつた	3
5宿題や勉強をよくやつた	3	5体操がよくできた	2

女子

六年		五年	
1 絵がじようずにかけた	5	1 宿題をよくやつた	6
2 家庭科がよくできた	5	2 勉強がよくできた	5
3 そうじがよくできた	4	3 絵をじようずにかいた	4
4 人の世話をした	3	4 習字がよくかけた	3
5 勉強をよくやつた	3	5 そうじがよくできた	2

機会をはつきり回答したものが割合に少ないのはなぜだろうか。ほめられたという記憶はあるが、特別印象に残つているものがあまりない、忘却しているものが多いようである。ほめられたことが、長い期間、児童の心の中にあつて、かれらの望ましい行動を規定していくようなものは、一般には、よほど特殊な場合でなければないのではあるまいか。われわれ教師のきわめて日常的なほめ方というものは、そう長く児童の印象に残るものではないが、しかしこうしたほめ方の適切な連続が、児童の行動をふだんに規制し向上させていくところに、ほめかたの教育的営みがあるのであろうと思う。

さて児童の印象に残つているもので、多い事例は表のとおりであるが、児童の学校における活動を、教習と教科以外にわけてみると、教科に関係してほめられることのほうが多い。

国語の本がよく読めた、絵がじようずにかけた、勉強がよくできた、というように比較的学習能力に関したものが多く、次に学習における態度が取り上げられている。学習能力の優秀さがほめられることになると、児童の数は限られてくる。全般的には、もつと学習への努力、熱心さ、真面目さが、ほめることの対象にならなければならないと考える。

教科以外の活動においては、作業、そうじ、当番などをしつかりやつてほめられる場合が多い。人の世話をしてほめられたという回答が、六年に多いのは、最上級生としての自発的な活動をする六学年児童の特色を示すものであろう。児童の自主性、社会性、創造性など新しい教育の重要な面の指導をねらう教科以外の活動が高学年においてはもつとほめることの対象にならねばならないと思う。

表を見ると、教科以外の活動が比較的ほめられていないのは、児童が現在なおこうした面において、じゆうぶんな活動ができないのか、あるいは教師のこの面における指導意識がなお教科指導よりもき薄で、そこまで児童の活動を観察することが足りないのか、などいろいろ反省させられる。

現在はもつと高学年における教科以外の活動を取り上げてほめることを適時に活用していかねばなるまいと思う。

このことはしかられ方の事実を見ると、いつそうの感じを深くする。しかられた機会について、前と同様な整理をしてみると、左表のようになる。

しかられたとき

男子

六年		五年	
1 そうじをよくやらなかつた	10	1 けんかをした	10
2 けんかをした	10	2 勉強中ふざけた	10
3 学校で禁止している見せ物をみた	8	3 そうじをなまけた	8
4 作業をなまけた	4	4 いたずらをした	7
5 危険な遊びをした	5	5 忘れものをした	4

女子

六年		五年	
1 そうじをなまけた	8	1 そうじをなまけた	9
2 学校で禁止した見せ物を見た	7	2 けんかをした	8
3 当番の仕事をなまけた	7	3 忘れものをした	7
4 友だちと争つた	5	4 廊下で遊んだ	6
5 本がよく読めない	4	5 学習中話をした	4

表でわかるように、児童がしかられる機会は教科以外の活動に断然多い。規則を守らなかつたとか、共同でやる仕事をなまけて他人に迷惑をかけたとかけんかをしたとかいうように、学級で社会生活をしていく上に支障となるような行動が取り上げられている。この事実から来る反省は、児童が教科以外の活動においては、まだじゆうぶんに指導されていないということではあろうが、しかし、他面教科以外の活動中に、もつとほめるべきものを取り上げてやる努力が必要であると思う。

教科の学習においては、ほめることは、容易であるが、教科以外の活動においては、ほめることはむずかしいという事実を語るものであろう。

次にほめられたり、しかられたりしたとき、児童は、どう感じるのであろうか、回答を整理してひん度の高いものをあげてみると、次表のようになる。(ひとりでいくつもの回答をしているので、ひん度は人員より多い)

ほめられたとき思つたこと

回答類型	六年 男	六年 女	六年 計	五年 男	五年 女	五年 計	合計
うれしい	24	28	52	21	26	47	99
もつとやりたくなる	12	7	19	12	16	28	47
父母に話したい	4	2	6	1	3	4	10
はずかしい	3	6	9	10	2	12	21
勉強がすきになる	1	2	3	1	3	4	7
楽しい	3	2	5	7	14	21	26

しかられたとき思つたこと

回答類型	六年 男	六年 女	六年 計	五年 男	五年 女	五年 計	合計
悪いと思つた	13	11	24	9	2	11	35
これから直そう	5	3	8	12	2	14	22
悲しい	6	3	9	3	7	10	19
はずかしい困る	5	7	12	8	14	22	34
楽しくない	2	2	4	5	2	7	11
はらがたつた先生が悪い	7	17	24	19	5	24	48
友だちが悪い	9	4	13	1	2	3	19

ほめることは、児童に望ましい行動を進めるために、またしかることは、児童に望ましくない行動を除去するために用いられる教育の手段である。

ほめることは、児童に快の情緒を働かせ、しかることは不快の情緒を伴わせるとは、心理学の説明するところであるが、表をみて明らかであるように、ほめられたときは、「うれしい」「もつとやりたい」「楽しい」というような回答が多く、快の情緒が働かされて、望ましい行動への意欲が高まることを示している。ほめられて「はずかしい」という回答も相当あるが、高学年児童の心理的な特色がうかがわれる例であろう。

ほめることは重要な方法であるが、特に高学年においては、そんなにしばしばほめる機会があるとは考えられない。四六時中ほめることの連続であつては、児童はかえつて、積極的な行動への誘意を感じないであろう。高学年児童にとつて、ほめることが適時適確であるためには、自分も友人もたしかに価値ある行動として認められるよう、理由を明示してほめなければならないと思う。

しかられたとき児童がどのように思うかを表によつてみると、「わるかつた」「これから直そう」「悲しい」「はずかしい」「楽しくない」などのように、ほめられる場合とは逆に不快の情緒や望ましくない行動として、これを除去しようとする意欲が見られるようである。高学年のしかり方の上に特に注目すべき事実は、回答類型に見られる「はらがたつた」「先生が悪い」「友だちの方がよくない」「自分ばかりしかる」というような事例である。

ここに高学年における、しかり方の運用が、ほめ方の運用より、はなはだしく困難であり、誤られやすい面をもつていることがわかる。

前述したように、児童がしかられる機会は教科以外の活動に多いことからも考えて、そのしかりかたは、単なる禁止や圧迫でなく、じゆうぶん慎重にしなければならないことがわかる。こういう場合におけるしかりかたが誤られないようにするために、少なくとも次の諸点を特に留意しなければならないと考えるものである。

1 しかることは、行動の直後すみやかに行われること。

2 しかる場合には、理由が端的に明示され、納得の行くようにしてやること。高学年児童には理由のない圧迫や禁止はかえつて教師に対する大きな反発となる。

3 理由を納得させるには、児童の弁解も、じゆうぶん聞いてやること。

4 しかつたならば、その後なるべく早い機会にほめる機会をみつけてやること。

5 しかりかたは友だちや大ぜいの面前でなく、なるべく個別的にし、皮肉なしかりかたや遠いいまわしは避けて、率直にしかること。

(長野県伊那小学校教諭)

あなたは保守的か？進歩的か？

★解答によせて★

名城嗣明

解答

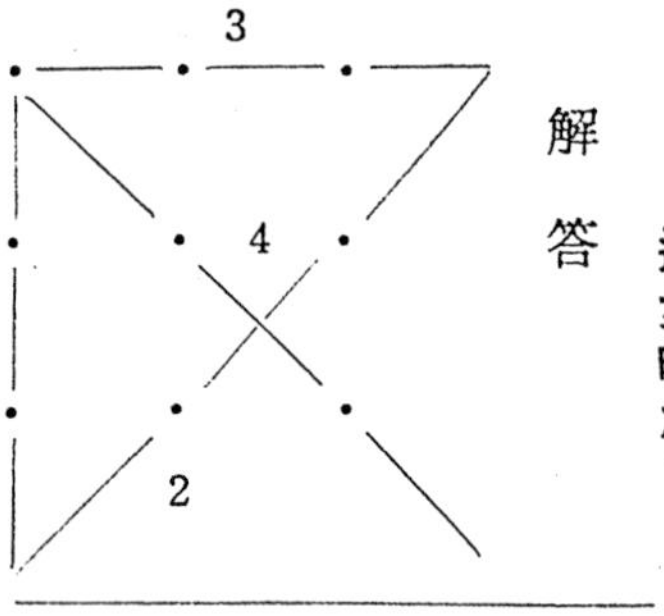

人間はもともと保守的に出来ている。私達は自由、進歩的、だと自認し、絶えず新しいものに目を向けて積極的に動いていると云う自信を持っている。しかし実際には、人間と云う動物は保守的である。生まれてこのかた、私達は「何々すべし」と云う教育よりも「何々すべからず」と云う禁止の生活体験の方が、はるかに大きく、それが今日の我々の人となりを形造る上に大きな役割を果しているようだ。

英語にFrame of reberenceと云う言葉がある。日本語で「心構え」とか「心組み」とでも云うか、とにかく、その意味するものは、ある事態に立ち向った場合に、我々は、その事態に対処すべき思考活動の為めの精神的準備をする。その準備態勢の事である。

面白い事には、ほとんどの人間が似た様な構えをする。極端な例だが「かまきり」はどんな「かまきり」でも、おどかしたらかまをもたげて立ら向う。これは所謂「本能」の現われであるが、人間の場合、純然たる精神的なレベルに於て、多少の差はあっても、ほとんどの人間が同じ様な精神的「構え」を示す。

結婚式に臨んだ場合、我々は喜びと云う心構えのわく内で物事を考え、行動を統御する。葬式に臨んでは悲しみの中に自分をおしこめ、そのわくからは飛び出さないように努め、外的な行動に於ても、悲しみと云う気分を表現する以外の何ものからも自分を守ろうとする。

この様に我々は次々に変化して行く外界の動きに応じて、それぞれのFrame of reberenceを形造るのであるが、それは生まれてこのかた積み重ねて来た〃学習〃の結果である。人間社会の多年の経験の結晶として、それぞれの異った社会には、それぞれの異った思考の〃型〃、風俗、習慣の〃しきたり〃、行動の〃基準〃と云った様なものが出来上がっている。そして、それぞれの社会に生まれた個人々々は、それらの〃型〃、〃しきたり〃、〃基準〃にはめこまれて成長し、最も普通な、最も無害な〃普通人〃となって、父祖の残した伝統的社会を最も忠実に受継ぐ。

狂人、変人、奇人の存在が警戒されるのは、大多数を占める、普通人達が最も忠実に守っている〃型〃、〃しきたり〃、〃基準〃をむしばむ白蟻的存在であるからに過ぎない。天才はいつの時代にも一歩進んだレベル、一廻り大きな心のわくに於て、考え、行動しただけに、それぞれの時代に於て、狂人、変人、奇人のいずれかに分類され、普通人達からそう扱われた人々である。

「コロンブスの卵」の話はあまりにも有名である。この話の教える所は、決して、天才の知能の優秀性についてではなく、むしろ天才が持っている〃勇気〃についてであると思う。秘訣を教わって見れば「なあんだそんなことなら、俺だって知ってる」。とうそぶく普通人は心の中では「……しかし、そこまで思い切って普通人的考えを打破って出る勇気がなかった」。とつぶやいて実際には自からの不甲斐なさに腹立たしい思いをしているのである。

でこのテストの解答についても同様な事がいえるのではあるまいか。九つの点から我々はそれらの形造る正方形を心にえがく。そしてその正方形そのものが問題解決の為めの beame（わく）となって固定する。そうなったら最後、てこでも動かない。出題の「条件」のどこにも、正方形の幻想を打破ってはいけない事を規定する項目はない。我々が勝手に自からのわくを作りその中に自分をおしこめ、自からの頑固な保守性の犠牲となってもがいているのである。

学習心理学で、Plateau と云う言葉がある。ある高さまで進歩した者が急に停滞して、俗に云うスランプが続いている状態を云う。かえりみて、我々の社会にもスランプの状態があり、我々の人生にも又スランプの期間のある事に思い当る時、父祖伝来のわくの中に自からをおし込めて苦しみ、その解決策が唯一つ、知的〃勇気〃にある事をお互は忘れていないであろうか。我々はよるとさわると、不自由をかこつ。しかも、自由は自から求め、自から開拓すべきものである事も抽象的レベルに於ては、よく論議される。又批判的精神についても煙の如くに論議し煙の如くに忘れ去る。

我々のうちのいくたりが果して、出題の「条件」に規定された項目を批判的に眺めて、正方形のわく外に自由を求め得る可能性をつきとめたろうか。進歩的であると自認し、自信することのた易さに比し、進歩的になりきる事がいかにむつかしいかを我々はこのささやかなテストを通して思い知らされるのである。深く反省したいものだ。

（研究調査課主事）

バスの窓から

―アルバイトの記―

首里高校　三年　上原忠治

車掌のアルバイトとくると、どうも女性じみた性格をおびているとか、いう人もいるがそう考えられないこともない。しかし必ずしも、そうとは限らない。

私も首里バスの車掌アルバイトを始めてから、も早や一ケ年は、とつくに過ぎたが、ウインドグラス越しに、眺めた、二、三の感想を述べてみましよう。

国際通りの、はなやかなネオンの目も覚めるようなあたりを、多数のお客をのせて、エンジンの音もかろやかに通り過ぎるのも、格別の面白味。車内を千鳥足で歩きながら、切符を切つて、オーライ、ストップと男性的なバスでうぐいすみたいに、美しい声で鳴けないのが残念。

牧志通りを走つて、感じたのは、若い人達の常識が稀薄であること。やがて牧志停留所の停車前で、速度を落していたのでよかつたが、人道をはなれて、車道で若い男女が、話し合つていた。それを発見した運転手は、ブレーキをふみながら、クラクションを鳴らしたが、依然として動こうとはしない。

私はその光景を見て、実にふんがいした。そこにはちやんとした歩道の設備もあるのだから、そこに立つて必要があれば、いくら話したつて、それは誰が見ても自由である。しかたがないから、ハンドルを左に切つて、遠まわりした。そこをよければ、まつすぐ、停車できるのに、その二人の常識をうたがう。沖縄の戦後の交通事故は、運転手だけの不注意では、決してない事が察しられる。もつと、交通道徳を守つてほしい。

次に車内で感じられることは、席をゆずるということである。もちろん同等の車賃を払つて乗つているのだから先にかけたら、ゆずる必要はないといえばそれまでであるが、若い人が年老いた方に自分の席ぐらいゆずつて、どうぞといつてかけさすのは、人情であり自然であり、常識でなかろうか。

中には、自分はゆつたりとシートに、腰をおろしてそばに立つている老年輩の婦人の方を見ぬふりして、窓ぎわをむいている人もいる。そうかと思えば、前に立つている老婆を見て、かけさせてあげようと、席をはなれてその方に合図する間に、そばから、若い男がすうと、かけていて知らん顔する情景もたまたまある。しかし一部の心なきもののことであつて、全体をさして言つているのでは決してない。

次に車賃に就いてであるが、わずか二円のバス賃で乗るのに、百円札を出す。甚だしいのになると、千円札を平気でさし出す。バカヤローと言つてやりたいくらいであるが、人権の無視とか、そういう者にかぎつて喰いつくし、また、あくまでお客さんであるのだと、がまんしているのである。

いくらお客さんでも、市内線というぐらいは、知つているはずである。はたして、九百九拾八円というつり銭がすぐ、車を降りるときに出せるかどうか、常識にまかせる。むしろ千円札を、定期券同様に、ケースに入れて持つて歩いた方がはるかによかろう。商店であれば、品物を買つてくずしてもらえるであろうが、車賃二円で、千円札をくずそうとするのは、やめてほしいと思う。

次に良心的に、車賃を払つてもらうように希望する。そういうと、確かに誰かが良心的にとは、何を意味するのかと、追求するでありましよう。要するにこういうことである。回数券とか、学生券を、特に注意したい。三区間のバスを乗つて、降りる時に、二区ちぎつて渡す。もし二区しかなければ車掌に、事情を話せば、喜んで許すであろう。そうでなければ、それだけ分、乗つて二区間の停留所でおりたらよかろう。定期券でも、中には二区定期で三区間をのる人がいるがどうかと思う。それを平気でやつて車掌に呼びとめられて赤面する人も少なくない。

次に、酒に酔つた大人である。乗る時まではようやく乗つたが、しばらくすると、バスの動揺で、急に飲んだアルコールが体内で、悪く作用するのかどうか知らないが、車掌が気がついた時には、死人同然になつて「どちらまでおのりでございますか」と何べん聞いても、返事をしない。こちらは、一人にこだわるわけには、いかないので、ほつておきますが、とうとう終点までのせてくるというしまつ。これだけはどうも手のつけようがない。酒をのむのは自由であるが、社会意識を喪失するまで、酒をのむのはよくない。

バスの中は一つの社会であるから―。

資料提供にあたつて

産業を盛んにすることが、琉球の貧困を救う唯一の道であることは、誰しも知り過ぎる程知つている。産業教育の振興に絶大な努力が払われなければならない。

沖縄に現在どのような産業があり、その現状はどうかという事を、現場の産業教育の資料として提供したいと思つて、今月号から写真特集として毎号載せることにした。

産業教育シリーズ（其の一）

醸造業の巻

当会社は、一九四九年十一月三日、豊かな水源と中南部第一の良質の水、そして樹木欝蒼とした空気清澄な衛生環境に最も恵まれた首里寒川の高台に設立されている。

資本金、五百万円。　運営資金、五千万円。
従業員、社長　具志堅宗精　以下百五十名。
工場建物、千坪。　敷地、四千五百坪。

取扱品目
一、醤　油
二、味　噌
三、白絞油
四、脱脂大豆
五、内外貿易

生産能力

醤　油	月　七百石	全需要の六十五%
味　噌	月　二十五万斤	全需要の八十%
白絞油	月千九百罐（一斗罐）	全需要の二十四%
脱脂大豆	月二百五十屯	全需要の六十五%

現在醤油は、全需要の六十%、味噌は全需要の三十%を賄つているが、今年一杯で全需要の七十%を賄う見透しである。白絞油、脱脂大豆は、島外のダンピング、即ち投売りに傷みつけられて操短しているが、これはダンピング防止法案の如き、政策がなければ中止するより他ない。然し島内産、白絞油、脱脂大豆は、消費者の大好評を博しているので、ダンピングさえ、防止出来れば盛況を極める見透しである。

軍民両政府、琉銀、輿論機関は島内産業の保護育成に努力している。

当社では、毎月六十万円の人件費を賄い、公課の諸税金も年百万円以上納めている。又会社用の印刷物、王冠は島内産を用いているので、それにも相当な金を支払つている。又製品の行商、卸元、又は空瓶回収等の仕事で生活を維持している人が数多、いる。

当社の製品が進出して以来、月々七百五十万円程度のドルの流出防止に貢献している。のみならず、以前の輸入醤油は一斗樽詰で七百円から八百円もしていたが、輸入醤油に二十%課税されている現在でも、五百円そこそこの値段で提供して居り、十%課税された今日でも値上げしていない。

斯くの如く、島内産業が発展すれば、相場の安定を計る事が出来、失業者に就職の道を与え、且ドルの流出防止にもなり、政府の財政収入も増す事になり、沖縄の自立経済に大きな貢献を果す事は明かな事実であるので、産業人は、茲に思いをいたし、沖縄に於て可能な産業を興し、煙突の無いこの淋しい沖縄をして、煙突の林立する楽園たらしめんと張切つている。

（具志堅味噌醤油合名会社提供）

写真解説

← **会社全景**

前方瓦葺の建物が、醤油工場。後方ブロックの建物が味噌工場後方鉄筋トタン葺建物が、白絞油、脱脂大豆工場

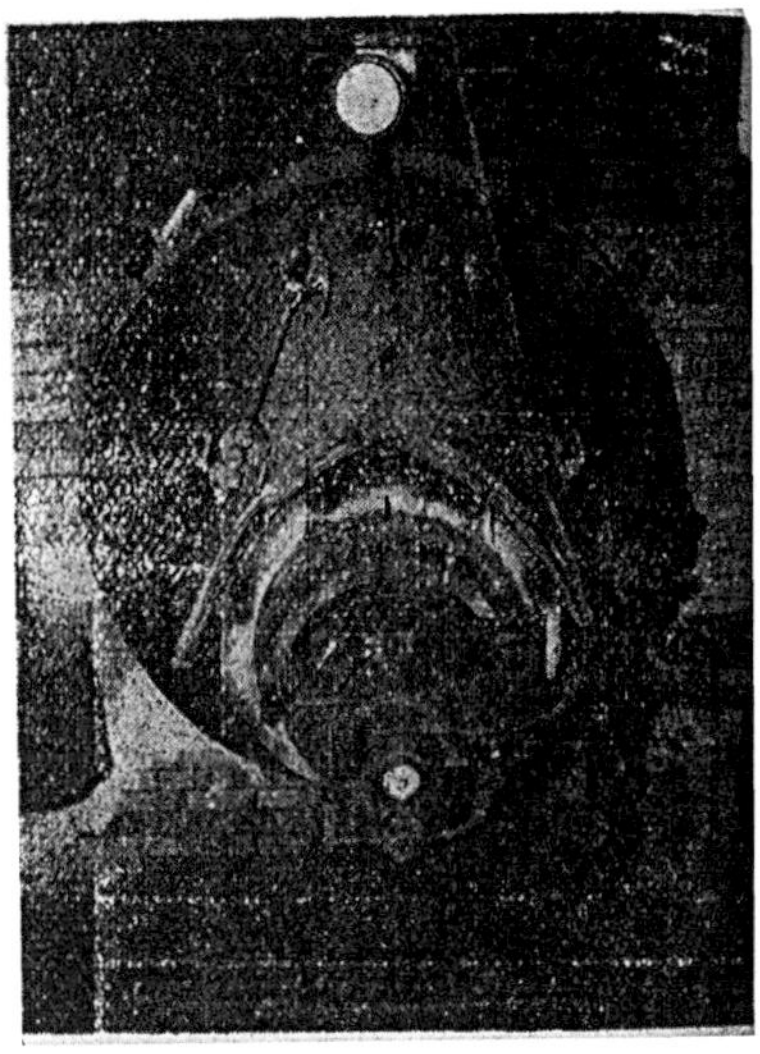

→ **ボイラー**

工場全体の熱源となり、蒸煮、加温、殺菌、消毒等の仕事をする。

↓ **變電室**

工場全体の動力源となり、機械が運転される。

→ **研究室**

毎日の製品分析、原料分析、試醸、菌培養等が行われて、品質の向上を促進する。

製油工場

← 大豆選別機
泥土、爽雑物を除く

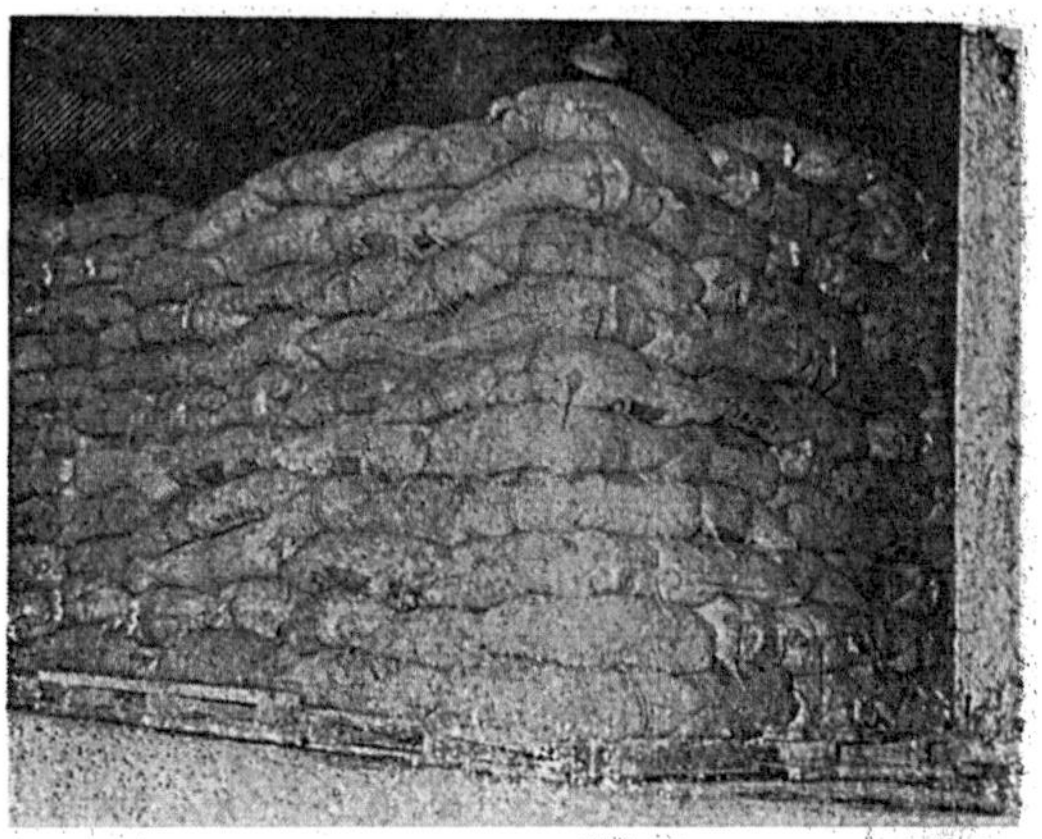

↑ 原料の山
原料の大豆は、米国より直輸入され、倉庫に山積みされる。

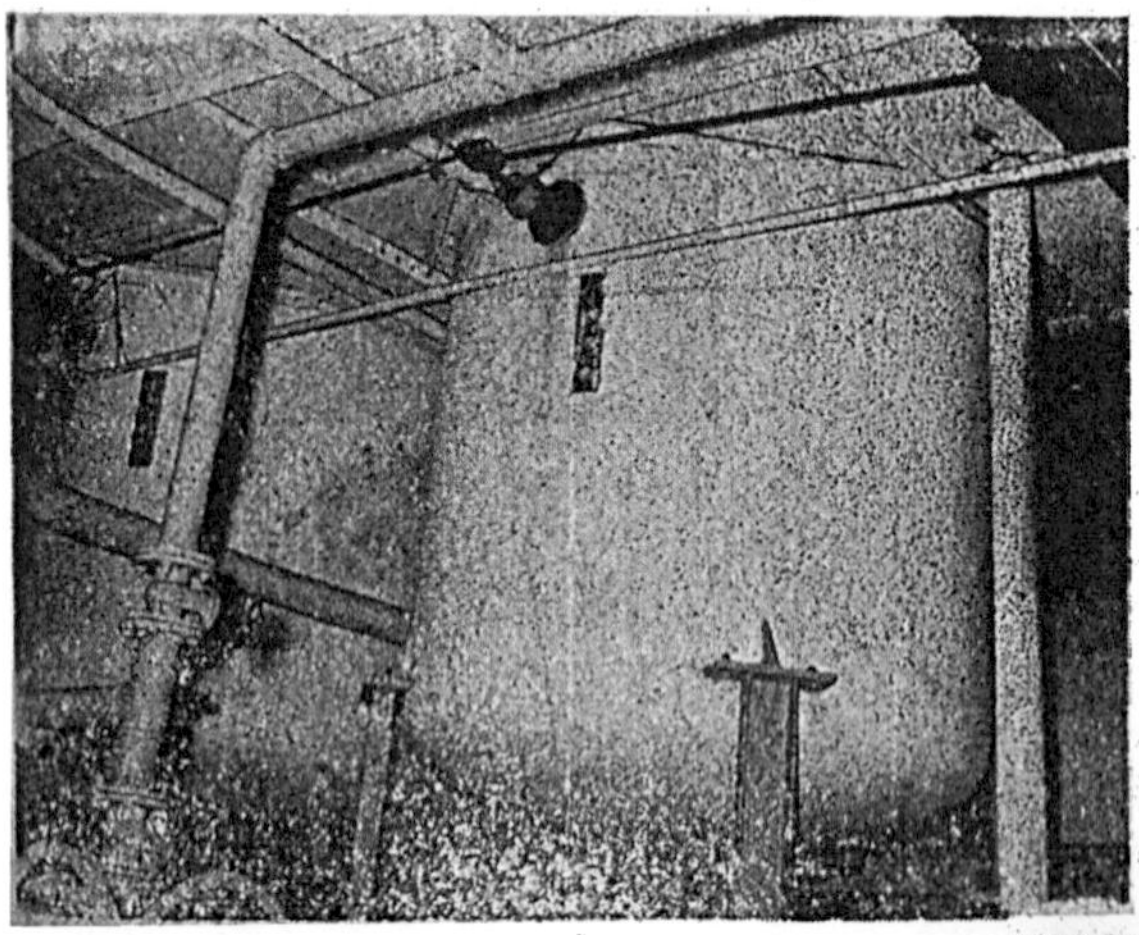

↑ 抽出罐
溶剤でもつて大豆中の油を抽出する。

→ 加熱罐
大豆を柔かくして、圧偏機にかける

→ **壓偏機**

丸大豆を圧偏して、油が取り易い状態にする。

↓ **脱脂大豆**

脱脂された大豆は、乾燥崩壊されて袋に結められ製品となる。

↑ **蒸溜罐**

溶剤と油を分離する。分離された油は原油という。

脱酸罐（左側）**脱色罐**（右側）↓

原油中の酸を除き、清澄な色にする。

↓ **貯油槽**

原油貯蔵をする。

→ **濾過機**

浮遊物を除き清純油とする。

↑ **脱臭罐**

摂氏二百度以上の熱で臭気物質を除く。

↓ **濾過機**

最後の仕上げ濾過

← **製品**

製品貯蔵タンクに貯えられて、これより罐詰め、瓶詰めにして出荷を待つ。

醬油工場

→ 原料處理

脱脂大豆は、撒水後、蒸煮罐に入れて蒸される（右の釜）
醤麦はコシキで蒸される（左の桶）

← 引き込み

蒸し上つた脱脂大豆と醤麦は崩壊機（中央の機械）で崩壊混合され、麹蓋に盛られ、麹室の中に入れられる。

→ 手入

科学的に温度管理を行い、四日目に麹が出来上る。

← もろみタンク

食塩水の中に麹を投入混合（もろみとい
したものは一年がかりで醤油となる。

→ **蓄力機**

水圧ポンプで押上げられて高圧水を蓄え、もろみから醤油を搾る水圧機を連結している。

↑ **もろみ攪拌輸送装置**

もろみの攪拌、或は圧搾場迄のもろみの輸送は全て機械がする。

↑ **壓搾機**

もろみを少量宛、濾布に入れて、積み重ね、水圧でもつて醤油粕と生醤油を分離する。

← **蒸氣釜と冷し桶**

生醤油は蒸氣釜で殺菌、味の調製を行つて後、冷し桶で冷される。

↑　濾過機

冷し桶の醤油は濾過機を通して、清澄な醤油にする。

↑　洗瓶

消毒液による洗滌、機械ブラシ洗滌、湯洗滌、蒸気殺菌と綿密に行う。

↑　縄掛け

十本宛縄掛けして、製品置場に送られる。

←　製品の山

瓶詰機で定量に詰められ、王冠が打たれ、レッテルが貼られる。

味噌工場

→ 全景

此の味噌工場は、日本に於ける味噌醸造界の最高権威「湯川茂雄」東大農学士の指導監督に依つて完成した日本一の味噌工場である。

↑ 洗米

原料の米は洗米機によつて泥土や爽雑物を除く、そしてエレベーターで二階に運ばれる。

→ 浸漬と水切り

洗われた米は漬桶につて吸水後、水を切る。

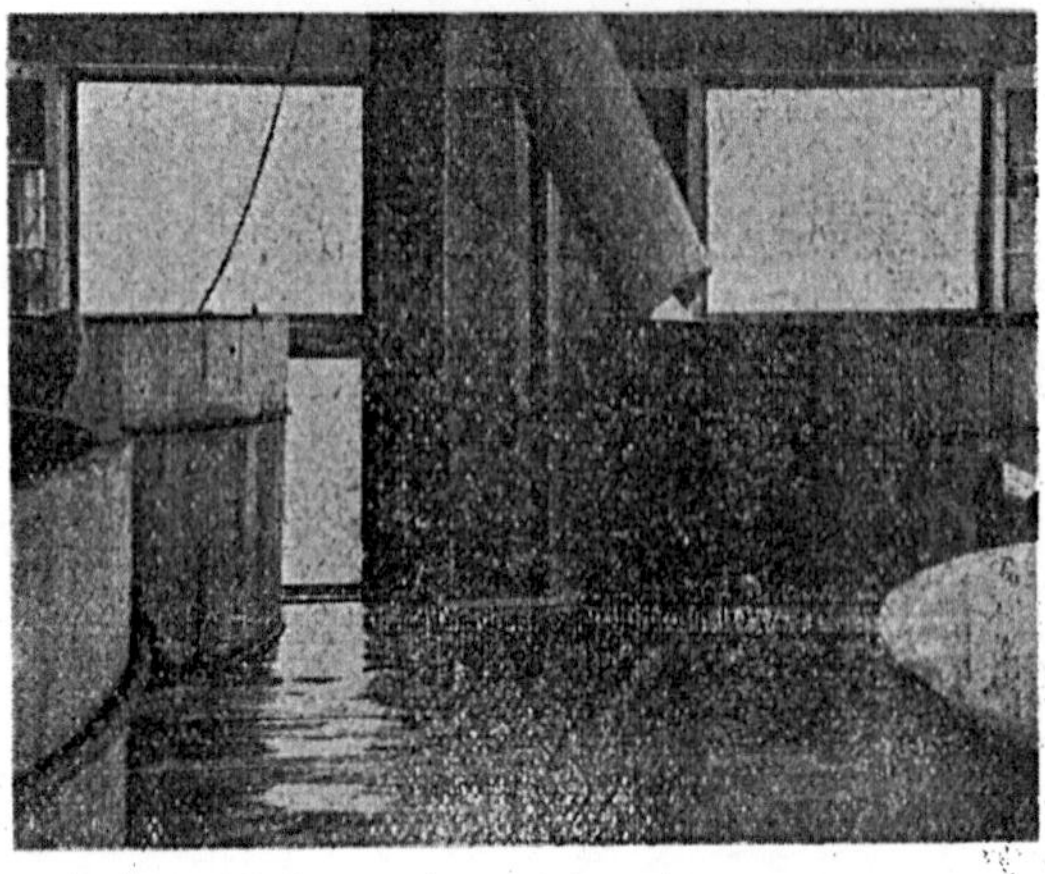

米蒸し ↓

浸漬米はコシキに入れて蒸気で蒸米とする。

↓ 放冷

蒸し米は、掘出して冷す。

↑ 製麹

蒸し米に種麹菌を混ぜたものは科学的温度管理を行い、約二昼夜で麹となる。

↑ **大豆選別**

大豆は、選別機にかけて良質の大豆を選別し、更に洗米機と同じ洗豆機で泥土や夾雑物を除き、エレベーターで二階の廻転蒸罐に運ばれる。

↑ **浸漬・蒸煎・堀出し**

洗滌大豆は最新式廻転蒸煮罐で吸水膨脹の後、煮煎され、堀出され、漉機にかける

← **放冷**

蒸煮大豆は放冷される。

↑　味噌タンク

タンクに仕込み、重石をかけ熟成を待つ。品質上、熟成促進の為温醸室（右側扉の室）を使用する。

↓　製品

出荷に便利な様に整理されている。

↓　仕込み

麹と塩と大豆を仕込機で混合する。

←　製品詰場

衛生的なポリエチンの袋に結められ、電気接着機で封緘される。

↓　製品漉し

熟成した味噌は、加熱味噌漉機で殺菌漉味噌となす。

―（著書紹介）―

今年度教員夏季講習に活躍された本土からの招聘講師の著書を紹介します。（順不同）

著者	書名	発行所	定価（日本円）
四方実一	教育統計学	日本文化科学社	三〇〇
〃	最新教育評価法	同	三〇〇
〃	算数学習の心理	明治図書KK	二八〇
大西佐一	現代教育評価	理想社	三三〇
塩田紀和	言語政策史概説	教育図書研究会	一三〇
〃	新しい公用文の作り方	講談社	一八〇
〃	交通と通信の話	革新社	八〇
〃	国語辞典	東京堂	二八〇
〃	小学漢字学習辞典	同	二五〇
小島喜久寿	音楽の教室	五月書房	二五〇
〃	新しい音楽（教科書一―六年）	春陽堂	
〃	新中学生の音楽（教科書一―三年）	東京音楽書院	
榊原清	点数式田中個別知能検査法	金子書房	二五〇
〃	盲児の心理と教育	同	六八〇
〃	知能検査（A式及びB式）五種	同	
〃	教科別標準学力検査数十種	同	
〃	学年別知能検査（小、中）数種	日本図書文化協会	
〃	標博学力検査数種	同	
〃	読書の心理	日本文化科学社	三〇〇

水谷統夫	中学校の教育原理	明治図書	一〇〇
同	職業指導概説		
同	其の他文部省での手引		
塩田芳久	検査測定教育心理学実験実習 2	（東京）同学社	
同	算数基礎能力診断検査（近刊）	（東京）日本文化科学社	
同	ソシオメトリー人間関係研究法として（近刊）	（東京）酒井書店	
高木太郎	新しい教育原理	関書院	三〇〇
同	教育行政概論	同	三五〇
末吉悌次	カント実践的教育論	刀江書店	二五〇
同	教育課程論	目黒書店	二五〇
同	問題解決学習	光風出版	八〇
佐藤正夫	現代教育課程論	柳原書店	二六〇
同	民主々義と家庭教育	光風出版KK	八〇
鮎沢信太郎	人文地理学序説	世界書院	二〇〇
同	鎖国時代日本人の海外知識	洋々社（開国百年記念事業会編）	一、五〇〇
同	漂流―鎖国時代日本人の海外発展	至文堂	二〇〇
	その他十余種の著書がありますが終戦前のもので、版が絶えています。		
相川高雄	生徒指導	岩崎書店	三五〇
宮城栄昌	延喜式の研究史料篇	大修館書房	二、五〇〇
同	論述篇	同（近刊予定）	一、六〇〇予定
同	律令時代の社会と文化	弘文堂アテネ文庫	

あとがき

○現場教師にとって、夏休みは辛いもの。猛暑と斗つて、夏季講習に参加。今年も多数の招聘講師が本土から来られ、各地で熱心な会合が重ねられ、多大の成果をおさめた。

○子供らにとって、夏休みは楽しいもの。世は移り変つても、野、山、海はいつまでも、子供らの楽しい遊び場。

○しかし、夏休み中は子供らの指導、かんとくの面で、色々とむつかしい問題もあつた。道徳教育の面で特にそうであるしつけ、賞罰の問題もこれに附随して来る。その意味で、この面の諸問題を取り上げて見た。

○新年度予算成立の関係で、発行が遅れた事をこゝにおわびします。

○今月号から新しい表紙に切りかえました。（S・N生）

一九五六年九月二〇日　印刷
一九五六年九月二八日　発行

文教時報（第二六号）（非売品）

発行所　琉球政府文教局研究調査課
印刷所　那覇市四区八組　旭堂印刷所（電話六五五五）

復刻版 文教時報《ぶんきょうじほう》 第2回配本
（第4巻〜第6巻）

2017年12月31日 第1刷発行

揃定価（本体69、000円＋税）

編・解説者 藤澤健一・近藤健一郎

発行者 小林淳子

発行所 不二出版
東京都文京区向丘1-2-12
TEL 03（3812）4433

印刷所 栄光

製本所 青木製本

乱丁・落丁はお取り替えいたします。

第4巻 ISBN978-4-8350-8070-3
第2回配本（全3冊 分売不可 セットISBN978-4-8350-8069-7）